Die Protest-Chronik 1949–1959

Band I: 1949–1952
Band II: 1953–1956
Band III: 1957–1959
Band IV: Registerband

Die Protest-Chronik:
Ein Projekt des
Hamburger Instituts für
Sozialforschung

Wolfgang Kraushaar
Die Protest-Chronik 1949–1959

Eine illustrierte Geschichte
von Bewegung, Widerstand und Utopie

Band IV: Registerband

Rogner & Bernhard
bei Zweitausendeins

1. Auflage, November 1996.
© 1996 by Rogner & Bernhard GmbH & Co. Verlags KG, Hamburg.
Gesamtedition: ISBN 3-8077-0350-0
Band IV: ISBN 3-8077-0341-1

Alle Rechte vorbehalten, insbesondere das Recht der mechanischen,
elektronischen oder fotografischen Vervielfältigung, der Einspeicherung und Verarbeitung
in elektronischen Systemen, des Nachdrucks in Zeitschriften oder Zeitungen,
des öffentlichen Vortrags, der Verfilmung oder Dramatisierung,
der Übertragung durch Rundfunk, Fernsehen oder Video,
auch einzelner Text- und Bildteile.
Der gewerbliche Weiterverkauf und der gewerbliche Verleih von Büchern,
Platten, Videos und anderen Sachen aus der Zweitausendeins-Produktion bedürfen
in jedem Fall der schriftlichen Genehmigung durch die Geschäftsleitung
vom Zweitausendeins Versand in Frankfurt.

Mitarbeit: Karin König, Matthias Heyl, Klaus Körner.
Lektorat: Birgit Otte, Bernhard Gierds, Silke Lange.

Herstellung und Gestaltung: Eberhard Delius, Berlin.
Einbandgestaltung: Susanne Gräfe, Bremen.
Bewegungskarten: Wilfried Gandras.
Satz: Mega-Satz-Service, Berlin.
Lithographie: Duplex Reproges., Berlin.
Druck: Steidl, Göttingen.
Bindung: Hollmann, Darmstadt.

Dieses Buch wurde gedruckt auf mattgestrichenem RePrint,
das aus 50% entfärbter Altpapierfaser und 50% Zellstoff (chlorfrei)
hergestellt wurde.
Das Kapitelband und das Leseband sind aus 100% ungefärbter
und ungebleichter Baumwolle.
Printed in Germany.

Dieses Buch gibt es nur bei Zweitausendeins
im Versand (Postfach, D-60381 Frankfurt am Main) oder
in den Zweitausendeins-Läden in Berlin, Düsseldorf, Essen,
Frankfurt, Freiburg, Hamburg, Köln, München,
Nürnberg, Saarbrücken, Stuttgart.

In der Schweiz über buch 2000,
Postfach 89, CH-8910 Affoltern a.A.

Inhalt

Band I

Danksagung 7
Einleitung 9

Jahrgang 1949

1949 im Zusammenhang 20
Januar 24
Februar 36
März 42
April 52
Mai 62
Juni 76
Juli 88
August 97
September 112
Oktober 124
November 136
Dezember 147

Jahrgang 1950

1950 im Zusammenhang 158
Januar 164
Februar 177
März 187
April 206
Mai 220
Juni 238
Juli 252
August 264
September 283
Oktober 304
November 320
Dezember 333

Jahrgang 1951

1951 im Zusammenhang 348
Januar 354
Februar 374
März 392
April 408
Mai 423
Juni 438
Juli 453
August 465
September 478
Oktober 494
November 505
Dezember 519

Jahrgang 1952

1952 im Zusammenhang 528
Januar 536
Februar 553
März 565
April 583
Mai 595
Juni 626
Juli 637
August 649
September 659
Oktober 672
November 682
Dezember 694

Band II

Jahrgang 1953

1953 im Zusammenhang 714
Januar 722
Februar 732
März 743
April 761
Mai 771
Juni 785
Juli 858
August 877
September 889
Oktober 899
November 906
Dezember 915

Jahrgang 1954

1954 im Zusammenhang 924
Januar 932
Februar 942
März 949
April 962
Mai 974
Juni 990
Juli 1004
August 1018
September 1034
Oktober 1045
November 1062
Dezember 1079

Jahrgang 1955
1955 im Zusammenhang 1092
Januar 1100
Februar 1120
März 1146
April 1160
Mai 1174
Juni 1197
Juli 1214
August 1231
September 1242
Oktober 1262
November 1278
Dezember 1286

Jahrgang 1956
1956 im Zusammenhang 1298
Januar 1306
Februar 1325
März 1339
April 1356
Mai 1371
Juni 1388
Juli 1406
August 1421
September 1438
Oktober 1455
November 1496
Dezember 1525

Band III

Jahrgang 1957
1957 im Zusammenhang 1554
Januar 1562
Februar 1576
März 1586
April 1609
Mai 1624
Juni 1646
Juli 1666
August 1688
September 1700
Oktober 1719
November 1734
Dezember 1747

Jahrgang 1958
1958 im Zusammenhang 1760
Januar 1768
Februar 1788
März 1807
April 1833

Mai 1868
Juni 1908
Juli 1938
August 1960
September 1976
Oktober 1996
November 2027
Dezember 2048

Jahrgang 1959
1959 im Zusammenhang 2064
Januar 2972
Februar 2100
März 2120
April 2146
Mai 2170
Juni 2193
Juli 2214
August 2232
September 2257
Oktober 2281
November 2312
Dezember 2336

Band IV: Registerband

Abkürzungsverzeichnis 2359
Endnoten 2365
Bibliographie 2401
Bewegungskarten 2481
Demonstrationen, Gedenk- und Mahnveranstaltungen für die Opfer des Nationalsozialismus (1949–1959): 2482 u. 2484 / Schändungen jüdischer Friedhöfe, Synagogen und Mahnmale (1949–1959): 2488 / Aktivitäten ehemaliger Wehrmachts- und Waffen-SS-Angehöriger sowie Prosteste dagegen (1949–1959): 2490 / Die Weltbürger-Bewegung (1949–1951) 2494 / Die Europa-Bewegung (1949–1954): 2496 / Die Anti-Harlan-Bewegung (1949–1954): 2498 / Kundgebungen und Demonstrationen gegen das Betriebsverfassungsgesetz (1952): 2502 / Die Halbstarken-Bewegung (1955–1959): 2504 / Die Paulskirchen-Bewegung gegen die Verabschiedung der Pariser Verträge und die Wiederbewaffnung (1955): 2508 / Die Bewegung gegen die Atombewaffnung der Bundeswehr (1957–1959): 2510 u. 2514 / Die Kriegsversehrtenkampagne gegen den Reformentwurf der Bundesregierung zur Kriegsopferversorgung (1959): 2518 / Die Bewegung gegen die Einberufung des Jahrgangs 1922 (1959): 2520

Personenregister 2523
Ortsregister 2577
Organisationsregister 2601
Titelregister 2623
Sachregister 2641
Quellenverzeichnis 2691

Abkürzungsverzeichnis

AbAKO	Association des Originaires du Bas-Congo	BND	Bundesnachrichtendienst
ABN	Anti-Bolshevist Block of Nations	BNS	Bund Nationaler Studenten
ADF	Arbeitsgemeinschaft Deutscher Friedensverbände	BP	Bayernpartei
AdK	Arbeitsgemeinschaft demokratischer Kreise	BPS	Bundesprüfstelle für Jugendgefährdende Schriften
ADN	Allgemeiner Deutscher Nachrichtendienst	BPRS	Bund Proletarisch-Revolutionärer Schriftsteller
AdJ	Arbeitsgemeinschaft demokratischer Juristen	BprV	Bund der politisch, rassisch und religiös Verfolgten
AFA	Arbeitskreis der Freunde Algeriens	BR	Bayerischer Rundfunk
AFL	American Federation of Labour	BRD	Bundesrepublik Deutschland
AFN	American Forces Network	BVG	Berliner Verkehrsgesellschaft
AFP	Agence France Presse	BVG	Bundesverwaltungsgericht
AG	Aktiengesellschaft	BVN	Bund der Verfolgten des Naziregimes
allg.	allgemein	BvW	Bund versorgungsberechtigter ehemaliger Wehrmachtsangehöriger
ALN	Armée de Liberation Nationale		
ANC	African National Congress	BZ	Berliner Zeitung
ANJÖ	Arbeitsgemeinschaft Nationaler Jugendverbände Österreichs		
		CBS	Columbia Broadcasting System
AP	Associated Press	CCE	Comité de Coordination et d'Exécution
ARD	Arbeitsgemeinschaft der Rundfunkanstalten Deutschlands	CDU	Christlich Demokratische Union
		CFTC	Confédération Française des Travailleurs Chrétiens
AsF	Arbeitsgemeinschaft sozialdemokratischer Frauen	CGIL	Confederazione Generale Italiana del Lavoro
AStA	Allgemeiner Studentenausschuß	CGT	Confédération Générale du Travail
AvD	Automobilclub von Deutschland	CIA	Central Intelligence Agency
		CIC	Counter Intelligence Corps
BBC	British Broadcasting Corporation	CIO	Confederation of Industrial Organizations
BCDS	Bund Christlich-Demokratischer Studenten Deutschlands	CND	Campaign for Nuclear Disarmament
		CNRA	Conseil National de la Révolution Algérienne
BdD	Bund der Deutschen für Einheit, Frieden und Freiheit	COMECON	Council for Mutual Economic Assistance
BDE	Bund für Deutsche Einheit	COMISCO	Comitee of Internations Socialist Conferences
BdF	Bund deutscher Fallschirmjäger	CRUA	Comité Revolutionnaire pour l'Unité et l'Action
BdF	Bund der Fliegergeschädigten	CPD	Christliche Pfadfinderschaft Deutschlands
BDI	Bundesverband der Deutschen Industrie	CSP	Comité de Salut Public
BDJ	Bund Deutscher Jugend	CSU	Christlich-Soziale Union
BdK	Bund der Kriegsdienstverweigerer	CVJM	Christlicher Verein Junger Männer
BdKJ	Bund der Kommunisten Jugoslawiens	CVP	Christliche Volkspartei
BDM	Bund Deutscher Mädel		
BDSV	Bund demokratischer Studentenvereinigungen	DA	Demokratische Aktion
BdU	Bund der Unabhängigen	DAC	Direct Action Committee Against Nuclear War
BdV	Bund der Vertriebenen	DAdW	Deutsche Akademie der Wissenschaften
BEJ	Bund Europäischer Jugend	DAF	Deutsche Arbeitsfront
BGH	Bundesgerichtshof	DAG	Deutsche Angestellten-Gewerkschaft
BGS	Bundesgrenzschutz	DANA	Deutsche Nachrichtenagentur
BgV	Bewegung für gesamtdeutsche Verständigung	DAP	Deutsche Aufbau Partei
BHD	Bund Heimattreuer Deutscher	DB	Deutscher Block
BHE	Bund der Heimatvertriebenen und Entrechteten	DBD	Demokratische Bauernpartei Deutschlands
BHG	Bäuerliche Handelsgenossenschaft	DDR	Deutsche Demokratische Republik
BHJ	Bund Heimattreuer Jugend	DDU	Deutsche Demokratische Union
BJD	Bund Junger Deutscher	DEFA	Deutsche Film AG
BKA	Bundeskriminalamt	DFD	Demokratischer Frauenbund Deutschlands
BKP	Kommunistische Partei Bulgariens	DFB	Deutscher Fußball-Bund
BMW	Bayerische Motorenwerke	DFB	Demokratischer Frauenbund Berlin

DFF	Deutscher Fernsehfunk		**ETA**	Euskadi ta Askatasuna
DFG	Deutsche Friedensgesellschaft		**EURATOM**	Europäische Atomgemeinschaft
DFR	Deutscher Frauenring		**Ev., ev.**	evangelisch
DFS	Demokratischer Frauenbund Saar		**EVG**	Europäische Verteidigungsgemeinschaft
DG	Deutsche Gemeinschaft		**EWG**	Europäische Wirtschaftsgemeinschaft
DGB	Deutscher Gewerkschaftsbund			
DIFF	Deutsches Institut für Film und Fernsehen		**FAZ**	Frankfurter Allgemeine Zeitung
DIHT	Deutscher Industrie- und Handelstag		**FBI**	Federal Bureau of Investigation
DISG	Deutsch-Israelische Studentengruppe		**FCAA**	Fédération Contre L'Armement Atomique
DJG	Deutsche Jugendgemeinschaft		**FDGB**	Freier Deutscher Gewerkschaftsbund
DJR	Deutscher Jugendring		**FDJ**	Freie Deutsche Jugend
DLH	Deutsche Lufthansa		**FDK**	Friedensbund Deutscher Katholiken
DJV	Deutscher Journalistenverband		**FDP**	Freie Demokratische Partei
DKBD	Demokratischer Kulturbund Deutschlands		**FIR**	Fédération Internationale des Résistants
DK	Delegiertenkonferenz		**FKPD**	Freie Kommunistische Partei Deutschlands
DK	Deutscher Kulturbund		**FLN**	Front de Libération Nationale
DKP	Deutsche Konservative Partei		**FO**	Force Ouvrière
DKP	Kommunistische Partei Dänemarks		**FPÖ**	Freiheitliche Partei Österreichs
DKP/DRP	Deutsche Konservative Partei/Deutsche Reichspartei		**FÖJ**	Freie Österreichische Jugend
DM	Deutsche Mark		**FR**	Frankfurter Rundschau
DMV	Deutscher Metallarbeiter-Verband		**FSK**	Freiwillige Selbstkontrolle der Filmwirtschaft
DNVP	Deutschnationale Volkspartei		**FSU**	Freisoziale Union
DP	Deutsche Partei		**FU**	Freie Universität
DP	Displaced Person		**FU**	Föderalistische Union
DPA	Deutsche Presse-Agentur		**FUAN**	Fronte Universitario Azione Nazionale
DPS	Demokratische Partei Saar			
DReP	Deutsche Rechtspartei		**GA**	Gesamtdeutsche Arbeitsgemeinschaft
DRJ	Deutsche Reichsjugend		**GB**	Gesamtdeutscher Block
DRK	Deutsches Rotes Kreuz		**GB/BHE**	Gesamtdeutscher Block/Bund der Heimatvertriebenen und Entrechteten
DRP	Deutsche Reichspartei		**GdED**	Gewerkschaft der Eisenbahner Deutschlands
DSA	Deutscher Sportausschuß		**GDFWVB**	Gesamtdeutsche Friedens- und Wiedervereinigungsbewegung
DSB	Deutsche Soziale Bewegung		**GDP**	Gesamtdeutsche Partei
DSB	Deutsche Sozialistische Bewegung		**GDSF**	Gesellschaft für Deutsch-Sowjetische Freundschaft
DSP	Deutsche Sozialistische Partei		**GdU**	Gesamtdeutsche Union
DST	Défense de la Surveillance du Territoire		**GdW**	Gruppe der Wehrdienstgegner / Gruppe der Wehrdienstverweigerer
DSU	Deutsch-Soziale Union		**Gestapo**	Geheime Staatspolizei
DTB	Deutscher Turnerbund		**GfW**	Gemeinschaftshilfe freier Wohlfahrtsverband e.V.
DU	Deutsche Union		**GfW**	Gesellschaft für Wehrkunde
DUB	Deutsche Unabhängigkeitsbewegung		**GKW**	Gruppe Kölner Wehrdienstverweigerer
DVP	Deutsche Volkspartei		**GST**	Gesellschaft für Sport und Technik
DVZ	Deutsche Volkszeitung		**GuD**	Gemeinschaft unabhängiger Deutscher
DZP	Deutsche Zentrumspartei		**GSG**	Gewerkschaftliche Studentengruppe
			GVP	Gesamtdeutsche Volkspartei
EDMA	(Vereinigte Demokratische Reformfront, Zypern)		**GvS**	Gemeinschaft verfolgter Sozialdemokraten
EGKS	Europäische Gemeinschaft für Kohle und Stahl			
EKA	Europäisches Komitee gegen Atomrüstung		**HBV**	Gewerkschaft Handel, Banken und Versicherungen
EKD	Evangelische Kirche in Deutschland		**Hg.**	Herausgeber
ELS	European Liaison Service		**HHA**	Hamburger Hochbahn AG
EMP	Exservicemen Movement for Peace		**HIAG**	Hilfsgemeinschaft auf Gegenseitigkeit der ehemaligen Soldaten der Waffen-SS
EMW	Eisenacher Motorenwerke			
EOKA	Ethniki Organosis Kiprion Agoniston		**HJ**	Hitler-Jugend
ERE	(Nationale Radikale Union, Griechenland)		**HO**	Handelsorganisation
ERP	European Recovery Program			
ESG	Evangelische Studentengemeinde			

hrsg.	herausgegeben		KPÖ	Kommunistische Partei Österreichs
HSV	Hamburger Sportverein		KPP	Kommunistische Partei Polens
HUAC	House Un-American Activities Committee		KPP	Kommunistische Partei Portugals
HVA	Hauptverwaltung Aufklärung des MfS (Ministerium für Staatssicherheit)		KPS	Kommunistische Partei Spaniens
			KSG	Katholische Studentengemeinde
			KSG	Kommunistische Studentengruppe
IAK	Internationales Auschwitz-Komitee		KSP	Konservative Partei
IBFG	Internationaler Bund freier Gewerkschaften		KVB	Kölner Verkehrsbetriebe
ICW	International Council of Women		KVP	Kasernierte Volkspolizei
IDFF	Internationale Demokratische Frauenföderation		KZ	Konzentrationslager
IdK	Internationale der Kriegsdienstgegner			
IdW	Interessengemeinschaft der Wehrdienstverweigerer		LDP	Liberal-Demokratische Partei
IFFF	Internationale Frauenliga für Frieden und Freiheit		LDPD	Liberal Demokratische Partei Deutschlands
IG	Industriegewerkschaft		LKW	Lastkraftwagen
I.G.	Interessengemeinschaft		LPG	Landwirtschaftliche Produktions-Genossenschaft
I.L.	Internationale Lettriste		LPPD	Liga der luxemburgischen politischen Gefangenen und Deportierten
IKD	Internationale Kommunisten Deutschlands			
IMG	Internationaler Militärgerichtshof		LSD	Liberaler Studentenbund Deutschlands
Interpol	Internationale Kriminalpolizeiliche Kommission (Internationale Polizeiorganisation)		LV	Landesverband
IOC	Internationales Olympisches Komitee		MAPAM	Miflegt Hapoalin Mamerhedet
IRA	Irish Republican Army		MdB	Mitglied des Bundestages
IRK	Internationales Rotes Kreuz		MDP	Monarchistische Partei Deutschlands
ISB	Internationaler Studentenbund		MfS	Ministerium für Staatssicherheit
ISSF	(Internationaler Studentenbund)		MIA	Montgomery Improvement Association
IUSY	International Union of Socialistic Youth		Mig	(Typenbezeichnung sowj. Jagdflugzeuge nach den Konstrukteuren Mikojan und Gurewitsch)
IVB	Internationaler Versöhnungsbund			
			MMS	Militärmedizinische Sektion
JAFK	Jüdisches Antifaschistisches Komitee		MNA	Mouvement National Algérien
Juventus	Jugendbewegung der Union der europäischen Föderalisten		MNC	Mouvement National Congolais
			MPD	Monarchistische Partei Deutschlands
			MPLA	Movimento Popular de Libertacão de Angola
KAU	Kenya African Union		MRP	Mouvement Républicain Populaire
KdA	Kampf dem Atomtod		MSI	Movimento Sociale Italiano
KgA	Kampfbund gegen Atomschäden		MTLD	(Bewegung für den Triumph demokratischer Freiheiten)
KgA	Komitee gegen Atomtod			
KGB	Komitet Gosudarstwennoj Besopasnostji			
KgU	Kampfgruppe gegen Unmenschlichkeit		NAACP	National Association for the Advancement of Colored People
KHG	Kommunistische Hochschulgruppe			
KNA	Katholische Nachrichten-Agentur		NATO	North Atlantic Treaty Organisation
KNJ	Kameradschaftsring Nationaler Jugendverbände		NAW	Nationales Aufbauwerk
KP	Kommunistische Partei		ND	Neues Deutschland
KPA	Kommunistische Partei Algeriens		NDP	Nationaldemokratische Partei
KPCh	Kommunistische Partei Chinas		NDPD	National-Demokratische Partei Deutschlands
KPČ	Kommunistische Partei der Tschechoslowakei		NDR	Norddeutscher Rundfunk
KPD	Kommunistische Partei Deutschlands		NESB	Nationaal-Europese Sociale Beweging
KPdUSA	Kommunistische Partei der USA		NJ	Nationale Jungsozialisten
KPdSU	Kommunistische Partei der Sowjetunion		NJB	Nationaler Jugendbund
KPF	Kommunistische Partei Frankreichs		NKWD	Narodny Kommissariat Wnutrennich Del
KPG	Kommunistische Partei Griechenlands		NOK	Nationales Olympisches Komitee
KPI	Kommunistische Partei Italiens		NPD	Nationale Partei Deutschlands
KPJ	Kommunistische Partei Japans		NRP	Nationale Reichspartei
KPJ	Kommunistische Partei Jugoslawiens		NRZ	Neue-Ruhr-Zeitung
KPN	Kommunistische Partei der Niederlande		NS	Nationalsozialismus
KPO	Kommunistische Partei - Opposition		NSB	Nationalsozialistische Bewegung

NSDAP	Nationalsozialistische Deutsche Arbeiterpartei
NSV	Nationalsozialistische Volksfürsorge
NTS	(Hilfskomitee für Rußland-Flüchtlinge)
NUL	National Urban League
NVA	Nationale Volksarmee
NWDR	Nordwestdeutscher Rundfunk
NZZ	Neue Züricher Zeitung
o.A.	ohne Angaben
OAS	Organisation Amerikanischer Staaten
O.A.S.	Organisation de l'Armée Secrète
OB	Oberbürgermeister
OC	Organisation Consul
OCIC	(Internationales Katholisches Filmbüro)
OdN	Opfer der Nürnberger Gesetze
OEEC	Organisation for European Economic Cooperation
ÖGB	Österreichischer Gewerkschaftsbund
o.J.	ohne Jahr
ÖKA	Österreichisches Komitee für Atomabrüstung
OKW	Oberkommando der Wehrmacht
OMGUS	Office of Military Government for Germany, United States
o.O.	ohne Ort
OSS	Office of Strategic Services
OT	Organisation Todt
ÖTV	Gewerkschaft Öffentliche Dienste, Transport und Verkehr
ÖVP	Österreichische Volkspartei
OzD	Oberrealschule zum Dom (Lübeck)
PAC	Pan Africanist Congress
PAIGC	Partido Africano da Indepencia da Guiné e Cabo Verde
PaK	Panzerabwehr-Kanone
PAP	Polska Agencja Prasowa
PB	Politbüro
PCM	Kommunistische Partei Mexikos
PDA	Partei der Arbeit
PEN	Poets, Essayists, Novellists
PH	Pädagogische Hochschule
PIDE	Policia International e de Defesa do Estado
PKW	Personenkraftwagen
PNV	(Nationalistische Baskenpartei)
PORO	Public Opinion Research Office
POUM	Partido Obrero de Unificación Marxista
PPC	Partido del Pueblo Cubana
PPR	Patri Patriote Révolutionnaire
PPSh	Partei der Arbeit Albaniens
PRS	Parti Republicain Radical et Radical-Socialiste
PSI	Partito Socialista Italian
PSP	Pacifistisch Socialistische Partij
PVAP	Polnische Vereinigte Arbeiterpartei
RAD	Reichsarbeitsdienst
RAF	Rassemblement pour l'Algérie Française
RAF	Royal Air Force
RCDS	Ring Christlich-Demokratischer Studenten
RDR	Rassemblement Démocratique Révolutionnaire
Red.	Redaktion
RGW	Rat für gegenseitige Wirtschaftshilfe
RIAS	Rundfunk im amerikanischen Sektor
rororo	Rowohlts-Rotations-Romane
RSDAP	Rechtssozialistische Deutsche Arbeiterpartei
RSF	Radikal-Soziale Freiheitspartei
RSHA	Reichssicherheitshauptamt
SA	Sturmabteilung
SAAA	Stichtig-Anti-Atoombom-Actie
SACP	South-African Communist Party
SACPC	South-African Coloured People Congress
SACTU	South-African Congress of Trade Unions
SAIC	South-African Indian Congress
SAJ	Sozialistische Arbeiterjugend
SAP	Sozialistische Arbeiterpartei
SAVAK	(Persischer Geheimdienst)
SC	Senioren-Convent
SBZ	Sowjetische Besatzungszone
SCLC	Southern Christian Leadership Conference
SD	Sicherheitsdienst des Reichsführers-SS
SDA	Sozialdemokratische Aktion
SDECE	Service de Documentation et Contre-Espionage
SDR	Süddeutscher Rundfunk
SdS	Schutzverband deutscher Schriftsteller
SDS	Sozialistischer Deutscher Studentenbund
SEATO	South-East-Asian Treaty Organisation
SED	Sozialistische Einheitspartei Deutschlands
SF	(Sozialistische Volkspartei)
SF	Sozialistische Volkspartei Dänemarks
SFB	Sender Freies Berlin
SFIO	Section Française de l'Internationale Ouvrière
SFP	Soziale Freiheitspartei
SfS	Staatssekretariat für Staatssicherheit
SHAPE	Supreme Headquarters Allied Powers in Europe
SHG	Sozialistische Hochschulgemeinschaft
SI	Sozialistische Internationale
S.I.	Situationistische Internationale
SIEPS	Societé Internationale des Études des Problèmes Socialistes
Sipo	Sicherheitspolizei
SJD	Sozialistische Jugend Deutschlands - Die Falken
SKK	Sowjetische Kontrollkommission
SLFP	Sri Lanka Freedom Party
SMAD	Sowjetische Militäradministration in Deutschland
SMM	Sowjetische Militärmission
S.M.S.	Seiner Majestät Schiff
SOPADE	Sozialdemokratische Partei Deutschlands
SORBE	Sozialorganische Ordnungsbewegung Europas
sowj.	sowjetisch
SPD	Sozialdemokratische Partei Deutschlands

SPIO	Spitzenorganisation der Filmwirtschaft e.V.	VdgB	Verein der gegenseitigen Bauernhilfe
SPÖ	Sozialistische Partei Österreichs	VdK	Verband der Kriegsbeschädigten, Kriegshinterbliebenen und Sozialrentner Deutschlands
SRP	Sozialistische Reichspartei	VdK	Verband der Kriegsdienstverweigerer
SS	Schutzstaffel (der NSDAP)	VDK	Verband Deutscher Komponisten
StGB	Strafgesetzbuch	VdO	Verband der Opfer des Nationalsozialismus
SU	Sowjetunion	VDP	Verband der deutschen Presse
SU	Sozialistische Union	VdS	Verband deutscher Soldaten
SVI	Studentenverband Deutscher Ingenieurschulen	VDS	Verband Deutscher Studentenschaften
SWF	Südwestfunk	VdU	Verband der Unabhängigen
SZ	Süddeutsche Zeitung	VEB	Volkseigener Betrieb
		VFF	Volksbund für Frieden und Freiheit
TAN	Technische Arbeitsnorm	VFP	Völkische Freiheitspartei
TASS	Telegrafnoje Agentstwo Sowetskowo Sojusa	VK	Verband der Kriegsdienstverweigerer
TD	Technischer Dienst (des BDJ)	VKR	Vereinigung für Kaiser und Reich
TH	Technische Hochschule	Vopo	Volkspolzei
THW	Technisches Hilfswerk	VSM	Verband Sozialistischer Mittelschüler
TNT	Trinitrotoluol (Sprengstoff)	VOS	Vereinigung der Opfer des Stalinismus
TU	Technische Universität	VU	Vaterländische Union
		VVN	Vereinigung der Verfolgten des Naziregimes
UAP	Ungarische Arbeiterpartei		
UAPD	Unabhängige Arbeiterpartei Deutschlands	WamS	Welt am Sonntag
UdSSR	Union der Sozialistischen Sowjet-Republiken	WAV	Wirtschaftliche Aufbauvereinigung
UFA	Universum-Film-Aktiengesellschaft	WAZ	Westdeutsche Allgemeine Zeitung
UfJ	Untersuchungsausschuß freiheitlicher Juristen	WBDJ	Weltbund der demokratischen Jugend
UGO	Unabhängige Gewerkschafts-Organisation	WDR	Westdeutscher Rundfunk
UK	United Kingdom	WdU	Wahlpartei der Unabhängigen
UN	United Nations	WEU	Westeuropäische Union
UNC	Uganda National Congress	WFFB	Westdeutsche Frauenfriedensbewegung
UNEF	Union National Des Ètudiants Française	WFK	Westdeutsches Friedenskomitee
UNESCO	United Nations Educational Scientific and Cultural Organisation	WHO	World Health Organization
UNO	United Nations Organisation	WIPOG	Wirtschaftspolitische Gesellschaft
UNP	United National Party	WISO	Wirtschafts- und Sozialwissenschaften
UNR	Union pour la Nouvelle Republique	WK	Weltkongreß
unv. Ms.	unveröffentlichtes Manuskript	WOMAN	Weltorganisation der Mütter aller Nationen
UP	United Press	WRI	War Resisters International
UPI	United Press International	WRK	Westdeutsche Rektorenkonferenz
U.R.S.S.	Union des Républiques Socialistes Soviétiques	WVHA	Wirtschafts- und Verwaltungshauptamt der SS
US	United States	WWI	Wirtschaftswissenschaftliches Institut der Gewerkschaften
USA	United States of America		
USC	Unitarian Service Committees		
USPD	Unabhängige Sozialdemokratische Partei Deutschlands	z.b.V.	zur besonderen Verwendung
		ZK	Zentralkomitee
USTA	(algerische Gewerkschaft)	ZMS	(Sozialistischer Jugendverband Polens)
		ZSP	(Polnischer Studentenverband)
VAB	Versicherungsanstalt Berlin	z.V.	zur Vergeltung

Endnoten

1949

1 Manfred George, Der Protest gegen Furtwängler in USA, in: Die Neue Zeitung vom 13. Januar 1949.
2 Die Welt vom 15. Januar 1949.
3 Neuer Vorwärts vom 1. Januar 1949.
4 Die Welt vom 25. September 1950.
5 Was War Wann – Jahrgang 1949, Hamburg 1950, S. 160, Abschnitt I.
6 Amtsblatt der Militärregierung Deutschland – Britisches Kontrollgebiet, Verordnung Nr. 8 vom 15. September 1945, Artikel I, Abschnitt H.
7 Parlamentarischer Rat, Verhandlungen des Hauptausschusses, Bonn 1948/49, 43. Sitzung, Dienstag, den 18. Januar 1949, S. 546.
8 Garry Davis, »Ich bin Weltbürger«, in: Frankfurter Rundschau vom 18. Januar 1949.
9 Alfred Kantorowicz, Deutsches Tagebuch, Bd.I, München 1964, S. 316.
10 Max Reimann, Entscheidungen 1945–1956, Frankfurt 1973, S. 140.
11 Was War Wann – Jahrgang 1949, Hamburg 1950, S. 193, Abschnitt K.
12 Frankfurter Allgemeine vom 5. Februar 1949.
13 Bodo Harenberg (Hg.), Chronik 1949, Dortmund 1988, S. 37.
14 Süddeutsche Zeitung vom 19. Februar 1949.
15 Julius Brandel, »Das Diktat der Menschenverachtung« – Deutsche Ärzte versuchen ein amerikanisches Buch gegen Nazi-Ärzte zu verhindern, in: Aufbau vom 18. Februar 1949, 15. Jg., Nr. 7, S. 19.
16 Fritz Olymski, Berliner Juden wandern aus – Rückgang der jüdischen Gemeinde auf 7225 Seelen, in: Die Neue Zeitung vom 24. Februar 1949.
17 Die Neue Zeitung vom 22. März 1949.
18 Archiv der Gegenwart vom 3. März 1949, XIX. Jg., S. 1841.
19 Was War Wann – Jahrgang 1949, Hamburg 1950, S. 244, Abschnitt A.
20 Hans Mayer, Ein Deutscher auf Widerruf, Erinnerungen II, Frankfurt 1984, S. 32.
21 Konrad Adenauer, Erinnerungen 1945–1953, Stuttgart 1965, S. 188.
22 Was War Wann – Jahrgang 1949, Hamburg 1950, S. 283, Abschnitt A.
23 Archiv der Gegenwart vom 27. April 1949, S. 1910.
24 Zitiert nach Jörg Friedrich, Die kalte Amnestie – NS-Täter in der Bundesrepublik, Frankfurt 1984, S. 206.
25 Archiv der Gegenwart vom 3. April 1949, XIX. Jg., S. 1878.
26 Was War Wann – Jahrgang 1949, Hamburg 1950, S. 271, Abschnitt A.
27 Frankfurter Neue Presse vom 14. April 1949.
28 Kurt Kornicker, Pakt der Weltbürger, in: Frankfurter Rundschau vom 16. April 1949.
29 R.E., Judenhetze am Wirtshaustisch – Sechs Wochen Gefängnis wegen Beleidigung, in: Frankfurter Rundschau vom 20. April 1949.
30 Günther Scholz, Kurt Schumacher, Düsseldorf–Wien–New York 1988, S. 223.
31 Archiv der Gegenwart vom 27. April 1949, XIX. Jg., S. 1910.
32 Chronik deutscher Zeitgeschichte, Band 3, Teil II, Manfred Overesch, Das besetzte Deutschland 1948–1949, Düsseldorf 1986, S. 690.
33 Die Neue Zeitung vom 12. Mai 1949.
34 Walter Adolph, Kardinal Preysing und zwei Diktaturen – Sein Widerstand gegen die totalitäre Macht, West-Berlin 1971, S. 213.
35 Zitiert nach Rüdiger Liedtke, Die verschenkte Presse – Die Geschichte der Lizensierung von Zeitungen nach 1945, West-Berlin 1982, S. 237.
36 Theodor Heuss, Die großen Reden – Der Staatsmann, Tübingen 1965, S. 73.
37 Hamburger Allgemeine Zeitung vom 9. Mai 1949.
38 Willy Brandt / Richard Löwenthal, Ernst Reuter – Ein Leben für die Freiheit, München 1957, S. 513f.
39 Geschichte der deutschen Arbeiterbewegung von 1945–1963, Teil 1, Ost-Berlin 1966, S. 329.
40 Washington Post vom 16. Mai 1949; dt. Übersetzung zitiert nach Jürgen Kuczynski, So war es wirklich – Ein Rückblick auf zwanzig Jahre Bundesrepublik, Ost-Berlin 1969, S. 65.
41 Klaus Mann, Heute und Morgen – Schriften zur Zeit, München 1969, S. 337.
42 Ebenda.
43 Kai-Uwe Merz, Kalter Krieg als antikommunistischer Widerstand – Die Kampfgruppe gegen Unmenschlichkeit 1948–1959, München 1987, S. 64.
44 Zitiert nach Emil Schäfer, Von Potsdam bis Bonn – Fünf Jahre deutsche Nachkriegsgeschichte, Lahr 1950, S. 80.
45 Max Reimann, Entscheidungen 1945–1956, Frankfurt 1974, S. 147.
46 Zitiert nach Martin Jay, Dialektische Phantasie – Die Geschichte der Frankfurter Schule und des Instituts für Sozialforschung 1923–1950, Frankfurt 1976, S. 332.
47 Der Monat, 2. Jg., Juni 1949, Nr. 8/9, S. 3.
48 A.a.O., S. 4.
49 Aufbau vom 10. Juni 1949, 15. Jg., Nr. 23, S. 25.
50 Simone de Beauvoir, Das andere Geschlecht, Hamburg 1951, S. 285.
51 Zitiert nach Peter Goodchild, J. Robert Oppenheimer – Eine Bildbiographie, Basel 1982, S. 199.
52 Hans Berben, Demontage-Forderung bleibt bestehen, in: Die Neue Zeitung vom 11. Juni 1949.
53 Life vom 25. Juli 1949.
54 Zitiert nach Hanns D. Arens, Demontage – Nachkriegspolitik der Alliierten, München 1982, S. 217.
55 Die Neue Zeitung vom 25. Juni 1949.
56 Was War Wann – Jahrgang 1949, Hamburg 1950, S. 423, Abschnitt A.
57 Robert Wistrich, Wer war wer im Dritten Reich, München 1983, S. 148.
58 Düsseldorfer Leitsätze der CDU, in: Jürgen Weber (Hg.), Geschichte der Bundesrepublik Deutschland, Bd. 3, Die Gründung des neuen Staates 1949, Paderborn 1982, S. 161.
59 Ernst Tillich, Der Geist des Widerstandes – Rede zur Erinnerung an den 20. Juli 1944, Zitiert nach Kai-Uwe Merz, Kalter Krieg als antikommunistischer Widerstand – Die Kampfgruppe gegen Unmenschlichkeit 1948–1959, München 1987, S. 69.
60 Frankfurter Rundschau vom 30. Juli 1949.
61 Rheinischer Merkur vom 30. Juli 1949.
62 Archiv der Gegenwart vom 22. Juli 1949, S. 2016.
63 Ebenda.
64 Die Neue Zeitung vom 30. Juli 1949.
65 Eugen Kogon, Juden und Nichtjuden in Deutschland, in: Frankfurter Hefte, 4. Jg., Heft 9, September 1949, S. 726.
66 Was War Wann – Jahrgang 1949, Hamburg 1950, S. 480, Abschnitt H.

67 Elisabeth Young-Bruehl, Hannah Arendt – Leben, Werk und Zeit, Frankfurt 1986, S. 344.
68 Die Neue Zeitung vom 2. August 1949.
69 Thomas Mann, Ansprache im Goethejahr 1949, Weimar 1949, S. 20.
70 Die Neue Zeitung vom 4. August 1949.
71 Konrad Adenauer, Erinnerungen 1945–1953, Stuttgart 1965, S. 229.
72 Die Neue Zeitung vom 26. August 1949.
73 Neues Deutschland vom 27. August 1949.
74 Franz Osterroth / Dieter Schuster, Chronik der deutschen Sozialdemokratie, Bd.III, West-Berlin / Bonn 1978, S. 97.
75 Frankfurter Rundschau vom 15. September 1949.
76 Archiv der Gegenwart vom 4. September 1949, XIX. Jg., S. 2057.
77 Kurt Hellmer, Wehe, wenn sie losgelassen, in: Aufbau vom 30. Dezember 1949, 15. Jg., Nr. 52, S. 3f.
78 Ebenda.
79 Edith Wolff, Das Friedensmanifest der Ravensbrücker Frauen, in: Allgemeine Wochenzeitung der Juden in Deutschland vom 21. Oktober 1949, 4. Jg., Nr. 28, S. 13.
80 Reimanns Sohn hat den Osten »restlos satt« – NZ-Interview nach seiner Flucht aus der Kommissarschule in Torgau, in: Die Neue Zeitung vom 19. September 1949.
81 Verhandlungen des Deutschen Bundestages, Stenographische Berichte, Bd. I, Bonn 1950, 21. September 1949, S. 31.
82 Was War Wann, Jahrgang 1949, Hamburg 1950, S. 564.
83 Verhandlungen des Deutschen Bundestages, Stenographische Berichte, Bd. I, Bonn 1950, 22. September 1949, S. 67.
84 Konrad Adenauer, Erinnerungen 1945–1953, Stuttgart 1965, S. 248.
85 Die Neue Zeitung vom 3. Oktober 1949.
86 Zitiert nach Manfred Jenke, Verschwörung von rechts?, West-Berlin 1961, S. 427.
87 Maria Rhine, Heutige Frauenbewegung – Gedanken zum Pyrmonter Frauenkongreß, in: Frauenwelt, Heft 22, 1949, S. 8.
88 Hermann Weber (Hg.), DDR – Dokumente zur Geschichte der Deutschen Demokratischen Republik 1945–1985, München 1986, S. 164.
89 Die Neue Zeitung vom 17. Oktober 1949.
90 Verhandlungen des Deutschen Bundestages, Stenographische Berichte, Bd. I, Bonn 1950, 21. Oktober 1949, S. 323.
91 Ingrid Einhellinger, Es sind immer nur Lausbubenstreiche – Gespräch mit Vertretern der jüdischen Gemeinde in Frankfurt, in: Die Neue Zeitung vom 24. Oktober 1949.
92 Archiv der Gegenwart vom 31. Oktober 1949, XIX. Jg., S. 2116.
93 Karl Marx, Im Geiste Streichers und Goebbels – Der Bundestagsabgeordnete Dr. Richter ohne Maske, in: Allgemeine Wochenzeitung der Juden in Deutschland vom 19. November 1949, 4. Jg., Nr. 32, S. 1.
94 Bertolt Brecht, Gesammelte Werke Bd. 10, Frankfurt 1968, S. 965.
95 Constant, Unser Verlangen macht die Revolution, in: Pierre Gallisaires (Hg.): COBRA – Nach uns die Freiheit, Hamburg 1995, S. 41.
96 A.a.O., S. 51.
97 Die Neue Zeitung vom 18. November 1949.
98 L'Est Republicain vom 11. November 1949; dt. Übersetzung nach Gerhard Wettig, Entmilitarisierung und Wiederbewaffnung in Deutschland 1943–1955, München 1967, S. 283.
99 Bertolt Brecht, Arbeitsjournal Bd. 2, 1942–1955, Frankfurt 1973, S. 558.
100 Frankfurter Rundschau vom 19. November 1949.
101 Ebenda.
102 Archiv der Gegenwart vom 21. November 1949, XIX. Jg., S. 2138.
103 Verhandlungen des Deutschen Bundestages, Stenographische Berichte, Bd. I, Bonn 1950, 25. November 1949, S. 525.
104 Archiv der Gegenwart vom 20. Dezember 1949, XIX. Jg., S. 2174.
105 Frankfurter Rundschau vom 12. Dezember 1949.
106 Ebenda.
107 Kirchenanzeiger der Katholischen Stadtpfarrei Cham, Nr. 34, Ausgabe vom 4.-11. September 1949.
108 Zitiert nach Jörg Friedrich, Freispruch für die Nazi-Justiz – Die Urteile gegen NS-Richter seit 1948, Reinbek 1983, S. 100.
109 Die Neue Zeitung vom 5. Dezember 1949.
110 So die Schlagzeile in der »Frankfurter Rundschau« vom 5. Dezember 1949.
111 Theodor Heuss, Politiker und Publizist – Aufsätze und Reden, ausgewählt und kommentiert von Martin Vogt, Tübingen 1984, S. 382f.
112 Konrad Adenauer, Erinnerungen 1945–1953, Stuttgart 1965, S. 344f.
113 Archiv der Gegenwart vom 19. Dezember 1949, XIX. Jg., S. 2160.
114 Verhandlungen des Deutschen Bundestages, Stenographische Berichte, Bd. I, Bonn 1950, 16. Dezember 1949, S. 735.
115 Max Reimann, Aus Reden und Aufsätzen 1946–1963, Ost-Berlin 1963, S. 123.
116 Volkszeitung (Peking) vom 18. Dezember 1949; zitiert nach Thomas Scharping, Mao-Chronik, Daten zu Leben und Werk, München 1976, S. 117.
117 Allgemeine Wochenzeitung der Juden in Deutschland vom 13. Januar 1950, 4. Jg., Nr. 40, S. 12.
118 Die Neue Zeitung vom 16. Dezember 1949.
119 Volkszeitung (Peking) vom 18. Dezember 1949; zitiert nach Scharping, a.a.O.
120 Der Spiegel vom 5. Januar 1950, 4. Jg., Heft 1, S. 3.
121 Frankfurter Rundschau vom 28. Dezember 1949.

1950

1 Maurice Merleau-Ponty / Jean-Paul Sartre, Die Tage unseres Lebens, in: Jean-Paul Sartre, Krieg im Frieden 1, Reinbek 1982, S. 22.
2 Karl Beetz, Gewerkschaftsjugend protestiert gegen Remilitarisierung, in: Frankfurter Rundschau vom 6. Januar 1950.
3 Hessische Nachrichten vom 6. Januar 1950.
4 Constanze, Heft 1, 3. Jg., Januar 1950, S. 7.
5 Frankfurter Rundschau vom 9. Januar 1950.
6 Zitiert nach Franz Neumann, Der Block der Heimatvertriebenen und Entrechteten 1950–1960 – Ein Beitrag zur Geschichte und Struktur einer politischen Interessenpartei, Meisenheim am Glan 1968, S. 433.
7 Exemplarisch für diese Berichterstattung: G. R. Hocke, Generalprobe für den Bürgerkrieg – Italiens Kommunisten organisieren in Modena blutige Zwischenfälle, in: Süddeutsche Zeitung vom 11. Januar 1950.
8 Bundesministerium für gesamtdeutsche Fragen (Hg.), SBZ von 1945 bis 1954, Bonn 1956, S. 119.
9 A.a.O., S. 118.
10 Arthur Koestler, George Orwell – Die Pilgerfahrt zum Rebellen, in: Der Monat, 2. Jg., März 1950, Nr. 18, S. 563.
11 Wolf Schenke, Siegerwille und Unterwerfung, München 1988, S. 255.
12 Was War Wann – 1950, Hamburg 1950, S. 39, Abschnitt B.
13 Der Spiegel vom 26. Januar 1950, 4. Jg., Nr. 4, S. 34.
14 Zitiert nach Dimitri Wolkogonow, Stalin, Hamburg 1989, S. 400f.
15 Neues Deutschland vom 5. Februar 1950.
16 Richard H. Rovere, McCarthy oder die Technik des Rufmords, Gütersloh 1959, S. 141f.
17 Zitiert nach Beatrix Gehlhoff, Chronik 1950, Dortmund 1989, S. 16.
18 Was War Wann – 1950, Hamburg 1950, S. 66, Abschnitt E.
19 Volkszeitung (Peking) vom 20. Februar 1950; zitiert nach Thomas Scharping, Mao-Chronik, Daten zu Leben und Werk, München 1976, S. 118.
20 Ralph Giordano, Freispruch Hedlers »aus Mangel an Beweisen« – Ovationen und Blumen mit schwarz-weiß-roten Schleifen, in: Frankfurter Rundschau vom 16. Februar 1950.
21 Nationale Front des demokratischen Deutschland – Informationsdienst, Ost-Berlin, 3. Jg., Nr. 9, S. 3f.
22 Allgemeine Wochenzeitung der Juden in Deutschland vom 24. Februar 1950, 4. Jg., Nr. 46, S. 13.
23 Archiv der Gegenwart vom 1. März 1950, XX. Jg., S. 2279.
24 Der Spiegel vom 16. März 1950, 4. Jg., Nr. 11, S. 7.
25 Tägliche Rundschau vom 11. März 1950.
26 Beatrix Gehlhoff, Chronik 1950, Dortmund 1989, S. 45.
27 Allgemeine Wochenzeitung der Juden in Deutschland vom 24. März 1950, 4. Jg., Nr. 50, S. 11.
28 Konrad Adenauer, Erinnerungen 1945–1953, Stuttgart 1965, S. 313.
29 Süddeutsche Zeitung vom 24. März 1950.
30 Beilage zu lernen und handeln, Düsseldorf, 6. Jg., April 1955, Nr. 4, S. 1.
31 Aufbau vom 10. April 1950, 16. Jg., Nr. 14, S. 1.
32 Allgemeine Wochenzeitung der Juden in Deutschland vom 14. April 1950, 5. Jg., Nr. 1, S. 12.
33 Egon Giordano, Remer aus dem Saal geprügelt, in: Frankfurter Rundschau vom 8. April 1950.
34 Archiv der Gegenwart vom 6. April 1950, XX. Jg., S. 2325.
35 Die Neue Zeitung vom 8. April 1950.
36 Roberto Ohrt, Phantom Avantgarde – Eine Geschichte der Situationistischen Internationale und der modernen Kunst, Hamburg 1950, S. 54.
37 Die Tat vom 22. April 1950, 1. Jg., Nr. 6, S. 4.
38 Allgemeine Wochenzeitung der Juden in Deutschland vom 28. April 1950, 5. Jg., Nr. 2, S. 13.
39 Die Neue Zeitung vom 22. April 1950.
40 Tägliche Rundschau vom 17. Juni 1950.
41 Die Tat vom 29. April 1950, 1. Jg., Nr. 7, S. 1.
42 Egon Giordano, Das Fanal von Hamburg – Harlans Anhänger wollen neue Gaskammern, in: Die Tat vom 22. April 1950, 1. Jg., Nr. 6, S. 4.
43 Reinigt die Ministerien! – Offener Brief der VVN, Kreisvereinigung Bonn, in: Die Tat vom 29. April 1950, 1. Jg., Nr. 7, S. 2.
44 Urteil des Obersten Gerichts vom 29. April 1950, in: Entscheidungen in Strafsachen, Bd. 1, (Ost-) Berlin 1951, S. 8f.
45 Die Tat vom 6. Mai 1950, 1. Jg., Nr. 8, S. 2.
46 Zitiert nach Peter Dudek / Hans-Gerd Jaschke, Entstehung und Entwicklung des Rechtsextremismus in der Bundesrepublik – Zur Tradition einer besonderen politischen Kultur, Bd. 1, Opladen 1984, S. 154.
47 Die Neue Zeitung vom 2. Mai 1950.
48 Die Tat vom 13. Mai 1950, 1. Jg., Nr. 9, S. 1.
49 Sozialistischer Informations-Dienst, hrsg. vom Parteivorstand der KPD, Nr.III/109, Frankfurt a. M., 12. Mai 1950, S. 2.
50 Hamburger Abendblatt vom 26. Mai 1950.
51 SPD-Vorstand (Hg.), Protokoll der Verhandlungen des Parteitages der SPD vom 21.-25. Mai 1950 in Hamburg, S. 268.
52 Was War Wann – 1950, Hamburg 1950, S. 230f., Abschnitt B.
53 Die Neue Zeitung vom 26. Mai 1950.
54 Bertolt Brecht, Arbeitsjournal Bd. 2, 1942–1955, Frankfurt 1973, S. 564.
55 Archiv der Gegenwart vom 29. Mai 1950, XX. Jg., S. 2408.
56 Allgemeine Wochenzeitung der Juden in Deutschland vom 9. Juni 1950, 5. Jg., Nr. 9, S. 1.
57 Allgemeine Wochenzeitung der Juden in Deutschland vom 23. Juni 1950, 5. Jg., Nr. 11, S. 3.
58 Archiv der Gegenwart vom 7. Juni 1950, XX. Jg., S. 2424.
59 Was War Wann – 1950, Hamburg 1950, S. 261, Abschnitt B.
60 Die Tat vom 24. Juni 1950, 1. Jg., Nr. 15, S. 1.
61 Zehn Fragen an Jean-Paul Sartre – NP-Interview während des Aufenthaltes in Frankfurt, in: Frankfurter Neue Presse vom 26. Juni 1950.
62 Tito, Govori i članci (Reden und Aufsätze) Bd.V, Belgrad 1959, S. 218f., zitiert nach Gottfried Prunkl / Axel Rühle, Tito – In Selbstzeugnissen und Bilddokumenten, Reinbek 1973, S. 127.
63 Der Monat, 2. Jg., Juli/August 1950, Nr. 22/23, S. 356.
64 A.a.O., S. 472.
65 Die Neue Zeitung vom 28. Juni 1950.
66 Jörn Bopp, Antisemitische Äußerung eines Richters, in: Frankfurter Rundschau vom 11. Juli 1950.
67 Ebenda.
68 Die Neue Zeitung vom 10. Juli 1950.
69 Ebenda.
70 Der Spiegel vom 4. April 1956, 10. Jg., Nr. 14, S. 21.
71 Verhandlungen des Deutschen Bundestages, Stenographische Berichte, Bd. 4, Bonn 1950, 12. Juli 1950, S. 2633f.
72 Der Tagesspiegel vom 13. Juli 1950.
73 Günther Birkenfeld, Freie Wahl durch Schweigen, 20. Juli 1950, S. 1f. (Manuskript), zitiert nach Kai-Uwe Merz, Kalter Krieg als antikommunistischer Widerstand – Die Kampf-

gruppe gegen Unmenschlichkeit 1948-1959, München 1987, S. 118.
74 Archiv der Gegenwart vom 26. Juli 1950, XX. Jg., S. 2505.
75 Die Frau von Heute, 1. Jg., Nr. 1, August 1950, Editorial.
76 Die Tat vom 12. August 1950, 1. Jg., Nr. 22, S. 8.
77 Karl Korsch, Zehn Thesen über Marxismus heute, in: ders., Politische Texte herausgegeben und eingeleitet von Erich Gerlach und Jürgen Seifert, Wiener Neustadt o.J., S. 385.
78 Was War Wann – 1950, Hamburg 1950, S. 351, Abschnitt C.
79 Der Spiegel vom 10. August 1950, 4. Jg., Nr. 32, S. 16f.
80 Hessische Nachrichten vom 8. August 1950.
81 Ludwig Erhard, Deutsche Wirtschaftspolitik – Der Weg der sozialen Marktwirtschaft, Düsseldorf 1992, S. 124.
82 Ebenda.
83 Zitiert nach Johannes Hohlfeld (Hg.), Dokumente der Deutschen Politik und Geschichte von 1948 bis zur Gegenwart, Bd. VI, West-Berlin o.J., S. 531 ff.
84 Satzung der Reichsjugend, Hannover, 9. Juli 1950, S. 1; zitiert nach Richard Stöss (Hg.), Parteien-Handbuch – Die Parteien der Bundesrepublik von 1945 bis 1980, Bd. 4, Opladen 1986, S. 2323.
85 Zitiert nach Lorenz Knorr, Geschichte der Friedensbewegung in Deutschland, Köln 1983, S. 44.
86 Peter Brandt / Jörg Schuhmacher / Götz Schwarzrock / Klaus Sühl, Karrieren eines Außenseiters – Leo Bauer zwischen Kommunismus und Sozialdemokratie 1912 bis 1972, Bonn 1983, S. 197.
87 Archiv der Gegenwart vom 25. August 1950, XX. Jg., S. 2546.
88 Fritz Bauer u.a. (Red.), Justiz und NS-Verbrechen, Bd. VII, Amsterdam 1971, S. 282.
89 Metall vom 13. September 1950, 2. Jg., Nr. 19, S. 2.
90 Aktennotiz Heinemann, 31. August 1950, zitiert nach Josef Müller, Die Gesamtdeutsche Volkspartei, Düsseldorf 1990, S. 40.
91 Gustav Heinemann, Was Dr. Adenauer vergißt – Notizen zu einer Biographie, in: Frankfurter Hefte, 11. Jg., Heft 7, Juli 1956, S. 463.
92 Der Spiegel vom 31. August 1950, 4. Jg., Nr. 35, S. 18.
93 Ebenda.
94 Schreiben des KPD-Zentralkomitees vom 24. Januar 1951 an die Kreisvorstände der Partei, in: Die Neue Zeitung vom 29. März 1951.
95 Der Spiegel vom 13. September 1950, 4. Jg., Nr. 37, S. 29.
96 Archiv der Gegenwart vom 5. September 1950, XX. Jg., S. 2567.
97 Günter Mick, Den Frieden gewinnen – Das Beispiel Frankfurt 1945 bis 1951, Frankfurt 1985, S. 186.
98 Archiv der Gegenwart vom 7. September 1950, XX. Jg., S. 2570.
99 Zitiert nach Tilman Fichter, SDS und SPD – Parteilichkeit jenseits der Partei, Opladen 1988, S. 124.
100 Rudolf Rolfs, Rost im Chrom – Stichworte, Stories, Stellungnahmen, ausgewählt von Volker Michels, Frankfurt 1989, S. 63.
101 Zitiert nach Ernst Niekisch, Erinnerungen eines deutschen Revolutionärs, Zweiter Band, Gegen den Strom 1945–1967, Köln 1974, S. 123.
102 Zitiert nach Konrad Adenauer, Erinnerungen 1945–1953, Stuttgart 1965, S. 364.
103 Archiv der Gegenwart vom 17. September 1950, XX. Jg., S. 2585.
104 Erich Lüth, Kein Maulkorb für Beamte, in: Die Neue Zeitung vom 25. April 1951.
105 Zitiert nach Günther Scholz, Kurt Schumacher, Düsseldorf – Wien – New York 1988, S. 273f.
106 Zitiert nach Jörg Friedrich, Freispruch für die NS-Justiz – Die Urteile gegen NS-Richter seit 1948, Eine Dokumentation, Reinbek 1983, S. 182.
107 Ernst Fischer, Das Ende einer Illusion, Erinnerungen 1945–1955, Wien–München–Zürich 1973, S. 305f.
108 Zitiert nach Theo Pirker, Die blinde Macht – Die Gewerkschaftsbewegung in Westdeutschland, Bd. 1, München 1960, S. 185.
109 Die Frau von heute, 1. Jg., Nr. 3, Oktober 1950.
110 Erwin Holst, Unsere Männer – die Kriegsverbrecher, Die Geschichte eines Presseskandals im neuen Deutschland, in: Aufbau vom 27. Oktober 1950, 16. Jg., Nr. 43, S. 1f.
111 Uwe Jakomeit, Kritik und Leidenschaft – Der einst vertriebene Leo Kofler zu Besuch in der DDR, in: Frankfurter Rundschau vom 18. Juni 1990.
112 Joachim Beckmann (Hg.), Kirchliches Jahrbuch 1950, Gütersloh, S. 149.
113 Karl Wilhelm Fricke, Politik und Justiz in der DDR – Zur Geschichte der politischen Verfolgung 1945–1968, Bericht und Dokumentation, Köln 1979, S. 168.
114 A.a.O., S. 241.
115 John J. McCloy, Warum ich die Stockholmer Friedenspetition nicht unterschrieb, in: Aufbau vom 6. Oktober 1950, 16. Jg., Nr. 40, S. 1.
116 Gustav Heinemann, Warum ich zurückgetreten bin, in: Stuttgarter Zeitung vom 18. Oktober 1950.
117 Hans Speidel, Aus unserer Zeit – Erinnerungen, Frankfurt/Wien 1977, S. 275f.
118 Die Neue Zeitung vom 16. Oktober 1950.
119 Sonderdruck der Stimme der Gemeinde, o.J., aus: Zentralarchiv der Evangelischen Kirche in Hessen und Nassau, Bestand 62: Akzidenz-Nr. 1308.
120 Ebenda.
121 Konrad Adenauer, »Deutschlands Stellung und Aufgabe in der Welt« – Rede auf dem 1. Bundesparteitag der CDU in Goslar, in: Konrad Adenauer, Reden 1917–1967, Eine Auswahl, Stuttgart 1975, S. 184f.
122 Ebenda.
123 Neue Züricher Zeitung vom 23. Oktober 1950.
124 Ebenda.
125 Archiv der Gegenwart vom 24. Oktober 1950, XX. Jg., S. 2642.
126 Der Spiegel vom 1. November 1950, 4. Jg., Nr. 44, S. 5.
127 Frankfurter Rundschau vom 4. Dezember 1950.
128 Aufruf zur Bildung der »Dritten Front«, Hamburg 31. Oktober 1950; zitiert nach Klaus von Schubert, Wiederbewaffnung und Westintegration, Stuttgart 1970, S. 133.
129 Heinrich Ackermann, Zur Frage der Strafwürdigkeit des homosexuellen Verhaltens des Mannes, in: Fritz Bauer / Hans Bürger-Prinz / Hans Giese / Herbert Jäger (Hg.), Sexualität und Verbrechen – Beiträge zur Strafrechtsreform, Frankfurt 1963, S. 153.
130 Die Neue Zeitung vom 8. November 1950.
131 Die Neue Zeitung vom 13. November 1950.
132 Bertrand Russell, Blick in die Zukunft, in: Stuttgarter Zeitung vom 14. November 1950.
133 Archiv der Gegenwart vom 22. November 1950, XX. Jg., S. 2683.
134 Was War Wann – 1950, Hamburg 1950, S. 513, Abschnitt E.
135 Zitiert nach Lorenz Knorr, Geschichte der Friedensbewegung in der Bundesrepublik, Köln 1983, S. 55.
136 Karl Wilhelm Fricke, Politik und Justiz in der DDR – Zur Geschichte der politischen Verfolgung 1945–1968, Bericht und Dokumentation, Köln 1979, S. 242.
137 Archiv der Gegenwart vom 3. Dezember 1950, XX. Jg., S. 2699.
138 Gustav Heinemann, Evangelische Kirche in Deutschland heute und die Wiederaufrüstung, in: Diether Koch, Heinemann und die Deutschlandfrage, München 1972, S. 523.

139 L. Sch.-K., Skandal um Werner Krauss, in: Allgemeine Wochenzeitung der Juden in Deutschland vom 15. Dezember 1950, 5. Jg., Nr. 36, S. 5.
140 Helmuth Warnke, Bloß keine Fahnen – Auskunft über schwierige Zeiten 1923–1954, Hamburg 1988, S. 147f.
141 Erklärung gegen neue Harlan-Filme, in: Frankfurter Rundschau vom 9. Dezember 1950.
142 Archiv der Gegenwart vom 14. Dezember 1950, XX. Jg., S. 2715.
143 Archiv der Gegenwart vom 16. Dezember 1950, XX. Jg., S. 2720.
144 Die Neue Zeitung vom 20. Dezember 1950.
145 René Leudesdorff, Wir befreien Helgoland, Husum 1987, S. 36.
146 Was War Wann – 1951, Hamburg 1951, S. 13, Abschnitt F.
147 Ulrich Noack (Hg.), Für die Wiedervereinigung Deutschlands in Freiheit, o.O., o.J., S. 4.
148 Was War Wann – 1950, Hamburg 1950, S. 565, Abschnitt E.
149 Robert Wistrich, Wer war wer im Dritten Reich, München 1983, S. 57.

1951

1 Theodor Plivier, Ich trete aus der deutschen PEN-Gruppe aus, in: Die Neue Zeitung vom 2. Januar 1951.
2 Die Neue Zeitung vom 16. Januar 1951.
3 Allgemeine Wochenzeitung der Juden in Deutschland vom 12. Januar 1951.
4 Archiv der Gegenwart vom 10. Februar 1951, XXI. Jg., S. 2811.
5 Ebenda.
6 Die Tat vom 13. Januar 1951, 2. Jg., Nr. 2, S. 1.
7 Frankfurter Rundschau vom 13. Januar 1951.
8 Klaus-Jörg Ruhl (Hg.), »Mein Gott, was soll aus Deutschland werden?« Die Adenauer-Ära 1949–1963, München 1985, S. 128.
9 Fritz Bauer u.a. (Red.), Justiz und NS-Verbrechen Bd. VIII, Amsterdam 1972, S. 127.
10 Klaus Kreimeier, Kino und Filmindustrie in der BRD – Ideologieproduktion und Klassenwirklichkeit nach 1945, Kronberg 1973, S. 153.
11 Neue Ruhr-Zeitung vom 23. Januar 1951.
12 Archiv der Gegenwart vom 22. Januar 1951, XXI. Jg., S. 2786.
13 Rhein-Neckar-Zeitung vom 23. Januar 1951.
14 Klaus Budzinski, Pfeffer ins Getriebe – So ist und wurde das Kabarett, München 1982, S. 209.
15 Die Tat vom 3. Februar 1951, 2. Jg., Nr. 5, S. 1.
16 Was War Wann 1951, Hamburg 1951, S. 37, Abschnitt D.
17 Was War Wann 1951, Hamburg 1951, S. 32, Abschnitt B.
18 Konrad Adenauer, Erinnerungen 1945–1953, Stuttgart 1965, S. 416f.
19 Ebenda.
20 Die Neue Zeitung vom 3. Februar 1951.
21 Ebenda.
22 Ebenda.
23 Süddeutsche Zeitung vom 2. Februar 1951.
24 Zitiert nach Johannes Ebert / Andreas Schmid, Chronik 1951, Dortmund 1990, S. 35.
25 Frankfurter Rundschau vom 5. Februar 1951.
26 Die Frau von heute, 2. Jg., Nr. 3, März 1951.
27 Konrad Adenauer, Erinnerungen 1945–1953, Stuttgart 1965, S. 420.
28 Zitiert nach Konrad Adenauer, Erinnerungen 1953–1955, Stuttgart 1966, S. 82.
29 Cuxhavener Zeitung vom 15. Februar 1951.
30 Konrad Adenauer, Erinnerungen 1945–1953, Stuttgart 1965, S. 448.
31 Main-Post vom 22. März 1951.
32 Deutsche Universitätszeitung vom 30. März 1951, VI. Jg., Nr. 6, S. 21f.
33 Was War Wann 1951, Hamburg 1951, S. 81, Abschnitt B.
34 Urteil des Landgerichts Eberswalde vom 23. Februar 1951, Archiv des Gesamtdeutschen Instituts, Bonn, Nr. 365/1951; zitiert nach Karl Wilhelm Fricke, Politik und Justiz in der DDR – Zur Geschichte der politischen Verfolgung 1945–1968, Bericht und Dokumentation, Köln 1979, S. 245.
35 Die Neue Zeitung vom 16. März 1951.
36 Allgemeine Zeitung vom 24. Februar 1951.
37 Deutsche Universitätszeitung vom 9. März 1951, VI. Jg., Nr. 5, S. 19.
38 Aufbau vom 16. März 1951, 17. Jg., Nr. 11, S. 3.
39 Hamburger Volkszeitung vom 2. März 1951.
40 Günter Mick, Den Frieden gewinnen – Das Beispiel Frankfurt 1945 bis 1951, Frankfurt 1985, S. 212.

41 A.a.O., S. 211.
42 Dieter Fritko, Fragwürdige Volksbefragung, in: Frankfurter Rundschau vom 30. März 1951.
43 Die Neue Zeitung vom 30. März 1951.
44 Die gegenwärtige Lage und die Aufgaben der KPD – Entschließung des Münchner Parteitags, zitiert nach Günter Judick / Josef Schleifstein / Kurt Steinhaus, KPD 1945–1968, Dokumente, Bd. 1, Neuss 1989, S. 371.
45 Zitiert nach Konrad Adenauer, Erinnerungen 1953–1955, Stuttgart 1966, S. 134.
46 Der Spiegel vom 21. März 1951, 5. Jg., Nr. 12, S. 17.
47 Dokumentation der Zeit vom April 1951, 3. Jg., Heft 16, S. 663.
48 Fritz Erler, Offener Brief zur Landsbergaktion, in: Die Freiheit vom 22. März 1951.
49 Freies Volk vom 31. März 1951.
50 Bodo Uhse, Vom Wort zur Tat, in: Aufbau, Ost-Berlin, Heft 4/51.
51 Zitiert nach Lorenz Knorr, Geschichte der Friedensbewegung in der Bundesrepublik, Köln 1983, S. 55.
52 Archiv der Gegenwart vom 26 März 1951, XXI. Jg., S. 2874.
53 Die Welt vom 29. März 1951.
54 Hessischer Minister des Innern (Hg.), »Technischer Dienst des Bundes Deutscher Jugend« (BDJ), Wiesbaden 1959 (Typoskript), S. 93.
55 A.a.O., S. 94.
56 Simon Wiesenthal, Die Maske fällt – Antisemitische Ausschreitungen in der »Festspielstadt« Salzburg, in: Aufbau vom 13. April 1951, 17. Jg., Nr. 15, S. 2.
57 Welt am Sonntag vom 18. Februar 1951.
58 Zitiert nach Peter Kaiser / Norbert Moc / Heinz-Peter Zierholz, Schüsse in Dallas – Politische Morde 1948 bis 1984, Ost-Berlin 1988, S. 77.
59 Was War Wann 1951, Hamburg 1951, S. 152, Abschnitt D.
60 Berliner Zeitung (Ost-Berlin) vom 13. April 1951.
61 Dokumentation der Zeit, Heft 16, April 1951, S. 662.
62 Die Tat vom 21. April 1951, 2. Jg., Nr. 16, S. 17.
63 Die Tat vom 5. Mai 1951, 2. Jg., Nr. 18, S. 4.
64 Günter Eich, Träume, Frankfurt 1953, S. 189.
65 Gemeinsames Ministerialblatt, herausgegeben vom Bundesministerium des Innern, 2. Jg., 8. Mai 1951, Nr. 11.
66 Verhandlungen des Deutschen Bundestages, Stenographische Berichte, Bd. 7, Bonn 1951, 26. April 1951, S. 5489.
67 A.a.O., S. 5490.
68 Zitiert nach Herbert Szezinowski, Friedenskampf um Helgoland – Eine dokumentarische Erzählung, Frankfurt 1985, S. 116.
69 Allgemeine Wochenzeitung der Juden in Deutschland vom 11. Mai 1951, 6. Jg., Nr. 5, S. 4.
70 Frankfurter Rundschau vom 12. Mai 1951.
71 Zitiert nach dem Urteil im Prozeß des Landgerichts Braunschweig gegen Otto Ernst Remer vom 15. März 1952, in: Herbert Kraus, Die im Braunschweiger Remerprozeß erstatteten moraltheologischen und historischen Gutachten nebst Urteil, Hamburg 1953, S. 106f.
72 Archiv der Gegenwart vom 4. Mai 1951, XXI. Jg., S. 2926.
73 Was War Wann 1951, Hamburg 1951, S. 205, Abschnitt G.
74 Die Neue Zeitung vom 5. Mai 1951.
75 Deutsche Universitätszeitung vom 25. Mai 1951, 6. Jg., Heft 10, S. 22.
76 K. Michael Salzer, Nationaler Europa-Kongreß in Schweden war ein Treffen ehemaliger Faschisten, in: Die Neue Zeitung vom 19. Mai 1951.
77 Was War Wann 1951, Hamburg 1951, S. 203, Abschnitt D.
78 Dokumentation der Zeit, Heft 18, Juni 1951, S. 775.
79 Was War Wann 1951, Hamburg 1951, S. 254, Abschnitt B.
80 Deutsche Universitätszeitung vom 1. Juni 1951, 6. Jg., Heft 11, S. 1.
81 Erklärung des Helgoländer Fischervereins, in: Cuxhavener Rundschau vom 31. Mai 1951.
82 Washington Post vom 7. Juni 1951, zitiert nach Presse- und Funkbericht für die Abgeordneten des Deutschen Bundestages, herausgegeben vom Deutschen Bundes-Verlag, 1. Jg., Nr. 6, S. 1.
83 Jean-Paul Sartre, Krieg im Frieden 1 – Artikel, Aufrufe, Pamphlete 1948–1954, hrsg. von Traugott König, Reinbek 1982, S. 308.
84 Ebenda.
85 Allgemeine Wochenzeitung der Juden in Deutschland vom 22. Juni 1951, 6. Jg., Nr. 11, S. 1.
86 Verhandlungen des Deutschen Bundestages, Stenographische Berichte, Bd. 8, Bonn 1951, 15. Juni 1951, S. 6102.
87 Die Welt vom 15. Juni 1963.
88 Zitiert nach Hans-Georg Stümke / Rudi Finkler, Rosa Winkel, Rosa Listen – Homosexuelle und »Gesundes Volksempfinden« von Auschwitz bis heute, Reinbek 1981, S. 357.
89 Was War Wann 1951, Hamburg 1951, S. 277, Abschnitt B.
90 Zitiert nach Klaus von Schubert, Wiederbewaffnung und Westintegration – Die innere Auseinandersetzung um die militärische und außenpolitische Orientierung der Bundesrepublik 1950–1952, Stuttgart 1970, S. 140.
91 Protokoll über den Empfang französischer Journalisten bei Adenauer am 28. Juni 1951 im Palais Schaumburg (Manuskript), Archiv des Presse- und Informationsamts der Bundesregierung, S. 6.
92 Julius Braunthal, Geschichte der Internationale, Bd. 3, Hannover 1971, S. 237.
93 Frankfurter Rundschau vom 7. Juli 1951.
94 Archiv der Gegenwart vom 9. Juli 1951, XXI. Jg., S. 3017.
95 Adenauer-Rede vom 9. Juli 1951 in Essen (Manuskript), Archiv des Presse-und Informationsamtes der Bundesregierung, S. 15.
96 Zitiert nach Günther Scholz, Kurt Schumacher, Düsseldorf-Wien-New York 1988, S. 281.
97 Herbert Wehner, »Rettet die Jungens!« – Hilferufe aus Thüringen – Jugend hinter Gefängnisgittern und Stacheldraht, in: Metall vom 13. Juni 1951, 3. Jg., Nr. 12, S. 3.
98 Dokumentation der Zeit, 3. Jg., Heft 20, August 1951, S. 5890.
99 Zitiert nach Theo Pirker, Die blinde Macht – Die Gewerkschaftsbewegung in Westdeutschland, München 1960, S. 221.
100 Archiv der Gegenwart vom 29. Juli 1951, XXI. Jg., S. 3046.
101 Wiesbadener Kurier vom 30. Juni 1951.
102 Der Sämann vom 4. September 1951.
103 Harry Thürk, In allen Sprachen – Eine Reportage von den II. Weltfestspielen der Jugend und Studenten Berlin 1951, Ost-Berlin 1953, S. 153.
104 Archiv der Gegenwart vom 20. August 1951, XXI. Jg., S. 3078.
105 Die gegenwärtige Lage und die Aufgaben der KPD – Entschließung des Münchener Parteitages, in: Günter Judick / Josef Schleifstein / Kurt Stein haus (Hg.), KPD 1945–1968, Dokumente, Bd. 1, 1945–1952, Frankfurt 1989, S. 355f.
106 Tägliche Rundschau vom 14. August 1951.
107 Archiv der Gegenwart vom 10. Februar 1953, XXIII. Jg., S. 3866.
108 Die Neue Zeitung vom 16. Februar 1953.
109 Bundesministerium für Gesamtdeutsche Fragen (Hg.), SBZ von 1945 bis 1954 – Die Sowjetische Besatzungszone Deutschlands in den Jahren 1945 bis 1954, Bonn 1956, S. 162.
110 Die Neue Zeitung vom 20. August 1951.
111 Zitiert nach Ingeborg Nödinger, Frauen gegen Wiederaufrüstung – Der Demokratische Frauenbund Deutschland im antimilitaristischen Widerstand (1950–1957), Frankfurt 1983, S. 63.

112 Zitiert nach Theo Pirker, Die blinde Macht – Die Gewerkschaftsbewegung in Westdeutschland, München 1960, S. 227.
113 Hermann Grote, Der Streik – Taktik und Strategie, Köln 1952, S. 142.
114 Erich Lüth, Wir suchen Frieden mit Israel, in: Die Neue Zeitung vom 31. August 1951.
115 Ebenda.
116 Allgemeine Wochenzeitung der Juden in Deutschland vom 7. September 1951, 6. Jg., Nr. 22, S. 5.
117 Elimar Schubbe (Hg.), Dokumente zur Kunst-, Literatur- und Kulturpolitik der SED, Stuttgart 1972, S. 208.
118 Berliner Zeitung vom 4. September 1951.
119 Der Stahlhelm, Oktober 1951, S. 1.
120 Rudolf Küstermeier, Friede mit Israel, in: Die Welt vom 1. September 1951.
121 Zitiert nach Günther Scholz, Kurt Schumacher, Düsseldorf-Wien-New York 1988, S. 283.
122 Ebenda.
123 Archiv der Gegenwart vom 9. September 1951, XXI. Jg., S. 3105.
124 Der Spiegel vom 19. September 1951, 5. Jg., Nr. 38, S. 6f.
125 Archiv der Gegenwart vom 25. September 1951, XXI. Jg., S. 3131.
126 Die Tat vom 15. September 1951, 2. Jg., Nr. 37, S. 3.
127 Zitiert nach Jürgen Briem, Der SDS – Die Geschichte des bedeutendsten Studentenverbandes der BRD seit 1945, Frankfurt 1976, S. 53.
128 Hamburger Echo vom 17. September 1951.
129 Die Neue Zeitung vom 18. September 1951.
130 Ebenda.
131 Die Neue Zeitung vom 18. September 1951.
132 Rundfunkansprache des 1. Vorsitzenden der SPD, Dr. Kurt Schumacher, vom 18. September 1951, in: Europa-Archiv vom 5. Oktober 1951, S. 4407.
133 Reinhold Schneider, In Freiheit und Verantwortung, in: Klaus Wagenbach / Winfried Stephan / Michael Krüger (Hg.), Vaterland, Muttersprache – Deutsche Schriftsteller und ihr Staat seit 1945, West-Berlin 1979, S. 107.
134 Frankfurter Rundschau vom 22. September 1951.
135 Ebenda.
136 Archiv der Gegenwart vom 26. September 1951, XXI. Jg., S. 3132.
137 Bertolt Brecht, Gesammelte Werke, Bd. 19, Frankfurt 1967, S. 496.
138 Verhandlungen des Deutschen Bundestages, Stenographische Berichte, Bd. 9, Bonn 1951, 27. September 1951, S. 6699.
139 Archiv der Gegenwart vom 27. September 1951, XXI. Jg., S. 3135.
140 Archiv der Gegenwart vom 4. Oktober 1951, XXI. Jg., S. 3143.
141 Frankfurter Rundschau vom 1. Oktober 1951.
142 Armin Eichholz, Welzheimer Marginalien, in: Die Neue Zeitung vom 27./28. Oktober 1951.
143 Hermann Zolling, Neofaschistische Organisationen unter der Oberfläche, in: Frankfurter Rundschau vom 12. November 1951.
144 Archiv der Gegenwart vom 4. Oktober 1951, XXI. Jg., S. 3143.
145 Die Tat vom 20. Oktober 1951, 2. Jg., Nr. 42, S. 6.
146 Zitiert nach Friedrich Karl Kaul, Der Kampf um die Wahrheit, in: Mitteilungsblatt der Vereinigung Demokratischer Juristen Deutschlands, Ost-Berlin 1952, Heft 7, S. 26.
147 Zitiert nach Ingeborg Nödinger, Frauen gegen Wiederaufrüstung – Der Demokratische Frauenbund Deutschland im antimilitaristischen Widerstand (1950–1957), Frankfurt 1983, S. 69.
148 Frankfurter Rundschau vom 8. Oktober 1951.
149 Die Tat vom 13. Oktober 1951, 2. Jg., Nr. 41, S. 1.
150 Zitiert nach Klaus von Schubert, Wiederbewaffnung und Westintegration – Die innere Auseinandersetzung um die militärische und außenpolitische Orientierung der Bundesrepublik 1950–1952, Stuttgart 1970, S. 141.
151 Zitiert nach Ingeborg Nödinger, Frauen gegen Wiederaufrüstung – Der Demokratische Frauenbund Deutschland im antimilitaristischen Widerstand (1950–1957), Frankfurt 1983, S. 69.
152 Die Frau von heute, 2. Jg., Nr. 11, November 1951, S.
153 Verhandlungen des Deutschen Bundestages, Stenographische Berichte, Bd. 9, Bonn 1951, 16. Oktober 1951, S. 6930.
154 Zweiter Parteitag der Christlich-Demokratischen Union Deutschlands, Karlsruhe 18.-21.10. 1951, Bonn o.J., S. 163.
155 Hans Mayer, Ein Deutscher auf Widerruf – Erinnerungen II, Frankfurt 1984, S. 69.
156 Zitiert nach Ludwig Joseph, Gerichtsurteil mit rassischer Begründung, in: Allgemeine Wochenzeitung der Juden in Deutschland vom 16. November 1951, 6. Jg., Nr. 32, S. 5.
157 Ebenda.
158 Deutscher Friedensrat (Hg.), Weltfriedensbewegung – Entschließungen und Dokumente, o.O., o.J., S. 84.
159 Die Neue Zeitung vom 12. November 1951.
160 Der Spiegel vom 21. November 1951, 5. Jg., Nr. 47, S. 5f.
161 Verhandlungen des Deutschen Bundestages, Stenographische Berichte, Bd. 9, Bonn 1951, 15. November 1951, S. 7185.
162 Ebenda.
163 Frankfurter Rundschau vom 17. November 1951.
164 Archiv der Gegenwart vom 19. November 1951, XXI. Jg., S. 3206.
165 Helmut Lindemann, Gustav Heinemann – Ein Leben für die Demokratie, München 1978, S. 120.
166 Der Spiegel vom 19. Dezember 1951, 5. Jg., Nr. 51, S. 13.
167 Zitiert nach Stefan Appelius, Pazifismus in Westdeutschland – Die Deutsche Friedensgesellschaft 1945–1968, Band I, Aachen 1991, S. 291.
168 Zitiert nach Theo Pirker, Die blinde Macht, Bd. 1, West-Berlin 1979, S. 231f.
169 Archiv der Gegenwart vom 4. Dezember 1951, XXI. Jg., S. 3228.
170 Ebenda.
171 Allgemeine Wochenzeitung der Juden in Deutschland vom 13. Juni 1952, 7. Jg., Nr. 10, S. 9.
172 Wilhelm Simpfendörfer, Macht endgültig Schluß mit der Entnazifizierung, in: Leonberger Kreiszeitung vom 4. Dezember 1951.
173 Alfred Kantorowicz, Deutsches Tagebuch, Bd. 2, West-Berlin 1979, S. 254f.
174 Frankfurter Rundschau vom 15. Dezember 1951.

1952

1 »Soldbuch der Freiheit«, in: Deutsche Universitätszeitung vom 25. Januar 1952, 7. Jg., Nr. 2, S. 23.
2 Ebenda.
3 Der Deutsche Soldatenkalender 1954, München, S. 166f.
4 Jean-Paul Sartre, Wider das Unrecht – Die Affäre Henri Martin, Reinbek 1983, S. 207.
5 Zitiert nach Annie Cohen-Solal, Sartre 1905–1980, Reinbek 1988, S. 504.
6 Jean-Paul Sartre, Wider das Unrecht, Ost-Berlin 1955.
7 Der Spiegel vom 2. Januar 1952, 6. Jg., Nr. 1, S. 5.
8 Ebenda.
9 Roland H. Wiegenstein / Fritz J. Raddatz (Hg.), Interview mit der Presse – 12 internationale Zeitungen stellen sich, Reinbek 1964, S. 44.
10 Archiv der Gegenwart vom 4. Januar 1952, XXII. Jg., S. 3281.
11 Ebenda.
12 Die Neue Zeitung vom 11. Januar 1952.
13 Israel – Das Dorf und Gottes Erde, in: Der Spiegel vom 23. Januar 1952, 6. Jg., Nr. 4, S. 18.
14 Frankfurter Rundschau vom 7. Januar 1952.
15 Zitiert nach Heribert Adam, Studentenschaft und Hochschule – Möglichkeiten und Grenzen studentischer Politik, Frankfurt 1965, S. 85f.
16 Die Neue Zeitung vom 19. Januar 1952.
17 Ebenda.
18 Otto Häcker, Testfall der Demokratie, in: Stuttgarter Zeitung vom 9. Februar 1952.
19 Frankfurter Rundschau vom 14. Januar 1952.
20 Ebenda.
21 DGB-Nachrichtendienst der Pressestelle Düsseldorf vom 21. Januar 1952.
22 Frankfurter Allgemeine Zeitung vom 24. Januar 1952.
23 Deutsche Universitätszeitung vom 8. Februar 1952, VII. Jg., Nr. 3, S. 21.
24 Erich Lüth, Die Friedensbitte an Israel 1951 – Eine Hamburger Initiative, Hamburg o. J., S. 47.
25 Zitiert nach Lorenz Knorr, Geschichte der Friedensbewegung in der Bundesrepublik, Köln 1983, S. 36.
26 Deutsche Universitätszeitung vom 8. Februar 1952, VII. Jg., Nr. 3, S. 21.
27 Ebenda.
28 Frankfurter Rundschau vom 29. Januar 1952.
29 Sympathie-Erklärung von Göttinger Professoren für Harlan-Demonstranten, in: Die Neue Zeitung vom 5. Februar 1952.
30 ASTA Gießen nimmt Stellung zu Freiburger Zwischenfällen, in: Frankfurter Rundschau vom 30. Januar 1952.
31 Der Kampf um den Wehrbeitrag, 1. Halbband: Die Feststellungsklage, München 1952, S. 4.
32 Archiv der Gegenwart vom 1. Februar 1952, XXII. Jg., S. 3323.
33 Weitere Proteste gegen Aufführung von Harlan-Filmen, in: Die Neue Zeitung vom 2. Februar 1952.
34 Die Tat vom 16. Februar 1952, 3. Jg., Nr. 7, S. 8.
35 Archiv der Gegenwart vom 21. Februar 1952, XXII. Jg., S. 3355.
36 Ebenda.
37 Franz Josef Strauß, Die Erinnerungen, West-Berlin 1989, S. 162f.
38 Gaby Swiderski, Die Westdeutsche Frauen-Friedensbewegung in den fünfziger Jahren, ergebnisse Nr. 21, Hamburg Juli 1983, S. 26.
39 Süddeutsche Zeitung vom 11. Februar 1952.
40 Neues Deutschland vom 13. Februar 1952.
41 Archiv der Gegenwart vom 16. Februar 1952, XXII. Jg., S. 3344.
42 Hans-Henning Kaps, Um ein neues Geschichtsbild, in: Deutsche Opposition vom 24. Oktober 1951.
43 Der Spiegel vom 27. Februar 1952, 6. Jg., Nr. 9, S. 28.
44 Die Neue Zeitung vom 1. März 1952.
45 Eugen Kogon, Die Aussichten der Restauration – Über die gesellschaftlichen Grundlagen der Zeit, in: Frankfurter Hefte, 7. Jg., Heft 3, März 1952, S. 175.
46 Zitiert nach René Leudesdorff, Wir befreien Helgoland – Die friedliche Invasion 1950/51, Husum 1983, S. 262f.
47 Archiv der Gegenwart vom 5. März 1952, XXII. Jg., S. 3373.
48 Andrzej Wirth, »Es gibt keinen jüdischen Wohnbezirk in Warschau mehr« – Stroop-Bericht, Darmstadt-Neuwied 1976.
49 Die Neue Zeitung vom 8. März 1952.
50 Klaus-Jörg Ruhl (Hg.), »Mein Gott, was soll aus Deutschland werden?« Die Adenauer-Ära 1949–1963, München 1985, S. 130f.
51 Frankfurter Allgemeine Zeitung vom 12. März 1952.
52 Steglitzer Anzeiger vom 14. März 1952.
53 Petition, in: Diether Koch, Heinemann und die Deutschlandfrage, München 1972, S. 539.
54 Die Neue Zeitung vom 14. März 1952.
55 Die Neue Zeitung vom 17. März 1952.
56 Hauptausschuß gegen Remilitarisierung, für den Abschluß eines Friedensvertrages: Aufruf, in: Eckart Dietzfelbinger, Die westdeutsche Friedensbewegung 1948 bis 1955, Köln 1984, S. 445.
57 Archiv der Gegenwart vom 20. März 1952, XXII. Jg., S. 3394.
58 Die Neue Zeitung vom 18. März 1952.
59 Bulletin des Presse- und Informationsamtes der Bundesregierung vom 26. Juni 1952, Bonn 1952, Nr. 118, S. 1002.
60 Der Spiegel vom 9. Juli 1952, 6. Jg., Nr. 28, S. 9.
61 Zitiert nach Christian Zentner, Illustrierte Geschichte der Ära Adenauer, München 1984, S. 151.
62 Die Tat vom 5. April 1952, 3. Jg., Nr. 14, S. 3.
63 A.a.O., S. 4.
64 Zitiert nach Jörg Friedrich, Die kalte Amnestie – NS-Täter in der Bundesrepublik, Frankfurt 1984, S. 226.
65 Zitiert nach Christian Pross, Wiedergutmachung – Der Kleinkrieg gegen die Opfer, Frankfurt 1988, S. 59.
66 Die Tat vom 12. April 1952, 3. Jg., Nr. 15, S. 8.
67 Ebenda.
68 Der Spiegel vom 15. Oktober 1952, 6. Jg., Nr. 42, S. 8.
69 Aufbau vom 23. März 1951, 17. Jg., Nr. 12, S. 2.
70 Neues Deutschland vom 20. April 1952.
71 Archiv der Gegenwart vom 25. April 1952, XXII. Jg., S. 3442.
72 Die Neue Zeitung vom 23. April 1952.
73 Archiv der Gegenwart vom 3. Mai 1952, XXII. Jg., S. 3452.
74 Erich Lampey, Plädoyer eines Christen für einen jüdischen Angeklagten, in: Frankfurter Hefte, 7. Jg., Heft 5, Mai 1952, S. 316–318.
75 Archiv der Gegenwart vom 3. Mai 1952, XXII. Jg., S. 3452.
76 A.a.O., S. 3453.
77 Freies Volk vom 6. Mai 1952.
78 Archiv der Gegenwart vom 5. Mai 1952, XXII. Jg., S. 3455.
79 Warum Otto Küster zurücktrat – Das Rücktrittsschreiben des stellvertretenden Delegationsleiters an den Bundeskanzler, in: Allgemeine Wochenzeitung der Juden in Deutschland vom 30. Mai 1952, 7. Jg., Nr. 8, S. 5.
80 Klaus-Jörg Ruhl (Hg.), »Mein Gott, was soll aus Deutschland werden?« Die Adenauer-Ära 1949–1963, München 1985, S. 211f.

81 Archiv der Gegenwart vom 16. Mai 1952, XXII. Jg., S. 3473.
82 Archiv der Gegenwart vom 9. Mai 1952, XXII. Jg., S. 3462.
83 Zitiert nach Ernst Zander, Die Kampagne gegen die Remilitarisierung in Deutschland, London 1952, S. 233.
84 A.a.O., S. 228.
85 Die Welt vom 12. Mai 1952.
86 Archiv der Gegenwart vom 14. Mai 1952, XXII. Jg., S. 3468.
87 Die Welt vom 12. Mai 1952.
88 Zitiert nach Ernst Zander, Die Kampagne gegen die Remilitarisierung in Deutschland, London 1952, S. 235.
89 Die Tat vom 24. Mai 1952, 3. Jg., Nr. 21, S. 4.
90 Metall vom 28. Mai 1952, 4. Jg., Nr. 11, S. 3.
91 Ebenda.
92 Die Neue Zeitung vom 21. Mai 1952.
93 Schwere Beschuldigungen gegen Bonn – Rundfunkansprache Otto Küsters, in: Allgemeine Wochenzeitung der Juden in Deutschland vom 23. Mai 1952, 7. Jg., Nr. 7, S. 1.
94 Metall vom 11. Juni 1952, 4. Jg., Nr. 12, S. 4.
95 Neues Deutschland vom 22. Mai 1952.
96 Ebenda.
97 Hubert von Ranke, Die Frage nach der Zukunft der Kultur – Feierliche Abschlußkundgebung des Pariser Kongresses für kulturelle Freiheit, in: Die Neue Zeitung vom 3. Juni 1952.
98 Frau und Frieden, 1. Jg., Nr. 2, Juni 1952.
99 United Press vom 22. Mai 1952.
100 Hans Werner Richter, Hans Werner Richter und die Gruppe 47, Frankfurt -West-Berlin – Wien 1981, S. 70f.
101 Metall vom 28. Mai 1952, 4. Jg., Nr. 11, S. 4.
102 Der Spiegel vom 2. Juli 1958, 12. Jg., Nr. 27, S. 34.
103 Zitiert nach Konrad Adenauer, Erinnerungen 1945–1953, Stuttgart 1965, S. 531.
104 Protokolle der 1. Bundesfrauenkonferenz des DGB vom 27.-29. Mai 1952 in Mainz, S. 264f.
105 Forum von 29. Mai 1952.
106 Ebenda.
107 Archiv der Gegenwart vom 30. Mai 1952, XXII. Jg., S. 3496.
108 Bulletin des Presse- und Informationsamtes der Bundesregierung vom 6. Juni 1952, Nr. 64, S. 699.
109 Frankfurter Rundschau vom 3. Juni 1952.
110 Der Spiegel vom 26. August 1953, 7. Jg., Nr. 35, S. 14.
111 Henri Nannen, Hinaus aus Deutschland mit dem Schuft! – Hans Habe: »Alle Deutschen sollen brennen«, in: Der Stern vom 22. Mai 1952, 5. Jg., Heft 22, S. 6.
112 Ebenda.
113 Hans Habe, Ich stelle mich, München–Berlin 1986, S. 531f.
114 Charles de Gaulle, Discours et Messages – Dans l'Attente 1946–1958, Paris 1970, S. 524; zitiert nach Reinhard Kapferer, Charles de Gaulle, Stuttgart 1985, S. 285.
115 An alle Bundestagsabgeordneten: Lehnen Sie die Ratifizierung ab! In: Die Tat vom 28. Juni 1952, 3. Jg., Nr. 26, S. 2.
116 Das Freie Wort vom 5. Juli 1952.
117 Zitiert nach Theo Pirker, Die blinde Macht – Die Gewerkschaftsbewegung in Westdeutschland, München 1960, S. 276.
118 A.a.O., S. 278.
119 Frankfurter Allgemeine Zeitung vom 18. Juni 1952.
120 Badische Zeitung vom 18. Juni 1952.
121 Rheinischer Merkur vom 20. Juni 1952.
122 Hans Dieter Müller, Der Springer-Konzern, München 1968, S. 74.
123 Archiv der Gegenwart vom 7. Juli 1952, XXII. Jg., S. 3551.
124 Frankfurter Allgemeine Zeitung vom 15. Juli 1952.
125 Archiv der Gegenwart vom 10. Juli 1952, XXII. Jg., S. 3554.
126 Dokumente der SED, Bd. IV, Ost-Berlin 1954, S. 71.
127 Gerhard Erdmann, Das Betriebsverfassungsgesetz vom 11. Oktober 1952 mit ausführlichen Erläuterungen für die Betriebspraxis, Neuwied 1952, S. 37.
128 Kuno Brandel, Der 19. Juli, in: Metall vom 23. Juli 1952, 4. Jg., Nr. 15, S. 1.
129 Deutsche Universitätszeitung vom 1. August 1952, 7. Jg., Nr. 15, S. 20.
130 Frankfurter Rundschau vom 5. August 1952.
131 Frankfurter Rundschau vom 8. August 1952.
132 Karl Wilhelm Fricke, Opposition und Widerstand in der DDR, Köln 1984, S. 132.
133 Der Spiegel vom 20. August 1952, 6. Jg., Nr. 34, S. 5.
134 Die Neue Zeitung vom 15. August 1952.
135 Die Neue Zeitung vom 18. August 1952.
136 Manfred George, Exit Auerbach, in: Aufbau vom 28. August 1952, 17. Jg., Nr. 34, S. 1.
137 Zitiert nach Günther Scholz, Kurt Schumacher, Düsseldorf-Wien-New York, S. 306.
138 Die Tat vom 6. September 1952, 3. Jg., Nr. 36, S. 4.
139 Diether Posser, Anwalt im Kalten Krieg, München 1991, S. 149.
140 Frankfurter Rundschau vom 9. Oktober 1952.
141 Verhandlungen des Deutschen Bundestages, Stenographische Berichte, Bd. 13, Bonn 1952, 23. Oktober 1952, S. 10805.
142 A.a.O., S. 10809.
143 Hessischer Minister des Innern (Hg.), »Der Technische Dienst des Bundes Deutscher Jugend (BDJ)«, Wiesbaden 1959 (Typoskript), S. 34.
144 Frankfurter Rundschau vom 7. August 1957.
145 Zitiert nach Joe Hembus, Charlie Chaplin und seine Filme, München 1972, S. 43.
146 Archiv der Gegenwart vom 19. September 1952, XXII. Jg., S. 3659.
147 Frankfurter Allgemeine Zeitung vom 7. November 1952.
148 Unser Standpunkt, 3. Jg., Nr. 11, November 1952, S. 4.
149 Archiv der Gegenwart vom 7. Oktober 1952, XXII. Jg., S. 3685.
150 Zitiert nach Werner Maser, Genossen beten nicht – Kirchenkampf des Kommunismus, Köln 1963, S. 144.
151 Bundesministerium für Gesamtdeutsche Fragen (Hg.), SBZ von 1945–1954, Die Sowjetische Besatzungszone Deutschlands in den Jahren 1945–1954, Bonn 1956, S. 213.
152 Archiv der Gegenwart vom 27. Oktober 1952, XXII. Jg., S. 3713.
153 Zitiert nach Peter Kaiser / Norbert Moc / Heinz-Peter Zierholz, Schüsse in Dallas – Politische Morde 1948 bis 1984, Ost-Berlin 1988.
154 Verhandlungen des Deutschen Bundestages, Stenographische Berichte, Bd. 13, Bonn 1952, 22. Oktober 1952, S. 10735f.
155 Dokumentation der Zeit, 4. Jg., Heft 36, Dezember 1952, S. 1654.
156 Allgemeine Wochenzeitung der Juden in Deutschland vom 31. Oktober 1952, 7. Jg., Nr. 30, S. 12.
157 Hans Mayer, Ein Deutscher auf Widerruf, Erinnerungen Bd.II, Frankfurt 1984, S. 68.
158 Werner Naumann, Wo stehen die ehemaligen Nationalsozialisten?, in: Friedrich Grimm, Unrecht im Rechtsstaat – Tatsachen und Dokumente zur politischen Justiz, dargestellt am Fall Naumann, Tübingen 1957, S. 248.
159 Zitiert nach Peter Mertz, Und das wurde nicht ihr Staat – Erfahrungen emigrierter Schriftsteller mit Westdeutschland, München 1985, S. 222.
160 Der Spiegel vom 26. November 1952, 6. Jg., Nr. 48, S. 30.
161 Parteivorstand der KPD, Programm zur nationalen Wiedervereinigung Deutschlands, in: Günter Judick / Josef Schleifstein /

Kurt Steinhaus (Hg.), KPD 1945–1968, Dokumente, Bd. I, 1945–1952, Neuss 1989, S. 404.
162 Rudolf Berg, Angeklagter oder Ankläger? Das Schlußwort im Klagges-Prozeß, Göttingen 1954, S. 72.
163 A.a.O., S. 79.
164 Frankfurter Rundschau vom 8. November 1952.
165 Ebenda.
166 Archiv der Gegenwart vom 11. November 1952, XXII. Jg., S. 3734.
167 Frankfurter Neue Presse vom 29. November 1952.
168 Friedrich Hassenstein, Bestrafte Rabauken, in: Deutsche Universitätszeitung Nr. 23/24, VII. Jg., vom 22. Dezember 1952, S. 29.
169 Zitiert nach Artur London, Ich gestehe – Der Prozeß um Rudolf Slansky, Hamburg 1970, S. 327.
170 A.a.O., S. 321.
171 Die Tat vom 29. November 1952, 3. Jg., Nr. 48, S. 5.
172 Vier Jahre Bundestag – Handbuch der Bundestagsfraktion der KPD, 1953, S. 456f.
173 Archiv der Gegenwart vom 1. Dezember 1952, XXII. Jg., S. 3761.
174 Manifest der Gesamtdeutschen Volkspartei, in: GVP – Der Aufbruch des neuen politischen Wollens, 1953, S. 4.
175 Die Neue Zeitung vom 1. Dezember 1952.
176 Der Spiegel vom 1. Januar 1953, 7. Jg., Nr. 1, S. 6f.
177 Zitiert nach Theodor Ebert, Gewaltfreier Aufstand – Alternative zum Bürgerkrieg, Freiburg 1969, S. 182f.
178 Verhandlungen des Deutschen Bundestages, Stenographische Berichte, Bd. 14, Bonn 1953, 3. Dezember 1952, S. 11144.
179 A.a.O., S. 11140.
180 A.a.O., S. 11144.
181 Jörg Friedrich, Freispruch für die Nazi-Justiz – Die Urteile gegen NS-Richter seit 1948 – Eine Dokumentation, Reinbek 1983, S. 128.
182 Ebenda.
183 Nelson Mandela, Der Kampf ist mein Leben – Gesammelte Reden und Aufsätze, Dortmund 1986, S. 10.
184 Jean-Paul Sartre, Rede bei der Eröffnung des Weltfriedenskongresses in Wien, in: ders., Krieg im Frieden 2 – Reden, Polemiken, Stellungnahmen 1952–1956, hrsg. von Traugott König, Reinbek 1982, S. 53.
185 A.a.O., S. 54.
186 Archiv der Gegenwart vom 20. Dezember 1952, XXII. Jg., S. 3794.
187 Die Neue Zeitung vom 29. Dezember 1952.
188 Frankfurter Rundschau vom 20. Dezember 1952.
189 Aufbau vom 19. Dezember 1952, 18. Jg., Nr. 51, S. 3f.
190 Jean-Paul Sartre, Was ich in Wien gesehen habe, ist der Frieden, in: ders., Krieg und Frieden 2, Reden, Polemiken, Stellungnahmen 1952–1956, hrsg. von Traugott König, Reinbek 1982, S. 60f.
191 A.a.O., S. 72.
192 Willy Brandt / Richard Löwenthal, Ernst Reuter – Ein Leben für die Freiheit, München 1957, S. 669.

1953

1 Neue Züricher Zeitung vom 18. Januar 1953.
2 Klaus Völker, Brecht-Chronik, Daten zu Leben und Werk, München 1971, S. 145.
3 Die Neue Zeitung vom 16. Januar 1953.
4 Ebenda.
5 Archiv der Gegenwart vom 20. Januar 1953, 23. Jg., S. 3830.
6 Zitiert nach Andreas Förstel, Chronik 1953, Dortmund 1990, S. 12.
7 Bundesministerium für Gesamtdeutsche Fragen (Hg.): SBZ von 1945 bis 1954, Bonn 1956, S. 229.
8 Der Spiegel vom 18. März 1953, Nr. 12, 7. Jg., S. 10.
9 Erich Ollenhauer, Sozialistische Hochschulgemeinschaft, in: Unser Standpunkt, 4. Jg., Nr. 2, Februar 1953, S. 2f.
10 Ebenda.
11 Mitteilungen für den 131-Hochschullehrer, Tübingen, Nr. 2, März 1953, S. 3.
12 Hans Thieme, Hochschullehrer klagen an, in: Deutsche Universitätszeitung vom 7. April 1953, 8. Jg., Nr. 7, S. 3ff.
13 Frankfurter Rundschau vom 31. Januar 1953.
14 Frankfurter Rundschau vom 2. Februar 1953.
15 Archiv der Gegenwart vom 31. Januar 1953, XXIII. Jg., S. 3846.
16 Die Tat vom 14. Februar 1953, 4. Jg., Nr. 6, S. 3.
17 Die Zeit vom 12. Februar 1953, 8. Jg., Nr. 7, S. 14.
18 Die Völker kämpfen gemeinsam gegen den Generalvertrag – Erklärung der Massenkundgebung in Duisburg, in: Die Tat vom 7. Februar 1953, 4. Jg., Nr. 6, S. 4.
19 Plakat im Archiv für Protest, Widerstand und Utopie nach 1945 im Hamburger Institut für Sozialforschung.
20 Fritz Bauer u.a. (Red.): Justiz und NS-Verbrechen Bd. X, Amsterdam 1973, S. 346.
21 Archiv der Gegenwart vom 10. Februar 1953, XXIII. Jg., S. 3866.
22 Oskar Müller, Der Anschlag des hessischen Innenministers Zinnkann auf die Widerstandskämpfer und Verfolgten des Naziregimes, in: Die Tat vom 28. Februar 1953, 4. Jg., Nr. 9, S. 1.
23 Jörg Friedrich: Freispruch für die Nazi-Justiz – Die Urteile gegen NS-Richter seit 1948. Eine Dokumentation, Reinbek 1983, S. 164.
24 Archiv der Gegenwart vom 5. März 1953, XXIII. Jg., S. 3896.
25 Sinn und Form, 5. Jg., 1953, 2. Heft, S. 10.
26 Lernen und Handeln, 4. Jg., Nr. 3, März 1953, S. 1.
27 Karl Wilhelm Fricke: Politik und Justiz in der DDR – Zur Geschichte der politischen Verfolgung 1945–1968. Bericht und Dokumentation, Köln 1979, S. 230.
28 Ebenda.
29 Stimme des Friedens vom 26. März 1953.
30 Zitiert nach Andreas Förstel, Chronik 1953, Dortmund 1990, S. 54.
31 Verhandlungen des Deutschen Bundestages, Stenographische Berichte, Bd. 15, Bonn 1953, 19. März 1953, S. 12299f.
32 Frankfurter Rundschau vom 23. März 1953.
33 Verhandlungen des Deutschen Bundestages, Stenographische Berichte, Bd. 15, Bonn 1953, 26. März 1953, S. 12520f.
34 Junge Welt – Organ des Zentralrats der Freien Deutschen Jugend, Sonderausgabe vom April 1953.
35 Uwe Johnson, Begleitumstände – Frankfurter Vorlesungen, Frankfurt 1980, S. 65f.
36 Zitiert nach Karl Wilhelm Fricke: Politik und Justiz in der DDR – Zur Geschichte der politischen Verfolgung, Bericht und Dokumentation, Köln 1979, S. 262.

37 Konrad Adenauer, Erinnerungen 1945–1953, Stuttgart 1965, S. 583f.
38 Günther Nollau, Das Amt – 50 Jahre Zeuge der Geschichte, München 1978, S. 147f.
39 Jörg Friedrich: Freispruch für die Nazi-Justiz – Die Urteile gegen NS-Richter seit 1948. Eine Dokumentation, Reinbek 1983, S. 170f.
40 Zitiert nach Günter Heidtmann: Hat die Kirche geschwiegen?, West-Berlin 1954, S. 125.
41 Bundesministerium für Gesamtdeutsche Fragen (Hg.): SBZ von 1945 bis 1954, Bonn 1956, S. 241.
42 Hamburger Abendblatt vom 29. April 1953.
43 Archiv der Gegenwart vom 6. Mai 1953, XXIII. Jg., S. 3980.
44 Süddeutsche Zeitung vom 4. Mai 1953.
45 Zitiert nach Annie Cohen-Solal, Sartre 1905–1980, Reinbek 1988, S. 527f.
46 Allgemeine Wochenzeitung der Juden in Deutschland vom 15. Mai 1953, 8. Jg., Nr. 6, S. 4.
47 Neues Deutschland vom 21. März 1953.
48 K.W., Wirths trojanisches Pferd, in: Die Zeit vom 26. März 1953, 8. Jg., Nr. 13, S. 1.
49 Freiheit – Organ der SED-Bezirksleitung Halle vom 12. Mai 1953.
50 Reinhard Lettau (Hg.), Die Gruppe 47 – Bericht, Kritik, Polemik, Neuwied-Berlin 1967, S. 88.
51 Gesetzblatt der DDR Nr. 72 vom 2. Juni 1953, S. 781f.
52 Konrad Adenauer, Erinnerungen 1953–1955, Stuttgart 1966, S. 217f.
53 Nordwest-Zeitung vom 1. Juni 1953.
54 DGB-Informationsdienst »Feinde der Demokratie«, 2. Jg., Nr. 8, S. 37.
55 Arno Haumann: »Gott mit uns?«, Bonn 1992, S. 146.
56 Friedenswacht, Juli 1953, S. 35.
57 Appell an alle Völker und Regierungen, in: Die Tat vom 13. Juni 1953, 4. Jg., Nr. 24, S. 1.
58 Kongreß Bund der Deutschen am 7. Juni 1953 in Köln, Stenographisches Protokoll, Rede Elfes, Privatakten Helmut Bausch im Archiv Protest, Widerstand und Utopie im Hamburger Institut für Sozialforschung.
59 Thomas Mann, (Ansprache vor Hamburger Studenten), in: ders., An die gesittete Welt – Politische Schriften und Reden im Exil, Frankfurt 1986, S. 811.
60 Friedrich-Christian Schroeder, Reform des Strafrechts, West-Berlin – New York 1971, S. 60.
61 Zitiert nach Irene Ferchl, Zensurinstitutionen und Zensurinitiativen, in: Michael Kienzle / Dirk Mende (Hg.), Zensur in der BRD – Fakten und Analysen, München – Wien 1980, S. 207.
62 Jörg Friedrich, Freispruch für die Nazi-Justiz – Die Urteile gegen NS-Richter seit 1948 – Eine Dokumentation, Reinbek 1983, S. 343.
63 Dokumente der SED, Band IV, Ost-Berlin 1954, S. 428.
64 Ebenda.
65 Neues Deutschland vom 12. Juni 1953.
66 Henry Ormond, Plädoyer vor dem LG Frankfurt, 11. Mai 1953, S. 2, zitiert nach Wolfgang Benz, Der Wollheim-Prozeß. Zwangsarbeit für I.G. Farben in Auschwitz, in: Ludolf Herbst / Constantin Goschler (Hg.), Wiedergutmachung in der Bundesrepublik Deutschland, München 1989, S. 311.
67 Zitiert nach Hans-Gerhard Koch: Neue Erde ohne Himmel – Der Kampf des Atheismus in der DDR – Modell einer weltweiten Auseinandersetzung, Stuttgart 1963, S. 90.
68 A.a.O., S. 91f.
69 Der Spiegel vom 24. Juni 1953, 7. Jg., Nr. 26, S. 9f.
70 Archiv der Gegenwart vom 16. Juni 1953, XXIII. Jg., S. 4038.
71 Ebenda.
72 Martin Niemöller, Der einzig mögliche Weg, in: ders., Reden 1945–1954, Darmstadt 1958, S. 251.
73 Deutscher Friedensrat (Hg.), Weltfriedensbewegung – Entschließungen und Dokumente, Ost-Berlin o.J., S. 136.
74 Otto Lehmann, Zu einigen schädlichen Erscheinungen bei der Erhöhung der Arbeitsnormen, in: Tribüne vom 16. Juni 1953.
75 Stefan Brant (d.i. Klaus Harpprecht), Der Aufstand – Vorgeschichte, Geschichte und Deutung des 17. Juni 1953, Stuttgart 1954, S. 107.
76 Beschluß des Politbüros vom 16. Juni 1953, in: Dokumente der SED, Bd. IV, Ost-Berlin 1954, S. 432f.
77 Neues Deutschland vom 18. Juni 1953.
78 Ebenda.
79 Jörg Friedrich, Freispruch für die Nazi-Justiz – Die Urteile gegen NS-Richter seit 1948. Eine Dokumentation, Reinbek 1983, S. 241.
80 Rheinische Post vom 17. Juni 1953.
81 Bundesministerium für Gesamtdeutsche Fragen (Hg.), Juni-Aufstand – Dokumente und Berichte über den Volksaufstand in Ost-Berlin und der Sowjetzone, Bonn 1953, S. 14.
82 Klaus Völker, Brecht-Chronik, Daten zu Leben und Werk, München 1971, S. 146.
83 Zitiert nach Stefan Brant (d.i. Klaus Harpprecht), Der Aufstand – Vorgeschichte, Geschichte und Deutung des 17. Juni 1953, Stuttgart 1954, S. 130.
84 Privatakte Stephan Thomas, Bericht V 143 vom 17. Juni 1953, 17 Uhr 50, zitiert nach Wolfgang Buschfort: Das Ostbüro der SPD – Von der Gründung bis zur Berlin-Krise, München 1991, S. 96.
85 Bundesministerium für Gesamtdeutsche Fragen (Hg.), Juni-Aufstand – Dokumente und Berichte über den Volksaufstand in Ost-Berlin und in der Sowjetzone, Bonn 1953, S. 26.
86 A.a.O., S. 42.
87 Stefan Brant (d.i. Klaus Harpprecht), Der Aufstand – Vorgeschichte, Geschichte und Deutung des 17. Juni 1953, Stuttgart 1954, S. 227.
88 Zitiert nach Stefan Heym, 5 Tage im Juni, München – Gütersloh – Wien o.J., S. 362.
89 Hans J. Reichhardt u.a. (Red.), Berlin-Chronik der Jahre 1951–1954, West-Berlin 1968, S. 721f.
90 Der Spiegel vom 1. Juli 1953, 7. Jg., Nr. 27, S. 23.
91 Archiv der Gegenwart vom 20. Juni 1953, XXIII. Jg., S. 4044.
92 Der Spiegel vom 19. Dezember 1983, 37. Jg., Nr. 51, S. 142.
93 Ebenda.
94 Bundesministerium für Gesamtdeutsche Fragen (Hg.), Juni-Aufstand – Dokumente und Berichte über den Volksaufstand in Ost-Berlin und in der Sowjetzone, Bonn 1953, S. 72.
95 Dokumente der SED, Bd. IV, Ost-Berlin 1954, S. 436.
96 A.a.O., S. 438.
97 A.a.O., S. 445.
98 Neues Deutschland vom 21. Juni 1953.
99 Bundesministerium für Gesamtdeutsche Fragen (Hg.), Juni-Aufstand – Dokumente und Berichte über den Volksaufstand in Ost-Berlin und in der Sowjetzone, Bonn 1953, S. 75.
100 A.a.O., S. 76.
101 Neues Deutschland vom 23. Juni 1953; nachgedruckt in: Bertolt Brecht, Gesammelte Werke Bd. VIII, Frankfurt 1967, S. 883.
102 Hört auf die Kritik der Werktätigen! in: Märkische Volksstimme – Organ der SED-Bezirksleitung Potsdam vom 25. Juni 1953.
103 Kuba bei den Bauarbeitern, in: Neues Deutschland vom 28. Juni 1953.

104 Neues Deutschland vom 30. Juni 1953.
105 Neues Deutschland vom 2. Juli 1953.
106 Verweigert Wehrdienst in jeder Form!, in: Die Tat vom 11. Juli 1953, 4. Jg., Nr. 28, S. 1.
107 Freiheit – Organ der SED-Bezirksleitung Halle vom 1. Juli 1953.
108 Archiv der Gegenwart vom 3. Juli 1953, XXIII. Jg., S. 4063.
109 Heribert Adam, Studentenschaft und Hochschule – Möglichkeiten und Grenzen studentischer Politik, Frankfurt 1965, S. 92.
110 Erich Loest: Elfenbeinturm und rote Fahne, in: Börsenblatt für den deutschen Buchhandel, Leipzig, Nr. 27, vom 4. Juli 1953.
111 Ebenda.
112 Ebenda.
113 Hubalek, Der Leichenschänder Bert Brecht, in: Arbeiter-Zeitung vom 6. Juli 1953.
114 Der Spiegel vom 27. Mai 1991, 45. Jg., Nr. 22, S. 93.
115 Frankfurter Rundschau vom 13. Juli 1953.
116 Zitiert nach Karl Wilhelm Fricke, Politik und Justiz in der DDR – Zur Geschichte der politischen Verfolgung 1945–1968. Bericht und Dokumentation, Köln 1979, S. 305.
117 Information (1021–1021d), 23. Juli 1953, zitiert nach Der Spiegel vom 27. Mai 1991, 45. Jg., Nr. 22, S. 93.
118 Göttinger Presse vom 17. Juli 1953.
119 Wiking-Ruf vom August 1953.
120 Ebenda.
121 Ebenda.
122 Mannheimer Erklärung, in: Gesamtdeutsche Rundschau, 1. Jg., Nr. 26 vom 24. Juli 1953, S. 3.
123 Ebenda.
124 Protokoll der 15. Tagung des ZK der SED, 24.-26. Juli 1953 (internes Protokoll), zitiert nach Ilse Spittmann / Karl Wilhelm Fricke (Hg.), 17. Juni 1953 – Arbeiteraufstand in der DDR, Köln 1982, S. 195f.
125 Der neue Kurs und die Aufgaben der Partei, in: Dokumente der SED, Bd.IV, Ost-Berlin 1954, S. 449.
126 Zitiert nach Konrad Adenauer, Erinnerungen 1953–1955, Stuttgart 1966, S. 229f.
127 Ebenda.
128 Peter G. Bourne, Fidel Castro, Düsseldorf–Wien–New York 1988, S. 110f.
129 Sozialistischer Deutscher Studentenbund (SDS), Die Hochschule in der modernen Gesellschaft – Denkschrift des Sozialistischen Deutschen Studentenbundes zu einem Hochschulpolitischen Programm 1953, in: Rolf Neuhaus (Red.), Dokumente zur Hochschulreform 1945–1959, Wiesbaden 1961, S. 611–621.
130 Zitiert nach Ingeborg Nödinger, Frauen gegen Wiederaufrüstung – Der Demokratische Frauenbund Deutschland im antimilitaristischen Widerstand (1950–1957), Frankfurt 1983, S. 118.
131 Hans Werner Henze, Musik und Politik – Schriften und Gespräche 1955–1975, hrsg. von Jens Brockmeier, München 1976, S. 130.
132 Fränkische Tageszeitung vom 11. August 1953.
133 Zitiert nach Jörg Friedrich, Die kalte Amnestie – NS-Täter in der Bundesrepublik, Frankfurt 1984, S. 211.
134 Otto Ernst Remer, Deutschland und die arabische Welt, in: Kampfschrift für das Reich und die deutsche Lebensfreiheit vom 10. August 1953 (hektographiert).
135 Karl Wilhelm Fricke, Politik und Justiz in der DDR – Zur Geschichte der politischen Verfolgung 1945–1968. Bericht und Dokumentation, Köln 1979, S. 310.
136 Saturday Evening Post vom 6. November 1954.
137 Archiv der Gegenwart vom 27. August 1953, XXIII. Jg., S. 4136.
138 Zitiert nach Diether Posser, Anwalt im Kalten Krieg, München 1991, S. 97.
139 Sami Hadawi, Bittere Ernte – Palästina 1914–1967, Rastatt 1969, S. 319.
140 Hans Magnus Enzensberger (Hg.), Freisprüche – Revolutionäre vor Gericht, Frankfurt 1973, S. 364.
141 DDG Nr. 1/1954, S. 1f.
142 Der Spiegel vom 18. Mai 1955, 9. Jg., Nr. 21, S. 14.
143 Allgemeine Wochenzeitung der Juden in Deutschland vom 4. Dezember 1953, 8. Jg., Nr. 35, S. 2.
144 Archiv der Gegenwart vom 10. November 1953, XXIII. Jg., S. 4245.
145 McCarthy – Methoden in der Universität, in: Hamburger Volkszeitung vom 17. November 1953.
146 Ebenda.
147 Zitiert nach Andreas Förstel, Chronik 1953, Dortmund 1990, S. 189.
148 Neue Ruhr-Zeitung vom 17. November 1953.
149 Richard G. Powers, Die Macht im Hintergrund – J. Edgar Hoover und das FBI, München 1988, S. 350.
150 Martin Niemöller, Reden 1945–1954, Darmstadt 1958, S. 271.
151 Archiv der Gegenwart vom 3. Dezember 1953, XXIII. Jg., S. 4275.
152 Jean Pierhal (d.i. Robert Jungk), Albert Schweitzer – Das Leben eines guten Menschen, München 1955, S. 342.
153 15 Thesen einer Gruppe Berliner SPD- und SDS-Mitglieder zur Erneuerung der Sozialdemokratischen Partei Deutschlands, in: Ossip K. Flechtheim (Hg.), Dokumente zur parteipolitischen Entwicklung in Deutschland seit 1945, Bd. 7 / Teil II – Innerparteiliche Auseinandersetzungen, West-Berlin 1969, S. 22.
154 Archiv der Gegenwart vom 21. Dezember 1953, XXIII. Jg., S. 4302.

1954

1 SOS, 4. Jg., Nr. 2, Januar 1954, S. 1.
2 Programmerklärung des Ministeriums für Kultur der Deutschen Demokratischen Republik: Zur Verteidigung der Einheit der deutschen Kultur, in: Sinn und Form, 6. Jg., 2. Heft 1954, S. 320f.
3 Deutsches Historisches Museum (Hg.), Deutschland im Kalten Krieg 1945 bis 1963 (Ausstellungskatalog), Berlin 1992, S. 253.
4 Zitiert nach Dieter Struss, Das war 1954, München 1983, S. 89.
5 A.a.O., S. 91.
6 Deutsche Volkszeitung vom 30. Oktober 1954, 2. Jg., Nr. 43, S. 6.
7 Walter Maria Guggenheimer, Kommentare, Düsseldorf 1955, S. 157.
8 Alfred Weber, Die Gefahr der Entstehung zweier Kulturen in Deutschland, in: ders., Haben wir Deutschen nach 1945 versagt? Politische Schriften, ausgewählt und eingeleitet von Christa Dericum, Frankfurt 1982, S. 257.
9 Zitiert nach Dieter Struss, Das war 1954, München 1983, S. 110.
10 Verhandlungen des Deutschen Bundestages, Stenographische Berichte, Bd. 18, Bonn 1954, 26. Februar 1954, S. 560.
11 Georg Jungclas 1902–1975 – Eine politische Dokumentation, Hamburg 1980, S. 198f.
12 Metall vom 24. März 1954, 6. Jg., Nr. 6, S. 1.
13 Vgl. Robert Jungk, Heller als tausend Sonnen – Das Schicksal der Atomforscher, Bern–Stuttgart–Wien 1956, S. 320.
14 Robert Jungk, Heller als tausend Sonnen, Bern 1956, S. 281.
15 Frankfurter Rundschau vom 19. März 1954.
16 Archiv der Gegenwart vom 4. April 1954, XXIV. Jg., S. 4452.
17 Robert Jungk, Heller als tausend Sonnen, Bern 1956, S. 283.
18 Zitiert nach Kurt Klotzbach: Der Weg zur Staatspartei – Programmatik, praktische Politik und Organisation der deutschen Sozialdemokratie 1945–1965, Berlin-Bonn 1982, S. 331, Anmerkung 134.
19 Zitiert nach Dieter Prokop, Hollywood, Hollywood, Köln 1988, S. 182.
20 Karl Wilhelm Fricke, Politik und Justiz in der DDR – Zur Geschichte der politischen Verfolgung 1945–1968, Bericht und Dokumentation, Köln 1979, S. 213f.
21 Archiv der Gegenwart vom 18. März 1954, XXIV. Jg., S. 4428.
22 Vgl. Ralph Giordano, Die Partei hat immer recht, West-Berlin 1980, S. 95–110.
23 Frankfurter Rundschau vom 27. März 1954.
24 Neues Deutschland vom 2. April 1954.
25 Zitiert nach G. Ionescu, Communism in Rumania, New York/London 1976, S. 156.
26 Georg Hermann Hodos, Schauprozesse – Stalinistische Säuberungen in Osteuropa 1948–54, Frankfurt/New York 1988, S. 160.
27 Archiv der Gegenwart vom 7. April 1954, XXIV. Jg., S. 4461.
28 Zitiert nach Jost Herbig, Kettenreaktion – Das Drama der Atomphysiker, München–Wien 1976, S. 448.
29 Archiv der Gegenwart vom 28. April 1954, XXIV. Jg., S. 4491.
30 Willy Brandt, Front gegen Menschenraub! In: Metall vom 28. April 1954, 6. Jg., Nr. 8, S. 5.
31 Gesamtdeutsche Rundschau vom 22. Juli 1955, Nr. 30/31, 3. Jg., S. 4.
32 Archiv der Gegenwart vom 18. April 1954, XXIV. Jg., S. 4482.
33 Max Horkheimer, Was heißt Verantwortung? In: Deutsche Studentenzeitung, München, 6. Mai 1954, Sonderausgabe, S. 4.
34 Ebenda.
35 Zitiert nach der ARD-Sendung »Der Fall Dien Bien Phu – General Giaps größter Erfolg« von Richard Wade und Ross Devenish; dt. Bearbeitung Rainer Hoffmann, vom 3. Januar 1973 (Manuskript), S. 42f.
36 Frankfurter Rundschau vom 10. Mai 1954.
37 Berliner Zeitung (Ost-Berlin) vom 11. Mai 1954.
38 Russischer Kolonialismus in der Ukraine – Berichte und Dokumente, München 1962, S. 340.
39 Deutscher Friedensrat (Hg.), Weltfriedensbewegung – Entschließungen und Dokumente, Ost-Berlin 1954, S. 159.
40 Zitiert nach Karl Wilhelm Fricke, Juni-Aufstand und Justiz, in: Ilse Spittmann/Karl Wilhelm Fricke (Hg.), 17. Juni 1953 – Arbeiteraufstand in der DDR, Köln 1982, S. 82.
41 Zitiert nach Dieter Struss, Das war 1954, München 1983, S. 115.
42 Zitiert nach Heinrich Löwenthal/Schellbach, Bemerkungen zur Öffentlichkeit des gerichtlichen Strafverfahrens, in: Neue Justiz, 8. Jg., Nr. 23, 1955, S. 686.
43 Neues Deutschland vom 6. Juni 1954.
44 Tägliche Rundschau vom 8. Juni 1954.
45 Frankfurter Allgemeine Zeitung vom 8. Juni 1954.
46 Die Tat vom 12. Juni 1954, 5. Jg., Nr. 24, S. 2.
47 Archiv der Gegenwart vom 18. Juni 1954, XXIV. Jg., S. 4574.
48 Ebenda.
49 Die Tat vom 3. Juli 1954, 5. Jg., Nr. 27, S. 2.
50 Bundesministerium für Gesamtdeutsche Fragen (Hg.), Unrecht als System Bd. II, Bonn 1955, S. 13f.
51 Unser Standpunkt, 5. Jg., Juli 1954, S. 23.
52 Archiv der Gegenwart vom 30. Juni 1954, XXIV. Jg., S. 4600.
53 Archiv der Gegenwart vom 12. Juli 1954, XXIV. Jg., S. 4622.
54 Ebenda.
55 Archiv der Gegenwart vom 12. Juli 1954, XXIV. Jg., S. 4622.
56 Raquel Tibol, Frida Kahlo – Über ihr Leben und ihr Werk nebst Aufzeichnungen und Briefen, Frankfurt 1980, Rückseite des Buchumschlags.
57 Deutsche Volkszeitung vom 24. Juli 1954, 2. Jg., Nr. 29, S. 3.
58 Bundesgesetzblatt, Teil I, Nr. 21, Bonn 17. Juli 1954.
59 Gesetzesvorlage der Kölner Frauenkonferenz über die Gleichberechtigung von Mann und Frau, in: Milly Bauer (Hg.): Die gleichberechtigte Frau – Kölner Konferenz zur Gleichberechtigung von Mann und Frau – Juli 1954, Duisburg 1954, S. 73f.
60 Archiv der Gegenwart vom 23. Juli 1954, XXIV. Jg., S. 4641.
61 Archiv der Gegenwart vom 30. Juli 1954, S. 4654.
62 Vorstand der SPD (Hg.): Protokoll der Verhandlungen des Parteitages der Sozialdemokratischen Partei Deutschlands vom 20. bis 24. Juli in Berlin, Bonn 1954.
63 A.a.O., S. 340f.
64 Zitiert nach Chronik 1954, Dortmund 1989, S. 129.
65 Deutsche Volkszeitung vom 7. August 1954, 2. Jg., Nr. 31, S. 5.
66 Deutsche Volkszeitung vom 14. August 1954, 2. Jg., Nr. 32, S. 1.
67 Neue Rhein-Zeitung vom 8. September 1954.
68 Nürnberger Nachrichten vom 6. August 1954.
69 Verwaltungsstelle Ingolstadt der IG Metall (Hg.), Der Bayernstreik 1954 – Dokumente seiner Geschichte am Beispiel der Verwaltungsstelle Ingolstadt, Ingolstadt 1984, S. 189.
70 Wolfgang Abendroth, Grundgesetz garantiert das Recht auf Streikposten – Notwendige Feststellungen zu einem unhaltbaren Urteil, in: Metall vom 3. November 1954, 6. Jg., Nr. 21, S. 1f.; vgl. auch: Wolfgang Abendroth, Das Recht auf Streikposten und Streikdemonstrationen, in: Der Gewerkschafter, 3. Jg., Nr. 6/7, August/September 1954, S. 5–7.
71 Archiv der Gegenwart vom 12. August 1954, XXIV. Jg., S. 4675.
72 A.a.O., S. 4676.

73 Ebenda.
74 Otto John, Zweimal kam ich heim – Vom Verschwörer zum Schützer der Verfassung, Düsseldorf–Wien 1969.
75 Appell des Ökumenischen Rates der Kirchen 1954, in: Evangelische Stimme zur Atomfrage, 1958, S. 18.
76 Archiv der Gegenwart vom 19. August 1954, XXIV. Jg., S. 4688.
77 Archiv der Gegenwart vom 26. August 1954, XXIV. Jg., S. 4699.
78 Ebenda.
79 Ebenda.
80 Archiv der Gegenwart vom 26. August 1954, XXIV. Jg., S. 4698.
81 Frankfurter Rundschau vom 15. September 1954.
82 Zitiert nach Kurt Hirsch, »SS gestern, heute und...«, Darmstadt 1960, S. 86.
83 Archiv der Gegenwart vom 8. September 1954, XXIV. Jg., S. 4722.
84 Vgl. Frankfurter Rundschau vom 26. Oktober 1991; vgl. außerdem: Julia Rubin / Sergej Shargorodsky, Menschen als »Versuchskaninchen« bei Atomtests, in: Frankfurter Rundschau vom 15. August 1992.
85 Archiv der Gegenwart vom 17. September 1954, XXIV. Jg., S. 4737.
86 Konrad Adenauer, Erinnerungen 1953–1955, Stuttgart 1966, S. 347.
87 Fritz Bauer u.a. (Red.), Justiz und NS-Verbrechen, Bd. XII, Amsterdam 1974, S. 611.
88 A.a.O., S. 610.
89 Die Stimme der Gemeinde vom 1. Februar 1955, 7. Jg., Nr. 3, S. 60.
90 Deutsche Volkszeitung vom 30. Oktober 1954, 2. Jg., Nr. 43, S. 6.
91 Archiv der Gegenwart vom 11. Oktober 1954, XXIV. Jg., S. 4788.
92 Theo Pirker, Die blinde Macht – Die Gewerkschaftsbewegung in Westdeutschland, Teil 2, 1953–1960, München 1960, S. 137 und S. 140.
93 Zitiert nach Konrad Adenauer, Erinnerungen 1953–1955, Stuttgart 1966, S. 396.
94 (Anonymus), Die algerische Revolution, Stuttgart o.J., S. 16.
95 Fritz Bauer u.a. (Red.), Justiz und NS-Verbrechen, Bd. XII, Amsterdam 1974, S. 655f.
96 Bundesministerium für Gesamtdeutsche Fragen (Hg.), Unrecht als System, Bd.II, Bonn 1955, S. 17.
97 Zitiert nach Thomas Scharping, Mao-Chronik, Daten zu Leben und Werk, München 1976, S. 132.
98 Thomas Mann, (Gegen die Wiederaufrüstung Deutschlands), in: ders., An die gesittete Welt – Politische Schriften und Reden im Exil, Frankfurt 1986, S. 820.
99 A.a.O., S. 826.
100 Schriften der Notgemeinschaft für den Frieden Europas e.V., Heft 1: Gustav Heinemann, Deutschland und die Weltpolitik, Bonn 1954, S. 10.
101 (Anonymus), Die algerische Revolution, Stuttgart o.J., S. 9f.
102 A.a.O., S. 11.
103 Deutsche Volkszeitung vom 27. November 1954, 2. Jg., Nr. 47, S. 1.
104 Frankfurter Rundschau vom 13. November 1954.
105 Ebenda.
106 Münchner Merkur vom 8. November 1954.
107 Deutsche Volkszeitung vom 20. November 1954, 2. Jg., Nr. 46, S. 11.
108 Archiv der Gegenwart vom 6. November 1954, XXIV. Jg., S. 4832.
109 Dortmunder Erklärung, in: Stimme der Gemeinde vom 1. Dezember 1954, 6. Jg., Nr. 23, S. 540.
110 Aufbau vom 2. Dezember 1954, 20. Jg., Nr. 49, S. 1f.
111 Frankfurter Rundschau vom 17. November 1954.
112 Die Neue Zeitung vom 19. November 1954.
113 Der Spiegel vom 15. Dezember 1954, 8. Jg., Nr. 51, S. 7.
114 Ebenda.
115 Die Welt vom 24. November 1954.
116 Manifest des Widerstands, in: Die Tat vom 4. Dezember 1954, 5. Jg., Nr. 49, S. 1.
117 Florence Hervé (Hg.), Frauenbewegung und revolutionäre Arbeiterbewegung – Texte zur Frauenemanzipation in Deutschland und in der BRD von 1848 bis 1980, Frankfurt 1981, S. 177.
118 Deutsche Volkszeitung vom 18. Dezember 1954, 2. Jg., Nr. 50, S. 6.
119 Stimme der Gemeinde vom 15. Dezember 1954, 6. Jg., Nr. 24, S. 569.
120 Frankfurter Rundschau vom 1. Dezember 1954.
121 Verhandlungen des Deutschen Bundestages, Stenographische Berichte, Bd. 22, Bonn 1954, 16. Dezember 1954, S. 3250.
122 Klaus Völker, Brecht-Chronik – Daten zu Leben und Werk, München 1971, S. 151.
123 Karl Marx, Ziehen Sie die Konsequenzen – Ein Offener Brief an Bundeskanzler Dr. Adenauer, in: Allgemeine Wochenzeitung der Juden in Deutschland vom 3. Dezember 1954, 9. Jg., Nr. 35, S. 1.
124 Deutsche Volkszeitung vom 11. Dezember 1954, 2.Jg., Nr. 49, S. 3.
125 Die Stimme der Gemeinde vom 15. Dezember 1954, 6. Jg., Nr. 24, S. 568.
126 Tribüne vom 11. Dezember 1954.
127 Klaus Völker, Brecht-Chronik, Daten zu Leben und Werk, München 1971, S. 151.
128 Verhandlungen des Deutschen Bundestages, Stenographische Berichte, Bd. 22, Bonn 1954, 15. Dezember 1954, S. 3137.
129 Ebenda.
130 A.a.o., S. 3135.
131 Zitiert nach Werner Hecht (Hg.), Bertolt Brecht – Sein Leben in Bildern und Texten, Frankfurt 1978, S. 299.
132 Bundesministerium für Gesamtdeutsche Fragen (Hg.), SBZ von 1945–1954, Die Sowjetische Besatzungszone Deutschlands in den Jahren 1945–1954, Bonn 1956, S. 344f.
133 Freies Volk vom 1. Januar 1955.

1955

1 Die Tat vom 29. Januar 1955, 6. Jg., Nr. 5, S. 2.
2 Ebenda.
3 Tony Thomas, Marlon Brando und seine Filme, München 1981, S. 67.
4 Die Tat vom 22. Januar 1955, 6. Jg., Nr. 4, S. 3.
5 Gert H. Theunissen, Die Halbstarken, in: Rheinischer Merkur vom 11. März 1955.
6 Arno Schmidt, Seelandschaft mit Pocahontas, in: Texte und Zeichen, 1. Jg., Heft 1, Januar 1955, S. 11.
7 Archiv der Gegenwart vom 16. Januar 1955, XXV. Jg., S. 4959.
8 Der Spiegel vom 19. Januar 1955, 9. Jg., Nr. 4, S. 12.
9 Deutsches Institut für Zeitgeschichte (Hg.), Dokumentation der Zeit vom 15. Mai 1955, 7. Jg., Heft 94, S. 7056 f.
10 Die Neue Zeitung vom 24. Januar 1955.
11 Konrad Adenauer, Erinnerungen 1953–1955, Stuttgart 1966, S. 411.
12 A.a.O., S. 415.
13 Archiv der Gegenwart vom 25. Januar 1955, XXV. Jg., S. 4978.
14 Archiv der Gegenwart vom 26. Januar 1955, XXV. Jg., S. 4980.
15 Archiv der Gegenwart vom 29. Januar 1955, XXV. Jg., S. 4983 f.
16 National-Zeitung vom 1. Februar 1955.
17 Die Tat vom 26. Februar 1955, 6. Jg., Nr. 9, S. 3.
18 Ebenda.
19 Deutsche Volkszeitung vom 26. Februar 1955, 3. Jg., Nr. 8, S. 6.
20 Deutsche Volkszeitung vom 19. Februar 1955, Nr. 7, 3. Jg., S. 3.
21 A.a.O., S. 6.
22 Die Tat vom 26. Februar 1955, 6. Jg., Nr. 9, S. 3.
23 Konrad Adenauer, Erinnerungen 1953–1955, Stuttgart 1966, S. 421.
24 Archiv der Gegenwart vom 7. Februar 1955, XXV. Jg., S. 5001.
25 Frankfurter Allgemeine Zeitung vom 7. Februar 1955.
26 Konrad Adenauer, Erinnerungen 1953–1955, Stuttgart 1966, S. 427.
27 Die Welt vom 7. Februar 1955.
28 Weser-Kurier vom 10. Februar 1955.
29 Berliner Zeitung vom 12. Februar 1955.
30 Ebenda.
31 Die Tat vom 19. Februar 1955, 6. Jg., Nr. 8, S. 4.
32 Frankenpost vom 15. Februar 1955.
33 Hannoversche Presse vom 15. Februar 1955.
34 Axel Steinhage / Thomas Flemming, Chronik 1955, Dortmund 1990, S. 36.
35 KPD-Vorstand (Hg.), Mit Jacques Duclos im Ruhrgebiet, o.O. o.J., S. 9.
36 Freie Presse vom 18. Februar 1955.
37 Die Welt vom 18. Februar 1955.
38 Ebenda.
39 Ebenda.
40 Nürnberger Nachrichten vom 25. Februar 1955.
41 Archiv der Gegenwart vom 28. Februar 1955, XXV. Jg., S. 5042.
42 Aufbau vom 4. März 1955, 21. Jg., Nr. 8, S. 32.
43 Archiv der Gegenwart vom 2. März 1955, XXV. Jg., S. 5051.
44 Ebenda.
45 Archiv der Gegenwart vom 7. März 1955, XXV. Jg., S. 5057.
46 Deutsche Volkszeitung vom 12. März 1955, 3. Jg., Nr. 10, S. 3.
47 Der Spiegel vom 16. März 1955, 9. Jg., Nr. 12, S. 16.
48 Ingeborg Nödinger, Frauen gegen Wiederaufrüstung – Der Demokratische Frauenbund Deutschland im antimilitaristischen Widerstand (1950 bis 1957), Frankfurt 1983, S. 131.
49 Der Spiegel vom 27. April 1955, 9. Jg., Nr. 18, S. 19 f.
50 Neues Deutschland vom 10. März 1955.
51 Tagesspiegel vom 30. April 1955.
52 Dokumentation der Zeit vom 15. April 1955, 7. Jg., Heft 92, S. 6885 f.
53 Die Tat vom 9. April 1955, 6. Jg., Nr. 15, S. 2.
54 Neues Deutschland vom 9. März 1967.
55 Archiv der Gegenwart vom 27. März 1955, XXV. Jg., S. 5090.
56 Neues Deutschland vom 27. März 1955.
57 Reginald Rudorf, Nie wieder links – Eine deutsche Reportage, Frankfurt – West-Berlin 1990, S. 92.
58 Rheinischer Merkur (Hg.), Menschenraub in Berlin – Karl Wilhelm Fricke über seine Erlebnisse, Koblenz – Köln 1960, S. 9 f.
59 Neues Deutschland vom 7. April 1955.
60 Archiv der Gegenwart vom 8. April 1955, XXV. Jg., S. 5111.
61 Junge Welt vom 12. April 1955.
62 Protokoll der außerordentlichen Bundesdelegiertenkonferenz des SDS in West-Berlin, 12./13. April 1955, S. 9 (Typoskript), im Archiv der Friedrich-Ebert-Stiftung, Bonn.
63 A.a.O., S. 50 f.
64 Die Tat vom 30. April 1955, 6. Jg., Nr. 18, S. 2.
65 Albert Einstein, Mein Weltbild, Frankfurt/West-Berlin 1968, S. 9.
66 Archiv der Gegenwart vom 2. Mai 1955, XXV. Jg., S. 5141.
67 Klaus-Jörg Ruhl (Hg.), »Mein Gott, was soll aus Deutschland werden?« – Die Adenauer-Ära 1949–1963, München 1985, S. 222.
68 Metall vom 11. Mai 1955, 7. Jg., Nr. 10, S. 4.
69 Ebenda.
70 Ebenda.
71 Zitiert nach Mike E. Rodger, Elvis Presley, Leer 1976, S. 126.
72 Zitiert nach Jörg Friedrich, Die kalte Amnestie – NS-Täter in der Bundesrepublik, Frankfurt 1984, S. 212.
73 Allgemeine Wochenzeitung der Juden in Deutschland vom 3. Juni 1955, 10. Jg., Nr. 9, S. 1.
74 Archiv der Gegenwart vom 5. Mai 1955, XXV. Jg., S. 5147.
75 A.a.O., S. 5146.
76 Die Tat vom 14. Mai 1955, 6. Jg., Nr. 20, S. 5.
77 Claus-Rainer Röhl, 3 Minuten Gehör, in: Studenten-Kurier Nr. 1, Jg. 1, Mai 1955, S. 2.
78 Stuttgarter Zeitung vom 9. Mai 1955.
79 Der Kurier – Die Berliner Abendzeitung vom 9. Mai 1955.
80 Neues Deutschland vom 10. Mai 1955.
81 Ebenda.
82 Dokumentation der Zeit vom 15. Juni 1955, 7. Jg., Heft 96, S. 7355.
83 A.a.O., S. 7356 f.
84 Die Tat vom 21. Mai 1955, 6. Jg., Nr. 21, S. 6.
85 Ebenda.
86 Zitiert nach Herbert Blankenhorn, Verständnis und Verständigung – Blätter eines politischen Tagebuchs 1949–1979, Frankfurt – West-Berlin – Wien 1980, S. 215.
87 Archiv der Gegenwart vom 10. Mai 1955, XXV. Jg., S. 5155.
88 Philip Noel-Baker, The Arms Race – A Programme for World Disarmament, London 1958, S. 21.
89 A.a.O., S. 22.
90 Die Andere Zeitung vom 12. Mai 1955, 1. Jg., Nr. 1, S. 2.
91 Ebenda.
92 Die Welt vom 12. Mai 1955.
93 Charlotte Stephan, Junge Autoren unter sich, in: Der Tagesspiegel vom 17. Mai 1955.
94 Dokumentation der Zeit vom 15. Juni 1955, 7. Jg., Heft 96, S. 7358.

95 Vgl. den ausführlichen Bericht in: Deutsche Zeitschrift für Philosophie, 3. Jg., Nr. 4, Ost-Berlin 1955, S. 497ff.
96 Bertolt Brecht, Rede anläßlich der Verleihung des Lenin-Preises »Für Frieden und Verständigung zwischen den Völkern«, in: ders., Gesammelte Werke Bd. 20, Frankfurt 1967, S. 345.
97 Brief Bertolt Brechts an Harry Buckwitz vom 6. Juni 1955, in: Werner Hecht, Bertolt Brecht – Sein Leben in Bildern und Texten, Frankfurt 1978, S. 299.
98 Deutsche Universitätszeitung vom 8. Juni 1955, X. Jg., Nr. 11, Beilage, S.IV.
99 A.a.O., S.lf.
100 Herausgeber und Redaktion, Der Fall Schlüter, in: Deutsche Universitäts-Zeitung vom 8. Juni 1955, X. Jg., Nr. 11, S. 4.
101 Werner Wilkening, Schlüters Stammrolle, in: Diskus – Frankfurter Studentenzeitung, 5. Jg., Heft 5, Juni 1955, S. 2.
102 Verhandlungen des Deutschen Bundestages, Stenographische Berichte, Bd. 25, Bonn 1955, 23. Juni 1955, S. 5139.
103 Helmut Hammerschmidt / Michael Mansfeld, Der Kurs ist falsch, Wien-München-Basel 1956, S. 55f.
104 A.a.O., S. 62f.
105 Barbara Groneweg, »Heerschau« mit Zwischenrufen, in: Frankfurter Rundschau vom 13. Juni 1955.
106 Verhandlungen des Deutschen Bundestages, Stenographische Berichte, Bd. 26, Bonn 1955, 30. September 1955, S. 5747f.
107 Zitiert nach Volkmar Hoffmann, Von Schuld war überhaupt nicht die Rede, in: Frankfurter Rundschau vom 14. Juni 1955.
108 Die Welt vom 20. Juni 1955.
109 Neues Deutschland vom 24. Juni 1955.
110 Die Welt vom 25. Juni 1955.
111 Ebenda.
112 Ebenda.
113 Deutsche Zeitung vom 25. Juni 1955.
114 Die Tat vom 2. Juli 1955, 6. Jg., Nr. 27, S. 4.
115 Vgl. »Tod durch Hausmitteilung«, in: Frankfurter Allgemeine Zeitung vom 4. April 1991.
116 Archiv der Gegenwart vom 25. Juni 1955, XXV. Jg., S. 5221.
117 Albert Luthuli, Mein Land – mein Leben, München 1963, S. 298f.
118 Zitiert nach einem Originaltondokument in der Deutschlandfunk-Sendung »Ulbrichts Verdikt: Todesstrafe« vom 9. März 1991.
119 Verhandlungen des Deutschen Bundestages, Stenographische Berichte, Bd. 26, Bonn 1955, 27. Juni 1955, S. 5215.
120 Verhandlungen des Deutschen Bundestages, Stenographische Berichte, Bd. 26, Bonn 1955, 28. Juni 1955, S. 5275f.
121 A.a.O., S. 5232.
122 A.a.O., S. 5298.
123 Die Andere Zeitung vom 30. Juni 1955, 1. Jg., Nr. 8, S. 3.
124 Der Morgen vom 31. Juli 1955.
125 Der Spiegel vom 17. August 1955, 9. Jg., Nr. 34, S. 12.
126 Ingeborg Nödinger, Frauen gegen Wiederaufrüstung – Der Demokratische Frauenbund Deutschland im antimilitaristischen Widerstand (1950 bis 1957), Frankfurt 1983, S. 146.
127 Demokratischer Frauenbund Deutschlands (Hg.), Von Dir – Für Dich, 10 Jahre Arbeit des DFD, Ost-Berlin 1957, S. 124f.
128 Archiv der Gegenwart vom 8. Juli, XXV. Jg., S. 5246.
129 Zitiert nach Peter Zudeick, Der Hintern des Teufels – Ernst Bloch, Leben und Werk, Bühl-Moos 1985, S. 219.
130 Archiv der Gegenwart vom 12. Juli 1955, XXV. Jg., S. 5251.
131 Bulletin des Presse- und Informationsamtes der Bundesregierung Nr. 128 vom 14. Juli 1955, Nr. 128, S. 1069.
132 Archiv der Gegenwart vom 12. Juli 1955, XXV. Jg., S. 5251.
133 Archiv der Gegenwart vom 25. Juli 1955, XXV. Jg., S. 5277.
134 Ebenda.
135 Archiv der Gegenwart vom 10. August 1955, XXV. Jg., S. 5303.
136 Leslie Meier (d.i. Peter Rühmkorf), Brief über Benn, in: Studenten-Kurier vom 25. Juli 1955, 1. Jg., Nr. 5, S. 8.
137 Allgemeine Wochenzeitung der Juden in Deutschland vom 5. August 1955, 10. Jg., Nr. 18, S. 1.
138 Diether Posser, Anwalt im Kalten Krieg, München 1991, S. 122f.
139 Die Tat vom 30. Juli 1955, 6. Jg., Nr. 31, S. 1.
140 Fritz René Allemann, Die Nemesis der Ohnmacht, in: Der Monat, 7. Jg., Heft 80, Mai 1955, S. 99.
141 Fritz Erler, Die deutschen Soldaten, in: Der Monat, 7. Jg., Heft 83, August 1955, S. 418f.
142 Frankfurter Rundschau vom 4. August 1955.
143 Ebenda.
144 Neues Deutschland vom 14. August 1955.
145 Freies Volk vom 2. September 1955.
146 Freies Volk vom 25. August 1955.
147 Der Spiegel vom 7. September, 9. Jg., Nr. 37, S. 37.
148 Die Andere Zeitung vom 15. Dezember 1955, 1. Jg., Nr. 22, S. 5.
149 Archiv der Gegenwart vom 1. September 1955, XXV. Jg., S. 5329.
150 Frankfurter Allgemeine Zeitung vom 5. September 1955.
151 Aus dem Text der am 24. März 1956 im Französischen Rundfunk ausgestrahlten Sendung »Voici la Chine« von Claude Roy und Albert Riera, zitiert nach Annie Cohen-Solal, Sartre 1905–1980, Reinbek 1988, S. 600.
152 Simone de Beauvoir, Der Lauf der Dinge, Reinbek 1966, S. 320.
153 Konrad Adenauer, Erinnerungen 1953–1955, Stuttgart 1966, S. 539f.
154 Archiv der Gegenwart vom 13. September 1955, XXV. Jg., S. 5361.
155 Le Monde vom 17. September 1955, zitiert nach Archiv der Gegenwart vom 15. September 1955, XXV. Jg., S. 5364.
156 Ebenda.
157 Manfred Eberhardt, Eine Stadt zwischen zwei Männern – Hintergründe der Mannheimer Oberbürgermeisterwahl, in: Frankfurter Rundschau vom 10. September 1955.
158 Zitiert nach Diether Posser, Anwalt im Kalten Krieg, München 1991, S. 44.
159 Die Tat vom 1. Oktober 1955, 6. Jg., Nr. 40, S. 4.
160 Die Tat vom 24. September 1955, 6. Jg., Nr. 39, S. 4.
161 Westdeutsches Tageblatt vom 19. September 1955.
162 Kölner Stadtanzeiger vom 21. September 1955.
163 Freies Volk vom 21. September 1955.
164 Claude Bourdet, Keine Truppen für Euren Krieg! in: Die Andere Zeitung vom 22. September 1955, 1. Jg., Nr. 20, S. 5.
165 Archiv der Gegenwart vom 24. September 1955, XXV. Jg., S. 5374.
166 Frankfurter Rundschau vom 28. September 1955.
167 Physikalische Blätter Nr. 13, Mosbach/Baden 1957, S. 504.
168 Archiv der Gegenwart vom 1. Oktober 1955, XXV. Jg., S. 5384.
169 Zitiert nach Diether Posser, Anwalt im Kalten Krieg, München 1991, S. 166.
170 A.a.O., S. 162f.
171 Archiv der Gegenwart vom 26. September 1955, XXV. Jg., S. 5377.
172 Ebenda.
173 Edgar Morin, Der Fall James Dean, in: Karl O. Paetel (Hg.), Beat – Eine Anthologie, Reibek 1962, S. 41 u. S. 43.
174 Frankfurter Allgemeine Zeitung vom 31. Oktober 1955.
175 Metall vom 12. Oktober 1955, 7. Jg., Nr. 21, S. 1.
176 Neues Deutschland vom 28. Oktober 1955.
177 Albert Camus, Brief an einen algerischen Aktivisten, in: ders., Fragen der Zeit, Reinbek 1970, S. 154f.

178 Hamburger Abendblatt vom 8. Oktober 1955.
179 Zitiert nach Peter Zudeick, Der Hintern des Teufels – Ernst Bloch, Leben und Werk, Bühl – Moos 1985, S. 218f.
180 Karl-Heinz Janßen, Heimkehr – Fünf Jahre zu spät, in: Die Zeit vom 1. Januar 1993, 48. Jg., Nr. 1, S. 9.
181 Hermann Hesse, Den Frieden wünschen, dem Frieden dienen, in: Die Tat vom 15. Oktober 1955, 6. Jg., Nr. 42, S. 6.
182 Karl O. Paetel (Hg.), Beat – Eine Anthologie, Reinbek 1962, S. 16f.
183 Die Welt vom 17. Oktober 1955.
184 Lampertheimer Zeitung vom 18. Oktober 1955.
185 Die Andere Zeitung vom 15. Dezember 1955, 1. Jg., Nr. 22, S. 5.
186 Die Andere Zeitung vom 29. Mai 1958, 4. Jg., Nr. 22, S. 6.
187 Der Spiegel vom 2. November, 9. Jg., Nr. 45, S. 46.
188 Edmondo Cassala, Was steckt hinter den Madrider Studenten-Demonstrationen, in: Die Tat vom 31. März 1956, 7. Jg., Nr. 13, S. 7.
189 Grundsatzerklärung des SDS, in: Deutsche Universitäts-Zeitung vom 7. November 1955, X. Jg., Nr. 21, S. 22.
190 Ebenda.
191 Protokoll der X. Bundesdelegiertenkonferenz des SDS, S. 48 (Typoskript), zitiert nach Tilman Fichter, SDS und SPD – Parteilichkeit jenseits der Partei, Opladen 1988, S. 219.
192 Life vom 13. Mai 1957.
193 Archiv der Gegenwart vom 28. Oktober 1955, XXV. Jg., S. 5429.
194 Zitiert nach Ulrich Gregor, Aufruhr an der Sorbonne, in: Die Andere Zeitung vom 12. Januar 1956, 2. Jg., Nr. 2, S. 14.
195 Frankfurter Rundschau vom 2. Dezember 1955.
196 Memorandum, in: Tamas Aczel / Tibor Meray, Die Revolte des Intellekts – Die geistigen Grundlagen der ungarischen Revolution, München 1961, S. 320.
197 Zitiert nach Norbert Tönnies, Der Weg zu den Waffen, Köln 1961, S. 17.
198 Ebenda.
199 A.a.O., S. 18.
200 Die Andere Zeitung vom 24. November 1955, 1. Jg., Nr. 29, S. 9.
201 Der Spiegel vom 26. November 1955, 9. Jg., Nr. 47, S. 17f.
202 Frankfurter Rundschau vom 26. Oktober 1955.
203 Frederik Hetmann, Martin Luther King, Hamburg 1979, S. 18f.
204 Schleswig-Holsteinische Volkszeitung vom 30. November 1955.
205 Deutscher Friedensrat (Hg.), Weltfriedensbewegung – Dokumente und Erklärungen – November 1955 bis Januar 1960, Ost-Berlin 1960, S. 7.
206 Zitiert nach Jörg Friedrich, Die kalte Amnestie – NS-Täter in der Bundesrepublik, Frankfurt 1984, S. 290.
207 Ebenda.
208 Josef Foschepoth, Hat Kohl das verwirklicht, was Adenauer wollte? In: Frankfurter Rundschau vom 13. Februar 1993.
209 Ebenda, das Originaldokument in englischer Sprache ist abgedruckt in: Josef Foschepoth (Hg.), Adenauer und die deutsche Frage, Göttingen 1990, S. 289.
210 Ebenda.
211 Zitiert nach Jürgen Kuczynski, So war es wirklich – Ein Rückblick auf zwanzig Jahre Bundesrepublik, Ost-Berlin 1969, S. 153.
212 New York Times vom 5. Januar 1956, zitiert nach der Übersetzung in: Dokumentation der Zeit Nr. 11, 8. Jg., Februar 1956, S. 8843f.

1956

1 Leon Poliakov / Josef Wulf, Das Dritte Reich und die Juden, West-Berlin 1955, S. 191.
2 Pierre Hervé, La révolution et les fétiches, La Table ronde, Paris 1956.
3 Jean-Paul Sartre, Le réformisme et les fétiches, in: Les Temps Modernes Nr. 122, 11. Jg., Februar 1956, S. 1153–1164; deutsche Übersetzung: Der Reformismus und die Fetische in: ders., Krieg im Frieden 2 – Reden, Polemiken, Stellungnahmen 1952–1956, hrsg. von Traugott König und Dietrich Hoß, Reinbek 1982, S. 182–191.
4 Der Spiegel vom 18. Januar 1956, 9. Jg., Nr. 3, S. 30.
5 Zitiert nach Manfred Jäger, Kultur und Politik in der DDR – Ein historischer Abriß, Köln 1982, S. 74.
6 Neues Deutschland vom 17. Januar 1956.
7 Ebenda.
8 Ebenda.
9 Zitiert nach Georg Leber, Vom Frieden, München 1980. S. 48.
10 Freies Volk vom 21./22. Januar 1956.
11 Die Andere Zeitung vom 26. Januar 1956, 2. Jg., Nr. 4, S. 2.
12 Verhandlungen des Deutschen Bundestages, Stenographische Berichte, Bd. 20, Bonn 1956, 18. April 1956, S. 7208.
13 Bulletin des Presse- und Informationsamtes der Bundesregierung vom 20. Januar 1956; aus: Ulrich Lohmar, Der Kanzler will es, in: Standpunkt Nr. 10, 3. Jg., Juli 1955.
14 Konrad Adenauer, Reden 1917–1967, Eine Auswahl herausgegeben von Hans-Peter Schwarz, Stuttgart 1975, S. 314f.
15 Ausschuß für Deutsche Einheit (Hg.), Die Bundesrepublik – Paradies für Kriegsverbrecher, Ost-Berlin 1956.
16 Albert Camus, Aufruf für einen Burgfrieden in Algerien, in: ders., Fragen der Zeit, Reinbek 1970, S. 161.
17 Die Andere Zeitung vom 26. Januar 1956, 2. Jg., Nr. 4, S. 2.
18 Urteil des Obersten Gerichts vom 27. Januar 1956, in: Neue Justiz Nr. 4/1956, S. 99f.
19 Archiv der Gegenwart vom 28. Januar 1956, XXVI. Jg., S. 5591.
20 Jean-Paul Sartre, Der Kolonialismus ist ein System, in: ders., Wir sind alle Mörder – Der Kolonialismus ist ein System – Artikel, Reden, Interviews 1947–1967, hrsg. von Traugott König, Reinbek 1988, S. 16.
21 A.a.O., S. 31.
22 Die Tat vom 4. Februar 1956, 7. Jg., Nr. 5, S. 8.
23 Jerry Hopkins, Elvis – A Biography, New York 1971, zitiert nach Siegfried Schmidt-Joos / Barry Graves, Rock-Lexikon, Reinbek 1973, S. 277.
24 Frankfurter Rundschau vom 1. Februar 1956.
25 Coretta Scott-King, Mein Leben mit Martin Luther King, Stuttgart 1970, S. 108.
26 Zitiert nach Theodor Ebert, Gewaltfreier Aufstand – Alternative zum Bürgerkrieg, Freiburg 1969, S. 187.
27 Archiv der Gegenwart vom 4. Februar 1956, XXVI. Jg., S. 5603.
28 Die Andere Zeitung vom 2. Februar 1956, 2. Jg., Nr. 5, S. 1
29 Helmut Hammerschmidt / Michael Mansfeld, Der Kurs ist falsch, München-Wien-Basel 1956, S. 67f.
30 Zitiert nach Karl Losch, Sie marschieren nicht nur im Geiste mit... – Aufsehenerregende Rundfunksendung in Bayern: »Renazifizierung der Bundesrepublik«, in: Frankfurter Rundschau vom 14. Februar 1956.
31 Archiv der Gegenwart vom 13. Februar 1956, XXVI. Jg., S. 5617.
32 Zitiert nach der deutschen Übersetzung in: Friedenswacht – Internationale Zeitschrift, Juli 1956, S. 67.

33 A.a.O., S. 68.
34 Die Geheimrede Chruschtschows: Über den Personenkult und seine Folgen – Rede des Ersten Sekretärs des ZK der KPdSU, Gen. N.S. Chruschtschow, auf dem XX. Parteitag der Kommunistischen Partei der Sowjetunion, 25. Februar 1956, Berlin 1990, S. 41f.
35 A.a.O., S. 84f.
36 Günther Nollau, Das Amt, München 1978, S. 202f.
37 Ost-Probleme Nr. 25/26, 8. Jg., 1956, S. 867; vgl. auch die Übersetzung in: Boris Meissner, Das Ende des Stalin-Mythos – Die Ergebnisse des 20. Parteikongresses der Kommunistischen Partei der Sowjetunion, Frankfurt 1956, S. 175–198.
38 Der Spiegel vom 21. März 1956, 9. Jg., Nr. 12, S. 14f.
39 Alfred Kantorowicz, Deutsches Tagebuch, Bd.II, München 1964, S. 594.
40 Archiv der Gegenwart vom 23. Februar 1956, XXVI. Jg., S. 5631.
41 Der Spiegel vom 21. März 1956, 9. Jg., Nr. 12, S. 15.
42 Der Stern vom 24. März 1956, 9. Jg., Nr. 12, S. 63.
43 Wolfgang Leonhard, Offener Brief an oppositionelle SED-Mitglieder, in: ders., Das kurze Leben der DDR – Berichte und Kommentare aus vier Jahrzehnten, Stuttgart 1990, S. 80.
44 Rudolf Gottschalk, Offener Brief: An die Ratsversammlung der Stadt Kiel, in: Die Andere Zeitung vom 15. März 1956, 2. Jg., Nr. 11, S. 3.
45 Ausschuß für Deutsche Einheit (Hg.), Aus dem Tagebuch eines Judenmörders, Ost-Berlin 1956.
46 Erklärung des Sekretärs des Ausschusses für deutsche Einheit, Wilhelm Girnus, auf der Pressekonferenz vom 1. März 1956, o.O., o.J. (hektographiertes Typoskript), S. 2.
47 Der Spiegel vom 24. Juli 1956, 9. Jg., Nr. 27, S. 43.
48 A.a.O., S. 42.
49 Ebenda.
50 A.a.O., S. 43.
51 Die Tat vom 17. April 1956, 7. Jg., Nr. 14, S. 8.
52 Die Tat vom 31. März 1956, 7. Jg., Nr. 13, S. 5.
53 Die Tat vom 10. März 1956, 7. Jg., Nr. 10, S. 8.
54 Walter Ulbricht, Über den XX. Parteitag der Kommunistischen Partei der Sowjetunion, in: Neues Deutschland vom 4. März 1956.
55 Ralph Giordano, Die entzauberten Revolutionäre – Fall 4, in: Horst Krüger (Hg.), Das Ende einer Utopie, Olten-Freiburg 1963, S. 103f.
56 Archiv der Gegenwart vom 6. März, XXVI. Jg., S. 5663.
57 Senat von Berlin (Hg.), Berlin-Chronik der Jahre 1955–1956, Berlin 1971, S. 440.
58 Zitiert nach Peter Zudeick, Der Hintern des Teufels – Ernst Bloch, Leben und Werk, Baden-Baden 1985, S. 225.
59 Zitiert nach Josef Foschepoth, Hat Kohl das verwirklicht, was Adenauer wollte? In: Frankfurter Rundschau vom 13. Februar 1993.
60 Fritz Bauer u.a. (Red.), Justiz und NS-Verbrechen – Sammlung deutscher Strafurteile wegen nationalsozialistischer Tötungsverbrechen 1945–1966, Bd.XIII, Amsterdam 1975, S. 636.
61 Teresa Toranska, Die da oben – Polnische Stalinisten zum Sprechen gebracht, Köln 1987, S. 366.
62 Vgl. L'Unitá vom 15. März 1956.
63 D. E. Ralle, Zurück nach Auschwitz? In: Die Andere Zeitung vom 15. März 1956, 2. Jg., Nr. 11, S. 1.
64 Süddeutsche Zeitung vom 21. März 1956.
65 Offener Brief des SDS an den Bundesinnenminister, in: Deutsche Universitäts-Zeitung vom 22. März 1956, XI. Jg., Nr. 5–6, S. 31.
66 Informationsbericht vom 19. April 1956, Zwischenarchiv Normannenstraße, Allg. S. 89/59, Bl.1, zitiert nach Armin Mitter/Stefan Wolle, Untergang auf Raten – Unbekannte Kapitel der DDR-Geschichte, München 1993, S. 210.
67 Deutsche Volkszeitung vom 31. März 1956, IV. Jg., Nr. 13, S. 1.
68 Bundesvorstand des Bundes der Deutschen, Neue Deutsche Politik (Broschüre), 1956, S. 53.
69 Alfred Kantorowicz, Deutsches Tagebuch, Bd.II, München 1964, S. 659.
70 G.D., Nacht und Nebel ... von Bonn bis Cannes, in: Die Tat vom 21. April 1956, 7. Jg., Nr. 16, S. 5.
71 Thomas Scharping, Mao-Chronik, Daten zu Leben und Werk, München 1976, S. 139.
72 Der Spiegel vom 4. April 1956, 10. Jg., Nr. 14, S. 16.
73 A.a.O., S. 25.
74 Deutscher Friedensrat (Hg.), Weltfriedensbewegung – Dokumente und Erklärungen, November 1955 bis Januar 1960, Ost-Berlin 1960, S. 13.
75 Archiv der Gegenwart vom 9. April 1956, XXVI. Jg., S. 5712.
76 Tagesspiegel vom 10. April 1956.
77 Archiv der Gegenwart vom 16. April 1956, XXVI. Jg., S. 5723.
78 Die Tat vom 21. April 1956, 7. Jg., Nr. 16, S. 4.
79 Vgl. die erweiterte Fassung: Karl Bechert, Atomkrieg ist Wahnsinn und Verbrechen, in: Die Tat vom 21. Juli 1956, 7. Jg., Nr. 29, S. 5f.
80 Verhandlungen des Deutschen Bundestages, Stenographische Berichte, Bd. 20, 18. April 1956, Bonn 1956, S. 7210.
81 Der Spiegel vom 25. April 1956, 10. Jg., Nr. 17, S. 24.
82 Protokoll der Bürositzung der SED-Bezirksleitung am 19. April 1956, BV PDS Leipzig PA IV/2/3/204.
83 Vertrauliche Verschlußsache XIII 161/56, zitiert nach Volker Caysa / Petra Caysa / Klaus-Dieter Eichler / Elke Uhl (Hg.), »Hoffnung kann enttäuscht werden« – Ernst Bloch in Leipzig, Frankfurt 1992, S. 109.
84 Die Tat vom 1. Dezember 1956, 7. Jg., Nr. 48, S. 8.
85 Erich Maria Remarque, Be Vigilant! In: Daily Express vom 30. April 1956, zitiert nach ders., Ein militanter Pazifist – Texte und Interviews 1929–1966, hrsg., von Thomas F. Schneider, Köln 1994, S. 97.
86 A.a.O., S. 100.
87 Braunschweiger Zeitung vom 1. Mai 1956.
88 Kurt Hiller, Zur Mathematik der Wiedervereinigung, Rede vor einer Studentenversammlung in Hamburg am 4. Mai 1956, in: Die Andere Zeitung vom 17. Mai 1956, 2. Jg., Nr. 20, S. 5.
89 Deutsche Volkszeitung vom 12. Mai 1956, IV. Jg., Nr. 19, S. 6.
90 Harry Ristock, Neben dem roten Teppich – Begegnungen, Erfahrungen und Visionen eines Politikers, Berlin 1991, S. 75f.
91 A.a.O., S. 77.
92 Jürgen Habermas, Sigmund Freud – der Aufklärer, in: Frankfurter Allgemeine Zeitung vom 7. Mai 1956.
93 Die Welt vom 1./2. Mai 1956.
94 Zitiert nach Konrad Adenauer, Erinnerungen 1955–1959, Stuttgart 1967, S. 144f.
95 A.a.O., S. 147.
96 Archiv der Gegenwart vom 10. Mai 1956, XXVI. Jg., S. 5769.
97 Archiv der Gegenwart vom 11. Mai 1956, XXVI. Jg., S. 5770.
98 Die Tat vom 19. Mai 1956, 7. Jg., Nr. 20, S. 4.
99 Die Tat vom 26. Mai 1956, 7. Jg., Nr. 21, S. 9.
100 Archiv der Gegenwart vom 21. Mai 1956, XXVI. Jg., S. 5784.
101 Ebenda.
102 Ebenda.
103 Kurt Müller, Ein historisches Dokument aus dem Jahre 1956 – Brief an den DDR-Ministerpräsidenten Otto Grotewohl, in: Aus Politik und Zeitgeschichte B 11/90 vom 9. März 1990, S. 19.

104 A.a.O., S. 28.
105 Elimar Schubbe (Hg.), Dokumente zur Kunst-, Literatur- und Kulturpolitik der SED, Stuttgart 1972, S. 437.
106 Die Tat vom 9. Juni 1956, 7. Jg., Nr. 23, S. 12.
107 Ebenda.
108 Deutsche Volkszeitung vom 1. September 1956, Nr. 35, IV. Jg., S. 2.
109 Ebenda.
110 Frankfurter Rundschau vom 14. Juni 1956.
111 Zitiert nach Peter Dudek/Hans-Gerd Jaschke, Entstehung und Entwicklung des Rechtsextremismus in der Bundesrepublik – Zur Tradition einer besonderen politischen Kultur, Bd. 1, Opladen 1984, S. 392.
112 L'Unità vom 17. Juni 1956, zitiert nach Archiv der Gegenwart vom 18. Juni 1956, XXVI. Jg., S. 5826.
113 A.a.O., S. 5827.
114 Archiv der Gegenwart vom 22. Juni 1956, XXVI. Jg., S. 5831.
115 Fritz Bauer u.a. (Hg.), Justiz und NS-Verbrechen – Sammlung deutscher Strafurteile wegen nationalsozialistischer Tötungsverbrechen 1945–1966, Bd. XIII, Amsterdam 1975, S. 352.
116 Heinrich Senfft, Richter und andere Bürger – 150 Jahre politische Justiz und neudeutsche Herrschaftspublizistik, Nördlingen 1988, S. 44.
117 The Reporter (New York) vom 4. Oktober 1956, zitiert nach Melvin J. Lasky (Hg.), Die Ungarische Revolution – Ein Weißbuch, West-Berlin 1958, S. 32.
118 Archiv der Gegenwart vom 21. Juni 1956, XXVI. Jg., S. 5830.
119 Deutscher Friedensrat (Hg.), Weltfriedensbewegung – Dokumente und Erklärungen, November 1955 bis Januar 1960, Ost-Berlin 1960, S. 25.
120 Archiv der Gegenwart vom 25. Juni 1956, XXVI. Jg., S. 5838.
121 Peter Gosztony (Hg.), Der Ungarische Volksaufstand in Augenzeugenberichten, München 1981, S. 46.
122 Archiv der Gegenwart vom 7. Juli 1956, XXVI. Jg., S. 5864.
123 Archiv der Gegenwart vom 3. Juli 1956, XXVI. Jg., S. 5857.
124 A.a.O., S. 5858.
125 Die Tat vom 7. Juli 1956, 7. Jg., Nr. 27, S. 8.
126 E. Ralle, Ein Geschichtsdokument ohne Haß – Wer nimmt sich des Films »Nacht und Nebel« an? In: Deutsche Volkszeitung vom 11. August 1956, IV. Jg., Nr. 32, S. 14.
127 Archiv der Gegenwart vom 3. Juli 1956, XXVI. Jg., S. 5856.
128 Ebenda.
129 Marion Gräfin Dönhoff, Dürfen wir vergessen? In: Die Zeit vom 12. Juli 1956, 11. Jg., Nr. 28, S 2.
130 Ebenda.
131 Neues Deutschland vom 4. Juli 1956.
132 Erich Kuby, Nacht und Nebel, in: Die Kultur vom 15. Juli 1956.
133 Archiv der Gegenwart vom 9. Juli 1956, XXVI. Jg., S. 5866.
134 Verhandlungen des Deutschen Bundestages, Stenographische Berichte, Bd. 29, 4. Mai 1956, Bonn 1956, S. 7544.
135 Entscheidungen des Bundesverfassungsgerichts, hrsg. von den Mitgliedern des Bundesverfassungsgerichts, Bd. 12, Tübingen 1962, S. 45.
136 Robert Havemann, Meinungsstreit fördert die Wissenschaften, in: Neues Deutschland vom 8. Juli 1956.
137 Vorwärts vom 15. Juni 1956.
138 Theo Pirker, Die SPD nach Hitler – Die Geschichte der Sozialdemokratischen Partei Deutschlands 1945–1964, München 1965, S. 223f.
139 Jürgen Habermas, Triebschicksal als politisches Schicksal, in: Frankfurter Allgemeine Zeitung vom 14. Juli 1956.
140 Neue Zürcher Zeitung vom 19. Juli 1956.
141 Deutsche Volkszeitung vom 21. Juli 1956, IV. Jg., Nr. 29, S. 6.
142 Zitiert nach Aufbau vom 21. September 1956, 22. Jg., Nr. 38, S. 1f.
143 Bayerisches Volks-Echo vom 3. August 1956.
144 Bittschrift der Frauen vom 9. August 1956, in: Ruth Weiss (Hg.), Frauen gegen Apartheid – Zur Geschichte des politischen Widerstandes von Frauen, Reinbek 1980, S. 45f.
145 Die Andere Zeitung vom 23. August 1956, 2. Jg., Nr. 34, S. 14.
146 Deutsche Woche vom 22. August 1956.
147 Archiv der Gegenwart vom 1. September 1956, XXVI. Jg., S. 5946.
148 National-Zeitung (Ost-Berlin) vom 19. August 1956.
149 Erklärung des Parteivorstandes der KPD nach dem Verbot, in: Dokumentation der Zeit vom 11. September 1956, 8. Jg., Nr. 126, S. A 298f.
150 Deutsche Volkszeitung vom 1. September 1956, IV. Jg., Nr. 35, S. 2.
151 (Anonymus), Die algerische Revolution, Stuttgart o.J., S. 22.
152 Archiv der Gegenwart vom 22. August 1956, XXVI. Jg., S. 5934.
153 Vgl. Konrad Adenauer, Erinnerungen 1956–1959, Stuttgart 1967, S. 200ff.
154 Frankfurter Allgemeine Zeitung vom 28. August 1956.
155 Zentralkomitee der Deutschen Katholiken (Hg.), Die Kirche das Zeichen Gottes unter den Völkern – Der 77. Deutsche Katholikentag vom 29. August bis 2. September 1956 in Köln, Paderborn 1957, S. 224.
156 A.a.O., S. 226.
157 Dokumentation der Zeit vom 11. September 1956, 8. Jg., Nr. 126, S. A 318.
158 Deutsche Volkszeitung vom 22. September 1956, 4. Jg., Nr. 38, S. 6.
159 Fritz René Allemann, Bonn ist nicht Weimar, Köln/West-Berlin 1956, S. 440.
160 Bild-Zeitung vom 20. September 1956.
161 Neue-Ruhr-Zeitung vom 28. September 1956.
162 Berliner Zeitung (Ost-Berlin) vom 19. September 1956.
163 Der Spiegel vom 10. Oktober 1956, 10. Jg., Nr. 41, S. 45.
164 A.a.O., S. 46.
165 Zitiert nach Der Spiegel, a.a.O., S. 46.
166 Weserkurier vom 22. September 1956.
167 Vgl. Neues Deutschland vom 2. Dezember 1958.
168 Der Spiegel vom 26. September 1956, 10. Jg., Nr. 39, S. 53.
169 Süddeutsche Zeitung vom 21. September 1956.
170 Ebenda.
171 Die Tat vom 29. September 1956, 7. Jg., Nr. 39, S. 6.
172 Deutscher Friedensrat (Hg.), Weltfriedensbewegung – Dokumente und Erklärungen, November 1955 bis Januar 1960, Ost-Berlin 1960, S. 27.
173 Joe Hembus/Christa Bandmann, Klassiker des deutschen Tonfilms 1930–1960, München 1980, S. 175.
174 Deutsche Volkszeitung vom Oktober 1956, 4. Jg., Nr. 40, S. 3.
175 Hans Schwab-Felisch, Dichter auf dem »elektrischen Stuhl«, in: Frankfurter Allgemeine Zeitung vom 1. November 1956.
176 Die Tat vom 3. November 1956, 7. Jg., Nr. 44, S. 4.
177 Reginald Rudorf, Jazz drüben, in: SBZ-Archiv Nr. 6/60, März 1960, S. 84.
178 Die Welt vom 3. Oktober 1956.
179 Die Zeit vom 4. Oktober 1956, 11. Jg., Nr. 4, S. 4.
180 Berliner Allgemeine – Wochenzeitung der Juden in Deutschland vom 12. Oktober 1956.
181 Neues Deutschland vom 14. Oktober 1956.
182 Archiv der Gegenwart vom 9. Oktober 1956, XXVI. Jg., S. 6015.
183 Archiv der Gegenwart vom 9. Oktober 1956, XXVI. Jg., S. 6014.
184 Ebenda.

185 Archiv der Gegenwart vom 12. Oktober 1956, XXVI. Jg., S. 6021.
186 Ebenda.
187 Neues Deutschland vom 7. Oktober 1956.
188 Peter Gosztony (Hg.), Der Ungarische Volksaufstand in Augenzeugenberichten, München 1981, S. 84.
189 A.a.O., S. 85.
190 Szabad Nép vom 7. Oktober 1956, zitiert nach Melvin J. Lasky, Die Ungarische Revolution – Ein Weißbuch, West-Berlin 1958, S. 40.
191 Die Tat vom 20. Oktober 1956, 7.Jg., Nr. 42, S. 4.
192 Claude Bourdet, »Werden in Oran Gefangene gefoltert?« In: Die Andere Zeitung vom 11. Oktober 1956, 2.Jg., Nr. 42, S. 9.
193 Information vom 25. Oktober 1956, Zwischenarchiv Normannenstraße (ZAN), Allg., S. 83/59, Bl.3, zitiert nach Armin Mitter/Stefan Wolle, Untergang auf Raten – Unbekannte Kapitel der DDR-Geschichte, München 1993, S. 263f.
194 Die Tat vom 24. November 1956, 7.Jg., Nr. 47, S. 8.
195 Archiv der Gegenwart vom 15. Oktober 1956, XXVI. Jg., S. 6024.
196 Nürnberger Nachrichten vom 13. November 1956.
197 Archiv der Gegenwart vom 27. Oktober 1956, XXVI. Jg., S. 6053.
198 Free Europe Committee (Hg.), Die Volkserhebung in Ungarn, 23. Oktober 1956 – 4. November 1956, Chronologie der Ereignisse im Spiegel ungarischer Rundfunkmeldungen, München 1956, S. 67.
199 A.a.O., S. 69.
200 A.a.O., S. 81.
201 Archiv der Gegenwart vom 27. Oktober 1956, XXVI. Jg., S. 6056.
202 Theo Pirker, Die blinde Macht – Die Gewerkschaftsbewegung in Westdeutschland, Teil 2, 1953–1960, München 1960, S. 215.
203 IG Metall-Bezirksleitung Hamburg (Hg.), Streik-Nachrichten vom 7. Dezember 1956, Nr. 31, S. 2.
204 IG Metall-Bezirksleitung Hamburg (Hg.), Streik-Nachrichten vom 14. Februar 1956, Nr. 80, S. 1.
205 Theo Pirker, a.a.O., S. 217.
206 Die Weltbühne (Ost-Berlin) vom 14. November 1956.
207 Hektographierte Presseinformation vom 1. November 1956 über die Beschlüsse der XI. SDS-Bundesdelegiertenkonferenz, S. 8.
208 MfS-Information vom 31. Oktober 1956, Zwischenarchiv Normannenstraße (ZAN), Allg., S. 83/59, Bl.1, Anhang; zitiert nach Armin Mitter/Stefan Wolle, Untergang auf Raten – Unbekannte Kapitel der DDR-Geschichte, München 1993, S. 264f.
209 Erich Loest, Durch die Erde ein Riß – Ein Lebenslauf, Hamburg 1981, S. 289.
210 Wehrtechnische Monatshefte, 53.Jg., Heft 11, 1956, S.
211 Die Tat vom 24. November 1956, 7.Jg., Nr. 47, S. 3.
212 Rhein-Neckar-Zeitung vom 22. November 1956.
213 Der Spiegel vom 30. Januar 1957, 11. Jg., Nr. 5, S. 43.
214 Reginald Rudorf, Nie wieder links, Frankfurt-Berlin 1990, S. 121.
215 Ebenda.
216 Ebenda.
217 Karl Wilhelm Fricke, Politik und Justiz in der DDR – Zur Geschichte der politischen Verfolgung 1945–1968, Bericht und Dokumentation, Köln 1979, S. 346.
218 Sonntag vom 4. November 1956.
219 Frankfurter Allgemeine Zeitung vom 12. November 1956.
220 Der Tagesspiegel vom 4. Dezember 1956.
221 Ebenda.
222 Studenten-Kurier, 2. Jg., Nr. 8, Dezember 1956, S. 3.
223 Störung, in: Frankfurter Rundschau vom 9. November 1956.
224 Vgl. Ralph Giordano, Die Partei hat immer recht, Köln 1961, S. 117–120 und S. 241–243.
225 Frankfurter Allgemeine Zeitung vom 12. November 1956.
226 Zitiert nach Diether Posser, Anwalt im Kalten Krieg, München 1991, S. 189.
227 Neue Zürcher Zeitung vom 13. November 1956.
228 Ernst Bloch, Hegel und die Gewalt des Systems, in: ders., Philosophische Aufsätze – Zur objektiven Phantasie, Frankfurt 1969, S. 495.
229 A.a.O., S. 483.
230 Melvin J. Lasky (Hg.), Die Ungarische Revolution – Ein Weißbuch, West-Berlin 1958, S. 302.
231 Deutscher Friedensrat (Hg.), Weltfriedensbewegung – Dokumente und Erklärungen, November 1955 bis Januar 1960, Ost-Berlin 1960, S. 33f.
232 Melvin J. Lasky (Hg.), Die Ungarische Revolution – Ein Weißbuch, West-Berlin 1958, S. 294.
233 Ist Ko-Existenz jetzt noch möglich? – Wilhelm Elfes über sein Gespräch mit Bulganin und Chruschtschow – Die weltpolitischen Ereignisse und die deutsche Unabhängigkeit, in: Deutsche Volkszeitung vom 1. Dezember 1956, 4.Jg., Nr. 48, S. 1.
234 Frankfurter Rundschau vom 22. November 1956.
235 Vgl. die ausführliche Darstellung des Treffens in: Brigitte Hoeft (Red.), Der Prozeß gegen Walter Janka und andere – Eine Dokumentation, Reinbek 1990, S. 27–31, S. 61, S. 85–88 und S. 111–113.
236 Melvin J. Lasky (Hg.), Die Ungarische Revolution – Ein Weißbuch, München 1958, S. 302.
237 Diether Posser, Justiz im Zwielicht – Auch in Westdeutschland gibt es politische Gefangene, in: Gesamtdeutsche Rundschau vom 23. November 1956, 4. Jg., Nr. 48, S. 4.
238 Neues Deutschland vom 27. November 1956.
239 Archiv der Gegenwart vom 27. November 1956, XXVI. Jg., S. 6121.
240 Wolfgang Harich, Keine Schwierigkeiten mit der Wahrheit – Zur nationalkommunistischen Opposition 1956 in der DDR, Berlin 1993, S. 82.
241 Neues Deutschland vom 31. November 1956.
242 Die politische Plattform der Harich-Gruppe, in: Günther Hillmann, Selbstkritik des Kommunismus – Texte der Opposition, Reinbek 1967, S. 190.
243 Hans Mayer, Zur Gegenwartslage unserer Literatur, in: Sonntag vom 2. Dezember 1956.
244 Westdeutsche Allgemeine Zeitung vom 5. Dezember 1956.
245 Westdeutsche Allgemeine Zeitung vom 3. Dezember 1956.
246 Erklärung zur ungarischen Revolution, zitiert nach Reinhard Lettau (Hg.), Die Gruppe 47, Neuwied-Berlin 1967, S. 450f.
247 Alfred Andersch, Der Rauch von Budapest, in: ders., Die Blindheit des Kunstwerks, Frankfurt 1965, S. 18.
248 Manfred Jäger, Kultur und Politik in der DDR – Ein historischer Abriß, Köln 1982, S. 80.
249 Der Tagesspiegel vom 4. Dezember 1956.
250 Melvin J. Lasky (Hg.), Die Ungarische Revolution – Ein Weißbuch, West-Berlin 1956, S. 296.
251 Ernesto Che Guevara, Cubanisches Tagebuch – Ausgewählte Werke Bd. 2, Bonn 1992, S. 21.
252 Archiv der Gegenwart vom 5. Dezember 1956, S. 6135.
253 Der Spiegel vom 5. Dezember 1956, 10. Jg., Nr. 49, S. 34.
254 Zitiert nach Walter Janka, Schwierigkeiten mit der Wahrheit, Reinbek 1989, S. 64.
255 Forum vom 6. Dezember 1956, 10. Jg., Nr. 19/20.

256 Ebenda.
257 Ignazio Silone, Die Lehre von Budapest, in: ders., Notausgang, Frankfurt 1967, S. 193.
258 A.a.O., S. 203.
259 Hamburger Anzeiger vom 11. Dezember 1956.
260 Klaus Peter Schreiner, Die Zeit spielt mit – Die Geschichte der Lach- und Schießgesellschaft, München 1976, S. 109.
261 Weser-Kurier vom 13. Dezember 1956.
262 Frankfurter Rundschau vom 13. Dezember 1956.
263 Barbara Groneweg, Auch Neugierde ist strafbar, in: Frankfurter Rundschau vom 13. Dezember 1956.
264 Der Spiegel vom 12. Dezember 1956, 10. Jg., Nr. 50. S. 56.
265 Zitiert nach Klaus Budzinski, Pfeffer ins Getriebe – So ist und wurde das Kabarett, München 1982, S. 281.
266 Zitiert nach Erich Loest, Durch die Erde ein Riß – Ein Lebenslauf, Hamburg 1981, S. 305.
267 Der Spiegel vom 19. Dezember 1956, 11. Jg., Nr. 51, S. 24.
268 Reginald Rudorf, Nie wieder links – Eine deutsche Reportage, Frankfurt-Berlin 1990, S. 129f.
269 Protokoll der Delegiertenkonferenz am 21./22. Dezember 1956, BV PDS Leipzig PA IV/4/14./005, zitiert nach Volker Caysa / Petra Caysa / Klaus-Dieter Eichler / Elke Uhl (Hg.), »Hoffnung kann enttäuscht werden« – Ernst Bloch in Leipzig, Frankfurt 1992, S. 43f.
270 Archiv der Gegenwart vom 22. Dezember 1956, XXVI. Jg., S. 6168.
271 Zitiert nach Karl-Heinz Janßen, Der Fall John, in: Die Zeit vom 6. September 1985, 40. Jg., Nr. 37, S. 31.
272 Neues Deutschland vom 30. Dezember 1956.

1957

1 Jean-Paul Sartre, Das Gespenst Stalins, in: ders., Krieg im Frieden 2 – Reden, Polemiken, Stellungnahmen 1952–1956, hrsg. von Traugott König und Dietrich Hoß, Reinbek 1982, S. 332.
2 Archiv der Gegenwart vom 1. Januar 1957, XXVII. Jg., S. 6181.
3 Zitiert nach Der Spiegel vom 16. Januar 1957, 11. Jg., Nr. 3, S. 14.
4 Ralph Giordano, Personenkult und Literatur – Offener Brief an den Schriftsteller Stefan Heym, in: Die Andere Zeitung vom 3. Januar 1957, 3. Jg., Nr. 1, S. 12.
5 Ebenda.
6 Archiv der Gegenwart vom 5. Januar 1957, XXVII. Jg., S. 6191.
7 Archiv der Gegenwart vom 17. Januar 1957, XXVII. Jg., S. 6212.
8 Der Spiegel vom 16. Januar 1957, 11. Jg., Nr. 3, S. 14.
9 Fritz Bauer u.a. (Red.), Justiz und NS-Verbrechen, Bd.XIV, Amsterdam 1976, S. 46.
10 A.a.O., S. 51.
11 Frankfurter Rundschau vom 18. Januar 1957.
12 Deutsche Volkszeitung vom 26. Januar 1957, Nr. 5, IV. Jg., S. 6.
13 Archiv der Gegenwart vom 21. Januar 1957, XXVII. Jg., S. 6220.
14 Der Spiegel vom 6. Februar 1957, 11. Jg., Nr. 6, S. 22.
15 Ebenda.
16 Zitiert nach Rob Gerretsen / Marcel van der Linden, Die Pazifistisch-Sozialistische Partei (PSP) der Niederlande, in: Jürgen Baumgarten (Hg.), Linkssozialisten in Europa – Alternativen zu Sozialdemokratie und Kommunistischen Parteien, Hamburg 1982, S. 90.
17 Karola Bloch, Aus meinem Leben, Pfullingen 1981, S. 225.
18 Neues Deutschland vom 5. Februar 1957.
19 Ebenda.
20 Ebenda.
21 Verhandlungen des Deutschen Bundestages, Stenographische Berichte, Bd. 34, 31. Januar 1957, Bonn 1957, S. 10729.
22 Zitiert nach Christopher Driver, The Disarmers – A Study in Public Protest, London 1964, S. 33.
23 Hans Magnus Enzensberger, Die Sprache des Spiegel – Moral und Masche eines Magazins, in: Der Spiegel vom 6. März 1957, 11. Jg., Nr. 10, S. 48.
24 Ebenda.
25 Der Spiegel vom 6. März 1957, 11. Jg., Nr. 10, S. 48–51.
26 Zitiert nach Volker Caysa / Petra Caysa / Klaus-Dieter Eichler / Elke Uhl (Hg.), »Hoffnung kann enttäuscht werden« – Ernst Bloch in Leipzig, Frankfurt 1992, S. 152.
27 A.a.O., S. 153.
28 Coretta Scott King, Mein Leben mit Martin Luther King, Stuttgart 1970, S. 126.
29 Frankfurter Rundschau vom 21. Februar 1957.
30 Albert Camus, Fragen der Zeit, Reinbek 1970, S. 187.
31 A.a.O., S. 188.
32 Dieter Weitzel / Cornelia Füllkrug-Weitzel, »Richte unsere Füße auf den Weg des Friedens« – Entwicklung und Ansätze der kirchlichen Friedensdiskussion nach 1945, in: Arbeitsgruppe »Christentum und Politik« (Hg.), Das Kreuz mit dem Frieden – 1982 Jahre Christen und Politik, West-Berlin 1982, S. 28.
33 Archiv der Gegenwart vom 25. Februar 1957, XXVII. Jg., S. 6281.
34 Mao Tse-tung, Ausgewählte Schriften hrsg. von Tilemann Grimm, Frankfurt 1963, S. 97.
35 Zitiert nach Der Spiegel vom 13. März 1957, 11. Jg., Nr. 11, S. 45.

36 Peter Miska, Polizei im Dilemma, in: Frankfurter Rundschau vom 6. März 1957.
37 Metall vom 29. Mai 1957, 9. Jg., Nr. 11, S. 3.
38 Die staatsfeindliche Tätigkeit der Harich-Gruppe, Urteil des Obersten Gerichts vom 9. März 1957, in: Neue Justiz, 11. Jg., Nr. 6/1957, S. 167.
39 Wolfgang Harich, Keine Schwierigkeit mit der Wahrheit, Berlin 1993, S. 89.
40 Ebenda.
41 Karl Wilhelm Fricke, Politik und Justiz in der DDR – Zur Geschichte der politischen Verfolgung 1945–1968, Köln 1979, S. 353.
42 Neues Deutschland vom 29. März 1957.
43 Ebenda.
44 Archiv der Gegenwart vom 20. März 1957, XXVII. Jg., S. 6328.
45 Ebenda.
46 Bundesministerium für gesamtdeutsche Fragen (Hg.), SBZ von 1957 bis 1958 – Die Sowjetische Besatzungszone Deutschlands in den Jahren 1957–1958, Bonn-West-Berlin 1960, S. 51.
47 Bodo Harenberg (Hg.), Chronik 1957, Dortmund 1986, S. 54.
48 Vorwärts vom 22. März 1957.
49 Archiv der Gegenwart vom 15. März 1957, XXVII. Jg., S. 6319.
50 Hamburger Abendblatt vom 18. März 1957.
51 Ebenda.
52 Ebenda.
53 Neues Deutschland vom 17. März 1957.
54 Albert Camus, Kadar hat seinen Tag der Angst erlebt, in: ders., Fragen der Zeit, Reinbek 1970, S. 180.
55 A.a.O., S. 181.
56 Allgemeine Wochenzeitung der Juden in Deutschland vom 29. März 1957, 11. Jg., Nr. 52, S. 2.
57 Frankfurter Allgemeine Zeitung vom 21. März 1957.
58 Der Appell von Auboué, in: Die Tat vom 30. März 1957, 8. Jg., Nr. 13, S. 3.
59 Frankfurter Rundschau vom 26. März 1957.
60 Wiesbadener Kurier vom 28. März 1957.
61 Frankfurter Allgemeine Zeitung vom 29. März 1957.
62 Günter Goetz, Vom DGB-Doktrinär zum FDGB-Agenten – Werden und Wirken des Dr. Viktor Agartz, in: Rheinischer Merkur vom 5. April 1957.
63 Otto Stolz, Der verfehlte Versuch des Dr. Agartz – Einige notwendige Betrachtungen zu einem Aufsehen erregenden Fall, in: Welt der Arbeit vom 5. April 1957.
64 Fritz Bauer u.a. (Red.), Justiz und NS-Verbrechen – Sammlung deutscher Strafurteile wegen nationalsozialistischer Tötungsverbrechen 1945–1966, Bd. XIV, Amsterdam 1976, S. 88.
65 Agentengruppe Hasse-Hoffmann vernichtet, in: Universitätszeitung der Karl-Marx-Universität Leipzig, Nr. 2/1957.
66 Deutscher Friedensrat (Hg.), Weltfriedensbewegung – Dokumente und Erklärungen, November 1955 bis Januar 1960, Ost-Berlin 1960, S. 41.
67 Der Spiegel vom 18. Dezember 1957, 11. Jg., Nr. 51, S. 35.
68 Der Spiegel vom 24. April 1957, 11. Jg., Nr. 17, S. 62.
69 Dokumente zur Deutschlandpolitik, III. Reihe, Bd. 3.1, Bonn 1967, S. 577.
70 Süddeutsche Zeitung vom 9. April 1957.
71 Fred Mercks, Auf der Straße des Todes, Ost-Berlin 1982, S. 120.
72 Das Land – Zeitung für deutsche Land- und Forstwirtschaft vom 2. Mai 1957.
73 Der Spiegel vom 24. April 1957, 11. Jg., Nr. 17, S. 11.
74 Friedenskomitee der Bundesrepublik Deutschland (Hg.), Blaubuch – Dokumentation über den Widerstand gegen die atomare Aufrüstung der Bundesrepublik, Düsseldorf 1958, S. 134.
75 Günther Heipp (Hg.), Es geht ums Leben! – Der Kampf gegen die Bombe 1945–1965, Eine Dokumentation, Hamburg 1965, S. 44.
76 Archiv der Gegenwart vom 19. April 1957, XXVII. Jg., S. 6393.
77 Archiv der Gegenwart vom 24. April 1957, XXVII. Jg., S. 6401.
78 Der Spiegel vom 24. April 1957, 11. Jg., Nr. 17, S. 12.
79 Allgemeine Wochenzeitung der Juden in Deutschland vom 3. Mai 1957, 12. Jg., Nr. 5, S. 2.
80 Archiv der Gegenwart vom 23. April 1957, XXVII. Jg., S. 6397.
81 Neues Deutschland vom 24. April 1957.
82 Die Tat vom 22. Juni 1957, 8. Jg., Nr. 25, S. 12.
83 Günther Heipp (Hg.), Es geht ums Leben! – Der Kampf gegen die Bombe 1945–1965, Eine Dokumentation, Hamburg 1965, S. 44.
84 Archiv der Gegenwart vom 4. Mai 1957, XXVII. Jg., S. 6417.
85 Der Spiegel vom 8. Mai 1957, 11. Jg., Nr. 19, S. 49.
86 Ebenda.
87 Ebenda.
88 Deutsche Volkszeitung vom 11. Mai 1957, V. Jg., Nr. 19, S. 6.
89 Die Tat vom 11. Mai 1957, 8. Jg., Nr. 19, S. 3.
90 Metall vom 15. Mai 1957, 9. Jg., Nr. 10, S. 2.
91 Ebenda.
92 Neues Deutschland vom 30. April 1957.
93 Jean-Paul Sartre, »Ihr seid fabelhaft«, in: ders., Wir sind alle Mörder – Der Kolonialismus ist ein System, Artikel, Reden, Interviews 1947–1967, Reinbek 1988, S. 44.
94 Archiv der Gegenwart vom 6. Mai 1957, XXVII. Jg., S. 6423.
95 Anne-Frank-Stichting (Hg.), Über das Tagebuch der Anne Frank, das Haus und die Stiftung von ihrem Anfang bis heute, Amsterdam o.J., S. 1.
96 Fritz Bauer u.a. (Red.), Justiz und NS-Verbrechen – Sammlung deutscher Strafurteile wegen nationalsozialistischer Tötungsverbrechen 1945–1966, Bd. XIV, Amsterdam 1976, S. 111.
97 A.a.O., S. 129.
98 Friedenskomitee der Bundesrepublik Deutschland (Hg.), Blaubuch – Dokumentation über den Widerstand gegen die atomare Aufrüstung der Bundesrepublik, Düsseldorf 1959, S. 132.
99 Die Tat vom 11. Mai 1957, 8. Jg., Nr. 19, S. 1.
100 Verhandlungen des Deutschen Bundestages, Stenographische Berichte, Bd. 36, 9. Mai 1957, Bonn 1957, S. 11995.
101 Verhandlungen des Deutschen Bundestages, Stenographische Berichte, Bd. 36, 10. Mai 1957, Bonn 1957, S. 12073.
102 A.a.O., S. 12138f.
103 Entscheidungen des Bundesverfassungsgerichts hrsg. von den Mitgliedern des Bundesverfassungsgerichts, Bd. 6, Tübingen 1957, S. 415.
104 A.a.O., S. 422 u. S. 425.
105 Konrad Adenauer, Reden 1917–1967 – Eine Auswahl, hrsg. von Hans-Peter Schwarz, Stuttgart 1975, S. 356.
106 Günther Heipp (Hg.), Es geht ums Leben! – Der Kampf gegen die Bombe 1945–1965, Eine Dokumentation, Hamburg 1965, S. 47.
107 Archiv der Gegenwart vom 22. Mai 1957, XXVII. Jg., S. 6454.
108 Resolution des Konvents der FU gegen Atomwaffenversuche vom 15. Mai 1957, in: Blätter für deutsche und internationale Politik vom 20. August 1957, 2. Jg., Heft 8, S. 298.
109 Günther Heipp (Hg.), Es geht ums Leben! – Der Kampf gegen die Bombe 1945–1965, Eine Dokumentation, Hamburg 1965, S. 47.
110 Bundesministerium für gesamtdeutsche Fragen (Hg.), SBZ von 1957 bis 1958 – Die Sowjetische Besatzungszone Deutschlands in den Jahren 1957–1958, Bonn/West-Berlin 1960, S. 79.
111 Neues Deutschland vom 17. Mai 1957.
112 Ebenda.
113 Coretta Scott King, Mein Leben mit Martin Luther King, Stuttgart 1970, S. 131.
114 Der Tagesspiegel vom 22. Mai 1957.

115 Archiv der Gegenwart vom 20. Mai 1957, XXVII. Jg., S. 6449.
116 Die Welt vom 22. Mai 1957.
117 Ebenda.
118 Ekkehard Böhm u.a., Kultur-Tagebuch 1900 bis heute, Braunschweig 1984, S. 556.
119 Dokumentation der Zeit vom 5. Juli 1957, 9. Jg., Heft 145, S. 74.
120 Archiv der Gegenwart vom 27. Mai 1957, XXVII. Jg., S. 6465.
121 Archiv der Gegenwart vom 11. Juni 1957, XXVII. Jg., S. 6488.
122 Friedenskomitee der Bundesrepublik Deutschland (Hg.), Blaubuch – Dokumentation über den Widerstand gegen die atomare Aufrüstung der Bundesrepublik, Düsseldorf 1959, S. 211.
123 Archiv der Gegenwart vom 1. Juli 1957, XXVII. Jg., S. 6519.
124 Die Tat vom 8. Juni 1957, 8. Jg., Nr. 23, S. 1.
125 Ebenda.
126 Ralph Giordano, Keine Atombomben für Hitler-Generale, in: Die Tat vom 1. Juni 1957, 8. Jg., Nr. 22, S. 3.
127 Der Spiegel vom 11. September 1957, 11. Jg., Nr. 37, S. 17.
128 Archiv der Gegenwart vom 5. Juni 1957, XXVII. Jg., S. 6481.
129 A.a.O., S. 6482.
130 Archiv der Gegenwart vom 3. Juni 1957, XXVII. Jg., S. 6473.
131 Ebenda.
132 Gerd Schmückle, Ohne Pauken und Trompeten – Erinnerungen an Krieg und Frieden, Stuttgart 1982, S. 152.
133 Der Stern vom 15. Juni 1957, 10. Jg., Heft 24, S. 14f.
134 Ebenda.
135 Der Spiegel vom 2. März 1960, 14. Jg., Nr. 10, S. 40.
136 Gerhart Herrmann Mostar, Das Wunder von Magolsheim, in: Der Stern vom 29. Juni 1957, 10. Jg., Heft 26, S. 15.
137 A.a.O., S. 16.
138 Gesamtdeutsche Rundschau vom 14. Juni 1957, 5. Jg., Nr. 23, S. 4.
139 Ebenda.
140 Deutscher Friedensrat (Hg.), Weltfriedensbewegung – Dokumente und Erklärungen, November 1955 bis Januar 1960, Ost-Berlin 1960, S. 51.
141 Die Tat vom 22. Juni 1957, 8. Jg., Nr. 25, S. 5.
142 Ebenda.
143 Eugen Kogon, Die Lehre, Nachwort zu: Henri Alleg, Die Folter – La Question, Wien-München-Basel 1958, S. 64.
144 Die Tat vom 22. Juni 1957, 8. Jg., Nr. 25, S. 12.
145 Ebenda.
146 Bodo Harenberg (Hg.), Chronik 1957, Dortmund 1988, S. 98.
147 Ebenda.
148 Die Tat vom 27. Juni 1957, 8. Jg., Nr. 26, S. 1.
149 Frankfurter Rundschau vom 24. Juni 1957.
150 Alfred Döblin, Autobiographische Schriften und letzte Aufzeichnungen, Frankfurt-Wien-Zürich 1978, S. 490f.
151 Heinz Elsberg, Stella Kübler freigelassen, in: Aufbau vom 12. Juli 1957, 23. Jg., Nr. 28, S. 1f.
152 Hamburger Abendblatt vom 28. Juni 1957.
153 Archiv der Gegenwart vom 29. Juni 1957, XXVII. Jg., S. 6518.
154 Deutsche Volkszeitung vom 6. Juli 1957, 5. Jg., Nr. 27, S. 6.
155 Ebenda.
156 Deutsche Universitätszeitung vom 22. Juli 1957, XII. Jg., Nr. 13/14, S. 35.
157 Die Tat vom 6. Juli 1957, 8. Jg., Nr. 27, S. 4.
158 Jean-Paul Sartre, »Der Kolonisator und der Kolonisierte« von Albert Memmi, in: ders., Wir sind alle Mörder – Der Kolonialismus ist ein System, Artikel, Reden, Interviews 1947–1967, hrsg. von Traugott König, Reinbek 1988, S. 36f.
159 Albert Memmi, Portrait du colonisé précédé du Portrait du colonisateur, Paris 1957; dt. Übersetzung: ders., Der Kolonisator und der Kolonisierte – Zwei Porträts, Frankfurt 1980.
160 Archiv der Gegenwart vom 13. Juli 1957, XXVII. Jg., S. 6541.
161 A.a.O., S. 6542.
162 Konrad Adenauer, Reden 1917–1967, Eine Auswahl, herausgeben von Hans-Peter Schwarz, Stuttgart 1975, S. 366.
163 A.a.O., S. 372.
164 Vorstand der SPD (Hg.), Jahrbuch der SPD 1956/57, Bonn 1958, S. 353f.
165 Der Spiegel vom 17. Juli 1957, 11. Jg., Nr. 29, S. 12.
166 Friedenskomitee der Bundesrepublik Deutschland (Hg.), Blaubuch – Dokumentation über den Widerstand gegen die atomare Aufrüstung der Bundesrepublik, Düsseldorf 1959, S. 213.
167 Frankfurter Allgemeine Zeitung vom 9. Juli 1957.
168 Fritz Bauer u.a. (Red.), Justiz und NS-Verbrechen – Sammlung deutscher Strafurteile wegen nationalsozialistischer Tötungsverbrechen 1945–1966, Bd. XIV, Amsterdam 1976, S. 308.
169 Die Tat vom 20. Juli 1957, 8. Jg., Nr. 29, S. 2.
170 Offener Brief des Verlegers Ernst Rowohlt an Bundespräsident Theodor Heuss, in: Deutsche Volkszeitung vom 27. Juli 1957, V. Jg., Nr. 30, S. 4.
171 Günther Anders, Gebote des Atomzeitalters, in: Frankfurter Allgemeine Zeitung vom 13. Juli 1957.
172 Die Andere Zeitung vom 8. August 1957, 3. Jg., Nr. 32, S. 4.
173 Ebenda.
174 Die Tat vom 10. August 1957, 8. Jg., Nr. 32, S. 5.
175 Frankfurter Rundschau vom 19. Juli 1957.
176 Friedenskomitee der Bundesrepublik Deutschland (Hg.), Blaubuch – Dokumentation über die atomare Aufrüstung der Bundesrepublik, Düsseldorf 1959, S. 125.
177 Neues Deutschland vom 21. Juli 1957.
178 Brigitte Hoeft (Hg.), Der Prozeß gegen Walter Janka und andere – Eine Dokumentation, Reinbek 1990, S. 95.
179 Walter Janka, Schwierigkeiten mit der Wahrheit, Reinbek 1989, S. 94.
180 A.a.O., S. 141.
181 Neues Deutschland vom 26. Juli 1957.
182 Archiv der Gegenwart vom 30. Juli 1957, XXVII. Jg., S. 6571.
183 Vorwärts vom 2. August 1957.
184 Die Tat vom 3. August 1957, 8. Jg., Nr. 31, S. 3.
185 Vorwärts vom 2. August 1957.
186 Mit »Heil« und »Deutschem Gruß« – Das SS-Treffen in Karlburg, in: Die Tat vom 3. August 1957, 8. Jg., Nr. 31, S. 3.
187 Hendrik G. van Dam, Die Garde des Dritten Reiches – Zur Parade der Waffen-SS, in: Allgemeine Wochenzeitung der Juden in Deutschland vom 2. August 1957, 12. Jg., Nr. 18, S. 1.
188 Blätter für deutsche und internationale Politik vom 20. August 1957, 2. Jg., Heft 8, S. 298.
189 Telegraf vom 8. August 1957.
190 Archiv der Gegenwart vom 7. August 1957, XXVII. Jg., S. 6586.
191 Friedenskomitee der Bundesrepublik Deutschland (Hg.), Blaubuch – Dokumentation über den Widerstand gegen die atomare Aufrüstung der Bundesrepublik, Düsseldorf 1959, S. 266f.
192 Der Spiegel vom 21. August 1957, 11. Jg., Nr. 34, S. 15.
193 Neue Züricher Zeitung vom 5. Oktober 1957.
194 Alfred Kantorowicz, Einführung zu: Milovan Djilas, Die neue Klasse – Eine Analyse des kommunistischen Systems, München 1957, S. 9f.
195 Ralph Giordano, Mischling I. Grades im Sinne der Nürnberger Gesetze – Offener Brief an das Amt für Wiedergutmachung Hamburg, in: Die Tat vom 17. August 1957, 8. Jg., Nr. 33, S. 8.
196 Dokumentation der Zeit vom 20. September 1957, 9. Jg., Heft 150, S. 101.
197 Alfred Kantorowicz, Warum ich mit dem Ulbricht-Regime gebrochen habe (Rundfunkansprache, gesendet vom Sender Freies Berlin am 22. August 1957), in: Tagesspiegel vom 23. August 1957.

198 Ebenda.
199 Neues Deutschland vom 24. August 1957.
200 Neues Deutschland vom 25. August 1957.
201 Bodo Uhse, Schlußwort, in: Sonntag vom 1. September 1957.
202 Tagesspiegel vom 1. September 1957.
203 Gerhard Zwerenz, Der Widerspruch – Autobiographischer Bericht, Frankfurt 1974, S. 247.
204 Reginald Rudorf, Nie wieder links – Eine deutsche Reportage, Frankfurt-Berlin 1990, S. 142.
205 Enno Patalas, V. Harlan: Anders als du und ich (175), in: Filmkritik, 1. Jg., Heft 12, Dezember 1957, S. 291.
206 Ralph Giordano, Die Partei hat immer recht, Köln 1961, S. 272.
207 Jan Rolfs (d.i. Ralph Giordano), Westdeutsches Tagebuch, Ost-Berlin 1953.
208 Die Tat vom 7. September 1957, 8. Jg., Nr. 36, S. 1.
209 Der Spiegel vom 11. Dezember 1957, 11. Jg., Nr. 50, S. 55f.
210 A.a.O., S. 56.
211 Frankfurter Rundschau vom 4. September 1957.
212 Frankfurter Rundschau vom 5. September 1957.
213 Friedenskomitee der Bundesrepublik Deutschland (Hg.), Blaubuch – Dokumentation über den Widerstand gegen die atomare Aufrüstung der Bundesrepublik, Düsseldorf 1959, S. 156.
214 Der Spiegel vom 11. September 1957, 11. Jg., Nr. 37, S. 55f.
215 Friedenskomitee der Bundesrepublik Deutschland (Hg.), Blaubuch – Dokumentation über den Widerstand gegen die atomare Aufrüstung der Bundesrepublik, Düsseldorf 1959, S. 138f.
216 Peter Rühmkorf, Die Jahre die Ihr kennt – Anfälle und Erinnerungen, Reinbek 1972, S. 113.
217 Frankfurter Rundschau vom 10. September 1957.
218 Die Tat vom 5. Oktober 1957, 8. Jg., Nr. 40, S. 3.
219 Ebenda.
220 Frankfurter Allgemeine Zeitung vom 25. September 1957.
221 Der Spiegel vom 25. September 1957, 11. Jg., Nr. 39, S. 28f.
222 A.a.O., S. 29.
223 Der Spiegel vom 6. November 1957, 11. Jg., Nr. 45, S. 62.
224 Helmut Gollwitzer, Die Christen und die Atomwaffen, in: ders., Forderungen der Freiheit – Aufsätze und Reden zur politischen Ethik, München 1962, S. 297.
225 Erika von Hornstein, Staatsfeinde – Sieben Prozesse in der »DDR«, Köln/West-Berlin 1963, S. 112.
226 Zitiert nach Karl Wilhelm Fricke, Selbstbehauptung und Widerstand in der Sowjetischen Besatzungszone Deutschlands, in: Bundesministerium für Gesamtdeutsche Fragen (Hg.), Bonner Berichte aus Mittel- und Ostdeutschland, Bonn/West-Berlin 1966, S. 134.
227 Günter Zehm, Fall 1, in: Horst Krüger (Hg.), Das Ende einer Utopie, Freiburg 1963, S. 46.
228 Hans Werner Richter, Wie entstand und was war die Gruppe 47? In: Ilse Aichinger u.a., Hans Werner Richter und die Gruppe 47, Frankfurt-West-Berlin-Wien 1981, S. 79.
229 Joachim Kaiser, Zehn Jahre Gruppe 47, in: Frankfurter Allgemeine Zeitung vom 2. Oktober 1957.
230 Dokumentation der Zeit vom 5. November 1957, 9. Jg., Heft 153, S. 96.
231 Frankfurter Rundschau vom 15. August 1992.
232 Deutscher Friedensrat (Hg.), Weltfriedensbewegung – Dokumente und Erklärungen, November 1955 bis Januar 1960, Ost-Berlin 1960, S. 65.
233 Hannoversche Allgemeine Zeitung vom 2. Oktober 1957.
234 Deutsche Rundschau Nr. 9/1958, S. 827.
235 Matthias Alten, Freiheit für Terrorist Klagges, in: Deutsche Volkszeitung vom 9. März 1957, 3. Jg., Nr. 10, S. 6.
236 Handbuch der Verträge 1871-1964, Ost-Berlin 1968, S. 643.
237 New York Herald Tribune vom 6. Oktober 1957, zitiert nach Archiv der Gegenwart vom 10. Oktober 1957, XXVII. Jg., S. 6683.
238 Janko Musulin (Hg.), Die Ära Adenauer – Einsichten und Ausblicke, Frankfurt 1964, S. 109.
239 Harry Buckwitz, Freiheit der Kritik, Schriftenreihe der Industriegewerkschaft Druck und Papier, Heft 9, Frankfurt 1957, S. 27.
240 Zitiert nach dem Begleittext eines Keystone-Photos vom 30. Oktober 1957.
241 Zitiert nach Peter Zudeick, Der Hintern des Teufels – Ernst Bloch, Leben und Werk, Bühl-Moos 1985, S. 238.
242 Bundesministerium für gesamtdeutsche Fragen (Hg.), SBZ von 1957 bis 1958 – Die Sowjetische Besatzungszone Deutschlands in den Jahren 1957-1958, Bonn/West-Berlin 1960, S. 122.
243 Neues Deutschland vom 24. September 1957.
244 Hamburger Abendblatt vom 14. Oktober 1957.
245 Dokumentation der Zeit vom 5. Dezember 1957, 9. Jg., Heft 155, S. 60f.
246 Ebenda.
247 Frankfurter Rundschau vom 26. Oktober 1957.
248 Senat von Berlin (Hg.), Berlin – Chronik der Jahre 1957-1958, West-Berlin 1974, S. 301f.
249 Helmut Schelsky, Die skeptische Generation – Eine Soziologie der deutschen Jugend, Düsseldorf 1957, S. 495.
250 Die Tat vom 16. November 1957, 8. Jg., Nr. 46, S. 1.
251 Die Tat vom 30. November 1957, 8. Jg., Nr. 48, S. 1.
252 Wiener Zeitung vom 22. November 1957.
253 Prawda vom 3. April 1964.
254 Bild-Zeitung vom 21. November 1957.
255 Archiv der Gegenwart vom 25. November 1957, XXVII. Jg., S. 6762.
256 Protestschreiben bundesdeutscher Buchhändler und Verleger, in: Deutsche Volkszeitung vom 22. Februar 1958, VI. Jg., Nr. 8, S. 11.
257 Urteil des Bezirksgerichts Leipzig vom 28. November 1957, in: Neue Justiz, 12. Jg., Nr. 2/1958, S. 70f.
258 Archiv der Gegenwart vom 2. Dezember 1957, XXVII. Jg., S. 6777.
259 Fritz Bauer u.a. (Red.), Justiz und NS-Verbrechen – Sammlung deutscher Strafurteile wegen nationalsozialistischer Tötungsverbrechen 1945-1966, Amsterdam 1976, S. 475.
260 Fuldaer Manifest: Letzter Appell, in: Mann in der Zeit, Augsburg, Januar 1958, Nr. 1, o.S.
261 Zitiert nach Klaus Budzinski, Pfeffer ins Getriebe – So ist und wurde das Kabarett, München 1982, S. 240.
262 Albert Camus, Fragen der Zeit, Reinbek 1970, S. 201f.
263 Viktor Agartz, Erklärung vor dem Bundesgerichtshof in Karlsruhe, in: Hans-Georg Hermann, Verraten und verkauft, Fulda 1959, S. 214f.
264 Die Welt vom 14. Dezember 1957.
265 Deutsche Woche vom 25. Dezember 1957.
266 Archiv der Gegenwart vom 19. Dezember 1957, XXVII. Jg., S. 6801.
267 A.a.O., S. 6804.
268 Zitiert nach Werner Maser, Genossen beten nicht – Kirchenkampf des Kommunismus, Köln 1963, S. 101.
269 Deutscher Friedensrat (Hg.), Weltfriedensbewegung – Dokumente und Erklärungen, November 1955 bis Januar 1960, Ost-Berlin 1960, S. 80.
270 Archiv der Gegenwart vom 8. Januar 1958, XXVII. Jg., S. 6831.
271 Franz Josef Strauß, Die Erinnerungen, West-Berlin 1989, S. 342f.

1958

1 Das Gewissen, 3. Jg., Nr. 1, Januar 1958, S. 3f.
2 Jürgen Weihrauch (Hg.), Gruppe SPUR, München 1979, S. 49.
3 Dokumentation der Zeit vom 5. März 1958, 10. Jg., Heft 161, S. 23.
4 Zitiert nach Valentin Senger, Kurzer Frühling – Erinnerungen, Hamburg–Zürich 1992, S. 320f.
5 Ebenda.
6 Deutsche Volkszeitung vom 18. Januar 1958, VI. Jg., Nr. 3, S. 11.
7 Konkret, Studentische Nachrichten, Ausgabe B/West-Berlin, 4. Jg., Nr. 2/58, S. 3.
8 Archiv der Gegenwart vom 13. Januar 1958, XXVIII. Jg., S. 6841.
9 Archiv der Gegenwart vom 14. Januar 1958, XXVIII. Jg., S. 6843.
10 Ebenda.
11 Blätter für deutsche und internationale Politik vom 20. Januar 1958, 3. Jg., Heft 1, S. 64f.
12 Frankfurter Allgemeine Zeitung vom 15. Januar 1958.
13 Schriftsatz Adolf Arndt, 4. Februar 1952, S. 17, Archiv der sozialen Demokratie, Nachlaß Arndt, Mappe 254, zitiert nach Dieter Gosewinkel, Adolf Arndt, Die Wiederbegründung des Rechtsstaats aus dem Geist der Sozialdemokratie (1945–1961), Bonn 1961, S. 496.
14 Dieter Gosewinkel, Adolf Arndt, a.a.O., S. 497; vgl. dazu: Ernst Wolfgang Böckenförde, Grundrechte als Grundsatznormen, S. 4ff.
15 Frankfurter Rundschau vom 16. Januar 1958.
16 Dokumentation der Zeit vom 20. März 1958, 10. Jg., Heft 162, S. 5.
17 Vgl. dazu die ausführliche Darstellung bei Hans-Peter Schwarz, Adenauer – Der Staatsmann: 1952–1967, Stuttgart 1991, S. 397ff.
18 Verhandlungen des Deutschen Bundestages, Stenographische Berichte, Bd. 39, 23. Januar 1958, Bonn 1958, S. 401 u. S. 404.
19 Sonntagsblatt vom 2. Februar 1958, 11. Jg., Nr. 5, S. 2.
20 Der Spiegel vom 5. Februar 1958, 12. Jg., Nr. 6, S. 20.
21 Die Tat vom 1. Februar 1958, 9. Jg., Nr. 4, S. 1.
22 Zitiert nach Thomas Scharping, Mao-Chronik, Daten zu Leben und Werk, München 1976, S. 152.
23 Konrad Adenauer, Reden 1917–1967 – Eine Auswahl, hrsg. von Hans-Peter Schwarz, Stuttgart 1975, S. 380.
24 A.a.O., S. 384.
25 Die Tat vom 8. Februar 1958, 9. Jg., Nr. 5, S. 11.
26 Ebenda.
27 Frankfurter Allgemeine Zeitung vom 31. Januar 1958.
28 Friedenskomitee der Bundesrepublik Deutschland (Hg.), Blaubuch – Dokumentation über den Widerstand gegen die atomare Aufrüstung der Bundesrepublik, Düsseldorf 1959, S. 189.
29 Der Spiegel vom 5. Februar 1958, 12. Jg., Nr. 6, S. 18.
30 Verhandlungen des Deutschen Bundestages, Stenographische Berichte, Bd. 39, 23. Januar 1958, Bonn 1958, S. 404 u. S. 406.
31 Dokumentation der Zeit vom 5. April 1958, 10. Jg., Heft 163, S. 3.
32 Die Andere Zeitung vom 20. Februar 1958, 4. Jg., Nr. 6, S. 6.
33 Ebenda.
34 Dokumentation der Zeit vom 5. April 1958, 10. Jg., Heft 163, S. 6.
35 Neues Deutschland vom 9. Februar 1958.
36 Friedenskomitee der Bundesrepublik Deutschland (Hg.), Blaubuch – Dokumentation über den Widerstand gegen die atomare Aufrüstung der Bundesrepublik, Düsseldorf 1959, S. 120.
37 Archiv der Gegenwart vom 14. Februar 1958, XXVIII. Jg., S. 6894.
38 Vgl. Otto Köhler, Der Jasager, in: Konkret vom Dezember 1993, 39. Jg., Nr. 12, S. 24.
39 Allgemeine Wochenzeitung der Juden in Deutschland vom 21. Februar 1958, 12. Jg., Nr. 47, S. 4.
40 Martin Luther King, Jr. Collection, Mugar Memorial Library, Boston University, zitiert nach Stephen B. Oates, Martin Luther King – Kämpfer für Gewaltlosigkeit, Hamburg 1984, S. 162.
41 Ebenda.
42 Süddeutsche Zeitung vom 15. Februar 1958.
43 Ebenda.
44 Hans Karl Rupp, Außerparlamentarische Opposition in der Ära Adenauer – Der Kampf gegen die Atombewaffnung in den fünfziger Jahren, Köln 1970, S. 128f.
45 Der Spiegel vom 5. März 1958, 12. Jg., Nr. 10, S. 47.
46 Deutsche Volkszeitung vom 8. März 1958, 6. Jg., Nr. 10, S. 1.
47 Renate Riemeck, Ich bin ein Mensch für mich – Aus einem unbequemen Leben, Stuttgart 1992, S. 159.
48 Neues Deutschland vom 26. Februar 1958.
49 Friedenskomitee der Bundesrepublik Deutschland (Hg.), Blaubuch – Dokumentation über den Widerstand gegen die atomare Aufrüstung der Bundesrepublik, Düsseldorf 1959, S. 121.
50 Jean-Paul Sartre, Wir sind alle Mörder, in: ders., Wir sind alle Mörder – Der Kolonialismus ist ein System – Artikel, Reden, Interviews 1947–1967, hrsg. von Traugott König, Reinbek 1988, S. 48.
51 Dokumentation der Zeit vom 5. Mai 1958, 10. Jg., Heft 165, S. 4.
52 Vorwärts (Ost-Berlin) vom 10. März 1958.
53 Deutsche Volkszeitung vom 15. März 1958, 6. Jg., Nr. 11, S. 6.
54 Jean-Paul Sartre, Ein Sieg, in: ders., Wir sind alle Mörder – Der Kolonialismus ist ein System – Artikel, Reden, Interviews 1947–1967, hrsg. von Traugott König, Reinbek 1988, S. 49.
55 A.a.O., S. 52f.
56 A.a.O., S. 55f.
57 A.a.O., S. 57f.
58 Tribüne vom 10. März 1958.
59 Welt der Arbeit vom 14. März 1958.
60 Erich Bentheim, Oh, mein Gott! In: Die Welt vom 12. März 1958.
61 Urteil des Bezirksgerichts Magdeburg vom 17. März 1958, zitiert nach Karl Wilhelm Fricke, Politik und Justiz in der DDR – Zur Geschichte der politischen Verfolgung 1945–1968, Bericht und Dokumentation, Köln 1979, S. 411.
62 Konrad Adenauer, Erinnerungen 1955–1959, Stuttgart 1967, S. 379.
63 Karl Wilhelm Fricke, Zur Geschichte der politischen Verfolgung 1945–1968, Bericht und Dokumentation, Köln 1979, S. 400.
64 Verhandlungen des Deutschen Bundestages, Stenographische Berichte, Bd. 40, 20. März 1958, Bonn 1958, S. 875.
65 Archiv der Gegenwart vom 24. und 25. März 1958, XXVIII. Jg., S. 6957.
66 Gesamtdeutsche Rundschau vom 28. März 1958, 7. Jg., Nr. 13, S. 3.
67 Ebenda.
68 Ebenda.
69 Eberhard Bitzer, Keine Frage wie hundert andere, in: Frankfurter Allgemeine Zeitung vom 25. März 1958.
70 Sándor Kopácsi, Die ungarische Tragödie – Wie der Aufstand von 1956 liquidiert wurde, Frankfurt/Wien 1981, S. 259.
71 Deutsche Volkszeitung vom 12. April 1958, 6. Jg., Nr. 15, S. 3.
72 Deutsche Volkszeitung vom 29. März 1958, 6. Jg., Nr. 13, S. 3.
73 Friedenskomitee der Bundesrepublik Deutschland (Hg.), Blau-

buch – Dokumentation über den Widerstand gegen die atomare Aufrüstung der Bundesrepublik, Düsseldorf 1959, S. 142f.
74 Frankfurter Rundschau vom 28. März 1958.
75 Hamburger Echo vom 29. März 1958.
76 Deutsche Volkszeitung vom 5. April 1958, 6. Jg., Nr. 14, S. 3.
77 Günther Heipp (Hg.), Es geht ums Leben! Der Kampf gegen die Bombe 1945–1965, Eine Dokumentation, Hamburg 1965, S. 111.
78 Archiv der Gegenwart vom 31. März 1958, XXVIII. Jg., S. 6990.
79 Deutsche Volkszeitung vom 3. Mai 1958, 6. Jg., Nr. 18, S. 6.
80 Deutsche Volkszeitung vom 26. April 1958, 6. Jg., Nr. 17, S. 6.
81 Ilse Aichinger u. a., Aufruf gegen die Atombewaffnung der Bundeswehr, in: Die Kultur vom 1. April 1958.
82 Die Tat vom 19. April 1958, 9. Jg., Nr. 15, S. 11.
83 Dokumentation der Zeit vom 5. Juni 1958, 10. Jg., Heft 167, S. 4.
84 Vgl. Franz Josef Strauß, Erinnerungen, West-Berlin 1989, S. 313–315.
85 Deutsche Volkszeitung vom 19. April 1958, 6. Jg., Nr. 16, S. 6.
86 Frankfurter Rundschau vom 12. April 1958.
87 Vgl. Der Spiegel vom 18. Dezember 1957, 11. Jg., Nr. 51, S. 35.
88 Presse- und Informationsstelle der Freien Universität Berlin (Hg.), Freie Universität Berlin 1948–1973, Hochschule im Umbruch, Teil III, 1957–1964 – Auf dem Wege in den Dissens, West-Berlin 1978, S. 74.
89 Situationistische Internationale 1958–1969 – Gesammelte Ausgaben des Organs der Situationistischen Internationale, Bd. 1, Hamburg 1976, S. 35.
90 Kölner Stadt-Anzeiger vom 17. April 1958.
91 Ebenda.
92 Die Andere Zeitung vom 24. April 1958, 4. Jg., Nr. 17, S. 1.
93 Frankfurter Rundschau vom 15. April 1958.
94 Dokumentation der Zeit vom 20. Juni 1958, 10. Jg., Heft 168, S. 4.
95 Neues Deutschland vom 17. April 1958.
96 Hamburger Abendblatt vom 18. April 1958.
97 Die Welt vom 18. April 1958.
98 Neues Deutschland vom 18. April 1958.
99 Süddeutsche Zeitung vom 21. April 1958.
100 Ebenda.
101 Ebenda.
102 Die Deutsche Volkszeitung vom 26. April 1958, 6. Jg., Nr. 17, S. 6.
103 Ebenda.
104 Dokumentation der Zeit vom 20. Juni 1958, 10. Jg., Heft 168, S. 13.
105 Die Tat vom 28. April 1958, 9. Jg., Nr. 16, S. 3.
106 Ernst Bloch, Ich stehe auf dem Boden der DDR, in: Neues Deutschland vom 20. April 1958.
107 Westfälische Rundschau vom 18. April.
108 Frankfurter Rundschau vom 25. April 1958.
109 Der Spiegel vom 2. Juli 1958, 12. Jg., Nr. 27, S. 28.
110 Vgl. Gisela Rüss, Anatomie einer politischen Verwaltung – Das Bundesministerium für gesamtdeutsche Fragen – Innerdeutsche Beziehungen 1949–1970, München 1973, S. 139.
111 Antrag auf Exmatrikulation des Studenten Dietrich Grille, zitiert nach Deutschland-Archiv, 25. Jg., Oktober 1992, Nr. 10, S. 1067.
112 Frankfurter Rundschau vom 26. April 1958.
113 Archiv der Gegenwart vom 10. Mai 1958, XXVIII. Jg., S. 7053.
114 Evangelischer Pressedienst vom 1. Mai 1958.
115 Friedenskomitee der Bundesrepublik Deutschland (Hg.), Blaubuch – Dokumentation über den Widerstand gegen die atomare Aufrüstung der Bundesrepublik, Düsseldorf 1959, S. 20.
116 Frankfurter Allgemeine Zeitung vom 29. April 1958.
117 Archiv der Gegenwart vom 1. Mai 1958, XXVIII. Jg., S. 7038.
118 Ebenda.
119 Ebenda.
120 Ebenda.
121 Deutsche Volkszeitung vom 10. Mai 1958, 6. Jg., Nr. 19, S. 3.
122 Frankfurter Rundschau vom 2. Mai 1958.
123 Vgl. dazu Ulrich Brochhagen, Nach Nürnberg – Vergangenheitsbewältigung und Westintegration in der Ära Adenauer, Hamburg 1994, S. 226.
124 SPD-Pressedienst vom 25. April 1958.
125 Vgl. Renate Riemeck, Ich bin ein Mensch für mich – Aus einem unbequemen Leben, Stuttgart 1992, S. 159f.
126 Hamburger Abendblatt vom 2. Mai 1958.
127 Deutsche Volkszeitung vom 10. Mai 1958, 6. Jg., Nr. 19, S. 6.
128 Ebenda.
129 Ebenda.
130 Augsburger Rundschau vom 3. Mai 1958.
131 Archiv der Gegenwart vom 8. Mai 1958, XXVIII. Jg., S. 7049.
132 Archiv der Gegenwart vom 14. Mai 1958, XXVIII. Jg., S. 7062.
133 Der Spiegel vom 28. Mai 1958, 12. Jg., Nr. 22, S. 27.
134 Christliche Friedenspolitik – Atomare Aufrüstung, Augsburg 1958, S. 4.
135 Stuttgarter Zeitung vom 27. Mai 1958.
136 Vorwärts vom 9. Mai 1958.
137 Blätter für deutsche und internationale Politik vom 20. Mai 1958, 3. Jg., Heft 5, S. 369.
138 Hildegard Emmel, Die Freiheit hat noch nicht begonnen – Zeitgeschichtliche Erfahrungen seit 1933, Rostock 1991, S. 136.
139 Ostsee-Zeitung vom 14. Mai 1958.
140 Blätter für deutsche und internationale Politik vom 20. Mai 1958, 3. Jg., Heft 5, S. 373.
141 Jörg Friedrich, Freispruch für die Nazi-Justiz – Die Urteile gegen NS-Richter seit 1948. Eine Dokumentation, Reinbek 1983, S. 440.
142 Falco Werkentin, Zwischen Tauwetter und Nachtfrost (1955–1957): DDR-Justizfunktionäre auf Glatteis, in: Deutschland-Archiv, 26. Jg., März 1993, S. 341.
143 Frankfurter Rundschau vom 14. Mai 1958.
144 Archiv der Gegenwart vom 17. Mai 1958, XXVIII. Jg., S. 7065.
145 A.a.O., S. 7067.
146 A.a.O., S. 7067f.
147 Simone de Beauvoir, Der Lauf der Dinge, Reinbek 1970, S. 389.
148 Archiv der Gegenwart vom 31. Mai 1958, XXVIII. Jg., S. 7100.
149 A.a.O., S. 7101.
150 Archiv der Gegenwart vom 7. Juni 1958, XXVIII. Jg., S. 7112.
151 Ebenda.
152 A.a.O., S. 7113.
153 Renate Riemeck, Das Volk will mitreden! In: Deutsche Volkszeitung vom 24. Mai 1958, 6. Jg., Nr. 21, S. 6.
154 Archiv der Gegenwart vom 23. Mai 1958, XXVIII. Jg., S. 7077.
155 Flugblatt, zitiert nach Hans Karl Rupp, Außerparlamentarische Opposition in der Ära Adenauer – Der Kampf gegen die Atombewaffnung in den fünfziger Jahren, Köln 1970, S. 181.
156 Jürgen Habermas, Unruhe erste Bürgerpflicht, in: Diskus – Frankfurter Studentenzeitung, 8. Jg., Nr. 5, Juni 1958, S. 2.
157 SPD-Pressedienst, zitiert nach Die Tat vom 31. Mai 1958, 9. Jg., Nr. 21, S. 4.
158 Deutsche Volkszeitung vom 31. Mai 1958, 6. Jg., Nr. 22, S. 3.
159 Deutsche Volkszeitung vom 24. Mai 1958, 6. Jg., Nr. 21, S. 10.
160 Günther Heipp (Hg.), Es geht ums Leben – Der Kampf gegen die Bombe 1945–1965, Eine Dokumentation, Hamburg 1965, S. 80f.

161 Zitiert nach Archiv der Gegenwart vom 31. Mai 1958, XXVIII. Jg., S. 7101.
162 A.a.O., S. 7102.
163 Die Tat vom 21. Juni 1958, 9. Jg., Nr. 24, S. 2.
164 Karl Jaspers, Die Atombombe und die Zukunft des Menschen – Politisches Bewußtsein in unserer Zeit, München 1958, S. 70.
165 Günther Nenning, Warum Brecht im Westen gespielt werden soll, in: Forum, Juni 1958, 5. Jg., Heft 54, S. 230.
166 Brecht soll trotzdem gespielt werden – Antworten auf eine Forum-Umfrage, in: Forum, September 1958, 5. Jg., Heft 57, S. 330.
167 Günther Heipp (Hg.), Es geht ums Leben! Der Kampf gegen die Bombe 1945–1965. Eine Dokumentation, Hamburg 1965, S. 99f.
168 Frankfurter Rundschau vom 14. Juni 1958.
169 Ebenda.
170 Die Tat vom 14. Juni 1958, 9. Jg., Nr. 23, S. 1.
171 Frankfurter Rundschau vom 7. Juni 1958.
172 Allgemeine Wochenzeitung der Juden in Deutschland vom 13. Juni 1958, 13. Jg., Nr. 11, S. 1.
173 Revue vom 7. Juni 1958.
174 Quick vom 7. Juni 1958.
175 Deutsche Volkszeitung vom 14. Juni 1958, 6. Jg., Nr. 24, S. 6.
176 Deutsche Volkszeitung vom 21. Juni 1958, 6. Jg., Nr. 25, S. 4.
177 Frankfurter Rundschau vom 14. Juni 1958.
178 Siegward Lönnendonker/Tilman Fichter (Hg.), Freie Universität Berlin 1948–1973, Hochschule im Umbruch, Teil III, 1957–1964, West-Berlin 1974, S. 77.
179 Ebenda.
180 Verhandlungen des Deutschen Bundestages, Stenographische Berichte, Bd. 41, 13. Juni 1958, Bonn 1958, S. 1712.
181 Archiv der Gegenwart vom 21. Juni 1958, XXVIII. Jg., S. 7135.
182 Ebenda.
183 Deutsche Volkszeitung vom 21. Juni 1958, 6. Jg., Nr. 25, S. 6.
184 Sándor Kopácsi, Die ungarische Tragödie – Wie der Aufstand von 1956 liquidiert wurde, Frankfurt/Wien 1981, S. 285.
185 Frankfurter Allgemeine Zeitung vom 21. Juni 1958.
186 Zitiert nach Renate Riemeck, »Es geht um Mord« – Ein Flugblatt wurde beschlagnahmt, in: Deutsche Volkszeitung vom 19. Juli 1958, 6. Jg., Nr. 29, S. 4.
187 Der Spiegel vom 2. Juli 1958, 12. Jg., Nr. 27, S. 16.
188 no more hirosimas, Vol.5, No.6, June-July 1958, p. 1.
189 Frankfurter Rundschau vom 24. Juni 1958.
190 Rolf Schmiederer, Denken oder studieren, in: zoon politikon vom 23. Juni 1958, Heft 4, S. 1.
191 Ebenda.
192 Vorwärts vom 18. Juli 1958.
193 Vorwärts vom 25. Juli 1958.
194 Alexander von Cube, Skandal im Hochschulort Rüstersiel, in: Vorwärts vom 25. Juli 1958.
195 Verhandlungen des Deutschen Bundestages, Stenographische Berichte, Bd. 41, 27. Juni 1958, Bonn 1958, S. 2058.
196 Martin Ripkens, Jugend 58: Mitbürger oder Mitläufer? In: Deutsche Volkszeitung vom 5. Juli 1958, 6. Jg., Nr. 27, S. 11.
197 Die Andere Zeitung vom 10. Juli 1958, 4. Jg., Nr. 28, S. 4.
198 Deutsche Volkszeitung vom 5. Juli 1958, 6. Jg., Nr. 27, S. 3.
199 Eugen Kogon, Der SS-Staat – Das System der deutschen Konzentrationslager, Frankfurt 1959, S. 203f.
200 Deutsche Volkszeitung vom 2. August 1958, 6. Jg., Nr. 31, S. 3.
201 Martin Ripkens, Was heißt hier Staatsgefährdung? Bonns Tabu für DEFA-Filme, in: Deutsche Volkszeitung vom 5. Juli 1958, VI. Jg., Nr. 27, S. 14.
202 Archiv der Gegenwart vom 16. Juli 1958, XXVIII. Jg., S. 7179f.
203 Eugen Kogon, Der SS-Staat – Das System der deutschen Konzentrationslager, Frankfurt 1959, S. 146.
204 Allgemeine Wochenzeitung der Juden in Deutschland vom 15. August 1958, 13. Jg., Nr. 20, S. 2.
205 Archiv der Gegenwart vom 16. Juli 1958, XXVIII. Jg., S. 7178.
206 A.a.O., S. 7179.
207 Der Freiwillige, Oktober 1958, zitiert nach Peter Dudek/Hans-Gerd Jaschke, Entstehung und Entwicklung des Rechtsextremismus in der Bundesrepublik – Zur Tradition einer besonderen politischen Kultur, Bd. 1, Opladen 1984, S. 111.
208 Die Andere Zeitung vom 24. Juli 1958, 4. Jg., Nr. 30, S. 9.
209 Der Spiegel vom 30. Juli 1958, 12. Jg., Nr. 31, S. 15.
210 Deutsche Volkszeitung vom 26. Juli 1958, 6. Jg., Nr. 30, S. 3.
211 Die Andere Zeitung vom 31. Juli 1958, 4. Jg., Nr. 31, S. 6.
212 Deutsche Volkszeitung vom 2. August 1958, 6. Jg., Nr. 31, S. 3.
213 Kirchliches Jahrbuch 1958, 85. Jg, 1958/1959, Gütersloh, S. 145.
214 Deutsche Volkszeitung vom 2. August 1958, 6. Jg., Nr. 31, S. 6.
215 Otto John, Zweimal kam ich heim – Vom Verschwörer zum Schützer der Verfassung, Düsseldorf-Wien 1969, S. 356.
216 Archiv der Gegenwart vom 30. Juli 1958, XXVIII. Jg., S. 7210.
217 Allgemeine Wochenzeitung der Juden in Deutschland vom 15. August 1958, 13. Jg., Nr. 20, S. 12.
218 Deutsche Volkszeitung vom 16. August 1958, 6. Jg., Nr. 33, S. 11.
219 Ebenda.
220 Alternative, 1. Jg., Nr. 1, August 1958, S. 3.
221 Renate Riemeck, 6. August: Tag von Hiroshima – Fünf Vorschläge, in: Deutsche Volkszeitung vom 19. Juli 1958, 6. Jg., Nr. 29, S. 6.
222 Reinhold Billstein (Hg.), Das andere Köln – Demokratische Traditionen seit der Französischen Revolution, Köln 1979, S. 458f.
223 Ebenda.
224 Dokumentation der Zeit vom 5. November 1958, 10. Jg., Heft 177, S. 23.
225 Ebenda.
226 Günter Anders, Der Mann auf der Brücke – Tagebuch aus Hiroshima und Nagasaki, München 1959, S. 9.
227 Allgemeine Wochenzeitung der Juden in Deutschland vom 22. August 1958, 13. Jg., Nr. 21, S. 1.
228 Bundesministerium für gesamtdeutsche Fragen (Hg.), Unrecht als System – Dokumente über planmäßige Rechtsverletzungen im sowjetischen Besatzungsgebiet, Bd. IV, Bonn/West-Berlin 1962, S. 98.
229 A.a.O., S. 99.
230 Archiv der Gegenwart vom 8. September, XXVIII. Jg., S. 7277f.
231 Robert Jungk, Die Freiheit ist bedroht – Atomrüstung zerstört zwangsläufig die demokratischen Institutionen, in: Vorwärts vom 22. August 1958.
232 Zitiert nach Der Spiegel vom 10. September 1958, 12. Jg., Nr. 37, S. 24.
233 Karena Niehoff, Satire im Niemandsland, in: Der Tagesspiegel vom 3. September 1958.
234 Aksel Larsen, Wo stehen wir? Was ist zu tun? Original in: Land og Folk vom 28. August 1958; deutsche Übersetzung, zitiert nach Wolfgang Leonhard, Eurokommunismus – Herausforderung für Ost und West, Gütersloh 1978, S. 274f.
235 Vgl. dazu: Helmut Krausnick, Hitlers Einsatzgruppen – Die Truppen des Weltanschauungskrieges 1938–1942, Frankfurt 1989.
236 Fritz Bauer u.a. (Red.), Justiz und NS-Verbrechen – Sammlung deutscher Strafurteile wegen nationalsozialistischer Tötungsverbrechen 1945–1966, Bd. XV, Amsterdam 1976, S. 258.
237 Süddeutsche Zeitung vom 30./31. August 1958.
238 Freies Algerien, 1. Jg., Nr. 1, September 1958, S. 1.

239 Erklärung Martin Luther Kings vor dem Richter Eugene Loe am 5. September 1958 in Montgomery, Alabama, in: Coretta Scott King, Mein Leben mit Martin Luther King, Stuttgart 1970, S. 271f.
240 Simone de Beauvoir, Der Lauf der Dinge, Reinbek 1970, S. 419f.
241 Dokumentation der Zeit vom 5. November 1958, 10. Jg., Heft 177, S. 6.
242 Frankfurter Rundschau vom 15. September 1958.
243 Archiv der Gegenwart vom 16. September 1958, XXVIII. Jg., S. 7293.
244 III. Pugwash-Konferenz: Wir verfolgen die Entwicklung mit Sorge – Wortlaut der Erklärung von 70 Wissenschaftlern aus 21 Ländern, in: Deutsche Volkszeitung vom 13. Dezember 1958, 6. Jg., Nr. 50, S. 12.
245 A.a.O., S. 13.
246 Urteil des Obersten Gerichts vom 31. Oktober 1958, zitiert nach Karl Wilhelm Fricke, Politik und Justiz in der DDR – Zur Geschichte der politischen Verfolgung 1945–1968, Köln 1979, S. 379.
247 Franziska Seifert, Oppositionelle Studentengruppen an den Universitäten Halle, Jena, Ost-Berlin, Magdeburg und Dresden in den Jahren von 1956–1959, 1992 (unveröffentlichtes Manuskript), S. 10.
248 Jean-Paul Sartre, Gott ist bescheidener als der General, in: Der Spiegel vom 17. September 1958, 12. Jg., Nr. 38, S. 44.
249 A.a.O., S. 46.
250 Archiv der Gegenwart vom 18. September 1958, XXVIII. Jg., S. 7297.
251 (Anonymus), Die algerische Revolution, Stuttgart o.J., S. 31f.
252 Coretta Scott King, Mein Leben mit Martin Luther King, Stuttgart 1970, S. 138.
253 Deutsche Soldaten-Zeitung, Nr. 10, Oktober 1958.
254 Frankfurter Rundschau vom 17. September 1958.
255 Kongreßdienst, 1. Jg., Nr. 4, S. 2.
256 Günther Anders, Über Verantwortung heute, in: ders., Endzeit und Zeitenende – Gedanken über die atomare Situation, München 1972, S. 51.
257 Deutsche Volkszeitung vom 18. Oktober 1958, 6. Jg., Nr. 42, S. 5.
258 H. Bader, Brandstiftung aus Verzweiflung, in: Deutsche Volkszeitung vom 25. Oktober 1958, 6. Jg., Nr. 43, S. 6.
259 Deutsche Volkszeitung vom 11. Oktober 1958, 6. Jg., Nr. 41, S. 3.
260 Günther Heipp (Hg.), Es geht ums Leben! Der Kampf gegen die Bombe 1945–1965 – Eine Dokumentation, Hamburg 1965, S. 82.
261 OzD (Oberrealschule zum Dom in Lübeck) vom 10. Oktober 1958, Heft 7/8.
262 Hans Lamm, Anne Franks »gefälschtes« Tagebuch – Schwerwiegende Entgleisung eines Lübecker Studienrats, in: Allgemeine Wochenzeitung der Juden in Deutschland vom 14. November 1958, 13. Jg., Nr. 35, S. 5.
263 Ernst Schnabel, Antwort an einen Studienrat, in: Welt am Sonntag vom 1958.
264 Der Spiegel vom 22. Oktober 1958, 12. Jg., Nr. 43, S. 45.
265 Deutsche Volkszeitung vom 25. Oktober 1958, 6. Jg., Nr. 43, S. 6.
266 Ebenda.
267 Dokumentation der Zeit vom 20. Dezember 1958, 10. Jg., Heft 180, S. 9.
268 Fatima Meer, Nelson Mandela – Stimme der Hoffnung, München 1989, S. 147.
269 Beschlußprotokoll der XIII. ordentlichen SDS-Delegiertenkonferenz, Mannheim, 22./23. Oktober 1958 (Typoskript), S. 2f.
270 Vgl. Tilman Fichter, SDS und SPD – Parteilichkeit jenseits der SPD, Opladen 1988, S. 269.
271 R.K., Der große Krach – Die Kometen des Bill Haley, in: Frankfurter Neue Presse vom 24. Oktober 1958.
272 Frankfurter Rundschau vom 25. Oktober 1958.
273 Blätter für deutsche und internationale Politik vom 25. November 1958, 3. Jg., Heft 11, S. 863.
274 Offenbach-Post vom 27. Oktober 1958.
275 Ebenda.
276 The Worker vom 2. November 1958; deutsche Übersetzung nach Dokumentation der Zeit vom 20. Dezember 1958, 10. Jg., Heft 180, S. 17.
277 Frankfurter Allgemeine Zeitung vom 27. Oktober 1958.
278 Programm der Deutschen Reichs-Partei, München, 25. Oktober 1958, S. 1.
279 Ebenda.
280 A.a.O., S. 2.
281 Der Stern vom 21. April 1994, 47. Jg., Nr. 17, S. 116.
282 Die Zeit vom 31. Oktober 1958, 13. Jg., Nr. 44, S. 11.
283 Neues Deutschland vom 28. Oktober 1958.
284 Archiv der Gegenwart vom 28. Oktober 1958, XXVIII. Jg., S. 7368.
285 Süddeutsche Zeitung vom 30. Oktober 1958.
286 Frankfurter Allgemeine Zeitung vom 29. Oktober 1958.
287 Ebenda.
288 Archiv der Gegenwart vom 5. November 1958, XXVIII. Jg., S. 7380.
289 Ebenda.
290 Ebenda.
291 Gerhard Schröder, Sicherheit heute – Sind unsere Sicherheitseinrichtungen geeignet, auch schwere Belastungsproben auszuhalten? Ansprache auf dem Delegierten-Kongreß der Gewerkschaft der Polizei in Stuttgart am 30. Oktober 1958, Sonderdruck des Bulletins, November 1958, S. 5f.
292 SPD-Parteivorstand (Hg.), Pressemitteilungen und Informationen, Bonn, Nr. 51, vom 30. Oktober 1958.
293 Frankfurter Rundschau vom 3. November 1958.
294 Zitiert nach Theo Pirker, Die blinde Macht – Die Gewerkschaftsbewegung in Westdeutschland, Bd. 2, 1953–1960, München 1960, S. 279f.
295 Hans Werner Richter, Wie entstand und was war die Gruppe 47? In: Ilse Aichinger u.a., Hans Werner Richter und die Gruppe 47, Frankfurt/West-Berlin/Wien 1981, S. 84f.
296 Joachim Kaiser, Die Gruppe 47 lebt auf, in: Süddeutsche Zeitung vom 5. November 1958.
297 Siegward Lönnendonker / Tilman Fichter (Red.), Freie Universität Berlin 1948–1973, Hochschule im Umbruch, Teil III, 1957–1964, West-Berlin 1974, S. 10.
298 Der Spiegel vom 23. September 1959, 13. Jg., Nr. 39, S. 25.
299 New York Times vom 3. November 1958; deutsche Übersetzung zitiert nach Dokumentation der Zeit vom 20. Januar 1959, 11. Jg., Heft 182, S. 17.
300 Trybuna Ludu vom 5. November 1958; deutsche Übersetzung nach: Dokumentation der Zeit vom 20. Januar 1959, 11. Jg., Heft 182, S. 16.
301 Martin Niemöller, Unsere Zukunft – Frieden oder Untergang! Krieg oder Frieden – Schicksalsfrage der Menschheit, in: ders., Reden 1958–1961, Frankfurt 1961, S. 42f.
302 Deutsche Volkszeitung vom 8. November 1958, 6. Jg., Nr. 45, S. 6.
303 Ebenda.
304 Bertolt Brecht, Gesammelte Werke, Bd. 4, Frankfurt 1968, S. 1835.

305 Bundesministerium für gesamtdeutsche Fragen (Hg.), SBZ von 1957 bis 1958 – Die Sowjetische Besatzungszone Deutschlands in den Jahren 1957–1958, Bonn/West-Berlin 1960, S. 332.
306 Deutsche Volkszeitung vom 22. November 1958, 6. Jg., Nr. 47, S. 6.
307 Neues Deutschland vom 14. November 1958.
308 Neues Deutschland vom 16. November 1958.
309 Der Spiegel vom 26. November 1958, 12. Jg., Nr. 48, S. 30.
310 DGB-Bundesvorstand (Hg.), Konzentration wirtschaftlicher Macht – Soziale Demontage – Großkundgebung des Bundesvorstandes des DGB am 20. November 1958 in Dortmund, Düsseldorf 1958, S. 4.
311 A.a.O., S. 14.
312 A.a.O., S. 19.
313 A.a.O., S. 31 f.
314 Werner Haak, Sie erhoben »erneut warnend« ihre Stimme – Ist Mannesmann der Meilenstein am Wege? – 30 000 in der Westfalenhalle, in: Die Andere Zeitung vom 27. November 1958, 4. Jg., Nr. 48, S. 9.
315 Kongreßdienst, 2. Jg., Nr. 6, Januar 1959, S. 4.
316 Der Spiegel vom 10. Dezember 1958, 12. Jg., Nr. 50, S. 32.
317 Deutsche Volkszeitung vom 6. Dezember 1958, 6. Jg., Nr. 49, S. 6.
318 Vgl. Armin Mitter/Stefan Wolle, Untergang auf Raten – Unbekannte Kapitel der DDR-Geschichte, München 1993, S. 291 f.
319 Karl Marx, Es ist nicht alles Politik... Zum Boykott deutschsprachiger Filme in Israel, in: Allgemeine Wochenzeitung der Juden in Deutschland vom 19. Dezember 1958, 13. Jg., Nr. 38, S. 1.
320 Zitiert nach Karl Hirschmann, Aufgaben der Zentralen Stelle der Landesjustizverwaltungen in Ludwigsburg, in: Deutsche Richterzeitung, 37. Jg., Heft 11, November 1959, S. 353 f.
321 Archiv der Gegenwart vom 2. Dezember 1958, XXVIII. Jg., S. 7428.
322 Bundesministerium für gesamtdeutsche Fragen (Hg.), Unrecht als System, Bd. IV, Bonn/West-Berlin 1962, S. 107.
323 Informationen, 4. Jg., Nr. 2, Februar 1959.
324 Ebenda.
325 Süddeutsche Zeitung vom 12. Dezember 1958.
326 Botho Kirsch, Verspätete »Kristallnacht« auf dem Lande – Antisemitische Clique terrorisiert jüdischen Café-Inhaber in Köppern, in: Frankfurter Rundschau vom 20. Dezember 1958.
327 Bundesministerium für gesamtdeutsche Fragen (Hg.), Unrecht als System, Bd. IV, Bonn/West-Berlin 1962, S. 122.
328 Wulf Köpke, Lion Feuchtwanger, München 1983, S. 60.
329 Zitiert nach Horst Lehfeld, Der Beitrag der SED zur Erhaltung des Friedens in Europa im Herbst 1956, in: Beiträge zur Geschichte der Sozialistischen Einheitspartei Deutschlands, Ost-Berlin 1961, S. 464 f.
330 Erich Loest, Durch die Erde ein Riß – Ein Lebenslauf, Hamburg 1981, S. 352 f.
331 Zitiert nach Karl Wilhelm Fricke, Opposition und Widerstand in der DDR, Köln 1984, S. 124.

1959

1 Johannes Berg, Eine Paradiesgeschichte, in: Forum academicum, 10. Jg., Heft 1/1959, S. 13.
2 Vgl. Ulrike Meinhof, Der Studentenkongreß gegen Atomrüstung in Berlin, in: Blätter für deutsche und internationale Politik, 4. Jg., Heft 4/1959, S. 60 f.
3 Hans Karl Rupp, Außerparlamentarische Opposition in der Ära Adenauer – Der Kampf gegen die Atombewaffnung in den fünfziger Jahren, Köln 1980, S. 255.
4 Der Tagesspiegel vom 11. Januar 1959.
5 Klaus Rainer Röhl, Fünf Finger sind keine Faust, Köln 1974, S. 142–144.
6 Neues Deutschland vom 4. Januar 1959.
7 Frankfurter Rundschau vom 9. Januar 1959.
8 Die Andere Zeitung vom 20. Mai 1959, 5. Jg., Nr. 21, S. 1.
9 Allgemeine Wochenzeitung der Juden in Deutschland vom 14. November 1958, 13. Jg., Nr. 33, S. 5.
10 Der Mittag vom 10. Januar 1959.
11 Die Andere Zeitung vom 29. Januar 1959, 5. Jg., Nr. 5, S. 4.
12 Siegfried Einstein, Der Rachen der Vernichtung ist geöffnet – Nachschau auf einen Kongreß, in: Die Andere Zeitung vom 5. Februar 1959, 5. Jg., Nr. 6, S. 11.
13 Charta der Hoffnung, in: Günther Heipp (Hg.), Es geht ums Leben! Der Kampf gegen die Bombe 1945–1965 – Eine Dokumentation, Hamburg 1965, S. 115.
14 Hans Venatier, Ist das »Neofaschismus«? In: Nation Europa, 8. Jg., Dezember 1958, S. 33–37.
15 Rolf Seeliger, Letzter Schrei im Dämmerzustand – Münchner Skandal: Gefälschte Tonband-Philosophie, in: Deutsche Volkszeitung vom 22. Februar 1959, 6. Jg., Nr. 8, S. 11.
16 Magnum, Nr. 24, Juni 1959, S. 59.
17 Joachim Kaiser, Der gelogene Vortrag, in: Süddeutsche Zeitung vom 3. Februar 1959.
18 Kasseler Post vom 26. Januar 1959.
19 Hessische Nachrichten vom 26. Januar 1959.
20 Der Spiegel vom 18. Februar 1959, 13. Jg., Nr. 8, S. 30.
21 Frankfurter Allgemeine Zeitung vom 28. Januar 1959.
22 Frankfurter Rundschau vom 28. Januar 1959.
23 Archiv der Gegenwart vom 5. Februar 1959, XXIX. Jg., S. 7543.
24 A.a.O., S. 7544.
25 Deutsche Volkszeitung vom 7. Februar 1959, 7. Jg., Nr. 6, S. 1.
26 Günther Anders, Thesen zum Atomzeitalter, in: ders., Endzeit und Zeitenende – Gedanken über die atomare Situation, München 1972, S. 93.
27 A.a.O., S. 105.
28 Ernesto Ché Guevara, Was ist ein »Guerillero«? In: ders., Guerilla – Theorie und Methode – Sämtliche Schriften zur Guerillamethode, zur revolutionären Strategie und zur Figur des Guerilleros, West-Berlin 1968, S. 16.
29 Bodo Harenberg (Hg.), Chronik 1959, Dortmund 1989, S. 29.
30 Zitiert nach Der Spiegel vom 18. Februar 1959, 13. Jg., Nr. 8, S. 44.
31 Allgemeine Wochenzeitung der Juden in Deutschland vom 6. Februar 1959, 13. Jg., Nr. 45, S. 1.
32 Zitiert nach Hartmut Soell, Fritz Erler – Eine politische Biographie, Bd. 1, West-Berlin, Bonn-Bad Godesberg 1976, S. 227 f.
33 Die Andere Zeitung vom 12. Februar 1959, 5. Jg., Nr. 7, S. 5.
34 Beispielhaftes Dortmund – Auszüge aus der Ansprache von Prof. Renate Riemeck auf der Protestkundgebung in Dort-

mund-Brackel, in: Deutsche Volkszeitung vom 14. Februar, 7. Jg., Nr. 7, S. 3.
35 Der Spiegel vom 11. Februar 1959, 13. Jg., Nr. 7, S. 22f.
36 Daniel Stein, Nicht Kollektivschuld – Kollektivscham – Jeder zehnte jüdische Friedhof in der Bundesrepublik seit 1948 geschändet, in: Metall vom 11. Februar 1959, 11. Jg., Nr. 3, S. 2.
37 Ebenda.
38 Offener Brief an Dr. Adenauer, in: Die Tat vom 14. Februar 1959, 9. Jg., Nr. 7, S. 1.
39 Amberger Zeitung vom 17. Februar 1959.
40 Neues Deutschland vom 17. Februar 1959.
41 Deutsche Volkszeitung vom 28. Februar 1959, 7. Jg., Nr. 9, S. 2.
42 Mainhardt Graf von Nayhauß-Cormons, Wer schützt uns vorm Verfassungsschutz? In: Der Stern vom 21. Februar 1959, 12. Jg., Nr. 8, S. 9.
43 Der Spiegel vom 25. Februar 1959, 13. Jg., Nr. 9, S. 23.
44 Neues Deutschland vom 26. Februar 1959.
45 Erich Kuby (Hg.), Franz Josef Strauss – Ein Typus unserer Zeit, München-Wien-Basel 1963, S. 151 ff.
46 Urteilsbegründung, in: Erich Kuby, Nur noch rauchende Trümmer – Das Ende der Festung Brest, Reinbek 1959, S. 187 und S. 199.
47 Erik Verg, Nach dem Urteil gab es ein großes Händeschütteln – Freispruch im Ramcke-Prozeß, in: Hamburger Abendblatt vom 28. Februar 1959.
48 Der Spiegel vom 27. Mai 1959, 13. Jg., Nr. 22, S. 78.
49 Der Spiegel vom 4. März 1959, 13. Jg., Nr. 10, S. 37f.
50 Der Spiegel vom 25. März 1959, 13. Jg., Nr. 13, S. 26–29.
51 Archiv der Gegenwart vom 5. März 1959, XXIX. Jg., S. 7593.
52 Bundesministerium für gesamtdeutsche Fragen (Hg.), SBZ von 1959 bis 1960 – Die Sowjetische Besatzungszone Deutschlands in den Jahren 1959–1960, Bonn und West-Berlin 1964, S. 41 f.
53 Deutsche Volkszeitung vom 14. März 1959, 7. Jg., Nr. 11, S. 2.
54 Archiv der Gegenwart vom 9. März 1959, XXIX. Jg., S. 7597.
55 Neues Deutschland vom 10. März 1959.
56 Archiv der Gegenwart vom 16. März 1959, XXIX. Jg., S. 7606.
57 Neues Deutschland vom 10. März 1959.
58 Ebenda.
59 Hamburger Abendblatt vom 12. März 1959.
60 Deutsche Volkszeitung vom 21. März 1959, 7. Jg., Nr. 12, S. 3.
61 Archiv der Gegenwart vom 20. März 1959, XXIX. Jg., S. 7614.
62 Frankfurter Rundschau vom 23. März 1959.
63 Ebenda.
64 Ebenda.
65 Kölner Rundschau vom 1. April 1959.
66 Deutsche Volkszeitung vom 4. April 1959, 7. Jg., Nr. 14, S. 3.
67 Rheinischer Merkur (Hg.), Menschenraub in Berlin – Karl Wilhelm Fricke über seine Erlebnisse, Koblenz – Köln 1960, S. 30f.
68 Gottfried Wellmer (Hg.): Dokumente der südafrikanischen Befreiungsbewegung, Bonn 1977, S. 124f.
69 A.a.O., S. 131 f.
70 Katholische Kirche (Hg.), Frische Luft, Köln 1959.
71 Die Zeit vom 10. April 1959, 14. Jg., Nr. 15, S. 4.
72 Ebenda.
73 Ebenda.
74 Junge Welt vom 14. April 1959.
75 Weser-Kurier vom 13. April 1959.
76 Ebenda.
77 Frankfurter Rundschau vom 25. April 1959.
78 Arno Friedmann, Mit Sprengstoff, Gift und Feuerwaffen – Notwendige Nachbetrachtungen zum Prozeß gegen die staatsfeindliche Gruppe von der TH Dresden, in: Sächsische Zeitung vom 24. April 1959.
79 Frankfurter Rundschau vom 20. April 1959.
80 Der Freiwillige, 4. Jg., Mai 1959.
81 Die Tat vom 9. Mai 1959, 10. Jg., Nr. 19, S. 12.
82 Frankfurter Rundschau vom 23. April 1959.
83 Der Spiegel vom 6. Mai 1959, 13. Jg., Nr. 19, S. 62.
84 Ebenda.
85 Archiv der Gegenwart vom 4. Mai 1959, XXIX. Jg., S. 7693.
86 Walter Ulbricht, Fragen der Entwicklung der sozialistischen Kultur und Literatur, in: Greif zur Feder, Kumpel: Protokoll der Autorenkonferenz des Mitteldeutschen Verlages Halle (Saale) am 24. April 1959 im Kulturpalast des Elektrochemischen Kombinats Bitterfeld, Halle 1959, S. 101 f.
87 Manfred Jäger, Kultur und Politik in der DDR – Ein historischer Abriß, Köln 1982, S. 83f.
88 Blätter für deutsche und internationale Politik vom 25. Mai 1959, 4. Jg., Heft 5, S. 426.
89 Deutsche Volkszeitung vom 25. April 1959, 7. Jg., Nr. 17, S. 4.
90 Fritz Bauer u.a. (Red.), Justiz und NS-Verbrechen – Sammlung deutscher Strafurteile wegen nationalsozialistischer Tötungsverbrechen 1945–1966, Bd. XV, Amsterdam 1976, S. 747.
91 Arbeitsgruppe »Christentum und Politik«, Das Kreuz mit dem Frieden – 1982 Jahre Christen und Politik, West-Berlin 1982, S. 30.
92 Reginald Rudorf, Nie wieder links – Eine deutsche Reportage, Frankfurt–Berlin 1990, S. 163.
93 Süddeutsche Zeitung vom 30. April 1959.
94 Klaus Harpprecht, Im Keller der Gefühle – Gibt es noch einen deutschen Antisemitismus? In: Der Monat, Mai 1958, 11. Jg., Heft 128, S. 20.
95 Deutsche Volkszeitung vom 9. Mai 1959, 7. Jg., Nr. 19, S. 3.
96 Metall vom 6. Mai 1959, 11. Jg., Nr. 9, S. 3.
97 Ebenda.
98 Neues Deutschland vom 13. Mai 1959.
99 Bundesministerium für gesamtdeutsche Fragen (Hg.), SBZ von 1959 bis 1960 – Die Sowjetische Besatzungszone Deutschlands in den Jahren 1959–1960, Bonn – West-Berlin 1964, S. 66.
100 Klara-Marie Faßbinder, Eindrücke aus Stockholm – Bericht von der Tagung des Weltfriedensrates, in: Deutsche Volkszeitung vom 23. Mai 1959, 7. Jg., Nr. 21, S. 5.
101 Dokumentation der Zeit vom 5. Juli 1959, 11. Jg., Heft 193, S. 26.
102 Die Tat vom 16. Mai 1959, 10. Jg., Nr. 20, S. 5.
103 Dokumentation der Zeit vom 5. Juli 1959, 11. Jg., Heft 193, S. 23.
104 Junge Welt vom 14. Mai 1959.
105 Der Spiegel vom 22. Juli 1959, 13. Jg., Nr. 30, S. 60.
106 Die Andere Zeitung vom 13. Mai 1959, 5. Jg., Nr. 20, S. 2.
107 Archiv der Gegenwart vom 20. Mai 1959, XXIX. Jg., S. 7727.
108 Der Spiegel vom 27. Mai 1959, 13. Jg., Nr. 22, S. 80.
109 Bundesministerium für Gesamtdeutsche Fragen (Hg.), Unrecht als System, Bd. IV, Bonn/West-Berlin 1962, S. 119.
110 Archiv der Gegenwart vom 20. Mai 1959, XXIX. Jg., S. 7728.
111 Martin Niemöller, Du sollst nicht töten! In: ders., Reden 1958–1961, Frankfurt 1961, S. 106f.
112 Bundesministerium für Gesamtdeutsche Fragen (Hg.), SBZ von 1959 bis 1960 – Die Sowjetische Besatzungszone Deutschlands in den Jahren 1959–1960, Bonn/West-Berlin 1964, S. 72.
113 Max Horkheimer, Soziologie und Philosophie, in: ders., Gesammelte Schriften, Bd. 7, Vorträge und Aufzeichnungen 1949–1973, Frankfurt 1985, S. 121.
114 Arno Füssel, Kremers Geschäfte mit dem Hakenkreuz, in: Frankfurter Rundschau vom 15. Mai 1959.
115 Neues Deutschland vom 24. Mai 1959.
116 Ebenda.
117 Konkret vom Juni 1959, 5. Jg., Nr. 11, Beilage S. 1.

118 Neues Deutschland vom 25. Mai 1959.
119 Rudolf Schottlaender, Trotz allem ein Deutscher – Mein Lebensweg seit Jahrhundertbeginn, Freiburg 1986, S. 79f.
120 Ebenda.
121 Neue Ruhr-Zeitung vom 18. November 1959.
122 Deutsche Volkszeitung vom 13. Juni 1959, 7. Jg., Nr. 24, S. 4.
123 Robert Jungk (Hg.), Off limits für das Gewissen – Der Briefwechsel zwischen dem Hiroshima-Piloten Claude Eatherly und Günther Anders, Reinbek 1961, S. 19.
124 A.a.O., S. 21.
125 Bundesministerium für Gesamtdeutsche Fragen (Hg.), SBZ von 1959 bis 1960, Bonn/West-Berlin 1964, S. 59f.
126 Hans Bauer, Kurzer Bauernkrieg in Marigliano – Warum deutsche Hausfrauen ohne Schuld in Italien Brände und Kämpfe verursachten, in: Frankfurter Rundschau vom 23. Juni 1959.
127 Willi Dickhut, Was geschah danach? Zweiter Tatsachenbericht eines Solinger Arbeiters ab 1949, Essen 1990, S. 301.
128 Zitiert nach Erich Kuby, Franz Josef Strauss – Ein Typus unserer Zeit, Wien – München – Basel 1963, S. 153f.
129 Reinhard Döhl, Missa profana, in: Prisma vom 10. Juni 1959, 4. Jg., Nr. 4, S. 12–14; wiederabgedruckt in: Reinhard Döhl, Missa Profana – Zeitgedichte, Moritat, Liebesgedichte, Variationen, West-Berlin 1961.
130 Ebenda.
131 Der Spiegel vom 5. August 1959, 13. Jg., Nr. 32, S. 29.
132 Ebenda.
133 Frankfurter Allgemeine Zeitung vom 18. Juni 1959.
134 Bundesministerium für Gesamtdeutsche Fragen (Hg.), Die SBZ von 1959 bis 1960 – Die Sowjetische Besatzungszone Deutschlands in den Jahren 1959–1960, Bonn und West-Berlin 1964, S. 86.
135 Neues Deutschland vom 18. Juni 1959.
136 Le Monde vom 19. Juni 1959, zitiert nach Jérome Lindon (Hg.), Folter in Paris – Berichte algerischer Häftlinge, Ost-Berlin 1959, S. 75.
137 Jérome Lindon (Hg.), a.a.O., S. 76.
138 Deutsche Volkszeitung vom 28. Juni 1959, 7. Jg., Nr. 26, S. 6.
139 Kurier vom 23. Juni 1959.
140 Ebenda.
141 Der Spiegel vom 16. September 1959, 13. Jg., Nr. 38, S. 36–39.
142 Ebenda.
143 Berliner Zeitung vom 28. Dezember 1961.
144 Günther Nollau, Das Amt – 50 Jahre Zeuge der Geschichte, München 1978, S. 226f.
145 Der Tag vom 11. August 1959.
146 Linus Pauling, Unsere Wahl: Atomtod oder Weltfriede, in: Die Andere Zeitung vom 8. Juli 1959, 5. Jg., Nr. 28, S. 2.
147 Zitiert nach Archiv der Gegenwart vom 30. Juni 1959, XXIX. Jg., S. 7814f.
148 Ebenda.
149 Die Andere Zeitung vom 26. August 1959, 5. Jg., Nr. 35, S. 1.
150 Die Tat vom 24. Dezember 1959, 10. Jg., Nr. 52, S. 5.
151 Bremer Nachrichten vom 6. Juli 1959.
152 Der Spiegel vom 24. Juni 1959, 13. Jg., Nr. 26, S. 20.
153 Zitiert nach Der Spiegel vom 8. Juli 1959, 13. Jg., Nr. 28, S. 34.
154 Ebenda.
155 Uwe Johnson, Begleitumstände – Frankfurter Vorlesungen, Frankfurt 1980, S. 153.
156 Deutsches PEN-Zentrum Ost und West (Hg.), Literatur im Zeitalter der Wissenschaft – Öffentliche Diskussion am 28. November 1959, Ost-Berlin 1960, S. 71.
157 Joan Baez, We shall overcome – Mein Leben, Bergisch Gladbach 1988, S. 58.
158 Rudolf Schottlaender, Trotz allem ein Deutscher – Mein Lebensweg seit Jahrhundertbeginn, Freiburg 1986, S. 81.
159 Bernhard Schöning, man trägt wieder Braunhemd, in: Forum academicum, 10. Jg., Heft 2, Mai 1959, S. 8f.
160 Zitiert nach Peter Dudek/Hans-Gerd Jaschke, Entstehung und Entwicklung des Rechtsextremismus in der Bundesrepublik – Zur Tradition einer besonderen politischen Kultur, Bd. 1, Opladen 1984, S. 416.
161 Süddeutsche Zeitung vom 31. Juli 1959.
162 Peter Dudek/Hans-Gerd Jaschke, Entstehung und Entwicklung des Rechtsextremismus in der Bundesrepublik – Zur Tradition einer besonderen politischen Kultur, Bd. 1, Opladen 1984, S. 417.
163 Horst Knietzsch, Auf Abwegen, in: Neues Deutschland vom 19. Juli 1959.
164 Neues Deutschland vom 30. Juli 1959.
165 Helmut Gollwitzer, Rede zum Gedächtnis des 20. Juli 1944, in: ders., Forderungen der Freiheit – Aufsätze und Reden zur politischen Ethik, München 1962, S. 383f.
166 A.a.O., S. 389.
167 Archiv der Gegenwart vom 11. August 1959, XXIX. Jg., S. 7883f.
168 Die Andere Zeitung vom 5. August 1959, 5. Jg., Nr. 32, S. 6.
169 Archiv der Gegenwart vom 5. August 1959, XXIX. Jg., S. 7871.
170 Ignaz Wrobel (d.i. Kurt Tucholsky), Der bewachte Kriegsschauplatz, in: Die Weltbühne vom 4. August 1931, XXVII. Jg., Nr. 31, S. 192; wiederabgedruckt in: Kurt Tucholsky, Gesammelte Werke in zehn Bänden, Reinbek 1975, Band 9, S. 255.
171 Eberhard Bitzer, Die Abrechnung mit der »konkret«-Linken – Der Sozialistische Studentenbund auf neuem Kurs, in: Frankfurter Allgemeine Zeitung vom 3. August 1959.
172 Werner Herzog (Hg.), Terror im Baskenland – Gefahr für Spaniens Demokratie, Reinbek 1979, S. 128f.
173 Die Tat vom 8. August 1959, 9. Jg., Nr. 32, S. 1.
174 Allgemeine Wochenzeitung der Juden in Deutschland vom 7. August 1959, 14. Jg., Nr. 19, S. 2.
175 Ebenda.
176 Günther Anders, Der Mann auf der Brücke – Tagebuch aus Hiroshima und Nagasaki, München 1959, S. 86f.
177 Der Spiegel vom 5. August 1959, 13. Jg., Nr. 32, S. 16–24.
178 Abschrift des Briefes Ministerpräsident Chruschtschows an die Europäische Föderation gegen Atomrüstung vom 5. August 1959, in: Günther Heipp (Hg.), Es geht ums Leben! Der Kampf gegen die Bombe 1945–1965, Eine Dokumentation, Hamburg 1965, S. 154.
179 Deutsche Volkszeitung vom 16. August 1959, 7. Jg., Nr. 33, S. 3.
180 Süddeutsche Zeitung vom 8. Mai 1959.
181 Passauer Neue Presse vom 10. August 1959.
182 Rudolf Weckerling, Agenten des Lebens! In: Blätter für deutsche und internationale Politik vom 25. Oktober 1959, 4. Jg., Heft 10, S. 884.
183 Gerd Schmückle, Ohne Pauken und Trompeten – Erinnerungen an Krieg und Frieden, Stuttgart 1982, S. 191f.
184 Frankfurter Rundschau vom 14. August 1959.
185 Archiv der Gegenwart vom 15. August 1959, XXIX. Jg., S. 7888.
186 Archiv der Gegenwart vom 18. August 1959, XXIX. Jg., S. 7893.
187 Westfälische Rundschau vom 15./16. August 1959.
188 Frankfurter Rundschau vom 20. August 1959.
189 Ebenda.
190 Abendpost vom 18. August 1959.
191 Die Welt vom 22. August 1959.
192 Ebenda.
193 Neues Deutschland vom 25. August 1959.

194 Otto Dibelius, Obrigkeit? Eine Frage an den 60jährigen Landesbischof, Berlin 1959.
195 Bulletin des Presse- und Informationsamtes der Bundesregierung vom 6. Juli 1960.
196 Neues Deutschland vom 23. August 1959.
197 Deutsche Volkszeitung vom 5. September 1959, 7. Jg., Nr. 36, S. 6.
198 Ebenda.
199 Das Argument vom 12. November 1959, 1. Jg., Nr. 10, S. 4.
200 Frankfurter Rundschau vom 28. August 1959.
201 Botho Kirsch, »… aber kein Befehl kann mich entschuldigen« – Jahrelang aufgespeicherter Groll des Jahrgangs 1922 machte sich in Frankfurt Luft, in: Frankfurter Rundschau vom 28. August 1959.
202 Die Andere Zeitung vom 26. August 1959, 5. Jg., Nr. 35, S. 5.
203 Neues Deutschland vom 28. August 1959.
204 Fritz Lamm, Nachruf auf uns selbst – Zum Ende der Zeitschrift »Funken«, in: Funken – Aussprachehefte für internationale sozialistische Politik, 10. Jg., Nr. 9, September 1959, S. 129.
205 Die Tat vom 26. September 1959, 10. Jg., Nr. 39, S. 2.
206 Deutsche Volkszeitung vom 12. September 1959, 7. Jg., Nr. 37, S. 10.
207 Si Mustapha, Wer desertiert, muß »Alemani« rufen – Die Flucht aus der Fremdenlegion, in: Der Spiegel vom 2. September 1959, 13. Jg., Nr. 36, S. 55.
208 Bundesministerium für Gesamtdeutsche Fragen (Hg.), SBZ von 1959 bis 1960 – Die Sowjetische Besatzungszone Deutschlands in den Jahren 1959–1960, Bonn und West-Berlin 1964, S. 116.
209 Die Tat vom 12. September 1959, 10. Jg., Nr. 36, S. 12.
210 Metall vom 23. September 1959, 11. Jg., Nr. 19, S. 4.
211 Ebenda.
212 Deutsche Volkszeitung vom 19. September 1959, 7. Jg., Nr. 38, S. 6.
213 Archiv der Gegenwart vom 21. September 1959, XXIX. Jg., S. 7954.
214 Die Tat vom 19. September 1959, 10. Jg., Nr. 38, S. 1.
215 Allgemeine Wochenzeitung der Juden in Deutschland vom 18. September 1959, 14. Jg., Nr. 25, S. 2.
216 Die Tat vom 3. Oktober 1959, 10. Jg., Nr. 40, S. 12.
217 Das Argument vom 10. Dezember 1959, 1. Jg., Nr. 12, S. 4.
218 Archiv der Gegenwart vom 18. September 1959, XXIX. Jg., S. 7946.
219 Die Tat vom 31. Oktober 1959, 10. Jg., Nr. 44, S. 1.
220 Die Tat vom 26. September 1959, 10. Jg., Nr. 39, S. 1.
221 Ebenda.
222 Frankfurter Rundschau vom 2. Oktober 1959.
223 Jean-Paul Sartre, Die Eingeschlossenen, in: ders., Dramen II, Reinbek 1966, S. 174f.
224 Der Spiegel vom 11. Mai 1960, 14. Jg., Nr. 20, S. 70.
225 Ebenda.
226 Der Spiegel vom 7. Oktober 1959, 13. Jg., Nr. 41, S. 77.
227 Ebenda.
228 Enno Patalas, Wolfgang Staudte – Rosen für den Staatsanwalt, in: Filmkritik, Heft 11, November 1959, S. 291.
229 Der Spiegel vom 30. September 1959, 13. Jg., Nr. 40, S. 14.
230 A.a.O., S. 13.
231 A.a.O., S. 14.
232 Archiv der Gegenwart vom 28. September 1959, XXIX. Jg., S. 7967.
233 Die Andere Zeitung, vom 4. November 1959, 5. Jg., Nr. 48, S. 4.
234 Vereinigung Deutscher Wissenschaftler e.V. (Hg.): Forschen in Freiheit und Verantwortung – 25 Jahre »Vereinigung Deutscher Wissenschaftler e.V.«, Bochum 1984, S. 16.
235 A.a.O., S. 16f.
236 A.a.O., S. 18.
237 Frankfurter Allgemeine Zeitung vom 6. Oktober 1959.
238 Helmut Kotschenreuther, Zwölftonskandal – Aufregende Erstaufführung von Schönbergs »Moses und Aron«, in: Stuttgarter Zeitung vom 6. Oktober 1959.
239 Die Tat vom 19. Dezember 1959, 10. Jg., Nr. 51, S. 1f.
240 Deutsche Volkszeitung vom 16. Oktober 1959, 7. Jg., Nr. 42, S. 6.
241 Frankfurter Allgemeine Zeitung vom 17. Oktober 1959.
242 Günther Anders, Unmoral im Atomzeitalter – Warnung während einer Windstille, in: ders., Endzeit und Zeitenende – Gedanken über die atomare Situation, München 1972, S. 82.
243 Brief von Hubert Matos an Fidel Castro, aus: Boris Goldenberg, Lateinamerika und die kubanische Revolution, Köln/West-Berlin 1963, S. 272f.
244 Archiv der Gegenwart vom 16. Oktober 1959, XXIX. Jg., S. 8003.
245 Deutsche Übersetzung in: Catherine Nay, Mitterand – Anatomie einer Karriere, Zürich/Köln 1986, S. 277.
246 Die Andere Zeitung, 4. Oktober-Ausgabe 1959, 5. Jg., Nr. 43, S. 5.
247 Der Spiegel vom 11. November 1959, 13. Jg., Nr. 40, S. 39.
248 Neues Deutschland vom 31. Oktober 1959.
249 Hannoversche Presse vom 3. November 1959.
250 Neues Deutschland vom 22. Oktober 1959.
251 Süddeutsche Zeitung vom 25. Oktober 1959.
252 Richard Scheringer, Kritik an einer Filmkritik – zu dem Film »Die Brücke«, in: Das Argument vom 14. Januar 1960, 2. Jg., Nr. 13, S. 5.
253 Aus der Rede von Professor Albert Norden, in: Ausschuß für deutsche Einheit (Hg.), Die Wahrheit über Oberländer – Braunbuch über die verbrecherische faschistische Vergangenheit des Bonner Ministers, Ost-Berlin 1960, S. 186f.
254 Neues Deutschland vom 23. Oktober 1959.
255 Hans Werner Richter, Hans Werner Richter und die Gruppe 47, Frankfurt/West-Berlin/Wien 1981, S. 89.
256 Frankfurter Rundschau vom 22. Oktober 1959.
257 Die Tat vom 31. Oktober 1959, 10. Jg., Nr. 44, S. 2.
258 Textil-Mitteilungen vom 24. Oktober 1959, 14. Jg., Nr. 128, S. 3.
259 Neues Deutschland vom 24. Oktober 1959.
260 Blätter für deutsche und internationale Politik vom 25. Oktober 1959, 4. Jg., Heft 10, S. 901f.
261 Abdruck des Telegramms in: Deutsche Volkszeitung vom 20. November 1959, 7. Jg., Nr. 47, S. 22.
262 Erklärung der Delegiertenversammlung des Bundes Nationaler Studenten vom 30. Oktober – 1. November 1959 in Mainz, in: Student im Volk, Jg. 1959, Nr. 7/8, S. 6.
263 Kuno Brandel, Der Streik lag in der Luft, in: Metall vom 4. November 1959, 11. Jg., Nr. 22, S. 2.
264 Deutsche Volkszeitung vom 6. November 1959, 7. Jg., Nr. 45, S. 2.
265 Deutsche Volkszeitung vom 6. November 1959, 7. Jg., Nr. 45, S. 3.
266 Die Tat vom 7. November 1959, 10. Jg., Nr. 45, S. 5.
267 Der Spiegel vom 11. November 1959, 13. Jg., Nr. 46, S. 20.
268 Der Spiegel vom 25. November 1959, 13. Jg., Nr. 48, S. 17.
269 Ebenda.
270 Frankfurter Rundschau vom 3. November 1959.
271 Archiv der Gegenwart vom 2. November 1959, XXIX. Jg., S. 8036.
272 Dokumentation der Zeit vom 5. Dezember 1959, 11. Jg., Heft 203, S. 17.

273 Otto Dibelius, Obrigkeit? Eine Frage an den 60jährigen Landesbischof, Berlin 1959, S. 28.
274 Vgl. Gerhard Besier, Der SED-Staat und die Kirche – Der Weg in die Anpassung, München 1993, S. 321.
275 Neues Deutschland vom 5. November 1959.
276 Theodor W. Adorno, Was bedeutet Aufarbeitung der Vergangenheit? In: ders., Gesammelte Schriften, Bd. 10.2, Kulturkritik und Gesellschaft II, Frankfurt 1977, S. 555f.
277 Die Tat vom 28. November 1959, 10. Jg., Nr. 48, S. 3.
278 Neues Deutschland vom 21. November 1959.
279 Ilja Ehrenburg, Der Prozeß in Düsseldorf, in: Dokumentation der Zeit vom 1960, 12. Jg., Nr. 208, S. 38.
280 Deutsche Volkszeitung vom 20. November 1959, 7. Jg., Nr. 47, S. 6.
281 Die Welt vom 12. November 1959.
282 Dachauer Nachrichten vom 13. November 1959.
283 Grundsatzprogramm der Sozialdemokratischen Partei Deutschlands, in: Vorstand der Sozialdemokratischen Partei Deutschlands (Hg.): Protokoll der Verhandlungen des Außerordentlichen Parteitages der Sozialdemokratischen Partei Deutschlands vom 13.-15. November 1959 in Bad Godesberg, Bonn 1960, S. 14.
284 A.a.O., S. 18.
285 A.a.O., S. 100.
286 Theo Pirker, Die SPD nach Hitler – Die Geschichte der Sozialdemokratischen Partei Deutschlands 1945–1964, München 1965, S. 284f.
287 Ausschuß für Deutsche Einheit (Hg.), Die Wahrheit über Oberländer -Braunbuch über die verbrecherische faschistische Vergangenheit des Bonner Ministers, Ost-Berlin 1960, S. 188.
288 Zitiert nach Der Spiegel vom 9. März 1960, 14. Jg., Nr. 11, S. 34.
289 Die Tat vom 5. Dezember 1959, 10. Jg., Nr. 49, S. 5.
290 Westdeutsche Allgemeine Zeitung vom 3. Dezember 1959.
291 Rede des 1. Vorsitzenden der Berliner SJD – Die Falken, Harry Ristock, vor polnischen und deutschen Jugendlichen am 29. November 1959 vormittags in Krakau, in: Michael Schmidt, Die Falken in Berlin – Antifaschismus und Völkerverständigung, West-Berlin 1987, S. 163.
292 Hans Erich Nossack, Nachruf Hans Henny Jahnn, in: ders., Die schwache Position der Literatur – Reden und Aufsätze, Frankfurt 1966, S. 114.
293 Bundesregierung (Hg.): Die antisemitischen und nazistischen Vorfälle – Weißbuch und Erklärung der Bundesregierung, Bonn 1960, S. 32.
294 »Ich hatte gelobt, nie mehr feige zu schweigen« – Erklärung Prof. Dr. Walter Hagemanns im Disziplinarverfahren am 1. Dezember 1959, in: Deutsche Volkszeitung vom 11. Dezember 1959, 7. Jg., Nr. 50, S. 4.
295 Westdeutsches Tageblatt vom 5. Dezember 1959.
296 Weser-Kurier vom 2. Dezember 1959.
297 Der Spiegel vom 2. Dezember 1959, 13. Jg., Nr. 49, S. 36.
298 Die Tat vom 26. September 1959, 10. Jg., Nr. 39, S. 1.
299 Süddeutsche Zeitung vom 7. Dezember 1959.
300 Süddeutsche Zeitung vom 8. Dezember 1959.
301 Humberto Delgado, Why Salazar must go, in: The New Statesman and Nation vom 5. Dezember 1959.
302 Die Andere Zeitung 5. Dezember-Ausgabe 1959, 5. Jg., Nr. 53, S. 2.
303 Neues Deutschland vom 14. Dezember 1959.
304 Frankfurter Rundschau vom 10. Dezember 1959.
305 Jochen Göbel, Deutscher Gruß 1959, in: Sammelsurium Nr. 3 vom 10. Dezember 1959.
306 Bremer Nachrichten vom 12. Dezember 1959.
307 Helmut Gollwitzer, Es geht nicht um unser Erbarmen, in: Die Andere Zeitung 4. Dezember-Ausgabe 1959, 5. Jg., Nr. 52, S. 6.
308 Ebenda.
309 Vorwärts vom 8. Januar 1960.
310 Bundesministerium für Gesamtdeutsche Fragen (Hg.), SBZ von 1959 bis 1960 – Die Sowjetische Besatzungszone Deutschlands in den Jahren 1959–1960, Bonn/West-Berlin 1964, S. 153.
311 Neues Deutschland vom 21. Dezember 1959.
312 Frankfurter Rundschau vom 28. Dezember 1959.
313 Bundesregierung (Hg.): Die antisemitischen und nazistischen Vorfälle – Weißbuch und Erklärung der Bundesregierung, Bonn 1960, S. 39.
314 Die Tat (Zürich) vom 30. Dezember 1959.
315 Neues Deutschland vom 28. Dezember 1959.
316 Der Reichsruf vom 16. Januar 1960.
317 Archiv der Gegenwart vom 7. Januar 1960, XXX. Jg., S. 8143.
318 Nürnberger Nachrichten vom 2./3. Januar 1960.
319 Ebenda.

Bibliographie

1. Zeitungen   2403
2. Zeitschriften, Magazine, Illustrierten   2407
3. Nachschlagewerke   2411
4. Chroniken   2413
5. Monographien, Abhandlungen und Aufsätze   2416
6. Biographien, Briefe, Tagebücher   2452
7. Literatur (Belletristik, Theaterstücke, Lyrik)   2463
8. Broschüren, Flugschriften, Typoskripte   2467
9. Dokumentationen, Protokolle, Mitschriften, Stenographische Berichte, NS-Literatur   2473
10. Ungedruckte Quellen   2480

1. Zeitungen

A

Aachener Nachrichten
Abendpost (Frankfurt)
Der Abend
Abendzeitung
Al Alam al Yom (Ägypten)
Algemeen Dagblad (Niederlande)
Algemeen Handelsblad (Niederlande)
Die Allgemeine Sonntagszeitung
Allgemeine Zeitung
Allgemeine Zeitung für Württemberg
Allgemeine Wochenzeitung der Juden in Deutschland
Der Allgäuer
Alpenländischer Heimatruf
Amberger Zeitung
Amsterdam News (Niederlande)
Das Andere Deutschland
Die Andere Zeitung
Arbeiter Zeitung
The Army Times (USA)
Arriba (Spanien)
Aufbau (USA)
Augsburger Rundschau
L'Aurore (Frankreich)

B

Badische Neueste Nachrichten
Badische Volksstimme
Badische Zeitung
Badisches Volksecho
Bauern Echo
Bayernkurier
Bayrische Staatszeitung
Bayrisches Volksecho
Berliner Allgemeine – Wochenzeitung der Juden in Deutschland
Berliner Anzeiger
Berliner Morgenpost
Berliner Stadtblatt
Berliner Stimme
Berliner Zeitung
Berliner Zeitung (Ost-Berlin)
Berlingske Tidende (Dänemark)
Bildwoche
Bild-Zeitung
Bild am Sonntag
Bild-BZ (Ost-Berlin)
Blitz (DDR)
Bonner Korrespondenz
Bonner Rundschau
Borba (Jugoslawien)
Börsenblatt für den Deutschen Buchhandel
Börsenblatt für den Deutschen Buchhandel (DDR)
The Boston Post (USA)
Brandenburger Neueste Nachrichten
Braunschweiger Zeitung
Bremer Bürger-Zeitung
Bremer Nachrichten
Der Bund (Schweiz)
Bulletin des Fränkischen Kreises
Bulletin des Presse- und Informationsamtes der Bundesregierung
Bulletin of the Atomic Scientists (USA)
BZ am Abend (Ost-Berlin)
BZ am Mittag (West-Berlin)

C

Le Canard enchaîné (Frankreich)
Chicago Defender (USA)
Christ und Welt
Clarté (Frankreich)
Combat (Frankreich)
Communauté Algérienne (Algerien)
Construire (Frankreich)
La Croix (Frankreich)
Cuxhavener Rundschau
Cuxhavener Zeitung

D

Dachauer Nachrichten
Dagbladet (Norwegen)
Dagens Nyheter (Schweden)
Daily Express (Großbritannien)
Daily Herald (Großbritannien)
Daily Mail (Großbritannien)
Daily Telegraph (Großbritannien)
Daily Worker (Großbritannien)
Darmstädter Echo
Davar (Israel)
Demain (Frankreich)
Der Demokrat (DDR)
Deutsche Soldaten-Zeitung
Deutsche Volkszeitung
Deutsche Zeitung
Deutsche Zeitung und Wirtschaftszeitung
Deutschlands Stimme (DDR)
Donau Kurier
Dortmunder Generalanzeiger
Dortmunder Ruhr-Nachrichten
Düsseldorfer Nachrichten

E

Echo der Woche
Elsevier's Weekblad (Niederlande)
Essener Kurier
L'Est Républicain (Frankreich)
Evening Express (Großbritannien)
Europa-Kurier

F

Le Figaro (Frankreich)
Le Figaro Littéraire (Frankreich)
France Nouvelle (Frankreich)
France Observateur (Frankreich)
France-Soir (Frankreich)
Franc Tireur (Frankreich)
Frankenpost
Frankfurter Abendpost
Frankfurter Allgemeine Zeitung
Frankfurter Nachtausgabe
Frankfurter Neue Presse
Frankfurter Rundschau
Frankfurter Zeitung
Fränkische Tagespost
Fränkische Zeitung
Fränkischer Tag
Fränkisches Volksblatt
Freie Presse
Freie Tribüne – Unabhängige Wochenzeitung für sozialistische Politik
Freies Algerien
Freies Helgoland
Freies Volk
Freies Wort
Die Freiheit (DDR)
Die Freiheitsglocke
El Financiero (Mexiko)
Fuldaer Volkszeitung

G

General-Anzeiger
Gesamtdeutsche Rundschau
Das Gespräch – Rundbrief der »Arbeitsgemeinschaft Gesamtdeutsche Soldatengespräche«
Gießener Freie Presse
Il Giornale d'Italia (Italien)
The Globe and Mail (Kanada)
Glos Robotniczy (Polen)
Göttinger Presse
Göttinger Tageblatt
The Guardian (Großbritannien)

H

Hamburger Abendblatt
Hamburger Allgemeine Zeitung
Hamburger Anzeiger
Hamburger Echo
Hamburger Freie Presse
Hamburger Freie Zeitung
Hamburger Volkszeitung
Handelsblatt
Hannoversche Allgemeine Zeitung
Hannoversche Presse
Heidelberger Tagblatt
Heilbronner Stimme
Helgoland – Ein Mitteilungsblatt für Halluner Moats
Hessenecho
Hessische Nachrichten
Hildesheimer Allgemeine Zeitung
L'Humanité (Frankreich)

I

Industrie Kurier
Informationen (Dänemark)
Iswestija (Sowjetunion)

J

The Jewish Chronicle (Großbritannien)
Junge Welt (DDR)
Junges Deutschland

K

Karlstadter Zeitung
Kasseler Post
Katholischer Beobachter
Kölnische Rundschau
Kölner Stadtanzeiger
Komsomolskaja Prawda (Sowjetunion)
Der Kurier

L

Lamerchav (Israel)
Lampertheimer Zeitung
Das Land
Landeszeitung für die Lüneburger Heide
Land og Folk (Dänemark)
Landwirtschaftszeitung der Nordrheinprovinz
Leipziger Volkszeitung (DDR)
Leonberger Kreiszeitung
Libération (Frankreich)

M

Maariv (Israel)
Main-Echo
Main-Post
Makedonia (Griechenland)
Manchester Guardian (Großbritannien)
Mannheimer Morgen
Märkische Volksstimme
Metall
Der Mittag
Le Monde (Frankreich)
Montag Morgen
Der Morgen
Morgenpost
Morgonbladet (Schweden)
Münchner Merkur
Münchner Mittag
Mundo Obrero (Spanien)

N

Nacht-Express (West-Berlin)
Natal Mercury (Südafrika)
National-Zeitung (Ost-Berlin)
National-Zeitung (Schweiz)
Neue Niedersächsische Volksstimme
Neue Presse (Bielefeld)
Neue Presse (Coburg)
Neue Rhein Zeitung
Neue Ruhr-Zeitung
Neue Volkszeitung
Neue Württembergische Zeitung
Die Neue Zeitung
Neue Züricher Zeitung (Schweiz)
Neuer Kurier
Neuer Vorwärts – Zentralorgan der Sozialdemokratischen Partei Deutschlands
Neues Deutschland – Organ des Zentralkomitees der Sozialistischen Einheitspartei Deutschlands (DDR)
The New Statesman and Nation (Großbritannien)
New York Post (USA)
New York Herald Tribune (USA, europäische Ausgabe)
The New York Times (USA)
News Chronicle (Großbritannien)
Nordbayrische Volkszeitung
Norddeutsche Nachrichten
Norddeutsche Rundschau
Norddeutsche Zeitung
Norddeutsches Echo
Nordwest-Zeitung
Nürnberger Nachrichten
Nürnberger Zeitung

O

Oberfränkische Volkszeitung
Der Oberthurgauer
The Observer (Großbritannien)
Ohne uns – Zeitung für unabhängige demokratische Freiheit
Offenbach Post
Osservatore della Domenica (Vatikan)
Ostseezeitung (DDR)

P

Paris-Presse / L'Intransigeant (Frankreich)
Das Parlament
Parlamentarische Wochenschau
Het Parool (Niederlande)
Passauer Neue Presse
Patria Indipendente (Italien)
Peace News (Großbritannien)
The People (Großbritannien)
Peekskill Evening Star (USA)
Pfälzische Volkszeitung
The Plain Dealer (USA)
PM (USA)
Le Populaire (Frankreich)
Potsdamer Volksstimme
Prawda (Sowjetunion)

R

Regensburger Anzeiger
Rhein-Neckar-Zeitung
Die Rheinpfalz
Rhein-Zeitung
Rheinisch-Westfälische Nachrichten
Rheinische Post
Rheinische Zeitung
Rheinischer Merkur
Rivarol (Frankreich)
Ruhr-Nachrichten

S

Saarbrücker Zeitung
Sächsische Zeitung
Salzburger Nachrichten (Österreich)
Saturday Evening Post (USA)
Schleswig-Holsteinische Volkszeitung
Schwäbische Landeszeitung
Schwäbische Tagwacht
Schwäbisches Tageblatt
Schwarzwälder Bote
Ce Soir (Frankreich)
Solinger Tageblatt
Sonntag (DDR)

Sonntagsblatt
SOS – Zeitung für weltweite Verständigung
Sozialdemokrat
Sozialistische Volkszeitung
Spandauer Volksblatt
Staats-Zeitung
Star-Ledger (USA)
Steglitzer Anzeiger
Stimme der Arbeit
Die Straße
Stuttgarter Nachrichten
Stuttgarter Zeitung
Südbayrische Volkszeitung
Süddeutsche Zeitung
Süd-West
Sunday-Express (Großbritannien)
Sun Times (USA)
Svenska Dagbladet (Schweden)
Szabad Nép (Ungarn)

T

Der Tag
Der Tag – Unabhängige Zeitung für Deutschland
Tägliche Rundschau – Zeitung für Politik, Wirtschaft und Kultur (SBZ/DDR)
Der Tagesspiegel
Die Tat
Die Tat (Schweiz)
Telegraf (West-Berlin)
De Tijd (Niederlande)
The Times (Großbritannien)
Times of Ceylon
Times Herald (USA)
Tribuna de Imprensa (Brasilien)
Tribüne – Organ des Bundesvorstandes des FDGB (DDR)
Tribüne der Arbeit – Wochenzeitung für Arbeits-, Sozial- und Wirtschaftsfragen
Tribüne der Demokratie
Trierische Landeszeitung
Trybuna Ludu (Polen)

U

L'Unita (Italien)
Die Union (DDR)
Unser Tag
Unsere Stimme

V

Vjesnik (Jugoslawien)
Voix Quvriere (Schweiz)
Das Volk
Volksecho

Volksstimme
Volksstimme (DDR)
Volksstimme (Österreich)
Volksstimme (Polen)
Volkswacht (DDR)
Volkszeitung (China)
Vorwärts
De Vrije Katheder (Niederlande)

W

De Waarheid (Niederlande)
Die Wahrheit (West-Berlin)
Washington Post (USA)
Die Welt
Welt am Sonntag
Welt der Arbeit
Die Weltwoche (Schweiz)
Weser-Kurier
Westdeutsche Allgemeine Zeitung
Westdeutsche Rundschau
Westdeutsches Tageblatt
Westfälische Rundschau
Wetzlarer Neue Zeitung
Wheeling Intelligencer (USA)
Wiener Zeitung (Österreich)
Wiesbadener Kurier
Wiking-Ruf – Mitteilungsblatt der ehemaligen Soldaten der Waffen-SS für Vermißten- Such- und Hilfsdienst
Wilhelmshavener Rundschau
Wirtschaftszeitung
Wochenpost (DDR)
Wochenzeitung
Wolfenbüttler Zeitung
The Worker (USA)

Y

Yedioth Aharohot (Israel)

Z

Die Zeit

2. Zeitschriften, Magazine, Illustrierte

A

abz-Illustrierte
The Africanist
Die Aktion
Akzente – Zeitschrift für Dichtung
Alternative – Blätter für Lyrik und Prosa
Die Anklage – Organ der entrechteten Nachkriegsgeschädigten
Arbeiterkorrespondenz
Arbeiterpolitik
Das Argument
Ärztliche Mitteilungen
Atomzeitalter – Informationen aus Politik, Wissenschaft und Technik
Die Aula
Aus Politik und Zeitgeschichte (Beilage zur Wochenzeitung Das Parlament)
Außenpolitische Korrespondenz der DDR
Der Ausweg

B

Berliner Blätter
Berliner Sonntagsblatt / Die Kirche
Billboard (USA)
Blätter für deutsche und internationale Politik
Blätter für internationale Sozialisten
Blick in die Zukunft
Bohemia (Kuba)
Bravo
Brigitte
Die Brücke
Die Bundeswehr

C

Candour (Frankreich)
Cashbox (USA)
Clou (Schweiz)
Colloquium – Zeitschrift der Studentenschaft der Freien Universität Berlin
Constanze

D

Dachauer Dokumente
Darmstädter Studentenzeitung
David – Blätter der studentischen Linken
Debatte – Blätter für moderne Hochschulpolitik
Défense de la Paix (Frankreich)
Democratie Nouvelle (Frankreich)
Deutsche Freiheit
Deutsche Hochschullehrerzeitung
Deutsche Medizinische Wochenschrift
Der Deutsche Michel – Humoristisch-Satirische Blätter
Deutsche Opposition
Deutsche Richterzeitung
Deutsche Rundschau
Der Deutsche Sozialist
Deutsche Universitäts-Zeitung
Deutsche Woche
Deutsche Zeitschrift für Philosophie (DDR)
Deutsche Zeitung
Deutsche Zukunft
Deutsches Echo
Deutschland Archiv
Deutschlandbriefe – Kampfschrift für das Reich
DGB Informationsdienst
Diskus – Frankfurter Studentenzeitung
Dokumentation der Zeit (DDR)
Drum (Südafrika)
Der Dritte Weg – Zeitschrift für modernen Sozialismus
Défense de la Paix (Frankreich)
Deutschland-Archiv
Disarmament (Frankreich)

E

Die Einheit
Elan – Zeitung für internationale Jugendbewegung
Encounter (Großbritannien)
L'Époque (Frankreich)
Esprit (Frankreich)
Eulenspiegel – Wochenzeitung für Satire und Humor (DDR)
Europa
Europa-Archiv – Zeitschrift für internationale Politik
Europäische Hefte
Europäische Sicherheit – Wehrwissenschaftliche Rundschau
Europäischer Informationsdienst
Evangelische Stimme zur Atomfrage
Evangelischer Filmbeobachter
Evangelischer Weg
L'Express (Frankreich)

F

Die Fackel
Filmkritik
Foreign Affairs (USA)
Der Fortschritt
Forum academicum – Zeitschrift für Heidelberger und Mannheimer Studenten
Forum (Österreich)
Forum – Zeitung der Studenten und jungen Intelligenz / Organ des Zentralrats der FDJ (DDR)
Frankfurter Hefte – Zeitschrift für Politik, Kultur, Wirtschaft
Frankfurter Studentenzeitung

Die Frau von heute
Frau und Frieden
Frauenwelt
Freiburger Studenten-Zeitung
Die freie Bühne
Freie Demokratische Korrespondenz
Freie Forschung
Freie Gesellschaft – Monatsschrift für Gesellschaftskritik und freiheitlichen Sozialismus
Freie Tribüne
Freies Algerien
Die Freiheit
Der Freiwillige – Kameradschaftsblatt der HIAG
Der Friedensruf
Die Friedensrundschau
Friedenswacht
Funken – Aussprache-Hefte radikaler Sozialisten
Furche (Österreich)
FU-Spiegel

G

Die Geopolitik
Geschichte und Gesellschaft – Zeitschrift für Historische Sozialwissenschaft
Der Gewerkschafter
Das Gewissen – Unabhängiges Organ zur Bekämpfung der Atomgefahren
Göttinger Universitätszeitung (GUZ)

H

Heute
Hochschul-Dienst
Horizons (Frankreich)

I

The Illustrated London News (Großbritannien)
Illustrierte Berliner Zeitung
Informationen zur Abrüstung
Informationen – Monatsschrift der Kriegsdienstverweigerer
Informationsdienst für Frauenfragen
Insulaner
International Affairs (Großbritannien)
Internationale Literatur – Deutsche Blätter
International Peace Research Newsletter (Niederlande)

J

Jahrbuch für Politik und Geschichte
Journal d'Alger (Algerien)
Journal of Peace Research (Norwegen)
Junge Freunde
Junge Freundschaft

Junge Gemeinschaft
Junge Kirche

K

Kampfschrift für das Reich und die deutsche Lebensfreiheit
Ketteler Wacht
Die Kirche
Kirchenanzeiger der Katholischen Stadtpfarrei Cham
Kölner Zeitschrift für Soziologie und Sozialpsychologie
Kommunist (Sowjetunion)
Kongreßdienst
Konkret – Die unabhängige Zeitschrift für Kultur und Politik
Korrespondenz für Wirtschafts- und Sozialwissenschaften (WISO)
Die Kultur

L

Lancelot
Lernen und Handeln
Leonberger Kreiszeitung
Les Lettres françaises (Frankreich)
Life (USA)
Links – Monatsschrift für demokratischen Sozialismus
Die Literatur
Literaturnaja Gazeta (Sowjetunion)
Look (USA)
Lyrische Blätter

M

Magazin
Magnum
Mann in der Zeit
Marburger Blätter
Marxistische Blätter
Merkur – Deutsche Zeitschrift für europäisches Denken
Militärpolitisches Forum
Mitteilungsblatt für Besatzungs- und Entnazifizierungsgeschädigte
Mitteilungsblatt der Notgemeinschaft der durch die Nürnberger Gesetze Betroffenen
Mitteilungsblatt der Vereinigung Demokratischer Juristen Deutschlands (DDR)
Der Monat
Monatsbrief
Münchner Illustrierte

N

Nachrichten der Bonner Studentenschaft
Die Nation
Nationalpolitische Studien
Nation Europa – Monatsschrift im Dienst der europäischen Erneuerung

Neue Berliner Illustrierte
Neue Deutsche Literatur (DDR)
Neue Deutsche Politik
Die Neue Gesellschaft
Neue Justiz
Neue Münchner Illustrierte
Neue Politik – Unabhängige Monatszeitschrift
Das neue Reich
Der neue Weg
Neuer Weg
Das neue Wort – Zeitschrift für politische, soziale und kulturelle Neugestaltung
Neues Abendblatt
Neues Bauerntum
Neues Leben
The New Leader (USA)
The New Statesman (Großbritannien)
News Chronicle (Großbritannien)
News from Germany
Newsweek (USA)
Niedersachsen-Spiegel
No more hirosimas! – The News of Japan Council against A & H-Bombs (Japan)
Nobis – Das freie und unabhängige Organ der Mainzer Studenten
Nordische Rundschau
Notizen – Tübinger Studentenzeitung
Der Notruf
Nowa Kultura (Polen)
Nowy mir (Sowjetunion)
Nuovi Argomenti (Italien)

O

Ost-Probleme
Ostspiegel des SPD-Pressedienstes
Ost-West-Kurier
Ost und West – Beiträge zu kulturellen Fragen der Zeit
OzD (Oberrealschule zum Dom)

P

Pan
Panorama
Paris-Match (Frankreich)
Parlamentarische Wochenschau
Physikalische Blätter
Pläne – Junge Blätter für Politik und Kultur
Politisch-Soziale Korrespondenz
Die politische Meinung
Politische Vierteljahresschrift
Po Prostu (Polen)
Die Presse der Sowjetunion (DDR)
Pressedienst der Deutschen Partei
Pressedienst des DGB

Prisma – Studentenzeitschrift für Göttingen und Hannover
Pro und Contra
Przeglad Kulturalny (Polen)

Q

Die Quelle
Quick

R

Reader's Digest
Realpolitik
Der Reichsbrief
Reichsbund
Reichsruf
Revolución (Kuba)
Revue
Der Ring
Der Ruf
Der Ruf – Unabhängige Blätter der jungen Generation

S

Sämann
Sammelsurium
Saphir
Der Scheinwerfer
Schweizer Rundschau (Schweiz)
Science (USA)
SF – bladet (Dänemark)
Simplicissimus
Sinn und Form – Beiträge zur Literatur (DDR)
Der Soldat
Sopade – Informationsdienst
Sozialdemokratischer Informationsdienst
Sozialistische Aktion
Sozialistische Korrespondenz – Das sozialistische Nachrichtenmagazin
Sozialistische Politik
Sozialistischer Informationsdienst
Der Spiegel
Spiegel der Katholischen Kirchenpresse
Spiegel der Woche
Das Sprachrohr
Der Stadtwecker
Der Stahlhelm
Standpunkt – Bundesorgan des Sozialistischen Deutschen Studentenbundes
Star (Großbritannien)
Der Stern
Die Stimme
Stimme des Friedens
Die Stimme der Gemeinde
Streik-Nachrichten

Student im Volk
Studenten-Kurier – Unabhängiges Nachrichtenmagazin für deutsche Studenten

T

Tarantel – Satirische Monatsschrift der Sowjetzone
Tempo presente (Italien)
Les Temps Modernes (Frankreich)
Texte und Zeichen – Eine literarische Zeitschrift
Textil-Mitteilungen – Organ für den Europamarkt
Theater der Zeit (DDR)
Theatergemeinde
Thomas-Münzer-Briefe
Time – The Weekly Newsmagazine (USA)
Der Trommler – Kampfschrift der Nationalen Jugend (Österreich)
tua res

U

Ulenspiegel – Literatur, Kunst, Satire
Unser Standpunkt – Bundesorgan des Sozialistischen Deutschen Studentenbundes
Unser Weg – Monatsschrift für aktuelle Fragen der Arbeiterbewegung
U.S. News and World Report (USA)

V

Vierteljahreshefte für Zeitgeschichte
Visum
Volk im Bild
Volk und Friede
Volk und Welt
Volkswirt

W

Die Wandlung – Eine Monatsschrift
Der Weg (jüdische Wochenschrift, West-Berlin)
Der Weg (neonazistische Zeitung)
Wege zueinander – Monatsblatt deutscher Wissenschaftler, Künstler und Erzieher
Wehrkunde
Wehrtechnische Monatshefte
Welt der Arbeit – Wochenzeitung des Deutschen Gewerkschaftsbundes
Welt ohne Krieg
Die Weltbühne (DDR)
Die Weltbürgerin
Das Weltgewissen
Werkhefte – Zeitschrift für Probleme der Gesellschaft und des Katholizismus
Wespennest

WISO – Korrespondenz für Wirtschafts- und Sozialwissenschaften
Wissen und Tat

Z

Zeitdienst – Unabhängige sozialistische Information
Ziel und Weg
Ziemia i morze (Polen)
Zivil – Zeitschrift für Kriegsdienstverweigerer
Zoon Politikon – Blätter von Studenten der Hochschule für Sozialwissenschaften, Wilhelmshaven

3. Nachschlagewerke, Lexika, Archivdienste

A

Andersen Uwe / Woyke, Wichard (Hg.): Handwörterbuch des politischen Systems der Bundesrepublik Deutschland, Bonn 1992

(Keesings) Archiv der Gegenwart, hrsg. von Heinrich von Siegler, Essen / Wien / Zürich 1949-1959

Asendorf, Manfred / Flemming, Jens / Müller, Achatz von / Ullrich, Volker (Hg.): Geschichte - Lexikon der wissenschaftlichen Grundbegriffe, Reinbek 1994

Autorenkollektiv (Hg.): BI Schriftstellerlexikon - Autoren aus aller Welt, Leipzig 1990

B

Beck, Reinhard: Sachwörterbuch der Politik, Stuttgart 1977

Beck, Reinhard: Wörterbuch der Zeitgeschichte seit 1945, Stuttgart 1967

Behn, Hans Ulrich: Die Regierungserklärungen der Bundesrepublik Deutschland - Deutsches Handbuch der Politik, München 1971

Benz, Wolfgang / Graml, Hermann (Hg.): Biographisches Lexikon zur Weimarer Republik, München 1988

Benz, Wolfgang / Pehle, Walter H. (Hg.): Lexikon des deutschen Widerstandes, Frankfurt 1994

Besson, Waldemar (Hg.): Das Fischer Lexikon - Geschichte, Frankfurt 1969

Besters, Hans / Boesch, Ernst E. (Hg.): Entwicklungspolitik - Handbuch und Lexikon, Stuttgart / West-Berlin / Mainz 1966

Bochenski, Joseph M. / Niemeyer, Gerhart (Hg.): Handbuch des Weltkommunismus, Freiburg / München 1958

Böhm, Ekkehard u.a.: Kulturtagebuch 1900 bis heute, Braunschweig 1984

Brauneck, Manfred (Hg.): Weltliteratur im 20. Jahrhundert - Autorenlexikon, Bd. 1-5, Reinbek 1981

Brüne, Klaus (Red.): Lexikon des Internationalen Films, hrsg. vom Katholischen Institut für Medieninformation e.V. und der Katholischen Filmkommission für Deutschland, Bd.1-10, Reinbek 1990

Brunner, Otto (Hg.): Geschichtliche Grundbegriffe - Historisches Lexikon zur politisch-sozialen Sprache in Deutschland, Bd.1-7, Stuttgart 1979-1992

Bundesministerium für gesamtdeutsche Fragen (Hg.): SBZ von A bis Z, Bonn 1958

Bundesministerium für gesamtdeutsche Fragen (Hg.): SBZ von A bis Z, Bonn 1963

Bundesministerium für gesamtdeutsche Fragen (Hg.): SBZ von A bis Z, Bonn 1965

Bundesministerium für gesamtdeutsche Fragen (Hg.): SBZ von A bis Z, Bonn 1966

Bundesministerium für gesamtdeutsche Fragen (Hg.): SBZ von A bis Z, Bonn 1969

Bundesministerium für innerdeutsche Beziehungen (Hg.): DDR-Handbuch Bd.1 u. 2, Bonn 1985

C

Czerny, Jochen (Hg.): Wer war wer - DDR - Ein biographisches Lexikon, Berlin 1992

D

Deutsches Institut für Zeitgeschichte (Hg.): Dokumentation der Zeit, Ost-Berlin 1949-1960

Deutsches Institut für Zeitgeschichte (Hg.): Die westdeutschen Parteien 1945-1965, Ost-Berlin 1966

E

Ellwein, Thomas / Bruder, Wolfgang (Hg.): Ploetz - Die Bundesrepublik Deutschland - Daten, Fakten, Analysen, Freiburg / Würzburg 1984

Einsiedel, Wolfgang von (Hg.): Kindlers Literatur Lexikon im dtv, Bd.1-25, München 1974

F

Fisch, Walter (Red.): 4 Jahre Bundestag - Handbuch der Bundestagsfraktion der KPD, Bonn 1953

Fischer, Alexander (Hg.): Ploetz - Die Deutsche Demokratische Republik - Daten, Fakten, Analysen, Freiburg / Würzburg 1988

Fraenkel, Ernst / Bracher, Karl Dietrich (Hg.): Das Fischer Lexikon - Staat und Politik, Frankfurt 1967

Fricke, Dieter (Hg.): Lexikon zur Parteiengeschichte - Die bürgerlichen und kleinbürgerlichen Parteien und Verbände in Deutschland (1789-1945), Bd. 1-4, Köln 1983-1986

G

Geiger, Hansjörg / Klinghardt, Heinz: Stasi-Unterlagen-Gesetz mit Erläuterungen für die Praxis, Köln 1993

Geiss, Imanuel: Geschichte griffbereit, Bd. 1 Daten - Die chronologische Dimension der Weltgeschichte, Reinbek 1979

Geiss, Imanuel: Geschichte griffbereit, Bd. 2 Personen - Die biographische Dimension der Weltgeschichte, Reinbek 1979

Geiss, Imanuel: Geschichte griffbereit, Bd. 3 Schauplätze - Die geographische Dimension der Weltgeschichte, Reinbek 1981

Geiss, Imanuel: Geschichte griffbereit, Bd. 4 Begriffe - Die sachsystematische Dimension der Weltgeschichte, Reinbek 1983

Geiss, Imanuel: Geschichte griffbereit, Bd. 5 Staaten - Die nationale Dimension der Weltgeschichte, Reinbek 1980

Geiss, Imanuel: Geschichte griffbereit, Bd. 6 Epochen - Die universale Dimension der Weltgeschichte, Reinbek 1979

Görres-Gesellschaft (Hg.): Staatslexikon – Recht, Wirtschaft, Gesellschaft, Bd. I–II, Freiburg 1957–1970

Gregor, Ulrich / Patalas, Enno: Geschichte des modernen Films, Gütersloh 1968

Gutman, Israel (Hauptherausgeber): Enzyklopädie des Holocausts – Die Verfolgung und Ermordung der europäischen Juden, Bd. I–III, dt. Ausgabe hrsg. von Eberhard Jäckel, Peter Longerich, Julius H. Schoeps, Berlin 1993

H

Hafner, Georg M. / Jacoby, Edmund: Die Skandale der Republik, Frankfurt 1989

Hartfiel, Günter: Wörterbuch der Soziologie, Stuttgart 1972

Hartmann, Hans Walter: Südafrika – Geschichte / Wirtschaft / Politik, Stuttgart 1968

Hellmer, Joachim (Hg.): Das Fischer Lexikon – Recht, Frankfurt 1959

Herbst, Andreas / Ranke, Winfried / Winkler, Jürgen: So funktionierte die DDR, Bd. 1–3, Reinbek 1994

Herbstrith, Bernhard M.: Daten zur Geschichte der Bundesrepublik Deutschland, Düsseldorf 1984

Hilgemann, Werner: Atlas zur deutschen Zeitgeschichte 1918–1968, München 1984

Hintermeier, Mara / Raddatz, Fritz J. (Hg.): Rowohlt Almanach 1908–62, Reinbek 1962

Hubatsch, Walther (Red.): Ploetz – Die deutsche Frage, Würzburg 1961

I

Institut für Zeitgeschichte (Hg.): Deutsche Geschichte seit dem Ersten Weltkrieg, Band 3: Benz, Wolfgang: Quellen zur Zeitgeschichte, Stuttgart 1973

J

Jacob, Herbert: Literatur in der DDR – Bibliographische Annalen 1945–1962, Bd. I–III, Ost-Berlin 1986

Jacoby, Edmund: Lexikon linker Leitfiguren, Frankfurt 1988

Jens, Walter (Hg.): Kindlers Neues Literatur Lexikon, Bd. 1–20, Stuttgart 1988–1992

K

Kidron, Michael / Smith, Dan: Die Aufrüstung der Welt – Ein politischer Atlas, Kriege und Waffen seit 1945, Reinbek 1983

Kramer, Thomas (Hg.): Lexikon des deutschen Films, Stuttgart 1995

Krusche, Dieter: Reclams Film-Führer, Stuttgart 1985

Kunst, Hermann / Grundmann, Siegfried (Hg.): Evangelisches Staatslexikon, Stuttgart 1966

L

Labica, Georges / Haug, Wolfgang Fritz / Bensussan, Gérard (Hg.): Kritisches Wörterbuch des Marxismus, Bd. 1–8, West-Berlin 1984–1989

M

Mann, Golo / Heuss, Alfred (Hg.): Propyläen-Weltgeschichte, West-Berlin / Frankfurt / Wien 1961

Mann, Golo / Pross, Harry (Hg.): Das Fischer Lexikon – Außenpolitik, Frankfurt 1958

Meid, Volker: Metzler Literatur Chronik – Werke deutschsprachiger Autoren, Stuttgart / Weimar 1993

Meyer, Thomas (Hg.): Lexikon des Sozialismus, Köln 1986

Mickel, Wolfgang W. (Hg.): Handlexikon zur Politikwissenschaft, München 1983

Moser, Dietz-Rüdiger (Hg.): Neues Handbuch der deutschen Gegenwartsliteratur seit 1945, München 1990

Munzinger, Ludwig (Hg.): Internationales Biographisches Archiv – Personen aktuell, Ravensburg 1946ff.

Munzinger, Ludwig (Hg.): Internationales Handbuch – Länder aktuell, Ravensburg 1954ff.

N

Neumann, Franz (Hg.): Handbuch politischer Theorien und Ideologien, Reinbek 1977

Noack, Paul: Deutschland von 1945 bis 1960 – Ein Abriß der Innen- und Außenpolitik, München 1960

Noelle, Elisabeth / Neumann, Erich Peter (Hg.): Jahrbuch der öffentlichen Meinung 1947–1955, Allensbach 1956

Noelle, Elisabeth / Neumann, Erich Peter (Hg.): Jahrbuch der öffentlichen Meinung, Allensbach 1965

O

Opitz, Reinhard (Hg.): Europastrategien des deutschen Kapitals 1900–1945, Bonn 1994

P

Parsons, Anthony: From Cold War to Hot Peace – UN interventions 1947–1995, London 1995

Pfetsch, Frank R. (Hg.): Konflikte seit 1945 – Daten, Fakten, Hintergründe, Freiburg / Würzburg 1991

Presse- und Informationszentrum des Deutschen Bundestages (Hg.): Datenhandbuch zur Geschichte des Deutschen Bundestages 1949–1982, Bonn 1983

R

Ritter, Gerhard A. / Niehuss, Merith: Wahlen in Deutschland 1946–1991 – Ein Handbuch, München 1991

S

Sandkühler, Hans-Jörg (Hg.): Europäische Enzyklopädie zu Philosophie und Wissenschaften, Bd. 1–4, Hamburg 1990

Schindler, Peter (Red.): Datenhandbuch zur Geschichte des Deutschen Bundestages 1949 bis 1982, hrsg. vom Presse- und Informationszentrum des Deutschen Bundestages, Bonn 1983

Schnell, Ralf: Die Literatur der Bundesrepublik – Autoren, Geschichte, Literaturbetrieb, Stuttgart 1986

Schober, Theodor (Hg.): Evangelisches Staatslexikon, Stuttgart / West-Berlin 1980

Stein, Werner: Der große Kulturfahrplan – Die wichtigsten Daten der Weltgeschichte: Politik, Kunst, Religion, München 1981

Steinbach, Peter / Tuchel, Johannes (Hg.): Lexikon des Widerstandes 1933–1945, München 1994

Stern, Carola / Vogelsang, Thilo / Klöss, Erhard / Graff, Albert (Hg.): Lexikon zur Geschichte und Politik im 20.Jahrhundert, Band 1 und 2, Köln 1971

Sternfeld, Wilhelm / Tiedemann, Eva: Deutsche Exil-Literatur 1933–45 – Eine Bio-Bibliographie, Heidelberg 1970

Stöss, Richard (Hg.): Parteien-Handbuch – Die Parteien der Bundesrepublik Deutschland 1945–1980, Band 1–4, Opladen 1986

T

Theimer, Walter: Geschichte der politischen Ideen, München 1955

Theimer, Walter: Lexikon der Politik – Politische Begriffe, Namen, Systeme, Gedanken und Probleme aller Länder, Bern / München 1967

Toeplitz, Jerzy: Geschichte des Films, Bd. 3, 1934–1939, Ost-Berlin 1982

Toeplitz, Jerzy: Geschichte des Films, Bd. 4, 1939–1945, Ost-Berlin 1982

Torke, Hans-Joachim (Hg.): Historisches Lexikon der Sowjetunion 1917/22 bis 1991, München 1993

U

Uwechue, Raph (Hg.): Africa who's who, London 1996

W

Wende, Frank (Hg.): Lexikon zur Geschichte der Parteien in Europa, Stuttgart 1981

Z

Zentner, Christian / Bedürftig, Friedemann (Hg.): Das große Lexikon des Zweiten Weltkrieges, München 1988

Zentner, Christian / Bedürftig, Friedemann (Hg.): Das große Lexikon des Dritten Reiches, München 1985

4. Chroniken

A

Ackerl, Isabella: Die Chronik Wiens, Dortmund 1988

Arenhövel, Alfons (Hg.): Arena der Leidenschaften – Der Berliner Sportpalast und seine Veranstaltungen 1910–1973, Berlin 1990

Autorenkollektiv des deutschen Instituts für Militärgeschichte: Bundeswehr – antinational und aggressiv, Chronik, Fakten, Dokumente, Ost-Berlin 1969

B

Behn, Hans Ulrich / Eisenacher, Erhardt: Politische Zeittafel 1949–1979, Drei Jahrzehnte Bundesrepublik Deutschland, hrsg. vom Presse- und Informationsamt der Bundesregierung, Bonn 1981

Beier, Brigitte u.a. in Zusammenarbeit mit dem Deutschen Institut für Filmkunde: Die Chronik des Films, Gütersloh / München 1994

Bergmann, Stefan / Joel, Holger: Chronik 1954, Dortmund 1989

Bergschicker, Heinz: Deutsche Chronik 1933–1945 – Alltag im Faschismus, West-Berlin 1983

Böge, Wilhelm / Moltmann, Günter / Tormin, Walter (Hg.): Ereignisse seit 1945 – Eine Zeittafel, Braunschweig 1961

Böhm, Ekkehard (Hg.): Kulturspiegel des Zwanzigsten Jahrhunderts – 1900 bis heute, Remseck 1987

Bollinger, Klaus (Hg.): Weltgeschehen 1945–1966 Internationale Zeitgeschichte, Ost-Berlin 1967

Bremer, Heiner / Suhr, Herbert: 40 Jahre Bundesrepublik – Eine Chronik in Bildern, Hamburg 1990

Bundesministerium für gesamtdeutsche Fragen (Hg.): SBZ von 1945 bis 1954, Bonn 1956

Bundesministerium für gesamtdeutsche Fragen (Hg.): SBZ von 1955 bis 1956, Bonn / West-Berlin 1958

Bundesministerium für gesamtdeutsche Fragen (Hg.): SBZ von 1957 bis 1958, Bonn / West-Berlin 1960

Bundesministerium für gesamtdeutsche Fragen (Hg.): SBZ von 1959 bis 1962, Bonn 1964

D

Deutsches Institut für Zeitgeschichte (Hg.): Geschichtliche Zeittafel der Deutschen Demokratischen Republik 1949–1959, Ost-Berlin 1959

Deutsches Institut für Zeitgeschichte (Hg.): Geschichtliche Zeit-Tafel 1945–1953, Ost-Berlin 1954

Deutsches Institut für Zeitgeschichte (Hg.): Geschichtliche Zeit-Tafel 1949–1959, Ost-Berlin 1959

Deutsches Institut für Zeitgeschichte (Hg.): 20 Jahre DDR – 20 Jahre Kampf um Frieden und europäische Sicherheit – Eine Chronik, Ost-Berlin 1969

Dietmar, Carl: Die Chronik Kölns, Dortmund 1991

Droste Geschichts-Kalendarium – Chronik deutscher Zeitgeschichte, Band 1: Overesch, Manfred / Saal, Friedrich Wilhelm: Die Wunschrepublik, Düsseldorf 1982

Droste Geschichts-Kalendarium – Chronik deutscher Zeitgeschichte, Band 2/I: Overesch, Manfred / Saal, Friedrich Wilhelm: Das Dritte Reich 1933–1939, Düsseldorf 1982

Droste Geschichts-Kalendarium – Chronik deutscher Zeitgeschichte, Band 2/II: Overesch, Manfred: Das Dritte Reich 1939–1945, Düsseldorf 1983

Droste Geschichts-Kalendarium – Chronik deutscher Zeitgeschichte, Band 3/I: Overesch, Manfred: Das besetzte Deutschland 1945–1947, Düsseldorf 1986

Droste Geschichts-Kalendarium – Chronik deutscher Zeitgeschichte, Band 3/II: Overesch, Manfred: Das besetzte Deutschland 1948–1949, Düsseldorf 1986

E

Ebert, Johannes / Schmid, Andrea: Chronik 1951, Dortmund 1990

Esser, Brigitte / Venhoff, Michael (Red.): Die Chronik des Zweiten Weltkriegs, Gütersloh – München 1994

F

Flemming, Thomas / Steinhage, Axel / Strunk, Peter: Chronik 1945, Dortmund 1988

Flemming, Thomas / Steinhage, Axel / Strunk, Peter: Chronik 1946, Dortmund 1988

Förstel, Andreas: Chronik 1953, Dortmund 1990

Franz, Eckhart G. (Hg.): Die Chronik Hessens, Dortmund 1991

Free Europe Committee (Hg.): Die Volkserhebung in Ungarn, 23. Oktober 1956 – 4. November 1956, Chronologie der Ereignisse im Spiegel ungarischer Rundfunkmeldungen, München 1956

Frenzel, Herbert A. / Frenzel, Elisabeth: Daten deutscher Dichtung – Chronologischer Abriß der deutschen Literaturgeschichte, 2 Bde., München 1989

Fuhr, Eckhard: Geschichte der Deutschen – Eine Chronik zu Politik, Wirtschaft und Kultur von 1945 bis heute, Frankfurt / Leipzig 1993

G

Gehlhoff, Beatrix: Chronik 1949, Dortmund 1989
Gehlhoff, Beatrix: Chronik 1950, Dortmund 1989
Gehlhoff, Beatrix: Chronik 1957, Dortmund 1988
Gehlhoff, Beatrix: Chronik 1958, Dortmund 1989

Gewerkschaftshochschule »Fritz Heckert« beim Bundesvorstand des FDGB (Hg.): Geschichte des FDGB – Chronik 1945–1982, Ost-Berlin 1985

Gysling, Erich (Red.): Weltrundschau 1956–1961: Sechs Jahre Zeitgeschehen – Dokumente, Bilder, Reportagen, Vaduz 1981

H

Handel, Gottfried / Schwendler, Gerhild: Chronik der Karl-Marx-Universität Leipzig 1945–1959, Leipzig 1959

Harenberg, Bodo: Chronik des 20. Jahrhunderts, Dortmund 1983

Harenberg, Bodo (Hg.): Chronik 1957, Dortmund 1986
Harenberg, Bodo (Hg.): Chronik 1959, Dortmund 1989
Harenberg, Bodo (Hg.): Die Chronik Berlins, Dortmund 1986

Harenberg, Bodo (Hg.): Die Chronik der Deutschen, Dortmund 1983

Harenberg, Bodo (Hg.): Die Chronik des Ruhrgebiets, Dortmund 1987

Häupler, Hans-Joachim (Red.): Was war wann 1949 – Das Archiv des Zeitgeschehens für Politik und Wirtschaft, Hamburg 1950

Häupler, Hans-Joachim (Red.): Was war wann 1950 – Das Archiv des Zeitgeschehens für Politik und Wirtschaft, Hamburg 1951

Häupler, Hans-Joachim (Red.): Was war wann 1951 – Das Archiv des Zeitgeschehens für Politik und Wirtschaft, Hamburg 1952

Hellmann, Manfred: Daten der polnischen Geschichte, München 1985

Hillgruber, Andreas / Hümmelchen, Gerhard: Chronik des Zweiten Weltkrieges – Kalendarium militärischer und politischer Ereignisse 1939–1945, Düsseldorf 1978

Hinz, Frank-Lothar (Red.): Chronik des 20. Jahrhunderts, Braunschweig 1982

Hösch, Edgar / Grabmüller, Hans-Jürgen: Daten der sowjetischen Geschichte von 1917 bis zur Gegenwart, München 1981

I

Institut für Marxismus-Leninismus beim ZK der SED (Hg.): Geschichte der deut schen Arbeiterbewegung – Chronik – Teil III, Von 1945 bis 1963, Ost-Berlin 1967

Institut für Marxismus-Leninismus beim ZK der SED (Hg.): Geschichte der deut schen Arbeiterbewegung in Daten, Ost-Berlin 1986

J

Jung, Wolfgang: Chronik 1960, Dortmund 1990

Junqua, Daniel (Red.): L'histoire au jour le jour: 1944–1991, Paris 1992

K

Karrer, Wolfgang / Krentzer, Eberhard: Daten der englischen und amerikanischen Literatur von 1890 bis zur Gegenwart, München 1983

Klee, Ursula / Wahl, Martin: Chronik 1959, Dortmund 1989

Kleindel, Walter: Die Chronik Österreichs, Dortmund 1984

Kopp, Fritz: Chronik der Wiederbewaffnung in Deutschland – Rüstung der Sowjetzone – Abwehr des Westens, Köln 1958

Kuhn, Annette (Hg.): Die Chronik der Frauen, Dortmund 1992

Kuipers, Nico (Hg.): Kroniek van Nederland, Amsterdam 1987

L

Lehmann, Hans Georg: Chronik der Bundesrepublik Deutschland, 1945/49–1981, München 1981

Lönnendonker, Siegward / Fichter, Tilman: Hochschule im Umbruch, Teil 1 – Gegengründung wozu? 1945–1949, West-Berlin 1973

Lönnendonker, Siegward / Fichter, Tilman: Hochschule im Umbruch, Teil 2 – Konsolidierung um jeden Preis, 1949–1957, West-Berlin 1974

Lönnendonker, Siegward / Fichter, Tilman: Hochschule im Umbruch, Teil 3 – Auf dem Weg in den Dissens, 1957–1964, West-Berlin 1974

M

Mehnert, Klaus H. / Schultz, Heinrich (Hg.): Deutschland-Jahrbuch 1949, Essen 1949

Militärgeschichtliches Institut der DDR (Hg.): NATO – Chronik, Fakten, Dokumente, Ost-Berlin 1983

N

Nöhbauer, Hans F.: Die Chronik Bayerns, Dortmund 1987

O

Orthbandt, Eberhard: Cottas Deutsche Chronik – Das Jahr 1956, Stuttgart 1957

Osadczuk, Bogdan: Weißer Adler, Kreuz und rote Fahne – Chronik der Krisen des kommunistischen Herrschaftssystems in Polen 1956–1982, Zürich 1982

Osterroth, Franz / Schuster, Dieter: Chronik der deutschen Sozialdemokratie, Hannover 1963

Osterroth, Franz / Schuster, Dieter: Chronik der deutschen Sozialdemokratie, Bd. 3, Nach dem Zweiten Weltkrieg, West-Berlin / Bonn 1978

P

Peters, Arno / Peters, Anneliese: Synchronoptische Weltgeschichte, Frankfurt 1952

Pollmann, Bernhard: Daten zur Geschichte der Deutschen Demokratischen Republik, Düsseldorf 1984

Pragal, Peter / Schreiter, Helfried (Hg.): 40 Jahre DDR – Eine Chronik in Bildern, Hamburg 1989

S

Scharping, Thomas: Mao-Chronik – Daten zu Leben und Werk, München 1976

Scholz, Arno: Berlin – Chronik in Bild und Wort, West-Berlin o.J.

Schomaekers, Günter: Daten zur Geschichte der USA, München 1983

Schulte, Stephan / Watermann, Karen: Chronik 1952, Dortmund 1990

Schütt, Christian / Pollmann, Bernhard (Red.): Chronik der Schweiz, Dortmund / Zürich 1987

Schütt, Ernst Christian: Die Chronik Hamburgs, Dortmund 1991

Senat von Berlin (Hg.): Berlin – Ringen um Einheit und Wiederaufbau 1948–1951, bearbeitet von Reichhardt, Hans J. / Drogmann, Joachim / Treutler, Hanns U., West-Berlin 1962

Senat von Berlin (Hg.): Berlin – Chronik der Jahre 1951–1954, bearbeitet von Reichhardt, Hans J. / Drogmann, Joachim / Treutler, Hanns U., West-Berlin 1968

Senat von Berlin (Hg.): Berlin – Chronik der Jahre 1955–1956, bearbeitet von Reichhardt, Hans J. / Drogmann, Joachim / Treutler, Hanns U., West-Berlin 1971

Senat von Berlin (Hg.): Berlin – Chronik der Jahre 1957–1958, bearbeitet von Reichhardt, Hans J. / Drogmann, Joachim / Treutler, Hanns U., West-Berlin 1974

Senat von Berlin (Hg.): Berlin – Chronik der Jahre 1959–1960, bearbeitet von Reichardt, Hans J. / Drogmann, Joachim / Treutler, Hanns U., West-Berlin 1978

Siegler, Heinrich von (Hg.): Dokumentation zur Deutschlandfrage – Von der Atlantik-Charta 1941 bis zur Berlin-Sperre 1961;

1: Chronik der Ereignisse von der Atlantik-Charta 1941 bis zur Aufkündigung des Viermächtestatus Berlins durch die UdSSR im November 1958;

2: Chronik der Ereignisse von der Aufkündigung des Viermächtestatus Berlins durch die UdSSR im November 1958 bis zur Berlin-Sperre im August 1961, Bonn / Wien / Zürich 1961.

Siegler, Heinrich von (Hg.): Die Ereignisse in Polen und Ungarn – Eine Chronik des Geschehens von der Revolte in Posen bis zur militärischen Niederschlagung des Aufstandes in Ungarn (auf Grund von Agenturmeldungen, Korrespondentenberichten, amtlichen Communiqués, Erklärungen und Stellungnahmen), Bonn / Wien / Zürich 1957

Stein, Werner: Der große Kulturfahrplan – Die wichtigsten Daten der Weltgeschichte: Politik, Kunst, Religion, München / Berlin 1993

Steinhage, Axel / Flemming, Thomas: Chronik 1955, Dortmund 1990

Steinhage, Axel / Flemming, Thomas: Chronik 1956, Dortmund 1990

Steinhage, Martin / Strunk, Peter: Chronik 1947, Dortmund 1988

Strunk, Peter / Baldauf, Andreas / Flemming, Thomas / Steinhage, Axel: Chronik 1948, Dortmund 1988
Struss, Dieter: Das war 1949, München 1982
Struss, Dieter: Das war 1950, München 1983
Struss, Dieter: Das war 1951, München 1980
Struss, Dieter: Das war 1953, München 1982
Struss, Dieter: Das war 1954, München 1983

T

Tschopp, Alois: Datenhandbuch über politische Aktivierungsereignisse in der Schweiz 1945–1978, Zürich 1981

V

Völker, Klaus: Brecht-Chronik – Daten zu Leben und Werk, München 1971

W

Weber, Hermann / Oldenburg, Fred: 25 Jahre SED – Chronik einer Partei, Köln 1971
Wischinsky, Rudolf (Red.): Das Jahr im Bild 1959, Hamburg 1959
Wundshammer, Benno: Deutsche Chronik 1954, Stuttgart 1955

Z

Zentralkomitee der KPD (Hg.): KPD 1945–1965 – Abriß, Dokumente, Zeittafel, Ost-Berlin 1966
Zentralrat der Freien Deutschen Jugend (FDJ), Arbeitsgruppe Geschichte (Hg.): Zeittafel zur Geschichte der Freien Deutschen Jugend 1945–1960, Ost-Berlin 1961

5. Monographien, Abhandlungen und Aufsätze

A

Abelshauser, Werner: Die langen Fünfziger Jahre – Wirtschaft und Gesellschaft der Bundesrepublik 1949–1966, Düsseldorf 1987
Abelshauser, Werner: Wirtschaft in Westdeutschland 1945–1949 – Rekonstruktion und Wachstumsbedingungen in der amerikanischen und britischen Zone, Stuttgart 1975
Abendroth, Wolfgang: Das Grundgesetz – Eine Einführung in seine politischen Probleme, Pfullingen 1976
Abendroth, Wolfgang: Arbeiterklasse, Staat und Verfassung – Materialien zur Verfassungsgeschichte und Verfassungstheorie der Bundesrepublik, hrsg. von Joachim Perels, Frankfurt / Köln 1975
Abendroth, Wolfgang / Ridder, Helmut / Schönfeldt, Otto (Hg.): KPD-Verbot oder Mit Kommunisten leben? Reinbek 1968
Abusch, Alexander: Im ideologischen Kampf für eine sozialistische Kultur, Ost-Berlin 1957
Ackermann, Anton: Gibt es einen besonderen deutschen Weg zum Sozialismus? In: Einheit – Monatsschrift zur Vorbereitung der Sozialistischen Einheitspartei, 1. Jg., Februar 1946, S. 31f.
Aczel, Tamas / Meray, Tibor: Revolte des Intellekts – Die geistigen Grundlagen der ungarischen Revolution, München 1961
Adam, Heribert: Studentenschaft und Hochschule – Möglichkeiten und Grenzen studentischer Politik, Frankfurt 1965
Adam, Heribert / Moodley, Kogila: Südafrika oder Apartheid? Frankfurt 1987
Adenauer, Konrad: Acht Jahre danach... – Deutschland heute, Bonn 1953
Adenauer, Konrad: Bundestagsreden, Bonn 1967
Adenauer, Konrad: Kanzlerworte – Wege und Ziel eines Staatsmanns, Essen 1963
Adenauer, Konrad: Reden 1917–1967 – Eine Auswahl, hrsg. von Hans-Peter Schwarz, Stuttgart 1975
Adler, H.G.: Die Erfahrung der Ohnmacht – Beiträge zur Soziologie unserer Zeit, Frankfurt 1964
Adler-Karlsson, Gunnar: Kuba-Report – Sieg oder Niederlage, Wien 1973
Adorno, Theodor W.: Eingriffe – Neun kritische Modelle, Frankfurt 1963
Adorno, Theodor W.: Erziehung zur Mündigkeit – Vorträge und Gespräche mit Hellmut Becker 1959–1969, hrsg. von Gerd Kadelbach, Frankfurt 1972
Adorno, Theodor W.: Kritik – Kleine Schriften zur Gesellschaft, hrsg. von Rolf Tiedemann, Frankfurt 1971
Adorno, Theodor W.: Minima Moralia – Reflexionen aus dem beschädigten Leben, Frankfurt 1967
Adorno, Theodor W.: Gesammelte Schriften, Bd. 11, Noten zur Literatur, hrsg. von Rolf Tiedemann, Frankfurt 1974

Adorno, Theodor W.: Prismen, Frankfurt 1955

Adorno, Theodor W.: Stichworte - Kritische Modelle 2, Frankfurt 1969

Adorno, Theodor W.: Was bedeutet Aufarbeitung der Vergangenheit? in: ders., Gesammelte Schriften, Bd. 10.2, Kulturkritik und Gesellschaft II, hrsg. von Rolf Tiedemann, Frankfurt 1977

Agartz, Viktor: Erklärung vor dem Bundesgerichtshof in Karlsruhe, in: Hans-Georg Hermann, Verraten und verkauft, Fulda 1958

Agartz, Viktor: Sozialistische Wirtschaftspolitik, Karlsruhe 1946

Agartz, Viktor: Wirtschaft, Lohn, Gewerkschaft - Ausgewählte Schriften, West-Berlin 1982

Ahrens, Hanns D.: Demontage - Nachkriegspolitik der Alliierten, München 1982

Aichinger, Ilse u.a.: Hans Werner Richter und die Gruppe 47, Frankfurt / West-Berlin / Wien 1981

Aichinger, Ilse u.a.: der jugend eine antwort, Hannover 1961

Albrecht, Norbert / Husemann, Ralf: Deutschland - Die Geschichte der Bundesrepublik, Band 1-3, Zürich / München 1979

Albrecht, Norbert: Deutschland - Die Geschichte der Bundesrepublik 1949-1982, München / Mönchengladbach 1982

Albrecht, Ulrich / Beisiegel, Ulrike / Buckel, Reiner / Braun, Werner (Hg.): Der Griff nach dem atomaren Feuer - Die Wissenschaft 50 Jahre nach Hiroshima und Nagasaki, Frankfurt 1995

Albrecht, Ulrich: Die Wiederaufrüstung der Bundesrepublik, Köln 1980

Albrecht, Ulrich / Loch, Peter / Wulf, Peter: Arbeitsplätze durch Rüstung? - Warnung vor falschen Hoffnungen, Reinbek 1978

Albrecht, Willy (Hg.): Kurt Schumacher - Reden, Schriften, Korrespondenzen 1945-1952, Bonn / West-Berlin 1985

Alexander, Edgar: Adenauer und das neue Deutschland - Einführung in das Wesen und Wirken des Staatsmanns, Recklinghausen 1956

Alexander, Franz u.a.: Freud in der Gegenwart - Ein Vortragszyklus der Universitäten Frankfurt und Heidelberg zum hundertsten Geburtstag, Frankfurt 1957

Alf, Sophie G.: Leitfaden Italien - Vom antifaschistischen Kampf zum historischen Kompromiß, West-Berlin 1977

Alleg, Henri: Die Folter - La Question, Wien / München / Basel 1958

Allemann, Fritz René: Bonn ist nicht Weimar, Köln 1956

Allemann, Fritz René: Macht und Ohnmacht der Guerilla, München 1974

Allen, Donald M. / Creeley, Robert: New American Story, New York 1965

Allon, Jigal: ...und David ergriff die Schleuder - Geburt und Werden der Armee Israels, West-Berlin 1973

Alperovitz, Gar: Atomare Diplomatie - Hiroshima und Potsdam, München 1966

Alperovitz, Gar: Hiroshima - Die Entscheidung für den Abwurf der Bombe, Hamburg 1996

Altmann, Rüdiger: Das Erbe Adenauers, Stuttgart 1960

Altmann, Rüdiger: Das Erbe Adenauers - Eine Bilanz, München 1963

Altwegg, Jürg: Die Republik des Geistes - Frankreichs Intellektuelle zwischen Revolution und Reaktion, München / Zürich 1986

Ambrosius, Gerold: Die Durchsetzung der sozialen Marktwirtschaft in Westdeutschland 1945-1949, Stuttgart 1977

Amery, Carl: Die Kapitulation oder: Deutscher Katholizismus heute, Reinbek 1963

Améry, Jean: Geburt der Gegenwart - Gestalten und Gestaltungen der westlichen Zivilisation seit Kriegsende, Olten / Freiburg im Breisgau 1961

Améry, Jean: Hand an sich legen - Diskurs über den Freitod, Stuttgart 1978

Améry, Jean: Jenseits von Schuld und Sühne - Bewältigungsversuche eines Überwältigten, Stuttgart 1977

Améry, Jean: Unmeisterliche Wanderjahre, Stuttgart 1971

Améry, Jean: Widersprüche, Stuttgart 1971

Ammer, Thomas: Universität zwischen Demokratie und Diktatur - Ein Beitrag zur Nachkriegsgeschichte der Universität Rostock, Köln 1969

Anders, Günther: Die Antiquiertheit des Menschen, Bd. 1, Über die Seele im Zeitalter der zweiten industriellen Revolution, München 1956

Anders, Günther: Die Antiquiertheit des Menschen, Bd. 2, Über die Zerstörung des Lebens im Zeitalter der dritten industriellen Revolution, München 1980

Anders, Günther: Endzeit und Zeitenwende - Gedanken über die atomare Situation, München 1972

Anders, Günther: Hiroshima ist überall, München 1982

Anders, Karl: Die ersten hundert Jahre - Zur Geschichte einer demokratischen Partei, Hannover 1963

Andersch, Alfred: Die Blindheit des Kunstwerks, Frankfurt 1965

Andersch, Alfred (Hg.): Europäische Avantgarde, Frankfurt 1949

Anderson, Andy: Die Ungarische Revolution 1956, Hamburg 1977

Andics, Helmut: Der ewige Jude - Ursachen und Geschichte des Antisemitismus, Wien 1965

Andres, Stefan / Gollwitzer, Helmut / Vogel, Heinrich / Wolf, Ernst (Hg.): Nie wieder Hiroshima, Lahr 1960

Andrew, Christopher / Gordiewsky, Oleg: KGB - Die Geschichte seiner Auslandsoperationen von Lenin bis Gorbatschow, München 1990

Angermann, Erich: Die Vereinigten Staaten von Amerika, München 1966

Ansprenger, Franz: Auflösung der Kolonialreiche, München 1966

Antifaschistische Russel-Reihe, Bd.1 - Dokumentation von Texten und Vorschriften gegen den Faschismus und ihre Anwendung, Verdrehung, Mißachtung seitens der BRD-Staatsorgane von 1945-1977, Hamburg 1978

Antorchanow, Abdurachman: Das Rätsel um Stalins Tod, Frankfurt / West-Berlin / Wien 1984

Apel, Hans: Der deutsche Parlamentarismus – Unreflektierte Bejahung der Demokratie? Reinbek 1968

Appelius, Stefan: Die Stunde Null, die keine war – Restauration und Remilitarisierung in Wilhelmshaven, Hamburg 1986

Appelius, Stefan: Pazifismus in Westdeutschland – Die Deutsche Friedens gesellschaft 1945–1968, Band 1, Aachen 1991

Appelius, Stefan: Pazifismus in Westdeutschland – Die Deutsche Friedensgesellschaft 1945–1968, Band 2, Aachen 1991

Appelius, Stefan: Zur Geschichte des kämpferischen Pazifismus, Oldenburg 1988

Arbeitsgemeinschaft »Geschichte des Kampfes der deutschen Arbeiterklasse« am Pädagogischen Institut Leipzig: Um eine ganze Epoche voraus – 125 Jahre Kampf um die Befreiung der Frau, Leipzig o.J.

Arbeitsgruppe »Christentum und Politik« in der Elefanten Press (Hg.): Das Kreuz mit dem Frieden – 1982 Jahre Christen und Politik, West-Berlin 1982

Arbeitskreis für Wehrforschung (Hg.): Die Vietcong – Anatomie einer Streitmacht im Guerillakrieg, München 1981

Ardagh, John: Frankreich als Provokation – Die permanente Revolution 1945–1968, Frankfurt 1969

Arendt, Hannah: Elemente und Ursprünge totaler Herrschaft, München 1955

Arendt, Hannah: Israel, Palästina und der Antisemitismus – Aufsätze, Berlin 1991

Arendt, Hannah: Die Krise des Zionismus – Essays & Kommentare 2, West-Berlin 1989

Arendt, Hannah: Nach Auschwitz – Essays & Kommentare 1, West-Berlin 1989

Arendt, Hannah: Sechs Essays, Heidelberg 1948

Arendt, Hannah: Die Ungarische Revolution und der totalitäre Imperialismus, München 1958

Arendt, Hannah: Die verborgene Tradition – Acht Essays, Frankfurt 1976

Arendt, Hannah: Von der Menschlichkeit in finsteren Zeiten – Rede über Lessing, München 1960

Arendt, Hannah: Zur Zeit – Politische Essays, hrsg. von Marie Luise Knott, West-Berlin 1986

Arens, Hanns D.: Demontage – Nachkriegspolitik der Alliierten, München 1982

Arnau, Frank: Tätern auf der Spur – Auswahl aus dem Lebenswerk, Ost-Berlin 1976

Arndt, Adolf / Freund, Michael: Notstandsgesetz – aber wie? Köln 1962

Arndt, Helmut: Die Konzentration der westdeutschen Wirtschaft, Pfullingen 1966

Arnim, Gabriele von: Das große Schweigen – Von der Schwierigkeit, mit dem Schatten der Vergangenheit zu leben, München 1989

Arnold, Friedrich (Hg.): Anschläge – Politische Plakate in Deutschland 1900–1970, Ebenhausen bei München 1977

Arnold, Heinz Ludwig (Hg.): Die Gruppe 47 – Text und Kritik, Sonderband, München 1980

Arnold-Forster, Mark: Die Belagerung von Berlin – Von der Luftbrücke bis heute, West-Berlin 1980

Aron, Raymond: The Century of Total War, Boston 1955

Aron, Raymond: Demokratie und Totalitarismus, Hamburg 1970

Aron, Raymond: Die imperiale Republik – Die Vereinigten Staaten von Amerika und die übrige Welt seit 1945, Stuttgart / Zürich 1975

Aron, Raymond: Opium für Intellektuelle oder die Sucht nach Weltanschauung, Köln / West-Berlin 1957

Aron, Raymond: Der permanente Krieg, Frankfurt 1953

Aron, Raymond: Plädoyer für das dekadente Europa, West-Berlin / Frankfurt 1978

Aschenauer, Rudolf: Landsberg – Ein dokumentarischer Bericht von deutscher Seite, München 1951

Aschenauer, Rudolf: Zur Frage einer Revision der Kriegsverbrecherprozesse, Nürnberg 1949

Ascherson, Neal: Der Traum vom freien Vaterland – Polens Geschichte bis heute, Köln 1987

Assheuer, Thomas / Sarkowicz, Hans: Rechtsradikale in Deutschland – Die alte und die neue Rechte, München 1990

Auerbach, Thomas u.a.: DDR Konkret – Geschichten und Berichte aus einem real existierenden Land, West-Berlin 1978

Augstein, Rudolf: Spiegelungen, München 1964

Augstein, Rudolf (Hg.): Überlebensgroß Herr Strauß – Ein Spiegelbild, Reinbek 1980

Ausschuß für Deutsche Einheit (Hg.): Gestapo- und SS-Führer kommandieren die westdeutsche Polizei – Eine Dokumentation, Ost-Berlin 1961

Ausschuß für Deutsche Einheit (Hg.): Der Oberländer-Prozeß – Gekürztes Protokoll der Verhandlung vor dem Obersten Gericht der DDR vom 20.-27. und 29. April 1960, Ost-Berlin 1960

Ausschuß für Deutsche Einheit (Hg.): IG Farben 1960 – Mächtiger und gefährlicher denn je, Ost-Berlin 1960

Autorenkollektiv: Geschichte der Sozialistischen Einheitspartei Deutschlands, Ost-Berlin 1978

Avnery, Uri: Israel ohne Zionisten – Plädoyer für eine neue Staatsidee, Gütersloh 1969

B

Bach, Wolfgang: Geschichte als politisches Argument – Eine Untersuchung an ausgewählten Debatten des Deutschen Bundestages, Stuttgart 1977

Backes, Uwe / Jesse, Eckhard: Politischer Extremismus in der Bundesrepublik Deutschland, Berlin 1993

Backhaus, Hugo C.: Wehrkraft im Zwiespalt – Zur Psychologie des Besiegten, Göttingen 1952

Badstübner, Rolf / Thomas, Siegfried: Die Spaltung Deutschlands 1945–1949, Ost-Berlin 1966

Badstübner, Rolf / Thomas, Siegfried: Entstehung und Entwicklung der BRD – Restauration und Spaltung 1945–1955, Köln 1979

Baeck, Leo: Dieses Volk – Jüdische Existenz, Frankfurt 1957

Baeck, Leo: Das Wesen des Judentums, Köln 1960

Baktai, Ferenc / Máté, György (Hg.): Befreites Ungarn 1945–1960, Budapest 1960

Balluseck, Lothar von: Dichter im Dienst – Der sozialistische Realismus, Wiesbaden 1956

Balluseck, Lothar von: Kultura – Kunst und Literatur in der sowjetischen Besatzungszone, Köln 1952

Balsen, Werner / Rössel, Karl: Hoch die internationale Solidarität – Zur Geschichte der Dritte-Welt-Bewegung in der Bundesrepublik, Köln 1986

Bandmann, Christa / Hembus, Joe: Klassiker des deutschen Tonfilms, 1930–1960, München 1980

Bänsch, Dieter (Hg.): Die fünfziger Jahre – Beiträge zu Politik und Kultur, Tübingen 1985

Bar-On, Dan: Die Last des Schweigens – Gespräche mit Kindern von Nazi-Tätern, Frankfurt / New York 1993

Baring, Arnulf: Außenpolitik in Adenauers Kanzlerdemokratie – Bonns Beitrag zur Europäischen Verteidigungsgemeinschaft, München / Wien 1969

Baring, Arnulf: Der 17. Juni 1953, Bonn 1958

Barth, Hans: Fluten und Dämme – Der philosophische Gedanke in der Politik, Zürich 1943

Barth, Karl: Zur Genesung des deutschen Wesens, Stuttgart 1945

Bartsch, Günter: Anarchismus in Deutschland, Band I, 1945–1965, Hannover 1972

Bartsch, Günter: Revolution und Gegenrevolution in Osteuropa 1948–1968, Bonn 1971

Bartsch, Hellmuth: Die Studentenschaften in der Bundesrepublik Deutschland – Organisation, Aufgaben und Rechtsform der studentischen Selbstverwaltung in der Bundesrepublik, Bonn-Holzlar 1971

Bärwald, Helmut / Scheffler, Herbert: Partisanen ohne Gewehr – Funktion, Methoden und Argumente kommunistischer Infiltration, Köln 1967

Bärwald, Helmut / Scheffler, Herbert: Rechts-Links – Bemerkungen über den Rechtsradikalismus in Deutschland, Bad Godesberg 1968

Barzel, Rainer: Die deutschen Parteien, Geldern o.J.

Barzel, Rainer (Hg.): Sternstunden des Parlaments, Heidelberg 1989

Bauer, Fritz / Bürger-Prinz, Hans / Giese, Hans / Jäger, Herbert: Sexualität und Verbrechen – Beiträge zur Strafrechtsreform, Frankfurt 1963

Bauer, Fritz: Auf der Suche nach dem Recht, Stuttgart 1966

Bauer, Karl: Zehn Jahre nach Korea – Ein Beitrag zur Wehrpolitik in der Bundesrepublik Deutschland, Boppard 1961

Baumgarten, Jürgen (Hg.): Linkssozialisten in Europa, Hamburg 1982

Beauvoir, Simone de: Das andere Geschlecht – Sitte und Sexus der Frau, Hamburg 1951

Bechert, Karl: Der Wahnsinn des Atomkrieges, Düsseldorf – Köln 1956

Becker, Josef / Stammen, Theo / Waldmann, Peter: Vorgeschichte der Bundesrepublik Deutschland – Zwischen Kapitulation und Grundgesetz, München 1979

Beckert, Rudi: Die erste und letzte Instanz – Schau- und Geheimprozesse vor dem Obersten Gericht der DDR, Goldbach 1995

Beer, Fritz: Die Zukunft funktioniert noch nicht – Ein Porträt der Tschechoslowakei 1948–1968, Frankfurt 1969

Behr, Hermann: Vom Chaos zum Staat – Männer, die für uns begannen, 1945–1949, Frankfurt 1961

Behrendt, Albert: Die Interzonenkonferenzen der deutschen Gewerkschaften, Ost-Berlin 1963

Beier, Gerhard: Arbeiterbewegung in Hessen, Frankfurt 1984

Beier, Gerhard: Der Demonstrations- und Generalstreik vom 12. November 1948, Frankfurt 1975

Beier, Gerhard: Wir wollen freie Menschen sein – Der 17. Juni 1953: Bauleute gingen voran, Köln 1993

Belden, Jack: China erschüttert die Welt, Braunschweig 1951

Benedict, Hans-Jürgen: Von Hiroshima bis Vietnam, Darmstadt-Neuwied 1973

Benz, Wolfgang (Hg.): Antisemitismus in Deutschland – Zur Aktualität eines Vorurteils, München 1995

Benz, Wolfgang: Die Gründung der Bundesrepublik – Von der Bizone zum souveränen Staat, München 1984

Benz, Wolfgang (Hg.): Pazifismus in Deutschland – Dokumente zur Friedensbewegung 1890–1939, Frankfurt 1988

Benz, Wolfgang (Hg.): Rechtsextremismus in der Bundesrepublik – Voraussetzungen, Zusammenhänge, Wirkungen, Frankfurt 1984

Benz, Wolfgang: Der Wollheim-Prozeß – Zwangsarbeit für I.G. Farben in Auschwitz, in: Herbst, Ludolf / Goschler, Constantin (Hg.): Wiedergutmachung in der Bundesrepublik Deutschland, München 1989

Benz, Wolfgang (Hg.): Zwischen Antisemitismus und Philosemitismus – Juden in der Bundesrepublik, Berlin 1991

Benz, Wolfgang: Zwischen Hitler und Adenauer – Studien zur deutschen Nachkriegsgesellschaft, Frankfurt 1991

Berberova, Nina: Die Affäre Krawtschenko, Hildesheim 1991

Bereskow, Valentin M.: Jahre im diplomatischen Dienst, Ost-Berlin 1976

Berg, Rudolf: Angeklagter oder Ankläger? Das Schlußwort im Klagges-Prozeß, Göttingen 1954

Bergh, Hendrik van: Die rote Springflut – Sowjetrußlands Weg ins Herz Europas, München 1958

Berghalen, Volker: Unternehmer und Politik in der BRD, Frankfurt 1985

Bergmann, Werner / Erb, Rainer: Antisemitismus in der Bundesrepublik Deutschland – Ergebnisse der empirischen Forschung von 1946 bis 1989, Opladen 1991

Bergschicker, Heinz: Berlin – Brennpunkt deutscher Geschichte, Ost-Berlin 1965

Bergstraesser, Arnold u.a.: Deutschland und die Welt – Zur Außenpolitik der Bundesrepublik 1949–1963, München 1964

Bering, Dietz: Die Intellektuellen – Geschichte eines Schimpfwortes, Stuttgart 1978

Berlin, Jörg (Hg.): Das andere Hamburg – Freihheitliche Bestrebungen in der Hansestadt seit dem Spätmittelalter, Köln 1981

Bernal, John Desmond: Die soziale Funktion der Wissenschaft, hrsg. von Helmut Steiner, Köln 1986

Bernal, John Desmond: Wissenschaft – Science in History, Bd. 1–4, Reinbek 1970

Berndorff, H. R.: General zwischen Ost und West – Aus den Geheimnissen der Deutschen Republik, Hamburg o.J.

Bernstein, Hilda: Die Männer von Rivonia – Südafrika im Spiegel eines Prozesses, Ost-Berlin 1967

Bertholz, Wolfgang: Aufstand der Araber, München – Wien – Basel 1960

Bertsch, Herbert: CDU/CSU demaskiert, Ost-Berlin 1961

Besier, Gerhard: Der SED-Staat und die Kirche – Der Weg in die Anpassung, München 1993

Bessel-Yorck, Lorenz / Sippel, Heinrich / Götz, Wolfgang: National oder radikal? Der Rechtsradikalismus in der Bundesrepublik Deutschland, Mainz 1966

Besson, Waldemar: Das geteilte Deutschland, Stuttgart 1965

Beßlein, Erwin: Drushba! Freundschaft? Von der kommunistischen Jugendinternationale zu den Weltjugendfestspielen, Frankfurt 1973

Bethell, Nicholas: Das Palästina-Dreieck – Juden und Araber im Kampf um das britische Mandat 1935–1948, Frankfurt 1979

Beyme. Klaus von: Die politische Elite in der Bundesrepublik Deutschland, München 1974

Biberman, Herbert J.: Salz der Erde – Geschichte eines Films, West-Berlin 1977

Bilger, Harald R.: 400 Jahre Südafrika in Porträts, Konstanz 1974

Billeter, Erika: Paradise Now – The Living Theatre, Bern 1968

Billstein, Reinhold (Hg.): Das andere Köln – Demokratische Tradition, Köln 1979

Billstein, Reinhold: Neubeginn ohne Neuordnung – Dokumente und Materialien zur politischen Weichenstellung in den Westzonen nach 1945, Köln 1984

Binder, Gerhart: Deutschland seit 1945 – Eine dokumentierte gesamtdeutsche Geschichte in der Zeit der Teilung, Stuttgart 1969

Binder, Gerhart: Epoche der Entscheidungen – Deutsche Geschichte des 20. Jahrhunderts, Stuttgart 1960

Binder, Gerhart: Grundwissen Grundgesetz, Stuttgart 1974

Birkenfeld, Günther / Dor, Milo u.a.: Sprung in die Freiheit, o.O. 1953

Blanke, Bernhard u.a.: Die Linke im Rechtsstaat, Band 1, Bedingungen sozialistischer Politik 1945–1969, West-Berlin 1976

Bloch, Ernst: Philosophische Aufsätze – Zur objektiven Phantasie, Gesamtausgabe Bd. 10, Frankfurt 1969

Bloch, Ernst: Politische Messungen – Pestzeit, Vormärz, Gesamtausgabe Bd. 11, Frankfurt 1970

Bloch, Ernst: Das Prinzip Hoffnung – In fünf Teilen, Bd.1 u. 2, Frankfurt 1959

Bloemeke, Rüdiger: Roll Over Beethoven – Wie der Rock'n'Roll nach Deutschland kam, St. Andrä-Wördern 1996

Bluhm, Georg: Die Oder-Neiße-Linie in der deutschen Außenpolitik, Freiburg im Breisgau 1963

Blum, Heiko R. u.a.: Film in der DDR, München / Wien 1977

Blum, Léon: Blick auf die Menschheit, Stuttgart 1947

Boas, William S.: Germany 1945–1954, Schaan-Lichtenstein 1955

Boavida, Americo: Angola – Zur Geschichte des Kolonialismus, Frankfurt 1970

Bock, Hans Manfred: Geschichte des »linken Radikalismus« in Deutschland – Ein Versuch, Frankfurt 1976

Böckelmann, Frank / Nagel, Herbert (Hg.): Subversive Aktion – Der Sinn der Organisation ist ihr Scheitern, Frankfurt 1976

Böhm, Franz / Dirks, Walter: Judentum – Schicksal, Wesen und Gegenwart, Bd. I u. II, Wiesbaden 1965

Bohrmann, Hans (Hg.): Politische Plakate, Dortmund 1984

Bolhuis, Ada P. / Knigge, Johan / Tramp, Rein (Hg.): Het nieuws op nieuw bekeken – 40 jaar gereformeerde journalistiek, Groningen 1984

Boll, Friedhelm: Frieden ohne Revolution? Friedensstrategien der deutschen Sozialdemokratie vom Erfurter Programm 1891 bis zur Revolution 1918, Bonn 1980

Böll, Heinrich: Werke – Essayistische Schriften und Reden I, 1952–1963, Gütersloh 1979

Bolle, B. / Bruns, D. / Larking, G.B. / Schrammer, F.: Mit Samthandschuh und Eisenfaust – Polizei und Polizisten in der BRD, Hamburg 1977

Bollinger, Klaus (Hg.): Weltgeschehen 1945–1966 – Internationale Zeitgeschichte, Ost-Berlin 1967

Bondy, François: Der Nachkrieg muß kein Vorkrieg sein – Europäische Orientierungen, Zürich / Köln 1985

Boorstin, Daniel J.: Das Image oder: Was wurde aus dem Amerikanischen Traum, Reinbek 1964

Borch, Herbert von: Die großen Krisen der Nachkriegszeit – Der Kalte Krieg nach 1945, Indochina, Ungarn, Suez-Kanal, Berlin, Cuba, Prag, Naher Osten, München 1984

Borch, Herbert von: Die unfertige Gesellschaft – Amerika: Wirklichkeit und Utopie, München 1960

Borelius, Alexander: Fatum und Freiheit – Eine Vivisektion, Stuttgart 1946

Borkenau, Franz: Drei Abhandlungen zur deutschen Geschichte, Frankfurt 1947

Borkenau, Franz: Ende und Anfang – Von den Generationen der Hochkulturen und von der Entstehung des Abendlandes, hrsg. von Richard Löwenthal, Stuttgart 1984

Borkenau, Franz: Der europäische Kommunismus – Seine Geschichte von 1917 bis zur Gegenwart, München 1952

Borkenau, Franz: The Totalitarian Enemy, London 1939

Borkenau, Franz: Der Übergang vom feudalen zum bürgerlichen Weltbild – Studien zur Geschichte der Manufakturperiode, Darmstadt 1971

Borsdorf, Ulrich / Niethammer, Lutz (Hg.): Zwischen Befreiung und Besatzung – Analysen des US-Geheimdienstes über Positionen und Strukturen deutscher Politik 1945, Wuppertal 1976

Börsenverein des Deutschen Buchhandels (Hg.): Friedenspreis des Deutschen Buchhandels – Reden und Würdigungen 1951–1960, Frankfurt 1961

Bosshard, Walter: Gefahrenherd der Welt – Der Mittlere Osten, Zürich 1954

Bosshart, David: Politische Intellektualität und totalitäre Erfahrung – Hauptströmungen der französischen Totalitarismuskritik, Berlin 1992

Boström, Jörg: Dokument und Erfindung – Fotografien aus der Bundesrepublik Deutschland 1945 bis heute, West-Berlin 1989

Bouvier, Beatrix W.: Zwischen Godesberg und Großer Koalition – Der Weg der SPD in die Regierungsverantwortung, Bonn 1990

Boveri, Margret: Der Verrat im 20. Jahrhundert, Reinbek 1976

Bower, Tom: Verschwörung Paperclip – NS-Wissenschaftler im Dienst der Siegermächte, München 1988

Boyd, Andrew: Die Vereinten Nationen – Ehrfurcht, Mythos und Wahrheit, Frankfurt / Hamburg 1967

Boyle, Andrew: Ring der Verräter – Fünf Spione für Rußland, Hamburg 1980

Boyle, Kay: Der rauchende Berg – Geschichten aus Nachkriegsdeutschland, Frankfurt 1991

Bracher, Karl Dietrich: Die deutsche Diktatur – Entstehung, Struktur und Folgen des Nationalsozialismus, Köln / West-Berlin 1976

Bracher, Karl Dietrich: Europa in der Krise – Innengeschichte und Weltpolitik seit 1917, Frankfurt / West-Berlin / Wien 1979

Bracher, Karl Dietrich: Die Krise Europas, Frankfurt / West-Berlin 1992

Bracher, Karl Dietrich: Nach 25 Jahren – Eine Deutschland-Bilanz, München 1970

Bracher, Karl Dietrich: Die totalitäre Erfahrung, München 1987

Bracher, Karl Dietrich: Zeit der Ideologien – Eine Geschichte politischen Denkens im 20. Jahrhundert, München 1985

Bradley, David: Atombomben-Versuche im Pazifik, Zürich 1951

Branch, Taylor: Parting the Waters – America in the King Years 1954–1963, New York / London / Toronto / Sidney / Tokio 1988

Brandis, Kurt: Der Anfang vom Ende der Sozialdemokratie – Die SPD bis zum Fall des Sozialistengesetzes, West-Berlin 1975

Brandstetter, Karl J.: Allianz des Mißtrauens – Sicherheitspolitik und deutsch-amerikanische Beziehungen in der Nachkriegszeit, Köln 1989

Brandt, Conrad / Schwarz, Benjamin / Fairbank, John K.: Der Kommunismus in China – Eine Dokumentar-Geschichte, München 1955

Brandt, Peter / Ammon, Herbert: Die Linke und die nationale Frage – Dokumente zur deutschen Einheit seit 1945, Reinbek 1981

Brandt, Willy: Der Auftrag des demokratischen Sozialismus – Zum 20. Todestag von Kurt Schumacher, Bonn 1972

Brandt, Willy / Kreisky, Bruno / Palme, Olof: Briefe und Gespräche 1972 bis 1975, Frankfurt / Köln 1975

Brant, Stefan: Der Aufstand – Vorgeschichte, Geschichte und Deutung des 17. Juni 1953, Stuttgart 1954

Brauns, Hans Jochen / Jaeggi, Urs / Kisker, Klaus Peter / Zerdick, Axel / Zimmermann, Burkhard: SPD in der Krise – Die deutsche Sozialdemokratie seit 1945, Frankfurt 1976

Braunthal, Julius: Geschichte der Internationale, Bd. 3, Hannover 1971

Brawand, Leo: Die Spiegel-Story, Düsseldorf 1987

Brecht, Arnold: Politische Theorie, Tübingen 1951

Bredow, Wilfried von: Die unbewältigte Bundeswehr – Zur Perfektionierung eines Anachronismus, Frankfurt 1973

Bredow, Wilfried von / Brocke, Rudolf H.: Krise und Protest – Ursprünge und Elemente der Friedensbewegung in Westeuropa, Opladen 1987

Brentano, Heinrich von: Deutschland, Europa und die Welt – Reden zur Deutschen Aussenpolitik, Bonn 1962

Breyvogel, Wilfried / Krüger, Heinz-Hermann (Hg.): Land der Hoffnung – Land der Krise, Jugendkultur im Ruhrgebiet 1900–1987, Berlin / Bonn 1987

Briefs, Goetz: Zwischen Kapitalismus und Syndikalismus – Die Gewerkschaften am Scheideweg, München 1952

Briem, Jürgen: Der SDS – Die Geschichte des bedeutendsten Studentenverbandes der BRD seit 1945, Frankfurt 1976

Brill, Hermann: Gegen den Strom, Offenbach 1946

Brochhagen, Ulrich: Nach Nürnberg – Vergangenheitsbewältigung und Westintegration in der Ära Adenauer, Hamburg 1994

Broder, Henryk M.: Der ewige Antisemit – Über Sinn und Funktion eines beständigen Gefühls, Frankfurt 1986

Bronska-Pampuch, Wanda: Polen zwischen Hoffnung und Verzweiflung, Köln 1958

Broszat, Martin: Nach Hitler – Der schwierige Umgang mit unserer Geschichte, München 1988

Broszat, Martin (Hg.): Zäsuren nach 1945 – Essays zur Periodisierung der deutschen Nachkriegsgeschichte, München 1990

Broszat, Martin: Zweihundert Jahre deutsche Polenpolitik, Frankfurt 1972

Broszat, Martin / Henke, Klaus-Dietmar / Woller, Hans (Hg.): Von Stalingrad zur Währungsreform – Zur Sozialgeschichte des Umbruchs in Deutschland, München 1988

Bruckberger, Raymond L.: Amerika – Die Revolution des Jahrhunderts, Frankfurt 1960

Brüdigam, Heinz: Der Schoß ist fruchtbar noch... – Neonazistische, militaristische, nationalistische Literatur und Publizistik in der Bundesrepublik, Frankfurt 1965

Bruhn, Jürgen: »...dann sage ich, brich das Gesetz« – Ziviler Ungehorsam – Von Gandhis Salzmarsch bis zum Generalstreik, Frankfurt 1985

Brumlik, Micha / Kiesel, Doron / Kugelmann, Cilly / Schoeps, Julius H.: Jüdisches Leben in Deutschland seit 1945, Frankfurt 1988

Brünneck, Alexander von: Politische Justiz gegen Kommunisten in der Bundesrepublik Deutschland 1949–1968, Frankfurt 1978

Brundert, Willi: Es begann im Theater... Volksjustiz hinter dem Eisernen Vorhang, West-Berlin / Hannover 1958

Brunotte, Heinz: Die Evangelische Kirche in Deutschland – Geschichte, Organisation und Gestalt der EKD, Gütersloh 1964

Brzezinski, Zbigniew K.: Der Sowjetblock – Einheit und Konflikt, Köln 1962

Brzezinski, Zbigniew K.: The Permanent Purge – Politics in Soviet Totalitarianism, Cambridge, Massachusetts 1956

Buber, Martin: Ich und du, Heidelberg 1958

Buchheim, Hans: Totalitäre Herrschaft – Wesen und Merkmale, München 1962

Buchheim, Hans (Hg.): Konrad Adenauer und der deutsche Bundestag, Bonn 1986

Buckwitz, Harry: Freiheit der Kritik, Frankfurt 1957

Buczylowski, Ulrich: Kurt Schumacher und die deutsche Frage – Sicherheitspolitik und strategische Offensivkonzeption vom August 1950 bis September 1951, Stuttgart 1973

Budtz, Lasse (Hg.): Panorama 1959, København o.J.

Budzinski, Klaus: Wer lacht denn da? Kabarett von 1945 bis heute, Braunschweig 1989

Budzinski, Klaus: Pfeffer ins Getriebe – So ist und wurde das Kabarett, München 1982

Bührer, Werner (Hg.): Die Adenauer-Ära – Die Bundesrepublik Deutschland 1949–1963, München / Zürich 1993

Bundesministerium für Verteidigung (Hg.): Vom künftigen deutschen Soldaten – Gedanken und Planungen der Dienststelle Blank, Bonn 1955

Bundesvorstand des FDGB (Hg.): Geschichte des Freien Deutschen Gewerkschaftsbundes, Ost-Berlin 1985

Bungenstab, Karl-Ernst: Umerziehung zur Demokratie? Reeducation-Politik im Bildungswesen der US-Zone 1945–1949, Düsseldorf 1970

Burchett, Wilfred: Der Kalte Krieg in Deutschland, West-Berlin 1950

Burgauer, Erica: Zwischen Erinnerung und Verdrängung – Juden in Deutschland nach 1945, Reinbek 1993

Burnham, James: Das Regime der Manager, Stuttgart 1948

Buruma, Ian: Erbschaft der Schuld – Vergangenheitsbewältigung in Deutschland und Japan, München 1994

Buschfort, Wolfgang: Das Ostbüro der SPD – Von der Gründung bis zur Berlin-Krise, München 1991

Buselmeier, Karin / Harth, Dietrich / Jansen, Christian (Hg.): Auch eine Geschichte der Universität Heidelberg, Mannheim 1985

Buttinger, Josef: Rückblick auf Vietnam – Chronologie einer gescheiterten Politik, Klagenfurt 1976

Büttner, Thea (Hg.): Afrika – Geschichte von den Anfängen bis zur Gegenwart, Teil IV – Afrika vom Zusammenbruch des imperialistischen Kolonialsystems bis zur Gegenwart, Köln 1985

C

Caiger-Smith, Martin (Hg.): Bilder vom Feind – Englische Pressefotografen im Nachkriegsdeutschland, West-Berlin 1988

Callender, Harold u.a.: Das Mauerbuch – Texte und Bilder aus Deutschland von 1945 bis heute, West-Berlin 1981

Calließ, Jörg (Hg.): Gewalt in der Geschichte – Beiträge zur Gewaltaufklärung im Dienste des Friedens, Düsseldorf 1983

Camus, Albert: Fragen der Zeit, Reinbek 1970

Camus, Albert: Der Mensch in der Revolte – Essays, Hamburg 1953

Camus, Albert: Der Mythos von Sisyphos – Ein Versuch über das Absurde, Hamburg 1959

Carlebach, Emil: Zensur ohne Schere – Die Gründerjahre der Frankfurter Rundschau 1945–1947 – Ein unbekanntes Kapitel Nachkriegsgeschichte, Frankfurt 1985

Carlson, John R.: Araber rings um Israel, Frankfurt 1953

Carter, April: Peace Movements – International and World Politics since 1945, New York 1992

Cartier, Raymond: Nach dem Zweiten Weltkrieg – Mächte und Männer 1945–1965, München 1976

Castoriadis, Cornelius: Sozialismus oder Barbarei – Analyse und Aufrufe zur kulturrevolutionären Veränderung, West-Berlin 1980

Casuso, Teresa: Cuba und Castro, Köln 1962

Cattani, Alfred: Das ist unser Jahrhundert – Profil einer Epoche in Bildern und Dokumenten, Zürich 1966

Caute, David: Communism and the French Intellectuals 1914–1960, London 1964

Caute, David: The Fellow-Travellers – Intellectual Friends of Communism, New Haven / London 1988

Caysa, Volker / Caysa, Petra / Eichler, Klaus-Dieter / Uhl, Elke (Hg.): »Hoffnung kann enttäuscht werden« – Ernst Bloch in Leipzig, Frankfurt 1992

Chabod, Frederico: Die Entstehung des neuen Italien – Von der Diktatur zur Republik, Reinbek 1965

Chaliand, Gérard: Bewaffneter Kampf in Afrika, München o.J.

Charlesworth, Mary: Protest – Aufstand – Revolution. Von der amerikanischen Unabhängigkeitserklärung 1776 bis zu den revolutionären Bewegungen der Dritten Welt, München 1973

Charisius, Albrecht / Mader, Julius: Nicht länger geheim – Entwicklung, System und Arbeitsweise des imperialistischen deutschen Geheimdienstes, Ost-Berlin 1969

Ch'en, Jerome: Mao Papers, München 1972

Chesneaux, Jean: Vietnam – Geschichte und Ideologie des Widerstands, Frankfurt 1968

Chruschtschow, Nikita S.: Die Geheimrede Chruschtschows – Über den Personenkult und seine Folgen, Berlin 1990

Claessens, Dieter / Klönne, Arno / Tschoepe, Armin: Sozialkunde der Bundesrepublik Deutschland, Düsseldorf 1965

Coffin, Tristram: Die Schuldträger der freien Welt – Militarismus und Militärwesen in den USA, Wien / West-Berlin / Stuttgart 1964

Coleman, Peter: The Liberal Conspiracy – The Congress for Cultural Freedom and the Struggle for the Mind of Postwar Europe, New York, London 1989

Constable, Georg (Hg.): Life im Krieg, o.O. 1982

Conte, Artur: Die Teilung der Welt – Jalta 1945, München 1967

Conze, Werner: Jakob Kaiser – Politiker zwischen Ost und West 1945–1949, Stuttgart / West-Berlin / Köln / Mainz 1969

Coogan, Timothy Patrick: The I.R.A., London 1972

Corino, Karl: Die Akte Kant – IM »Martin«, die Stasi und die Literatur in Ost und West, Reinbek 1995

Corino, Karl (Hg.): Gefälscht – Betrug in Politik, Literatur, Wissenschaft, Kunst und Musik, Reinbek 1992

Coudenhove-Kalergi, Richard: Die europäische Nation, Stuttgart 1953

Craig, Mary: Tränen über Tibet – Bericht über die Unterdrückung der Tibeter und die Zerstörung ihrer Kultur, Bern / München / Wien 1992

Crankshaw, Edward: Moskau – Peking oder: Der neue Kalte Krieg, Reinbek 1963

Crankshaw, Edward: Rußland und Chruschtschow, West-Berlin 1960

Crozier, Brian: Die Rebellen – Anatomie des Aufstands, München 1961

Crüger, Herbert: Verschwiegene Zeiten – Vom geheimen Apparat der KPD im Gefängnis der Staatssicherheit, Berlin 1990

Crusius, Reinhard / Wilke, Manfred (Hg.): Entstalinisierung – Der XX. Parteitag der KPdSU und seine Folgen, Frankfurt 1977

Cube, Walter von: Ich bitte um Widerspruch – Fünf Jahre Zeitgeschehen kommentiert, Frankfurt 1952

Czempiel, Ernst Otto: Das amerikanische Sicherheitssystem 1945–1949 – Studie zur Außenpolitik der bürgerlichen Gesellschaft, West-Berlin 1966

D

Dahms, Hellmuth Günther: Vom Kaiserreich zum Bundeshaus, West-Berlin 1964

Dahrendorf, Ralf: Gesellschaft und Demokratie in Deutschland, München 1968

Dahrendorf, Ralf: Gesellschaft und Freiheit – Zur soziologischen Analyse der Gegenwart, München 1965

Dallin, David J.: Sowjetische Außenpolitik nach Stalins Tod, Köln 1961

Daniel, Jens (d.i. Rudolf Augstein): Deutschland – Ein Rheinbund? Darmstadt 1953

Danyel, Jürgen (Hg.): Die geteilte Vergangenheit – Zum Untergang mit Nationalsozialismus und Widerstand in beiden deutschen Staaten, Berlin 1995

Danziger, Carl-Jacob: »Die Partei hat immer recht« – Autobiographischer Roman, Stuttgart 1976

Datlin, S.: Die Völker Tunesiens, Algeriens und Marokkos im Kampf für ihre Unabhängigkeit, Ost-Berlin 1955

Davison, W. Philipps: Die Blockade von Berlin – Modellfall des Kalten Krieges, Frankfurt 1959

Debray, Régis: »Voltaire verhaftet man nicht!« – Die Intellektuellen und die Macht in Frankreich, Köln-Lövenich 1981

Degkwitz, Rudolf: Das alte und das neue Deutschland, Hamburg 1946

Deiters, Heinrich: Der reale Humanismus, Ost-Berlin 1947

Deku, Maria: Unsere verfassungsmäßigen Rechte im Kampf um den Frieden, Velbert 1951

Delf, George: Jomo Kenyatta – Towards Truth about »The Light of Kenya«, London 1961

Demetz, Peter: Die süße Anarchie – Deutsche Literatur seit 1945, West-Berlin 1970

Demetz, Peter: Marx, Engels und die Dichter – Zur Grundlagenforschung des Marxismus, Stuttgart 1959

Demokratischer Frauenbund Deutschlands (Hg.): Von Dir – Für Dich, 10 Jahre Arbeit des Demokratischen Frauenbund Deutschlands, Ost-Berlin 1957

Detje, Richard u.a.: Von der Westzone zum Kalten Krieg – Restauration und Gewerkschaftspolitik im Nachkriegsdeutschland, Hamburg 1982

Deuerlein, Ernst: CDU/CSU 1945–1967 – Beiträge zur Zeitgeschichte, Köln 1957

Deuerlein, Ernst: DDR – Geschichte und Bestandsaufnahme, München 1966

Deuerlein, Ernst: Deklamation oder Ersatzfriede? Die Konferenz von Potsdam, Stuttgart 1970

Deutsch, Karl W.: Die Analyse internationaler Beziehungen – Konzeption und Probleme der Friedensforschung, Frankfurt 1968

Deutscher, Isaac: Der nichtjüdische Jude – Essays, West-Berlin 1988

Deutsches Historisches Museum (Hg.): Deutschland im Kalten Krieg 1945–1963, Berlin 1992

Deutsches Historisches Museum (Hg.): Der Kalte Krieg der Unterhaltung, Magazin, Heft 5, 2. Jg., West-Berlin 1992

Deutsches Institut für Zeitgeschichte: Das atlantische Dilemma – Aggressivität und Krise der NATO 1949–1969, Ost-Berlin 1969

Deutsches Jugendinstitut (Hg.): Immer diese Jugend! Ein zeitgeschichtliches Mosaik – 1945 bis heute, München 1985

Deutsches Kabarett Archiv / Hippen, Reinhard (Hg.): Sich fügen ~ heißt lügen – 80 Jahre deutsches Kabarett, Mainz 1981

Deutschkron, Inge: Israel und die Deutschen – Das besondere Verhältnis, Köln 1983

Diamant, Adolf: Jüdische Friedhöfe in Deutschland – Eine Bestandsaufnahme, Frankfurt 1982

Dibelius, Otto: Obrigkeit? Eine Frage an den 60jährigen Landesbischof, Berlin 1959

Diederich, Reiner / Grübling, Richard: Stark für die Freiheit – Die Bundesre publik im Plakat, Hamburg 1989

Diels, Rudolf: Der Fall Otto John – Hintergründe und Lehren, Göttingen 1954

Dietz, Gabriele (Red.): Trümmer, Träume, Truman – Die Welt 1945–1949, BilderLeseBuch, West-Berlin 1985

Dietzfelbinger, Eckart: Die westdeutsche Friedensbewegung 1948 bis 1955, Köln 1984

Dinerstein, Herbert S.: Der Krieg und die Sowjetunion – Die Atomwaffen und der Wandel im militärischen und politischen Denken der Sowjets, Köln 1960

Dirks, Walter: Die zweite Republik, Frankfurt 1947

Djilas, Milovan: Die neue Klasse – Eine Analyse des kommunistischen Systems, München 1958

Döblin, Alfred: Schriften zur Politik und Gesellschaft, Olten / Freiburg im Breisgau 1972

Döhl, Reinhard / Kirsch, Hans-Christian (Hg.): Der Student – Polemik der geistigen Jugend, München 1962

Doering-Manteuffel, Anselm (Hg.): Adenauerzeit – Stand, Perspektiven und methodische Aufgaben der Zeitgeschichtsforschung (1945–1967), Bonn 1993

Doering-Manteuffel, Anselm: Die Bundesrepublik Deutschland in der Ära Adenauer – Außenpolitik und innere Entwicklung 1949–1963, Darmstadt 1963

Doering-Manteuffel, Anselm: Katholizismus und Wiederbewaffnung – Die Haltung der deutschen Katholiken gegenüber der Wehrfrage 1948–1955, Mainz 1981

Doernberg, Stefan: Die Geburt eines neuen Deutschland 1945–1949 – Die antifaschistisch-demokratische Umwälzung und die Entstehung der DDR, Ost-Berlin 1959

Doernberg, Stefan: Kurze Geschichte der DDR, Ost-Berlin 1964

Döscher, Hans-Jürgen: Das Auswärtige Amt im Dritten Reich – Diplomatie im Schatten der »Endlösung«, West-Berlin 1987

Döscher, Hans-Jürgen: Verschworene Gesellschaft – Das Auswärtige Amt unter Adenauer zwischen Neubeginn und Kontinuität, Berlin 1995

Dohse, Rainer: Der Dritte Weg – Neutralitätsbestrebungen in Westdeutschland zwischen 1945 und 1955, Hamburg 1974

Dolci, Danilo: Banditen in Partinico, Olten und Freiburg im Breisgau 1962

Dolci, Danilo: Vergeudung, Zürich 1965

Dollinger, Hans (Hg.): Die Bundesrepublik in der Ära Adenauer 1949–1963, München 1966

Dollinger, Hans (Hg.): Deutschland unter den Besatzungsmächten 1945–1949 – Seine Geschichte in Texten, Bildern und Dokumenten, München 1967

Dollinger, Hans: Schwarzbuch der Weltgeschichte – 5000 Jahre der Mensch des Menschen Feind, München 1973

Dollinger, Hans / Keim, Walther (Hg.): Das waren Zeiten... Achtzehn Karikaturisten sehen 40 Jahre Bundesrepublik, München 1989

Donat, Helmut / Holl, Karl (Hg.): Die Friedensbewegung – Organisierter Pazifismus in Deutschland, Österreich und in der Schweiz, Düsseldorf 1983

Dönhoff, Marion Gräfin: Deutsche Außenpolitik von Adenauer bis Brandt, Hamburg 1970

Dor, Milo u.a.: Sprung in die Freiheit – Berichte über die Ursachen, Begleitumstände und Folgen der Massenflucht aus der sowjetischen Besatzungszone Deutschland, Köln 1953

Drath, Martin: Verfassungsrecht und Verfassungswirklichkeit in der sowjetischen Besatzungszone Deutschlands, Bonn 1956

Dreßen, Wolfgang / Kunzelmann, Dieter / Siepmann, Eckard (Hg.): Nilpferd des höllischen Urwalds – Spuren in eine unbekannte Stadt, Situationisten, Gruppe SPUR, Kommune I, Berlin 1991

Drews, Richard / Kantorowicz, Alfred (Hg.): verboten und verbrannt – Deutsche Literatur 12 Jahre unterdrückt, West-Berlin / München 1947

Driver, Christopher: The Disarmers – A Study in public protest, London 1964

Drummond, Roscoe / Coblentz, Gaston: Duell am Abgrund – John Foster Dulles und die amerikanische Außenpolitik 1953 – 1959, Köln 1961

Dudek, Peter / Jaschke, Hans-Gerd: Entstehung und Entwicklung des Rechtsextremismus in der Bundesrepublik, Bd. 1, Opladen 1984

Dudek, Peter / Jaschke, Hans-Gerd: Entstehung und Entwicklung des Rechtsextremismus in der Bundesrepublik, Bd. 2, Opladen 1984

Duesterberg, Theodor: Der Stahlhelm und Hitler, Wolfenbüttel 1949

Duhnke, Horst: Stalinismus in Deutschland – Die Geschichte der sowjetischen Besatzungszone, Köln 1955

Dulles, Allen Welsh: Verschwörung in Deutschland, Kassel 1949

Dulles, Eleanor Lansing: Berlin und die Amerikaner, Köln 1967

Dulles, John Foster: Krieg oder Frieden, Wien 1950

Dumas, André: Der Krieg in Algerien, Zürich 1958

Dunn, John: Moderne Revolutionen – Analyse eines politischen Phänomens, Stuttgart 1974

Düsing, Bernhard: Die Geschichte der Abschaffung der Todesstrafe in der Bundesrepublik Deutschland, Offenbach 1952

E

Ebert, Theodor: Gewaltfreier Aufstand – Alternative zum Bürgerkrieg, Freiburg im Breisgau 1969

Eckert, Georg (Hg.): 1863–1963 – Hundert Jahre deutsche Sozialdemokratie, Hannover 1963

Eggebrecht, Axel (Hg.): Die zornigen alten Männer – Gedanken über Deutschland seit 1945, Reinbek 1979

Egretaud, Marcel: Nation Algerien, Ost-Berlin 1958

Ehmke, Horst / Schmid, Carlo (Hg.): Adolf Arndt – Politische Reden und Schriften, Bonn-Bad Godesberg 1976

Eisenberg, Götz / Linke, Hans-Jürgen (Hg): Fuffziger Jahre, Gießen 1980

Eisenhower, Dwight D.: Kreuzzug in Europa, Amsterdam 1949

Eisenhower, Dwight D.: Wagnis für den Frieden 1956–1961, Düsseldorf / Wien 1966

Eisenstadt, Shmuel N.: Die israelische Gesellschaft, Stuttgart 1973

Eisenstadt, Shmuel N.: Die Transformation der israelischen Gesellschaft, Frankfurt 1987

Eisert, Wolfgang: Die Waldheimer Prozesse – Der stalinistische Terror 1950 – Ein dunkles Kapitel der DDR-Justiz, München 1993

Eisfeld, Rainer / Müller, Ingo (Hg.): Gegen Barbarei – Essays Robert M.W. Kempner zu Ehren, Frankfurt 1989

Eisler, Gerhard: Auf der Hauptstraße der Weltgeschichte – Artikel, Reden und Kommentare 1955–1968, Ost-Berlin 1981

Ellenstein, Jean: Geschichte des »Stalinismus«, West-Berlin 1977

Ellwein, Thomas: Die deutsche Universität – Vom Mittelalter bis zur Gegenwart, Königstein / Ts. 1985

Elm, Ludwig: Hochschule und Neofaschismus – Zeitgeschichtliche Studien zur Hochschulpolitik in der BRD, Ost-Berlin 1972

Elsenhans, Hartmut: Frankreichs Algerienkrieg 1954–1962: Entkolonisierungsversuch einer kapitalistischen Metropole – Zum Zusammenbruch der Kolonialreiche, München 1974

Emde, Heiner: Verrat und Spionage in Deutschland, München 1980

Emmel, Hildegard: Weltklage und Bild der Welt in der Dichtung Goethes, Weimar 1957

Engelmann, Bernt: Deutschland-Report, West-Berlin 1965

Engelmann, Bernt: Rechtsverfall, Justizterror und das schwere Erbe – Ein Beitrag zur Geschichte der deutschen Strafjustiz von 1919 bis heute – Die unsichtbare Tradition, Bd.2, Köln 1989

Engelmann, Bernt: Trotz alledem – Deutsche Radikale 1777–1977, München 1977

Engelmann, Bernt: Wie wir wurden, was wir sind – Von der bedingungslosen Kapitulation bis zur unbedingten Wiederbewaffnung, München 1980

Enzensberger, Hans Magnus: Deutschland, Deutschland unter anderm – Äußerungen zur Politik, Frankfurt 1967

Enzensberger, Hans Magnus: Einzelheiten, Frankfurt 1962

Enzensberger, Hans Magnus: Freisprüche – Revolutionäre vor Gericht, Frankfurt 1970

Erdmann, Gerhard: Das Betriebsverfassungsgesetz vom 11. Oktober 1952, Neuwied 1952

Erfurt, Werner: Die sowjetrussische Deutschlandpolitik, Eßlingen 1959

Erhard, Ludwig: Deutsche Wirtschaftspolitik – Der Weg der sozialen Marktwirtschaft, Düsseldorf / Wien / New York / Moskau 1992

Erhard, Ludwig (Hg.): Deutschlands Rückkehr zum Weltmarkt, Düsseldorf 1953

Erhard, Ludwig: Wohlstand für alle, Düsseldorf 1957

Eschenburg, Theodor: Die deutsche Frage – Die Verfassungsprobleme der Wiedervereinigung, München 1960

Eschenburg, Theodor: Jahre der Besatzung 1945–1949, Geschichte der Bundesrepublik Deutschland, Bd.1, Stuttgart 1983

Eschenburg, Theodor: Staat und Gesellschaft in Deutschland, Stuttgart 1956

F

Falk, Rainer u.a.: Südafrika – Widerstand und Befreiungskampf, Köln 1986

Farias, Victor: Heidegger und der Nationalsozialismus, Frankfurt 1989

Fast, Howard: The naked God – The Writer and the Communist Party, New York 1957

Fast, Howard: Peekskill USA – Ein persönliches Erlebnis, Ost-Berlin 1952

Fauvet, Jacques: Von Thorez bis de Gaulle – Politik und Parteien in Frankreich, Frankfurt 1953

Fejtö, François: Die Geschichte der Volksdemokratien, Bd. I, Die Ära Stalin 1945–1953, Frankfurt 1988

Fejtö, François: Die Geschichte der Volksdemokratien, Bd. II, Nach Stalin 1953–1972, Frankfurt 1988

Ferencz, Benjamin B.: Lohn des Grauens – Die Entschädigung jüdischer Zwangsarbeiter – Ein offenes Kapitel deutscher Geschichte, Frankfurt / New York 1986

Fetscher, Iring: Karl Marx und der Marxismus – Von der Philosophie des Proletariats zur proletarischen Weltanschauung, München 1967

Fetscher, Iring: Der Kommunismus – Von Marx bis Mao Tsetung, München 1968

Fetscher, Iring: Von Marx zur Sowjetideologie, Frankfurt 1962

Fetscher, Iring / Grebing, Helga (Hg.): Rechtsradikalismus, Frankfurt 1967

Fetscher, Iring / Grebing, Helga / Dill, Günther (Hg.) : Der

Sozialismus – Vom Klassenkampf zum Wohlfahrtsstaat, München 1968

Fichter, Tilman: SDS und SPD – Parteilichkeit jenseits der Partei, Opladen 1988

Fichter, Tilman: Die SPD und die Nation, Berlin / Frankfurt 1993

Fichter, Tilman / Eberle, Eugen: Kampf um Bosch, West-Berlin 1974

Fichter, Tilman / Lönnendonker, Siegward: Kleine Geschichte des SDS – Der Sozialistische Deutsche Studentenbund von 1946 bis zur Selbstauflösung, West-Berlin 1977

Fiedler, Heinz: Der sowjetische Neutralitätsbegriff in Theorie und Praxis – Ein Beitrag zum Problem des Disengagements, Köln 1959

Field, Hermann / Mierzenski, Stanislaw: Bittere Ernte, Stuttgart o.J.

Fijalkowski, Jürgen u.a.: Berlin – Hauptstadtanspruch und Westintegration, Köln 1967

Finke, Lutz E.: Gestatte mir Hochachtungsschluck – Bundesdeutschlands korporierte Elite, Hamburg 1963

Finn, Gerhard: Die politischen Häftlinge der Sowjetzone, Köln 1989

Fischer, Erika / Fischer, Heinz D.: John McCloy und die Frühgeschichte der Bundesrepublik Deutschland – Presseberichte und Dokumente über den Amerikanischen Hochkommissar für Deutschland 1949–1952, Köln 1985

Fischer, Heinz-Dietrich: Parteien und Presse in Deutschland seit 1945, Bremen 1971

Fischer, Heinz-Dietrich: Reeducation- und Pressepolitik unter britischem Besatzungsstatus – Die Zonenzeitung »Die Welt« 1946–1950, Konzeption, Artikulation und Rezeption, Düsseldorf 1978

Fischer, Ruth: Von Lenin bis Mao – Kommunismus in der Bandung-Ära, Düsseldorf 1956

Fischer, Ruth: Stalin und der deutsche Kommunismus – Der Übergang zur Konterrevolution, Frankfurt o.J.

Fischer, Ruth: Die Umformung der Sowjetgesellschaft – Chronik der Reformen 1953–1958, Düsseldorf / Köln 1958

Flechtheim, Ossip K.: Die Deutschen Parteien seit 1945, West-Berlin 1955

Fleischer, Josef: Die Kriegsdienstverweigerung, Freiburg 1949

Floehr, Ralf: Das Grundgesetz entsteht – Aus den stenographischen Berichten über die Plenarsitzungen des Parlamentarischen Rats, Krefeld 1955

Ford, Franklin L.: Der politische Mord – Von der Antike bis zur Gegenwart, Hamburg 1992

Forscher, Alexander u.a.: Entmilitarisierung und Aufrüstung in Mitteleuropa 1945–1956, Herford / Bonn 1983

Foschepoth, Josef (Hg.): Adenauer und die deutsche Frage, Göttingen 1990

Foschepoth, Josef: Im Schatten der Vergangenheit – Die Anfänge der Gesellschaft für Christlich-Jüdische Zusammenarbeit, Göttingen 1993

Fraenkel, Ernst: Deutschland und die westlichen Demokratien, Stuttgart / West-Berlin / Köln / Mainz 1964

Fraenkel, Ernst: Reformismus und Pluralismus – Materialien zu einer ungeschriebenen politischen Autobiographie, hrsg. von Falk Esche und Frank Grube, Hamburg 1973

Fraenkel, Ernst: Der Staatsnotstand, West-Berlin 1965

Franck, Dieter (Hg.): Die fünfziger Jahre – Als das Leben wieder anfing, München 1981

Franck, Dieter: Die Welt der Jahrhundertmitte 1940–1960 – Von schweren und von schönen Zeiten, Bergisch-Gladbach 1991

Franck, Dieter: Jahre unseres Lebens 1945–1949, München 1980

François-Poncet, André: Politische Reden und Aufsätze, Mainz 1949

Frauendienst, Werner (Hg.): Ungarn zehn Jahre danach 1956–1966, Mainz 1966

Frederik, Hans: Das Ende einer Legende – Die abenteuerlichen Erlebnisse des Towarischtsch Alexander Busch – Eine Dokumentation über die politische Provokation, in deren Mittelpunkt nicht nur Otto John, sondern vor allem Bundesminister, Staatssekretäre, Politiker, Geheimdienste und Journalisten stehen, München 1971

Frei, Norbert: Die deutsche Wiedergutmachungspolitik gegenüber Israel im Urteil der öffentlichen Meinung der USA, in: Herbst, Ludolf / Goschler, Constantin (Hg.): Wiedergutmachung in der Bundesrepublik Deutschland, München 1989

Freiburger, Walther (Hg.): Konrad, sprach die Frau Mama ... – Adenauer in der Karikatur, Oldenburg / Hamburg 1955

Freier, Anna-Elisabeth / Kuhn, Annette (Hg.): Frauen in der Geschichte, Bd. V., »Das Schicksal Deutschlands liegt in der Hand seiner Frauen« – Frauen in der deutschen Nachkriegsgeschichte, Düsseldorf 1984

Freyberg, Jutta von u.a.: Geschichte der deutschen Sozialdemokratie 1863–1975, Köln 1977

Fricke, Karl Wilhelm: Die DDR-Staatssicherheit – Strukturen, Aktionsfelder, Köln 1989

Fricke, Karl Wilhelm: Ein Federzug von Ulbrichts Hand: Todesstrafe, in: Deutschland-Archiv, August 1991, 24. Jg., Nr.8, S. 840–845

Fricke, Karl Wilhelm: MfS intern – Macht, Strukturen, Auflösung der DDR-Staatssicherheit, Köln 1991

Fricke, Karl Wilhelm: Opposition und Widerstand in der DDR, Köln 1984

Fricke, Karl Wilhelm: Politik und Justiz in der DDR – Zur Geschichte der politischen Verfolgung 1945–1968, Köln 1979

Fricke, Karl Wilhelm: Warten auf Gerechtigkeit – Kommunistische Säuberungen und Rehabilitierungen, Köln 1971

Fricke, Karl Wilhelm: Zur Menschen- und Grundrechtssituation politischer Gefangener in der DDR, Köln 1986

Friedeburg, Ludwig von (Hg.): Jugend in der modernen Gesellschaft, Köln / West-Berlin 1965

Friedenau, Theo: Rechtsstaat in zweierlei Sicht – Rechtstheorie und Rechtsausübung im demokratischen und totalitären Machtbereich, West-Berlin 1957

Friedlaender, Ernst: Klärung für Deutschland – Leitartikel in der ZEIT 1946–1950, hrsg. von Norbert Frei und Franziska Friedlaender, München / Wien 1982

Friedländer, Saul: Kitsch und Tod – Der Widerschein des Nazismus, München / Wien 1984

Friedrich, Carl J.: Totalitäre Diktatur, Stuttgart 1957

Friedrich, Carl J. (Ed.): Totalitarianism – Proceedings of a Conference held at the American Academy of Arts and Sciences, March 1953, Cambridge / Massachusetts 1954

Friedrich, Gerd: Die Freie Deutsche Jugend – Stoßtrupp des Kommunismus in Deutschland, Köln 1951

Friedrich, Gerd: Die Freie Deutsche Jugend – Auftrag und Entwicklung, Köln 1953

Friedrich, Gerd: Der Kulturbund zur Demokratischen Erneuerung Deutschlands – Geschichte und Funktion, Köln 1952

Friedrich, Jörg: Die kalte Amnestie – NS-Täter in der Bundesrepublik, Frankfurt 1984

Friedrich, Thomas (Hg.): 1945 – Wie der Krieg zu Ende ging, West-Berlin 1980

Friedrich-Ebert-Stiftung (Hg.): Vorgeschichte und Entstehung der DDR – Der Anfang vom Ende, Bonn 1989

Fuchs, Werner: Arbeiterleben nach 1945 – Lebensgeschichten in der Geschichte der Arbeiterschaft in Offenbach am Main seit dem Zweiten Weltkrieg – Projektplan, Marburg 1979

Fulbright, J. William: Wahn der Macht – US-Politik seit 1945, München 1989

Fülberth, Georg: KPD und DKP 1945–1990, Heilbronn 1990

Fürstenau, Justus: Entnazifizierung – Ein Kapitel deutscher Nachkriegspolitik, Neuwied 1969

Fürstenberg, Friedrich / Benseler, Frank / Küntzel, Ulrich: Der Dollar-Imperialismus, West-Berlin 1968

G

Gabieli, Francesco: Die arabische Revolution, Köln 1958

Gablentz, Otto Heinrich von der: Die versäumte Reform – Zur Kritik der westdeutschen Politik, Köln / Opladen 1960

Gaitanides, Johannes: Westliche Ärgernisse, München 1958

Galbraith, John Kenneth: Gesellschaft im Überfluß, München / Zürich 1959

Galinski, Dieter / Schmidt, Wolf (Hg.): Jugendliche erforschen die Nachkriegszeit, Hamburg 1984

Galter, Alberto: Das Rotbuch der verfolgten Kirche, Recklinghausen 1957

Gäng, Peter / Reiche, Reimut: Modelle der kolonialen Revolution – Beschreibung und Dokumente, Frankfurt 1967

Ganther, Heinz (Hg.): Die Juden in Deutschland, 1951/52 [5712], 1958/59 [5719] – Ein Almanach, Hamburg 1959

Garthoff, Raymond L.: Sowjetstrategie im Atomzeitalter, Düsseldorf 1959

Gatow, Hanns-Heinz: Vertuschte SED-Verbrechen, Berg 1990

Gatter, Peter: Der weiß-rote Traum – Polens Weg zwischen Freiheit und Fremdherrschaft, Düsseldorf / Wien 1983

Gaucher, Roland: Saboteure und Attentäter – Der moderne Terrorismus, Genf o.J.

Gebhardt, Heinz (Hg.): München – Das waren die Fünfziger – Fotografiert von Rudi Dix, München 1994

Geffken, Rolf: Klassenjustiz, Frankfurt 1972

Gehlen, Reinhard: Verschlußsache, Mainz 1980

Geis, Imanuel: Die Afro-Amerikaner, Frankfurt 1969

Gellhorn, Martha: Das Gesicht des Krieges – Reportagen 1937–1987, München / Hamburg 1989

Gerber, Barbara: Jud Süß – Aufstieg und Fall im frühen 18. Jahrhundert – Ein Beitrag zur historischen Antisemitismus- und Rezeptionsforschung, Hamburg 1990

Gerst, Wilhelm Karl: Bundesrepublik Deutschland unter Adenauer, West-Berlin 1967

Gerstenmaier, Eugen: Neuer Nationalismus – Von der Wandlung der Deutschen, Stuttgart 1965

Giap, Vo Nguyen: Volkskrieg, Volksarmee, München 1968

Giefer, Rena / Giefer, Thomas: Die Rattenlinie – Fluchtwege der Nazis, Frankfurt 1991

Gilbert, Martin: Endlösung – Die Vertreibung und Vernichtung der Juden, Ein Atlas, Reibek 1982

Gill, David / Schröter, Ulrich: Das Ministerium für Staatssicherheit – Anatomie des Mielke-Imperiums, Berlin 1991

Gimbel, John: Amerikanische Besatzungspolitik in Deutschland 1945–1949, Frankfurt 1971

Ginzel, Günter Bernd (Hg.): Antisemitismus – Erscheinungsformen der Judenfeindschaft gestern und heute, Köln 1991

Giordano, Ralph: Die zweite Schuld oder Von der Last Deutscher zu sein, Hamburg 1987

Giovannitti, Len / Freed, Fred: Sie warfen die Bombe, Düsseldorf 1965

Glahn, Dieter von: Patriot und Partisan für Freiheit und Einheit, Tübingen 1994

Glaser, Hermann: Kleine Kulturgeschichte der Bundesrepublik Deutschland 1945–1989, Bonn 1991

Glaser, Hermann: Kulturgeschichte der Bundesrepublik, Band 1: Zwischen Kapitulation und Währungsreform 1945–1948, München 1985

Glaser, Hermann: Kulturgeschichte der Bundesrepublik, Band 2: Zwischen Grundgesetz und Großer Koalition 1949–1967, München 1986

Glaser, Hermann: Spießer-Ideologie – Von der Zerstörung des deutschen Geistes im 19. und 20. Jahrhundert, Köln 1974

Glaser, Hermann / Pufendorf, Lutz von / Schöneich, Michael (Hg.): So viel Anfang war nie – Deutsche Städte 1945–1949, West-Berlin 1989

Glotz, Peter: Die deutsche Rechte, Stuttgart 1989

Glucksmann, André: Köchin und Menschenfresser – Über die Beziehung zwischen Staat, Marxismus und Konzentrationslager, West-Berlin 1976

Gnielka, Thomas: Falschspiel mit der Vergangenheit – Rechtsradikale Organisationen in unserer Zeit, Frankfurt 1960

Goeschel, Albrecht (Hg.): Richtlinien und Anschläge – Materialien zur Kritik der repressiven Gesellschaft, München 1968

Goldberg, Boris: Lateinamerika und die kubanische Revolution, Köln 1963

Goldmann, Nahum: Das jüdische Paradox – Zionismus und Judentum nach Hitler, Köln 1978

Gollancz, Victor: Stimme aus dem Chaos – Eine Auswahl der Schriften von Victor Gollancz, hrsg. von Julius Braunthal, Frankfurt 1960

Gollancz, Victor: Versöhnung, Hamburg 1948

Gollwitzer, Helmut: Die Christen und die Atomwaffen, München 1957

Goodman, Paul (Hg.): Seeds of Liberation, New York 1964

Goschler, Konstantin: Der Fall Philipp Auerbach – Wiedergutmachung in Bayern, in: Herbst, Ludolf / Goschler, Konstantin (Hg.), Wiedergutmachung in der Bundesrepublik Deutschland, München 1989

Goschler, Konstantin: Wiedergutmachung – Westdeutschland und die Verfolgten des Nationalsozialismus 1945–1954, München 1992

Gössner, Rolf: Die vergessenen Justizopfer des kalten Kriegs – Über den unterschiedlichen Umgang mit der deutschen Geschichte in Ost und West, Hamburg 1994

Gosztony, Peter (Hg.): Aufstände unter dem roten Stern, Bonn 1979

Götz, Albrecht: Bilanz der Verfolgung von NS-Straftaten, Köln 1986

Grabitz, Helge: NS-Prozesse – Psychogramme der Beteiligten, Heidelberg 1985

Gramonat, Sanche de: Der geheime Krieg – Die Geschichte der Spionage seit dem Zweiten Weltkrieg, München 1964

Grebing, Helga: Geschichte der deutschen Arbeiterbewegung – Ein Überblick, München 1966

Grebing, Helga: Konservative gegen Demokratie – Konservative Kritik an der Demokratie in der Bundesrepublik nach 1945, Frankfurt 1971

Grebing, Helga: Der Revisionismus – Von Bernstein bis zum »Prager Frühling«, München 1977

Greenfield, Jerome: USA gegen Wilhelm Reich, Frankfurt 1995

Greiffenhagen, Martin / Greiffenhagen, Sylvia: Ein schwieriges Vaterland – Zur Politischen Kultur Deutschlands, München 1979

Greil, Lothar: Die Wahrheit über Malmedy, München 1958

Greiner, Bernd: Amerikanische Außenpolitik von Truman bis heute, Köln 1982

Greiner, Bernd: Die Morgenthau-Legende – Zur Geschichte eines umstrittenen Planes, Hamburg 1995

Greiner, Bernd: Politik am Rande des Abgrundes? Die Außen- und Militärpolitik der USA im Kalten Krieg, Heilbronn 1986

Greiner, Helmuth: Die oberste Wehrmachtführung 1939–1943, Wiesbaden 1951

Greiner, Ulrich (Hg.): Revision – Denker des 20. Jahrhunderts auf dem Prüfstand – Eine ZEIT-Serie, Hildesheim 1993

Grenfell, Russell: Bedingungsloser Haß? Die deutsche Kriegsschuld und Europas Zukunft, Tübingen 1954

Grewe, Wilhelm G.: Deutsche Außenpolitik der Nachkriegszeit, Stuttgart 1960

Grillandi, Massimo: Die großen Revolutionen, Hamburg o.J.

Grimm, Friedrich: Gebt die Gefangenen frei! Freiburg 1955

Grimm, Friedrich: Generalamnestie als völkerrechtliches Postulat, Köln / Opladen 1951

Grimm, Friedrich: Generalamnestie – Der einzige Weg zum Frieden, Freiburg 1952

Grimm, Friedrich: Politische Justiz, die Krankheit unserer Zeit – 40 Jahre Dienst am Recht – Erlebnis und Erkenntnis, Bonn 1953

Grimm, Hans: Die Erzbischofschrift – Antwort eines Deutschen, Göttingen 1950

Grimm, Tilemann (Hg.): Mao Tse-tung – Ausgewählte Schriften, Frankfurt 1963

Grobecker, Kurt / Loose, Hans-Dieter / Verg, Erik: Hamburg in den fünfziger Jahren, Hamburg 1983

Groh, Dieter / Brandt, Peter: »Vaterlandslose Gesellen« – Sozialdemokratie und Nation 1860–1990, München 1992

Grohne, Jürgen / Zentner, Kurt (Red.): 1948 bis 1958 – Die ersten zehn Jahre, München 1958

Gropp, Rugard Otto (Hg.): Festschrift – Ernst Bloch zum 70. Geburtstag, Ost-Berlin 1955

Gröschel, Roland / Klönne, Arno: Zwischen Tradition und Neubeginn – Sozialistische Jugend im Nachkriegsdeutschland, Hamburg 1986

Grosse, Heinrich W.: Zwischen Alptraum und Vision – Martin Luther King, Seine Bedeutung für uns, Uetersen 1989

Grosser, Alfred: Die Bonner Demokratie – Deutschland von draußen gesehen, Düsseldorf 1960

Grosser, Alfred: Das Bündnis – Die westeuropäischen Länder und die USA seit dem Krieg, München / Wien 1978

Grosser, Alfred: Deutschlandbilanz – Geschichte Deutschlands seit 1945, München 1972

Grosser, Alfred: Ermordung der Menschheit – Der Genozid im Gedächtnis der Völker, München/Wien 1990

Grosser, Alfred: Frankreich und seine Außenpolitik – 1944 bis heute, München/Wien 1986

Grosser, Alfred: Geschichte Deutschlands seit 1945 – Eine Bilanz, München 1974

Grossman, Wassili / Ehrenburg, Ilja (Hg.): Das Schwarzbuch – Der Genozid an den sowjetischen Juden, dt. Ausgabe hrsg. von Arno Lustiger, Reinbek 1994

Grote, Hermann: Der Streik – Taktik und Strategie, Köln 1952

Grotewohl, Otto: Die Regierung ruft die Künstler und Wissenschaftler, Ost-Berlin 1950

Grotum, Thomas: Die Halbstarken – Zur Geschichte einer Jugendkultur der 50er Jahre, Frankfurt/New York 1994

Grubbe, Peter: Im Schatten des Kubaners – Das neue Gesicht Lateinamerikas, München 1961

Grube, Frank / Richter, Gerhard (Hg.): Der Freiheitskampf der Polen – Geschichte, Dokumente, Analyse, Hamburg 1981

Grube, Frank / Richter, Gerhard (Hg.): Der SPD-Staat, München 1977

Grube, Frank / Richter, Gerhard: Das Wirtschaftswunder – Unser Weg in den Wohlstand, Hamburg 1983

Grube, Frank / Richter, Gerhard: Die Gründerjahre der Bundesrepublik Deutschland zwischen 1945 und 1955, Hamburg 1981

Gruchmann, Lothar: Der Zweite Weltkrieg, München 1967

Grunenberg, Antonia: Antifaschismus – ein deutscher Mythos, Reinbek 1993

Gruner, Gert / Manfred Wilke: Sozialdemokraten im Kampf um die Freiheit – Die Auseinandersetzung zwischen SPD und KPD in Berlin 1945/46, München 1986

Gruner, Gert / Noack, Paul: Die deutsche Nachkriegszeit, München 1966

Grünewald, Guido: Die Internationale der Kriegsdienstgegner, Köln 1982

Grünewald, Guido (Hg.): Nieder die Waffen! – Hundert Jahre Deutsche Friedensgesellschaft (1892–1992), Bremen 1992

Grünewald, Guido: Zwischen Kriegsdienstverweigerergewerkschaft und politischer Friedensorganisation: Der Verband der Kriegsdienstverweigerer 1958–1966, Hamburg 1977

Grünewald, Wilhard: Die Münchner Ministerpräsidentenkonferenz 1947 – Anlaß und Scheitern eines gesamtdeutschen Unternehmens, Meisenheim am Glau 1971

Gruppe Arbeiterpolitik: Arbeiterpolitik – November 1948 – Juli 1950, Bremen 1975

Gruppi, Luciano: Togliatti und der italienische Weg zum Sozialismus, Frankfurt 1980

Güde, Max: Justiz im Schatten von gestern – Wie wirkt sich die totalitäre Vergangenheit auf die heutige Rechtsprechung aus? Hamburg 1959

Guenter, Klaus Th.: Protest der Jungen, München 1961

Guérin, Daniel: Die amerikanische Arbeiterbewegung 1867–1967, Frankfurt 1970

Guevara, Ernesto Ché: Aufsätze zur Wirtschaftspolitik, hrsg. von Horst-Eckart Gross, Ausgewählte Werke Bd. 3, Köln 1988

Guevara, Ernesto Ché: Episoden aus dem Revolutionskrieg, Frankfurt 1979

Guevara, Ernesto Ché: Guerillakampf und Befreiungsbewegung, hrsg. von Horst-Eckart Gross, Ausgewählte Werke Bd. 1, Dortmund 1986

Guevara: Ernesto Ché: Guerilla – Theorie und Methode, West-Berlin 1972

Guevara, Ernesto Che: Schriften zum Internationalismus, hrsg. von Horst-Eckart Gross, Ausgewählte Werke Bd. 4, Köln 1989

Guggenheim Foundation (Hg.): Die italienische Metamorphose 1943–1968, Wolfsburg 1995

Guggenheimer, Walter Maria: Kommentare, Düsseldorf 1955

Guggisberg, Hans R.: Geschichte der USA, Bd. 2, Die Weltmacht, Stuttgart 1975

Guillain, Robert: 600 Millionen Chinesen, Hamburg 1957

Guillaume, General A.: Warum siegte die Rote Armee, Baden-Baden 1949

Guillaume, Günter: Die Aussage – Wie es wirklich war, München 1990

Gun, Nerin E.: Die Stunde der Amerikaner, Bruchsal 1968

Günter, Klaus T.: Protest der Jungen, München 1961

Gurland, Arcadius Rudolf Lang: Die CDU/CSU – Ursprünge und Entwicklung bis 1953, hrsg. von Dieter Emig, Frankfurt 1980

H

Haas-Heye, Johannes u.a.: Im Urteil des Auslands – Dreißig Jahre Bundesrepublik, München 1979

Haasis, Hellmut G.: Spuren der Besiegten 3 – Freiheitsbewegungen vom demokratischen Untergrund nach 1848 bis zu den Atomkraftgegnern, Reinbek 1984

Haasken, Georg / Wigbers, Michael: Protest in der Klemme – Soziale Bewegungen in der Bundesrepublik, Frankfurt 1986

Habe, Hans: Im Jahre Null – Ein Beitrag zur Geschichte der deutschen Presse, München 1966

Haberl, Othmar Nikola / Niethammer, Lutz (Hg.): Der Marshall-Plan und die europäische Linke, Frankfurt 1986

Habermas, Jürgen: Eine Art Schadensabwicklung – Kleine Politische Schriften VI, Frankfurt 1987

Habermas, Jürgen: Kleine Politische Schriften I–IV, Frankfurt 1981

Habermas, Jürgen: Die Normalität einer Berliner Republik – Kleine Politische Schriften VIII, Frankfurt 1995

Habermas, Jürgen: Philosophisch-politische Profile, Frankfurt 1981

Hadawi, Sami: Bittere Ernte – Palästina 1914–1967, Rastatt 1969

Hahlweg, Werner: Guerilla-Krieg ohne Fronten, Stuttgart 1968

Halbwachs, Maurice: Das Gedächtnis und seine sozialen Bedingungen, Neuwied / West-Berlin 1966

Halbwachs, Maurice: Das kollektive Gedächtnis, Stuttgart 1967

Halle, Louis J.: Der Kalte Krieg – Ursachen, Verlauf, Abschluß, Frankfurt 1969

Halter, Hans: Krieg der Gaukler – Das Versagen der deutschen Geheimdienste, Göttingen 1993

Hammerschmidt, Helmut (Hg.): Zwanzig Jahre danach – Eine deutsche Bilanz 1945–1965, Achtunddreißig Beiträge deutscher Wissenschaftler, Schriftsteller und Publizisten, München / Wien / Basel 1965

Hammerschmidt, Helmut / Mansfeld, Michael: Der Kurs ist falsch, München / Wien / Basel 1956

Hammerstein, Notker: Die Johann Wolfgang Goethe-Universität Frankfurt am Main, Bd. I 1914–1950, Neuwied / Frankfurt 1989

Handke, Manfred: Zur Bewältigung der NS-Zeit in der DDR – Defizite und Neubewertungen, Bonn-Bad Godesberg 1989

Hankel, Gerd / Stuby, Gerhard (Hg.): Strafgerichte gegen Menschheitsverbrechen – Zum Völkerrecht 50 Jahre nach den Nürnberger Prozessen, Hamburg 1995

Hannover, Heinrich: Politische Diffamierung der Opposition im freiheitlich-demokratischen Rechtsstaat, Dortmund 1962

Harbecke, Ulrich: Abenteuer Bundesrepublik – Die Geschichte unseres Staates, Bergisch-Gladbach 1983

Harbecke, Ulrich: Abenteuer Deutschland – Von der Teilung zur Einheit, Bergisch-Gladbach 1990

Hardach, Gerd: Der Marshall-Plan – Auslandshilfe und Wiederaufbau in Westdeutschland 1948–1952, München 1994

Harrington, Michael: Das andere Amerika – Die Armut in den Vereinigten Staaten, München 1964

Harrison, James P.: Der lange Marsch zur Macht – Die Geschichte der Kommunistischen Partei Chinas von ihrer Gründung bis zum Tode von Mao Tse-tung, Stuttgart, Zürich 1978

Haug, Hans-Jürgen: Kriegsdienstverweigerer – Gegen die Militarisierung der Gesellschaft, Frankfurt 1971

Haumann, Heiko: Der Fall Max Faulhaber – Gewerkschaften und Kommunisten, Ein Beispiel aus Südbaden 1949–1952, Marburg 1987

Hauser, Carry u.a.: Vom Reich zu Österreich – Erinnerungen an Kriegsende und Nachkriegszeit, München 1985

Heckel, Erna u.a.: Kulturpolitik in der Bundesrepublik von 1949 bis zur Gegenwart, Köln 1987

Heckler, Hans-Jürgen: Kollektiv Hispano-Suiza, Arbeiter und Apparate – Bericht französischer Arbeiter über ihre Praxis 1945–1970, West-Berlin 1972

Hedeler, Wladislaw / Helas, Horst / Wulff, Dietmar: Stalins Erbe – Der Stalinismus und die deutsche Arbeiterbewegung, Ost-Berlin 1990

Heer, Friedrich: Jugend im Aufbruch – Die Jugendbewegung von Sturm und Drang bis zur Gegenwart, München / Gütersloh / Wien 1973

Hegel, Georg Wilhelm Friedrich: Phänomenologie des Geistes, Frankfurt 1970

Heidegger, Martin: Sein und Zeit, Tübingen 1967

Heidtmann, Günter: Hat die Kirche geschwiegen? West-Berlin 1954

Heilmann, Hans Dieter: Das Kriegstagebuch des Diplomaten Otto Bräutigam, in: Aly, Götz u.a., Biedermann und Schreibtischtäter – Materialien zur deutschen Täter-Biographie (Beiträge zur nationalsozialistischen Gesundheits- und Sozialpolitik Bd. 4), West-Berlin 1987, S. 123–187

Heimann, Siegfried: Die Falken in Berlin – Erziehungsgemeinschaft oder Kampforganisation? Die Jahre 1945 – 1950, West-Berlin 1990

Heinemann, Gustav W.: Deutsche Friedenspolitik – Reden und Aufsätze, Darmstadt 1952

Heinemann, Gustav W.: Die Deutschlandfrage und die Weltpolitik, Bonn 1954

Heinemann, Gustav W.: Gesamtdeutsche Volkspartei – Der Aufbruch des neuen politischen Wollens, o.O. 1953

Heinemann, Gustav W.: Militärische Katastrophe oder politische Ordnung, West-Berlin 1954

Heise, Wolfgang: Aufbruch in die Illusion – Zur Kritik der bürgerlichen Philosophie in Deutschland, Ost-Berlin 1964

Heitzer, Heinz / Schmerbach, Günther: Illustrierte Geschichte der Deutschen Demokratischen Republik, Ost-Berlin 1984

Heller, Agnes / Fehér, Ferenc: Ungarn '56 – Geschichte einer antistalinistischen Revolution, Hamburg 1982

Heller, Michael / Nekrich, Alexander: Geschichte der Sowjetunion 1914–1939, Bd. I, Königstein/Ts. 1981

Heller, Michael / Nekrich, Alexander: Geschichte der Sowjetunion 1940–1980, Bd. II, Königstein/Ts. 1981

Helwig, Gisela / Nickel, Hildegard Maria (Hg.): Frauen in Deutschland 1945–1992, Bonn 1993

Hellwig, Joachim / Deicke, Günther: Ein Tagebuch für Anne Frank, Ost-Berlin 1959

Henke, Klaus-Dieter / Woller, Hans (Hg.): Lehrjahre der CSU – Eine Nachkriegspartei im Spiegel vertraulicher Berichte an die amerikanische Militärregierung, Stuttgart 1984

Henke, Klaus-Dietmar / Woller, Hans (Hg.): Politische Säuberung in Europa – Die Abrechnung mit Faschismus und Kollaboration nach dem Zweiten Weltkrieg, München 1991

Henkys, Reinhard: Die nationalsozialistischen Gewaltverbrechen, Stuttgart – West-Berlin 1965

Henze, Hans Werner: Musik und Politik – Schriften und Gespräche 1955–1975, hrsg. von Jens Brockmeier, München 1976

Herbert, Ulrich / Groehler, Olaf: Zweierlei Bewältigung – Vier Beiträge über den Umgang mit der NS-Vergangenheit in den beiden deutschen Staaten, Hamburg 1992

Herbig, Jost: Kettenreaktion – Das Drama der Atomphysiker, München 1979

Herbst, Ludolf: Option für den Westen – Vom Marshallplan bis zum deutsch-französischen Vertrag, München 1989

Herbst, Ludolf (Hg.): Westdeutschland 1945–1955 – Unterwerfung, Kontrolle, Integration, München 1986

Herbst, Ludolf / Goschler, Constantin (Hg.): Wiedergutmachung in der Bundesrepublik Deutschland, München 1989

Hereth, Michael: Der Fall Rudel oder: Die Hoffähigkeit der Nazi-Diktatur, Reinbek 1977

Herlin, Hans: »Achtung Welt. Hier ist Kreuzweg.« Die Flieger von Hiroshima, Hamburg 1983

Hermand, Jost: Kultur im Wiederaufbau – Die Bundesrepublik Deutschland 1945–1965, München 1986

Hermann, Hans-Georg: Verraten und verkauft – Eine Abrechnung, Fulda 1959

Hermann, Lutz: Die Trommeln im Ohr – Franz Josef Strauß von Fall zu Fall, Bonn 1962

Hersey, John: Hiroshima, New York 1946

Hersey, John: Hiroshima: 6. August 1945 – 8 Uhr 15, Frankfurt 1989

Hervé, Pierre: La révolution et les fétiches – La table ronde, Paris 1956

Herz, Hanns-Peter: Freie Deutsche Jugend, München 1956

Herzfelde, Wieland: Zur Sache – geschrieben und gesprochen zwischen 18 und 80, Ost-Berlin / Weimar 1976

Hesse, Fritz: Das Spiel um Deutschland, München 1953

Hessische Stiftung Friedens- und Konfliktforschung: Unsere Bundeswehr? Zum 25jährigen Bestehen einer umstrittenen Institution, Frankfurt 1981

Heusinger, Adolf: Reden 1956–1961, Boppard am Rhein 1961

Heuss, Theodor: Die großen Reden – Der Staatsmann, Tübingen 1965

Heuss, Theodor: Profile – Nachzeichnungen aus der Geschichte, Tübingen 1964

Heydecker, Joe / Leeb, Johannes: Der Nürnberger Prozeß – Neue Dokumente, Erkenntnisse und Analysen, Frankfurt / Wien / Zürich 1979

Heydorn, Heinz-Joachim (Hg.): Wache im Niemandsland – Zum 70. Geburtstag von Alfred Kantorowicz, Köln 1969

Heym, Stefan: Stalin verläßt den Raum – Politische Publizistik, Leipzig 1990

Heym, Stefan: Wege und Umwege, Frankfurt 1983

Heym, Stefan: Wege und Umwege – Streitbare Schriften aus fünf Jahrzehnten, München 1980

Hilberg, Raul: Täter, Opfer, Zuschauer – Die Vernichtung der Juden 1933–1945, Frankfurt 1992

Hilberg, Raul: Die Vernichtung der europäischen Juden – Die Gesamtgeschichte des Holocaust, West-Berlin 1982

Hilberg, Raul: Die Vernichtung der europäischen Juden – Erweiterte Ausgabe, Bd. 1–3, Frankfurt 1990

Hildebrandt, Rainer: Der 17. Juni, West-Berlin 1983

Hildebrandt, Rainer: Es geschah an der Mauer – Die Mauer, vom 13. August zur heutigen Grenze, West-Berlin 1981

Hildebrandt, Rainer: Von Gandhi bis Walesa – Gewaltfreier Kampf für Menschenrechte, West-Berlin 1987

Hillel, Marc: Die Invasion der Be-Freier – Die GIs in Europa 1942–1947, Hamburg 1983

Hiller, Kurt: Geistige Grundlagen eines schöpferischen Deutschlands der Zukunft, Hamburg, Stuttgart 1947

Hillmann, Günter: Die Befreiung der Arbeit – Die Entwicklung kooperativer Selbstorganisation und die Auflösung bürokratisch-hierarchischer Herrschaft, Reinbek 1970

Hillmann, Günter: Selbstkritik des Kommunismus, Reinbek 1967

Hinterhäuser, Hans: Italien zwischen Schwarz und Rot, Stuttgart 1956

Hirsch, Kurt: Die Blutlinie – Ein Beitrag zur Geschichte des Antikommunismus in Deutschland, Frankfurt 1960

Hirsch, Kurt: Rechts von der Union – Personen, Organisationen, Parteien seit 1945, München 1989

Hirsch, Martin / Peach, Norman / Stuby, Gerhard (Hg.): Politik als Verbrechen – 40 Jahre »Nürnberger Prozesse«, Hamburg 1986

Hirsch-Weber, Wolfgang: Gewerkschaften in der Politik – Von der Massenstreikdebatte zum Kampf um das Mitbestimmungsrecht, Köln 1959

Hirschberg, Max: Das Fehlurteil im Strafprozeß – Zur Pathologie der Rechtsprechung, Frankfurt 1962

Hoche, Karl (Hg.): Die Lage war noch nie so ernst – Eine Geschichte der Bundesrepublik in ihrer Satire, Königstein/Ts. 1984

Ho Chi Minh: Revolution und nationaler Befreiungskampf – Ausgewählte Reden und Schriften 1920 bis 1968, München 1968

Hodos, Georg Hermann: Schauprozesse – Stalinistische Säuberungen in Osteuropa 1948–1954, Frankfurt 1988

Hoebink, Hein: Westdeutsche Wiedervereinigungspolitik 1949–1961, Meisenheim am Glan 1978

Hoeft, Brigitte (Hg.): Der Prozeß gegen Walter Janka und andere, Reinbek 1990

Höfner, Karlheinz: Die Aufrüstung Westdeutschlands – Willensbildung, Entscheidungsprozesse und Spielräume westdeutscher Politik 1945–1950, München 1990

Hoffman, Egbert A.: Hamburg '45 – So lebten wir zwischen Trümmern und Ruinen, Leer 1985

Hoffmann, Hans Hubert: Das Deutsche Offizierskorps 1860–1960, Boppard 1980

Hoffmann, Hilmar / Schobert, Walter (Hg.): Zwischen Gestern und Morgen – Westdeutscher Nachkriegsfilm 1946–1962, Frankfurt 1989

Hoffmann, Rainer: Kampf zweier Linien – Zur politischen Geschichte der chinesischen Volksrepublik 1949–1977, Stuttgart 1978

Hofmann, Gerhard: Das politische Kabarett als geschichtliche Quelle, Frankfurt 1976

Hofmann, Jürgen: Ein neues Deutschland soll es sein – Zur Frage nach der Nation in der Geschichte der DDR und der Politik der SED, West-Berlin 1989

Hofmann, Werner: Stalinismus und Antikommunismus – Zur Soziologie des Ost-West-Konflikts, Frankfurt 1967

Hofschen, Hein-Gerd / Schwerd, Almut: Zeitzeugen berichten: Die Bremer Arbeiterbewegung in den fünfziger Jahren, Marburg 1989

Hofuku, Noriko: Arbeiterbewegung in Japan – Aufschwung und Krise der Nachkriegsperiode 1945–1952, Marburg 1984

Höhne, Heinz: Der Krieg im Dunkeln – Macht und Einfluß der deutschen und russischen Geheimdienste, Frankfurt / West-Berlin 1988

Hölder, Egon: Im Zug der Zeit – Ein Bilderbogen durch vier Jahreszeiten, Stuttgart 1989

Holl, Karl: Pazifismus in Deutschland, Frankfurt 1988

Holland, Heidi: ANC – Nelson Mandela und die Geschichte des African National Congress, Braunschweig 1990

Hollstein, Dorothea: »Jud Süß« und die Deutschen – Antisemitische Vorurteile im nationalsozialistischen Spielfilm, Frankfurt / West-Berlin / Wien 1983

Hollstein, Walter: Kein Frieden um Israel – Zur Sozialgeschichte des Palästina-Konflikts, Frankfurt 1972

Holzer, Horst (Hg.): Facsimile Querschnitt durch die QUICK, Bern / München o.J.

Honecker, Erich: Zur Jugendpolitik der SED – Reden und Aufsätze von 1945 bis zur Gegenwart, Ost-Berlin 1977

Honolka, Bert: Die Kreuzelschreiber – Ärzte ohne Gewissen – Euthanasie im Dritten Reich, Hamburg 1961

Höpker, Thomas / Lebeck, Robert: STERN-Bilder – 40 Jahre Zeitgeschehen – 40 Jahre Fotojournalismus, Hamburg 1988

Horkheimer, Max: Gegenwärtige Probleme der Universität, Frankfurter Universitätsreden, Heft 8, Frankfurt 1953

Horkheimer, Max: Gesammelte Schriften Bd. 7: Vorträge und Aufzeichnungen 1949–1973 – 1. Philosophisches, 2. Würdigungen, 3. Gespräche, hrsg. von Gunzelin Schmid Noerr, Frankfurt 1985

Horkheimer, Max: Gesammelte Schriften Bd. 8: Vorträge und Aufzeichnungen 1949–1973 – 4. Soziologisches, 5. Universität und Studium, hrsg. von Gunzelin Schmid Noerr, Frankfurt 1985

Horkheimer, Max: Notizen 1950 bis 1969 und Dämmerung – Notizen in Deutschland, hrsg. von Werner Brede, Frankfurt 1974

Horlemann, Jürgen: Modelle der kolonialen Konterrevolution – Beschreibung und Dokumente, Frankfurt 1968

Horlemann, Jürgen / Gäng, Peter: Vietnam – Genesis eines Konflikts, Frankfurt 1972

Horn, Johannes Heinz (Hg.): Ernst Blochs Revision des Marxismus, Ost-Berlin 1957

Hornstein, Erika von: Staatsfeinde – Sieben Prozesse in der »DDR«, Köln 1963

Horowitz, David u.a.: Big Business und Kalter Krieg, Frankfurt 1969

Horowitz, David: Kalter Krieg – Hintergründe der US-Außenpolitik von Jalta bis Vietnam, West-Berlin 1969

Howe, Günter (Hg.): Atomzeitalter – Krieg und Frieden, West-Berlin 1963

Hrbek, Rudolf: Die SPD – Deutschland und Europa – Die Haltung der Sozialdemokratie zum Verhältnis von Deutschland-Politik und West-Integration (1945–1957), Bonn 1972

Hubatsch, Walther u.a.: The German Question, New York 1967

Huber, Wolfgang: Protestantismus und Protest – Zum Verhältnis von Ethik und Protest, Reinbek 1987

Hubermann, Leo / Sweezy, Paul M.: Kuba – Anatomie einer Revolution, Frankfurt 1968

Hübner, Axel / Klatta, Rolf / Swoboda, Herbert: Straßen sind wie Flüsse zu überqueren – Ein Lesebuch zur Geschichte des Bundes Deutscher Pfadfinder, Frankfurt 1981

Hudelot, Claude: Der Lange Marsch, Frankfurt 1972

Huhn, Anne / Meyer, Alwin: »Einst kommt der Tag der Rache« – Die rechtsextreme Herausforderung 1945 bis heute, Freiburg 1986

Huhn, Rudolf: Die Wiedergutmachungsverhandlungen in Wassenaar, in: Herbst, Ludolf / Goschler, Konstantin (Hg.), Wiedergutmachung in der Bundesrepublik Deutschland, München 1989

Hühnerfeld, Paul: In Sachen Heidegger, München 1961

Hurwitz, Harold: Die Stunde Null der deutschen Presse – Amerikanische Pressepolitik in Deutschland 1945–1949, Köln 1972

Hurwitz, Harold: Zwangsvereinigung und Widerstand der Sozialdemokraten in der Sowjetischen Besatzungszone, Köln 1990

Huss, Hermann / Schröder, Andreas (Hg.): Antisemitismus – Zur Pathologie der bürgerlichen Gesellschaft, Frankfurt 1965

Huster, Ernst-Ulrich u.a.: Determinanten der westdeutschen Restauration 1945–1949, Frankfurt 1972

I

Industriegewerkschaft Metall für die Bundesrepublik Deutschland (Hg.): Fünfundsiebzig Jahre Industriegewerkschaft 1891–1966, Frankfurt 1966

Institut für die Geschichte der Arbeiterbewegung (Hg.): In den Fängen des NKWD – Deutsche Opfer des stalinistischen Terrors in der UdSSR, Berlin 1991

Institut für Marxismus-Leninismus beim ZK der SED (Hg.): Geschichte der deutschen Arbeiterbewegung, Teil 3, 1945–1963, Ost-Berlin 1967

Institut für Sozialforschung (Hg.): Soziologische Exkurse – Nach Vorträgen und Diskussionen, Frankfurt 1956

Institut für Zeitgeschichte: Westdeutschlands Weg zur Bundesrepublik 1945–1949, München 1976

Internationale Föderation der Widerstandskämpfer (FIR): Die FIR im Bild 1951–1981, Wien 1982

Irnberger, Harald: SAVAK oder: Der Folterfreund des Westens, Hamburg 1977

Issermann, Maurice: If I had a hammer... The Death of the Old Left and the Birth of the New Left, New York 1987

Italiaander, Rolf u.a.: Die Friedensmacher, Kassel 1965

J

Jacobmeyer, Wolfgang: Vom Zwangsarbeiter zum heimatlosen Ausländer, Göttingen 1985

Jacobs, Hans-Jürgen / Müller, Uwe: Augstein, Springer & Co. – Deutsche Mediendynastien, Zürich / Wiesbaden 1990

Jacobsen, Hans Adolf / Dollinger, Hans: Deutschland – Hundert Jahre deutsche Geschichte, München 1969

Jacobsen, Wolfgang: Berlinale – Internationale Filmfestspiele Berlin, Berlin 1990

Jaene, Hans Dieter: Der Spiegel – ein deutsches Nachrichten-Magazin, Frankfurt 1968

Jaenecke, Heinrich: 30 Jahre und ein Tag – Die Geschichte der deutschen Teilung, Düsseldorf / Wien 1974

Jaenecke, Heinrich: Die weißen Herren – 300 Jahre Krieg und Gewalt in Südafrika, Hamburg 1982

Jaenecke, Heinrich: Oh, Vaterland! Deutsche Augenblicke – Reportagen aus vier Jahrzehnten, Hamburg 1991

Jaenecke, Heinrich: Polen – Träumer, Helden, Opfer, Hamburg 1981

Jäger, Herbert: Verbrechen unter totalitärer Herrschaft – Studien zur nationalsozialistischen Gewaltkriminalität, Olten / Freiburg im Breisgau 1967

Jäger, Manfred: Kultur und Politik in der DDR – Ein historischer Abriß, Köln 1982

Jalée, Pierre: Die Ausbeutung der Dritten Welt, Frankfurt 1968

Jänicke, Martin: Der dritte Weg – Die antistalinistische Opposition gegen Ulbricht seit 1953, Köln 1964

Jänicke, Martin: Totalitäre Herrschaft – Anatomie eines politischen Begriffs, West-Berlin 1971

Janßen, Karl-Heinz: Die Zeit in der ZEIT – 50 Jahre einer Wochenzeitung, Berlin 1995

Jaspers, Karl: Die Atombombe und die Zukunft des Menschen – Politisches Bewußtsein in unserer Zeit, München 1958

Jaspers, Karl: Freiheit und Wiedervereinigung – Über Aufgaben deutscher Politik, München 1960

Jaspers, Karl: Hoffnung und Sorge – Schriften zur deutschen Politik 1945–1965, München 1965

Jaspers, Karl: Mitverantwortlich – Ein philosophisch politisches Lesebuch, München o.J.

Jaspers, Karl: Die Schuldfrage, Heidelberg 1946

Jaspers, Karl: Vom Ursprung und Ziel der Geschichte, München 1949

Jaspers, Karl: Wohin treibt die Bundesrepublik? München 1966

Jaubert, Alain: Fotos, die lügen – Politik mit gefälschten Bildern, Frankfurt 1989

Jay, Martin: Dialektische Phantasie – Die Geschichte der Frankfurter Schule und des Instituts für Sozialforschung 1923–1950, Frankfurt 1976

Jenke, Manfred: Die nationale Rechte – Parteien, Politiker, Publizisten, Frankfurt 1967

Jenke, Manfred: Verschwörung von Rechts? Ein Bericht über den Rechtsradikalismus in Deutschland nach 1945, West-Berlin 1961

Jens, Walter: Eine deutsche Universität – 500 Jahre Tübinger Gelehrtenrepublik, München 1977

Jentsch, Gerhart: ERP – Der Marshallplan und Deutschlands Platz darin, Frankfurt 1950

Jochheim, Gernot: Die gewaltfreie Aktion – Idee und Methoden, Vorbilder und Wirkungen, Hamburg / Zürich 1984

Joseph, Helen u.a.: Frauen gegen Apartheid – Zur Geschichte des politischen Widerstandes von Frauen, Reinbek 1980

Jung, Jochen: Vom Reich zu Österreich – Kriegsende und Nachkriegszeit in Österreich, erinnert von Augen- und Ohrenzeugen, München 1985

Jung, Susanne: Die Rechtsprobleme der Nürnberger Prozesse – Dargestellt am Verfahren gegen Friedrich Flick, Tübingen 1992

Jungk, Robert: Der Atomstaat – Vom Fortschritt in die Unmenschlichkeit, München 1977

Jungk, Robert: Die Zukunft hat schon begonnen – Amerikas Allmacht und Ohnmacht, Stuttgart 1952

Jungk, Robert: Heller als tausend Sonnen – Das Schicksal der Atomforscher, Bern 1956

Jungk, Robert: Strahlen aus der Asche – Geschichte einer Wiedergeburt, Bern / Stuttgart / Wien 1959

Jungwirth, Nikolaus / Kromschröder, Gerhard: Ein deutscher Platz – Zeitgeschehen auf dem Frankfurter Römerberg von der Jahrhundertwende bis heute, Frankfurt 1980

Jungwirth, Nikolaus / Kromschröder, Gerhard: Die Pubertät der Republik – Die 50er Jahre der Deutschen, Frankfurt 1978

Jungwirth, Nikolaus: Demo – Eine Bildgeschichte des Protests in der Bundesrepublik, Weinheim / Basel 1986

Jüres, Ernst August / Kuehl, Herbert: Gewerkschaftspolitik der KPD nach dem Krieg – Der Hamburger Werftarbeiterstreik 1955, Hamburg 1981

Just, Hermann: Die sowjetischen Konzentrationslager auf deutschem Boden 1945–1950, West-Berlin 1952

Just-Dahlmann, Barbara / Just, Helmut: Die Gehilfen – NS-Verbrechen und die Justiz nach 1945, Franfurt 1988

K

Kaack, Heino: Geschichte und Struktur des deutschen Parteiensystems, Opladen 1971

Kaden, Albrecht: Einheit oder Freiheit – Die Wiedergründung der SPD 1945/46, Hannover 1964

Kahn, Helmut Wolfgang: Der Kalte Krieg, Bd. I – Spaltung und Wahn der Stärke 1945–1955, Köln 1986

Kahn, Helmut Wolfgang: Der Kalte Krieg, Bd. II – Alibi für das Rüstungsgeschäft 1955–1973, Köln 1987

Kaiser, Günther: Randalierende Jugend – Eine soziologische und kriminologische Studie über die sogenannten »Halbstarken«, Heidelberg 1959

Kaiser, Peter / Moc, Norbert / Zierholz, Hans-Peter: Schüsse in Dallas – Politische Morde 1948–1984, Ost-Berlin 1988

Kaltefleiter, Werner: Wirtschaft und Politik in Deutschland – Konjunktur als Bestimmungsfaktor des Parteiensystems, Köln 1968

Kämpfende Jugend (Hg.): Die Herrnburger in Essen! Erlebnisbuch zur westdeutschen Erstaufführung des »Herrnburger Berichts« von Bertolt Brecht und Paul Dessau am 11. Mai 1950 in Essen, München o.J.

Kantorowicz, Alfred: Etwas ist ausgeblieben – Zur geistigen Einheit der deutschen Literatur nach 1945, Hamburg 1985

Kantorowicz, Alfred: Der geistige Widerstand in der DDR, Troisdorf 1968

Kardelj, Edvard: Vermeidbarkeit oder Unvermeidbarkeit des Krieges – Die jugoslawische und die chinesische These, Reinbek 1961

Keil, Wilhelm: Deutschland 1848–1948, Stuttgart 1948

Kemper, Peter (Hg.): Martin Heidegger – Faszination und Erschrecken – Die politische Dimension einer Philosophie, Frankfurt / New York 1990

Kempner, Robert M. W.: Das Dritte Reich im Kreuzverhör – Aus den unveröffentlichten Vernehmungsprotokollen des Anklägers, München / Esslingen 1969

Kempner, Robert M.W.: SS im Kreuzverhör, München 1964

Kempowski, Walter: Im Block – Ein Haftbericht, München 1992

Kennan, George F.: Amerika und die Sowjetmacht – Der Sieg der Revolution, Stuttgart 1956

Kennan, George F.: Rußland, der Westen und die Atomwaffe, Frankfurt 1958

Kennan, George F.: Sowjetische Außenpolitik unter Lenin und Stalin, Stuttgart 1961

Kennan, George F.: Vom Umgang mit der kommunistischen Welt, Stuttgart 1965

Kenntemich, Wolfgang / Durniok, Manfred / Karlauf, Thomas (Hg.): Das war die DDR – Eine Geschichte des anderen Deutschland, Berlin 1993

Kershaw, Ian: Der NS-Staat – Geschichtsinterpretationen und Kontroversen im Überblick, Hamburg 1994

Kersten, Heinz: Aufstand der Intellektuellen – Wandlungen in der kommunistischen Welt, Stuttgart 1957

Kersten, Heinz: Das Filmwesen in der sowjetischen Besatzungszone Deutschland, Bonn 1963

Kienzle, Michael / Mende, Dirk (Hg.): Zensur in der BRD – Fakten und Analysen, München 1980

Kießling, Wolfgang: Partner im »Narrenparadies« – Der Freundeskreis um Noel Field und Paul Merker, Berlin 1994

Kindler, Helmut: Berlin – Brandenburger Tor – Brennpunkt deutscher Geschichte, München 1956

King, Martin Luther: Freiheit – Aufbruch der Neger Nordamerikas – Busstreik in Montgomery, Kassel 1964

King, Martin Luther: Kraft zum lieben, Konstanz 1978

King, Martin Luther: Schöpferischer Widerstand, Gütersloh 1980

King, Martin Luther: Stride Toward Freedom, New York 1958

King, Martin Luther: Warum wir nicht warten können, Düsseldorf 1964

King, Martin Luther: Wohin führt unser Weg – Chaos oder Gemeinschaft, Frankfurt 1968

Kirchheimer, Otto: Politische Justiz – Verwendung juristischer Verfahrensmöglichkeiten zu politischen Zwecken, Neuwied / West-Berlin 1965

Kissinger, Henry A.: Die Entscheidung drängt, Düsseldorf 1961

Kissinger, Henry A.: Kernwaffen und auswärtige Politik, München 1959

Kissinger, Henry A.: Die weltpolitische Lage – Reden und Aufsätze, München 1983

Kistler, Helmut: Die Bundesrepublik Deutschland – Vorgeschichte und Geschichte 1945–1983, Bonn 1985

Kitschelt, Herbert: Kernenergiepolitik – Arena eines gesellschaftlichen Konflikts, Frankfurt 1980

Kittel, Manfred: Die Legende von der »Zweiten Schuld« – Vergangenheitsbewältigung in der Ära Adenauer, Berlin / Frankfurt 1993

Klabunde, Erich: Das Hamburger Sozialisierungsgutachten – Erläuterungen des ersten Teils von Erich Klabunde, Hamburg 1947

Klarsfeld, Serge: Vichy – Auschwitz – Die Zusammenarbeit der deutschen und französischen Behörden bei der »Endlösung der Judenfrage« in Frankreich, Nördlingen 1989

Klee, Ernst: Persilscheine und falsche Pässe – Wie die Kirchen den Nazis halfen, Frankfurt 1991

Klee, Ernst: Was sie taten – was sie wurden – Ärzte, Juristen und Beteiligte am Kranken- und Judenmord, Frankfurt 1986

Kleinmann, Hans-Otto: Geschichte der CDU 1945–1982, Stuttgart 1993

Kleist, Peter: Zwischen Hitler und Stalin 1939–1945, Bonn 1950

Klemperer, Victor: Die unbewältigte Sprache – Aus dem Notizbuch eines Philologen »LTI«, Darmstadt o.J.

Klepper, Otto: Die bittere Wahrheit – Nachdenkliches zur deutschen Frage, Stuttgart 1952

Kleßmann, Christoph: Die doppelte Staatsgründung – Deutsche Geschichte 1945–1955, Bonn 1984

Kleßmann, Christoph: Zwei Staaten, eine Nation – Deutsche Geschichte 1955–1970, Bonn 1988

Kleßmann, Christoph / Friedemann, Peter: Streiks und Hungermärsche im Ruhrgebiet 1946–1948, Frankfurt / New York 1977

Klocksin, Jens Ulrich: Kommunisten im Parlament – Die KPD in Regierungen und Parlamenten der westdeutschen Besatzungszonen und der Bundesrepublik Deutschland (1945–1956), Bonn 1993

Klönne, Arno: Rechts-Nachfolge – Risiken des deutschen Wesens nach 1945, Köln 1990

Kloppenburg, Heinz u.a.: Martin Niemöller – Festschrift zum 90. Geburtstag, Köln 1982

Klotzbach, Kurt: Der Weg zur Staatspartei – Programmatik, praktische Politik und Organisation der deutschen Sozialdemokratie 1945 bis 1965, West-Berlin / Bonn 1982

Kludas, Hertha: Zur Situation der Studenten in der Sowjetzone, Bonn 1957

Kluth, Hans: Die KPD in der Bundesrepublik – Ihre politische Tätigkeit und Organisation 1945–1956, Köln / Opladen 1959

Knechtel, Rüdiger / Fiedler, Jürgen (Hg.): Stalins DDR – Berichte politisch Verfolgter, Leipzig 1991

Knapp, Gerhard P.: Theodor W. Adorno: West-Berlin 1980

Knierim, August von: Nürnberg – Rechtliche und menschliche Probleme, Stuttgart 1953

Knightley, Philipp: Die Geschichte der Spionage im 20. Jahrhundert, Ost-Berlin 1990

Knoll, Ludwig: Wir haben es erlebt – Die letzten 25 Jahre, Gütersloh 1974

Knorr, Lorenz: Geschichte der Friedensbewegung in der Bundesrepublik, Köln 1983

Knötzsch, Dieter (Hg.): Innerkommunistische Opposition – Das Beispiel Robert Havemann, Opladen 1968

Koch, Diether: Heinemann und die Deutschlandfrage, München 1972

Koch, Hans-Gerhard: Neue Erde ohne Himmel – Der Kampf des Atheismus gegen das Christentum in der DDR – Modell einer weltweiten Auseinandersetzung, Stuttgart 1963

Koch, Peter-Ferdinand: Die feindlichen Brüder – DDR contra BRD – Eine Bilanz nach 50 Jahren Bruderkrieg, Bern / München / Wien 1994

Koch, Peter-Ferdinand: Der Fund – Die Skandale des STERN – Gerd Heidemann und die Hitler-Tagebücher, Hamburg 1990

Koch, Thilo: Deutschland war teilbar – Die fünfziger Jahre, Stuttgart 1972

Koenen, Gerd: Die großen Gesänge – Lenin, Stalin, Mao, Castro..., Sozialistischer Personenkult und seine Sänger von Gorki bis Brecht, von Aragon bis Neruda, Frankfurt 1987

Koenen, Gerd: Die großen Gesänge – Lenin, Stalin, Mao Tse-tung – Führerkulte und Heldenmythen des 20. Jahrhunderts, Frankfurt 1992

Koenen, Gerd / Koenen, Krisztina / Kuhn, Hermann: Freiheit, Unabhängigkeit und Brot – Zur Geschichte und den Kampfzielen der Arbeiterbewegung in Polen, Frankfurt 1982

Koerfer, Daniel: Der Kampf ums Kanzleramt – Erhard und Adenauer, Stuttgart 1987

Koestler, Arthur: Diesseits von Gut und Böse, Bern / München / Wien 1965

Koestler, Arthur: Sowjet-Mythos und Wirklichkeit aus »Der Yogi und der Kommissar«, München 1948

Koestler, Arthur: Der Yogi und der Kommissar – Auseinandersetzungen, Eßlingen 1950

Koestler, Arthur / Camus, Albert / Müller-Meiningen jr., Ernst / Nowakowski, Friedrich: Die Rache ist mein – Theorie und Praxis der Todesstrafe, Stuttgart 1961

Koetzle, Michael (Hg.): TWEN – Revision einer Legende, München 1995

Kogon, Eugen: Der SS-Staat – Das System der deutschen Konzentrationslager, Frankfurt 1946

Kogon, Eugen: Die unvollendete Erneuerung – Deutschland im Kräftefeld 1945–1963, Aufsätze aus zwei Jahrzehnten, Frankfurt 1964

Köhler, Hans: Wurzeln des Antisemitismus, Hamburg o.J

Köhler, H. E. / Süskind, W. E.: Wer hätte das von uns gedacht – Zehn Jahre Bundesrepublik Deutschland, Boppard 1960

Köhler, Otto: ... und heute die ganze Welt – Die Geschichte der IG Farben und ihre Väter, Hamburg / Zürich 1986

Köhler, Otto: Wir Schreibmaschinentäter – Journalisten unter Hitler und danach, Köln 1989

Kohn, Hans: Das Zwanzigste Jahrhundert – Eine Zwischenbilanz des Westens, Zürich 1950

Kolakowski, Leszek: Die Hauptströmungen des Marxismus – Entstehung, Entwicklung, Zerfall, Bd.1–3, München / Zürich 1977–1979

Kolakowski, Leszek: Der Mensch ohne Alternative – Von der Möglichkeit und Unmöglichkeit Marxist zu sein, München 1961

Kolko, Gabriel: Besitz und Macht – Sozialstruktur und Einkommensverteilung in den USA, Frankfurt 1967

Köller, Heinz / Töpfer, Bernhard: Frankreich – Ein historischer Abriß, Köln 1978

Kollontai, Alexandra: Die Situation der Frau in der gesellschaftlichen Entwicklung – Vierzehn Vorlesungen vor Arbeiterinnen und Bäuerinnen an der Sverdlov-Universität 1921, Frankfurt 1975

Kollontai, Alexandra: Der weite Weg – Erzählungen, Aufsätze, Kommentare, hrsg. von Christiane Bauermeister u.a., Frankfurt 1979

Komitee für Grundrechte und Demokratie (Hg.): Ziviler Ungehorsam – Traditionen, Konzepte, Erfahrungen, Perspektiven, Sensbachtal 1992

Komitee zum Schutz der Menschenrechte (Hg.): Unter Hitler im KZ, unter Adenauer im Gefängnis, Ost-Berlin o.J.

Komitee zum Schutze der Menschenrechte (Hg.): Von Schabrod bis Augustin – Die Bilanz von 22 Monaten Justizterror, Ost-Berlin o.J.

Komitee zur Dokumentation der Schäden der Atombombenabwürfe von Hiroshima und Nagasaki: Leben nach der Atombombe – Hiroshima und Nagasaki 1945–1985, Frankfurt / New York 1988

Königseder, Angelika / Wetzel, Juliane: Lebensmut im Wartesaal – Die jüdischen DPs (Displaced Persons) im Nachkriegsdeutschland, Frankfurt 1994

Kontrovers: Entscheidungen in Deutschland 1949–1955, Bonn 1977

Kool, Frits / Oberländer, Erwin (Hg.): Arbeiterdemokratie oder Parteidiktatur – Dokumente der Weltrevolution, Bd. 2, Freiburg 1968

Koolen, Bernhard: Die wirtschafts- und gesellschaftspolitische Konzeption von Viktor Agartz zur Neuordnung der westdeutschen Nachkriegsgesellschaft, Köln 1979

Kopp, Fritz: Kurs auf ganz Deutschland? Die Deutschland-Politik der SED, Stuttgart 1965

Kopp, Fritz: Die Wendung zur »nationalen« Geschichtsbetrachtung in der Sowjetzone, München 1962

Körner, Klaus: Die Europäische Verlagsanstalt von

1946-1979, in: Aus dem Antiquariat, München 7/1996, Beilage zum Börsenblatt für den Deutschen Buchhandel Nr.60, 26. Juli 1996, S. A273-A290

Körner, Klaus: Der innerdeutsche Broschürenkrieg, in: Aus dem Antiquariat, München 1/1993, Beilage zum Börsenblatt für den Deutschen Buchhandel Nr. 8, 29. Januar 1993, S. A1-A16

Körner, Klaus: Kalter Krieg und kleine Schriften, in: Börsenblatt für den Deutschen Buchhandel Nr. 77 vom 27. September 1991, S. 329-340

Körner, Klaus: Politische Kleinschriften der Adenauer-Zeit (1945- 1967), in: Börsenblatt für den Deutschen Buchhandel Nr. 43 vom 31. Mai 1988, S. 197-209

Korsch, Karl: Zehn Thesen über Marxismus heute, in: ders.: Politische Texte, hrsg. von Erich Gerlach und Jürgen Seifert, Wiener Neustadt o.J.

Körte, Peter (Hg.): Dreißig Jahre Argument - Erfahrungen und Perspektiven, Interviews zu einem Jubiläum, Hamburg 1988

Krämer, Susanne: Viktor Agartz: Vom Cheftheoretiker zur »Persona non grata«, in: Gewerkschaftliche Monatshefte, 46. Jg., Heft 5, Mai 1995, S.310-316

Kraiker, Gerhard: Politischer Katholizismus in der BRD - Eine ideologiekritische Analyse, Stuttgart 1972

Kramer, Dieter / Vanja, Christina (Hg.): Universität und demokratische Bewegung - Ein Lesebuch zur 450-Jahrfeier der Philipps-Universität Marburg, Marburg 1977

Kraschutzki, Heinz: Die verborgene Geschichte des Korea-Krieges, Hannover 1957

Krause, Fritz: Antimilitaristische Opposition in der BRD 1949-1955, Frankfurt 1971

Krausnick, Helmut: Hitlers Einsatzgruppen - Die Truppen des Weltanschauungskrieges 1938-1942, Frankfurt 1989

Krausnick, Helmut / Wilhelm, Hans-Heinrich: Die Truppe des Weltanschauungskrieges - Die Einsatzgruppen der Sicherheitspolizei und des SD 1938-1942, Stuttgart 1981

Kreimeier, Klaus: Kino und Filmindustrie in der BRD - Ideologieproduktion und Klassenwirklichkeit nach 1945, Kronberg 1973

Krenz, Leo: Das Kuratorium Unteilbares Deutschland, Opladen 1980

Kreter, Karljo: Sozialisten in der Adenauer-Zeit - Die Zeitschrift Funken - Von der heimatlosen Linken zur innerparteilichen Opposition in der SPD, Hamburg 1986

Krockow, Christian Graf von: Die Deutschen in ihrem Jahrhundert 1890-1990, Reinbek 1990

Krönig, Waldemar / Müller, Klaus-Dieter: Anpassung - Widerstand - Verfolgung - Hochschule und Studenten in der SBZ und DDR 1945-1961, Köln 1994

Krölls, Albert: Kriegsdienstverweigerung - Das unbequeme Grundrecht, Frankfurt 1980

Krumm, Heinrich / Binder, Paul / Thalheim, Karl C.: Wirtschaftliche Vorbereitung der Wiedervereinigung mit der Sowjetzone, Heidelberg 1952

Krusch, Hans-Joachim / Malycha, Andreas: Einheitsdrang oder Zwangsvereinigung? Die Sechziger-Konferenzen von KPD und SPD 1945 und 1946, Ost-Berlin 1990

Kruuse, Jens: Oradour, Frankfurt 1969

Kuby, Erich: Das ist des Deutschen Vaterland - 70 Millionen in zwei Wartesälen, Reinbek 1959

Kuby, Erich: Rosemarie - Des deutschen Wunders liebstes Kind, Reinbek, 1961

Kuczynski, Jürgen (Staatssekretariat für westdeutsche Fragen): So war es wirklich - Ein Rückblick auf zwanzig Jahre Bundesrepublik, Ost-Berlin 1969

Kuhlmann, Günter: Arbeiterpolitik - Die Auseinandersetzung in der Klöckner-Hütte Bremen, Bremen o.J.

Kuhn, Annette (Hg.): Frauen in der deutschen Nachkriegszeit, Bd. 1: Doris Schubert, Frauenarbeit 1945-1949 - Quellen und Materialien, Düsseldorf 1984

Kuhn, Annette (Hg.): Frauen in der deutschen Nachkriegszeit, Bd. 2: Anna-Elisabeth Freier u.a., Frauenpolitik 1945-1949 - Quellen und Materialien, Düsseldorf 1986

Kühnl, Reinhard: Gefahr von rechts? Vergangenheit und Gegenwart der extremen Rechten, Heilbronn 1990

Kühnrich, Heinz: Der KZ-Staat - Rolle und Entwicklung der faschistischen Konzentrationslager 1933 bis 1945, Ost-Berlin 1960

Kulemann, Peter: Die Linke in Westdeutschland, Hannover 1978

Küntzel, Matthias: Bonn und die Bombe - Deutsche Atomwaffenpolitik von Adenauer bis Brandt, Frankfurt - New York 1992

Küpper, Jost: Die Kanzlerdemokratie: Voraussetzungen, Strukturen und Änderungen des Regierungsstiles in der Ära Adenauer, Frankfurt / Bern / New York 1985

L

Labroisse, Gerd: 25 Jahre geteiltes Deutschland - Ein dokumentarischer Überblick, West-Berlin 1970

Lamberg, Robert F.: Die Guerilla in Lateinamerika, München 1972

Langbein, Hermann: Im Namen des deutschen Volkes - Zwischenbilanz der deutschen Prozesse wegen nationalsozialistischer Verbrechen, Wien 1963

Lange, Eva Maria u.a.: 20 Jahre DDR - 20 Jahre Kampf für den Frieden und europäische Sicherheit, Ost-Berlin 1969

Lange, Max Gustav: Totalitäre Erziehung - Das Erziehungssystem der Sowjetzone Deutschlands, Frankfurt 1954

Langhoff, Wolfgang: Die Moorsoldaten, Köln 1988

Lanschke, Karl: Schwarze Fahnen an der Ruhr - Die Politik der IG Bergbau und Energie während der Kohlenkrise 1958-1968, Marburg 1984

Lapp, Peter Joachim: Die Volkskammer der DDR, Opladen 1975

Lapp, Peter Joachim: Wahlen in der DDR, West-Berlin 1982

Laqueur, Walter: Der Weg zum Staat Israel - Geschichte des Zionismus, Wien 1975

Laqueur, Walter: Europa auf dem Weg zur Weltmacht 1945–1992, München 1992

Laqueur, Walter: Europa aus der Asche – Geschichte seit 1945, München / Zürich / Wien 1970

Lasky, Melvin J.: Utopie und Revolution – Über die Ursprünge einer Metapher oder Eine Geschichte des politischen Temperaments, Reinbek 1989

Laternser, Hans: Verteidigung deutscher Soldaten – Plädoyers vor alliierten Gerichten, Hamburg 1950

Laurence, William L.: Die Geschichte der Atombombe – Dämmerung über Punkt Null, München 1952

Lederer, William J. / Burdick, Eugene: Der häßliche Amerikaner, Hamburg 1960

Lee, Blandena: Amerikaner zweiter Klasse, Gütersloh o.J.

Lefèbvre, Henri: Probleme des Marxismus, heute, Frankfurt 1965

Leggewie, Claus: Kofferträger – Das Algerien-Projekt der Linken im Adenauer-Deutschland, West-Berlin 1984

Lehmann, Albrecht: Im Fremden ungewollt zuhaus – Flüchtlinge und Vertriebene in Westdeutschland 1945–1990, München 1991

Lehmann, Lutz: Legal und opportun – Politische Justiz in der Bundesrepublik, West-Berlin 1966

Lehndorff-Felsko, Angelika / Rische, Fritz: Der KPD-Verbotsprozeß 1954 bis 1956 – Wie es dazu kam, sein Verlauf, die Folgen, Frankfurt 1981

Leibholz, Gerhard: Strukturprobleme der modernen Demokratie, Karlsruhe 1958

Lengemann, Jochen (Hg.): Das Hessen-Parlament 1946–1986, Frankfurt 1986

Leonhard, Wolfgang: Das kurze Leben der DDR, Stuttgart 1990

Leonhard, Wolfgang: Kreml ohne Stalin, Köln / West-Berlin 1960

Leppert-Fögen, Annette: Die deklassierte Klasse – Studien zur Geschichte und Ideologie des Kleinbürgertums, Frankfurt 1974

Lersch, Paul u.a.: Die verkannte Gefahr – Rechtsradikalismus in der Bundesrepublik, Reinbek 1981

Levy, René / Duvanel, Laurent: Politik von unten – Bürgerprotest in der Nachkriegsschweiz, Basel 1984

Lewis, Peter: The Fifties, London 1978

Lewy, Ludwig: Von Versailles zum Vierzonen-Deutschland, Frankfurt 1947

Lewytzkyi, Boris: Die rote Inquisition – Die Geschichte der sowjetischen Sicherheitsdienste, Frankfurt 1967

Liedtke, Klaus (Hg.): Aufstieg und Fall des Kommunismus – Von Lenin über Mao bis Gorbatschow, Hamburg 1990

Liepman, Heinz: Kriegsdienstverweigerung oder: Gilt noch das Grundgesetz? Reinbek 1966

Liessmann, Konrad Paul (Hg.): Günther Anders kontrovers, München 1992

Lilge, Herbert (Hg.): Deutschland 1945 – 1963, Hannover 1967, 1977, 1978

Lindemann, Rolf / Schultz, Werner: Die Falken in Berlin – Geschichte und Erinnerung – Jugendopposition in den fünfziger Jahren, West-Berlin 1987

Linne, Gerhard: Jugend in Deutschland – Vom Sturm und Drang zur APO, Gütersloh 1970

Loch, Hans: Wir sind dabeigewesen, Ost-Berlin 1959

Loewenberg, Gerhard: Parlamentarismus im politischen System der Bundesrepublik Deutschland, Tübingen 1969

Lomax, Louis E.: Auch wir sind Amerikaner – Der Freiheitskampf der Farbigen, Bergisch-Gladbach 1965

Lomax, Louis E.: The Negro Revolt, New York 1963

Lorei, Madlen / Kirn, Richard: Frankfurt und die drei wilden Jahre, Frankfurt 1962

Lösche, Peter / Walter, Franz: Die FDP – Richtungsstreit und Zukunftszweifel, Darmstadt 1996

Loth, Wilfried: Geschichte Frankreichs im 20. Jahrhundert, Frankfurt 1992

Loth, Wilfried: Sozialismus und Internationalismus – Die französischen Sozialisten und die Nachkriegsordnung Europas 1940–1950, Stuttgart 1977

Loth, Wilfried: Die Teilung der Welt – Geschichte des Kalten Krieges 1941–1955, München 1989

Löwenthal, Richard: Chruschtschow und der Weltkommunismus, Stuttgart 1963

Löwenthal, Richard / Schwarz, Hans-Peter (Hg.): Die zweite Republik – 25 Jahre Bundesrepublik Deutschland – eine Bilanz, Stuttgart 1979

Löwke, Udo F.: Für den Fall, daß... Die Haltung der SPD zur Wehrfrage 1949–1955, Hannover 1969

Löwke, Udo F.: Die SPD und die Wehrfrage 1949–1955, Bonn / Bad Godesberg 1976

Lozek, Gerhard u.a. (Hg.): Unbewältigte Vergangenheit – Kritik der bürgerlichen Geschichtsschreibung in der BRD, Ost-Berlin 1977

Lübke, Heinrich / Adenauer, Konrad / Barzel, Rainer: Karl Arnold – Grundlegung christlich-demokratischer Politik in Deutschland, Bonn 1960

Lüders, Dietrich / Schwibbe, Wolfgang / Zunker, Detlev (Hg.): Die Westdeutsche Frauenfriedensbewegung in den 50er Jahren, Hamburg 1983

Ludewig, Werner (Red.): Unser Jahrhundert in Wort, Bild und Ton – Die 40er Jahre, Gütersloh 1985

Ludewig, Werner (Red.): Unser Jahrhundert in Wort, Bild und Ton – Die 50er Jahre, Gütersloh 1984

Ludz, Peter Christian: Mechanismen der Herrschaftssicherung – Eine sprachpolitische Analyse gesellschaftlichen Wandels in der DDR, München / Wien 1980

Ludz, Peter Christian: Parteielite im Wandel – Funktionsaufbau, Sozialstruktur und Ideologie der SED-Führung – Eine empirisch-systematische Untersuchung, Köln / Opladen 1968

Lukacs, John: Geschichte des Kalten Krieges, Gütersloh 1961

Lukacs, John: Konflikte der Weltpolitik nach 1945, München 1970

Lunau, Henry Heinz: Revolte in USA – Von Roosevelt über McCarthy zu Eisenhower, Esslingen 1954

Lüth, Erich: Die Hamburger Bürgerschaft 1946–1971, Hamburg 1971

Lüth, Erich: Ein Hamburger schwimmt gegen den Strom, Hamburg 1981

Lüth, Erich: Helgoland – Die unzerstörbare Insel, Hamburg 1979

Lüthy, Herbert: Frankreichs Uhren gehen anders, Zürich 1954

Lütkehaus, Ludger: Philosophieren nach Hiroshima – Über Günther Anders, Frankfurt 1992

M

Maase, Kaspar: Bravo Amerika – Erkundungen zur Jugendkultur der Bundesrepublik in den fünfziger Jahren, Hamburg 1992

Maderthaner, Wolfgang / Schafranek, Hans / Unfried, Berthold (Hg.): »Ich habe den Tod verdient« – Schauprozesse und politische Verfolgung in Mittel- und Osteuropa 1945–1956, Wien 1991

Maenz Paul: Die 50er Jahre – Formen eines Jahrzehnts, Stuttgart 1978

Magdoff, Harry: Das Zeitalter des Imperialismus – Die ökonomischen Hintergründe der US-Außenpolitik, Frankfurt 1970

Mählert, Ulrich: Die Freie Deutsche Jugend 1945–1949 – Von den »Antifaschistischen Jugendausschüssen« zur SED-Massenorganisation: Die Erfassung der Jugend in der Sowjetischen Besatzungszone, Paderborn / München / Wien / Zürich 1995

Mahncke, Dieter: Nukleare Mitwirkung – Die Bundesrepublik Deutschland in der atlantischen Allianz 1954–1970, West-Berlin / New York 1972

Mahnke, H. / Wolff, G.: 1954 – Der Frieden hat eine Chance, Darmstadt 1953

Mährdel, Christian: Afrika – Geschichte von den Anfängen bis zur Gegenwart, Teil III – Afrika vom Zweiten Weltkrieg bis zum Zusammenbruch des imperialistischen Kolonialsystems, Köln 1983

Maier, Hans u.a.: Konrad Adenauer – Seine Deutschland- und Außenpolitik 1945–1963, München 1975

Mampel, Siegfried: Die Verfassung der sowjetischen Besatzungszone Deutschlands – Text und Kommentar, Frankfurt 1962

Mandela, Nelson: Der Kampf ist mein Leben – Gesammelte Reden und Schriften, Dortmund 1986

Mann, Klaus: Die Heimsuchung des europäischen Geistes – Aufsätze, München 1973

Mann, Klaus: Heute und Morgen – Schriften zur Zeit, München 1969

Mann, Thomas: Von Deutscher Republik – Politische Schriften und Reden in Deutschland, Frankfurt 1984

Mann, Thomas: An die gesittete Welt – Politische Schriften und Reden im Exil, Frankfurt 1986

Mansfeld, Michael: Bonn, Koblenzer Straße – Der Bericht des Robert von Lenwitz, München 1967

Mansfield, Rex / Mansfield, Elisabeth: Elvis in Deutschland – Erinnerungen an die Jahre 1958–1960, Bamberg 1981

Mao Tse-tung: Ausgewählte Schriften, hrsg. von Tilemann Grimm, Frankfurt 1963

Marcuse, Herbert: Die Gesellschaftslehre des sowjetischen Marxismus, Neuwied / West-Berlin 1964

Margalit, Gilad: Antigypsism in the Political Culture of the Federal Republic of Germany: A Parallel with Antisemitism? Jerusalem 1996

Marßoleck, Inge (Hg.): 100 Jahre Zukunft – Zur Geschichte des 1. Mai, Frankfurt / Wien 1990

Marten, Heinz Georg: Der Niedersächsische Ministersturz – Protest und Widerstand der Georg August Universität Göttingen gegen den Kultusminister Schlüter im Jahre 1955, Göttingen 1987

Marten, Heinz Georg: Die unterwanderte FDP – Politischer Liberalismus in Niedersachsen – Aufbau und Entwicklung der Freien Demokratischen Partei 1945–1955, Göttingen / Frankfurt / Zürich 1978

Marx, Karl / Engels, Friedrich: Historisch-kritische Gesamtausgabe – Werke, Schriften, Briefe (MEGA), hrsg. im Auftrag des Marx-Engels-Instituts Moskau von David Rjazanov, Moskau 1927–1935

Marx, Karl / Engels, Friedrich: Werke (MEW), Bd. 1–38, hrsg. vom Institut für Marxismus-Leninismus beim ZK der SED, Ost-Berlin 1956–1968

Marx-Engels-Lenin-Stalin-Institut beim Zentralkomitee der SED (Hg.): Zur Geschichte der Kommunistischen Partei Deutschlands, Ost-Berlin 1954

Maser, Werner: Genossen beten nicht – Kirchenkampf des Kommunismus, Köln 1963

Mattedi, Norbert: Gründung und Entwicklung der Parteien in der Sowjetischen Besatzungszone Deutschlands 1945–1949, Bonn / West-Berlin 1966

Matthias, L. L.: Die Kehrseite der USA, Reinbek 1964

Maurach, Reinhart: Die Kriegsverbrecherprozesse gegen deutsche Gefangene in der Sowjetunion, Hamburg 1950

Mayer, Hans: Nach Jahr und Tag – Reden 1945–1977, Frankfurt 1978

Mayer, Udo / Stuby, Gerhard (Hg.): Die Entstehung des Grundgesetzes – Beiträge und Dokumente, Köln 1976

Medwedew, Roy (Hg.): Aufzeichnungen aus dem sowjetischen Untergrund, Hamburg 1977

Medwedew, Roy: Das Urteil der Geschichte – Stalin und der Stalinismus, Bd. I–III, Berlin 1992

Meienberg, Niklaus: Das Schmettern des gallischen Hahns – Reportagen aus Frankreich, Darmstadt / Neuwied 1976

Meinecke, Friedrich: Die deutsche Katastrophe, Zürich 1946

Meinhardt, Günther: Adenauer und der rheinische Separatismus, Recklinghausen 1962

Meiser, Hans: Der Nationalsozialismus und seine Bewältigung im Spiegel der Lizenzpresse der Britischen Besatzungszone von 1946 bis 1949, Osnabrück 1980

Meissl, Sebastian u.a.: Verdrängte Schuld – Verfehlte Sühne – Entnazifizierung in Österreich 1945–1955, Wien 1986

Meissner, Boris: Die deutsche Ostpolitik 1961–1970 – Kontinuität und Wandel, Köln 1970

Meissner, Boris: Die Kommunistische Partei der Sowjetunion vor und nach dem Tode Stalins, Frankfurt 1954

Meissner, Boris: Rußland, die Westmächte und Deutschland – Die sowjetische Deutschlandpolitik 1943–1953, Hamburg 1953

Meissner, Boris: Sowjetrußland zwischen Revolution und Restauration, Köln 1956

Memmi, Albert: Der Kolonisator und der Kolonisierte – Zwei Porträts, Frankfurt 1980

Mende, Erich: Die neue Freiheit 1945–1961, München / West-Berlin 1984

Mende, Tibor: Die chinesische Revolution, Köln 1961

Merchav, Peretz: Die israelische Linke – Zionismus und Arbeiterbewegung in der Geschichte Israels, Frankfurt 1972

Mercks, Fred: Auf der Straße des Todes, Ost-Berlin 1982

Merkel, Wolfgang / Oldigs, Beenhard: Morgen Rot – 80 Jahre Bremer Arbeiterjugendbewegung, 40 Jahre Landesjugendring, Bremen 1987

Merkelbach, Valentin: Vietnam, Frankfurt / West-Berlin / München 1972

Merten, Karl: Die roten Maulwürfe – Tatsachenbericht aus der Arbeit des Verfassungsschutzes gegen die kommunistische Untergrundtätigkeit, Donauwörth o.J.

Merz, Kai-Uwe: Kalter Krieg als antikommunistischer Widerstand – Die Kampfgruppe gegen Unmenschlichkeit 1948–1959, München 1987

Messe Frankfurt GmbH / Wolzogen, Wolf Heinrich von (Hg.): Anfang Achtundvierzig, Frankfurt 1985

Meuschel, Sigrid: Legitimation und Parteiherrschaft – Zum Paradox von Stabilität und Revolution in der DDR 1945–1989, Frankfurt 1992 Meyer,

Meyn, Hermann: Die Deutsche Partei – Entwicklung und Problematik einer national-konservativen Rechtspartei nach 1945, Düsseldorf 1965

Michaltscheff, Theodor: Die unverwüstliche Opposition – Geschichte der bundesdeutschen Friedensbewegung 1945–1960, Oldenburg 1994

Mick, Günter / von Unruh, Fritz / Mann, Thomas / Schweitzer, Albert: Den Frieden gewinnen – Das Beispiel Frankfurt 1945 bis 1951, Frankfurt 1985

Minder, Robert: Dichter in der Gesellschaft – Erfahrungen mit deutscher und französischer Literatur, Frankfurt 1966

Miller, Susanne: Die SPD vor und nach Godesberg, Bonn / Bad Godesberg 1974

Miller, Susanne / Potthoff, Heinrich: Kleine Geschichte der SPD – Darstellung und Dokumentation 1848–1980, Bonn 1981

Mills, C. Wright: Die amerikanische Elite – Gesellschaft und Macht in den Vereinigten Staaten, Hamburg 1962

Mills, C. Wright: Die Konsequenz – Politik ohne Verantwortung, München 1959

Milosz, Czeslaw: Verführtes Denken, Köln / West-Berlin 1955

Minden, Gerald von: Europa zwischen USA und UdSSR – Grundlagen der Weltpolitik seit Ende des zweiten Weltkrieges, Bamberg 1949

Mintzel, Alf: Die CSU – Anatomie einer konservativen Partei 1945–1972, Köln / Opladen 1975

Mintzel, Alf: Die Volkspartei – Typus und Wirklichkeit, Opladen 1984

Mitglied des Politischen Büros der Obersten Heeresleitung der Algerischen Nationalen Befreiungsarmee: Die algerische Revolution, Stuttgart 1972

Mithe, Anna Dora: Gedenkstätten – Arbeiterbewegung, Antifaschistischer Widerstand, Aufbau des Sozialismus, Leipzig / Jena / Ost-Berlin 1974

Mitscherlich, Alexander: Endlose Diktatur? Heidelberg 1947

Mitscherlich, Alexander: Gesammelte Schriften III: Sozialpsychologie 1, hrsg. von Helga Haase, Frankfurt 1983

Mitscherlich, Alexander: Gesammelte Schriften IV: Sozialpsychologie 2, hrsg. von Helga Haase, Frankfurt 1983

Mitscherlich, Alexander: Gesammelte Schriften V: Sozialpsychologie 3, hrsg. von Helga Haase, Frankfurt 1983

Mitscherlich, Alexander: Gesammelte Schriften VI: Politisch-publizistische Aufsätze 1, hrsg. von Herbert Wiegandt, Frankfurt 1983

Mitscherlich, Alexander: Gesammelte Schriften VII: Politisch-publizistische Aufsätze 2, hrsg. von Herbert Wiegandt, Frankfurt 1983

Mitscherlich, Alexander / Mielke, Fred: Das Diktat der Menschenverachtung – Der Nürnberger Ärzteprozeß und seine Quellen, Heidelberg 1947

Mischerlich, Alexander / Mitscherlich, Margarete: Die Unfähigkeit zu trauern – Grundlagen kollektiven Verhaltens, München / Wien 1967

Mitter, Armin / Wolle, Stefan: Untergang auf Raten – Unbekannte Kapitel der DDR-Geschichte, München 1993

Moch, Jules: Wir sind gewarnt, Frankfurt 1955

Mohler, Armin: Die Fünfte Republik – Was steht hinter de Gaulle, München 1961

Mommsen, Wolfgang J. (Hg.): Das Ende der Kolonialreiche – Dekolonialisation und die Politik der Großmächte, Frankfurt 1990

Moneta, Jakob: Die Streiks der IG Metall, Frankfurt 1984

Monnerot, Jules: Der Krieg um den es geht, Köln / West-Berlin 1951

Monnerot, Jules: Soziologie des Kommunismus, Köln 1952

Moras, Joachim / Paeschke, Hans (Hg.): Deutscher Geist zwischen gestern und morgen – Bilanz der kulturellen Entwicklung seit 1945, Stuttgart 1954

Moraw, Frank: Die Parole der »Einheit« und die Sozialdemokratie – Zur parteiorganisatorischen und gesellschaftspolitischen Orientierung der SPD in der Periode der Illegalität und in der ersten Phase der Nachkriegszeit 1933–1948, Bonn / Bad Godesberg 1973

Morgenthau, Henry Jr.: Germany Is Our Problem, New York / London 1945

Morozow, Michael: Die Falken des Kreml – Die sowjetische Militärmacht von 1917 bis heute, München / Wien 1982

Morsey, Rudolf (Hg.): Konrad Adenauer und die Gründung der Bundesrepublik Deutschland, Stuttgart / Zürich 1979

Müller, André: Kreuzzug gegen Brecht, Darmstadt 1962

Müller, Artur: Die Deutschen – Ihre Klassenkämpfe, Aufstände, Staatsstreiche und Revolutionen, München 1972

Müller, Emil-Peter: Antiamerikanismus in Deutschland zwischen Care-Paket und Cruise Missile, Köln 1986

Müller, Friedrich: Der Generalvertrag – Deutschlands Verhängnis, Düsseldorf 1952

Müller, Hans Dieter: Der Springer-Konzern – Eine kritische Studie, München 1968

Müller, Helmut M.: Schlaglichter der deutschen Geschichte, Mannheim 1990

Müller, Ingo: Furchtbare Juristen – Die unbewältigte Vergangenheit unserer Justiz, München 1987

Müller, Ingo: Rechtsstaat und Strafverfahren, Frankfurt 1980

Müller, Joachim u.a.: Um eine ganze Epoche voraus – 125 Jahre Kampf um die Befreiung der Frau, Leipzig 1970

Müller, Josef: Die Gesamtdeutsche Volkspartei – Entstehung und Politik unter dem Primat nationaler Wiedervereinigung 1950–1957, Düsseldorf 1990

Müller, Leo A.: Gladio – Das Erbe des Kalten Krieges, Reinbek 1991

Müller, Marianne / Müller, Egon Erwin: »...stürmt die Festung Wissenschaft!« – Die Sowjetisierung der mitteldeutschen Universitäten seit 1945, West-Berlin 1953

Müller-Enbergs, Helmut: Der Fall Rudolf Herrnstadt – Tauwetterpolitik vor dem 17. Juni, Berlin 1991

Müller-Markus, Siegfried: Der Aufstand des Denkens – Sowjetunion zwischen Ideologie und Wirklichkeit, Darmstadt 1967

Muscio, Giuliana: Hexenjagd in Hollywood – Die Zeit der Schwarzen Listen, Frankfurt 1982

Musulin, Janko u.a.: Die Ära Adenauer – Einsichten und Ausblicke, Frankfurt 1964

Myers, Gustavus: Das große Geld – Die Geschichte der amerikanischen Vermögen, Nördlingen 1987

N

Narr, Wolf-Dieter: CDU – SPD – Programm und Praxis seit 1945, West-Berlin 1966

Narr, Wolf-Dieter / Tränhardt, Dietrich (Hg.): Die Bundesrepublik Deutschland – Entstehung, Entwicklung, Struktur, Königstein/Ts. 1979

Naumann, Werner: Wo stehen die ehemaligen Nationalsozialisten? in: Friedrich Grimm, Unrecht im Rechtsstaat – Tatsachen und Dokumente zur politischen Justiz, dargestellt am Fall Naumann, Tübingen 1957

Nave-Herz, Rosemarie: Die Geschichte der Frauenbewegung in Deutschland, Hannover 1989

Neef, Helmut: Zehn Jahre Nationale Front des demokratischen Deutschland im Kampf für Einheit, Frieden, Demokratie und Sozialismus, Ost-Berlin 1958

Nellen, Peter: Die Pflicht des Gewissens, Darmstadt 1956

Nettl, J. Peter: Die Deutsche Sowjetzone bis heute – Politik, Wirtschaft, Gesellschaft, Frankfurt 1953

Neumann, Franz: Der Block der Heimatvertriebenen und Entrechteten 1950–1960 – Ein Beitrag zur Geschichte und Struktur einer politischen Interessenpartei, Meisenheim 1968

Neumann, Franz: Demokratie und autoritärer Staat – Beiträge zur Soziologie der Politik, Frankfurt 1967

Neumann, Siegmund: Permanent Revolution – Totalitarianism in the Age of International Civil War, London 1965

Neusüss, Arnhelm (Hg.): Utopie – Begriff und Phänomen des Utopischen, Neuwied / West-Berlin 1968

Neven, Jürgen / Mansfeld, Michael: Denk ich an Deutschland – Ein Kommentar in Bild und Wort, München 1956

New York Council on Foreign Relations: Kernwaffen und Auswärtige Politik, München 1959

Ngo-Anh, Cuong: Die Vietcong – Anatomie einer Streitmacht im Guerilla krieg, München 1981

Niclauß, Karlheinz: Demokratiegründung in Westdeutschland – Die Entstehung der Bundesrepublik 1945–1949, München 1974

Nick, Dagmar: Israel gestern und heute, Gütersloh 1968

Niekisch, Ernst: Ost-West Gespräch, Ost-Berlin o.J.

Niekisch, Ernst: Politische Schriften, Köln / West-Berlin 1965

Niemöller, Martin: Auf der Gewalt ruht kein Segen, Darmstadt 1950

Niemöller, Martin: Die Aufgabe der evangelischen Kirche in Deutschland, Weidenau 1954

Niemöller, Martin: Können wir noch etwas tun zur friedlichen Wiedervereinigung unseres Volkes? Marburg 1955

Niemöller, Martin: Martin Niemöller zur atomaren Rüstung, Darmstadt 1959

Niemöller, Martin: Reden 1945–1954, Darmstadt 1958

Niemöller, Martin: Reden 1955–1957, Darmstadt 1957

Niemöller, Martin: Reden 1958–1961, Darmstadt 1961

Niemöller, Martin: Der Weg ins Freie, Stuttgart 1946

Niemöller, Martin: Zur atomaren Rüstung – Zwei Reden, Darmstadt 1959

Niemöller, Wilhelm: Macht geht vor Recht – Der Prozeß Martin Niemöllers, München 1952

Niethammer, Lutz (Hg.): Lebenserfahrung und kollektives Gedächtnis – Die Praxis der »Oral History«, Frankfurt 1980

Niethammer, Lutz: Die Mitläuferfabrik – Die Entnazifizierung am Beispiel Bayerns, West-Berlin 1982

Niethammer, Lutz / Borsdorf, Ulrich / Brandt, Peter (Hg.): Arbeiterinitiative 1945 – Antifaschistische Ausschüsse und Reorganisation der Arbeiterbewegung in Deutschland, Wuppertal 1976

Niethammer, Lutz / Plato, Alexander von / Wierling, Dorothee: Die volkseigene Erfahrung – Eine Archäologie des Lebens in der Industrieprovinz der DDR, Berlin 1991

Noack, Ernst: Das Scheitern der Europäischen Verteidigungsgemeinschaft – Entscheidungsprozesse vor und nach dem 30. August 1954, Düsseldorf 1974

Noack, Hans-Georg: Der gewaltlose Aufstand – Martin Luther King und der Kampf der amerikanischen Neger, Baden-Baden 1965

Noack, Ulrich: Die Sicherung des Friedens durch Neutralisierung – Deutschlands und seine ausgleichende weltwirtschaftliche Aufgabe, Köln 1948

Noack, Ulrich: Wie kann der Friede lebendig werden? Würzburg 1954

Nödinger, Ingeborg: Frauen gegen Wiederaufrüstung – Der Demokratische Frauenbund Deutschlands im antimilitaristischen Widerstand (1950 bis 1957), Frankfurt 1983

Noel-Baker, Philip: The Arms Race – A Programme for World Disarmament, London 1958

Nollau, Günther: Die Internationale – Wurzeln und Erscheinungsformen des proletarischen Internationalismus, Köln 1961

Nollau, Günther: Zerfall des Weltkommunismus – Einheit oder Polyzentrismus, Köln 1963

Nolte, Ernst: Deutschland und der Kalte Krieg, München / Zürich 1974

Nolte, Ernst: Marxismus – Faschismus – Kalter Krieg – Vorträge und Aufsätze 1964–1976, Stuttgart 1977

Norden, Albert: Das ganze System ist braun, Ost-Berlin 1971

Norden, Albert: Die Nation und wir – Ausgewählte Aufsätze und Reden 1933–1964, Band 2, Ost-Berlin 1965

Norden, Albert: Fälscher – Zur Geschichte der deutsch-sowjetischen Beziehungen, Ost-Berlin 1959

Norden, Albert: So werden Kriege gemacht! Über Hintergründe und Technik der Aggression, Ost-Berlin 1950

Norden, Albert: Um die Nation – Beiträge zu Deutschlands Lebensfrage, Ost-Berlin 1952

North, Robert C.: Der chinesische Kommunismus, München 1966

Nossik, Boris: Der seltsame Prozeß oder Ein Moskauer Überläufer in Paris, West-Berlin 1982

Nowka, Harry: Das Machtverhältnis zwischen Partei und Fraktion in der SPD – Eine historisch-empirische Untersuchung, Köln 1973

Nunn, David A.: Politische Schlagwörter in Deutschland seit 1945, Gießen 1974

O

Obermann, Emil: Verteidigung – Idee, Gesellschaft, Weltstrategie, Bundeswehr, Stuttgart 1970

O'Brien, Connor Cruise: Belagerungszustand – Die Geschichte des Staates Israel und des Zionismus, Wien 1988

Ohrt, Roberto: Phantom Avantgarde – Eine Geschichte der Situationistischen Internationale und der modernen Kunst, Hamburg 1990

Opitz, Reinhard: Faschismus und Neofaschismus 1 – Der deutsche Faschismus bis 1945, Köln 1988

Opitz, Reinhard: Faschismus und Neofaschismus 2 – Neofaschismus in der Bundesrepublik, Köln 1988

Oppenheimer, J. Robert: Atomkraft und menschliche Freiheit, Hamburg 1957

Orwell, George: Von Pearl Harbor bis Stalingrad – Die Kommentare zum Krieg, hrsg. von W. J. West, Wien / Zürich 1993

Orzechowski, Lothar (Red.): Arnold Bode – documenta Kassel, Essays, Kassel o.J.

Ott, Erich: Die Wirtschaftskonzeption der SPD nach 1945, Marburg 1978

Otto, Karl A.: Die Arbeitszeit! Von der vorindustriellen Gesellschaft bis zur »Krise der Arbeitsgesellschaft«, Pfaffenweiler 1989

P

Pahn, Kurt: Vom Boykott zur Anerkennung – Brecht und Österreich, Wien / West-Berlin 1983

Paschner, Günther: Falsches Gewissen der Nation – Deutsche National-Zeitung und Soldatenzeitung, Mainz 1967

Pauling, Linus: Leben oder Tod im Atomzeitalter, Ost-Berlin 1964

Pauling, Linus: No more War! Terrible Warning about the Peril of Bomb-Tests, London 1958

Pechel, Rudolf: Deutsche Gegenwart – Aufsätze und Vorträge 1945–1952, Darmstadt / West-Berlin 1953

Perk, Willy: Hölle im Moor – Zur Geschichte der Emslandlager 1933–1945, Frankfurt 1979

Petry, Christian: Studenten aufs Schafott – Die Weiße Rose und ihr Scheitern, München 1968

Peukert, Detlev / Bajohr, Frank: Rechtsradikalismus in Deutschland – Zwei historische Beiträge, Hamburg 1990

Picht, Werner: Wiederbewaffnung, Pfullingen 1954

Pieck, Wilhelm: Reden und Aufsätze, Auswahlband, Ost-Berlin 1948

Piekalkiewicz, Janusz: Weltgeschichte der Spionage, München 1988

Pikart, Eberhard: Theodor Heuss und Konrad Adenauer – Die Rolle des Bundespräsidenten in der Kanzlerdemokratie, Stuttgart / Zürich 1976

Pippon, Toni (Hg.): Politik? ...aber ohne mich, Kevelaer 1952

Pirker, Theo: Die blinde Macht – Die Gewerkschaftsbewegung in Westdeutschland, Teil 1: 1945–1952 – Vom »Ende des Kapitalismus« zur Zähmung der Gewerkschaften, München 1960

Pirker, Theo: Die blinde Macht – Die Gewerkschaftsbewegung in Westdeutschland, Teil 2: 1952–1960 – Wege und Rolle der Gewerkschaften im neuen Kapitalismus, München 1960

Pirker, Theo: Die SPD nach Hitler – Die Geschichte der Sozialdemokratischen Partei Deutschlands 1945–1964, München 1965

Pirker, Theo: Die verordnete Demokratie – Grundlagen und Erscheinungen der »Restauration«, West-Berlin 1977

Plato, Alexander von (Hg.): Auferstanden aus Ruinen... Von der SBZ zur DDR (1945–1949) – Ein Weg zu Einheit und Sozialismus? Köln 1979

Platt, Kristin / Dabag, Mihran (Hg.): Generation und Gedächtnis – Erinnerung und kollektive Identitäten, Opladen 1995

Pommerin, Reiner: Von Berlin nach Bonn – Die Alliierten, die Deutschen und die Hauptstadtfrage nach 1945, Köln/Wien 1989

Poliakov, Léon: Geschichte des Antisemitismus Bd. I-VII, Worms bzw. Frankfurt 1979–1988

Poliakov, Léon: Vom Antizionismus zum Antisemitismus, Freiburg im Breisgau 1992

Poliakov, Léon / Wulf, Josef: Das Dritte Reich und seine Denker, West-Berlin 1959

Poliakov, Léon / Wulf, Josef: Das Dritte Reich und seine Diener, West-Berlin 1956

Poliakov, Léon / Wulf, Josef: Das Dritte Reich und die Juden, West-Berlin 1955

Pollock, Friedrich (Red.): Gruppenexperiment – Ein Studienbericht, Frankfurt 1955

Portisch, Hugo: Hört die Signale – Aufstieg und Fall des Sowjetkommunismus, München 1993

Portisch, Hugo: Österreich II – Der lange Weg zur Freiheit, Wien 1986

Pörtner, Rudolf (Hg.): Kinderjahre der Bundesrepublik – Von der Trümmerzeit zum Wirtschaftswunder, Düsseldorf 1989

Prahl, Hans-Werner: Sozialgeschichte des Hochschulwesens, München 1978

Präsident der Freien Universität Berlin (Hg.): 40 Jahre Freie Universität Berlin 1948–1988, FU-Info, Nr. 11/1988, Sonderheft, West-Berlin 14. Dezember 1988

Präsidium der Vereinigung der Verfolgten des Naziregimes – Bund der Antifaschisten (Hg.): Vom Häftlingskomitee zum Bund der Antifaschisten – Der Weg der VVN, Frankfurt 1972

Presse- und Informationsamt der Bundesregierung: Verfahren gegen die KPD vor dem Bundesverfassungsgericht – Die Rechtsgrundlagen, Bonn 1953

Prevost, Claude (Hg.): Geschichten aus der Geschichte Frankreichs seit 1945, Frankfurt 1989

Prieberg, Fred K.: Musik im anderen Deutschland, Köln 1968

Pritzkoleit, Kurt: Auf einer Woge von Gold – Der Triumph der Wirtschaft, München 1961

Pritzkoleit, Kurt: Bosse Banken Börsen – Herren über Geld und Wirtschaft, München 1954

Pritzkoleit, Kurt: Das gebändigte Chaos – Die deutschen Wirtschaftslandschaften, München 1965

Pritzkoleit, Kurt: Die neuen Herren – Die Mächtigen in Staat und Wirtschaft, München 1955

Pritzkoleit, Kurt: Gott erhält die Mächtigen – Rück- und Rundblick auf den deutschen Wohlstand, Düsseldorf 1963

Pritzkoleit, Kurt: Männer Mächte Monopole – Hinter den Türen der westdeutschen Wirtschaft, Düsseldorf 1953

Pritzkoleit, Kurt: Wem gehört Deutschland – Eine Chronik von Besitz und Macht, München 1957

Prokop, Dieter: Hollywood, Hollywood – Geschichte, Stars, Geschäfte, Köln 1988

Prolingheuer, Hans: Kleine politische Kirchengeschichte – 50 Jahre evangelischer Kirchenkampf 1919–1969, Köln 1984

Pross, Christian: Wiedergutmachung – Der Kleinkrieg gegen die Opfer, Frankfurt 1988

Pross, Harry (Hg.): Deutsche Presse seit 1945, Bern/München/Wien 1965

Pross, Harry: Literatur und Politik – Geschichte und Programme der politisch-literarischen Zeitschriften im deutschen Sprachgebiet seit 1870, Olten/Freiburg im Breisgau 1963

Pross, Harry: Protest – Versuch über das Verhältnis von Form und Prinzip, Neuwied 1971

Pross, Harry: Protestgesellschaft – Von der Wirksamkeit des Widerspruchs, München 1991

Pross, Harry: Vor und nach Hitler – Zur deutschen Sozialpathologie, Olten/Freiburg im Breisgau 1962

Prüß, Karsten: Kernforschungspolitik in der Bundesrepublik Deutschland, Frankfurt 1974

Przybylski, Peter / Busse, Horst: Mörder von Oradour, Ost-Berlin 1984

R

Rabehl, Bernd: Am Ende der Utopie – Die politische Geschichte der Freien Universität Berlin, West-Berlin 1988

Rabl, Kurt / Stoll, Christoph / Vasold, Manfred (Hg.): Von der amerikanischen Verfassung zum Grundgesetz der Bundesrepublik Deutschland, München 1988

Raeithel, Gert: Geschichte der nordamerikanischen Kultur 1600–1995, Bd. 1–3, Frankfurt 1995

Raeithel, Gerd: Geschichte der nordamerikanischen Literatur, Bd. 3, Vom New Deal bis zur Gegenwart 1930–1988, Weinheim 1992

Raina, Peter K.: Die Krise der Intellektuellen – Die Rebellion für die Freiheit in Polen – Ein Modellfall, Olten/Freiburg im Breisgau 1968

Rajewsky, Christiane / Riesenberger, Dieter (Hg.): Wider den Krieg – Große Pazifisten von Immanuel Kant bis Heinrich Böll, Nünchen 1987

Rajewsky, Xenia: Arbeitskampfrecht in der Bundesrepublik, Frankfurt 1970

Ranke, Wilfried: Deutsche Geschichte kurz belichtet – Photoreportagen von Gerhard Gronefeld 1937–1965, Berlin 1991

Ranke, Winfried / Jüllich, Carola / Reiche, Jürgen / Vorsteher, Dieter: Kultur, Pajoks und Care-Pakete – Eine Berliner Chronik 1945–49, Berlin 1990

Rapp, Alfred: Bonn auf der Waage – Ist unser Staat wetterfest, Stuttgart 1959

Raschhofer, Hermann: Der Fall Oberländer – Eine vergleichende Rechtsanalyse der Verfahren in Pankow und Bonn, Tübingen 1962

Ratz, Michael: Die Justiz und die Nazis – Zur Strafverfolgung von Nazismus und Neonazismus seit 1945, Frankfurt 1979

Rauch, Georg von: Geschichte des bolschewistischen Rußland, Wiesbaden 1955

Rauhut, Franz: Atombomben, Gewissen und Soldaten, Hamburg 1957

Rauhut, Franz: Das staatsbürgerliche Recht der Wehrdienstverweigerung, Lünen 1956

Rauhut, Franz: Ist die allgemeine Wehrpflicht demokratisch, christlich, sozialistisch? Wuppertal 1959

Rauhut, Franz: Ratgeber für Wehrdienstverweigerer, Lünen o.J.

Rauschning, Hermann: Deutschland zwischen West und Ost, West-Berlin 1950

Rauschning, Hermann: Die deutsche Einheit und der Weltfriede, Hamburg 1955

Rauschning, Hermann: Ist Friede noch möglich? Die Verantwortung der Macht, Heidelberg 1953

Raviv, Dan / Melman, Yossi: Die Geschichte der MOSSAD, München 1982

Reemtsma, Jan Philipp: Folter – Zur Analyse eines Herrschaftsmittels, Hamburg 1991

Reemtsma, Jan Philipp / Eyring, George: In Sachen Arno Schmidt, Zürich 1989

Reese, Mary Ellen: Organisation Gehlen, Berlin 1992

Reich, Wilhelm: Charakteranalyse – Technik und Grundlagen für studierende und praktizierende Analytiker, Kopenhagen 1933

Reich, Wilhelm: Die Funktion des Orgasmus – Zur Psychopathologie und Soziologie des Geschlechtslebens, Leipzig 1927

Reich, Wilhelm: Die Massenpsychologie des Faschismus, Kopenhagen 1933

Reichel, Peter (Hg.): Politische Kultur in Westeuropa – Bürger und Staaten in Westeuropa, Bonn 1984

Reichhold, Ludwig: Europäische Arbeiterbewegung, Bd. II, Frankfurt 1953

Reichmann, Eva G.: Größe und Verhängnis deutsch-jüdischer Existenz – Zeugnis einer tragischen Begegnung, Heidelberg 1974

Reif, Adelbert (Hg.): Gespräche mit Hannah Arendt, München 1976

Reif, Adelbert (Hg.): Hannah Arendt – Materialien zu ihrem Werk, Wien 1979

Reimann, Max: Aus Reden und Aufsätzen 1946–1963, Ost-Berlin 1963

Reimann, Max / Sperling, Fritz: Die ideologisch-politische Festigung unserer Partei auf der Grundlage des Marxismus-Leninismus, Frankfurt 1949

Reiner Diederich / Richard Grübling / Horst Trapp: Plakate gegen den Krieg, Weinheim 1983

Reinoß, Herbert (Hg.): Unser 20.Jahrhundert, Gütersloh 1978

Remarque, Erich Maria: Ein militanter Pazifist – Texte und Interviews 1929–1966, hrsg. von Thomas Schneider, Köln 1994

Rexin, Manfred / Moltmann, Günter / Lilge, Herbert: Die Jahre 1945–1949 / Die Entwicklung Deutschlands von 1949 bis zu den Pariser Verträgen / Deutschland von 1945 bis 1963, West-Berlin 1965

Rhodes, Richard: Die Atombombe oder: Die Geschichte des 8. Schöpfungstages, Nördlingen 1988

Rhodes, Richard: Dark Sun – The Making oft the Hydrogen Bomb, New York 1995

Richardson, James L.: Deutschland und die NATO – Strategie und Politik im Spannungsfeld zwischen Ost und West, Köln / Opladen 1967

Richert, Ernst: Macht ohne Mandat – Der Staatsapparat der Sowjetischen Besatzungszone Deutschlands, Köln / Opladen 1958

Richert, Ernst: »Sozialistische Universität« – Die Hochschulpolitik der SED, West-Berlin 1967

Richter, Gert / Schüddekopf, Otto-Ernst / Strothmann, Dietrich (Red.): Unser Jahrhundert im Bild, Gütersloh 1964

Richter, Heinz: Griechenland zwischen Revolution und Konterrevolution 1936–1946, Frankfurt 1973

Richter, Karl: Die trojanische Herde – Ein dokumentarischer Bericht, Köln 1959

Riemeck, Renate: Zeitenwende – Europa und die Welt seit 1945, Oldenburg / Hamburg 1975

Riesenberger, Dieter: Geschichte der Friedensbewegung in Deutschland, Göttingen 1985

Riess, Curt: Der 17. Juni, West-Berlin 1954

Ripken, Peter u.a.: Südliches Afrika – Geschichte, Befreiungskampf und politische Zukunft, West-Berlin 1978

Ritschel, Karl Heinz: Südtirol – ein europäisches Unrecht, Graz / Wien / Köln 1959

Rivlin, Gershon (Hg.): Die Verteidigungsarmee Israels 1948–1958, Israel 1958

Röhrich, Wilfried: Die verspätete Demokratie – Zur politischen Kultur der Bundesrepublik Deutschland, Köln 1983

Rohrwasser, Michael: Der Stalinismus und die Renegaten – Die Literatur der Exkommunisten, Stuttgart 1991

Roller, Walter u.a.: Geschichte der Bundesrepublik Deutschland – Auf dem Wege zur Republik 1945–1947, Paderborn 1979

Roller, Walter u.a.: Geschichte der Bundesrepublik Deutschland – Das Entscheidungsjahr 1948, Paderborn 1980

Roller, Walter u.a.: Geschichte der Bundesrepublik Deutschland – Die Gründung des neuen Staates 1949, Paderborn 1982

Römer, Peter (Hg.): Der Kampf um das Grundgesetz – Über die politische Bedeutung der Verfassungsinterpretation – Referate und Diskussionen eines Kolloquiums aus Anlaß des 70. Geburtstages von Wolfgang Abendroth, Frankfurt 1977

Röpke, Wilhelm: Das Kulturideal des Liberalismus, Frankfurt 1947

Röpke, Wilhelm: Die Krise des Kollektivismus, München 1947

Rose, Arnold: The Negro in America, Boston 1956

Rosh, Lea / Schwarberg, Günther: Der Letzte Tag von Oradour, Göttingen 1988

Rossmeissl, Dieter (Hg.): Demokratie von außen – Amerikanische Militärregierung in Nürnberg 1945–1949, München 1988

Roth, Karl Heinz: Die andere Arbeiterbewegung und die Entwicklung der kapitalistischen Repression von 1880 bis zur Gegenwart – Ein Beitrag zu Neuverständnis der Klassengeschichte in Deutschland, München 1974

Roth, Rainer / Seifert, Walter (Hg.): Die zweite deutsche Demokratie – Ursprünge, Probleme, Perspektiven, Köln / Wien 1990

Roth, Roland / Rucht, Dieter (Hg.): Neue soziale Bewegungen in der Bundesrepublik Deutschland, Bonn 1987

Rottleuthner, Hubert (Hg.): Steuerung der Justiz in der DDR – Einflußnahme der Politik auf Richter, Staatsanwälte und Rechtsanwälte, Köln 1994

Rovere, Richard H.: McCarthy oder die Technik des Rufmordes, Gütersloh 1959

Roy, Jules: Der Fall von Dien Bien Phu: Indochina – Der Anfang vom Ende, München 1963

Roy, Jules: Schicksal Algerien, Hamburg 1961

Rucht, Dieter: Flughafenprojekte als Politikum – Die Konflikte in Stuttgart, München und Frankfurt, Frankfurt / New York 1984

Rückerl, Adalbert (Hg.): Die Strafverfolgung von NS-Verbrechen 1945–1978 – Eine Dokumentation, Heidelberg / Karlsruhe 1979

Rückerl, Adalbert: NS-Prozesse – Nach 25 Jahren Strafverfolgung: Möglichkeiten – Grenzen – Ergebnisse, Karlsruhe 1972

Rückerl, Adalbert: NS-Verbrechen vor Gericht: Versuch einer Vergangenheitsbewältigung, Heidelberg 1984

Rudel, Hans-Ulrich: Trotzdem! Waiblingen 1950

Rudolph, Hagen: Die verpaßten Chancen – Die vergessene Geschichte der Bundesrepublik, Hamburg 1979

Rudorf, Reginald: Jazz drüben, in: SBZ-Archiv Nr. 6/60, März 1960, S. 84

Rudorf, Reginald: Jazz in der Zone, Köln 1964

Ruffmann, Karl-Heinz: Sowjet-Rußland, München 1967

Ruhl, Klaus Jörg: »Mein Gott, was soll aus Deutschland werden?« – Die Adenauer-Ära 1949–1963, München 1985

Ruhl, Klaus-Jörg: Die Besatzer und die Deutschen – Amerikanische Zone 1945–1948, Düsseldorf 1980

Rühle, Jürgen: Das gefesselte Theater – Vom Revolutionstheater zum sozialistischen Realismus, Köln 1957

Rühle, Jürgen: Literatur und Revolution – Die Schriftsteller und der Kommunismus, Köln 1960

Rühle, Jürgen: Die Schriftsteller und der Kommunismus in Deutschland, Köln 1960

Rühmkorf, Peter: Werner Riegel – »... beladen mit Sendung Dichter und armes Schwein«, Zürich 1988

Rupieper, Hermann Josef: Die Wurzeln der westdeutschen Nachkriegsdemokratie – Der amerikanische Beitrag 1945–1952, Opladen 1993

Rüss, Gisela: Anatomie einer politischen Verwaltung – Das Bundesministerium für gesamtdeutsche Fragen – Innerdeutsche Beziehungen 1949–1970, München 1973

Rumpf, Wolfgang: Stairway to Heaven – Kleine Geschichte der Popmusik von Rock'n'Roll bis Techno, München 1996

Rupp, Hans Karl (Hg.): Die andere Bundesrepublik – Geschichte und Perspektiven – Eine Auseinandersetzung in Vorträgen, Marburg 1980

Rupp, Hans Karl: Außerparlamentarische Opposition in der Ära Adenauer – Der Kampf gegen die Atombewaffnung in den fünfziger Jahren – Eine Studie zur innenpolitischen Entwicklung der BRD, Köln 1980

Ruppert, Wolfgang: Photogeschichte der deutschen Sozialdemokratie, West-Berlin 1988

Russell, Bertrand: Vernunft und Atomkrieg – Common Sense and Nuclear Warfare, Wien / München / Basel 1959

Ryschkowsky, Nikolaus J.: Die linke Linke – Geschichte und Staat, München / Wien 1968

S

Salewski, Michael (Hg.): Das Zeitalter der Bombe – Die Geschichte der atomaren Bedrohung von Hiroshima bis heute, München 1995

Salisbury, Harrison E.: Der lange Marsch, Frankfurt 1985

Saller, Karl (Hg.): Von der Verantwortung des deutschen Geistes – Die deutsche Kulturtagung in Bayreuth (24.–26. 10. 1952), München 1952

Salter, Ernest J.: Deutschland und der Sowjetkommunismus – Die Bewährung der Freiheit, München 1961

Salter, Ernest J.: Von Lenin bis Chruschtschow – Der moderne Kommunismus, Frankfurt 1958

Sánchez, Gustavo / Reimann, Elisabeth: Barbie in Bolivien, Köln 1987

Sander, Ulrich: Mord im Rombergpark – Tatsachenbericht, Dortmund 1993

Sänger, Fritz: Grundsatzprogramm der SPD, Kommentar, West-Berlin 1960

Sarel, Benno: Arbeiter gegen den »Kommunismus« – Zur Geschichte des proletarischen Widerstandes in der DDR (1945–1958), München 1975

Sartre, Jean-Paul: Kolonialismus und Neokolonialismus – Sieben Essays, Reinbek 1968

Sartre, Jean-Paul: Krieg im Frieden, Bd. 1, Artikel, Aufrufe, Pamphlete 1948–1954, hrsg. von Traugott König, Reinbek 1982

Sartre, Jean-Paul: Krieg im Frieden, Bd. 2, Reden, Polemiken, Stellungnahmen 1952–1956, hrsg. von Traugott König, Reinbek 1982

Sartre, Jean-Paul: Der Mensch und die Dinge – Ausätze zur Literatur 1938–1946, hrsg. von Lothar Baier, Reinbek 1978

Sartre, Jean-Paul: Mythos und Realität des Theaters – Schriften zu Theater und Film 1931–1970, Reinbek 1979

Sartre, Jean-Paul: Paris unter der Besatzung – Artikel, Reportagen, Aufsätze 1944–1945, hrsg. von Hanns Grössel, Reinbek 1980

Sartre, Jean-Paul: Plädoyer für die Intellektuellen – Interviews, Artikel, Reden 1950–1973, Reinbek 1995

Sartre, Jean-Paul: Situationen – Essays, Reinbek 1965

Sartre, Jean-Paul: Was kann Literatur? Interviews, Reden, Texte 1960–1976, hrsg. von Traugott König, Reinbek 1979

Sartre, Jean-Paul: Wider das Unrecht, Ost-Berlin 1955

Sartre, Jean-Paul: Wir sind alle Mörder – Der Kolonialismus ist ein System, Artikel, Reden, Interviews 1947–1967, hrsg. von Traugott König, Reinbek 1988

Sartre, Jean-Paul: Überlegungen zur Judenfrage, Reinbek 1994

Sauer, Paul: Demokratischer Neubeginn in Not und Elend – Das Land Würtemberg-Baden von 1945 bis 1952, Ulm 1978

Schäfer, Emil: Von Potsdam bis Bonn, Lahr 1950

Schäfer, Erasmus (Hg.): Die Kinder des roten Großvaters erzählen – Berichte zur Vor- und Frühgeschichte der Bundesrepublik Deutschland, Frankfurt 1976

Schäfer, Gerhard: Studentische Korporationen – Anachronismus an bundesdeutschen Universitäten? Lollar/Lahn 1977

Schäfer, Gert / Nedelmann, Carl (Hg.): Der CDU-Staat – Analyse der Verfassungswirklichkeit der Bundesrepublik Deutschland, München 1967

Schapiro, Leonhard: Die Geschichte der Kommunistischen Partei der Sowjetunion, Frankfurt 1961

Schebera, Jürgen: Hanns Eisler im USA-Exil, Ost-Berlin 1978

Scheel, Walter (Hg.): Nach dreißig Jahren – Die Bundesrepublik Deutschland – Vergangenheit, Gegenwart, Zukunft, Stuttgart 1979

Schelsky, Helmut (Hg.): Auf der Suche nach Wirklichkeit, Düsseldorf / Köln 1965

Schelsky, Helmut: Einsamkeit und Freiheit – Idee und Gestalt der deutschen Universität und ihrer Reformen, Reinbek 1963

Schelsky, Helmut: Die skeptische Generation – Eine Soziologie der deutschen Jugend, Düsseldorf 1957

Schelsky, Helmut: Wandlungen der deutschen Familie in der Gegenwart, Stuttgart 1955

Scheuer, Georg: Marianne auf dem Schafott – Frankreich zwischen gestern und morgen, Wien / Frankfurt / Zürich 1966

Scheurig, Bodo: Freies Deutschland – Das Nationalkomitee und der Bund Deutscher Offiziere in der Sowjetunion 1943–45, Köln 1984

Schildt, Axel: Moderne Zeiten – Freizeit, Massenmedien und »Zeitgeist« in der Bundesrepublik der 50er Jahre, Hamburg 1995

Schildt / Sywottek, Arnold (Hg.): Modernisierung im Wiederaufbau – Die westdeutsche Gesellschaft der 50er Jahre, Bonn 1993

Schivelbusch, Wolfgang: Vor dem Vorhang – Das geistige Berlin 1945–1948, München 1995

Schlamm, William S.: Die Grenzen des Wunders – Ein Bericht über Deutschland, Zürich 1959

Schlangen, Walter: Demokratie und bürgerliche Gesellschaft – Einführung in die Grundlagen der bürgerlichen Demokratie, Stuttgart / West-Berlin / Köln / Mainz 1973

Schlangen, Walter: Die Totalitarismus-Theorie – Entwicklung und Probleme, Stuttgart 1976

Schlangen, Walter: Theorie und Ideologie des Totalitarismus – Möglichkeiten und Grenzen einer liberalen Kritik politischer Herrschaft, Bonn 1972

Schlenker, Wolfram: Das »Kulturelle Erbe« in der DDR – Gesellschaftliche Entwicklung und Kulturpolitik 1945–1965, Stuttgart 1977

Schlesinger, Stephen / Kinzer, Stephen: Bananen-Krieg – CIA-Putsch in Guatemala, Hamburg 1984

Schlicht, Uwe: Vom Burschenschafter bis zum Sponti – Studentische Opposition gestern und heute, West-Berlin 1980

Schmädeke, Jürgen / Steinbach, Peter (Hg.): Der Widerstand gegen den Nationalsozialismus – Die deutsche Gesellschaft und der Widerstand gegen Hitler, München 1986

Schmid, Max: Demokratie von Fall zu Fall – Repression in der Schweiz, Zürich 1976

Schmidt, Eberhard: Die verhinderte Neuordnung 1945–1952 – Zur Auseinandersetzung um die Demokratisierung der Wirtschaft in den westlichen Besatzungszonen und in der Bundesrepublik Deutschland, Frankfurt 1980

Schmidt, Helmut: Verteidigung oder Vergeltung, Stuttgart 1961

Schmidt, Michael: Die Falken in Berlin – Antifaschismus und Völkerverständigung – Jugendbewegung durch Gedenkstättenfahrten 1954–1969, West-Berlin 1987

Schmidt, Ute / Fichter, Tilman: Der erzwungene Kapitalismus – Klassenkämpfe in den Westzonen 1945–1948, West-Berlin 1971

Schmidt, Walter (Leiter der Herausgebergruppe): Deutsche Geschichte, Bd. 9, Die antifaschistisch-demokratische Umwälzung, der Kampf gegen die Spaltung Deutschlands und die Entstehung der DDR von 1945 bis 1949, Köln 1989

Schmidt, Werner (Hg.): Ausgebürgert – Künstler aus der DDR und aus dem Sowjetischen Sektor Berlins 1949–1989, Berlin 1990

Schmidt-Eenboom, Erich: Schnüffler ohne Nase: Der BND – die unheimliche Macht im Staate, Düsseldorf / Wien / New York / Moskau 1993

Schmiederer, Ursula: Die Sozialistische Volkspartei Dänemarks – Eine Partei der Neuen Linken, Frankfurt 1969

Schmitt, Walther E.: Krieg in Deutschland – Strategie und

Taktik der sowjetischen Deutschlandpolitik seit 1945, Düsseldorf 1961

Schmitz, Kurt Thomas: Opposition im Landtag – Merkmale oppositionellen Verhaltens in Länderparlamenten am Beispiel der SPD in Rheinland Pfalz 1951–1963, Hannover 1971

Schneider, Dieter (Hg.): Sie waren die ersten – Frauen in der Arbeiterbewegung, Frankfurt 1988

Schneider, Johannes: KP im Untergrund – Kommunistische Untergrundarbeit in der Bundesrepublik Deutschland, München 1963

Schneider, Michael: Demokratie in Gefahr? Der Konflikt um die Notstandsgesetze, Bonn 1986

Schneider, Michael: Das Ende eines Jahrhundertmythos – Eine Bilanz des Sozialismus, Köln 1992

Schneider, Michael: Kleine Geschichte der Gewerkschaften – Ihre Entwicklung in Deutschland von den Anfängen bis heute, Bonn 1989

Schneider, Ulrich (Hg.): Als der Krieg zu Ende war – Hessen 1945: Berichte und Bilder vom demokratischen Neubeginn, Frankfurt 1980

Schnitzler, Horst: Schauprozesse unter Stalin 1932–1952, Berlin 1990

Schoch, Bruno: Marxismus in Frankreich seit 1945, Frankfurt / New York 1980

Schoeck, Helmut: Vorsicht Schreibtischtäter – Politik und Presse in der Bundesrepublik, Stuttgart 1972

Scholl, Inge: Die weisse Rose, Frankfurt 1952

Scholz, Arno: Auf Umwegen zum Ziel, West-Berlin 1964

Schonauer, Franz: Deutsche Literatur im Dritten Reich – Versuch einer Darstellung in polemisch-didaktischer Absicht, Olten / Freiburg im Breisgau 1961

Schonauer, Karlheinz: Die ungeliebten Kinder der Mutter SPD – Die Geschichte der Jusos von der braven Parteijugend zur innerparteilichen Opposition, Bonn 1982

Schornstheimer, Michael: Bombenstimmung und Katzenjammer – Vergangenheitsbewältigung: Quick und Stern in den fünfziger Jahren, Köln 1989

Schornstheimer, Michael: Die leuchtenden Augen der Frontsoldaten – Nationalsozialismus und Krieg in den Illustriertenromanen der fünfziger Jahre, Berlin 1995

Schramm, Wilhelm von: Der 20. Juli in Paris, Bad Wörishofen 1953

Schrenck-Notzing, Caspar von: Charakterwäsche – Die amerikanische Besatzung in Deutschland und ihre Folgen, Stuttgart 1965

Schröer, Andreas: Private Presley – The Missing Years – Elvis in Germany, New York 1993

Schubarth, Martin (Hg.): Der Fahrner-Prozeß – Ein Beispiel für die Problematik von Kunst und Justiz, Basel 1983

Schubert, Klaus von: Wiederbewaffnung und Westintegration – Die innere Auseinandersetzung um die militärische und außenpolitische Orientierung der Bundesrepublik 1950–1952, Stuttgart 1970

Schüddekopf, Charles (Hg.): Der alltägliche Faschismus – Frauen im Dritten Reich, West-Berlin / Bonn 1982

Schuller, Victor / Jaenecke, Heinrich: Polen – Träumer, Helden, Opfer – Geschichte einer rebellischen Nation, Hamburg 1981

Schuller, Wolfgang: Geschichte und Struktur des politischen Strafrechts der DDR bis 1968, Ebelsbach 1980

Schultz, Hansjörg (Hg.): I had a dream – Martin Luther King – Gewaltfreiheit als Herausforderung, Freiburg 1978

Schultz, Joachim: Der Funktionär in der Einheitspartei – Kaderpolitik und Bürokratisierung in der SED, Stuttgart 1956

Schulz, Klaus-Peter: Auftakt zum Kalten Krieg – Der Freiheitskampf der SPD 1945/46, West-Berlin 1965

Schulz, Klaus-Peter: Berlin zwischen Freiheit und Diktatur, West-Berlin 1962

Schulz, Klaus-Peter: Opposition als politisches Schicksal? Köln 1958

Schulz, Klaus-Peter: Proletarier, Klassenkämpfer, Staatsbürger – 100 Jahre deutsche Arbeiterbewegung, München 1963

Schulz, Klaus-Peter: Sorge um die deutsche Linke – Eine kritische Analyse der SPD-Politik seit 1945, Köln 1955

Schumacher, Kurt: Nach dem Zusammenbruch – Gedanken über Demokratie und Sozialismus – Reden und Aufsätze, Hamburg 1948

Schumacher-Hellmold, Otto u.a.: Kinderjahre der Bundesrepublik – Von der Trümmerzeit zum Wirtschaftswunder, Düsseldorf 1989

Schuster, Dieter: Die deutschen Gewerkschaften seit 1945, Stuttgart / Berlin / Köln / Mainz 1973

Schütz, Wilhelm Wolfgang: Deutschland am Rande zweier Welten – Voraussetzungen und Aufgabe unserer Außenpolitik, Stuttgart 1952

Schütze, Bernhard: Rekonstruktion der Freiheit – Die politischen Oppositionsbewegungen in Spanien, Frankfurt 1969

Schütze, Christian: Skandal – Eine Psychologie des Unerhörten, Bern 1967

Schütze, Günter: Der Schmutzige Krieg – Frankreichs Kolonialpolitik in Indochina, München 1959

Schütze, Hans: »Volksdemokratie« in Mitteldeutschland, Hannover 1960

Schwan, Heribert / Steiniger, Rolf: Besiegt, besetzt, geteilt, Oldenburg 1979

Schwarberg, Günther: Der SS-Arzt und die Kinder vom Bullenhuser Damm, Göttingen 1988

Schwarz, Hans-Peter: Die Ära Adenauer – Gründerjahre der Republik 1949–1957, Geschichte der Bundesrepublik Deutschland, Bd. 2, Stuttgart 1981

Schwarz, Hans-Peter: Die Ära Adenauer – Epochenwechsel 1957–1963, Geschichte der Bundesrepublik Deutschland, Bd. 3, Stuttgart 1983

Schwarz, Hans-Peter: Vom Reich zur Bundesrepublik – Deutschland im Widerstreit der außenpolitischen Konzeptionen in den Jahren der Besatzungsherrschaft 1945–1949, Stuttgart 1980

Schwarzkopf, Dietrich: Atomherrschaft – Politik und Völkerrecht im Nuklearzeitalter, Stuttgart-Degerloch 1969

Schweitzer, Albert: Friede oder Atomkrieg, München 1958

Schweitzer, Carl-Christoph: Eiserne Illusionen – Wehr- und Bündnisfragen in den Vorstellungen der extremen Rechten nach 1945, Köln 1969

Segev, Tom: Die siebte Million – Der Holocaust und Israels Politik der Erinnerung, Reinbek 1995

Seidel, Bruno / Jenkner, Siegfried (Hg.): Wege der Totalitarismus-Forschung, Darmstadt 1968

Seifert, Franziska: Oppositionelle Studentengruppen an den Universitäten Halle, Jena, Ost-Berlin, Magdeburg und Dresden in den Jahren von 1956–1959, 1992 (unv. Ms.)

Seifert, Jürgen: Gefahr im Verzuge – Zur Problematik der Notstandsgesetzgebung, Frankfurt 1963

Seifert, Jürgen: Kampf um Verfassungspositionen – Materialien über Grenzen und Möglichkeiten von Rechtspolitik, Frankfurt 1974

Seiter, Walter H. / Kahn, Alphonse: Hitlers Blutjustiz – Ein noch zu bewältigendes Kapitel deutscher Vergangenheit, Frankfurt 1981

Seitz, Norbert: Bananenrepublik und Gurkentruppe – Die nahtlose Übereinstimmung von Fußball und Politik 1954 – 1987, Frankfurt 1987

Senft, Heinrich: Glück ist machbar – Der bayerische Spielbankenprozeß, die CSU und der unaufhaltsame Aufstieg des Doktor Friedrich Zimmermann – Ein politisches Lehrstück, Köln 1988

Senft, Heinrich: Richter und andere Bürger – 150 Jahre politische Justiz und neudeutsche Herrschaftspublizistik, Nördlingen 1988

Senghaas, Dieter: Abschreckung und Frieden – Studien zur Kritik organisierter Friedlosigkeit, Frankfurt 1969

Sethe, Paul: Die großen Entscheidungen, Frankfurt 1958

Seton-Watson, Hugh: Von Lenin bis Malenkow – Bolschewistische Strategie, München 1955

Seton-Watson, Hugh: Weltgeschehen seit Hiroshima – Das Kräftespiel der großen Mächte, Graz / Wien / Köln 1962

Severin, Pitt / Jetter, Hartmut (Hg.): 25 Jahre Bundesrepublik Deutschland – Wandel und Bewährung einer Demokratie, Wien / München / Zürich 1974

Shapiro, Leonhard: Die Geschichte der Kommunistischen Partei der Sowjetunion, Frankfurt 1961

Siebenmorgen, Peter: »Staatssicherheit« der DDR – Der Westen im Fadenkreuz der Stasi, Bonn 1993

Siebert, Ferdinand / Wernecke, Kurt G. (Hg.): Das deutsche Parlament, Frankfurt 1962

Sieder, Reinhard / Steinert, Heinz / Tálos, Emmerich (Hg.): Österreich 1945–1995, Gesellschaft – Politik – Kultur, Wien 1995

Siepmann, Eckhard (Hg.): Bikini – Die Fünfziger Jahre: Politik, Alltag, Opposition, Reinbek 1983

Siepmann, Eckhard (Red.): Bikini – Die fünfziger Jahre – Kalter Krieg und Capri-Sonne, West-Berlin 1981

Sievers, Leo: Juden in Deutschland – Die Geschichte einer 2000jährigen Tragödie, München 1979

Silbermann, Alphons / Schoeps, Julius H. (Hg.): Antisemitismus nach dem Holocaust – Bestandsaufnahme und Erscheinungsformen in deutschsprachigen Ländern, Köln 1986

Silone, Ignazio: Notausgang, Frankfurt 1967

Simon, Pierre Henri: Contre la torture, Paris 1957

Simpson, Christopher: Der amerikanische Bumerang – NS-Kriegsverbrecher im Sold der USA, Wien 1988

Simson, Fred: Wir verteidigen Europa! Legenden und Tatsachen über die Atlantikarmee, Bern / Tübingen 1952

Skaupy, Walther: Angeklagt – Große Prozesse der Weltgeschichte, Stuttgart 1976

Skriver, Ansgar: Berlin und keine Illusion, Hamburg 1962

Skriver, Ansgar: Gotteslästerung? Hamburg 1962

Sluglett, Peter / Farouk-Sluglett, Maria: Der Irak seit 1958 – Von der Revolution zur Diktatur, Frankfurt Main 1991

Smith, Bradley F.: Der Jahrhundertprozeß – Die Motive der Richter von Nürnberg – Anatomie einer Urteilsfindung, Frankfurt 1977

Smith, Harris R.: OSS – The Secret History of America's First Central Intelligence Agency, Berkeley / Los Angeles / London 1972

Soares, Mario: Portugal – Rechtsdiktatur zwischen Europa und Kolonialismus, Reinbek 1973

Söllner, Alfons (Hg.): Zur Archäologie der Demokratie in Deutschland, Bd. 1 – Analysen von politischen Emigranten im amerikanischen Außenministerium 1943–1945, Frankfurt 1986

Söllner, Alfons (Hg.): Zur Archäologie der Demokratie in Deutschland, Bd. 2 – Analysen von politischen Emigranten im amerikanischen Außenministerium 1943–1945, Frankfurt 1986

Sontheimer, Kurt: Die Adenauer-Ära – Grundlegung der Bundesrepublik, München 1991

Sontheimer, Kurt: Antidemokratisches Denken in der Weimarer Republik – Die politischen Ideen des deutschen Nationalismus zwischen 1918 und 1933, Studienausgabe mit einem Ergänzungsteil Antidemokratisches Denken in der Bundesrepublik, München 1968

Sontheimer, Kurt: Grundzüge des politischen Systems der Bundesrepublik Deutschland, München 1971

Speier, Hans: Die Bedrohung Berlins – Eine Analyse der Berlin-Krise von 1958 bis heute, Köln 1961

Spira, Leopold: Feindbild »Jud« – 100 Jahre politischer Antisemitismus in Österreich, Wien / München 1981

Spittmann, Ilse / Fricke, Karl-Wilhelm (Hg.): 17. Juni 1953 – Arbeiteraufstand in der DDR, Köln 1982

Splett, Oskar: Afrika und die Welt, Bern 1955

Ssachno, Helen von: Der Aufstand der Person – Sowjetliteratur seit Stalins Tod, West-Berlin 1965

Staadt, Jochen: Die geheime Westpolitik der SED 1960–1970, Berlin 1993

Staff, Ilse (Hg.): Justiz im Dritten Reich – Eine Dokumentation, Frankfurt 1964

Stahl, Walter / Muhlen, Norbert: The Politics of Postwar Germany, Hamburg 1963

Stammen, Theo: Einigkeit und Recht und Freiheit – Westdeutsche Innenpolitik 1945 – 1955, München 1965

Staritz, Dietrich: Die Gründung der DDR – Von der sowjetischen Besatzungsherrschaft zum sozialistischen Staat, München 1984

Staritz, Dietrich: Geschichte der DDR 1949–1985, Frankfurt 1985

Staritz, Dietrich: Sozialismus in einem halben Land – Zur Programmatik und Politik der KPD/SED in der Phase der antifaschistischen Umwälzung in der DDR, West-Berlin 1976

Steel, Ronald: Pax Americana – Weltreich des Kalten Krieges, Darmstadt 1968

Steinbach, Peter: Nationalsozialistische Gewaltverbrechen – Die Diskussion in der deutschen Öffentlichkeit nach 1945, West-Berlin 1981

Steininger, Rolf: Eine vertane Chance – Die Stalin-Note vom 10. März 1952 und die Wiedervereinigung, Berlin/Bonn 1990

Steininger, Rolf: Wiederbewaffnung – Die Entscheidung für einen westdeutschen Verteidigungsbeitrag: Adenauer und die Westmächte 1950, Erlangen / Bonn / Wien 1989

Stercken, Hans (Hg.): Charles de Gaulles – Vive la France- Vive l'Europe! Aus den Reden Charles de Gaulles 1958–1968, München 1969

Stern, Carola: Porträt einer bolschewistischen Partei – Entwicklung, Funktion und Situation der SED, Köln 1957

Stern, Frank: Im Anfang war Auschwitz – Antisemitismus und Philosemitismus im deutschen Nachkrieg, Gerlingen 1991

Sternberg, Fritz: Kapitalismus und Sozialismus vor dem Weltgericht, Hamburg 1951

Sternberg, Fritz: Marx und die Gegenwart – Entwicklungstendenzen in der zweiten Hälfte des zwanzigsten Jahrhunderts, Köln 1955

Sternberg, Fritz: Wer beherrscht die zweite Hälfte des 20. Jahrhunderts? Frankfurt / Wien / Zürich 1961

Sternburg, Wilhelm von (Hg.): Die deutschen Kanzler – Von Bismarck bis Schmidt, Königstein/Ts., 1985

Stokurs, Willemijn: cobra – Eine internationale Bewegung in der Kunst nach dem Zweiten Weltkrieg, Braunschweig 1989

Stolper, Gustav / Häuser, Karl / Borchardt, Knut: Deutsche Wirtschaft seit 1870, Tübingen 1964

Stommeln, Hein: Neonazismus in der Bundesrepublik Deutschland – Eine Bestandsaufnahme, Bonn 1979

Stöss, Richard: Die extreme Rechte in der Bundesrepublik – Entwicklung, Ursache, Gegenmaßnahmen, Opladen 1989

Strauch, Hanspeter F.: Panafrika – Kontinentale Weltmacht im Werden? Anfänge, Wachstum und Zukunft der afrikanischen Einigungsbestrebungen, Zürich 1964

Strauß, Wolfgang: Trotz allem – wir werden siegen – Wsjerowno myj kpobedjim! Nationalistische Jugend des Ostens im Kampf gegen Kolonialismus, Imperialismus, Stalinismus und Arbeiterunterdrückung, München 1969

Struck, Jürgen: Rock around the Cinema – Die Geschichte des Rockfilms, München 1979

Stübler, Dietmar: Geschichte Italiens 1789 bis zur Gegenwart, West-Berlin 1987

Studnitz, Hans-Georg von: Bismarck in Bonn – Bemerkungen zur Außenpolitik, Stuttgart 1964

Stümke, Hans-Georg / Finkler, Rudi: Rosa Winkel, Rosa Listen – Homosexuelle und »Gesundes Volksempfinden« von Auschwitz bis heute, Reinbek 1981

Süssmuth, Rita (Hg.): Das deutsche Parlament, Stuttgart 1989

Suttner, Bertha von u.a.: Pazifismus in Deutschland – Dokumente zur Friedensbewegung 1890–1939, Frankfurt 1988

Svoboda, Wilhelm: Revolte und Establishment – Die Geschichte des Verbandes sozialistischer Mittelschüler 1953–1973, Wien / Köln / Graz 1986

Swiderski, Gaby: Die westdeutsche Frauenfriedensbewegung in den fünfziger Jahren, Hamburg 1983

Szezinowski, Herbert: Friedenskampf um Helgoland – Eine dokumentarische Erzählung, Frankfurt 1985

T

Talmon, J. L.: Die Ursprünge der totalitären Demokratie, Köln / Opladen 1961

Tashiro, Elke / Tashiro, Jannez Kazuomi: Hiroshima – Menschen nach dem Atomkrieg – Zeugnisse, Berichte, Folgerungen, München 1982

Tatu, Michel: Macht und Ohnmacht im Kreml – Von Chruschtschow zur kollektiven Führung, West-Berlin 1968

Tauber, Kurt P.: Beyond Eagle and Swastika – German Nationalism since 1945, I/II, Middletown (Connecticut, USA) 1967

Taylor, Telford: Die Nürnberger Prozesse – Kriegsverbrechen und Völkerrecht, Zürich 1950

Thayer, Charles W.: Die unruhigen Deutschen, Bern / Stuttgart / Wien 1958

Thiede, Carsten Peter (Hg.): Über Reinhold Schneider, Frankfurt 1979

Thies, Jochen / Daak, Kurt von: Südwestdeutschland – Stunde Null: Die Geschichte der französischen Besatzungszone 1945–1948, Düsseldorf 1978

Thilenius, Richard: Die Teilung Deutschland – Eine zeitgeschichtliche Analyse, Reinbek 1957

Thomas, Gordon / Witts, Max Morgan: Tod über Hiroshima – Eine Bombe prägt die Weltgeschichte, Unterägeri (Zug) 1981

Thomas, Hugh: Castros Cuba, West-Berlin 1984

Thomas, Siegfried: Entscheidung in Berlin – Zur Entstehungsgeschichte der SED in der deutschen Hauptstadt 1945/46, Ost-Berlin 1967

Thomas, Siegfried: Zwischen Wehrmacht und Bundeswehr – Um die Remilitarisierung der BRD, Ost-Berlin 1981

Thürk, Harry: Dien Bien Phu – Die Schlacht, die einen Kolonialkrieg beendete, Ost-Berlin 1988

Thürk, Harry: In allen Sprachen – Eine Reportage von den III. Weltfestspielen der Jugend und Studenten – Berlin 1951, Ost-Berlin 1953

Tochtermann, Erwin: Die Leichen im Keller der bayrischen Justiz, München 1983

Tönnies, Norbert: Der Staat aus dem Nichts – Zehn Jahre deutscher Geschichte, Stuttgart 1954

Tönnies, Norbert: Der Weg zu den Waffen – Die Geschichte der deutschen Wiederbewaffnung 1949–1961, Köln 1961

Toranska, Teresa: Die da oben – Polnische Stalinisten zum Sprechen gebracht, Köln 1987

Tormin, Walter: Der Traum von der Einheit – Der Schriftwechsel zwischen SPD und KPD in Hamburg über die Gründung einer Einheitspartei 1945–46 und ergänzende Dokumente, Hamburg 1990

Töteberg, Michael: Filmstadt Hamburg – Von Emil Jannings bis Wim Wenders, Hamburg 1990

Trees, Wolfgang / Whiting, Charles, / Omansen, Thomas: Drei Jahre nach Null – Geschichte der britischen Besatzungszone 1945–1948, Düsseldorf 1978

Trees, Wolfgang / Whiting, Charles / Omansen, Thomas / Ruhl, Klaus-Jörg / Thies, Jochen / Daak, Kurt von: Stunde Null in Deutschland – Die westlichen Besatzungszonen 1945–1948, Bindlach 1989

Trees, Wolfgang / Whiting, Charles: Unternehmen Karneval – Der Werwolf-Mord an Aachens Oberbürgermeister Oppenhoff, Aachen 1982

Trepp, Leo: Das Judentum – Geschichte und lebendige Gegenwart, Reinbek 1970

Treue, Wilhelm: Die Demontagepolitik der Westmächte nach dem Zweiten Weltkrieg, Frankfurt / Zürich 1967

Treulieb, Jürgen: Der Landesverratsprozeß gegen Viktor Agartz, Teil I: Verlauf und Bedeutung in der innenpolitischen Situation der Bundesrepublik auf dem Höhepunkt des Kalten Krieges, Teil II: Pressedokumentation, Münster 1982

Triesch, Günter: Die Macht der Funktionäre – Macht und Verantwortung der Gewerkschaften, Düsseldorf 1956

Tully, Andrew: Die unsichtbare Front – Hinter den Kulissen des amerikanischen Geheimdienstes, Stuttgart 1963

Tüngel, Richard / Berndorff, Hans Rudolf: Auf dem Bauche sollst du kriechen... – Deutschland unter den Besatzungsmächten, Hamburg 1958

Tytell, John: Propheten der Apokalypse, Wien / München / Zürich 1979

U

Ueberschär, Gerd R. (Hg.): Der 20. Juli 1944 – Bewertung und Rezeption des deutschen Widerstandes gegen das NS-Regime, Köln 1994

Uffelmann, Uwe: Der Weg zur Bundesrepublik – Wirtschaftliche, gesellschaftliche und staatliche Weichenstellungen 1945–1949, Düsseldorf 1988

Ulbricht, Walter: Zur Geschichte der deutschen Arbeiterbewegung, Bd. VII, Ost-Berlin 1953

Ullrich, Klaus u.a. (Hg.): Afrika im Aufbruch, Leipzig 1980

Unruh, Fritz von: Friede auf Erden, Frankfurt 1948

V

Vaillant, Jérme: Der Ruf – Unabhängige Blätter der jungen Generation 1945–1949, München 1978

Vilmar, Fritz: Rüstung und Abrüstung im Spätkapitalismus – Eine sozioökonomische Analyse des Militarismus in unserer Gesellschaft, Frankfurt 1969

Vinz, Curt (Hg.): Der Ruf – Zeitung der deutschen Kriegsgefangenen in USA – Faksimile-Ausgabe, München / London / New York / Oxford / Paris 1986

Vogelsang, Thilo: Das geteilte Deutschland, München 1966

Voigt, Klaus u.a.: Friedenssicherung und europäische Einigung – Ideen des deutschen Exils 1939–1945, Frankfurt 1988

Vollnhals, Clemens (Hg.): Entnazifizierung – Politische Säuberung und Rehabilitierung in den vier Besatzungszonen 1945–1949, München 1991

Vollnhals, Clemens: Das Ministerium für Staatssicherheit – Ein Instrument totalitärer Herrschaftsausübung, Berlin 1995

Vorstand der IG Metall (Hg.): 1891–1981, Vom Deutschen Metallarbeiter-Verbund zur Industriegewerkschaft Metall, Köln 1985

Vorstand der IG Metall (Hg.): Kampf um soziale Gerechtigkeit, Mitbestimmung, Demokratie und Frieden – Die Geschichte der IG Metall seit 1945, Köln 1988

Voslensky, Michael S.: Nomenklatura – Die herrschende Klasse der Sowjetunion, Wien / München / Zürich / Innsbruck 1980

W

Wagenbach, Klaus / Stephan, Winfried / Krüger, Michael (Hg.): Vaterland, Muttersprache – Deutsche Schriftsteller und ihr Staat seit 1945, West-Berlin 1979

Walden, Jesco von: ... und morgen die ganze Welt? Die Verschwörung der braunen Paladine, Ost-Berlin 1960

Wasser, Hartmut: Die Vereinigten Staaten von Amerika – Porträt einer Weltmacht, Stuttgart 1980

Weber, Alfred: Haben wir Deutschen nach 1945 versagt? Politische Schriften, ausgewählt und eingeleitet von Christa Dericum, Frankfurt 1982

Weber, Elisabeth: Die Opposition gegen die Blockbindung Deutschlands 1945–1955, Frankfurt 1983

Weber, Hermann: DDR – Grundriß der Geschichte 1945–1981, Hannover 1982

Weber, Hermann: Kleine Geschichte der DDR, Köln 1980

Weber, Hermann / Pertinex, Lothar: Schein und Wirklichkeit in der DDR – 65 Fragen an die SED, Stuttgart 1958

Weber, Hermann: Die Sozialistische Einheitspartei Deutschlands 1946–1971, Hannover 1971

Weber, Hermann: Die Wandlung des deutschen Kommunismus, Band 1-2, Frankfurt 1969

Weber, Hermann: Konflikte im Weltkommunismus – Eine Dokumentation zur Krise Moskau-Peking, München 1964

Weber, Hermann: Völker, hört die Signale – Der deutsche Kommunismus 1916-1966, München 1967

Weber, Hermann: Von der SBZ zur DDR – 1945-1968, Hannover 1966

Weber, Hermann: Weiße Flecken in der Geschichte – Die KPD-Opfer der Stalinschen Säuberungen und ihre Rehabilitierung, Frankfurt 1989

Weber, Josef: Der Kriegsdienstverweigerer und seine Verantwortung, Speyer 1956

Weber, Josef: Die NATO und die Entwicklung des westdeutschen Militarismus, Düsseldorf 1960

Weber, Jürgen: Gründung des neuen Staates, München 1981

Weber, Jürgen: Die Bundesrepublik wird souverän 1950-1955, München 1986

Weber, Wolfgang: DDR – 40 Jahre Stalinismus: Ein Beitrag zur Geschichte der DDR, Essen 1993

Wegner, Arthur: Strafrecht – Allgemeiner Teil, Göttingen 1951

Wehner, Herbert (Hg.): Frau Abgeordnete, Sie haben das Wort – Bundestagsreden sozialdemokratischer Parlamentarierinnen 1949-1979, Bonn 1980

Wehner, Herbert: Bundestagsreden, Bonn 1977

Wehner, Herbert: Wandel und Bewährung – Ausgewählte Reden und Schriften 1930-1967, Frankfurt 1970

Wehner, Herbert: Zeugnis – Persönliche Notizen 1929-1942, Halle / Leipzig 1990

Weiler, Heinrich: Vietnam – Eine völkerrechtliche Analyse des amerikanischen Krieges und seiner Vorgeschichte, Meisenheim am Glan 1973

Weizsäcker, Carl Friedrich von: Atomenergie und Atomzeitalter – Zwölf Vorlesungen, Frankfurt 1957

Weizsäcker, Carl Friedrich von: Der bedrohte Friede – Politische Aufsätze 1945-1981, München / Wien 1981

Weltsch, Robert (Hg.): Deutsches Judentum – Aufstieg und Krise – Gestalten, Ideen, Werke – Vierzehn Monographien, Stuttgart 1963

Wendorff, Rudolf: Zeit und Kultur – Geschichte des Zeitbewußtseins in Europa, Opladen 1980

Wengst, Udo: Auftakt zur Ära Adenauer – Koalitionsverhandlungen und Regierungsbildung 1949, Düsseldorf 1985

Wenzel, Fritz: Die Verantwortung des Christen für den Frieden, Bielefeld 1962

Werkentin, Falco: Politische Strafjustiz in der Ära Ulbricht, Berlin 1995

Werkentin, Falco: Die Restauration der Polizei – Innere Rüstung von 1945 bis zur Notstandsgesetzgebung, Frankfurt / New York 1984

Werth, Alexander: Der zögernde Nachbar – Frankreich, Düsseldorf 1957

Wessel, Helene: Der Weg der deutschen Demokratie, Hattingen 1946

Wessel, Helene: Von der Weimarer Republik zum demokratischen Volksstaat, Essen 1946

Westdeutscher Arbeitsausschuß der Nationalen Front des demokratischen Deutschland (Hg.): Schwarzbuch über die Pariser Verträge, Ost-Berlin 1955

Wettig, Gerhard: Entmilitarisierung und Wiederbewaffnung in Deutschland 1943-1955 – Internationale Auseinandersetzungen um die Rolle der Deutschen in Europa, München 1967

Wetzel, Juliane: Jüdisches Leben in München 1945-1951 – Durchgangsstation oder Wiederaufbau? München 1987

Weyrauch, Wolfgang (Hg.): Ich lebe in der Bundesrepublik – Fünfzehn Deutsche über Deutschland, München o.J.

White, Theodore H.: Glut in der Asche – Europa in unserer Zeit, Frankfurt 1954

Wichner, Ernst / Wiesner, Herbert: Zensur in der DDR – Geschichte, Praxis und »Ästhetik« der Behinderung von Literatur, Berlin 1991

Wieck, Hans Georg: Christliche und Freie Demokraten in Hessen, Rheinland-Pfalz, Baden und Würtenberg 1945/46, Düsseldorf 1958

Wiedemann, Erich: Wir reiten, bis wir im Blut versinken – Rassenstaat Südafrika, Hamburg 1981

Wiggershaus, Renate: Geschichte der Frauen und der Frauenbewegung in der BRD und in der DDR nach 1945, Wuppertal 1979

Wiggershaus, Rolf: Die Frankfurter Schule – Geschichte, Theoretische Entwicklung, Politische Bedeutung, München 1986

Wilczek, Bernd (Hg.): Berlin – Hauptstadt der DDR 1949-1989 – Utopie und Realität, Baden-Baden 1995

Wilczek, Bernd (Hg.): Paris 1944-1962: Dichter und Denker auf der Straße, Darmstadt 1994

Wildermuth, Rosemarie (Hg.): Heute und die 30 Jahre davor – Erzählungen, Gedichte und Kommentare zu unserer Zeit, Deutschland seit 1949, München 1979

Wildt, Michael: Der Traum vom Sattwerden – Hunger und Protest, Schwarzmarkt und Selbsthilfe in Hamburg 1945-1948, Hamburg 1986

Williams, Juan: Eyes on the prize – America's Civil Rights Years 1954-1965, New York 1987

Wilker, Lothar: Die Sicherheitspolitik der SPD 1956-1966 – Zwischen Wiedervereinigungs- und Bündnisorientierung, Bonn / Bad Godesberg 1977

Wilmowsky, Tilo Frhr. von: Warum wurde Krupp verurteilt? Legende und Justizirrtum, Stuttgart 1950

Wilson, Michael: Salz der Erde, West-Berlin 1977

Winkler, Heinrich August (Hg.): Politische Weichenstellungen in Nachkriegsdeutschland 1945-1953, Geschichte und Gesellschaft, Sonderheft 5, Göttingen 1979

Wirth, Andrzej (Hg.): »Es gibt keinen jüdischen Wohnbezirk in Warschau mehr« – Stroop-Bericht, Darmstadt / Neuwied 1976

Wittstock, Uwe: Von der Stalinallee zum Prenzlauer Berg – Wege der DDR-Literatur 1949-1989, München 1989

Wolf, Georg: Warten aufs letzte Gefecht – Aspekte des Kommunismus, Marx, Lenin, Mao, Köln 1961

Wolfe, Bertram D.: Sechs Schlüssel zum Sowjet-System, Frankfurt 1959

Wolffsohn, Michael: Die Deutschland-Akte: Juden und Deutsche in Ost und West – Tatsachen und Legenden, München 1995

Wolffsohn, Michael: Ewige Schuld? 40 Jahre deutsch-jüdisch-israelische Beziehungen, München 1988

Wolffsohn, Michael: Globalentschädigung für Israel und die Juden? Adenauer und die Opposition in der Bundesregierung, in: Herbst, Ludolf / Goschler, Konstantin (Hg.): Wiedergutmachung in der Bundesrepublik Deutschland, München 1989

Wuermeling, Henric L.: Die Weisse Liste – Umbruch der politischen Kultur in Deutschland 1945, West-Berlin 1981

Wurms, Renate: Wir wollen Freiheit, Frieden, Recht – Der internationale Frauentag – Zur Geschichte des 8. März, Frankfurt 1983

Z

Zander, Ernst: Die Kampagne gegen die Remilitarisierung in Deutschland, London 1952

Zentner, Christian: Die Kriege der Nachkriegszeit – Eine illustrierte Geschichte militärischer Konflikte seit 1945, München 1969

Zentner, Christian: Illustrierte Geschichte der Ära Adenauer, München 1984

Zentner, Christian: Illustrierte Geschichte des deutschen Kaiserreichs, München 1986

Zentner, Christian: Illustrierte Geschichte des Dritten Reiches, München 1983

Zentner, Kurt (Hg.): Aufstieg aus dem Nichts – Deutschland von 1945 bis 1953 – Eine Soziographie in zwei Bänden, Köln / West-Berlin 1954

Zentner, Kurt (Hg.): Die ersten fünfzig Jahre des XX. Jahrhunderts – Eine Schau in Wort und Bild, Band 1, Offenburg 1950

Zentner, Kurt (Hg.): Die ersten fünfzig Jahre des XX. Jahrhunderts – Eine Schau in Wort und Bild, Band 2, Offenburg 1950

Zentner, Kurt (Hg.): Die ersten fünfzig Jahre des XX. Jahrhunderts – Eine Schau in Wort und Bild, Band 3, Offenburg 1961

Ziebura, Gilbert: Die deutsch-französischen Beziehungen seit 1945 – Mythen und Realitäten, Pfullingen 1970

Zieger, Gottfried: Die Haltung von SED und DDR zur Einheit Deutschlands 1949–1987, Köln 1988

Ziesel, Kurt: Das Verlorene Gewissen – Hinter den Kulissen der Presse, der Literatur und ihrer Machtträger von heute, München 1958

Ziesel, Kurt: Die verratene Demokratie, München 1960

Zimmer, Dieter: »Auferstanden aus Ruinen« – Von der SBZ zur DDR, Stuttgart 1989

Zimmer, Jochen (Hg.): Mit uns zieht die neue Zeit – Die Naturfreunde: Zur Geschichte eines alternativen Verbandes in der Arbeiterbewegung, Köln 1984

Zimmerling, Zeno: Das Jahr – Einblicke in das erste Jahr der DDR, Ost-Berlin 1989

Zöller, Josef O.: Rückblick auf die Gegenwart – Die Entstehung der Kanzlerdemokratie, Stuttgart 1964

Zolling, Hermann / Höhne, Heinz: Pullach intern – General Gehlen und die Geschichte des Bundesnachrichtendienstes, Hamburg 1971

Zwerenz, Gerhard: Ärgernisse – Von der Maas bis an die Memel, Köln / West-Berlin 1961

Zwerenz, Gerhard: Politische Schriften, Frankfurt 1975

Zwerenz, Gerhard: Wider die deutschen Tabus, München 1962

6. Biographien, Briefe, Tagebücher

A

Abetz, Otto: Das offene Problem – Ein Rückblick auf zwei Jahrzehnte deutscher Frankreichpolitik, Köln 1951

Abusch, Alexander: Mit offenem Visier – Memoiren, Ost-Berlin 1986

Adenauer, Konrad: Erinnerungen 1945–1953, Stuttgart 1965

Adenauer, Konrad: Erinnerungen 1953–1955, Stuttgart 1966

Adenauer, Konrad: Erinnerungen 1955–1959, Stuttgart 1967

Adenauer, Konrad: Erinnerungen 1959–1963, Fragmente, Stuttgart 1968

Adolf, Walter: Kardinal Preysing und zwei Diktaturen – Sein Widerstand gegen die totalitäre Macht, West-Berlin 1971

Agee, Philip: CIA Intern – Tagebuch 1956–1974, Frankfurt 1979

Albertz, Heinrich: Dagegen gelebt – Von den Schwierigkeiten, ein politischer Christ zu sein, Reinbek 1976

Alexandrow, Victor: Das Leben des Nikita Chruschtschow – Das »Enfant terrible« des Kreml, München 1958

Allemann, Fritz René: Fidel Castro – Die Revolution der Bärte, Hamburg 1961

Allujewa, Swetlana: Zwanzig Briefe an einen Freund, Wien 1967

Améry, Jean: Der Grenzgänger – Gespräch mit Ingo Hermann in der Reihe »Zeugen des Jahrhunderts«, Göttingen 1992

Améry, Jean: Karrieren und Köpfe – Bildnisse berühmter Zeitgenossen, Zürich 1955

Anders, Günther: Der Mann auf der Brücke – Tagebuch aus Hiroshima und Nagasaki, München 1959

Anders, Günther: Die Schrift an der Wand – Tagebücher 1941–1966, München 1967

Anderson, Jack / May, Ronald: McCarthy – Der Mann, der Senator, der McCarthyismus, Hamburg 1953

Andrae, Friedrich / Gräfin Schönfeldt, Sybil (Hg.): Deutsche Demokratie von Bebel bis Heuss – Geschichte in Lebensbildern, Frankfurt / Hamburg 1968

Andreotti, Giulio: De Gasperi – Ein Kapitel italienischer Geschichte, Bonn 1967

Anne-Frank-Stichting (Hg.): Die Welt der Anne Frank 1929–1945, Amsterdam 1988

Anne-Frank-Stichting (Hg.): Über das Tagebuch der Anne Frank, das Haus und die Stiftung von ihrem Anfang bis heute, Amsterdam o.J.

Antonow-Owssejenko, Anton: Stalin – Porträt einer Tyrannei, München 1984

Ardenne, Manfred von: Ein glückliches Leben für Technik und Forschung, Zürich / München 1972

Arendt, Hannah: Menschen in finsteren Zeiten, hrsg. von Ursula Ludz, München 1989

Arendt, Hannah / Jaspers, Karl: Briefwechsel 1926–1969, hrsg. von Lotte Köhler und Hans Sauer, München / Zürich 1985

Aron, Raymond: Erkenntnis und Verantwortung – Lebenserinnerungen, München 1985

Astruc, Alexandre / Contat, Michel (Hg.): Sartre – Ein Film, Reinbek 1978

B

Baez, Joan: We shall overcome – Mein Leben, Bergisch Gladbach 1988

Bahr, Ehrhard: Ernst Bloch, West-Berlin 1974

Bahr, Hans-Eckehard: Seht, da kommt der Träumer – Unterwegs mit Martin Luther King, Stuttgart 1990

Bailey, George: Sacharow – Der Weg zur Perestroika, München 1988

Bair, Deirdre: Simone de Beauvoir – Eine Biographie, München 1990

Bamberg, Hans-Dieter: Über Werdegang, Aktivitäten und Ansichten des Rainer Barzel, Köln 1972

Bar-Zohar, Michael: David Ben Gurion, 40 Jahre Israel – Die Biographie des Staatsgründers, Bergisch-Gladbach 1988

Barzel, Rainer (Hg.): Karl Arnold – Grundlegung christdemokratischer Politik in Deutschland, Bonn 1960

Baumann, Wolf-Rüdiger / Fochler-Hauke, Gustaf: Biographien zur Zeitgeschichte seit 1945, Frankfurt 1985

Bazer, Hans E.: Verkaufte Jahre – Ein deutscher Fremdenlegionär berichtet seine Erlebnisse in Indochina und Nordafrika, Gütersloh 1958

Beauvoir, Simone de: Alle Menschen sind sterblich, Stuttgart 1949

Beauvoir, Simone de: Alles in allem, Reinbek 1974

Beauvoir, Simone de: Amerika – Tag und Nacht, Hamburg 1950

Beauvoir, Simone de: In den besten Jahren, Reinbek 1961

Beauvoir, Simone de: Der Lauf der Dinge, Reinbek 1970

Beauvoir, Simone de: Die Mandarins von Paris, Hamburg 1955

Beauvoir, Simone de: Memoiren einer Tochter aus gutem Hause, Reinbek 1960

Beauvoir, Simone de: Die Zeremonie des Abschieds, Reinbek 1983

Bedell Smith, Walter: Meine drei Jahre in Moskau, Hamburg 1950

Bennett, Lerone: Martin Luther King – Freiheitskämpfer und Friedens-Nobelpreisträger, West-Berlin 1965

Benson, Mary: Nelson Mandela – die Hoffnung Südafrikas, Reinbek 1986

Bentley, James: Martin Niemöller – Eine Biographie, München 1985

Bermann Fischer, Gottfried: Bedroht – Bewahrt – Der Weg eines Verlegers, Frankfurt 1967

Bernhardi, Peter: Rudi Dutschke, Frankfurt 1987

Berninger, Ernst H.: Otto Hahn, Reinbek 1979

Biemel, Walter: Martin Heidegger, Reinbek 1973

Biemel, Walter: Jean-Paul Sartre, Reinbek 1971

Blank, Richard: Schah Reza – der letzte deutsche Kaiser, Hamburg 1979

Blankenhorn, Herbert: Verständnis und Verständigung – Blätter eines politischen Tagebuchs 1949 bis 1979, Frankfurt 1980

Bloch, Ernst: Briefe 1903–1975, Bd. I u. II, hrsg. von Karola Bloch u.a., Frankfurt 1985

Bloch, Karola: Aus meinem Leben, Pullingen 1981

Bloch, Karola / Reif, Adelbert (Hg.): »Denken heißt Überschreiten« – In memoriam Ernst Bloch 1885–1977, Köln / Frankfurt 1978

Bloch, Karola / Schröter, Welf (Hg.): Lieber Genosse Bloch... Briefe Rudi Dutschkes an Karola und Ernst Bloch, Mössingen-Talheim 1988

Bockel, Rolf von / Lützenkirchen, Harald: Kurt Hiller – Erinnerungen und Materialien, Hamburg 1992

Bonn, Gisela: Nehru – Annäherungen an einen Staatsmann und Philosophen, Frankfurt 1992

Bonner, Jelena: In Einsamkeit vereint, München 1986

Bordihn, Peter: Bittere Jahre am Polarkreis – Als Sozialdemokrat in Stalins Lagern, Berlin 1990

Boris, Peter: Die sich lossagten – Stichworte zu Leben und Werk von 461 Exkommunisten und Dissidenten, Köln 1983

Borkenau, Franz: Kampfplatz Spanien – Politische und soziale Konflikte im Spanischen Bürgerkrieg – Ein Augenzeugenbericht, Stuttgart 1986

Borkenau, Franz: The Spanish Cockpit – An Eye-Witness Account of the Political and Social Conflicts of the Spanish Civil War, London 1938

Borkowski, Dieter: Für jeden kommt der Tag ... Stationen einer Jugend in der DDR, Frankfurt 1981

Borkowski, Dieter: In der Heimat, da gibt's ein Wiedersehn – Erlebtes und Erfahrenes 1955–1972, Frankfurt 1984

Bourne, Peter G.: Fidel Castro, Düsseldorf 1988

Boveri, Margret: Verzweigungen – Eine Autobiographie, hrsg. von Uwe Johnson, München 1977

Bower, Tom: Klaus Barbie – Lyon, Augsburg, La Paz – Karriere eines Gestapo-Chefs, West-Berlin 1984

Brandt, Heinz: Ein Traum, der nicht entführbar ist – Mein Weg zwischen Ost und West, München 1967

Brandt, Peter / Schuhmacher, Jörg / Schwarzrock, Götz / Sühl, Klaus: Karrieren eines Außenseiters – Leo Bauer zwischen Kommunismus und Sozialdemokratie 1912 bis 1972, Bonn 1983

Brandt, Willy: Begegnungen und Einsichten – Die Jahre 1960–1975, Hamburg 1976

Brandt, Willy: Erinnerungen, West-Berlin 1989

Brandt, Willy: Links und frei – Mein Weg 1930–1950, Hamburg 1984

Brandt, Willy / Löwenthal, Richard: Ernst Reuter – Ein Leben für die Freiheit, München 1957

Bransten, Thomas R. (Hg.): David Ben Gurion – Erinnerung und Vermächtnis, Frankfurt 1971

Brecht, Bertolt: Arbeitsjournal – Zweiter Band 1942 bis 1955, Frankfurt 1974

Brecht, Bertolt: Briefe, Bd. I u. II, hrsg. von Günter Glaeser, Frankfurt 1981

Brecht, Bertolt: Tagebücher 1920–1922 / Autobiographische Aufzeichnungen 1920–1954, hrsg. von Herta Ramthun, Frankfurt 1975

Brée, Germaine: Albert Camus – Gestalt und Werk, Reinbek 1960

Brüning, Heinrich: Memoiren 1918–1934, Stuttgart 1970

Buber-Neumann, Margarete: Als Gefangene bei Stalin und Hitler, München 1949

Buch, Günther: Namen und Daten – Biographien wichtiger Personen der DDR, West-Berlin / Bonn 1973

Bundesministerium für gesamtdeutsche Fragen (Hg.): SBZ-Biographie, Bonn 1964

Buñuel, Luis: Mein letzter Seufzer – Erinnerungen, Königstein/Ts. 1983

Burg, David / Feifer, George: Solshenizyn, München 1973

Burian, Wilhelm: Psychoanalyse und Marxismus – Eine intellektuelle Biographie Wilhelm Reichs, Frankfurt 1972

Büthe, Lutz: Auf den Spuren George Orwells – Eine soziale Biographie, Hamburg 1984

Byrnes, James F.: In aller Offenheit, Frankfurt o.J.

C

Chaplin, Charles: Die Geschichte meines Lebens, Frankfurt 1964

Chruschtschow, Nikita S.: Chruschtschow erinnert sich, Reinbek 1971

Chruschtschow, Nikita S.: Skizzen zur Biographie, Berlin 1990

Chruschtschow, Sergei: Nikita Chruschtschow – Marionette des KGB oder Vater der Perestroika, München 1990

Churchill, Randolph S.: Sir Anthony Eden – Aufstieg und Fall, Bern / Stuttgart / Wien 1960

Clark, Ronald W.: Albert Einstein: Leben und Werk, München 1978

Clay, Lucius D.: Entscheidung in Deutschland, Frankfurt 1950

Clemens, Ditte: Schweigen über Lolo – Die Geschichte der Liselotte Herrmann, Ravensburg 1993

Cohen-Solal, Annie: Sartre 1905–1980, Reinbek 1988

Crick, Bernard: George Orwell – Ein Leben, Frankfurt 1984

D

Dalberg, Thomas: Franz Josef Strauß – Porträt eines Politikers, Gütersloh 1968

Day, Donald (Hg.): Franklin D. Roosevelt – Links von der Mitte – Briefe, Reden, Konferenzen, Frankfurt 1951

Deakin, F. W. / Storry, G. R.: Richard Sorge – Die Geschichte eines großen Doppelspiels, Gütersloh o.J.

Dedijer, Vladimir: Tito – Autorisierte Biographie, West-Berlin 1953

Degenhardt, Franz Josef: Brandstellen, München 1975

Delmer, Sefton: Die Deutschen und ich, Hamburg 1962

Déry, Tibor: Kein Urteil – Memoiren, Ost-Berlin 1983

Deutscher Kulturbund: Johannes R. Becher zum Gedenken, 22. Mai 1891 – 11. Oktober 1958, Ost-Berlin 1958

Deutscher, Isaac: Stalin – Eine politische Biographie, Stuttgart 1962

Dickhut, Willi: Was geschah danach? Zweiter Tatsachenbericht eines Solinger Arbeiters ab 1949, Essen 1990

Dietrich, Barbara / Perels, Joachim: Wolfgang Abendroth – Ein Leben in der Arbeiterbewegung, Frankfurt 1976

Diwersy, Alfred (Hg.): Gustav Regler – Bilder und Dokumente, Saarbrücken 1983

Djilas, Milovan: Gespräche mit Stalin, Frankfurt 1962

Djilas, Milovan: Jahre der Macht – Kräftespiel hinter dem Eisernen Vorhang – Memoiren 1945–1966, München 1983

Djilas, Milovan: Tito, München 1982

Döblin, Alfred: Autobiographische Schriften und letzte Aufzeichnungen, Frankfurt / Wien / Zürich 1978

Döblin, Alfred: Ich kannte die Deutschen, in: ders., Autobiographische Schriften und letzte Aufzeichnungen, Frankfurt / Wien / Zürich 1978, S.490f.

Döblin, Alfred: Schicksalsreise – Bericht und Bekenntnis, Frankfurt 1949

Dornberg, John: Breschnew – Profil des Herrschers im Kreml, München 1973

Dowe, Dieter: Kurt Müller (1903–1990) zum Gedenken, Bonn 1991

Duberman, Martin Bauml: Paul Robeson – A Biography, New York 1989

Dubček, Alexander: Leben für die Freiheit, München 1993

Duclos, Jacques: Memoiren III, 1945–1969, Ost-Berlin 1975

Duff, Peggy: Left, left, left – A personal account of six protest campaigns 1945–1965, London 1971

Durieux, Tilla: Meine ersten neunzig Jahre, Reinbek 1976

E

Ebert, Jens / Eschebach, Insa (Hg.): Die Kommandeuse: Erna Dorn – zwischen Nationalsozialismus und Kaltem Krieg, Berlin 1994

Eckardt, Felix von: Ein unordentliches Leben – Lebenserinnerungen, Düsseldorf 1967

Eden, Anthony: Memoiren, 1945–1957, Köln 1960

Edinger, Lewis Joachim: Kurt Schumacher – Persönlichkeit und politisches Verhalten, Köln / Opladen 1967

Ege, Konrad / Ostrowsky, Jürgen: Ronald Reagan – Eine politische Biographie, Köln 1986

Ehrenburg, Ilja: Memoiren – Menschen, Jahre, Leben, Bd.III, 1942–1965, München 1965

Einstein, Albert: Mein Weltbild, Frankfurt / West-Berlin 1968

Eisenhower, Dwight D.: Invasion – General Eisenhowers eigener Kriegsbericht, Hamburg 1949

Eisenhower, Dwight D.: Die Jahre im Weißen Haus 1953–1956, Düsseldorf/Wien 1963

Eisenhower, Dwight D.: Von der Invasion zum Sieg – General Eisenhowers eigener Kriegsbericht, Bern 1947

Emmel, Hildegard: Die Freiheit hat noch nicht begonnen – Zeitgeschichtliche Erfahrungen seit 1933, Rostock 1991

Eßer, Albert: Wilhelm Elfes 1884–1969 – Arbeiterführer und Politiker, Mainz 1990

Ettinger, Elzbieta: Hannah Arendt – Martin Heidegger – Eine Geschichte, München 1995

F

Falk, Rainer (Hg.): Nelson Mandela – Biograpisches Portrait mit Selbstzeugnissen, Köln 1986

Faulhaber, Max: »Aufgegeben haben wir nie« – Erinnerungen aus einem Leben in der Arbeiterbewegung, Marburg 1988

Fekete, Éva / Karádi, Éva: Georg Lukacs – Sein Leben in Bildern, Selbstzeugnissen und Dokumenten, Stuttgart 1981

Felfe, Heinz: Im Dienst des Gegners – 10 Jahre Moskaus Mann im BND, Hamburg 1986

Feuchtwanger, Lion: Moskau 1937 – Ein Reisebericht für meine Freunde, Amsterdam 1937

Feuchtwanger, Lion: Der Teufel in Frankreich – Erlebnisse, Frankfurt 1986

Filmer, Werner / Schwan, Heribert: Richard von Weizsäcker, Düsseldorf / Wien / New York 1991

Fischer, Ernst: Das Ende einer Illusion – Erinnerungen 1945–1955, Frankfurt 1988

Fischer, Ernst: Erinnerungen und Reflexionen, Reinbek 1969

Fischer, Lothar: George Grosz, Reinbek 1983

Fischer, Louis: Das Leben des Mahatama Gandhi, Frankfurt 1955

Fischer, Louis: Wiedersehen in Moskau – Ein Neuer Blick auf Rußland und seine Satelliten, Frankfurt 1957

Flade, Hermann: Deutsche gegen Deutsche – Erlebnisbericht aus dem sowjetzonalen Zuchthaus, Freiburg im Breisgau 1963

Flocken, Jan von / Scholz, Michael F.: Ernst Wollweber – Saboteur, Minister, Unperson, Berlin 1994

Francis, Claude / Goutier, Fernande: Simone de Beauvoir – Die Biographie, Reinbek 1989

François-Poncet, André: Zu Deutschen gesprochen, München 1958

Frank, Anne: Het Achterhuis – Dagboekbrieven 12 Juni 1942 – 1 Aug. 1944, Amsterdam 1947

Frank, Anne: Das Tagebuch der Anne Frank, Heidelberg 1950

Frank, Hans: Im Angesichts des Galgens – Deutung Hitlers und seiner Zeit auf Grund eigener Erlebnisse und Erkenntnisse, München 1953

Frank, Leonhard: Links wo das Herz ist, München 1952

Frank, Paul: Entschlüsselte Botschaft – Ein Diplomat macht Inventur, München 1985

Franken, Friedhelm (Hg.): Repräsentanten der Republik – Die deutschen Bundespräsidenten in Reden und Zeitbildern, Bonn 1989

Franz, Uli: Deng Xiaoping – Biographie, Frankfurt 1990

Frederik, Hans: Gezeichnet vom Zwielicht seiner Zeit: Herbert Wehner – Heute SPD-Vize, gestern Komintern-Agent, München 1972

Freudenhammer, Alfred / Vater, Karlheinz: Herbert Wehner – Ein Leben mit der deutschen Frage, München 1978

Friedensburg, Ferdinand: Es ging um Deutschlands Einheit – Rückblick eines Berliners auf die Jahre nach 1945, West-Berlin 1971

Friedensburg, Ferdinand: Lebenserinnerungen, Frankfurt / West-Berlin 1969

Friedmann, Friedrich Georg: Hannah Arendt – eine deutsche Jüdin im Zeitalter des Totalitarismus, München 1985

Frisch, Max: Tagebuch 1946–1949, Frankfurt 1958

Funk, Rainer: Erich Fromm, Reinbek 1983

Funke, Hajo: Die andere Erinnerung – Gespräche mit jüdischen Wissenschaftlern im Exil, unter Mitarbeit von Hans-Hinrich Harbort, Frankfurt 1989

G

Gaebler, Wolfgang (Hg.): Fritz Erler – Politik für Deutschland, Stuttgart 1968

Galbraith, John Kenneth: Leben in entscheidender Zeit – Memoiren, München 1981

Gansera, Rainer u.a.: Roberto Rosellini, München / Wien 1987

Gaus, Günter: Zur Person – Porträts in Frage und Antwort, München 1964

Gaulle, Charles de: Memoiren der Hoffnung – Die Wiedergeburt 1958–1962, Wien / München / Zürich 1971

Gebhardt, Manfred: Jupp Angenfort – ein Porträt, Ost-Berlin 1976

Gehlen, Reinhard: Der Dienst – Erinnerungen 1942–1971, Mainz 1971

Gerstenmaier, Eugen: Streit und Frieden hat seine Zeit – Ein Lebensbericht, Frankfurt / West-Berlin / Wien 1981

Gide, André: Reisen, Stuttgart 1966

Gies, Miep: Meine Zeit mit Anne Frank, Bern / München 1987

Giordano, Ralph: Die Partei hat immer Recht, West-Berlin 1980

Glotz, Peter / Langenbucher, Wolfgang R. (Hg.): Vorbilder für Deutsche – Korrektur einer Heldengalerie, München 1974

Gniffke, Erich W.: Jahre mit Ulbricht, Köln 1966

Goldmann, Nahum: Mein Leben als deutscher Jude, München / Wien 1980

Goldmann, Nahum: Mein Leben – USA, Europa, Israel, München / Wien 1981

Gollwitzer, Helmut: ...und führen, wohin du nicht willst – Bericht einer Gefangenschaft, München 1953

Goodchild, Peter: J. Robert Oppenheimer – Eine Bildbiographie, Basel 1982

Goral, Arie: An der Grenzscheide: Kein Weg als Jude und Deutscher? Hamburg 1994

Gosewinkel, Dieter: Adolf Arndt – Die Wiederbegründung des Rechtsstaats aus dem Geist der Sozialdemokratie 1945-1961, Bonn 1991

Gowers, Andrew / Walker, Tony: Arafat – Hinter dem Mythos, Hamburg 1990

Greffrath, Matthias (Hg.): Die Zerstörung einer Zukunft – Gespräche mit emigrierten Sozialwissenschaftlern, Reinbek 1979

Greffrath, Matthias / Kerbs, Diethart: Robert Jungk – Zeitgenossen II, West-Berlin 1988

Grigorenko, Pjotr: Erinnerungen, München 1981

Grimm, Tilemann: Mao Tse-tung, Reinbek 1968

Grosz, George: Ein kleines Ja und ein großes Nein – Sein Leben von ihm selbst erzählt, Reinbek 1974

Grosser, Alfred: Mein Deutschland, Hamburg 1993

Guevara, Ernesto Ché: Cubanisches Tagebuch, hrsg. von Horst-Eckart Gross, Ausgewählte Werke Bd. 2, Bonn 1992

Guevara, Ernesto: Mein Sohn Ché, Hamburg 1986

Günter-Neumann-Stiftung, Berlin (Hg.): Günter Neumann und seine Insulaner 1948–1964, Berlin 1995

Gumnior, Helmut / Ringguth, Rudolf: Max Horkheimer, Reinbek 1973

H

Habe, Hans: Ich stelle mich, München, West-Berlin 1986

Halperin, Ernst: Der siegreiche Ketzer – Titos Kampf gegen Stalin, Köln 1957

Hammarskjöld, Dag: Zeichen am Weg, München / Zürich 1965

Hamm-Brücher, Hildegard / Rudolph, Hermann: Theodor Heuss – Eine Bildbiographie, Stuttgart 1983

Harich, Wolfgang: Keine Schwierigkeiten mit der Wahrheit – Zur nationalkommunistischen Opposition 1956 in der DDR, Berlin 1993

Harlan, Veit: Im Schatten meiner Filme, Gütersloh 1966

Harpprecht, Klaus: Ernst Reuter – Ein Leben für die Freiheit, München 1957

Harpprecht, Klaus: Willy Brandt, München 1970

Harpprecht, Klaus: Willy Brandt – Porträt und Selbstporträt, München 1990

Härtling, Peter (Hg.): »Ich war für all das zu müde« – Briefe aus dem Exil, Hamburg 1991

Haumann, Arnold: »Gott mit uns«? Zwischen Weltkrieg und Wende – Widerspruch eines politisch engagierten Theologen, Bonn 1992

Havemann, Robert: Dokumente eines Lebens, Berlin 1991

Havemann, Robert: Fragen, Antworten, Fragen – Aus der Biograpie eines deutschen Marxisten, Frankfurt 1972

Hay, Eva: Auf beiden Seiten der Barrikade – Erinnerungen, Leipzig 1994

Hay, Julius: Geboren 1900, München, Wien 1977

Healey, Dorothy / Isserman, Maurice: Dorothy Healey Remembers – A Life in the American Communist Party, New York / Oxford 1990

Hecht, Werner (Hg.): Bertolt Brecht – Sein Leben in Bildern und Texten, Frankfurt 1978

Heinemann, Gustav W.: Was Dr. Adenauer vergißt – Notizen zu einer Biographie, in: Frankfurter Hefte, 11. Jg., Heft 7, Juli 1956, S. 455–472

Heinrichs, Hans-Jürgen (Hg.): Franz Josef Strauß – Der Charakter und die Maske – Der Progressive und der Konservative, Der Weltmann und der Hinterwäldler, Frankfurt 1989

Hellman, Lillian: Scoundrel time, New York 1977

Hellman, Lillian: Eine unfertige Frau – Ein Leben zwischen Dramen, Frankfurt 1975

Hellman, Lillian: Die Zeit der Schurken, Frankfurt 1979

Hembus, Joe: Charlie Chaplin und seine Filme, München 1972

Heng, Liang / Shapiro, Judith: Ich, Liang Heng, Sohn der Revolution, München 1984

Herking, Ursula: Danke für die Blumen, Gütersloh / Wien 1973

Hermann, Arnim: Werner Heisenberg, Reinbek 1979

Herneck, Friedrich: Albert Einstein, Leipzig 1982

Herzfelde, Wieland: John Heartfield, Dresden 1971

Herzfelde, Wieland: Zur Sache geschrieben und gesprochen zwischen 18 und 80, Ost-Berlin 1976

Hess, Ilse: England – Nürnberg – Spandau – ein Schicksal in Briefen, Leoni am Starnberger See 1952

Hess, Ilse: Gefangener des Friedens – Neue Briefe aus Spandau, Leoni am Starnberger See 1955

Hetmann, Frederik: Ich habe sieben Leben – Die Geschichte des Ernesto Guevara genannt Ché, Weinheim / Basel 1972

Hetmann, Frederik: Martin Luther King, Hamburg 1979

Heuer, Wolfgang: Hannah Arendt, Reinbek 1987

Heusinger, Adolf: Befehl im Widerstreit – Schicksalsstunden der deutschen Armee 1923–1945, Tübingen 1950

Heym, Stefan: Nachruf, München 1988

Hilberg, Raul: Unerbetene Erinnerung – Der Weg eines Holocaust-Forschers, Frankfurt 1994

Hildebrandt, Dieter: Was bleibt mir übrig – Anmerkungen zu (meinen) 30 Jahren Kabarett, München 1986

Hillebrand, Bruno: Benn, Frankfurt 1986

Hiller, Kurt: Köpfe und Tröpfe – Profile aus einem Vierteljahrhundert, Hamburg / Stuttgart 1950

Hiller, Kurt: Leben gegen die Zeit (Eros), Reinbek 1973

Hiller, Kurt: Ratioaktiv – Reden 1914–1964 – Ein Buch der Rechenschaft, Wiesbaden 1966

Hiller, Kurt: Roter Ritter – Erlebnisse mit deutschen Kommunisten, Gelsenkirchen 1950

Hippe, Oskar: ...und unsere Fahn' ist rot – Erinnerungen an sechzig Jahre in der Arbeiterbewegung, Hamburg 1979

Hiss, Alger: In the court of public opinion, New York 1957

Hoare, Samuel: Gesandter in besonderer Mission, Hamburg 1949

Hocevar, Rolf K. / Maier, Hans / Weinacht, Paul-Ludwig: Politiker des 20. Jahrhunderts – Bd. 1, Die Epoche der Weltkriege, München 1970

Hocevar, Rolf K. / Maier, Hans / Weinacht, Paul-Ludwig: Politiker des 20. Jahrhunderts – Bd. 2, Die geteilte Welt, München 1971

Hoffmann, Christine Gabriele: Heinrich Böll, Hamburg 1977

Hoffmann, Dieter (Hg.): Robert Havemann – Dokumente eines Lebens, Berlin 1991

Honecker, Erich: Aus meinem Leben, Ost-Berlin 1981

Horchem, Hans Josef: Auch Spione werden pensioniert, Herford 1993

Hoven, Herbert (Hg.): Der unaufhaltsame Selbstmord des Botho Laserstein – Ein deutscher Lebenslauf, Frankfurt 1990

Hyde, Douglas: ...anders als ich glaubte – Der Weg eines Revolutionärs, Freiburg 1952

I

Ibárruri, Dolores: Der ewige Weg – Erinnerungen, Köln 1989

Igazságot, Ismeroek dz: Kissinger – Person, Politik, Hintermänner, Euskirchen 1974

Isaacson, Walter: Kissinger – Eine Biographie, Berlin 1993

J

Jacobs, Peter: Yassir Arafat – Versuch einer Lebensbeschreibung, Dortmund 1985

Jacobsen, Wolfgang u.a.: Alain Resnais, München / Wien 1990

Jahnke, Karl-Heinz: »... ich bin nie ein Parteifeind gewesen« – Der tragische Weg der Kommunisten Fritz und Lydia Sperling, Bonn 1993

Jander, Martin: Theo Pirker über Pirker, Marburg 1988

Janka, Walter: Schwierigkeiten mit der Wahrheit, Reinbek 1989

Janka, Walter: Spuren eines Lebens, Berlin 1991

Jaretzky, Reinhold: Lion Feuchtwanger, Reinbek 1984

Jendricke, Bernhard: Alfred Andersch, Reinbek 1988

Jeske, Wolfgang / Zahn, Peter: Lion Feuchtwanger oder Der arge Weg der Erkenntnis, Stuttgart 1984

John, Otto: »Falsch und zu spät« – Der 20. Juli 1944, Epilog, München, West-Berlin 1984

John, Otto: Ich wählte Deutschland, o.A.

John, Otto: Zweimal kam ich heim – Vom Verschwörer zum Schützer der Verfassung, Düsseldorf 1969

Johnson, Uwe: Begleitumstände – Frankfurter Vorlesungen, Frankfurt 1980

Johnston, William: King, London 1979

Jungclas, Georg: Von der proletarischen Freidenkerjugend im Ersten Weltkrieg zur Linken der siebziger Jahre – 1902–1975, Hamburg 1980

Jungk, Robert (Hg.): Off limits für das Gewissen – Der Briefwechsel Claude Eatherly – Günther Anders, Reinbek 1961

Just, Gustav: Zeuge in eigener Sache – Die fünfziger Jahre, Ost-Berlin 1990

K

Kaisen, Wilhelm: Meine Arbeit, mein Leben, München 1967

Kalb, Marvin / Kalb, Bernhard: Kissinger, Frankfurt / West-Berlin 1974

Kantorowicz, Alfred: Deutsche Schicksale – Intellektuelle unter Hitler und Stalin, Wien 1964

Kantorowicz, Alfred: Deutsches Tagebuch, Bd. I, München 1959

Kantorowicz, Alfred: Deutsches Tagebuch, Bd. II, München 1961

Kantorowicz, Alfred: Porträts – Deutsche Schicksale, Berlin 1947

Kantorowicz, Alfred: Spanisches Tagebuch, Ost-Berlin 1949

Kapferer, Reinhard: Charles de Gaulle – Umrisse einer politischen Biographie, Stuttgart 1985

Kardorff-Oheimb, Katharina von: Politik und Lebensbeichte, Tübingen o.J.

Kaul, Friedrich Karl: Ankläger auf der Anklagebank, Ost-Berlin 1953

Kaul, Friedrich Karl: Ich fordere Freispruch, Ost-Berlin 1955

Kaul, Friedrich Karl: Ich fordere Freispruch – Westberliner Prozesse von 1949 bis 1959, Ost-Berlin 1966

Kempner, Robert M.W.: Ankläger einer Epoche – Lebenserinnerungen, Frankfurt / West-Berlin 1986

Kesselring, Albert: Soldat bis zum letzten Tag, Bonn 1953

Kindler, Helmut: Zum Abschied ein Fest – Die Autobiographie eines deutschen Verlegers, München 1991

King, Martin Luther sen.: Die Kraft der Schwachen – Geschichte der Familie King, Stuttgart 1982

Kirkpatrick, Ivone: Im inneren Kreis – Erinnerungen eines Diplomaten, West-Berlin 1959

Klein-Viehöver, Else / Viehöver, Joseph: Hans Böckler – Ein Bild seiner Persönlichkeit, Köln / West-Berlin 1952

Koch, Peter: Konrad Adenauer – Eine politische Biographie, Reinbek 1985

Koch, Peter: Willy Brandt – Eine politische Biographie, West-Berlin / Frankfurt 1988

Koch, Thilo (Hg.): Porträts deutsch-jüdischer Geistesgeschichte, Köln 1961

Koestler, Arthur: Die Geheimschrift – Bericht eines Lebens 1932–1940, Wien / München / Basel 1955

Koestler, Arthur: Pfeil ins Blaue – Bericht eines Lebens 1905–1931, Wien / München / Basel 1953

Koestler, Arthur / Gide, André / Silone, Ignazio / Fischer, Louis / Wright, Richard / Spender, Stephen: Ein Gott, der keiner war, Zürich 1952

Koestler, Arthur / Koestler, Cynthia: Auf fremden Plätzen – Bericht über die gemeinsame Zeit, Wien / München / Zürich 1984

Kollontai, Alexandra: Autobiographie einer sexuell emanzipierten Kommunistin, hrsg. von Iring Fetscher, Wien 1975

Kollontai, Alexandra: Ich habe viele Leben gelebt, Ost-Berlin 1980

Kolman, Arnost: Die verirrte Generation – So hätten wir nicht leben sollen – Eine Autobiographie, Frankfurt 1982

König, René: Leben im Widerspruch – Versuch einer intellektuellen Autobiographie, München / Wien 1980

Konrad Adenauer – Porträt eines Staatsmannes – eine Bilddokumentation, Gütersloh 1966

Kopácsi, Sándor: Die ungarische Tragödie – Wie der Aufstand von 1956 liquidiert wurde – Erinnerungen des Polizeipräsidenten von Budapest, Frankfurt 1979

Köpke, Wulf: Lion Feuchtwanger, München 1983

Kopp, Otto: Adenauer – Eine biographische und politische Dokumentation, Stuttgart 1963

Kordon, Klaus: Die Zeit ist kaputt – Die Lebensgeschichte des Erich Kästner, Weinheim – Basel 1995

Kordt, Erich: Nicht aus den Akten ... Die Wilhelmstraße in Frieden und Krieg – Erlebnisse, Begegnungen und Eindrücke 1928–1945, Stuttgart 1950

Körner, Klaus: »Berlin bleibt frei« – Arno Scholz, der »Telegraf« und der arani-Verlag, in: Aus dem Antiquariat, München 6/1995, Beilage zum Börsenblatt für den Deutschen Buchhandel Nr.52, 30. Juni 1995, S. A201–A213

Körner, Klaus: Eugen Kogon als Verleger, in: Aus dem Antiquariat, München 8/1994, Beilage zum Börsenblatt für den Deutschen Buchhandel Nr. 69, 30. August 1994, S. A281–A293

Körner, Klaus: Von der antibolschewistischen zur antisowjetischen Propaganda: Dr. Eberhard Taubert, in: Arnold Sywottek (Hg.), Der Kalte Krieg – Vorspiel zum Frieden? Münster 1994, S. 54–69

Kosthorst, Erich: Jakob Kaiser – Bundesminister für gesamtdeutsche Fragen 1949–1957, Stuttgart 1972

Krawtschenko, Victor A.: Ich wählte die Freiheit – Das private und politische Leben eines Sowjetbeamten, Zürich 1947

Krawtschenko, Victor A.: Schwert und Schlange, Zürich 1950

Krebs, Mario: Ulrike Meinhof – Ein Leben im Widerspruch, Reinbek 1988

Kreisky, Bruno: Zwischen den Zeiten – Erinnerungen aus fünf Jahrzehnten, München 1990

Kroll, Hans: Botschafter in Belgrad, Tokio und Moskau 1953–1962, München 1969

Kroll, Hans: Lebenserinnerungen eines Botschafters, Köln / West-Berlin 1967

Krüger, Horst: Das Ende einer Utopie – Hingabe und Selbstbefreiung früherer Kommunisten – Eine Dokumentation im zweigeteilten Deutschland, Olten / Freiburg im Breisgau 1963

Kuby, Erich: Nur noch rauchende Trümmer – Das Ende der Festung Brest – Tagebuch des Soldaten Erich Kuby, Reinbek 1959

Kuby, Erich / Kogon, Eugen / von Loewenstern, Otto / Seifert, Jürgen: Franz Josef Strauß – ein Typus unserer Zeit, Wien / München / Basel 1963

Kuhn, Hermann: Bruch mit dem Kommunismus – Über autobiographische Schriften von Ex-Kommunisten im geteilten Deutschland, Münster 1990

Kühn, Volker: Das Wolfgang Neuss Buch, Frankfurt 1984

Kuron, Jacek: Glaube und Schuld – Einmal Kommunismus und zurück, Berlin / Weimar 1991
Küster, Ingeborg: Politik – haben Sie das denn nötig? Hamburg 1983
Küster, Ingeborg: Es ist genug! Überlebens-Erinnerungen einer Pazifistin, Hamburg 1986
Küster, Otto: Israel-Tagebuch, März 1956, Köln 1958

L

Lacouture, Jean: Ho Tschi Minh, Frankfurt 1968
Landau, Edwin Maria u.a.: Reinhold Schneider – Leben und Werk im Bild, Frankfurt 1977
Lang, Jochen von: Erich Mielke – Eine deutsche Karriere, Reinbek 1993
Langhammer, Walter: Bertrand Russel, Köln 1983
Langhoff, Wolfgang: Die Moorsoldaten – 13 Monate Konzentrationslager, Zürich 1935
Lania, Leo: Willy Brandt – Mein Weg nach Berlin, München 1960
Laska, Bernd A.: Wilhelm Reich, Reinbek 1981.
Lawrezki, Josef: Ernesto Ché Guevara, Frankfurt 1975
Lawrezki, Josef: Salvador Allende, Frankfurt 1975
Leber, Georg: Vom Frieden, München 1980
Lebesque, Morvan: Albert Camus, Reinbek 1960
Lemmer, Ernst: Manches war doch anders – Erinnerungen eines deutschen Demokraten, Frankfurt 1968
Leonhard, Wolfgang: Nikita Sergejewitsch Chruschtschow – Aufstieg und Fall eines Sowjetführers, Luzern 1965
Leonhard, Wolfgang: Die Revolution entläßt ihre Kinder, Köln 1955
Leonhard, Wolfgang: Spurensuche, Köln 1992
Leudesdorff, René: Wir befreien Helgoland – Die friedliche Invasion 1950/51, Husum/Nordsee 1987
Lewis, Flora: Bauer im roten Spiegel – Das Leben des Noel H. Field, Frankfurt / West-Berlin 1965
Lewis, Peter: George Orwell – Biographie, Frankfurt / West-Berlin / Wien 1982
Lieber, Hans-Joachim: Blick zurück – Biographisches zur Hochschulpolitik in Deutschland 1945–1982, West-Berlin 1989
Liepman, Heinz: Ein deutscher Jude denkt über Deutschland nach, München 1961
Lindemann, Helmut: Gustav Heinemann – Ein Leben für die Demokratie, München 1978
Links, Roland: Alfred Döblin, München 1981
Lippert, Julius: Lächle ... und verbirg die Tränen – Erlebnisse eines deutschen »Kriegsverbrechers«, Leoni am Starnberger See 1955
Lippmann, Heinz: Honecker – Porträt eines Nachfolgers, Köln 1971
Loest, Erich: Durch die Erde ein Riß – Ein Lebenslauf, Hamburg 1981
Löwenstein, Hubertus Prinz zu: Deutschlands Schicksal 1945–1957, Bonn 1957

Lohmann, Hans-Martin: Alexander Mitscherlich, Reinbek 1987
Lohmeyer, Henno: Springer – Ein deutsches Imperium, Berlin 1992
London, Arthur: Ich gestehe – Der Prozeß um Rudolf Slánský, Hamburg 1970
Lottmann, Herbert R.: Camus – Eine Biographie, Hamburg 1986
Lüning, Hildegard: Camillo Torres – Priester, Guerrillero, Hamburg 1969
Lüth, Erich: Das ist Kanaan – Erlebnisse und Begegnungen in Israel, Hamburg 1959
Lüth, Erich: Viel Steine lagen im Weg – Ein Querkopf berichtet, Hamburg 1966
Luthuli, Albert: Let my people go – An Autobiography, London 1962

M

Mader, Julius: Dr. Sorge-Report, Ost-Berlin 1985
Madsen, Axel: Jean-Paul Sartre und Simone de Beauvoir, Düsseldorf 1980
Maier, Reinhold: Ende und Wende – Das schwäbische Schicksal 1944–1946 – Briefe und Tagebuchaufzeichnungen, Stuttgart 1948
Maier, Reinhold: Erinnerungen 1948–1953, Tübingen 1966
Mandela, Nelson: Der lange Weg zur Freiheit – Autobiographie, Frankfurt 1994
Mandela, Winnie: Ein Stück meiner Seele ging mit ihm, Reinbek 1984
Mandelstam, Nadeschda: Das Jahrhundert der Wölfe, Frankfurt 1971
Mann, Heinrich: Ein Zeitalter wird besichtigt, Düsseldorf 1974
Mann, Klaus: Der Wendepunkt – Ein Lebensbericht, München 1974
Manstein, Erich von: Verlorene Siege, Bonn 1955
Markov, Walter: Zwiesprache mit dem Jahrhundert, dokumentiert von Thomas Grimm, Köln 1990
Markun, Silvia: Ernst Bloch, Reinbek 1977
Martin, Claude: André Gide, Reinbek 1963
Mauriac, François: de Gaulle, Frankfurt / West-Berlin 1965
May, Elmar: Ché Guevara, Reinbek 1973
Mayer, Hans: Ein Deutscher auf Widerruf – Erinnerungen I, Frankfurt 1982
Mayer, Hans: Ein Deutscher auf Widerruf – Erinnerungen II, Frankfurt 1984
Mayer, Hans: Der Turm von Babel – Erinnerung an eine Deutsche Demokratische Republik, Frankfurt 1991
Mayer, Paul: Ernst Rowohlt, Reinbek 1967
Medwedjew, Schores: Zehn Jahre im Leben des Alexander Solschenizyn – Eine politische Biographie, Darmstadt / Neuwied 1973
Meer, Fatima: Nelson Mandela – Stimme der Hoffnung – Die autorisierte Biographie, aufgezeichnet von Fatima Meer, München 1989

Mehnert, Klaus: Ein Deutscher in der Welt – Erinnerungen 1906–1981, Stuttgart 1981
Meir, Golda: Leben für mein Land – Selbstzeugnisse aus Leben und Werken, Bern / München 1973
Meissner, Otto: Staatssekretär unter Ebert, Hindenburg, Hitler – Der Schicksalsweg des deutschen Volkes von 1918 – 1945: Wie ich ihn erlebte, Hamburg 1950
Meißner, Julia: Mehr Stolz, Ihr Frauen – Hedwig Dohm, eine Biographie, Düsseldorf 1987
Meneses, Enrique: Fidel Castro – Beschreibung einer Revolution, München 1968
Mercouri, Melina: Ich bin als Griechin geboren, West-Berlin 1971
Mertz, Peter: Und das wurde nicht ihr Staat – Erfahrungen emigrierter Schriftsteller mit Westdeutschland, München 1985
Meyer, Kurt: Henri Lefèbvre – Ein romantischer Revolutionär, Wien 1973
Miermeister, Jürgen: Rudi Dutschke, Reinbek 1986
Miller, Arthur: Zeitkurven – Ein Leben, Frankfurt 1987
Mindszenty, József Kardinal: Erinnerungen, Frankfurt / West-Berlin / Wien 1974
Mitscherlich, Alexander: Ein Leben für die Psychoanalyse – Anmerkungen zu meiner Zeit, Frankfurt 1980
Mittenzwei, Werner: Das Leben des Berthold Brecht oder Der Umgang mit den Welträtseln, Bd. I u. II, Ost-Berlin / Weimar 1986
Mlynar, Zdenek: Nachtfrost, Frankfurt 1978
Mochalski, Herbert (Hg.): Der Mann in der Brandung – Ein Bildbuch um Martin Niemöller, Frankfurt 1962
Monnet, Jean: Erinnerungen eines Europäers, München 1978
Montgomery, Bernard L.: Memoiren, München o.J.
Montgomery, Bernard L.: Von der Normandie zur Ostsee – Feldmarschall Montgomerys eigener Kriegsbericht, Bern 1948
Montgomery, Bernard L.: Von El Alamein zum Sangro – Von der Normandie zur Ostsee, Hamburg 1949
Moorhead, Alan: Montgomery, Bern 1947
Müller, Vincent: Ich fand das wahre Vaterland, Ost-Berlin 1963
Münz, Roland (Hg.): John Heartfield – Der Schnitt entlang der Zeit – Selbstzeugnisse, Erinnerungen, Interpretationen, Dresden 1981
Murray-Brown, Jeremy: Kenyatta, London 1972

N

Nagai, Takashi: Wir waren dabei in Nagasaki, Frankfurt 1951
Naumann, Uwe: Klaus Mann, Reinbek 1984
Nay, Catherine: Mitterand – Anatomie einer Karriere, Köln 1986
Nehru, Jawaharlal: Weltgeschichtliche Betrachtungen – Briefe an Indira, Düsseldorf 1957
Neruda, Pablo: Ich bekenne ich habe gelebt – Memoiren, Darmstadt / Neuwied 1974

Neumann, Bernd: Uwe Johnson, Hamburg 1994
Neumann, Thomas (Hg.): Albert Einstein, West-Berlin 1989
Neumann-Hoditz, Reinhold: Alexander Solschenizyn, Reinbek 1974
Neumann-Hoditz, Reinhold: Nikita S. Chruschtschow, Reinbek 1980
Niekisch, Ernst: Erinnerungen eines deutschen Revolutionärs, Bd. 2, Gegen den Strom 1945–1967, Köln 1974
Niemöller, Martin: Vom U-Boot zur Kanzel, Berlin 1934
Nixon, Richard: Memoiren, Köln 1978
Nkrumah, Kwame: Afrika muß eins werden, Leipzig 1965
Nollau, Günther: Das Amt – 50 Jahre Zeuge der Geschichte, München 1978
Norden, Albert: Ereignisse und Erlebtes, Ost-Berlin 1981
Nossik, Boris Michailowitsch: Albert Schweitzer, Leipzig 1991

O

Oates, Stephen B.: Martin Luther King, Kämpfer für Gewaltlosigkeit – Biographie, Hamburg 1984
Ollendorf Reich, Ilse: Wilhelm Reich – Das Leben des großen Psychoanalytikers und Forschers, aufgezeichnet von seiner Frau und Mitarbeiterin, München 1975
Orwell, George: Mein Katalonien, München 1964
Oschilewski, Walter G. / Paul, Ernst / Raunau, Peter: Erich Ollenhauer, der Führer der Opposition, West-Berlin 1953
Oschilewski, Walter G. / Scholz, Arno: Franz Neumann – Ein Kämpfer für die Freiheit Berlins, West-Berlin 1954
Österreich, Tina: Ich war RF – Ein Bericht, West-Berlin 1988
Ott, Hugo: Martin Heidegger – Unterwegs zu seiner Biographie, Frankfurt / New York 1988

P

Paget, Reginald T.: Manstein – Seine Feldzüge und sein Prozeß, Wiesbaden 1952
Paloczi-Horvath, Georg: Chruschtschow, Frankfurt 1960
Paloczi-Horvath, Georg: Der Herr der blauen Ameisen – Mao Tse-tung, Frankfurt 1962
Paloczi-Horvath, Georg: Stalin, Gütersloh o.J.
Papen, Franz von: Der Wahrheit eine Gasse, München 1952
Pasternak, Boris: Geleitbrief – Entwurf zu einem Selbstbildnis, Frankfurt 1958
Pätzold, Kurt (Hg.): Biographien zur deutschen Geschichte von den Anfängen bis 1945, Berlin 1991
Pearlman, Moshe: Die Festnahme des Rudolf Eichmann, Frankfurt 1961
Pelikán, Jiri: Ein Frühling, der nie zu Ende geht, Frankfurt 1975
Penrose, Roland: Picasso – Leben und Werk, München 1961
Peron, Eva: Der Sinn meines Lebens, Zürich 1952
Pierhal, Jean (d.i. Robert Jungk): Albert Schweitzer – Das Leben eines guten Menschen, München 1955
Plessner, Monika: Die Argonauten auf Long Island – Begeg-

nungen mit Hannah Arendt, Theodor W. Adorno, Gershom Scholem und anderen, Berlin 1995

Pollatschek, Walther: Philipp Müller – Held der Nation, Ost-Berlin 1952

Posser, Diether: Anwalt im Kalten Krieg – Ein Stück deutscher Geschichte in politischen Prozessen 1951–1968, München 1991

Powers, Richard G.: Die Macht im Hintergrund – J. Edgar Hoover und das FBI, München 1988

Presler, Gerd: Martin Luther King jr., Reinbek 1984

Prunkel, Gottfried / Rühle, Axel: Josip Tito, Reinbek 1973

Pu Yi: Ich war Kaiser von China – Vom Himmelssohn zum Neuen Menschen, München 1973

Q

Quang, Gérard le: Giap – General der Revolution, Wiesbaden 1973

R

Raddatz, Fritz J. (Hg.): Warum ich Marxist bin, München 1978

Rau, Heimo: Mahatma Gandhi, Reinbek 1970

Reagan, Ronald: Erinnerungen – Ein amerikanisches Leben, Berlin 1990

Regler, Gustav: Das Ohr des Malchus – Eine Lebensgeschichte, Köln / West-Berlin 1958

Reimann, Max: Entscheidungen 1945–1956, Frankfurt 1973

Reinhardt, Stephan: Alfred Andersch, Zürich 1990

Remer, Otto Ernst: Verschwörung und Verrat um Hitler, Preußisch-Oldendorf 1984

Ribbentrop, Joachim: Zwischen London und Moskau – Erinnerungen und letzte Aufzeichnungen, Leoni am Starnberger See 1953

Richardi, Hans-Günther u.a. (Red.): Lebensläufe – Schicksale von Menschen, die im KZ Dachau waren, Dachauer Dokumente Bd.2, Dachau 1990

Richter, Hans Werner: Im Etablissement der Schmetterlinge – Einundzwanzig Portraits aus der Gruppe 47, München 1986

Riemeck, Renate: Ich bin ein Mensch für mich – aus einem unbequemen Leben, Stuttgart 1992

Ristock, Harry: Neben dem roten Teppich – Begegnungen, Erfahrungen und Visionen eines Politikers, Berlin 1991

Ritzel, Heinrich Georg: Kurt Schumacher, Reinbek 1986

Robertson, John: John Lennon, Königswinter 1992

Robinson, David: Chaplin – Sein Leben, seine Kunst, Zürich 1989

Rodger, Mike E.: Elvis Presley – Eine Biografie mit vollständiger bebilderter Disco- und Filmographie, Leer/Ostfriesland 1977

Röhl, Klaus Rainer: Fünf Finger sind keine Faust, Köln 1974

Röhl, Klaus Rainer: Linke Lebenslügen – Eine überfällige Abrechnung, Berlin 1994

Rojo, Ricardo: Ché Guevara – Leben und Tod eines Freundes, Frankfurt 1968

Rokossowski, Konstantin Konstantinowitsch: Soldatenpflicht – Erinnerungen eines Frontoberbefehlshabers, Moskau 1968

Rolfs, Jan (d.i. Ralph Giordano): Westdeutsches Tagebuch – Vom Kampf der jungen Garde, Ost-Berlin 1953

Roosevelt, Eleanor: Wie ich es sah... Politisches und Privates um Franklin D. Roosevelt, Wien / Stuttgart 1951

Rosenberg, Ethel / Rosenberg, Julius: Briefe aus dem Totenhaus, Ost-Berlin 1954

Rosenthal Hans: Zwei Leben in Deutschland, Bergisch-Gladbach 1980

Rudorf, Reginald: Nie wieder links – Eine deutsche Reportage, Frankfurt / Berlin 1990

Rudzka, Marta: Workuta – Weg zur Knechtschaft, Zürich 1948

Rühmkorf, Peter: Die Jahre die Ihr kennt – Anfälle und Erinnerungen, Reinbek 1972

Russell, Bertrand: Autobiografie, Bd. III, 1944–1967, Frankfurt 1974

Russell, Bertrand: Briefe aus den Jahren 1950–1968, Frankfurt 1970

S

Sacharow, Andrej: Ein Porträt aus Dokumenten, Erinnerungen und Photos, Leipzig / Weimar 1991

Sacharow, Andrej: Furcht und Hoffnung, Wien / München / Zürich 1980

Sadat, Anwar El: Unterwegs zur Gerechtigkeit – Auf der Suche nach Identität: Die Geschichte meines Lebens, Wien / München / Zürich / Innsbruck 1981

Salinger, Pierre: Mit J.F. Kennedy – Der Bericht eines seiner engsten Mitarbeiter, Düsseldorf 1967

Salvatore, Gaston: Ein faltenreiches Kind – Gaston Salvatore erzählt die Geschichte des Mannes mit der Pauke: Wolfgang Neuss, Frankfurt 1974

Sandvoss, Ernst R.: Bertrand Russell, Reinbek 1980

Saner, Hans: Karl Jaspers, Reinbek 1982

Sänger, Fritz: Der Freiheit dienen, Göttingen 1985

Sartre, Jean-Paul: Porträts und Perspektiven, Reinbek 1971

Sartre, Jean-Paul: Sartre über Sartre – Autobiographische Schriften, Bd.2, hrsg. von Traugott König, Reinbek 1977

Sauermann, Uwe: Ernst Niekisch – Zwischen allen Fronten, München / West-Berlin 1980

Scaduto, Anthony: Bob Dylan – Eine indiskrekte Biografie, Frankfurt 1979

Schaber, Will: Profile der Zeit – Begegnungen in sechs Jahrzehnten, hrsg. von Manfred Bosch, Eggingen 1992

Schäfer, Peter: Die Präsidenten der USA im 20. Jahrhundert – Biographien, Daten, Dokumente, Berlin 1990

Scheible, Hartmut: Theodor W. Adorno, Reinbek 1989

Schejuds, Sinowi: Alexandra Kollontai – Das Leben einer ungewöhnlichen Frau, Ost-Berlin 1987

Schellenberg, Walter: Memoiren, hrsg. von Gita Petersen, Köln 1959

Schenk, Fritz: Im Vorzimmer der Diktatur, Köln / West-Berlin 1962

Schenke, Wolf: Siegerwille und Unterwerfung – Auf dem Irrweg zur Teilung, Erinnerungen 1945–1955, München 1988

Schenkel, Gotthilf: Mahatma Gandhi – Leben und Werk, Stuttgart 1949

Schickel, Richard: Marlon Brando – Tango des Lebens – Eine Biographie, München 1992

Schirdewan, Karl: Aufstand gegen Ulbricht, Berlin 1994

Schmid, Carlo: Erinnerungen, Bern / München / Wien 1979

Schmitt, Karl Heinz: Im Dienst des Hohen Hauses: 1949–1991 – Der Platzmeister erzählt, Stuttgart 1995

Schmückle, Gerd: Ohne Pauken und Trompeten – Erinnerungen an Krieg und Frieden, Stuttgart 1982

Schnabel, Ernst: Anne Frank: Spur eines Kindes – Ein Bericht, Frankfurt / Hamburg 1958

Scholz, Günther: Herbert Wehner, Düsseldorf / Wien 1986

Scholz, Günther: Kurt Schumacher, Düsseldorf 1988

Schottlaender, Rudolf: Trotz allem ein Deutscher – Mein Lebensweg seit Jahrhundertbeginn, Freiburg 1986

Schram, Stuart R.: Mao Tse-tung, Frankfurt 1969

Schreiner, Klaus Peter: Die Zeit spielt mit – Die Geschichte der Lach- und Schießgesellschaft, München 1976

Schröder, Hans-Christoph: George Orwell – Eine intellektuelle Biographie, München 1988

Schröter, Klaus: Heinrich Mann, Reinbek 1983

Schröter, Klaus: Thomas Mann, Reinbek 1983

Schubert, Elke: Günther Anders, Reinbek 1992

Schukow, Georgi K.: Erinnerungen und Gedanken, Stuttgart 1969

Schwarz, Hans-Peter: Adenauer – Der Aufstieg, 1876–1952, Stuttgart 1986

Schwarz, Hans-Peter: Adenauer – Der Staatsmann, 1952–1967, Stuttgart 1991

Schweitzer, Albert: Aus meinem Leben und Denken, Leipzig 1947

Schweitzer, Albert: Zwischen Wasser und Urwald – Erlebnisse und Beobachtungen eines Arztes im Urwalde Äquatorialafrikas, München o.J.

Schweitzer, Otto: Pier Paolo Pasolini, Reinbek 1986

Schwelien, Joachim: John F. Kennedy, Hamburg 1976

Schwenger, Hannes: Ernst Reuter – Ein Zivilist im Kalten Krieg, München / Zürich 1987

Schwerte, Hans / Spengler, Wilhelm (Hg.): Denker und Deuter im heutigen Europa, Bd. I u. II, Oldenburg / Hamburg 1954

Scott King, Coretta: Mein Leben mit Martin Luther King, Stuttgart 1970

Seebacher-Brandt, Brigitte: Ollenhauer – Biedermann und Patriot, West-Berlin 1984

Seeliger, Rolf: Rainer Barzel – Kronprinz im Zwielicht, München 1966

Semprún, Jorge: Federico Sánchez – Eine Autobiographie, Hamburg 1978

Senger, Valentin: Kaiserhofstraße 12, Darmstadt / Neuwied 1978

Senger, Valentin: Kurzer Frühling – Erinnerungen, Hamburg 1992

Servan-Schreiber, Jean-Jacques: Leutnant in Algerien, Hamburg 1957

Siciliano, Enzo: Pasolini – Leben und Werk, Frankfurt 1968

Siebig, Karl: »Ich geh mit dem Jahrhundert mit« – Ernst Busch – Eine Dokumentation, Reinbek 1980

Sinclair, Andrew: Ché Guevara, München 1972

Smedley, Agnes: Eine Frau allein – Mein Lebensroman, Ost-Berlin 1951

Smedley, Agnes: Tochter der Erde – Mein Lebensroman, München 1976

Soden, Kristine von (Hg.): Simone de Beauvoir, West-Berlin 1989

Soell, Hartmut: Fritz Erler – Eine politische Biographie, Band 1 und 2, West-Berlin / Bonn / Bad Godesberg 1976

Sonntag, Heinz Rudolf: Ché Guevara und die Revolution, Frankfurt / Hamburg 1968

Spaak, Paul-Henri: Memoiren eines Europäers, Hamburg 1969

Spangenberg, Eberhard: Karriere eines Romans – Mephisto, Klaus Mann und Gustaf Gründgens, Reinbek 1986

Speidel, Hans: Aus unserer Zeit – Erinnerungen, West-Berlin / Frankfurt / Wien 1977

Speidel, Hans: Invasion 1944 – Ein Beitrag zu Rommels und des Reiches Schicksal, Tübingen / Stuttgart 1949

Spiel, Hilde: Welche Welt ist meine Welt? Erinnerungen 1946–1989, München 1990

Staub, Hans O.: De Gaulle – Träumer oder Realist? Luzern / Frankfurt 1966

Steffahn, Harald: Albert Schweitzer, Reinbek 1984

Stern, Carola: Ulbricht – Eine politische Biographie, Frankfurt 1964

Stern, Carola: Willy Brandt, Reinbek 1988

Sternburg, Wilhelm von: Adenauer – Eine deutsche Legende, Frankfurt o.J.

Sternburg, Wilhelm von: Lion Feuchtwanger – Ein deutsches Schriftstellerleben, Königstein/Ts. 1984

Strauss, Lewis L.: Kette der Entscheidungen – Amerikas Weg zur Atommacht, Düsseldorf 1964

Strauß, Franz Josef: Die Erinnerungen, West-Berlin 1989

Strecker, Reinhard M.: Dr. Hans Globke, Hamburg 1961

Sugimoto, Kenji: Albert Einstein – Die kommentierte Bilddokumentation, München 1987

Sündermann, Helmut: Alter Feind – was nun? Wiederbegegnung mit England und Engländern, Leoni am Starnberger See 1956

Susman, Margarete: Ich habe viele Leben gelebt – Erinnerungen, Stuttgart 1964

Suyin, Han: Die Morgenflut – Mao Tse-tung – Ein Leben für die Revolution, Frankfurt 1975

T

Tau, Max: Das Land, das ich verlassen mußte, Hamburg 1961

Terrill, Ross: Mao – Eine Biographie, Hamburg 1981

Theodorakis, Mikis: Mein Leben für die Freiheit, Bern / München / Wien 1972

Thomas, Michael: Deutschland, England über alles – Rückkehr als englischer Besatzungsoffizier, München 1987

Thomas, Tony: Marlon Brando und seine Filme, München 1981

Tibol, Raquel: Frida Kahlo, Frankfurt 1980

Tichy, Wolfram: Charlie Chaplin, Reinbek 1974

Tillmann, Heinz (Hg.): Biographien zur Weltgeschichte – Lexikon, Köln 1989

Tjulpanow, Sergej I.: Erinnerungen an deutsche Freunde und Genossen, Ost-Berlin 1984

Töteberg, Michael: John Heartfield, Reinbek 1978

Tracey, Michael: Mit dem Rundfunk Geschichte gemacht: Sir Hugh Greene, West-Berlin 1984

Trepper, Leopold: Die Wahrheit – Autobiographie, München 1975

Truman, Harry S.: Memoiren Band I – Das Jahr der Entscheidungen (1945), Stuttgart 1955

Truman, Harry S.: Memoiren Band II – Jahre der Bewährung und des Hoffens (1946–1953), Stuttgart 1956

Tumanov, Oleg: Geständnisse eines KGB-Agenten, Berlin 1993

U

Uexküll, Gösta von: Konrad Adenauer, Reinbek 1976

Uwe-Johnson-Archiv (Hg.): Uwe Johnson – Es ist eine Welt gegen die Welt zu halten, Frankfurt 1991

V

Valtin, Jan: Tagebuch der Hölle, Köln / West-Berlin 1957

Völker, Klaus: Bertolt Brecht – Eine Biographie, München / Wien 1976

Vormweg, Heinrich: Günter Grass, Reinbek 1986

Vosske, Heinz: Otto Grotewohl, Leipzig 1979

Vosske, Heinz: Walter Ulbricht – Biographischer Abriß, Ost-Berlin 1983

Vosske, Heinz (Hg.): Wilhelm Pieck (1876–1960) – Bilder und Dokumente aus seinem Leben, Ost-Berlin 1975

W

Wagner, Guy: Mikis Theodorakis – Eine Biographie, Echternach (Luxemburg) 1983

Wahls, Werner (Red.): Harenbergs Personenlexikon 20. Jahrhundert – Daten und Leistungen, Dortmund 1992

Wahrhaftig, Samuel: Franz Josef Strauß, München / Bern / Wien 1965

Wang, Anna: Ich kämpfte für Mao – Eine deutsche Frau erlebt die chinesische Revolution, Hamburg 1964

Warnke, Helmuth: Bloß keine Fahnen, Hamburg 1988

Wassermann, Charles: Tagebuch der Freiheit – Als Reporter in Ungarn und Polen, Düsseldorf 1957

Wehr, Martin: Martin Buber, Reinbek 1968

Wein, Martin: Die Weizsäckers – Geschichte einer deutschen Familie, München 1991

Weißberg, Alex: Die Geschichte von Joel Brand, Köln 1956

Weissberg-Cybulski, Alexander: Hexensabbat – Rußland im Schmelztiegel der Säuberungen, Frankfurt 1951

Weizmann, Chaim: Memoiren – Das Werden des Staates Israel, Hamburg 1951

Weizsäcker, Ernst von: Erinnerungen, hrsg. von Richard von Weizsäcker, München 1950

Welchert, Hans-Heinrich: Theodor Heuss – Ein Lebensbild, Bonn 1953

Wesemann, Fred: Kurt Schumacher – Ein Leben für Deutschland, Frankfurt 1952

Weymar, Paul: Konrad Adenauer – Die autorisierte Biographie, München 1955

Whelau, Richard: Die Wahrheit ist das beste Bild – Robert Capa – Photograph, Köln 1989

Wickert, Johannes: Albert Einstein, Reinbek 1972

Widmer, Walter: In der Hölle der Fremdenlegion – Tatsachenbericht, Gütersloh 1955

Wiegand, Wilfried: Pablo Picasso, Reinbek 1973

Wiesenthal, Simon: Recht, nicht Rache – Erinnerungen, Frankfurt / West-Berlin 1988

Wilde, Harry: Theodor Plivier – Nullpunkt der Freiheit, München, Wien, Basel 1965

Winter, Ingelore M.: Theodor Heuss – Ein Porträt, Tübingen 1983

Wischnewski, Hans-Jürgen: Mit Leidenschaft und Augenmaß – In Mogadischu und anderswo – Politische Memoiren, München 1989

Wistrich, Robert: Wer war wer im Dritten Reich – Anhänger, Mitläufer, Gegner aus Politik, Wirtschaft, Militär, Kunst und Wissenschaft, München 1983

Wolf, Markus: In eigenem Auftrag – Bekenntnisse und Einsichten, München 1991

Wolkogonow, Dimitri: Stalin – Triumph und Tragödie: Ein politisches Porträt, Düsseldorf 1989

Wood, Alan: Bertrand Russell – Skeptiker aus Leidenschaft, München 1959

Woods, Donald: Steve Biko – Stimme der Menschlichkeit, München 1978

Wright, Richard: Black Boy – Bericht einer Kindheit und Jugend, Köln 1978

Wright, Richard: Schwarzer Hunger – Bericht einer Selbstfindung, Köln 1980

Wyden, Peter: Stella, Göttingen 1993

Wysling, Hans / Schmidlin, Yvonne (Hg.): Thomas Mann – Ein Leben in Bildern, Zürich 1994

Y

Young-Bruehl, Elisabeth: Hannah Arendt – Leben, Werk und Zeit, Frankfurt 1986

Z

Zachau, Reinhard: Stefan Heym, München 1982
Zuckmayer, Carl: Als wär's ein Stück von mir – Horen der Freundschaft, Frankfurt 1966
Zudeick, Peter: Der Hintern des Teufels – Ernst Bloch, Leben und Werk, Baden-Baden 1985
Zwerenz, Gerhard: Kopf und Bauch – Die Geschichte eines Arbeiters, der unter die Intellektuellen gefallen ist, Frankfurt 1971
Zwerenz, Gerhard: Walter Ulbricht, München 1966
Zwerenz, Gerhard: Der Widerspruch – Autobiographer Bericht, Frankfurt 1974

7. Literatur (Belletristik, Theaterstücke, Lyrik)

A

Aichinger, Ilse: Die grössere Hoffnung, Frankfurt 1960
Aichinger, Ilse: Meine Sprache und ich, Frankfurt 1978
Aichinger, Ilse: Verschenkter Rat, Frankfurt 1978
Andersch, Alfred: Die Kirschen der Freiheit – Ein Bericht, Frankfurt 1952
Antelme, Robert: Das Menschengeschlecht, München 1987
Apitz, Bruno: Nackt unter Wölfen, Ost-Berlin 1960
Artmann, Hans Carl: med ana schwoazzn dintn – gedichta r aus bradnsee, Salzburg 1958

B

Bachmann, Ingeborg: Das dreißigste Jahr, München 1961
Bachmann, Ingeborg: Die gestundete Zeit – Gedichte, Frankfurt 1953
Bachmann, Ingeborg: Anrufung des Großen Bären, München 1956
Beckett, Samuel: Endspiel, Frankfurt 1957
Beckett, Samuel: Warten auf Godot, Frankfurt 1963
Bentley, Eric: Sind sie jetzt oder waren sie jemals? Theaterstück, Frankfurt 1979
Bienek, Horst: Die Zelle, München 1968
Böll, Heinrich: Billard um halb zehn, Köln / West-Berlin 1959
Böll, Heinrich: Das Brot der frühen Jahre, Köln / West-Berlin 1955
Böll, Heinrich: Hauptstädtisches Journal, in: ders.: Werke – Romane und Erzählungen 3 (1954–1959), hrsg. von Bernd Balzer, Köln 1978
Böll, Heinrich: Haus ohne Hüter, Köln / West-Berlin 1954
Böll, Heinrich: Die schwarzen Schafe – Erzählung, Opladen 1951
Böll, Heinrich: Und sagte kein einziges Wort, Köln / West-Berlin 1963
Böll, Heinrich: Wo warst du, Adam? Opladen 1951
Borchert, Wolfgang: Draußen vor der Tür – Ein Stück, das kein Theater spielen und kein Publikum sehen will, Reinbek 1956
Brecht, Bertolt: Der aufhaltsame Aufstieg des Arturo Ui, Frankfurt 1975
Brecht, Bertolt: Gesammelte Werke, Bd.1–20, Frankfurt 1967
Brecht, Bertolt: Leben des Galilei, Frankfurt 1976
Brecht, Bertolt: Mutter Courage und ihre Kinder – Eine Chronik aus dem Dreißigjährigen Krieg, Frankfurt 1963

C

Camus, Albert: Dramen, Reinbek 1986
Camus, Albert: Der Fall, Hamburg 1957
Camus, Albert: Die Pest, Hamburg 1950

Celan, Paul: Mohn und Gedächtnis, Stuttgart 1952
Cobb, Humphrey: Wege zum Ruhm, Bern / Stuttgart / Wien 1959

D

Döblin, Alfred: Berge, Meere und Giganten, Berlin 1924
Döblin, Alfred: Berlin Alexanderplatz – Die Geschichte vom Franz Biberkopf, Berlin 1929
Döblin, Alfred: Die drei Sprünge des Wang-Lun, Berlin 1915
Döblin, Alfred: Hamlet oder Die lange Nacht nimmt ein Ende, Olten / Freiburg im Breisgau 1966
Döblin, Alfred: Pardon wird nicht gegeben, Ost-Berlin 1961
Döblin, Alfred: Wallenstein, Berlin 1920
Döhl, Reinhard: Missa profana – Zeitgedichte, Moritat, Liebesgedichte, Variatio nen, West-Berlin 1961
Dolci, Danilo: Umfrage in Palermo, Freiburg im Breisgau 1959

E

Eich, Günter: Träume, in: ders.: Träume – Vier Spiele, West-Berlin / Frankfurt 1953
Ehrenburg, Ilja: Tauwetter, Ost-Berlin 1957
Enzensberger, Hans Magnus: Das Verhör von Habana, Frankfurt 1970
Enzensberger, Hans Magnus: verteidigung der wölfe, Frankfurt 1957

F

Fallada, Hans: Kleiner Mann – was nun? Hamburg 1950
Feuchtwanger, Lion: Erfolg – Drei Jahre Geschichte einer Provinz, Berlin 1931
Feuchtwanger, Lion: Goya oder der arge Weg der Erkenntnis, Frankfurt 1951
Feuchtwanger, Lion: Das Haus der Desdemona oder Größe und Grenzen historischer Dichtung – Aus dem Nachlaß Lion Feuchtwangers, hrsg. mit Unterstützung von Marta Feuchtwanger und Hilde Waldo von Fritz Zschech, Rudolstadt 1961
Feuchtwanger, Lion: Jefta und seine Tochter – Roman, Hamburg 1957
Feuchtwanger, Lion: Die Jüdin von Toledo, Rudolstadt 1960
Feuchtwanger, Lion: Jud Süß – Roman, München 1925
Feuchtwanger, Lion: Narrenweisheit oder Tod und Verklärung des Jean-Jacques Rousseau, Frankfurt 1952
Feuchtwanger, Lion: Waffen für Amerika, Amsterdam 1947
Frisch, Max: Als der Krieg zu Ende war, Basel 1949
Frisch, Max: Biedermann und die Brandstifter – Ein Lehrstück ohne Lehre, Frankfurt 1958
Frisch, Max: Gesammelte Werke in zeitlicher Folge, Bd.1-7, hrsg. von Hans Mayer, Frankfurt 1976
Frisch, Max: Homo faber – Ein Bericht, Frankfurt 1957
Frisch, Max: Nun singen sie wieder – Versuch eines Requiems, Basel 1946
Frisch, Max: Stiller, Frankfurt 1954
Fühmann, Franz: Das Judenauto – Vierzehn Tage aus zwei Jahrzehnten, Zürich 1968

G

Ginsberg, Allen: Das Geheul und andere Gedichte, Wiesbaden 1959
Giordano, Ralph: Die Bertinis, Frankfurt 1982
Glaeser, Ernst: Jahrgang 1902, Berlin 1928
Glaeser, Ernst: Der letzte Zivilist, München 1962
Grass, Günter: Die Blechtrommel, Darmstadt 1959
Grass, Günter: Die Vorzüge der Windhühner, Neuwied 1956
Greene, Graham: Am Abgrund des Lebens – Brighton Rock, Hamburg 1950
Gregor, Manfred: Die Brücke – Roman, München / Wien / Basel 1958
Grimm, Hans: Volk ohne Raum, Lippoldsberg 1956

H

Habe, Hans: Off Limits – Roman der Besatzung Deutschlands, Wien / München / Basel 1955
Heym, Stefan: Die Augen der Vernunft, Leipzig 1955
Heym, Stefan: Der bittere Lorbeer, München 1950
Heym, Stefan: 5 Tage im Juni, München / Gütersloh / Wien 1974
Heym, Stefan: Kreuzfahrer von heute – »The Crusaders« – Roman unserer Zeit, Leipzig 1950
Hikmet, Nazim: Die Romantiker – »Mensch, das Leben ist schön!«, Hamburg 1984
Hłasko, Marek: Der achte Tag der Woche und andere Erzählungen, Köln / West-Berlin 1958
Höllerer, Walter: Die Elefantenuhr, Frankfurt 1973

I

Ionesco, Eugène: Werke, hrsg. von François Bondy und I. Kuhn, Bd.1-6, München 1985

J

Jahnn, Hans Henny: Fluß ohne Ufer – Roman in drei Teilen; Teil 2: Die Niederschrift des Gustav Anias Horn nachdem er neunundvierzig Jahre alt geworden war, München 1949/1950
Jahnn, Hans Henny: Perrudja, Frankfurt 1958
Johnson, Uwe: Ingrid Babendererde – Reifeprüfung 1953, Frankfurt 1985
Johnson, Uwe: Mutmaßungen über Jakob, Frankfurt 1959

K

Kästner, Erich: Die Schule der Diktatoren, West-Berlin 1956
Kästner, Erich: Wieso – Warum? Ausgewählte Gedichte 1928–1955, Ost-Berlin 1962
Kipling, Rudyard: Das Dschungelbuch, Hamburg 1950
Koeppen, Wolfgang: Tauben im Gras, Stuttgart / Hamburg 1951
Koeppen, Wolfgang: Der Tod in Rom, Stuttgart 1954
Koeppen, Wolfgang: Das Treibhaus, Stuttgart 1953
Koestler, Arthur: Sonnenfinsternis, Stuttgart 1948
Kuby, Erich: Rosemarie – des deutschen Wunders liebstes Kind, Stuttgart 1958

M

Mann, Heinrich: Professor Unrat oder Das Ende eines Tyrannen, Ost-Berlin 1951
Mann, Heinrich: Der Untertan, Ost-Berlin 1951
Mann, Klaus: Die Heimsuchung des europäischen Geistes,
Mann, Klaus: Mephisto – Roman einer Karriere, Ost-Berlin 1956
Mann, Klaus: Symphonie Pathétique – Ein Tschaikowsky-Roman, Amsterdam 1935,
Mann, Klaus: Der Vulkan – Roman unter Emigranten, Amsterdam 1939
Mann, Thomas: Bekenntnisse des Hochstaplers Felix Krull, Frankfurt 1954
Meichsner, Dieter: Die Studenten von Berlin, Hamburg 1954
Miller, Arthur: Hexenjagd, Frankfurt 1954

N

Nell, Peter: Der Fischer von Sylt – Geschichten von gestern und heute, Weimar 1953

O

O'Casey, Sean: Der Preispokal, in: ders., Rebell zum Schein – Ausgewählte Stücke, Zürich 1966
Orwell, George: Farm der Tiere – Eine Fabel, Zürich 1946
Orwell, George: 1984, Stuttgart 1950
Osborne, John: Blick zurück im Zorn, Frankfurt / Hamburg 1958

P

Paetel, Karl O. (Hg.): Beat – Eine Anthologie, Reinbek 1962
Pasternak, Boris: Doktor Schiwago, Frankfurt 1958
Petöfi, Sándor: Denn mein Herz ist heiß – Ausgewählte Lyrik und Prosa, Leipzig 1958
Plivier, Theodor: Berlin – Roman, München 1954
Plivier, Theodor: Moskau – Roman, München 1952
Plivier, Theodor: Stalingrad – Roman, München / Wien / Basel 1958

R

Remarque, Erich Maria: Der Funke Leben – Roman, Köln 1952
Remarque, Erich Maria: Im Westen nichts Neues – Roman, mit Materialien hrsg. von Tilman Westphalen, Köln 1987
Rühm, Gerhard (Hg.): Die Wiener Gruppe – Achleitner / Artmann / Bayer / Rühm / Wiener, Texte, Gemeinschaftsarbeiten, Aktionen, Reinbek 1967

S

Salomon, Ernst von: Der Fragebogen, Hamburg 1951
Sartre, Jean-Paul: Gesammelte Werke – Theaterstücke: Die Eingeschlossenen von Altona – Stück in fünf Akten, Reinbek 1991
Sartre, Jean-Paul: Gesammelte Werke – Theaterstücke: Nekrassow – Stück in neun Bildern, Reinbek 1991
Schneider, Michael: Die Wiedergutmachung oder Wie man einen verlorenen Krieg gewinnt – Schauspiel mit Dokumentation, Köln 1985
Solschenizyn, Alexander: Der Archipel GULAG, Bd.1–3, Bern 1974/75
Solschenizyn, Alexander: Ein Tag im Leben des Iwan Denissowitsch, München 1970

T

Tucholsky, Kurt: Schloss Gripsholm, Hamburg 1950

V

Vercors (d.i. Jean Bruller): Das Schweigen des Meeres, Paderborn 1953
Vian, Boris: Der Deserteur – Chansons, Satiren und Erzählungen, West-Berlin 1978
Vian, Boris: Herbst in Peking, Frankfurt 1979
Vian, Boris: Der Herzausreißer, Düsseldorf 1966
Vian, Boris: Der Schaum der Tage, Frankfurt 1979

W

Wilder, Thornton: Die Brücke von San Luis Rey, Frankfurt 1953
Wilder, Thornton: Unsere kleine Stadt, Frankfurt 1953
Wilder, Thornton: Wir sind noch einmal davongekommen, Frankfurt 1955
Wolf, Friedrich: Cyankali (§ 218), in: ders., Das dramatische Werk in 6 Bänden, hrsg. von E. Wolf und W. Pollatschek, Ost-Berlin / Weimar 1988
Wolf, Friedrich: Professor Mamlock, in: ders., Das dramatische Werk in 6 Bänden, hrsg. von E. Wolf und W. Pollatschek, Ost-Berlin / Weimar 1988
Wolf, Gerhard: Sputnik contra Bombe – Lyrik, Prosa, Berichte, Ost-Berlin 1959

Wright, Richard: Der Mann der nach Chikago ging – Erzählungen, Hamburg 1961

Wright, Richard: Schwarze Macht – Zur afrikanischen Revolution, Hamburg 1956

Wright, Richard: Sohn dieses Landes, Zürich 1969

Z

Zuckmayer, Carl: Des Teufels General, Frankfurt 1989

Zweig, Arnold: Das Beil von Wandsbek, Weimar 1951

8. Broschüren, Flugschriften, Typoskripte

A

Anonym: Atomkrieg – Wie schütze ich mich? Erste authentische Veröffentlichung über Atomkriegsführung und Atomschutz, Konstanz 1950

Anonym: Bonner Inquisition gegen Freiheit und Wiedervereinigung – Konferenz des Instituts für Strafrecht der Humboldt-Universität zu Berlin und der Vereinigung Demokratischer Juristen Deutschlands (Bezirksgruppe Groß-Berlin) am 10. November 1958, Ost-Berlin 1959

Anonym: Bonner Lügen geplatzt – Aus der Pressekonferenz mit dem Stellvertreter des Ministers für Nationale Verteidigung Generalleutnant Karl-Heinz Hoffmann in Genf am 29. Mai 1959, Ost-Berlin 1959

Anonym: Die Burianek-Bande, Ost-Berlin 1952

Anonym: Demokratie in Feldgrau, o.O. o.J.

Anonym: Eine Frau vor Gericht, o.O. o.J.

Anonym: Friedensvertrag mit Deutschland – Die Forderung des Tages, o.O. o.J.

Anonym: Gegen Militarismus – Für Friedensvertrag – II. Kongreß der Arbeiterjugend Deutschlands, Erfurt 1959

Anonym: Heute noch auf stolzen Rossen – Der Fall Kurt Müller M.d.B. – Max Reimann, wer wird der nächste sein? Frankfurt 1950

Anonym: Ich sollte morden – Ein Tatsachenbericht nach amtlichen Protokollen und Schilderungen des MWD-Stabsoffiziers Hauptmann Nikolaj Ewgenjewitsch Chochlow, Frankfurt 1954

Anonym: Der Militarismus bedroht den Frieden und die Zukunft der deutschen Jugend, o.O.o.J.

Abteilung Agitation des ZK der SED (Hg.): Ist die NATO ein Fußballclub? Ost-Berlin o.J.

Abteilung Propaganda des ZK der SED / Marx-Engels-Lenin-Stalin-Institut beim ZK der SED / Parteihochschule »Karl Marx« beim ZK der SED (Hg.): 35 Jahre Kommunistische Partei Deutschlands, Ost-Berlin 1954

Abusch, Alexander: Im ideologischen Kampf für eine sozialistische Kultur, Ost-Berlin 1957

Adler, Hans: Bonn – Stadt und Staat im Sumpf, Ost-Berlin 1958

Agartz, Victor: Sozialistische Wirtschaftspolitik, Karlsruhe o.J.

Amt für Information der Regierung der Deutschen Demokratischen Republik (Hg.): Das deutsche Gespräch wurde eröffnet – Dokumentarischer Bericht von der Reise der Volkskammerdelegation nach Bonn am 19. und 20. September 1952, Ost-Berlin 1952

Amt für Information der Regierung der Deutschen Demokratischen Republik (Hg.): Gesamtdeutsche Beratungen über freie Wahlen und einen Friedensvertrag, Ost-Berlin 1951

Angenfort, Jupp: Im Namen des Volkes: Freiheit für Jupp Angenfort und Wolfgang Seiffert, Offenburg o.J.

Arbeitsausschuß »Kampf dem Atomtod« (Hg.): Kampf dem Atomtod, Bonn 1958

Ausschuß für Deutsche Einheit (Hg.): Dr. Otto John – Ich wählte Deutschland, Ost-Berlin 1954

Ausschuß für Deutsche Einheit (Hg.): Feldmarschall Paulus spricht, Ost-Berlin 1954

Ausschuß für Deutsche Einheit (Hg.): Hexenjagd gegen Juden, Ost-Berlin 1959

Ausschuß für Deutsche Einheit (Hg.): Im »Sachsenring« mit schwarz-rot-goldener Fahne, Ost-Berlin 1959

Ausschuß für Deutsche Einheit (Hg.): Schwerbelastete Hitler-Diplomaten im Dienst der aggressiven Außenpolitik des deutschen Militarismus, Ost-Berlin 1959

Ausschuß für Deutsche Einheit (Hg.): Vorschläge der Deutschen Demokratischen Republik zur Wiedervereinigung, Ost-Berlin o.J.

Ausschuß für Deutsche Einheit (Hg.): Wiedervereinigung nur über Verhandlungen der beiden deutschen Staaten, Ost-Berlin o.J.

Ausschuß für Deutsche Einheit (Hg.): Karl Franz Schmidt-Wittmack – So geht es nicht weiter, Ost-Berlin 1954

B

Bechert, Karl: Strahlenschädigung und Strahlenschutz, Darmstadt 1956

Blum, Léon: Blick auf die Menschheit, Stuttgart / Hamburg / Baden-Baden 1947

Boveri, Margret: Amerika-Fibel für erwachsene Deutsche, Freiburg 1946

Bredendiek, Walter: Damm gegen Schlamm, hrsg. vom Deutschen Friedensrat, Ost-Berlin o.J.

Brenner, Otto: Das Aktions-Programm – Referat von Otto Brenner, gehalten vor dem 4. ordentlichen Bundeskongress des Deutschen Gewerkschaftsbundes in Hamburg, 1.–6.Oktober 1956, Hamburg 1956

Brill, Hermann (Staatssekretär im Großhessischen Staatsministerium): Gegen den Strom, Wege zum Sozialismus, Heft 1, Offenbach 1946

Buckwitz, Harry: Freiheit der Kritik – Vortrag, gehalten auf der Bundeskonferenz der Berufsgruppe der Journalisten in der Industriegewerkschaft Druck und Papier am 10. Oktober 1957 in Frankfurt am Main, Heft 9, Schriftenreihe der Industriegewerkschaft Druck und Papier in der Bundesrepublik einschließlich Berlin, Frankfurt 1957

Bund der Deutschen (Hg.): Friedensvertrag und Konföderation – reale Vorschläge zur Lösung der deutschen Frage – Erklärungen des Bundes der Deutschen, beschlossen auf dem IV. Parteitag in Weinheim a.d. Bergstraße, Düsseldorf 1959

Bund der Deutschen (Hg.): Nach der Genfer Außenministerkonferenz – Erklärung des Bundesvorstandes vom 24. November 1955, Düsseldorf 1954

Bund der Deutschen (Hg.): Nach Moskau... Vor Genf, Düsseldorf o.J.

Bund der Deutschen, Bundesvorstand (Hg.): Neue Deutsche Politik – 3. Bundesparteitag des Bundes der Deutschen in Kettwig / Ruhr, März 1956, Düsseldorf 1956

Bund der Deutschen (Hg.): Der Weg zur Wiedervereinigung – Die Deutschlandnote der Sowjetregierung vom 15. August 1953, Düsseldorf 1953

C

Camus, Albert: Rede anläßlich der Entgegennahme des Nobelpreises am 10. Dezember 1957 in Stockholm, Hamburg 1957

Chruschtschow, Nikita S.: Berlin und Deutschland – Fünf Fragen und Antworten, Stuttgart 1958

D

Deku, Maria: Unsere verfassungsmäßigen Rechte im Kampf um den Frieden, Velbert 1951

Deutsche Bauakademie: Die Stalinallee – Die erste sozialistische Straße der Hauptstadt Deutschlands Berlin, Ost-Berlin 1952

Deutsche Sammlung (Hg.): Deutsche Verständigung – der Weg zu Einheit, Frieden und Freiheit, Düsseldorf 1952

Deutsche Sammlung (Hg.): Was jeder Deutsche vom Generalvertrag und EVG-Abkommen wissen muß! o.O. 1953

Deutscher Friedensrat (Hg.): Die Früchte des Friedens beginnen zu reifen, Ost-Berlin 1955

Deutscher Kulturtag in Zusammenarbeit mit dem Ausstellungskomitee »Künstler gegen den Atomkrieg« (Hg.): Künstler gegen Atomkrieg – Eine Auswahl von Bildern aus der Ausstellung »Künstler gegen Atomkrieg« – Texte und Zitate aus der zeitgenössischen Literatur und Politik, München 1958

Deutsches Komitee der Kämpfer für den Frieden (Hg.): Hiroshima mahnt, Ost-Berlin o.J.

DGB-Bundesvorstand (Hg.): Konzentration wirtschaftlicher Macht – Soziale Demontage – Großkundgebung des Bundesvorstandes des DGB am 20. November 1958 in Dortmund, o.O.1958

Deutscher Gewerkschaftsbund / Kreisausschuß München (Hg.): Warum sind wir gegen die Remilitarisierung? Ein Vortrag im Rahmen der gewerkschaftspolitischen Vortragsreihe des Kreisausschusses München im DGB von Theo Pirker, München 1952

DGB-Ortsausschuß Kiel (Hg.): Kampf dem Atomtod – Programm der Maifeiern des Deutschen Gewerkschaftsbundes Ortsausschuß Kiel, Kiel 1958

Deutscher Kulturtag (Bundesrepublik) in Zusammenarbeit mit dem Ausstellungs komitee »Künstler gegen Atomkrieg« (Hg.): Künstler gegen Atomkrieg, München 1958

Deutscher Zentralausschuß für Weltregierung (Hg.): Weltregierung? Ja oder Nein, Köln 1950

Deutsches Institut für Zeitgeschichte (Hg.): Oder-Neiße – Eine Dokumentation, Ost-Berlin 1950

Deutschland-Union-Dienst (Hg.): Europa kommt – Deutschland und die Europaarmee, Bonn o.J.
Deutschland-Union-Dienst (Hg.): Verteidigungsbeitrag Ja oder Nein? Auszüge aus der Bundestagsdebatte vom 7./8. Februar 1952, Bonn 1952
Deutschland-Union-Dienst (Hg.): Verteidigungsbeitrag Ja oder Nein? Die Debatte im Bundestag – Der Weg zur europäischen Armee – Die künftigen deutschen Truppen, Bonn o.J.
Duesterberg, Theodor: Der Stahlhelm und Hitler, Wolfenbüttel 1949

E

Ehrenburg, Ilja: So kann es nicht weitergehen! Rede auf der Tagung des Weltfriedensrates Berlin 1.–5. Juli 1952, Ost-Berlin 1952
Elfes, Wilhelm: Es geht um einen Reisepaß, Mönchengladbach o.J.
Elfes, Wilhelm: Gespräche um Deutschland, Düsseldorf o.J.
Elfes, Wilhelm: Mancherlei aktuelle Fragen und Antworten, Düsseldorf o.J.
Erler, Fritz: Soll Deutschland rüsten? Die SPD zum Wehrbeitrag, Bonn 1952
Europäisches Arbeiterkomitee (Hg.): Schluß mit der Remilitarisierung Deutschlands! Die Europäische Arbeiterkonferenz gegen die Remilitarisierung Deutschlands vom 23. bis 25. März 1951 in Berlin, Ost-Berlin 1951

F

Fiala, Ferenc: Ungarn in Ketten – Die Hintergründe der ungarischen Tragödie, Göppingen o.J.
Fiedeler, Hans (d.i. Alfred Döblin): Der Nürnberger Lehrprozeß, o.O. 1946
Franck, Sebastian: Die Illusion der freien Marktwirtschaft, Sonderheft Nr.1 der Zeitschrift »Funken«, Ulm o.J.
Fränkischer Kreis (Hg.): Dokumente zum Göttinger Manifest, Schriftenreihe des »Fränkischen Kreises«, 1957/1, o.O.o.J.
Freier Deutscher Gewerkschaftsbund / Vorstand (Hg.): Reden für den Frieden von Alexander Abusch, Jan Rustecki, Hermann Schlimme, Groß-Berlin 1949
»Freiheit« – Aktion der Jugend, Bundesstelle Bonn (Hg.): Die Grundrechte der jungen Generation, Bonn 1953
»Freiheit« – Aktion der Jugend (Hg.): Ich war ein Genosse Kämpfer, West-Berlin 1958
Friedrich-Ebert-Stiftung (Hg.): Die Reichskristallnacht – Der Antisemitismus in der deutschen Geschichte, Bonn 1959
Frölich, Paul: Zur Krise des Marxismus, Hamburg 1949

G

Generalsekretariat der VVN / Internationale Verbindungen (Hg.): Internationale Tagung ehemaliger politischer Häftlinge in Weimar 24. und 25. Oktober 1952, Ost-Berlin 1952
Gerstenmaier, Eugen: Antwort an die Herren Dr. Dehler und Dr. Heinemann – Deutschland in der weltpolitischen Situation der Gegenwart, Bonn 1958
Gesamtdeutsche Volkspartei (Hg.): Manifest und Gründungskundgebung, Bonn 1953
Gollancz, Viktor: Versöhnung – Zwei Reden, Hamburg 1948
Gollwitzer, Helmut: Kann ein Christ Kommunist sein? Gütersloh o.J.
Grossmann, Kurt R.: Germany and Israel: Six Years Luxemburg Agreement, New York 1958
Grotewohl, Otto: Die Regierung ruft die Künstler und Wissenschaftler, Ost-Berlin 1950
Grundgesetz für die Bundesrepublik Deutschland vom 23. Mai 1949, Karlsruhe 1955
Guardini, Romano / Dirks, Walter / Horkheimer, Max: Die Verantwortung der Universität, Würzburg 1954
Guderian, Heinz: So geht es nicht! – Ein Beitrag zur Frage der Haltung Westdeutschlands, Heidelberg 1951

H

Hagemann, Walter: Gespräch über Deutschland, o.O. o.J.
Harig, Paul (Hg.): 2 Jahre Betriebsverfassungsgesetz – Eine notwendige Bilanz, Hagen-Haspe 1954
Heinemann, Gustav: Deutsche Friedenspolitik, Darmstadt 1952
Heinemann, Gustav: Deutschland und die Weltpolitik, Bonn 1954
Heinemann, Gustav: Die Deutschlandfrage und der Weltfriede, o.O. 1954
Heinemann, Gustav: Militärische Katastrophe oder politische Ordnung? West-Berlin 1954
Heinemann, Gustav: Der Weg zum Frieden und zur Einheit, Heiligenhaus o.J.
Heinemann, Gustav / Wessel, Helene / Stummel, Ludwig: Aufruf zur Notgemeinschaft für den Frieden Europas, o.O. 1951
Hermann, Otto: Die vergessene Anatomie des Friedens, o.O. 1953
Hertling, Helmut: Der Stockholmer Kongress – ein Schritt auf dem Weg zum ungeteilten Frieden? Hamburg o.J.
Heuss, Theodor: Dank und Bekenntnis – Gedenkrede zum 20. Juli 1944, Tübingen 1954
Hiecke, Hanfried: Deckname Walter – Enthüllungen des ehemaligen Mitarbeiters der »Kampfgruppe gegen Unmenschlichkeit«, o.O. o.J.
Hiller, Kurt: Geistige Grundlagen eines schöpferischen Deutschlands der Zukunft, Hamburg / Stuttgart 1947
Höpp, Gerhard: Algerien – Befreiungskrieg 1954–1962, Ost-Berlin 1984

I

Information Services Division Office of the U.S. High Commissioner For Germany: Landsberg – Ein dokumentarischer Bericht, München 1951

J

Jackson, Robert H.: Anklage – Grundlegende Rede, vorgetragen im Namen der Vereinigten Staaten von Amerika vom Hauptklagevertreter der USA beim Internationalen Militärgerichtshof zu Nürnberg, Wien 1946

Jentsch, Gerhart: ERP – Der Marshallplan und Deutschlands Platz darin, hrsg. von der ECA Mission für Westdeutschland, Frankfurt 1950

Jugendarbeitskreis Bayern (Hg.) Soll Dein Wahlkreuz mein Grabkreuz werden? o. O. 1953

Junge Generation für deutsche Verständigung – für einen gerechten Friedensvertrag (Hg.): So entscheidet die Jugend! Düsseldorf 1952

Junge Generation im Arbeitskreis für deutsche Verständigung – für einen gerechten Friedensvertrag (Hg.): So entscheidet die Jugend! Die Jugend und ihre Verbände über die brennenden Fragen der jungen deutschen Generation, Düsseldorf o.J.

K

Kahler, Gerda (Hg.): Der Nürnberger Frauenprozeß, Wuppertal 1959

Katz, Fritz: Atomgefahren in ärztlicher Sicht, Hamburg o.J.

Katz, Fritz: Kriegsverhütung im Atomzeitalter, Wien o.J.

Klepper, Otto: Die bittere Wahrheit – Nachdenkliches zur deutschen Frage, Stuttgart 1952

Kloppenburg, Heinz: Ist unsere deutsche Gewissensnot schon überwunden? Vortrag vor der Gesellschaft für christlich-jüdische Zusammenarbeit, Hamburg 1959

Komitee gegen Atomrüstung e.V. / Richter, Hans Werner (Hg.): Europa ruft – Europäisches Komitee gegen Atomrüstung – Der europäische Kongress gegen Atomrüstung, London 17./18. Januar 1959, München 1959

Komitee zur Verteidigung der Rechte der Jugend (Hg.): Echo der Jugend, Offenburg 1954

Kongreß für kulturelle Freiheit (Hg.): Im Zeichen der Friedenstaube – Von Stockholm bis Wiesbaden, West-Berlin o.J.

KPD-Vorstand (Hg.): Deutsche Arbeiter halten Gericht über die Lügen der Kriegshetzerpresse, o.O. o.J.

KPD-Vorstand (Hg.): Diskussionsreden auf dem IV. Parteitag der SED vom 30. März – 6. April 1954: Paul Verner – Die entscheidende Waffe der Arbeiterklasse ist die Aktionseinheit / Otto Winzer – Breit und kühn die Aktionseinheit der deutschen Arbeiterklasse entfalten, o.O. o.J.

KPD-Vorstand (Hg.): Mit Jacques Duclos im Ruhrgebiet, Düsseldorf 1955

KPD-Vorstand (Hg.): Die ideologisch-politische Festigung unserer Partei auf der Grundlage des Marxismus-Leninismus, Frankfurt 1950

KPD-Vorstand (Hg.): Ist das Hochverrat? Programm der nationalen Wiedervereinigung Deutschlands, Düsseldorf o.J.

KPD-Vorstand (Hg.): Die neue Lage und die neuen Aufgaben in Westdeutschland, Frankfurt 1955

KPD-Vorstand (Hg.): Der Schumannplan – ein Kriegsplan – Reden und Anträge der Fraktion der KPD in der Schumann-Debatte im Bundestag am 9., 10., und 11. Januar 1952, o.O. 1952

KPD-Vorstand (Hg.): Saboteure, Agenten, Spione, o.O. o.J.

KPD-Vorstand (Hg.): Trotz Fälschungen der Bundesregierung und Benachteiligung durch den Senat: Die KPD wird weiterleben! Plädoyer des Prozeßvertreters der Kommunistischen Partei Deutschlands Rechtsanwalt Dr. Kaul, Berlin, gehalten am 14. Juli 1955 vor dem Bundesverfassungsgericht in Karlsruhe, o.O. o.J.

KPD-Vorstand (Hg.): Was weiter? Walter Ulbricht antwortet auf Fragen der Arbeiter Westdeutschlands, o.O. o.J.

Krawtschenko, Victor A.: Einvernahme vor dem Komitee für unamerikanische Umtriebe in den Vereinigten Staaten, Zürich 1947

Krumm, Heinrich / Binder, Paul / Thalheim, Karl C.: Wirtschaftliche Vorbereitung der Wiedervereinigung mit der Sowjetzone – Bericht über die 10. Arbeitstagung der Arbeitsgemeinschaft selbständiger Unternehmer in Bonn, am 16. Mai 1952, Heidelberg-Ziegelhausen 1952

Küster, Otto: Israel-Tagebuch – März 1956, Düsseldorf-Benrath 1958

L

Leonhard, Wolfgang: Schein und Wirklichkeit in der Sowjetunion, West-Berlin 1952

Lichtverlag (Hg.): Was sagt jedem Arbeiter der Kollege Dr. Victor Agartz? Essen-Steele 1955

Ludwig, Hans: Die Rede Molotows auf der Genfer Außenministerkonferenz am 8. November 1955, Bonn 1956

Lüth, Erich: Durch Wahrheit zum Frieden – Eine Flugschrift der Aktion »Friede mit Israel«, Hamburg 1952

Lüth, Erich: Die Friedensbitte an Israel 1951 – Eine Hamburger Initiative, Hamburg o.J.

Lüth, Erich: Ein Deutscher sieht Israel 1955, hrsg. von der Gesellschaft für Christlich-Jüdische Zusammenarbeit, Hamburg 1955

Lüth, Erich: Israel – Heimat für Juden und Araber, hrsg. von der Gesellschaft für Christlich-Jüdische Zusammenarbeit, Hamburg 1958

Lüth, Erich: Das ist Kanaan – Erlebnisse und Begegnungen in Israel, hrsg. von der Gesellschaft für Christlich-Jüdische Zusammenarbeit, Hamburg 1959

Lüth, Erich: Welt ohne Haß? Hamburg 1958

M

Magistrat der Stadt Frankfurt (Hg.): Es geht um Dein Leben... Die Wahrheit über die Atombombe – Frankfurter Wissenschaftler berichten über Hiroshima und Nagasaki, Frankfurt 1958

Malycha, Andreas / Zilkenat, Reiner: Einheitsdrang oder Zwangsvereinigung? Dokumentation, Berlin 1990

Mann, Thomas: Ansprache im Goethejahr 1949, Weimar 1949

Manstein, Bodo: Hilflos dem Atomtod ausgeliefert? Nein! Die Entscheidung haben wir! Detmold o.J.

Manstein, Bodo: Manifest des Kampfbundes gegen Atomschäden, Detmold o.J.

Manstein, Bodo: Satzung des Kampfbundes gegen Atomschäden, Detmold 1956

Mitscherlich, Alexander: Endlose Diktatur? Heidelberg 1947

Mücke, Hellmuth von der: An den ersten Kongreß der Deutschen Kämpfer für den Frieden, Berlin o.J.

Müller, Friedrich: Der Generalvertrag – Deutschlands Verhängnis, Düsseldorf o.J.

Müller, Joachim(Hg.): Werdet Weltbürger! Baden-Baden 1949

N

National Association for the Advancement of Colored People (Hg.): Progress and Reaction 1955 – NAACP Annual Report Forty-seventh Year, New York 1956

Nationales Komitee für die Befreiung Max Reimanns (Hg.): Der Kampf um die Befreiung Max Reimanns – Blaubuch, Ost-Berlin 1949

Nationalrat der Nationalen Front (Hg.): Rombergpark – Ein Katyn in Deutschland, Ost-Berlin 1952

Nationalrat der Nationalen Front (Hg.), Der Tag X – Der Zusammenbruch der faschistischen Kriegsprovokation des 17. Juni 1953, Ost-Berlin 1953

Nauheimer Kreis (Hg.): Dokumente zu dem Verbot des Deutschland-Kongresses in Rengsdorf 18.–20. November 1949, Würzburg o.J.

Nauheimer Kreis (Hg.): Mitteilungen für die Freunde der Neutralisierung Deutschlands, Würzburg 1948

Neumann, Oskar: Der Wille des Volkes wird die Einheit und den Frieden erzwingen, o.O. o.J.

Neumann, Oskar (Hg.): Hochverrat – Berichte nach stenographischen Aufzeichnungen vom Hochverratsprozeß gegen Oskar Neumann, Karl Dickel und Emil Bechtle, Bundesgerichtshof, 6. Strafsenat in Sachen Volksbefragung, 1. Teil, o.O. o.J.

Niekisch, Ernst: Ost-West-Gespräch, Ost-Berlin o.J.

Niemöller, Martin: Auf der Gewalt ruht kein Segen, Groß-Gerau 1950

Niemöller, Martin: Deutschland – wohin? Krieg oder Frieden? Rede vom 17. Januar 1952, Darmstadt 1952

Niemöller, Martin: Der Friede als politische Aufgabe, o.O. o.J.

Niemöller, Martin: Die Aufgabe der evangelischen Kirche in Deutschland, Siegen o.J.

Niemöller, Martin: Was Niemöller sagt – wogegen Strauß klagt, Essen 1959

Niemöller, Martin: Der Weg ins Freie, Stuttgart 1946

Niemöller, Martin: Zur atomaren Rüstung – Zwei Reden, Darmstadt 1959

Niemöller, Martin: »...zu verkündigen ein gnädiges Jahr des Herrn!« – Sechs Dachauer Predigten, München 1946

Niemöller, Wilhelm: Macht geht vor Recht – Der Prozeß Martin Niemöllers, München 1952

Noack, Ulrich: Wie kann der Friede lebendig werden? Würzburg 1954

Noack, Ulrich: Die historischen und geographischen Voraussetzungen für eine kommende Weltordnung, o.O. o.J.

Noack, Ulrich: Die Sicherung des Friedens durch Neutralisierung Deutschlands und seine ausgleichende weltwirtschaftliche Aufgabe, Köln 1948

Noack, Ulrich: Für die Wiedervereinigung Deutschlands in Freiheit, o.O. o.J.

Notgemeinschaft für den Frieden Europas e.V. (Hg.): Aufrüstung oder Viermächtekonferenz: Zwei oder ein Deutschland? Bonn / Essen 1952

Notgemeinschaft für den Frieden Europas e.V. (Hg.): Deutschland und die Weltpolitik – Die große Rede des Bundesministers a.D. Dr. Dr. Gustav Heinemann in Stuttgart-Bad Cannstatt am 26. Oktober 1954, Bonn 1954

O

Oberhoff, Johannes: Die Volksbefragung – Eine nationale Mission und eine Menschheitsaufgabe, o.O. 1951

P

Pacificus: Die trojanische Taube – Kommunistische Friedenspropaganda ohne Maske, Gelsenkirchen 1950

Peck, Joachim (Hg.): Die Pariser Verträge – Dokumente des nationalen Verrats und der Bedrohung des Friedens, Ost-Berlin 1954

Pieck, Wilhelm: Brief an Bundespräsident Prof. Dr. Heuss, Ost-Berlin 1951

Politischer Arbeitskreis Berlin (Hg.), Wer will unter die Soldaten? Ich nicht – Wir nicht – Keiner, o.O. o.J.

Präsidium des »Ständigen Kongresses« aller Gegner der atomaren Aufrüstung in der Bundesrepublik (Hg.): Gelsenkirchener Protokoll ...und Du? Hamburg 1958

Presse und Informationsamt der Bundesregierung (Hg.): Deutschland und das Judentum. Die Erklärung der Bundesregierung über das deutsch – jüdische Verhältnis, Bonn 1951

Professor Joliot-Curie (d.i. Frédéric Joliot-Curie): Rede auf der Tagung des Weltfriedensrates Berlin, 1.–5. Juli 1952, Ost-Berlin 1952

R

Rat der Deutschen Sammlung (Hg): Für eine aktive deutsche Friedenspolitik – Denkschrift der Konferenz für deutsche Einigung und nationale Unabhängigkeit, Stuttgart, den 23. November 1952, Düsseldorf 1953

Rauhut, Franz: Atombomben, Gewissen und Soldaten, Hamburg 1957

Rauhut, Franz: Ist die allgemeine Wehrpflicht demokratisch, christlich, sozialistisch? Wuppertal 1959

Rauhut, Franz: Ratgeber für Wehrdienstverweigerer, Würzburg o.J.

Rauhut, Franz: Das staatsbürgerliche Recht der Wehrdienstverweigerung, o.O. 1956

Rauschning, Hermann: Die deutsche Einheit und der Weltfriede, Hamburg 1955

Reimann, Max: Bonn – das deutsche Volk am Scheideweg, Frankfurt 1948

Reimann, Max: Der Kampf der deutschen Patrioten gegen die Durchführung der Kriegsverträge von Bonn und Paris und die Aufgaben der KPD – Rede auf der 8. Tagung des Parteivorstandes der KPD am 12. April 1953 in Düsseldorf, o.O.o.J.

Reimann, Max: Das Volk wird über Adenauers Kriegspakte siegen – Der Sprecher des Volkes, Max Reimann, vor dem Bundestag am 19. März 1953, hrsg. vom KPD-Parteivorstand, Düsseldorf 1953

Reutter, R.: Großgrundbesitzerland wird wieder Bauernland, Berlin 1945

Rheinischer Merkur (Hg.): Fricke: Menschenraub in Berlin, Koblenz / Köln 1960

Röpke, Wilhelm: Die Krise des Kollektivismus, München 1947

Röpke, Wilhelm: Das Kulturideal des Liberalismus, Frankfurt 1947

S

Saller, Karl(Hg.): Von der Verantwortung des Deutschen Geistes – Die Deutsche Kulturtagung in Bayreuth vom 24. bis 26. Oktober 1952, München 1952

Schabrod, Karl (Hg.): 15 Männer verteidigen ihr Recht, Düsseldorf 1959

Schacht, Hjalmar: Kapitalmarktpolitik – Vortrag, gehalten am 25. April 1957 vor der Bezirksvereinigung Ruhrgebiet der Wirtschaftsvereinigung Groß- und Außenhandel, Hamburg 1957

Schmitt, Johannes Ludwig: Atom – Wahn oder Wirklichkeit, Krailling bei München o.J.

Scholz, Arno / Nieke, Werner: Der 17. Juni – Die Volkserhebung in Ostberlin und in der Sowjetzone, West-Berlin 1953

Schweitzer, Albert: Friede oder Atomkrieg, München 1958

Sekretariat der Nationalen Front des demokratischen Deutschlands (Hg.): Rettung der deutschen Kultur, Ost-Berlin 1949

Sekretariat des Weltfriedensrates (Hg.): Abrüstung und Atomwaffen – Ausszüge aus Reden, Weltfriedenstreffen Helsinki, 22.bis 29. Juni 1955, Wien 1955

Sekretariat des Weltfriedensrates (Hg.): Die europäische Sicherheit und die Deutsche Frage – Auszüge aus Reden, Weltfriedenstreffen Helsinki, 22. bis 29. Juni 1955, Wien 1955

Sekretariat des Weltfriedensrates (Hg.): Zusammenarbeit und Aktion der Friedens kräfte – Auszüge aus Reden, Weltfriedenstreffen Helsinki, 22. bis 29. Juni 1955, Wien 1955

Senator für Inneres, Berlin (Hg.): Schwarzbuch – Östliche Untergrundarbeit gegen West-Berlin, West-Berlin 1959

Seydewitz, Max: Dresden mahnt Europa, hrsg. vom Deutschen Friedensrat, Ost-Berlin 1955

Sozialistischer Deutscher Studentenbund (SDS): Aufgaben und Arbeit des Sozialistischen Deutschen Studentenbundes, Hamburg 1953

SPD-Vorstand (Hg.): Aktionsprogramm der SPD vom 28. September 1952, Bonn 1952

Strauch, Irma (Hg.): Erwiderung auf eine Anklage, o.O. 1955

T

Thalheimer, August: Die Grundlagen der Einschätzung der Sowjetunion, o.O. 1952

Thomsen, Arne Gisli: Frei der Mensch mit heitrer Miene, West-Berlin 1952

Thoreau, Henry David: Widerstand gegen die Regierung, Texte zur Gewaltlosigkeit 2, hrsg. von Hans-Konrad Tempel, Helga Stolle und Heinz Duwe, Hamburg 1959

U

Ude, Wilhelm: Kriegsdienstverweigerung aus Gewissensgründen, Wien o.J.

Unruh, Fritz von: Friede auf Erden! Peace on Earth! Frankfurt 1948

Untersuchungsausschuß Freiheitlicher Juristen (Hg.): Der Internationale Juristen-Kongress Berlin 1952: Recht gegen Willkür – Bericht über die Ergebnisse des Kongresses – Abschlußresolutionen und Entschließungen der Ausschüsse, West-Berlin 1959

Untersuchungsausschuß Freiheitlicher Juristen (Hg.): Ehemalige Nationalsozialisten in Pankows Diensten, West-Berlin 1958

US-Informationsdienst (Hg.): Atomenergie für den Frieden, Bad Godesberg o.J.

V

Volksbund für Frieden und Freiheit e.V. (Hg.): Entlarvter Kommunismus, o.O. o.J.

Vorbereitender Ausschuß zum »Tag der Mütter gegen die

Atomgefahr« (Hg.): Weltkongreß der Mütter – 7.–10. Juli 1955, Duisburg 1955

Vorstand der Sozialdemokratischen Partei Deutschlands (Hg.): Erich Ollenhauer – Mensch und Politiker, Bonn o.J.

Vorstand der Sozialdemokratischen Partei Deutschlands (Hg.): Grundsatzprogramm der Sozialdemokratischen Partei Deutschlands – Beschlossen vom Außerordentlichen Parteitag der Sozialdemokratischen Partei Deutschlands in Bad Godesberg vom 13. bis 15. November 1959, Bonn 1959

Vorstand der Sozialdemokratischen Partei Deutschlands (Hg.): Die Sozialpolitik der Sozialdemokratie, Bonn 1953

Vorstand der Sozialdemokratischen Partei Deutschlands (Hg.): Die Wirtschaftspolitik der Sozialdemokratie, Bonn 1953

Vorstand der Sozialdemokratischen Partei Deutschlands (Hg.): Von der NS-Frauenschaft zum kommunistischen DFD, Bonn 1952

W

Weber, Josef: Der Kriegsdienstverweigerer und seine Verantwortung, Speyer 1956

Weber, Josef: Was ist Militarismus? Speyer 1954

Weltfriedensrat (Hg.): Der Frieden wird den Krieg besiegen, Düsseldorf 1951

Wessel, Helene: Die heutige Lage der Weltpolitik und die gesamtdeutsche Frage, o.O. 1953

Wessel, Helene: Der Weg der deutschen Demokratie, Hattingen 1946

Wessel, Helene: Von der Weimarer Republik zum Demokratischen Volksstaat, Essen 1946

Westdeutscher Arbeitsausschuß der Nationalen Front (Hg.): 08/15 aktueller denn je, Stuttgart o.J.

Westdeutscher Arbeitsausschuß der Nationalen Front (Hg.): Wer will unter die Soldaten? Stuttgart o.J.

Westdeutsches Friedenskomitee (Hg.): Die deutsche Stimme im Weltfriedensrat – Auf der ersten Tagung vom 21. bis 26. Februar 1951 zu Berlin, Düsseldorf o.J.

Wittkowski, Helmut (Red.): Atombewaffnung und Volksbefragung – Verfassungs-, staats- und völkerrechtliche Probleme der Atombewaffnung und der Volksbefragung – Eine Textsammlung, Die Informationen, Beilage zu »Wege zueinander«, Juli / August 1958

Wittkowski, Helmut (Red.): Friedensvertrag und Wiedervereinigung – Prof. Dr. Walter Hagemann: Fragen an die Regierung der DDR – Walter Ulbricht: Antworten an Professor Dr. Hagemann, Die Informationen, Beilage zu Wege zueinander, Oktober 1958

Z

Zamory, Eberhard (Hg.): Die Hamburger Universität im »kalten Kriege« der Amerikaner – Tatsachen – nichts als Tatsachen! Hamburg o.J.

Zentner, Kurt: Heil Stalin! Eine Fibel für die Bedrohten, Gelsenkirchen 1950

Zentralsekretariat der Jungsozialisten in der SPD (Hg.): Die Fremdenlegion ruft Dich! – Frankreich opferte 46 000 junge Deutsche in Indochina, Bonn 1954

Zentralsekretariat der Jungsozialisten in der SPD (Hg.): Partisan gegen Bezahlung – Das dunkle Spiel des BDJ, Bonn 1953

9. Dokumentationen, Protokolle, Mitschriften, Stenographische Berichte, NS-Literatur

A

Anonym: László Rajk und Komplicen vor dem Volksgericht, Ost-Berlin 1949

Achten, Udo: Mehr Zeit für uns – Dokumente und Bilder zum Kampf um die Arbeitszeitverkürzung, Köln 1984

Amt für Information der DDR (Hg.): Weissbuch über den Generalkriegsvertrag, Leipzig 1952

Amt für Information des Magistrats von Groß-Berlin (Hg.): III. Weltfestspiele der Jugend und Studenten für den Frieden, Ost-Berlin 1951

ANC-SA / NEUM / SACP / PAC / SASO: Dokumente der Südafrikanischen Befreiungsbewegung von 1943 bis 1976, Bonn 1977

Anders, Reinhard (Hg.): Die Proklamationen, Gesetze und Verordnungen der Militärregierung Deutschlands (Amerikanische Zone) einschließlich der Proklamationen und Gesetze der Alliierten Kontrollbehörde Kontrollrat, Karlsruhe 1946

Arnold, Friedrich (Red.): Anschläge – 220 politische Plakate als Dokumente der deutschen Geschichte 1900–1980, Ebenhausen 1985

Arnold, Heinz Ludwig / Görtz, Franz-Josef (Hg.): Günter Grass – Dokumente zur politischen Wirkung, München 1971

Asenbach, Walter von (d.i. Friedrich Lenz): Adolf Hitler – Sein Kampf gegen die Minusseele, Heidelberg o.J.

Ausschuß für Deutsche Einheit (Hg.): Die Bundesrepublik – Paradies für Kriegsverbrecher, Ost-Berlin 1956

Ausschuß für Deutsche Einheit (Hg.): Die Wahrheit über Oberländer – Braunbuch über die verbrecherische Vergangenheit des Bonner Ministers, Ost-Berlin 1960

Ausschuß für Deutsche Einheit (Hg.): Verschwörung gegen Deutschland – Die Pariser Verträge – Komplott des Krieges und der Spaltung, Ost-Berlin 1954

Ausschuß für Deutsche Einheit (Hg.): West-Berlin – Hort der Reaktion, Herd der Kriegsgefahr, Ost-Berlin 1958

Auswärtiges Amt unter Mitwirkung eines wissenschaftlichen Beirats (Hg.): Die Auswärtige Politik der Bundesrepublik Deutschland, Köln 1972

Autorenkollektiv: Buchenwald – Mahnung und Verpflichtung – Dokumente und Berichte, Frankfurt 1960

Autorenkollektiv: ... im Dienste der Unterwelt – Dokumentarbericht über den Untersuchungsausschuß freiheitlicher Juristen, Ost-Berlin 1959

Autorenkollektiv: Philosophie des Verbrechens – Gegen die Ideologie des deutschen Militarismus, Ost-Berlin 1959

Autorenkollektiv des Deutschen Instituts für Militärgeschichte: Bundeswehr – Armee für den Krieg – Aufbau und Rolle der Bundeswehr als Aggressionsinstrument des westdeutschen Imperialismus, Ost-Berlin 1968

Autorenkollektiv: Staat ohne Recht – Des Bonner Staates strafrechtliche Sonderjustiz in Berichten und Dokumenten, Ost-Berlin 1959

B

Bachmeier, Christine / Ewald, Alexander / Fischer, Thomas / Norten, Sabine: Mythen knacken – 40 Jahre westdeutsche Linke, Darmstadt 1989

Bader, Werner u.a.: Kampfgruppen – Die Spezialtruppe der SED für den Bürgerkrieg – Eine Dokumentation, Köln 1962

Bauer, Fritz u.a. (Red.): Justiz und NS-Verbrechen – Sammlung deutscher Strafurteile wegen nationalsozialistischer Tötungsverbrechen 1945–1966, Amsterdam 1968–1981, Bd. I–XXII

Benz, Georg / Engelmann, Bernt / Hentsche, Detlev: Rüstung, Entrüstung, Abrüstung – SPD 1866–1982, Bornheim 1982

Benz, Wolfgang: Deutschland seit 1945 – Entwicklungen in der Bundesrepublik und in der DDR, Chronik, Dokumente, Bilder, München 1990

Benz, Wolfgang / Moos, Detlev (Hg.): Das Grundgesetz und die Bundesrepublik Deutschland 1949–1989, München 1989

Berliner Verleger- und Buchhändlervereinigung e.V. (Hg.): 1938–1968, Erinnern für die Zukunft – Ein Almanach, West-Berlin 1988

Bischoff, Michael: OMGUS-Gesamtregister zu OMGUS: Ermittlungen gegen die Deutsche Bank, OMGUS: Ermittlungen gegen die I.G. Farben, OMGUS: Ermittlungen gegen die Dresdener Bank, Nördlingen 1987

Bittel, Karl (Hg.): Atomwaffenfreie Zone in Europa, Ost-Berlin 1958

Bittel, Karl: Die Feinde der deutschen Nation, Ost-Berlin 1953

Bittel, Karl (Hg.): Vom Potsdamer Abkommen zur Viermächte-Konferenz, Ost-Berlin 1953

Börsenverein des Deutschen Buchhandels: Widerreden – Worte gegen Gewalt – Friedenspreisträger des Deutschen Buchhandels 1950–1992, Frankfurt 1993

Brandwerner, Heinrich: Die Pariser Verträge, Ost-Berlin 1955

Brollik, Peter / Mannhardt, Klaus (Hg.): Blaubuch 1958 – Kampf dem Atomtod – Dokumente und Aufrufe, Essen 1988

Bund der Deutschen (Hg.): Friedensvertrag und Konföderation – Reale Vorschläge zur Lösung der deutschen Frage, Düsseldorf 1959

Bund der Deutschen (Hg.): Der friedliche Weg zu Einheit und Freiheit, Düsseldorf 1954

Bund der Deutschen (Hg.): Der Kampf für Frieden und Sicherheit – Demokratie und soziale Gerechtigkeit schafft die Grundlagen für die Wiedervereinigung Deutschlands, Düsseldorf 1956

Bund der Deutschen (Hg.): Zeugnisse deutschen Willens, Düsseldorf 1954

Bundesminister des Inneren: Freiheit? Aber sicher! – 40 Jahre wehrhafte Demokratie, Bonn 1989

Bundesministerium für gesamtdeutsche Fragen (Hg.): Der Staatssicherheitsdienst – Ein Instrument der politischen Verfolgung in der sowjetischen Besatzungszone Deutschlands, Bonn 1962

Bundesministerium für gesamtdeutsche Fragen: Dokumente des Unrechts – Das SED-Regime in der Praxis, Bonn 1955

Bundesministerium für gesamtdeutsche Fragen: Juni-Aufstand – Dokumente und Berichte über den Volksaufstand in Ostberlin und in der Sowjetzone, Bonn 1953

Bundesministerium für gesamtdeutsche Fragen (Hg.): Mitten in Deutschland – Mitten im 20. Jahrhundert – Die Zonengrenze, Bonn 1961/62

Bundesministerium für gesamtdeutsche Fragen (Hg.): Unrecht als System – Dokumente über planmäßige Rechtsverletzungen im sowjetischen Besatzungsgebiet, Bd. I, Bonn 1952

Bundesministerium für gesamtdeutsche Fragen (Hg.): Unrecht als System – Dokumente über planmäßige Rechtsverletzungen im sowjetischen Besatzungsgebiet, Bd. II, Bonn 1955

Bundesministerium für gesamtdeutsche Fragen (Hg.): Unrecht als System – Dokumente über planmäßige Rechtsverletzungen im sowjetischen Besatzungsgebiet, zusammengestellt vom Untersuchungsausschuß Freiheitlicher Juristen, 1954–1958, Bd. III, Bonn 1958

Bundesministerium für gesamtdeutsche Fragen (Hg.): Unrecht als System – Dokumente über planmäßige Rechtsverletzungen im sowjetischen Besatzungsgebiet, Bd. IV, Bonn / West-Berlin 1962

Bundesregierung (Hg.): Die antisemitischen und nazistischen Vorfälle – Weißbuch und Erklärung der Bundesregierung, Bonn 1960

Bundessekretariat der Jungsozialisten (Hg.): Programme der deutschen Sozialdemokratie, Hannover 1963

Bundestagsfraktion der KPD: 4 Jahre Bundestag – Handbuch der Bundestagsfraktion der KPD, Bonn 1953

Bundesverfassungsgericht (Hg.): Vor den Mitgliedern des Bundesverfassungsgerichts, Bd. 6, Tübingen 1957

Bundesvorstand des Demokratischen Frauenbundes Deutschlands (Hg.): Arbeitsmaterial zur Geschichte des DFD, Ost-Berlin 1987

Bundesvorstand des Deutschen Gewerkschaftsbundes (Hg.): Versprochen – gebrochen: Die Interzonenkonferenz der deutschen Gewerkschaften von 1946–1948, Düsseldorf 1961

C

Camus, Albert: Rede anläßlich der Entgegennahme des Nobelpreises, Sonderausgabe, Hamburg 1957

Castro, Fidel: Die Geschichte wird mich freisprechen, Bellnhausen über Gladenbach 1968

Castro, Fidel: La Historia Me Absolverá, Havanna 1954

Cobet, Christoph: Deutschlands Erneuerung 1945-1950 – Bio-Bibliografische Dokumentation, Frankfurt 1985

Comité de Résistance Spirituelle: Des rappelés témoignent, Clichy 1957

D

Dam, Hendrik George van / Giordano, Ralph (Hg.): KZ-Verbrechen vor deutschen Gerichten, Bd. 1: Dokumente aus den Prozessen gegen Sommer (KZ Buchenwald), Sorge, Schubert (KZ Sachsenhausen), Unkelback (Ghetto in Czenstochau), Frankfurt 1962

Dam, Hendrik George van / Giordano, Ralph (Hg.): KZ-Verbrechen vor deutschen Gerichten, Bd. 2: Einsatzkommando Tilsit – Der Prozeß zu Ulm, Frankfurt 1966

Damm, Fritz (Hg.): Wir dekorieren! 40 Jahre politischer Witz in der DDR, Frankfurt 1989

Deuerlein, Ernst (Hg.): Die Einheit Deutschlands – Band 1: Ihre Erörterung und Behandlung auf den Kriegs- und Nachkriegskonferenzen 1941–1949 – Darstellung und Dokumentation, Frankfurt / West-Berlin 1961

Deutsche Gesellschaft für die Vereinten Nationen (Hrsg): Der Volksaufstand in Ungarn – Bericht des Sonderausschusses der Vereinten Nationen – Untersuchungen, Dokumente, Schlußfolgerungen, Bonn 1957

Deutsche Gesellschaft für die Vereinten Nationen (Hg.): 10 Jahre Vereinte Nationen – Von 1945 bis 1955, Frankfurt 1956

Deutscher Friedensrat (Hg.): Weltfriedensbewegung – Entschließungen und Dokumente, Ost-Berlin 1950

Deutscher Friedensrat (Hg.): Weltfriedensbewegung – Dokumente und Erklärungen, November 1955 – Januar 1960, Ost-Berlin o.J.

Deutsches Institut für Zeitgeschichte (Hg.): Dokumente – Die afro-asiatische Solidaritätsbewegung, Ost-Berlin 1988

Deutsches PEN-Zentrum Ost und West (Hg.): Literatur im Zeitalter der Wissenschaft – Öffentliche Diskussion am 28. November 1959, Ost-Berlin 1960

DGB-Bundesvorstand (Hg.): Konzentration wirtschaftlicher Macht – Soziale Demontage – Großkundgebung des Bundesvorstandes des DGB am 20. November 1958 in Dortmund, Düsseldorf 1958

Dokumentation von Texten und Vorschriften gegen den Faschismus und ihre Anwendung, Verdrehung, Mißachtung seitens der BRD-Staatsorgane von 1945–1977, Hamburg 1978

Dokumentation zur Gewaltherrschaft des Pahlawi-Regimes im Iran – Augenzeugenberichte und Zeitungsartikel, Frankfurt 1977

Dokumentationsstelle zur NS-Sozialpolitik: OMGUS – Ermittlungen gegen die I.G. Farben, Nördlingen 1986

Dokumentationsstelle zur NS-Sozialpolitik: OMGUS – Ermittlungen gegen die Deutsche Bank, Nördlingen 1985

Dokumentationsstelle zur NS-Sozialpolitik: OMGUS – Ermittlungen gegen die Dresdener Bank, Nördlingen 1986

E

Eckert, Hans (Hg.): Protest – Der Kampf um Humanität in Dokumenten aus fünf Jahrhunderten, Nünchen 1969

Emrich, Willi: Die Träger des Goethe-Preises der Stadt Frankfurt von 1927 bis 1961, Frankfurt 1965

F

Farner, Konrad / Pinkus, Theodor: Der Weg des Sozialismus – Quellen und Dokumente 1891–1962, Reinbek 1964

Fecht, Thomas (Hg.): Politische Karikaturen in der BRD, Reinbek 1974

Fetscher, Iring: Der Marxismus – Seine Geschichte in Dokumenten, München 1968

Flechtheim, Ossip K. (Hg.): Dokumente zur parteipolitischen Entwicklung in Deutschland seit 1945, Bd.7, Innerparteiliche Auseinandersetzungen, West-Berlin 1969

Forschungsgemeinschaft »Geschichte des Kampfes der Arbeiterklasse um die Befreiung der Frau« an der Pädagogischen Hochschule »Clara Zetkin« in Leipzig: 70 Jahre Internationaler Frauentag, Leipzig 1980

Forschungsgemeinschaft »Geschichte des Kampfes der Arbeiterklasse um die Befreiung der Frau« an der Pädagogischen Hochschule »Clara Zetkin« in Leipzig: Zur Rolle der Frau in der Geschichte des deutschen Volkes 1830–1945, Frankfurt 1984

Frauenbewegung und revolutionäre Arbeiterbewegung – Texte zur Frauenemanzipation in der BRD von 1848 bis 1980, Frankfurt 1981

Friedenskomitee der Bundesrepublik Deutschland (Hg.): Blaubuch – Dokumentation über den Widerstand gegen die atomare Aufrüstung der Bundesrepublik, Düsseldorf 1958

Friedrich, Jörg: Freispruch für die Nazi-Justiz – Die Urteile gegen NS-Richter seit 1948, Reinbek 1983

G

Generalstaatsanwalt der DDR / Ministerium der Justiz der DDR (Hg.): Die Haltung der beiden deutschen Staaten zu den Nazi- und Kriegsverbrechen – Eine Dokumentation, Ost-Berlin 1965

Gerats, H. / Kühlig, G. / Pfannenschwanz, K. (Hg.): Staat ohne Recht – Des Bonner Staates Sonderjustiz in Berichten und Dokumenten, Ost-Berlin 1959

Giordano, Ralph: Hier fliegen keine Schmetterlinge – KZ-Schergen – Zwei Dokumentarfilme, Hamburg 1961

Goguel, Rudi / Pohl, Heinz: Oder-Neisse – Eine Dokumentation, Ost-Berlin 1955

Gollwitzer, Helmut: Forderungen der Freiheit – Aufsätze und Reden zur politischen Ethik, München 1962

Gosztony, Peter (Hg.): Der Ungarische Aufstand in Augenzeugenberichten, München 1981

Graff, Sigmund: Goethe vor der Spruchkammer oder Der Herr Geheimrat verteidigt sich: Nach Johann Peter Eckermanns Gesprächen mit Goethe in den letzten Jahren seines Lebens, Göttingen 1951

Gremliza, Hermann L.: 30 Jahre Konkret, Hamburg 1987

Grimm, Friedrich: Unrecht im Rechtsstaat – Tatsachen und Dokumente zur politischen Justiz, dargestellt am Fall Naumann, Tübingen 1957

Grosser, J.F.G. (Hg.): Die große Kontroverse – Ein Briefwechsel um Deutschland, Hamburg / Genf / Paris 1963

Grosz, George: Ecce Homo, Berlin 1923

Grundgesetz für die Bundesrepublik Deutschland vom 23. Mai 1949, Karlsruhe 1955

Günther, Hans Friedrich Karl: Gattenwahl – Zu ehelichem Glück und erbaulicher Ertüchtigung, München 1951

Günther, Hans Friedrich Karl: Rassenkunde des deutschen Volkes, München 1922

H

Hausser, Paul: Waffen-SS im Einsatz, Göttingen o.J.

Heider, Magdalena / Thöns, Kerstin (Hg.): SED und Intellektuelle in der DDR der fünfziger Jahre – Kulturbund-Protokolle, Köln 1990

Heipp, Günther (Hg.): Es geht ums Leben! Der Kampf gegen die Bombe 1945–1965, Hamburg 1965

Herrnstadt, Rudolf: Das Herrnstadt-Dokument – Das Politbüro der SED und die Geschichte des 17. Juni 1953, herausgegeben von Nadja Stulz-Herrnstadt, Reinbek 1990

Hess, Ilse: England – Nürnberg – Spandau – Ein Schicksal in Briefen, Leoni am Starnberger See 1952

Hessischer Minister des Inneren (Hg.): »Der Technische Dienst des Bundes Deutscher Jugend« (BDJ), Wiesbaden 1959 (Ts.)

Hillgruber, Andreas: Berlin – Dokumente 1944 bis 1961, Darmstadt 1961

Hitler, Adolf: Mein Kampf, München 1930

Hoffmann, Dierk / Schmidt, Karl-Heinz / Skyba, Peter (Hg.): Die DDR vor dem Mauerbau – Dokumente zur Geschichte des anderen deutschen Staates 1949–1961, München 1993

Hohlfeld, Johannes (Hg.): Dokumente der Deutschen Politik und Geschichte von 1848 bis zur Gegenwart, Bd.VI: Deutschland nach dem Zusammenbruch 1945, West-Berlin 1953

I

Information Service Division Office of the U.S. High Commissioner for Germany (Hg.): Landsberg – Ein dokumentarischer Bericht, München o.J.

Informationsstelle Südliches Afrika e.V. (Hg.): Dokumente der südafrikanischen Befreiungsbewegung von 1943 bis 1976, Bonn 1977

Institut für internationale Politik und Wirtschaft der DDR (Hg.): Gegen Rassismus, Apartheid und Kolonialismus – Dokumente der DDR 1949–1977, Ost-Berlin 1978

Internationaler Militärgerichtshof Nürnberg (Hg.): Der Nürnberger Prozeß – Gegen die Hauptkriegsverbrecher vom 14. November 1945 – 1. Oktober 1946, Band 1–23, München 1984

J

Jackson, Robert H.: Anklage – Grundlegende Rede, vorgetragen im Namen der Vereinigten Staaten von Amerika vom Hauptklagevertreter der USA beim Internationalen Militärgerichtshof in Nürnberg, Wien 1946

Jahn, Hans Edgar: Für und gegen den Wehrbeitrag, Köln 1957

Judick, Günter / Schleifstein, Josef / Steinhaus, Kurt: KPD 1945–1968, Dokumente 1945–1952, Bd. I u. II, Neuss 1989

K

Kästner, Erich: Offener Brief an Freiburger Studenten, in: ders.: Gesammelte Schriften, Bd.5, Köln 1959, S.208

Keil, Hartmut: Sind oder waren Sie Mitglied? Verhörprotokolle über unamerikanische Aktivitäten 1947–1956, Reinbek 1979

Kinsey, Alfred C. / Pomeroy, Wardell B. / Martin, Clyde E.: Das sexuelle Verhalten des Mannes, Frankfurt 1964

Kinsey, Alfred C. / Pomeroy, Wardell B. / Martin, Clyde E. / Gebhard, Paul H.: Das sexuelle Verhalten der Frau, Frankfurt 1963

Kirchberger, Joe H. (Hg.): Zeugen ihrer Zeit – 4000 Zitate aus der abendländischen Geschichte, München o.J.

Kleßmann, Christoph / Wagner, Georg: Das gespaltene Land – Leben in Deutschland 1945–1990, Texte und Dokumente zur Sozialgeschichte, München 1993

Kogon, Eugen (u.a.): Die Mitbestimmung als demokratisches Prinzip – Eine historische und aktuelle Dokumentation, Frankfurt 1980

Komitee der Antifaschistischen Widerstandskämpfer in der Deutschen Demokratischen Republik (Hg.): SS im Einsatz – Eine Dokumentation über die Verbrechen der SS, Ost-Berlin 1957

Kraus, Herbert: Die im Braunschweiger Remerprozeß erstatteten moraltheologischen und historischen Gutachten nebst Urteil, Hamburg 1953

Kuby, Erich (Hg.): Facsimile Querschnitt durch den SPIEGEL, München / Bern / Wien 1967

Kunhardt jr., Philip B.: LIFE – The first fifty years 1936–1986, Boston / Toronto 1986

Kunstverein in Hamburg (Hg.): COBRA 1948–1951, Hamburg 1982

L

Lamm, Fritz / Schwing, Heinrich (Red.): Sozialistische Linke nach dem Krieg – Beiträge von Fritz Lamm und anderen: Auswahl der Zeitschrift »funken«, Offenbach 1978

Langbein, Hermann: Der Auschwitz-Prozeß – Eine Dokumentation, Bd. 1 und 2, Wien 1965

Lasky, Melvin J.: Die ungarische Revolution – Die Geschichte des Oktober-Aufstandes nach Dokumenten, Meldungen, Augenzeugenberichten und dem Echo der Weltöffentlichkeit – Ein Weißbuch, West-Berlin 1958

Lenz, Friedrich: Adolf Hitler – Sein Kampf gegen die Minusseele – Eine politisch-philosophische Studie aus der Alltagsperspektive, Amsterdam 1955

Lenz, Friedrich: Stalingrad – Der »verlorene« Sieg, Heidelberg 1957

Leszcynski, Kasimierz (Hg.): Fall 9 – Das Urteil im SS-Einsatzgruppenprozeß, gefällt am 10. April 1948 in Nürnberg vom Militärgerichtshof II der Vereinigten Staaten von Amerika, Ost-Berlin 1963

Lettau, Reinhard: Die Gruppe 47 – Bericht, Kritik, Polemik, Neuwied 1967

Lönnendonker, Siegward / Fichter, Tilman: Hochschule im Umbruch, Teil 1 – Gegengründung wozu? 1945–1949, West-Berlin 1973

Lönnendonker, Siegward / Fichter, Tilman: Hochschule im Umbruch, Teil 2 – Konsolidierung um jeden Preis, 1949–1957, West-Berlin 1974

Lönnendonker, Siegward / Fichter, Tilman: Hochschule im Umbruch, Teil 3 – Auf dem Weg in den Dissens, 1957–1964, West-Berlin 1974

M

Mann, Thomas: Ansprache im Goethejahr 1949, Weimar 1949

Meissner, Boris: Das Ende des Stalin-Mythos – Die Ergebnisse des XX. Parteikongresses der Kommunistischen Partei der Sowjetunion, Frankfurt 1956

Meissner, Boris (Hg.): Der Warschauer Pakt – Dokumentensammlung, Köln 1961

Mertens, Eberhard (Hg.): Filmprogramme – Ein Querschnitt durch das deutsche Filmschaffen, Bd.2, 1940–1945, Hildesheim 1982

Mindszenty, József Kardinal (Hg.): Ich widerrufe mein Geständnis – Weissbuch über vier Jahre Kirchenkampf in Ungarn, Hamburg 1949

Ministerium für Auswärtige Angelegenheiten (Hg.): Weissbuch über die aggressive Politik der Regierung der Deutschen Bundesrepublik, Ost-Berlin 1958

Mitteldeutscher Verlag (Hg.): Greif zur Feder Kumpel – Protokoll der Autorenkonferenz des Mitteldeutschen Verlages Halle (Saale) am 24. April 1959 im Kulturpalast des Elektrochemischen Kombinats Bitterfeld, Halle 1959

Münch, Ingo von (Hg.): Dokumente des geteilten Deutschlands, Stuttgart 1968

Münzer, Thomas (u.a.): Protest! Der Kampf um Humanität in Dokumenten aus fünf Jahrhunderten, München 1969

Museum für Deutsche Geschichte (Hg.): 120 Jahre deutsche Arbeiterbewegung in Bildern und Dokumenten, Ost-Berlin 1965

N

Nationalrat der Nationalen Front des demokratischen Deutschland (Hg.): Unbewältigt – Eine Dokumentation, Ost-Berlin 1968

Nationalrat der Nationalen Front des demokratischen Deutschland (Hg.): Braunbuch – Kriegs- und Naziverbrecher in der Bundesrepublik – Staat, Wirtschaft, Armee, Verwaltung, Justiz, Wissenschaft, Ost-Berlin 1966

Nationalrat der Nationalen Front des demokratischen Deutschland (Hg.): Graubuch – Expansionspolitik und Neonazismus in Westdeutschland – Hintergründe, Ziele und Methoden, Ost-Berlin 1967

Neuhaus, Rolf (Red.): Dokumente zur Hochschulreform 1945– 1959, hrsg. von der Westdeutschen Rektorenkonferenz in Zusammenarbeit mit dem Hochschulverband, dem Verband Deutscher Studenten und dem Deutschen Studentenwerk, Wiesbaden 1968

Niemöller, Martin: »...zu verkündigen ein gnädiges Jahr des Herrn!« – Sechs Dachauer Predigten, München 1946

Niemöller, Martin: Was Niemöller sagt – wogegen Strauß klagt: Niemöllers Kasseler Rede vom 25. Januar 1959 im vollen Wortlaut, Darmstadt 1959

Noack, Ulrich: Die Nauheimer Protokolle – Diskussionen über die Neutralisierung Deutschlands, Würzburg 1950

P

Paetel, Karl O. (Hg.): Beat – Eine Anthologie, Reinbek 1962

Parteivorstand der KPD: Deutsche Arbeiter halten Gericht über die Lügen der Kriegshetzerprozesse, Frankfurt o.J.

Pfeiffer, Gerd / Strickert, Hans-Georg (Hg.): KPD-Prozess – Dokumentarwerk zu dem Verfahren über den Antrag der Bundesregierung auf Feststellung der Verfassungswidrigkeit der Kommunistischen Partei Deutschlands vor dem Ersten Senat des Bundesverfassungsgerichts, Karlsruhe 1955

Pieck, Wilhelm / Reimann, Max / Matern, Hermann: 35 Jahre Kommunistische Partei Deutschlands, West-Berlin 1954

Präsidium der Vereinigung der Verfolgten des Naziregimes (Hg.): Die unbewältigte Gegenwart – Eine Dokumentation über Rolle und Einfluß ehemals führender Nationalsozialisten in der Bundesrepublik Deutschland, Frankfurt 1962

Presse- und Informationsamt der Bundesregierung (Hg.): Die Viererkonferenz in Berlin 1954 – Reden und Dokumente, West-Berlin 1954

Presse- und Informationsamt der Bundesregierung (Hg.): Verfahren gegen die KPD vor dem Bundesverfassungsgericht – Die Rechtsgrundlagen, Bonn 1955

Prinz, Friedrich / Krauss, Marita (Hg.): Trümmerleben – Texte, Dokumente, Bilder aus den Münchner Nachkriegsjahren, München 1985

R

Radandt, Hans (Hg.): Fall 6 – Ausgewählte Dokumente und Urteil des I.G.-Farben-Prozesses, Ost-Berlin 1970

Rektor und Senat der Karl-Marx-Universität Leipzig (Hg.): Karl-Marx-Universität Leipzig – Festschrift zur 550-Jahr-Feier, Leipzig 1959

Remarque, Erich Maria: Be Vigilant! In: Daily Express vom 30. April 1956

Reuter, Ernst: Schriften – Reden, hrsg. von Hans E. Hirschfeld u. Hans J. Reichhardt, Bd. IV – Reden, Artikel, Briefe 1949 bis 1953, Frankfurt / West-Berlin / Wien 1975

Richter, Hans Werner (Hg.): Almanach der Gruppe 47, 1947–1962, Reinbek 1962

Rollmann, Dietrich: 50 Reden aus dem Deutschen Bundestag 1949–1983, Stuttgart 1983

Rosenberg, Adolf: Der Mythus des 20. Jahrhunderts – Eine Wertung der seelisch-geistigen Gestaltkämpfe unserer Zeit, München 1934

Rote Hilfe Westberlin: Ausschluß der Verteidiger – Wie und warum, Dokumente und Analysen zur politischen Strafjustiz seit 1945, West-Berlin 1975

Rudenko, R.A.: Die Gerechtigkeit nehme ihren Lauf – Die Reden des sowjetischen Hauptanklägers Generalleutnant R. A. Rudenko im Nürnberger Prozeß der deutschen Hauptkriegsverbrecher, Berlin 1946

Rütten & Loening (Hg.): Fall 12 – Das Urteil gegen das Oberkommando der Wehrmacht, gefällt am 28. Oktober 1948 in Nürnberg vom Militärgerichtshof V der Vereinten Staaten von Amerika, Ost-Berlin 1961

S

Schaber, Will (Hg.): Aufbau – Reconstruction, Dokumente einer Kultur im Exil, Köln 1972

Schadeberg, Jürgen / Humann, Klaus (Hg.): DRUM – Die fünfziger Jahre – Bilder aus Südafrika, Hamburg 1991

Scherer, Peter / Schaaf, Peter: Dokumente zur Geschichte der Arbeiterbewegung in Würtemberg und Baden 1848–1949, Stuttgart 1984

Scholz, Arno: Berlin im Würgegriff, West-Berlin 1953

Schröder, Gerhard: Sicherheit heute – Sind unsere Sicherheitseinrichtungen geeignet, auch schwere Belastungsproben auszuhalten – Ansprache auf dem Delegierten-Kongreß der Gewerkschaft der Polizei in Stuttgart am 30. Oktober 1958, Sonderdruck des Bulletins des Presse- und Informationsamtes der Bundesregierung, November 1958

Schubbe, Elimar (Hg.): Dokumente zur Kunst-, Literatur- und Kulturpolitik der SED, Bd.I: 1949–1970, Stuttgart 1972

Schubert, Elke (Hg.): Günther Anders antwortet – Interviews und Erklärungen, West-Berlin 1987

Schüddekopf, Charles (Hg.): Vor den Toren der Wirklichkeit – Deutschland 1946/47 im Spiegel der Nordwestdeutschen Hefte, West-Berlin / Bonn 1980

Schultz, Hans-Jürgen (Hg.): Der Friede und die Unruhestifter – Herausforderungen deutschsprachiger Schriftsteller im 20. Jahrhundert, Frankfurt 1973

Schwab-Felisch, Hans (Hg.): Der Ruf – Eine deutsche Nachkriegszeitschrift, München 1962

Schwarzer, Joseph: Deutsche Kriegsbrandstifter wieder am Werk – Eine Dokumentation über die Militarisierung Westdeutschlands nach Materialien des Ausschusses für deutsche Einheit, Ost-Berlin 1959

SDS-Bundesvorstand (Hg.): Aufgaben und Arbeit des SDS, Hamburg 1953

Sekretariat des Internationalen Militärgerichtshofes (Hg.): Der Prozeß gegen die Hauptkriegsverbrecher vor dem Internationalen Militärgerichtshof – Nürnberg 14. November 1945 – 1. Oktober 1946, Bd. 1-23, München / Zürich 1984

Siegler, Heinrich von: Deutschlands Weg 1945-1955 – Von der Kapitulation bis zur Moskau-Reise Adenauers, Köln 1995

Siegler, Heinrich von (Hg.): Dokumentation der europäischen Integration mit besonderer Berücksichtigung des Verhältnisses EWG – EFTA – Von der Züricher Rede Winston Churchills 1946 bis zur Bewerbung Großbritanniens um Mitgliedschaft bei der EWG 1961, Bonn / Wien / Zürich 1961

Siegler, Heinrich von (Hg.): Dokumentation zur Deutschlandfrage – Von der Atlantik-Charta 1941 bis zur Berlin-Sperre 1961, Hauptband I: Von der Atlantik-Charta bis zur Aufkündigung des Berlin-Status durch die UdSSR 1958, Bonn / Wien / Zürich 1961

Siegler, Heinrich von (Hg.): Wiedervereinigung und Sicherheit Deutschlands – Eine dokumentarische Diskussionsgrundlage, Bonn / Wien / Zürich 1960

Situationistische Internationale: 1958-1969 – Gesammelte Ausgaben des Organs der Situationistischen Internationalen, Band 1, Hamburg 1976

Situationistische Internationale: 1958-1969 – Gesammelte Ausgaben des Organs der Situationistischen Internationale, Band 2, Hamburg 1977

Sobukwe, Robert Mangaliso: Hört die Stimmen Afrikas! Reden 1949-1959, Köln 1978

Sonderausschuß der Vereinten Nationen: Der Volksaufstand in Ungarn – Bericht des Sonderausschusses der Vereinten Nationen: Untersuchungen, Dokumente, Schlußfolgerungen, Bonn 1957

Soucek, Theodor: Wir rufen Europa – Vereinigung des Abendlandes auf sozial-organischer Grundlage, Wels / Starnberg 1956

Sozialistische Einheitspartei Deutschlands (Hg.): Dokumente der Sozialistischen Einheitspartei Deutschlands: Beschlüsse und Erklärungen des Zentralsekretariats und des Parteivorstandes, Bd. 1-7, Ost-Berlin 1948-1961

SPD-Bezirk Pfalz: Bericht – 42. SPD-Bezirksparteitag Frankenthal, Mannheim 1949

SPD-Vorstand (Hg.): Protokoll der Verhandlungen des Parteitages der SPD vom 21.-25. Mai 1950 in Hamburg, Bonn 1950

SPD-Vorstand (Hg.): Protokoll der Verhandlungen des Parteitages der SPD vom 1952 in Dortmund, Bonn 1952

SPD-Vorstand (Hg.): Protokoll der Verhandlungen des Parteitages der SPD vom 1954 in Berlin, Bonn 1954

SPD-Vorstand (Hg.): Protokoll der Verhandlungen des Parteitages der SPD vom 1956 in München, Bonn 1956

SPD-Vorstand (Hg.): Protokoll der Verhandlungen des Parteitages der SPD vom 1958 in Stuttgart, Bonn 1958

Steiniger, P.A. / Leszcynski, Kasimierz (Hg.): Fall 3 – Das Urteil im Juristenprozeß, gefällt am 4. Dezember 1947 vom Militärgerichtshof III der Vereinigten Staaten von Amerika, Ost-Berlin 1969

Steininger, Rolf: Deutsche Geschichte 1945-1961 – Darstellung und Dokumente in zwei Bänden, Frankfurt 1990 u. 1992

Steininger, Rolf: Deutsche Geschichte seit 1945 – Darstellung und Dokumente in vier Bänden, Frankfurt 1996

Streik-Nachrichten des Metallarbeiterstreiks in Schleswig-Holstein vom 24. Oktober 1956 bis 14. Februar 1957, Frankfurt 1976

Studiengesellschaft für staatspolitische Öffentlichkeitsarbeit: Apropos Strauß – Eine Dokumentation, Stuttgart 1965

T

Thieleke, Karl-Heinz (Hg.): Fall 5 – Anklagepädoyer, ausgewählte Dokumente, Urteil des Flick-Prozesses mit einer Studie über die »Arisierungen« des Flick-Konzerns, Ost-Berlin 1965

Trus, Armin: »Wer nicht kämpft, hat schon verloren« – Dokumente zur Geschichte der Arbeiterbewegung in Gießen 1945-1990, Gießen 1994

Tudyka, Kurt P. (Hg.): Das geteilte Deutschland – Eine Dokumentation der Meinungen, Stuttgart 1965

U

Untersuchungsausschuß der Stadt Greifswald (Hg.): Abschlußbericht des Untersuchungsausschusses der Stadt Greifswald, Greifswald 1990

Untersuchungsausschuß Freiheitlicher Juristen (Hg.): Katalog des Unrechts, West-Berlin 1956

V

Verband der Heimkehrer, Kriegsgefangenen und Vermißtenangehörigen Deutschlands e.V. (Hg.): Freiheit ohne Furcht – Zehn Jahre Heimkehrerverband, Bad Godesberg 1960

Verband der Kriegsbeschädigten, Kriegshinterbliebenen und Sozialrentner Deutschlands (Hg.): Aufgabe und Leistung – Geschäftsbericht für die Zeit vom 3. bis 4. Ordentlichen Verbandstag 1958–1962, Bonn 1962

Verband Deutscher Journalisten (Hg.): Revanchismus aus Rotationen, Ost-Berlin 1961

Vereinigung Deutscher Wissenschaftler (Hg.): Forschen in Freiheit und Verantwortung – 25 Jahre »Vereinigung Deutscher Wissenschaftler e.V.«, Bochum 1984

Verg, Erik: Vierzig Jahre Hamburger Abendblatt, Hamburg 1980

Verhandlungen des Deutschen Bundestages, Stenographische Protokolle, Bd. 1ff., Bonn 1950ff.

Verwaltungsstelle Ingolstadt der IG Metall (Hg.): Der Bayernstreik 1954 – Dokumente seiner Geschichte am Beispiel der Verwaltungsstelle Ingolstadt, Ingolstadt 1984

Vesper-Triangel, Bernward (Hg.): Gegen den Tod – Stimmen deutscher Schriftsteller gegen die Atombombe, Stuttgart-Cannstatt 1965

Vorstand der Sozialdemokratischen Partei Deutschlands (Hg.): Deutschlandplan der SPD: Kommentare, Argumente, Begründungen, Bonn 1959

Vorstand der Sozialdemokratischen Partei Deutschlands (Hg.): Jahrbuch der SPD 1956/57, Bonn 1958

Vorstand der Sozialdemokratischen Partei Deutschlands (Hg.): Protokoll der Verhandlungen des Parteitages der Sozialdemokratischen Partei Deutschlands vom 20.–24. Juli 1954 in Berlin, Bonn 1954

Vorstand der Sozialdemokratischen Partei Deutschlands: Protokoll der Verhandlungen des außerordentlichen Parteitages der Sozialdemokratischen Partei Deutschlands vom 13.–15. November 1959 in Bad-Godesberg, Bonn o.J.

Vorstand der Sozialdemokratischen Partei Deutschlands (Hg.): Die Sozialpolitik der Sozialdemokratie, Bonn 1953

Vorstand der Sozialdemokratischen Partei Deutschlands (Hg.): Die Wirtschaftspolitik der Sozialdemokratie, Bonn 1953

Voss, Hartfrid (Hg.): »Spektrum des Geistes« – Literaturkalender auf das Jahr 1952 – Ein Querschnitt durch das Geistes- und Verlagsschaffen der Gegenwart, Ebenhausen 1951

Voss, Hartfrid (Hg.): »Spektrum des Geistes« – Literaturkalender auf das Jahr 1953 – Ein Querschnitt durch das Geistes- und Verlagsschaffen der Gegenwart, Ebenhausen 1952

Voss, Hartfrid (Hg.): Spektrum des Geistes – Literaturkalender 1954 – Ein Querschnitt durch das Geistes- und Verlagsschaffen der Gegenwart, Ebenhausen 1953

Voss, Hartfrid (Hg.): Spektrum des Geistes – Literaturkalender 1955 – Ein Querschnitt durch das Geistes- und Verlagsschaffen der Gegenwart, Ebenhausen 1954

Voss, Hartfrid (Hg.): Spektrum des Geistes – Literaturkalender 1956 – Ein Querschnitt durch das Geistes- und Verlagsschaffen der Gegenwart, Ebenhausen 1955

Voss, Hartfrid (Hg.): Spektrum des Geistes – Literaturkalender 1957 – Ein Querschnitt durch das Geistes- und Verlagsschaffen der Gegenwart, Ebenhausen 1956

Voss, Hartfrid (Hg.): Spektrum des Geistes – Literaturkalender 1958 – Ein Querschnitt durch das Geistes- und Verlagsschaffen der Gegenwart, Ebenhausen 1957

Voss, Hartfrid (Hg.): Spektrum des Geistes – Literaturkalender 1959 – Ein Querschnitt durch das Geistes- und Verlagsschaffen der Gegenwart, Ebenhausen 1958

W

Wasmund, Klaus: Politische Plakate aus dem Nachkriegsdeutschland – Zwischen Kapitulation und Staatsgründung, Frankfurt 1986

Weber, Hermann: DDR – Dokumente zur Geschichte der Deutschen Demokratischen Republik 1945–1985, München 1986

Weber, Jürgen (Hg.): Geschichte der Bundesrepublik Deutschland, Analyse und Dokumentation in Text, Bild und Ton, Bd. 2, Das Entscheidungsjahr 1948, Paderborn 1980

Weber, Jürgen (Hg.): Geschichte der Bundesrepublik Deutschland, Analyse und Dokumentation in Text, Bild und Ton, Bd. 3, Die Gründung des neuen Staates 1949, Paderborn 1982

Weihrauch, Jürgen (Hg.): Gruppe Spur 1958–1965, München 1979

Wellmer, Gottfried (Hg.): Dokumente der südafrikanischen Befreiungsbewegung, Bonn 1977

Windisch, Wolfgang: Der Bayernstreik 1954 – Dokumente seiner Geschichte am Beispiel der Verwaltungstelle Ingolstadt, Ingolstadt 1984

Wulf, Joseph: Das Dritte Reich und seine Vollstrecker, West-Berlin 1961

Wulf, Joseph: Aus dem Lexikon der Mörder – »Sonderbehandlung« und verwandte Worte in nationalsozialistischen Dokumenten, Gütersloh 1963

Wulf, Joseph: Die bildenden Künste im Dritten Reich – Eine Dokumentation, Frankfurt / West-Berlin 1989

Wulf, Joseph: Literatur und Dichtung im Dritten Reich – Eine Dokumentation, Frankfurt / West-Berlin 1989

Wulf, Joseph: Musik im Dritten Reich – Eine Dokumentation, Frankfurt / West-Berlin 1989

Wulf, Joseph: Presse und Funk im Dritten Reich – Eine Dokumentation, Frankfurt / West-Berlin 1989

Wulf, Joseph: Theater und Film im Dritten Reich – Eine Dokumentation, Frankfurt / West-Berlin 1989

Z

Zentralkomitee der deutschen Katholiken (Hg.): Die Kirche, das Zeichen Gottes unter den Völkern – 77. Deutscher Katholikentag (1956), Paderborn 1957

Zentralkomitee der Kommunistischen Partei Deutschlands

(Hg.): Freiheit für die KPD – Weissbuch über zehn Jahre KPD-Verbot, Ergebnisse und Schlußfolgerungen, Ost-Berlin 1966

Zentralkomitee der KPD (Hg.): Die KPD lebt und kämpft – Dokumente der Kommunistischen Partei Deutschlands 1956–1962, Ost-Berlin 1963

Zentralkomitee der KPD (Hg.): KPD 1945–1965 – Abriß, Dokumente, Zeittafel, Ost-Berlin 1966

Zöller, Martin / Leszcynski, Kasimierz (Hg.): Fall 7 – Das Urteil im Geiselmordprozeß, gefällt am 19. Februar 1948 vom Militärgerichtshof V der Vereinigten Staaten von Amerika, Ost-Berlin 1965

10. Ungedruckte Quellen

1. Archivalische Sammlung »Bund der Deutschen« (BdD) im Archiv »Protest, Widerstand und Utopie in der BRD« des Hamburger Instituts für Sozialforschung
2. Archivalische Sammlung Helmut Bausch im Archiv »Protest, Widerstand und Utopie in der BRD« des Hamburger Instituts für Sozialforschung
3. Archivalische Sammlung SDS-Hochschulgruppe Hamburg (Dr. Jürgen Klein) im Archiv »Protest, Widerstand und Utopie in der BRD« des Hamburger Instituts für Sozialforschung
4. Archivalische Sammlung Arie Goral im Archiv »Protest, Widerstand und Utopie in der BRD« des Hamburger Instituts für Sozialforschung
5. Biographisches Handarchiv in der Redaktion der Deutschen Volkszeitung, Düsseldorf
6. Biographische Sammlung im Fritz-Küster-Archiv, Oldenburg (Oldenburg)

Bewegungskarten

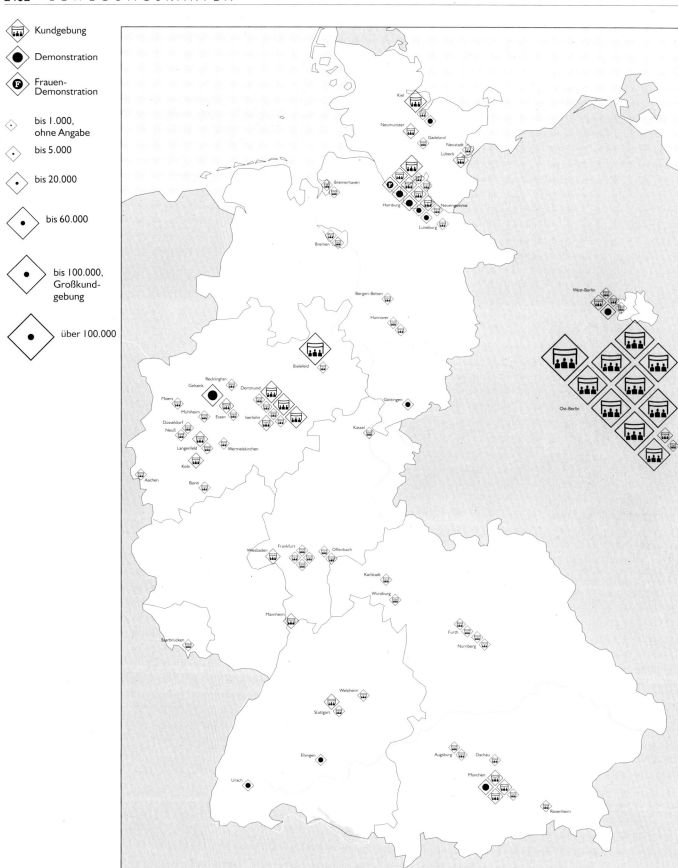

Demonstrationen und Kundgebungen für die Opfer des Nationalsozialismus (1949 – 1959)

1949
15. Juli: Kundgebung in Offenbach (1.000).
10. August: Kundgebung und Demonstration in München (3.000).
1. September: Kundgebung in Ost-Berlin (100.000).
Kundgebung in Leipzig (o. A.).
10. September: Kundgebung in Fürstenberg (Mecklenburg) (10.000).
14. Dezember: Kundgebung der VVN in Wiesbaden (2.000).

1950
Januar: Demonstration in Göttingen (800).
1. Februar: DGB-Kundgebung in Bielefeld (40.000).
16. Februar: Kundgebung gegen Hedler-Freispruch in Kiel (8.000).
Kundgebung gegen Hedler-Freispruch in Neumünster (4.000).
Kundgebung gegen Hedler-Freispruch in München (2.500).
4. März: Kundgebung gegen Hedler-Freispruch in Neustadt (o.A.).
9. März: VVN-Demonstration in München (2.000)
25. März: DGB-Kundgebung in München (3.000).
Juni: Protestkundgebung gegen Schändung eines Mahnmals für NS-Opfer in Wermelskirchen (Rhein-Wupperkreis).
10. September: Kundgebung in Hamburg (7.000).

1951
15. April: Demonstration in Gelsenkirchen (15.000).
9. September: VVN-Kundgebung in Hamburg (3.000).
VVN-Kundgebung in Frankfurt (200).
VVN-Kundgebung in Stuttgart (3.000).
VVN-Kundgebung in Köln (2.500).
Großkundgebung in Ost-Berlin.
21. November: Kundgebung in der Frankfurter Paulskirche.
9. Dezember: VVN-Kundgebung in Lüneburg.

1952
17. Februar: Kundgebung »Versöhnung mit den Juden« in West-Berlin (2.000).
21. Juni: Kundgebung in Bonn (400).

September: Kundgebung in Hamburg (400).
14. September: VVN-Kundgebung in Hamburg (4.000).
VVN-Kundgebung in Mannheim (2.000).
Großkundgebung in Ost-Berlin (100.000).

1953
10. Mai: Demonstration ehemaliger KZ-Häftlinge in Ebingen (Schwäbische Alb).
15. Mai: Demonstration gegen DP-Veranstaltung in West-Berlin (3.000).
13. September: Kundgebung im ehemaligen KZ Dachau.
14. September: Kundgebung in der Technischen Universität in West-Berlin.
27. September: Demonstration und Kundgebung in Hamburg (2.000).
Polizei löst VVN-Kundgebung in Hannover auf.
11. Oktober: Kundgebung in Offenbach (400).
9. November: Gedenkkundgebung der VVN in Düsseldorf.
Gedenkkundgebung der VVN in Frankfurt.
Gedenkkundgebung der VVN in Hamburg.
Gedenkkundgebung der VVN in Moers.
Gedenkkundgebung der VVN in Neuß.

1954
28. August: Kundgebung gegen Kesselring-Vortrag in Recklinghausen.
11. September: *Kundgebung in Karl-Marx-Stadt (60.000).
*Kundgebung in Fürstenberg (10.000).
12. September: Großkundgebung in Ost-Berlin.

1955
18. Januar: Kundgebung und Demonstration in Hamburg (4.000).
8. April: Gedenkkundgebung bei Dortmund.
11. April: Gedenkkundgebung bei Weimar (52.000).
30. April: Kundgebung von Frauen in Ravensbrück (10.000).
7. Mai: Kundgebung von Ex-Häftlingen in Neuengamme.

Demonstration in Hamburg (2.000).
8. Mai: Kundgebung in Lübeck (2.500).
Großkundgebung und Parade in Ost-Berlin (200.000).
12. Juni: Demonstration in Gadeland (Schleswig-Holstein) (800).
10. September: Kundgebung und Fackelzug in Stuttgart.
11. September: Gedenkkundgebung in Bremen.
18. September: Demonstration in Kiel (400).
Kundgebung in Iserlohn (Nordrhein-Westfalen) (2.000).
Kundgebung bei Aachen (1.000).
Kundgebung bei Saarbrücken.
25. September: Kundgebung in Bielefeld.

1956
März: VVN-Kundgebung in Fürth.
4. März: Kundgebung in Ost-Berlin (1.200).
9. März: VVN-Kundgebung in Kassel.
30. März: Gedenkkundgebung bei Dortmund (6.000).
15. April: Kundgebung in Bergen-Belsen.
Kundgebung bei Weimar (30.000).
21. April: VVN-Kundgebung in Bremerhaven (600).
22. April: VVN-Kundgebung in Essen.
Mai: Demonstration in Hamburg.
13. Mai: Kundgebung bei Langenfeld (500).
18. Mai: VVN-Kundgebung in Nürnberg.
3. Juni: Sternfahrt nach und Kundgebung in Welzheim (800).
9. September: Großkundgebung in Ost-Berlin (120.000).

1957
19. April: Gedenkkundgebung bei Dortmund (10.000).
5. Mai: Demonstration in Hamburg (1.500).
15. Juni: DGB-Demonstration gegen DSU-Parteitag in Urach.
22. Juni: VVN-Kundgebung in Essen (1.500).
24./25. Juli: Kundgebung und Demonstration in West-Berlin.
27. Juli: Kundgebung in Karlstadt am Main (700).
7. September: Kundgebung in Ost-Berlin.

Kundgebung in Karl-Marx-Stadt (1.000).
8. September: Großkundgebung in Ost-Berlin (100.000).
22. September: Schweigemarsch und Kundgebung in Hamburg (1.000).
VVN-Kundgebung in Augsburg.

1958
30. Januar: VVN-Kundgebung in Dortmund (1.000).
Kundgebungen in West-Berlin.
4. April: Kundgebung bei Dortmund.
10. Mai: Demonstration in Hamburg (1.000).
22. Juni: Kundgebung in Ost-Berlin (45.000).
7. September: Großkundgebung in Ost-Berlin (100.000).

1959
27. März: Kundgebung bei Dortmund (15.000).
12. April: Kundgebung in Langenfeld (bei Leverkusen) (2.000).
5. September: VVN-Kundgebung in Bremerhaven.
VVN-Kundgebung in Kiel.
6. September: VVN-Kundgebung in Bremen.
VVN-Kundgebung in Mülheim an der Ruhr.
11. September: VVN-Kundgebung in Frankfurt.
VVN-Kundgebung in Würzburg.
12. September: VVN-Kundgebung in Nürnberg.
13. September: VVN-Kundgebung in Hannover.
VVN-Kundgebung in Fürth.
Großkundgebung in Ost-Berlin (100.000).
16. September: VVN-Kundgebung in Augsburg.
18. September: VVN-Kundgebung in Rosenheim (Bayern).
19. September: VVN-Kundgebung in München.
11. Oktober: VVN Kundgebung in Dortmund.

2484 BEWEGUNGSKARTEN

- Schweigemarsch
- Protestaktion
- Fackelzug
- Pilgerfahrt
- Verhinderung
- Störung, Sprengung
- Verprügelung
- Denkschrift
- Flugblattaktion
- Solidaritätsaktion
- Instandsetzung
- Kranzniederlegung
- Enthüllung, Einweihung
- Gründung, Einrichtung
- Gedenkfeier
- Versammlung
- Veranstaltung
- Mahnveranstaltung
- Tagung
- Konferenz
- Kongreß
- Pressekonferenz
- Ausstellung

Gedenk- und Mahnveranstaltungen für die Opfer des Nationalsozialismus (1949 –1959)

1949
3. Mai: Einweihung des Ehrenmals für die NS-Opfer in Hamburg (3.000).
8. Mai: Befreiungsfeier der VVN in Hamburg (10.000).
Einweihung des Ehrenmals für sowjetische Soldaten im Treptower Park in Ost-Berlin.
2. August: Schweigemarsch in Frankfurt (400).
17. August: Protestversammlung in West-Berlin.
18. August: Umbenennung des Wilhelm-Platzes in Ost-Berlin in Ernst-Thälmann-Platz.
11. September: Gedenkfeier in Plötzensee in West-Berlin (o.A.).
25. November: Störung einer VU-Kundgebung in München.
13. Dezember: Störung einer SRP-Versammlung in Bad Pyrmont.
16. Dezember: SPD-Abgeordnete verprügeln Rechtsradikalen im Bayerischen Landtag in München.

1950
16. Januar: Sprengung einer DP-Versammlung in Flensburg.
18. Januar: Verhinderung einer DB-Veranstaltung in Bayreuth.
Sprengung einer SRP-Veranstaltung in Oldenburg.
19. Januar: Sprengung einer VU-Veranstaltung in Frankfurt.
4. Februar: Störung einer SRP-Veranstaltung in Wolfsburg.
10. März: SPD-Abgeordnete prügeln Hedler in Bonn aus dem Bundestag.
12. April: Verhinderung einer NDP-Veranstaltung in Bad Homburg.
22. April: VDS-Mitgliederversammlung in Mainz spricht sich für Wiedergutmachung aus.
8. Mai: Sprengung einer NDP/NRP-Veranstaltung in Frankfurt.
Juli: Verhinderung einer DP-Wahlkundgebung in Ahlen.
Verhinderung einer Hedler-Versammlung in Flensburg.
7. Juli: Trauerfeier für KZ-Opfer in Hünfeld (Hessen).
28. Juli: Studentische Protestaktion gegen SRP-Versammlung in West-Berlin.
18. August: Sprengung einer SRP-Kundgebung in Stuttgart.
3. September: Trauerzug von Frauen in Ravensbrück (15.000).
10. September: Gedenkfeier in West-Berlin.

1951
6. April: Störung einer SRP-Wahlveranstaltung in Peine.
14./15. April: VVN-Kongreß in Gelsenkirchen (1.000).
24. Juni: Enthüllung eines Mahnmals für jüdische NS-Opfer in Hamburg.
20. Juli: Gedenkfeier für von den Nazis ermordete Studenten und Professoren an der Freien Universität in West-Berlin.
11. November: Gedenkfeier für die jüdischen NS-Opfer im Bayerischen Landtag in München.
25. November: Schweigemarsch in Peine.

1952
7. April: Störung einer BDJ-Veranstaltung in Hamburg.
28. April: Sprengung einer DP-Versammlung in Frankfurt.
29. April: Sprengung einer DP-Versammlung in Wetzlar.
30. April: Sprengung einer DP-Kundgebung in Frankfurt.
29. Mai: Proteste gegen die Aufnahme von DP-Abgeordneten in das Frankfurter Stadtparlament.
14. September: Denkmalsenthüllung in West-Berlin (500).
24./25. Oktober: Tagung ehemaliger Buchenwald-Häftlinge in Weimar.
30. November: Einweihung eines Mahnmals für KZ-Opfer in Bergen-Belsen.

1953
3. April: VVN-Veranstaltung in Altena (Westfalen).
Gedenkmarsch in Dortmund (1.500).
6./7. Juni: Pilgerfahrt ehemaliger KZ-Häftlinge nach Dachau.
13. Juli: Verhinderung einer Kundgebung in Frankfurt.
20. Juli: Denkmalseinweihung für hingerichtete Widerstandskämpfer des 20. Juli in West-Berlin.
August: Sprengung einer DP-Wahlveranstaltung in Offenbach.
13. September: Gedenkveranstaltung für NS-Opfer in München.
Kranzniederlegung in West-Berlin.
11. Oktober: Einweihung eines Ehrenmals für ermordete Juden in Ost-Berlin.
9. November: Gedenkveranstaltung in München.
Gedenkveranstaltung in West-Berlin.
Denkmalsenthüllung in West-Berlin.

1954
18. Januar: Sprengung einer Stahlhelm-Veranstaltung in Moers.
7. April: Störung einer Manteuffel-Veranstaltung in West-Berlin.
29. April: Gedenkveranstaltung für den Aufstand im Warschauer Ghetto in West-Berlin.
9. Mai: Gedenkfeier in München.
19. Juli: Gedenkveranstaltung mit Bundespräsident Heuss in der Freien Universität in West-Berlin.
20. Juli: Gedenkveranstaltungen in West-Berlin.
5. September: Gedenkveranstaltung in Stuttgart.
12. September: Mahnmalseinweihung in West-Berlin.
Gedenkfeier auf dem jüdischen Friedhof in Ost-Berlin.
26. September: Versammlung von NS-Verfolgten in Heidelberg.
November: Störung einer Manteuffel-Veranstaltung in Wiesbaden.
Verhinderung eines Ex-Fallschirmjägertreffens in Düsseldorf.
23. November: Störung einer DP-Kundgebung im Sportpalast in West-Berlin.

1955
22. Februar: Gedenken an die Hinrichtung der Geschwister Scholl in Hamburg.
17. April: Totenehrung am Mahnmal Plötzensee in West-Berlin.
8. Mai: Gedenkmarsch in Dachau (3.000).
28. Mai: Protestaktionen in West-Berlin (4.000).
11. Juni: Proteste gegen Stahlhelm-Treffen in Goslar (2.000).
11. September: Gedenkveranstaltung in München.
11. Oktober: Protestaktion gegen Plesse-Verlag auf der Frankfurter Buchmesse.
9. November: Gedenkveranstaltung in der Technischen Universität in West-Berlin.

1956
Januar: Protestveranstaltung in Kiel.
März: DFG-Veranstaltung in West-Berlin.
4. März: Protestveranstaltung in München (600).
April: Gedenkfeier in Frankfurt.
22. April: Gedenkveranstaltung in Frankfurt.
28. April: Befreiungsfeier in München.
12. Mai: VVN-Veranstaltung in Bremen (300).
12./13. Mai: Tagung ehemaliger Widerstandskämpfer in Flensburg.
13. Mai: Befreiungsfeier in Düsseldorf.
2.–5. Juni: Gedenkfahrt zum und Kundgebung im ehemaligen KZ Buchenwald bei Weimar.
17. Juni: Proteste gegen DSU-Gründung in Miltenberg.
14. Juli: Kranzniederlegung in Penzberg (Bayern).
8./9. September: Pilgerfahrt ehemaliger KZ-Häftlinge nach Dachau (1.000).
Treffen ehemaliger KZ-Häftlinge in Papenburg (Niedersachsen) (2.000).
23. September: Gedenkveranstaltung in Recklinghausen (600).
29. September: VVN-Veranstaltung in Kassel.
25.–29. Oktober: Tagung des Internationalen Auschwitz-Komitees in Hamburg.
November: Gedenkfeier in Dachau.
17./18. November: Tagung ehemaliger KZ-Häftlinge in Ost-Berlin.
4. Dezember: Ein SPD-Abgeordneter protestiert im Bayerischen Landtag in München gegen die Nutzung eines Hinrichtungsraumes als Reparaturwerkstätte.

1957
14. März: Protest des Internationalen Auschwitz-Komitees in Frankfurt.
17. März: Pilgerfahrt von Jugendlichen nach Bergen-Belsen (2.000).
Beginn der Anne-Frank-Sammlung in Konstanz.
13. April: Gedenkveranstaltung bei Solingen (1.000).
27. April: Kranzniederlegung in Salzgitter-Lebenstedt.
30. April: Fackelzug in Salzgitter-Lebenstedt (1.000).
23. Mai: Pressekonferenz in Ost-

Berlin über Kontinuitäten der NS-Justiz in der Bundesrepublik.
1. Juni: Tagung des Internationalen Auschwitz-Komitees in Frankfurt.
12. Juni: Anne-Frank-Gedenkveranstaltungen in Frankfurt.
18. Juni: Pressekonferenz in Ost-Berlin über Treffen ehemaliger SS-Angehöriger in der Bundesrepublik.
21. Juni: Konferenz von Widerstandskämpfern in Bonn zu Protesten gegen HIAG-Treffen.
Juli: Protest der VVN in München gegen Friedhofsschändungen.
13. Juli: DGB-Versammlung in Karlstadt am Main.
14. Juli: Kinder aus Oradour treffen in Hamburg zu einer Ferienaktion ein.
16. Juli: Flugblattaktion der VVN in Karlburg am Main.
8. September: VVN-Veranstaltung in München.
Schweigemarsch ehemaliger KZ-Häftlinge in Ulm (700).
Denkmalseinweihung in Grevesmühlen (Mecklenburg).
22. September: VVN-Gedenkfeier in Essen.
VVN-Gedenkfeier in Alsdorf (bei Aachen) (600).
29. September: VVN-Gedenkfeier in Frankfurt.
11.–13. Oktober: Gedenkveranstaltung im ehemaligen KZ Sachsenhausen.
9. November: Fackelzug Jugendlicher zum ehemaligen KZ Dachau (2.500).
10. November: Feier zum Synagogenneubau in West-Berlin.

1958
11. April: Befreiungsfeier im ehemaligen KZ Buchenwald bei Weimar.
20. April: Gedenkveranstaltung bei Solingen (1.000).
Feierstunde zum Gedenken an den Warschauer Ghettoaufstand in West-Berlin.
26.–30. April: Gründung der »Aktion Sühnezeichen« auf EKD-Synode in West-Berlin.
27. April: Pilgerfahrt Jugendlicher zum ehemaligen KZ Bergen-Belsen (3.000).
6. Mai: Instandsetzung eines jüdischen Friedhofs in Bühl (Baden).
8. Mai: Der Jahrestag der Befreiung wird in der DDR Nationalfeiertag.
10. Mai: Mahnveranstaltung zur Bücherverbrennung in Ost-Berlin.
12. Mai: Mahnveranstaltung zur Bücherverbrennung in Ost-Berlin.
9. Juni: Pressekonferenz des UfJ in West-Berlin über »Ehemalige Nationalsozialisten in Pankows Diensten«.
13. Juli: Enthüllung eines Mahnmals für »Die weiße Rose« in der Universität München.
20. Juli: Gedenkveranstaltung in West-Berlin.
14. September: Einweihung der Mahn- und Gedenkstätte Buchenwald bei Weimar (80.000).
21. Oktober: Pressekonferenz in Ost-Berlin über Kontinuitäten von NS-Juristen in der Bundesrepublik.
9. November: Grundsteinlegung zum Synagogenneubau in Hamburg.
Gedenkfeier in Offenbach.
Kranzniederlegung am Anne-Frank-Geburtshaus in Frankfurt.
Gedenkfeier in der Universität München.
Gedenkveranstaltung in West-Berlin.
1. Dezember: Einrichtung der Zentralen Stelle der Landesjustizverwaltungen zur Aufklärung nationalsozialistischer Gewaltverbrechen in Ludwigsburg.
8. Dezember: Sprengung einer BNS-Veranstaltung in West-Berlin.

1959
Januar: Die VVN gibt in Frankfurt eine Denkschrift über Antisemitismus in der Bundesrepublik heraus.
15. Januar: Pressekonferenz in Ost-Berlin über Antisemitismus in der Bundesrepublik.
4. Februar: Protesterklärung des Zentralrats der Juden in Deutschland in Düsseldorf gegen antisemitische Vorfälle.
März: Instandsetzung eines jüdischen Friedhofes durch Schülerinnen und Schüler in Helmarshausen (bei Karlshafen).
21./22. März: Kongreß europäischer Widerstandskämpfer in München.
April: Initiative zur Instandsetzung jüdischer Friedhöfe von Jugendlichen in Offenbach.
12. April: Gedenkfeier in Bergen Belsen (1.000).
19. April: Gedenkfeier für die Opfer des Warschauer Ghettoaufstands in West-Berlin.
22. April: Einweihung eines Synagogenneubaus in West-Berlin.
2./3. Mai: Konferenz ehemaliger KZ-Häftlinge in Hamburg.
3. Mai: Gedenkveranstaltung in Neustadt (Schleswig-Holstein).
Gedenkveranstaltung in Haffkrug (Schleswig-Holstein).
Gedenkveranstaltung in Timmendorfer Strand.
10. Mai: Enthüllung eines Gedenksteins für die Opfer von Auschwitz in Frankfurt.
12. Juni: Grundsteinlegung für das Anne-Frank-Dorf in Wuppertal.
14. Juni: Gedenkveranstaltung für Anne Frank in Frankfurt (500).
21. Juni: Protesterklärung des Zentralrats der Juden in Deutschland in Düsseldorf gegen anwachsenden Antisemitismus.
20. Juli: Gedenkveranstaltung in West-Berlin.
September: Gedenkveranstaltung in West-Berlin (1.000).
1. September: VVN-Gedenkveranstaltung in Kassel.
12. September: Einweihung der Mahn- und Gedenkstätte Ravensbrück (50.000).
13. September: Gedenkfeier in Grevesmühlen (5.000).
20. September: Einweihung der neuen Synagoge in Köln.
27. September: Einweihung des Neubaus der Jüdischen Gemeinde in West-Berlin.
November: Gedenkfeier in Biesingen (Baden-Württemberg) (2.000).
6. November: Gedenkfeier im ehemaligen KZ Flossenburg (Oberpfalz) (1.000).
9. November: Enthüllung einer Gedenkwand im Gebäude der Jüdischen Gemeinde in West-Berlin.
15. November: Gedenkfeier von Jugendlichen im ehemaligen KZ Dachau (2.000).
27.–30. November: Ausstellung »Ungesühnte Nazijustiz« in Karlsruhe.
28. Dezember: Vorsitzender des Zentralrats der Juden in Deutschland fordert in West-Berlin die Überprüfung aller rechtsradikalen Organisationen und Personen.

BEWEGUNGSKARTEN

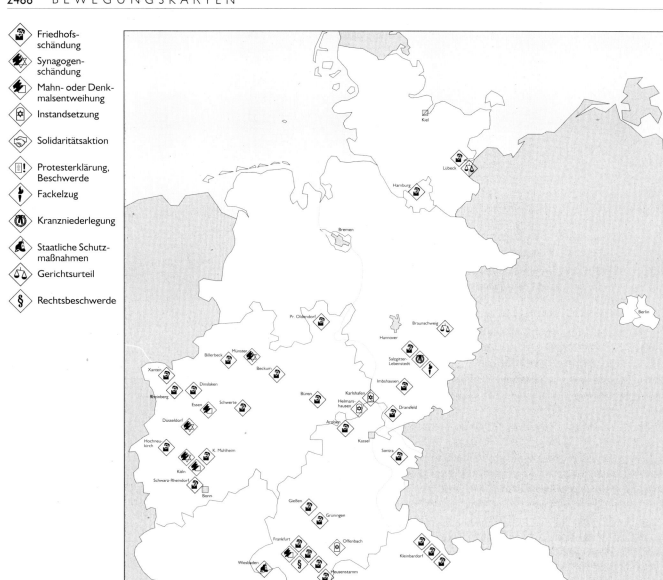

Schändungen jüdischer Friedhöfe, Synagogen und Mahnmale (1949 –1959)

1949
Oktober: Friedhofsschändung in Kirn (Rheinland-Pfalz). Friedhofsschändung in Arolsen (Nordhessen).
20. Oktober: Friedhofsschändung in Sontra (Osthessen).
22. November: Anweisung des hessischen Innenministers in Wiesbaden an Polizeidienststellen, bei Streifen besonders auf jüdische Friedhöfe zu achten.
23./24. November: Entweihung einer Gedenktafel in Frankfurt.
30. November: Friedhofsschändung in Cham (Bayerischer Wald) (13).

1950
April: Friedhofsschändung in Kleinbardorf (Landkreis Königshofen) (26).
1. April: Friedhofsschändung in Ansbach (Franken) (24).
13./14. April: Friedhofsschändung in Frankfurt (16).
16./17. April: Friedhofsschändung in Dransfeld (Niedersachsen) (15).
28. April: Im Namen der Aktionsgruppe Heidelberg protestiert der Soziologe Professor Alfred Weber gegen die fortgesetzte Schändung jüdischer Friedhöfe.
8./9. Mai: Friedhofsschändung in Würzburg.
11. Mai: Der Justitiar der Jüdischen Gemeinde in Frankfurt legt Beschwerde wegen der Einstellung eines Verfahrens gegen Kinder ein, die Grabsteine umgestürzt haben sollen.
15. Juni: Friedhofsschändung in Grüningen (Oberhessen) (9).
27. Juni: In Würzburg werden zwei junge Männer wegen der Schändung eines Friedhofs zu Gefängnisstrafen verurteilt.
29./30. Juni: Schändung des Mahnmals für die jüdischen NS-Opfer in Essen.

1951
12. Januar: Friedhofsschändung in Schwerte (Ruhrgebiet) (21).
April: Friedhofsschändung in Haßloch (Rheinland-Pfalz).
20./21. April: Friedhofsschändung in Gießen (22).
Oktober: Friedhofsschändung in Hochneukirch (Nordrhein-Westfalen).
Friedhofsschändung in Groß-Krotzenburg (Südhessen) (10).
4. Oktober: Der Bürgermeister von Imbshausen (Kreis Northeim) benutzt zerschlagene Grabsteine zum Bau seines Wohnhauses.

1952
Mai: Friedhofsschändung in Jöhlingen (Kreis Karlsruhe).

1953
14./15. März: Friedhofsschändung in Tauberbischofsheim (Franken) (47).
21. Mai: Friedhofsschändung in Worms (138).
18./19. Oktober: Friedhofsschändung in Ansbach (Franken) (9).
9. November: Friedhofsschändung in Niederhochstadt (Rheinland-Pfalz) (25).

1954
1. März: Friedhofsschändung in Frankfurt (8).
12. April: Friedhofsschändung bei Heusenstamm (Kreis Offenbach).
22. April: Friedhofsschändung in Schwarz-Rheindorf bei Bonn (6).

1955
2. Oktober: Schmieraktion an einem für die zerstörte Synagoge in Münster errichteten Gedenkstein.

1956
19./20. April: Friedhofsschändung in Preußisch-Oldendorf (Nordrhein-Westfalen).
24./25. April: Friedhofsschändung in Hamburg (38).
22. Mai: Friedhofsschändung in Beckum (Münsterland).
26. Oktober: Friedhofsschändung in Köln-Mülheim.

1957
23. März: Friedhofsschändung in Lübeck (25).
4. April: Friedhofsschändung in Rheinberg (Nordrhein-Westfalen) (29).
6. April: Friedhofsschändung in Xanten am Niederrhein.
19./20. April: Friedhofsschändung in Salzgitter-Lebenstedt (80).
27. April: Kranzniederlegung der Gewerkschaftsjugend für die Opfer auf dem geschändeten Friedhof in Salzgitter-Lebenstedt.
30. April: Fackelzug von 1.000 Jugendlichen zum Friedhof in Salzgitter-Lebenstedt.
6. Mai: Schändung der Synagoge in Salzburg.
11./12. Mai: Friedhofsschändung zwischen Tholey und Theley (Saarland) (26).
28. Juli: Friedhofsschändung in Kleinbardorf (Unterfranken) (47).
30. Juli: Das Jugendschöffengericht in Braunschweig verurteilt zwei junge Mädchen wegen Friedhofsschändung zu Geldbußen.
5. September: Das Jugendgericht Lübeck verurteilt einen Hilfsarbeiter wegen Friedhofsschändung zu einer halbjährigen Jugendstrafe auf Bewährung.
30. November: Friedhofsschändung in Lampertheim (Südhessen) (16).
4./5. Dezember: Friedhofsschändung in Lampertheim (Südhessen) (3).

1958
1. Februar: Friedhofsschändung in Stuttgart (15).
6. Mai: Rund 70 Schülerinnen und Schüler setzen in Bühl (Baden) einen Friedhof wieder instand.
20. April: Friedhofsschändung in Büren (Westfalen).
26. Juni: Friedhofsschändung in Kleinbardorf (Unterfranken) (47).

1959
5. Januar: Friedhofsschändung in Alsheim (Kreis Worms).
17. Januar: Schmieraktion an der Synagoge in Düsseldorf.
28./29. Januar: Friedhofsschändung in Freiburg (6).
Februar: Schulkinder in Karlshafen an der Weser richten einen von den Nazis verwüsteten jüdischen Friedhof wieder her.
März: Schulkinder in Helmarshausen richten einen verwahrlosten jüdischen Friedhof wieder her.
April: Jugendliche der Evangelischen Gemeinde in Offenbach sind Anfeindungen ausgesetzt, weil sie den jüdischen Friedhof in Seligenstadt pflegen.
18./19. April: Friedhofsschändung in Dinslaken (35).
Oktober: Friedhofsschändung in Billerbeck bei Münster (13).
24./25. Dezember: Schmieraktion an der Synagoge und einem Denkmal für NS-Opfer in Köln.
30. Dezember: In der Bundesrepublik und der DDR setzt eine mehrere Wochen anhaltende antisemitische Welle mit Schmieraktionen, Friedhofsschändungen und persönlichen Drohungen ein.

Zahlen geben die Anzahl der umgestürzten, beschädigten oder zerstörten Grabsteine an.

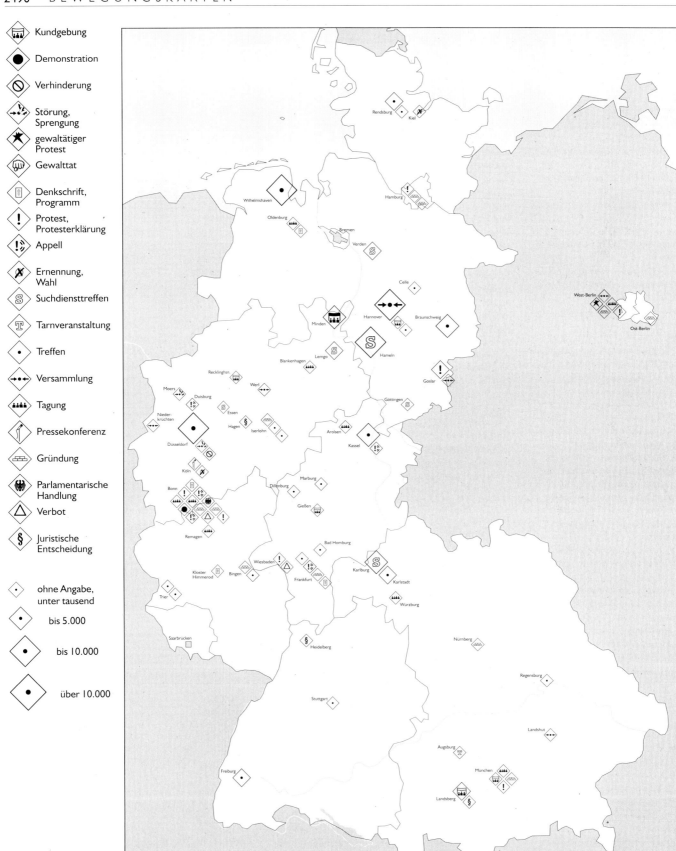

Aktivitäten ehemaliger Wehrmachts- und Waffen-SS-Angehöriger sowie Proteste dagegen (1949 – 1959)

1949
1. Januar: Gründung der ersten HIAG-Ortsgruppe in Hamburg.
1. Oktober: »Heimkehrertagung« der Interessengemeinschaft der ehemaligen deutschen Kriegsgefangenen und Vermißtenangehörigen in München.

1950
Juni: Demonstranten sprengen eine »Versammlung der Frontgeneration« in Düsseldorf.
25. August: Die Organisation ehemaliger deutscher Berufssoldaten und Heeresbeamter tritt für Volksabstimmung über Wiederbewaffnung Deutschlands ein.
4.–9. Oktober: Im Eifelkloster Himmerod arbeiten ehemalige Wehrmachtsoffiziere eine Denkschrift zur Wiederbewaffnung aus.
10. Oktober: Die Ex-Generäle Speidel und Heusinger erläutern in Bonn dem SPD-Vorsitzenden Schumacher die Himmeroder Denkschrift.
4./5. November: Erste Bundestagung der Bruderschaft, einer Geheimorganisation ehemaliger Wehrmachtsoffiziere, in Blankenhagen bei Gütersloh.
27. Dezember: In einem Offenen Brief fordert der Präsident der Vereinigung zum Schutz der Rechte ehemaliger Berufssoldaten eine Generalamnestie für als Kriegsverbrecher verurteilte Wehrmachtssoldaten.

1951
7. Januar: Protestkundgebung in Landsberg gegen die Vollstreckung von Todesurteilen an deutschen Kriegsverbrechern (3.000).
9. Januar: Eine Abordnung von Bundestagsabgeordneten bittet den Hohen Kommissar der USA, McCloy, in Frankfurt um Amnestierung der zum Tode verurteilten Kriegsverbrecher.
15. Januar: Das Komitee für Wahrheit und Gerechtigkeit protestiert in München gegen die geplante Vollstreckung der Todesurteile.
23. Januar: US-General Eisenhower gibt in Frankfurt eine Ehrenerklärung für die deutschen Soldaten ab.
31. Januar: Der Hohe Kommissar McCloy in Frankfurt und US-General Handy in Heidelberg geben eine Teilamnestie inhaftierter deutscher Kriegsverbrecher bekannt.
14. Februar: Ein-Mann-Demonstration vor dem Bundeshaus in Bonn gegen die geplante Hinrichtung der deutschen Kriegsverbrecher.
24. Februar: Wiedergründung des Stahlhelm-Bunds der Frontsoldaten auf einer Geheimtagung in Frankfurt.
4. April: Ex-Oberst Rudel fordert die Wiederbewaffnung.
6. Juni: In München erscheint die erste Ausgabe der »Deutschen Soldaten-Zeitung«.
7. Juni: Vollstreckung der Todesurteile in Landsberg an sieben in Nürnberg verurteilten deutschen Kriegsverbrechern.
28./29. Juli: Erstes Treffen des Bundes ehemaliger Fallschirmjäger in Braunschweig (6.000).
29. Juli: Gründung des Deutschen Soldatenbundes in Bonn.
Gründung des Verbands der Angehörigen des ehemaligen deutschen Afrika-Korps in Iserlohn.
17. August: Gründung des Freikorps Deutschland in Hamburg.
September: Verkündung eines 12-Punkte-Programms auf einer Tagung des Stahlhelm-Bunds der Frontsoldaten in Oldenburg.
8. September: Gründung des Verbandes Deutscher Soldaten (VdS) in Bonn.
21. September: Der VdS-Vorsitzende verurteilt auf einer Pressekonferenz in Bonn das Hitler-Attentat vom 20. Juli.
24. September: Der VdS fordert in Bonn die Freilassung aller inhaftierten Wehrmachtssoldaten als Voraussetzung für einen deutschen Verteidigungsbeitrag.
25. September: Auf einer Pressekonferenz in Köln stellt der Stahlhelm sein Programm vor.
26. September: Der Bundesjugendausschuß des DGB protestiert gegen die Neugründung soldatischer Traditions- und Waffenbünde sowie der Dachorganisation VdS.
30. September: Auf VdS-Kundgebung in München fordert Ex-Oberst Gümbel alle in das Hitler-Attentat Verwickelten auf, keinerlei Einfluß mehr auf »das deutsche Soldatentum« zu nehmen.
1. Oktober: Ex-Fallschirmjägergeneral Ramcke fordert auf einer Versammlung in Duisburg die Freilassung aller ehemaligen Wehrmachtssoldaten aus der Gefangenschaft.
21. Oktober: Treffen ehemaliger Angehöriger der 11. Panzer-Division in Dillenburg an der Lahn.
6. November: »Kameradschaftsabend« der HIAG in Frankfurt.

1952
Januar: Gründung der Gesellschaft für Wehrkunde durch ehemalige Wehrmachtsgeneräle in München.
19. Mai: VdS appelliert in Bonn an Bundeskanzler Adenauer, sich für eine Generalamnestie der noch in Haft befindlichen ehemaligen Wehrmachtssoldaten einzusetzen.
7. August: Der noch in Kriegsverbrecherhaft befindliche Ex-Generalfeldmarschall Kesselring wird in Köln zum Präsidenten des Stahlhelms gewählt.
10. August: Suchdiensttreffen des Bundes ehemaliger deutscher Fallschirmjäger in Essen.
25./26. Oktober: »Suchdiensttreffen« in Verden an der Aller (5.000).
22. November: Treffen der Gemeinschaft Deutscher Ritterkreuzträger in Bad Homburg.
Dezember: Beratung ehemaliger Wehrmachtsoffiziere über Wiederbewaffnung in Stuttgart.

1953
10. Februar: Bundesregierung in Bonn verbietet das Freikorps Deutschland.
20.–22. März: An VdS-Jahrestagung in Bonn nehmen auch Mitglieder der Bundesregierung und Spitzenpolitiker der Opposition teil.
7. Mai: Ex-Generalfeldmarschall von Manstein wird bei seiner Entlassung aus dem Kriegsverbrechergefängnis in Werl mit einem Volksfest begrüßt.
25./26. Mai: 2. Bundestreffen des Bundes ehemaliger deutscher Fallschirmjäger in Kassel (6.500).
30./31. Mai: 1. »Marine-Treffen« in Wilhelmshaven (10.000).
20. Juni: Kameradschaftstreffen des Verbands der Angehörigen des ehemaligen deutschen Afrika-Korps in Trier.
11./12. Juli: Kundgebung des Stahlhelms auf Burg Schiffenberg bei Gießen.
18./19. Juli: An einer Großveranstaltung ehemaliger Wehrmachtssoldaten in Hannover nehmen auch Mitglieder der Bundesregierung und Oppositionspolitiker teil (15.000).
12./13. September: Beim 3. Bundestreffen des Verbands der Angehörigen des ehemaligen deutschen Afrika-Korps in Hannover übermittelt Bundesinnenminister Lehr Grüße der Bundesregierung.
3./4. Oktober: Treffen ehemaliger Angehöriger der 1. Panzer-Division in Marburg (1.000).
Treffen ehemaliger Angehöriger der 24. Panzer-Division in Celle (800).
Treffen ehemaliger Angehöriger der Grenzinfanterie-Regimenter 105 und 124 in Trier (1.000).
Gründung des Luftwaffenrings.
November: Gründung des Unabhängigen Soldatenbunds Deutschlands – Die Graue Front in Nürnberg.

1954
18. Januar: Sprengung einer Stahlhelm-Veranstaltung in Moers am Rhein.
12.–14. März: Tagung des VdS in Bonn.
1. April: Bismarck-Geburtstagsveranstaltung des Stahlhelm in West-Berlin.
7. April: Proteste gegen FDP-Veranstaltung mit Ex-General von Manteuffel in West-Berlin.
20. Mai: An der Beisetzungsfeier von Ex-Generaloberst Guderian in Goslar nehmen auch Vertreter der Dienststelle Blank teil.
28. August: Kundgebung während einer Bundesführertagung des Stahlhelm in Recklinghausen.
8. September: Der Ex-Generalmajor der Waffen-SS Sepp Meyer wird nach seiner Entlassung aus einem Kriegsverbrechergefängnis in seinem Heimatort Niederkrüchten (Nordrhein-Westfalen) begeistert empfangen.
26. September: Trotz Absage treffen sich 200 ehemalige Angehörige der Waffen-SS in Iserlohn (Sauerland).
10. Oktober: In Hamburg wird ein Nachtlokal eröffnet, in dem das »Musikkorps des Deutschen Afrika-Korps« spielt.
30./31. Oktober: »Suchdiensttreffen« in Göttingen (600).

November: Proteste gegen FDP-Wahlkampfveranstaltung mit Ex-Panzer-General von Manteuffel in Wiesbaden. Demonstranten verhindern in Düsseldorf ein Treffen ehemaliger Fallschirmjäger.

1955
16. Februar: Der Bund ehemaliger deutscher Fallschirmjäger fordert den Oberbürgermeister von Kassel auf, eine DGB-Kundgebung gegen die Wiederbewaffnung zu verbieten.
28. Mai: Militante Proteste gegen Treffen ehemaliger Angehöriger der 3. Panzer-Division in West-Berlin.
11. Juni: Proteste gegen »Heerschau wehrbejahender Kräfte« des Stahlhelm in Goslar (1.200).
18./19. Juni: Kundgebung des Verbands der Heimkehrer in Hannover (1.000).
25./26. Juni: 1. »Gesamtdeutsche Soldatentagung« in West-Berlin (500).
4. September: Tagung des Bundes ehemaliger deutscher Fallschirmjäger in Würzburg.
30. September: Debatte des Bundestags in Bonn über Stahlhelm-Treffen in Goslar.
Oktober: Teilnehmer eines Ehemaligentreffens der 6. Panzer-Division ziehen mit antisemitischen Parolen durch Iserlohn.

1956
18. Januar: Trotz Protesten kann die Reichsgründungsfeier des Stahlhelm in Hamburg unter Polizeischutz stattfinden.
1. März: Stadtverordnetenversammlung von Kiel ernennt den als Kriegsverbrecher verurteilten Ex-Großadmiral Raeder zum Ehrenbürger.
28.–30. April: Jahrestreffen ehemaliger Angehöriger der Sturmartillerie in Karlstadt am Main (3.000).
22. Mai: Gründung des Komitees Freiheit für Dönitz in West-Berlin.
9. August: Gründung der Kameradschaft Legion Condor in Bingen.
15. September: Kundgebung in Minden an der Weser (10.000).
28.–30. September: Bundestreffen des Verbands von Angehörigen des ehemaligen deutschen Afrika-Korps in Düsseldorf (18.000).
13. Oktober: Versammlung in Landshut.

1957
Juli: Die Arbeitsgemeinschaft politischer Studentenverbände protestiert in Bonn gegen antidemokratische Tendenzen in der »Deutschen Soldaten-Zeitung«.
28. Juli: »Suchdiensttreffen« in Karlburg am Main (7.000).
29. September: »Nordmarktreffen« in Rendsburg (1.500).

1958
11. Januar: Gründung der Arbeitsgemeinschaft ehemaliger Offiziere in Ost-Berlin.
12. Juli: »Suchdiensttreffen« in Lemgo (2.000).
14. September: Stahlhelm-Jahrestagung in Remagen (1.000).
21. September: Treffen in Rendsburg.

1959
18./19. April: Tagung in Arolsen.
4. Mai: Hessisches Innenministerium in Wiesbaden verbietet HIAG-Treffen in Mengeringhausen.
17./18. Mai: Treffen des Bundes deutscher Fallschirmjäger in Freiburg (3.500).
1./2. August: Getarnter »Kameradschaftsabend« in Augsburg (300).
28./29. August: Stahlhelm-Jahrestagung in Oldenburg (1.000).
5./6. September: »Suchdiensttreffen« in Hameln (15.000).
26. September: Bundestreffen der Kameradschaft Legion Condor in Bingen (150).
6. Oktober: Finanzamt von Hagen erkennt HIAG als gemeinnützige Organisation an.
25. Oktober: Treffen der Gemeinschaft Deutscher Ritterkreuzträger in Regensburg (300).

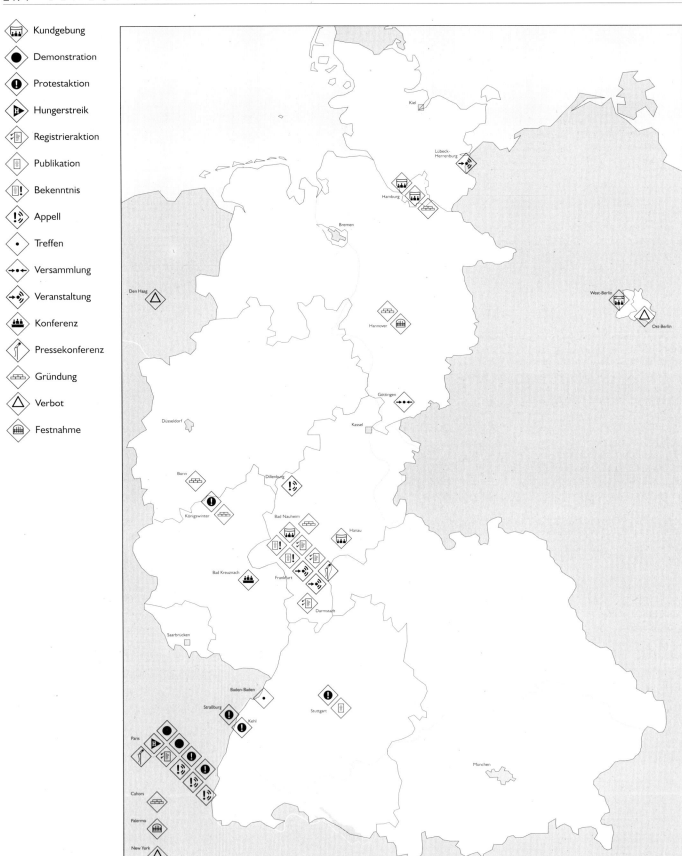

Die Weltbürger-Bewegung (1949 – 1951)

1948:
Mai: *Der ehemalige Offizier der US-Luftwaffe Garry Davis erscheint in der US-Botschaft in Paris, gibt seinen Paß ab und erklärt sich zum »Weltbürger Nr. 1«.
Juni: * Vor dem Palais de Chaillot, dem Sitz der Vereinten Nationen in Paris, schlägt Davis ein Zelt auf, um für das Weltbürgertum zu demonstrieren.
20. November: *Während der Generalversammlung der Vereinten Nationen in Paris fordert Davis die Delegierten von der Zuhörergalerie auf, den Weltfrieden durch die Bildung eines Weltparlaments und einer Weltregierung zu sichern.
Dezember: *Auf einer Kundgebung im velodrom d'hiver in Paris kündigt Davis vor 15.000 Zuhörern einen »Kongreß der Weltbürger« an.
12. Dezember: *In Hamburg wird die Zentrale des Weltbürgertums für in der britischen Zone lebende Deutsche gegründet.
28. Dezember: *Im Anschluß an eine Kundgebung in der Taberna Academica ziehen in West-Berlin 1.500 Weltbürger mit Transparenten über den Kurfürstendamm.
*Eine Versammlung der Weltbürger in Ost-Berlin scheitert daran, daß die Behörden keine Genehmigung erteilen.

1949
2. Januar: Kundgebung der Weltstaatliga in Frankfurt.
16. Januar: In Bad Nauheim wird eine zentrale Anlaufstelle für Weltbürger eröffnet.
18. Januar: In der »Frankfurter Rundschau« erscheint ein von Davis verfaßtes Bekenntnis zum Weltbürgertum.
31. Januar: In Frankfurt wird eine Registrierungsaktion für Weltbürger eröffnet.
1. Februar: In Stuttgart erscheint die erste Nummer der Frauenzeitschrift »Die Weltbürgerin«.
12.–19. Februar: Davis ruft in Paris die »Weltbürgerregistraturwoche« aus.
22. März: Kundgebung der Weltbürgerbewegung in der Hamburger Universität.
23. März: Registrationsaktion auf dem Mathildenplatz in Darmstadt.
29. März: Konferenz der Weltbürgerbewegung in Bad Kreuznach.
12. April: Kundgebung in Schloß Philippsruhe bei Hanau.
15. April: Davis verkündet in einer Pariser Fabrik den »Pakt der Weltbürger«.
10. Mai: Das Weltbürgertum Deutschland und die Weltstaatliga schließen sich in Bonn zum Weltbürgerkomitee Deutschland zusammen.
15. Mai: Davis gibt auf Pressekonferenz in Paris bekannt, daß die Weltbürgerbewegung 223.801 Mitglieder aus 73 Ländern zähle.
10. Juli: Propagandaaktion an der Grenzübergangsstelle Lübeck-Herrenburg für Bewohner der sowjetisch besetzten Zone.
Aufstellung einer »Garry-Davis-Liste« bei den Gemeindewahlen in Cahors (Südfrankreich).
16. Juli: 2.000 Menschen nehmen an Kundgebung zum »1. Weltbürgertag« in Hamburg teil.
September: Davis und andere Weltbürger führen in Paris eine Kampagne zur Freilassung des Wehrdienstverweigerers Moreau durch.
21./22. Dezember: Garry Davis protestiert mit einem Zelt an der Rheinbrücke bei Straßburg gegen die Einreiseverweigerung bundesdeutscher Behörden.
26. Dezember: Solidaritätsaktion für Davis von Mitgliedern der Weltbürgerbewegung bei Königswinter.

1950
7.–9. Januar: Bundesweites Treffen der Weltbürger in Baden-Baden.
11. Januar: Protestaktion von Garry Davis an der deutsch-französischen Grenze bei Kehl.
16. Februar: Dem französischen Staatspräsidenten Auriol wird in Paris mitgeteilt, daß er als Einwohner von Revel automatisch Weltbürger geworden sei.
Demonstration von Vertretern mehrerer »Weltbürgerstädte« vor der Kathedrale von Notre-Dame in Paris.
23. Februar: Protestaktion von Jean-Jacques Babel auf dem Stuttgarter Schloßplatz.
2. März: »Weltbürger Nr. 3«, Rainer Lanzenburg, wird in Palermo festgenommen, nach Rom gebracht und ausgewiesen.
30. März: In Königswinter wird beschlossen, den Rheindampfer »Siebengebirge« als erstes deutsches »Weltbürgerschiff« in Dienst zu stellen.
Garry Davis wird im Hafen von New York an der Einreise in sein Geburtsland gehindert.
25. Mai: Der Weltbürger Henri Marcais führt vor der französischen Nationalversammlung in Paris einen Hungerstreik durch.
14.–17. September: In Hannover wird der Dachverband Weltbürger in Deutschland gegründet.

1951
12. Januar: Rudi Herzberger, »Weltbürger Nr. 2«, fordert in Dillenburg die Spielwarenverkäufer auf, Kriegsspielzeug aus den Schaufenstern zu verbannen.
22. Februar: Die hessische Landesstelle der Weltbürger in Deutschland beginnt in Frankfurt mit der Ausgabe von Weltbürgerpässen.
12. Juli: Festveranstaltung in Frankfurt zum Jahrestag der Unterzeichnung der UN-Charta.
August: In Göttingen wird zur Förderung des Weltbürgertums ein internationales Ferienlager für Studenten durchgeführt.
8. Oktober: Auf einer Pressekonferenz in Frankfurt wird bekanntgegeben, daß die Vereinigung Weltbürger in Deutschland 250.000 Mitglieder zählt.
25. Oktober: Festveranstaltung zum Jahrestag der Gründung der Vereinten Nationen in Frankfurt.

1957
1. August: Verhaftung von Garry Davis wegen Paßvergehens in Hannover.
1. September: Garry Davis wird die Einreise in die Niederlande verwehrt, als er in Den Haag am »Weltföderalisten Kongreß« teilnehmen will.

1958
15. April: Garry Davis kehrt von Neapel aus mit einem Schiff in die USA zurück.

---
* = ohne Text

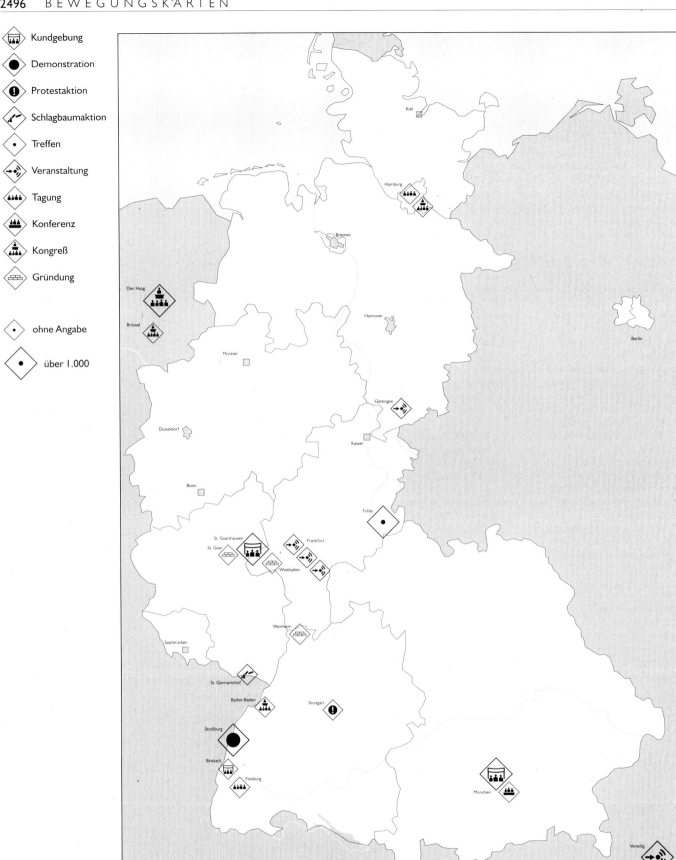

Die Europa-Bewegung (1949 –1954)

1949
25.–28. Februar: Kongreß der Bewegung für ein vereinigtes Europa in Brüssel.
20.–22. Mai: Kongreß der Europa-Union in Hamburg.
28. Mai: Gründung der Jugendbewegung der Union der europäischen Föderalisten in St. Goar.
13. Juni: Gründung des Deutschen Rats der Europäischen Bewegung in Wiesbaden.
27. August: Festveranstaltung zum »Tag der europäischen Jugend« in Frankfurt.

1950
23. Februar: Protestaktion des »Europabürgers Nr. 1« auf dem Stuttgarter Schloßplatz.
April: Tagung der Union Fédéraliste Interuniversitaire in Freiburg.
8./9. Juli: Kundgebung der Europa-Union vor dem Breisacher Münster.
13. Juli: Gründung des Deutschen Jugendrats in der Europäischen Bewegung in Weinheim.
6. August: Schlagbaumzerstörung durch Studenten acht verschiedener Nationen an der deutsch-französischen Grenze zwischen St. Germannshof und Weißenburg.
11.–13. August: Internationale Konferenz des Bundes Europäischer Jugend in München.
November: Demonstration 5.000 junger Europäer in Straßburg.
19. November: Kundgebung und Gründung der Aktion Junges Europa in München (10.000).

1951
13. Februar: Akademischer Tag des Europa-Komitees an der Universität Göttingen.
16. Juli: »Europatag« an der Johann Wolfgang Goethe-Universität in Frankfurt.
19. August: Jugendkundgebung auf dem Loreleifelsen bei St. Goarshausen (10.000).
19./20. September: Tagung des Deutschen Rats der Europäischen Bewegung in Hamburg.

1953
20. April: Diskussionsveranstaltung des Bundes Europäischer Jugend (BEJ) in Frankfurt.
19./20. September: Treffen des Bundes Europäischer Jugend in Fulda (5.000).
8.–10. Oktober: Kongreß der Europabewegung in Den Haag (3.500).

1954
25. Oktober: »2. Europäischer Gemeindetag« mit 1.200 Bürgermeistern aus acht Ländern in Venedig.
31. Oktober: Kongreß der Pan-Europa-Union in Baden-Baden.

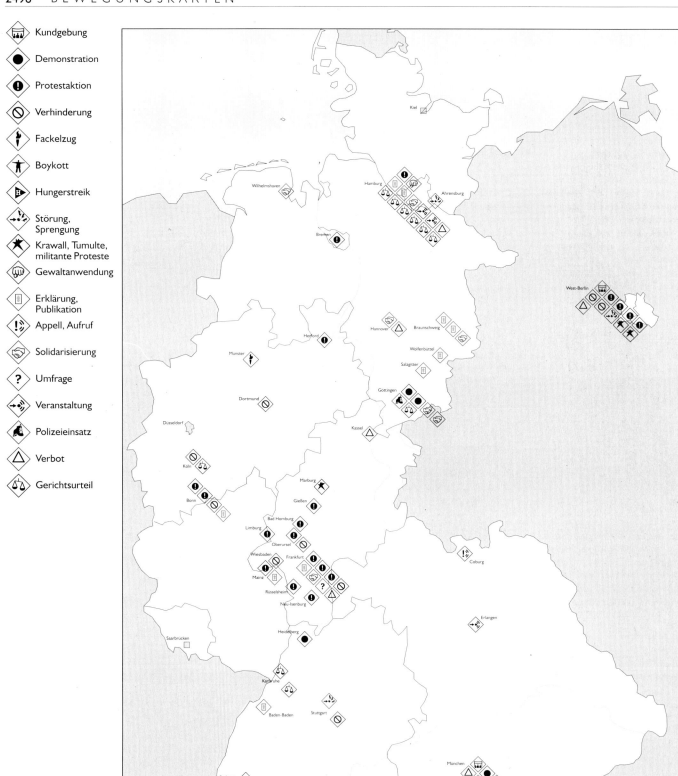

Die Anti-Harlan-Bewegung (1949 – 1954)

1949
23. April: Das Landgericht Hamburg spricht Harlan von der Anklage frei, ein Verbrechen gegen die Menschlichkeit begangen zu haben.
27. April: Protestveranstaltung der KgU in West-Berlin scheitert an der Weigerung britischer Militärbehörden, den Film »Jud Süß« freizugeben.
2. Mai: Protestkundgebung jüdischer Überlebender gegen Harlan-Freispruch in West-Berlin.
12. Dezember: Der Oberste Gerichtshof für die britische Zone in Köln hebt Harlan-Freispruch auf.

1950
14. April: Eine jüdische Zeugin wird beim zweiten Harlan-Prozeß vor dem Landgericht Hamburg von Zuhörern tätlich angegriffen.
29. April: Das Landgericht Hamburg spricht Harlan erneut von der Anklage frei, ein Verbrechen gegen die Menschlichkeit begangen zu haben.
30. April: Protestaktionen gegen zweiten Freispruch in Frankfurt, Hamburg, München und West-Berlin.
20. September: Senatspressesprecher Erich Lüth ruft in Hamburg zum Boykott des ersten Harlan-Nachkriegsfilm »Unsterbliche Geliebte« auf.
7./8. Oktober: Militante Proteste und Demonstrationen gegen Gastspiel des »Jud Süß«-Darstellers Werner Krauss in West-Berlin.
18. November: Das Landgericht Hamburg verbietet es Lüth, weiterhin zum Boykott von Harlan-Filmen aufzurufen.
7.–11. Dezember: Erneute Welle militanter Proteste und Demonstrationen gegen Krauss-Gastspiel in West-Berlin.
8. Dezember: Die Gesellschaft für christlich-jüdische Zusammenarbeit in Frankfurt solidarisiert sich mit dem Boykottaufruf Lüths.
19. Dezember: Der Rektor und sieben Professoren der Universität Hamburg schließen sich dem Boykottaufruf an.

1951
3. Januar: Der Filmregisseur Helmut Käutner und die Schauspielerin Bettina Moissi beschuldigen Harlan in Briefen an Lüth in Hamburg, ein weiteres, noch stärker antisemitisches Drehbuch verfaßt zu haben.
15. Januar: Erich Lüth bestätigt in Hamburg die Vorwürfe von Käutner und Moissi gegen das Drehbuch für »Der Kaufmann von Venedig«.
1. Februar: Proteste gegen Uraufführung des Harlan-Films »Unsterbliche Geliebte« in Herford.
2. Februar: Die Polizei unterbindet in Göttingen Proteste während der Aufführung des Harlan-Films.
9. Februar: Störung einer Harlan-Filmaufführung in Stuttgart.
11. Februar: In Köln wird die Aufführung von Harlan-Filmen nach Aufforderung durch den Vorsitzenden der Jüdischen Gemeinde vorläufig eingestellt.
13. Februar: Nach Protesten der Jüdischen Gemeinde wird der Harlan-Film in Wien vom Verleih zurückgezogen.
17. Februar: Die VVN in Limburg beschließt ebenfalls Protestaktionen.
März: Der AStA der Universität Freiburg fordert Innenminister auf, geplante Aufführungen des Harlan-Films zu verbieten.
3. März: Der Magistrat der Stadt Frankfurt spricht sich einstimmig gegen Aufführung von Harlan-Filmen aus.
Mitte März: Der Herzog-Filmverleih läßt in Frankfurt von einer Vereinigung zur Wahrung demokratischer Rechte eine »Volksbefragung« über die Aufführung des Harlan-Films durchführen.
2.–4. April: Antisemitische Ausschreitungen nach Protesten jüdischer Überlebender gegen Harlan-Film in Salzburg.
3. April: Weitere Proteste in Frankfurt.
12. April: Protestversammlung in Neu-Isenburg.
11. Mai: Störung einer Harlan-Filmaufführung in Ahrensburg durch Jugendliche.
17. Mai: Adolf Arndt legt beim Bundesverfassungsgericht in Karlsruhe Beschwerde gegen die Berufungsentscheidung des Oberlandesgerichts Hamburg ein, das Verbot des Boykottaufrufs von Erich Lüth aufrechtzuerhalten.
9. Juli: Demonstration in München gegen Harlan-Film.
18. Juli: Gewerkschaftsproteste in Bremen.
31. August: Erich Lüth veröffentlicht in der »Neuen Zeitung« eine Friedensbitte an den Staat Israel. Vierergespräch im NWDR über »Deutschland, Israel und die Juden«.
1. September: Rudolf Küstermeier publiziert in der »Welt« den Aufruf »Friede mit Israel«.
5.–17. September: Auf seiner Delegiertenkonferenz in Braunschweig schließt sich der SDS dem Appell von Lüth und Küstermeier an.
17. September: Der Pressedienst der Deutschen Partei in Bonn spricht sich gegen die deutsch-jüdische Verständigungsaktion »Friede mit Israel« aus. Nahum Goldmann, Präsident des Jüdischen Weltkongresses, befürwortet von Genf aus die Initiative Lüths.
11. Oktober: Der Bund demokratischer Studentenvereinigungen an der Universität Göttingen spricht sich für die Lüth-Initiative aus.
22. Oktober: Der Senat in West-Berlin beschließt ein Aufführungsverbot für Harlan-Filme.
14. November: Der AStA der Hochschule in Wilhelmshaven erklärt sich mit Lüth-Initiative solidarisch.
22. November: Das Landgericht Hamburg untersagt weitere Boykottaufrufe Lüths gegen Harlan-Filme.

1952
4./5. Januar: Ein Bündnis verschiedener Organisationen verhindert in Frankfurt erneut Aufführung des Harlan-Films »Unsterbliche Geliebte«.
6. Januar: Protestversammlung in München.
11.–17. Januar: Studentische Proteste und Demonstrationen gegen den neuen Harlan-Film »Hanna Amon« rufen in Freiburg antisemitische Ausschreitungen hervor.
21. Januar: Fackelzug von Studenten in Münster.
22. Januar: Aufruf Lüths und Küstermeiers in Hamburg für Ölbaumspenden an die israelische Bevölkerung.
25. Januar: Demonstration und Gegendemonstration in Göttingen. Demonstranten verhindern in West-Berlin eine Aufführung durch die rechtsradikale Gesellschaft zur Förderung des Films »Unsterbliche Geliebte«.
26. Januar: Harlan tritt in Erlangen am Tag nach einer Sondervorstellung in einer öffentlichen Veranstaltung vor rechtsgerichteten Studenten auf.
Der Rat der Stadt Hannover untersagt weitere Aufführungen des Harlan-Streifens »Immensee«.
27. Januar: In einer Sendung des SWF spricht sich der rheinland-pfälzische Innenminister Alois Zimmer gegen die Aufführung von Harlan-Filmen aus.
Harlan kündigt in Coburg eine Kampagne für die Aufführung seiner Filme in bundesdeutschen Universitätsstädten an.
Prominente protestieren in München gegen einen Empfang der Harlan-Ehefrau, der Schauspielerin Kristina Söderbaum, durch einen Film-Club.
29. Januar: 48 Professoren der Universität Göttingen veröffentlichen eine Sympathie-Erklärung mit Studenten, die gegen Harlan protestieren. AStA der Universität Gießen protestiert gegen polizeiliches Vorgehen während der Freiburger Demonstrationen.
31. Januar: Der Auftritt Harlans in einem Marburger Kino wird von Tumulten begleitet.
Der Oberbürgermeister der Stadt Kassel, Willi Seidel, untersagt weitere Aufführungen des Harlan-Films »Hanna Amon«.
1. Februar: Dozenten der Kant-Hochschule in Braunschweig sprechen sich gegen Aufführung von »Hanna Amon« aus.
DGB-Ausschüsse in Braunschweig, Salzgitter und Wolfenbüttel sprechen sich gegen die Aufführung von »Hanna Amon« aus.
4. Februar: In Zürich bildet sich ein Aktionskomitee gegen die Aufführung von Harlan-Filmen.
7. Februar: Erich Lüth erwirkt in Hamburg eine einstweilige Verfügung gegen die Äußerung Harlans, er habe 1944 ein Lobgedicht auf Adolf Hitler veröffentlicht.
Der AStA der Universität Mainz tritt zurück, weil er auf einer Vollver-

sammlung keine Mehrheit für seinen Protestaufruf gegen Harlan erhält.
8. Februar: Der niedersächsische Kultusminister Richard Voigt begrüßt in Hannover die bundesweiten studentischen Demonstrationen gegen Harlan-Filme.
28. Februar: Der bayerische Jugendring führt in München eine Protestkundgebung gegen das Vorgehen der Polizei bei Anti-Harlan-Demonstrationen durch.
29. Februar: Der SPD-Abgeordnete Carlo Schmid protestiert im Bundestag in Bonn gegen die Aufführung des Harlan-Films »Immensee«.
Der Geschäftsführer eines Kinos in Bonn setzt alle weiteren Aufführungen von »Immensee« ab.
Harlan erwirkt beim Landgericht Hamburg eine einstweilige Verfügung gegen Lüth, mit der es diesem untersagt wird, den Filmregisseur als »Propagandisten des Massenmordes« zu bezeichnen.
1.–3. März: Der VDS protestiert auf seiner Delegiertenkonferenz in Oberursel gegen das Auftreten Harlans an Hochschulen und Universitäten.
5. März: Nach der Ankündigung von Protesten wird eine Veranstaltung mit Harlan in Stuttgart kurzfristig abgesagt. Nach Protesten von DGB und SPD wird in Oberursel der Harlan-Film »Hanna Amon« abgesetzt.
6. März: Der AStA-Vorsitzende der Universität Erlangen, Heinrich Ziegenhain, wird unter dem Vorwurf, Drahtzieher einer Pro-Harlan-Veranstaltung gewesen zu sein, seiner Funktion enthoben.
7. März: Studentische Demonstration in Heidelberg.
Der Magistrat der Stadt Bad Homburg protestiert gegen die Aufführung von Harlan-Filmen.
7./8. März: In Dortmund wird »Hanna Amon« nach Protesten abgesetzt.
9. März: Protestversammlung in Rüsselsheim.
6. April: In Bonn protestieren Studenten gegen die Aufführung des Harlan-Filmes »Verwehte Spuren«.
10. April: Auch der dritte Versuch der Herzog-Filmverleihs, in Frankfurt einem Harlan-Film – diesmal durch die gleichzeitige Aufführung in 17 Kinos – zum Durchbruch zu verhelfen, scheitert.
Der Rat der Stadt München erläßt ein Aufführungsverbot für alle Harlan-Filme.
19./20. April: Die Demokratische Aktion beschließt auf einem Treffen in Kochel am See, zu untersuchen, ob in der Herzog-Filmgesellschaft ehemalige Nazis tätig sind.
12. Juni: Wegen erneuter Aufführungen von »Hanna Amon« tritt in Freiburg der jüdische Student Arnold Goldberg in einen Hungerstreik.
16. Juni: Protestversammlung des Rings Politischer Hochschulgruppen an der Universität Freiburg mit anschließender Demonstration.
August: Ein Schöffengericht verurteilt in Freiburg einen Studenten wegen Widerstands gegen die Staatsgewalt und einen Polizisten wegen Körperverletzung im Amt zu Geldstrafen.
20. November: Das Landgericht Göttingen verurteilt zehn junge Männer, die Anti-Harlan-Demonstranten zusammenschlugen, wegen Landfriedensbruchs und Körperverletzung zu Gefängnisstrafen zwischen drei und 15 Monaten.

1953
6. März: Wegen der Aufführung des Harlan-Films »Unsterbliche Geliebte« kommt es in Frankfurt zu zahlreichen Protestaktionen.
9. März: Der Oberbürgermeister der Stadt Frankfurt, Walter Kolb, erläßt ein Aufführungsverbot für alle Harlan-Filme.
8. April: Als erster nichtjüdischer Deutscher trifft Erich Lüth in Israel zu einem mit den dortigen Behörden abgesprochenen Geheimbesuch ein.
25. Mai: Das israelische Außenministerium in Tel Aviv bestätigt eine Meldung, wonach Thomas Harlan, der Sohn des umstrittenen Regisseurs, unter falschem Namen in Israel eingereist sei, um einen Dokumentarfilm zur Unterstützung der Wiedergutmachung zu drehen.

1954
4.–9. Februar: Nach tagelangen studentischen Protestaktionen wird der Harlan-Film »Sterne über Colombo« in West-Berlin vom Spielplan abgesetzt.
2. April: In einem demonstrativen Akt verbrennt Harlan in Zürich das angeblich letzte Negativ des antisemitischen Hetzfilms »Jud Süß«.

1955
12./13. Januar: Mit einer antikommunistischen Begründung entzieht die FSK in Wiesbaden die Freigabe für den am Vortag in München uraufgeführten Harlan-Film »Verrat an Deutschland«, in dem in tendenziöser Verzerrung die Geschichte des Sowjetspions Richard Sorge geschildert wird.

1958
2. Januar: Der Deutsche Künstlerbund in West-Berlin protestiert gegen die Aufführung des Harlan-Films »Anders als du und ich«, in dem ein homosexueller Künstler als »entartet« dargestellt wird.
15. Januar: Das Bundesverfassungsgericht in Karlsruhe gibt der Klage Lüths statt, wonach sein Boykottaufruf gegen Harlan durch das Grundrecht auf freie Meinungsäußerung gedeckt ist.

1959
25. Januar: Die Aufführung des von Thomas Harlan verfaßten Theaterstücks »Ich selbst und keine Engel«, einer Chronik aus dem Warschauer Ghetto, wird in West-Berlin von einer neonazistischen Jugendgruppe massiv gestört.
März: Mehrere linke und zionistische Jugendorganisationen demonstrieren in Zürich gegen die Aufführung des Harlan-Films »Das dritte Geschlecht«.

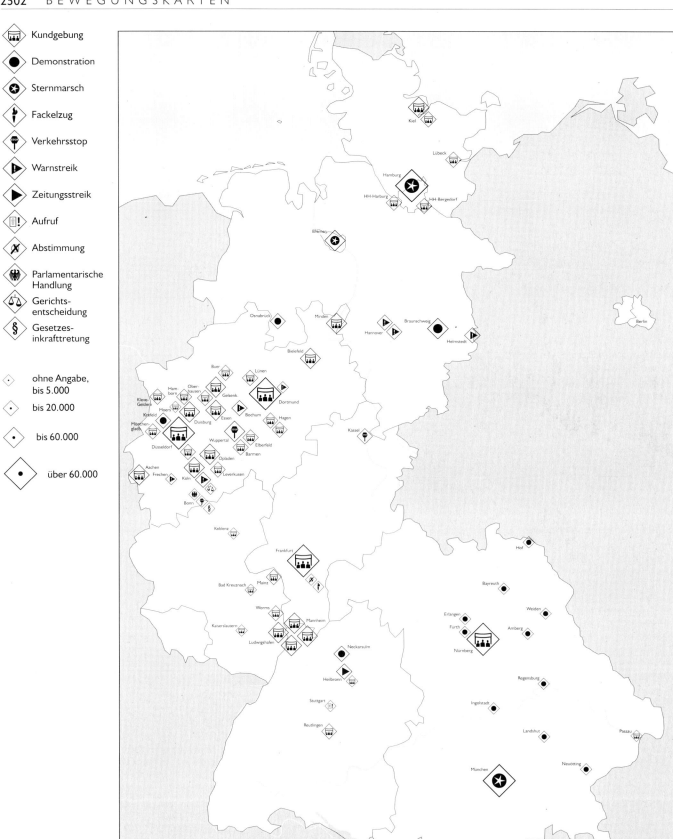

Kundgebungen und Demonstrationen gegen das Betriebsverfassungsgesetz (Mai – Juni 1952)

1952
1. Mai: Die Maikundgebungen in der Bundesrepublik stehen im Zeichen des Protests gegen den Entwurf der Bundesregierung zum Betriebsverfassungsgesetz.
9. Mai: Der DGB-Vorsitzender Fette kündigt Bundeskanzler Adenauer in einem Schreiben Kampfmaßnahmen an.
15. Mai: 800 Betriebsräte der IG Metall stimmen in Frankfurt die Koordination von Kampfmaßnahmen aufeinander ab.
Kundgebung in Düsseldorf (60.000).
Kundgebung in Düsseldorf-Benrath (20.000).
Kundgebung in Köln (50.000).
Demonstration und Kundgebung in Braunschweig (40.000).
16. Mai: Sternmarsch und Kundgebung in Hamburg (150.000).
Kundgebung in Hamburg-Bergedorf (5.000).
Kundgebung in Hamburg-Harburg (15.000).
Kundgebung in Mannheim (60.000).
20. Mai: Warnstreiks, Protestmärsche und Kundgebung in Frankfurt (100.000).
Kundgebung in Bielefeld (55.000).
Warnstreik und Kundgebung in Bochum (10.000).
Kundgebung in Reutlingen (7.000).
21. Mai: Demonstration in Fürth (4.000).
Stillegung des Straßenbahnverkehrs und Kundgebung in Kassel (20.000).
Demonstration in Osnabrück (15.000).
Kundgebung in Lübeck (20.000).
Kundgebung in Ludwigshafen (40.000).
22. Mai: Kundgebung in Passau (1.500).
23. Mai: Kundgebung in Aachen (30.000).
Stillegung des öffentlichen Verkehrs und Demonstration in Wuppertal (25.000).
Warnstreik in Helmstedt (7.000).
Demonstration in Amberg (o.A.).
Demonstration in Bayreuth (o.A.).
Demonstration in Erlangen (o.A.).
Demonstration in Hof (o.A.).
Demonstration in Ingolstadt (o.A.).
Demonstration in Landshut (o.A.).
Demonstration in Neuötting (o.A.).
Demonstration in Regensburg (o.A.).
Demonstration in Weiden (o.A.).
24. Mai: Kundgebung in Dortmund (80.000).
Kundgebung in Wuppertal-Barmen (20.000).
Kundgebung in Wuppertal-Elberfeld (20.000).
Kundgebung in Buer (6.000).
Warnstreik in Hannover (6.000).
Stillegung der öffentlichen Verkehrsbetriebe in Bonn.
26. Mai: Sternfahrt und Kundgebung in München (120.000).
Kundgebung in Nürnberg (80.000).
Streiks und Demonstrationen in Bayern (25.000).
Kundgebung in Mannheim (55.000).
Kundgebung in Gelsenkirchen (40.000).
Streiks und Demonstration in Heilbronn (10.000).
Streik und Demonstration in Neckarsulm (6.000).
Kundgebung in Oberhausen (15.000).
Warnstreik in Hannover (11.000).
27. Mai: Kundgebung in Hagen (15.000).
IG Druck und Papier ruft in Stuttgart zu einem bundesweiten Druckerstreik auf.
28./29. Mai: In der Bundesrepublik erscheinen keine Tageszeitungen.
29. Mai: Warnstreik in Frechen (1.000).
Kundgebung in Essen (30.000).
Kundgebung in Duisburg (45.000).
Kundgebung in Kleve-Geldern (8.000).
Kundgebung in Hagen (20.000).
Kundgebung in Lünen (20.000).
Kundgebung in Hamborn (12.000).
Kundgebung in Moers (4.000).
Kundgebung in Mönchengladbach (9.000).
Kundgebung in Opladen (25.000).
Kundgebung in Leverkusen (15.000).
30. Mai: Kundgebung in Minden (30.000).
Demonstration in Krefeld (15.000).
Warnstreiks in Köln (10.000).
Ende Mai: Kundgebung in Kiel (35.000). (12.000)
3. Juni: Warnstreiks in Dortmund (o.A.).
4. Juni: Kundgebung in Worms (10.000).
Kundgebung in Kaiserslautern (o.A.).
Kundgebung in Heilbronn (o.A.).
Kundgebung in Bad Kreuznach (o.A.).
Kundgebung in Koblenz (o.A.).
5. Juni: Sternmarsch und Kundgebung in Bremen (60.000).
Kundgebung in Ludwigshafen (50.000).
Demonstration in Mainz (6.000).
13. Juni: Zusage des DGB-Vorsitzenden gegenüber dem Bundeskanzler in Bonn, alle Kampfmaßnahmen einzustellen.
19. Juli: Der Bundestag in Bonn verabschiedet den Gesetzentwurf der Bundesregierung.
20. Juli: Fackelzug der Gewerkschaftsjugend gegen die Gesetzesannahme in Frankfurt.
24. August: Das Arbeitsgericht in Köln entscheidet, der Zeitungsstreik sei rechts- und sittenwidrig gewesen.
11. Oktober: Das Betriebsverfassungsgesetz tritt in Kraft.
17. Oktober: Nach heftiger Kritik wird DGB-Vorsitzender Fette auf DGB-Bundeskongreß in West-Berlin abgelöst.

Innerhalb von 22 Tagen haben sich an der vom DGB ausgerufenen Kampagne mindestens 1.660.550 Personen beteiligt.

Die Halbstarken-Bewegung (1955–1959)

1955
14. Januar: Der Motorrocker-Film »Der Wilde« läuft in den Kinos der Bundesrepublik an.
17. Oktober: Bei Armstrong-Konzert in der Hamburger Ernst-Merck-Halle (250/7.000).
28. Oktober: Der Halbstarkenfilm »Die Saat der Gewalt« läuft in den Kinos der Bundesrepublik an.
31. Dezember: FAZ warnt in einem Kommentar vor Halbstarken.

1956
25. Februar: *In Daytona Beach (Florida) (100).
8. April: Bei Jazz-Konzert im Sportpalast in West-Berlin.
2. Mai: Demonstration gegen Volksmusik in Weimar (200).
22. Mai: Auf Volksfest im West-Berliner Bezirk Spandau (150).
23. Mai: *Im West-Berliner Bezirk Spandau (800).
25. Mai: *Im West-Berliner Bezirk Kreuzberg (50).
21. Juni: *Im West-Berliner Bezirk Wedding (100).
28. Juni: *Im West-Berliner Bezirk Wedding (125).
5. Juli: *Im West-Berliner Bezirk Wedding (80).
9. Juli: *Im West-Berliner Bezirk Schöneberg (50).
12. Juli: In einem Tanzlokal im West-Berliner Bezirk Wedding (300).
19. Juli: Vor einem Tanzlokal im West-Berliner Bezirk Wedding (150/5.000).
21./22. Juli: In der Frankfurter Innenstadt (100).
5. August: Auf der Auer Dult in München (100/300).
13. August: Auf dem Bonifatius-Platz in Hannover (350).
14. August: *Auf dem Bonifatius-Platz in Hannover (150).
14./15. August: In einem Wirtshausgarten in München (50).
18. August: Im Stadtwald von Hannover (200).
19. August: Im Nürnberger Vorort Eibach (30).
20. August: Auf dem Marienplatz in München (o.A.).
20. August: *Im West-Berliner Bezirk Tempelhof (100).
21. August: *Auf dem Zeppelinfeld in Nürnberg (200).
22. August: Polizei vereitelt in Hannover Vergeltungsaktion von Bundeswehrsoldaten an Halbstarken.
23. August: Am Hagenmarkt in Braunschweig (2.000).
24. August: Am Hagenmarkt in Braunschweig (500).
24./25. August: In der Schwanthalerstraße in München (100).
25. August: *»Rebellen ohne Ziel« – Leitartikel von Peter Merseburger in der »Hannoverschen Presse«.
27. August: *In Hildesheim (50).
29. August: Auf dem Fürstenplatz in Düsseldorf (200).
29. August: In den Hamburger Collonaden (500).
30. August: In den Hamburger Collonaden (o.A.).
30. August: In Kleinauheim und Großauheim (30).
31. August: In den Hamburger Collonaden (o.A.).
31. August: Podiumsdiskussion in Braunschweig über »Halbstarken-Krawalle«.
1. September: In Hildesheim (75).
1. September: In der Berger Straße in Frankfurt (30).
1. September: Am Main bei Höchst (100).
4. September: Im Bahnhofsviertel von Düsseldorf (50).
5. September: In Hildesheim (500).
5. September: *Im West-Berliner Bezirk Steglitz (400).
6. September: *Im West-Berliner Bezirk Steglitz (300).
6. September: *Im West-Berliner Bezirk Charlottenburg (80).
6. September: *Im West-Berliner Bezirk Wedding (100).
7. September: Im West-Berliner Bezirk Charlottenburg (50).
8. September: Im Frankfurter Stadtteil Griesheim (o.A.).
8. September: *Im West-Berliner Bezirk Steglitz (500).
8. September: *Im West-Berliner Bezirk Wilmersdorf (50).
8. September: *Im West-Berliner Bezirk Charlottenburg (150).
9. September: *Im West-Berliner Bezirk Steglitz (400).
9. September: *In London (150).
11. September: In Manchester (800).
15. September: In Augsburg (150).
15. September: In London (3.000).
17. September: *In Wiesbaden (200).
17. September: In der Kölner Innenstadt (1.000).
17. September: Diskussionsveranstaltung »Gibt es Halbstarke?« in München.
18. September: In der Kölner Innenstadt (300).
19. September: In der Kölner Innenstadt (500).
19./20. September: In Osnabrück (300).
20. September: In Oslo (1.000).
21. September: In der Bundesrepublik läuft der Bill-Haley-Film »Außer Rand und Band« an.
21. September: *In Mülheim an der Ruhr (150).
21. September: *In Stuttgart (200).
21. September: *In Osnabrück (200).
22. September: *In Osnabrück (150).
22. September: *In Duisburg (o.A.).
2. Oktober: Auf dem Blücherplatz in Rostock (300).
7. Oktober: *In Hasbergen (Oldenburg) (150).
9. Oktober: *In Lübeck (200).
16. Oktober: In Den Haag (o.A.).
22. Oktober: *Im West-Berliner Bezirk Kreuzberg (150).
30. Oktober: *In Oberhausen (o.A.).
2. November: Am Ostertor in Bremen (500).
3. November: Auf dem Marktplatz von Bremen (300).
4. November: Im Zentrum von Bremen (500).
4. November: Nach Rock'n'Roll-Turnier in der Hamburger Ernst-Merck-Halle (3.000).
9. November: In Gelsenkirchen (500).
10. November: In Gelsenkirchen (1.500).
11. November: In Gelsenkirchen (300).
12. November: In Gelsenkirchen (400).
13. November: In Gelsenkirchen (500).
14. November: In Gelsenkirchen (500).
30. November: In Dortmund (1.000).
1. Dezember: In Dortmund (2.000).
2. Dezember: In Dortmund (3.500).
3. Dezember: In Dortmund (1.000).
4. Dezember: In Dortmund (1.000).
4. Dezember: In der Mannheimer Innenstadt (500).
8. Dezember: *Im Sportpalast in West-Berlin (500).
8. Dezember: *Im Ost-Berliner Lustgarten (600).
9. Dezember: *In der Innenstadt von Hannover (o.A.).
16. Dezember: *In der Innenstadt von Hannover (200).
16. Dezember: *Im West-Berliner Bezirk Schöneberg (200).
31. Dezember: In Stockholm (3.000).

1957
10. Januar: Im West-Berliner Bezirk Moabit (50).
11. Januar: In der Bundesrepublik läuft der zweite Teil des Rock'n'Roll-Films »Außer Rand und Band« an.
15. Januar: In Bielefeld (300).
4. Februar: Auf der Königstraße in Stuttgart (200).
8. Februar: *Im West-Berliner Bezirk Kreuzberg (100).
10. Februar: *In Oberhausen (250).
19. Februar: *Im West-Berliner Bezirk Moabit (100).
22. Februar: In New York (3.700).
1. März: In Dublin (1.000).
4. März: *In Frankfurt (400).
4. März: *In Saarbrücken (300).
5. März: *In Frankfurt (500).
5. März: *In Nürnberg (400).
19./20. März: In Nürnberg (50).
20. März: *Im West-Berliner Bezirk Charlottenburg (200).
31. März: *Im West-Berliner Bezirk Charlottenburg (200).
6. Mai: *In Stuttgart (150).
18. Mai: *In Potsdam (200).
18. Juni: *In Ost-Berlin (50).
21. Juni: *In München (50).
16. Juli: In Zoppot (Polen) (o.A.).
27. Juli: In Wien (100).
1. August: In Pretoria (150).
4. August: *In Hof (100).
6. August: In Wien (60).
6. August: In Kopenhagen (1.000).
7. August: In Kopenhagen (2.000).
8. August: In Kopenhagen (3.000).
10. September: *In Sofia (o.A.).
5. Oktober: *In Warschau (o.A.).
12. Oktober: *Am Prenzlauer Berg in Ost-Berlin (200).
13. Oktober: *In Prag (o.A.).
22. Oktober: *Am Prenzlauer Berg in Ost-Berlin (50).
30. Dezember: *In Falun (Schweden) (300).

1958
1. Januar: In Wien (400).

17. Februar: *In Frankfurt (100).
25. Februar: *Im West-Berliner Bezirk Steglitz (200).
29. März: Im Sportpalast in West-Berlin (250/3.000).
6. April: *Am Zoo in West-Berlin (o.A.).
8. April: *Im West-Berliner Bezirk Moabit (o.A.).
11. April: *Im West-Berliner Bezirk Neukölln (50).
11. April: *Im West-Berliner Bezirk Kreuzberg (o.A.).
17. April: *Im West-Berliner Bezirk Kreuzberg (50).
11. August: *Im West-Berliner Bezirk Kreuzberg (300).
30. August: In Nottingham (500).
1. September: In London (o.A.).
2. September: In London (o.A.).
3. September: In London (o.A.).
4. September: In London (o.A.).
5. September: In London (o.A.).
15. Oktober: In Paris (400).
20. Oktober: In Karl-Marx-Stadt werden 13 Mitglieder der »Schloßteichbande« festgenommen.
23. Oktober: Erstes Konzert der Bill-Haley-Deutschlandtournee in Frankfurt.
26. Oktober: Halbstarkenschlägerei in Schwerte (Kreis Iserlohn) fordert ein Todesopfer und mehrere Verletzte.
26. Oktober: Bill-Haley-Konzert in West-Berlin (500/7.000).
27. Oktober: Bill-Haley-Konzert in Hamburg (400/6.000).
28. Oktober: Bill-Haley-Konzert in Essen (150).
29. Oktober: Bill-Haley-Konzert in Stuttgart (500/6.000).
5. November: In Worthing (England) (1.000).
23. November: In Barcelona (o.A.).
16. Dezember: In Halle (300).

1959
30. März: Das Bezirksgericht Dessau verurteilt sieben Mitglieder eines Rock'n'Roll-Clubs zu Gefängnisstrafen.
27. August: In Amsterdam (o.A.).
28. August: In Amsterdam (o.A.).
29. August: In Amsterdam (o.A.).
30. August: In Amsterdam (o.A.).
1. September: In Amsterdam (o.A.).
24. September: In der Bonner Innenstadt (o.A.).
25. September: In der Bonner Innenstadt (o.A.).
26. September: In der Bonner Innenstadt (500).
November: Bezirksgericht Leipzig verurteilt 15 Elvis-Fans zu mehrjährigen Zuchthausstrafen.
November: Kreisgericht Ueckermünde (Bezirk Neubrandenburg) verurteilt drei Jugendliche wegen Hörens westlicher Rockmusik zu Haftstrafen.
November: In Kolzenburg (Bezirk Potsdam) werden mehrere Jugendliche wegen Störung einer Filmvorführung mit Kofferradios verhaftet.
16. November: Das Kreisgericht Stralsund verurteilt sechs Elvis-Fans zu Gefängnisstrafen.

Teilnehmer insgesamt: 39.300

Erste Zahlenangabe: Teilnehmer
Zweite Zahlenangabe: Zuschauer
* = ohne Text

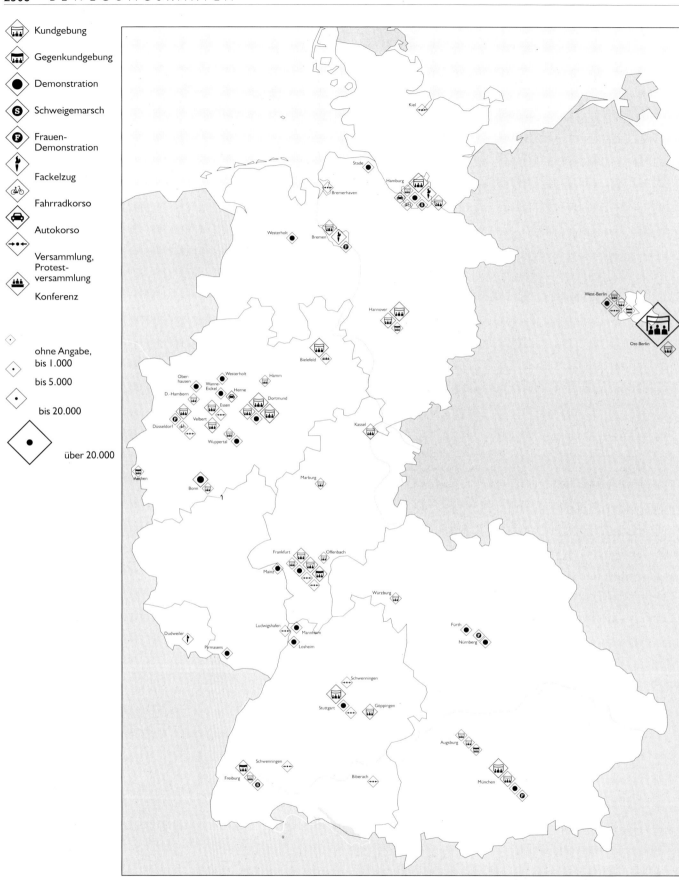

Die Paulskirchen-Bewegung gegen die Verabschiedung der Pariser Verträge und die Wiederbewaffnung (Januar – März 1955)

Januar: Kundgebung in der Dortmunder Westfalenhalle (1.500).
Demonstration in Losheim (bei Mannheim) (400).
Fackelzug in Dudweiler (Saarland) (o.A.).
Kundgebung in Schwerin (40.000).
Kundgebung und/oder Demonstration in Augsburg (o.A.).
Demonstration in Dortmund (o.A.).
Demonstration in Düsseldorf (o.A.).
Demonstration in Frankfurt (o.A.).
Demonstration in Fürth (o.A.).
Demonstration in Mannheim (o.A.).
Demonstration in Mainz (o.A.).
Demonstration in Oberhausen (o.A.).
Demonstration in Pirmasens (o.A.).
Demonstration in Stade (o.A.).
Demonstration in Stuttgart (o.A.).
Demonstration in Wanne-Eickel (o.A.).
Demonstration in Westerholt (o.A.).
Demonstration in Wuppertal (o.A.).
8. Januar: Demonstration in München (500).
Fahrradkorso in Düsseldorf (o.A.).
14. Januar: Fackelzug und Kundgebung in Bremen (1.500).
15. Januar: Kundgebung in Frankfurt (5.000).
17. Januar: Protestveranstaltung in Stuttgart (250).
18. Januar: Frauen-Demonstration in München (100).
Frauen-Demonstration in Nürnberg (o.A.).
Frauen-Demonstration in Bremen (o.A.).
Kundgebung in Laucha (Bezirk Halle) (5.000).
24. Januar: Kundgebung in Hamburg (2.300).
Kundgebung in Kassel (2.000).
Kundgebung in Velbert (1.500).
29. Januar: Paulskirchenkundgebung in Frankfurt (1.000).
Februar: Kundgebung in Stuttgart (10.000).
Kundgebung in Freiburg (o.A.).
Gegenkundgebung in Freiburg (2.000).
Kundgebung in Offenbach (1.000).
Kundgebung in München (2.500).
Autokorso in Herne (o.A.).
Autokorso in Hamburg (o.A.).
Demonstration in Hamburg (o.A.).
Kundgebung in Marburg (o.A.).
Kundgebung in Hamm (250).
Kundgebung in Düsseldorf (1.500).
Protestversammlung in Kiel (600).
Protestversammlung in Schwenningen (350).
Protestversammlung in Biberach an der Riß (400).
Protestversammlung in Bremerhaven (100).
Studentische Vollversammlung in West-Berlin (o.A.).
1. Februar: Kundgebung in Bremen (2.000).
Demonstration in West-Berlin (1.000).
2. Februar: Schweigemarsch in Hamburg (250).
4. Februar: Kundgebung in Hannover (6.000).
5. Februar: Fackelzug in Hamburg (3.000).
6. Februar: Kundgebung in Dortmund (20.000).
Kundgebung in Wuppertal (o.A.).
Fahrradkorso in Hamburg (o.A.).
8. Februar: Gegenkundgebung in Frankfurt (2.000).
10. Februar: Kundgebung in Duisburg-Hamborn (450).
Kundgebung in West-Berlin (1.000).
12. Februar: Kundgebung in Frankfurt (5.000).
Kundgebung in Augsburg (o.A.).
Gegenkundgebung in Hannover (o.A.).
Gegenkundgebung in Aachen (o.A.).
13. Februar: Kundgebung in Bonn (o.A.).
Gegenkundgebung in Augsburg (o.A.).
15. Februar: Kundgebung in Göppingen (1.300).
Konferenz in Bielefeld (120).
16. Februar: Protestversammlung in Frankfurt (300).
17. Februar: Kundgebung in Dortmund (20.000).
Protestversammlung in Ludwigshafen (700).
Demonstration in Nürnberg (o.A.).
Kundgebung in Bielefeld (10.000).
Kundgebung in Hamburg (12.000).
Gegenkundgebung in West-Berlin (o.A.).
18. Februar: Kundgebung in Würzburg (700).
Kundgebung in West-Berlin (o.A.).
19. Februar: Kundgebung in Hannover (5.000).
Kundgebung in Ost-Berlin (5.000).
22. Februar: Kundgebung in Hamburg (o.A.).
24. Februar: Kundgebung in München (20.000).
Demonstration in Bonn (3.000).
Kundgebungen in Ost-Berlin (400.000).
Demonstration in Böhlen (3.000).
Demonstration in Borna (o.A.).
Demonstration in Cottbus (10.000).
Demonstration in Erfurt (12.000).
Demonstration in Gera (30.000).
Demonstration in Görlitz (o.A.).
Demonstration in Halle (70.000).
Demonstration in Karl-Marx-Stadt (80.000).
Demonstration in Leipzig (100.000).
Demonstration in Magdeburg (15.000).
Demonstration in Neubrandenburg (10.000).
Demonstration in Rostock (60.000).
Demonstration in Schwerin (30.000).
Demonstration in Suhl (o.A.).
Demonstration in Taucha (o.A.).
Demonstration in Torgau (o.A.).
2. März: Kundgebung in Magdeburg (o.A.).
7. März: Protestversammlung in Düsseldorf (300).
10. März: Kundgebung in Essen (2.000).
11. März: Protestversammlung in Frankfurt (250).
13. März: Protestversammlung in Essen (300).
16. März: Schweigemarsch in Freiburg (1.000).

Teilnehmer in BRD und DDR: 1.022.420
Teilnehmer in der Bundesrepublik: 157.420

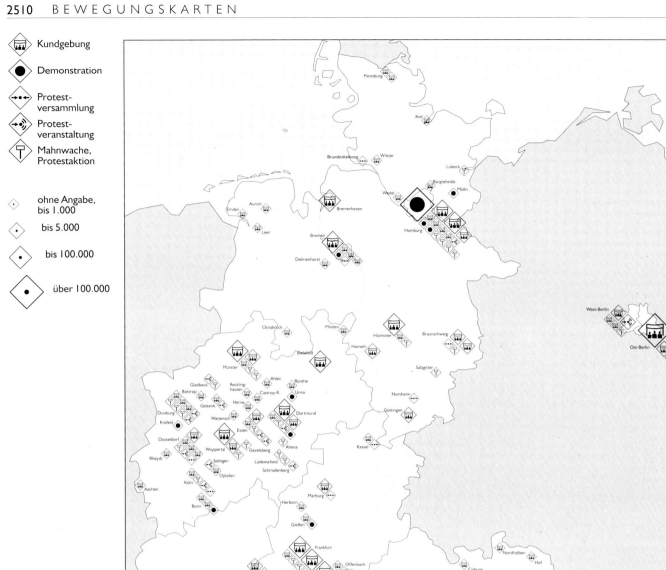

Die Bewegung gegen die Atombewaffnung der Bundeswehr (1957–1959)

1957
5. April: Kundgebung in München (1.500).
6. August: Demonstration in Bonn.

1958
27. Januar: Protestkundgebung in Wattenscheid (800).
4. Februar: Protestkundgebung in Bremen (o.A.).
Protestkundgebung in Ost-Berlin (2.000).
15. Februar: Demonstration und Kundgebung in Tübingen (3.000).
15./16. Februar: Protestkundgebungen bei Heilbronn (o.A.).
März: Protestkundgebung in Reichenbach (Baden-Württemberg) (600).
5. März: Protestkundgebung in Heilbronn (1.000).
23. März: Auftaktkundgebung zur Kampagne »Kampf dem Atomtod« in Frankfurt (10.000).
25. März: Protestkundgebung in Hamburg (1.000).
26. März: Demonstration in Mölln (Schleswig-Holstein) (250).
27. März: Protestkundgebung in Ost-Berlin (250.000).
Protestkundgebung in Leipzig (100.000).
Protestkundgebung in Erfurt (70.000).
Protestkundgebung in Gera (40.000).
Protestkundgebung in Schwerin (50.000).
28. März: Protestkundgebung in Hamburg (10.000).
April: Protestkundgebung in Wuppertal (4.000).
Protestkundgebung in Hannover (o.A.).
1. April: Studentische Protestkundgebung in Ost-Berlin (o.A.).
2. April: Protestkundgebung in Schwenningen (3.000).
Protestkundgebung in Hameln (1.200).
Protestkundgebung in Speyer (o.A.).
9. April: Protestkundgebung in Bremerhaven (8.000).
Protestkundgebung in Eberbach (Neckar) (o.A.).
12. April: Protestkundgebung in Herborn (Dillkreis) (o.A.).
14. April: Protestkundgebung in Freiburg (o.A.).
15. April: Protestkundgebung in Köln (o.A.).
16. April: Demonstration in Mannheim (30.000).
17. April: Demonstrationen und Kundgebung in Hamburg (150.000).
18. April: Protestkundgebung in München (10.000).
Protestkundgebung in Bielefeld (25.000).
Protestkundgebung in Nürnberg (5.000).
Protestkundgebung von Frauen in Dortmund (3.000).
19. April: Protestkundgebung in Frankfurt (8.000).
Protestkundgebung in Duisburg (o.A.).
Protestkundgebung in Düsseldorf (o.A.).
Protestkundgebung in Opladen (o.A.).
Protestkundgebung in Flensburg (o.A.).
Protestkundgebung in Kiel (o.A.).
22. April: Protestkundgebung in Wuppertal (15.000).
Protestkundgebung in Stuttgart (12.000).
Protestkundgebung in Minden (Westfalen) (o.A.).
24. April: Protestkundgebung in Münster (o.A.).
Protestkundgebung in Fürth (o.A.).
Mahnwache in Hamburg.
Protestkundgebung in West-Berlin (1.200).
25. April: Protestversammlung in Frankfurt (o.A.).
Protestkundgebung in Bonn (o.A.).
Protestkundgebung in Weinheim (Bergstraße) (o.A.).
Protestkundgebung in Neu-Ulm (o.A.).
28. April: Demonstration in Unna (Westfalen) (o.A.).
29. April: Protestversammlung in Ulm (o.A.).
30. April: Protestkundgebung in Ahlen (800).
Mai: Demonstration in Bremen (500).
1. Mai: 1.800 DGB-Kundgebungen in der Bundesrepublik gegen die Atombewaffnung.
DGB-Kundgebung in West-Berlin gegen die Atombewaffnung.
SED-Kundgebung in Ost-Berlin gegen die Atombewaffnung.
6. Mai: Protestversammlung in Mainz (1.000).
8. Mai: Protestkundgebung in Augsburg (o.A.).
9. Mai: Protestkundgebung in Karlsruhe (20.000).
13. Mai: Protestkundgebung in Bremen (25.000).
14. Mai: Protestkundgebung in Ulm (12.000).
Protestkundgebung in Darmstadt (6.000).
15. Mai: Schülerdemonstration in München (150).
16. Mai: Protestversammlung in Schwenningen (300).
Protestkundgebung in Erlangen (o.A.).
20. Mai: Studentische Protestkundgebung in Frankfurt (1.000).
Studentische Protestkundgebung in Heidelberg (2.500).
Studentische Protestkundgebung in Marburg (2.000).
Studentische Protestkundgebung in Göttingen (2.000).
Studentische Protestkundgebung in Münster (1.500).
Studentische Protestkundgebung in Braunschweig (1.500).
Studentische Protestkundgebung in Hamburg (500).
Studentische Protestkundgebung in München (3.500).
Studentische Protestkundgebung in Bonn (o.A.).
Studentische Protestkundgebung in Karlsruhe (o.A.).
Studentische Protestkundgebung in Tübingen (o.A.).
Protestveranstaltung in West-Berlin (2.000).
21. Mai: Protestkundgebung in Tübingen (2.000).
Protestkundgebung in Wiesbaden (2.000).
Protestkundgebung in Hof (o.A.).
23. Mai: Protestkundgebung in Würzburg (2.000).
Protestkundgebung in Ludwigshafen (o.A.).
Protestversammlung in Düsseldorf (o.A.).
26. Mai: Protestkundgebung in Karlsruhe (20.000).
28. Mai: Protestkundgebung von Frauen in Münster (6.000).
Protestkundgebung in Duisburg (o.A.).
Protestkundgebung in Essen (2.000).
29. Mai: Protestkundgebung in Mainz (o.A.).
Protestkundgebung in Bremen (o.A.).
30. Mai: Protestversammlung in Offenbach (o.A.).
Protestversammlung in Brunsbüttelkoog (o.A.).
Juni: Protestkundgebung in Aurich (o.A.).
Protestkundgebung in Emden (o.A.).
Protestkundgebung in Leer (o.A.).
Protestkundgebung in Düsseldorf (o.A.).
Protestkundgebung in Kaiserslautern (o.A.).
Protestkundgebung in Göppingen (9.000).
Protestkundgebung in Bottrop (o.A.).
Protestkundgebung in Pforzheim (o.A.).
Protestkundgebung in Aachen (o.A.).
Protestkundgebung in Wedel (o.A.).
Protestkundgebung in Delmenhorst (500).
Protestkundgebung in Rheydt (o.A.).
Protestkundgebung in Wiesbaden (5.000).
Protestkundgebung in Heidenheim (Baden-Württemberg) (4.000).
Protestkundgebung in Ochsenfurt (Franken) (o.A.).
Protestkundgebung in Scheinfeld (o.A.).
Protestkundgebung in Miesbach (Oberbayern) (o.A.).
Demonstration in Krefeld (o.A.).
Protestversammlung in Konstanz (200).
Protestversammlung in Bremen (200).
3. Juni: Protestkundgebung in Höchst (12.000).
Protestkundgebung in Frankfurt (35.000).
4. Juni: Protestkundgebung in Gelsenkirchen (o.A.).
Protestkundgebung in Flensburg (o.A.).
6. Juni: Protestkundgebung in Augsburg (2.500).
10. Juni: Protestkundgebung in Dortmund (o.A.).
Protestkundgebung in Düsseldorf (4.000).

Protestkundgebung in Recklinghausen (o.A.).
11. Juni: Protestkundgebung in Hannover (40.000).
12. Juni: Protestkundgebung in München (1.000).
Protestkundgebung in Rünthe (Westfalen) (o.A.).
13. Juni: Protestversammlung in Kempten.
Protestversammlung in Köln.
16. Juni: Demonstration in Marbach (Neckar) (o.A.).
Protestveranstaltung in Essen (o.A.).
17. Juni: Protestkundgebung in Nordhalben (Franken) (o.A.).
19. Juni: Protestkundgebung in Ingolstadt (o.A.).
20. Juni: Protestkundgebung in Fürth (o.A.).
Protestkundgebung in Bayreuth (o.A.).
21. Juni: Protestkundgebung in Coburg (o.A.).
23. Juni: Protestversammlung in Frankfurt (o.A.).
Protestkundgebung in Duisburg (o.A.).
24. Juni: Protestkundgebung in München (6.000).
Protestversammlung in Marburg (o.A).
Protestversammlung in Braunschweig (o.A.).
25. Juni: Protestversammlung in Worms (o.A.).
26. Juni: Protestkundgebung in Dortmund (15.000).
Protestkundgebung in Braunschweig (5.000).
27. Juni: Protestkundgebung in Wilster (Schleswig-Holstein) (o.A.).
Protestkundgebung in Mannheim (o.A.).
29. Juni: Protestkundgebung in Hamburg (1.000).
30. Juni: Protestkundgebung in Rüsselsheim (1.500).
Juli: Protestkundgebung in Stuttgart-Zuffenhausen (o.A.).
Protestkundgebung in Leonberg (Baden-Württemberg) (o.A.).
Protestkundgebung in Reutlingen (o.A.).
Protestkundgebung in Kirchheim (Franken) (o.A.).
Protestkundgebung in München (600).
Mahnwache in Saarbrücken.
Mahnwache in Tübingen.
Demonstration in Kaufbeuren (o.A.).
3. Juli: Protestkundgebung in Gießen (o.A.).
Protestkundgebung in Essen (o.A.).

4. Juli: Protestkundgebung in Herne (o.A.).
5. Juli: Protestkundgebung in Lambrecht (Rheinland-Pfalz) (o.A.).
8. Juli: Protestkundgebung in Bremen (o.A.).
Protestkundgebung in Hamburg (o.A.).
10. Juli: Protestversammlung in Kassel (o.A.).
16. Juli: Mahnwache in Münster.
19. Juli: Protestkundgebung in Pirmasens (o.A.).
27. Juli: Protestkundgebung in Mannheim (800).
Protestkundgebung in West-Berlin (1.000).
August: Protestkundgebung in Bayreuth (o.A.).
Protestkundgebung in Füssen (o.A.).
Protestkundgebung in Castrop-Rauxel (o.A.).
2.–6. August: Mahnwache in Stuttgart.
6. August: Mahnwache und/oder Protestaktion in Altena.
Mahnwache und/oder Protestaktion in Duisburg.
Mahnwache und/oder Protestaktion in Düsseldorf.
Mahnwache und/oder Protestaktion in Hamburg.
Mahnwache und/oder Protestaktion in Karlsruhe.
Mahnwache und/oder Protestaktion in Köln.
Mahnwache und/oder Protestaktion in Lübeck.
Mahnwache und/oder Protestaktion in Lüdenscheid.
Mahnwache und/oder Protestaktion in München.
Mahnwache und/oder Protestaktion in Salzgitter.
Mahnwache und/oder Protestaktion in Tübingen.
Mahnwache und/oder Protestaktion in West-Berlin.
29. August – 1. September: Mahnwache in Essen.
September: Protestversammlung in Northeim (250).
13./14. September: Mahnwache in Gladbeck.
26. September: Protestveranstaltung in Essen-Steele (1.000).
27. September: Mahnwache in Frankfurt.
10.–17. Oktober: Mahnwachen in Duisburg.
12. Oktober: Demonstration in Hamburg-Eimsbüttel (o.A.).
14. Oktober: Protestversammlung in Frankfurt (o.A.).
15.–22. Oktober: »Internationale

Kampfwoche gegen den Atomtod« in der DDR.
17. Oktober: Protestveranstaltung in Duisburg (o.A.).
Protestveranstaltung in Gladbeck (o.A.).
24. Oktober: Protestveranstaltung in Osnabrück (o.A.).
November: Mahnwache in Bayreuth.
7. November: Protestveranstaltung in Stuttgart-Heßlach (o.A.).
8. November: Demonstration in Hamburg-Eimsbüttel (o.A.).
8./9. November: Mahnwache in Gevelsberg.
10. November: Mahnwache in München.
13. November: Protestveranstaltung in Köln (o.A.).
17. November: Protestveranstaltung in Hamburg (1.000).
22. November: Protestveranstaltung in St. Ingbert (Saarland) (o.A.).
Protestveranstaltung in Wiebelskirchen (o.A.).
Protestveranstaltung in Ensdorf (Saarland) (o.A.).
23. November: Protestveranstaltung in Schmelz (Saarland) (o.A.).
Protestveranstaltung in Saarbrücken (o.A.).
Mahnwache in Saarbrücken.
3. Dezember: Protestveranstaltung in Schmallenberg (NRW) (o.A.).
4. Dezember: Protestveranstaltung in Düsseldorf (400).
5. Dezember: Protestveranstaltung in Gelsenkirchen (250).
8. Dezember: Protestveranstaltung in Duisburg-Hamborn (200).
11. Dezember: Protestveranstaltung in Solingen (o.A.).

1959
25. Januar: Kundgebung in Kassel (o.A.).
Februar: Kundgebung in Bad Canstatt (2.000).
5. Februar: Kundgebung in Hamburg (1.500).
9.–11. März: Mahnwache in Hannover (o.A.).
13./14. März: Mahnwache und Kundgebung in Dortmund (1.000).
5. April: Mahnwache in Frankfurt (o.A.).
12. April: Kundgebung in München (1.000).
13.–20. April: Aktionen in Hamburg (o.A.).
16. April: Demonstration und Kundgebung in Gießen (1.000).
18.–20. April: Mahnwache in Lüdenscheid (o.A.).

2./3. Mai: Mahnwache in Braunschweig (o.A.).
9./10. Mai: Mahnwache in Düsseldorf (o.A.).
11. Mai: Protestaktion in Münster (o.A.).
30. Mai: Der Protestmarsch eines Studenten endet in Dortmund.
2. Juni: Kundgebung in Hamburg (6.000).
25.–27. Juni: Mahnwache in Wuppertal (o.A.).
6. August: Kundgebung in Göppingen (1.000).
Mahnwache in Duisburg (o.A.).
9. August: Demonstration in Dortmund (400).
26./27. September: Friedensmarsch von Steinheim nach Offenbach (300).
23. Oktober: Kundgebung in Bargteheide (o.A.).
4. Dezember: Kundgebung in Würzburg (o.A.).
7. Dezember: Beginn einer vierwöchigen Mahnwache in Hamburg.

Teilnehmer in BRD und DDR: mindestens 1.644.060

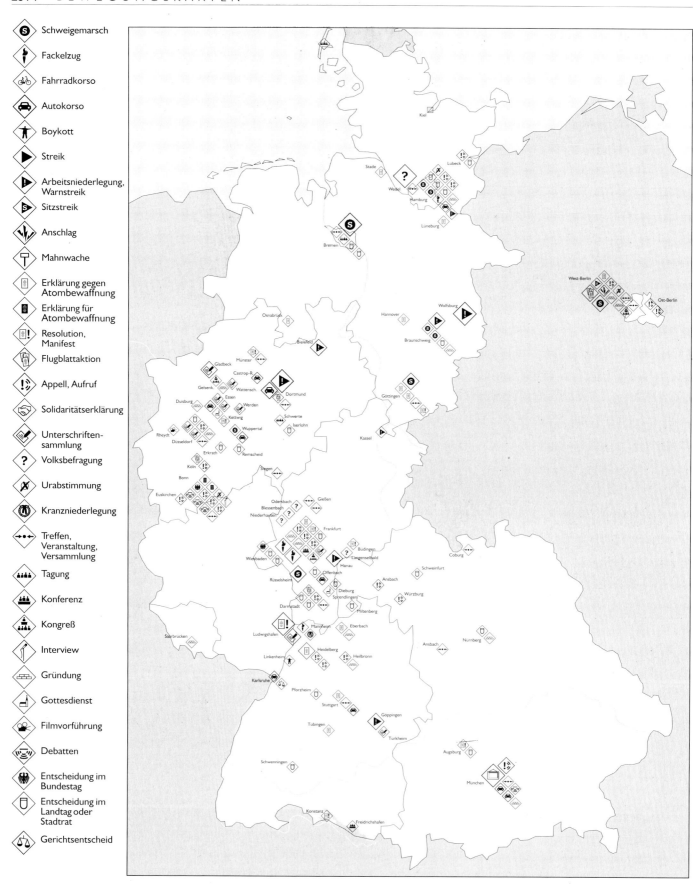

Die Bewegung gegen die Atombewaffnung der Bundeswehr (1957–1959)

1957
4. April: Bundeskanzler Adenauer verharmlost auf einer Pressekonferenz in Bonn taktische Atomwaffen als »Weiterentwicklung der Artillerie«.
7. April: Resolution der südhessischen SPD in Frankfurt.
8. April: Bundesverteidigungsminister Strauß erklärt in einem Rundfunkinterview die Atombewaffnung der Bundeswehr für unverzichtbar.
12. April: Gruppe von 18 Atomphysikern plädiert mit einer Erklärung in Göttingen für einen völligen Verzicht auf Atomwaffen.
14. April: Atomphysiker von Ardenne warnt in Dresden vor Atombewaffnung der Bundeswehr.
16. April: Bürgerinitiative in Eberbach (Odenwald) warnt vor Atomgefahr. 108 Professoren der Technischen Hochschule in Dresden erklären sich mit der »Göttinger Erklärung« solidarisch.
17. April: Unterredung zwischen Vertretern der Bundesregierung und der Bundeswehr in Bonn mit fünf Unterzeichnern der »Göttinger Erklärung«.
23. April: Albert Schweitzer ruft im Rundfunk die Weltöffentlichkeit zur Einstellung aller Kernwaffenversuche auf.
27. April: Die Dekane der Theologischen Fakultäten von sechs Universitäten der DDR erklären sich mit der »Göttinger Erklärung« solidarisch. Die sowjetische Regierung warnt in Moskau vor Atombewaffnung der Bundeswehr.
29. April: Carl Friedrich von Weizsäcker warnt auf VDS-Versammlung in Euskirchen vor der Atombewaffnung.
30. April: Stadtrat von München fordert Einstellung aller Atomwaffentests.
Die Regierung der DDR fordert die Bundesregierung auf, auf eine Atombewaffnung der Bundeswehr zu verzichten.
Mai: Lehrgang des Kampfbundes gegen Atomschäden auf Sylt über Gefahren der Atomenergie.
Der Stadtrat von Augsburg spricht sich gegen die Lagerung von Atomwaffen im Stadtgebiet aus.

Der Liberale Studentenbund Deutschlands fordert in Heilbronn die Einstellung aller Atomwaffenversuche.
1. Mai: Auf Maikundgebungen in der Bundesrepublik erklären sich die Redner des DGB mit der »Göttinger Erklärung« solidarisch.
NATO-Generalsekretär Lord Ismay erklärt in Bonn die Atombewaffnung der Bundeswehr für unverzichtbar.
3. Mai: 14 Physiker der DDR verabschieden in Leipzig eine Resolution gegen Atombewaffnung.
5. Mai: Appell von 99 Intellektuellen an Bundeskanzler Adenauer, auf Atomwaffen zu verzichten.
8.–10. Mai: Unterschriftensammlung in Frankfurt.
10. Mai: Bundestagsdebatte in Bonn über die Atombewaffnung.
Die Evangelische Kirche des Rheinlands fordert in Düsseldorf die Abschaffung aller Massenvernichtungsmittel.
11. Mai: Unterschriftensammlung in Essen.
13. Mai: Die Evangelische Kirche von Hessen-Nassau fordert in Darmstadt die Abschaffung aller Massenvernichtungsmittel.
15. Mai: Das Studentenparlament der Freien Universität in West-Berlin fordert die Einstellung aller Atomwaffentests.
Juni: Das Studentenparlament der Universität Göttingen verabschiedet ein Anti-Atombewaffnungsmanifest.
Protesterklärung prominenter Frauen in West-Berlin.
1. Juni: Ralph Giordano warnt in der Wochenzeitung »Die Tat« vor »Atombomben für Hitler-Generale«.
27. Juni: Gründung eines Bürgerkomitees gegen Atomgefahr in Nürnberg.
28. Juni: Otto Hahn warnt in Lübeck vor Gefahren des atomaren Wettrüstens.
7. Juli: Frauenkonferenz gegen Atomrüstung in Frankfurt.
13. Juli: Günther Anders veröffentlicht in der FAZ »Gebote des Atomzeitalters«.
19. Juli: Petition des Fränkischen Kreises an den Bundestag.
20. Juli: Fahrzeugkorso in Stuttgart.
23. Juli: Helmut Gollwitzer plädiert in

Bonn für einen »Atomstreik der Christen«.
6. August: Unterschriftensammlung in Düsseldorf.
6. September: Aufruf von 101 Professoren gegen atomares Wettrüsten.
7. September: Fackelzug in Mannheim.
9. September: Aufruf von 300 Intellektuellen.
15. September: Boykott der Bundestagswahlen in Linkenheim (Kreis Karlsruhe).
28. September: Der Verband Deutscher Physikalischer Gesellschaften warnt in Heidelberg vor der Atombewaffnung.
21. November: Die »Bild-Zeitung« fordert die Schaffung einer atomwaffenfreien Zone.
13. Dezember: Telegramm von zehn Professoren der Universität Heidelberg an Bundeskanzler Adenauer.
15. Dezember: Bürgerversammlung in Ansbach (Mittelfranken).
16. Dezember: Der Stadtrat von Miltenberg (Mainfranken) verweigert die Genehmigung zur Errichtung von Raketenabschußrampen.
17. Dezember: Protesterklärung von 17 Professoren der Pädagogischen Hochschule Hannover.
Die SPD-Fraktion im hessischen Landtag spricht sich gegen die Errichtung von Raketenabschußbasen aus.
18. Dezember: Erklärung der Bürgerschaft von Bremen.
20. Dezember: Erklärung des Hamburger Senats.

1958
23./24. Januar: Bundestagsdebatte über die Atombewaffnung der Bundeswehr.
24. Januar: Beschluß des SPD-Bundesvorstands, eine Kampagne gegen die Atombewaffnung zu beginnen.
25.–27. Januar: Unterschriftensammlung in Wattenscheid (700).
27. Januar: Protesterklärung des Frankfurter AStA.
10. Februar: Verabschiedung eines Manifests in Konstanz (71)
12. Februar: Gründung der Schutzgemeinschaft Heuchelberg bei Heilbronn.

19. Februar: Tübinger Erklärung gegen die Atomrüstung (125).
21. Februar: Protestaufruf einer studentischen Vollversammlung der Universität München (1.500).
22. Februar: Unterschriftensammlung Essener Bergarbeiter (500).
26. Februar: Professoren-Appell in Köln (44).
Protestaufruf von Mitgliedern der Deutschen Akademie der Wissenschaften in Ost-Berlin (84).
27. Februar: Entschließung der Lübecker Bürgerschaft.
28. Februar: Unterschriftensammlung Düsseldorfer Arbeiter (313).
März: Protesterklärung in Osnabrück.
1./2. März: Protestresolution der südhessischen SPD (228).
6. März: Protesterklärung in Heidelberg (1.700).
7. März: Protesterklärung von 200 Professoren.
10. März: Aufruf »Kampf dem Atomtod« in Frankfurt.
19. März: Gründung des ersten örtlichen Arbeitsausschusses »Kampf dem Atomtod« in Eberbach am Neckar.
20. März: Autokorso von Frauen in München (o.A.).
20.–25. März: Atombewaffnungsdebatte im Bundestag in Bonn.
25. März: Arbeitsniederlegung in Kassel (1.000).
26. März: Arbeitsniederlegung in Bielefeld (2.500).
Schweigemarsch in Braunschweig (o.A.).
Protesterklärung von Professoren in Lüneburg (15).
Flugblattaktion in West-Berlin (1.500).
27. März: Schweigemarsch in Hamburg (600).
Arbeitsniederlegungen in Hamburg (o.A.).
Ärzteappell in Hamburg (936).
28. März: Arbeitsniederlegung in Wolfsburg (8.800).
30. März: Gründung der Aktionsgemeinschaft gegen die atomare Aufrüstung der Bundesrepublik in Frankfurt.
31. März: Gründung des Komitees gegen Atomrüstung in München.
Arbeitsniederlegung in Braunschweig (2.000).
Schweigemarsch in Braunschweig (150).

Protestaufruf der Nationalen Front in Ost-Berlin.
April: Europäische Jugendkonferenz gegen Atomgefahr in Friedrichshafen.
Unterschriftensammlung in Türkheim (Schwaben) (343).
2. April: Gottesdienst gegen die Atomgefahr in Essen (o.A.).
3. April: Gründung der Notgemeinschaft gegen atomare Bewaffnung in Braunschweig.
Gründung des Aktionsausschusses der Jugend gegen den Atomtod in West-Berlin.
9. April: Warnstreik in Göppingen (1.300).
10. April: Stadtverordnetenversammlung in Frankfurt beschließt Volksabstimmung über Atombewaffnung.
11. April: Gründung des Arbeitsausschusses »Gegen den Atomtod« in West-Berlin.
12. April: Sitzblockade in West-Berlin (o.A.).
15. April: Schweigemarsch in West-Berlin (5.000).
16. April: Schweigemarsch in Bremen (8.000).
18. April: Autokorso in München (200).
21. April: Arbeitsniederlegung in Hanau (5.000).
Gründung der Arbeitsgemeinschaft gegen atomare Aufrüstung der Bundesrepublik in Duisburg.
24. April: Die Stadtverordnetenversammlung von Darmstadt beschließt eine Volksbefragung über die Atombewaffnung.
25. April: Protestresolution des Kreistages von Büdingen.
28. April: Bundesweite Plakataktion der Bundesregierung für die Atombewaffnung.
Gründung der Aktionsgemeinschaft gegen die atomare Aufrüstung der Bundesrepublik in Düsseldorf.
29. April: Der Hamburger Senat beschließt Volksbefragung über die Atombewaffnung.
30. April: Fackelzug in Frankfurt (2.000).
Die Stadtverordnetenversammlung von Offenbach beschließt Volksbefragung über die Atombewaffnung.
Mai: Die Stadtverordnetenversammlung von Braunschweig beschließt Volksbefragung über die Atombewaffnung.
3. Mai: Der Stadtrat von Schwenningen beschließt Volksbefragung über die Atombewaffnung.
3./4. Mai: Volksbefragung in Odersbach (Hessen).

Volksbefragung in Blessenbach (Hessen).
Volksbefragung in Niederhausen (Hessen).
7./8. Mai: Die Bürgerschaft von Bremen beschließt eine Volksbefragung.
9. Mai: Der Magistrat von Darmstadt beschließt eine Volksbefragung.
Die Bürgerschaft von Hamburg beschließt eine Volksbefragung.
13. Mai: Kirchenappell von 103 Professoren.
14. Mai: Gründung eines Zentralen Ausschusses der Landbevölkerung gegen den Atomtod in Frankfurt.
20. Mai: Flugblattaktion in Darmstadt.
Flugblattaktion in Köln.
21. Mai: Der Stadtrat von Nürnberg beschließt, Widerstand gegen die Stationierung von Atomwaffen auf dem Stadtgebiet zu leisten.
24. Mai: Autokorso in Essen (35).
Juni: Der Stadtrat von Düsseldorf wendet sich gegen die Stationierung von Atomwaffen auf dem Stadtgebiet.
Die Gemeindevertretung von Erkrath (NRW) beschließt eine Volksbefragung.
Der Stadtrat von Remscheid wendet sich gegen die Stationierung von Atomwaffen auf dem Stadtgebiet.
Der Stadtrat von Schweinfurt wendet sich gegen die Stationierung von Atomwaffen auf dem Stadtgebiet.
Die Gemeindevertretung von Dieburg (Südhessen) wendet sich gegen die Stationierung von Atomwaffen auf eigenem Gebiet.
Protestaufruf in Ansbach (Franken) (40).
13. Juni: Ablehnung des Gesetzentwurfs zur Volksbefragung durch den Bundestag in Bonn.
15. Juni: Gründung des Ständigen Kongresses gegen die atomare Aufrüstung der Bundesrepublik in Gelsenkirchen (1.000).
19. Juni: Das Stadtparlament von Iserlohn wendet sich gegen die Stationierung von Atomwaffen auf eigenem Gebiet.
25. Juni: Das Studentenparlament in West-Berlin beschließt eine Urabstimmung über die Atombewaffnung.
27. Juni: Gründung des saarländischen Aktionsausschusses gegen die atomare Aufrüstung der Bundesrepublik mit Massenvernichtungsmitteln in Saarbrücken.
Ärzteerklärung in Göttingen (237).
Juli: Studentische Protesterklärung in Stuttgart (733).
Protestresolution in Augsburg (860).

Protestresolution in Kettwig an der Ruhr (o.A.).
Schweigemarsch in Göttingen (2.500).
Schweigemarsch in Rüsselsheim (1.500).
Unterschriftensammlung in Essen-Werden (o.A.).
1. Juli: Schweigemarsch in Wuppertal (o.A.).
4. Juli: Flugblattaktion in Dortmund.
5. Juli: Autokorso in Karlsruhe (o.A.).
10. Juli: Unterschriftensammlung in Ludwigshafen (5.000).
Stadtparlament von Wiesbaden beschließt Volksbefragung.
13. Juli: Anti-Atom-Kongreß in Gelsenkirchen (300).
16. Juli: Eine studentische Vollversammlung in Hamburg beschließt eine Urabstimmung über die Atombewaffnung (1.000).
23. Juli: Die Hamburger Studentenschaft spricht sich in einer Urabstimmung gegen die Atombewaffnung aus.
30. Juli: Das Bundesverfassungsgericht in Karlsruhe erklärt Volksbefragungen zur Atombewaffnung auf Länderebene für verfassungswidrig.
August: Ablehnung der Atombewaffnung bei einer örtlichen Volksbefragungsaktion in Langenselbold (Hessen).
Protesterklärung von Einwohnern in Stade (509).
6. August: Kranzniederlegung in Mannheim.
Protestresolution in Münster.
7. August: Fackelzug in Hamburg (o.A.).
17. August: Überfall auf Atommahnwache in West-Berlin.
6. September: Autokorso in Wuppertal (o.A.).
19. September: Arbeiter-Protestresolution in Ludwigshafen (25.000).
8. Oktober: Gründung des Jugendausschusses »Kampf dem Atomtod« in Hamburg-Eimsbüttel (250).
22. Oktober: Ausstellung »Künstler gegen Atomkrieg« in München (12.000).
21. November: Unterschriftensammlung in Gladbeck (1.130).
6./7. Dezember: Protestaufruf in Frankfurt.

1959
3./4. Januar: Studentenkongreß in West-Berlin (600).
10. Januar: Entschließung des Stadtrats von Pforzheim.
12. Januar: Filmvorführung in Rheydt (700).

17./18. Januar: Europäischer Kongreß in Frankfurt (1.000).
Februar: Veranstaltung in West-Berlin (o.A.).
1. Februar: Autokorso in Castrop-Rauxel (o.A.).
4. Februar: Warnstreik in Dortmund (80.000).
7. Februar: Autokorso und Kundgebung in Dortmund (1.500).
15. Februar: Protestpredigten in Baden-Württemberg (150).
Veranstaltung in Wedel (o.A.).
1. März: Volksbefragung in Wedel (7.500).
7./8. März: Tagung in Schwerte (700).
25. April: Versammlung in Göttingen (o.A.).
30. April: Fackelzug in Frankfurt (1.500).
10. Mai: Tagung in Bremen (o.A.).
Versammlung in Gießen (150).
31. Mai: Autokorso im Landkreis Offenbach (o.A.).
28. Juni: Veranstaltung in Bremen (o.A.).
29. Juni: Veranstaltung in Düsseldorf (o.A.).
30. Juni: Veranstaltung in Münster (o.A.).
Veranstaltung in Siegen (o.A.).
1. Juli: Veranstaltung in Dortmund (o.A.).
2. Juli: Veranstaltung in Darmstadt (o.A.).
Veranstaltung in Stuttgart (o.A.).
3. Juli: Veranstaltung in München (o.A.).
4. Juli: Veranstaltung in West-Berlin (o.A.).
6. August: Mahngottesdienst in Sprendlingen (o.A.).
9. August: Autokorso in Hamburg (o.A.).
15. September: Schweigemarsch in Hamburg (200).
10. Oktober: Veranstaltung in Coburg (o.A.).
24. Oktober: Versammlung in Gießen (o.A.).

BEWEGUNGSKARTEN

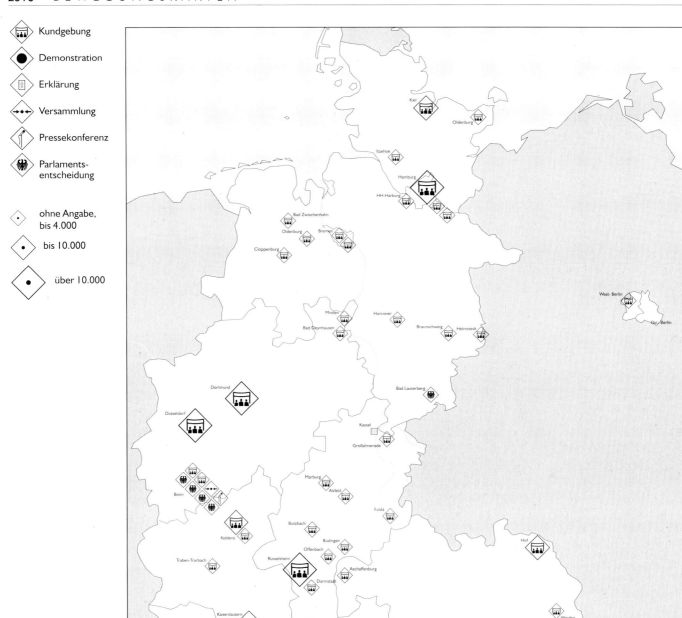

Kriegsversehrtenkampagne gegen den Reformentwurf der Bundesregierung zur Kriegsopferversorgung (Februar – Oktober 1959)

1958
13. Mai: *Eine Delegation des Deutschen Kriegsopferausschusses verhandelt in Bonn mit den Vorständen der Bundestagsfraktionen über eine Neuordnung der Kriegsopferversorgung.
8. Dezember: *Bundesarbeits- und -sozialminister Blank erklärt in Rundfunkinterview, daß eine Erhöhung der Grundrenten Vergeudung sei.

1959
21. Januar: *Der VdK kündigt auf einer Pressekonferenz in Bonn Kampfmaßnahmen gegen die Novellierungsabsichten der Bundesregierung an.
27. Januar: *Die Bundestagsfraktion der SPD empfängt in Bonn Kriegsopferverbände zu einer Aussprache.
28. Januar: *Bundeskanzler Adenauer empfängt VdK-Präsidium in Bonn zu einer Unterredung.
21. Februar: Protestkundgebung in Offenbach (o.A.).
22. Februar: Protestkundgebung in Heilbronn (3.500).
28. Februar: Demonstration in Passau (12.000).
Protestkundgebung in Marburg (o.A.).
Protestkundgebung in Butzbach (o.A.).
Protestkundgebung in Großalmerode (o.A.).
Protestkundgebung in Homburg (Saarland) (o.A.).
1. März: Protestkundgebung in Alsfeld (o.A.).
2. März: Protestkundgebung in Hamburg (1.000).
8. März: Protestkundgebung in Ingolstadt (1.600).
Protestkundgebung in Darmstadt (1.500).
11. März: Protestkundgebung in Oldenburg (Oldenburg) (1.500).
13. März: *Protestkundgebung in West-Berlin (2.500).
14. März: Protestkundgebung in Freiburg (4.000).
Protestkundgebung in Rottweil (Baden-Württemberg) (o.A.).
Protestkundgebung in Amberg (Bayern) (o.A.).
15. März: Protestkundgebung in Traben-Trarbach (o.A.).
Protestkundgebung in Altenkessel (Saarland) (o.A.).
Protestkundgebung in Weiden (Bayern) (o.A.).
Protestkundgebung in Wiesenthal (Baden-Württemberg) (o.A.).
21. März: Protestkundgebung in Koblenz (7.500).
Protestkundgebung in Cloppenburg (o.A.)
22. März: Protestkundgebung in Karlsruhe (5.000).
Ende März: *70 Abgeordnete der CDU/CSU-Fraktion legen in Bonn einen eigenen Entwurf zur Erhöhung der Grundrenten vor.
10. April: *Protestkundgebung in Harburg (o.A.).
11. April: Protestkundgebung in Kempten (3.000).
12. April: Protestkundgebung in Hof (10.000).
Protestkundgebung in Ulm (4.000).
Protestkundgebung in Aschaffenburg (o.A.).
Protestkundgebung in Itzehoe (o.A.).
Protestkundgebung in Bad Zwischenahn (o.A.).
24. April: *Protestkundgebung in Bremen (2.000).
26. April: Protestkundgebung in Rüsselsheim (20.000).
27. April: Protestkundgebung in Hamburg (1.100).
Mai: Protestkundgebung in Bremen (2.000).
2. Mai: Protestkundgebung in Stuttgart (20.000).
3. Mai: Protestkundgebung in Kaiserslautern (10.000).
Protestkundgebung in Stuttgart (20.000).
*Protestkundgebung in Hannover (4.000).
Juni: Protestkundgebung in Fulda (2.500).
*Protestkundgebung in Braunschweig (o.A.).
*Protestkundgebung in Minden (o.A.).
*Protestkundgebung in Bad Oeynhausen (o.A.).
6./7. Juni: *Protestkundgebung in Büdingen (4.000).
20. Juni: Protestkundgebung in Düsseldorf (25.000).
23. Juni: Protestkundgebung in Bonn (3.000).
2. August: Versammlung in Bad Lauterberg (Harz) (2.000).
13. September: Protestkundgebung in Dortmund (25.000).
20. September: *Protestkundgebung in Kiel (7.500).
27. September: Protestkundgebung in Koblenz (1.200).
6. Oktober: Protestkundgebung in Bonn (1.400).
11. Oktober: Protestkundgebung in Hamburg (25.000).
17. Oktober: Protestkundgebung in Helmstedt (1.000).
22. Oktober: Bei der ersten Lesung des Gesetzentwurfs im Bundestag in Bonn wird ein Initiativentwurf zur Erhöhung der Grundrenten angenommen.

Teilnehmer: mindestens 233.800

---

* = ohne Text

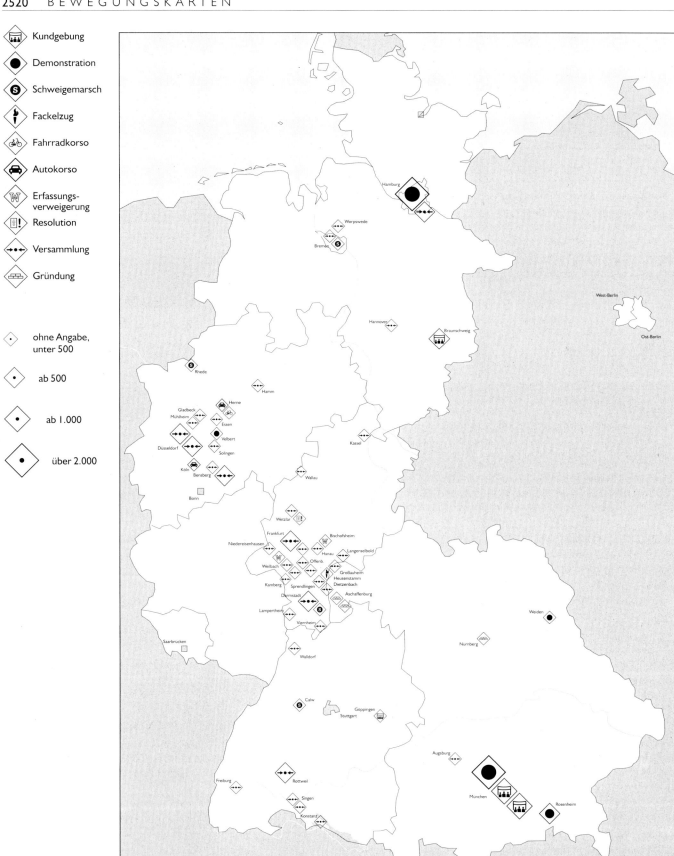

Die 22er – Die Bewegung gegen die Wehrerfassung des Jahrgangs 1922 (August – Dezember 1959)

11. August: Beginn der Reservistenerfassung.
12. August: Erfassungsverweigerung in Weilbach (Hessen) (21).
13. August: Protestversammlung in Wetzlar (120).
14. August: Protestversammlung in Hamm (300).
17. August: Protestversammlung in Langenselbold (Hessen) (42).
18. August: Protestversammlung in Konstanz (100).
19. August: * Protestversammlung in Bensberg (NRW) (190).
* Schweigemarsch in Rhede (NRW) (25).
*Protestversammlung in Dietzenbach (Hessen) (o.A.).
*Protestresolution in Wetzlar (300).
Protestversammlung in Frankfurt (100).
Protestversammlung in Singen (Südbaden) (250).
20. August: Protestversammlung in Bensberg (NRW) (500).
21. August: Fackelzug in Heusenstamm (Südhessen) (26).
Protestversammlung in Camberg (Hessen) (17).
22. August: Protestversammlung in Weilbach (Hessen) (o.A.).
Protestversammlung in Niedereisenhausen (Hessen) (70).
24. August: Demonstration in Rosenheim (Südbayern) (o.A.).
Erfassungsverweigerung in Bischofsheim (Hessen) (22).
25. August: Protestversammlung in Darmstadt (500).
Protestversammlung in Solingen (o.A.).
26. August: Protestversammlung in Frankfurt (500).
Protestversammlung in Großauheim (Hessen) (52).
Gründung der Interessengemeinschaft des Jahrgangs 1922 in Nürnberg (o.A.).
27. August: Protestversammlung in Hamburg (600).
Protestversammlung in Lampertheim (Hessen) (o.A.).
28. August: Protestkundgebung in München (1.000).
Protestversammlung in Offenbach (o.A.).
Protestversammlung in Viernheim (Südhessen) (o.A.).
29. August: Protestversammlung in Kassel (o.A.).
30. August: Protestversammlung in Walldorf (Baden) (o.A.).
Protestversammlung in Rottweil (800).
September: Informationsveranstaltung in Bremen (350).
Schweigemarsch in Calw (Baden-Württemberg) (250).
Schweigemarsch in Darmstadt (75).
2. September: Demonstration in München (2.500).
Demonstration in Hamburg (4.000).
Protestversammlung in Hannover (120).
Protestversammlung in Wallau (o.A.).
4. September: Gründung der Zentralen Interessengemeinschaft des Jahrgangs 1922 in Aschaffenburg (o.A.).
7. September: Protestversammlung in Düsseldorf (500).
8. September: Protestversammlung in Weilbach (Hessen) (o.A.).
Protestversammlung in Offenbach (135).
14. September: Protestversammlung in Worpswede (o.A.).
18. September: Schweigemarsch in Bremen (300).
Protestversammlung in Sprendlingen (Hessen) (26).
20. September: Demonstration in Weiden (Oberpfalz) (o.A.).
23. September: Protestkundgebung in Braunschweig (500).
Oktober: Protestversammlung in Freiburg (o.A.).
Protestversammlung in Düsseldorf (500).
Protestversammlung in Mülheim (Ruhr) (o.A.).
Protestversammlung in Augsburg (o.A.).
10. Oktober: Protestversammlung in Gladbeck (150).
16. Oktober: Protestkundgebung in München (1.000).
17. Oktober: Auto- und Fahrradkorso in Herne (o.A.).
29. Oktober: Protestversammlung in Konstanz (o.A.).
30. Oktober: Protestversammlung in Singen (o.A.).
31. Oktober: Autokorso in Köln (o.A.).
1. November: Gründung der Dachorganisation Jahrgang 1922 – Gemeinschaft der kriegserfahrenen Jahrgänge in der Bundesrepublik in Aschaffenburg.
15. November: Protestkundgebung in Göppingen (o.A.).
Protestversammlung in Hanau (o.A.).
6. Dezember: Protestveranstaltung in Essen (o.A.).
12. Dezember: Demonstration in Velbert (400).

---
* = ohne Text

Personenregister

A

Abbas, Ferhat 1697, 1762, 1815, 1988, 2280
Abd Allah (irakischer Prinz) 460, 1950
Abderasak, Ben 942
Abel, Rudolf 444, 1739
Abendroth, Wolfgang 26, 408, 553, 560, 666, 730, 876, 1026, 1042, 1048, 1053, 1081, 1114, 1115, 1193, 1215, 1630, 1679, 1752, 1763, 1793, 2025, 2188, 2214
Abernathy, Ralph 1324, 1566, 1580, 1657, 1979
Abetz, Otto 107, 112, 969f.
Abramowsky, K. 1601
Abs, Hermann Josef 584f., 994, 1294, 1321, 2112
Abusch, Alexander 56, 63, 84, 933, 1311, 1387, 1732, 1942, 2004
Achenbach, Ernst 486, 563, 726, 1860
Acher, Peter 1029
Acheson, Dean 49, 139, 185, 239, 281, 290, 471, 515, 619, 676, 2283
Achilles, Günther 2298, 2300
Achleitner, Friedrich 1660, 1692
Achtelik, Felix 214
Acker, Achille van 1156
Acker, Wilfried 395
Ackermann, Anton 885, 937
Ackermann, Dankwart 1895
Ackermann, Josef 330f.
Ackermann, Otto 134
Ackermann, Wilhelm 84
Adam, Alfred 574
Adam, Emil 1337
Adam, Erika 1315
Adamski, Wiesław 1584, 2334
Adaschkiewitz, Wilhelm 735
Adenauer, Konrad 10, 20, 21, 22, 25, 29, 35, 47f., 53, 60, 69, 73f 93f., 97f., 104, 107, 117-123, 126f., 131, 133, 138-142, 144, 147ff., 153f., 158, 159, 160, 161, 167, 169f., 175, 187, 191, 199, 214f., 218, 228, 231, 239, 244, 257, 271, 277ff., 283, 285-288, 290, 293, 296f., 299, 312ff., 316, 318, 320-324, 328f., 331, 334, 337, 339f., 345, 348, 350, 351, 352, 357, 359, 362f., 366, 371f., 378, 381f., 384, 386f., 389, 393, 395, 401ff., 412, 414, 418f., 425, 427, 429, 441f., 444ff., 449f., 455, 458, 463, 484, 487f., 490ff., 500f., 503, 507, 514ff., 520, 522f., 528, 530, 532, 538f., 545, 547, 549, 555ff., 564, 566, 572, 579-585, 589f., 599-605, 611f., 614f., 617, 619, 621, 623f., 625, 630f., 639f., 643, 646, 656, 660, 662, 665, 668, 675, 678, 680, 684, 687, 691, 696, 703, 715, 719, 727, 730, 734f., 740, 750, 754-57, 761, 764f., 770, 784, 840, 851f., 856, 858f., 873, 876, 881f., 889f., 901, 903ff., 908, 911, 916f., 925, 928, 937, 940, 949, 964, 977, 985, 987, 995f., 1000, 1007f, 1011f., 1014, 1023, 1027ff., 1033, 1037, 1039, 1043, 1054f., 1055, 1057, 1060, 1066, 1071, 1073f., 1081, 1084f., 1087f., 1092, 1094, 1095, 1108, 1113, 1115, 1120, 1123, 1125, 1128ff., 1133ff., 1138f., 1147, 1149, 1156, 1178f., 1184, 1190, 1195, 1198, 1203f., 1212, 1242, 1245f., 1248ff., 1254f., 1258f., 1264ff., 1275, 1284, 1292, 1300, 1309, 1316f., 1327, 1335, 1337, 1340f., 1344, 1347, 1350f., 1358, 1363, 1369, 1372, 1374, 1376f., 1379f., 1389, 1392f., 1409, 1414, 1416f., 1423, 1429, 1431, 1434f., 1455, 1459, 1461, 1465f., 1486, 1496f., 1531, 1555, 1556, 1563, 1567f., 1570, 1575, 1583, 1601, 1606, 1609f., 1613, 1616f., 1620, 1622, 1628, 1630, 1633, 1635f., 1639f., 1643f., 1647, 1649, 1654, 1665, 1668, 1671f., 1674, 1679f., 1689, 1693, 1695, 1699, 1701, 1704f., 1708, 1710f., 1714, 1724, 1733, 1741, 1750, 1753, 1755, 1757, 1762, 1763, 1771, 1779f., 1783f., 1791, 1794, 1799, 1807, 1812, 1815, 1819ff., 1829, 1833, 1838, 1841, 1850f., 1853, 1868, 1875f., 1896, 1905, 1914, 1922, 1944, 1947, 1952f., 1983, 1985, 1988, 1990, 1994, 2000, 2005, 2007, 2009, 2015, 2036, 2044, 2050f., 2062, 2066, 2068, 2082f., 2090, 2092, 2102, 2106, 2109f., 2112, 2124, 2148, 2159, 2168, 2173f., 2176, 2190, 2192, 2207, 2213, 2215, 2237, 2249, 2252, 2260, 2271, 2278, 2283, 2285, 2303, 2310, 2314f., 2316, 2318, 2326, 2342f., 2347, 2349, 2351
Adenauer, Lotte 1704
Adler, Emil 1191
Adler, Friedrich 307
Adler, Guido 785
Adler, Max 592
Adler, Peter 1360
Adlerhorst, Siegfried von 2261
Adorf, Mario 1972
Adorno, Theodor W. 136, 233, 269, 512, 592, 1002, 1371, 1578, 1667f., 1998, 2318, 2327
Adrian, Norbert 1847
Advena, Rudolf 793f.
Agartz, Viktor 141, 301f., 926, 1047f., 1110, 1268, 1282, 1558, 1600, 1603ff., 1752f., 1805, 1843f., 1998, 2055, 2105, 2309
Agsten, Rudolf 1460
Ahcene, Amèdiane Ait 2030f., 2123, 2332
Ahrens, Bernhard 1825
Aicher-Scholl, Inge (auch Scholl, Inge) 1688, 1831, 1904, 1920
Aichinger, Ilse 427, 614f., 672, 1455, 1716, 1834, 2026
Aigner, Heinrich 2109
Akihito, Tsugu No Mija (japanischer Kronprinz) 2151
Alavi, Bozorg 981
Albers, Ally 417
Albers, Christoph 1836
Albert (belgischer Prinz) 261
Albert, Martin 536
Albert, Oskar 1677
Alberti, Rafael 1310
Albertson, Kristjan 579
Albertz, Heinrich 190, 295, 318, 717, 868, 1844
Albrecht, Dieter 648
Albrecht, Erhard 1881
Albrecht, Konrad 345
Albrecht, Lisa 1344
Albrecht, Rudolf 701
Alcan, Louise 1372
Alexander, Horst 2277
Alexander (König von Jugoslawien) 1915
Alexander VI. (Papst) 444
Alexander, Walter 1706
Alexej (Patriarch von Moskau) 539, 1334
Ali, Mohammed 982
Alker, Hans 1032
Alleg, Henri 1656f., 1806, 1812f., 1851, 1994, 2206
Allemann, Fritz René 1231, 1438, 2024
Allende, Salvador 2075
Allerhand, Jacob 1837
Allison, Jerry 2104
Allison, John N. 951
Allujewa, Swetlana 653

Almeida, Juan 1527
Alon, Jigal 2217
Alpers, Friedrich 1720
Alsop, Joseph 965
Alsop, Stewart 684, 965
Altenbrandt, Karl 1242
Althoff, Emil 176
Altkrüger, Siegfried 920
Altmaier, Jakob 359
Altmann, Gertrud 136
Altmann, Hermann 1133
Altmann, Klaus (d.i. Barbie, Klaus) 403
Altmeier, Peter 107, 359, 967
Altstötter, Josef 151
Alvarez, Miguel 1330
Alving, Barbro 2088
Amado, Jorge 56, 322, 388, 699
Amberger, Engelbert 2089
Ambrosini, Vittorio 1395
Ambroß, Otto 1199
Ameijeiras, Efigenio 1527
Amelunxen, Rudolf 118, 1151, 1823f.
Amend, 977
Amery, Carl (d.i. Mayer, Christian) 1268, 1831, 1903, 1929, 1935, 2026, 2087
Amery, Julian 250
Amiache, Gisèle 1464
Ammann, Walther 1630, 2087, 2320
Ammer, Thomas 2005, 2013
Amrehn, Franz 641, 1435, 1916, 2110, 2162, 2319
Amrouche, Jean 1322
Amter, Israel 446
Anders, Günther 1676f., 1767, 1966f., 1994, 2077, 2100, 2177, 2195, 2234f., 2291f., 2323
Anders, Wilhelm 845, 861
Anders, Władysław 339
Andersch, Alfred 60, 427, 672, 899, 973, 1108f., 1417, 1525, 1834
Andersen, Alsing 1669, 2220
Andersen, Hermann 406
Andersen, Lale 1453
Anderson, Lindsay 198, 1085, 1839
Andrade, Mario Pinto de 1532
Andrae, Alexander 717, 736, 774, 865, 980, 1110
Andres, Helmut 1562,
Andres, Stefan 549, 561, 613, 995, 1703f., 1801, 1814, 1822, 1833, 1845, 1909, 1913, 1917, 1943, 2077, 2087f., 2201
Andres, Werner 1638
Andrič, Ivo 56

Andrzejewski, Jerzy 1736
Anfuso, Victor L. 1257
Angenfort, Josef »Jupp« 722, 750, 779, 887, 1032, 1088, 1096, 1168, 1198, 1254, 1326, 1328, 1349
Angermair, Rupert 981
Angermeier, Fritz 2152
Angioletti, Giovanni Battista 2028
Anhalt, Bernhard 1796
Ankermüller, Willi 1944
Anouilh, Jean 1463
Antenrieth, Hilda 1284
Anton, Heinz 470
Antonescu, Ion 256
Aoudia, Mokrane Ould 2187f.
Apelt, Fritz 523, 933
Aragon, Louis 56, 362
Ardenne, Manfred von 1161, 1422, 1559, 1615, 1793, 1831
Aref, Abdul Salam 1950
Arendt, Hannah 98, 161, 354, 479, 1926, 1994
Arens, Hans 1878
Arent, Benno von 1440
Aretin, Anton Freiherr von 434
Argiriadis, Elias 581
Arias, Arnulfo 1102
Arias, Roberto 2164
Armando, 2156
Armás, Carlos Castillo 925, 997f., 1682
Armstrong, Louis 1096, 1269f., 1582, 1711f., 2141
Arndt, Adolf 144, 254, 256, 281, 318, 354, 412, 433, 456, 552, 578, 673, 949, 1300, 1313, 1349, 1358, 1411, 1424, 1568, 1764, 1765, 1775, 1796, 1807, 1812, 1860, 2090, 2094, 2106, 2204, 2328, 2334
Arndt, Claus 568f., 673, 900, 1166
Arndt, Rudi 603, 649, 1052
Arnim, Jürgen von 650
Arnold, Engelbert 269
Arnold, Karl (Bensheim) 276
Arnold, Karl 41, 86, 113, 115, 126, 200, 286, 380, 384, 596, 630, 785, 908, 1032, 1107, 1245, 1336
Arnold, Thea 1069, 1079, 1188, 1354, 1360, 1517, 1665
Aron, Raymond 77f., 613, 871, 1194, 2001, 2271
Arp, Erich 399
Arp, Hans (Jean) 1648
Arrese, José Luis 1331
Arrighi, Pascal 2001
Arrowsmith, Pat 1838, 2309

Artaud, Antonin 471
Artmann, H. C. (Hans Carl) 886, 1660, 1692
Asch, Schalom 653, 967
Aschenauer, Rudolf 631, 751
Asenbach, Walter von (d.i. Lenz, Friedrich) 1709, 1776
Asmussen, Hans 1289
Assmann, Arno 687
Atatürk, Kemal (d.i. Mustafa Kemal Pascha) 897, 1243
Attlee, Clement R. 198, 503, 677, 1163, 2181
Aubin, Hermann 1991
Auden, Wyston Hugh 613
Auen, Lorgmann von 607, 1196, 1289
Auer, Alfons 1422, 1878, 2201
Auerbach, Philipp 44, 62, 68, 102, 185, 191, 206, 214, 287, 368, 379, 397f., 530, 554, 588, 595, 623, 653ff., 672
Aufhäuser, Johannes 1674f.
Aufhäuser, Siegfried 1175, 1627, 2331
Augstein, Rudolf 282, 538, 1259, 1520, 1536, 1672
Augustinus (Aurelius Augustinus) 2246
Aumer, Hermann 434
Aurbacher, Ludwig 242
Auriol, Vincent 48, 116, 184, 508, 537, 878, 921, 1074, 1889
Axen, Hermann 718, 780, 806, 1359, 1520
Axmann, Arthur 60f., 1969
Azar, Samuel 1119

B

Baab, Heinrich 208
Baade, Fritz 115, 386, 1855, 1884, 1998, 2164
Baaden, Franz 2281
Baal, Karin 1451
Babel, Isaak 186, 2110
Babel, Jean-Jeacques 186, 2110
Bacall, Lauren 560-561
Bach, Johann Sebastian 263, 933, 980
Bach, Otto 667, 910, 1787
Bach, Peter 1365
Bacher, Ingrid 2026
Bachl, Georg 773
Bachler, Bruno 1750
Bächler, Wolfgang 60
Bachmann, Ingeborg 35, 614, 783, 899, 973, 1187, 1716, 1831, 2026, 2306
Bachmann, Kurt 1254

Bachrach, Marion Maxwell 446
Bachschmidt, Hans-Georg 592
Backer, Helmut 341
Backhaus, Helmuth M. 264
Backhaus, Hugo C. 1195
Bader, Artur 2319
Baeck, Leo 472, 504, 622, 1500
Baender, Paul 701, 1010
Baer, Leonhard 554
Baesche, Horst 735
Baez, Joan 2218
Bähnisch, Theanolte 128, 409, 1205
Bahr, Egon 844
Baier, Hans 1569
Baier, Richard 1211
Baker, Josephine 685, 1755
Bakthiary, Soraya Esfandiary 360, 1951f.
Bakunin, Michail 266
Balabanoff, Angelica 677
Balafrej, Ahmed 1589
Baldauf, Otto 563
Baldruschat, Hans 1313
Baldus, Paulheinz 1227-1228
Balke, Siegfried 1467, 1616
Ballas, Walter 48
Ballentin, Horst 807
Balsamo, Vincenzo 2225
Balzer, Johann 2072
Bamm, Peter 1818
Bandaranaike, Solomon 2225, 2276f.
Bandelow, Karl 1067
Bang, Wilfried 592
Bangel, August 1088
Banse, Wilhelm 1344
Bantzer, Günther 287, 673, 900
Bao Dai, Wirch Thuy (Kaiser von Vietnam) 44, 48, 163, 181, 515, 924, 1014, 1093, 1172, 1275
Bär, Heinrich (d.i. Wenzel, Heinz Willi) 997, 1306
Barber, Chris 1725
Barbie, Klaus (alias Altmann, Klaus) 70, 403, 593
Barczatis, Elli 1263
Bardtke, Hans 1621
Bargmann, Wilhelm 983
Barkley, Alben 43
Barlog, Boleslaw 1458, 1724, 1969
Barras, Pierre 1494
Barrat, Robert 1322
Barrault, Jean-Louis 1466
Barsig, Franz 2043
Bartel, Kurt (alias Kuba) 66, 253, 476, 613, 856, 1311, 1624

Bartel, Walter 1844
Bartelmeß, Erich 2181
Bartels, Herbert 476
Bartels, Wolfgang 1624
Barth, Friedrich 1032
Barth, Karl 321f., 574, 1943, 2087f.
Bartmann, Heinrich 2338
Bartram, Walter 414
Bartsch (SRP-Funktionär) 681
Bartsch, Alfred 845
Bartsch, Werner 1941
Bartsch, Wolfgang 1161
Bartum, Jürgen 1236f.
Barwich, Heinz 1615, 1854, 2256
Barzel, Rainer 32, 1858, 2011, 2112f., 2190
Bashorun, Alao 2186
Bäte, Ludwig 1005
Batista, Fulgencio 572f., 720, 750, 873, 903, 1098, 1189, 1305, 1527, 1569, 1574, 1584, 1595, 1644, 1676, 1687, 1711, 1767, 1800, 1802f., 1835, 1842, 2047, 2061, 2074f., 2075, 2090f., 2108, 2153f.
Batz, Richard 288
Batzis, Demetrios 581
Batzler, Günter 1941
Baudach, Reinhard 914
Baudelaire, Charles 886
Baudissin, Wolf Graf von 308, 1064f., 1068, 1081, 1127
Baudouin (belgischer Prinz, später König Baudouin I.) 261f.
Bauer (Assessor) 2081
Bauer, Arnold 60
Bauer, Franz 1617
Bauer, Friedrich Karl 1011
Bauer, Fritz 575, 1630, 2081, 2193, 2227f.
Bauer, Gerhard 2157
Bauer, Hans 2198
Bauer, Herbert 704
Bauer, Johann (d.i. Lauterbacher, Hartmann) 218
Bauer, Leo 162, 277f., 533, 704, 1069, 1157, 1264
Bauer, Walter 521
Bauermeister, Wolf 2077
Bauernfeind, Hans 214
Baum, Bruno 886, 1601, 2038
Baumann, Edith 1935, 2219
Baumann, Hans 2211
Baumann, Otto 2342
Baumann, Werner 1121
Baumeister, Heinz 357
Baumgart, Johann 1203

Baumgart, Wolfgang 1924
Baumgarten, Arthur 1805
Baumgarten, Hermann 1190
Baumgartner, Joseph 434, 2239
Baumöller, Peter 2199
Baur, Hans 1265
Baur, Valentin 214, 1344
Bäurle, 1835
Bausch, Helmut 1864, 1903, 1906, 1929
Bausch, Paul 966, 1617
Bauwens, Peco 1006f.
Bavaud, Maurice 1291f.
Bayer, Herbert 976
Bayer, Konrad 886
Bayerlein, Fritz 849
Bayersdorf, Bruno 580
Bayna, Wilhelm 563
Bazille, Helmut 1203
Beauvoir, Simone de 78, 537, 942, 1243f., 1514, 1518, 1808, 1889, 1980
Bebel, August 132, 2211
Bech, Joseph 1054, 1754
Bechel, Berthold 511,
Becher, Johannes R. 24, 66, 98f., 109, 134, 253, 322, 328, 355, 360ff., 377, 388, 432, 502, 574, 680f., 735, 776, 795, 860, 929, 933f., 1007, 1042, 1076f., 1080, 1153, 1182f., 1311, 1353, 1387, 1425, 1520, 1529f., 1590, 1706, 1732, 1770, 1792f., 2003f., 2059, 2070
Becher, John T. 361f.
Becher, Walter 305, 2156, 2346
Bechert, Karl 1362, 1624, 1672, 1785, 1836, 1879, 1884, 1910, 1936, 1952, 2279, 2293
Bechtel, 828
Bechtle, Emil 996, 1000, 1020f.
Beck, Judith 471
Beck, Julian 471
Beck, Reinhard 10
Beck-Broichsitter, Helmuth 95, 322, 387, 737
Becker, Else 876
Becker, Frédèrik G. 1395, 2017
Becker, Heinrich 2315
Becker, Herbert 1741
Becker, Inge 124
Becker, Johannes 2011
Becker, Ludwig 1335, 1337, 1588
Becker, Max 577f., 2193, 2215
Beckerle, Adolf Heinz 2309
Beckers, Hans 2178
Beckers, Matthias 1257

Beckett, Samuel 723, 1610
Beckmann, Georg 1391
Beckmann, Joachim 317
Beckmann, Rudolf 730
Bednarski, Gerhard 1689
Beer, Karl Willy 2240
Beer, Max 1994
Beer, Rudolf 256f.
Beermann, Fritz 2042
Beermann, Hermann 609, 1459
Beese, Walter 1610
Beethoven, Ludwig van 933, 1164, 1183
Begin, Menachem 540, 560
Begun, Isadore 446
Beheim-Schwarzbach, Martin 521
Behle, Karl 1983
Behnisch, Karl 1998
Behnke, Karl 1962
Behrend, Hans-Karl 919
Behrendt, Franz 1974
Behrens, Friedrich 151, 252, 1558, 1575, 1579, 1805f.
Behrisch, Arno 1115, 1344f., 1451, 1455, 1522, 1905, 1992, 2168, 2173, 2188, 2292
Beier, Walter 737
Beinert, Heinz 2034, 2044
Beißner, Friedrich 1801
Beitz, Berthold 1365
Bekessy, Imre 627
Bekkai, M'Barek 1340
Belafonte, David 2004
Belafonte, Harry 1538, 2004, 2015
Beling, Walter 277
Bell, Daniel 1250
Beloff, Max 1250
Belojannis, Nikos 579, 581
Belz, Willi 2293
Bem, József 1471
Ben Ammar, Tahar 1350
Ben Arafa, Mohammed Moulay 1020
Ben Bella, Mohammed Ahmed 924, 1009, 1051, 1061, 1188, 1300, 1470f., 1697, 1762, 1988, 2329
Ben Boulaid, Moustafa 1010
Ben Gurion, David 166, 540, 768, 973, 1733, 1757, 2211, 2216f., 2244, 2317
Ben Jussuf, Mohammed 352, 1020, 1226, 1235
Ben M'Hidi, Larbi 1010, 1051
Ben Sadok, Mohammed 1644, 1751
Ben Zwi, Isaak 2211
Benda, Ernst 59
Bender, Hans 2212, 2263
Benecke, Wilhelm 1272

Benedek, László 1106
Benedens, Willi 127
Benediktow, I.A. 1589
Benitez, Reinaldo 1527
Benjamin, Georg 868
Benjamin, Hilde 135, 148, 163, 219, 229, 532, 602, 615, 647f., 652, 719, 867f., 1010, 1304, 1398, 1623, 1680, 1885, 1937, 2062, 2183, 2300
Benjamin, Walter 868
Benjámin, László 1278
Benkendorf, 828
Benkowitz, Gerhard 1097, 1207
Benn, Gottfried 474, 501, 1002, 1226
Benn, Werner 1811
Bennemann, Otto 1936, 2300
Bennett, Arnold 2058
Bennyhoff, Robert 752
Benscher, Fritz 264
Bense, Max 238, 2091f., 2201
Benson, Edward Riov 40
Benthack, Georg 731
Bentley, Alvin M. 950
Benz, Heinz 274
Benzing, Klaus 2284
Berenbrock, Otto 1383
Berenbrok, Klaus 1161
Berg, Johannes (Pseudonym) 2073
Berg, Rudolf (d.i. Klagges, Dietrich) 1192
Berg, Siegfried 1069
Bergengruen, Werner 1450
Berger, Hanno 1931
Berger, Gottlob 1965
Berger, Ludwig 1496
Berger, Otto 677
Berger, Robert 1134
Berger, Rolf (d.i. Koch, Erich) 74
Bergmann, Erika 1288
Bergmann, Fritz von 554
Bergmann, Ingrid 703
Bergner, Reinhold 1638
Bergschneider, Horst 155
Berija, Lawrenti P. 88, 714, 747, 863f., 893, 921, 964, 1196, 1386, 1523, 1564, 1810
Berkhan, Carl-Wilhelm 1998
Berkowitz, Horst 1534
Berlinguer, Enrico 467f.
Berman, Jakób 1348
Bermann, Julius (d.i. Lüth, Erich) 765,
Bermann-Fischer, Gottfried 250, 1457, 1743
Bermejo, Juan José Arévalo 326
Berna, Serge 210

Bernal, John Desmond 56, 388, 699, 1608, 2177, 2258
Bernau, Peter 1778, 2204
Berndsen, Hermann 1764, 1786f.
Berndt, Addi 176
Berndt, Horst 379, 381
Berner, Helmut 2298f.
Berner, Kurt 1830
Berner, Ludwig 2316
Bernfeld, Siegfried 1641, 1736
Bernhard (Prinz der Niederlande) 1520
Bernini, Bruno 992, 1229
Bernstein, Michèle 1685
Berrar, Hugo 1397
Bersin, Jan 985
Berthel, Kurt 2010
Berthold, Luise 1672
Berthommier, Jean-Claude 2284
Bertram, Georg 396
Bertz, Paul 1157
Besenbruch, Walter 870, 1395
Bessau, Gerhard 2189, 2194
Bessau, Klaus 2230
Besser, 2306
Best, Werner 92f., 726
Betancourt, Ernesto 2076
Bethe, Hans 1851
Bethge, Horst 2046
Betz, 911
Beutler, Ernst 539
Bevan, Aneurin 1669, 1836
Beveridge, Lord William Henry 47, 1232
Bevin, Ernest 76, 86f., 95, 290, 329
Beyen, Johan Villem 1054, 1345
Beyer, Franz 2173, 2232
Beyer, Herbert 976
Beyer, Lucie 1134, 1860
Beyer, Luise 1672
Beyling, Fritz 483
Bhaba, Baldey 2346
Biaggi, Jean-Baptiste 2271
Bialek, Inge 1327
Bialek, Robert 1304, 1327
Biberman, Herbert J. 955
Bickenbach, Otto 935, 982
Bidault, Georges 782, 938, 940, 1887, 2271, 2346
Biedermann, Walter 579, 1088, 1830
Biegi 876
Biegler, Curd 1879
Bieleke, Werner (d.i. Blankenburg, Werner) 1743f.
Bielig, Karl 2106

Bienek, Horst 506
Bienik, Roman 136
Biermann, Walter 2043
Biermann, Wolf 780
Biermann-Rathjen, Hans Harder 2082
Biernat, Hubert 1440
Bierut, Bolesław 1298, 1334, 1348, 1483
Bieser, Otto 542, 545
Bikker, Hubertus 1207
Bill, Max 1193
Billeux, Pierre 1009
Binder, Eva 1367
Binder, Hans 1367
Binder, Heinz-Georg 1598
Binet, Max 1119
Bingel, Horst 124
Bioud, Ahmed 1652
Birkelbach, Willi 865, 1115, 1134, 1701, 1809, 1831, 1874
Birkenfeld, Günther 59, 259, 377, 431, 516, 2160
Birkl, Theodor 737
Birkle, Albert 2011
Birnbaum, Jacob 2271
Bischoff, Dieter 287
Bischoff, Friedrich 1271f.
Bischoff, Gerhard 244
Bischoff, Herbert 679
Bischoff, Karl 622
Bishop, William Henry 80, 82, 110f., 301, 312
Bismarck, Klaus von 1733
Bismarck, Otto Fürst von 139, 464, 751, 959, 962, 1672, 1943
Bitat, Rabah 1010, 1470f., 2329
Bittelmann, Alexander 446
Bittenfeld, Hans-Heinrich Herwarth von 899, 1292
Bittner, Rudolf 1979
Bitzer, Eberhard 2230
Blachstein, Peter 1115, 2326
Blair, Eric (d.i. Orwell, George) 172, 320
Blanc, Adalbert von 344
Blanchflower, Danny 1950
Blancke, Erich 873
Blank, Theodor 159, 317f., 348, 358, 393, 442, 464, 547f., 560, 562f., 603, 631f., 715, 756, 766, 774, 786f., 792f., 868, 911, 921, 927, 956, 972, 984, 1027, 1031, 1062, 1064f., 1068, 1070, 1073f., 1075, 1081, 1086f., 1093, 1101, 1103, 1105, 1107f., 1120f., 1125, 1127, 1134, 1142, 1166, 1198f., 1211f.,
1225, 1228, 1254, 1266, 1280f., 1284, 1300, 1316f., 1341, 1363, 1378, 1382, 1445, 1466f., 1515, 1583, 1698, 1936, 1938, 1976, 1988, 2067, 2115, 2118f., 2127, 2131, 2135, 2139f., 2152, 2165, 2171, 2174f., 2193, 2206f., 2209, 2264, 2267, 2286, 2294, 2303
Blankemeyer, Jan 2092
Blankenburg, Werner 1743f.
Blankenhorn, Herbert 326, 508, 585, 640, 1184, 1259
Blanqui, Louis Auguste 266
Blasche, Erich 649
Bläschke, Wilhelm 739
Blatt, Max 124
Blauert, Johannes 918
Blecha, Karl 733
Bleibtreu, Peter Martin 102f., 106, 401
Bleicher, Willi 1335, 1337
Blessing, Karl 1375, 1420
Blieck, René 2174
Blier, Bernard 1357
Blobel, Paul 359, 371, 444
Blobner, Heinrich 1766, 1986
Bloch, Emanuel 847f., 941
Bloch, Ernst 109, 252, 1052, 1065, 1097, 1163, 1190f., 1217f., 1264f., 1285, 1303, 1346, 1364, 1407, 1502, 1513, 1520, 1528f., 1536, 1539, 1541, 1558, 1564, 1570f., 1573f., 1579, 1599, 1611, 1653, 1695, 1697, 1716, 1727, 1732, 1766, 1805, 1856
Bloch, Karola 1528f., 1558, 1573f.
Block, Herbert 180
Blohm, Erwin 861
Blohm, Rudolf 139
Blohm, Walter 139
Bloom, Erna 1380
Blücher, Franz 120, 213, 222, 234, 256, 266, 268, 283, 293, 349, 366, 427, 440, 459, 466, 473, 484, 689, 717, 744, 757, 765, 868, 898, 904, 997, 1139, 1184, 1254, 1265, 1271, 1366, 1400
Blum, Léon 96, 204
Blum, Leopold 165
Blume, Gustav 311, 1575
Blumenstein, Otto 1617
Blütchen, Konrad 341
Bock, Julius 831
Bockelmann, Werner 1557, 1655f., 1831, 1842, 1897, 1913f., 2058, 2087, 2238, 2288
Böckler, Hans 57, 131, 142, 189, 300, 357, 384, 449

Bode, Arnold 1222, 1884, 2219
Bode, Richard 511
Bodelschwingh, Ernst von 1123
Bodenmann, Marino 1513
Bodenschatz, Karl 108
Bodensteiner, Hans 687, 692
Boening, Franz 955
Boenisch, Peter 1432
Boepple, Albert 1712
Boer, Hans A. 1121, 1461
Boettcher, Robert 731
Boffar 1242
Bogart, Humphrey 560f., 703
Bogdanow 841
Bögler, Franz 2160
Bohle, Ernst-Wilhelm 151
Bohle, Ludwig 1339
Böhm, Franz 232, 337, 549, 579, 582, 584f., 601f., 701f., 996, 1408, 1807
Böhm, Johann 300
Böhm, Karl 1661
Böhm, Konrad 172
Böhme, Albert 1531
Böhme, Hans-Joachim 1973
Böhme, Herbert 223
Böhme, Wilhelm 739
Böhmer, Heinz 1071
Böhmler, Rudolf 2184
Bohn, Willi 220
Bohne, Gerhard 2265
Böhnstedt, Friedrich-Karl 1652
Boje, Horst 1391
Bokanda, Else 1047
Bökelmann, Otto 341
Bokolowa, Tatjana 117
Boljahn, Richard 1826, 1849
Böll, Heinrich 375, 427, 672, 973, 1187, 1357, 1688, 1716, 1814, 1904, 2201
Bollardière, Paris de 1603
Bölt, Karl 1332
Bolz, Eugen 2115
Bolz, Lothar 84, 111, 1083, 1086, 1288, 1842, 2037, 2064, 2180, 2186
Bonde-Hendriksen, Hendrik 1290f.
Bondy, François 1250, 2001
Bonelli, Nino 1490
Bongartz, Peter 916f.
Bonhoeffer, Dietrich 531, 685, 1397
Bonhoeffer, Karl Friedrich 1193
Bonin, Bogislav von 1231, 1284, 2173
Bonnard, André 48, 636
Boos, Anton 2326
Boos, Georg 739f.
Boothe-Luce, Claire 271
Borchert, Wolfgang 1123, 1451

Borges, Jorge Luis 1526
Borgia, Cesare 444
Borgia, Lucrezia 444
Bork, Max 1874
Borkenau, Franz 78, 161, 249, 1641
Borleis, Ulf 2221
Borm, William 295f., 2254f.
Bormann, Hans 905
Bormann, Martin 553
Born, Joachim 1629
Born, Max 1098, 1205, 1219f., 1404, 1556, 1613, 1673, 1767, 1773, 1801, 1815, 1836, 1943, 1985, 2029, 2077, 2087, 2164, 2201, 2282
Bornemann, Friedrich Karl 764
Börner, Ingeborg 1047
Bornikoel, Brigitte 1598
Borowski, Richard 549, 681
Borremans, Jean 1441, 1738
Borries, Achim von 2173
Borrmann, Gustav 1639
Borsbach, Werner 2009
Borsche, Dieter 1852
Bos, Hendrik 1610
Boschert, Heinrich 563
Both, Gisela 1331
Bothur, Gerhard 2171
Böttger, Herbert 1187
Böttner, Roderich 1726f.
Bouché, Bert 2265
Boudiaf, Mohammed 924, 1009f., 1051
Boudjemer, Idi 2302
Bouffioux, Lucette 2174
Bouhired, Djamila 1612, 1815f.
Boulahrouf, Tajeb 2216
Boumendjel, Ahmed 1603
Boumendjel, Ali 1602f., 1608
Bourdet, Claude 56, 1254, 1282, 1463f., 1645
Bourgès-Maunoury, Maurice 1555, 1562, 1591, 1603, 1718, 1813
Bourguiba, Habib Ibn Ali 547, 1350, 1361, 1470, 1555, 1589, 1645, 1682, 1896
Boussef, Khaldi 2302
Boussouf, Abdelhafid 1697
Boutiaf, Mohammed 1470, 2329
Bovensiepen, Otto 93, 238
Böwing, Werner 1877
Bowles, Paul 1108
Böx, Heinrich 442
Boyd Orr, John Lord 2309
Boyer de Latour, Charles 1236
Boyer, Richard 49
Boysen, Walter 1942

Bradley, Omar 101
Brailowski, Alexander 24
Brakemeier, Heinz 1315
Brand, Dr. 269
Brand, Joel 1587
Brand, Leo 1412
Brand, Walter 306, 1989
Brandenburg, Johann Peter 2083
Brandes, O. 839
Brandl, 1415
Brandler, Heinrich 62, 752, 1641
Brando, Marlon 1106, 2017
Brandsen, Bertus 1837
Brandt, Arthur 1208
Brandt, Erwin 1669f.
Brandt, Heinz 1766, 1984f.
Brandt, Helmut 991
Brandt, Willy 561, 587, 935, 968, 1015, 1056, 1105, 1152, 1271, 1283, 1301, 1375, 1407, 1441, 1447, 1495, 1504, 1723, 1738, 1772f., 1777, 1805, 1837, 1844, 1854, 1858, 1875, 1916, 1927, 2034, 2054, 2076, 2084, 2124, 2128, 2133, 2173f., 2181, 2204, 2207, 2220, 2222f., 2263, 2280, 2331
Brankov, Lazar 121
Branz, Gottlieb 1045
Braschwitz, 2109, 2293
Brasillach, Robert 1740
Brasseur, Pierre 441
Brauchitsch, Gisela von 898
Brauchitsch, Manfred von 416, 776, 779, 898, 1085, 1204, 2029
Brauer, Günter 668
Brauer, Max 41, 66, 196, 228, 240, 305, 318, 337, 430, 444, 487, 577, 591, 732, 871, 906, 1827, 1849f., 1874, 2001, 2020, 2033, 2082, 2132, 2294
Brauer, Willy 2110
Bräuer, Max 648
Braumann, Josef 1916
Braun, Alfred 356, 1188, 1271f.
Braun, Curt J. 1496f.
Braun, Eva 88, 2002, 2084
Braun, Hans Friedrich 2248
Braun, Horst 1485
Braun, Josef 1772
Braun, Odilo 870, 1012
Braun, Otto Rudolf 1671
Braune, Werner 359, 371, 441
Brauner, Artur 1869
Bräuner, Hans-Jürgen 1654
Braunschweig, Herzog Ernst August von 1011

Braunthal, Julius 452, 1221
Bräutigam, Otto 1307, 1339f., 1342, 1346, 1368, 1683, 1712, 1719f.
Brecht, Barbara 1579
Brecht, Bertolt 29, 136, 139, 232f., 237, 306, 351, 360, 388, 399, 402f., 432, 471, 490, 499, 506, 574, 682, 687f., 724, 749, 780, 804, 851, 853, 856f., 862, 862, 900, 929f., 942, 980, 986, 1080, 1084, 1087, 1123, 1135, 1153f., 1191, 1279, 1311, 1320, 1343, 1368, 1387, 1393, 1408f., 1425ff., 1448, 1457, 1465, 1557, 1579, 1611, 1632, 1643, 1696, 1726, 1811, 1881, 1907, 1911f., 2000, 2002, 2034ff., 2058, 2150
Breckel, Horst 1861
Bredel, Willi 253, 404, 523, 574, 1080, 1311, 1680, 1696
Brehm, Erich 899
Brehm, Fritz 486
Brehmer, Franz 2256
Breitscheid, Rudolf 217, 634, 657, 902
Breitschopp, Werner 580
Breker, 1310
Brendel, Dieter 2157
Brendel, Josef Alfons 206
Brender, Hans 1903, 1935, 1945
Brenner, Otto 107, 772, 974, 1140, 1175, 1236, 1312, 1373, 1459, 1486f., 1556, 1581, 1626, 1763, 1870, 1987, 2028, 2041, 2072, 2077, 2172
Brennhovd, Olav 465
Brentano, Heinrich von 242, 269, 277, 511, 545, 840, 901f., 908, 1031, 1101, 1128, 1184, 1198, 1213, 1219, 1245, 1289, 1307, 1345, 1364, 1409, 1490, 1532f., 1557, 1570, 1575, 1618, 1632, 1643f., 1681, 1686, 1696, 1720, 1757, 1779, 1786, 1791, 1821, 1841, 1929, 1951, 1985, 1994, 2044, 2064, 2066, 2072, 2082f., 2110, 2148, , 2180f., 2283, 2322
Brentano, Margherita von 1520, 2078, 2177f.
Breschnew, Leonid I. 653, 1670
Bresgen, Paul 948
Breton, André 211, 1009, 1502
Breton, Pierre 1365
Bretthauer, Albert 604, 657
Bretz, Franz Anton 1941, 1944
Breuer, Krijn 1704
Breukmann, Hans 658
Bridgeman, Percy V. 1219
Brill, Hermann Louis 133

Brinkmann, Hans-Joachim 1289
Brinkmann, Hermann 511
Brinkmann, Horst 900
Britten, Benjamin 1332, 1943, 2087
Brock, Hugh 1838
Brockmann, H. M. 786, 1136, 2292
Broekhuizen, Cornelius van 563
Brom, Gustav 1437
Bronfmann, Samuel 504
Brooks, Richard 1249, 1277
Brose, Günther 495
Brosseau, Grace 1077
Brossolettes, Pierre 1603
Browder, Earl 330
Brown, Irviny 223, 250, 1713
Brown, Minniejean 223, 250, 1713
Brownell, Herbert 912f., 1567
Brücher, Hildegard 1831, 1851, 1916, 1920, 1927, 1930, 1935
Brückle, Georg 963
Brückner, Walter 311
Brückner, Wilhelm 116
Brüggen, Joachim 1663
Bruguier, Michel 519
Brühl, Fritz 540
Brühler, Ernst-Christoph 1201
Brüll, Carl-Albert 883
Brümmer, Hans 1174
Brumshagen, Karl 696
Brundert, Willi 163, 219, 1358
Brune, Charles 617
Brüning, Heinrich 990, 1005, 1014
Brunotte, Heinz 1583
Bryant, Roy 1243, 1256f.
Brynner, Yul 2018
Bubener, Ilse 400
Buber, Martin 896
Buber-Neumann, Margarete 192, 250, 363f., 549
Bucerius, Gerd 1031, 1190, 1672
Buch, Walter 139
Bucharin, Nikolai 533, 746
Buchholz, Ernst 1371, 2151
Buchholz, Horst 1451
Büchner, Elfriede 2116
Büchner, Johanna 407
Buchowski, Ludwig 1152
Buchrucker, Ernst 574
Buchwald, Otto 932
Buchwitz, Otto 839, 854, 1038, 1358, 1706
Buck, Karl 943, 1247, 1391, 1706
Bucksch, Heinrich 1073f.
Buckwitz, Harry 687f., 1087, 1153, 1191, 1631, 1726

Budde, Enno 2069, 2080, 2109, 2275
Bude, Roland 252
Buecke, Otto 786
Bugert, Erwin 2254
Bühler, Kurt 156, 1753
Bührig, Erich 608, 630, 1854
Bulganin, Nikolai A. 714, 747, 1093, 1094, 1131, 1185, 1223f., 1245f., 1265, 1284, 1288, 1320, 1334, 1468, 1492, 1517, 1526, 1565, 1685, 1760, 1771, 1775, 1779, 1789, 1798, 1828, 2096
Bullard, Eugene 114
Bunche, Ralph Johnson 338f., 1589
Bunk, Willi 1434
Bunke, Hartmut 1132
Buñuel, Luis 1742
Burauen, Theo 1965, 2331
Buresch, Ernst-Siegfried 1082, 2322
Burgemeister, Otto 280
Burgess, Guy F. 1331
Burghardt, Max 681, 1793, 1810
Bürgi, Wolfhart Friedrich 1494
Burianek, Johann 532, 568, 615
Burkardt, Gerd 2077
Burneleit, Heinz 375
Burnham, James 249
Burton, Richard 1725
Busch, Christian 1207,
Busch, Ernst 574
Busch, Franz 1620
Busch, Wilhelm 53
Büsch, Wolfgang 1491, 1730, 1836, 2330
Busen, Peter-Maria 908
Bussche, Axel von dem 560
Busse, Dick 374
Busse, Werner 1596
Busse, Wilhelm 1979
Bütefisch, Heinrich 1199
Butenandt, Adolf 1220, 1404, 1773
Bütge, Herbert 781
Butler, Richard Austen 1978, 2186
Buttenwieser, Benjamin 229
Buttlar, Herbert Freiherr von 2219
Büttner, Gerd 2072

C

Cabral, Amilcar 1446, 2236
Caemmerer, Gerhard 1540
Caemmerer, Hans 1540, 1957f.
Cahn, Alphonse 562
Cahn, Max L. 337
Calder, Ritchie 2143, 2268

Caldwell, Erskine 210
Callmann, Rudolf 503
Callois, Roger 613
Caloumenos, Nikos 581
Campo, Carlos Ibánez del 319, 321, 1310, 2075
Campos, Pedro Albizin 319, 321
Camus, Albert 649, 1263, 1319, 1339, 1502, 1525, 1582, 1599, 1751
Canaris, Wilhelm 385, 531, 536, 685, 1013, 1269, 1397, 2094
Canizares, José Maria Salas 1687
Cantillo, Eulogio 2047
Capa, Robert (d.i. Friedmann, Endre Ernö) 987f.
Capitant, René 1603, 1645
»Captain Morris« (d.i. Puchert, Georg) 2122
Cara, Sid 1886
Cardenas, Lazaro 1206
Carlebach, Emil 150, 172, 228, 244, 265, 363f., 524
Carmichael, Oliver Cromwell 1337
Carolet, Pierre 704
Carsten, Gerhard 1900, 1974, 1985
Carstens, Karl 1985
Carter, April 2309
Casals, Pablo 262f., 2014
Castiella y Maiz, Fernando Maria 2322
Castillo, Carlos 322, 997f., 1682
Castries, Christian de la Croix de 954, 979, 1035
Castro, Emma 1189
Castro, Fidel 720, 873, 903, 1098, 1189, 1305, 1527, 1569, 1574, 1584, 1595, 1644f., 1676, 1687, 1767, 1800, 1802f., 1842, 2031, 2047, 2061, 2064, 2074f., 2091, 2101, 2108, 2153f., 2164, 2204, 2294f., 2301f.
Castro, Juana 1189
Castro, Lidia 1189
Castro, Raúl 1189, 1527, 2075, 2108
Casuso, Teresa 2076
Catt, Joachim (d.i. Johnson, Uwe) 2218
Cavenaile, Emile 1167
Cayrol, Jean 1357, 1407, 1617
Celan, Paul 614, 1108, 1407, 1782
Cerf-Ferrière, René 1113
Cerff, Karl 1572f.
Cernak, Matus 1215
Césaire, Aimé 1305, 1322, 1446
Chaban-Delmas, Jacques 1779, 1840f.
Challe, Maurice 1188
Chaloupka, Eduard 2225
Chambeiron, Robert 322

Chamberlain, Neville 197
Chambers, Whittaker 175
Chambrun, Gilbert de 1069
Chamoun, Chamille 1761, 1882, 1950, 2015
Chamson, André 210
Chao, Rafael 1527
Chaoud, Mohamed 2001
Chaplin, Charles 533, 668f., 986, 1191, 1355, 1426, 1990f.
Char, René 1108
Charles XI. (König von Frankreich) 1987
Charney, George Blake 446
Charpillod, Daniel 1009
Chase, William 1742
Chatelet, Albert 2059
Chavez, Federico 976
Chekkal, Ali 1644, 1751
Chenik, Mohammed 580
Chérif, Mohammed 1697
Chesterton, A.K. 1395
Chiaromonte, Nicola 1582
Chibás, Raúl 1676
Chibatti, Rabah 2302
Chider, Mohammed 1470f.
Chopin, Frédéric 117, 1164, 1168, 1191, 2234
Christiansen, Friedrich Wilhelm 360
Chruschtschow, Nikita S. 154, 653, 714, 747, 893, 964, 1044, 1093, 1131, 1195f., 1226f., 1245f., 1283, 1288, 1298, 1303, 1333f., 1339, 1343, 1345, 1348, 1353, 1357, 1364, 1368, 1381, 1390, 1396, 1404, 1407, 1421ff., 1444, 1464, 1468, 1517f., 1526, 1535, 1563f., 1574f., 1578, 1582, 1649f., 1670, 1691, 1695, 1724, 1760, 1765, 1784, 1828, 1832, 1944, 1946f., 1951, 2023, 2036f., 2045, 2051, 2055, 2064, 2065, 2077, 2084, 2096, 2110, 2124f., 2128, 2132f., 2136f., 2174, 2181, 2186, 2190, 2211, 2221, 2225, 2227, 2237, 2260, 2270f., 2283, 2297, 2308, 2310, 2347
Churchill, Clementine 918
Churchill, Sir Winston 41, 161, 197, 269, 272f., 503, 779, 918, 937, 1154, 1163, 1379, 1607
Ciano, Edda 1698
Cienfuegos, Camilo 1527, 2074f., 2302
Cieslak, Werner 657f., 1328
Cifuentes, Armando 1802f.
Claer, Bernhardt von 396
Clark, Mark V. 894

Clark, William 1295
Clarke, Kenny 2156
Classen, Wilhelm 486
Clauberg, Carl 1280, 1283f., 1306, 1372, 1384, 1490, 1648, 1692
Claudius, Eduard 504, 1311,
Claudius, Hermann 458, 2279
Claudius, Matthias 2099
Clausonne, François Seydoux de 1227
Clay, Lucius D. 28f., 63, 68f., 141f., 231, 286, 316, 318, 425, 1057, 2181
Clemens, Alfons 1512f.
Clementis, Vladimir 688f.
Cobb, Humphrey 1939
Cochrane, Kelso Benjamin 2183
Cockroft, Sir John 1405
Cocteau, Jean 537, 2192
Cohen, Andrew 990
Cohn, Roy 758f., 1077
Coing, Helmut 1499
Colazzo, Oscar 320f.
Cole, George Douglas Howard 1352
Cole, Nat »King« 1361
Cole, Sterling V. 951
Collard, Dudley 35
Collien, Kurt 2018
Collins, Joan 1261
Collins, L. John 1776, 1838, 2088, 2143, 2148, 2237, 2269
Colpe, Carsten 1900
Comfort, Alex 542, 2309
Compton, Herbert 2191, 2210, 2240
Conant, James B. 741, 763, 765, 795, 889, 913, 938, 993, 1009, 1119, 1179, 1213, 2283
Conklin, William R. 847
Conrad, Joseph 1339
Conrad, Walter 1058f.
Constant, 2155f.
Conventz, Rudolf 1990
Cordet, Simone 1181, 1441
Cornelius, Margret 563, 785
Correns, Erich 127, 279, 1012ff., 1805, 2187, 2286
Corterier, Fritz 1344
Cotton, Eugénie 786, 1206, 1216
Coty, René 920f., 969, 1017, 1560, 1592, 1603, 1606, 1645, 1761, 1816, 1842, 1851, 1886, 1889, 2059, 2081, 2208
Coudenhove-Kalergi, Richard Graf von 293, 459
Courts, Gus 1285
Coutelle, Karl 972f.
Couve de Murville, Maurice 1393, 1779, 1890, 1985, 2044, 2180, 2346

Craig 2263
Cramer, Fritz 1984
Cramer, Hans 1910
Cramer, Heinz von 1831, 2026
Crankshaw, Edward 1693
Crass, Konrad 2154
Crefcœur, Martine 1520
Creifelds, Carl C. 2316
Cremer, Fritz 2011
Crespo, Luis 1527
Creutzfeldt, Hans Gerhard 1082
Cronauer, Willi (VVN) 217
Cronauer, Willi (Oberregierungsrat) 1808
Crossman, Richard 773, 1250
Crüger, Herbert 1825, 2061
Crüwell, Ludwig 464, 481, 893, 1453
Cruz, Viriato da 1532
Csendes, Joseph 2261
Cube, Alexander von 1933
Cube, Walter von 59, 563, 893, 981
Cuesta, Raimundo Fernandez 1331
Cummings (Karikaturist) 1511
Cunhal, Alvaro 49, 227
Curie, Irene 1968
Curie, Marie 1968,
Curry, Isola 1989
Curtius, Ernst Robert 613
Curtiz, Michael 703
Custodis, Ernst 2347
Cybulski, Zbigniew 1869
Cyrankiewicz, Józef 253, 1168f., 1229, 1469
Czechatz, Gerd 1916
Cziersky, Otto 1366

D

d'Alquen Gunther 1226, 1771
d'Aragon, Charles 362
d'Astier de la Vigerie, Emmanuel 2177
Daab, Herbert 739, 1160
Dabrowska, Maria 1526
Dach, Walter 494
Dadoo, Yusuf M. 1208
Dadze-Arthur, Samuel Kwesi 2006
Dahanayake, Wejeyananda 2276
Dahlem, Franz 33, 645, 667, 718, 780, 937, 987, 2010
Dahlke, Detlev 1877
Dahlke, Paul 1698
Dahlmann, Friedrich Christoph 1193
Dahrendorf, Gustav 384, 730
Dajan, Moshe 1757
Dalai Lama 317, 2064, 2130f., 2158f., 2255

Dalchau, Vitalis 1067
Dallinger, Wilhelm 2316
Dalpke, Hans-Lutz 2157
Damerau, Helmut 2072
Damm, Nikolaus 1410
Danegger, Mathilde 1035
Daniel, Dan 1728
Daniel, Jens (d.i. Augstein, Rudolf) 281, 538, 1672
Dannebom, Otto 1344
Danner, Lothar 770
Darré, Richard Walter (Walther) 55, 271f.
Darvas, József 1401
Dauber, Carola 2176
Dauhs, Joachim 2294
Daum-Duckwitz, Gerhard 198
David, Vaclav 1842
Davies, Clement 1232, 1347
Davies, Ernest 395
Davis, Clifford 950
Davis, Garry 23, 30f., 36, 38, 55, 70, 89, 92, 116, 154f., 169, 186, 188, 204f., 499, 533, 700f., 1689, 1702, 1847f.
Davis, Miles 2208
Dean, Gordon 590
Dean, James 1260f., 1433, 1533, 1937
Debes, Paul 381
Debord, Guy 1685, 2156
Debré, Michel 1890, 2001, 2065, 2084, 2107, 2206, 2296, 2346
Debu-Bridel, Jacques 1602, 1678
Debus, Fritz 1785
Dechezelle, Yves 362
Decker, Maurice 2044
Decker, Max von 1944
Décsi, Gyula 953
Dedek, Magnus 1139
Dedekind, Adolf 442
Dedijer, Vladimir 1087f., 1098, 1115f.
Deferre, Gaston 2206
Degenhardt, Erwin 739
Dehler, Thomas 119, 174, 417, 531, 663, 745, 774, 856, 896, 904, 995, 1095, 1194, 1460, 1569, 1762, 1780f., 1783, 1814, 2161, 2336
Dehnkamp, Willy 1782
Dehoust, Peter 1394, 2221
Deis, Johann 340
Deist, Heinrich 1313, 1412, 2326
Deku, Maria 500f., 545
del Valle, Sergio 2295
Delbeque, Léon 1886
Delcour, Roland 1072

Delekat, Friedrich 1190
Delfs, Hartwig 2322
Delgado, Humberto 2081, 2161, 2340
Dellac, Yves 362
Dellingshausen, Ewert Freiherr von 1214, 1238
Delmer, Sefton 958f., 1312, 2133
Delouvrier, Paul 2182
Delp, Alfred 1270
Dembeck, Franz 1312
Dembowski, Wilhelm 1310
Demeter, Hans 2135f.
Demetriu, Andreas 1379
Demolski, Günther 451
Dengin, Sergej Alexejewitsch 628, 704
Dengler, Albert 257
Dennis, Eugene 133
Derichsweiler, Albert 592, 622, 1400, 1443, 1684
Dertinger, Georg 108, 251, 400, 718, 726, 929, 991
Déry, Tibor 1278, 1349, 1401, 1509, 1681, 1739, 1818
Desch, Kurt 968, 1153
Deschner, Karlheinz 1703
Descomps, Paulette 322
Desmonds, Frank 180
Dessau, Paul 29, 219, 399, 402, 432, 593, 833, 1035, 1615, 1965, 2144
Deter, Adolf 1982
Detmers, Heiz 257
Dettmann, Friedrich »Fiete« 306
Deumlich, Gerd 1392
Deumlich, Margarete 1392
Deutsch, Ernst 1182, 1655
Devecseri, Gábor 1278
Devi, Hemlata 2210, 2212f., 2240
Dewald, Georg 500, 1344
Dewald, Herbert 500, 1344
Diaz, Carlos Enrique 998
Diaz, Julio 1527
Diaz-Lanz, Pedro 2301
Dibelius, Otto 29, 78f., 138, 168f., 217f., 260f., 312, 332, 346, 450, 457, 507, 513, 718, 774, 779, 792, 928, 984, 1028, 1066, 1148f., 1583, 1861, 1970, 2169, 2176, 2243, 2246f., 2308f., 2314, 2316ff., 2321, 2344
Dibrowa, Pawel 807, 810f., 844, 1026
Dickel, Karl 928, 996, 1000, 1020f.
Dickens, Charles 39
Dickfeld, Adolf 689, 1119
Dides, Jean 1813
Didouche, Mourad 1010
Dieckmann, Johannes 22, 127, 135, 324,
346, 591, 611, 686, 1007, 1077, 1165, 1343, 1423, 1461, 1530, 1570, 1745, 2010, 2191, 2287, 2291, 2345
Diederich, Nils 1730
Diedrich, Hans Jürgen 1533, 1741
Diehl, Walter 2008, 2320
Diekow, 654
Diel, Jakob 1807
Diels, Rudolf 1192, 1199
Dielssner, Gerhard 341
Diem, Hermann 2263
Diem, Ngo Dinh 1039, 1093, 1156f., 1172, 1225, 1275
Diener, Alfred 831, 845
Dietl, Eduard 438
Dietrich, Ernst 649
Dietrich, Georg 1921
Dietrich, Otto 271, 1720
Dietrich, Sepp 1272, 1355, 1572, 1637, 1722, 1743, 1859, 2286, 2308
Dietze, Constantin von 1149
Diewerge, Wolfgang 726, 745
Diggs, Charles 1257
Dignath, Walter 2251
Dilling, Ursula 2221, 2305
Dimitroff, Georgi 1494
Diop, Alioune 1322
Dirac, Paul Adrien Maurice 1404
Dirks, Marianne 1646
Dirks, Walter 98, 242, 282f., 354, 539, 1646, 1904
Dirksen, Herbert von 486
Dirlewanger, Oskar 778, 2052
Disney, Walt 533
Distelmann, Heinz 1102
Dittmann, Herbert 577, 1786, 1929
Dittmer, Rudolf 2297
Diwo (Stadtbaumeister) 1385f.
Dix, Otto 996, 1525, 1631, 1679, 1707, 1884, 2046, 2098
Dix, Rudolf 86, 1071
Djilas, Milovan 121, 934, 936, 1087f., 1098, 1115f., 1517, 1534, 1561, 1693f., 1724
Dluski, Ostap 1937
Dmytryk, Edward 533
Döblin, Alfred 521, 613, 1366, 1662f.
Döblin, Wolfgang 1663
Dobrosielski, Marian 1191
Doebbeke, Conrad 1026
Doering, Gustav A. 344
Doermer, Christian 1451
Doetsch, Johannes 2263
Dofivat, Emil 367
Döhl, Reinhard 2200f.

Dohle, Edgar 1962
Dohnanyi, Hans von 531, 685
Dohr, Willi 1015
Dolci, Danilo 695, 1324
Dölling, Rudolf 988
Dollmann, Eugen 553, 674
Domagk, Gerhard 1773
Dombrowski, Erich 136, 2155
Dombrowsky, Siegfried 2090f.
Domenach, Jean-Marie 519, 686
Dominikowski, Alfons 2006
Domnik, Hans 376
Donáth, Ferenc 1475, 1926
Donelly, Walter 410
Donini, Ambrogio 1069
Dönitz, Karl 345, 424, 471, 717, 737, 767, 784, 869, 1011, 1301, 1302, 1314, 1335, 1351, 1363, 1383, 1390, 1458, 1610, 1695, 2042
Döpfner, Julius 856, 2140
Dor, Milo 427, 899, 1268, 1455
Dorham, Kenny 2208
Döring, Wolfgang 1336, 1460, 1801, 1849f., 1920, 1934
Doriot, Jacques 1520
Dorls, Fritz 21, 117, 125, 149, 164, 209, 232, 274, 295, 345, 364, 397, 437, 552, 695, 1251, 1558, 1679
Dorn, Erna 852
Dorn, Käthe 1067
Dornier, Claude 81
Dorsch, Heinrich 2326
Dorsch, Käthe 336
Dorsey, Jimmy 1323
Dorsey, Tommy 1323
Dos Passos, John 320, 1526
Dostojewski, Fjodor Michailowitsch 190
Douglas, Kirk 204, 225, 254, 330, 415, 588, 1352, 1939
Dovifat, Emil 1072, 2112
Draker, Heinz-Otto 2186, 2348
Drath, Martin 554, 1427
Drechsel, Sammy 1533
Drechsler, Albin 769
Drees, Willem 1508
Dreesen, Peter 1371
Dreier, Harro 343
Dreifuß, Julius 554
Drescher, Fritz 84
Dressel, Max 140
Drewitz, Carl Albert 726, 2103
Drexel, Joseph E. 1079
Dreyfus, Alfred 510?
du Gard, Roger Martin 210, 1851
Duchatsch, Ernst 2118

Duchet, Roger 1887
Duckwitz, Georg Ferdinand 1929
Duclos, Jacques 533, 616f., 1094, 1137f., 1334, 1644
Dudas, Jószef 1570
Duensing, Erich 509
Duesterberg, Theodor 390
Duff, Peggy 686, 1776, 2088
Dufhues, Josef Hermann 34, 563, 1865, 2069, 2086, 2123, 2142, 2160f., 2342, 2347, 2349
Duhamel, Georges 1502
Duke, Geoff 1538, 1950
Düker, Heinrich 1830, 2099, 2263
Dulac, André 1889
Dulles, Allan 689, 1413
Dulles, John Foster 714, 925, 938, 1249, 1277, 1279, 1432, 1760, 2064, 2153, 2189
Duncan, Patrick 41, 1130
Duncker, Hermann 1732
Dunkel, Margarete 920
Dunlop, John K. 196
Dunsche, Henny (Hanni) 1085, 1204
Durande, Renée 117
Durdot, Heinz 451
Dürer, Albrecht 412?, 933
Dürfeld, Walter 1199
Durham, Carl T. 951
Dürholt, August 1531
Durieusart, Jean
Durieux, Christian 2332
Durieux, Tilla 666
Dürr, Hermann 1923
Dürrfeld, Walter 316
Dusenschön, Erich 2305
Dylan, Bob 2219
Dzerzynski, Felix 1736

E

Earl of Bandon, Percy Ronald Gardner Bernard 1594, 1596
Eastland, James 1611
Eatherly, Claude R. 2195
Eaton, Cyrus 1673, 1985
Eban, Abba 504
Ebel, Hilde 495
Eberhard, Fritz 31
Eberle, Eugen 560
Ebert, Carl 2284f.
Ebert, Friedrich 483
Ebert, Friedrich (OB von Ost-Berlin) 33, 126, 128, 332, 365, 432, 470, 483, 538, 901, 2051

Ebrecht, Georg 1208
Echevarria, José Antonio 1595
Eckardt, Alfred 1629
Eckardt, Felix von 665, 887, 1140, 1616f., 1959, 2213, 2341
Eckardt, Karl-Heinz 496
Eckener, Hugo 86, 694
Eckerlin, Karl 2139
Eckert, Erwin 1348, 2320
Eckert, Horst 920
Eckert, Johannes 1843
Eckert, Willehad 2330
Eckford, Elizabeth 1713
Eckhart, Walter 486
Eckmann, Heinrich 2057
Eckstein, Paul 496
Edelhagen, Kurt 2013, 2017-2018
Eden, Sir Anthony 515, 619, 717, 725, 938, 940, 1054, 1060, 1163, 1191, 1224, 1260, 1299, 1419, 1493, 1507, 1554, 1565, 2276
Edison, Charles 1077
Edschmid, Kasimir 521, 1814
Egenter, Richard 1878
Eggebrecht, Axel 374, 502, 549, 1371, 1496f., 1703, 1814
Eggerath, Werner 1955, 2309
Eggers, Karl 1841
Eggert, Franz 396, 1196
Egk, Werner 33, 1707
Egkert, Friedrich 198
Ehard, Hans 98, 119, 479, 654, 661, 1006, 1025, 1113
Ehlers, Hermann 346, 359, 362, 412, 425, 439, 457, 557, 573, 594, 607, 659, 669f., 717, 729, 868f., 898, 904, 1007, 1012, 1059
Ehm-Schulz, Rosemarie 2301
Ehre, Ida 605, 1655
Ehrenburg, Ilja 56, 108, 210, 232, 234, 253, 326, 388, 637, 653, 699, 795, 1040, 2112, 2177, 2216, 2320f.
Ehret, Joseph 1507
Ehrhardt, Arthur 1748f.
Ehrich, Emil 324
Ehrich, Karl 486
Ehrmannstraut, Franz 1005, 1190
Eich, Erich 1203
Eich, Günter 60, 220, 418f., 672, 899, 1831, 1834
Eichengrün, Ernst 2228
Eichholz, Armin 495
Eichler, Willi 1730, 1896, 2326
Eichmann, Adolf (alias Heninger, Otto, alias Klement, Richard) 221, 478, 1609

Eick, Hans 611
Eiermann, Heino 2252
Eikemeyer, Fritz 1731
Eikermann, August 1897
Einaudi, Luigi 56
Einsele, Helga 1630, 2326
Einsiedel, Heinrich Graf von 380
Einsporn, Walter 920
Einstein, Albert 163, 181, 184, 653, 683, 724, 933, 1097, 1168f., 1218f., 1847, 1865, 1911, 2035, 2087, 2177
Einstein, Siegfried 1240f., 1270, 1364, 1389
Eisch, Erwin 2156
Eisele, Hans 563, 1944f.
Eisenbraun, Hans 1241
Eisenhower, Dwight D. 158, 286, 340, 348, 358f., 364f., 375, 404, 407, 450, 533, 588, 657, 684f., 714, 720, 727f., 733, 735, 759, 764f., 768, 783ff., 794, 801, 847, 873, 902, 914ff., 924, 946, 951, 965, 990f., 1029, 1035, 1066, 1082, 1092, 1102, 1152, 1173, 1190, 1211, 1223ff., 1292, 1299, 1300, 1320, 1430, 1492, 1508f., 1554, 1560, 1564, 1567, 1571f., 1580, 1589, 1644, 1647, 1657, 1708, 1713, 1751, 1754, 1760, 1771, 1832, 1893, 1926, 1933, 1950, 1953, 2015, 2030, 2064, 2105, 2131, 2153, 2158, 2189f., 2251, 2270, 2272, 2283, 2297, 2308, 2310, 2319, 2347
Eisenlohr, Ernst 1903, 1924
Eisenmann, Alexander 1389
Eisenreich, Herbert 899
Eisenstein, Sergej 653
Eisfeld, Richard Wilhelm 1709
Eisfeld, Waldemar 1056
Eisler, Elfriede (alias Fischer, Ruth) 2186
Eisler, Gerhart 70, 84, 94f., 175, 192, 401, 666, 1372f., 1982, 2186, 2205
Eisler, Hanns 70, 432, 574, 699, 780, 933, 1359, 1372f., 1407, 2186
Eisler, Rudolf 95
El-Hakim, Mahmood 1956
Elbert, Philipp 1421, 1456
Elfes, Wilhelm 173, 416, 489, 492, 519, 581, 591, 629f., 636, 670, 686, 690, 699, 716, 777, 779, 788, 795, 869, 894, 918, 1041f., 1069, 1103, 1122ff., 1348, 1354, 1397, 1517, 1568, 1665, 1866, 1903, 1924, 1944, 2007, 2010, 2052, 2124, 2129, 2133, 2175
Elina, Odette 1490, 1648

Eliot, T. S. (Thomas Stearns) 471
Elisabeth (Belgische Königin) 1206
Elizabeth II. (Queen) 860, 1163, 1589
Ellington, Duke 1538
Elmpt, Eugen von 1730
Elsberg, Heinz 1664
Elsner, Ilse 607
Elster, Martin 1864
Ely, Paul 483, 1036, 1888
Emmel, Hildegard 1880f.
Emmer, Franz 2344
End, Wendelin 38, 1083, 2238
Ende, Lex 162, 277f., 1069, 1157
Endelmann, Hermann 563
Endes, Peter 1706, 1712
Endres, Klaus 2280
Engdahl, Per 431
Engel, Erich 29, 139, 1393, 1830
Engel, Fritz 231
Engel, Ludwig 1892
Engel, Rolf 2126
Engelberg, Ernst 1991, 2345
Engelhardt, Eberhard 1944
Engels, Friedrich 25, 266, 613, 887, 933, 1374, 1574
Engels, Willy 2199
Engl, Frieda 1188
Enzensberger, Hans Magnus 1578, 1834, 2026, 2201, 2306
Eppstein, Curt 134
Erbacher, Josef 681, 751
Erdmann, Horst 112, 641, 1084, 1943
Erfurth, Ulrich 2104
Erhard, Ludwig 21, 91, 100, 119, 130, 138, 160, 213, 234, 269, 357, 392, 401, 407, 449, 460, 904, 1228, 1247, 1254, 1272, 1313, 1485, 1487, 1593, 1595, 1603, 1626, 1636, 1705, 1763, 1773, 1821, 2044, 2068, 2089, 2093, 2112, 2219, 2243, 2261, 2264, 2279, 2292, 2326
Erikson, Erik H. 1378
Erlebach, Kurt 436, 756, 1140
Erler, Fritz 242, 313f., 402f., 492, 578, 587, 898, 932, 947, 1015, 1115, 1212, 1231, 1251, 1343, 1377, 1410, 1441, 1572f., 1633, 1757, 1789, 1812, 1820, 1895, 1922, 1938, 2005, 2065, 2103f., 2132, 2204, 2326
Ernst, Hermann 1904
Ernst, Johann 1487
Ernst, Robert 937, 1106, 1572
Ertel, Hans 1629
Erzberger, Matthias 258, 1087
Esch, Arno 132, 162, 259f.

Eschenburg, Theodor 1193, 2024
Eschmann, Fritz 2246
Esfandiari, Khalil 672
Espinosa, Ricardo Arias 1102
Essel, Erwin 2009
Essen, Kurt 1348, 1856, 2107
Esser, Hermann 101, 116, 193
Essl (Eßl), Erwin 559, 1678, 2337
Esslinger, Heinz 1120
Estenssoro, Victor Paz 586
Ettinghofer, P.C. 2057
Etzdorf, Hasso von 577, 1340, 1342
Etzel, Franz 91, 2343
Etzel, Hermann 1129, 2173, 2232, 2343
Etzel, Richard 1000
Euler, August Martin 625, 725
Even, Johannes 1749
Everding, August 2274
Everly, Phil 2104
Evermann, Werner 454
Evers, Carl-Heinz 431, 472
Ewans, Tom 2268
Exenberger, Harold 78
Exner, Franz 48

F

Fabbri, Oreste 1601
Faber du Faure, Moritz von 2017
Fabian, Walter 201, 321, 1352, 1898
Fadejew, Alexander A. 49, 51, 56, 253, 388, 637, 1298, 1381
Faeßler, Alfred 1901
Fagel, Günter 855f.
Fahdt, Hans 2057
Fahrenbruch, V. 2252
Fahrner, Kurt 2168
Falk, Wolfgang 103, 434, 1205
Falkenhagen, Hans 1629
Falkenhausen, Alexander Freiherr von 304, 314, 396
Falkenhayn, Erich von 1338
Falkenhorst, Nikolaus von 865
Falkenroth, Arnold 2210
Fallada, Hans 243
Faller, Herbert 2188
Faller, Walter 1344, 2281
Fallersleben, Hoffmann von 599
Fallon, George A. 950
Faltermaier, Martin 329, 563
Falthauser, Valentin 97
Fanfani, Amintore 679
Fangio, Juan Manuel 1767, 1802f.
Fank, Max 1358
Färber, Peer 98, 568

Farchmin, Günter 2204
Farid (d.i. Boudjemer, Idi) 2302
Farkas, Mihaly 1464
Farner, Konrad 1513
Farrell, James 320
Farrugia, Jean 2288
Faruk I. (König von Ägypten) 534, 541, 645f., 931, 947, 1399, 1419
Faßbinder, Klara-Marie 399, 500, 545, 558, 637, 686, 767, 908f., 1167, 1188, 1190, 1206, 1276, 1926, 2008, 2098f., 2125f., 2177, 2216, 2225
Fast, Howard 56, 328, 699, 920, 1393, 1576
Fatemi, Hossein 1067
Faubus, Orval E. 1560, 1703, 1713, 1993
Faulkner, William 613, 1339, 1522
Faure, Edgar 1223f., 1236, 1256, 1446, 1886
Faure, Maurice 1779, 1886
Fauvet, Jacques 1891, 2206
Fechner, Max 479, 719, 857, 868, 872, 1367, 1937
Fedin, Konstantin 942, 1310, 1518
Feffer, Itzik 653
Fein, Heinrich 392
Fein, Irène 1191, 1306
Feisal II. (König des Irak) 1761, 1788, 1950
Feist, Kurt 920
Feist, Margot 47, 128f., 401, 623
Feitenhansl, Karl 39, 133, 145f., 172, 202, 209, 211, 243, 360, 427, 435, 551
Feldman, A. I. 725
Felgenhauer, Wilhelm 1807
Feller, Abraham 687
Felmy, Hansjörg 2021f.
Felsch, Reinhard 737
Fensky, Maria 735
Ferber, Christian 783, 1268
Fernau 790
Fernau, Edgar 1917
Ferrer, José Figueres 1104
Fette, Christian 449, 460, 480, 523, 529, 548, 559, 596, 601f., 608, 612, 628, 630, 675
Feucht, Franz 1791f.
Feuchtwanger, Lion 1393, 2058f.
Fey, 293
Fichte, Hubert 374
Fichtner, Otto 1273, 1314f., 1351
Fiedeler, Hans (d.i. Döblin, Alfred) 1662

Fiedler, Rudolf 647
Field, Hermann 69, 1057
Field, Herta 69, 1069
Field, Noel H. 69, 277, 316, 370, 401, 689, 1057, 1069, 1157
Fierlinger, Zdenek 1384
Fieseler, Gerhard 81, 638
Figge, Klaus 2074
Figl, Josef 298
Figl, Leopold 240, 1189, 1207, 1732, 2161
Fignole, Daniel 1659
Figueroa, Gabriel 1742
Figueras, José 1093, 2192
Fijalkowski, Jürgen 876
Filho, Joao Cafe 1031
Finck, Werner 195f., 545, 1569
Finckh, Hermann 1136
Finet, Paul 384
Fingerle, Anton 540
Fink, Hein 918, 1127, 1705, 1814
Finley, M. I. 469
Finsterwalder, Johann 679
Fisch, Walter 262f., 316, 492, 686, 928, 984-986, 1071, 1076, 1078, 1088, 1254, 1400, 1414, 1922, 2190, 2199
Fischer, Andreas 1997
Fischer, Eberhard 694
Fischer, Ernst 289, 385, 795, 1346
Fischer, Georg 262, 404
Fischer, Gerhard 634
Fischer, Heinrich 145
Fischer, Hermann 1386
Fischer, Heta 195, 200, 227, 262f., 385
Fischer, Johann 101
Fischer, Karl-Heinz 562
Fischer, Lena 780
Fischer, Louis 206f.
Fischer, Martin 1614, 1906, 1969, 2077
Fischer, Max 2199
Fischer, Paul 1140
Fischer, Ruth (d.i. Eisler, Elfriede) 70, 94, 1520, 2186, 2188
Fischer, Sepp 826
Fischer, Siegbert 2218
Fischer, Walter 2192
Fischer, Werner 948
Fischer, Wilhelm 38
Fischer-Schweder, Bernhard 1764, 1973f., 2049
Fischl, Otto 689
Fischlein, Jochen 1410
Fishwick, Gertrude 1578
Fitzgerald, Ella 2156
Fix, Günter 2282

Flach, Franz 2265
Flade, Hermann Joseph 312, 352, 360, 367, 370f.
Fladung, Johann 2099
Flaechsner, Hans 48
Flake, Günter 1807
Flammersfeld, H. 1081
Flechtheim, Ossip K. 1354, 2189, 2193, 2323
Fleck, Karl 274, 1592
Fleckenstein, Heinz 1878
Fleckenstein, Hermann 607
Flegel, Jochen 1280
Fleischer, Helmut 592
Fleischer, Otto 895
Fleischmann, Charlotte 636
Fleischmann, Wolfgang 1267
Flemming, Joseph B. 2092
Flick, Friedrich 48, 271
Flickenschildt, Elisabeth 849
Flitner, Andreas 1937
Flitner, Wilhelm 340
Flogaus, Gustav 560
Florian, Karl 83
Florin, Peter 1752
Florin, Therese 723
Flügge, Willy 1835
Flume, Werner 1193
Flynn, Elizabeth Gurlea 446
Föcher, Matthias 384, 622, 630, 1048, 1175, 1201
Fog, Mogens 2110
Folger, Johann 563
Föll, 1632
Folsom, James E. 1337, 1995
Foltenik, Lothar 2156
Fontane, Theodor 1662, 1943
Fonteyn de Arias, Margot 2164
Foot, Michael 1776, 1839
Foot, Sir Hugh 1919, 2111, 2121, 2127
Forch, Hans 276
Forcinal, Albert 2267f.
Ford, Aleksander 1869
Ford, Glenn 1277
Forest, Jean 2142
Forst, Willi 212
Förg, Josef 1712
Fornalska, »Jasia« 1348
Fornical, Marcel 966
Forschbach, Edmund 1358
Forst, Willi 350, 365, 1998
Forster, 256
Foschepoth, Josef 1292
Fouchet, Christian 1017
Fraenkel, Ernst 1214, 1389, 1804, 1830, 1898, 1918, 2164, 2263, 2330

Francel, Joseph R. 847
Franck, James 871, 1194
Franck, Walter 1182
Franco, y Bahamonde, Francisco 121, 173, 248, 263, 398, 425, 470f., 895, 937, 999, 1008, 1110, 1272f., 1286, 1310, 1330f., 1423, 1502, 1649, 1835, 1925, 1941, 2014, 2205, 2279, 2322
François-Poncet, André 20, 71, 155, 174, 246, 273, 443, 473, 488, 742, 938, 994, 1179
Frank, Anne 1457f., 1520, 1557, 1597f., 1617, 1630, 1655f. 1862f., 2002, 2033, 2084, 2116, 2160, 2203f.
Frank, Hans 1269, 1637
Frank, Heinrich 1941
Frank, Josef 689
Frank, Karl Heinrich 256
Frank, Leonhard 1310f., 1631, 1681
Frank, Max 44
Frank, Otto 1630, 2002, 2084, 2203
Frank, Rüdiger 1877
Franke, Egon 2204
Franke, H. 1858
Franke, Lothar 2121, 2207
Franke-Grieksch, Alfred 95, 387
Frankenberg, Franz 940
Frankenberg-Proschlitz, Egbert von 1119
Franz, Erich 1809
Franz, Hermann 99
Franzel, Emil 2072
Fraser, Ian 540
Frater, Robert 2057
Frauendorfer, Max 1977, 1982
Frauenfeld, Alfred 737
Freed, Alan 1448
Frege, Ludwig 1011
Frehsee, Heinz 1849f., 2170
Freiberger, Herbert 1255
Freisehner, Karl 2239
Freisler, Roland 444, 1151, 1270, 1643, 1784, 2009
Freitag, Karl 2033
Freitag, Walter 357, 384, 449, 529, 596, 675f., 730, 770, 849, 995, 1048, 1247, 1459
Freitag, Willi 416
Frejka, Ludwig 689
Frenay, Henri 108
Frenckell, Baron Erik von 641
Frenkel, Marcel 657, 1164, 1268f., 2203
Frentzel, Hermann 739
Frenzel, Alfred 2140
Freud, Anna 1377

Freud, Sigmund 801, 1377f., 1413, 1736
Freund, Michael 1250
Freund, Nina 1810
Freuneck, Reinfried 2081
Frey, Gerhard 440, 2072
Frey, Karl 1971
Freytag, Helmut 1400
Freytag, Hermann 258
Fricke, Karl Wilhelm 1097, 1162, 1304, 1413, 2145
Friedeburg, Friedrich von 381
Friedemann, Max 800
Friedenau, Theo (alias Erdmann, Horst) 112, 641, 1084, 1943
Friedensburg, Ferdinand 106, 117, 173, 1203, 1260, 2051
Friedenthal, Richard 521
Friederici, Hasso 2134
Friedl, Anton 341
Friedländer, Ernst 545, 590
Friedmann, Endre Ernö (alias Capa, Robert) 987
Friedmann, Hermann 502, 521, 1731
Friedmann, Werner 1231
Friedrich, Georg 515
Friedrich, Heinz Günther 2273
Friedrich I. (König von Preußen, als Friedrich III. Kurfürst von Brandenburg) 1315
Friedrich, Johann 937
Friedrich, Ursula 1752
Friedrich, Walter 1200, 1629, 1817, 1831, 1853f., 2177
Frießner, Hans 449, 480, 486f.2112
Frisch, Max 28, 1830, 1852
Fritz, Heinz 48
Fritzsche, Hans 296, 726
Fröbe, Gert 1972
Froeschmann, Georg 48
Frohberg, Fred 2315
Fröhlich, Paul 1303, 1364, 1790
Frölich, Paul 751, 1611
Frömel, Hans 2005, 2013
Frommer, Max 1835
Frommhold, Heinz 774
Frondizi, Arturo 2088
Fründt, Theodor 292
Fry, Christopher 666
Fry, Leslie 1476
Fry, Varian 2059
Fuad II., (König von Ägypten) 646, 1492, 2015
Fuchs, Albert 1005, 1190
Fuchs, Artur 1255
Fuchs, Emil 1077, 2208

Fuchs, Günter 2303
Fuchs, Jockel 1989
Fuchs, Johannes 2324
Fuchs, Klaus 158, 177f., 187f., 258, 413, 876, 2179, 2208, 2256,
Fuchs, Werner 876
Fuľik, Julius 1179
Fuľikowa, Gusta 1179
Fuentes, Miguel Ydigeras 326
Fuhrmann, Bruno 277
Füldner, Hans 996
Funk, Walther 1638f.
Funke, Heinz 1471, 1918
Fürbringer, Ernst Fritz 1935
Furgol, Oswald 1147
Fürnberg, Louis 1183
Furniss, Edgar S. 1659
Fürstenberg, Oswald Freiherr von 116, 752, 836, 1788
Furth, Peter 1904, 2177, 2318
Furtwängler, Wilhelm 24-25, 1145
Fuß, Kurt 2176
Füssel, Arno 2187

G

G., Walter 1364f.
Gaab, Karl 86
Gabeler, Alois 2257
Gablentz, Otto Heinrich von der 2222
Gabler, Günter 428f., 431
Gäbler, Hans Joachim 496
Gackstatter, 1857
Gadamer, Hans-Georg 239
Gaedcke, Heinrich 2020, 2132
Gaedt, Helmut 1796
Gaidt, Johannes 677
Gaillard, Félix 1555, 1745f., 1754, 1761, 1779, 1813, 1835
Gaitskell, Hugh 1250, 1305, 1347, 1669, 1789, 1904, 2136, 2220
Gajewski, Fritz 273
Galbraith, John Kenneth 2001
Gale, Sir Richard N. 1452
Gali, József 1662
Galinski, Heinz 106, 110, 335f., 378, 472, 509, 554, 727, 892f., 910, 973, 1738f., 1843, 1855, 2034, 2084, 2114, 2152, 2160, 2280, 2319, 2348
Galland, Adolf 689
Gallenkamp, Kurt 563
Gallizio, Pinot 2156
Gallus, Johann 2062, 2079
Gampfer, Georg 1096, 1227f., 1254
Gance, Abel 444

Gandhi, Feroze 2103
Gandhi, Indira 2103
Gandhi, Mahatma 257, 541f., 567, 634f., 1130, 1152, 1169, 1767, 1911, 2103, 2149
Gannet, Betty 446
Ganzer, Lydia 1572
Garaudy, Roger 1278, 1346
Garcia, Calixto 1527
Gard, Roger Martin du 210, 1851
Garthaus, Josef 257
Garthmann, Hermann 988
Gärtner, Ursula 1672
Gascoyne-Cecil, Robert A. J. (d.i. Lord Salisbury) 1607
Gasparotto, Luigi 679
Gasperi, Alcide De 46, 135, 168f., 200, 876
Gassa, Horst 996
Gasser, Adolph 1601
Gaßmann, Georg 899, 2119
Gast, Willi 1211
Gates, Thomas S. 2346
Gatzen, Carl 1665
Gaubatz, Heinrich 1067
Gaulle, Charles de 197, 628, 965, 979, 1761, 1762, 1841, 1885-1892, 1924, 1980f., 1985, 1987, 1991, 1994f., 2003, 2044, 2059, 2065, 2081, 2182, 2198, 2206, 2215, 2227, 2270f., 2280, 2317, 2323, 2329, 2342, 2346f.
Gautier, Hermann 668
Gavin, James N. 1402
Gazier, Albert 1889
Gbedemah (Finanzminister Ghanas) 1751
Gebhard, Paul 308, 357, 682, 894, 1229
Gecks, Alfred 2199
Gedowski, Alfred 522
Gehlen, Reinhard 295, 457, 737, 905, 910, 959, 968, 1027, 1032, 1040, 1059, 1067, 1087, 1094, 1233, 1263, 1357f., 1573, 2195
Geib, Wilhelm 1921
Geier, Friedrich 1540
Geiger, Georg 689
Geiger, Hans 1344
Geiger, Willi 2011
Geislhöringer, August 1426, 1666, 2239
Geisler, Herbert 59
Gajewski, Fritz 273
Geldmacher, Horst 1517
Geminder, Bedrich 689
Gendre, Henri 981
Genenger, Hans 2118, 2176, 2208

»General Gomez« (d.i. Zaisser, Wilhelm) 1810
Gennat, Artur 1942
Georg VI. (König Großbritanniens) 87
George, Manfred 2151
Georgi, Arthur 1438
Geppinger, Erich 1030
Gerber, Hilmar 123, 2307
Gerbig, Philipp 1277
Gereke, Günther 32, 173, 240f., 244, 345, 364, 400, 646, 1151, 2029
Gergov, Kurt 1877
Gerhard, Karl 634
Gerhardsen, Einar 1755, 2167
Geritzmann, Robert 1925
Gerlach, Alfred 522
Gerlach, Erich 2348
Gerlach, Helmut 2248
Gerlach, Manfred 603, 1460
Gerlach, Walther 540, 1613, 1616, 1646, 1717
Gerlich, Johannes 1289
Gerner, Lotti 2102
Gerngross, Ruprecht 390
Gerö, Ernö 1417, 1465, 1474, 1476
Gerold, Karl 539, 2047
Gerson, Simon 446
Gerstacker, Wilhelm 1190, 2099
Gerstein, Kurt 881
Gerstenberg, Bodo 838, 1129
Gerstenmaier, Eugen 32, 152, 217, 507, 1096, 1139, 1141, 1147f., 1271f., 1325, 1388, 1418, 1448, 1461, 1465, 1572, 1601, 1679, 1709, 1748, 1988, 2151, 2187, 2204, 2215, 2287
Gerth, Harry 370
Gerth, Werner 2232
Gerull, Jürgen 70, 84, 512, 516, 1377
Gervais, Gilbert 1507
Geschonnek, Erwin 434
Gesell, Silvio 288
Geßler, Albrecht 899
Gewandt, Heinrich 2293
Geyer, Hans-Joachim (alias Grell) 905, 910, 1059
Geyer, Horst 919
Gèze, Amédée 1940
Ghadban, Mary 2211
Gheorghiu-Dej, Gheorghe 964
Giacometti, Alberto 2219
Giap, Vo Nguyen 924, 954, 979
Gibson, Bob 2218
Gide, André 206f., 387
Giehse, Therese 1393
Giersch, Irene 1521

Giersch, Martin 1773
Giese, Hans 124, 1634
Gieseking, Erwin 1071
Gieseking, Walter 568
Giessen, Hans 117, 150
Gietzelt, Franz 2010
Gilbert, Robert 367
Gildisch, Kurt 435, 781
Gille, Herbert Otto 449, 481, 486, 680f., 774, 869, 1442
Giller, Walter 2275
Gillmann, Klaus 1083
Gillner, Heinrich 269
Gillot, Auguste 1601
Gilsi, René 2102
Gimbel, August 340
Gimes, Miklós 1767, 1926f.
Ginsberg, Allen 1267
Ginsberg, Ernst 488
Giordano, Egon 218, 264
Giordano, Ralph 182, 606, 732f., 957, 1343, 1511, 1564, 1649, 1695, 1700f.
Giraudoux, Jean 1662, 2129
Girgensohn, Thomas 490, 1201, 2254
Girnus, Wilhelm 865, 1013f., 1026, 1340, 1450, 1457, 1639, 1882, 1970, 2078, 2289f., 2345
Gitzen, Willi 275
Glaas, Rupert 306
Gladisch, Walter 449
Gladstone, William 1163
Glaeser, Ernst 2099
Glaser, Erica 533, 704
Glaser, Hans-Georg 1227f.
Gläske, Heinz 968
Glasmacher, Günter 1328
Glasmacher, Josefine 1328
Gläss, Theodor 1902
Glaszinski, Hellmuth 46, 119
Gleißberg, Gerhard 1186 1335, 1380, 1520, 1631, 1882
Gleißner, Alfred 192
Gleißner, Georg 340
Gleißner, Heinrich 436
Glezos, Manolis 2192, 2224
Globig, Fritz 2062
Globke, Hans 160, 219, 254, 256, 333, 715, 904f., 1245, 1339, 1342, 1346, 1351, 1358, 1365, 1368, 1376, 1382, 1416f., 1525, 1583, 1616, 1683, 1711, 1718, 2050, 2082, 2109, 2112
Glock, Georg 1854
Glocke, Wilhelm Gustav 141
Glöge, Gerhard 1621
Glötzl, Elisabeth 678

Glückauf, Erich 2225
Glyz, Niki 930, 937
Gnichte, Heinz
Göbel, Jochen 287, 2343
Gockeln, Josef 1453, 1749
Göckeritz, Hermann 870
Godde, Wilhelm 785, 1154
Goebbels, Joseph 24, 164, 212, 218, 250, 356, 426, 444, 495, 549, 627, 717, 726, 773, 887, 1632, 1674, 1733, 2038, 2113
Goebel (Geistlicher Rat) 234
Goerdeler, Carl 525, 2222
Goerdeler, Reinhard 525, 2222
Goes, Albrecht 896, 1679, 1830, 1855, 2164
Goeth, Amon Leopold 1675
Goethe, Johann Wolfgang von 44, 109, 141, 634, 693, 933, 1806, 1880, 1881, 1925, 2004, 2016, 2111
Goetz, Julius 476
Goetze, Horst 476
Goetzendorff, Günter 203
Goffard, Heinz 1506
Gognel, Rudi 416
Gohr, Arnold 106, 251
Goldberg, Arnold 629
Goldenbaum, Ernst 324, 669, 1139, 1252, 1832
Goldhammer, Bruno 162, 277f., 1069, 1157
Goldmann, Nahum 110, 486, 504, 522, 665, 693, 1367, 2092, 2236
Goldschmidt, Dietrich 2078, 2323
Goldschmidt, Ernest 2219
Goldschmidt, Helmut 2271
Goldschmidt, Leopold 554
Goldschmidt, Moritz 380
Goldstein, Alvin H. 848
Goldstein, Harry 449, 607
Goldstein, Israel 504
Goldstein, Moritz 176
Gollancz, Victor 148, 1776, 2269
Gollwitzer, Gerhard 1214, 1389, 1884, 1902, 1926, 1957, 2099, 2125, 2164, 2330, 2334
Gollwitzer, Helmut 165, 318, 513, 1082, 1103, 1117, 1217, 1614, 1679f., 1714ff. 1831, 1858, 1862, 1884, 1893, 1902, 1906, 1960, 1969, 2076ff., 2164, 2222, 2323, 2344
Gomerski, Hubert 278
Gomperts, Hans 1458
Gomułka, Władysław 139, 1298, 1299, 1348, 1468-1470, 1483, 1491, 1494, 1514, 1517, 1561, 1563, 1599, 1721, 1869, 2334
Gontrum, Wilhelm 2121
Gonzalez, Francisco 670, 1527, 1682
Goodman, Paul 471
Goodrich, Frances 1457
Goral, Arie 1871
Goralewski, 2101
Gorbach, Alfons 1465
Gorbach, Max 2032
Gorbatschow, Michail S. 653
Gordine, Dora 1648
Gorgaß, Hans Bodo 1788
Göring, Bernhard 134
Göring, Emmy 2194f.
Göring, Hermann 24, 88, 96f., 107, 140, 365, 376, 401, 513, 1201, 1618?, 1674, 1942, 2194f., 2224
Görlinger, Robert 384
Görlitz, Walter 1231
Gorman, Ralph 902
Görres, Franz-Peter 2200
Gorrish, Walter 1696, 2111
Gostes, Wilhelm
Gotsche, Otto 2163
Gotthelf, Jeremias (d.i. Bitzius, Albert) 1046, 2251
Götting, Gerald 324, 573, 603, 729, 1012, 1139, 2309
Göttling, Willy 845, 851-852
Gottschalk, Friedrich 1857
Gottschalk, Rudolf 1186, 1340
Göttsche, Hans-Peter 389, 396
Gottschling, Wolfgang 1569
Gottsleben, Hans-Joachim 168, 207
Gottwald, Hans 1055
Gottwald, Klement 517, 751, 758, 1055
Götz, Heinrich 367
Götz, Hermann 2193
Götz, K. O. 137
Gotzak, Henk 1837
Götze, Arthur 2028, 2282
Götzinger, Erwin 259
Grabert, Herbert (alias Backhaus, Hugo C.) 730f., 1195, 1572f.
Grabower, Rolf 521
Grabowski, Manfred 2221
Gradl, Johann Baptist 1787, 2293
Graf, Albert 948
Graf, Eugen 560
Graf, Günter 548
Graf, Horst 1325
Graf, Robert 1831, 2021f.
Graff, Albert 592, 895, 1877
Gramond, Marcelle 1391
Grandval, Gilbert 1092, 1221f., 1226, 1236
Granger, Lester B. 1589, 1933
Grass, Günter 1188, 1716, 2026
Grässe, Wolfgang 1811
Grasser, Anton 326
Gréco, Juliette 2208
Green, Ernest 1713
Greene, Graham 243, 320, 432, 1339
Greenglass, David 412f., 720, 847
Greenstein, Harry 134, 910
Greenwood, Anthony 1240, 1243, 1256, 1776
Greger, Max 1361
Gregor, Manfred 2303
Gregor, Ulrich 1327
Gregoridas, Maria 2224
Greindl, Josef 2285
Greinert, Horst 287
Grendelmaier, Erika 1284
Grenet, Yves 1834
Gretschko, Andrej 1393
Greve, Otto Heinrich 1368, 1615
Grewe, Otto 1344
Grewe, Wilhelm G. 1255, 2180, 2188
Grieg, Edvard 1449
Grieneisen, A. 587
Griesemann, Angela-Antonie 1076, 1188
Grieshaber, HAP (Helmut Andreas Paul) 1884
Griesinger, Peter 428, 431
Griesmayr, Gottfried 486, 652
Griethe, Paul 367
Griffin, Martin 1366
Grille, Dietrich 1859-1860
Grimm, Hans 223, 349, 354, 458f., 877, 980, 1181, 1192, 1199, 1262, 1266, 2214, 2279, 2311
Grimme, Adolf 109, 413, 545, 1115, 1136
Grimminger, Jakob 106
Grinda, Francisco 1286
Grindel, Gerhard 911, 941
Gris, Juan 1742
Grisshammer (Grießhammer), Heinrich 489, 492, 2328
Grivas, Georgios 1098, 1163, 1606, 2115, 2127, 2243
Gröbe, Kurt 1855, 1926, 2043, 2099, 2109, 2125-2126
Grobowski, Jan 563
Groeben, Peter von
Grohé, Josef 293
Grohmann, Will 2219

Groll, Gunter 1979, 2022, 2251
Grolman, Helmuth von 1663
Grolmann, Helmut von 295
Gromyko, Andrej A. 125, 395, 479, 571, 939, 1621, 1670, 1691, 1832, 2064, 2161, 2180f., 2190, 2237, 2283
Gronauer, Willi 980
Gronchi, Giovanni 1409
Grönert, Jochen 2230
Gröninger, Georg 2232
Groot, Paul de 1837, 2267
Gropp, Rugard-Otto 305, 1303, 1536, 1539
Groscurth, Anneliese 476
Gross, Charles 26, 178, 888
Groß, Emil 730
Groß, Walter 1869
Gross, Walter 26, 178, 888
Grosse, Otto 1777
Grosser, Erich 516
Grosser, Günther 622
Grosser, Hubert 1294
Grossmann, Albert 2218
Großmann, Ernst 2187
Großmann, Hanns 2306
Grossmann, Heinz 2194
Grossmann, Justin 2198
Großmann, Käthe 760
Grossmann, Kurt R. 503, 739, 2092
Großmann, Rudolf 340
Großmann, Walter 411
Grosz, George 2217
Grotewohl, Johanna 2342
Grotewohl, Otto 22, 23, 32f., 42f., 47, 66, 88, 126-130, 139, 161, 162, 217, 253, 260, 279f., 310, 312, 315, 324, 331ff., 351, 362, 371, 378, 399, 465, 467f., 470, 477, 480, 484, 486, 489, 498, 513, 554, 559, 572, 579, 585, 591, 597, 612, 687, 691, 699, 718, 749, 769, 790, 792, 794ff., 799, 804f., 815, 820, 825, 836, 839, 855, 866, 872, 886, 901, 926, 933, 940, 961, 1001, 1038, 1049, 1077f., 1084, 1096, 1140, 1146, 1154, 1182, 1185, 1203, 1218, 1226f., 1252, 1258, 1263, 1288f., 1303, 1315, 1334, 1340, 1358, 1365, 1367f., 1377, 1384, 1386f., 1500, 1518, 1530, 1629, 1682, 1691, 1752f., 1765, 1777, 1779, 1821, 1827, 1838, 1922, 1946, 1955, 1970, 1984, 2037, 2092f., 2124, 2140, 2169, 2176, 2221, 2285, 2290, 2342
Grouès, Pierre 362
Grüber, Heinrich 166, 168, 792, 1077, 1906, 2077f., 2116

Gruenther, Alfred M. 358, 1031, 1493
Grumbach, Salomon 274
Grün, Karl 276
Grün, Siegfried 794
Grünbaum, Kurt 1739, 1782
Grünberg, Hans-Bernhard von 980
Gründer, Ernst 194, 243, 551, 687, 744, 1892, 1998, 2062, 2319
Gründgens, Gustaf 212
Grundherr, Werner von 577
Grundig, Hans 2011
Grundig, Lea 1732
Grüneberg, Gerhard 1790
Gruner, Wolfgang 126, 888
Grünewald (Landrat) 1685
Grünewald, Mathis Gothart Nithardt 933
Grünewald, Paul 211
Grünfeld, Max 1004
Grüning, Gerhard 1877
Grunst, Friedrich-Wilhelm 919
Grünstein, Herbert 1731
Gruppi, Luciano 986
Gryphius, Andreas 1123
Gschwendter, Robert 257
Guardia, Ernesto de 1452, 2164
Guardini, Romano 614, 1950
Güde, Max 1414, 1540, 1603, 1605, 1674, 2008, 2068, 2119, 2334
Guderian, Hans 286, 481, 928, 984, 1266
Gudmundsson, Kristian 1292
Guérin, Daniel 698
Guerra, Eutemio 1574
Guerroudj, Abdelkader 1808
Guerroudj, Jacqueline 1808
Guerzoni, Giovanni 2258
Guevara, Ernesto Ché 1527, 1595, 1711, 1767, 1800, 2047, 2061, 2074f., 2101
Gugel, Arno 1316
Guggenheimer, Walter Maria 938
Guhr, Hans 1064
Guillaume, Augustin 987
Guillaume, Christel 1380
Guillaume, Günter 1380
Guilleaume, Werner 379, 381
Guillen, Nicolas 1310
Guinness, Sir Alec 40
Guitton, Jean 1278
Guizado, José Ramón 1102
Gulbransson, Olaf 1831, 1935
Gulder, Horst 737
Gülzow, Erwin 1825, 2061
Gümbel, Ludwig 492
Gumperz, Julian 469

Gundelach, Gustav 416
Günderoth, Adam 1270
Gundlach, Gustav 2339
Gundolf, Franz 454
Günter, Hans 1312
Günther, Franz Karl 334
Günther, Hans Friedrich Karl 580
Günther, Joachim 2201
Günther, Roland 1838
Gurion, David Ben 166, 540, 768, 973, 1733, 1757, 2211, 2216f., 2244, 2317
Gürtner, Franz 2264
Gustav VI., Adolf (König von Schweden) 918, 1751
Gutenberger, Karl 187
Gutermuth, Heinrich 966, 1845, 2042, 2067, 2068, 2077, 2093, 2227, 2232, 2236, 2254, 2265f., 2277, 2279
Guthrie, Arlo 2219
Gutte, Rolf 2257
Gütting, Gerald
Güttler, Hans 578
Guttuso, Renato 2219
Guzmán, Jacobo Arbenz 163, 925, 984, 997f., 1008, 1682
Gysi, Klaus 1732

H

H., Moses 506
H., Otto 1264
Haag (baden-württembergischer FDP-Abgeordneter) 1811
Haag, Alfred 1391, 1706
Haag, Anna 36
Haag, Otto 1799
Haag, Paul 1630
Haagen, Eugen 935, 982
Haak, Werner 1375, 2042
Haas (Gewerkschaftler) 1010
Haas, Christian Albrecht 2211f.
Haas, Franz 1853, 2319
Haas, Josef 1673f.
Haas, Leo 1316
Haas, Wilhelm 213f., 1380
Haas, Willy 1912
Haase, Werner 905, 912, 920
Habdank, Walter 2011
Habe, Hans 626f., 1119
Haber, Sam 910
Haber, William 37
Haberland, Karl 2006
Habermas, Jürgen 872, 1378, 1413, 1898f.
Habsburg, Otto von 1419

Hache, Harald 2221
Hached, Ferhad 697f., 942
Hackenberg, Siegrid 1485
Häcker, Otto 545
Hackett, Albert 1457
Hackh, Manfred 2312
Hacks, Peter 2218
Hadj, Messali 1060
Hadsch, Messali 2302
Hadschir, Abd el Hussein 137
Haferkamp, Wilhelm »Willi« 1062, 1375f.
Hafez, Mustafa 1359
Häffner, Maria 545, 752, 1672
Häfliger, Paul
Häfner, Josef 1012
Haftmann, Werner 1222, 2219
Hagedorn, Karl 226, 1908
Hagelstange, Rudolf 549, 613, 1818
Hagemann, Karl-Heinrich 296,
Hagemann, Walter 296, 1802, 1804, 1830, 1851, 1855f., 1866f., 1879, 1884, 1918, 1925f., 1960, 2007, 2011, 2017, 2046, 2077, 2097ff., 2104f., 2116, 2125, 2161, 2163, 2263, 2321, 2323, 2336f.
Hagen (Bürgermeister) 2110
Hagen, Franz 1732
Hagen, Lorenz 617
Hager, Kurt 305, 1346, 1529, 1579, 1727, 1732, 1806
Hagerty, James C. 1723
Hahl, Karl 2252
Hahlbohm, Siegfried 1865f.
Hahn, Claire 1320
Hahn, Friedrich »Fritz« 1893, 1898
Hahn, Julius 884, 1114, 1254, 1319f., 1349
Hahn, Mathilde 1410
Hahn, Otto 551, 993, 1098, 1136, 1193f., 1220, 1404, 1517, 1556, 1613f., 1616, 1664, 1728, 1773, 1867, 1996
Hahn, Wilhelm 2073
Hajdu, Vavro 689
Häker, Christine 919
Häker, Horst 919
Halacz, Erich von 517
Halang, Hans 429
Halberstadt, Heiner 1320, 1369, 2168
Halbritter, Kurt 1570
Halder, Franz 685
Haley, Bill 1277, 1443f., 1448, 1500, 1523, 1536, 1567, 1763, 2006, 2013, 2017ff., 2020ff.

Halin, Hubert 2140
Hall, Stuart 1352
Hallstein, Walter 382, 425, 459, 579, 584, 665, 911, 1003, 1163, 1245, 1255, 1346, 1606, 1616
Halm, Eva 1321f.
Hamai, Shinzo 2234
Hamann, Karl 669, 701, 929, 1010
Hamann, Martin 1085, 1204
Hamburger, Isaak 2349
Hämel, Josef 1766, 1860, 1970
Hamely, Ernst von 2156
Hamm, Billy 1077
Hammarskjöld, Dag 764, 1479, 1494f., 1568, 1576, 1766, 1773, 1797, 1841, 1993, 1995, 2064, 2180, 2212
Hammelsbeck, Oskar 1801
Hammerschmidt, Helmut 577, 696, 1199, 1302, 1330, 1465
Hammett, Dashiell 758f.
Hampshire, Stuart 1250
Hancke, Edith 888
Handel (Amtsgerichtsrat) 1816f.
Händel, Georg Friedrich 1252
Handke, Georg 140
Händler, Werner 38
Handy, Thomas T. 329, 371
Hanfstängl, Edgar 509
Hanneken, Hermann von 93
Hannisch, Bernhard 920
Hannover, Heinrich 2214, 2257, 2269, 2319
Hanselmann, 1857
Hansen, Axel 2258
Hansen, Ernst 1202
Hansen, Gottfried 346, 463, 481, 757, 868f.
Hansen, Hans Christian 1755
Hansen, Werner 611, 614, 771, 1459, 1892f., 2172, 2178
Hanstein, Wolfram von 2196
Harder, Günther 1012
Harder, Johannes 1152, 1389, 1833f., 1884, 1903, 1940, 1960, 1965, 1975, 2006, 2082, 2101, 2107, 2133, 2159, 2210, 2263, 2330, 2341
Harding, Sir John 1305, 1346, 1379, 1449, 1596, 2244
Harich, Wolfgang 253, 865, 870, 1163, 1191, 1303, 1346, 1463, 1489, 1497f., 1508f., 1518, 1520ff., 1528f., 1536, 1539, 1558, 1559, 1575, 1579, 1590f., 1593, 1601, 1605, 1681, 1695, 1700, 1727, 2226
Harig, Gerhard 582, 1158

Harjenstein, Fritz 1005
Harlan, Thomas 783, 2095
Harlan, Veit 58ff., 89, 149, 160, 212, 218, 294, 309, 328, 335, 337, 340, 350, 351, 356, 374ff., 380, 385, 392f., 393, 393f., 394, 409ff., 416, 430f., 433, 455, 459f., 502, 515, 530, 531, 539f., 542ff., 548ff., 551, 551-555, 558, 563f., 567ff., 569, 571, 586f., 589, 594, 629ff., 649, 688, 716, 733, 748f., 749, 783, 942f., 963, 1105, 1698, 1749, 1765, 1769, 1774f., 2095, 2120, 2148, 2336
Harmet 1042
Harms, Harm Willms 1974
Harnack, Adolf von 1500
Harnack, Arvid 1224
Harnack, Clara 1224
Harnack, Falk 434, 1205
Harpprecht, Klaus 2170
Harrison, William K. 875
Hart, V.E. 109, 563
Hartenstein, Helmuth 1149
Hartke, Werner 1639, 2345
Härtling, Peter 1834
Hartmann (KPD-Abgeordneter) 195
Hartmann, Alfred 654
Hartmann, Ernst 1365
Hartmann, Friedrich 522
Hartmann, Hanns 2161
Hartmann, Karl 165
Hartmann, Nicolai 239
Hartmann, Werner 101
Hartung, Hugo 1935
Hartwich, Alfred 470
Hase, Alexander von 1489, 2242
Hase, Karl Günther von 2242
Haselmayer, Heinrich 725
Hasenau, Beate 126
Hasse, Gerhard 1512, 1607
Hassel, Kai-Uwe von 1262, 1349, 1486f., 1988, 2048, 2331
Hasselbring, Werner 2228
Hassencamp, Fritz 494
Hassenkamp, Oliver 367
Hassinger, Heinrich 71
Haßkahl (DP-Funktionärin) 292
Hastreiter, Hans 879
Hatheyer, Heidemarie 1447
Hatoyama, Ichiro 1232f., 1468
Hatt, E. 488
Hatta, Mohammed 155
Hättich, Manfred 630
Hatzfeld, Adolf von 64
Hatzfeld, Georg von 64, 341ff., 437

Hauck, Walter 100
Haufe, Arno 214
Hauff-Nölting, Rudolf 592
Haug, Wolfgang Fritz 2177
Hauger, Karl 1562, 2312
Haugrund, Johannes 2199
Haumann, Arnold 603f., 616, 785
Haups (Pater) 1739
Haupt, Ulrich 849
Hauptmann, Gerhart 24, 687, 933
Hauschild, Erich 2052
Hauser, Harald 2111
Hauser, Heinrich 2111
Hausmann, Manfred 995
Hausser, Paul 449, 480f., 487, 508, 1161, 1192, 1266, 1572, 1684, 1743, 2271
Haußleiter, August 32, 119, 148, 199, 672, 775, 1516
Häußler, Johannes 516
Haußmann, Wolfgang 2045
Havemann, Robert 108, 178, 207, 211, 212, 221, 258, 352, 388, 439, 459, 476, 699, 797, 854, 981, 1200, 1412, 1432, 1488, 1806, 2008, 2010, 2191, 2287
Havenstein, Klaus 1533, 1741
Havoc, June 561
Hawranke, Eberhard 471, 737
Hay, Julius (Gyula) 280, 1278, 1349, 1509, 1536, 1681, 1739
Haydn, Joseph 599
Hayek, Friedrich von 1250
Hays, George Price 280
Hækkerup, Per 472
Healey, Denis 1250
Heartfield, John 125, 282, 401, 1111
Hebel, Johann Peter 1046, 1567
Hechert, Valentin
Hecht, Max 240
Hecht, Paul 1252
Heck, Karl 204, 1427
Heckelmann, 1526
Heckenauer, Manfred 2326
Heckmann, Gustav 1900
Hector, Sven 1069
Hedler, Wolfgang 145, 149, 152, 160, 171, 182-185, 192, 208, 211, 238, 252ff., 439, 460, 774
Hedrich, Carl-Peter 1913
Heer, Friedrich 2244
Hefter, Ewald 751
Hegedüs, András 1169f., 1475
Hegel, Georg Wilhelm Friedrich 872, 933, 1513

Hegholz, Paul 269
Heidegger, Martin 252, 497, 872, 2091
Heider, Johannes 1785
Heider, Peter 845, 1785
Heifetz, Jascha 768
Heil, Jakob 2349
Heil, Paul 219
Heiland, Gerhard 1427
Heiland, Rudolf Ernst 192
Heilbrunn, Georg 1038
Heiler, Annemarie 553
Heilmann, Helmrich 914
Heilmann, Peter 2230
Heim, Max 2185, 2196
Heimann, Paul Robert 1067
Heimberg, Adolf 2069, 2080, 2082
Heimberg, Siegfried 1617
Heimberger, Egon 476
Heimpel, Elisabeth 1920, 1993
Heimpel, Hermann 862, 867
Hein, Erich 1739
Hein, Gerd 438
Hein, Helga-Isolde 1026
Hein, Helmut 1598
Hein, Martin 703
Heine, Fritz 506, 523, 578, 600, 933, 1709
Heine, Heinrich 933, 1336
Heine, Heinrich (Journalist) 227
Heinemann, Gustav 93, 119, 155, 159, 256, 281, 293, 310ff., 328, 332, 345, 350, 364, 386, 420, 429, 457, 498, 507, 513ff., 529, 537, 545, 553, 557, 562, 573f., 628f., 647, 658, 662, 687, 692, 785, 788, 869, 887ff., 904, 1057, 1117, 1117, 1121f., 1134, 1149, 1217, 1224, 1558, 1614, 1642, 1752f., 1762, 1780f., 1783, 1791, 1801, 1820, 1828f., 1834, 1854, 1862, 1906, 1908, 1992, 2094
Heinicke, Willi 307
Heinitz, Ernst 2222
Heinke, Wolfgang 1285
Heinkel, Ernst 81, 2116?
Heinrichs, Gerhard 1856
Heinrichsohn, Ernst 1378
Heinsch, Herbert 1430
Heintzeler, Alfred 1908
Heinz, Friedrich V. 1086
Heinz, Wolfgang 1392
Heinze (Agent) 905
Heinze, Eckart 578, 1199
Heinze, Hildegard 215 f
Heinzinger, Albert 2011
Heise, Alfred 1979

Heise, Hans 2280
Heise, Wolfgang 1191
Heiseler, Bernt von 995
Heisenberg, Werner 551, 716, 867, 1098, 1136, 1193, 1220, 1404, 1517, 1556, 1613, 1635, 1773, 2282
Heiser, Siegfried 476
Heißenbüttel, Helmut 1716, 1834
Heißmeyer, August 224
Heist, Walter 1046
Heitgres, Franz 149, 209, 288, 957
Helbig, Kurt 1814
Held, Adolph 504
Held, Axel 1445f.
Held, Heinrich 318, 1082, 1635
Held, Joseph 390
Held, Karl-Heinz 677
Held, Martin 1844, 2274
Held, Max 1304, 1321f., 1326
Helfmann, Carl 2116
Hellberg, Martin 135, 895, 2222
Heller, Fritz 552, 665, 1822, 1824, 2035
Helling, Fritz 584, 2099
Hellman, Lillian 533, 613
Hellmann, 2195
Hellpach, Willy 173
Hellwege, Heinrich 78, 240, 442, 518, 523, 717, 725, 780, 784, 868, 1095, 1194, 1199, 1648f., 1916, 1990
Hellwig, Adolf 1859
Helmer, Oskar 253, 300, 2011
Hemingway, Ernest 210, 724, 859, 1339
Hemme, Erich 776
Hemme, Hermann 776
Hemme, Wanda 776
Hemsath, Heinrich 1837, 1842
Henderson, Arthur 203, 379
Hendricks, Wienand 1001, 1042
Henel, Gertrud 614
Henk, Paul 920, 1573, 1837
Henke, 1177
Henke, Enno 303
Henke, Wilke 100
Henkels, Kurt 1437
Henlein, Konrad 160, 305, 1661, 1989, 2017
Henneberg, H.O. 1935, 2040
Hennecke, Adolf 109, 699
Henney, Arpad 2135
Hennig, Arno 354, 1389, 1814
Henningen, von 763
Hennings, Paul 341
Henningsen, Karl 561
Hennis, Wilhelm 1775

Henry, Grete 1141
Henschel, Fritz 615
Henschel, Karl 369, 416
Henschke, Hartmut 2253
Henselmann, Herbert 554
Hensler, Fritz 85
Hentig, Werner Otto von 2173
Hentoff, Nat 848
Hentschel, Hans 215f., 2043
Hentschel, Paul 215f., 2043
Henze, Hans Werner 877, 1450
Heppe, Joachim 575
Herberger, Sepp 1006
Herbst, Jo 888, 1972f.
Herder, Johann Gottfried von 933
Herking, Ursula 367, 942, 1533, 1741, 1831, 1879, 1883, 1913, 1920, 1936, 2046
Hermann, Egon 101
Hermann, Günthe 602
Hermann, Lieselotte 1035
Hermann, Peter 2005
Hermann, Ruth 786
Hermann, Willi 2199
Hermes, Andreas 173, 228
Hermes, Helene 2292
Hermlin, Stephan 233, 404, 504, 699, 795, 986, 1179, 1188, 1311, 1342, 1590, 1696, 1777, 1883
Herodes, 2054
Herr, Traugott 481, 868
Herr, Trude 1965
Herriot, Edouard 616, 690, 894, 1074, 1206, 1457, 1606
Herrmann, Egon 101
Herrmann, Georg 1125, 1964
Herrmann, Joachim 1359
Herrnstadt, Rudolf 84, 399, 719, 794, 816, 880, 885, 929, 937, 1810
Hersch, Jeanne 2271
Hersmann, Werner 1973
Herta, 1383
Herter, Christian A. 2064, 2158, 2180, 2181, 2181, 2237, 2346
Hertogh, Maria Bertha 338
Hertwig, Manfred 1303, 1521, 1559, 1590
Hertz, Gustav 1629, 1831
Hertz, Hans Heinrich 1704
Hertz, Pawel 1736
Hervé, Pierre 1308
Herwarth, Hans von 425, 899, 1292, 1662, 1869
Herweg, Hermann 1288
Herwegen, Leo 163, 219

Herzberger, Rudi 90, 92, 360
Herzfeld, Hans 554, 2190
Herzfelde, Wieland 125, 151, 1574-1575
Herzner, Albrecht 2273
Herzog, Robert 1938
Herzog, Willi 946, 1356, 1785, 1938, 2293
Heß, Ilse 123, 1624, 2016
Hess, Joseph 1197
Hess, Max 1197
Heß, Otto 32, 2016
Hess, Rudolf 304, 1197, 1269
Heß, Rudolf 123, 304, 1269, 1624, 1637
Heß, Wolf-Rüdiger 2195
Hesse, Hermann 1186, 1266, 1525
Hesse, Ninon 1266
Hessen, Johannes 1117, 1167, 1217, 1830, 1855, 1925, 2098, 2263
Hessenauer, Ernst 2048
Hesterberg, Trude 1707
Hetmanska, Maria 117
Hettich, Peter 653
Hetz, Karl 2204
Heubaum, Karl Heinz 1268
Heuderson, Arthur
Heumann, Dieter 1161
Heusel, Wilhelm 1830
Heuser, Georg 2224
Heusinger, Adolf 53, 159, 295, 308, 310, 345, 358, 366, 393, 457, 956, 1031, 1280f., 1314, 1317, 1342, 1583, 1616, 1636, 2043, 2141, 2194, 2196, 2222f.
Heuss, Theodor 20, 31, 65, 107, 117f., 126f., 135, 135, 146, 148, 193, 221, 230, 287, 295f., 310, 312, 317, 384, 414, 417, 432f., 445, 483, 485, 491, 529, 561, 594, 596, 599f., 692, 741, 781, 850, 896, 898, 903ff., 929, 954, 958, 960, 994, 999, 1010ff., 1047f., 1066, 1111, 1148, 1156, 1178, 1198, 1204f, 1225, 1280, 1340, 1378f., 1450, 1466, 1576, 1597, 1615, 1675, 1695, 1699, 1738f., 1812, 1957, 2050, 2066, 2125, 2132, 2146, 2181, 2190, 2204, 2213ff., 2219, 2243, 2314
Heuss-Knapp, Elli 128, 417
Heyde, Walter 1269
Heyde, Werner (alias Sawade, Fritz) 1082, 2322f., 2349
Heydebreck, Claus-Joachim von 2342
Heyder, Gerhard 1113
Heydorn, Heinz-Joachim 607
Heydorn, Wilhelm 785, 896

Heydrich, Reinhard 221, 435, 1967
Heydt, Robert 483
Heydte, Friedrich August Freiherr von der 474, 1939, 2112
Heye, Hellmuth 717, 784, 1231, 1363, 1390, 1443
Heygsterm, Hans 582
Heym, Stefan 768f., 1119, 1156, 1311, 1564
Heynitz, Wolfram von 1058, 1072
Hickmann, Hugo 165, 176, 178
Hiemer, Heinz 1147
Hiepe, Richard 912
Hierl, Konstantin 155, 1199
Hierro, Rafael 937
Hikmet, Nazim 986, 1310, 1647
Hilbert, Egon 134
Hilbert, Günter S. 900
Hilbert, Horst 1731
Hilbig, Walter 1945f.
Hildebrand, Fritz 775f.
Hildebrandt, Dieter 1533, 1741
Hildebrandt, Rainer 59f., 73, 93, 117, 141, 161, 194, 205, 232f., 257, 431, 500, 687, 973
Hildesheimer, Wolfgang 427, 899, 973, 1455, 1834, 2026, 2201
Hildtmann, Klaus 1576
Hilke, Heinz 1365
Hill, Gordon 1380
Hillebrand, Rosl 722, 744
Hiller, Kurt 506, 1376
Hilpert, Heinz 551, 1193, 1393, 1408f., 1448, 1631, 1830, 1855, 2098f., 2164
Hilpert, Walter 2227
Hilpert, Werner 193, 244, 525, 575
Hilz, Sepp 501
Himmler, Heinrich 25, 333, 513, 553, 674, 775, 1012, 1283, 1306, 1396, 1669f., 1961
Himpe, Hans 943
Hindenburg, Oskar von 46
Hindenburg, Paul von Beneckendorff und von 46, 456, 1497, 1720, 1745, 1884, 1990, 2036
Hingeley, Ernest F. 1856
Hinke, Willi 513
Hinrichs, August 458
Hinz, Michael 2303
Hinz-Vothron, Erna 616
Hinzpeter, Alwin 1920
Hirrlinger, Walter 2127, 2164
Hirsch, Ernst 1193
Hirsch, Karl Jakob 504, 1193, 1450, 1618, 2337

Hirsch, Kurt 504
Hirsch, Martin 1618
Hirschmann, Johann Baptist 1105
Hirschmann, Johannes 1878
Hirtreiter, Josef 394
Hiss, Alger 158, 175, 687
Hitler, Adolf 24f., 29, 32f., 39, 68, 71, 79, 85, 87f., 91ff., 106, 113, 116, 118, 122f., 148f., 161, 166, 177, 192f., 197f., 209, 235, 249, 251, 257, 259, 274, 282, 290, 305, 321, 327, 334, 345, 349, 366, 376, 390, 413, 426, 445, 456, 471, 479, 487, 505, 509, 511, 513, 521, 542, 549, 552, 555, 594, 600, 631, 660, 680, 682, 702, 717, 723, 725, 731, 737, 742, 746, 748, 763, 778, 781, 786ff., 869f., 887, 902, 911f., 959, 981, 994, 1012f., 1027, 1032, 1044, 1053, 1074, 1157, 1201, 1205, 1207, 1241, 1243, 1253, 1258, 1262, 1265, 1270, 1272, 1278, 1291, 1309, 1314, 1333, 1340, 1351, 1363ff., 1369f., 1374, 1380, 1383, 1397, 1408, 1434, 1436, 1448, 1452, 1458, 1488, 1496, 1519, 1531, 1557, 1591f., 1592, 1594, 1600, 1607, 1609, 1618, 1620, 1637, 1639, 1664, 1672, 1674, 1678, 1684, 1701, 1706, 1709, 1720, 1726, 1733, 1775f., 1796, 1806, 1813, 1857, 1862, 1882, 1914, 1942, 1962, 1991, 2002, 2012, 2035, 2038, 2043, 2059, 2073, 2088, 2105, 2108, 2126?, 2161, 2175, 2194, 2214, 2217, 2222ff., 2233, 2252, 2254, 2262, 2279, 2297, 2308, 2313, 2322, 2328, 2330, 2335, 2343f.
Hizume 1160f.
Hlasko, Marek 1869, 2002
Ho Chi Minh (Ho Tschi Minh) 48, 163, 181, 413, 775, 924, 978, 1014f., 1207f., 1682, 2110
Hocine, Ait Ahmed 23, 29
Hobleske, Bruno 1682
Höcher, Edwin 2238
Höcherl, Hermann 1770
Höcker, Hans Kurt 212
Hodeibi, Hassan el 1058, 1077
Hodel, Andreas 1507
Hodos, Georg Hermann 964
Hoefer, Wolfgang E. 1013
Hoegner, Wilhelm 740, 1229
Hoepner, Erich 1434
Hoereth-Menge, Edith 64, 416, 854, 1188, 2320
Hoernle, Edwin 84

Hoeskes, Matthias 384
Hofer, Franz 86
Hofer, Helmut 1047
Höfer, Ulrich 562
Höfer, Werner 540, 888, 2227
Hoff, Hans vom 459, 548, 559, 630, 675
Hoffmann, Alfons 145
Hoffmann, Erich 1521
Hoffmann, Ernst 865
Hoffmann, Fritz 296
Hoffmann, Hans 2183
Hoffmann, Heinrich 327
Hoffmann, Heinz 988
Hoffmann, Hilmar 1058
Hoffmann, Irene 898
Hoffmann, Joachim 1512, 1607
Hoffmann, Johannes 434, 690, 693, 782, 1274f.
Hoffmann, Karl 385
Hoffmann, Kurt 2021f.
Hoffmann, Oskar 1103
Hoffmann, Volkmar 1202
Hoffmann, Werner 898
Hoffmann-Harnisch, Wolfgang 2134
Hoffmann-Schönborn, 1368
Hoffmeister, Arnold F. 625
Höffner, Josef 1878
Höfl, Heinz 2155f.
Höfler, Heinrich 359
Hofmann, 505, 1498
Hofmann, Hans 667
Hofmann, Richard 1933
Hofmann, Rolf 2304
Hofstätter, Peter R. 1932, 2050
Högemann, Jörg 2345
Högner, Wilhelm 1378
Hohenemser, Herbert 1935
Hohenzollern, Prinz Louis Ferdinand von 1011
Höher, Wolfgang Paul 737
Höhn, Reinhard 1960f.
Höhne, Eitel 287
Höhnisch, Erich 1791
Hohoff, Margarete 1903
Hoin, Karl 1878
Höing, Anton 517
Hölderlin, Johann Christian Friedrich 128, 933, 2004
Holl, Paul 905
Hollander, Jürgen von 1268
Holländer, August 194, 225, 395
Holländer, Werner 494
Höller, Alfons 1654
Höller, Franz 305

Höllerer, Julius 118
Höllerer, Walter 1046, 2026, 2306
Hollidt, Karl 151
Holly, Buddy 2103f.
Holoj, Tadeusz 1648
Holst, Erwin 304
Holstein, Werner 487
Holthusen, Hans Egon 1818
Holtz, Peter 582
Holtzhauer, Helmut 76, 865
Holweg, August 1920
Holz, Hans Heinz 1346
Holzamer, Karl 2050
Holzapfel, Friedrich 1289
Holzer, Paul 655, 1362
Holzinger, Ernst 2219
Holzwig, Adolf 742
Homann, Egon 2199
Homann, Heinrich 669, 1139, 1772, 1957
Hommer, Michael 1248
Honda, 1925
Honecker, Erich 47, 128, 233, 330, 352, 401, 450, 467f., 487, 603, 611, 623f., 753, 761, 961, 992, 1069, 1327, 1765, 1790, 1832, 2211, 2306
Hönig-Ohnsorg, Klaus Franz 588, 654
Hönle, Ludwig 2115, 2140, 2174f., 2286
Honnen, George B. 1026
Honner, Franz 67
Hoogen, Matthias 1796
Hook, Sidney 61, 161, 249f., 377, 1194
Hooker, John Lee 2218
Hoover, Herbert C. 341, 2158
Hoover, J. Edgar 258, 446, 912f.
Höpker-Aschoff, Hermann 65, 491, 647
Hopkins, Jerry 1323
Hoppe, August 486
Hoppe, Kurt 652
Hoppe, Paul-Werner 971, 1293, 1653
Hoppe, Wolfgang 1836
Hörig, Günter 1146
Horkheimer, Max 90, 99, 136, 268, 512f., 541, 649, 697, 741, 774, 871, 976, 988f., 1371, 1378, 1667f., 1998, 2186
Hörlein, Heinrich 273
Horn, Johannes 1559, 1611
Horn, Johannes Heinz 1539
Horn, Otto 2313
Horn, Walter 1268
Horney, Brigitte 28
Hornfleck, Wilhelm 1270
Horowitz, Vladimir 24
Horváth, Márton 1401

Horwitz, Hans 1598
Horwitz, Kurt 28
Hose, Fritz 2272
Höss, Konstantin 305
Höß, Rudolf 51, 1177
Hossin, Ahmed 1470f.
Houdremont, Eduard 345
Housseau, Claude 2284
Howe, Sir Robert 952
Hoxha, Enver 81
Hoyer-Millar, Sir Frederick 938, 1179
Hromadka, Josef 1912
Huarez, André 2284
Hubalek, Claus 862
Hubalek, Felix 1912
Huber, Alfred 2046
Huber, Heinz 899
Huber, Kurt 1247f., 1706
Huber, Max (d.i. Taubert, Eberhard) 2113
Hübner, Hans 963
Hübner, Karl 1533
Hübotter, Christine 374
Hübotter, Klaus 1400
Huchel, Peter 24, 404, 502, 1046, 2335
Huck, Paul 649
Huddleston, Trevor 1208
Huebner, Clarence R. 63
Huffzky, Hans 1520
Hugenberg, Alfred 92, 168, 174
Huhn, Willy 53, 321, 512
Hülle, Werner 1729
Hüller, Oswald 1730, 2013, 2068, 2078, 2188f., 2194, 2198, 2203, 2068, 2228, 2230
Hülse, Edwin 389
Hümbs, Doris 1328
Humphrey, Hubert H. 2106
Hundhammer, Alois 33, 119, 390, 510, 943, 1021, 1688f., 1749, 1971
Hunger, Marga 1018
Hupfeld, Renatus 2074
Hupka, Herbert 540
Huppenkothen, Walter 384f., 531, 685, 1268f., 1302, 1397
Hurdalek, Georg 2275
Husain, Abd Allah Ibn Al 460, 645
Husain Sirri Pascha 645
Hüsch, Dieter 1467
Hussein II. (König von Jordanien) 137, 396, 421, 1761, 1788, 1950, 1955
Hutchins, Robert M. 2001
Hütsch, Karlheinz 1071
Hüttemann, Erich 2089
Hutten, Ulrich von 933

Huxley, Aldous 320
Huxley, Julian 1943, 2087
Hynd, John 312

I

Ibánez, Carlos 670, 1310
Ibarruri, Dolores 1334
Ibbotson, Derek 1950
Idelberger, Willi 155
Idir, Aissat 2226f., 2302
Idler, Willi 151, 197
Ihle, Siegfried 172
Ihn, Max 345
Iki, Shizuto 1630
Ilgenfritz, Otto 1051
Ilges, Wolfgang 1630
Ilgner, Max 273
Illing, Ulla 1068
Im, Luitgard 1655
Imboden, Max 1491
Imdahl, Manfred 1335, 1337
Imgard, Dagmar 1068
Impelliteri, Vincent 224
Infeld, Leopold 388, 1219
Ionesco, Eugène 1631
Isenburg, Helene Elisabeth Prinzessin von 362, 393, 402, 1256
Ismay, Lord Hastings Lionel 1532, 1555, 1625, 1629
Ismayr, Rudolf 1421, 1451
Ison, David 1918
Itote, Waruhiu 972
Iven, Hans 2281, 2314
Iversen, Olaf 1688, 2147
Iwand, Hans 513, 551, 1079, 1134, 1614, 1801, 1918, 1934, 1951, 2033, 2263

J

J., Iwan 2095
Jachil, Chaim 765
Jäckle, Erwin 78
Jackson, Charles D. 424
Jackson, Henry 431
Jacob, Günter 1423, 1837, 1906
Jacobi, Claus 1231
Jacobi, Herbert 1285
Jacobi, Werner 1248
Jacobs, P. 1900
Jacobsen 1252
Jacobsen, Otto 1101
Jacobson, Michael 2332
Jacoby, Gerhard 503

Jacques, Julien 2265
Jacquot, Pierre 1367
Jadau, Willi 87, 443
Jädecke, Herbert 1965
Jädicke, Fritz 903
Jaeger, Lorenz 1289
Jaeger, Max 2312
Jaeger, Richard 357, 536, 1031, 1289, 1679, 1689, 1778, 1922, 1941f.
Jaeger, Wilhelm 78
Jaehne, Friedrich 273
Jaene, Hans Dieter 1259, 1520
Jäger, Manfred 413, 2163
Jagusch, Heinrich 1922
Jahn, Artur 1318
Jahn, Edgar 1489
Jahn, Gerhard 2090, 2119
Jahn, Hans 771
Jahn, Moritz 2279
Jahn, Rudi 1361
Jahnn, Hans Henny 374, 404, 502, 1310, 1556, 1662, 1679, 1703f., 1814, 1849f., 2334f.
Jahr, John 1520
Jahrreiß, Hermann 2289
Jakobi, Rudolf 462
Jakoby, Martin 737
Jakowlew, Anatoli 412
Jaksch, Gustav 2272
Jakys (d.i. Lukys, Pranas) 1974
Jaldati, Lin 1810
Jameson, Egon 90
Jänisch, Johannes 794
Jänisch, Otto 1394
Janka, Walter 1303, 1489, 1518, 1521, 1530, 1559, 1680f., 1695, 2060
Janosi, Ferenc 1926
Jansen, Josef 1747
Jansen, Ottokar 2272
Janßen, Karl-Heinz 1266
Janssen, Theodor 1990
Jantke, Ewald 1316
Janza, Karoly 1479
Jarotzke, Karl 509
Jarry, Alfred 471
Jarschel, Friedrich 1661, 2016f.
Jaspers, Karl 375, 1194, 1910f., 1994, 2100, 2157, 2331
Jasser, Manfred 74
Jastrun, Mieczys_aw 1526, 1736
Jaudt, Johann 134
Javits, Jacob K. 503
Jeanmard, Jules B. 1285
Jecht, Horst 454
Jedzini, Oscar 499

Jelzin, Boris 1718
Jendretzky, Hans 178, 611, 774, 880, 937
Jendrijewski, Bernhard 2331
Jenkins, Roy 1250
Jennes, Johann 339
Jennrich, Ernst 887, 907
Jenny, Kurt 1491, 1943
Jenoch, 1671
Jenrich, Ernst 957
Jens, Walter 281, 427, 538, 899, 1350, 1672, 1831, 1834, 2026, 2077, 2164
Jensen, Ben F. 950
Jerome, Victor 446
Jerussalimski, Arkadi Samsonovitsch 2345
Jespersen, Knut 2026
Jessup, Philip C. 185, 395
Jetter, Friedrich Michael 982
Jeworski, Walter 1454
Jiménez, Gustavo 116
Jiménez, Juan Ramón 1526
Jochheim-Arnim, Karl 551
Jochmann, Rosa 1368
Jodl, Alfred 742
Johannes XXIII. (Papst) 2022, 2142
Johannsson, Rolf 575
John, Erhard 1811
John, Otto 334, 661, 926, 1013f., 1017, 1023, 1026f., 1038f., 1094, 1112, 1141, 1151, 1198, 1290, 1303, 1539f., 1957f.
Johne, Walter 1110
Johns, Bibi 2017
Johnson, Arnold Samuel 446
Johnson, Hawlett 108
Johnson, Lyndon Baines 1723
Johnson, Uwe 108, 338, 718, 761f., 2218, 2306
Johst, Hanns 89, 107
Joliot-Curie, Frédéric 56, 134, 218, 220, 226, 255, 270, 326ff., 388, 506, 636f., 700, 1111, 1206, 1219, 1450, 1516, 1590, 1608, 1632, 1756, 1951, 1968, 2007
Jonas, Franz 1465
Jonas, Karl 895
Jones, Claudina 446
Jones, Constance 635
Joos, Georg 1851
Joos, Josef 1750
Joost, Hermann 2113
Jopke, Wilfried Paul 1166
Jordan, August 1020
Jordan, Pascual 255, 1747, 2112, 2254, 2259

Jores, Arthur 265, 340, 435
Jöres, Gottfried 1957
Jorn, Asger 1685, 1769, 2155f.
Jösch, H. 2271
Jösch, Wilhelm 1512
Joschke, Georg 1745
José, Hans 326, 545, 1102, 1104, 1251, 1331, 1495, 1521, 1527, 1595, 1687, 2076, 2108, 2192, 2235
Josephthal, Giora 665
Josselson, Michael 871
Jost, Georg Wilhelm 1000
Jost, Heinz 2095
Jourdan, Solange 680
Jouvenel, Bertrand de 1250, 2001
Jouvet, Louis 441
Joxe, Louis 1985
Joyce, Harlon 2015
Joyce, James 1046
Jud, Felix 1042
Jüdes, Robert 443
Juhr, Gerhard 737
Juin, Alphonse 310, 962f., 1017
Juliana, (Königin der Niederlande) 155f., 360, 524, 901, 1377, 1520
Julitz, Peter 1695
Jung, Otto-Heinrich 551, 634, 878, 919, 1936, 2253
Jungbluth, Adolf 142
Jungclas, Georg 404, 948, 2033f., 2044
Junge, Heinz 1728, 2199, 2293
Jungk, Robert 1619, 1822ff., 1943, 1970, 2035, 2077f., 2087f., 2201
Jungmann, Erich 227
Jungmann, Karl 1150, 1328, 1349
Jungnickel, Rolf 774
Jungs, Manfred 919
Jungschäffer, Karl 2156
Junker, Heinrich 1228f.
Jürgens, Curd 1248f.
Just, Gustav 1489, 1521, 1559, 1591, 1680f.
Justus, Pál 121
Jüttner, Hans 150

K

Kaatz, Leopold 219
Kabaka Mutesa II. 990
Käber, Wilhelm 190, 237
Kaczmarek, Czesław 896
Kádár, János 1299, 1417, 1476, 1478, 1480f., 1507, 1511f., 1518, 1532, 1599, 1792, 1824, 1926
Kaden, Wolfgang 249

Kafka, Franz 432, 1339, 1522, 1881
Kaganowitsch, Lasar M. 714, 747, 1334, 1468, 1670, 2096
Kahane, David 2162
Kähler, Luise 1259
Kahlo, Frida 1008f., 1742
Kahn, Albert 49
Kahn, Erich Otto 738
Kahn-Ackermann, Georg 1632
Kaisen, Wilhelm 628, 1204, 1883, 2181
Kaiser, Georg 1406
Kaiser, Jakob 119, 213, 223, 234, 255, 366, 439, 449, 460, 468, 472, 485, 538, 572, 579, 632, 774, 783, 799, 840, 851f., 898, 908, 927, 974, 993ff., 1012, 1214, 1250, 1315
Kaiser, Joachim 1717, 2026, 2092
Kaiser, Leonhard 1865f.
Kaiser, Wolfgang 532, 652, 655, 991
Kalinke, Margot 518, 781, 877
Kalinowski 1982f.
Kalitzky, Julius 1598, 1862
Kallauch, Günter 2013, 2068, 2078, 2194, 2230
Kalt, Hans 416
Kaltenbrunner, Otto 1397
Kalweit, Erich 507
Kalweit, Wilhelm 574
Kamal, Ahmed 1652
Kamel, Fathy 2006
Kamenew, Leo Borissowitsch 746, 2110
Kamieth, Ernst 508f.
Kamitschek, Karl 401
Kammacher, Emma 846
Kammacher, Gerhard 1207
Kammeler, Walter 1796
Kammer, Klaus 82, 84, 166, 952, 1724f., 1869, 1919, 2114
Kammerer, Johann 1714
Kamnitzer, Heinz 1993, 2177
Kanitz 1423
Kanka, Karl 2014f.
Kant, Immanuel 693, 933, 1450, 1572
Kanter, Ernst 1389, 1765, 2000, 2009, 2119
Kantorowicz, Alfred 33, 42, 135, 445, 523, 1163, 1336, 1354, 1559, 1694-1697, 1700, 1927
Kapfinger, Hans 1971, 2118
Kapiza, Pjotr 653
Kaplan, Reinhard Walter 392, 2191
Kapluk, Manfred 658
Kaps, Hans-Henning 561
Karajan, Herbert von 1145
Karamanlis, Konstantin 1264, 1379, 2099, 2111, 2224

Karami, Rajad 1761, 2015
Karaolis, Michael 1379, 1497
Karasin 256
Karbyschewa, Lidija Wassiljewna 1172
Kardelj, Edvard 121, 1531
Kardorff-Oheimb, Katharina von 397, 591, 629, 636, 670
Karl der Große 197
Karmainsky, von 915
Karmoto, Sachiko 2037f., 2040, 2044, 2051
Karpenstein, Erhard 2272
Karpinski, Len 2027
Karpinski, Paula 1867
Karrenberg, Friedrich 513
Karsch, Heinrich 1385
Karst, Heinz 1064, 1068
Karst, Roman 1463
Kartajannis, Antonios 2224
Karwehl 2339
Kasack, Hermann 24, 521, 1731
Kasawubu, Joseph 2080
Kaschnitz, Marie-Luise 521, 539
Käseberg, Alfred 612
Kasperkowitz, Karl 112f.
Kassem, Abd al-Karim 1491, 1950, 2271, 2288
Kassen, Fred 1210, 1240, 1533
Kasser, Friedrich 276
Kassjenkina, Oksana 49
Kaste, August 341, 1970
Kastner, Hermann 129, 217
Kastner, Ralph 214
Kastner, Rudolf 1587
Kästner, Ehrhart 2201
Kästner, Erich 367, 521, 545, 965, 981, 1119, 1124, 1389, 1730f., 1814, 1830f., 1834, 1851f., 1855, 1895, 1901, 1935, 1943, 2152
Kater, Helmut 1100
Kather, Linus 122, 386, 599, 650, 1463
Katsch, Gerhard 1466
Katten, Fritz 149
Katz, Fritz 1624
Katz, Otto 689
Katz, Shmuel 2217
Katzenstein, Dietrich-Edgar 2113
Kaub, Erich 2221, 2305
Kaufmann 1936
Kaufmann, Helene 208
Kaufmann, Irving 413
Kaufmann, Karl 58, 176, 265, 725
Kaufmann, Kurt 48
Kaul, Friedrich Karl 497, 583, 658, 1071, 1078, 1080, 1427, 1436f., 1582, 1922, 2004, 2069, 2186, 2282, 2320

Kaulitz, Heinz 2339
Kausch, Peppi 589
Käutner, Helmut 356, 549, 1248, 1844
Kautsky, Benedikt 364, 791, 1893
Kautsky, Karl 1893
Kawawa, E. M. 2264
Kaye, Danny 561
Kazan, Elia 533, 587, 1260
Kazurke, Reinhold 2046
Kehren, Hans 1864
Keil, Ludwig 228, 900
Keil, Wilhelm 186
Keilmann, Karl 1240, 1270
Keilson, Max 723
Keisch, Henryk 1458, 1883
Keller, Christa 1457
Keller, Horst 895, 948
Keller, Inge 1810
Keller, Michael 1049, 1649, 1665, 1688
Keller, Paul 1310
Keller, Wally 1139
Keller, Wilfried 203
Keller, Wilhelm 1519, 1876f., 2164, 2260, 2265
Kellner, Kurt 2099, 2105
Kelpin, Edgar 1213
Kempcke, Rolf 520f.
Kempner, Robert M. W. 254, 256, 324, 375, 1248
Kempski, Ulrich 1798
Kemritz, Hans 447
Kennan, George F. 1250, 1379, 1742f., 2087, 2136, 2272
Kent, Herzogin von 1589
Kenyatta, Jomo 678, 720, 759, 765, 2153
Keppler, Wilhelm 345
Kerckhoff 1339
Kerenski, Alexander 879
Kern, Käte 39
Kernchen, Georg 668
Kernmayr, Erich K. 1266, 1464, 1678, 2165, 2311
Kerouac, Jack 1267
Kerst, Herbert 146
Kertzscher, Günter 2204
Keseberg, Heinrich 437
Kessel, Martin 223, 521
Kesselring, Albert 530, 553, 584, 651, 679, 734, 783, 864, 900, 937, 1027, 1032, 1067, 1125, 1180, 1200ff., 1231, 1242f., 1260, 1452, 2069, 2183f., 2254, 2311
Kessler, Edmund 494
Kessler, Gerhard 1868

Keßler, Heinz 988
Kessler, Richard 171, 228
Keßler, Sally 2152
Kessous, Azis 1263
Kesten, Hermann 220, 1389
Ketterer, Arthur 417, 482, 583, 657, 762, 896, 902, 1110, 1179f., 1247
Kettig, Alma 1344, 1905, 1992
Kettner, Richard 778
Keudell, Walter von 1289
Keun, Irmgard 1965
Keuning, Dietrich 1129, 1164, 1355, 1617, 1837, 2103, 2142, 2234, 2241, 2267
Keup, Leo 604
Keusch, Hannes 1164
Khan, Hussein Ala 396, 421
Khan, Liaquat Ali 501
Khider, Mohammed 1009, 2329
Khosrowi, Koron 1499
Kief, Fritz 1335
Kiefert, Hans 1737, 1875
Kiehn, Fritz 242
Kielmannsegg, Johann Adolf Graf von 308, 359
Kiepenheuer, Karl Otto 1163, 1701, 1804
Kierspel, Josef 914
Kierzek, Heinrich 779
Kiesinger, Kurt Georg 281, 329, 442, 625, 1130, 1245, 1575, 2174f., 2204
Kilb, Hans 1990, 2314f., 2315
Killy, Walter 554
Kim Il Sung 247f., 2110
Kimpel, Helmut 26, 457
Kindermann, Heinz 972
Kindler, Helmut 118, 146, 1432f., 1694
King, Coretta (Scott King, Coretta) 1324, 1351, 1538f., 1566, 1580
King, Martin Luther 1098, 1287, 1300, 1324, 1351, 1366, 1539, 1560, 1566, 1580, 1582, 1589, 1640, 1657, 1767, 1797, 1933, 1979f., 1988, 1989, 2029
King, Yolanda 1324
Kingler 855
Kingsbuy-Smith, John 33, 198
Kingsley, Sidney 733, 1776, 2087f.
Kinon, Helmut 207
Kinsey, Alfred C. 894f.
Kinski, Klaus 2150
Kipling, Rudyard 243
Kipphardt, Heiner 2129
Király, Ernö 2135
Kirchhof, Paul 622
Kirchhoff, Joachim 1289

Kirchmayer, Johann 934
Kirchner, Rudi 1244, 1369, 1814, 1983, 2006
Kiritschenko, Alexej 1334
Kirkpatrick, Sir Ivone 197, 224, 244, 246, 273, 342, 389, 443f., 517, 564f., 680, 725, 751, 889, 1292, 1869
Kirmse, Ulrich 898
Kirow, Sergej 1605, 2110
Kirsch, Botho 2047, 2056
Kirschbaum, Cläre 1856
Kirst, Hans Hellmut 966f., 1858, 1880, 1927
Kirwan, Michael J. 950
Kishi, Nobusuke 2193, 2235
Kissinger, Henry A. 2091, 2108, 2172, 2177, 2284
Klagges, Dietrich 208, 684, 1192, 1199, 1465, 1720
Klaiber, Manfred 1340
Klapproth, Willi 366
Klauck, Hans 1912
Klausener, Erich 435, 781
Klebeck, Kurt 563
Kleefeld, Eduard 2201
Kleewitz, Siegfried 1782
Klefeld, Willi 940
Klein 2300
Klein, Fritz 676
Klein, Klaus 1365
Klein, Manfred 1359
Klein, Robert 703
Klein, Rudolf 1897
Klein, Walter 1040
Kleine, Lothar 1536
Kleiner, Wolfgang 2158
Kleinert, Margarete 737
Kleinert, Werner 737
Kleinknecht, Wilhelm 1657, 1661
Kleinschmidt, E. 1275
Kleinschmidt, Karl 416f., 1077
Kleist, Peter 2076
Kleist, Wilhelm von 2232
Kleisthenes 13
Klement, Richard 221, 517, 751, 758
Klemm, Wilhelm 1788
Klemperer, Victor 1343, 1805
Klepacz, Michał 896
Klepper, Otto 449, 575
Klepsch, Egon 253
Klerides, Glafkos 2345
Klett, Arnulf 568
Klette, Hans 388
Klibansky, Joseph 91, 228, 276, 654
Kliefoth, Werner 1624, 2282

Kliemt, Walter 1640
Klier, Helmut 2086, 2192
Klier, Johann 278
Klimow, Gregori 431
Klingenfuß, Karl 38
Klinger, Horst 1271
Klinger, Siegfried 584
Klingler, Herbert 1315
Klingspor, Hermann 176, 1195
Klinkhammer, Karl 365, 392
Kliszko, Zenon 139
Klocker, Günter 1496
Klönne, Ernst Moritz 1764, 1796, 2328
Kloppenburg, Heinz 1079, 1082, 1129, 1729, 1801, 1845, 1853, 1857-1858, 1860, 1883, 1912, 1920, 1936, 2014, 2125, 2133, 2135, 2189
Klös, Heinrich 1354
Klosiewicz, Wictor 1515
Klotz, Max 1020f., 2239
Kluge, von (Generalmajor) 1717
Kluge, Herbert 736
Klumb, Hans 1825, 1936, 2263
Knabe, Gerd 589
Knapp, Wilhelm 1797
Knappe, Hans-Heinrich 1654
Knebl, Oswald 98
Knecht, Josef 592
Knef, Hildegard 350, 365, 385, 387, 392
Kneip, Jakob 1155
Knepler, Georg 1161
Knierim, August von 1420
Knietzsch, Horst 2222
Knight, Laura 1648
Knittler, Martin 1950
Knobelsdorff, Georg von 933
Knoblauch, Dieter 2280
Knobloch, Kurt 991
Knochen, Helmut 947, 1050, 1842
Knoeringen, Waldemar von 145, 492, 1302, 1328, 1412, 1415, 1772, 1831, 1851f., 1858, 1866, 1879, 1896, 1903, 1920, 1936, 2012f., 2078, 2087f., 2117, 2178, 2190, 2204, 2229f.
Knoll, Helli 1672
Knöll, Hans 823
Knöllinger, Wilhelm 1332
Knoop 2008
Knorr, Wilhelm 605
Knost, F.A. 1618
Knott, Otto Karl 1293, 1653
Knuth, Gustav 1830
Kobayashi 2193
Köbis, Albin 2033, 2042f.

Koch, Christian 209
Koch, Erich 74, 156, 2128f.
Koch, Hans-Joachim 1203
Koch, Hermann 2161, 2214
Koch, Ilse 330f., 363, 1940
Koch, Karl 330, 333, 1940
Koch, Ludwig 1903, 1935
Koch, Nikolaus 603
Koch, Otto 513
Koch, Robert 933
Koch, Thilo 1108
Koch, Werner 573
Köckritz, Ernst 1642
Koczian, Johanna von 1458
Koellreutter, Otto 1017, 1036, 1202
Koenen, Wilhelm 84, 780
Koeppen, Wolfgang 1679, 1831, 1834
Koestler, Arthur 161, 173, 206f., 248-250, 320, 352, 523, 733, 864, 887, 1520, 1525, 1986
Koffler, Remus 964
Kofler, Leo 304f., 592, 666
Kogan, B.B. 725
Kogel, Hans-Dietrich 1097, 1207
Kögler, Theodor 376
Kogon, Eugen 24, 41, 60, 66, 72, 77f., 96f., 187, 193, 232, 250, 255, 270, 426, 487, 539, 549, 553, 565, 588, 667, 1385, 1557, 1655f., 1814, 1822f., 1892, 1904, 1913f., 1924, 1941, 1945, 2165, 2179
Kohl, Helmut 161, 267
Kohler, Henry 540
Köhler 823
Köhler, Christian 648
Köhler, Erich 115, 120f., 149, 192, 200, 217, 227, 234, 242, 578
Köhler, Erwin 334
Köhler, Hanns Erich 87, 1125, 1195, 1212, 1281
Köhler, Otto 1490, 1795f.
Kohlmann, Gertrud 367
Kohut, Oswald Adolph 2164
Koklow, Nikolai Jewgenowitsch 970
Kolakowski, Leszek 1346, 1723
Kolb, August 1051f., 2092
Kolb, Jakob 1086f.
Kolb, Walter 108f., 143, 193, 231, 393f., 482, 512, 514, 539, 587, 625, 629, 741, 749, 896, 1042
Kolbe 1698
Kolbenheyer, Erwin Guido 223, 354
Kolbenhoff, Walter 60, 131
Kolfhaus, H. 1089
Kollontai, Alexandra 571

Kollwitz, Käthe 1976
Kolzen, Anton 895
Komar, Waclav 1468
Komorek, Christoph 1067
Kompalla, Erich 2320
Konatznik, Rolf 476
Könen, Willy 2264
Konerding, Wolf Rüdiger 1598
Konew, Iwan Stepanowitsch 1185, 1468
König, Georg 1642
König, Kurt 782
König, René 512
König, Walter 1397
Konirsch, Berthold 588
Konrad, Käthe 246
Konstanidis, Wassilios 233
Konya, Lajos 1278
Konzok, Willi-Peter 901
Koob, Josef 269
Koos, Peter 667, 1477
Kopácsi, Sándor 1926
Köper, Hans Hermann 895, 948, 1122, 1323f., 1516, 1876f., 2164, 2248, 2331
Kopf, Hinrich Wilhelm 241, 444, 558, 632, 953, 2069, 2152, 2208, 2262
Kopfermann, Hans 2282
Köpp, Ingeborg 341
Koppel, Wolfgang 2068, 2334
Kopper, Helena 563
Köppke, Elli 1748
Körber, Gustav 495
Körber, Hilde 40, 431
Körbs, Hans Otto 395
Korda, Alexander 1991
Kordt, Erich 78
Korf, Wilhelm 915
Korfes, Otto 1772
Kormannshaus, Hans 2344
Korn, Karl 136
Korn, Werner 2203
Kornemann, Helmut 1654
Körner, Theobald 300, 436f., 496, 1276
Kornetzky, Wolfgang 1837
Kornisch, Berthold 654
Korody, János de 1495
Korsch, Karl 265f., 355, 1425
Kortner, Fritz 335, 510, 627, 801, 1831
Kosche, V. 1279
Kosel, Harald 677
Koslow, Frol R. 2285f.
Koslowsky, Ulrich 1269
Kossuth, Lajos 1479, 1481, 1528
Kostelanetz, André 24
Köster, Heinrich 1253

Kosterlitz, Hans Krafft 208
Kostow, Traitscho 23, 82, 150f., 277f., 533, 1361
Kotane, Moses 153
Kotikow, Alexander G. 66, 72
Kotschenreuther, Helmut 2285
Koubek, Peter 733
Koucky, Wladimir 1937
Kovacs, René 1569, 2001
Kovács, István 1479
Kowa, Victor de 23, 36, 1707
Kowalcyk, Edward 2267
Kozjuba, I. A. 1366
Kraft, Heinrich 1931
Kraft, Jürgen 1273
Kraft, Waldemar 167, 255, 370, 775, 868, 994, 1219, 1317, 1466, 2338
Kraft, Wilhelm 563
Krag, Jens Otto 1350
Krahmann, Lea 2300
Krahmann, Otto 2298ff.
Kramer, Gerhard 58, 1272
Krämer, Heinz 603, 616, 2097
Krämer-Badoni, Rudolf 1912
Kranz, Rudolf 650
Krapp, Otto 522
Kratz, Albert 1921
Kraus, Günther 1211
Kraus, Hans-Joachim 1141, 1900
Kraus, Herbert 42, 537
Kraus, Karl 306, 627
Kraus, Peter 2018
Kraus, Theodor 2331
Krause, Albrecht 1114
Krause, Joseph P. 2005
Krauss, Hans 81
Krauß, Helmut 2304
Krauss, Werner 160, 309, 335ff., 340, 346, 356, 733, 999f.
Kraut, Wilhelm 1335, 1337
Krautheim, Jürgen 1958
Krawtschenko, Victor Andrejewitsch 53
Krebeau, Antonio 1659
Krebs, Fritz 570, 593f., 622
Krebs, Karl 341
Krebs, Richard 354f.
Kredel-Niemöller, Pauline 1646
Krefeld, Fritz 647
Kreikemeyer, Willi 72, 162, 277f., 1069, 1157
Kreil, Heinrich 1038
Kreipe, Werner 403
Kreisky, Bruno 2183, 2220, 2272
Kremer, Johannes 1788

Kremer, Robert 1372, 1678, 2069, 2081, 2090, 2186f.
Kressmann, Willy 991, 1969, 2088, 2162
Kreuder, Ernst 1703
Kreussel, Alfons 390
Kreutzer, Hermann 111, 1358
Kreutzer, Paul 111, 1358
Kreuz, Franz 1652f., 1817
Kreuzmann, Werner 1974
Kreyssig, Lothar 1862
Kriedemann, Herbert 79
Krieg, Horst 648
Krille, Herbert 1150f.
Krim, Belkacem (Bekassem) 1010, 1697, 1762, 1988
Kristu, Pandi 81
Kriszat, Reinhold 221
Kröber, Erich 833
Kröger, Herbert 1071, 1582
Krolikowski, Wolfgang 1881
Kroll, Ado 2315
Kroll, Gerhard 474
Kroll, Hans 2079, 2161
Krolow, Karl 614
Krone, Heinrich 1344, 1749, 1757, 1812, 1988, 2155, 2340
Krosigk, Lutz Graf Schwerin von 55, 78
Krüger 831
Krüger, Bum 367
Krüger, Gerhard 125, 149, 552
Krüger, Hans 2263
Krüger, Heinz 324
Krüger, Helmut 958
Krüger, Walter 845, 861
Krüger, Willibald 125, 149, 324, 367, 552, 678, 831, 845, 861, 958, 2263
Krumey, Hermann 1609, 2286
Krumm, Otto 25
Krumsiek, Carl 2089
Krupp von Bohlen und Halbach, Gustav 377
Krupp von Bohlen und Halbach, Alfried 348, 372, 376f., 672, 745, 1735, 1972
Krüss, James 525, 965
Kubel, Alfred 517
Kubelik, Rafael 24
Kübler, Johann 1673
Kübler-Isaaksohn, Stella 1664
Kuboyama, Aikichi 952
Kuboyama, Suzu 1232
Kubrick, Stanley 1939f.
Kubuschok, Egon 48
Kuby, Erich 28, 672, 1204f., 1371, 1410,

1834, 1921, 1935, 1972f., 2069, 2077, 2079, 2112, 2117f., 2184
Küchenthal, Werner 123
Kuchta, Josef 2046
Kuckhoff, Greta 117, 1854, 2258, 2345
Kuczka, Péter 1401
Kuczynski, Jürgen 84, 1805f.
Kügelgen, Bernt von 1772
Kuhlmann, Willi 2326
Kuhn, Fritz 40
Kuhn, Harry 1404, 1844
Kuhn, Richard 1773
Kühn, Fritz 648
Kühn, Heinz 111, 1114, 1363, 1374, 1376, 1852f.
Kühne, Hans 273
Kuhnke, Samuel 949
Kühnrich, Rudolf 2099
Kukil, Max 1368, 1415
Kukowitsch, Hans 970
Kulenkampff, Hans-Joachim 2293
Kullmann, Hellmut 593
Kum Sok No 894
Kümmel, Walter 563
Kummernuß, Adolph 562, 630, 773, 1110, 1626f., 1772
Kundt, Klaus 919, 1193, 1671
Künnecke, Eduard 567
Kunst, Hermann 1583, 2166
Kunst, Karl 1415
Kunstmann, Heinrich 2313
Kuntzsch, Alfred 750
Kuny, Jacob 34, 150, 335
Kunz, Philipp 2125
Kunze, Max 1015
Kunze, Paul 1629
Kunze, Rainer 1535
Künzli, Arnold 540
Kuo Mo-jo 985
Kuper, August 132, 736, 741
Küpper, Anton 1990
Küppers, Erika (Erica) 501, 545, 1646, 1672f., 1952
Kupsch, Klaus 937
Kupsch, Otto 937
Kuraner, Maxim 909, 2080
Kurella, Alfred 1311, 1731f., 2129, 2162
Kurfürst von Brandenburg 1315
Kurowski, Paul 127
Kusano, M. 1167
Kuschel, Erich 592
Kusmany, Elfriede 1935
Küster, Fritz 367, 489, 492
Küster, Ingeborg 767, 1964
Küster, Otto 530, 584, 600, 612, 792

Küstermeier, Rudolf 477f., 530, 549
Kutschera, Franz 1810
Kutsoftas, Michael 1449
Kutzner, Erich 1133
Kuwatli, Schukri el 1788ff.
Küzük, Fazil 2111, 2345
Kynast, Willi 1107f.
Kyrkos, Leonidas 41

L

Laak, Lonny van 551
Labrousse, Ernest 1352
Lacerda, Carlos 1031
Lacomme, Jean 2174
Lacoste, Robert 1568f., 1603, 1632, 2271
Lacoste Lareymondie, Alain de 2271
Lacouture, Jean 988
Laegeler, 1314
Lafferentz, Bodo 1572
Lahaut, Julien 274
Lallinger, Max 202
Lambrecht, Gerhard 1943, 2230
Lamine-Debaghine, Mohammed 1697
Lamm, Fritz 1369, 1793, 1896, 2237f., 2257
Lamm, Hans 2002
Lammerding, Heinz 440, 2286
Lammert, Willi 2266
Lammoth, Paul 2193
Lamp, Hermann 471, 737
Lampe, Georg 92
Lampel, Peter Martin 400, 416
Lampey, Erich 595
Lampowski, Albrecht 1638
Lamps, René 1132
Landahl, Erich 1371
Landauer, Gustav 666
Landefeld, Hermann 1864
Landsberg, Kurt 1739
Landshut, Siegfried 1750
Landwehr, Ludwig 200, 209, 339
Lang, Ernst Maria 964, 1043, 2049
Lang, Erwin 563
Lang, Hans Günter 1877
Lang, Hugo 1289
Lang, Josef 1797
Langbein, Hermann 1490, 1596, 1648
Lange, Charlotte 1456
Lange, Erich 2318
Lange, Ernst 1117, 1217
Lange, Fritz 1797
Lange, Halvard 2029
Lange, Reinhold 1112

Lange, Ulrich 1799
Lange-Werner, Christian 905
Langendorf, Ernest 1251
Langer, Arthur 360
Langhoff, Wolfgang 277, 1080, 1342, 1441f., 1732, 1810, 1984, 2110f., 2129, 2258
Langkau, Götz 2230
Langlais, Pierre 1035
Laniel, Joseph 883, 921, 962f., 979, 999
Lannon, Albert Francis 446
Lanzcke, Donald 958
Lanzenburg, Rainer 188
Lanzmann, Claude 1980f.
Lanzrath, Dieter 1723
Larcher, Enrico (d.i. Dollmann, Eugen) 553, 674
Larsen, Aksel 1937, 1973, 2026, 2110, 2196
Laserstein, Botho 1150f.
Laski, Harold J. 201
Lasky, Melvin J. 77, 161, 248, 250, 337, 502, 1080, 1188, 2001
Lasota, Eligiusz 1561, 1721, 1723
Lassalle, Hugo 1023
Last, Gerhard 1010
Laternser, Hans 48, 552, 2247
Latif, Mahmoud Abd el 1058, 1068, 1077
Latt 830
Lattimore, Owen 185
Lattmann, Martin 1772
Laue, Karl 1845
Laue, Max von 1194, 1613, 1616, 1858, 2077, 2282
Laufer, Gerda 1678
Laun, Otto 462
Laurenz, Karl 1263
Lauritzen, Lauritz 1461, 1898, 1900
Lauschke, Gerd 2189
Lautenschläger, Carl 273
Lauter, Hans 780
Lautz, Ernst 1967
Laux, Werner 1067
Laval, Pierre 775
Lazarsfeld, Paul 77
Le Fort, Gertrud Freiin von 1646, 1673, 1768, 1920, 2011, 2046, 2077, 2087
Le Pen, Jean-Marie 1307f., 2296
Lean, David 39f., 1331
Leballo, Potlako 2149
Leber, Annedore 431, 1038
Leber, Annelore 155
Leber, Georg 1312, 1913f.
Lebküchner, Richard 199, 201, 1044

Lebron, Lolita 950
Lechleiter, J. 638
Lechtenbrink, Volker 2303
Ledig-Rowohlt, Heinrich Maria 243
Ledwohn, Elvira 1023
Ledwohn, Friedel 208, 1163
Ledwohn, Josef »Jupp« 301, 339, 763, 880, 973, 1023, 1071, 1088, 1254, 1303, 1414
Lee, Bracken 1077
Lee, George W. 1174
Leetz, Arnold 2099
Lefèbvre, Henri 1346, 1912
Leff, Vera 1578
Legal, Marga 1810
Legeay 1813
Legermann, Gertrude 767
Leggewie, Otto 2009
Lehmann 2060
Lehmann, Arno 1621
Lehmann, Hans 478
Lehmann, Heinrich 271f., 634
Lehmann, Heinz 214, 476
Lehmann, Helmut 33, 1930
Lehmann, Joachim 1427
Lehmann, Otto 776
Lehmann, Robert 191, 195, 200f., 395
Lehmann, Rudolf 271
Lehmann, Ursula 1316
Lehmann, Wilhelm 1203, 1703
Lehmann, Wolfgang 776
Lehner, Philomena 2099
Lehners, Richard 1845
Lehnert, A. 1248
Lehnert, G.A. 1234, 1265
Lehr, Robert 310, 350, 366, 381f., 390, 420, 426f., 449, 454, 479, 513, 520f., 557, 563, 625, 636, 663f., 717, 757, 847, 868, 893, 904, 1251
Leibbrand, Robert 395
Leibbrand, Werner 550
Leibbrandt, Georg 1307
Leibling, Eberhardt 1325
Leibniz, Gottfried Wilhelm Freiherr von 933, 1278
Leigh, Vivien 1679
Leipner, Hans 766
Leipner, Walter 766
Leiris, Michel 537
Leisegang, Hans 239
Leitz, Günther 1190
Lejeune, Max 1033
Lemaire, Maurice 1357
Lembede, Anton 2148
Lemke, Helmut 1965

Lemley, Harry J. 1930
Lemmer, Ernst 173, 370, 561, 579, 1135, 1151, 1271, 1283, 1374, 1503, 1671, 1738, 1904f., 2173, 2263, 2292f., 2337
Lenin, Wladimir Iljitsch 25, 234, 248, 305, 613, 745f., 752, 836, 1308, 1333, 1340, 1343, 1345, 1349, 1353, 1384, 1407, 1522f., 1565, 1693, 1749, 2062, 2110, 2145
Lennox-Boyd, Alan 1606, 2111, 2121
Lenz 1187
Lenz, Dieter 1701
Lenz, Friedrich 1558, 1709
Lenz, Hanfried 2077
Lenz, Helmut 1206
Lenz, Karl 739
Lenz, Otto 632, 904, 991, 1073
Lenz, Reimar 1961
Lenz, Siegfried 1716, 1834
Leo XIII., Papst 1341
Léo, Gérard 316
Léonard, Roger 1060
Leonhard, Rudolf 253
Leonhard, Wolfgang 45, 406, 1266, 1307, 1327, 1339, 1464, 1986
Leonhard, Walter 22
Leoni, Ernesto 944
Leopold III. (König der Belgier) 261f.
Leopolder, August 2099
Lerche, Joachim 438
Lerner, Max 1611
Leroy, André 1364, 1490, 2341
Lessing, Doris 1838
Lessing, Gotthold Ephraim 693, 933, 1655, 2111
Leuchtgens, Heinrich 78, 117, 518, 570, 1039
Leudesdorff, René 341, 343
Leupin, Alex 1507
Leuschner, Bruno 1442
Leuthold, Werner 511
Leuwerik, Ruth 1831
Levacher, René (d.i. Schmeißer, Hans Konrad) 640, 1258f.
Levenhagen, Herbert 1391
Levi, Carlo 942
Levigne, Charles 2019
Levin, Julo 1338
Levinson, Peter 892
Levy, Louis 452
Lewin, Herbert 112f., 215
Lewin, Isaac 504
Lewin, Isaak 744
Lewy, Max 496

Lex, Hans Ritter von 219, 1071, 1075, 1076, 1078, 1215, 1357, 2112
Lichtenberg, Georg Christoph 152, 154, 407, 432, 1189, 1457, 2131
Lichtenstein, Kurt 295
Lichtigfeld, Isaac Emil 2178
Lidl, Walter Ludwig 1352, 1421, 1451, 1455f., 1817, 1853, 1877, 1935, 2282
Lie, Haakon 249, 997
Lie, Trygve Halfdan 687, 764
Lieb, Fritz 2087
Liebenbach, Hans 1083
Liebeneiner, Wolfgang 549
Liebenow, Fritz 737
Lieber, Hans-Joachim 380, 564, 877, 1066, 1126, 1133, 1154, 1701, 1869, 1875, 2001, 2004, 2126, 2207, 2221, 2297
Liebknecht, Karl 25, 470, 727, 752, 1313f., 1571, 1777, 2032, 2088
Liegener, Eberhard 2307
Liehr, Harry 2197
Liem, Hugo 306
Liepman, Heinz 1108
Lier, Wolfried 169, 980
Liers, Magdalena 169
Liersch 1743
Lieser, Kurt 1618f., 1843, 2045f., 2343
Lietzau, Hans 1858
Lilje, Hanns 507, 984, 1204f., 1648, 1781, 2243, 2246, 2316
Lin Piao 330, 2065, 2283
Lincoln, Abraham 1640, 1767, 1797
Linde, Henny 1410
Linde, Karl-Heinz 1410
Linde, Rudolf 1844
Lindemann, Sophie 1323
Lindenborn, Fritz 763
Linder, Max 914
Lindheim, Bogislav von 554
Lindner, Georg 2014
Lindon, Jérome 2206
Lindrath, Hermann 1983, 2066, 2110
Linge, Heinz 1265, 2252
Lingemann, Heinrich 1720
Lingner, Max 1080
Lingstädt, Heinz 250
Link, Jochen 1421
Linke, B.V. 2216
Linke, Karl-Heinz 563
Linkow 1523
Linse, Walter 431, 533, 639, 641, 991
Linsert, Ludwig 618, 1496, 1831, 1851, 1879, 2172
Linz, Dieter 1801

Lions, Eugen 744
Lipinski, Viktor 2237, 2328
Lippe, Ernst zu 109, 1018
Lippert, Julius 1624
Lippert, Michael 1637
Lippmann, Heinz 2211
Lippmann, Max 911
Lippmann, Walter 990
Lips-Odinot, Rie 1837
Lipschitz, Joachim 840, 1059, 1280, 1377, 1434, 1787, 1805, 1845, 1855, 2035, 2071, 2196f., 2207, 2220, 2287
Lischka, Kurt 276f.
Lißmann, Adelheid 607
List, Wilhelm 704
Litt, Theodor 239, 995, 1250, 1505f., 2112
Littmann, Gerhard 624f., 661, 749, 1972
Liu Schao-tschi 2166, 2283
Livneh, Eliahu 765
Llopis, Rodolfo 1415
Lloyd, Selwyn 204, 1675, 2148, 2180, 2297
Löbe, Paul 56, 242, 487, 996, 1012, 1379, 1805, 1814, 2331
Löbl, Eugen 144
Lobo, Fernando 2164
Loch, Hans 934, 995, 1078, 1117, 1379, 1511, 1643, 1787, 2009, 2107, 2116
Locke, Otto 1704
Lode, Emil 306
Loderer, Anna 1083
Lodgman von Auen, Rudolf 1196, 1289
Loe, Eugene 1979
Loebl, Eugen 689
Loest, Annelies 2060
Loest, Erich 861, 1494, 1575, 1739, 1766, 2060
Löffler, Herbert 1010
Löffler, Marta 2058
Lohmann, Klaus 1854
Lohmar, Ulrich 673, 730, 876, 900, 1058, 1166, 1273, 1314f., 1320, 1363f., 1857, 1948, 2103
Löhr, Walter 2164
Lohritz, Alfred 202
Lohse, Hinrich 399, 1286
Lohser, Helmut 726f.
Lonardi, Eduardo 1093, 1251
London, Artur 689
London, Jack 1527
López, Luis Arturo Gonzalez 1682, 1800
López, Nico 1682, 1800

Lorang 1433
Lord Norwich 686
Lord Russell of Liverpool 1028
Lord Simonds 1028
Lord Salisbury 1607
Lorentz, Kay 339, 2162
Lorentz, Lore 339, 1854, 2162
Lorenz, Bruno 1045
Lorenz, Heinrich 1056, 1709
Lorenz, Otto 672
Lorenz, Peter 151, 367
Lorenz, Werner 1961
Lorenzen, Wilhelm 1452
Loriot (d.i. Bülow, Vico von) 1831
Loritz, Alfred 412
Lorleberg, Werner 1396
Lorrang, Ferdinand 2165
Lösch, Werner 2251
Losonczy, Géza 1401, 1475, 1792, 1926
Lossowski, Salomon 653
Lotter, Riccarda 511
Lötzsch, Ronald 2060
Louw, Erich 1163
Low, David 1502
Löw, Johann 1661
Löwenberg, Fred 1362
Löwenkopf, Leo 726f.
Löwenstein, Hubertus Prinz zu 344, 356
Löwenthal, Gerhard 1188
Löwenthal, Richard 1080, 1641
Löwith, Karl 1753
Lübke, Friedrich-Wilhelm 473, 565, 664
Lübke, Heinrich 173, 1577, 1595, 2066, 2136, 2215, 2283, 2347
Lucas, Scott 185
Lucero, Franklin 1203, 1251
Lucht, Harro 2060
Luchtenberg, Paul 909
Lucius, Edward 1566
Lucke, Helmut 781
Lücke, Paul 2245f., 2309
Lucy, Autherine 1329, 1332, 1337, 1348
Lüddecke, Werner Jörg 1205
Lüdecke, Heinz 402
Lüdecke, Martin 1002
Lüdemann, Hermann 1012
Ludendorff, Erich 91, 166, 1363, 2028
Ludendorff, Mathilde 166, 358
Lüder, Karl 767
Lüder, Wolfgang 2158
Lüders, Marie-Elisabeth 1011, 1265, 2208

Lüdke, Alfred 291
Ludwig, Eduard 456
Ludwig, Ernst 1866
Ludwig, Gerhard 1064, 1150f., 1155
Ludwig, Ruth 1603
Ludwig XVI. (König von Frankreich) 1357
Lueg, Ernst-Dieter 2104
Luft, Friedrich 1818
Lührs, Hinrich 343
Lukács, Georg 56, 304, 388, 592, 1207, 1299, 1310, 1349, 1359, 1425, 1475f., 1482, 1509, 1520, 1536, 1573, 1613, 1681, 1695
Lukaschek, Hans 137, 139, 228, 266
Lukasz, Heinz 1161, 1304, 1359, 1372, 1436, 1497, 1537-1539
Lukys, Pranas 1974
Lumumba, Patrice 2311
Lundkvist, Artur 1951
Lungewitz, Ernst 863
Lüth, Erich 160, 294f., 328, 337, 340, 356, 433, 476ff., 485f., 499, 512, 515, 530, 545, 549, 555, 561, 564, 567, 607, 765, 1067, 1557, 1597f., 1765, 1774f., 1862f.
Lüth, Paul 309, 408, 586, 625, 664
Luther, Hans 994
Luther, Martin 1285, 1986, 2094, 2246, 2316
Luthuli, Albert 534, 701, 1098, 1208, 1305, 1424, 1530, 1537, 2148, 2191
Lüthy, Herbert 1309
Lütkens, Gerhard 500
Lüttwitz, Lidy von 1038
Luxemburg, Rosa 25, 666, 727, 752, 1313f., 1341, 1571, 1777, 1826, 2032, 2088
Lyon-Caen, Léon 1285
Lyttelton, Humphrey 1839

M

Maack, Jürgen 1723
Maase, Friedrich 591, 629, 636, 1103
MacArthur, Douglas 225, 254, 330, 348, 415, 588
Mach 256
Machuy, Arthur von 132
Macke, Wilhelm 1615
Mackensen, Eberhard von 673
MacLaine, Shirley 2271
Mac Lean, Donald D. 1331
MacLeod, Iain Norman 2065, 2321
Macmillan, Harold M. 1189, 1211, 1276,

1554, 1566, 1607, 1638, 1761, 1809, 1836, 1864, 1904, 1919, 1953, 2111, 2186, 2347
Maczek, Otto 1196
Madariaga, Salvador de 613, 1194
Madlener, Anton 583
Maeder, August 380
Maerker, Otto 1733, 1755
Maetzig, Kurt 1285, 2033
Magel, Wilhelm 980
Maginot, Georg 363, 1284
Magnago, Silvio 1740
Magnus, Kurt 1156
Magritz, Kurt 865
Maher Pascha, Aly 541
Mahr, Jean 2244
Mahr, Theo 1818
Mahri, Abdelhamid 1697
Maier, Erich 2156
Maier, Reinhold 171, 178, 687, 1007f., 1039, 1620, 1687, 1689, 1830, 1841, 1931
Maisch, Herbert 1154
Maisel, Ernst 89
Maizière, Ulrich de 382
Majakowski, Wladimir 24
Majewsky, H. 379
Makarios, III. (Erzbischof und Ethnach von Zypern) 1259, 1305, 1346f., 1606f., 2065, 2111, 2115, 2121, 2127, 2243, 2345
Maksoud, Clovis 1352
Malan, Daniel Francois 242
Malenkow, Georgi M. 88, 652, 674f., 714, 719, 747, 764, 880, 886, 893, 946, 1093, 1098, 1130f., 1334, 1563, 1670, 2096
Maleta, Alfred 74
Máletér, Pál 1299, 1476f., 1479, 1767, 1792, 1797, 1926ff.
Malik, Jakow A. 1184f.
Malleret-Joinville, Alfred 1137
Malluche, Renate 1516
Malraux, André 613, 1851, 1890, 2274
Malter, Friedel 797, 2186
Maltzan, Vollrath Freiherr von 1357
Malviya, Chatur Narain 2008
Malzkorn, Walter 1864
Mandel, Ernest 2348
Mandel, George 90, 95
Mandela, Nelson 230, 534, 698f., 1098, 1132, 1208, 1210, 1305, 1530, 1536f., 2010, 2148
Mandela, Winnie 2010
Mandelstam, Ossip 2110

Mangelsdorf, Werner 996
Manhès, Frédédric-Henri 452
Manley, Norman Washington 1589
Mann, Erika 1681
Mann, Golo 72
Mann, Heinrich 193, 477, 1233, 1354, 1560, 1591, 1695, 2003
Mann, Klaus 72
Mann, Martin 2280
Mann, Thomas 24f., 49, 95f., 98f., 193, 240, 241, 327, 444f., 687, 701ff., 788f., 933, 1056, 1097, 1181ff., 1233f., 1847
Manne, Helmut 424
Mannzen, Walter 2066
Mans, Hans-Hermann 1259
Mansfeld, Michael (d.i. Heinze, Eckart) 578, 1199, 1371, 2303
Manstein, Bodo 1419, 1624, 1672, 1768f., 1857
Manstein, Erich von 152f., 186, 286, 717, 776, 1027, 1410
Manteuffel, Hasso von 238, 449, 481, 486, 536, 903, 964, 1027, 1062, 1289, 1983, 2247, 2250
Mao Tse-tung 23, 125, 152, 154, 182, 225, 445, 456, 747, 775, 1041, 1054, 1164, 1207f., 1289, 1357, 1375, 1444f., 1558, 1575, 1585, 1740, 1783, 1879, 1948, 1975, 2056, 2062, 2110, 2131, 2166, 2283
Marbach, Felix 1047
Marbais, Ghislain de 210
Marcais, Henri 232
Marchwitza, Hans 1311, 1696
Marcuse, Herbert 99, 1413
Margolius, Rudolf 689
Marian, Ferdinand 139, 1191, 1514, 1842
Marie-Antoinette (Königin von Frankreich) 1357
Marini, Marino 2219
Marker, Chris 1407
Markgraff, Ernst 845, 847
Markov, Walter 252
Marks, Albrecht 1376
Markwirth, Lothar 868
Marlowe, Christopher 856
Marnet, Lorenz 101
Marochal 313
Maron, Karl 988, 2300
Maron, Kurt 1955
Marotzke, Werner 1083
Marowski, Hans 2223
Marquart, Heinz 1785

Márquez, Juan Manuel 1800
Marr, Nicolai 251
Marrane, George 2059
Marsault, André 1441
Marshall, Andrew 1693
Marshall, Elsie 1693
Marshall, George C. 292, 917, 2177
Marten, Wolfgang 1190
Martin, Benno 62
Martin, Berthold 2112, 2138
Martin, Clyde 894
Martin, Henri 537, 878
Martin, Kingsley 1776, 2087f.
Martin, Rudolf 692
Martini, Winfried 1205
Martini, Fritz 2201
Martinius, Wolfgang 703
Martino, Gaetano 1054, 1294, 1532, 1628
Marx, Franz 133
Marx, Hans 48
Marx, Karl (Redakteur) 117, 751, 1214, 1238, 1633, 2049, 2348
Marx, Karl 25, 132, 266, 382, 449, 452, 485, 613, 654, 765, 775, 817f., 928, 933, 1073, 1081, 1147, 1374, 1574, 1716, 1726, 1791, 2145, 2211, 2327, 2348
Marx, Marie-Odile 1490
Marx, Trude 117
Marzouk, Moussa 1119
Masaryk, Jan 73
Mascolo, Dionysos 1322
Masereel, Frans 2010f.
Maslak, Emil 2304
Maßmann 2118
Massu, Jacques 1761, 1886, 1888f., 1891
Matern, Hermann 167, 324, 669f., 780, 872, 901, 961, 1012, 1088, 1139, 1165, 1314, 1518, 1530, 1571, 1593, 1705, 1814, 1937, 2241
Mathes, William C. 652, 1728
Mathewson, Lemuel 508, 628
Matjak-Arnim, Hans 2265, 2281, 2313f.
Matos, Hubert 2294f., 2302
Matricon, Marcel 1827
Matschke, Kurt 1008
Matsushida, Masatoki 1616
Matte, Arturo 670, 695
Matthaei, Walter 1000
Matthewes, Ernst 1598, 1862
Matthews, Herbert L. 1584
Matthews, Stan 1950
Matthews, Zachariah Keodirelang 153
Matthiessen, Wilhelm 555

Mattick, Kurt 1135, 1152, 1260, 1772, 1844, 1858, 2077
Mattick, Paul 1202
Matzky 868
Mauke, Michael 1166, 1421, 2194
Maunz, Theodor 1796, 1808
Mauriac, François 78, 534, 617, 1851, 2029, 2296
Maurois, André 1502
Mavromatis, Stelios 1449
May, Gisela 1810
May, Heinz 171, 228
May, Karl 2249
May, Walter 207, 211
Maybach, Christiane 367
Mayer, Alfred 257
Mayer, Christian (alias Amery, Carl) 1831, 1903, 1929, 1935, 2087
Mayer, Daniel 2224
Mayer, Georg 252, 2289, 2291
Mayer, Hans 47, 151, 252, 502, 681, 1163, 1264f., 1387, 1522, 1531, 1538, 1564, 2306
Mayer, Herbert 1877
Mayer, Josef 658
Mayer, Reinhold 1120
Mayer, René 1128
Mayer, Rupert 1666
Mayerhofer, Georg 1288
Mayr, Gottfried 1074
Maza, José 1495
Mboya, Tom 2054f.
McArthur, Douglas 158
McCarran, Pat 469
McCarthy, Joseph Raymond 158, 180, 185, 225, 241, 330, 368, 447, 586, 613, 714, 720, 729, 758, 763, 794f., 867, 887, 912ff., 925, 943, 945f., 953, 970f., 1076f., 1080, 1082, 1508, 1628, 2272
McCloy, John 20f., 97, 99, 120, 148, 151, 186, 199, 221, 246, 251, 268, 273, 280, 286, 308, 313, 316, 345, 348f., 359, 366, 371f., 374, 376, 382, 406, 420, 440f., 443, 468, 512, 516, 585, 1005, 1390, 2283
McCormack, John 298
McGee, Willie 407
McGranery, James P. 668
McGrath, Howard 204
McQuire 1152
Meckes, Carl 1892
Meckes, Karl 2127
Meder-Eggebert, Jochen 511
Meer, Fatima 2010

Mehnert, Klaus 486
Mehring, Franz 751, 904, 2062
Mehs, Mathias Josef 2173
Meichsner, Franz 1328
Meier, Ernst 1389, 1864, 1908, 2099
Meier, Fritz 1647
Meier, Matthäus 1697
Meier, Peter 2046, 2099, 2305, 2308
Meier Steinbrink 229
Meinberg, Wilhelm 736, 774, 980, 1255, 2016, 2349
Meinhof, Ulrike 1900, 1926, 2077, 2189, 2228
Meir, Golda 653, 1568, 1733, 2211, 2317
Meise, Karl-Heinz 677
Meisel, Kurt 1447
Meissner, Karl 1981
Meißner, Karl 152, 172, 1612
Meißner, Otto 428
Meißner, Ottomar 776
Meitmann, Karl 92, 1141
Meitner, Lise 871, 1194
Meixner, Georg 1749
Melchert, Helmut 2285
Melchior, Karl 109
Melle, Nora 494
Mellies, Wilhelm 717, 758, 1412, 1801
Melsheimer, Erich 163, 219
Melsheimer, Ernst 148, 169, 615, 648, 852, 1067, 1304, 1321, 1398, 1590f., 1680f., 1884f.
Melsheimer, Hans 647
Meltti, Vreino 1206
Memmi, Albert 1667
Mende, Erich 329, 442, 563, 632, 646, 1060, 1212, 1460, 1830
Mendelssohn, Peter de 78, 250
Menderes, Adnan 2111
Mendès-France, Pierre 919, 924, 999, 1014, 1017, 1020, 1029f., 1043, 1055, 1060f., 1092, 1103, 1106, 1125, 1128, 1137f., 1222, 1555, 1632, 1745, 1887, 1889f., 1981, 2296
Mengele, Josef (alias Gregori, Gregor) 85, 1520f.
Menke 2293
Menn, Werner 948
Menuhin, Yehudi 23
Menzel, Georg 495
Menzel, Joseph 2057
Menzel, Robert 483, 496
Menzel, Walter 65f., 74, 663, 696, 1008, 1096, 1198, 1215, 1307, 1801, 1814, 1823, 1858, 1878, 2077, 2315

Méray, Tibor 1401
Merbah, Moulai 2302
Mercier, Marcel 2123
Merkatz, Hans Joachim von 78, 152, 329, 359, 442, 518, 570, 780, 1058, 1060, 1199, 1219, 1289, 1317, 1916, 2112
Merker, Paul 33, 162, 277f., 702, 1069, 1157, 1518, 1681, 2226
Merleau-Ponty, Maurice 23, 56, 61, 164, 771, 1197
Merseburger, Peter 592
Merten, Hans 1266, 1411, 2121, 2138
Merten, Maximilian 1659
Mertens, Hans 1902
Mertens, Hermann 1253
Meschkat, Klaus 1166, 1671, 1836, 1860, 2027, 2052, 2230, 2318
Mesta, Perle 1225
Metaxas, Ioannis 1264, 2224
Methfessel, Friedrich 219
Mette, Alexander 2186
Metz, Helmut 503
Metz, Karl 334
Metzger, Günther 1491
Metzger, Ludwig 512, 592, 876, 1122, 1149, 1922, 2094, 2127
Meunier, Lutz 1166
Meusel, Alfred 1190
Mewes, Margarete 563
Mewis, Fritz 780, 1158
Meyendorf, Irene von 607
Meyer, August 171, 228
Meyer, Daniel 1033
Meyer, Erich 2320
Meyer, Hans 604, 607, 616
Meyer, Heinrich 1266
Meyer, Hildegard 1866
Meyer, Johannes 1866
Meyer, Julius 718, 726f.
Meyer, Kurt 856, 928, 1036f., 1444, 1684, 1695, 1948, 1990, 2069, 2159, 2232f., 2262
Meyer, Rudolf 2045
Meyer, Trudel 1344
Meyer, Wilhelm 1395, 1661
Meyer-Sevenich, Maria 1623, 1857
Meyers, Franz 886, 1041, 1063, 1163, 1255, 1944
Meyle, Paul 1801, 1809, 1811
Meyn, Robert 365
Michahelles, Hans 255
Michailow, Nikolai A. 468
Michalsky, Engelbert 790
Michaltscheff, Theodor 1876f., 2341

Michel, Franz 357, 2239
Michel, Oswald 1745
Michels, Peter 1855
Michoels, Salomon 652f.
Middelhauve, Friedrich 563, 717, 726, 745, 887, 908, 1018, 1081, 1336
Middendorf, Rolf 1035
Mielke, Erich 162, 179, 278, 846, 988, 1327, 1386, 1392, 1558, 1736, 1885
Mielke, Fred 39, 1490
Miesel, Johannes 2328
Miesl, Johannes 1796
Miethe 1884
Miethe, Georg 1745
Mihura, Miguel 1286
Mikojan, Anastas I. 517, 747, 1334, 1468, 1691, 1819, 2117
Mikulicz-Radecki, von 2006
Milan, John 1243, 1256
Milch, Erhard 1005
Milch, Werner 1108
Milde, Friederun 768
Mildner, Kurt 2120
Mille, Maral 267, 2059
Miller, Arthur 51, 724, 729, 943, 1399, 1458
Miłosz, Czesław 375
Milstein, Nathan 24
Mindel, Jacob 446
Mindszenty, József 23, 37, 1222, 1477, 1479f., 1752, 2318
Minetti, Bernhard 849
Minges, Maria 122
Mirbeth, Johann 914
Miró Cardona, José 2076
Mironowa, Natalia 1718
Mischnick, Wolfgang 625
Misera, Ewald 1067
Mitscherlich, Alexander 39, 1378, 1490, 1753
Mitscherlich, Monika 2013, 2230, 2289f.
Mitterand, François 1309, 1887, 1889f., 2295f.
Mitzenheim, Edgar 870
Mitzenheim, Moritz 666, 1955, 2285
Mizoguchi, Toshio 1930
Möbius, Emil 615
Möbius, Walter 2205
Moch, Jules 1033
Mochalski, Herbert 318, 459, 560, 567, 585, 768, 889, 1148f., 1214, 1239, 1407, 1830, 1855, 1908, 1925, 1928, 1937, 2040, 2099, 2125f., 2164, 2225, 2251, 2334, 2347

Modigliani, Amedeo 1742
Modrow, Hans 1359, 1731
Moellembeck, Bernd 1878
Mohammed Ben Jussuf (siehe Ben Jussuf)
Mohammed Reza Pahlevi (siehe Schah Reza Pahlevi)
Mohammed, Sidi 885
Mohammed V. (Sultan von Marokko) 1340
Mohler, Armin 1108
Mohn, Willi 1088, 1138
Möhring, Hermann 321
Möhring, Paul 2330
Mohrmann, Heinz 1805
Moissi, Bettina 356
Molaoa, Patrick 1536
Molina, José Domingo 1251
Moller, Hans Heinrich 1356
Möller, Hilde 920
Möller, Walter 1015, 1809, 2326
Mollet, Guy 451, 677, 867, 1221, 1299, 1309, 1331, 1378, 1392, 1493, 1507, 1560, 1592, 1606, 1632, 1642f., 1669, 1889f., 2220, 2296
Molnár, Miklós 1476
Molotow, Paulina 652
Molotow, Wjatscheslaw M. 23, 56, 714, 747, 917, 938ff., 945, 958, 1049, 1077, 1185, 1189, 1211, 1245, 1248, 1276, 1283, 1288, 1334, 1390, 1468, 1525, 1670, 2096
Molton, Arthur 49
Mommer, Karl 196, 1780, 1923f., 2189f.
Monckton, Sir Walter 1063
Monguillon 2137
Monnet, Jean 541
Monroe, Marilyn 1432, 1534
Montero, Matias 1330
Montgomery, Bernard 358, 767, 1254
Montgomery, Bob (US-Musiker) 2104
Montgomery, Robert (US-Schauspieler) 232
Monzel, Nikolaus 1878
Monzón, Elfego 998
Moog, Leonhard 338
Moore, Henry 1648, 1776, 2219
Moosmayer, Erhard 1491
Mora, Menelao 1595
Morales, Calixto 1527
Moran, Frederick A. 205, 1527
Moran, José 205, 1527
Moravia, Alberto 210, 1396
Mörchel, Raimund 2293
Moreau, Jean-Bernard 65, 116

Morel, Albert 1662
Morenz, Siegfried 1292
Morgan, Claude 452, 677, 725, 867, 1221, 1332, 1415, 1514, 1669
Morgenthau jr., Henry 1295
Morice, André 1887
Morihiro, Rai 1408
Morin, Edgar 1260
Moritaki, Ichiro 1930
Moritz, Anton 1856
Morlock, Martin 367
Morrien, Adriaan 973, 1268, 2026
Morris, Robert 1611
Morris, Stuart 2134
Morris, Wright 1630
Morrow, E. Frederick 1933
Morton, Dorothy 635
Morton, William C. 1787
Mosel, Hans 1444
Moskwa, Eduard 2037
Mosley, Sir Oswald 224, 333, 354, 511, 775, 1674
Moss, Stirling 1803
Mossadegh, Mohammed 352, 421, 436, 490, 496, 533, 642, 715, 742, 884f., 918, 920, 1067
Mothersleed, Thelma 1713
Mott, Georg 1795
Moulin, Jean 452
Mourre, Michelle 210
Mouskhély, Michel 267
Moya, Enrique Jiménez 2204
Mozart, Wolfgang Amadeus 980
Mozer, Alfred 274
Msimang, Selby 153
Mücher, Johannes 649
Mücke, Helmut von der 369, 416
Mückenberger, Erich 1815, 1981
Muhammed VIII., Al Amin 1017
Mühlbauer, Karl 287
Mühlberg, Rudolf 899
Mühlenfeld, Hans 277, 518
Mühlfeld, Josef 1814
Mühlum, Lorenz 276
Mühsam, Erich 1712
Müldner, Joseph 2057
Muller, Hermann J. 1132, 1219
Muller, Pierre 1132, 1219
Müller, Albrecht 1488
Müller, Alfons 1495
Müller, Armin 1732
Müller, Arnold 2326
Müller, Arthur 537
Müller, Carl Wolfgang 626
Müller, Eberhard 949

Müller, Egon Erwin 238, 673, 876, 900, 1165, 1421
Müller, Erwin 79, 94f., 103
Müller, Franz 1916, 2085
Müller, Friedrich 1440, 2099
Müller, Gebhard 682, 1229
Müller, Günther 1491, 1730
Müller, Hans 1730
Müller, Hans Dieter 634
Müller, Heinrich Hermann (d.i. Müller, Heinz; Moller, Hans Heinrich) 1356, 1997
Müller, Hermann 219
Müller, Joachim (Aktivist der Weltbürgerbewegung) 38
Müller, Joachim (Angeklagter) 652
Müller, Josef 86, 124, 199, 271, 379, 397f., 530, 588, 654f., 1971, 2222
Müller, Karl 1312
Müller, Klaus 1569
Müller, Kurt 79, 159, 200, 227, 239, 262f., 295, 316, 385, 394f., 702, 1265, 1386f.
Müller, Leopold 2347
Müller, Marianne 238
Müller, Oskar 666, 734, 741, 885, 1180, 1382, 2203, 2267
Müller, Otto 583, 1660
Müller, Philipp 530, 604ff., 611, 615f., 623, 657, 678, 715, 774, 776f., 779, 827, 1440
Müller, Raymund 543
Müller, Richard-Ludwig 1698
Müller, Rolf 941
Müller, Ruth 1312
Müller, Ulrich 1278
Müller, Ursula 652
Müller, Vincenz 87, 324, 988, 1338, 1714
Müller, Walter 801
Müller, Wettin 1051
Müller, Wolfgang 942, 2022
Müller (Oberregierungsrat) 2081
Müller (Widerstandskämpfer) 2139
Müller-Altenau, Ernst 1668f.
Müller-Armack, Alfred 91
Müller-Brockmann, Walter 1454
Müller-Gangloff, Erich 2077
Müller-Marein, Josef 1574
Müllner, Othmar 259, 1252, 1380f., 1454, 1706
Mulzer, Josef 623, 654
Mun (siehe San Myung Mun)
Münchmeyer, Alwin 2331
Münchow, Herbert 208, 309, 438

Münn, Lothar 1704
Münnich, Ferenc 1475
Münster, Clemens 2161
Münter 241
Müntzer, Thomas 1943
Muras, Johann 611
Murato, Yoshiko 1858, 2037, 2040, 2044, 2051
Murau, Sylvester 1226
Murrow, Edward R. 953
Musil, Robert 1046
Mußgnug, Martin 2221, 2261
Mussner, Wolfgang 2167
Mussolini, Benito 121, 553, 1242, 1362, 1698f., 2287
Mussolini, Rachele 1698ff.
Mussorgski, Modest 190
Mustafa Kemal Pascha 897, 1243
Mustafa Nahhas Pascha 499
Mustapha, Si 2260f., 2269
Muste, A. J. 1152
Muth, Hermann 1913f.
Müthel, Eva 1969, 2074
Mütherig, Hanskarl 2011
Müthling, Hans 1301, 1340
Mützelburg, Gerhard 1465
Muzikant, Gottlieb 2168f.
Myrdal, Gunnar 2001, 2029

N

Nabokow, Nicolas 250
Nadeau, Maurice 211
Nadig, Friederike 31
Nadolny, Rudolf 173
Nagata, Hisako 1686
Nagel 2155, 2182
Nagel, Ernst 208, 235
Nagel, Kurt 213, 2253
Nägele, Carl 1843
Nagib, Ali Mohammed 645f., 846f., 931, 947f., 952f., 1058, 1067f.
Nagy, Imre 861, 1169, 1299, 1401, 1417, 1461f., 1466, 1474–1480, 1482, 1518, 1520, 1573, 1613, 1681, 1767, 1792, 1824, 1926ff.
Naif 460
Nam Ir 875
Nannen, Henri 626f., 2114
Naphtali, Fritz 765
Narayan, Dschajaprakasch 2037
Nasiri, Nematollah 884
Nasser, Gamal Abd el 646, 846f., 931, 947f., 1053f., 1058, 1068, 1077, 1119, 1170f., 1397, 1399, 1418f., 1492ff., 1594, 1788f.

Naszkowski, Marian 1842
Natonek, Wolfgang 30, 147, 433
Nätscher, Hans 772, 2173
Natterer, Alois 390
Nau, Alfred 730, 1412, 2326
Naumann, Alfred 1491
Naumann, Erich 359, 371, 441
Naumann, Werner 359, 371, 486, 682, 717, 725f., 744f., 773f., 876f., 886f., 1027, 1192, 1199, 1255, 1572f.
Navarre, Henri 913
Navarro, Pelayo Cuervo 1595
Nay, Ernst Wilhelm 1222
Nayhauß-Cormons, Mainhardt Graf von 2113
Neef, Wilhelm 985
Negt, Oskar 2230
Nehring, Joachim 318f., 1119
Nehru, Jawaharlal 1235, 1418, 1740, 2087, 2103, 2131, 2159, 2276
Nehru, Pandit 1054, 1170
Nehru, Ramish Wari 1206
Neinhaus, Karl 2110
Nekrassow, Nikolai Alexejewitsch 1244
Nell, Peter 1610, 2051
Nellen, Peter 1410f., 1747, 2152, 2339f.
Nellis, Karl 1242
Nenni, Pietro 56, 108, 327, 388, 637, 1564
Nenning, Günther 1911f.
Nerl, Anton 1939
Nero, Ruben 199, 1102
Neruda, Pablo 56, 637, 920
Nerval, Gérard de 886
Nesbah, Ahmed 2302
Nestle, Wilhelm 1804
Netter, Roland 1380
Neubauer, Kurt 1272, 1844, 1847, 2197, 2207
Neudeck, Heinz 220, 1064
Neudeck, Maria 220, 1064
Neuendorf, Henning 1380, 2218
Neugebauer, Karl 592, 647
Neugebauer, Peter 592, 647
Neuhöffer, Paul 2232
Neukrantz, Heinz 2006, 2174
Neumann, Alfred 880, 1175, 1334, 1507, 1790, 2088, 2268
Neumann, Arthur 1729
Neumann, Erwin 1969
Neumann, Franz (SPD-Politiker) 56, 127, 152, 175, 213, 303, 367, 393, 898, 942, 997, 1038, 1272, 1354, 1377, 1412, 1495, 1503, 2171, 2326

Neumann, Franz (Gesellschaftstheoretiker) 1034f.
Neumann, Günter 26
Neumann, Heinz 363, 471
Neumann, Konrad 2225
Neumann, Max 1656
Neumann, Oskar 636, 779, 928, 996, 1000, 1020f., 1088
Neumann, Paul 2294
Neumann, Robert 1108
Neumann, Ronny 1614
Neumayer, Fritz 1400, 1466
Neunkirchen, Heinz 2160
Neurath, Freiherr Constantin von 256, 928, 1066
Neuss, Wolfgang 942, 1271f., 2022
Neuwirth, Lucien 2295
Neven-Dumont, Jürgen 2226
Newman, James R. 113
Ney, Hubert 1392, 1563, 1636
Neye, Walter 476, 487, 563
Ngoyi, Lilian 1263
Nguyen Van Hinh 1039
Nguyen Van Vy 1172
Nickel, August 1433
Niclas, Kurt 1796f.
Nicole, Léon 519
Nicole, Pierre 519
Nicolo, San 860
Niebuhr, Reinhold 377
Niehoff, Karena 212, 1973
Niekisch, Ernst 24, 84, 108
Niel, Herms 552
Nieland, Friedrich 2069, 2080, 2082, 2084f., 2090, 2103, 2119, 2165
Nielsen, Hans 1698
Nielsen-Stokkeby, Bernt 2137
Niemann, Heinrich 1661, 1730
Niemeyer, Wolfrath 226
Niemöller, Else 1672
Niemöller, Hertha 539
Niemöller, Martin 51, 90, 149, 152f., 155, 159, 165, 279, 295, 307ff., 312, 315, 318, 322, 325, 327f., 332, 339, 345f., 350, 364, 400, 418, 429, 433f., 490, 539, 545f., 557, 604, 608, 647, 662, 686, 744, 795, 913, 918, 932f., 993f., 1082, 1116f., 1149, 1167, 1214, 1224, 1393, 1424, 1590, 1614, 1637, 1673, 1719, 1766, 1782f., 1791, 1801, 1809, 1814, 1830f., 1839, 1855, 1862, 1877, 1879f., 1898, 1903, 1905f., 1909, 1913f., 1936, 1957, 1965, 1992f., 2029f., 2046, 2067, 2087, 2089, 2093f., 2099f., 2125, 2129, 2133, 2135, 2145, 2162, 2168, 2185, 2192f., 2200, 2213, 2224, 2227f., 2268f., 2271, 2284, 2291f., 2313, 2316, 2328, 2334, 2345f.
Nies, Adolf 1282
Niesen, Gustav 917
Nießen, Otto 1856
Niestrath, Carel 2142
Nieswandt, Wilhelm 1992
Nietzsche, Friedrich 442, 1153
Nikel, Hans A. 1877, 2250f., 2265
Nikolay, Fritz 224, 311
Nipperdey, Hans Carl 384
Nishimoto, Atsushi 1930
Nissan, Hannoch 1598
Nitribitt, Rosemarie 1735, 1968, 1972
Nitsch, Robert 1005
Nitti, Giuseppe 700
Nixon, Richard M. 80, 175, 714, 728, 918, 971, 1509, 1555, 1589, 1657, 1751, 1893f., 2064, 2154
Nkrumah, Kwame 1535, 1555, 1589, 1848, 2054, 2341
Noack, Kurt 1750
Noack, Ulrich 44f., 52, 108, 116, 140, 148, 165, 178, 229, 289, 345, 364, 399, 406, 458, 600, 647, 671, 1430, 1884, 1895, 1939, 2164
Noack, Ursula 1741
Noel-Baker, Philip J. 2343f.
Nohara, Erik 1421, 2289f.
Nohr, Fritz 2249
Nöll, Karl Friedrich 980, 1347
Nollau, Günther 765, 1334, 1769, 2210
Noltenius, J. Eberhard 1992
Nolting, Maria 1897
Nölting, Erik 82, 99
Nolze, Oskar 1085, 1204
Norden, Albert 84, 666, 910, 934, 1030, 1470, 1507, 1526, 1559, 1643f., 1765, 1989, 2009, 2013, 2038, 2196, 2249, 2262, 2304
Norden, Dieter 324
Norkus, Eckhardt 862
Norman, Herbert 1611
Normand, Marie-Elisa 1168
Norstad, Lauris D. 1804, 1824, 1848, 2056f., 2204, 2304
Northe, Hans 1621
Noske, Gustav 1129
Noske, Wilhelm 494
Nossack, Hans Erich 2335
Nostitz, Gottfried von 577
Nothnagel, Marie 941
Notowicz, Nathan 1161
Novotny, Antonin 758, 1334
Nowack, Wolfgang 767
Nowak-Haney, Elli 1188
Nuding, Hermann 260f.
Nuri as-Said 1950
Nuschke, Otto 56, 84, 108, 129, 179, 217, 279, 322, 470, 573, 611, 669, 792, 814f., 901, 945, 1007, 1145, 1423, 1430, 2337

O

O'Casey, Sean 801
Oberg, Carl-Albrecht 947, 1050, 1842
Oberheuser, Hertha 1390, 1516, 1965, 2071, 2266
Oberhof, Johannes 416, 2320
Oberländer, Theodor 672, 963, 1027, 1199, 1213, 1219, 1317, 1342, 1346, 1372, 1655, 1718, 2070, 2110, 2173, 2272f., 2293f., 2304f., 2323f., 2327, 2338, 2343
Obersovsky, Gyula 1662
Obrecht, Carl Albrecht 1247
Obrecht, Fernand 1247
Ochab, Edward 1348, 1403, 1469, 1483
Ochs, Wilhelm 234
Öchsle, Richard 1025
Odenwald, Hans 1017
Oebel, Hans 1271
Oehler, Herbert 1005
Oehlkers, Friedrich 542f.
Oehlschlägel, Konrad 2200
Oekowitz, Adolf 1648
Oelßner, Fred 855, 1765, 1790f., 1946
Oertzen, Peter von 2326, 2348
Oeser, Heinz 2215
Oesterling, Anders 2023
Offenstein, Wilhelm 2201
Ohlemüller, Philipp 1892
Ohlendorf, Otto 349, 358f., 371, 402, 441ff., 2092
Ohlig, Ernst-Oskar 774
Ohly, Hans V. 2182f., 2250
Ohm 1326, 1339, 1341
Ohnesorge, Wilhelm 54
Ohrenstein, Aaron 654
Ohrisch, Kurt 2313
Oistrach, David 653
Ojeda, Fabricio 1767, 1779
Okamoto 1160
Okolowitsch, Georgi Sergejewitsch 970
Olah, Franz 299
Olbricht, Friedrich 645
Oldenbroek, J. H. 313

Oldenburg, Dieter 1290
Olfers, Karl 191
Olivetti, Adriano 1250
Olivier, Sir Laurence 1679
Ollenhauer, Erich 131, 151, 170, 183, 230, 239, 274f., 295, 366, 368, 451, 457, 488, 500, 541, 556, 591f., 670f., 673, 677, 690, 715, 730, 735, 755, 840, 867, 879, 898, 901, 904, 952, 958, 994f., 997, 1014f., 1047, 1049, 1058, 1085, 1113ff., 1117, 1120, 1126f., 1129, 1134, 1138, 1142, 1178, 1212, 1217, 1221f., 1228, 1271, 1313, 1335, 1344f., 1377, 1412, 1415, 1459, 1595, 1633f., 1636, 1659, 1669, 1679, 1709f., 1763, 1784, 1801f., 1820, 1823, 1841, 1895f., 2024, 2065, 2128, 2204, 2220, 2300, 2326f., 2331
Olmo, Walter 1685
Opel, Fritz 2186
Opfermann, H. C. 1808
Opitz, Karlludwig 1181, 2043, 2099, 2125
Opitz, Reinhard 2077, 2079, 2189
Oppenheimer, Frank 80
Oppenheimer, J. Robert 80, 683, 925, 966, 990f., 1003, 1907, 2272
Oppenheimer, Josef Süß 2058
Oppermann, Willi 195, 2059
Oprecht, Hans 424
Orff, Carl 2111, 2129
Orlitsch, Josef 1310
Orlopp, Josef 174, 1854, 1875
Ormond, Henry 791, 1648
Orsi (Fabrikant) 168
Ortega y Gasset, José 498, 1272f.
Ortemond, Lula 1285
Orth, H. 884
Ortmann, Reinhold 1692
Orwell, George (d.i. Blair, Eric) 81, 161, 172f.
Osborne, John 2268f.
Ostau, Joachim von 86, 109, 247, 268, 364, 400
Oster, Hans 1397
Osterkamp 354
Osterloh, Edo 2084, 2343
Ostermann, Ernst 359
Ostermann, Wolfgang 284
Österreich, Wolf 920
Ostertag, Benno 251
Ostertun 2323
Ott, Franz 119, 123
Otto 1431, 1433, 1857, 2079
Otto, Günther 905

Otto, Hans 661
Otto I., der Große (deutscher Kaiser) 1219
Otto, Klaus 1860
Oudejans, Har 2156
Owsley, Alvin M. 1077

P

Pabst, Georg Wilhelm 1205, 1370
Padel, Helmut 958
Paetel, Karl O. 1267-1268
Pagel, Paul 421, 437, 1202
Pagliero, Marcel 760
Pahl-Rugenstein, Manfred 1975, 1992, 2232, 2293
Pais, Frank 1687
Pálffy, György 1461
Pálinkás, György 1479
Palitzsch, Peter 1280
Pallante, Antonio 88
Pallavicini 1752
Pallikarides 1596
Palmer, Ely 483
Palmerston, Henry John Temple 1163
Panayides, Andreas 1449
Pancke, Günther 93
Pandura, Wolfgang 1056
Panholzer, Josef 654, 1441
Panitzki 1314
Pankok, Hulda 397
Pankok, Otto 914, 1679, 1855, 1863f., 1925, 2167
Pannenbecker, Otto 48
Pantschen Lama 2064, 2131
Papagos, Alexandros 581f., 879, 1264
Papandreu, Georgios 266
Pape, Gerhard 647
Papen, Franz von 33, 46, 251, 296, 702, 1192
Papier, Marcel 1656
Paquét, Alfons 1365-1366
Paracelsus (Philippus Aureolus Theophrastus Bombastus von Hohenheim) 2020
Paris, Georg 138
Parker 1824
Parker, Charlie 2208
Parks, Rosa 650, 1098, 1286f., 2273
Parnass, Peggy 374
Parodi, Alexandre 395
Parsons, Talcott 77
Paschek, Wilhelm 203
Pasolini, Pier Paolo 134
Passarge, Erich Friedrich 1999

Passos, John Dos 320, 1526
Pasternak, Boris 1767, 2022f., 2055, 2110, 2125, 2226
Pastor, Herbert von 614
Patalas, Enno 1698, 2186, 2275
Paton, Alan 1130
Patrascanu, Lucretiu 963f.
Patrick, Ezabell 1130, 1278, 1536, 2321
Patterson, Gardner 1659
Pattillo, Melba 1713
Paul, Ernst 962
Paul, Hugo 1818
Paul I. (König von Griechenland) 128
Paul, Ludwig 55
Paul, Marcel 1391, 2267
Pauli, Ernst 219
Pauli, Wolfgang 1404
Paulin, Friedrich 1064
Pauling, Linus 1219, 1526, 1622, 1652, 1704, 1766f., 1773, 1904, 1985, 1991, 1992, 2067, 2107, 2201, 2212-2215, 2234
Paulsen, Andreas 1503
Paulus, Friedrich 137, 930, 1005, 1097, 1119, 1208, 1377, 1576
Pawlas, Karl 406
Pawlow, Iwan Petrowitsch 1860
Paxton, John 1106
Pazos, Felipe 1676
Pechel, Rudolf 377, 549, 742, 1240, 1270, 1747, 1818, 2140
Peck, David V. 205
Peet, John 250
Peilo, Willi 451
Peiper, Joachim 372
Peiser-Preisser, Walter 2176
Pelligrini, Giacomo 1937
Penkert, Sibylle 2200
Penser, Ruth 687
Penzoldt, Ernst 404
Peres, Shimon 1757
Péret, Benjamin 211
Pereyra, Tomas Romero 976
Pérez Jimenéz, Marcos 1767, 1779
Pérez, Mariano Ospina 138
Perilman, Nathan 909
Perkins, Millie 2253
Perón, Eva Maria Duarte de 1251
Perón, Juan Domingo 767, 1009, 1093, 1203, 1241, 1251
Perrin, François 1889
Perry, Pettis 446
Pertl, Josef 2214, 2344
Perwuchin, Michail G. 1182, 1334, 2096, 2306

Peschler, Eric A. 1385
Pesquet, Robert 2296
Petacci, Clara 1699
Pétain, Philippe 471, 1278
Peters, Erhard 244, 661f., 664, 724
Peters, Gerhart Friedrich 51, 132, 881, 1096, 1176f., 1217
Peters, Heinrich 988
Peters, Werner 477, 1591
Petersen, Harald 739
Petersen, Jan 1883
Petersen, Katharina 1646
Petersen, Toni 1294
Petit, Ernest 1981
Petri, Klaus 1290
Pettiford, Oscar 2156
Peurifoy, John E. 998
Pfannenschwarz, Karl 1922
Pfeifer, Helmut 898
Pfeiffer, Heinz 2314
Pfeiffer, Nikolaus 1494
Pfeiffer, Otto 659
Pferdmenges, Robert 138, 141, 266, 1251, 1639
Pfetsch, Emil 592
Pfeuffer, Fritz 739
Pfitzmann, Günter 126, 888
Pflaum, Hans 192, 241
Pfleiderer, Karl Georg 965, 1250, 1423, 1729
Pflimlin, Pierre 1761, 1885-1890, 2296
Pflugbeil, Willy 1391
Pflugh, Werner 883
Pfuhl, Albert 673
Pham Van Dong 1016
Phanomjong, Pridi 41
Philip, André 267, 1645
Philipp, Franz Xaver 1499
Philipp II., von Habsburg (spanischer König) 1341
Philips, Morgan 452, 677, 1221, 1415
Pholien, Joseph 274, 660
Piatigorski, Gregor 24
Picado jun., Teodoro 1105
Picado sen., Teodoro 1104
Picasso, Pablo 23, 58, 113, 139, 217, 259, 327f., 457, 847, 878, 1146, 1426, 1525, 1662, 1742, 2219, 2226
Picht, Werner 1231
Pieck, Wilhelm 22, 32f., 75, 84, 88, 126ff., 134, 136, 139, 179f., 202, 231, 251, 260f., 279, 315, 324f., 365, 367, 371, 394, 396, 399, 401, 419, 432, 450, 456, 465, 467, 470, 499, 516, 532, 597, 605, 655, 660, 674, 723, 727, 790, 797, 805, 818, 820, 823, 825, 832, 832, 866, 889, 901, 961, 1121, 1146, 1203, 1218, 1304, 1310, 1322, 1326f., 1340, 1367, 1379, 1494, 1570, 1682, 1880, 1970, 2038, 2162, 2290
Pieper, Karl 611
Piesch, Hugo 1989
Pietée, Maria 919
Pietrangeli 698
Pietzner, Fritz 666
Pikarski, Nathan 737
Pilla, Walter 1829
Pilnjak, Boris 2110
Pimenow, Rewolt Iwanowitsch 1689
Pinay, Antoine 1189, 1276, 1889f., 2044
Pincus, Gregory 2218
Pineau, Christian 1340, 1350, 1490, 1779, 1889
Pinter, Harold 1725
Piovene, Guido 1994
Pire, Dominique Georges 2203
Pirker, Theo 558, 630, 1048, 1121, 1268, 1282, 1412, 1459, 1485, 1487, 2326
Piscator, Erwin 1366, 1703, 2274
Pius VII. (Papst) 1704
Pius XII. (Papst) 90, 446, 584, 970, 1409, 1435, 1560, 1616, 1663, 1878, 2022, 2087
Planck, Max 933
Plaschke, Werner 603
Plastiras, Nikolaos 582
Platner, Eduard 1521
Platschek, Hans 1769
Platt-Mills, John 1167
Platz, Hans-Joachim 28
Plaumann, Hans-Jürgen 2050
Plautz, Franz 2008, 2097, 2107
Pleß, Christian 902
Plessner, Helmuth 551, 1194
Plett, Heinrich 2121
Pleven, René 158, 316, 323, 963, 979, 1886
Plewe, Eberhard 991
Pleyer, Barbara Rotraud 641f., 858
Plivier, Theodor 249f., 355, 377, 653, 1152f.
Plumbides, Nikolas 879
Plünnecke, Erich 341
Plünnecke, Reinhold 1051
Poe, Edgar Allen 886
Pogodda, Walter 1294
Pohl, Oswald 358f., 371, 402, 441, 1952
Pohl, Walter 768
Pohle, Kurt 1152, 2294
Pöhle, Klaus 1730
Pöhler, Heinz 1572
Polak, Ben 762
Polanyi, Michael 871, 1194, 1250, 2001, 2272
Poliakov, Léon 1307, 1525, 1720
Pollatschek, Walther 607
Pollmann, Othmar 1105
Polzer, Robert 2203
Pomeroy, Wardell 894
Poniecki, Albert 649
Ponomarjow, Boris N. 1647
Pontecorvo, Bruno 1148
Pook, Hermann 1952
Popp, Gerhard 252
Porter, Charles O. 1724f., 1864
Portner, Josef 2258
Posener, Curt 1306, 1403
Pospelow, Pjotr 2026
Posser, Diether 513, 658, 909, 1081, 1114, 1122, 1132f., 1151, 1228, 1257, 1303, 1339, 1414, 1512, 1518f., 1521, 1558, 1603, 1630, 1642, 1752, 1786, 1818, 1975, 2087, 2189, 2199, 2214, 2282, 2293, 2320
Poth, Walther 1088
Potter, Tommy 2208
Poujade, Pierre 871, 1115, 1307-1309, 1324, 1327
Powell, Adam Clayton 1589
Powell, Bud 2156
Powell, Cecil Frank 1219, 2087
Praeger, Frederick A. 1693
Prager, Alfred 503
Prahst 845
Prall, Karl-Heinz 1701, 2178
Pramor, Ernst Heinrich 1264
Prasad, Radschuda 175
Praski-Gruber, Lilo 1810
Preiss, Wolfgang 1205
Preißler, Fritz 2211
Prem, Franz 1962
Prem, Heimrad 2155f.
Preobraschenskaja 1526
Presley, Elvis Aron 934, 1024, 1176, 1323, 1408, 1433, 1442, 1514f., 1534, 1824, 1977, 1996, 2013, 2052, 2071, 2104, 2315, 2328
Prester, Ernst 1897
Preteasa, Grigore 1137
Preusker, Viktor-Emanuel 1366, 1400
Preuß, Karl 2282
Preuß, Peter 521

Preußen, Prinz Louis Ferdinand von 1315, 1419
Preust, Reinhold 443
Prévert, Jacques 537
Preysing, Konrad Graf von 62, 169, 174, 185, 243
Price-Mars, John 1446
Priess, Heinz 240, 318, 1272
Priester, Karl-Heinz 210f., 268, 333, 364, 401, 431, 437, 728
Priestley, John Boynton 210, 1776, 1815, 1943, 2201, 2268
Prinz, Joachim 503f.
Prinz, Willi 337, 378f., 395, 577, 1031
Pritchett, Victor Sawdon 613
Pritt, Denis Nowell 583, 986, 1285, 2224, 2320
Probst, Christoph 1141
Probst, Maria 2067, 2121, 2193, 2303
Proschlitz, Hans Moritz von Frankenberg und 1906, 1936
Proske, Rüdiger 2117f.
Pross, Harry 13, 538
Proudhon, Pierre Joseph 266
Proust, Marcel 1046
Prücklmayer, Peter 1971
Puchert, Georg 1652, 2122f., 2284, 2332
Pugueth 1509
Puhl, Emil 151
Pünder, Hermann 1289, 2110
Punzel, Hans 1198
Purrmann, Hans 1679
Pusch, Alfred 341
Püschel, Peter 373
Puschkin, Georgi M. 1066, 1489, 1509, 1520, 1522
Puttkamer, Jesco von 1703
Pyman 1700

Q

Quell, Gottfried 1621
Quellmalz, Oskar 1638
Quest, Hans 1831
Queuille, Henri 287
Quirini, Helmut 2315
Quisling, Vidkun 25

R

Raab, Julius 74, 1189, 1227, 1381, 2183, 2220, 2225
Raabe, Christian 2230
Rabah, Bitat 1010, 1470f., 2302, 2329
Rabah, Si (d.i. Rabah Chibatti) 1010, 1470f., 2302, 2329
Rabe, Paul 2105
Rabemananjara, Jacques 1447
Rabinowitch, Eugene 2087
Racine, Jean 1611
Radbruch, Gustav 730
Raddatz, Carl 1972
Raddatz, Fritz Joachim 531, 1766, 2004, 2048
Rademacher, Franz (alias Roselli) 478, 531, 578, 1678, 2081
Rademacher (Hauptwachtmeister) 2047, 2079
Radford, Arthur W. 918, 1414, 1431
Radlauer, Curt 2028
Radler, Max 2314
Rado, Zoltán 1792
Radtke, Olaf 2188, 2245, 2253
Raeder, Erich 345, 717, 784, 869, 1258, 1301, 1314, 1335, 1340, 1363, 1390, 1610, 1695, 2042
Raeschke, Alfred 1395
Ragusaridis, Konstantinos 2224
Rahm, Manfred 1215
Rahn, Rudolf 486
Raiser, Ludwig 1801
Rajk, Julia 1398, 1461
Rajk, László 23, 70, 82, 121, 132, 278, 533, 704, 1069, 1299, 1354, 1382, 1398, 1461f.
Rákosi, Mátyás 87, 104, 132, 861, 1169f., 1334, 1354, 1382f., 1417, 1477, 1529, 1529, 1824
Ralle, Dieter E. 2252, 2333f.
Raman, Sir 1404
Ramatschi, Christian 2157
Ramcke, Bernhard 365, 396, 401f., 440, 462f., 481, 496, 652, 680, 685f., 694, 783, 1027, 1062, 1242, 2069, 2117f., 2183f.
Ramdane, Outaleb 2302
Rammstedt, Otthein 14
Ramón, José Antonio 1102
Ramsey, Bill 2013, 2018
Randolph, A. Philip 1589, 1933
Randolph, Asa Philipp 1589, 1933
Random, Eric 1534
Ranicki, Marceli (siehe Reich-Ranicki, Marcel) 1463, 1955f., 2026
Rapacki, Adam 1469, 1554, 1721, 1741, 1755f., 1760, 1779, 1789, 1797f., 1842, 1864, 1878, 1949, 2029f., 2034, 2136, 2164, 2297
Rapsilber, Alfred 367

Rasch, Hans-Wolfgang 454
Rasch, Hugo 2170, 2267
Rasche, Karl 271f.
Raschik, Herbert 985, 1811f.
Rasmussen, Hans 1350
Rasner, Will 1101, 1146, 1203, 1594, 1998
Rath, Ernst Heinrich 2000
Rathenau, Walter 393, 1087
Rathjens, Barbara 2043
Rattai, Willi 2008, 2107
Rau, Heinrich 797, 1671, 2267
Rau, Johannes 1654, 1780, 1833, 2178, 2210, 2269
Rau, Theo 952
Rau, Wilhelm 1270f.
Rauch, Fred 264
Rauhut, Franz 1214, 1341, 1389, 1430, 1455, 1464f., 1526, 1576, 1582, 1683, 1695, 1884, 1895, 1910, 2164, 2263, 2314, 2344
Raupach 905
Rawlins, Kathleen 542
Ray, Gloria 1713
Ray, Johnnie 1763, 1830
Ray, Nicholas 1260
Rayburn, Sam 43
Razmara, Ali 396
Read, Herbert 613
Reagan, Ronald 533
Rebenstock, Paul 952
Rebentisch, Paul 1228
Rebholz, Johannes 112
Rebling, Eberhard 1810
Rechkemer, Erich 897
Recknagel, Helmut 1824
Redlich, Roman 190
Redondo, Ciro 1527
Redslob, Edwin 229
Reed, Dana 1742
Reeder, Eggert 396
Reemtsma, Philipp 96f.
Regel, Hans 476
Reggiani, Serge 2273
Regitz, Fritz 2208
Regler, Gustav 1416f.
Rehfeld, Frank 1355
Rehmann, Klaus 2221
Rehmann, Ruth 2026
Rehwald, Waldemar 752
Rehwinkel, Edmund 1282
Reich, Hanna 723
Reich, Wilhelm 1736f.
Reich-Ranicki, Marcel 1463, 1955f., 2026

Reich-Ranicki, Teofila 1955
Reichardt, Ernst 476
Reichel, Horst 976
Reichenau, Ernst von 694
Reichenberger, Emanuel 783
Reichert, Karl 580
Reichhardt, Hans-Joachim 919, 1065
Reichpietsch, Max 2033, 2042f., 2043
Reicin, Bedrich 689
Reif, Hans 561, 1135, 1847
Reifferscheidt, Friedrich M. 504, 1259
Reifferscheidt, Hans 504, 1259
Reimann, Joseph 118
Reimann, Max 21f., 25-27, 29, 32, 35, 37, 43, 65, 73-75, 84f., 93, 97, 100, 103, 118, 120-121, 151, 167, 186, 203, 217, 227, 242, 263, 279, 316, 322, 370f., 385, 394f., 467, 489, 492, 541, 557, 598f., 606f., 636, 639, 737, 740, 755, 787, 820, 885, 887, 905, 927, 992, 1031, 1071, 1088, 1254, 1269, 1301, 1428, 1647, 1745, 1818, 1838, 1937, 2285
Reimann, Viktor 42
Reimer, Heinz 2052
Reimer, Edward 1845f., 1849, 2052, 2094, 2097, 2194
Reinecke, Günther 1051
Reinecke, Werner 692
Reinefarth, Heinz 1306, 1701f., 1869, 1993f., 1997, 2004, 2009, 2048
Reinert, Hellmut 1203
Reinhard, Peter 340
Reinhardt, Anton 2312
Reinhardt, Fritz 84
Reinhardt, Max 666
Reinhardt, Ralph 1777
Reinhold, Conrad 1535, 1559, 1714
Reinhold, Irma 932
Reinhold, Johannes 1421, 1491
Reinke, Maria 1149
Reinke, Willi 1149
Reintanz, Gerhard 2071, 2116, 2316
Reinwald, Berthold 1103
Reinwein, Helmuth 2322
Reisacher, Erwin 1795
Reismann, Bernhard 308, 552
Reißer, Herbert 2338
Reith, Eckhard 2127
Reitz, Wilhelm 1344
Reitzig, Manfred 1569
Remarque, Erich Maria 1369f., 1447f., 2111, 2129
Rembrandt (d.i. van Rijn, Rembrandt) 613

Remer, Otto Ernst 21, 86f., 125, 149, 164, 172, 209, 211, 238, 345, 349, 364, 413, 426, 435, 437, 445, 474, 523, 531, 552, 575, 627, 882, 1043f.
Renger, Annemarie 56, 381, 506, 656, 1344, 1357
Renison, Sir Patrick 2065, 2321
Renn, Fritz 2248
Renn, Ludwig 1311, 1316f., 1883
Renner, Heinz 28, 65, 73, 84, 121, 133, 226, 607, 1051, 1071, 1138, 1818
Renner, Karl 346
Renner, Paul 648
Rennert, Walter 920
Reppin, Paul 1047
Reschke, Hans 1248
Resha, Robert 1536
Resnais, Alain 1356f., 1364, 1407, 1409, 1617, 1637, 1646, 1683
Rettich, Georg 276
Rettig, Fritz 2173
Reusch, Hermann 43, 1094f., 1107, 1112f.
Reuter, Ernst 30, 40, 44, 56, 68f., 72, 85, 132, 155, 213, 223, 248, 250, 254f., 263, 266, 288, 313, 316, 332, 335, 337, 352, 365, 370, 425, 431, 456, 460, 466f., 483f., 487, 493, 579, 596f., 625, 641, 645, 660, 667, 703f., 715, 719, 744, 774, 840f., 851f., 870, 879, 887, 893, 897, 904, 974, 1653
Reuter, Frits 1837
Reuter, Fritz 1943
Reuter, Georg 493, 974, 1048, 1117, 1217, 1459, 1801, 1934, 2041f., 2265
Reuter, Otto 2147
Reuter, Waldemar 1701
Reuther, Otto 1808
Reuther, Victor 774
Reuther, Walter P. 2173
Révai, József 1401
Revnaud, Paul 95
Rexin, Manfred 2077f., 2330
Rexroth, Kenneth 471
Reynaud, Paul 1033
Rhee, Syngman 292, 789, 2231
Rheinfelder, Hans 1129, 1918
Rheinländer, Anton 677
Rheintaller, Anton 1360
Rhode, Werner 2010, 2218
Ribbentrop, Joachim von 78, 304, 577f., 1624, 1786
Richardson, J. P. 2103f.
Richardson, Tony 1725
Richartz, Hans 343, 379, 381

Richert, Ernst 587, 1421
Richet, Charles 1194
Richter, Alfred 591
Richter, Doris 920
Richter, Franz (alias Rössler, Fritz) 109, 136, 173, 276, 349, 397, 431, 460, 512, 530, 561f., 598, 758
Richter, Gustav 1629
Richter, Hans Werner 60f., 131, 220, 404, 427, 614f., 973, 981, 1187, 1328, 1371, 1465, 1716f., 1747, 1831, 1834, 1851f., 1866, 1875, 1879, 1903, 1927, 1934, 2026, 2077, 2087, 2148, 2237, 2306
Richter, Helmut 1312
Richter, Martha 1395
Richter, Werner 1228
Richter, Willi 1459, 1487, 1623, 1627, 1734, 1762f., 1773, 1822f., 1845, 2041, 2173, 2264, 2277, 2331
Ridgway, Matthew Bunker 348, 415, 466, 533, 588, 616f., 640, 672, 691
Riechers, Else 566
Riedel, Konrad 211
Riedel, Otto 1005
Riedener, Josef 1509
Riedy, Paul 733, 1906f.
Riefenstahl, Leni 146, 590, 1003
Riegel, Werner 1181, 1233, 1288, 1336, 1972, 2001, 2192
Riehl, Ernst 985
Riemeck, Renate 1804f., 1807, 1809, 1830, 1833, 1855ff., 1874, 1880, 1884, 1894, 1900, 1904f., 1918, 1923, 1925, 1936, 1955, 1960, 1975, 1992, 2006f., 2021, 2032, 2036, 2040, 2077, 2084, 2104, 2107, 2125f., 2133, 2155, 2159, 2164, 2210, 2212, 2232, 2249, 2263, 2330, 1872
Riemer, Heinz 918
Rienäcker, Günther 2010
Ries, Hans 122, 140, 253
Riesenburger, Martin 1038, 1342, 2348
Riess, Auguste 140
Riess, Hans 140
Riess, Werner 253
Rietschel, Hans 2323
Riezler, Wolfgang 1616
Ringelmann, Richard 191
Rinser, Luise 131, 509f., 1646, 1673, 1707
Rintelen, Emil von 1158f., 1525
Ripkens, Martin 1943
Risch, Georg 1249
Risch, Gertrud 198
Rische, Fritz 301, 729, 755, 887, 903,

986, 1032, 1071, 1088, 1254, 1303, 1414
Ristock, Harry 1084, 1313, 1374, 1377, 1456, 1836, 2207, 2334
Ritman, Peter 2237
Ritsos, Jannis 41
Ritter, Erich 2038
Ritter, Gerhard 1231, 1250
Ritter, Hellmut 1371, 1668
Ritter, Herbert 197
Ritter, James 1225
Ritter, Jürg 553
Ritter, Paul 1111
Ritterspach, Theodor 1076, 1427
Rittwagen, Annemarie 1162
Rittwagen, Kurt 1162
Ritz, Hans 276
Ritzel, Heinrich Georg 2164, 2343
Rivera, Diego 1009, 1273, 1742, 2219
Rivera, Primo de 1273, 1742
Rjumia, Michail 764
Robb, Roger 966
Röber, Walter 178
Roberts, Kenneth A. 950
Roberts, Terrance 1713
Robertson, Sir Brian 20, 35, 79, 120, 140, 188, 197, 244, 1397
Robeson, Eslanda 2268
Robeson, Paul 56f., 114f., 327f., 653, 1331f., 1393, 1946, 2226
Rocard, Michel 1352
Röchling, Ernst 472
Röchling, Hermann 472
Rock, John 2218
Rode, Karl 2232
Rödel, Friedel 276
Rödel, Joachim 1485
Rodenberg, Hans 1732
Röder, Franz Josef 2219, 2318
Röder, Guido 2085
Rodert, Axel 2331
Rodjonow 866
Rödl, Helmut 1674f., 2126, 2225, 2347
Rodriguez, Armando 1527
Rodriguez, René 1527
Roegner-Franke, Horst 151
Roether, Erich 2251
Rogers, William 1933
Rogge, Bernhard 2132
Rogge, John 327f.
Rogge, Siegfried 345
Rögner-Francke, Horst 594
Rognon, René 1167
Rohde, Wilhelm 186
Röhl, Klaus Rainer 374, 1180f., 1705, 2079, 2228, 2231

Röhler, Klaus 1268
Röhling, Manfred 2024f.
Röhm, Ernst 1201, 1637
Rohner, Gerhard 176
Rohrscheidt, Günther von 48
Rojas, Hugo Ballivián 586
Rökk, Marika 1867
Rokossowski, Konstantin K. 137, 1289f., 1468, 1470, 1514, 1402
Rolfs, Jan (d.i. Giordano, Ralph) 1700
Rolfs, Rudolf 288, 1570, 1993, 2250
Rolland, Jacques-François 1514
Rolland, Romain 24, 1342
Roller, Fritz 257
Romains, Jules 249, 1502
Romanow, Eugenius 431
Rome, Francis D. 2103
Römer, Gerhard 827, 887
Römer, Irmgard 2246
Römisch, Sepp 1069
Rommel, Erwin 89, 464, 650, 1452, 1454, 1609
Rommel, Lucie-Maria 1452
Rommerskirchen, Josef 126, 312
Rompe, Robert 1629
Roncalli, Angelo Giuseppe (siehe auch Johannes XXIII.) 2022
Rondenay, Andre 1378
Ronge, Paul 1503
Roon, von 1062
Roos, Hans-Dieter 2303
Roosevelt, Eleanor 42, 2004, 2029
Roosevelt, Franklin Delano 226, 1154, 1169, 1911
Röpke, Wilhelm 78
Rösch, Hans 1310, 2199
Rose, Willi 341
Roselli (d.i. Rademacher, Franz) 478, 578, 1678
Rosenbaum, Fritz 737
Rosenbaum, Isidor 2332
Rosenbaum, Sally 2332
Rosenberg, Alfred 722ff., 733, 1256, 1307, 1342
Rosenberg, Ethel 412f., 506, 692, 719f., 785, 847f., 852, 941
Rosenberg, Julius 258, 412f., 506, 719f., 692, 722ff., 733, 785, 847f., 852, 941
Rosenberg, Ludwig 520, 1459, 1734, 1978, 2041, 2264f.
Rosenberg, Michael 785
Rosenberg, Robby 785
Rosenblatt, Marcel 1341
Rosenbusch, E. 638
Rosenthal, Gerhard 61

Rosenthal, Hans 337
Rosenthal, Leo 153
Rosenthal, Walther 1943
Rosenzweig, Franz 896
Rossaint, Josef C. 1449, 1712, 2139, 2203, 2263, 2265, 2268, 2293, 2341
Rossellini, Roberto 2288
Rössler, Hermann 109, 1749f.
Rößler, Fritz (d.i. Richter, Franz) 512, 530, 561f., 598, 758
Rossmann, Erich 1125
Rost, Anne 1981
Rost, Michael 1660
Rotblat, James 1219
Rotblat, Joseph 2087
Roten, Iris von 1587
Roten, Peter von 1587
Roth, Arthur 1410
Roth, Ernst 192
Roth, Günther 592
Roth, Herbert 1374
Roth, Leonhard 2288, 2324
Rothenberger, Curt 271f.
Rotter, Franz 1421
Röttger, Ernst 2099, 2126
Röttger, Hans 1903
Roucaute, René 981
Rougement, Denis de 613, 1250
Rousseau, Jean-Jacques 697, 2059
Rousset, David 61, 164, 250
Roussopoulos, Agnes 1415
Rouve, François 1813
Rouvel, Otto 687
Rouveure, Lucien 697
Rovere, Richard H. 1611, 2288
Röwer, Elsbeth 344
Rowohlt, Ernst 243, 254f., 357, 392, 1556, 1631, 1675, 1707, 1774, 1834, 1926, 2104, 2125f., 2164, 2225, 2294
Roy, Claude 1514
Rube, Wilhelm 983
Rubin, Hans Wolfgang 1336
Rubinstein, Arthur 24
Rück, Fritz 1015, 1120
Rucker, August 981, 1335
Rudel, Hans-Ulrich 411f., 471, 694, 717, 737, 775, 877, 1192, 1199, 1266, 2016, 2066, 2069, 2146, 2160, 2183f., 2214
Rudenko, Roman 877, 1386
Rudersdorf, Helmuth 62
Rudert, Arno 539, 795
Rudert, Werner 1304, 1321f., 1326
Rudolph, Herbert 958
Rudolphi, Klaus 1434

Rudorf, Reginald 1161, 1273, 1304, 1372, 1497, 1537f., 1559, 1605, 1697f., 2141, 2167
Rudzicka, Leopold 1404
Rueß 778
Ruge, Friedrich 869, 2043
Ruge, Gerd 2227
Rugel, Eugen 1924
Ruhl, Ulla 900
Rühle, Henriette 500
Rühle, Jürgen 1097, 1162f., 1912
Rühle, Otto 752
Rühm, Gerhard 1660, 1692
Rühmkorf, Peter 374, 1180f., 1226, 1705, 1834, 2335
Ruhnau, Heinz 2326
Ruhpieper 1855
Ruiz-Gimenez, Joaquin 1331
Rullier, Jean 210
Rumin, Ursula 697
Rumpf, Gerhard 1022
Rumpke, Alwine 665
Rundstedt, Gerd von 64
Runge, Erika 1851, 1901, 2189
Rupp, Hans Karl 1802
Ruppel, H. 1825
Rupprich, Winfried 1446
Rusinek, Kazimierz 1526, 1601
Rusinek, Michal 1526, 1601
Russell, Dora 1897, 2288
Russell, Jane 988
Russell, Lord Bertrand 326, 338, 352, 1028, 1097, 1218ff., 1232, 1525, 1560, 1615, 1632, 1673, 1766, 1776f., 1838, 1897, 1943, 2029, 2035, 2077, 2087f., 2125, 2201, 2269, 2288, 2309
Russell, Richard 471
Rust, Josef 1314, 1616, 2043
Rustecki, Jan 63
Rustin, Bayard 1839
Rüter, Wilhelm 2057
Rutschke, Wolfgang 2140, 2286
Rutz, Henry 774

S

Saalwächter, Ernst 1179, 1449
Saar, Heinrich 1825, 2061
Sabin, Lorenzo 1029
Saburow, Maxim 1334
Sachs, Ernst 1843, 2045
Sachse 2081
Sachße, Joachim 1321f.
Sack, Kurt 1999
Sackersdoff, Eberhard 1853

Sadzik, Günther 897
Säfkow, Anton 2266
Säfkow, Barbara 2266
Sagner, Fred 2112
Sahavonik, Fahdelia 2031
Sahl, Hans 973
Saidlmayer, Michael 1895
Saillant, Louis 328, 2174
Sajonji, Kinkazu 1167
Sakuth, Edwin 1974
Salan, Raoul 1568f., 1761, 1793, 1886, 1888f., 1891f.
Salazar, Guillermo 113
Salazar, António de Oliveira 1796, 2081, 2161, 2340
Salem, Salah 947, 952
Salis, Richard 1961
Saller, Karl 680f., 1065, 1884, 2011, 2098f., 2186, 2263
Salomon, Ernst von 392, 1679, 2043, 2104
Salomon, Fritz Pfeffer von 570
Salomon, Heinrich 648
Salter, Ernest J. 306, 1080, 2112, 2134
Salzberger, Georg 2280
Salzer, Marcell 2203
Salzmann, Rudolf 517
Salzmann, Werner 2326
Samigk, Fritz 257
San Myung Mun 975
Sanchez, Cecilia 1800
Sanchez, Romero Vasquez 1682
Sánchez, Universo 1527
Sandino, Caesar Augusto 1452
Sandys, Duncan 41
Sänger, Fritz 113
Santonini 698
Santry, George J. 43
Saragat, Guiseppe 677
Sarg, Wolfgang 1381
Sargeant, Howland S. 744
Sartre, Jean Paul 23, 56, 59, 61, 164, 246, 441, 523, 533, 537, 649, 687f., 700f., 703, 760, 771, 775, 852, 878, 929, 940, 942, 986, 1197, 1207, 1243f., 1278f., 1308, 1322, 1511, 1514, 1518, 1525, 1529f., 1559, 1562f., 1611, 1625, 1656, 1667, 1716, 1751, 1808, 1812f., 1851f., 1889, 1907, 1987, 2000, 2002, 2111, 2192, 2224, 2273f.
Sastroamidjojo, Ali 1595
Säuberlich, Kurt 1918
Sauckel, Fritz 304
Saucken, Hans von 1994

Sauer, Hans 1678
Sauer, Dieter 1223
Sauerbier 1588
Sauerbruch, Ferdinad 81, 1013
Savonarola, Girolamo 444
Savory, Douglas Lloyd 204
Sawade, Fritz (d.i. Werner Heyde) 1082, 2322f.
Sawall, Edmund 1069
Scelba, Mario 944
Schaaf, Georg Michael 206
Schabrod, Karl 2199
Schacht, Hjalmar 68, 81f., 89, 168, 291, 296, 304, 701f., 775, 1639, 1709
Schacht, Lore 1376
Schadeberg, Jürgen 1600f.
Schädlich, Walter 845
Schadow, Hans Gottfried 477
Schaefer, Hans 1898, 1901, 1918
Schafer, Gordon 367
Schäfer, Aini 2224
Schäfer, Emanuel 849, 1008
Schäfer, Friedrich 530, 1798
Schäfer, Hermann 263, 269, 277, 669, 690, 1060, 1400, 1466
Schäfer, Karl 173
Schäfer, Klaus 1382
Schäfer, Laura 932
Schäfer, Oswald 199, 201, 1044
Schäfer, Wilhelm 1227
Schaffer, Gordon 1167, 2008, 2313
Schäffer, Fritz 138, 281, 303, 329, 349, 386, 390f., 440, 530, 601f., 612, 695, 1021, 1083, 1254, 1317, 1372, 1668, 1753, 1821, 1989, 2000, 2089f., 2337
Schäffler, Josef 1695
Schaft, Hanni 516
Schafter, Roger 1009
Schah Reza Pahlevi 36, 380, 399, 534, 715, 884f.
Schallermair, Georg 371, 441
Schallon, Paul 647
Schallück, Paul 1703, 1853, 2154
Schaltenbrand, Georges 1895
Schappe, Josef 203, 262, 318, 404
Schappe, Wilma 203, 262, 318, 404
Scharf, Heinrich 219
Scharf, Kurt 1258, 1614, 1862
Schärf, Adolf 300, 1227
Scharnhorst, Gerhard von 489, 1281, 1306
Scharnowski, Ernst 63, 370, 579, 638, 774, 803, 840, 945, 1175, 1283, 1627, 1858, 2173
Scharping, Karl 725

Scharting, Eugen 2338
Schaub, Hermann 514
Schaub, Julius 71
Schauer, Helmut 1877, 2044
Schaumburg, Harald 1010
Schdanow, Andrej A. 725
Scheck, Harald 1041, 1280, 1328, 2089
Scheel, Gustav 486, 725
Scheel, Walter 1336, 1460
Scheer, Georg 678, 801
Scheffler, Erna 367, 1427
Scheffler, Herbert 367, 1427
Schehab, Fuad 2015
Schéhadé, Georges 1466
Scheibe, Richard 645, 871
Scheibe, Willy 2195
Scheidemann, Karl Friedrich 1314
Schellemann, Carlo 2011, 2126
Schellenberg, Walter 55
Schellow, Erich 1182
Schelsky, Helmut 673, 900, 1634, 1734f., 1937
Schenk, Walter 1026
Schenke, Wolf 173, 319, 325, 399f., 2017
Schepilow, Dimitri T. 1334, 1390, 1397, 1670, 2096
Schepmann, Friedrich Wilhelm 60, 253, 687
Scheppmann, Hans 981f.
Scherchen, Hermann 1450, 2284
Scherer, Gordon 1393
Scherer, Marc 40
Scheringer, Richard 986, 1414, 2303f.
Schermuly, Ernst 1878
Scheu, Adolf 513, 1642
Scheu, Hans 692
Scheuner, Lothar 898
Scheuren, Josef 1344
Schevelens, Walter 424
Schewtschenko, Alexander 1957
Schickele, René 1389
Schiebel, Joachim 750
Schieler, Rudi 543
Schielzeth, Walter 2119
Schierloh, Nicolaus 37
Schikora, Hans 2216
Schild, Heinrich 1104
Schildkraut, Eric 723
Schilfath, Julius 505
Schiller, Friedrich von 693, 849, 933, 1097, 1181ff., 1189, 1512, 1529, 1881
Schiller, Karl 1015, 1750, 1875, 2151, 2298
Schilling, Horst 257

Schilling, Robert 980
Schimpf, von 1062
Schindler, Oskar 1675f.
Schink, Warnfried 957
Schinkel, Karl Friedrich 933
Schintelholzer 321
Schintlmeister, Josef 1615
Schipper, Arthur 2199
Schipplack, Heinz 244
Schirach, Baldur von 86, 589, 1969, 2244
Schirdewan, Karl 1334, 1352f., 1430, 1518, 1530, 1558, 1575, 1706, 1736, 1754, 1765, 1789ff., 1946
Schirmacher, Lothar 2254
Schirmer, Hermann 1088
Schirmer, Rudi 199
Schirmer-Pröscher, Wilhelmine 1139, 1752
Schiwkow, Todor 1361
Schläger, Axel 845, 850
Schlageter, Albert Leo 89, 471
Schlamm, William S. 2254, 2310, 2339, 2343, 2345
Schledermann, Manfred 2332
Schlegel, Eugen 1337
Schlegelberger, Franz 345, 2264
Schleiermacher, Walter 2312
Schlesinger, Erich 582
Schlichtinger, Rudolf 1445
Schlimme, Hermann 63, 2350
Schlink, Edmond 932
Schlittchen, Max 864
Schlömer, Otto 321
Schlotter, Gotthelf 2251
Schlüter, Erika 1266
Schlüter, Franz 1675
Schlüter, Hertha 2280
Schlüter, Ingeborg 1651
Schlüter, Leonhard 78, 103, 115, 170, 176, 1095, 1191ff., 1223, 1260, 1266, 1720
Schlüter, Otto 1452, 1651f., 2122f., 2332
Schmalenbach, Werner 2219
Schmalz, Erich 442
Schmalz, Hellmut 165
Schmauch, Werner 1621
Schmaus, Michael 860
Schmeißer, Hans-Konrad (d.i. Levacher, René) 640, 1258f.
Schmelzer, Franz 1844
Schmelzer, Fritz 647
Schmengler, Walter 2242
Schmid, Carlo 28, 47, 56, 65, 72, 74,

131, 250, 269, 284, 303f., 315, 318, 349, 359, 366, 403, 457, 506, 549, 564, 591, 669, 717, 725, 735, 840, 913, 994, 1016, 1047, 1085, 1138, 1142, 1182, 1213, 1245, 1301, 1338, 1363, 1408, 1412, 1460, 1463, 1658f., 1805f., 1814, 1820, 1896, 2065f., 2132, 2155, 2209, 2215, 2284, 2326
Schmid de Simoni, Ewald 304
Schmid, Karl-Heinz 1338
Schmidt 2118, 2155
Schmidt (Rechtsanwalt) 1884
Schmidt, Alfred 2186
Schmidt, Arno 1108f.
Schmidt, August 133, 384
Schmidt, August 324
Schmidt, Corinna 1943
Schmidt, Elli 117, 892, 937, 1832
Schmidt, Fritz 1454
Schmidt, Gerhard 2281
Schmidt, Günther 935
Schmidt, Hans 371, 441
Schmidt, Hans 862, 2201
Schmidt, Heinz 2000
Schmidt, Helmut 952, 1288, 1820, 1902f., 2066, 2077f., 2190, 2204
Schmidt, Helmut 32, 730
Schmidt, Herbert 1489
Schmidt, Jakob 1270
Schmidt, Jost 963
Schmidt, Karl Georg 1668
Schmidt, Karl-Heinz 920
Schmidt, Manfred 1771, 2230
Schmidt, Martin 2158
Schmidt, Robert 1844
Schmidt, Siegmund 1807, 2014
Schmidt, Ursula (d.i. Sonntag, Ursula) 1745
Schmidt, Waldemar 1084, 2309
Schmidt, Werner 1241
Schmidt, Wilhelm 434
Schmidt, Wilhelm 2201
Schmidt-Hammer, Werner 1974
Schmidt-Wittmack, Karl-Franz 926, 1030f.
Schmidtke, Harry 2060
Schmiedchen, Johannes 445
Schmiedel, Alexander 776
Schmieden 2184
Schmiederer, Rolf 1931ff.
Schmiederer, Ursula 1933
Schmitt, Carl 1796
Schmitt, Walter 450
Schmitz, Anton 1615
Schmitz, Günther 2148

Schmitz, Hermann 273, 919
Schmitz, Hermann 1199
Schmitz, Otto 89
Schmitz, Paula 919
Schmitz, Walter Herbert 2224
Schmitz, Wolfgang 1133
Schmitzler, Georg von 273
Schmolke, Alfred 2343
Schmook, Gerhard 985, 1811f.
Schmorell, Alexander 1248
Schmücker, Else 242
Schmückle, Gerd 1651, 2034, 2043, 2242, 2260
Schmudde (Kaufhausangestellter) 793f.
Schmutzler, Siegfried 1559, 1744f., 1749f.
Schnabel, Ernst 427, 1668, 1818, 1834, 2002, 2160
Schnabel, Manfred 1663
Schnabel, Raimund 1441
Schnackenberg, Walter 2011
Schneckmann 855
Schneidemann, Herbert 1103
Schneider, Arno 1039
Schneider, Franz Joseph 60, 131, 1794, 1830, 1855, 1874, 1884, 1895, 1903, 1923, 1925
Schneider, Franz Paul 1341, 1389, 1430, 1586, 1607, 1674f., 1948, 1957, 2007, 2099, 2133, 2164, 2232, 2297, 2324
Schneider, Friedrich 1942
Schneider, Georg 932
Schneider, Gerhard 647
Schneider, Hanns 2109, 2112
Schneider, Hans 1193
Schneider, Hans-Wolf 1517, 1538
Schneider, Heinrich 1770, 2079, 2081, 2164, 2176
Schneider, Herbert 1363, 1366, 2227
Schneider, Max 341
Schneider, Paul 217
Schneider, Reinhold 487, 513, 1450, 2088
Schneider, Walter 920
Schneising, Martin 1203
Schnell, Otto 638, 1155, 1433
Schneyder, Erich 486
Schnitzler, Georg von 151
Schnitzler, Karl Eduard von 627, 1436, 1460, 1568-1569, 1680, 2204
Schnoor, Wolfgang 1924, 1942
Schnurre, Wolfdietrich 1818, 1834
Schoedel, Wolfgang 1193
Schoeler, Doris 919
Schoeler, Horst 948

Schoen, Rolf von 2232
Schoen, Rudolf 2171
Schoenberner, Gerhard 1273
Schoenhals, Albrecht 723
Schoenthal, Hans-Ludwig 919
Schoettle, Erwin 318, 512, 556, 1857
Schohl, Max 1916
Schöhl, Hermann 1941
Scholder, Rudolf 1771
Schöler, Martin 1380
Scholl, Hans 460, 741, 902, 1074, 1113, 1248, 1380, 1441, 1528, 1688, 1706, 1785, 1920, 1935
Scholl, Inge 460, 1688, 1831, 1904, 1920
Scholl, Robert 692, 1113, 1380, 1441, 1935, 1950
Scholl, Sophie 460, 741, 902, 1074, 1113, 1248, 1380, 1441, 1528, 1706, 1785, 1920, 1935
Schollwer, Edith 26
Scholochow, Michail 253, 1334, 1518
Scholten, Erhard 511
Scholtissek, Herbert 1427
Scholz, Alfred 1674
Scholz, Arno 175, 235
Scholz, Hans 1818
Scholz, Karl Heinz 107f.
Scholz, Paul 483, 1815
Scholz-Klink, Gertrud 224
Schomburgk, Burkhardt 1807
Schön, Karl-Ludwig 677
Schonauer, Franz 1834
Schönberg, Arnold 2284f.
Schönberg, Erhard 1498, 1569
Schönböck, Karl 367
Schönborn, Erwin 550, 728, 1383, 1516, 1709, 2204
Schönborn, Julius 2108
Schöne, Wolfgang 912
Schönaich, Freiherr von 416
Schönen, Paul Josef 2347ff.
Schönfelder, Adolf 312
Schönfelder, Adolph 2132
Schönfeldt, Otto 1125, 1463, 1665, 1906, 1916, 1954, 2038, 2052
Schönherr (Jurist) 1881
Schönherr, Fritz 658
Schöning, Bernhard 2220f., 2305
Schöningh, Franz-Joseph 613, 981
Schönwandt, Walter 1112
Schoor, Wolfgang 1777, 1962
Schopen, Edmund 540, 589
Schoppan, Paul 1055
Schöppner, Rolf 169

Schorer, Theodor 941
Schorlepp, Otto 1227
Schörner, Anneliese 1116
Schörner, Ferdinand 1116, 1434, 1726f., 1729, 2146, 2184
Schostakowitsch, Dimitri 49, 51, 108, 326, 699, 986, 1686, 2201
Schottlaender, Rudolf 76, 239, 1190, 1456, 2191, 2220
Schrader-Rottmers 1368
Schrage, Josef 1979
Schramm 2201, 2275
Schramm, Ferdinand 735
Schramm, Percy Ernst 551
Schramm, Walter 578
Schranz, Helmuth 185, 570, 877, 1443, 2164
Schreiber, Franz 1059
Schreiber, Toni Nikolaus 2017
Schreiber, Walther 127, 904, 911, 945, 968, 974, 993f., 997, 1012, 1057, 1105
Schreiner, Wolfgang 703
Schreiter, Armin 2098, 2157
Schröder, Baron Kurt von 251
Schröder, Emil 336
Schröder, Ernst 1497
Schröder, Fritz 563
Schröder, Gerhard 287, 337, 904, 911, 917, 926, 941, 962, 995, 1007, 1013f., 1038, 1114, 1260, 1288, 1302, 1314f., 1317, 1320, 1351, 1363f., 1453, 1497, 1541, 1583, 1618, 1636, 1668, 1696, 1762, 1858, 1878, 1922ff., 1952ff., 2023f., 2029, 2043, 2060, 2068, 2070, 2112f., 2119, 2121, 2275, 2291, 2300, 2304f., 2316, 2339f., 2349
Schröder, Karl-Heinz 2225
Schröder, Kurt 1835
Schröder, Louise 127, 198, 2043
Schröder, Ralf 2060
Schröder, Rudolf Alexander 521, 995
Schroedter, Kurt G. 387
Schroer, Gottfried 1067
Schroer, Josef 1084
Schroers, Rolf 2074
Schroth, Heinrich 1114
Schrübbers, Hubert 1768f., 2070, 2113f.
Schübel, Karl 229
Schubert 855
Schubert, Günter 1489
Schubert, Rolf 1723
Schubert, Wilhelm 2105f.
Schuberth, Hans 1289
Schuett, Gerhard 100
Schühly, Alfred 392, 543f.

Schukow, Georgi K. 1182, 1185, 1670
Schüle, Erwin 1764, 2049
Schüler, Hans 733
Schulmeyer, Georg 1277, 1279
Schultheiß, Franklin 1076, 1932
Schultz, Egon 426
Schulz 1843
Schulz, Fjodor 1526
Schulz, Franz 1697
Schulz, Hans-Jürgen 2201
Schulz, Heinrich 258
Schulz, Herbert 562
Schulz, Ingeborg 122
Schulz, Peter 592
Schulz, Robert 1539
Schulze, Egon 476
Schulze, Fiete 1164
Schulze, Martin 1289
Schulze, Otto 737
Schulze, Rudolph 503
Schulze-Wechsungen, Werner 1017, 1446
Schumacher, Edelbert 1844
Schumacher, Kurt 21, 56, 66, 85, 94, 97, 100, 103, 115, 118ff., 131, 134, 144f., 147, 159, 161, 168, 170, 183, 189, 213, 227f., 230f., 234, 277, 282, 292, 295, 303, 310, 318, 321, 323, 329, 331, 337, 349, 368, 370, 372, 378, 381, 384, 387, 393, 403f., 423, 429, 445, 451, 457, 468, 476, 480, 486, 488, 492, 499, 506, 516, 613, 625, 656f., 671, 879
Schumacher, Walter 2250
Schuman, Robert 198, 170, 226, 227, 290, 382f., 419, 515, 541, 619, 901, 2181
Schumann, Erich 729
Schumann, Horst 1211
Schumann, Kurt 148, 902, 1918
Schumann, Ruth 122
Schumuk, Danilo 1879
Schuppe, Johanna 483
Schürmann, Klara 1247
Schuster, Dieter 592
Schuster, Willibald 1207
Schütt, Erwin 1127
Schütte, Ernst 2115
Schütz, Klaus 2197
Schütz, Waldemar 1266
Schütz, Werner 908, 2161, 2301
Schütz, Wilhelm Wolfgang 2050, 2331, 2346
Schützler, Günther 1635, 1661
Schützler, Hannelore 367

Schwab, Karl 1857
Schwäbl, Dieter 1126
Schwalber, Josef 501, 569
Schwann, Hermann 242, 2173
Schwark, Hermann 703
Schwartze, Heinrich 1727
Schwarz, Eugen 2119
Schwarz, Georg 504
Schwarz, Hans 240, 2174
Schwarz, Johann Joseph 146, 269
Schwarz, Reinhold 567
Schwarz von Berk, Hans 1572
Schwarze, Bernhard 657
Schwarzenberg, Hubert von 2033
Schwarzer, Günter 845
Schwarzhaupt, Elisabeth 1920
Schwarzkopf, Norman H. 884
Schwarzschild, Stephan 41, 78
Schwarzwäller, Ernst 2195
Schwede, Franz 414, 1125
Schweikart, Hans 306, 509, 1393, 1831
Schweißer, Helmut 250
Schweitzer, Albert 109, 485, 917, 969, 1065, 1516, 1560, 1613, 1619, 1622, 1624f., 1632, 1636, 1646, 1663, 1704, 1766, 1780, 1802, 1822, 1847, 1863ff., 1867, 1914, 1948, 1986, 1990, 1993, 2014, 2029, 2035, 2040, 2046, 2084, 2087f., 2107, 2154f., 2159, 2191, 2272
Schweitzer, Wolfgang 1852
Schwenke, Helmut 920
Schwennicke, Carl-Hubert 127
Schwenzen, Per 367
Schwerin, Gerhard Graf von 231, 290, 310, 317f.
Schwerin, Lutz Graf von 55
Schwerin von Krosigk, Gräfin 55, 78
Schwerner, Herbert 760
Schwernik, Nikolai M. 675
Schwimmer, Eva 2011
Schwind, Heinrich 681
Schwinge, Erich 440, 1223
Schwitter, Arnold 1978
Scott, Christopher 1333
Scott King, Coretta 1566, 1580
Scott, Michael 2057f., 2341f.
Scruggs, Earl 2218
Scszesny, Gerhard 1328
Sears, Fred F. 1448
Sebaldt, Maria 942
Sebes, Gusztáv 1006
Seebohm, Hans-Christoph 78, 234, 240, 380, 403, 517f., 520, 523, 593f., 632, 756, 881, 928, 1072f., 1081, 1199, 1235, 1394, 1655, 2112

Seeger, Heinz 1083, 1107, 1123, 1793f., 1942
Seeger, Pete 2218
Seeliger, Rolf 2092
Seeliger, Rudolf 1629
Seelos, Gebhard 308, 357f.
Seghers, Anna 56, 66, 232, 250, 322, 327f., 360, 388, 574, 578, 613, 679, 699, 914, 918, 942, 1182, 1311, 1511, 1647f., 1680, 1696, 1732, 1778
Segni, Antonio 1409, 2287
Sehn, Jan 1490
Sehrt, Erwin V. 1981
Seibt, Kurt 854
Seidel, Hanns 1113, 1134, 1754, 1789, 1808, 1824, 1866, 1971
Seidel, Herbert 341
Seidel, Ina 1646, 1673, 1768
Seidel, Rudi 1748
Seidel, Willi 552
Seidl, Alfred 48, 363, 1269, 1637
Seifert, Arno 1766, 1986
Seifert, Jürgen 2013, 2078, 2189, 2194, 2228f.
Seiffert, Oskar 887
Seiffert, Wolfgang 1032, 1096, 1168, 1198
Seigewasser, Hans 1728, 1930, 2258
Seiß-Inquart, Arthur 256
Seitz, Alois 2009
Seitz, Gustav 1080
Sekigawa, Hideo 885
Selbert, Elisabeth 30f.
Selbmann, Fritz 407, 797f., 841, 866f.
Seldte, Franz 390
Seliger, Ernst 454
Seliger, Hildegard 454
Sellers, Clyde 1980
Sellner, Gustav Rudolf 1631
Semjonow, Wladimir S. 538, 687, 784, 795, 804, 863, 866, 908, 938, 970
Semler, Johann 308
Semmelrot, Karl 1656
Senger, Valentin 1770
Senghor, Léopold Sédar 1305, 1446
Serna, Ramón Gómez de la 886
Serrano, Arturo 1286
Servan-Schreiber, Jean-Jacques 1560, 1591f., 1603
Servatius, Robert (d.i. Heyde, Werner) 48
Sethe, Paul 136, 573, 1250f.
Setu, Aurel 1137
Seuss, Wolfgang 1190
Seydewitz, Max 1389

Seydoux, François 1227, 1985
Seyfried, Josef 510
Sforza, Carlo Graf 250, 419
Shakespeare, William 39, 277, 356, 2111
Shapley, Harlow 49
Sharett, Moshe 665
Shaw, George Bernhard 320f., 914
Sherbourne, Thomas 2183
Sherman, Forrest P. 470
Sherwood, William K. 1659
Shils, Edward C. 1194, 1250, 2272
Shilton, Ronnie 1380
Shindo, Kaneto 1179
Shine, Gerard David 758f., 763
Shoda, Mitchiko 2151
Shuster, George N. 424
Shuttlesworth, Fred 1580
Sica, Vittorio de 2288
Sicher, Werner 404
Siciliano, Rocco 1933
Sickert, Irmgard 723
Sieber, Hans 907
Siebrands, Hans-Ulf 2204
Siegel, Ralph Maria 435, 908, 971, 2337
Siegert, Rudolf 648
Siegfried (SPD-Funktionär) 1498
Siegmeier, Friedrich 969
Siegmund-Schultze, Friedrich 513
Siemon, Fritz 781
Siemsen, Anna 168
Siepe, Baron de la 1661
Siepen, Heinz 725
Sieveking, Kurt 906, 2082
Siewert, Otto 1391
Siewert, Robert 1844
Sigrist, Christian 1421
Sihanuk, Samdech Norodom 907
Silex, Karl 1495
Silgradt, Wolfgang 930, 946, 970, 996
Silone, Ignazio (d.i. Tranquilli, Secondo) 161, 206f., 249f., 613, 887, 1530f., 1582, 1641, 2001, 2141
Silverman, Sydney 1675, 1925, 2125
Simon, Ernst 219
Simon, Heinrich 1572
Simon, Helmut 1729, 1801, 1814
Simon, Carl 390, 489f.
Simon, Max 1857f.
Simon, Pierre Henri 1560, 1592, 1645
Simone, André (d.i. Katz, Otto) 689
Simonsohn, Berthold 607
Simpfendörfer, Karl 2115
Simpfendörfer, Wilhelm 521

Sinclair, Upton 352, 377, 523
Sindermann, Horst 1593
Singer, Günter 726f.
Singer, Rudi 316
Sinnecker, Willi 785
Sinnreich, Paul 737
Sinowjew, Grigori Jewsejewitsch 746
Široky, Viliam 758, 1298, 1384
Sisulu, Albertina 2010
Sisulu, Walter 1305, 1530, 1537
Sivers, Erik von 652
Six, Franz 2095
Skorzeny, Otto 674, 1199
Skott, Rudi 274
Skraycesak, Franz Heinrich 134
Slánský, Rudolf (d.i. Salzmann, Rudolf) 517, 533, 739, 780, 1069, 1157, 1298
Slavik, Felix 2225
Šling, Otto 689
Słonimski, Antoni 1526
Smedley, Agnes 225
Smend, Rudolf 551, 1775
Smirnow, Andrej A. 1506, 1819
Smith, Carl T. 1687
Smolka, Manfred 2248
Snell, Bruno 340, 602, 607, 871, 1194, 1371, 1900
Snider, Gary 1267
Snow, Conrad E. 205
Sobanski, Tomasz 1490
Sobell, Morton 412f.
Sobik, Alfred 611
Sobukwe, Robert Mangaliso 2148f.
Socarrás, Carlos Prio 572
Söchtig, Erich 107, 189
Söderbaum, Kristina 59, 89, 356, 374, 394, 542, 545, 551, 1105
Söhlke, Walter 1578
Söhnker, Hans 174
Sokolnicki, Gabriel 2304
Sokolowski, Wassili D. 126
Solschenizyn, Alexander 537, 748, 1577f.
Solti, Georg 1255
Sombart, Nicolas 60
Sommer, Alfred 1695
Sommer, Fritz 1897
Sommer, Gerhard Martin 187, 1940f., 1944
Sommerfeld, Edgar 937
Sommerfeld, Heinz 2113
Sommerfeld, Johannes 1349
Sommerfeldt, Martin Henry 395
Sommerkamp, August 2117f.
Somoza, Anastasio 229, 443, 998, 1093, 1104f., 1452

Somoza, Luis 1452, 2192
Söndergaard, Günter 476
Songgram, Luan Pibul 41
Sonnier, Jean 267
Sonntag, Heinz 845
Sonntag, Maria 1884
Sonntag, Ursula 1745
Soper, Donald 1578, 1839, 2309
Soraya (Bakthiary, Soraya Esfandjari) 380, 1951f.
Sørensen, Villy 1716
Sorge, Alfred 257
Sorge, Gustav 2105f.
Sorge, Richard 470, 1105
Sorin, Valerian A. 1346, 1380
Soualem, Tahar 2089
Soucek, Theodor 2012
Soustelle, Jacques 1159, 1188, 1256, 1886ff., 1891, 1986, 2001, 2271
Spaak, Paul Henri 261, 774, 901f., 1532, 1629, 2066, 2112, 2190
Spaemann, Robert 1904
Spangenberg, Dietrich 460, 472
Spangenberg, Ludger 2331
Spannenberg, Irene Schild von 255
Späth 2081
Spatz, Otto 580
Speer, Albert 377, 776, 1781
Speidel, Hans 53, 159, 308, 310, 345, 358, 366, 372, 393, 457, 549, 956, 1280, 1302, 1314, 1342, 1378, 1453, 1560f., 1601f., 1608ff., 1616, 1636, 1725f., 1732, 1915, 2000, 2318
Speidel, Wilhelm 372
Spender, Stephen 206f., 613, 837
Spengler, Oswald 296, 1641, 1737
Spennrath, Friedrich 995
Sperber, Manès 1250
Sperling, Fritz 227, 316, 702, 1392f.
Spiecker, Carl 32, 72
Spiel, Hilde 250
Spielberg, Steven 1675
Spielmann, Georg 2139
Spies, Josef 1451
Spillane, Mickey 980
Spindler, Gert 449, 486
Spinz, Franz 1008
Spofford, Charles von 335
Spohr, Hanna 416
Spoo, Eckart 2189
Spranger, Eduard 239, 995
Springer, Axel C. 1598, 1763, 1784, 2050, 2331
Spudig, Alfred 2187
Spuler, Bertold 340

Spychalski, Marian 139, 1299, 1514
Stabenow, Hans-Günther 311
Stabenow, Karl-Heinz 324
Stadelmann, Josef 981
Stadler, Gretel 2155f.
Stadtaus, Emil 1328
Stadtje, Walter 1071
Staedtke, J. 1920, 1936
Staff, Curt 1414, 1630
Stahl, Hermann 845, 861
Stahl, Hugo 1714
Stahlberg, Gerhard 577
Stählin, Wilhelm 1289
Stahmer, Otto 48
Stahr, Bodo 2131
Stain, Walter 2040
Stalin, Josef W. 22f., 33, 45, 56, 88, 104, 128, 130ff., 151f., 154, 161, 166, 175, 182, 192, 198, 233f., 248, 251, 310, 333, 341, 344, 363, 377, 387, 456, 465, 467, 496, 517, 571ff., 575, 581, 613, 632, 637, 652f., 674f., 703, 714, 718f., 725, 733, 745-750, 752, 754, 763, 766, 768, 790, 795, 803, 828, 832, 834, 836, 864, 893, 895, 920f., 934, 964, 985, 1040, 1131, 1154, 1162, 1195f., 1242, 1294, 1298, 1303, 1309, 1333f., 1339f., 1343, 1345, 1348, 1350, 1353, 1357, 1359, 1363f. 1367, 1379, 1381, 1390, 1396, 1404, 1407, 1421f., 1444, 1474, 1513, 1518, 1521, 1526, 1530, 1562, 1564f., 1575f., 1582, 1641, 1670, 1695, 1742, 1749, 1810, 1828, 1955, 2059, 2110, 2183, 2186, 2211, 2249, 2346
Stamfort, Otto 1859f.
Stammberger, Wolfgang 1748
Stammer, Otto 484, 587, 592, 594, 666, 1663, 1844, 2077
Stammler, Hans-Günter 1935
Stampfer, Friedrich 1805
Standley, William E. 1077
Stanescu, Georges 1179
Stang, Georg 191, 199
Stassen, Harold E. 467
Staubitz, Walter 419, 489, 492, 735
Stauder, Karl-Heinz 1831, 1851
Staudte, Wolfgang 477, 1591, 2274f.
Stauffenberg, Alexander Graf Schenk von 981, 1113, 1895, 1901, 1917, 2173
Stauffenberg, Claus Graf Schenk von 32, 334, 374, 413, 981, 1113, 1205, 1804, 1895, 1901, 2005
Stauffenberg, Freiherr Hans Christoph von 374

Stavenhagen, André 124
Stebut, Heinz von 1562
Stecher, Christian 1754
Steckel, Horst 2013
Steckel, Leonard 1450
Steele, C. K. 1580
Steele, Harold 1615, 1633, 1741, 1838f., 1991
Steele, Sheila 1615, 1633, 1741
Steenbeck, Max 1629
Steffen, Jakob 1368
Steger, H. U. 1242
Stegner, Artur 878
Stehr, Joachim 1569
Stehr, Wolfgang 1569
Steidl, Rudolf 1228
Steidle, Luitpold 1772, 1918
Steier, Helmut 914
Steigerwald, Gustav 134
Steigerwald, Robert 736, 1391
Steilberg, Hans 1262
Stein (Polizeirat) 1021
Stein, Arthur 427
Stein, Daniel 2108
Stein, Erwin 193, 1427
Stein, Franz 1879
Stein, Frieda 737
Stein, Gertrude 471
Stein, Werner 1126, 2326
Stein, Willi 737
Steinbach, Helmut 1444, 2298f.
Steinbeck, John 210, 377, 1339
Steinberg, Helmut 2076
Steinberg, Werner 2029
Steinberger, Bernhard 1303, 1521, 1559, 1590
Steiner, Arthur 960
Steiner, Felix 850, 1266, 1442
Steinfeld, Karl 45
Steinfeldt, Heinrich 609
Steinhoff, Fritz 1302, 1336, 1355, 1441, 1453
Steinhoff, Johannes 1281
Steinhoff, Karl 179
Steiniger, Peter Alfons 174, 476, 1190, 1639
Steininger, Wolf 2109
Steinmetz, Heinrich 1055
Steinmetz, Fedora von 918
Steinschneider, Eva 216
Steltzer, Theodor 145
Stempel, Günther 269, 358, 541
Stempel, Hans 1614, 1814
Stenn, Ingrid 1698
Stenzel, Hugo 337

Stephan, Klaus 1831
Stephan, Margarete 920
Stephan, (Richterin) 2158
Stern, Alfred 1844
Stern, Ferdinand 672
Stern, Günther (d.i. Anders, Günther) 1677
Stern, Hans 1923, 2077, 2079, 2189, 2206
Stern, Hermann 676
Stern, Isaac 24
Stern, Jeanne 895
Stern, Käthe 794
Stern, Kurt 895, 1167, 1311
Stern, Leo 2345
Stern, Rudi 869
Stern, Viktor 1432
Sternberg, Fritz 274f.
Sterzenbach, Alice 1902
Sterzenbach, Werner 194, 225
Steuer, Hans Helmut 1925
Steuer, Lothar 1018
Stevens, George 1260, 2253
Stevenson, Adlai E. 685, 1300, 1379, 1508
Stibbe, Pierre 1751
Stielau, Lothar 2002, 2084, 2165
Stier, Gerhard 737
Stierle, Georg 1344
Stiessel, Margarete 203
Stiffel, Rosemarie 1919
Stifter, Adalbert 305
Stikker, Dirk Uipko 419
Stil, André 616f., 1430
Stirner, Max 1153
Stock, Christian 193, 233, 524
Stock, Ernst Georg 1897
Stock, Jean 152
Stöckicht, Peter 1394
Stockinger, Ernst 1395
Stöckler, Lajos 725
Stöckmann, Hans-Dieter 1192
Stoff, Alois 1948f.
Stöhr, Heinrich 1737
Stohrer, Manfred 1411
Stolle, Helga 1877, 2054
Stolz, Otto 2112, 2134
Stolzenberg, Wilhelm Freiherr von 174
Stomps, Victor Otto 124
Stoph, Willi 1303, 1315, 1369, 1374
Storch, Anton 130, 189, 357, 449, 769, 1294, 1487
Storm, Theodor 374
Storz, Gerd 1423, 1649, 1925
Storz, Gerhard 2073

Strahl, Rudi 1739
Strasberg, Susan 1458
Strasser, Georg 1069
Strasser, Otto 29, 32, 95, 115, 117, 293, 387, 472, 578, 1069, 1157, 1284, 1302, 1395, 1454, 1557, 1620, 1657f., 1658, 1660f., 1764, 2016f.
Strasser, Peter 472
Strathmann, Hermann 1871f., 2232
Strauch, Herbert 845
Straus, Hans 737, 951, 1003
Strauß, Franz Josef 120, 528, 556ff., 574, 690, 904, 967, 1103, 1113, 1116, 1121, 1142, 1249, 1289, 1294, 1300, 1321, 1390, 1449, 1466f., 1494, 1515, 1517, 1533, 1555f., 1562, 1574f., 1583, 1610f., 1613f., 1616, 1622, 1633, 1650, 1668, 1692, 1694f., 1697f., 1702, 1757, 1762, 1779f., 1783, 1789, 1812, 1816, 1820f., 1829, 1833, 1840f., 1849, 1865f., 1879, 1908, 1914f., 1917, 1929, 1936, 1971, 2000, 2002, 2014f., 2020, 2034, 2036, 2040, 2043, 2056, 2067f., 2088, 2091, 2094, 2099f., 2103ff., 2110, 2112, 2117, 2126f., 2132, 2137, 2154, 2161, 2168, 2172, 2177f., 2184f., 2188, 2193, 2199, 2213, 2217, 2227, 2242, 2244ff., 2250, 2259f., 2264, 2282, 2287, 2297, 2308, 2310, 2316, 2342, 2346
Strauss, Lewis L. 924, 951, 1003
Strauß, Marianne 1695
Strauß, Richard 768
Strauß, Walter 359
Strauß, Gustav 824
Strawinsky, Igor 402
Strecker, Reinhard 2068, 2333f.
Streicher, Julius 2073
Strempel, Horst 399
Stresemann, Gustav 1496f.
Stresemann, Wolfgang 1497
Streufert, Harry 1815
Stricker, Fritz 88, 132
Strieder, Ludwig 1202, 1372
Strietzel, Achim 126, 888
Strijdom, Johannes G. 1098, 1263, 1305, 1423, 1987
Strippel, Arnold 79
Strittmatter, Erwin 1311
Strobel, Karl-Heinz 2057
Stroessner, Alfredo 976, 1009, 2192
Strohbach, Gertrud 497, 690
Strohmaier, Hans 2028
Ströle, Karl 178

Stroop, Jürgen 568f., 1683
Strothmann, Fritz 1337, 1373, 1905, 2170, 2344
Stroux, Johannes 371
Stroux, Karl-Heinz 849
Strunk, Arnold 2335, 2347, 2349
Strunk, Johann 1028
Stüber, Fritz 1612
Stuckart, Wilhelm 254, 256, 333, 370
Stücklen, Richard 2264
Student, Kurt 481, 783, 1062, 1242, 2184
Studnitz, Wilfried von 523, 731
Stukart, Wilhelm 1351
Stülpnagel, Otto von 1602
Stümer, Ferdinand 1344
Stumm, Johannes 200, 508f., 1066, 1396, 1443, 1504
Stummel, Ludwig 513, 1141
Stumpf, Hermann 2316
Sturm, Alfred 900
Sturm, Helmut 2155f.
Sudbrink, Wilhelm 1866
Sudre, Roger 184
Suhr, Otto 41, 127, 213, 311, 840, 851, 893, 897, 904, 945, 974, 997, 1012, 1019, 1105, 1167, 1175, 1182, 1229, 1272, 1283, 1374, 1503, 1627, 1659, 1699, 1723
Suhren, Fritz 192, 241
Sührig, Herbert 1487
Suhrkamp, Peter 253, 1153, 1557, 1643
Sukarno, Achmed 23, 155, 1170, 1595, 1746, 1836
Sullivan, Ed 1442
Sultan ben Abdul Asis al-Saud 2336
Sultaneh, Achmed Ghavam 642
Sumita, Kenchiro 1905, 1909, 1919, 1925, 1931, 1936, 1964
Summerskill, Edith 1221
Sumpf, Kurt 2046f., 2056, 2062, 2306f.
Sumpf, Peter 2047
Sun Yat-sen 1740
Sundermann, Helmut 89, 184, 354, 1389, 1572, 1624f., 1720
Süskind, Wilhelm Emanuel 102
Suslow, Michail A. 653, 1334
Süss, Wolfgang 1005
Sussin, A. S. 508
Sussmann, Heinrich 699
Süsterhenn, Adolf 623, 908, 953, 1289, 1749
Sutherland, Mary 2220
Sutter, Sonja 1975
Suttner, Bertha von 613, 1440

Suvannavong (laotischer Prinz) 766
Švab, Karel 689
Svahnström, Bertil 2077
Swart, Charles 2191
Sweelinck, Gerrit Pieterszoon 2335
Swiatlow, Josef 1057
Syberberg, Rüdiger 504
Symank, Paul 649
Syngelakis, Antonios 2224
Syngman Rhee 292, 789, 2231
Syrojetschkowitsch, B.E. 1522
Szábo, János 1570f.
Szalai, András 132, 1461
Szálasi, Ferenc 2135
Szász, Béla 1462
Szczesny, Gerhard 592, 1831
Szenasi, Géza 1927
Szewcuk, Mirko 1100, 1115
Szilagyi, József 1792, 1824
Szillat, Paul 512, 1367
Szönyi, Tibor 132, 1461
Szuminski, Benedykt 1203

T

Tacke, Bernhard 1459, 1874, 2042, 2264
Talal, Emir 460
Taleb 1808
Taleb, Ibrahimi, Ahmed 1308
Tallat, Jusuf 1068
Talmon, Jacob L. 2272
Tambo, Oliver 153, 1305, 1530, 1537
Tantzen, Richard 1195
Tardos, Tibor 1739
Täschner, Herbert 945
Tatum, Arlo 1451, 1461
Tau, Max 240
Taube, Carl 416, 1607, 2125
Taubert, Eberhard 164, 285, 1214, 1238, 2110, 2112f.
Tauschinger, Sebastian 1339, 1341
Taviani, Paolo 1840
Tavor, Moshe 1598
Taylor, Alan J. P. 1776
Taylor, Maxwell D. 231, 316
Taylor, Robert 533
Taysen, Adalbert von 141
Teich, Erich 1591, 2130
Teichmann, Alfred 1864
Tellenbach, Gerd 1193, 1771
Teller, Edward 683
Tempel, Hans-Konrad 1181, 1851, 1877, 2342
Teng Hsiao-ping (d.i. Deng Xiaoping) 1444, 2283

ter Meer, Fritz 271f., 1199
Terboven, Josef 2342
Teschke, Erich 658
Teschner, Manfred 2348
Tessloff, Ernst 1186
Teubner, Hans 277
Teuffert, Elsa 2294
Teusch, Christine 128, 473, 908
Teuschner, Herbert 703
Tewson, Sir Vincent 637
Thadden, Adolf von 78, 115, 173, 183, 980, 2016, 2076, 2216
Thadden, Eberhard von 38
Thadden-Trieglaff, Reinold von 97, 457, 507, 2243
Thalheimer, August 752
Thalmann, Jörg 1491
Thälmann, Ernst 25, 217, 657, 660, 832, 1164, 1285, 1521, 1844
Thälmann, Rosa 467, 701, 1172, 1179, 1752, 2071, 2266
Thedieck, Franz 473, 609, 624, 1019, 1084, 1859, 2110, 2112, 2330
Theiner, Karl 1128
Theis, Heinrich 2248
Theiß, Hans 165
Theodorakis, Mikis 41, 49
Theotokis, Spyros 1347
Thesen, Mathes 1728
Theunissen, Gert H. 1109
Thiele, Grete 636, 735, 758
Thiele, Ilse 786, 892, 1752
Thiele, Rolf 1736, 1968, 1972f.
Thielen, Peter 288
Thielicke, Helmut 1506
Thieme, Dieter 476
Thieme, Hans 731
Thieme, Hermann 861
Thieme, Irmgard 648
Thierfelder, Hans 1945, 2040
Thiesis, Ernst 862
Thiess, Frank 995
Thießen, Peter Adolf 1629, 1828
Thoma, Alfred 48
Thoma, Inge 1104
Thomanek, Paul 1748
Thomas, Christa 416, 1257ff.
Thomas, Jefferson 1713
Thomas, Karl 1193
Thomas, Solveig 687
Thomas, Stephan 1421
Thomas, Wolfgang 1489
Thomazo, Jean 2271
Thompson, Sir George 1194
Thorak, Josef 501

Thorbeck, Otto 531, 685, 1268f., 1302, 1397
Thorez, Maurice 40, 43, 88, 218, 232, 1509f., 2003, 2286
Thorndike, Andrew 1436, 1701, 1915, 1993
Thorndike, Anneliese 1436, 1701, 1915
Thrun, Friedrich 1150
Thürer, Georg 1509
Thuveny, Auguste 2044
Thygesen, Paul 993
Thyssen-Bornemisza, Hans Heinrich 1753
Tiburtius, Joachim 502, 561, 566, 599, 910, 942, 1002, 1073, 1125, 1272, 2283, 2340
Tiefes, Gustav 2320
Tietgens, Hans 592
Tietze, Konrad 112
Tietze, Regina 1079
Tildy, Zoltán 1926
Till, Emmett 1240, 1243, 1256f., 1332
Tiller, Nadja 1735f., 1968, 1972
Tillessen, Heinrich 258
Tillich, Ernst 93, 200, 250, 322, 357, 370, 453, 500, 532, 579, 615, 919, 1859
Tillich, Paul 77
Tillmanns, Robert 994, 1007
Timar, Istvan 953
Timaschuk, Lydia 764
Tiplt, Alexander 2135
Tippelskirch, Kurt von 449
Tito, Josip Broz 45, 81f., 121, 128, 247f., 504, 504, 724, 934, 936, 1093, 1195f., 1279, 1384, 1418, 1561, 1563, 1693
Tjaden, Kay 1730
Tochtermann, Heinz 345
Todt, Fritz 888
Toeplitz, Heinrich 1559, 1659, 1706, 1728f.
Togliatti, Palmiro 43, 88, 169, 1298, 1334, 1349, 1396, 1404, 1464, 1505
Toller, Ernst 73, 666, 1164
Tomás, Américo Deus Rodrigues 2081
Tonat, Klaus 2017, 2181
Topchiew, Aleksandr Vassilowitsch 1232
Töpfer, Alfred 1388
Töpfer, Christian 1647
Töpler, Johanna 703
Torańska, Teresa 1348
Torberg, Friedrich 1911f.
Torhorst, Maria 1752

Tornau 1368f.
Torresola, Griselio 320f.
Tostmann, Friedrich Ludwig 453
Tóth, Ilona 1665
Tóth, Lajos 1477
Totzauer, Karl 1026
Toynbee, Philip 1839
Trachtenberg, Leo 446
Tragier, Paul 2199
Trakl, Georg 886
Tralow, Johannes 404, 416, 502, 504
Tran Van Huu 515
Trantow, Cordula 2303
Traub, Helmut 1120
Treblin, Heinrich 2251
Treffurth, Rudolf 2288
Trémeaud, André-Marie 1625
Trémeaud, Henriette 1625
Tremper, Will 1451
Trenker, Luis 1707
Trepper, Leopold 985
Tressler, Georg 1451
Trettner, Heinz 536, 1027
Treue, Wilhelm 551
Trier, Eduard 2219
Trikkalinos, George 2224
Trillhaas, Wolfgang 1900
Triolet, Elsa 942
Trittelvitz, Hermann 2208
Trnko, Heinrich 976
Trocmé, André 1152, 2087f.
Trökes, Heinz 1222
Trost, Walter 139
Trotzki, Leo D. 746, 1009, 1742, 1826, 2110
Truchnowitsch, Alexander R. 431
Truchnowitsch, Jaroslaw 969
Trujillo, Rafael Leonidas 2204
Truman, Harry S. 31, 63, 71, 158, 163, 165, 176, 178, 185, 212, 247, 251, 260, 281, 286, 320, 332f., 340f., 348, 358, 415, 454, 456, 593, 683, 692, 724, 744, 910f., 1332, 1818
Trumpf, Werner 486
Truschnowitsch, Alexander Rudolf 431, 930, 968f.
Tschechowa, Olga 1707
Tschepzow, Alexander Alexandrowitsch 652
Tschernischowa, Lydia 1718
Tscheschtnewa, Marina 2258
Tschesno-Hell, Michael 1311, 2111
Tschiang Kai-schek 125, 274
Tschirmer, Wolfgang 1844
Tschirner, Herbert 845, 850

Tscho Bong-am 2231
Tschu En-lai 125, 1014, 1016, 1170f., 1565, 1585, 2056, 2064, 2093, 2131, 2159, 2166, 2283
Tschu-Deh 104, 1041
Tschuikow, Wassili I. 68, 126, 128, 138, 170f., 498, 538, 593, 751
Tsutsui, Hisakichi 951
Tuchatschewski, Michail Nikolajewitsch 746, 1514
Tucholsky, Kurt 243, 1124, 1766, 2048, 2227, 2230
Tulpanow, Sergej I. 32, 126
Turczer, Josef 275, 947
Twain, Mark 2002
Tyrolf, Walter 58, 212, 218
Tytgat, Alphonse 1167

U

Überall, Reinhold 649
Ude, Wilhelm 2164
Udet, Ernst 1249
Ueberbrück, Heinrich 1149
Uffelmann 1328
Uhl 1857
Uhse, Bodo 84, 253, 404, 432, 1188, 1311, 1680, 1696, 1732
Ulbrich, Hans 1648, 1778
Ulbrich, Karl 1648, 1778
Ulbrich, Peter 1161
Ulbricht, Walter 22, 32f., 107f., 113, 126, 129, 154, 161f., 165, 170f., 178, 218, 227, 233, 240f., 244, 246, 261, 263, 266, 278f., 316, 330, 394f., 403, 419, 427, 429, 444, 465, 467, 470, 532, 547, 598, 605, 623, 634, 641, 718, 719, 775, 780, 794ff., 799, 804f., 816, 819f., 825, 832, 836f., 839, 842, 851, 855, 862, 872, 885, 906, 926, 929, 937, 960, 964, 976, 991f., 1038, 1077f., 1096f., 1101, 1148, 1157, 1182, 1207, 1211, 1218, 1252, 1258, 1280, 1303f., 1311, 1334, 1339f., 1343, 1351, 1353, 1358, 1360, 1364f., 1367, 1374ff., 1423, 1425, 1457, 1489, 1497, 1500, 1508f., 1518, 1520, 1522, 1530, 1534f., 1539, 1541, 1558, 1570, 1575, 1579, 1593, 1644, 1647, 1681, 1691, 1695, 1714ff., 1736, 1754, 1765, 1789f., 1798, 1810, 1826ff., 1832, 1838, 1919f., 1944, 1946f., 1957, 1960, 1965, 1970, 1982, 1989, 2004, 2007, 2011, 2015, 2020, 2031, 2033, 2039, 2051, 2062, 2070, 2078, 2085, 2090, 2092, 2110, 2124, 2133, 2162f., 2173f., 2191, 2207, 2210, 2226, 2230, 2237, 2285f., 2289ff., 2306, 2315, 2349
Ulrich, Fritz 1811
Ulrich, hl. 1219
Ulrich, Rolf 1973
Unamunos, Miguel de 613
Unbehauen, Kurt 856
Ungeheuer, Josef 1116, 1206, 1801, 1814
Unger, Hans-Joachim 1787
Unikower, Franz 2179
Unkelbach, Wilhelm 2202
Unruh, Fritz von 1042, 1183f.
Unruh, Walter von 200
Urban, Friedrich 682, 1933
Ure, Mary 2269
Urrutia, Manuel 2076, 2108
Uschner, Fritz 780

V

Vack, Klaus 2279
Vaillant, Roger 1514
Valdés, Ramiro 1527
Valens, Ritchie 2103
Valentin, Fritz 60
Valley, Rolf 1584
Valtin, Jan (d.i. Krebs, Richard) 354f.
van Ackern, Wilhelm 1203
van Beeck, Hans 2199
van Berk, Karl 2093
van Dam, Hendrik George 59, 1087, 1557, 1601, 1615, 1685, 2033, 2068, 2084, 2207
van der Molen, H. 2253
van Eyck, Peter 1736, 1972
van Gindern, Peter 2200
van Goedhardt, Johan 1290
van Kempen, Paul 370
van Nahl, Hans 908f.
van Nes Ziegler, John 122, 287, 742
van Steenis, Henk 1573
van Suchtelen, Guido 1167
van Taack, Nicolas 1154
van Tienen, Paul 1057
van Zeeland, Paul 2203
van Gogh, Vincent 613
Varga, Eugen 1031, 1327, 1641
Vargas, Getulio 1031
Vásárhelyi, Miklós 1926
Vavra, Wenzel 2010
Veit, Hermann 1120, 1842, 1880, 1905
Venatier, Hans 223, 2082, 2089, 2147, 2214, 2311
Venediger, Günther 1035, 1607
Vercors (d.i. Bruller, Jean) 259, 1530
Verdeja, Santiago 1584
Vergani, Orio 1994
Vergès, Paul 2187
Verhoeven, Paul 1447
Vermeulen, Matthijs 1135
Verner, Paul 1790, 2144, 2174, 2191
Verner, Waldemar 988
Verrone, Elena 1685
Verwoerd, Hendrik Frensch 1987, 2150
Vesper, Will 223, 458, 2279
Vet, Rinus 2253
Vetter, Heinrich 374, 688, 786
Vetterle, Bonifaz 1024
Vian, Boris 2208
Vian, Michelle 2208
Vicky (Karikaturist) 735, 951
Victor, Walther 1810
Victoria (Queen) 1136
Videla, Gabriel Gonzalez 670
Viebahn, Ernst 592
Viebig, Klara 2057
Viehweger, Gustel 932
Vielhauer, Walter 483, 607, 1059
Vietinghoff-Scheel, Heinrich Freiherr von 308
Vietzke, Paul 937
Vieweg, Kurt 1897
Vigne, Ferdinand 1951
Viktor Emanuel II (König von Italien) 1505
Viktor, Herbert 2211
Villon, Pierre 1937
Vilmar, Fritz 876
Vincke, Johannes 544
Viol, Hans-Joachim 476
Vittinghoff, Karl 1829, 2193
Vockel, Heinrich 313, 893, 910, 1787
Vodicka, Jan 1601
Voegelin, Eric 2272
Vogel, Gerhard 932
Vogel, Hans-Jochen 1328, 1465
Vogel, Heinrich 1614, 1621, 1822f., 1844, 1906, 2007, 2078, 2125f., 2263, 2323
Vogel, Helga 1860
Vogel, Helmut 2282, 2328
Vogel, Klaus Otto 1860
Vogel, Ludwig 2348, 2350
Vogel, Rudolf 1935
Vogel, Walter 1395
Vogl, Michael 677
Vogt, Johannes 1906
Vogt, Manfred 1211

Vöhringer 1588
Voigt, Bernd 1569
Voigt, Richard 460, 558, 2297
Volkholz, Ludwig 434
Vollenschaar, Erich 521
Voller, Wilhelm 1386
Vollmer, Engelbert 1856
Vollmer, Gustav 544
Vollrath, Paul 1357, 1880
Volmer, Max 1629
Völpel, Fritz 2342
Volz, Emil 1451, 1456
Völz, Wolfgang 1485
Vorlander, Karl 255
Vorrink, Koos 667
Voslenski 1489
Vostell, Wolf 1036
Vrijman, Jan 2253
Vutsas, Eleftherios 2224

W

Wache, Hermann 1594
Wächter, Lilly 351, 474, 479f., 483, 497, 583, 611, 1163
Wacker, Helmut 2051
Wackernagel, Jakob 1491
Wadle, Hein 1925
Wadsack, Waldemar 1395, 1661
Wadsworth, James 1185
Wagenaar, Gerben 1837
Wagenbach, Klaus 2306
Wagner, Albert 244
Wagner, Ernst 602
Wagner, Günter 476
Wagner, Horst 38, 256, 2028
Wagner, Josef 1344
Wagner, Paul 269
Wagner, Rainer 1775
Wagner, Richard 134
Wagner, Thilo 217
Wagner, Wilhelmine 238
Wagner, Willi 648
Wahl, Eduard 48
Waidauer, Walter 1135
Waldburg, Truchsesse von 1588
Waldeck-Pyrmont, Josias Erbprinz zu 333
Walden, Herwarth 1662
Waldow, Hubertus von 244
Walker, Roy 542
Wallace, Henry 49
Wallat, Otto 932
Wallbruch, Heinrich 2261
Wallenberg, Hans 795, 1119

Wallenberg, Raoul 1578
Walls, Carlotta 1713
Walpert, Otto 1852
Walser, Martin 973, 1187f., 1455, 1716, 1834, 2026
Walter 920
Walter, Joachim 476
Walter, Josef 1071
Walter, Karl 1844
Wälterlin, Oskar 488
Walzer, Oskar 1619
Wandel, Paul 1727
Wandersleb, Gottfried 1160, 2297
Wangenheim, Gustav von 2111
Waniawin, Iwan 1391
Wanner, A. 2237f.
Ward, George 2054
Warnke, Franz 1456
Warnke, Helmuth 337, 577, 2259
Warnke, Herbert 209, 945, 975, 1038, 1175, 1620, 1628, 1705, 1828
Warren, Earl 1571
Wascher, Rudi 339
Wasilewska, Wanda 108, 1168
Wasservogel, Martin 378f.
Waßner, Anton 1817
Wastl, Karl 459
Watanabe, Tadao 1930
Wateler, Wilhelm 2199
Watson, Sam 1415
Wätzold, Hans 649
Wawilow, S.I. 27
Waxmann, Rudolf 943
Wazyk, Adam 1236
Weber, A. Paul 2011
Weber, Alfred 217, 249, 281, 932, 943, 1011, 1117, 1217, 1753, 1814, 1830
Weber, Carl M. 1280
Weber, Gerda 474, 673
Weber, Gottfried 1371, 1668
Weber, Helene 31
Weber, Hermann 1039, 2226
Weber, Josef 1103, 1110, 1138, 1354, 1665, 1927, 1933, 1954, 1962, 2138, 2141, 2175, 2310
Weber, Kurt 970, 1825
Weber, Maria 1459
Weber, Max Rudolf 2005, 2155, 2238
Weber, Otto 2201
Weber, Renatus 2113
Weber, Werner 1957, 2150
Weber, Willy 274
Wechsung, Fritz 275, 946
Weck, Franz Christian 1670
Wecker, Louis 1509

Weckerling, Rudolf 1847, 2240f.
Wedel, Emil Graf von 2099
Wedel, Max 1324
Wedel-Parlow, Winfried von 59
Wegener, Paul 87, 197, 1572
Wegner, Arthur 2301
Wehmhöner, Friedrich 1897
Wehner, Herbert 120, 160, 192, 230, 458, 515, 591, 735, 883, 1015f., 1377, 1387, 1575, 1594f., 1749, 1837, 1895f., 1905, 1934, 1982, 2066, 2077f., 2121, 2136, 2204, 2211, 2286, 2326
Wehr, Philipp 1344
Weichhold 830
Weidlich, Hans-Christoph 1657
Weidmann, Heinrich 2306
Weigel, Helene 29, 84, 388, 574, 1342, 1425, 1457, 1647, 1680
Weil, Bruno 503
Weil, Felix 512
Weiland, Alfred 162, 325, 657
Wein, Friedrich 2244
Wein, George 2218
Weinberg, Wilhelm 134, 228
Weinert, Erich 574, 980, 1717, 1929
Weingärtner, Friedrich 2244
Weinrich, Karl 89, 638
Weinstein, Adelbert 1231, 2284
Weinstock, Louis 447
Weintz, Jean 1577
Weischedel, Wilhelm 1844, 1902, 2077f., 2323
Weisenborn, Günther 374, 502, 549, 607, 1205, 1310, 1371, 1681, 1830, 1855, 1895, 2125, 2188
Weisgärber, Karl 1768
Weismann, Willi 416
Weismantel, Leo 1065, 1855, 1884, 1975f., 2099, 2126, 2164, 2225, 2263, 2347
Weiß, Carl Friedrich 1629
Weiß, Ernst 2165
Weiß, Hermann 1695
Weiß, Wilhelm 91
Weisser, Gerhard 592, 1845
Weisshäupl, Carl 2175
Weissner, Hilde 1182
Weiterer, Maria 277, 1157, 1902
Weitzäcker, Joachim 1811
Weizel, Walter 1822, 1860
Weizmann, Chaim Ben Ozer 39, 1169, 1367
Weizsäcker, Carl Friedrich von 551, 1193, 1556, 1613f., 1616, 1621f., 1673, 1815, 1900, 2282f.

Weizsäcker, Ernst von 54f., 150, 160, 304, 313, 478
Weizsäcker, Richard von 54, 160
Welke, Annemarie 1672
Wellmann, Hans 209
Wels, Helga 84
Wels, Otto 84
Weltlinger, Siegmund 599
Welty Op, Eberhard 1878
Welwarsky, Wilhelm 1989
Welzel, Hans 1193
Wenck, Walther 26, 486
Wend, Arno 214
Wende 1535
Wende, Martin 2254
Wendefeuer, Ernst 563
Wendt, Manfred 429, 431
Wenger, Paul Wilhelm 1358
Wenig, Gustav 604, 988
Wensien, Klaus 548
Wenzel, Fritz 519, 1126, 1128, 1134, 1186, 1344, 1415, 1420, 1436, 1461, 1490, 1568, 1615, 1717
Wenzel, Heinz Willi 1306
Wenzel, Jochen 1739
Wenzel, Otto 919
Wenzel, Wilhelm 2253
Wenzl, Aloys 1805, 1830, 1884, 1904, 2263
Wepper, Fritz 2303
Werber, Friedrich 2140
Werder, Siegfried 836, 1277
Werfel, Edda 1520
Werfel, Franz 1366
Werkentin, Falco 1885
Werner 2057
Werner, Albert 341
Werner, Gustav 268
Werner, Herbert 1830, 1857, 1893
Werner, Paul (d.i. Frölich,Paul) 752
Wertmann, Konrad 1460
Wescott, Glenway 377
Weskamm, Wilhelm 655, 1149
Wesleg, T. D. 1737
Wessel, Franz 1427
Wessel, Helene 31, 88, 132, 323, 350, 400, 411, 420, 513, 515, 529, 537, 545, 573f., 629, 687, 692, 767, 869, 1138, 1141, 1642, 1665, 1801, 1822f., 1841, 1892, 1903, 1905, 1909f., 1936, 1960, 1975, 2292
Wessel, Horst 869, 1330, 1557, 1632, 1643
Wessely, Paula 1698
Wessig, Kurt 1071

West, Charles 1045
Westarp, Theodor Graf von 607
Westarp, Wolf Graf von 427
Westendorf, Harm 1877
Westphal, Conrad 2011
Westphal, Heinz 84, 1313, 1374, 1377, 1385, 1622f., 1937
Westphal, Siegfried 1453
Westphalen, Karl Graf von 1129, 1708, 1804, 1918, 1923, 2173, 2232
Westrick, Ludger 2236
Wetterling, Horst 1807
Wetzel (Landgerichtsdirektor) 1942
Wetzling, Wolfgang 1764, 1796, 2328
Weyer, Willi 1336, 1852, 1883
Weyrauch, Wolfgang 427, 495, 614, 682, 973, 1108, 1268, 1310, 1703, 1834
Weyrich, Heinrich 276
Wheeler, George Shaw 914
White, Harry Dexter 911ff.
White, Herbert 986
White, Lincoln 1980
Wiberg, Egon 1784, 1949
Wicke 1936
Wicki, Bernhard 2303
Widmark, Richard 1432
Wiebach, Joachim 1211
Wiechert, Ernst 352
Wiechmann, Carl 765
Wiedemann, Hans 1586
Wiedemann, Karl 1026
Wieder, Hanne 1972
Wiedermeth, Erich 1990
Wiedwald, Waldemar 784
Wiefels, Josef 1151
Wiegenstein, Roland H. 1904
Wiegler, Paul 24
Wieland, Gustav 1600, 1604, 1752f.
Wieland, Hanns 406
Wiemer, Rudolf Otto 2201
Wien, Werner 517
Wiener, Oswald 1660
Wientgen, Heinz 895
Wiese, Leopold von 512
Wiese-Wahls, Otto 1740
Wilbertz, Julius 1388, 2160
Wildangel, Ernst 243, 318
Wilder, Thornton 377, 1522, 1724f.
Wilfert, Manfred 1083
Wilhelm 1177
Wilhelm, André 192
Wilhelm, Ernst 611
Wilhelm, Friedrich 664, 897
Wilhelm I. (deutscher Kaiser) 1315

Wilhelmi, Albrecht 394
Wilhelmi, Hans 622, 687
Wilhelmina (Königin der Niederlande) 516
Wilke, Friedrich 208f.
Wilke, Klaus 2218
Wilke, Werner 84
Wilkening, Werner 1195
Wilkerling 2316
Wilkins, Roy 1589, 1933
Wille, Lothar C. 1272
Willecke, Reimund 443
Williams, Emlyn 540
Williams, Vaughan 1332
Willmann, Heinz 322, 692, 1359, 1854
Willmann, Karl 306
Wilm, Ernst 513, 1638
Wilson, Charles 1422, 1532
Wilson, Jimmy 1995
Wilson, Roy 355
Wimmer, Johanna 208
Wimmer, Thomas 407, 1006, 1247
Wimpfer, Franz 2312
Windaus, Adolf 1773
Windfuhr, Walter 340
Windisch, Konrad 1000, 2082, 2089
Winkler, Ernst 1962
Winkler, Heinz 1918
Winkler, Willibald 1161
Winnacker, Karl 2190
Winogradow, V. N. 725
Winter, Kurt 1856
Winterstein, Alfred 1377
Winterton, Sir John 906
Wintrich, Josef 1071, 1078, 1427
Winzer, Otto 1984
Wipper, Paul 1388
Wirth (Oberrichter) 1697
Wirth, Joseph 529, 538, 557, 629, 636, 662, 669f., 686f., 690, 700, 716, 744, 777, 869, 914, 1103, 1138, 1294, 1308f., 1354, 1697, 2017
Wirtzfeld, Alexander 208
Wischmann, Adolf 1393
Wischnewski, Hans-Jürgen 715, 895, 948, 1082, 1846, 1965, 1977, 1989, 2044, 2140, 2163, 2282
Wischnewski, Paul 737
Wischnewski, Sergej 1981
Wisner, Frank 165
Wissel, Rudolf 1048
Witham, Walter 195
Witsch, Joseph C. 357, 1163, 1701, 2201
Witte, Otto 228, 306

Wittenberg, Kurt 1247
Wittenburg, Otto 439
Wittfogel, Karl August 469, 533, 1611
Wittig, Karl Hans 906
Wittneben, Heinrich 1584, 1622, 1671, 1875
Wittrock, Karl 1920
Wizorek, Wilhelm 1866
Woermann, Emil 1192f., 1223, 1260
Wohleb, Leo 544
Wohlers, Ernst 2165
Wohlgemuth, Wolfgang 1013f., 1028
Wohlrath, Gerhard 2320
Wöhrle, Alois 1175, 1486
Wojkowsky, Hans 845, 847
Woldt, Ewald 1632
Wolf, Adolf 774
Wolf, Albert 1836
Wolf, Alfons 1499, 2201
Wolf, Ernst 2074
Wolf, Friedrich 84, 574, 900f., 920, 1035, 2111
Wolf, Heinz 2047, 2307
Wolf, Herbert 2085f., 2182, 2227
Wolf, Karl 2282
Wolf, Konrad 2305
Wolf, Richard 1559, 1591, 1608f.
Wolfard, Adolf 517
Wolfe, Bertram D. 1250
Wolff, Christian 1698
Wolff, Emil 340
Wolff, Jeanette 2136
Wolff, Joachim 1682
Wolff, Karl 553
Wolff, Wilhelm 1009
Wolffberg, Inge 888
Wolfmeyer 1857
Wolfstein, Rose 752
Wollenberg, Friedrich 394
Wollenweber, Josef 782
Wollheim, Norbert 117, 218, 449, 477, 791f., 1420f.
Wollweber, Ernst 355, 782, 905, 1032, 1336, 1489, 1558, 1575, 1736, 1754, 1765, 1789ff., 1946
Wolpert, Erwald 655
Wolter, Werner 1639, 2279
Wolters, August 2279
Wölz, Karl 1391
Wonhas, Paul 2239
Wönner, Max 201, 214, 265, 540, 1134, 1141, 1678
Woog, Edgar 1513
Woolf, Virginia 73
Wördehoff, Ludwig 1975

Wörmann, Ernst 150
Worofsky, Klaus 1913
Woronow, Jurij 1810
Woroschilow, Kliment Jefremowitsch 747, 1334
Woroszylski, Wiktor 1723
Wosien, Bernhard 2126, 2225
Wowsi, M. S. 725
Woyrsch, Udo von 1668
Woznek, Werner 2072
Wright, Richard 61, 206f., 1446f., 1630
Wrona 736
Wronkow, Ludwig 971
Wruck, Erwin 1127
Wuermeling, Franz-Josef 941, 962, 1011, 1219, 1748, 2050, 2208, 2328
Wulf, Joseph 1307, 1525, 1720
Wunden, Paul 550, 903, 910, 1309, 1345, 1621, 1849, 1957, 2037, 2194, 2335
Wunder, Dieter 401, 1068, 1186f., 1248, 1598, 2043, 2062, 2230, 2236, 2310, 2343
Wunderlich, Alfons 98
Wunderlich, Alfred 257
Wunderlich, Ernst 1729
Wunderlich, Friedrich 2344
Wunderlich, Helmut 1918
Wüsthoff, Freda 128, 1673
Wuttke, Max Josef 202, 769
Wuwer, Hans 2293
Wybot, Roger 2206
Wyckaert, Maurice 2156
Wyden, Peter 1664
Wynands, Viktor 1122, 1160, 2021
Wyrwinski, Georg 1897
Wyschinski, Andrej J. 149, 676
Wyszynski, Stefan 896, 1491, 1722

X

Xoxe, Kotcho 23, 81, 533

Y

Yamamoto, Suci 1161
Yasui, K. 2234
Ymerglik, Maurice 1490
Yoshida, Shigeru 471, 593
Young, Edward 2313
Young, Loretta 155
Yukawa, Hideki 1219

Z

Zabludowitsch 2217
Zacharides, Nikolas 879
Zacharski, Adam 1490
Zahedi, Fazlollah 884f.
Zahn-Harnack, Agnes von 128
Zaisser, Wilhelm (alias »General Gomez«) 162, 179, 718f., 792, 816, 854f., 872, 880, 885, 892, 929, 937, 1810f.
Zandt, James E. van 950
Zanger, Friedrich 2240
Zanti, Carmen 1752
Zarenko, I. L. 1366
Zass, Robert 1844
Zatopek, Emil 234, 650, 700
Zauner, Hans 2324
Zehden, Alfred 893
Zehden, Werner Alfred 168
Zehm, Günter 1559, 1599, 1653f., 1716
Zehner, Paul 341
Zehrer, Hans 486, 1250, 1784, 2155
Zelk, Zoltán 1278f., 1739
Zellner, Christine 1414
Zembock, Fritz 1410
Zemke, Karl 887, 986, 1414
Zemke, Wilhelm 1032
Zenhäusern, Paul 1586
Zenker, Karl-Adolf 1301, 1314, 1335, 1363, 1610
Zenz, Karl Heinz 2318
Zeske, Erwin 2195
Zetkin, Clara 25, 397, 1138, 1670f.
Zeuner, Heinz 1796
Zickerow, Hans 379f.
Zickler, Stefan 54, 184
Ziebell, Günter 1259
Ziegenhain, Heinrich 134, 550, 567-569, 1155
Ziegler, Hans 108, 132
Ziegler, Maria 1892
Ziegler, Walter 1067, 1321, 1413, 1590, 1681
Zielinski, Walter 1830
Ziemann, Sonja 1869
Ziesemer, Heinz 1200
Zill, Egon 1106
Ziller, Gerhart 1558, 1575, 1753, 1790, 1946
Zilliacus, Konny 56, 689, 2188, 2340
Zimand, Roman 1723
Zimber, Emil 980, 1347
Zimmer, Alois 550
Zimmer, Hans-Peter 2027

Zimmer, Peter 937
Zimmerle, Rudolf 2334
Zimmermann, Arnd 921
Zimmermann, Ernst 30
Zimmermann, Friedrich 1562
Zimmermann, Hans-Günter 1207
Zimmermann, Helmut 1877, 2250
Zimmermann, Herbert 2330
Zimmermann, Paul 725
Zind, Ludwig 1618f., 1777, 1781f., 1843, 2045f., 2165, 2275, 2343
Zinn, Georg August 475, 531, 661ff., 741, 896, 898f., 1012, 1378, 1788, 1875f.
Zinnkann, Heinrich 134, 143, 193, 286, 482, 741, 777, 783, 885
Zitzlaff, Dieter 1948f., 2032, 2339
Zöberlein, Hans 1332, 1341
Zöger, Heinz 1518, 1521, 1559, 1591, 1680f.
Zoglmann, Siegfried 486, 726
Zola, Emile 510
Zöller, Richard 2118, 2127
Zopf, Armin 918
Zorin, Valerian 539
Zscherpe, Heinz 395
Zuaruni 1242
Zuazo, Hernan Siles 586
Zuckermann, Leo 702, 723
Zuckmayer, Carl 1249, 1339
Zulawski, Wawrzyniec 1736
Zunker, Hermann 508f.
Zweig, Arnold 33, 66, 193, 215, 220, 226, 322, 327f., 360, 388, 432, 434, 504, 574, 645, 894f., 914, 1311, 1343, 1647, 1794f., 1810, 1817, 2041, 2216
Zweigert, Konrad 1193
Zwerenz, Gerhard 1407, 1559, 1574f., 1697, 1727, 1739
Zwingmann, Günther 335, 340, 379

Ortsregister

Hinweis: Staaten, Bundesländer und Landstriche sind in das Ortsregister aufgenommen worden, wenn sich das im Text beschriebene Ereignis im Wesentlichen darauf bezieht.

A

Aachen 293, 423, 545, 614, 904, 916, 969f., 1063, 1134, 1253, 1310, 1379, 1457, 1689, 1712, 1893, 1909, 2177, 2269, 2300, 2302
Aalen 229
Århus 739
Abadan 416, 464, 490, 496ff.
Abbensen 2028
Åbenrå → vgl. Apenrade 739
Aberdeen 2145
Accra 1535, 1555, 1589, 1767, 1848, 2054f., 2057, 2341
Achim 465
Adrano 364
Ägypten 1399
Ahlen 118, 252, 1866
Ahmed-Abad 920
Ahrensburg 381, 430
Aichach 363, 1419
Aintree 1353
Aix-les-Bains 1236
Ajoie 1599, 1706
Albershausen 2238
Aldermaston 567, 1838f., 1841, 2117, 2143
Alegria de Pio 1527
Alexandra 224, 1565
Alexandria 329, 499, 645, 931, 1053, 1058, 1492
Alfeld 234
Algerien 203, 1235, 1409, 1541, 1988
Algier 924, 1009f., 1051, 1060, 1159, 1300, 1319, 1358, 1409, 1431, 1470, 1568, 1587, 1602f., 1612, 1625, 1645, 1655f., 1761, 1806, 1812, 1815f., 1885-1891, 2001, 2107, 2123, 2182, 2226f., 2271, 2346
Alicante 895
Allenberg 2350
Allensbach 2251
Alpen am Niederrhein 2161
Alpirsbach 1438
Alsdorf 1689, 1712, 2034
Alsfeld 268, 388, 1155, 2120, 2154
Alsheim 2079
Altena 763, 1963, 2351
Altenberg 128, 449, 486, 1520

Altenburg → **Magyaróváry**
Altenessen 1975
Altengesecke 1700
Altenkessel 2135
Altona 305, 733, 1127, 1320, 1700, 2273
Alzey 1004, 2160
Amberg 614, 2109, 2135, 2313
Amman 1788, 1995
Ammersee 133, 141
Amsterdam 39, 137, 155, 229, 270, 370, 524, 613, 762, 765, 775, 936, 1054, 1135, 1159, 1302, 1377, 1457f., 1508, 1520, 1523, 1557, 1626, 1629f., 1640, 1655, 1677, 1704, 1837, 1863, 2002, 2092, 2253
Andernach 1300, 1308, 1316, 1318, 1453, 1583
Andrews 2270
Ankara 897, 1243
Anklam 838
Annaberg 769, 1110
Anröchte 1700
Ansbach 207, 305, 398, 453, 881, 903, 1754, 1857, 1910
Antonsthal 838
Antwerpen 262, 2343
Apeldoorn 1536
Apenrade → vgl. Åbenrå 897
Apolda 792, 837, 845, 850, 870
Appenheim 1004
Appleton 1077, 1628
Arborfield 1234
Argentinien 125
Arles 613
Arlington 2064, 2102, 2190
Arnoldshain 2000
Arnsberg 688, 1615, 1764, 1796
Arnstadt 46
Arolsen 133, 2159, 2176
Arris 1060
Asahi 2202
Aschaffenburg 52, 269, 1121, 2067, 2099, 2152, 2249, 2261, 2265, 2313, 2351
Aschendorf 1441
Aschersleben 1615
Ascona 1513
Ascq 100
Assen 1536
Aßlar 961
Aßmannshausen 416
Asunción 976, 1009, 2192
Atami 2202
Athen 49, 128, 233, 266, 270, 409, 577, 581, 586, 879, 902, 930, 960, 1030, 1264, 1305, 1346f., 1379, 1497, 1596, 1607, 1659, 2098, 2192, 2224
Atlanta 1566, 1580, 1996
Aubervilliers 698, 1991
Auboué 1561, 1601f., 1608
Auckland 2238
Aue 139
Auenhausen 1190
Augsburg 97, 214, 289, 330, 363, 384, 392, 403, 481, 619, 927, 1032, 1070f., 1073, 1104, 1134, 1150, 1219, 1268f., 1419, 1421, 1425, 1606, 1624, 1712, 1873f., 1879, 1916, 1938, 2172, 2232f., 2259, 2282
Augustów 1630
Aurich 428, 1908
Auschwitz → vgl. Oświęcim 51, 176, 200, 232f., 256, 272, 377, 476, 530, 564, 780, 791, 877, 881, 914, 943, 1125, 1168f., 1176f., 1191, 1217, 1230, 1247, 1280, 1283f., 1306, 1338, 1349, 1356f., 1363, 1384, 1407, 1420, 1490, 1525, 1577, 1596, 1601, 1608, 1617, 1648f., 1692, 1704, 1709, 1788, 1862, 1916, 1984, 2085, 2108, 2178f., 2267, 2286, 2334
Australien 1726
Avegno 1152
Ayot St. Lawrence 321
Azemmour 1020

B

Babelsberg 501, 1190
Bad Boll 2008, 2184
Bad Cannstatt 266, 480, 1057, 2100, 2320
Bad Dürkheim 112, 427
Bad Ems 689
Bad Godesberg 86, 197, 403, 440, 574, 1334, 1489, 1506, 1572, 1668, 1728, 1762, 1767, 1801, 1814, 1822, 1915, 1928, 2065, 2199, 2283, 2325f., 2329
Bad Harzburg 283, 1095, 1200f., 1764, 2000, 2049
Bad Hersfeld 99, 592, 883, 1032, 2100
Bad Homburg 173, 190, 211, 348, 366, 368, 447, 569, 689, 1079, 1394, 1981, 2046f., 2062, 2306
Bad Kissingen 2239
Bad Königstein 1570
Bad Kreuznach 51, 628, 1739, 2044
Bad Langensalza 1969
Bad Lippoldsberg 1262

Bad Nauheim 30, 1613
Bad Neuenahr 927, 994, 1460
Bad Pyrmont 127, 136, 149, 1034, 2164
Bad Rappenau 419, 735
Bad Reichenhall 449, 1530f.
Bad Rippoldsau 1562
Bad Salzuflen 947
Bad Tennstedt 836
Bad Wiessee 2239
Bad Wildungen 1002
Bad Wörishofen 1372, 1678
Bad Zwischenahn 2152
Baden-Baden 28, 38, 167, 497, 614, 857, 1060, 1272, 1582, 1662, 1719, 2002, 2038, 2348
Baden-Württemberg 989, 2109, 2342
Badenweiler 453, 460, 505, 682, 1051, 1389
Bagdad 884f., 1950, 2190, 2271, 2288
Bahia Blanca 1251
Balingen 1301, 1335, 1337, 1795
Baltimore 120, 983
Bamberg 141, 334, 384, 407, 419, 500, 548, 1279, 1372, 1649, 1654, 1683, 1748, 1962
Bandung 1092, 1170f., 1217, 1756, 2008, 2054, 2276
Bangkok 41, 1141
Barcelona 184, 398, 1502, 1567, 1641, 1835, 2205
Bardo 1350
Bargteheide 2305
Barmen 615
Basel 131, 321, 332, 493, 960, 1194, 1491, 1507, 1601, 1731, 1733, 1927, 1936, 1943, 2087f., 2102, 2120, 2168, 2271, 2345
Bassum 1015
Batabanó 2164
Batna 1060
Baumbach 126
Baumholder 1063
Bautzen 44, 155, 162, 170f., 194, 205, 230, 233, 414, 515, 841, 930, 936, 963, 1030, 1294, 1327, 1897, 2145
Bayern 38, 296, 329, 421, 619, 913, 1024f., 1135, 2342
Bayreuth 140, 172, 187, 521, 614, 677, 680f., 937, 1880, 1929, 1940, 1960, 2027, 2316, 2351
Bayerisch-Gmain 737
Bebra 1016
Beckum 1383
Beersheba 956
Beichlingen 1156

Beinwil am See 141
Beirut 1761, 1882, 1950, 1995, 2336
Belfast 1444
Belgien 261, 1069, 1205, 2108
Belgrad 22, 45, 121, 247f., 504, 578, 724, 934, 936, 1088, 1093, 1098, 1115, 1195, 1307, 1465, 1517, 1531, 1534, 1561, 1729
Bellinzona 2120
Belzec 2108
Belzoni 1174, 1285
Benningen 1101
Benoni 182, 248
Bensberg 2245f.
Bensheim 240, 276
Benthe 442
Bentheim 1128
Benz 1586
Berchtesgaden 290, 505, 1488, 2009, 2040, 2081
Bergedorf 733, 1128, 1467, 1871
Bergen 1727
Bergen-Belsen 38, 247, 693, 999, 1034, 1167, 1180, 1362, 1367, 1457, 1557, 1587, 1597f., 1615, 1655f., 1668, 1862f., 2002, 2033, 2084, 2152, 2203f.
Bergen-Hohne 2339
Berghausen 1141
Bergheim 858
Bergkamen 83f.
Bergneustadt 1421
Berkane 1332
Berkeley 2237
Berkersheim 55
Berkshire 567, 1234
Berlin → vgl. Ost-Berlin, West-Berlin 17, 20, 24ff., 28ff., 32ff., 36f., 39, 41-47, 55, 59f., 62ff., 66, 68-76, 78f., 84f., 88f., 92ff., 100, 106ff., 110ff., 116ff., 123, 126ff., 132, 135, 138ff., 146, 148-152, 154f., 156, 160f., 165f., 168ff., 172ff., 177ff., 183ff., 190, 192-196, 198, 200, 202, 207f., 210, 213ff., 217f., 220ff., 225ff., 229-234, 236, 238-244, 246, 248ff., 253ff., 257-264, 266, 269f., 272, 277ff., 282, 284, 286, 288, 290ff., 295, 303f., 307, 309ff., 313, 315ff., 320ff., 324-328, 330ff., 334f., 339ff., 344ff., 355, 358, 360, 364f., 367, 370f., 375, 377ff., 382, 388f., 393, 395-399, 401f., 404, 406f., 411, 413, 419, 421, 425f., 429, 431f., 434f., 439, 443f., 446ff., 450, 453, 456f., 459ff., 464- 468, 470, 472, 476f., 480, 483f., 486f., 490, 495-503, 506-514, 516, 523, 531, 538f., 541, 547, 550, 554, 559, 560ff., 564, 566ff., 573f., 576, 578-582, 584, 587, 589ff., 593f., 596ff., 602f., 605, 610, 612f., 615, 620f., 623, 626ff., 634, 636-641, 645ff., 650ff., 655ff., 660f., 666ff., 670, 673-677, 681, 684, 686ff., 690f., 694, 697, 701ff., 723f., 726ff., 731, 734, 736f., 744, 746, 749, 751ff., 755, 760, 762, 766, 768f., 772, 773, 774ff., 779ff., 784, 786, 790ff., 794-805, 807f., 811-815, 817, 819f., 824, 833, 836, 839-846, 850-856, 860, 862, 864, 866, 868, 870ff., 876, 878ff., 885-889, 892f., 895, 897ff., 901-905, 908, 910ff., 915f., 918ff., 930, 932-946, 950, 952, 955, 957f., 960-964, 968, 970, 972-976, 981f., 985-994, 996f., 999f., 1002, 1004f., 1009-1014, 1016ff., 1026, 1028, 1030ff., 1034f., 1038, 1046, 1049, 1055-1059, 1065ff., 1069, 1072f., 1076, 1080, 1082, 1084, 1086f., 1097, 1101, 1105, 1111f., 1119, 1124-1128, 1132f., 1135, 1139ff., 1144, 1147, 1149, 1151-1154, 1156ff., 1161ff., 1165, 1167, 1169f., 1175, 1182ff., 1187-1191, 1193, 1196, 1198, 1200, 1203, 1207f., 1211, 1215, 1226, 1228, 1231, 1239, 1242, 1252, 1258f., 1263ff., 1269-1274, 1279f., 1283, 1286, 1288-1292, 1294, 1301f., 1307, 1309f., 1312-1316, 1321, 1325ff., 1335ff., 1339ff., 1346, 1349, 1351f., 1354, 1358ff., 1365ff., 1369, 1372, 1374ff., 1379f., 1383, 1385ff., 1389-1396, 1398ff., 1407, 1409, 1413, 1417f., 1420f., 1425, 1430, 1434, 1436ff., 1440ff., 1446ff., 1450f., 1454, 1456ff., 1460f., 1463ff., 1468, 1470, 1482, 1485, 1488f., 1491, 1495ff., 1499ff., 1503, 1505, 1507ff., 1511ff., 1516f., 1520f., 1526, 1530, 1535f., 1538, 1540, 1564, 1568f., 1571, 1574f., 1579, 1590, 1593, 1600f., 1604, 1608, 1610, 1612f., 1615, 1617f., 1620, 1623, 1626ff., 1635, 1638f., 1641ff., 1646f., 1653, 1659, 1661ff., 1669ff., 1675, 1678, 1680, 1682f., 1686, 1691, 1695ff., 1699f., 1704ff., 1714, 1720, 1723f., 1727-1731, 1733, 1736ff., 1741, 1743, 1750, 1753, 1769ff., 1775, 1777, 1784, 1787, 1789-1793, 1797, 1804ff., 1810,

1818f., 1822, 1825ff., 1830ff., 1835ff., 1843f., 1847, 1849, 1853ff., 1858ff., 1863, 1868, 1872, 1875, 1882f., 1893, 1897, 1902, 1906ff., 1911f., 1915f., 1918-1922, 1927, 1929f., 1935, 1937, 1939f., 1942ff., 1946, 1950, 1952ff., 1957, 1960ff., 1969ff., 1974, 1980-1984, 1989, 1994, 1998, 2002ff., 2006f., 2009ff., 2013, 2017f., 2020, 2024f., 2028f., 2031f., 2034, 2036ff., 2043, 2045, 2048, 2050ff., 2054f., 2057f., 2060, 2062, 2076-2081, 2083ff., 2088, 2090ff., 2095f., 2098, 2100, 2103, 2107f., 2114ff., 2123f., 2128f., 2131ff., 2136ff., 2140f., 2145, 2148, 2150, 2152, 2157f., 2160, 2162, 2167, 2169f., 2172ff., 2176f., 2179ff., 2185ff., 2190f., 2194ff., 2201, 2203-2211, 2213, 2215-2222, 2226-2230, 2232, 2237, 2240, 2244, 2252f., 2255f., 2258, 2263, 2268, 2270, 2280, 2282-2287, 2290, 2299ff., 2304f., 2308f., 2314-2321, 2323, 2327, 2329ff., 2334ff., 2339ff., 2344ff., 2348ff.

Bern 47, 286, 307, 332, 553, 792, 953, 960, 981, 1006, 1137, 1168, 1330, 1392, 1491, 1504f., 1584, 1587, 1724, 1731, 1895, 1927, 1943, 1948, 1969, 2168

Bernau 1778
Bernburg 341
Bernreuth 306
Bernried 1940
Berrouaghia 2288f.
Bersenbrück 1049
Bethel 29, 58, 574, 1852
Bethesda 1628
Betlehem 1451
Bettingen 1936
Beverungen 1190
Białystok 2330
Biberach 314, 1125, 1556, 1588
Biel 2120
Bielefeld 83, 87, 160, 176f., 235, 251, 288, 293, 399, 611, 725, 787, 862, 974, 1128, 1137f., 1253, 1256, 1284, 1286, 1428, 1567, 1638, 1826, 1852, 2072, 2123, 2330
Bikini 1160, 1383, 1619
Bilbao 2205
Billerbeck 2282
Bingen 246, 1004, 1423, 1649, 1925, 2279
Birkenfeld 259, 377, 431, 516

Birmingham 1215, 1300, 1329, 1361, 1703, 2208
Bischofsheim 2249
Bischofswerda 2060, 2085
Bischofswiesen 1945, 2040
Bisingen 2312
Bitterfeld 634, 821f., 859, 2070, 2162
Bittou 2342
Bizerte 547
Blackburn 1444
Blackpool 1444, 1693, 1705
Blankenhagen 321
Bleharies 2284
Blessenbach 1878
Böblingen 1977
Bocholt 1253
Bochum 27, 34, 113, 133, 168, 207, 296, 305, 356f., 451, 611, 948, 985, 1018, 1023, 1293, 1328, 1349, 1400, 1579, 1611, 1653, 1811f., 2067, 2034, 2093, 2190f., 2199, 2225, 2261, 2341
Bockenheim 748, 2139
Bodenheim 1004
Bogotá 118, 140
Bogskär 631
Böhlen 1145
Boizenburg 838
Bolivien 586
Bologna 760
Bombay 1235, 1319
Bône 1891
Bonfarth 1060
Bonn 28, 30ff., 36, 43, 46, 53f., 64ff., 69, 71, 73, 85, 92, 99, 115, 117ff., 122f., 126f., 131, 133f., 137-142, 144, 147-152, 155f., 165, 167, 170, 176, 179, 190ff., 196f., 199, 210f., 213, 218, 226f., 231f., 236, 239, 242ff., 254, 256, 263, 265, 270f., 273f., 277, 280f., 290f., 293, 295, 301f., 308, 310, 317f., 320, 323, 326, 329, 337, 339, 345f., 349f., 354, 357ff., 362, 370ff., 374, 378, 381f., 384f., 387f., 390f., 393, 395, 397, 402ff., 406f., 411f., 414, 420f., 427, 433ff., 439f., 442ff., 446f., 449f., 455, 457, 460ff., 472, 478, 480, 483, 485ff., 489f., 492, 494, 497, 500, 502, 506f., 511f., 515f., 520, 528, 531f., 540f., 547, 549, 554-558, 561, 563f., 577ff., 584, 586, 591f., 598, 601f., 608, 611ff., 615, 619, 623, 630ff., 636, 639ff., 643, 646, 656, 658ff., 662, 667ff., 673, 678, 687, 690f., 695, 717, 730f., 734f., 737, 741f., 745, 750f., 753,

756ff., 765ff., 774, 777, 786, 801, 831, 840, 846, 850f., 853, 856, 858ff., 876, 879, 887ff., 900f., 903f., 908f., 911, 917, 919, 926, 941, 945, 947, 949, 952, 954, 956, 958, 960, 962-966, 970, 972, 980, 988, 994ff., 1003, 1007f., 1010, 1012f., 1017, 1038, 1041, 1049, 1058, 1064, 1071, 1083, 1085, 1094f., 1101ff., 1108, 1110, 1126, 1128f., 1134, 1138f., 1142, 1145, 1167, 1171, 1178, 1190, 1193, 1195, 1198, 1205, 1211-1215, 1217, 1219, 1222f., 1225, 1228, 1231, 1233f., 1238, 1249, 1251, 1254f., 1260, 1266, 1280, 1288ff., 1293f., 1301, 1307, 1310, 1314f., 1320f., 1325, 1342f., 1346f., 1350, 1357f., 1362f., 1365, 1377, 1388ff., 1393, 1395, 1400, 1408ff., 1417, 1421, 1431f., 1438f., 1444, 1446, 1458, 1461, 1463, 1465f., 1485, 1487f., 1491, 1494, 1496, 1505ff., 1510, 1517, 1519, 1521, 1529, 1534, 1555f., 1559, 1565, 1567, 1571-1575, 1577, 1582ff., 1590, 1594ff., 1601, 1610, 1612f., 1616ff., 1623, 1625, 1628ff., 1632f., 1639, 1642, 1645, 1651, 1660f., 1663, 1666, 1671f., 1674f., 1679f., 1683, 1689, 1695, 1697, 1703, 1705, 1708, 1711, 1721, 1729f., 1733f., 1757, 1762, 1768, 1778f., 1781, 1786f., 1796, 1805, 1807, 1812, 1819f., 1822, 1841, 1858ff., 1865f., 1869, 1876, 1877ff., 1893, 1901, 1903, 1906, 1914, 1918, 1920, 1922, 1924, 1928f., 1934, 1936, 1942, 1948, 1950f., 1953f., 1960, 1964, 1968, 1973, 1978, 1981f., 1985, 1989ff., 1994, 1998, 2002, 2005ff., 2011f., 2014, 2020, 2024f., 2029f., 2034, 2037, 2043, 2045, 2050, 2055, 2062, 2068, 2071f., 2074, 2078, 2083, 2085, 2089ff., 2094, 2098, 2102f., 2105, 2108, 2112, 2116, 2121, 2123f., 2129, 2132, 2134, 2136f., 2140f., 2157, 2160, 2162, 2177f., 2185, 2188ff., 2194, 2198, 2203ff., 2208, 2214, 2217, 2226, 2232, 2236, 2239, 2242, 2244, 2246, 2254f., 2260f., 2263, 2270, 2272, 2275, 2277, 2279, 2282, 2284, 2286, 2289, 2291, 2299f., 2302ff., 2310, 2314, 2318, 2322, 2324, 2330, 2334, 2336, 2338f., 2341ff., 2346, 2349
Bordeaux 255, 309, 440, 738ff., 752, 935, 1160, 1510, 1602

Börgermoor 186, 1252, 1342
Borghorst 729
Borgsdorf 1208
Borinage 2109
Borken 165
Bornholm 739, 748
Börssum 465
Boryslaw 775
Boston 143, 991, 1057, 2153
Bottrop 1909, 2021, 2266
Bozen 1740
Brackel 948, 2067, 2104, 2106f., 2122, 2133, 2171, 2191, 2234, 2240
Brake 255
Brandenburg 718, 793, 795, 826, 1383, 1404, 1413, 2300
Bratislava 256
Braunschweig 32, 46, 87, 89, 101, 123, 208f., 218, 305, 339, 349, 389, 391, 425f., 443, 454, 462, 479, 484, 521f., 531, 553, 575, 577, 596, 608f., 684, 758, 937, 1043, 1071, 1193, 1420, 1432, 1435f., 1441, 1465, 1556, 1562, 1568, 1618, 1687, 1720, 1819, 1826, 1829, 1831, 1836, 1854, 1868, 1871, 1900, 1923, 1935f., 2168, 2174, 2273, 2350
Brazzaville 2115
Breda 1207, 1293, 1345
Breendonk 2267
Breisach 255
Bremen 23, 37, 60, 81, 87, 164, 191, 197, 239, 254f., 270, 276, 289, 292, 421, 443, 459, 462, 481, 498, 502, 517f., 529, 552, 568, 589, 596f., 600, 628, 664, 668, 722, 737, 770, 775, 914, 974, 1080, 1087, 1102, 1106, 1111, 1126, 1129, 1131f., 1150, 1246f., 1259, 1301, 1345, 1380, 1400, 1403, 1428, 1448, 1500f., 1690, 1708, 1717, 1755, 1778, 1782, 1790, 1826, 1848, 1862, 1867, 1868, 1876f., 1879, 1883, 1906, 1909, 1944, 1958, 1962f., 1979, 1988, 1992, 1997, 2109, 2141, 2170, 2172, 2179, 2190, 2257, 2259, 2269, 2271, 2320, 2342
Bremerhaven 122, 255, 406, 565, 578, 927, 1009f., 1021, 1051, 1125, 1365, 1571, 1606, 1707, 1841, 1996f., 2259
Bremervörde 428
Breslau → **Wrocław**
Brettheim 1857
Brześź-Kujawski 1270f.
Bridgetown 32, 578
Briesen 844

Brilon 935, 1046, 1251
Brioni 1279, 1418
Brive 616
Brize Norton 2335
Brnenc 1675
Brno 1437
Brotterode 2298ff.
Bruchhausen 1615
Bruchsal 779, 1341
Brünnlitz → **Brnenc**
Brunsbüttelkoog 389, 422, 1906
Brüssel 41, 106, 137, 146, 161, 261f., 313, 339ff., 396, 424, 438, 659, 1029, 1054, 1156f., 1441, 1505, 1844, 2108, 2191, 2324, 2327, 2335
Büchen 2111f.
Büchenbronn 1101
Buchenwald 46, 56, 66, 79, 96, 107, 155, 162, 170f., 187, 204, 231, 233, 330, 333, 363f., 371, 404, 423, 441, 482, 530, 672, 679f., 794, 943, 965, 1097, 1165, 1172, 1179f., 1252, 1335, 1361f., 1365, 1390f., 1460, 1521, 1625, 1655, 1728, 1765, 1844, 1940f., 1944f., 1971, 1983f., 2016, 2071, 2165, 2179, 2258, 2267, 2286
Buchschlag 1360
Bückeburg 275, 1306, 1489, 2164
Buckenberg 2083
Buckow 804
Budajok 1481
Budapest 37, 70, 87, 104, 121, 132, 445, 725, 795, 854, 861, 953, 987, 1006, 1069, 1169f., 1222, 1278, 1299, 1303, 1305, 1349, 1354, 1382, 1394, 1398, 1401, 1417, 1461, 1464, 1466, 1471, 1475-1482, 1491, 1497, 1501, 1503, 1505, 1509ff., 1517f., 1525f., 1528-1532, 1554, 1563, 1567, 1570f., 1578, 1612f., 1662, 1665, 1693, 1731, 1739, 1752, 1766, 1792, 1814, 1824, 1926f., 2105
Büdingen 687, 1045, 1083, 1860, 2154
Budrus 902
Buenos Aires 85, 221, 403, 412, 474, 491, 647, 767, 971, 1093, 1203, 1241, 1251, 1521, 1591, 1706, 1709, 2000, 2088, 2161
Buer 615
Buffalo 58, 60, 657
Buganda 990
Bühl 65, 1879, 2345
Bühlerhöhe 497
Bukarest 256, 878, 963

Bünde 731, 1874
Bundesgebiet 608
Bundesrepublik 106, 170, 182, 239, 256, 283, 288, 291, 317, 319, 383f., 397, 734, 762f., 790, 853, 860, 873, 904f., 997, 1011ff., 1106, 1205, 1277, 1355, 1373, 1448, 1505, 1571, 1586, 1609, 1613, 1626, 1702, 1772, 1777, 1810, 1819, 1826, 1863, 1869, 1878, 1883, 1897, 1991, 2060, 2089, 2170, 2173, 2219, 2221, 2241, 2253, 2265
Burbach 470
Büren 1902
Burg 1430, 2252
Burg Berlepsch 672
Burg Klopp 1925
Burg Rothenfels am Main 1046
Burg Schiffenberg 864
Burgdorf 1693, 2351
Burgos 1310
Burgthann 1997
Busaco 49
Büsum 389, 437
Büttenhardt 1724
Butzbach 178, 1788, 2119
Bützow-Dreibergen 296
Bykowa 519/48 1197

C

Cahors 89, 184
Calais 562
Calbe 834
Caltanisetta 944
Calw 1977, 2257
Camaguey 2075, 2294f.
Camberg 2248
Cambridge 173, 1194, 1331, 1641, 2343
Camburg 837
Camp David 2064, 2270, 2297, 2308
Cananea 994
Cannes 72, 1356f., 1364, 1407, 1409, 1617, 1869
Caracas 1767, 1779, 1800, 1893f.
Cardiff 1950
Carshalton 1444
Cartagena 895
Casablanca 352, 506, 534, 698, 703, 720, 885, 921, 942, 1221f., 1235f., 2123
Casarsa 136
Casteau 1184
Castricum 1536
Castrop-Rauxel 80, 83, 909, 1960, 2101
Catania 144

Cauke 155
Caux 127
Celano 219
Celebes 1836
Celle 442, 577, 899, 1063, 1345
Cham 148
Charleroi 261, 274
Chateaubriant 1125
Chelmo 2108
Chemnitz → vgl. Karl-Marx-Stadt 215, 253, 321, 597, 639, 649, 729, 769, 775, 831, 1151
Cherbourgh 212
Cheria 1658
Chestertown 354
Chicago 24, 458, 1194, 1240, 1243, 1256f., 1366, 1622, 2035
Chichester 92
China 875
Chodecz 1270
Choszczowka 1230
Christchurch 2238
Christmas Islands 1554, 1578, 1615, 1622, 1628, 1633, 1638, 1690, 1736, 1741, 1760, 1864, 1971, 1978
Chunchon 355
Clausthal-Zellerfeld 143
Cleveland 42, 147, 151, 801, 2102
Clinton 2001
Cloppenburg 1657, 2139
Coburg 289, 309, 354, 414, 551, 619, 989, 1652, 1879, 1930, 2293
Collo 1235f.
Colmar 2329
Colomb-Bechar 1562
Colombey-les-deux-Eglises 1889, 1985, 2044
Colombo 942, 1655, 2276
Colorado 1527, 1652
Columbia 572, 578, 1366, 1448, 2075
Constantine (Qacentina) 1235, 2123
Corbeil 365
Cordoba 1251
Cormeilles-en-Parisis 396
Cosio d'Arroscia 1685
Costa Rica 1104
Coswig 1777
Cotta 1392, 1399
Cottbus 296, 830, 838, 879, 904f., 920, 1079, 1083, 1103, 1145, 1423, 1741, 1906, 1935, 2218, 2254
Coventry 965, 989, 1370, 1861f.
Coyoacan 1009
Crailsheim 1795
Creglingen 676

Croydon 640, 1444
Csepel 1481
Cuxhaven 342, 344, 356, 379, 409, 416, 437, 525, 565f., 1035, 1610, 1707f., 1974
Czestochowa 85, 2202
Czortków 1566, 1748

D

Da Nang 853
Dacca 982
Dachau 86, 101, 176, 204, 329, 569, 716, 787f., 893, 917, 1020, 1106, 1151, 1180, 1197, 1229, 1247f., 1252, 1264, 1365, 1368, 1382, 1441, 1496, 1625, 1637, 1737ff., 1862, 1971, 2052, 2140, 2267, 2286, 2288f., 2324, 2328
Damaskus 578, 701, 1285, 1678, 1995, 2081, 2211
Dänemark 1349, 2150
Danzig 256, 268, 344, 971, 1035, 1191, 1197, 1293, 1607
Darmstadt 38, 47, 86, 257, 273, 276, 289, 306, 318, 459, 475, 501, 521, 567, 592, 629, 699, 902, 980, 1040, 1056, 1114, 1193, 1214, 1226, 1347, 1406, 1490, 1498, 1631, 1637, 1730, 1772, 1775, 1779, 1814, 1855, 1858, 1875, 1877, 1880, 1892, 1901, 1903, 1913, 1924, 1945, 1958, 2099, 2127, 2164f., 2200, 2213, 2249, 2257, 2331, 2338, 2349
Daytona Beach 1338
DDR 268, 282, 313, 397, 438, 479, 523, 674, 722, 724, 749, 844, 846, 864, 958, 1001, 1052, 1088, 1149, 1436, 1465, 1534, 1661, 1701, 17779, 1827, 1880, 2006, 2032, 2039, 2124, 2285, 2299
Deganya 765
Deggendorf 98, 949
Delitzsch 837, 865, 1815
Delmenhorst 692, 1909
Den Haag 136, 360, 523, 578, 612, 665, 901, 1057, 1345, 1467, 1508, 1702
Depienne 547
Dessau 163, 219, 593, 833, 1615, 1965, 2071, 2144
Detmold 92, 109, 193, 208, 212, 235, 265, 440, 665f., 1419, 1519, 1667, 1876, 2099
Detroit 1257
Dieburg 454, 1443, 1909
Dien Bien Phu 913, 918, 924, 954f., 965, 971, 977ff., 981, 986, 994, 999, 1003, 1014, 1035, 1367, 1378, 1887
Diepholz 428
Diest 2191
Dietzenbach 2245
Differdange 1198
Dillenburg 360, 501
Dinslaken 309, 404, 2146f., 2159, 2351
Djakarta 155, 1082, 1595, 1746, 1750, 1836
Djellal 1227
Döberitz 807
Dollerupholz 309
Domont 1378
Donauwörth 672
Dordrecht 1536
Doria di Predappio 1699
Dormagen 522
Dörnberg 2348
Dorsten 2051
Dortmund 80, 83, 94ff., 103, 109, 143, 176, 191, 217, 252f., 265, 270, 274f., 286, 290, 303, 305, 312, 351, 371, 454, 488f., 492, 529, 569f., 589, 614, 627, 635f., 657f., 668, 671, 677f., 762, 777, 786f., 928, 946, 960, 973, 981, 1047, 1066, 1094, 1100, 1104, 1129, 1137, 1150, 1164, 1175, 1196, 1228, 1251, 1258, 1285, 1301, 1310, 1320, 1323, 1331, 1354, 1373, 1375f., 1392, 1400, 1418, 1467, 1516, 1523, 1558, 1584, 1617, 1621, 1632, 1640, 1658f., 1679, 1714, 1730, 1763, 1777, 1785, 1811, 1836f., 1843, 1852, 1866, 1897, 1919, 1924, 1935f., 1942, 1945, 1962, 2007f., 2034, 2041, 2066ff., 2097, 2103f., 2106f., 2112, 2121ff., 2125ff., 2133ff., 2142, 2144, 2171, 2191, 2198f., 2210, 2213, 2240, 2254, 2267, 2282, 2293, 2303, 2329, 2331
Dorum 565
Dorumer Tief 1708
Douaumont 1337
Dougkhe 292
Dover 326, 1751
Drancy 1608, 1678
Dransfeld 213
Dreieichenhain 2189
Dresden 76, 172, 176, 239, 252, 313, 329, 360, 367, 371, 395, 426, 514, 638, 645, 648, 723, 726, 737, 750, 756, 800, 815, 839ff., 852, 863, 865, 868, 876, 883, 921, 952, 957, 1005, 1030, 1059, 1096f., 1110, 1116, 1135, 1159, 1161, 1171, 1207, 1211, 1234,

1274, 1304, 1309, 1384, 1389f., 1392, 1399, 1422, 1457, 1498, 1559, 1569, 1576, 1615f., 1625, 1659, 1671, 1754, 1775, 1793, 1797, 1854, 2057, 2071, 2098, 2157f., 2210, 2217, 2220, 2223, 2226, 2256, 2338, 2343

Drohobycz 775
Dromersheim 1004
Dübendorf 851
Dudinka 783
Dudweiler 1100, 1910, 2044, 2219
Duisburg 115, 187, 191, 255, 258, 293, 296, 308, 496, 560, 570, 622, 733, 750f., 767, 980, 1080, 1087, 1096, 1107, 1132, 1138, 1150, 1161, 1167, 1188, 1253, 1285, 1345, 1348, 1617, 1682, 1750, 1756f., 1777, 1854, 1856, 1897, 1905, 1933, 1954, 1963f., 2003, 2006, 2052, 2163, 2191, 2238, 2339
Duisdorf 1577, 2099
Dunapentele 1481
Durban 30, 248, 2205, 2244, 2336
Düren 858f., 948, 1063
Düsseldorf 25, 27, 35, 43, 47, 63, 65, 68, 80, 83, 90f., 93, 117, 121, 127, 130, 143, 147f., 167, 187, 191, 200, 203, 208, 210, 217, 222, 224f., 238f., 242, 255, 257, 262, 264f., 269, 284, 286, 289, 295, 300f., 303, 305, 316, 329, 339, 351, 365, 375, 384, 392, 397, 427, 434, 440, 442, 460, 490, 492f., 502, 504, 513, 519, 521, 548, 577, 605, 608, 622, 629, 641, 660, 669, 677, 682, 684, 696f., 715, 725, 735f., 771, 777, 784, 865, 876, 883, 886, 888, 894, 904, 909, 911, 915, 941, 986, 990, 1000, 1005, 1023, 1028, 1047, 1051, 1062, 1071, 1082, 1103f., 1107, 1123, 1134, 1138, 1149ff., 1183, 1217, 1227, 1233, 1249f., 1253, 1257, 1268, 1292, 1302, 1312, 1318, 1328, 1336ff., 1349f., 1355f., 1381, 1386, 1397, 1400, 1422, 1428f., 1434, 1441, 1446, 1452f., 1456f., 1518, 1525, 1568, 1596, 1605, 1626, 1635, 1654, 1669, 1690, 1734, 1749f., 1757, 1777, 1790, 1806, 1830, 1833, 1844f., 1854f., 1863, 1865, 1867, 1874, 1897, 1903, 1908f., 1919, 1925, 1933, 1941, 1944, 1957f., 1961, 1963, 1973, 1976, 1990, 1992, 2052, 2067ff., 2086, 2089, 2095, 2099, 2101, 2105, 2123, 2147, 2160, 2171, 2178, 2192, 2198f., 2203, 2206f., 2212, 2246f., 2257, 2263, 2265, 2281, 2308, 2310, 2313, 2319f., 2324, 2342, 2347

E

Ebenhausen 393
Eberbach 1616, 1819, 1842
Ebersheim 1004
Eberswalde 388
Ebingen 305, 778
Echternachbrück 901
Eckelstedt 792
Eckernförde 251
Eckertal 1011
Eckolstädt 837, 870
Edinburgh 2268
Egnach 1978
Eichstätt 296
Eilath 2074
Einfeld 145, 149, 152, 171, 182, 460
Eisenach 677, 831, 855, 1005, 1042, 1179, 1406, 1940
Eisenberg 2005
Eisenhüttenstadt → vgl. **Stalinstadt** 1393
Eiserfeld 970
Eisleben 779, 786, 832, 842, 845, 861
Eislingen 1600
Ekibastus 537, 748
El Arish 1567
El Auia 1279
El Ferrol 895
El Hammeh 413
El Hammoudia 2341
El Uvero 1644
Elat 956
Elbingerode 675
Ellwangen 676, 2115f.
Elmshorn 1484
Elzach 1468
Emden 255, 369, 1908
Emmendingen 1662
Emsdetten 729f.
Engerau 1029
Eniwetok 431, 683f., 950, 1040, 1167, 1864, 1875, 1982
Ennepetal 1081
Ensdorf 1910, 2044
Erath 1285
Erbach 38, 268
Erding 2217
Erfurt 322, 338, 367, 703, 723, 726, 769, 776, 792, 815, 831, 836f., 845, 866, 870, 1067, 1145f., 1159, 1442, 1773, 1801, 1828, 1838, 1884, 1969, 2144, 2184, 2187, 2248, 2317, 2340
Erkner 615
Erkrath 1909
Erlangen 265, 385f., 392, 530, 550, 567f., 614, 619, 1396, 1871, 1895, 1958, 2099
Erpel 1005, 1066
Eschwege 462, 589, 1266, 2218
Espelkamp 1148f.
Essen 80ff., 133, 161, 185f., 191, 207, 251, 258, 279, 312, 333, 350, 366, 368, 376, 416, 449, 455, 481f., 501, 529, 545, 603ff., 607, 611, 616, 622f., 627, 638, 641, 652, 657ff., 672, 677f., 691, 698, 715, 771, 774, 776f., 779, 862, 889, 903, 919, 1000, 1023, 1066, 1071, 1095, 1104, 1138, 1151, 1154, 1175, 1196, 1217, 1228, 1253, 1285, 1365, 1400, 1428, 1440, 1451, 1459, 1519, 1556, 1612, 1626, 1629, 1642, 1654, 1660, 1697f., 1712, 1719, 1757, 1763, 1790, 1802, 1818, 1836, 1867, 1904ff., 1927, 1939, 1941, 1956, 1975, 1979, 1991f., 1999, 2020, 2028, 2034, 2107, 2110, 2123, 2156, 2191, 2198, 2216, 2227, 2265, 2274, 2320, 2341
Essenheim 1004
Eßlingen 119, 123, 305, 652, 1814, 2177
Estavayer-le-Lac 380
Esterwegen 399, 1441
Eton 173
Ettersberg bei Weimar 1765
Euskirchen 1621
Eutingen 2083
Evanston 1028, 1066, 1077
Eyb 453
Eystrup 517f.

F

Fairmont 1261
Falkenberg 134, 1737, 1743
Falkensee 836
Fallingbostel 1017
Fatima 432
Ferryville 547
Fès 931, 1020, 1340
Feuchtwangen 2058
Feuerbach 1977
Finsterwalde 784, 786
Finthen 134
Fischingen 1063

Flensburg 171, 231, 252, 255, 309, 1055, 1100, 1356, 1380, 1484, 1486, 1772, 1854, 1862, 1916, 1993, 1997, 2004, 2009, 2052, 2264, 2319, 2322f.
Florenz 944, 980, 2329
Florida 1176, 1338, 1797, 1918, 2301
Flörsheim 1916
Flossenbürg 199, 257, 333, 531, 685, 1264, 1282, 1386, 1397, 1670, 1673, 1971, 2319
Fohrde 844
Föhrenwald 883
Fontainebleau 1609f.
Forst-Zinna 178
Fort Chaffee 1824
Fort Wayne 1738
Frankenau 2205
Frankenberg 672
Frankenthal 1836, 2139, 2312
Frankfurt am Main 21, 26f., 35f., 46, 51, 55, 60, 62, 64, 66, 68, 77, 79, 90, 95, 98ff., 103, 108f., 118ff., 124, 127, 129, 132f., 136ff., 143, 156, 165, 169, 172, 177, 179, 186, 193, 208, 212, 216, 218, 226ff., 230, 232, 239f., 242, 244, 246, 252f., 258, 261, 265, 268f., 272, 274f., 278f., 286ff., 291, 302, 305f., 309, 312, 329, 334, 337, 342, 350f., 359, 364, 366, 370f., 388, 390, 393f., 399, 410, 414, 416, 418f., 424, 427, 434, 450ff., 454, 457ff., 469, 475, 481f., 485, 492, 494f., 497ff., 503, 506f., 512ff., 516, 522, 524, 530f., 539, 541, 544f., 548, 552, 560, 562, 568, 570, 575, 587, 592ff., 608, 611, 622ff., 629, 631f., 635, 643, 649, 657, 661, 663, 674f., 687, 692, 697, 701, 716f., 741, 748, 751, 756, 768f., 774, 776, 783, 791, 858, 865, 871, 876, 880, 885, 892, 896, 901f., 905, 909, 926, 950f., 969f., 973, 976, 988, 1003, 1008, 1012, 1015, 1018, 1039, 1047f., 1052, 1055, 1066, 1068, 1079, 1082f., 1094ff., 1104, 1107f., 1114, 1117f., 1126, 1129f., 1132f., 1137, 1147f., 1152ff., 1176f., 1203, 1214, 1217, 1223, 1226, 1249f., 1255, 1266, 1268, 1282, 1288, 1302, 1312, 1315, 1318, 1320, 1322, 1337, 1356, 1366, 1368f., 1371, 1378, 1380f., 1389f., 1393, 1406, 1408, 1410, 1413, 1419f., 1422f., 1428, 1438f., 1441, 1450, 1485, 1488, 1490, 1498, 1538, 1556f., 1569f., 1576f., 1579, 1587, 1593, 1596f., 1603, 1609, 1611, 1622, 1630, 1632, 1641, 1648, 1655f., 1660, 1667f., 1672, 1674, 1689, 1692, 1701, 1709, 1713, 1717, 1724, 1726, 1730, 1734f., 1737, 1747, 1755, 1762f., 1770, 1776, 1782f., 1787f., 1793f., 1799, 1801, 1806, 1814, 1822, 1827, 1830, 1842, 1854, 1860, 1863, 1867, 1869, 1874-1878, 1892, 1897f., 1901f., 1904, 1908, 1913, 1916, 1918, 1924, 1931, 1955, 1958, 1962, 1968, 1972, 1977, 1979, 1985, 1989, 1993f., 1999, 2002, 2005, 2010f., 2013, 2033, 2047, 2052, 2058, 2067f., 2073, 2076, 2084, 2086f., 2099, 2103, 2110, 2122f., 2126, 2150, 2157, 2162, 2164, 2168, 2172, 2178, 2182, 2185f., 2188ff., 2194, 2203f., 2212, 2218, 2227ff., 2232, 2238, 2242, 2245f., 2250, 2259, 2263, 2265, 2273, 2284, 2288, 2291, 2297, 2306f., 2309, 2318, 2321ff., 2327, 2330, 2338, 2346f., 2351
Frankfurt an der Oder 651, 691, 781, 831, 934, 937, 958, 1009, 1133, 1140, 1263, 1274, 1294, 1309, 1594, 1615, 1790, 1818, 1998, 2057
Frankreich 175, 203, 883, 910, 1205, 1308, 1409, 1608, 1835, 1994, 2047, 2270
Frechen 622
Freiberg 914, 948, 997
Freiburg 36, 63, 185, 206, 240, 252, 265, 305, 392, 481, 497, 530, 542, 551, 553, 563, 590, 594, 629ff., 649, 673, 743, 1086, 1112, 1120, 1154, 1181, 1193, 1309, 1388, 1420f., 1559, 1619, 1662, 1745, 1749, 1777, 1782, 1819, 1825, 1845, 1877, 1945, 1954, 2022, 2068f., 2074, 2097f., 2135, 2157, 2183, 2281f., 2329
Freising 211, 1772
Freistett 65
Fresnes 617
Freudenstadt 1439, 1743, 1860
Fribourg 380, 1494
Friedberg 574, 1155, 1996, 2013, 2052, 2104, 2154
Friedland 1094, 1197, 1207, 1264ff., 1795, 2106
Friedrichsaue 651
Friedrichsdorf 2047
Friedrichshafen 1150, 1834, 1957, 2312
Friedrichsroda 836
Friesack 844
Fuji-City 2202
Fukuoka 2333
Fukushima 90
Fulda 124, 462, 493, 779, 894, 908f., 927, 1033, 1075, 1197, 1313, 1749, 2070, 2169, 2193, 2272f.
Fürstenberg an der Oder 116, 752, 836
Fürstenfeldbruck 2214, 2344
Fürstenwalde 781
Fürth 198, 257, 1051, 1764, 2039
Füssen 1960

G

Gadebusch 780
Gadeland 1095, 1202
Gafsa 547
Gannertshofen 1925
Garbolzum 2092
Garching 1733, 1789
Garmisch 187
Garmisch-Partenkirchen 1729, 2239
Gärtitz 844
Gartow 172
Gau-Odernheim 1004
Gdansk 1191
Geesthacht 406, 1124
Geistingen 2332
Gelnhausen 141, 545, 1217, 1672, 1990, 2212
Gelsenkirchen 74, 76, 85, 417, 619, 729, 1107, 1301, 1511, 1582, 1665, 1810, 1916, 1925, 1948, 2034, 2043, 2051f., 2068, 2072, 2104, 2106, 2171, 2232f., 2265f., 2312, 2350
Genf 69, 154, 486, 581, 846, 882, 924, 971, 1014, 1057, 1069, 1092, 1095, 1212, 1217, 1220, 1223ff., 1239, 1245, 1276, 1283, 1441, 1509, 1513, 1575, 1719, 1731, 1815, 1864, 1940, 1977, 2025, 2032, 2037, 2044, 2060, 2102, 2120, 2137, 2155, 2176, 2179ff., 2186f., 2225, 2237, 2343
Gennevilliers 218
Gensingen 1004
Gent 1247
Genthin 834, 1288
Genua 85, 87, 250, 403
Genval 1677
Gera 736, 822ff., 838, 856, 862, 1145, 1274, 1408, 1559, 1617, 1654, 1716, 1748, 1766, 1828, 2004, 2014, 2297
Geringswalde 2205
Germantown 1875
Gernrode 801
Geschelbronn 2083
Gevelsberg 2032

Gevensleben 465
Ghana 1589, 2342
Gießen 21, 117, 139, 243, 419, 445, 506, 551, 611, 659f., 774, 864, 902, 927, 1062, 1083, 1096, 1153, 1313, 1566, 1924, 1941, 2040, 2138, 2154, 2165, 2168, 2182f., 2307f.
Gifhorn 44, 60, 170, 687, 981
Gigean 883
Gladbeck 1983, 2006, 2043, 2261, 2293
Glasenbach 1706
Glinde 209
Glowe 843
Glücksburg 1356, 2042f.
Gnadau 835
Golleschau 914
Gommern 834, 863
Göppingen 156, 850, 1136, 1282, 1588, 1600, 1739, 1842, 1878, 1909, 2237, 2328, 2351
Gori 745
Görlitz 162, 253, 718, 828, 830, 837, 845f., 850, 863, 865, 883, 1145
Gorxheim 1915
Gorzów Wielkopolski 1748
Goslar 115, 314f., 548, 928, 984, 1011, 1095, 1200ff., 1253, 1260, 1682, 2271
Gotha 784, 794, 844f., 1274
Göttingen 89, 140, 164, 167, 179, 213, 239, 376, 380, 438, 461, 465, 499, 523f., 530f., 537, 549, 551, 553, 558, 592, 645, 672, 688, 716, 731, 862, 867, 928, 1059f., 1095, 1125, 1186, 1191-1195, 1207, 1219, 1223, 1265, 1273, 1315, 1393, 1408f., 1439, 1448, 1556, 1559, 1613, 1622, 1631, 1646, 1664, 1709, 1730, 1745, 1749, 1795, 1815, 1854f., 1868, 1900, 1928, 1937f., 1957, 2013, 2099, 2150, 2163f., 2171f., 2200f., 2228, 2230, 2342
Gottleuba 561
Götzenhain 2189
Gouda 1536
Grabow 838
Gräfenhausen 1779
Grafenwöhr 349, 408, 442, 1884
Graz 298, 912, 1360, 1907
Greenham Common 1809
Greenwich 1444
Greenwood (Mississippi) 1240, 1243, 1256
Greifswald 325, 582, 657, 1157ff., 1191, 1215, 1304, 1466, 1620, 1647, 1880, 2006, 2255
Grenoble 1383, 1389
Greußen 458
Grevesmühlen 737, 1706, 2268
Gröditz 841
Gronau 729
Grosbliederstroff 1734
Groß-Auheim 1083
Groß-Beeren 807
Groß-Dölln 826
Groß-Gerau 664, 1083, 1279
Groß-Kayna 820
Groß-Kreutz 836
Groß-Krotzenburg 495
Groß-Rosen 916
Groß-Schulzendorf 844
Großalmerode 2119
Großauheim 1435, 2251
Großbritannien 503, 1084, 2196, 2268
Großenhain 1327
Großer Knechtsand 444, 516f., 525, 565f., 1035, 1707f.
Großgoltern 465
Großholzleute 2025
Großkayna 634
Gruiten 677f.
Grünenplan 234
Grüningen 243
Grünstadt 2139
Grünwald 1328
Guanajuato 1742
Guantánamo 2153, 2302
Guatemala 322, 326, 984, 997ff., 1682
Guelma 1235
Guernica 1008, 1357, 1649, 2279
Guisa 1767, 2047
Gumma 2333
Gunsbach 2272
Günzburg 1521
Gurs 1360
Gusen 1714
Güstrow 257, 761f., 838, 2218
Guteneck 2235
Györ 1478, 1480, 1494

H

Haarlem 516
Haberschlacht 1797, 1799
Hadamar 1788
Hadeln 381f.
Haderslev 739
Haffkrug 2176
Hagen 143, 176, 191, 225, 590, 621f., 786, 793, 1079, 1150, 1600, 1748, 2116, 2181, 2286, 2328
Hagenschieß 2083
Hagios Efstratios 266
Haifa 765, 1598, 2216f.
Haiger 470
Hain 2351
Hainan 1016
Haiphong 413
Hakodate 2333
Halberstadt 825, 843f., 2194
Halle 26, 28, 46, 84, 87, 131, 304, 460, 476, 634, 648f., 656, 758, 762, 779, 815, 818, 820f., 831ff., 842, 845, 852, 855, 859, 861, 864, 866, 895, 905f., 920, 936, 969, 976, 982, 1032, 1047, 1067, 1113, 1269f., 1274, 1289, 1312, 1361, 1437, 1535, 1596, 1620, 1657, 1671, 1766, 1782, 1793, 1920, 1944, 1986, 2032, 2055, 2057, 2145, 2162, 2188, 2203f., 2299f., 2316, 2342, 2345
Hallendorf 102
Halstenbek 389
Hamberg 2083
Hamborn 140, 622, 1132, 1954, 2003, 2052, 2266
Hamburg 21, 23, 25, 28, 36, 38, 40, 47, 58, 60, 63ff., 68, 72, 90f., 94-98, 101, 112f., 118f., 123, 131, 136, 138, 147, 152f., 155f., 160f., 164, 174, 176, 178, 185f., 191, 193, 195-199, 205, 209, 218, 220, 224, 228, 230f., 237, 240, 243, 246, 255, 257, 264f., 268, 270, 279, 288, 290, 294, 304ff., 311, 318f., 325, 328, 337, 340, 346, 356, 358, 365, 374, 376, 379ff., 387, 389f., 393, 395, 397, 418, 421, 424, 428ff., 433, 435, 440, 442ff., 449, 470ff., 477, 481f., 487, 499, 502f., 507, 515, 519f., 522, 531, 537, 545, 547, 549, 554f., 561ff., 570, 577, 585-589, 591f., 596, 602, 606f., 609f., 623, 627, 630, 638f., 641, 659, 664, 666f., 677, 703f., 725, 731ff., 735, 737, 742, 749, 756f., 765, 767, 770, 772, 776f., 780, 783ff., 788, 871, 889, 896, 898, 900, 906, 909, 912, 926f., 974f., 1001, 1022, 1031, 1040, 1050, 1057, 1063, 1070f., 1079f., 1088, 1095f., 1110f., 1114f., 1122f., 1126ff., 1136, 1138, 1140f., 1149f., 1160, 1162, 1174f., 1177, 1179, 1181, 1186, 1194, 1202, 1204, 1226, 1236f., 1247, 1254, 1264, 1269, 1273, 1301, 1303, 1315, 1320,

1327, 1338, 1345, 1366, 1371, 1374ff.,
1380, 1388, 1390, 1393, 1397, 1420,
1428, 1434, 1452, 1457, 1459, 1467,
1488, 1490, 1501, 1506f., 1511,
1520f., 1531, 1536, 1556f., 1559,
1564, 1574, 1578, 1587, 1598, 1618,
1626f., 1631f., 1634ff., 1651f., 1665,
1676ff., 1694, 1698, 1700f., 1705f.,
1712, 1730, 1735, 1745, 1750, 1756,
1763, 1765, 1769, 1772ff., 1815,
1825-1829, 1834, 1849ff., 1854f.,
1858, 1862, 1864, 1867, 1869, 1871,
1874ff., 1880, 1882, 1900, 1903,
1905, 1909, 1917, 1937, 1944, 1953f.,
1956, 1958, 1962ff., 1979, 1990,
1997f., 2001, 2004, 2018, 2020,
2032f., 2040, 2042ff., 2046, 2067,
2069f., 2080, 2082, 2084, 2095,
2099, 2104, 2109f., 2113, 2115, 2117,
2119, 2121, 2123, 2126, 2132f., 2147,
2151ff., 2157, 2164f., 2170, 2174,
2193, 2198, 2217, 2220, 2227, 2230,
2240, 2251f., 2257, 2259, 2261,
2269, 2269, 2273f., 2294, 2305,
2319, 2330, 2334, 2342, 2348
Hameln 21, 125, 168, 1034, 1489, 1836,
2069, 2262
Hamm 153, 176, 763, 794, 973, 1041,
1114, 1122, 1151, 1207, 1872, 2244,
2261, 2282
Hamma 1808
Hammelburg 442, 444, 463f.
Hanau 38, 54, 134, 475, 611, 879, 902,
1083, 1385, 1435, 1772, 1787, 1854,
1856, 1904, 1910, 1960, 2202, 2244,
2251, 2328
Hannover 56, 69, 72, 78f., 97, 103f.,
107, 109, 115, 154, 165, 171, 191,
194f., 197, 200, 208, 213, 222, 225,
227, 244, 263, 265, 279, 287, 289,
292, 295, 305, 367, 385, 389, 406,
409, 427, 442, 444, 460, 462, 481,
495, 511, 520, 522, 550, 558, 561,
577, 596, 615, 619, 632, 656, 665,
673, 681, 716f., 751, 756, 772, 779f.,
868, 878, 893, 896, 947, 953, 974,
981, 1018, 1034, 1053, 1056, 1063,
1080, 1095, 1123, 1127, 1134, 1140,
1193, 1195, 1203, 1205, 1247, 1255,
1258, 1260, 1282, 1294, 1388, 1418,
1424, 1428, 1430, 1432, 1441f.,
1496f., 1533, 1578, 1621, 1645,
1648f., 1657, 1689f., 1693, 1755,
1781, 1790, 1834, 1844f., 1862, 1917,
1920f., 2028, 2052, 2076, 2092,
2110, 2129, 2167, 2200, 2214, 2223,
2246, 2259f., 2282, 2297ff., 2312,
2316, 2323, 2341, 2351
Hannoversch-Münden 465, 949
Hanoi 48, 362, 413, 1035
Hanover 794
Hara 2202
Harding 2244
Harsefeld 1882
Harvard (Massachussetts) 49, 1219,
2091, 2284
Harwell 1148, 1405
Hasenmoor 76
Haßloch 408
Hattenheim 449
Hattingen an der Ruhr 1312
Haunstetten 1625
Havanna 113, 115, 572f., 750, 1098,
1189, 1584, 1595, 1676, 1802, 1835,
1842, 2061, 2064, 2074f., 2090f.,
2108, 2164, 2301
Hawai 1875
Hechingen 1063, 1795, 2312
Hechtsheim 421
Hedeper 470
Hegyeshalom 1481
Heidelberg 83, 94, 97, 217, 368, 371,
474, 530, 544, 563, 566f., 569, 592,
594, 863, 932, 943, 955, 977, 1042,
1103, 1193, 1223, 1302, 1310, 1378,
1381, 1394f., 1413, 1498, 1502, 1597,
1714, 1717, 1730, 1753, 1764, 1812,
1898, 1901, 1918, 1929, 2013, 2016,
2038, 2066, 2073f., 2110, 2157, 2166,
2220f., 2226, 2261, 2305, 2320,
2329
Heidenau/Pirna 1390
Heidenheim 1739, 1910
Heidesheim 1004
Heilbronn 619, 628, 735, 1035, 1132,
1324, 1461, 1625, 1797, 1799, 1801,
1809ff., 1998, 2115, 2259
Heiligenwald 1912
Heinefeld 1257
Helberhausen 2137
Helgoland 342, 350, 389, 393, 409,
414, 421, 422, 565, 566
Hellertal 470
Helmarshausen 2120
Helminghausen 1046
Helmstedt 68, 370, 462, 469f., 614,
621, 632, 658, 1600, 2055, 2103,
2297
Helsinki 534, 641f., 650, 858, 1167,
1206, 1290, 1305, 1516, 1632, 2057
Hemmenhofen 1884
Hengersberg 100
Hennef 2332
Hennigsdorf 784, 791, 799, 802f., 805,
850, 854, 1084
Heppenheim 134, 881
Heraklion 1347
Herborn 1844
Herchen 1146
Herford 34, 185, 195, 213, 225, 229,
374, 888, 948, 1819, 2089
Herleshausen 858, 936, 1266
Herne 155, 449, 1071, 1122, 1150,
1160, 1328, 1942, 2021, 2297
Herringen 1114
Herrlingen 1652f., 1817
Herrnhut 1906
Herten 2199
Herzberg 681, 839
Hessen 53, 329, 421, 469, 892, 1112,
1778, 1792, 2342
Hettstedt 833
Heubach 1226
Heuberg 778, 1391, 1706
Heusenstamm 966, 2247
Hiiumaa 631
Hildburghausen 2253
Hilden 2320
Hildesheim 413, 454, 460, 1441, 2092,
2201
Hilversum 1088
Himmerod 159, 307, 310
Hindenburg → **Zabrze**
Hinterzarten 1376
Hinzert 206
Hiroshima 100, 176, 268, 270, 290,
431, 651, 680, 684, 752, 782, 885f.,
904, 924, 950, 1023, 1098, 1121,
1126, 1133, 1135, 1137, 1160f., 1179,
1230, 1232f., 1408, 1422, 1556,
1560, 1613, 1622, 1630, 1655, 1686,
1690, 1699, 1714, 1719, 1767, 1782,
1798, 1815, 1818, 1822ff., 1827, 1833,
1839, 1841f., 1847, 1851, 1853, 1874,
1902, 1909, 1911, 1914, 1920f., 1924,
1929ff., 1936, 1940, 1962-1966,
1975, 2031, 2035, 2037f., 2044,
2084, 2100f., 2154f., 2168, 2170,
2191, 2193, 2195, 2201f., 2234f.,
2237f., 2240f., 2279, 2305, 2333
Hitdorf 2320
Hittfeld 1958
Hitzkirchen 1045
Hluboczek 1264, 1748
Hochenfeld 2083

Hochneukirch 495
Höchst 363, 460, 495, 516, 611, 1439, 1913
Hodogaya 2202
Hof 78, 136, 614, 619, 1456, 1461, 1903, 2029, 2052, 2152
Hofgeismar 1981
Hofheim 1916
Hohen Neuendorf 1380
Hoheneck 903, 930, 936, 1664
Hoheneggelsen 443, 2092
Hohenfels 464
Hohenmölsen 2032
Hohenschöpping 795, 800, 802f.
Hohensyburg 576
Hohenwart 2083
Höhnstedt 861
Hokkaido 1066, 1468
Holbæk 739
Hollister 1106
Hollywood 561, 1260, 1662, 1736, 2059, 2271
Holzminden 495
Homberg an der Efze 134, 292, 650
Hommertshausen 2248
Hongkong 1016, 1720, 1786
Honolulu 1875
Horagolla 2277
Hörde 762f.
Horn 2099
Hörnum 437, 1422
Housseras 1663
Houtigehage 564
Höxter 1866
Hoyerswerda 2194
Hoym 1413
Hué 853
Hülscheid 1388
Humbold-Hain 828
Hundessen 750
Hünfeld 253
Hung Nam 975
Hunswinkel 589
Hvidovre 2110

I

Idstein 2204
Illertissen 289
Imbshausen 496
Inchon 292
Independence 1818
Indiana 1219, 1261, 1738, 1994
Indochina 1367
Indonesien 1595

Ingolstadt 614, 619, 1024ff., 1045, 1198, 1927, 2127
Innsbruck 1207, 1795
Insel Mainau 1220
Inzigkofen 220
Ischia 877
Iserlohn 464, 488, 974, 1042, 1252f., 1262, 1339, 1927, 2017, 2181
Isfahan 380
Isla de Pinos 903, 1189
Ismailia 499, 541, 1492
Isogo 2202
Israel 932, 2049, 2146, 2317
Istanbul 1227, 1243
Italien 200, 1897
Itzehoe 389, 2152
Iwakuni 2031
Izmir 1243

J

Jackson 589
Jacksonville 1176
Jalta 175, 370, 404, 406, 746, 1154
Japan 651, 1628, 1636, 2333
Jayuya 319
Jena 26, 67, 152, 239, 718, 823ff., 845f., 850, 862, 1183, 1274, 1504, 1541, 1599, 1620, 1653, 1716, 1766, 1859f., 1970, 2003, 2005, 2013, 2188, 2221
Jerusalem 39, 153, 166, 360, 364, 398, 460, 539f., 560, 765, 768, 896, 1367, 1733, 1757, 1786, 1862, 2216, 2317
Jerxheim 462
Jessen 838
Jever 89
Jogjakarta 157
Johannesburg 113, 182, 224, 230, 248, 699, 1130, 1132, 1208, 1278, 1305, 1530, 1536, 1600, 2010, 2022, 2136, 2179
Johanngeorgenstadt 838
Jöhlingen 595
Jouy-en-Josas 204
Jugenheim 1855, 1884, 2099, 2164, 2263
Jülich 406, 1310, 1412
Junkersdorf 1965
Jura (Insel) 81

K

Kaesong 348, 456, 466
Kafr Kassem 1491

Kagoshima 2202
Kairkan 783
Kairo 329, 352, 387, 499, 512, 541, 646, 650, 846f., 947f., 953, 1009f., 1053, 1058, 1061, 1067, 1077, 1092, 1119, 1188, 1299, 1308, 1397, 1419, 1492, 1611, 1644, 1652, 1697, 1756, 1761, 1788f., 1891, 1944f., 1971, 1988, 2054, 2149, 2300
Kaiserslautern 123, 628, 690, 1001, 1307, 1633, 1835f., 1909, 2169, 2175
Kaliningrad 562, 626, 980, 1256, 1283, 1315, 1692
Kalk 1965
Kalkutta 943, 1235, 1319, 2210
Kalocsa 1478
Kaltenkirchen 74
Kamionka 1748
Kamo 781
Kamp-Bornhofen 1164
Kamp-Lintfort 584, 1878
Kapenguria 765
Kapstadt 242, 407, 739, 1163, 1338, 1580, 1987, 2150, 2152, 2242
Karaganda 233
Karl-Marx-Stadt → vgl. Chemnitz 775, 784f., 831, 838, 841, 855, 898, 914, 957, 963, 997, 1067, 1145, 1152, 1215, 1228, 1309, 1488, 1706, 1836, 2008, 2010, 2200, 2204f., 2207, 2318
Karlburg 1557, 1660, 1677f., 1683f.
Karlshafen 2100, 2120
Karlsruhe 217, 337, 364, 385, 394, 433, 448, 491, 501, 513, 524, 531, 552, 595, 647, 661, 664, 678, 685, 687, 696, 751, 764, 777, 790, 876, 887, 898, 919, 927f., 948, 950, 976, 985, 996, 999f., 1011, 1020, 1032, 1052, 1070, 1075, 1078, 1085, 1094, 1096, 1138, 1148, 1150, 1168, 1195, 1198, 1215, 1227, 1258, 1264, 1283, 1285, 1291, 1302, 1341, 1362, 1367, 1386, 1391, 1397, 1414, 1421, 1424, 1427, 1436f., 1457, 1512, 1539, 1566, 1568, 1603ff., 1619, 1630, 1634, 1670, 1674, 1709f., 1739, 1748f., 1752f., 1765, 1771, 1774f., 1786, 1792, 1795, 1805, 1815, 1817, 1858, 1875, 1880, 1884, 1901f., 1905f., 1922, 1933, 1943, 1958, 1963, 1983, 1999, 2045, 2055, 2068f., 2074, 2097, 2116, 2119, 2140, 2178, 2186, 2190, 2196, 2220, 2230, 2253, 2272, 2305, 2316, 2329, 2333, 2342, 2345
Karlstadt 1368f., 1677, 1683

Karup 739
Kassel 89, 134, 173, 199, 234, 267, 276, 296, 333, 339, 469, 494, 517, 520, 523, 548, 552, 604, 612, 638, 679, 741, 783, 794, 875, 892, 996, 1068, 1088, 1108, 1114, 1121, 1137, 1155, 1174, 1222f., 1238, 1249, 1253, 1277, 1313, 1331, 1346, 1385, 1398, 1420, 1443, 1454, 1461, 1763, 1769, 1785, 1825, 1869, 1884, 1905, 1923, 1945, 1979, 1981, 2025, 2043, 2067, 2093f., 2099, 2126, 2139, 2178, 2185, 2219, 2245, 2254, 2259, 2293, 2316, 2343, 2348
Katowice 1034, 1955, 2112
Kattowitz → **Katowice**
Katyn 637, 763, 1796, 1862
Katzendorf 822
Kaufbeuren 97, 289, 1451, 1456, 1939
Kawasaki 2333
Kehl 154f., 169
Keilberg 2313
Kelheim 1971f.
Kempfenhausen 56, 776, 898
Kempten 234, 1026, 1053, 1650f., 1695, 1924, 2152
Kerkrade 2253
Ketschendorf 513
Kettwig 1354, 1757, 1939
Khan Yunis 1241
Khartum 952
Khenifra 1235
Kiel 145, 160, 164, 167, 182ff., 208, 235, 253, 255, 276, 296, 370, 386, 389, 409, 415f., 421f., 425, 437, 439, 442-446, 460, 605, 625, 742, 909, 974, 1055, 1111, 1124, 1150, 1153, 1181, 1204, 1252, 1262, 1283f., 1301, 1306, 1340, 1384, 1390, 1408, 1428, 1463, 1484ff., 1516, 1559, 1581, 1648, 1692, 1745, 1749, 1854f., 1862, 1872, 1884, 1942, 1954, 1965, 1987, 1993, 2048, 2084, 2110, 2164, 2167, 2170, 2259, 2264, 2319, 2322, 2342f.
Kielce 1420
Kilchberg 1233
Kingir 982
Kirchheim 1939
Kirchheimbolanden 2160
Kirchmöser 835
Kirn 126
Kirrweiler 234
Kischtym 1718
Kitzbühel 1767, 1985
Kitzingen 453, 2348, 2350

Klagenfurt 1074
Klein-Kreutz 835
Klein-Machnow 737, 1327, 1517f.
Kleinauheim 1435
Kleinbardorf 206, 1685, 1936
Kleinblittersdorf 1734
Kleingartach 1797, 1799
Kleve 584, 622
Klingenberg 1388, 1809
Kliptown 1098, 1208ff.
Knokke-le-Zoute 942
Knoxville 1582
Koblenz 126, 140, 176, 198, 206, 365, 562, 622, 628, 690, 774, 781f., 876, 1316, 2139, 2210, 2280
Kochel am See 492, 589, 752
Kok-Terek 748
Kolding 739
Köllitzsch 1410
Köln 32, 38, 82, 94, 100f., 122, 126, 149, 168, 185, 198, 252, 265, 268, 276, 281, 284ff., 291, 293, 301, 305, 329, 334, 357, 380, 384, 397, 427, 440, 481, 483, 489f., 531, 570, 589, 592, 596, 599, 608f., 611, 622f., 651, 658, 704, 715, 735, 744, 751, 782, 788, 801, 849, 895, 926f., 948, 969, 990, 1001, 1008, 1011, 1023, 1035, 1041, 1045ff., 1064, 1096, 1103, 1126, 1128f., 1138, 1150, 1153ff., 1163, 1166, 1181, 1217, 1253, 1268f., 1282, 1284, 1295, 1313, 1323, 1334, 1394f., 1400, 1408, 1434, 1438, 1445f., 1465, 1490, 1502, 1558f., 1563, 1569, 1587, 1600, 1603ff., 1626, 1630, 1642, 1646, 1694, 1702, 1745, 1762, 1768, 1804f., 1845, 1847, 1855, 1876f., 1884, 1901, 1917, 1924, 1957f., 1963, 1965, 1976, 1986, 1999, 2002, 2009, 2027, 2033, 2037, 2055, 2066, 2068, 2112, 2114, 2123, 2134, 2138, 2140, 2150, 2152, 2163, 2178, 2185, 2194, 2199, 2208, 2245, 2263, 2271, 2302, 2308, 2311, 2314, 2328, 2331, 2335f., 2347, 2349
Kolsås 2120, 2167
Kolyma 983
Kolzenburg 2315
Königsberg → **Kaliningrad**
Königshofen 206, 1685, 1936
Königstein 101, 308, 1570
Königswinter 148, 155, 184, 204, 446, 507
Könnern 675
Konstanz 293, 481, 1154, 1406, 1457, 1598, 1795, 1910, 2245, 2310

Kopenhagen 92, 137, 239, 280, 397, 515, 666, 739, 786, 993, 1350, 1362, 1505, 1561, 1690, 1725, 1879, 2009, 2026, 2110, 2150, 2196
Köppern 2046f., 2056, 2062, 2306f.
Korfu 1030, 2243
Kornwestheim 1132
Korsika 885, 1890
Kösching 1045
Köthen 832
Krakau → **Kraków**
Kraków 318, 1191, 1648, 1675, 1977, 2115, 2334
Krasnogorsk 1810, 1957
Krefeld 623, 785, 948, 976, 1122, 1253, 1909
Kretinga 1974
Kribitz 866
Kristiansund 1463
Kronach 289, 1226
Kronshagen 445
Krutscha 1347
Kuba 572, 720, 1584, 1835, 1842, 2031, 2074
Kuhberg 1706
Kühlungsborn 813
Kulm 656
Kumasi 2341
Kuppenheim 65
Kurilen 1066, 1468
Kursk 1957
Kusel 1063, 2160
Kutno 1270f.
Kuwait 1308
Kyoto 1219, 2202
Kyushu 2202

L

La Brosse-Monteaux (Kloster) 915
La Chaux-de-Fonds 1656, 2120
La Paz 403
La Plata 1569
Laeken 262
Lafayette (Diözese) 1285
Lage 1419
Lai Chau 918
Lake Success 85, 367
Lambarene 485, 917, 1864
Lambeth 1444
Lambrecht 1943
Lampertheim 1101, 1240f., 1270, 1364, 1389, 1746, 1750, 2252
Landau 741, 1036
Landsberg 205, 271, 313, 316, 329,

333, 345, 348, 357ff., 362, 372, 375, 377, 381f., 393, 402, 419, 440f., 443, 471, 563, 704, 943, 952, 1005, 1051, 1272, 1697, 1748, 2092
Landshut 614, 1464
Lang Son 315
Langemarck 1534
Langen 2189
Langendiebach 1166f.
Langenfeld 1294, 1381, 1615, 2152
Langenhanshagenheide 844
Langenlebarn 103
Langenselbold 1960, 2244
Langeoog 2201
Langho 1693
Lao Kay 292
Laos 766
Laren 1088
Lari 759
Larnaca 1596
Las Vegas 378, 590, 752, 782, 1137
Laucha 1113
Lauenburg 292, 838, 1484
Laufenmühle 494
Lausanne 48, 519, 636, 1188, 1216, 1508, 2102
Lauterbach 2154
Le Havre 151, 2137
Le Locle 2120
Lebenberg 109
Leer 1455, 1908
Lehningen 2083
Lehnitz 900
Leipzig 26, 30, 70, 85, 109, 113, 125, 147, 151, 166f., 176, 179, 239f., 252, 282, 432, 454, 460, 476, 622ff., 638, 656, 667, 681, 723, 726, 766, 768, 775, 782, 815-819, 837, 845, 850, 853, 859, 861, 865, 872, 899, 930, 932, 948, 1006, 1012f., 1038, 1077, 1083f., 1097, 1145f., 1148, 1161, 1190, 1217f., 1244, 1273, 1285, 1292, 1303, 1325, 1338, 1341, 1343, 1359f., 1364, 1407, 1410, 1436f., 1494, 1497, 1512f., 1517, 1520, 1522, 1528f., 1535-1539, 1558f., 1570, 1573f., 1579, 1593, 1599, 1605, 1607, 1611, 1620, 1629, 1638, 1641, 1647, 1659, 1691, 1697, 1700, 1705, 1727, 1739, 1745, 1749, 1766, 1790, 1795, 1814f., 1828, 1847, 1853, 1884f., 1977, 1983, 2021, 2060, 2062, 2071, 2124f., 2139, 2141, 2167, 2185, 2188, 2208, 2218, 2261, 2284, 2289, 2291, 2294, 2300, 2315
Lemberg 2070, 2263, 2273, 2293, 2304f., 2324, 2327, 2338, 2343

Lemgo 948, 1419, 1948
Leningrad → vgl. Sankt Petersburg 27, 66, 126, 355, 1526, 1689
Leonberg 982, 1938
Leoni 1388, 1720
Leopoldsburg 2191
Léopoldville 2080
Les Rangiers 1706
Les Milles 2059
Letter 2298
Leuna 821, 976
Leverkusen 272, 486, 522, 622, 658, 1065, 1520, 1615, 2152
Lewisburg 1736
Lhasa 317, 2130
Libanon 1882, 2015
Lichtenburg 897
Lidice 25, 1028, 1074, 1167, 1609, 2123
Lille 102, 1409
Lima 1893f.
Limassol 1259
Limburg 134, 385, 744, 961, 977, 1001, 1042, 2248
Limoges 1265, 1364
Lindau am Bodensee 619, 1208
Lingen 1720
Linkenheim 1710
Linz 221, 297, 934, 1368, 1731, 1893
Lippoldsberg 349
Lippstadt 1041, 1258, 1700
Lissa 1500
Lissabon 184, 227, 563, 930, 1017, 2081, 2161
Little Rock 1560, 1703, 1712f., 1755, 1930, 1933, 1982, 1993
Liverpool 371
Löbau 1853
Locarno 779, 1057, 1153, 1730
Loccum 1204
Lodi 1656
Lodwar 2153
Łódź 681, 896, 1573
Lohr am Main 269, 1683, 2314
Loitsche 835
London 26f., 29, 32, 60, 64, 70, 79, 81, 86f., 95, 145, 146, 158, 172f., 177, 187, 197, 201, 203, 207, 214, 224f., 246, 258, 271, 282, 290, 320, 326f., 335, 352, 362, 367, 377, 379, 391, 425, 435, 452, 472, 491, 499, 502, 522, 534, 541, 564, 584, 622, 640, 685f., 725, 728, 744, 779, 925, 953, 956, 986, 989, 1013, 1028, 1043, 1049, 1054, 1063, 1076f., 1087, 1092, 1097, 1115, 1120, 1154, 1171, 1184,

1191, 1218ff., 1227, 1232, 1292, 1347, 1350, 1360, 1377, 1379, 1395, 1426, 1431, 1444, 1500, 1516, 1535f., 1554, 1565, 1578, 1596, 1599, 1606, 1609f., 1624, 1633, 1638, 1641, 1648, 1652, 1675, 1679, 1736, 1741, 1743, 1766, 1776, 1800, 1809, 1815, 1836, 1838f., 1864, 1869, 1876, 1888, 1897, 1902, 1904, 1919, 1930, 1946, 1955, 1958, 1962, 1971, 1978, 2045, 2054, 2065, 2081, 2087f., 2111, 2114f., 2117, 2121, 2127, 2143, 2145, 2148, 2155, 2157, 2164, 2183, 2186f., 2191, 2208, 2210, 2237f., 2243, 2254f., 2268f., 2304, 2313, 2320ff., 2340, 2344f., 2349, 2351
Longwy 734
Loreley 246, 453, 473, 1164f.
Lörrach 728, 2126
Los Alamos 178, 412, 1579, 2208
Los Angeles 652, 1260, 1393, 1421, 1652, 1662
Losheim 1100
Loßburg 1438
Lothringen 29, 1602, 1987
Löwen 2191
Löwenberg 379, 1031, 1362
Luanda 1532
Lubbock 2104
Lübeck 78, 159, 200, 252, 255, 305, 341, 382, 395, 523, 525, 612, 733, 957, 1000, 1101, 1129, 1150, 1180, 1233, 1463, 1484ff., 1601, 1664, 1666, 1704, 1726, 1772, 1805, 1854, 1862, 1964, 2002, 2084, 2336
Lublin 569, 1133, 1955
Lübz 838
Lüchow 172, 454
Luckau 296
Luckenwalde 513, 1157, 2315
Lucknow 724
Lüdenscheid 589, 1372, 1963, 2159
Ludwigsburg 71, 82, 138, 228, 548, 650, 1456, 1739, 1743, 1764, 2000, 2049, 2052, 2169, 2225
Ludwigsfelde 380, 836, 996
Ludwigshafen 164, 185, 272, 487, 612, 628, 1046, 1124, 1138, 1150, 1160, 1903, 1945, 1988
Ludwigsstadt 989f.
Ludwigstein 592
Lugano 553, 2120
Lüneburg 44, 291, 428, 454, 516, 522, 896, 1064, 1150, 1193, 1238, 1302, 1497, 1512f., 1578, 1612, 1654, 1732, 1772, 1826, 1844, 1941, 2313

Lünen 622
Luton Town 1845
Lüttich 261f., 274, 396, 2302, 2335
Luxemburg 52, 382, 452, 530, 621, 665, 753, 1057, 1225, 1392, 1457, 1490, 1509, 1605, 1641, 1777, 2020
Lüxheim 1063
Luzern 84, 943, 981, 1495
Lwów 2273
Lyon 70, 403, 593, 982, 1093, 1242, 1265, 1384, 1389, 1457, 1606, 2261

M

Madras 1319
Madrid 429, 647, 674, 895, 930, 937, 1272, 1286, 1310, 1330, 1423, 1578, 1835, 2205, 2279
Magdeburg 390, 532, 649, 660, 675, 718, 815, 824ff., 834f., 843, 845f., 850, 860, 863, 868, 873, 883, 887, 897, 899, 907, 918, 929, 940, 957, 997, 1032, 1067, 1083, 1113, 1145, 1147, 1159, 1206, 1309, 1430, 1459f., 1494, 1691, 1739, 1782, 1819, 2006, 2147, 2219, 2241, 2245, 2252
Magolsheim 1652f., 1817
Magyaróvár 1476
Mahon 895
Mailand 46, 111, 115, 168, 364, 580, 677, 760, 907, 944, 1250, 2091
Maillot 1612
Mainau 1220, 1404f.
Mainbulla 1754
Mainz 134, 216, 259, 263, 269, 287, 296, 340, 390, 402, 487, 544, 555, 621, 628, 752, 783, 884, 887, 904, 1004, 1006, 1104, 1145, 1164, 1190, 1270f., 1301, 1362, 1423, 1467, 1498, 1510, 1649, 1672, 1772, 1825, 1855, 1874, 1879, 1884, 1906, 1910, 1916, 1925, 1928, 1936, 1942, 1952f., 1956, 1989, 2050, 2066, 2089, 2118, 2125, 2139, 2160, 2224, 2263, 2310
Majdanek 256, 1862, 2108
Makronissos 41, 49, 266
Malaga 895
Mallorca 1470, 2001
Malmédy 1272, 1732
Malmö 431
Managua 2192
Manchester 76, 83, 1404, 1443, 1493, 1502, 1615, 2188
Mandelsloh 1917
Manila 925, 1037, 2238

Mannheim 48, 164, 206, 231, 255, 265, 289, 481, 483, 554, 605, 609, 619, 666, 682, 733, 857, 869, 943, 1000, 1046, 1100, 1104, 1239, 1248, 1415, 1420, 1428, 1515, 1527, 1705, 1739, 1848, 1874, 1933, 1936, 1957, 1964, 2012, 2145, 2172, 2303, 2312
Mansfeld 832
Marbach am Neckar 1101, 1927, 1989
Marburg 34, 54, 165, 243, 408, 440, 474, 530, 552f., 562, 592, 602, 646, 672, 849f., 899, 902, 1058, 1095, 1116, 1122, 1193, 1223, 1290, 1389, 1395, 1491, 1641, 1763, 1862, 1898, 1935, 2099, 2118, 2128, 2228, 2263
Maria Limbach 1356
Marienberg 838
Marienborn 2103
Marienfelde 1447, 1882, 1970
Marigliano 2197f.
Mariinsk 1526
Marktbreit am Main 62
Marktredwitz 122
Marrakesch 720, 885, 942, 987, 1020, 1222
Mars Bluff 1815
Marseille 578, 616, 915, 941, 1242, 1510, 1678, 1757, 1761, 1915, 1971, 1987, 2081, 2187, 2206
Martinique 752, 1446
Martinsville 376
Marxwell 1367
Marzabotto 1180
Mason City 2103
Mäurach 2083
Mauthausen 329, 868, 1128, 1357, 1368, 1697, 1714, 1731, 1740, 1971, 2169, 2286
Meckenheim 1160
Meiningen 1648, 1778
Meißen 1164, 1383, 1777, 1866
Meknès 1226
Melbourne 568, 2238
Melissa 135, 137
Melk 2168
Melouza 1644f.
Melsungen 92, 524
Melun 878, 915
Memel 1764
Memmingen 152, 1791f., 2304
Memphis 934, 1024, 1176, 1277, 1824
Mende 1187
Mengede 974
Mengeringhausen 2176
Merseburg 638, 820f., 855, 867, 2006

Merxleben 2187
Messkirch 1422
Mettmann 1757, 1833
Metz 256, 937, 1005, 1083, 1106, 1247
Metzingen 1977
Meusdorf 1739
Meuselwitz 801
Mexico City 1742, 2076
Miami 1797
Micheln 820
Michelstadt 38
Miesbach 1910
Mildenhall 534, 635
Miltenberg 384, 1302, 1395, 1454, 1754
Milwaukee 2238
Minden 255, 623, 1444, 1856, 1866, 2164
Mindoro 1466
Minsk 653, 1785, 1862, 2224
Mishima 2202
Misselwarden 1708
Mittenwald 126, 2306
Mittweida 2060
Möckern 834
Modena 168f., 760
Moers 622, 909, 936, 1135, 2191, 2266
Moknine 547
Mölln 292, 1124, 1262, 1484, 1826
Mönchengladbach 173, 186, 416, 489, 492, 519, 581, 591, 622, 777, 869, 894, 1036, 1568, 1594, 1596, 1747, 1866, 2129
Montagnola 1266
Monte Bello Islands 673
Monte Ceneri 1730
Monterey 1659
Montgomery 1098, 1286ff., 1300, 1324, 1351, 1366f., 1538f., 1560, 1566, 1582, 1589, 1640, 1767, 1797, 1979, 1995
Montlucon 616
Montpellier 1307
Mörfelden 1277, 1279
Moron 895
Mosel (Sachsen) 1444, 1449, 2135, 2200
Moskau 32f., 45, 88, 95, 108, 123, 125, 128, 135, 137, 149, 152, 154, 175, 182, 207, 244, 339, 344, 371, 380, 412, 506, 539, 571, 578, 639, 652f., 674, 719, 725, 735, 739, 745, 749, 751, 760, 763, 778, 783, 863, 880, 884, 886, 893, 906, 913, 920f., 926, 942, 969, 982, 985, 1040, 1056,

1077, 1086f., 1094, 1096, 1109, 1116, 1120, 1122, 1131, 1148, 1153, 1156, 1185, 1188, 1191, 1196, 1245f., 1248ff., 1252, 1254f., 1264ff., 1288, 1294, 1298, 1309, 1327, 1331, 1333, 1345f., 1348, 1363, 1376f., 1379ff., 1387, 1390, 1404, 1425, 1444, 1468f., 1477, 1506, 1517f., 1522f., 1529, 1554, 1565, 1577, 1594, 1621, 1624, 1650, 1670f., 1674f., 1685f., 1693, 1701, 1736, 1740, 1742, 1745, 1760, 1771, 1784, 1786, 1788, 1792, 1801, 1810, 1828, 1832, 1847, 1864, 1926, 1929, 1946, 1957, 1973, 1998, 2023, 2034, 2036, 2041, 2045, 2059, 2065, 2079, 2083, 2095f., 2106, 2115, 2117, 2132, 2137, 2161, 2237, 2249, 2272, 2345

Mostaganem 1891
Moutier 2210
Much 2332
Mühlhausen 611, 866, 1880, 2083
Mülheim (Hessen) 2279
Mülheim an der Ruhr 974, 1018, 1026, 1095, 1253, 1263, 1757, 1772, 1789, 1809, 1836, 2263, 2282, 2312
Münchberg 289
München 21, 30, 33, 39f., 44, 54, 62f., 67, 75, 78, 84, 86, 88f., 91, 96, 101ff., 106ff., 116, 118f., 123f., 130, 133f., 145ff., 152, 160, 165f., 172, 184, 191, 193, 197, 199ff., 209, 213f., 218, 221, 223, 235, 240, 243, 256, 264f., 270, 276, 289, 295, 303, 305f., 315, 318, 327, 329, 340, 349, 358, 360, 362, 367f., 373, 379f., 384, 393, 397, 403f., 406f., 415, 424, 428, 435, 440, 443, 455, 460, 474, 479, 481, 485, 492, 501, 504, 509, 515, 530f., 536, 540, 548, 551, 554, 558, 563, 568f., 580, 584, 587ff., 592, 595, 605, 607, 610, 617, 623, 627, 653ff., 667, 680f., 685, 716, 722, 731, 737, 740, 742, 744, 752, 765, 768, 770ff., 777, 793f., 848f., 860, 883, 893, 898, 909, 926, 928, 946, 949, 957, 959, 965, 969, 973f., 976, 980f., 988, 1006, 1020, 1024ff., 1040, 1044f., 1070, 1080, 1082f., 1094, 1103, 1105f., 1109, 1111, 1113, 1116, 1119, 1121, 1141, 1148, 1168, 1202, 1204, 1215, 1229, 1242, 1247f., 1251, 1268, 1272, 1283ff., 1288, 1291, 1302, 1326, 1328, 1332, 1335, 1339, 1341, 1352, 1357, 1368, 1372f., 1389f., 1393, 1397, 1409, 1412, 1414f., 1420ff., 1425f., 1428-1432, 1441, 1445, 1503, 1522, 1525, 1528, 1533, 1556, 1568, 1573, 1591, 1605, 1607, 1611f., 1622, 1624f., 1637, 1640, 1646, 1660f., 1666, 1674f., 1678f., 1688f., 1692, 1694, 1698, 1701, 1706, 1727, 1729f., 1733, 1741, 1745, 1755, 1769, 1772f., 1784, 1789f., 1796, 1801, 1807f., 1816f., 1819, 1831, 1834, 1836, 1851, 1855, 1866, 1871, 1875, 1878f., 1884, 1893ff., 1900f., 1910, 1917f., 1920, 1927, 1929, 1934f., 1939ff., 1944, 1949, 1956, 1958, 1962f., 1971, 1977, 1981f., 2000, 2003, 2011, 2016, 2021, 2027, 2033, 2035, 2049, 2058f., 2072, 2085, 2089, 2091f., 2098f., 2105, 2124, 2126, 2135, 2139, 2147, 2152, 2155f., 2163, 2172, 2195f., 2204, 2211, 2213ff., 2217, 2223, 2230, 2237, 2239f., 2243, 2252f., 2259, 2263, 2274, 2288, 2297, 2309, 2320, 2324, 2337, 2339, 2343f., 2346f.
Münster am Stein 752
Münster 133, 255, 530, 548, 604, 673, 1049, 1095, 1220, 1223, 1263, 1568, 1649, 1665, 1688, 1788, 1802, 1812, 1855f., 1858, 1866, 1878, 1884, 1900, 1905, 1918, 1925, 1950f., 1953, 1957, 1960, 1964, 2007, 2011, 2013f., 2017, 2097, 2099, 2161, 2163, 2179, 2213, 2263, 2282, 2301, 2321, 2336, 2345
Mussomeli 944
Mussoorie 2064, 2159, 2255

N

Nabburg 2235
Nagaoka 2202
Nagasaki 176, 651, 782, 950, 1232, 1305, 1408, 1424, 1639, 1719, 1782, 1818, 1823, 1839, 1902, 1920, 1924, 1924, 1931, 1940, 1962, 1964, 1975, 2028, 2035, 2084, 2101, 2155, 2170, 2191, 2193, 2237f., 2240f.
Nagoya 885
Nagytétény 1481
Nairobi 678, 759f., 2065, 2321
Nambo 181
Namegawa 2202
Nancy 1602
Nanterre 1991
Nantes 1235
Naoetsu 2202

Narbonne 1971
Narvik 542
Nashville 1703, 2334
Natal 30, 2191, 2205, 2244
Naumburg 800, 821, 2057
Nazareth 765
Neapel 132, 233, 364, 580, 877, 944, 1347, 1847, 2028, 2197f.
Neckarsulm 619
Neinstedt 779
Nemencha-Gebirge 1332
Nemours 1280
Neu-Delhi 175, 184, 1235, 1789, 1821, 2103, 2131, 2346
Neu-Isenburg 134, 408, 416, 560, 2189
Neu-Ölsnitz 1456
Neu-Ulm 126, 1860, 2288
Neuaubing 607
Neubiberg 118
Neubrandenburg 1145, 1213, 1288, 2051
Neuchâtel 1656, 2120
Neue Bremm 1253
Neuenburg 2102
Neuengamme 770, 896, 1179f., 1252, 1521, 1632, 1707, 1712, 1862, 2174, 2176
Neuenhaßlau 1990
Neuhaus 1648, 1778
Neuhausen 2083
Neumark 820
Neumarkt-St. Veit 2135
Neumünster 154, 182ff., 265, 1202, 1484, 1704
Neunkirchen 1912, 2160, 2318
Neuötting 614
Neuß 909, 1271, 2247
Neustadt am Rübenberge 1065, 1917
Neustadt an der Weinstraße 935, 1160
Neustadt (bei Coburg) 1652
Neustadt (Holstein) 190, 1180, 1706f., 2268
Neuwerk 1708, 1747
Neuwied 247, 268, 900, 1006, 1066
Nevada 378, 590, 752, 782, 1136f., 1690, 1699, 1725, 1992
New York 31, 38f., 43f., 48f., 70, 85, 97, 114, 133, 145, 149, 158, 175, 178, 204, 207, 212, 224f., 229, 231, 243, 258, 290, 304, 308, 315, 367, 378, 407, 412, 415, 425, 471, 490, 503f., 506, 588, 655, 668, 676, 687, 702, 723, 729, 744, 752, 764, 847, 852, 895, 909, 916f., 934, 941, 955, 966, 1034, 1076, 1145, 1169, 1184f., 1194,

1257, 1288, 1299, 1393, 1468, 1477, 1479, 1482, 1514, 1517, 1554, 1561, 1568, 1576, 1584, 1594, 1596, 1644, 1662, 1675, 1693, 1721, 1739, 1750f., 1754, 1766f., 1773, 1812, 1847, 1946, 1988, 1993ff., 2004, 2014, 2030, 2055, 2059, 2092, 2151, 2153, 2155, 2164, 2208, 2235, 2238, 2256, 2262, 2271f., 2287, 2314f., 2329, 2349

New Orleans 355, 1560, 1579
New Haven 1689, 1861
Newport 2218
Nidda 1670
Nieder-Florstadt 1083
Nieder-Saulheim 134
Niederalben 1063
Niederburg 1164
Niedereisenhausen 2248
Niederhausen 1878
Niederhochstadt 909
Niederhofen 1797, 1799, 1998
Niederkrüchten 1036
Niederlahnstein 2001
Niederlande 1205
Niederpöcking 1455, 1716, 2148f.
Niedersachsen 106, 421, 428, 454, 465, 552, 596, 687, 1049, 1112, 1778, 2342
Niedersedlitz 839, 876, 2217
Niefern 2083
Nienburg 517, 736, 2351
Niendorf 614
Nienstedten 2335
Niesky 839, 868, 1393, 1671
Nièvre 1309, 2296
Niigata 2201f., 2234
Nikosia 1098, 1163, 1305, 1346, 1379f., 1449, 1596, 1919, 2065, 2121, 2127, 2242
Niquero 1527
Nizza 616, 1057, 1510, 1987
Nola 2197
Nombre de Dios 2164
Nonnenweiher 65
Nordenham 1238
Nordhalben 1927, 2248
Nordhausen 784, 834, 1442, 2169
Nordheim 1809
Nordhorn 716, 729f., 1908
Nordirland 860, 1536
Nordkorea 330, 641
Nordmoslesfehn 1294
Nordrhein-Westfalen 421, 622, 1104, 1112, 1429, 1842, 1943, 1971, 2342
North Pickenham 2053f., 2057, 2060

Northeim 496, 1976
Nörvenich 858, 1063, 1308, 1929
Norylsk 720, 783, 1879
Nottingham 1971
Nova Scotia 1673, 1985
Nowosibirsk 506
Nürnberg 25, 33, 54, 60, 62, 71, 98, 107f., 123, 146, 164, 198, 202, 252, 257, 263, 265, 269, 271, 273, 276, 289, 296, 303, 305, 318, 322, 324, 345, 350, 377, 393, 401, 406, 419, 421, 441, 443, 471, 481f., 505, 521, 531, 548, 571, 578, 589, 592, 617f., 630, 635, 696, 702, 742, 745, 906, 927, 1005, 1051, 1057, 1070, 1076, 1111, 1138, 1179, 1190, 1196, 1269, 1314, 1340, 1364f., 1382f., 1389f., 1417, 1430, 1440, 1449, 1451, 1457, 1507, 1517, 1586, 1600, 1618, 1623f., 1652, 1663, 1671, 1674, 1677f., 1689, 1764, 1853, 1857f., 1860, 1863, 1902, 1904, 1987, 1997, 2011, 2039, 2042, 2048, 2076, 2092, 2099, 2126, 2195, 2204, 2251, 2259, 2324, 2331
Nürtingen 171
Nußbaum 1719
Nyborg 1970
Nyiregyháza 1478
Nyon 547

O

Oak Ridge 1005
Oberammergau 655
Obergebra 611
Oberhausen 110f., 548, 559, 619, 673, 749, 953, 1058, 1094, 1104, 1107, 1253, 1836, 1878, 2068, 2254f.
Oberlahn 385, 1016
Oberlungwitz 1488
Obernberg 1526
Obernburg 1074
Oberndorf 568, 2137
Oberotterbach 2320
Oberschlema 850
Oberstdorf 1824
Oberursel 567ff., 752, 1385
Oberwinter 742
Ochsenfurt 856, 1910
Odense 630
Odersbach 1877f.
Offenbach 91, 112f., 179, 185, 214, 221, 258, 475, 560, 585, 611, 735, 793, 877, 902, 966, 1083, 1121, 1234, 1313, 1360, 1385, 1406, 1569f., 1674,

1867f., 1875, 1906, 1921, 1924, 1958, 2014, 2033, 2146, 2186, 2189, 2192, 2245, 2253, 2265, 2279f., 2331, 2349
Offenburg 38, 1074, 1562, 1618, 1777, 1781, 1843, 2045f., 2242, 2275, 2312
Ohl 2344
Okayama 1929f.
Olbernhau 312, 360, 367, 841
Oldenburg (Holstein) 87, 183, 197, 1059
Oldenburg (Oldenburg) 172, 197, 478, 1043, 1059, 1255, 1264, 1294, 1381, 1420, 1657, 1709, 1731, 1853, 1915, 2131, 2146, 2254, 2259
Omegna 1994
Opfertshausen 1724
Opfertshofen 1724
Opladen 622, 1854, 2152
Oppenheim 421
Oradour-sur-Glane 25, 738ff., 765f., 1028, 1074, 1125, 1160, 1252, 1364, 1677, 1683f., 1862, 2233, 2286
Oran 1051, 1060, 1332, 1378, 1463, 1592, 1777, 1886, 1891, 2123
Oranienburg 666, 900, 1017, 1264, 1446, 1728
Oriente 1527, 2074f.
Orissa 1319
Orlando 2148
Osaka 2333
Oslo 149, 338, 584, 917, 1050, 1065, 1290, 1439, 1561, 1619, 1725f., 1864, 2120, 2167, 2343
Osnabrück 200, 365, 612, 1193, 1444, 1446, 1668, 1807, 2014, 2052, 2236, 2312
Ost-Berlin → vgl. **Berlin** 12, 17, 22, 24, 26, 29, 32f., 36, 42-47, 63, 66, 69ff., 75, 84f., 89, 93f., 100, 107, 111, 113, 116, 118, 126ff., 138f., 146, 148f., 152, 154, 159, 162, 165f., 170, 174f., 177ff., 185, 192f., 200, 202, 207, 214f., 217, 220f., 223, 226f., 230-234, 236, 239ff., 243f., 246, 249ff., 253, 257, 259ff., 264, 266, 269f., 277, 279f., 282, 292, 295, 307, 310, 313, 315ff., 320ff., 324ff., 330ff., 339, 341, 344ff., 350ff., 358, 360, 365, 367, 371, 378, 388f., 395f., 398f., 401f., 404, 406, 419, 421, 425, 429, 431f., 434, 439, 444, 447f., 450, 453, 456f., 461f., 465f., 468, 470, 476f., 482ff., 487, 490, 496-500, 503, 506, 508f., 512f., 516, 523, 529, 532f., 538, 541, 547, 554, 559, 562, 566ff., 573f., 578f., 582, 584, 587, 589, 591, 597f.,

602f., 605, 610, 612f., 615, 621, 634, 636-641, 645ff., 650ff., 655, 658, 660, 666ff., 670, 673f., 677, 684, 686f., 690f., 694, 697, 701f., 704, 718, 723f., 726f., 734, 736f., 746, 749, 751ff., 755, 760, 768f., 774ff., 779ff., 784, 786, 790, 792, 794ff., 798-805, 807f., 812ff., 817, 819, 833, 836, 839ff., 843ff., 851, 853f., 856, 860, 862, 864, 868, 872f., 878ff., 885f., 888, 892, 895, 898f., 901f., 905, 910, 912, 915f., 920, 926, 929f., 932ff., 936f., 941f., 945f., 957f., 960f., 968, 970, 973, 975, 981f., 985-992, 996, 999f., 1004f., 1010, 1012ff., 1016f., 1026, 1028, 1030f., 1035, 1038, 1046, 1049, 1055f., 1059, 1065, 1067, 1069, 1094, 1096f., 1080, 1082, 1084, 1086f., 1101, 1111f., 1119, 1128, 1139f., 1144, 1147, 1149, 1151, 1154, 1156ff., 1161f., 1165, 1175, 1182f., 1189, 1190f., 1196, 1198, 1200, 1203, 1207f., 1211, 1226, 1242, 1252, 1258f., 1263ff., 1269, 1274, 1279, 1288, 1290, 1294, 1301, 1303f., 1307, 1309f., 1314ff., 1321, 1326f., 1336, 1340ff., 1346, 1351f., 1354, 1358f., 1365ff., 1369, 1372, 1374f., 1379, 1386f., 1389, 1392f., 1398ff., 1413, 1425, 1430, 1436f., 1441f., 1448, 1457, 1461, 1464f., 1470, 1482, 1488f., 1491, 1499ff., 1507ff., 1511, 1513, 1516, 1521, 1526, 1530, 1535f., 1538, 1540, 1557ff., 1564, 1571, 1574f., 1579, 1590, 1593, 1600f., 1608, 1612, 1615, 1620, 1627f., 1635, 1639, 1643f., 1647, 1659, 1661, 1664, 1670, 1680, 1682f., 1691, 1700, 1705f., 1728, 1731, 1736ff., 1741, 1743, 1753, 1765f., 1769f., 1772, 1777, 1787, 1789, 1791ff., 1797, 1805f., 1810, 1822, 1825, 1827, 1831f., 1835, 1837, 1849, 1860f., 1875, 1882f., 1906f., 1911f., 1915, 1919, 1922, 1927, 1929f., 1937, 1942, 1944, 1946, 1950, 1952, 1955, 1957, 1962, 1971, 1980ff., 1989, 1998, 2003f., 2006f., 2009ff., 2013, 2020, 2025, 2029, 2031f., 2036f., 2039, 2043, 2051, 2062, 2065, 2070f., 2078f., 2085, 2088, 2090, 2092, 2103, 2107, 2116, 2123f., 2128f., 2131, 2133, 2140f., 2145, 2148, 2150, 2157, 2167, 2169, 2173f., 2176f., 2180, 2186f., 2191, 2195f., 2208, 2210, 2216, 2218, 2220, 2226, 2252, 2256, 2258, 2268, 2284f., 2287, 2299ff., 2304, 2309, 2314, 2316f., 2320f., 2327, 2329, 2331, 2336f., 2339, 2345f., 2348

Ostende 1997
Osterath 976
Osterholz-Scharmbeck 628
Österreich 436, 1239, 1276, 1381, 1482
Oświęcim → vgl. Auschwitz 1168, 1191, 1230, 1384
Oudrop 1862
Oujda 1020
Oxford 173, 1194, 1742, 1809, 2276, 2335

P

Pacific Palisades 2058f.
Paderborn 75, 84, 93, 1041, 1866
Padua 1858
Paducah 1005
Palermo 188, 907
Palmdale 1336
Palo Alto 2235
Pampow 1755
Panama-Stadt 1102, 2164
Panmunjom 714, 789, 875, 878
Papenburg 1441
Parchim 838
Paris 23, 30ff., 38, 40, 53, 55f., 58f., 61, 65f., 70f., 73f., 78, 85, 90, 95, 110, 116, 134, 137f., 173, 184, 189f., 197, 204, 210ff., 217f., 227, 232, 247, 255, 270, 276, 287, 290, 316, 328, 335, 338, 348, 358, 362, 365, 368, 375, 382, 387f., 395, 398, 401, 406, 418f., 429, 432, 441f., 483, 508, 514f., 524, 528, 533, 537, 541, 547, 581f., 588, 602, 613, 616f., 621, 630, 636, 639, 686f., 691, 698f., 703, 723, 726, 734, 739f., 744f., 750, 752, 771, 775, 777, 780, 782, 866, 889, 894, 896, 911, 915, 919, 925, 935, 940, 947, 954, 957, 962f., 965, 969f., 979, 986f., 999, 1002, 1012, 1017, 1032f., 1036, 1050, 1054, 1067, 1076f., 1092f., 1102f., 1115, 1119, 1125, 1128, 1159, 1168, 1184, 1188, 1190, 1194, 1197, 1219, 1236, 1242f., 1256, 1265, 1268, 1275, 1278, 1282, 1285, 1292, 1300, 1304f., 1307f., 1322, 1326, 1331, 1337, 1340, 1350, 1352, 1357, 1360, 1364, 1367, 1371, 1378, 1384, 1389, 1399, 1441, 1446, 1450, 1457, 1463, 1471, 1490, 1502, 1505, 1509f., 1513, 1516, 1518, 1529, 1532f., 1540, 1555, 1560f., 1567, 1569, 1587, 1590ff., 1603, 1608, 1610f., 1631f., 1638, 1641f., 1644f., 1648, 1656, 1662, 1678, 1685, 1695, 1718, 1734, 1740, 1742, 1745, 1751f., 1754ff., 1761, 1779, 1782, 1806, 1813, 1816, 1837, 1842, 1848, 1851, 1861, 1879, 1885-1890, 1907, 1912, 1924, 1940, 1968, 1971, 1980f., 1986ff., 1991, 1995, 2001, 2003, 2006, 2042, 2056, 2059, 2081, 2084, 2107, 2110, 2150, 2187, 2192, 2206, 2208, 2215, 2224, 2242, 2258, 2270f., 2273f., 2295, 2302, 2329, 2332, 2339, 2346f., 2349

Pasadena 1219
Pasewalk 638
Passau 407, 613, 619, 860, 1394, 2118
Patersberg 1164
Pearl Harbour 2301
Pécs 1481
Peekskill 116f.
Peine 413, 453, 509, 511, 516, 520
Peking 125, 1041, 1044, 1054, 1164, 1208, 1243, 1288, 1357, 1375, 1444, 1585, 1628, 1783, 1879, 1974, 2056, 2065, 2092, 2166, 2208, 2283
Pelkum 763
Pellworm 444, 517, 2319
Penzberg 289, 1180, 1302, 1326, 1332, 1339, 1341, 1414f.
Peoria 1996
Perth 2238
Pescara 198
Petersberg (bei Bonn) 120, 140, 142, 151f., 271, 273, 280, 358, 393, 395, 407, 443, 445, 497
Petershagen 289
Petitjean 1020
Pfaffenhofen 2028
Pforzheim 1101, 1909, 2004, 2038, 2066, 2082f.
Pfullingen 1573
Philippeville 1235
Phnom Penh 907
Pidgiguiti 2235f.
Piesbach 1365
Piesteritz 1381
Pillnitz 2338
Pinneberg 414
Pino del Agua 1711, 1800
Piotrków Trybunalski 1133
Pirmasens 270, 1001, 1104, 1952, 2263

Pirna 1390, 1392, 1399
Pittsburgh 1145, 1742, 2319
Pjöngjang 314, 348
Planá 2304
Płaszów 1675
Plattling 333, 1753
Playa de los Colorados 1527
Plön 1390
Plzeň 750, 786
Polen 896, 1236
Polßen 1009
Polu 181
Ponholz 678
Ponte Gardena 1200
Porrentruy 1599
Port Elizabeth 248, 677, 1305, 1530
Port Fuad 1492
Port Lyautey 1020
Port Said 329, 1397, 1492, 1515
Port-au-Prince 1659
Posen → Poznań
Possenhofen 187
Potsdam 26, 181, 241, 315, 334, 360, 370, 373, 379, 404, 406, 428, 501, 512, 650, 702, 737, 746, 835f., 845, 854, 861, 905, 996, 1002, 1026, 1084, 1112, 1207, 1349, 1383, 1404, 1517, 1606, 1614, 1663, 1750, 1819, 1897, 1935, 1952, 2055, 2061, 2140, 2315
Poznań 1191, 1298, 1402ff., 1465, 1469, 1483, 1694
Prades 263
Prag 58, 69, 92, 144, 158, 161, 256, 271f., 282, 306, 315, 370, 407, 517, 533, 689, 739, 750ff., 758, 902, 1057, 1069, 1157, 1168, 1303, 1322, 1373, 1384, 1728, 1740, 1795, 1842, 1912, 1967f., 1998, 2003, 2006, 2009, 2044, 2083, 2105, 2237, 2272, 2304, 2340
Preetz 238
Premnitz 843
Preßburg → Bratislava
Preston 1444
Pretoria 627, 1098, 1263, 1275, 1288, 1423f., 2124, 2191
Pretzsch 833
Preußisch-Oldendorf 1364
Princeton (New Jersey) 184, 1168f., 1219, 1295, 1659, 1742, 2153, 2272
Princeton (Indiana) 1994
Prora 843
Puerto Rico 163, 319ff., 950, 2218
Pugwash 1673, 1985, 2282

Pullach 1040, 1357, 1573
Pusan 975

Q

Qued Zem 1235
Quedlinburg 832, 844
Quibya 902f.

R

Rabat 931, 1020, 1300, 1470, 1761, 1896, 1988, 2044
Radebeul 1777
Radès 697
Radomir 88
Rambouillet 2347
Ramstein 907
Ransbach 2281
Rapallo 45, 1309
Rappenau 419, 492, 735
Raron 1587
Rastatt 122, 192, 241, 472
Rathenow 835, 1367, 2055, 2140
Ratingen 121, 262, 404, 1757
Ravensbrück 116f., 122, 192, 241, 256, 285, 852, 1097, 1172, 1288, 1390, 1516, 1728, 1965, 2071, 2169, 2266ff.
Rawalpindi 501
Recklinghausen 88, 191, 724, 849, 1018, 1032, 1113, 1146, 1248, 1449, 1919, 1937, 1960, 2193
Regensburg 146, 387, 390, 614, 619, 678, 750, 1971, 2034, 2211f., 2308f.
Reggan 2309
Reggio Emilia 760
Reichenau 694, 1795
Reichenbach 1807
Reinbek 2274
Reloj 1595
Remada 1896
Remagen 280, 670, 742, 1983
Remscheid 97, 191, 424, 753, 1372, 1637, 1909
Rendsburg 1484ff., 1717, 1903, 1990
Rengsdorf 142
Rennes 1187
Reuilly 1592
Reutlingen 611, 1020, 1799, 1938
Revel 184
Rheda 2121
Rhede 2245
Rheinau 551, 658, 878, 915, 994
Rheinberg 1611
Rheine 880

Rheinfelden 2271
Rheinhausen 677
Rheinland-Pfalz 421, 570, 735, 2160
Rheydt 132, 1010, 1909, 2084, 2199, 2349
Rhodos 778, 2001, 2250
Rhöndorf 104, 107, 254, 554, 1779, 2082, 2343
Richmond 1225
Riebelsdorf 1155
Riedhausen 1586
Riehen 1936
Riehl 985, 1965
Riesa 800, 1059
Riga 1197
Rinteln 1191
Rio de Santiago 1251
Rio de Janeiro 1031, 2274
Rjasan 1578
Rochester 378
Rockenhausen 2160
Rocklum 470
Röcknitz 1605
Roermond 2191
Rolandseck 1506, 1511, 1928f.
Rom 46, 88, 121, 134, 153, 169, 188, 218f., 250, 333, 365, 514, 580, 673, 679, 695, 729, 744, 760, 876, 885, 907, 944, 973f., 980, 1055, 1106f., 1243, 1294, 1310, 1324, 1349, 1395, 1409, 1490, 1505, 1555, 1564, 1605, 1740, 1762, 1840, 1968, 2141, 2198, 2216, 2287f., 2341
Rorschach 2120
Rosenheim 89, 1015, 2249, 2259
Rossendorf 1754, 1854, 2256
Rosslau 833
Rostock 132, 252, 259, 352, 453, 460, 514, 521, 532, 582, 737, 761, 768, 781, 815, 831, 842, 844, 1083, 1089, 1145, 1234, 1274, 1304, 1338, 1460, 1620, 1647, 1691, 1881, 1913, 2131, 2148, 2187, 2268, 2332
Rota 895
Rothenburg ob der Tauber 1857
Rott am Inn 1757
Rottenburg 119, 1799, 1977
Rotterdam 270, 1508, 1862
Rotthausen 1810
Rottweil 2135, 2255
Rouen 1092, 1265, 1808, 1971
Rückingen 134
Rudersberg 1391
Ruhrgebiet 238
Ruislip 1809

Rumänien 1482, 1518
Runkel 977, 1016, 1026
Rünthe 1920
Rünthen 1018
Rüsselsheim 177, 475, 571, 1126, 1277, 1279, 1937, 2067, 2164f.

S

Saalfeld 113, 1615
Saarbrücken 224, 311, 434, 1067, 1253, 1392, 1490, 1555, 1563, 1587, 1636, 1749, 1936, 1938, 1954, 2008, 2044, 2089, 2165, 2173, 2218f., 2317f.
Saargebiet 306, 1140
Saarlouis 1365, 1918, 2318
Sachsenburg 79
Sachsendorf 834, 933
Sachsenhausen 155, 162, 170f., 194, 231, 423, 431, 516, 685, 949, 1051, 1397, 1664, 1669f., 1692, 1728, 1950, 1984, 2092, 2105f., 2187, 2257, 2286, 2293
Sahlenburg 1708
Saignelégier 1009, 1319
Saigon 48, 91, 153, 155, 170f., 181, 194, 198, 231, 376, 413, 423, 431, 516, 685, 854, 949, 1036, 1039, 1051, 1157, 1157, 1172, 1173, 1173, 1224, 1225, 1397, 1664, 1669f., 1692, 1728, 1950, 1984, 2092, 2105f., 2187, 2257, 2286
Saint Étienne 1827
Saint Fermin 1827
Saint George 782
Saint-Céré 871, 1115
Saint-Nazaire 1389
Sakiet Sidi Youssef 1793
Salach 158, 850
Salinas 1260
Saloniki 1030, 1086, 1659
Salzburg 42, 403, 409f., 725, 1632, 1692, 2012
Salzgitter 21, 100, 102, 106f., 140, 142, 154, 161, 188, 192, 208f., 224f., 462, 553, 588, 966, 976, 1112, 1557, 1617f., 1620f., 1623, 1648, 1679, 1963
San Blas 2164
San Cataldo 1324
San Felice Circeo 973
San Francisco 158, 355, 479, 577, 592, 1137, 1211, 1267, 2235, 2349
San José 2235
San Juan 319
San Quentin 355
San Sebastian 2205
San Severo 200
Sanary-sur-Mer 2059
Sangerhausen 842
Sankt Petersburg → vgl. Leningrad 571, 745, 1918
Santa Clara 1767, 2061, 2075
Santa Martha 2101
Santa Monica 193, 1425
Santiago de Chile 108, 670, 873, 903, 998, 1251, 1310, 1584, 1687, 2064, 2074f., 2243
Santiago de Cuba 873, 903, 1687, 2074
Santo Domingo 2061
São Paulo 2160
Saragossa 895, 1310
Saßnitz 1691
Schaffhausen 1700, 1724
Scharm el-Scheik 1492
Scheinfeld 1910, 2350
Schellbronn 2083
Scheuerfeld 1879
Schifflingen 1457
Schkopau 820f., 855, 863, 866
Schleiz 501
Schleswig 402, 439, 462, 1082, 1096, 1153, 1772, 1944, 1967
Schleswig-Holstein 421, 664, 970, 1433, 1580, 1677
Schloßvippach 792
Schlüchtern 115, 134, 2062
Schmalkalden 2300
Schmallenberg 2051
Schmalleningken 1974
Schmelz 2044
Schmölln 837, 1408, 2185
Schönbeck 834f.
Schongau 2310
Schöppenstedt 470
Schriesheim 682
Schwäbisch-Gmünd 138
Schwäbisch-Hall 222, 1063
Schwarz-Rheindorf 970
Schwarzenbach (Saale) 136
Schwarzenberg 830, 838, 2033
Schwarzenborn 638
Schweigen 687
Schweinfurt 619, 1455, 1576, 1581f., 1910
Schweiz 1897, 2102
Schwelm 583, 990, 2099
Schwenningen am Neckar 156, 454, 1125, 1150, 1819, 1835, 1876, 1894
Schwerin 44, 55, 78, 132, 162, 212, 231, 259, 290, 303, 310, 317f., 416f., 521, 638, 751, 780, 838, 863, 1096, 1101, 1127, 1179, 1271, 1280, 1733, 1740, 1748, 1755, 1828, 2108, 2347
Schwerte 360, 2017, 2125f., 2181
Schwetzingen 1795
Scottburgh 2244
Seattle 431
Seelow 651, 933
Seeshaupt 89
Selb 483
Sélestat 2329
Seligenstadt 2146, 2331, 2349
Selma 1737
Sendai 2333
Senftenberg 750, 904, 1647, 2218
Sennelager 1041
Seoul 247, 292, 348, 355, 975, 2231
Seraing 274
Settendorf 822
Sevilla 895, 1835
Sfax 547
Sheffield 163, 326f.
Shuquba 902
Sibirien 233, 745, 863, 877, 1038, 1197, 1284, 1576, 1619
Sidi bel-Abbès 547, 885, 1562, 1793, 1841
Siegen 470, 970, 2045, 2137, 2213, 2284
Siersdorf 1310
Sigmaringen 1411, 2254
Singapur 338, 1489
Singen 479, 877, 1006, 1165, 1423, 1686, 1946, 2245, 2310
Sion 1989
Sitten 296
Slotermeer 1704
Smolensk 1347, 2273
Sobibor 278, 2108
Sofia 84, 150, 1227, 1361, 2309
Søgård 739
Solingen 856
Soltau 1418
Sömmerda 792, 836f., 1156
Sonora 994
Sontheim 1586
Sonthofen 1378, 1903
Sontra 133f.
Sopot 1191
Sörgenloch 1004
Soummam-Tal 1431
Sousse 547
Southampton 72
Soweto 2010

Sowjetunion 958, 1897
Spanien 1835, 2205
Speicher 1449
Speichersdorf 1242
Speyer 666, 1836
Spoleto 364
Sprendlingen 2189, 2238, 2271
Sremska Mitrovica 1724
St. Gallen 658, 960, 1494, 1509, 2324
St. Genis-Laval 1606
St. Germannshof 266
St. Goar 77, 1164
St. Goarshausen 473, 1164
St. Imier 1724
St. Ingbert 1274, 2044
St. Louis 1030
Staaken 374f.
Stade 379, 1104, 1654, 1882, 1960, 2080
Stadelheim 898, 1528, 1637
Stadtoldendorf 494f.
Staffel 1001, 1042f., 1110
Stalingrad 137, 167, 184, 249, 355, 746, 1005, 1153, 1377, 1510, 1514, 1576, 1772, 1862, 2016, 2093, 2194, 2250, 2263
Stalinstadt → vgl. Eisenhüttenstadt 752
Stanleyville 2311
Starnberg 404, 898, 1204
Stassfurt 834
Staudach-Egerndach 169
Steinamanger 1481
Steinbach 1444, 2298f.
Steinegg 2083
Steinheim 1435, 2279
Steinstücken 501, 2215
Stetten 779, 1797, 1799, 1804, 1998
Stettin → Szczecin
Steyr 297
Stockbridge 1378
Stockheim 687
Stockholm 152, 196, 269, 338, 393, 521, 744, 867, 906f., 918, 1069, 1078, 1131, 1194, 1328, 1359f., 1526, 1541, 1578, 1594, 1733, 1751, 1767, 1855, 1950, 1968, 2022, 2030, 2055, 2177, 2236
Stocksee 1390
Stockstadt am Main 1122
Stollberg 903, 936
Storkow 1569
Stralsund 44, 842, 845, 847, 1691, 2328
Straßburg 54, 64, 154, 161, 256, 267, 269f., 272, 320, 425, 519, 523, 768, 937, 1106, 1368, 1380, 1490, 1625, 2017, 2161
Straubing 677, 1989
Struthof 935, 1005, 1083, 1190
Struthütten 470
Sturgis 1329
Stuttgart 34, 36, 71, 74, 99, 116, 155, 164, 166, 171, 178, 186, 202, 220, 223, 228, 240, 242, 251, 256f., 265, 274, 292, 295, 303, 305, 319, 339, 351, 365, 374, 380, 382, 407, 474, 479, 481f., 487, 497, 560, 568, 570, 583, 621, 624, 642, 656f., 668, 672, 682, 687, 690, 694, 722, 777, 918, 983, 989, 1000, 1015, 1035, 1057, 1076, 1080, 1083, 1094, 1104, 1110, 1113, 1120, 1132, 1140, 1150, 1180f., 1214, 1229, 1247, 1263, 1294, 1317f., 1382, 1388f., 1428, 1467f., 1512, 1572, 1577f., 1591, 1607, 1619, 1654f., 1661, 1677, 1679f., 1714, 1719, 1739, 1743f., 1762f., 1776, 1781, 1788, 1790, 1793, 1802, 1809, 1855, 1857, 1877, 1894ff., 1902, 1908, 1926, 1938, 1944, 1957, 1962, 1964, 1998, 2006, 2011, 2022f., 2028, 2031, 2035, 2039, 2045, 2067, 2073, 2083, 2099, 2126, 2164, 2171, 2174f., 2203, 2213, 2237, 2263f., 2318ff., 2330
Stutthof 971, 982, 1197, 1293, 1653, 1862
Suarez 221
Suchumi 1162, 1795
Südafrika 155, 243, 407, 634, 701
Südhessen 408
Süditalien 1328
Südvietnam 1140, 1275
Südwürttemberg 242
Suez 1053, 1426, 1497, 1515
Suhl 1145, 1444, 1723, 1778, 1821, 2253, 2298
Sulzbach 576, 1071
Sulzbach-Rosenberg 576
Sumner 1240, 1256f.
Svendborg 1425
Swaffham 1767, 2052ff., 2057, 2060
Szczecin 231, 1420, 1662, 2221
Szeged 1481
Szolnok 1480f.

T

Taberga 1227
Tabin 1270
Taipeh 1644
Taira 90
Taising 2135
Taitschet 1264
Taizé 1862
Talermühle 1034
Talici 1810
Tanger 2122
Tarent 150
Tarikawa 1457
Tarnopol 1264
Tauberbischofsheim 751
Tegna 1730
Teheran 36, 137, 380, 396, 399, 421, 436, 642f., 742, 884, 916, 918, 920, 1067, 1786, 2113, 2193
Tel el Kebir 541
Tel Aviv 145, 346, 539, 691, 765, 783, 1119, 1587, 2217, 2244
Terni 46
Teterow 838
Tezpur 2158
Thaba 'Nchu 230
Thai Binh 987
Thale 831f.
Thalwil 1513
Theley 1636
Theresienstadt 472, 476, 782, 919, 1500, 2286, 2332, 2349
Thessaloniki 1243, 1305, 1347
Tholey 1636
Thüringen 367, 445, 501, 792, 831, 837, 997, 1018, 1056, 1063, 1733
Tiefenbronn 2083
Tiflis 745, 1298, 1345
Timmendorfer Strand 2176
Tirana 83
Tirschenreuth 289
Tjuratam 1723
Töging 190
Tokio 88, 223, 225, 254, 470, 593, 598, 671, 924, 951f., 991, 1040, 1105, 1161, 1167, 1232, 1382, 1468, 1560, 1628, 1633, 1639, 1690f., 1736, 1766, 1782, 1822, 1861, 1894, 1901, 1919, 1929, 1942, 1966f., 1998, 2006, 2028, 2151, 2155, 2193, 2201, 2234, 2333
Tonkin 977
Topeka 983
Töpen-Juchhöh 990, 1116, 2029
Torgau 44, 118, 209, 233, 268, 659, 833, 936, 1664
Toronto 261, 1331f., 1611
Torre Maggiore 148
Torrejon 895

Totsk 924, 1038
Totsuka 2202
Toulon 878, 1093, 1265, 1268, 1510
Toulouse 184, 1971
Tourane 853
Tours 963, 1138
Toyama 2202
Toyohashi 2202
Traben-Trarbach 2135
Trappeto 695, 1324
Travemünde 2336
Treblinka 394, 569, 2108, 2309
Trier 206, 690, 724, 849, 899, 1382, 1388, 1456, 1991, 2135, 2219
Triest 580, 906f., 1049
Tripolis 1652, 1761, 1882
Trostberg 1456
Trutzhain 1433
Tschechoslowakei 1897
Tscheljabinsk-65 1718
Tschenstochau → **Czestochowa**
Tschungking 125
Tübingen 220, 224, 239, 423, 505, 602, 614, 730, 876, 899, 995, 1193, 1268, 1323, 1389, 1392, 1395, 1573, 1589, 1614, 1652, 1798f., 1817, 1901f., 1939, 1963, 1977, 2089, 2164, 2228, 2263, 2343
Tucker's Town 916
Tucson 971
Tulln 101
Tunesien 547, 1069, 1471, 1896
Tunis 547, 580, 697, 956, 1017, 1300, 1350, 1361, 1470, 1555, 1645, 1682, 1761, 1796, 1988f., 2031, 2280, 2302, 2329
Turenne 1332
Turin 198, 364, 760, 944, 1362
Türkheim 1834
Tuscaloosa 1337
Tuttlingen 156, 242
Tuxpan 1527
Twiste 289

U

Überlingen 1562
UdSSR 170, 1879
Ueckermünde 2315
Uelzen 46, 137, 438, 462, 689, 1238, 1612
Uerdingen 272
Uijongbo 355
Ulm 72, 238, 407, 494, 671, 692, 1000, 1168, 1193, 1588, 1652, 1706, 1739, 1743, 1764, 1864, 1892, 1935, 1942, 1973, 2028, 2049, 2152
Umzinto 2244
Ungarn 1475, 1532, 1567, 1897
Unna 1864
Unterbäch 1586
Urach 1557, 1620, 1657f., 1660
USA 137, 340f., 902, 914, 937, 1508, 1649, 1562, 1815, 2030
Usingen 1055
Uslar 417
Ussel 1265
Utrecht 1508
Utting am Ammersee 133
Utuado 319

V

Valencia 895, 2205
Varel 1731
Vatikan 55, 92, 152, 313, 382, 446, 584, 970, 1203, 1409, 1435, 1616, 1665, 2022, 2028, 2286
Vegesack 628
Velbert 350, 500f., 777, 908, 1114, 1150, 1698, 2344
Velten 795, 800, 1002, 2300
Venedig 294, 356, 651, 679, 760, 937, 1057, 1067, 1243, 1248, 1277, 1625, 1968, 1973, 2022, 2184
Venlo 2191
Verden 435, 517, 680f., 685, 2117
Verdun 1337
Vernet 752
Versailles 338, 920, 1315, 1320, 2189, 2343
Vevey 669
Viborg 1310
Viernheim 2253
Vietnam 44, 292, 1029
Villa Quesada 1104
Villingen 45, 583
Vilshofen 2117
Visp 1034
Vlotho 1356
Völklingen 1700, 2318
Vorbein 1213

W

Waadt 547, 2102
Wachenburg 257
Waco 2195
Wahn 2033
Wahren 2315
Waiblingen 1391
Waidbruck 1200
Wakefield 2179, 2208
Walberberg 2330
Waldeck 289, 1925
Waldheim 44, 162, 215, 253, 321, 444, 512, 670, 778, 872, 936, 955f., 963, 1338, 1664, 2141, 2167
Waldkraiburg 305
Waldmichelbach 408, 442
Waldniel 736
Waldshut 794
Wallau 2260
Walldorf 1166f., 1277, 1279, 2255
Wallersberg 1878
Walsdorf 141
Waltershausen 837
Wanne-Eickel 80, 83, 451, 1104, 2282
Warnemünde 842, 1220, 1234, 1691
Warschau 69, 137, 139, 163, 246, 253, 326f., 476, 568f., 653, 768, 1013, 1057, 1092, 1124, 1130, 1166, 1185, 1191, 1219, 1229f., 1298, 1373, 1468, 1471, 1483, 1490f., 1494, 1514f., 1526, 1561, 1694, 1702, 1721, 1736, 1797, 1869, 1955f., 1998, 2004, 2009, 2029, 2052, 2083, 2105, 2112, 2128f., 2216, 2259
Warstein 1796, 2328
Wartburg 677, 1005, 1179, 2165
Wartha 295, 2254
Washington 31, 37, 43, 52ff., 71, 73, 80, 83, 99, 120, 153, 165, 176, 178, 180, 185, 204, 239, 241, 244, 251, 261, 270, 281, 320, 330, 332, 341, 348, 355, 368, 375, 377, 382, 413, 415, 419, 441, 446f., 454, 469f., 496, 533, 560f., 586f., 593, 613, 637, 639, 727f., 758, 764, 766, 776, 795, 801, 847, 873, 906, 911-915, 918, 925, 930, 946, 950f., 963, 965f., 970, 983f., 990, 1003, 1029, 1066, 1080, 1145, 1154, 1190, 1225, 1257, 1320, 1348, 1366, 1389, 1393, 1399, 1402, 1414, 1425, 1534, 1554, 1560, 1564, 1567f., 1571, 1580, 1589, 1611, 1628, 1640, 1644, 1657, 1659, 1676, 1703, 1708, 1712, 1723ff., 1740, 1751, 1787, 1812, 1832, 1851, 1864, 1878, 1893, 1904, 1926, 1933, 1980, 1982, 2015, 2037, 2045, 2076, 2105, 2131, 2148, 2153f., 2158, 2164, 2177, 2180, 2189, 2200, 2251, 2268, 2319, 2341, 2349
Wassenaar 530, 578, 581f., 584f., 622, 665

Wasserburg am Inn 91
Watenstedt-Drütte 1618
Wattenscheidt 1376, 1782
Wedel 389, 1324, 1854, 1909, 2109, 2119
Weida 838
Weiden 146, 614, 619, 782, 1282, 1386, 1670, 1673, 1679, 2081, 2135, 2271
Weilbach 2242, 2245, 2248, 2265
Weimar 46f., 67, 95f., 98f., 108f., 111, 204, 240, 284, 394, 469, 679, 831, 918, 965, 1097, 1107, 1129, 1165, 1182f., 1202, 1231, 1304, 1361, 1374, 1390, 1438, 1460, 1463, 1529, 1573, 1661, 1709, 1752, 1773, 1844, 1880, 1940, 1983f.
Weinheim an der Bergstraße 257, 1421, 1860, 2174
Weißenburg 266, 270, 1699
Weißenfels 235, 821, 835
Welzheim 1391, 1706
Wenningstedt 1624
Werbellinsee 1818
Werdau 423, 496
Werder 836, 1277
Werl 153, 324, 463, 471, 563, 584, 651, 673, 679, 717, 776, 856, 864f., 928, 937, 988, 1026, 1036f., 1047, 1051, 1243, 1858
Wermelskirchen 238
West-Berlin → vgl. Berlin 12f., 16f., 20, 24ff., 30, 32ff., 36, 39, 41, 43, 46, 55, 59f., 62ff., 68, 71ff., 76, 84ff., 92f., 100, 106f., 110ff., 117, 123, 126f., 132, 135, 140f., 150ff., 155, 158-162, 166, 168ff., 173, 175, 179, 185f., 190, 193ff., 198, 202, 213f., 218, 222f., 229, 233f., 238ff., 242, 248, 250, 253ff., 257ff., 262f., 280, 284, 286, 288, 291f., 295, 303f., 309, 311, 313, 315ff., 321f., 324f., 327f., 331f., 334f., 340, 344, 346, 349, 352, 355, 364f., 367, 370, 375, 377f., 382, 390, 393, 397, 401f., 406f., 411, 421, 425, 431f., 435, 439, 446, 450, 453, 456f., 459ff., 464, 466f., 472, 476f., 480, 484, 487, 495f., 500, 502f., 506-513, 516, 523, 529, 532f., 539, 550f., 554, 561, 564, 567f., 573, 579ff., 587, 590f., 593f., 596, 598f., 621, 623, 626ff., 637, 639, 641, 645, 647, 650, 652, 655, 657ff., 660f., 666f., 675, 681, 686ff., 697, 702ff., 715f., 718f., 726ff., 731, 736f., 744, 749, 752, 755, 760ff., 766, 768, 772f., 779ff., 798, 800f., 803, 805ff., 814f., 836, 840ff., 845, 851ff., 866, 870f., 876, 878ff., 886f., 889, 892f., 895, 897, 903f., 905, 905, 910ff., 918f., 927ff., 932, 935, 937f., 940, 942-946, 950, 952, 955, 958, 962ff., 968, 970, 972ff., 976, 981, 987, 991, 993f., 996f., 999f., 1002, 1009-1014, 1017f., 1030, 1032, 1034f., 1038, 1056ff., 1066, 1069, 1072f., 1076, 1080, 1082, 1084, 1086, 1094f., 1097, 1105, 1111f., 1119, 1124ff., 1132f., 1135, 1139f., 1151, 1153, 1157, 1162f., 1165, 1167, 1170, 1175, 1182, 1184, 1187, 1190, 1193f., 1196, 1207, 1226, 1231, 1239, 1252, 1258f., 1263, 1271f., 1280, 1283, 1286, 1289ff., 1301, 1303f., 1310, 1312f., 1325, 1327, 1335, 1337, 1339, 1349, 1354, 1360, 1374, 1376, 1380, 1383, 1385, 1389, 1394ff., 1407, 1413, 1417, 1420f., 1430, 1434, 1437, 1440f., 1443, 1446ff., 1450, 1454, 1456ff., 1460f., 1463, 1465, 1468, 1495ff., 1503, 1505, 1507, 1509, 1512, 1516f., 1520, 1538, 1556, 1559, 1568f., 1579, 1600, 1610, 1613, 1617f., 1623, 1626f., 1635, 1638, 1642, 1646, 1653, 1659, 1663f., 1671, 1675, 1678, 1680, 1682, 1686, 1695ff., 1699, 1704, 1714, 1720, 1723f., 1727, 1729f., 1733, 1737ff., 1750, 1760, 1763, 1766, 1769, 1771f., 1775, 1784, 1787, 1789, 1791, 1804f., 1810, 1818f., 1826, 1830, 1836f., 1844, 1847, 1853ff., 1858ff., 1863, 1868, 1872, 1875, 1882, 1893, 1897, 1902, 1906, 1908, 1916, 1918, 1921, 1927, 1935, 1939, 1943, 1950, 1952ff., 1957, 1960f., 1963, 1969f., 1974, 1983f., 1994, 1998, 2002, 2006, 2011, 2017, 2020, 2024f., 2028, 2034, 2038, 2045, 2048, 2050ff., 2054f., 2057, 2066, 2070f., 2076f., 2079ff., 2083ff., 2088, 2090, 2095f., 2098, 2100, 2108, 2114f., 2128, 2131ff., 2137, 2145, 2148, 2157f., 2160, 2162, 2164, 2167, 2170, 2173f., 2176, 2180ff., 2185f., 2190f., 2194ff., 2201, 2204, 2206f., 2209, 2211, 2213, 2215, 2217-2222, 2228ff., 2237, 2240, 2252, 2253, 2255, 2258, 2263, 2280, 2282ff., 2286f., 2290, 2304f., 2315, 2318f., 2323, 2329ff., 2334f., 2339ff., 2344, 2346, 2348ff.
West-Staaken 374f.
Westensee 460
Westerburg 490
Westerholt 1104
Westerland 1306, 1701f., 1869, 1993, 1997, 2052
Westfalen-Lippe 1338
Wetten 1039
Wetterstädt 832, 844
Wetzlar 593, 611, 1053, 1057, 1105, 1223, 2244f., 2312, 2319
Wheeling 158, 180, 185
Wiebelskirchen 2044
Wien 34, 66f., 74, 86, 88, 101, 134, 163, 170, 219, 240, 253, 297ff., 335, 337, 346, 380, 436, 452, 506, 516f., 533, 614, 624, 627, 642, 656, 688, 691f., 699ff., 722, 733, 840, 862, 886, 894, 913f., 958, 972, 976, 1020, 1029, 1042, 1074f., 1092, 1111, 1182, 1188f., 1199, 1227, 1239f., 1244, 1276, 1310, 1368, 1377, 1393, 1426, 1457, 1465, 1490, 1495, 1505, 1509, 1512, 1568, 1576, 1590, 1625, 1641, 1648, 1659, 1669, 1671, 1677, 1690, 1698, 1728, 1732, 1736, 1769, 1791, 1819, 1893, 1911, 1967, 1974, 2011, 2082, 2100, 2121, 2123, 2125f., 2138f., 2150, 2167, 2183, 2195, 2220, 2225f., 2237, 2244, 2271, 2298, 2300f., 2313
Wiener Neustadt 299
Wiesbaden 48, 83, 98, 101, 143, 148, 150, 172, 179, 226, 228, 233, 244, 286, 345, 348, 354f., 364, 396, 434, 445, 494, 516, 539, 589, 661f., 677, 724, 877, 881, 911, 993, 1016, 1042f., 1062, 1105, 1179, 1214, 1256, 1440, 1445, 1668, 1709, 1717, 1755, 1770, 1788, 1790, 1809, 1855, 1875, 1877f., 1902, 1906, 1909, 1916, 1921, 1945, 1996, 2047, 2062, 2079, 2081, 2085, 2099, 2115f., 2176, 2211, 2242, 2291, 2318, 2349
Wiesenfeld 136
Wiesental 240, 2135
Wietze 1063
Wilhelmshaven 26, 151, 197, 208, 255, 303, 512, 625, 717, 784, 1152, 1244, 1308, 1314, 1363, 1932f., 1944, 2042
Wilmington 1904
Wilster 1936
Wimsheim 2083
Winchester 1904
Windscale 1727
Wismar 1228

Witten 971, 1293
Wittenberg 1247, 1285, 2194, 2346f.
Witzenhausen 462, 592, 858
Wolanow 983
Wolfen 821f., 1671
Wolfenbüttel 443, 553
Wolfsburg 44, 103, 178, 974, 1192, 1645, 1829
Wolgograd → **Stalingrad**
Wöllersdorf 2081
Wolmirstedt 835, 1145
Workuta 255, 506, 719, 783, 868, 877, 1576
Worms 46, 79, 289, 340, 404, 406, 627, 736, 782, 861, 1935, 2000, 2002, 2079
Woronesch 1514
Worpswede 900, 1909, 2269
Wörth 2211f.
Wrocław 1327, 1974
Wulferstedt 2147
Wünsdorf 1404
Wunstorf 275
Wuppertal 89, 191, 241, 437, 577, 605, 614f., 856, 1020, 1080, 1096, 1104f., 1129, 1152f., 1256, 1389, 1531, 1571, 1654, 1830, 1833f., 1856f., 1884, 1894, 1903ff., 1940, 1955, 1960, 1963, 1975f., 1981, 2032, 2123, 2133, 2155, 2160f., 2164, 2203, 2210, 2214, 2263, 2269, 2330
Würm 2083
Wurmberg 2083
Würmsee 276
Württemberg-Baden 329, 421
Württemberg-Hohenzollern 421
Würzburg 60, 134, 226, 250, 269, 289, 384, 458, 463, 563, 600, 619, 790, 856, 1082, 1139, 1214, 1242, 1341, 1389, 1400, 1430, 1438, 1455, 1464, 1674, 1677, 1683, 1707, 1795, 1855, 1878, 1884, 1895, 1903, 1939, 1956, 2099, 2164, 2201, 2259, 2263, 2297, 2322, 2339f., 2344, 2347, 2351

X

Xanten 1611

Y

Yad Vashem 1862
Yaizu 951
Yoron 2201, 2234
Yoshihama 2202

Z

Zabrze 1745, 1884
Zagorsk 539
Zagreb 578, 666
Záhony 1478
Zarizyn → **Stalingrad**
Zgorzelec 253, 830
Ziegenhain 134, 550, 567ff., 1155
Zittau 830
Zodel 837
Zorge 2351
Zossen 807, 1404
Zschornewitz 634
Zug 1508
Zürich 28, 132, 153f., 221, 240, 265, 290, 332, 371, 380, 398, 401, 425, 488, 551, 554, 571, 581, 636, 638, 658, 701, 851, 878, 915, 962f., 982, 991, 994, 1056, 1168, 1183, 1233, 1279, 1284, 1393, 1415, 1418, 1425, 1438, 1457, 1466, 1468, 1491, 1505, 1511, 1513, 1567, 1641, 1662, 1693, 1709, 1725, 1824, 1830, 1926, 1930, 2087, 2091, 2095, 2098, 2111, 2120, 2127, 2141, 2211, 2243, 2274, 2345
Zweibrücken 1001
Zwickau 352, 496, 500, 957, 2055, 2200
Zypern 1347, 1750, 1919, 2115, 2345

Register der nichtstaatlichen Organisationen

A

Abendländische Aktion 349, 474, 1288
Abendländische Akademie 1219, 1689, 1288f., 1939, 2072
Action française 1278, 1740
Adolf-Hitler-Gruppe 688
African National Congress (ANC, Südafrika) 163, 230, 248, 534, 634f., 677, 699, 701, 739, 1130, 1098, 1132, 1208, 1305, 1530, 1536, 2148f., 2191, 2336
African National Congress – Frauenliga 1098, 1263, 2010
Afro-Asiatische Studentenunion 2342
Afro-Asiatischer Studentenbund 1498
Akademisch-Politischer Club 540
Aktion Helgoland 350, 379, 381, 389, 437, 565
Aktion junges Europa 329, 380
Aktion Kampf dem Atomtod (Köln) 1846
Aktion Südtirol 1889
Aktion Sühnezeichen 1862
Aktionsausschuß 1922 (Gladbeck) 2293
Aktionsausschuß der Berliner Jugend gegen den Atomtod 1847, 1969
Aktionsausschuß der Jugend für Wiedervereinigung in Frieden und Freiheit 1125
Aktionsausschuß der Jugend gegen den Atomtod 1836
Aktionsausschuß für das Deutsche Manifest 1132f.
Aktionsausschuß gegen deutsche Offiziere 2167
Aktionsausschuß gegen die atomare Aufrüstung der Bundesrepublik mit Massenvernichtungsmitteln 1936, 2305
Aktionsgemeinschaft gegen das Fernsehen (Bern) 1392
Aktionsgemeinschaft gegen die atomare Aufrüstung der Bundesrepublik 1855f., 1863, 1903, 1976, 2040, 2044, 2052
– Zentraler Arbeitsausschuß 1855
Aktionsgemeinschaft gegen die Remilitarisierung 1322, 1369, 1622f.
Aktionsgemeinschaft gegen die Wiederaufrüstung 1490
Aktionsgemeinschaft Junges Europa 542
Aktionsgemeinschaften gegen die atomare Aufrüstung 1830, 2097, 2104, 2240, 2339
Aktionsgruppe Darmstadt 629
Aktionsgruppe Heidelberg 217
Aktionsgruppe Frankfurt 498
Aktionsgruppe Mot Svensk Atombomben (Schweden) 2077, 2087

Aktionskomitee der Intellektuellen gegen die Fortsetzung des Krieges in Nordafrika (Frankreich) 1322
Aktionskomitee Flade 367
Aktionskomitee für den Frieden 169
Aktionskomitee Jung Rheinau (Schweiz) 878
Aktionskomitee Karlsruher Studenten gegen Atomrüstung 2116
Aktionskreis für Gewaltlosigkeit → Verband der Kriegsdienstverweigerer (VDK)
Aktionskreis gegen atomare Waffen (Universität Hamburg) 1956
Aktionszentrum der unabhängigen Linken (Frankreich) 1282
Albert-Schweitzer-Freundeskreis 2014
Albert-Schweitzer-Friedensgesellschaft 2120
Albert-Schweitzer-Gruppe 2190
Algerischer Gewerkschaftsbund 2226
Allgemeiner Beamtenschutzbund 440
Allgemeiner Deutscher Automobil-Club (ADAC) 169
Allgemeiner Gewerkschaftsverband Belgiens 261
Allgemeiner Italienischer Gewerkschaftsbund 146
Allgemeiner Tunesischer Gewerkschaftsverband 534, 697f., 942
American Civil Liberties Union 114
American Committee for Liberation of Bolshevism 744
American Federation of Labour / Confederation of Industrial Organizations (AFL/CIO, USA) 774, 1933
American Legion (USA) 1728
Amicale Dachau 1738
Anne-Frank-Stiftung 1629
Anti-Bolshevist Block of Nations (ABN) 54
Anti-Defamation League of B'nai Brith 229
Antikommunistisches Komitee Göttinger Studenten im Kampfbund gegen Unmenschlichkeit 438
Antimilitaristische Aktion 1957 1697, 1701
Anti-Nazi-League (USA) 43
Arabische Liga (Büro Bonn) 1893
Arabischer Studentenbund in Deutschland 2128
Arbeiterjugendkartell 1323
Arbeiteropposition (SU) 571
Arbeiter-Rad- und Sportbund »Solidarität« 1697

Arbeiterwohlfahrt 1101, 1653
Arbeitgeberverband der hessischen Metallindustrie 2116
Arbeitgeberverband der Metallindustrie (Bremen) 1403
Arbeitsausschuß der Opfer des Krieges und des Faschismus 515
Arbeitsausschuß »Gegen den Atomtod« (West-Berlin) 1844, 2323
Arbeitsausschuß gegen die Atomrüstung der Bundesrepublik 2038
Arbeitsgemeinschaft Afro-Asiatischer Studenten 2269
Arbeitsgemeinschaft Börgermoor 1252
Arbeitsgemeinschaft Buchenwald 1252
Arbeitsgemeinschaft Dachau 1252
Arbeitsgemeinschaft demokratischer Juristen (AdJ) 635, 1145, 1790, 1902
Arbeitsgemeinschaft demokratischer Kreise (AdK) 689, 1306, 1489, 1636
Arbeitsgemeinschaft der Arbeitgeberverbände 2168
Arbeitsgemeinschaft der Friedensverbände 1815
Arbeitsgemeinschaft der politisch und religiös Verfolgten 1000
Arbeitsgemeinschaft der unabhängigen Friedensverbände 1975
Arbeitsgemeinschaft der Vaterländischen Verbände 1095
Arbeitsgemeinschaft der Verfolgtenverbände 2034
Arbeitsgemeinschaft der Wählerinnen 494
Arbeitsgemeinschaft der West- und Überseevertriebenen 1110
Arbeitsgemeinschaft Deutscher Friedensverbände (ADF) 133, 513, 2133, 2159
Arbeitsgemeinschaft deutscher Lehrerverbände (im DGB) 1777
Arbeitsgemeinschaft Eiserner Vorhang 689
Arbeitsgemeinschaft ehemaliger Offiziere (DDR) 1772, 2141
Arbeitsgemeinschaft für deutsche Politik 1689, 2016
Arbeitsgemeinschaft für Mädchen- und Frauenbildung 494
Arbeitsgemeinschaft für Wehrfragen im Sinne General Ludendorffs 2028
Arbeitsgemeinschaft gegen atomare Aufrüstung 2006
Arbeitsgemeinschaft gegen Atomrüstung (Duisburg) 2003
Arbeitsgemeinschaft gegen Behördenwillkür 2235

Arbeitsgemeinschaft gegen die atomare Aufrüstung 2339
Arbeitsgemeinschaft gesamtdeutscher Soldatengespräche 1119
Arbeitsgemeinschaft katholischer Deutscher Frauen 494
Arbeitsgemeinschaft Nation Europa 728, 731
Arbeitsgemeinschaft nationaler Gruppen in Baden-Württemberg 652
Arbeitsgemeinschaft Nationaler Jugendbünde Österreichs (ANJÖ) 2089
Arbeitsgemeinschaft nationaler Wehrfragen 1119
Arbeitsgemeinschaft Neuengamme 896, 1521, 1632, 1712, 2174
Arbeitsgemeinschaft – Nie vergessene Heimat 1454
Arbeitsgemeinschaft Oldenburger Frauenvereine 1853
Arbeitsgemeinschaft Personenverkehr 2089
Arbeitsgemeinschaft politisch, rassisch und religiös Verfolgter 1632
Arbeitsgemeinschaft politischer Studentenverbände 1666
Arbeitsgemeinschaft sozialdemokratischer Akademiker → Sozialdemokratische Partei Deutschlands
Arbeitsgemeinschaft sozialdemokratischer Frauen (AsF) → Sozialdemokratische Partei Deutschlands
Arbeitsgemeinschaft sozialistischer Lehrer 2210
Arbeitsgemeinschaft sudetendeutscher Erzieher 1989
Arbeitsgemeinschaft unabhängiger Friedensverbände 1962
Arbeitsgemeinschaft vaterländischer Jugendverbände 1306
Arbeitsgemeinschaft vaterländischer Verbände 1110, 1320
Arbeitsgemeinschaft verfolgter deutscher Staatsbürger polnischen Volkstums 2293
Arbeitsgemeinschaft verfolgter Sozialdemokraten 1229, 1621
Arbeitsgemeinschaft zur Rettung der Lüneburger Heide 1063
Arbeitsgemeinschaft zur Wahrung des Rechts auf Kriegsdienstverweigerung 1858
Arbeitsgruppe der Flurbereinigungsgeschädigten 2235
Arbeitsgruppe zur Bekämpfung der Feinde der Demokratie 1799

Arbeitskreis 20. Juli 981
Arbeitskreis der Freunde Algeriens (AFA) 1977
Arbeitskreis für deutsche Verständigung und einen gerechten Friedensvertrag 629, 636
Arbeitskreis für ein kernwaffenfreies Deutschland (Universität Münster) 1900
Arbeitskreis für Fragen des Zeitgeschehens 2032
Arbeitskreis für gesamtdeutsche Fragen 209
Arbeitskreis für gesamtdeutsche Verständigung 636
Arbeitskreis für Land- und Forstwirtschaft 240
Arbeitskreis gegen Rekrutierung 616
Arbeitskreis junger Deutscher Politiker 283
Arbeitskreis junger Wehrdienstgegner 1836
Arbeitskreis sudetendeutscher Studenten 1989
Arbeitskreise gegen die atomare Aufrüstung (studentische) 1897
Arbeitskreis katholischer Jugend gegen die Wiederaufrüstungspolitik 641
Arbeitsring für deutsche Wiedervereinigung und Völkerverständigung 1285
Arbeitsring für Wahrheit und Gerechtigkeit 393
Armée de Libération Nationale (ALN, Algerien) 1061, 1188, 1431, 1860, 1988
Association des Amis de la Liberté 1194
Association des Originaires du Bas-Congo (ABACO)
Atlantik-Brücke 2283
Ausschuß der Coca-Cola-Gegner 1000
Ausschuß für deutsche Einheit 1117, 1340, 1379, 1389, 1436, 1450, 1457, 1511, 1643, 1787, 1982, 2009, 2085, 2107, 2116, 2304, 2316, 2327
Aktionsausschüsse »Kampf dem Atomtod« (KdA): 2084, 2101, 2154, 2308
– Castrop-Rauxel 2101
– Dortmund 1942
– Düsseldorf 1908
– Duttweiler 1910
– Ennepe-Ruhrkreis 2032
– Ensdorf 1910
– Frankfurt-Eschenheim 1931
– Freiburg 1845
– Gießen 2308

– Gladbeck 2006, 2043
– Hamburg 2032
– Hanau 1910
– Heidenheim 1910
– Herne 1942
– Konstanz 1910
– Pirmasens 1952
– Schleswig 1944
Aktionsgemeinschaft Bayern – Kampf dem Atomtod (KdA) 1863, 2032
(Zentraler) Arbeitsausschuß »Kampf dem Atomtod« (KdA) 1801, 1823, 1828, 1830f., 1836, 1853, 1860, 1878, 1904, 2074, 2077, 2087, 2193
Arbeitsausschüsse »Kampf dem Atomtod« (KdA): 1923, 1978
– Aurich 1908
– Bielefeld 1852
– Braunschweig 1819, 1854, 1936
– Bremerhaven 1841
– Castrop-Rauxel 1960
– Darmstadt 1893
– Dortmund 1919
– Düsseldorf 1854, 1919
– Eberbach 1819, 1842
– Emden 1908
– Frankfurt 1913f.
– Freiburg 1819, 1825
– Gladbeck 1893
– Göppingen 1878
– Göttingen 1854
– Hamburg 1849, 2004
– Hanau 1854
– Hannover 1920
– Harsefeld 1882
– Höchst 1913
– Köln 1845
– Leer 1908
– Lübeck 1854
– Minden 1856
– Nordhessen 1979
– Nordhorn 1908
– Recklinghausen 1919
– Rünthe 1920
– Schwenningen 1819, 1835
– Wedel 1854
– Weinheim 1860
– West-Berlin 1854
– Wiesbaden 1902
– Wuppertal 1833, 1938
Ausschuß für Zusammenarbeit der Kriegsgeschädigten 635
Ausschuß zur Rettung der Pfalz 1145
Ausschüsse gegen Remilitarisierung 635
Automobilclub von Deutschland (AvD) 169

B

Bau- und Holzarbeitergewerkschaft 259
Bäuerliche Handelsgenossenschaft (BHG, DDR) 1392, 1777
Bauernverband 1811
Bauernverein (Kanton Luzern) 981
Bayerische Frauenfriedensbewegung 2032
Bayerische Volksaktion 390
Bayerischer Gewerkschaftsbund 201, 214
Bayerischer Heimat- und Königsbund 165
Bayerischer Jugendring 329, 563, 2319
Bayernpartei (BP) 104, 145, 202, 303, 308, 330, 357, 434, 673, 1020f., 1129, 1426, 1441, 2239, 2346
Befreiungskomitee der Völker Rußlands 474
Bensdorfer Kreis 354
Bergarbeitergewerkschaft (Großbritannien) 2313
Berliner Freiheitsbund 550
Berliner Friedensrat 981
Betar (USA) 224
Betriebskampfgruppen → staatliche Organisationen
Bewegung 26. Juli (Kuba) 903, 1305, 1527, 1676, 1687, 1767, 1800, 1802, 1835, 1842, 2031, 2074, 2101, 2108, 2164
Bewegung für den Triumph demokratischer Freiheiten (MTLD) 1060
Bewegung für ein vereinigtes Europa 41, 72
Bewegung für gesamtdeutsche Verständigung (BgV) 2123
Bewegung gegen die atomare Aufrüstung in der Schweiz 1895
Bewegung Reich 786
Bismarck-Jugend 207, 1306
Block der Heimatvertriebenen und Entrechteten 160, 167, 202, 687, 715, 717, 1860, 1878
Block der Mitte/Freisoziale Union 671
Block der Nationalen Einigung 247
Board of Deputy of British Jews 2351
Böhmerwälder Bauernschule 1989
Börsenverein des Deutschen Buchhandels 119, 357, 580, 1438, 1743
Börsenverein deutscher Verleger- und Buchhändlerverbände 591f.
Britischer Gewerkschaftsbund 1836
British Center 1394
Brooklyn Committee for a Sane Nuclear Policy 2235

Bruderschaft 321f., 387
Bruderschaft Deutschland 387, 737
Bruderschaft ehemaliger Offiziere 21, 95
Bruderschaften der Bekennenden Kirche 159, 306
Bund arabischer Studenten (BAS) 1841
Bund Christlich-Demokratischer Studenten (BCDS) 742
Bund Christlicher Sozialisten 1665
Bund demokratischer Studentenvereinigungen (BDSV) 499, 742
Bund der Deutschen (BdD) 641, 715f., 777ff., 788, 795, 869f., 887, 894, 918, 1041, 1069, 1100, 1103, 1110, 1122ff., 1124, 1134, 1138, 1146, 1294, 1309, 1348, 1354, 1397, 1400, 1415, 1463, 1517, 1568, 1587, 1665, 1799, 1825, 1834, 1854, 1864, 1866, 1894, 1903, 1905f., 1916, 1927, 1929, 1933, 1935f., 1939, 1941, 1944f., 1954, 1962, 1964, 2005, 2007, 2016, 2037f., 2040, 2051f., 2124, 2129, 2133, 2138, 2155, 2164, 2171, 2174, 2238, 2249, 2310, 2321, 2323
Bund der Deutschen Katholischen Jugend 641, 1520, 1713
Bund der Fliegergeschädigten (BdF) 1811
Bund der Heimatvertriebenen 1917
Bund der Heimatvertriebenen und Entrechteten (BHE) 255, 370, 428, 482, 486, 547, 622, 775, 868, 890, 903, 994, 1046, 1463, 1684, 1689, 1702, 2156, 2338
Bund der Kommunisten Jugoslawiens 934, 936, 1087f., 1098, 1693
Bund der Kriegsdienstgegner (BdK) 1408
Bund der Kriegsdienstverweigerer (BdK) 406, 1101
Bund der KZ-Opfer 410
Bund der Notgemeinschaft ehemaliger Arbeitsdienstangehöriger 440
Bund der Patrioten Rußlands 1788
Bund der politisch, rassisch und religiös Verfolgten (BprV) 1787
Bund der Tiroler 2298
Bund der Unabhängigen (BDU) 247, 268
Bund der Verfolgten des Naziregimes (BVN) 193, 288, 500, 550, 893, 910, 1252, 1615, 1787
Bund der Vertriebenen (BdV) 2263
Bund der vertriebenen Deutschen 599, 1370, 1463

Bund der Wehrdienstverweigerer 1134
Bund Deutscher Jugend (BDJ) 244, 349, 374, 424, 442, 531, 585f., 624f., 661, 663f., 687, 717, 723f., 770, 1979
Bund Deutscher Mädel (BDM) 1745
Bund Deutscher Offiziere 1576
Bund Deutscher Osten 2324, 2338
Bund ehemaliger Deutscher Fallschirmjäger (BdF) 480, 652, 783, 1036, 1058, 1110, 1137, 2068f., 2138f.
Bund Europäischer Jugend (BEJ) 160, 270, 551, 575, 768, 894, 993, 1081
Bund für Bürgerrechte 119
Bund für Deutsche Einheit (BDE) 2016
Bund für Deutschlands Erneuerung 29, 32, 1284, 1395, 1454
Bund für Gotterkenntnis 2344
Bund für Vogelschutz 1708
Bund für Völkerfreundschaft 515
Bund Hamburger Jugend 2001
Bund Heimattreuer Deutscher (BHD) 681, 751
Bund Heimattreuer Jugend (Österreich) 1000, 2167, 2204, 2298
Bund Junger Deutscher (BJD) 183, 516f.
Bund Königin Luise 1130, 1201, 1320
Bund Nationaler Studenten (BNS) 1302, 1394, 2038, 2054, 2220, 2226, 2298, 2305, 2310, 2335, 2340
Bund Proletarisch-Revolutionärer Schriftsteller 901, 933, 1153, 2003
Bund Sozialistischer Mittelschüler (BSM) 733
Bund versorgungsberechtigter ehemaliger Wehrmachtsangehöriger 440, 463
Bund vertriebener Deutscher 650
Bund zur Wahrung völkischer Interessen 511
Bundesarbeitsgemeinschaft der Beratungsstellen für Kriegsdienstverweigerer 1519
Bundesjugendring 126, 312, 315, 1320, 1385, 1489, 2126
Bundesjugendring (Österreich) 2125, 1116
Bundesverband der Deutschen Industrie (BDI) 579
Bundesverband der Deutschen Luftfahrtindustrie 1915
Bundesverband der Deutschen Schiffahrtsindustrie 2116
Bundesverband der Österreichischen Widerstandskämpfer und Opfer des Faschismus 2313
Bundesverband ehemaliger Internierter

und Entnazifizierungsgeschädigter e.V. 2160

Bundesvereinigung der Deutschen Arbeitgeberverbände 1111

Bundesverband der Rückerstattungsgeschädigten 1199

Bürgerkomitee gegen Atomgefahr (Nürnberg) 1663

Burschenschaft Frankonia 594

Burschenschaft Frisia 461

Burschenschaft Germania 1290

Burschenschaft Gothia 461

Burschenschaft Silesia 461

C

Cambridge Union Society 2343

Campaign for Nuclear Disarmament (CND, Großbritannien) 1776, 1800, 1815, 1838, 1930, 2087, 2143, 2237, 2268

Camping-Club 2001

Centre for Writers in Exile (Großbritannien) 1814

Cherut Partei (Israel) 540, 560, 2217

Christen gegen Atomgefahren – Vereinigung der Freunde für Völkerfrieden 2093

Christlich-Demokratische Hochschulgruppe 542, 1618

Christlich-Demokratische Union (CDU) 20f., 25, 56, 63, 66, 69ff., 74, 91, 94, 97f., 100f., 104, 107f., 113ff., 118f., 122, 127, 129, 137ff., 148, 165, 176-180, 183f., 189, 195, 200, 209f., 213f., 217, 219, 226, 228, 240, 242, 244, 255f., 266, 268f., 279, 281, 286, 310f., 313f., 324, 329, 334, 337, 340, 359, 381, 388, 390, 392ff., 407, 416, 420f., 427f., 437, 440, 442, 449, 457, 470, 485, 489, 492, 498, 500f., 503, 507, 511f., 520f., 545, 553, 558, 561, 563, 565f., 575, 578, 583, 587, 590f., 594, 599, 611f., 622, 625, 632, 639f., 646, 663f., 669, 687, 692, 703, 715ff., 757, 769, 777, 783ff., 787, 792, 840, 858, 868, 890, 901, 903f., 906, 908, 911, 917, 921, 926f., 941, 953, 962, 966, 968, 974, 977, 991, 993f., 1007, 1013, 1019, 1030ff., 1038, 1041, 1052, 1059, 1062f., 1070, 1072f., 1082, 1100, 1107, 1110, 1114, 1121, 1128, 1130f., 1134ff., 1143, 1146f., 1149, 1151, 1163, 1166, 1178, 1190, 1196, 1198, 1202f., 1211, 1214, 1219, 1245, 1247f., 1250, 1254f., 1259f., 1262, 1266, 1268, 1271f. 1280, 1283, 1294, 1313f., 1316ff., 1320, 1336, 1344, 1347, 1349, 1351, 1363, 1374, 1394, 1408, 1411, 1418, 1442f., 1453, 1461, 1463, 1465f., 1486f., 1503, 1521, 1552f., 1563, 1568, 1572, 1575, 1577, 1579, 1581, 1593, 1594f., 1601, 1610, 1617f., 1626, 1632f., 1635f. 1643, 1645, 1647, 1649, 1655, 1665, 1668, 1671f., 1674, 1679f., 1682f., 1689, 1694, 1698, 1701, 1705, 1709f., 1723, 1730, 1733, 1738, 1747ff., 1757, 1769, 1773, 1780f., 1786f., 1791, 1794, 1796, 1802, 1805, 1807, 1812, 1816, 1823, 1825, 1850, 1854, 1856, 1858, 1860, 1865ff., 1874, 1879, 1883, 1892, 1900, 1905, 1908f., 1916, 1920-1923, 1932ff., 1936, 1939, 1941, 1943f., 1947, 1952, 1976, 1983, 1987f., 1990, 1992f., 1998, 2007, 2014, 2016, 2023, 2043, 2048, 2050f., 2054, 2065f., 2070, 2072f., 2082ff., 2090, 2093, 2103, 2110, 2112f., 2115, 2118, 2121, 2123, 2127, 2129, 2131, 2135-2140, 2155, 2160f., 2164, 2171, 2178, 2187, 2193, 2196, 2204, 2206-2209, 2215, 2227, 2230, 2240, 2245, 2259, 2291ff., 2300-2305, 2308f., 2314f., 2319, 2322, 2333, 2327f., 2336, 2338ff., 2342f., 2347

– Junge Union 32, 59, 257, 286, 309, 574, 624, 1570, 1847, 1969

– Parteitage 148, 314

– Vorsitzender 98, 314

Christlich-Demokratische Union (CDU, DDR) 163, 573, 603, 669, 718, 814, 883, 901, 926, 945, 1012, 1077, 1139, 1213, 1423, 1430, 1435, 1772, 1861, 1918, 2039, 2207

– Generalsekretär 726, 729, 2309

Christlich-Demokratische Union Saar 693

Christlich-Jüdische Arbeitsgemeinschaft der Schweiz 554

Christlich-Jüdische Arbeitsgemeinschaft des Saarlandes 1067

Christlich-Soziale Partei (Schweiz) 554

Christlich-Soziale Union (CSU) 20, 32, 65f., 71, 86, 98, 104, 107, 119f., 124, 147, 153, 184, 199, 214, 226, 271, 281, 303, 307f., 329f., 340, 349, 357, 379, 391, 397, 407, 420, 449, 458, 474, 479, 500, 510, 520, 526, 528, 530, 536, 556ff., 574, 612, 654, 669, 687, 690, 692, 715, 890, 903, 906, 908, 943, 967, 1006, 1017, 1021, 1025, 1031, 1070, 1073f., 1083, 1113, 1121, 1134, 1178, 1228f., 1249, 1254, 1289, 1294, 1317, 1336, 1372, 1449, 1467, 1552, 1610, 1616, 1624f., 1645, 1649, 1665, 1668, 1671, 1679f., 1683, 1688f., 1692, 1709, 1730, 1733, 1747, 1949, 1754, 1769f., 1778, 1789, 1816, 1824, 1850, 1866, 1871, 1914, 1923, 1941f., 1971, 1977, 1982, 1987, 1989, 1990, 2000, 2016, 2034, 2065, 2067, 2072, 2088f., 2090, 2093, 2109, 2112, 2117, 2121, 2137, 2161, 2178, 2211f., 2222, 2239, 2302f., 2340, 2346

Christliche Pfadfinderschaft Deutschlands (CPD) 1737

Christliche Volkspartei (CVP) 693

Christlicher Friedensdienst 987, 1132, 2237

Christlicher Verein Junger Männer (CVJM) 1081, 1146, 1461, 2198

Ciné-Club d'Avant-Garde (Frankreich) 636

Ciné-Club du Quartier Latin (Frankreich) 636

Club Deutscher Frauen 409

Club Junge Publizisten 548

Club Republikanischer Landfrauen (USA) 180

Club Republikanischer Publizisten 1747

COBRA (Dänemark/Belgien/Niederlande) 137

Coburger Konvent 988

Coburger Convent deutscher Landsmannschaften 1189

Colloquium-Klub 1127

Colorado-Partei (Paraguay) 976, 1009

Combattants de la Libération (Algerien) 1808

Comité de Coordination et d'Exécution (CCE, Algerien) 1431, 1697

Comité de Salut Public (CSP, Algerien) 1886f., 1891

Comité d'Histoire de la Seconde Guerre Mondiale (Frankreich) 1356, 1407

Comité Révolutionnaire pour l'Unité et l'Action (CRUA, Algerien) 1009f., 1051, 1060f.

Committee for a Sane Nuclear Policy (USA) 2238

Committee for the Abolition of Nuclear Weapons Tests (Großbritannien) 1578

Common Cause Inc. 231

Confédération Française des Travailleurs Chrétiens (CFTC, Frankreich) 1888f.

REGISTER DER NICHTSTAATLICHEN ORGANISATIONEN

Confédération Générale du Travail (CGT, Frankreich) 203, 368, 1265, 1304, 1513, 1888f.
Confederation of Industrial Organizations (CIO, USA) 774
Confederazione Generale Italiana del Lavoro (CGIL) 760, 944
Conference on Jewish Material Claims against Germany 665, 1577
Congress of Democrats (Südafrika) 1208
Congress of the People (Südafrika) 1208
Conseil National de la Revolution Algérienne (CNRA) 1431, 1587, 1697, 1988
Convent Deutscher Korporationsverbände 1223, 1290
Corps Bremensia 461, 537
Corps Brunswiga 461
Corps der Bürgersöhne 453
Corps Gottinga-Normannia 461
Corps Hannovera 461
Corps Hildeso-Guestphalia 461
Corps Normannia 442
Corps Salia 461
Corps Saxonia 442
Council of Jews from Germany 622

D

Dänische Metallarbeitergewerkschaft 1350
Darmstädter Aktion 603
Darmstädter Aktionsgruppe 588
Demokratisch-Revolutionäre Sammlungsbewegung (RDR, Frankreich) → Rassemblement Démocratique Révolutionaire
Demokratische Aktion (DA) 589, 728, 1000
Demokratische Arbeiter-Union (Frankreich) 1282
Demokratische Arbeitsgemeinschaft 1336, 1366
Demokratische Bauernpartei Deutschlands (DBD) 177, 669, 1139, 1252, 1815, 2039
Demokratische Partei Saar (DPS) 434, 693
Demokratische Partei (Schweiz) 554
Demokratische Partei (USA) 431, 1864, 2030, 2231
Demokratische Wählergruppe (Gorxheim) 1915
Demokratischer Block 69
Demokratischer Frauenbund Berlin (DFB) 1775

Demokratischer Frauenbund Deutschlands (DFD) 22, 39, 117, 133, 136, 191, 207, 239, 264, 277, 303, 350f., 411, 434ff., 435, 474, 483, 495, 497, 501, 583, 611, 613, 672f., 749, 876, 892, 937, 953, 1004, 1011, 1047, 1095, 1079f., 1111, 1145, 1149, 1163, 1172, 1188, 1249, 1320, 1345, 1612, 1752, 1764, 1935, 2039, 2069
Demokratischer Frauenbund Saar (DFS) 2008
Demokratischer Frauenbund, dänische Sektion 786
Demokratischer Kulturbund Deutschlands (DKBD) 416, 1145, 1607, 2121
Der Junge Kreis 511
Deutsch Amerikanischer Bund 40
Deutsch Amerikanischer Freundschaftsbund 517
Deutsch-Amerikanischer Fußballbund 224
Deutsch-Arabische Gesellschaft 1709
Deutsch-Israelische Studentengruppe (DISG) 1893
Deutsch-Soziale Union (DSU) 1302, 1395, 1454, 1553, 1620, 1657, 1660f., 1764, 2016f.
Deutsch-Sozialistischer Jungsturm 2204
Deutsche Aktion 208
Deutsche Angestellten-Gewerkschaft (DAG) 494, 716, 793, 849, 926, 944, 946, 1175, 1627, 1738, 2157, 2173, 2331
Deutsche Arbeiterpartei
Deutsche Arbeitsfront (DAF) 208, 1572, 1977
Deutsche Aufbau-Partei (DAP) 86
Deutsche Begegnung 1190
Deutsche Bewegung Helgoland 350, 389, 409
Deutsche Burschenschaft 243, 1189, 1290
Deutsche Demokratische Union (DDU) 1397
Deutsche Frauenkultur 1189
Deutsche Frauenpartei 397
Deutsche Friedensgesellschaft (DFG) 37, 101, 116, 167, 172, 519, 607, 752, 1088, 1126 1132,f., 1186,1239, 1339, 1344, 1408, 1415, 1420, 1436, 1440, 1496, 1519, 1809, 1905, 1944, 1957, 1965, 1992f., 2021, 2025, 2032, 2037, 2292, 2346
Deutsche Gemeinschaft (DG) 717, 751, 756, 774f., 1516, 1709

Deutsche Gemeinschaft / Block der Heimatvertriebenen und Entrechteten (DG/BHE) 330, 382
Deutsche Gesellschaft für Gynäkologie 1490
Deutsche Heimatfront 276
Deutsche Jazzföderation e.V. 2156
Deutsche Jedermann Partei 234
Deutsche Jugend 1654
Deutsche Jugend des Ostens (DJO) 1398, 1989
Deutsche Jugend im Verband deutscher Soldaten 1306, 1489
Deutsche Jugendgemeinschaft (DJG) 1081, 1125, 1352, 1623, 1834
Deutsche Konservative Partei/Deutsche Rechtspartei (DKP/DReP) 80, 103, 109, 114, 136, 176
Deutsche Nationalpartei von 1954 1255
Deutsche Partei (DP) 20, 65, 78, 101, 104, 107, 118f., 123, 131ff., 145, 149, 160, 170, 182f., 192, 234, 239, 252, 255, 339, 359, 380, 407, 414, 439f., 485f., 498, 507, 511, 517f., 520, 523, 570, 593, 622, 632, 673, 687, 691f., 717, 725, 731, 756, 774, 780f., 784, 868, 877, 880, 903, 928, 1010, 1017, 1039, 1058, 1060, 1066, 1072f., 1081f., 1095, 1110, 1132, 1178, 1194, 1201, 1219, 1235, 1248, 1271, 1317, 1363, 1442f., 1521, 1552, 1570f., 1648, 1655, 1684, 1710, 1733, 1879, 1916, 1983, 1990, 2054, 2080, 2089, 2092, 2164, 2227, 2247, 2302
Deutsche Partei für Freiheit und Recht 118
Deutsche Postgewerkschaft 130, 603
Deutsche Rechtspartei (DReP) 117, 125, 170, 173, 275, 561, 1192
Deutsche Reichsjugend (DRJ) 309, 438, 643, 645
Deutsche Reichspartei (DRP) 44, 117, 160, 173, 176, 183f., 192, 203, 208, 238, 252f., 275, 439f., 460, 736, 774, 877, 887, 980, 1095, 1192, 1255, 1279, 1320, 1383, 1394, 1442, 1516, 1620, 1642, 1654, 2002, 2016, 2066, 2068, 2076, 2084, 2086, 2095, 2146, 2159, 2184, 2186, 2214, 2216, 2279, 2313, 2335, 2344, 2347, 2349
Deutsche Reichssozialisten 511
Deutsche Sammlung 529, 635, 778, 1145
Deutsche Schiller-Gesellschaft 1181
Deutsche Sozialdemokratische Partei Saar 689

Deutsche Soziale Bewegung 333
Deutsche Sozialistische Bewegung (DSB) 437, 728
Deutsche Sozialistische Partei (DSP) 511
Deutsche Unabhängigkeitsbewegung (DUB) 551
Deutsche Union (DU) 21, 32, 72, 119, 216, 351, 374, 652, 774
Deutsche Volkspartei (DVP) 375, 382
Deutsche Wanderjugend 1398
Deutsche Zentrumspartei (DZP) 32, 65, 88, 118, 308, 322, 323, 339, 381
Deutscher Bauernverband 228, 1282
Deutscher Beamtenbund 461
Deutscher Block (DB) 152, 172, 774, 1000, 1612, 1676, 1981
Deutscher Bundeswehr-Verband e.V. 2199
Deutscher Frauenrat 1126, 1188
Deutscher Frauenring (DFR) 100, 127, 409, 1878, 2318
Deutscher Friedensrat (DDR) 67, 854, 895, 1135, 1200, 1817, 1853f., 1993, 2345f., 2287
Deutscher Fußball-Bund (DFB) 1006, 1845
Deutscher Gewerkschaftsbund (DGB) 21, 89, 130, 141, 146, 160f., 177, 189, 199, 201, 214, 217, 235, 265, 274, 300, 313, 319, 329, 350, 357, 365, 369, 376, 380, 384, 392, 394, 401, 423f., 424, 446, 449, 459ff., 470, 480, 483f., 493, 511, 519f., 523, 529, 539f., 548, 558f., 568, 571, 587, 595f., 608f., 611f., 615, 618f., 621f., 627f., 630, 641, 675, 716, 770f., 783, 803, 840, 926, 942, 944f., 959, 974, 981, 995f., 1010, 1022, 1038, 1047ff., 1062, 1066, 1081, 1084, 1089, 1094f., 1110, 1114, 1116f., 1121f., 1126, 1129, 1130, 1133f., 1136f., 1140f., 1147, 1152, 1160, 1171, 1174, 1193, 1200, 1202, 1233, 1244, 1253, 1374f., 1385, 1390, 1435, 1496, 1505f., 1533, 1604, 1620, 1623, 1627, 1640, 1657, 1661, 1677f., 1737, 1773, 1777, 1794, 1805, 1811, 1813f., 1819, 1826, 1829, 1833, 1835, 1841, 1843, 1845, 1849f., 1856, 1869-1875, 1883, 1892, 1903f., 1909, 1913, 1918f., 1926, 1934, 1939, 1941, 1948f., 1977f., 1983, 1998, 2007, 2009, 2021, 2041f., 2055, 2103, 2112, 2119, 2121, 2133f., 2154, 2157, 2170-2173, 2178, 2190, 2232, 2264, 2277, 2309, 2312, 2326, 2331
– Bundeskongreß 529, 675, 1047f., 1121, 1268, 1282, 1301, 1341, 1459, 2263f.
– Bundesvorsitzender 130, 141, 300, 357, 384, 449, 460, 480, 596, 602, 608, 612, 628, 675, 849, 1048, 1134, 1247, 1487, 1627, 1734, 1762f., 1773, 1801, 1823, 2264, 2331
– Bundesvorstand 284, 319, 357, 384, 446, 459ff., 548, 559, 609, 630, 876, 1109, 1117, 1121, 1171, 1175, 1201, 1233, 1282, 1459, 1701, 1823, 1825, 1828, 1834, 1845, 2042, 2055, 2190, 2264
– Gewerkschaftsjugend 388, 409, 549, 551, 632, 638, 643, 992, 1066, 1070, 1076, 1101, 1107, 1127, 1133, 1135, 1385, 1415, 1449, 1496, 1568, 1620, 1623, 1737, 1837, 1867, 1937, 2001, 2118, 2168, 2170, 2178, 2210, 2212, 2219
– Kongreß 130
– Landesbezirke 558f., 609, 613f., 617, 1109, 1134, 1141, 1174f., 1135, 1283, 1737, 1831, 1851, 1855, 1858ff., 1879, 2009, 2172
– Wirtschaftswissenschaftliches Institut (WWI) → dort
Deutscher Industrie- und Handelstag 2331
Deutscher Journalistenverband (DJV) 295, 2025
Deutscher Jugendbund Kyffhäuser 1306, 1489
Deutscher Jugendrat in der Europäischen Bewegung 257
Deutscher Jugendring (DJR) 991, 1164, 1777, 1793, 1919, 1924, 1962, 2140
Deutscher Klub 1954 1129, 1586, 1708, 1802, 1917, 1923, 2232
Deutscher Kongreß für Aktive Neutralität 399
Deutscher Koordinationsrat der Christen und Juden 75
Deutscher Koordinierungsrat der Gesellschaften für Christlich-Jüdische Zusammenarbeit 2318
Deutscher Kulturbund (DK, DDR) 1793, 1881f., 2010, 2032
Deutscher Kulturtag 2089, 2186, 2347
Deutscher Künstlerbund 1769
Deutscher Landfrauenverband 494
Deutscher Lehrerverband 1194
Deutscher Marinebund e.V. 784, 1110, 1390
Deutscher Metallarbeiter-Verband (DMV) 384
Deutscher Pfadfinderbund 603, 607
Deutscher Philologen-Verband 1194
Deutscher Rat der Europäischen Bewegung 83
Deutscher Rat zur Vorbereitung der Wiedervereinigung 1470
Deutscher Saarbund – Volksbund für die Wiedervereinigung Deutschlands 1394, 2016
Deutscher Schriftstellerverband (DDR) 253, 613, 1311, 1883, 2110
Deutscher Soldatenbund 349, 463, 480, 563
Deutscher Sportausschuß (DSA, DDR) 1777
Deutscher Tierschutzbund 1708
Deutscher Turnerbund (DTB) 230, 1989
Deutscher Verband berufstätiger Frauen 494
Deutsches Arbeiterkomitee 404, 420, 424
Deutsches Arbeiterkomitee gegen die Remilitarisierung Deutschlands 1150
Deutsches Arbeiterkomitee gegen Remilitarisierung 635
Deutsches Atomforum 2190
Deutsches Friedenskomitee 66f., 691
Deutsches Jugendkorps 1489
Deutsches Jugendschriftenwerk 1714
Deutsches Komitee der Friedenskämpfer 66, 215, 251, 254, 280
Deutsches Kulturwerk europäischen Geistes 223, 1189
Deutsches PEN-Zentrum 33, 140f., 355, 377, 502, 504, 521
Deutsches PEN-Zentrum (Bundesrepublik) 521, 699, 969, 1388f., 1851
Deutsches PEN-Zentrum (DDR) 521, 2041, 2218
Deutsches Rotes Kreuz (DRK) 1066, 1116, 1266, 1365, 1868, 2111, 2159, 2176, 2212, 2262, 2332
Deutschnationale Volkspartei (DNVP) 168, 174, 207
Direct Action Committee Against Nuclear War (DAC) 1741, 1766, 1838f., 1841, 2053f., 2057f., 2060, 2191, 2309, 2341
Directorio Revolucionario (Kuba) 1595
Diskussionskreis für Gegenwartsprobleme 1986
Dritte Front 325, 399
Der Dritte Weg 1088

E

Einheitsgewerkschaft Stahlwerke Südwestfalen 414
Einheitsverband der Kriegsgeschädigten 1145
Ekin (Baskenland) 2231
El-Fatah (Palästina) 1308
Emergency Committee for Direct Action Against Nuclear War (Großbritannien) 1615, 1741
Emsland-Lagergemeinschaft Moorsoldaten 1441
Erste Legion 329, 442
Enosis-Bewegung (Zypern) 1259, 1606, 2121
Enosis-Front (Zypern) 2242
EOKA Ethniki Organosis Kiprion Agoniston (Zypern) 1098, 1163, 1379, 1606f., 1919, 2115, 2127, 2345
Ethokratische Gesellschaft 511
Europa-Union 72, 193, 270, 575, 689, 1655
Europabund 614
Europäische Aktion Helgoland 350, 356
Europäische Föderation gegen Atomrüstung 2148, 2237
Europäische Frontkämpfervereinigung 954
Die Europäische Nationale 400, 511
Europäische Ordnungsbewegung 2298
Europäische Volksbewegung 1395
Europäischer Informationsdienst 357
Europäischer Schriftstellerverband 2028
Europäisches Arbeitskomitee 404
Europäisches Bildungswerk 689
Europäisches Komitee gegen Atomrüstung (EKA) 2087, 2155
Europakomitee Göttingen 380
European Liaison Service (ELS) 1674
Euska Gastedi Baskenland 2231
Euskadi ta Askatasuna (ETA, Baskenland) 2231
Evangelische Kirche in Deutschland (EKD) 159, 168, 172, 217, 259, 279, 287, 312, 328, 332, 346, 450, 457, 507, 587, 666, 718, 792, 984, 1028, 1065f., 1077, 1082f., 1127, 1149, 1393, 1583, 1605, 1612, 1635, 1714, 1729, 1733, 1862, 1867, 1955, 2088, 2093, 2140, 2167, 2169, 2212, 2316, 2344
– Bahnhofsmission (DDR) 1309
– Bekennende Kirche 165, 307, 321, 332, 1719, 1789, 1862
– Deutscher Evangelischer Kirchentag 97, 279, 456
– Evangelisch Lutherische Landeskirchen 768
– Evangelische Akademie Arnoldsheim 2000
– Evangelische Akademie Bad Boll 2008, 2184
– Evangelische Akademie Hamburg 2042
– Evangelische Akademie Kloster Loccum 1204
– Evangelische Akademie Konstanz 1598
– Evangelische Frauenarbeit in Deutschland 494
– Evangelische Landesbischöfe 1205, 2246, 2285, 2309, 2314, 2316, 2318, 2321
– Evangelische Studentengemeinden (ESG) 386, 1771, 1661, 1680, 1837, 1898, 2182, 2313
– Evangelisches Hilfswerk 32, 152, 215
– Evangelische Kirche von Berlin-Brandenburg 2247, 2304, 2309, 2314, 2316ff., 2321
– Evangelische Kirche von Hessen und Nassau 149, 318, 327, 539, 932, 993, 1637, 2093, 2161, 2185
– – Kirchenpräsident 90, 149, 153, 155, 159, 279, 295, 307, 312, 318, 325, 327, 346, 400, 429, 433f., 490, 608, 795, 913, 1116, 1590, 1637, 1672f., 1719, 1782, 1791, 1801, 1809, 1830, 1839, 1877, 1879f., 1902f., 1905, 1913, 1964f., 1993, 2029f., 2089, 2100, 2145, 2200, 2227, 2269, 2271, 2284, 2313, 2316, 2345
– Evangelische Kirche von Westfalen 513, 1638
– Evangelisches Männerwerk 159, 312, 2083
– Gemeinden 987, 1045, 1152, 1918, 2146, 2249
– Innere Mission 779
– Junge Gemeinde / Evangelische Jugend 457, 560, 718, 729, 753, 761, 768, 770, 774, 779, 781, 792, 795, 1737, 2002, 2005
– Jungenschaften 1063
– Kirchenprovinz Sachsen 1782, 1862
– Kirchliche Bruderschaften 896, 1729, 1789, 1801, 1867, 1999, 2002, 2129, 2251
– Landesbischöfe 78f., 507, 513, 1028, 1066
– Landeskirche von Hannover 1781
– Landeskirche von Thüringen 666
– Präses der Synode 312, 507, 1149, 1791, 2243
– Rat 29, 1127, 1149, 1403, 1583, 1590, 1620, 1861, 1912, 2194
– Ratsvorsitzender 774, 779, 1583, 1861, 2169, 2246, 2308, 2344
– Synode 217, 332, 675, 1059, 1167, 1406, 1420, 1789, 1854, 1861, 1999, 2108
Evangelische Studiengemeinschaft 2166
Exservicemen Movement for Peace (EMP, Großbritannien) 2313

F

Fabian Society (Großbritannien) 201, 321, 1352
Falange (Spanien) 1286, 1331
Falken → Sozialistische Jugend Deutschlands – Die Falken
Fallschirmjäger-Jugend 1306
Faschistische Internationale 511
Fédération Contre L'Armement Atomique (FCAA, Frankreich) 2087
Fédération Internationale des Résistants (FIR) 452, 966, 1074, 1364, 1380, 1490, 1632, 1677f., 1706, 1732, 2138, 2268, 2293, 2229, 2340, 2341
Föderalistische Union (FU) 54, 552, 557, 643
Force Ouvrière (FO, Frankreich) 1888f.
Ford Foundation 112
Fortschrittspartei 1069
Franc-Tireurs et Partisans 878
Frankfurter Frauenverband 411
Frankfurter Friedenskartell 1134, 1152
Frankfurter Jugendring 1656
Fränkischer Kreis 935, 1214, 1341, 1389, 1679, 1707, 1903, 2099, 2133, 2186, 2297, 2344f., 2347
Fränkisches Jugendforum 207
Frauenkomitee gegen das Frauenstimmrecht (Schweiz) 2102
Frauenstimmrechtsverein (Zürich) 1284, 2095
Frauenverband Hessen 575
Freicorps Deutschland 471, 472
Freie studentische Gemeinschaft (Bonn) 742
Freie Demokratische Partei (FDP) 20, 31f., 59, 65, 101, 104, 107, 117, 119, 127, 174, 184, 213, 222, 228, 240, 255, 256f., 266, 269, 281, 286, 291, 295, 310f., 329, 334, 339, 349, 351, 390, 393, 406f., 414, 417, 427f., 440,

442, 459, 466, 486, 491, 498, 500, 507, 520, 531, 561, 563, 577f., 612, 622, 624f., 632, 646, 663, 669, 682, 687, 689f., 696, 715, 717, 725f., 742, 757, 765, 771, 774, 856, 868, 878, 887, 890, 903f., 906, 908f., 911, 921, 964f., 995ff., 1007, 1011, 1027, 1039, 1053, 1058ff., 1073, 1082, 1095, 1104, 1110, 1131, 1135, 1139, 1143, 1146, 1178, 1191f., 1194f., 1219, 1241, 1248, 1250, 1254f., 1260, 1262, 1265, 1270, 1336, 1366, 1378, 1400, 1423, 1460, 1463, 1503, 1620, 1683, 1687, 1689, 1710, 1748, 1762, 1779, 1783, 1799, 1801, 1805, 1811, 1814f., 1819, 1828, 1830f., 1841f., 1847, 1849, 1851f., 1860, 1879f., 1916, 1920, 1923, 1927, 1930f., 1934f., 1943, 1990, 2054, 2072, 2082, 2104, 2160f., 2164, 2193, 2208, 2215, 2247, 2254, 2287, 2294, 2305, 2336
– Jungdemokraten 32, 257, 286, 624f.
Freie Deutsche Jugend (FDJ) 10, 22, 47, 59, 93, 104, 126, 128, 159ff., 175, 180, 186, 192, 195f., 201, 205, 223, 232ff., 236ff., 243f., 246, 252f., 263, 270, 274f., 286, 290, 303, 305f., 308, 312, 315, 321, 350ff., 395, 409, 420, 424, 431, 435ff., 445f., 450, 454, 459, 462, 467, 476, 483, 487, 496, 503, 520f., 530, 532, 558, 568, 579, 586, 588, 591, 594, 597f., 603f., 606f., 611, 614, 618, 623–626, 638, 658, 663, 677, 678, 696, 702, 717, 724, 750, 751, 753, 761f., 768, 774, 777, 779f., 795, 798f., 801, 803f., 817, 820, 823, 825, 827f., 832, 835, 837, 849, 863, 868, 878, 930, 946f., 958, 982, 971, 975, 989ff., 1011f., 1032, 1039, 1055, 1069, 1104, 1140, 1145, 1149, 1158, 1165f., 1168, 1172, 1198, 1201, 1249, 1292, 1326, 1327, 1096, 1304, 1326, 1359, 1375f., 1392, 1400, 1410, 1491f., 1494, 1497, 1511, 1534, 1576, 1605, 1647, 1661, 1675, 1697, 1731, 1745, 1750, 1777, 1793, 1826, 1836, 1859f., 1881f., 1919, 1924, 1946, 1952, 1962, 2005, 2076, 2051, 2157, 2178, 2211, 2226, 2264, 2285, 2346
– Vorsitzender 624, 1765, 1790
– Zentralrat 605, 932, 1793
Freie Kommunistische Partei Deutschlands (FKPD) 62, 107f.
Freie Offiziere (Ägypten) 534, 645
Freie Österreichische Jugend (FÖJ) 101

Freie Presse Europas 1135
Freie Soziale Partei (SFP) 288
Freie Thai-Bewegung 41
Freie Volkspartei 1366, 1400, 1442f., 1466, 1571
Freier Deutscher Gewerkschaftsbund (FDGB) 22, 63, 134, 199, 209, 283, 446, 480, 483, 503, 507, 523, 702, 796, 798, 815, 823, 825f., 831, 843, 945, 975, 1175, 1233, 1244, 1459, 1554, 1603ff., 1620, 1628, 1705, 1752f., 1777, 1791, 1805, 1814, 1818, 1828, 1838, 1854, 1860, 1875, 1957, 1962, 1983, 1990, 2006, 2055, 2171, 2174, 2178, 2218, 2264, 2299f.
Freiheitliche Partei Österreichs (FPÖ) 1360
Freiheitsbewegung des Volkes (Frankreich) 1282
Freiheitsbund 376
Freiheitsbund für deutsch-russische Freundschaft 431, 997
Freiheitskomitee für russisch-deutsche Freundschaft 930, 968
Freikorps Alpenland 912
Freikorps Bremen 737
Freikorps Deutschland 717
Freikorps Hamburg 737
Freisinnig-Demokratische Partei (Schweiz) 81, 398, 554, 658
Freisoziale Union (FSU) 288, 671, 1081, 1132
Freiwillige Selbstkontrolle der Filmwirtschaft (FSK) 92, 350, 365, 444, 516, 564, 623, 911, 941, 1105, 1179, 1698, 1769, 1972
Freundeskreis des Bundes der Verfolgten des Nationalsozialismus 200
Friedensarche 1332
Friedensbund Deutscher Ärzte 529
Friedensbund Deutscher Katholiken 133
Friedenskomitee (Großbritannien) 2313
Friedenskomitee der Bundesrepublik Deutschland 1957, 1964, 2007, 2069
Friedenskomitee der Hafenarbeiter 255
Friedenskomitee Groß-Berlin 483
Friedenskreis Braunschweig 2174
Front de Libération National (FLN, Algerien) 1092, 1098, 1188, 1235f., 1300, 1318, 1358, 1393, 1409, 1470, 1471, 1545, 1587, 1612, 1625, 1644f., 1651, 1656, 1658, 1718, 1746, 1751, 1770, 1761, 1777, 1793, 1808, 1848, 1891, 1971, 1976f., 1986, 1988, 2003, 2055, 2085, 2089, 2122f., 2216, 2260, 2269, 2280, 2302, 2351

Fronte Universitario Azione Nazionale (FUAN, Italien) 333
Führungsring ehemaliger Soldaten 349, 438, 635

G

Garry-Davis-Liste (Frankreich) 89
Gauche Indépendante Socialiste (Frankreich) 362
Die Gefährtenschaft 221
Gemeinschaft der Weltbürger in Deutschland 167
Gemeinschaft Deutscher Ritterkreuzträger 689, 2308
Gemeinschaft deutscher Wissenschaftler zum Schutz der freien Forschung 2272
Gemeinschaft evangelischer Sudetendeutscher 1989
Gemeinschaft unabhängiger Deutscher (GuD) 86f., 109
Gemeinschaft verfolgter Sozialdemokraten 193, 2034
Gemeinschaftshilfe freier Wohlfahrtsverband e.V. (GfW) 2123
Germanische Freiwilligeneinheiten 511
Generalrat der britischen Gewerkschaften 1978
Generalunion algerisch-moslemischer Studenten 1308
Gesamtberliner Bewegung 1190
Gesamtdeutsche Arbeitsgemeinschaft (GA) 1488
Gesamtdeutsche Friedens- und Wiedervereinigungsbewegung 360
Gesamtdeutsche Partei (GDP) 1057
Gesamtdeutsche Union (GdU) 2016
Gesamtdeutsche Volkspartei (GVP) 529, 692, 715f., 767, 779, 785, 788, 869f., 880, 887, 889, 1081, 1114, 1117, 1120ff., 1132, 1134, 1138, 1141, 1149, 1151, 1154, 1338, 1415, 1518, 1552, 1554, 1642, 1654, 1752, 1762, 1780, 1801, 1818, 1829, 1854, 1903, 1905, 1909
Gesamtdeutscher Arbeitskreis für Land- und Forstwirtschaft 420, 635, 1145
Gesamtdeutscher Block/Bund der Heimatvertriebenen (GB/BHE) 906, 963, 1143, 1158, 1179, 1213, 1219, 1248, 1316, 1466, 1710, 1993, 1998, 2004, 2048, 2052, 2346
Gemeinschaft der Freunde Otto Strassers 117
Geschwister-Scholl-Jugend (Hamburg) 2001

Gesellschaft deutscher Naturforscher und Ärzte 1996
Gesellschaft für afrikanische Kultur 2141
Gesellschaft für Brüderlichkeit 1648
Gesellschaft für Bürgerrecht 119
Gesellschaft für christlich-jüdische Zusammenarbeit 113, 148, 178f., 229, 242, 337, 459f., 539f., 542, 550, 561, 587, 599, 607, 716, 909f., 1597, 1655, 1787, 1862, 2129, 2330
Gesellschaft für Deutsch-Sowjetische Freundschaft (GDSF) 292, 365, 668, 733, 762, 798, 817, 831, 1096, 1145, 1302f., 1349, 1410, 1512, 1844, 1946
Gesellschaft für deutsche Tradition e.V. 1110
Gesellschaft für die Wiedervereinigung Deutschlands 173, 228
Gesellschaft für Fortschrittliche Politik 2297
Gesellschaft für Kultur und Politik 1341
Gesellschaft für moderne Kunst (Österreich) 1692
Gesellschaft für religiöse und geistige Erneuerung 1611
Gesellschaft für Sexualforschung 320
Gesellschaft für Sport und Technik (GST) 651, 823, 1175f., 1492
Gesellschaft für Wehrkunde 486, 536, 2232
Gesellschaft für Wehrpolitik und Wehrwissenschaften 526, 536
Gesellschaft für Weltregierung 1232
Gesellschaft zur Errettung der Nordischen Kultur 595
Gesellschaft zur Förderung des Films »Unsterbliche Geliebte« 550
Gesellschaft zur Wahrung geopolitischer nationaler Belange 511
Gewerkschaft Bau, Steine, Erden 130, 279, 296
Gewerkschaft der Eisenbahner Deutschlands (GdED) 130, 253, 771, 955
Gewerkschaft der Polizei (GdP) 691, 2023
Gewerkschaft Erziehung und Wissenschaft (GEW) 130
Gewerkschaft Gartenbau, Land- und Forstwirtschaft 104, 130, 465, 1849, 2170
Gewerkschaft Handel, Banken, Versicherungen 130, 793
Gewerkschaft Kunst 130
Gewerkschaft Leder 130
Gewerkschaft Öffentliche Dienste, Transport und Verkehr (ÖTV) 130, 307, 319, 502f., 562, 926, 1022f., 1110, 1126, 1260, 1626, 1640, 1772f., 1776, 1819, 2139, 2257, 2293, 2312, 2318
Gewerkschaft Textil und Bekleidung 130, 729, 1792, 2040
Gewerkschaft Wissenschaft (im FDGB) 2010
Gewerkschaft USTA (Algerien) 2302
Gewerkschaftsbund Sokyo (Japan) 2333
Gewerkschaftsbund von Tanganjika 2264
Gewerkschaftsjugend → Deutscher Gewerkschaftsbund
Gewerkschaftliche Studentengruppe (GSG) 866, 1902
Grenzlandausschuß der deutschen Burschenschaften 1989
Groscurth-Ausschuß für die Untersuchung der Vorgänge am 15. August 476, 487
Groß-Berliner Komitee der Kulturschaffenden 566
Grünwalder Kreis 1328, 1371, 1465, 1572, 1747
Gruppe 47 60, 131, 220, 427, 497, 672, 783, 899, 973, 981, 1046, 1108, 1187, 1268, 1328, 1455, 1716f., 1831, 1851, 1956, 2026, 2306
Gruppe der Wehrdienstgegner/Gruppe der Wehrdienstverweigerer (GdW) 715, 895, 1046, 1064, 1081, 1103, 1107, 1122, 1160, 1181, 1375, 1394, 1496, 1512, 1516, 1563, 1623, 1679, 1697, 1702, 1876f.
Gruppe Edelweiß 85
Gruppe junger Zivilisten 1033
Gruppe SPUR – deutsche Sektion der Situationistischen Internationale 2027, 2092, 2155
Guttempler-Jugend 409

H
Halluner Moats 389
Hamburger Arbeitskreis für gesamtdeutsche Fragen 174
Hamburger Friedenskomitee 577
Hamburger Sportverein (HSV) 224f.
Die Hanseatin 1110
Harzburger Front 1202
Hauptausschuß für die Durchführung einer Volksbefragung gegen die Remilitarisierung und für den Abschluß eines Friedensvertrages mit Gesamtdeutschland im Jahre 1951 368, 416, 576, 996, 1000, 1020, 1140, 1257
Heimkehrerverband 1036
Helferkreis für Wehr- und Kriegsdienstverweigerer 1519
Helgoländer Fischereiverein 437
Hellenische Sammlung 1264
Heruth-Partei (Israel) 1757
Hessischer Arbeitgeberverband 611
Hessischer Arbeitskreis der Jugend 777
Hessischer Ausschuß der Landesbevölkerung gegen den Atomtod 2308
Hilfsgemeinschaft auf Gegenseitigkeit der Soldaten der ehemaligen Waffen-SS (HIAG) 21, 25, 471, 507, 680, 685, 928, 1036f., 1042, 1058f., 1072, 1320, 1372, 1444, 1464, 1553, 1573, 1660, 1677f., 1683f., 1717, 1948, 1990, 2069, 2098, 2103, 2116, 2139, 2159, 2176, 2232, 2232f., 2262, 2286, 2341
Hilfskomitee für das demokratische Griechenland (Schweiz) 48
Hilfskomitee für die Freiheitskämpfer in Ungarn 1505
Hilfskomitee für Rußland-Flüchtlinge (NTS) 968
Hinterbliebenenausschuß der Opfer im Rombergpark 1164, 2293
Hiroshima Day Committee (Australien) 2238
Hiroshima Memorial Committee (USA) 2238
Historikergesellschaft der DDR 1991
Hitler-Jugend (HJ) 211, 319, 438, 617, 645, 764, 936, 1255, 1572, 1654, 1707, 2126, 2281, 2298
Hochschulgruppe für die Wiedervereinigung 1798
Hochschulgruppe für die Wiedervereinigung Deutschlands in Freiheit (Tübingen) 1902
Hollywood Anti-Nazi-League (USA) 955
Hungaristische Bewegung 2135

I
Industrie-Gewerkschaft Bau-Holz (im FDGB) 795f., 803, 1464
Industrie-Gewerkschaft Bau, Steine, Erden 1312, 1318, 1570, 1913, 2006f.
Industrie-Gewerkschaft Bergbau 130, 133, 296, 357, 384, 966, 1032, 1252, 1836, 1845, 2055, 2067, 2072, 2077, 2093, 2225, 2227, 2232, 2236, 2265f., 2277f.
Industrie-Gewerkschaft Chemie, Papier, Keramik 130, 165, 632
Industrie-Gewerkschaft Druck und

Papier 130, 449, 529, 531, 621, 1120, 1421, 1726
Industrie-Gewerkschaft Holz 130, 1083, 1107, 1123, 1699, 1793, 1942, 2086, 2192
Industrie-Gewerkschaft Metall 38, 107, 130, 197, 289, 351ff., 384, 469, 488, 559f., 596, 600, 608, 611, 675, 752, 772, 862, 926, 949, 974, 1000, 1024, 1100, 1137, 1140, 1175, 1179, 1236, 1301, 1308, 1310, 1335, 1337, 1373, 1385, 1408, 1456, 1459, 1487, 1496f., 1552, 1580f., 1587, 1606, 1620, 1626, 1657, 1704, 1709, 1714, 1763, 1783, 1825, 1829, 1832, 1842, 1847f., 1857, 1870, 1892, 1905, 1909, 1985, 1987, 2004, 2009, 2025, 2028, 2041, 2072, 2077, 2170, 2172, 2312
Industrie-Gewerkschaft Nahrung, Genuß, Gaststätten 130, 772, 1977, 2173
Industrie-Nachrichtendienst 612
Informationsbüro West 2253, 2315
Informationsdienst für Frauenfragen 494
Initiativausschuß für die Amnestie in der Bundesrepublik 1630, 1658
Initiativausschuß für die Amnestie und die Verteidigung in politischen Strafsachen 2086
Institut für jüdische Angelegenheiten (New York) 97
Inter-American Press Association 1584
Interessengemeinschaft der ehemaligen deutschen Kriegsgefangenen und Vermißtenangehörigen 124
Interessengemeinschaft der Entnazifizierungsgeschädigten 1199
Interessengemeinschaft der jüdischen Gemeinden und Kultusvereinigungen 251
Interessengemeinschaft der Wehrdienstverweigerer (IdW) 1455
Interessengemeinschaften des Jahrgangs 1922 → Zweiundzwanziger-Ausschüsse
Interessengemeinschaft ehemaliger Nationalsozialisten 687
Interessengemeinschaft gegen Wehrdienst 1125
Interkorporativer Convent 863
International Council of Women (ICW) 409
International Union der Sozialistischen Jugend (IUSY) 472
Internationale Arbeiter-Assoziation 452
Internationale Arbeiterhilfe 2123
Internationale Arbeitsgemeinschaft 2135

Internationale Demokratische Frauenföderation (IDFF) 786, 1752
Internationale der Kriegsdienstgegner (IdK) 100, 290, 589, 725, 965, 1076, 1103, 1122, 1132, 1179, 1320, 1322, 1364, 1427, 1432f., 1461, 1463, 1467f., 1473, 1508, 1519, 1526, 1568, 1581, 1636, 1676, 1683, 1692, 1717, 1782, 1790, 1806, 1811, 1816f., 1851, 1853, 1876f., 1904, 1905, 1939, 1943, 1960, 1962, 1975, 1981, 1988, 2001, 2014, 2027, 2035, 2089, 2109, 2134, 2171, 2237, 2249, 2251ff., 2255, 2257, 2259, 2263, 2269, 2271, 2273, 2282, 2316, 2319, 2328, 2339, 2341, 2344
Internationale Frauenliga für Frieden und Freiheit 1126, 1132
Internationale Gesellschaft für sozialistische Studien 1843, 2277
Internationale Gesellschaft zur Förderung des Jugendaustausches 539
Internationale Juristenkommission 2227
Internationale Kommunisten Deutschlands (IKD) 404
Internationale Lettriste (I.L.) 698
Internationale Psychoanalytische Vereinigung 1736
Internationale Sozialistische Konferenz (COMISCO) 451f.
Internationale Studentenfreunde 465
Internationale Zivildienstbewegung 2060
Internationaler Bund der arabischen Gewerkschaften 2006
Internationaler Bund Freier Gewerkschaften (IBFG) 146, 223, 384, 424, 637
Internationaler Demokratischer Frauenbund 368
Internationaler Studentenbund (ISB) 257, 1506, 1785
Internationaler Studentenbund/Studentenbewegung für übernationale Föderation (ISFF) 742, 1223, 1618, 1666
Internationaler Studentenkreis 1924
Internationaler Versöhnungsbund (IVB) 133, 607, 1519, 1790, 1905, 2032, 2237
Internationales Auschwitz-Komitee 1168, 1284, 1306, 1384, 1490, 1596, 1648
Internationales Buchenwald-Komitee 1361, 1391, 1844
Internationales Comité zur Verteidigung der christlichen Kultur 2110

Internationales Dachau-Komitee 1368, 2324
Internationales Exekutivkomitee der Europabewegung 41
Internationales Katholisches Filmbüro (OCIC) 2211
Internationales Komitee der Mütter (UK) 1897
Internationales Komitee für Wissenschaft und Freiheit 1194
Internationales Komitee zur Verteidigung von Manolis Gleros 2192, 2224
Internationales Neuengamme-Komitee 2174
Internationales Olympisches Komitee (IOC) 2341
Internationales Rotes Kreuz (IRK) 85, 2190
Interparlamentarische Union 47
Irgun (Israel) 540
Irish Republican Army (IRA) 860, 1191, 1234, 1540
Israel-Mission 1598
Israelitische Kultusgemeinde in München 102, 654, 1229
Israelitische Kultusgemeinde Stuttgart 568
Istiqlal-Partei (Marokko) 698, 931, 1020

J
Jahrgang 1922 – Gemeinschaft der kriegserfahrenen Jahrgänge in der Bundesrepublik 2313
Japan Council Against Atomic-and-Hydrogen Bombs → Japanischer Rat gegen Atom- und Wasserstoffbomben
Japanische Lehrergewerkschaft 885
Japanischer Rat gegen Atom- und Wasserstoffbomben 1424, 1639, 1667, 1929f., 2029, 2155, 2234, 2241, 2333
Japanisches Friedenskomitee 1930
Jeune Nation (Frankreich) 1887
Jewish Agency 39, 504
Jewish Claims Conference 753
Joint 652, 725, 883, 910
Journalistenverband West-Berlin 580
Jüdische Gemeinden (allg.) 176, 655, 693, 717f., 722, 726, 909, 1157, 1338, 1476, 1598, 1615, 2033
– Beckum 1383
– Berlin 41, 550, 1843
– Budapest 725
– Darmstadt 1040
– Dresden 723, 726

- Düsseldorf 2086
- Erfurt 723, 726
- Essen 639, 1712
- Flensburg 1380
- Frankfurt 218, 228, 1737
- Fürth 153
- Geistingen 2332
- Groß-Berlin 2348
- Hamburg 218, 449, 520, 607, 1366, 1660, 2033
- Hessen 185, 276
- Iserlohn 1252
- Köln 380, 751, 2271, 2347
- Leipzig 723, 726
- Lübeck 1601, 1666, 1704
- Mainz 1004
- München 218
- Offenbach 91
- Ost-Berlin 723, 1341, 1664
- Saarbrücken 1636
- Salzburg 410
- West-Berlin 40, 106, 110, 218, 335, 378, 472, 509, 727, 892f., 910, 973, 999f., 1004, 1038, 1073, 1446, 1738f., 1855, 2034, 2113, 2160, 2280, 2319, 2348, 2350
- Wien 380

Jüdische Gemeinden in Algerien 1431
Jüdische Gesellschaft 251
Jüdische Kultusgemeinde in Herford 2089
Jüdische Studentengruppe (JSG) 1868
Jüdischer Frauenbund 494
Jüdischer Studentenbund (JSG) 1836f.
Jüdischer Weltkongreß 110, 145, 212f., 255, 486, 522, 693, 882, 1119, 1457, 2236
Jüdisches Antifaschistisches Komitee (JAFK) 652f.
Jüdisches Komitee Bayreuth 521
Jugendausschuß gegen die atomare Bewaffnung der Bundesrepublik 2052
Jugendausschuß Kampf dem Atomtod (Hamburg-Eimsbüttel) 2001
Jugendbewegung der Union der Europäischen Föderalisten (Juventus) 75
Jugendbewegung für eine Weltregierung 75
Jugendbund Adler 1000
Jugendgruppe Geschwister Scholl (Hamburg) 1882
Jugendherbergswerk 315
Jugendkreis gegen den Atomtod (Neunkirchen) 1912
Jugendkorps Scharnhorst 1306

Jungdemokraten → **FDP**
Jungdeutsche Bewegung 2204
Jungdeutsche Freischar 2204
Junge Adler 275
Junge Aktion gegen den Atomtod – für ein kernwaffenfreies Deutschland 2046, 2150
Junge Deutsche Freiheitsfront 431
Junge Gemeinde → **Evangelische Kirche**
Junge Pioniere (DDR) 47, 129, 264, 330, 769, 780, 1145, 1511, 1695, 1750, 2032, 2285
Junge Republik (Frankreich) 1282
Junge Union → **CDU**
Junges Europa 75
Jungmädelbund 275
Jungmännerbund 295
Jungsozialisten → **SPD**
Jungstahlhelm 1306

K

Kameradenhilfe der ehemaligen Internierten 1155, 1199
Kameradenhilfe der Internierten (Hessen) 687
Kameradenwerk 411
Kameradschaft der Legion Condor 1423, 1925, 2279
Kameradschaft Edelweiß 2139
Kameradschaft ehemaliger Fallschirmjäger 401
Kameradschaftsring Nationaler Jugendverbände (KNJ) 1000, 1129
Kameradschaftsverbindung der ehemaligen Angehörigen der Leibstandarte Adolf Hitler 511
»Kampf dem Atomtod« – Kreisausschuß Göppingen 2237
»Kampf dem Atomtod« – Präsidium 2076
Kampfbund für Freiheit und Recht 2165
Kampfbund gegen Atomschäden (KgA) 1419, 1611, 1624, 1667, 1672, 1768, 1857, 1879, 1939
Kampfbund Nation Europa 1244
Kampfbund Schwarze Front 29
Kampfgemeinschaft revolutionärer Nationalsozialisten (Schwarze Front) 578, 1069, 1454
Kampfgruppe Deutschland Erwache 511
Kampfgruppe für ein unabhängiges Deutschland 1389
Kampfgruppe gegen Unmenschlichkeit (KgU) 15, 24, 59, 73, 117, 141, 161, 166, 190, 194, 200, 205, 226, 233, 259, 322, 324, 357, 369, 431, 453, 496, 500, 532, 568, 579, 587, 613, 647, 650, 652, 687, 689, 919, 936, 973, 1097, 1113, 1207, 1289, 1304, 1316, 1394, 1413, 1859, 2098

Karl-Marx-Gesellschaft München 2105
Karls-Bund 293
Kartell der schaffenden Jugend 2118
Kartellverband nichtfarbentragender katholischer Studentenverbindungen (KV) 1785
Katholische Aktion 435, 781, 1689
Katholische Kirche 210f., 217, 387, 587, 655, 762, 896, 970, 1033, 1049, 1088, 1285, 1409, 1435, 1456, 1530, 1556, 1579, 1663, 1747, 1772, 1950, 2055, 2072, 2074, 2088, 2140, 2150, 2201, 2022, 2324, 2329
- Akademie 1772
- Bischöfe 82, 119, 169, 185, 856, 1649, 1665, 1688f., 1722, 2201, 2246, 2320
- Bischofskonferenz 762
- Katholische Jugend 409, 1737, 1866
- Katholische Studentengemeinden 354
- Katholisches Laienwerk 367
- Katholisches Männerwerk 1749f.
- Katholisches Sozialwerk 2054

Katholischer Arbeiterbund 1649
Kenya African Union (KAU) 678, 765
Klub der Kulturschaffenden (DDR) 1732
Kominform – Informationsbüro der kommunistischen und Arbeiterparteien 45, 89, 1336
Komintern → **Kommunistische Internationale** 665, 1307, 1357, 1384, 1594
Komitee 17. Juni 996
Komitee der Antifaschistischen Widerstandskämpfer 1341, 1601, 1659, 1728, 2258
Komitee der Friedenskämpfer 244, 246, 259, 286, 303, 309, 337
Komitee der Gegner der Atombewaffnung 1904
Komitee der Kulturschaffenden 1076
Komitee der Kriegsveteranen und Partisanen (UdSSR) 1957
Komitee ehemaliger Häftlinge des KZ Sachsenhausen 1670, 2293
Komitee »Freiheit für Dönitz« 1383
Komitee für atomare Sicherheit in Tscheljabinsk 1718
Komitee für Einheit und Freiheit des deutschen Sports 776, 1145, 1204
Komitee für Freiheit der Kultur (Schweden) 1526

Komitee für Internationale Stalin-Preise 1087, 1191

Komitee für Wahrheit und Gerechtigkeit 362

Komitee gegen Atomrüstung (München) 1831, 1834, 1851f., 1858, 1860, 1866, 1875, 1880, 1895, 1920, 1927, 1930, 1934, 1962, 2035, 2087, 2155, 2339

Komitee gegen Atomrüstung (Würzburg) 1895, 1903, 1939

Komitee gegen die Berliner Kriegshetzer 44

Komitee gegen Rassenunterschiede im Sport 1950

Komitee zum Schutz demokratischer Rechte und zur Verteidigung deutscher Patrioten 1145

Komitee zum Schutz der Bürger vor Diffamierungen durch die Linkspresse 2156

Komitee zum Schutz der Menschenrechte, gegen militärische Willkür und Klassenjustiz in Westdeutschland 2156

Komitee zum Schutz der Stromlandschaft Rheinfall-Rheinau 915

Komitee zur Verteidigung deutscher Patrioten 290, 393

Komitee zur Vorbereitung einer Gesamtberliner Bewegung 1170

Komitee zur Wahrung der Rechte der lernenden und schaffenden Jugend 971

Kommunistische Hochschulgruppe (KHG) 1705

Kommunistische Internationale (Komintern) 88, 355

Kommunistische Partei Algeriens (KPA) 1431

Kommunistische Partei Argentiniens 767

Kommunistische Partei Belgiens 274

Kommunistische Partei Bulgariens (BKP) 88, 1361

Kommunistische Partei Chinas (KPCh) 125, 1357, 1444, 1685, 1879, 1937, 1974, 2056

Kommunistische Partei Dänemarks (DKP) 1937, 1973, 2026, 2110, 2196

Kommunistische Partei der ČSSR (KPČ) 517, 553, 689, 718, 758, 1740

Kommunistische Partei der Niederlande (KPN) 229, 523, 762, 936, 1508, 1837

Kommunistische Partei der Sowjet-Union (KPdSU) 22, 154, 653, 719, 725, 762, 960, 1334, 1349, 1405, 1641, 1647, 1670, 1760, 1778, 1810, 2026, 2055, 2186, 2210
- Erster Sekretär des ZK 674, 746f., 893, 1093, 1131, 1195, 1245f., 1288, 1333, 1368, 1517, 1565, 1784, 1828, 1944, 2023, 2095, 2283
- Generalsekretär 33, 653, 674, 1044
- Parteitage 653, 674, 747, 1196, 1298, 1303, 1333, 1339, 1345, 1348ff., 1352f., 1357, 1360f., 1363, 1367, 1381, 1396, 1407, 1421f., 1444, 1464, 1470, 1488, 1518, 1521, 1564, 1647, 1670, 1695, 2095
- Politbüro 747
- Zentralkomitee 653, 714, 1298, 1334, 1404f., 1468f., 1670, 1691, 1880, 2345

Kommunistische Partei der USA (KPdUSA) 80, 133, 175, 180, 185, 330, 413, 446, 587, 652, 925, 1029, 1393, 1576

Kommunistische Partei Deutschlands (KPD) 21f., 25, 27ff., 32, 35, 37, 43f., 47f., 54, 56, 58, 65f., 74, 79, 87, 90, 93f., 97-101, 103f., 107, 109, 113, 118, 120f., 124, 132f., 144f., 150f., 154, 159, 162, 164f., 167f., 172, 177, 184, 186, 191, 194ff., 200, 203, 205f., 208f., 211, 213f., 216f., 219, 222, 225-228, 231, 238, 242ff., 254, 259, 261ff., 274ff., 278f., 283, 287, 295, 301, 306, 311, 316, 318, 329, 337, 339f., 348f., 351, 354, 363, 366, 370, 374, 382, 393ff., 404, 406, 416, 419f., 423, 427, 436, 438, 440, 442, 444, 448-451, 453ff., 470, 474, 482f., 489, 492, 503, 511, 513, 517, 531ff., 541, 547, 552, 557, 560, 562, 566, 568, 577, 583, 586, 588, 607, 614, 618-621, 636, 639, 641, 643, 649, 656, 659, 662, 668, 675, 692, 695f., 702, 715, 722, 724, 732, 734f., 740f., 752f., 756, 758, 763, 779, 787, 868, 880, 884f., 887, 890, 897, 901, 903, 905, 912, 918, 927f., 946, 948, 955, 957, 973, 976, 977, 985, 987, 996, 999ff., 1011, 1020, 1023, 1025, 1031, 1032, 1039, 1045, 1051, 1055, 1062, 1066, 1070ff., 1075f., 1078, 1088f., 1094, 1106, 1114, 1127, 1129, 1132, 1134, 1137f., 1149f., 1215, 1236, 1239, 1248, 1254, 1264f., 1283ff., 1300, 1302, 1312, 1326ff., 1340, 1348, 1358, 1379, 1392, 1400, 1414, 1427, 1429f., 1436, 1467f., 1490, 1511, 1520, 1554, 1564, 1582, 1584, 1603, 1604f., 1639, 1641, 1647, 1654, 1658, 1671, 1680, 1695, 1700, 1752, 1756, 1764, 1770, 1777f., 1786, 1810, 1818, 1836, 1866, 1897, 1904, 1922, 1933, 1936f., 1941, 1957, 1971f., 1984, 1999, 2003, 2006, 2013, 2032, 2038, 2062, 2068ff., 2079, 2086, 2109, 2112, 2114, 2123, 2158, 2186, 2190, 2192, 2199, 2210, 2217, 2220, 2225f., 2252, 2305, 2320, 2329, 2342,
- Arbeitsbüro der KPD beim Zentralkomitee der SED 2225f.
- Parteivorstand 27, 47, 127, 155, 159, 227, 370, 513, 552, 599, 660, 684, 985f., 1023, 1031, 1039, 1051, 1104, 1269, 1350, 1386, 1414, 1422, 1428f.
- Vorsitzender 27, 32, 35, 37, 43, 74f., 93, 97, 103, 107, 118, 151, 227, 263, 279, 295, 370, 385, 394, 482, 489, 492, 639, 737, 740, 755, 787, 885, 887, 992, 1031, 1071, 1088, 1172, 1179, 1269, 1521, 1752, 1838, 1844, 2071
- Zentralkomitee 42f., 144, 1157, 1814, 2004, 2252, 2285, 2342
- Zentralsekretariat 263

Kommunistische Partei des Saarlandes 224

Kommunistische Partei Finnlands 650

Kommunistische Partei Frankreichs (KPF) 40, 88, 175, 212, 218, 232, 274, 338, 382f., 432, 533, 547, 616f., 781, 866, 878, 1094, 1128, 1132, 1137f., 1197, 1278, 1282, 1304, 1308, 1431, 1509ff., 1513f., 1529, 1563, 1644, 1778, 1886, 1888f., 1912, 1937, 1968, 1981, 2003, 2059, 2137, 2206, 2286

Kommunistische Partei für Baden 250

Kommunistische Partei Griechenlands (KPG) 128, 579, 879, 2224

Kommunistische Partei Guatemalas 998, 1682

Kommunistische Partei Israels 346

Kommunistische Partei Italiens (KPI) 43, 88, 134, 169f., 364, 760, 1069, 1298, 1349, 1396, 1464, 1505, 1778, 1937, 2197

Kommunistische Partei Japans 225, 1424, 2333

Kommunistische Partei Jugoslawiens (KPJ) 1693

Kommunistische Partei Kubas 1842

Kommunistische Partei Marokkos 698

Kommunistische Partei Mexikos (PCM) 1742

Kommunistische Partei Österreichs

(KPÖ) 163, 297ff., 725, 1244, 1509, 1512, 1736
Kommunistische Partei Polens (KPP) 139, 1348
Kommunistische Partei Portugals (KPP) 49, 227
Kommunistische Partei Spaniens (KPS) 1330, 2205
Kommunistische Partei Rumäniens 963f.
Kommunistische Partei Südafrikas (SACP) 230, 243, 248
Kommunistische Partei-Opposition (KPO) 62, 752
Kommunistische Partei Ungarns 1824
Kommunistische Studentengruppe (KSG) 912
Kommunistischer Jugendverband 1327
Komsomol 468, 990, 1522, 1689, 1801, 2027
Konferenz aller afrikanischen Völker 2054
Kongreß für kulturelle Freiheit 502, 550, 561, 613, 871, 1250, 1818, 2001, 2271
Kongreßbüro für Entspannung und Neutralität 2017
Kongreßpartei (Italien) 2103
Königin Luise → Bund Königin Luise
Konservative Gesellschaft von 1950 311
Konservative Partei (Großbritannien) 503, 1191, 2322
Konservative Partei (KSP) 1111
Konsumgenossenschaften 730
Koordinierungszentrum für den antibolschewistischen Kampf 879
Korporation Hasso-Nassovia 1674
Kösener SC 214, 866
Kreis des 20. Juli 1944 1012
Kreis gegen Wiederaufrüstung 1149
Kreisauer Kreis 460, 1572, 1709, 2187
Kreisjugendring Coburg 309
Ku-Klux-Klan 1703
Kultur- und Entspannungszentrum 39
Kulturbund zur demokratischen Erneuerung Deutschlands (BRD) 733
Kulturbund zur demokratischen Erneuerung Deutschlands (DDR) 22, 98, 253, 362, 613, 860, 870, 933, 1520, 1732, 1793
Kulturgruppe zum Studium der Sowjetunion 341
Künstlergilde Esslingen 1814
Kuomintang 125, 1740
Kuratorium gegen die Atomgefahr 1807
Kuratorium Osnabrücker Friedenstag 2014
Kuratorium »Unteilbares Deutschland« 994ff., 1012, 1182, 1203, 1379, 1738, 1745, 1763, 2050, 2058, 2095, 2105, 2116, 2331, 2345f.
Kuratorium zum Kampf gegen die Vergiftung unserer Jugend durch Schund und Schmutz 1189f.

L
La Main Rouge (Rote Hand, Frankreich) 697, 1652, 2030, 2044, 2089, 2123, 2216, 2284, 2332, 2351
Labour H-Bomb Campaign Committee (Großbritannien) 1838
Labour Party (Großbritannien) 35, 56, 200, 503, 685, 689, 725, 773, 867, 1191, 1347, 1665, 1669, 1675, 1776, 1789, 1836, 1839, 1904, 2054, 2125, 2145, 2188, 2322, 2340, 2343f.
Lagergemeinschaft Dachau 1368, 1441, 2288
Lagergemeinschaft Heuberg-Kuhberg-Welzheim 1706
Lagergemeinschaft Neuengamme 2174
Landesarbeitskreis gegen Rekrutierung und Militarismus (Schleswig-Holstein) 971
Landesausschuß für ein einiges Deutschland (Rheinland-Pfalz) 269
Landesfriedenskomitee Bayern 2032
Landesfriedenskomitee Hamburg 1632
Landesinnungsverband der Spengler, Installateure, Kupferschmiede und Heizungsbauer (Bayern) 296
Landesjugendring Niedersachsen 376
Landesjugendring West-Berlin 367
Landesrat für Freiheit und Recht (Bayern) 193, 540
Landesverband der Filmtheaterbesitzer (Hessen) 393
Landesverband der Israelitischen Kultusgemeinden in Bayern 103, 184f., 397, 521, 530, 588, 654, 883, 2288
Landesverband der Jüdischen Gemeinden in Hessen 91, 123, 134, 185
Landesverband der Jüdischen Kultusgemeinden von Westfalen 1617
Landsmannschaft der Oberschlesier 2330
Landsmannschaft der Pommern 1196
Landsmannschaft Saxo-Silesia 461
Left Review Club (Großbritannien) 1838
Lehrerverein der Stadt Zürich 554
Leo Schlageter-Gruppe 258
Lessing-Gesellschaft zur Förderung der Toleranz 509f.

Liberal-Demokratische Partei Deutschlands (LDPD) 22, 129, 132, 163, 177, 259f., 269, 295, 313, 338, 358, 388, 541, 567, 591, 603, 611, 669, 836, 901, 921, 929, 934, 945, 992, 1010, 1052, 1117, 1139f., 1165, 1379, 1423, 1460f., 1511, 1745, 1764, 2010, 2016, 2039, 2116, 2254, 2345
Liberale Hochschulgruppe 1618
Liberale Partei 209
Liberale Partei (Chile) 670
Liberale Partei (Großbritannien) 1191, 1232, 1347
Liberaler Bund (Niedersachsen) 879
Liberaler Studentenbund Deutschlands (LSD) 390, 433, 742, 866, 1223, 1394, 1666, 1785, 1836, 1851, 1859, 1898, 1902, 1931, 1955, 2289
Liga der luxemburgischen politischen Gefangenen und Deportierten (LPPD) 1457
Liga für Menschenrechte 371, 930, 946, 970, 996, 2196
Liga für Menschenrechte (Frankreich) 1889
Ludendorff-Bewegung 166
Luftwaffenring 900
Lutherischer Weltbund 1648

M
Mapai-Partei (Israel) 2317
Marinejugend 1306
Marinekameradschaft Wilhelmshaven 784
Marokkanischer Gewerkschaftsbund 942
Mau-Mau (Kenia) 678, 720, 759f., 765, 972, 1098, 1310
Monarchistische Partei Deutschlands (MPD) 1039
Montgomery Improvement Association (MIA) 1297
Moslem-Bruderschaften (Ägypten) 931, 947, 1058, 1068, 1077
Moslemliga (Pakistan) 501
Mosley-Gruppe 511
Mouvement National Algérien (MNA) 2302
Mouvement National Congolais (MNC) 2311
Mouvement Républicain Populaire (MRP, Frankreich) 1603, 1885, 1887, 1889
Movimento Nacional Revolucionario (MNR, Bolivien) 586
Movimento Popular de Libertação de Angola (MPLA) 1532

Movimento Sociale Italiano (MSI) 198, 333, 1362
Münchner Kameradschaft des Jahrgangs 1922 2282, 2328
Mun-Sekte (Südkorea) 976

N
Natinform 1381
Nationaal-Europese Sociale Beweging (NESB, Niederlande) 1057
Nationaal-Socialistische Beweging (NSB, Niederlande) 1057
National Association for the Advancement of Colored People (NAACP) 1285, 1933
National Committee for a Sane Nuclear Policy 1739, 2087
National Demokratische Partei Deutschlands (NDPD) 29, 78, 117, 129, 148, 173, 177, 226, 247, 257, 268, 1083, 1089, 1139, 1397, 1764, 1918, 1957, 2016, 2037, 2039
National Urban League (NUL, USA) 1933
Nationale Algerische Befreiungsarmee → Armée de Libération Nationale (ALN)
Nationale Bauernpartei Ungarns (Petöfi-Partei) 1478
Nationale Befreiungsarmee Tunesiens 1069
Nationale Front 75, 127, 129, 161, 168, 180, 184f., 192, 270, 279, 283, 312f., 515, 538, 724, 815, 823, 915, 982, 1012, 1052f., 1145, 1200, 1661, 1827, 1989, 2039, 2060, 2220, 2315
- Nationales Aufbauwerk (NAW) 538
- Nationalrat 74, 127, 279, 470, 612f., 735, 915, 1012, 1016, 1114, 1470, 1644, 1769, 1930, 1952, 2007, 2011, 2016, 2029, 2176, 2187, 2191, 2286, 2290, 2301, 2331, 2336f.
- Präsidium des Nationalrats 1832, 1838, 1880
- Westdeutscher Arbeitsausschuß 635, 1114, 1319f., 1654
Nationale Jugend Deutschlands (NJD) 511, 551
Nationale Jugendgemeinschaft 2204
Nationale Opposition (NO) 852
Nationale Partei Deutschlands (NPD) 2016
Nationale Rechte (NR) 21, 176, 1039, 1192
Nationale Reichspartei (NRP) 226, 471
Nationale Solidarität 1990
Nationale Sozialistische Bewegung 1654

Nationale Union 110, 208, 390
Nationale Union der südafrikanischen Studenten 2152
Nationale Wählergemeinschaft 681
Nationaler Jugendbund (NJB) 495, 511
Nationaler Kameradschaftskreis 2016
Nationaler Musikzirkel 511
Nationaler Presseclub → National Press Club
Nationaler Rat für die Einstellung der Atomwaffenversuche (Großbritannien) 1776
Nationales Komitee für die Befreiung Max Reimanns 84
Nationales Komitee für einen Atomwaffenversuchsstopp (Großbritannien) 1578
Nationales Komitee zur Erlangung von Gerechtigkeit für die Rosenbergs 506
Nationales Olympisches Komitee (NOK) 2341
Nationalistische Partei Puerto Ricos 319, 321
National-Jugend Deutschlands 2204, 2346
Nationalkomitee Freies Deutschland (NKFD) 129, 380, 901, 1005, 1119, 1153, 1576, 1772, 1957, 2004
Nationalkomitee für ein freies Europa 424
Nationalkommunistischer Studentenbund 2098, 2157
National Press Club (USA) 764, 2153f.
National Union of General and Municipal Workers (Großbritannien) 2196
Nationalrat der algerischen Revolution → Conseil National de la Révolution Algérienne (CNRA)
Nationalsozialistische Deutsche Arbeiterpartei (NSDAP) 80, 95, 107ff., 122f., 138f., 141, 148, 182, 185, 191, 193, 202, 208f., 214, 219, 253, 258, 292f., 305f., 311, 324, 349, 403, 417, 435, 471, 495, 509-513, 521, 530, 561, 570, 577f., 589, 598, 615, 620, 638, 673, 679, 687, 688, 724f., 737, 742, 760, 775, 883, 887, 1027, 1069, 1145, 1155, 1248, 1256, 1286, 1330, 1360, 1408, 1554, 1632, 1639, 1661, 1673, 1681, 1714, 1720, 1745, 1786, 1795, 1869, 1880, 1884, 1917f., 1920, 1944, 1952, 1961, 1974, 1977, 2017, 2040, 2160, 2066, 2068, 2187f., 2204, 2214, 2313, 2338, 2344, 2346, 2349
Nationalverband der französischen Arbeitsdeportierten 2142

Nationalverband der Labour-Party-Studenten 2198
Nationalverband polnischer Studenten (ZSP) 1584, 1730
Naturfreundejugend 567, 585, 607, 1066, 1081, 1107, 1134, 1317, 1320, 1322, 1369, 1408, 1415, 1496, 1623, 1697, 1708, 1838, 1867, 1927, 2005, 2118, 2168, 2210, 2237, 2279, 2312
Naturschutzpark e.V. 1350, 1390
Nauheimer Kreis 44, 52, 108, 116, 140, 148, 178, 228, 283, 290, 324, 345, 399, 406, 458, 600
Neu Beginnen 26, 238
Neue Linke (Frankreich) 1282, 1889
Neue Rechte 1195
Neue Schwedische Bewegung 431
Niedersächsischer Fußballbund 1845
Niedersächsischer Journalistenverband 443
Niedersächsischer Landvolkverband/Niedersächsisches Landvolk 465, 1282, 1294
No Conscription Fellowship (Großbritannien) 1838
Notgemeinschaft Blink 1051
Notgemeinschaft der Besatzungsgeschädigten 229
Notgemeinschaft der ehemaligen berufsmäßigen Arbeitsdienstangehörigen 1199
Notgemeinschaft ehemaliger Berufssoldaten 212
Notgemeinschaft für den Frieden Europas 513f., 529, 537, 553, 562, 573, 629, 687, 692, 1132
Notgemeinschaft gegen atomare Bewaffnung 1836
Notgemeinschaft (in der Diözese Rottenburg) 119
Notgemeinschaft zur Verteidigung der Volksgesundheit 1611
NS-Studentenbund 569, 1661

O
Oberrat der Israeliten Badens 63, 1621
Öffentliches Forum (Frankfurt) 232
Ökumenischer Rat 1912
Operation Gandhi (Großbritannien) 534, 541f., 567, 635
Opfer der Nürnberger Gesetze (OdN) 168
O.R.A.S. (Algerien) 1569
Organisation Consul (OC) 258
Organisation de l'Armée Secrète (O.A.S.) 1569

Organisation der Kraftfahrtruppen 480
Organisation ehemaliger deutscher Berufssoldaten und Heeresbeamter 278
Organisation für intellektuelle Freiheit 49
Ortsausschuß »Kampf dem Atomtod« Gießen 2182
Ortsausschuß »Kampf dem Atomtod« Wedel 2109, 2119
Ostberliner Friedenskomitee 439
Ostdeutscher Bauern- und Mittelstandsbund 247, 268
Österreichische Landsmannschaft 2298
Österreichische Legion 1791
Österreichische Volkspartei (ÖVP) 74, 240, 436, 958, 1207, 1239, 1381, 2220
Österreichischer Gewerkschaftsbund (ÖGB) 67, 297, 1239
Österreichisches Komitee für Atomabrüstung (ÖKA) 2087

P
Pacifistisch Socialistische Partij (PSP, Niederlande) 1573
Pan Africanist Congress (PAC, Südafrika) 2148f.
Pan-Europa-Union 1060
Partei der Arbeit (PDA, Schweiz) 131, 154, 274, 286, 371, 380, 401, 638, 792, 991, 1508, 1509, 1513
Partei der Arbeit Albaniens (PPSh) 81
Parti Neo-Destourien (PND, Tunesien) 534, 547, 1069, 1350, 1361
Partido Obrero de Unificación Marxista (POUM, Spanien) 1641
Parti Patriote Révolutionnaire (PPR, Frankreich) 1887
Parti Républicain Radical et Radical-Socialiste (PRS, Frankreich) 1632
Partido Africano da Indepencia da Guiné e Cabo Verde (PAIGC) 1446, 2236
Partido del Pueblo Cubana (PPC) 1676
Pathet Lao 766
Patriotische Christen 513, 515
Patriotische Gesellschaft Hamburg 2147
Peace Pledge Union (Großbritannien) 541
PEN-Club → Deutsches PEN-Zentrum
PEN-Club (USA) 377
Peronistische Arbeiterpartei (Argentinien) 1251
Peronistischer Gewerkschaftsbund (Argentinien) 1241

Petöfi-Club (Ungarn) 1299, 1303, 1349, 1394, 1401, 1417, 1509, 1520, 1529, 1536, 1554, 1564, 1681, 1695
Petöfi-Partei → Nationale Bauernpartei Ungarns
Pfeilkreuzler Partei (Ungarn) 2135
Physikalische Gesellschaft der DDR 1629
Politisches Forum Bonner Studenten 1290
Polizeigewerkschaft Frankreichs 1813
Polnische Arbeiterpartei (PAP) 1463
Polnische Vereinigte Arbeiterpartei (PVAP) 139, 1298, 1348, 1403, 1463, 1468-1471, 1483, 1491, 1514, 1517, 1557, 1721, 1723, 1736, 1869, 1937, 1956
Polnischer Studentenverband → Nationalverband polnischer Studenten (ZSP)
Presseausschuß der Stadt Hamburg 304
Presseverband Berlin 1458
Psychoanalytische Vereinigung 1736
Publizistisches Zentrum für die Einheit Deutschlands 357

R
Radikal-Soziale-Freiheitspartei (RSF) 206, 288
Radikalsozialistische Partei 613
Radikale Mitte 195
Radikale Partei Argentiniens 767
Raiffeisen-Hauptgenossenschaft 367, 382
Rassemblement Démocratique Révolutionaire (RDR) 61, 164
Rassemblement Jurassien 1009
Rassemblement pour l'Algérie Française (RAF) 2271
Rat für die Befreiung der Völker Rußlands 474
Rechtssozialistische Deutsche Arbeiterpartei (RSDAP) 197
Redakteurverband deutscher Studentenzeitschriften 2226
Reichsbanner Schwarz-Rot-Gold 656
Reichsblock 717, 774, 865
Reichsbund der Kriegs- und Zivilgeschädigten 1849, 1976, 2170, 2194, 2267, 2280, 2294, 2297
Reichsfront 427
Reichsjugend 275, 1654
Reichsjugend Scharnhorst 489
Reichsverband der Deutschen Presse 91
Reichsvertretung der Juden in Deutschland 1500
Religiöse Sozialisten 79

Republikanische Bürgerpartei Deutschlands 666
Republikanische Partei (USA) 117, 588, 2030
»Rettet die Freiheit!« e.V. 2066, 2071, 2112, 2135, 2190, 2196
Revolutionäre Gewerkschafts-Opposition 868
Revolutionäres Nationalkomitee 1570
Rheinhessischer Winzerverband 1577
Rheinischer Konvent 1867, 2002
Rhein-Ruhr-Club 990, 2310
Ring Christlich Demokratischer Studenten (RCDS) 388, 390, 614, 866, 1223, 1393f., 1666, 1801, 1898, 1921, 1934, 2073, 2221, 2305, 2322, 2339
Ring freier und politischer Studentengruppen 1785
Ring freier Studenten (Göttingen) 862
Ring freier Studentenvereinigungen an der Universität Kiel 742
Ring freier Studentenvereinigungen (Göttingen) 549
Ring Politischer Jugend 286, 309, 1504
Ring Politischer Hochschulgruppen 630
Ring Politischer und Freier Studentenverbände und -gemeinschaften Deutschlands 390, 741, 786, 1223
Ring politischer Studentengruppen 1939
Ring vaterländischer Jugendverbände der Bundesrepublik Deutschlands und Berlins 1489
Ring volkstreuer Verbände (Österreich) 2298
Rote Hilfe 868, 2123
Rote Kapelle 985, 1854, 2258
Roter Studentenbund 1641
Ruhrknappschaft 2261

S
SA (Sturmabteilung der NSDAP) 95, 97, 139, 192, 278, 349, 486, 509, 511f., 577, 581, 676, 687, 887, 960, 965, 1013, 1047, 1155, 1213, 1286, 1340, 1446, 1553, 1605, 1617, 1632, 1637, 1661, 1669, 1673, 1696, 1720, 1743, 1791, 1795, 1931, 1942, 1952, 1973f., 1990, 2017, 2040, 2047, 2160, 2313, 2338
SA-Traditionsabteilung Horst Wessel 511
Sammlung der Mitte 1642
Sammlung zur Tat/Europäische Volksbewegung 45, 79
Schlesische Landsmannschaft 485
Schriftstellerverband der Sowjetunion 1298, 1381

Schriftstellerverband Polens 1526
Schriftstellerverband Ungarns 1278, 1471
Schülerbibelkreis Velbert 1114
Schutzbund ehemaliger Deutscher Soldaten 480
Schutzgemeinschaft Heilbronn 1801, 1810f.
Schutzgemeinschaft Heuchelberg 1797, 1800f., 1804, 1998
Schutzgemeinschaft verdrängter Staatsdiener 440, 1199
Schutzverband der Nichtwähler 229, 329
Schutzverband deutscher Schriftsteller (SdS) 1365, 1662, 1695
Schwäbischer Albverein 1998
Schwarze Front 293, 1157, 1395, 1454
Schweizerisch-Israelitischer Gemeindebund 554
Schweizerische Arbeiterbildungszentrale 554
Schweizerischer Bühnenkünstlerverband 554
Schweizerischer Filmbund 554
Schweizerischer Gewerkschaftsbund 960
Schweizerischer Schriftstellerverein 554
Schweizerisches Rotes Kreuz 1491
Schwelmer Kreis 584, 2186
Shakespeare-Club Amsterdam 39
Sindicato Espanol Universitario (Spanien) 1330
Sinn Fein (Irland) 1191
Situationistische Internationale (S.I.) 1685, 1769, 1782, 1844f., 2027, 2155
Slowakischer Nationalrat 1215
Societé Internationale des Études des Problèmes Socialistes (SIEPS) 1352
Society of Newpapers Editors 2153
Solidaritätsrat der Länder Asiens und Afrikas 1756
South-African Coloured People Congress (SACPC) 1208
South-African Congress of Trade Unions (SACTU) 1208
South-African Indian Congress (SAIC) 1208
Southern Christian Leadership Conference (SCLC, USA) 1556, 1579f., 1766, 1797, 1933
Southern Conference on Transportation and Nonviolent Integration (USA) 1566
Sowjetisches Komitee der Kriegsveteranen 2258

Sozialdemokratische Aktion (SDA) 132, 261f., 635, 1391
Sozialdemokratische Partei der Schweiz (SPS) 553, 1948, 2211
Sozialdemokratische Partei Deutschlands (SPD) 20ff., 26, 28, 30ff., 40, 46, 54, 56, 63f., 66, 79, 81, 84, 91f., 94, 97-101, 104, 107f., 110f., 115, 118f., 121, 127, 131-134, 136, 144f., 147, 150, 152, 155, 159f., 162, 166, 170, 175, 183f., 190, 196, 198, 206, 211, 213, 216, 219, 227f., 230, 234, 238-244, 254ff., 259, 262, 267, 274, 277, 281, 283f., 287, 292, 295, 303, 310f., 313ff., 318, 321f., 329f., 334, 337, 339, 349ff., 354, 359, 365, 367, 370, 372, 378, 380ff., 390, 393f., 402f., 412, 416f., 419f., 427-430, 433, 442, 444, 451, 455ff., 460, 468ff., 474f., 479f., 483, 486, 488, 495, 498ff., 500, 506f., 512ff., 516f., 523, 528, 531, 541, 545, 547f., 552, 556f., 561, 564, 568, 571, 578f., 587, 590ff., 599f., 607, 620, 622, 625, 629, 632, 635, 641, 643, 647, 656, 660, 662, 667, 669, 671, 673, 675, 678, 690, 692, 696, 715, 722, 724f., 730, 740f., 744, 749, 751ff., 755, 758, 777, 783, 840, 847, 865, 868, 871, 895, 897ff., 904ff., 911, 913, 918, 926, 932, 935, 942, 947ff., 952f., 962, 967, 974, 994, 996f., 1010ff., 1014f., 1019, 1021f., 1025, 1034, 1038f., 1045, 1047, 1049f., 1052, 1056, 1058f., 1062, 1073, 1082, 1085, 1094f., 1101f., 1104, 1114f., 1117, 1122, 1126, 1128ff., 1132f., 1135, 1138, 1140f., 1142f., 1145, 1147, 1152, 1154, 1167, 1175, 1186, 1195f., 1202ff., 1212, 1215, 1222, 1229, 1232, 1245, 1248, 1258, 1260, 1266, 1272, 1277, 1283, 1288, 1300ff., 1313, 1335f., 1343, 1346, 1355, 1357f., 1363, 1365, 1367, 1374, 1376ff., 1380f., 1387, 1391, 1398, 1408, 1410f., 1412ff., 1420f., 1436, 1440f., 1444, 1447, 1451, 1453, 1455, 1460f., 1463, 1490, 1495, 1497, 1503-1506, 1509, 1522, 1529, 1552, 1554, 1568, 1572f., 1575, 1594f., 1600, 1607, 1611, 1620, 1642, 1647, 1649, 1652-1655, 1659, 1662, 1671f., 1674, 1678, 1680, 1683, 1699, 1710, 1717, 1723, 1727, 1730, 1733, 1738f., 1749, 1752, 1755, 1762f., 1765, 1770, 1772, 1775, 1777, 1779ff., 1781, 1783, 1787ff., 1791, 1793f., 1796, 1798f., 1801f., 1805, 1807, 1809, 1811f., 1814ff., 1818ff., 1825-1829, 1831, 1834-1837, 1842, 1844, 1846f., 1849, 1851f., 1854f., 1857f., 1860, 1866-1869, 1874f., 1878f., 1880, 1883, 1892, 1895f., 1901ff., 1905, 1909f., 1913, 1916, 1918, 1920, 1922f., 1925f., 1931f., 1934, 1936, 1938f., 1943, 1948, 1952, 1957f., 1965, 1969, 1977, 1979, 1983, 1985, 1989, 1993, 1998, 2001, 2005, 2010-2013, 2015f., 2024, 2035, 2042ff., 2054f., 2065, 2069, 2072, 2077-2081, 2088, 2103f., 2106, 2118, 2121, 2126, 2132f., 2135-2140, 2160f., 2164ff., 2168, 2171ff., 2176, 2178, 2188f., 2190f., 2194, 2203f., 2207ff., 2215, 2220, 2229f., 2246, 2253f., 2263f., 2269, 2279, 2291, 2293f., 2297, 2303, 2309, 2314f., 2320, 2325f., 2329, 2334, 2337, 2339, 2343, 2346
- Arbeitsgemeinschaft sozialdemokratischer Akademiker 1409
- Arbeitsgemeinschaft sozialdemokratischer Frauen (AsF) 1860
- Auslandspräsidium 656
- Bundesvorsitzende 349, 592, 613, 656, 717, 898, 952, 995, 997, 1014, 1038, 1047, 1049, 1056, 1085, 1113, 1115, 1117, 1120, 1127, 1129, 1134, 1138, 1140, 1178, 1228, 1595, 1669, 1679, 1709, 1763, 1784, 1801, 1820, 1823, 1841, 1896, 2024, 2128, 2300, 2331
- Jungsozialisten 32, 57, 286, 309, 409, 594, 687, 734, 741f., 877, 895, 948, 994, 1107, 1133, 1228, 1317, 1322, 1369, 1395, 1406, 1415, 1449, 1572, 1702, 1833, 1847, 1889f., 2001, 2005, 2034, 2104, 2132, 2163, 2168, 2178, 2189, 2210, 2269, 2281, 2293, 2322
- Ostbüro der SPD 111, 702, 814, 1307, 1358, 1421, 1498, 1575, 1590f., 1617, 1748, 1794, 1819
- Parteivorsitzender 94, 97, 100, 115, 144, 147, 213, 234, 239, 292, 310, 318, 337, 368, 370, 372, 378, 381, 384, 420, 451, 460, 468, 480, 499, 504, 506, 516
- Parteivorstand 334, 370, 480, 513, 523, 548, 568, 587, 600, 635, 669, 731, 751, 876, 897, 949, 1015, 1102, 1171, 1358, 1365, 1427, 1572, 1594, 1672, 1730, 1793, 1896, 1978f., 2055,

2068, 2071, 2115, 2189f., 2194, 2203, 2130f., 2134, 2157f., 2163, 2286, 2333
- Vollmar-Schule 621

Sozialdemokratische Partei (Rußland) 745

Sozialdemokratische Partei Ungarns 1477

Sozialdemokratischer Ausschuß zur Verhinderung der Wiederaufrüstung 419

Soziales Hilfswerk für ehemalige Zivilinternierte 1199, 2160

Sozialistische Aktion 736, 741, 1145, 1362, 1391f.

Sozialistische Arbeiterjugend (SAJ) 1052, 1327

Sozialistische Arbeiter-Partei (SAP) 752

Sozialistische Einheitspartei Deutschlands (SED) 10, 22f., 27, 30, 32f., 42-46, 63, 66, 70, 76, 88, 93f., 107ff., 111ff., 126f., 129, 139, 148, 152, 161ff., 165, 167, 169f., 175-180, 183, 202, 207, 211, 215, 227, 235, 241, 243, 252f., 259ff., 266, 277, 279, 283f., 295, 305f., 312f., 316f., 320f., 324, 329, 350f., 367, 394, 399, 402, 419f., 424, 429, 432, 434, 444, 450, 459, 462, 465, 470, 483, 489, 496, 499ff., 501, 506, 508f., 512, 523, 533, 582, 591f., 610f., 615, 623, 641, 647, 658, 667, 669, 684, 691f., 716, 718f., 724, 726, 749, 760, 762, 769, 776, 779, 784, 792, 794f., 798-801, 804, 813, 819-823, 826ff., 830-839, 841ff., 850, 854-857, 860, 862, 866, 870, 872, 878, 885f., 892, 901, 910, 915, 929, 934, 942, 952, 958, 960, 968, 973, 991, 1000, 1002, 1012, 1030, 1038, 1052, 1055f., 1066f., 1069, 1071, 1073, 1076ff., 1082, 1084, 1097, 1139, 1141, 1147, 1156f., 1161-1164, 1166, 1174, 1182, 1203f., 1233, 1263f., 1285, 1393f., 1307, 1310, 1312, 1314, 1327, 1334, 1339f., 1343, 1352, 1354, 1360, 1365, 1386f., 1395, 1408, 1421, 1425, 1432, 1436, 1458, 1464, 1470, 1488f., 1491, 1494, 1497f., 1509, 1513, 1517, 1520, 1522, 1530, 1535-1539, 1541, 1554ff., 1573, 1576, 1579, 1590f., 1599, 1605, 1607, 1611, 1620, 1623, 1635, 1639, 1654, 1661, 1670f., 1680ff., 1691, 1695ff., 1700, 1706f., 1714, 1716, 1722, 1727f., 1731f., 1739, 1750, 1765f., 1779, 1787, 1791, 1794, 1797, 1805, 1810, 1817f., 1821, 1826, 1854f., 1859f., 1880ff., 1915, 1918, 1927, 1937, 1944, 1946, 1952, 1957, 1970, 1982, 1984f., 1991, 1993, 2004f., 2010, 2013, 2016, 1032, 2036, 2038f., 2048, 2051, 2062, 2069, 2079, 2088, 2110, 2116, 2123, 2133, 2150, 2157, 2162f., 2169, 2173, 2187, 2210, 2218, 2221f., 2226, 2229f., 2241, 2243, 2249, 2259, 2264, 2267, 2281f., 2289, 2300, 2305, 2309, 2314-2318, 2323, 2334, 2339, 2345f., 2349
- Bezirke 611, 774, 854, 880, 937, 1158, 1195, 1303, 1364, 1437, 1529, 1653, 1737, 1777, 1790f., 1875, 1946, 2174, 2191, 2218
- Erster Sekretär des ZK 929, 992, 1077, 1101, 1182, 1207, 1211, 1226, 1258, 1280, 1311, 1343, 1351, 1353, 1360, 1365, 1375, 1425, 1457, 1489, 1508, 1534f., 1539, 1541, 1575, 1579, 1593, 1644, 1647, 1649, 1714, 1716, 1732, 1790, 1798, 1828, 1838, 1919, 1946, 1957, 1970, 1982, 1989, 2020, 2033, 2051, 2133, 2162, 2210, 2092, 2124, 2285, 2289, 2290, 2306
- Generalsekretär 261, 266, 279, 316, 330, 394, 419, 444, 465, 605, 623, 634, 641, 719, 775, 780, 796, 799, 805, 832, 837, 872, 926, 937
- Institut für Marxismus-Leninismus beim ZK der SED 1574
- Kreisleitungen 651, 827, 830, 832, 836, 839
- Parteivorsitzender 42f., 47, 66, 75, 88, 127ff., 139, 419
- Parteivorstand 261, 512
- Politbüro 33, 45, 523, 634, 645, 780, 790f., 794, 796, 798, 803, 816, 851, 853, 855, 872, 937, 1314, 1358, 1374, 1430, 1518, 1530, 1671, 1681, 1705f., 1789f., 1810, 1884f., 1981, 1989, 2009, 2013, 2032, 2038, 2129, 2162, 2219, 2249, 2258, 2317
- Zentralkomitee 107, 113, 261, 277, 316f., 351, 444, 470, 532, 589, 651, 702, 717, 719, 722, 724, 734, 749, 752, 769, 780, 784, 794, 806f., 814, 839, 851, 855f., 863, 872, 885, 933f., 937, 960, 1000, 1038, 1066, 1082, 1088, 1096f., 1303f., 1346, 1367, 1398f., 1430, 1518, 1530, 1535, 1554, 1570, 1575, 1579, 1593, 1643, 1671, 1681, 1691, 1705f., 1727, 1736, 1753f., 1765, 1778, 1789f., 1793, 1806, 1810, 1814f., 1880, 1897, 1919, 1922, 1930, 1935, 1937, 2004, 2013, 2062
- Zentralsekretariat 113, 344

Sozialistische Einheitspartei Deutschlands – West-Berlin (SEW) 1880

Sozialistische Hochschulgemeinschaft (SHG) 730

Sozialistische Internationale (SI) 451f., 472, 677, 867, 1220, 1221, 1360, 1415, 1669, 1927, 2220, 2228

Sozialistische Jugend Deutschlands – Die Falken 70, 84, 276, 352, 380, 409, 428, 431, 512, 516, 567, 594, 603, 607, 624f., 649, 992, 1066, 1076, 1081, 1084, 1107, 1120, 1127, 1129, 1133, 1208, 1228, 1313f., 1317, 1320ff., 1374, 1377, 1395, 1408, 1415, 1449, 1456, 1496, 1568, 1622f., 1683, 1697, 1701, 1708, 1723, 1836ff., 1844, 1867, 2001, 2005, 2011, 2034, 2095, 2118, 2134, 2168, 2173f., 2178, 2188, 2207, 2226, 2312, 2314, 2334

Sozialistische Jugend Italiens 2225

Sozialistische Jugend (Zürich) 554

Sozialistische Partei Argentiniens 767

Sozialistische Partei Frankreichs (SFIO) 204, 362, 451, 1889

Sozialistische Partei Italiens (PSI) 1591

Sozialistische Partei Japans 1424, 2333

Sozialistische Partei Norwegens 997

Sozialistische Partei Österreichs (SPÖ) 219, 299f., 346, 436, 840, 862, 1239, 1381, 1893, 2011, 2220, 2225

Sozialistische Partei Polens 139

Sozialistische Reichspartei (SRP) 21, 125, 149, 160, 164, 178, 209, 232, 274f., 293, 349, 351, 401, 412f., 425, 427f., 431, 435f., 445, 451, 460, 464, 471, 473f., 498, 511, 513, 518, 523, 552, 530f., 561f., 575, 589, 598, 665, 677f., 681f., 688, 695, 717, 735f., 751, 756, 782, 1071, 1192, 1244, 1251, 1389, 1554, 1654, 1679, 1709, 1920
- SRP-Jugend 632

Sozialistische Union (SU) 79

Sozialistische Volkspartei (Dänemark) 2110, 2196

Sozialistische Volkspartei Deutschlands 27

Sozialistischer Deutscher Studentenbund (SDS) 287, 354, 401, 484, 564, 568, 592, 646, 666, 741f., 762, 866, 875, 898, 918, 935, 988, 1084, 1107, 1133, 1165f., 1223, 1273, 1314f., 1320, 1322, 1351, 1354, 1363f., 1392, 1394,

1401, 1438, 1491, 1496, 1568, 1618, 1666, 1674, 1692, 1705, 1785, 1796, 1798, 1836, 1851, 1860, 1867, 1898, 1902, 1955, 2005, 2012, 2066, 2068, 2077, 2115, 2118, 2186, 2190, 2194, 2203f., 2206, 2229f., 2298, 2318, 2322, 2330, 2333, 2345, 2348
- Berlin 587, 1166, 1394, 1491, 2115, 2194, 2197, 2206
- Bundesvorsitzender 32, 122, 287, 730, 742, 876, 1166, 1273, 1730, 2078
- Bundesvorstand 122, 786, 1069, 1166, 1193, 1314, 1490, 2078, 2189f., 2194, 2203, 2228, 2230, 2324
- Delegiertenkonferenzen 121, 181, 287, 673, 900, 1058, 1165, 1273, 1315, 1490, 1730, 2228, 2230
- Erlangen 550
- Freiburg 542f.
- Tübingen 614

Sozialistischer Jugendverband Polens (ZMS) 1730, 2334
Sozialorganische Ordnungsbewegung Europas (SORBE, Österreich) 2011f.
Spartakusbund 25, 2003, 2032, 2062
Spitzenorganisation der Filmwirtschaft e.V. (SPIO) 92
Sri Lanka Freedom Party (SLFP) 2276
Staatsbürgerinnen-Verband 494
Städtisches Gewerkschaftskartell (Zürich) 554
Stahlhelm – Bund der Frontsoldaten 349, 390, 478, 480, 489, 530, 651, 864, 936, 962, 1032, 1036, 1058, 1095, 1111, 1200ff., 1242, 1253, 1260, 1306, 1315, 1394, 1682, 1916, 1983, 2232
Ständiger Ausschuß der deutschen Arbeiterkonferenzen 1593
Ständiger Ausschuß zur Herstellung der Aktionseinheit der deutschen Arbeiterklasse 1038
Ständiger Kongreß gegen die atomare Aufrüstung der Bundesrepublik 1855, 1925f., 2016, 2043, 2109, 2125, 2179
Stichting Anti-Atoombom-Actie (SAAA) 2087
Stoßtrupp gegen bolschwistische Zersetzung 573
Streitlose für Befriedung und Entspannung 381, 858
Studentenausschüsse gegen Atomrüstung 1900
Studentengruppe gegen Atomrüstung an der Freien Universität West-Berlin 2176
Studentenverband deutscher Ingenieurschulen (SVI) 1613
Studentersamfundet (Sozialistischer Studentenbund Norwegens) 2120, 2167
Studentische Aktion (Tübingen) 1392
Studentische Aktionsgruppe gegen Atomrüstung (Göttingen) 1900, 1928
Studentische Aktionsgruppe gegen Atomrüstung (Saarbrücken) 1938
Studentische Aktionsgruppe gegen Atomrüstung (Stuttgart) 1938
Studentische Ausschüsse gegen Atomrüstung 2076, 2163, 2182, 2198
Studentischer Arbeitskreis für ein kernwaffenfreies Deutschland 1964, 2179
Stuttgarter Ortsausschuß »Kampf dem Atomtod« 2100
Stuttgarter Wählervereinigung 1467f.
Sudetendeutsche Freikorps 2187
Sudetendeutsche Jugend 1989
Sudetendeutsche Landsmannschaft 561, 1196, 1989, 2156, 2183
Sudetendeutsche Landsmannschaft (Österreich) 2298
Sudetendeutsche Partei (SDP) 1661, 2017
Südtiroler Verband 2298
Südtiroler Volkspartei 1740
Syndikat der revolutionären Maler, Bildhauer und technischen Arbeiter 1742

T
Tatgemeinschaft der jungen Generation 971
Tatgemeinschaft freier Deutscher 589
Tatgemeinschaft für Frieden und Einheit 1145
Technischer Dienst (TD des BDJ) 349, 408, 442, 531, 534, 661ff., 717, 1979
Theatergruppe »Junges Ensemble« 2095
Thomas-Müntzer-Kreis 238
Töchter der amerikanischen Revolution 1077
Töchter des Nils (Ägypten) 953f.
Tradition Adolf Hitler 511
Transportarbeiter-Gewerkschaft (Südafrika) 2179
Treffen der jungen Generation 603, 607
Tudeh-Partei 36

U
Uganda National Congress (UNC) 990
Umma-Partei (Sudan) 952
Unabhängige Arbeiterpartei Deutschlands (UAPD) 62, 79, 262, 393, 404, 406
Unabhängige Gewerkschaftsorganisation (UGO) 63, 71f., 185, 253
Unabhängige Sozialdemokratische Partei Deutschlands (USPD) 321, 897, 900, 1662, 1671, 1810, 2003
Unabhängige Wählergemeinschaften 717, 751
Unabhängiger Soldatenbund Deutschlands – Die Graue Front 906
Ungarische Arbeiter-Partei 70, 82, 87, 104, 132, 1169, 1278f., 1299, 1349, 1354, 1382, 1398, 1401, 1417, 1461f., 1465, 1476ff., 1480, 1494, 1533, 1792, 1926
Unification Church International (Korea) 975
Union des Producteurs Suisses 381
Union Européenne des Fédéralistes 108, 206
Union Fédéraliste Inter-Universitaire 206
Union Nationale des Étudiants Français (UNEF) 1752
Unitarian Services Bureau 401
Unitarian Service Committees (USC, Genf) 69, 277, 1057, 1069
Unitarische Jugend 221
Union de défense des commercants et artisans (Union zum Schutz der Kaufleute und Handwerker) 1115
Union démocratique et socialiste de la résistance (UDSR) 1889
Union der europäischen Widerstandskämpfer 2139
Union der Kommunisten 1384
Union der Progressisten (Frankreich) 1282
Union pour la Nouvelle République (UNR) 2047, 2271, 2329
United National Party (UNP) 2276
Unpolitische Interessengemeinschaft ehemaliger Internierter 667
Untersuchungsausschuß freiheitlicher Juristen (UfJ) 112, 532f., 639, 641, 647f., 650, 750, 991, 1084, 1349, 1413, 1918, 1943, 1969, 2057, 2148, 2205, 2349

V
Vaterländische Union (VU) 39, 133, 145, 172, 202, 209, 257, 360, 428, 435, 471, 551

Verband der antinazistischen Kämpfer Israels 2244
Verband der Auslandspresse 1458
Verband der deutschen Presse (VDP, DDR) 2025
Verband der Entnazifizierungsgeschädigten 724
Verband der Filmproduzenten, Filmtheater und Verleiher 174
Verband der Interessengemeinschaft der Entnazifizierungsgeschädigten 1017
Verband der Heimkehrer 1116, 1203, 2060
Verband der Jagdflieger 1189
Verband der jüdischen Gemeinden in Nordwestdeutschland 477
Verband der jüdischen Gemeinden Norddeutschlands 607
Verband der Kämpfer gegen Faschismus und Krieg 1168
Verband der Kriegsbeschädigten, Kriegshinterbliebenen und Sozialrentner Deutschlands (VdK) 169, 202, 769, 1083, 1312, 1811, 1868, 2048, 2067, 2115, 2118ff., 2127, 2131, 2135, 2139f., 2152, 2164f., 2174ff., 2193, 2206, 2208, 2255, 2287, 2303
Verband der Kriegsdienstverweigerer (VdK) 1134, 1964f., 1977, 1993, 2034, 2044, 2089, 2164, 2178, 2189, 2210, 2248, 2250, 2252f., 2260, 2265, 2269, 2271, 2281, 2310f., 2319, 2324, 2331, 2342
Verband der Kriegsdienstverweigerer (VdK) – Aktionskreis für Gewaltlosigkeit 1851
Verband der Londoner Zeitungsverlage 1171
Verband der Mittel- und Realschullehrer 1194
Verband der nicht-amtierenden (amtsverdrängten) Hochschullehrer 440, 730
Verband der Opfer des Nationalsozialismus (VdO) 40
Verband der rassisch Verfolgten 410
Verband der Unabhängigen (VdU) 42, 253
Verband des Niedersächsischen Landvolkes → Niedersächsischer Landvolkverband
Verband deutscher Historiker 1991
Verband deutscher Komponisten (VDK, DDR) 1161
Verband deutscher Physikalischer Gesellschaften 1256, 1613, 1717, 1999

Verband deutscher Soldaten (VdS) 349, 440, 460, 480f., 487, 489f., 492, 508, 611, 631, 717, 757f., 868, 954, 1069, 1189, 1717, 2232
Verband Deutscher Studentenschaften (VDS) 34, 46, 89, 141, 165, 216, 243, 257, 286, 385, 390f., 505, 544, 567ff., 594, 655, 863, 1166, 1193, 1376, 1393f., 1584, 1621f., 1671, 1801, 1810, 1860, 1875, 2002, 2027, 2052, 2074
Verband ehemaliger Angehöriger des deutschen Afrika-Korps 464, 1983
Verband ehemaliger Deportierter 1357
Verband ehemaliger Fallschirmjäger 1242
Verband ehemaliger Internierter und Entnazifizierungsgeschädigter des Saarlands 2165
Verband für Freiheit und Menschenwürde 539, 1755
Verband jüdischer Studenten 380
Verband sozialistischer Mittelschüler (VSM, Österreich) 733
Verband ungarischer Studenten (Heidelberg) 1929
Verband weiblicher Angestellter 494
Verein Berliner Kaufleute und Industrieller 2323
Verein der gegenseitigen Bauernhilfe (VdgB, DDR) 1392
Verein der ausländischen Presse 1073
Verein der südbayerischen Textilindustrie 2040
Verein deutscher Zeitungsverleger 621
Verein zur Förderung der Demokratie und der Wiedervereinigung 1801
Vereinigte Arbeiterpartei Israels (MAPAM) 346, 539, 2317
Vereinigte Demokratische Reformfront (EDMA, Zypern) 2345
Vereinigte Polnische Arbeiter-Partei → Polnische Vereinigte Arbeiterpartei
Vereinigte Sozialistische Partei Kataloniens 287
Vereinigung arabischer Studenten 1953
Vereinigung demokratischer Juristen 1962, 2036
Vereinigung der Akademikerverbände 774
Vereinigung der Entnazifizierungsgeschädigten 1053
Vereinigung der Erwerbslosen 197, 208, 395
Vereinigung der Flüchtlingsbeamten und der Reichsbeamten bei der früheren Wehrmacht 440

Vereinigung der Kinderreichen 511
Vereinigung der Opfer des Stalinismus (VOS) 179, 411, 507, 574, 963
Vereinigung der Verfolgten des Naziregimes (VVN) 22, 34, 58, 62f., 65, 67f., 117f., 150, 160, 178, 191, 193, 200f., 206, 211, 214, 216-219, 271, 288, 293, 295, 318, 333, 338, 351, 385, 417, 420, 461f., 481f., 521, 583, 588, 716, 718, 726f., 732f., 762f., 896, 909, 935, 946, 957, 986, 1023, 1059, 1110, 1113, 1145, 1164, 1167, 1179f., 1200, 1224, 1252, 1256, 1268, 1339, 1341, 1346, 1356, 1365, 1381f., 1390, 1454, 1615, 1632, 1640, 1660, 1667, 1677, 1682, 1689, 1706f., 1712, 1717, 1737, 1785, 1843, 1882, 2007, 2033, 2070, 2072f., 2233, 2258f., 2263, 2268, 2293, 2304f., 2312f., 2339ff.
– Bundesvorstand 2073
– Landesverbände (allg.) 461
– Landesverband Bayern 1228f., 1666, 1712
– Landesverband Bremen 1380
– Landesverband Hamburg 63, 65, 288, 1247
– Landesverband Saarland 1337
– Landesverband Schleswig-Holstein 733, 1306
– Landesverband West-Berlin 1196
– Präsidium 2203
– Zentrale Leitung, Zentralrat 351, 607, 657, 692, 741, 896, 1224
Vereinigung der von Deutschen Deportierten 54
Vereinigung ehemaliger Internierter und Entnazifizierungsgeschädigter 1095, 1202, 1262, 1388, 1433
Vereinigung für das Frauenstimmrecht (Schweiz) 846
Vereinigung für Kaiser und Reich (VKR) 1039, 1111
Vereinigung politisch verfolgter Personen 511
Vereinigung zum Schutz der Rechte ehemaliger Berufssoldaten 348
Vereinigung zur Wahrung demokratischer Rechte 393f.
Versöhnungsbund 1415
Verteidigungskomitee gegen rassistische Angriffe (London) 2186
Vietminh 44, 48, 153, 163, 180, 198, 315, 362, 413, 766, 776, 878, 913, 918, 924, 954f., 971, 977ff., 986, 988, 1003, 1014, 1016, 1035, 1173

Völkische Freiheitspartei (VFP) 494
Völkische Soziale Arbeiterpartei 511
Volksausschuß für Einheit und gerechten Frieden 175
Volksbewegung für Einheit und Freiheit 1284
Volksbund Deutsche Kriegsgräberfürsorge 1785, 2159
Volksbund für Frieden und Freiheit (VFF) 164, 669, 908, 1214, 1238, 2113
Volkskongreßbewegung für Einheit und gerechten Frieden 22
Volksrepublikaner 40
Volkswart-Bund 2328

W

Wafd-Partei (Ägypten) 541, 645
Wahlpartei der Unabhängigen (WdU) 42
War Resisters International (WRI) 1461, 1876, 2134
Weinheimer SC 243
Weiße Rose 1247f., 1528, 1935, 1949
Weltbewegung für föderalistische Weltregierung 26, 70
Weltbund der demokratischen Jugend (WBDJ) 368, 467, 992, 1229
Weltbürger in Deutschland 292, 388, 499, 503
Weltbürgerkomitee Deutschland 66
Weltfriedenskomitee 58, 134, 210, 255, 270, 322, 327
Weltfriedenskongreß 271, 326ff.
Weltfriedensrat 259, 389, 398, 506f., 533, 584, 636f., 699f., 703, 722, 795, 854, 894, 913f., 981, 985, 996, 1069, 1111f., 1171, 1200, 1290, 1348, 1359, 1399f., 1450f., 1495, 1516, 1564, 1576f., 1590, 1608, 1632, 1655, 1719, 1732, 1756, 1821, 1950f., 1968, 1970, 1998, 2006f., 2043f., 2057, 2177, 2115, 2258, 2272
Weltfrontkämpferbund 957, 1662
Weltgewerkschaftsbund 368, 2174
Weltkirchenrat 40, 90, 724, 1028, 1689, 2250
Weltkonferenz gegen Atom- und Wasserstoffbomben 1232, 2305
Weltorganisation der Mütter aller Nationen (WOMAN) 1836
Weltstaatliga 26, 66
Werwolf 511
Westdeutsche Frauen-Friedensbewegung (WFFB) 529, 558, 608, 613, 635, 752, 767, 908f., 1126, 1145, 1188, 2129, 2288
Westdeutsche Komitees für Einheit und Freiheit des deutschen Sports 898, 1085
Westdeutscher Flüchtlingskongreß 1145, 1790
Westdeutscher Kreis der internationalen Konferenz zur friedlichen Lösung der deutschen Frage 744
Westdeutsches Friedenskomitee (WFK) 635, 1145, 179, 1188, 2069, 2319
Westdeutsches Komitee der Friedenskämpfer 64, 220, 290, 515
Westdeutsches Treffen der jungen Generation 635
Widerstandsgruppe Werdau 496
Wiener Gruppe 1659, 1692
Wiener psychoanalytische Gesellschaft 1377
Wiking-Jugend 1000
Wirtschaftliche Aufbauvereinigung (WAV) 118, 202f., 397, 435, 434, 774
Wirtschaftspolitische Gesellschaft (WIPOG) 575
Wirtschaftspolitische Vereinigung 449
Wirtschaftswissenschaftliches Institut beim DGB (WWI) 300, 1121, 1210, 1268, 1282, 1603, 1752, 1805, 2055
Witiko-Bund 160, 305, 1989
World Union for Progressive Judaism 1500

Z

Zeitungswissenschaftlicher Kreis 89
Zengakuren (Japan) 2333
Zentralarbeitsgemeinschaft des Straßenverkehrsgewerbes 2089
Zentrale Interessengemeinschaft des Jahrgangs 1922 und der anderen kriegserfahrenen Jahrgänge 2261
Zentraler Ausschuß der Landbevölkerung gegen den Atomtod 1982
Zentraler Ausschuß für Volksbefragung in West-Berlin 446, 450
Zentraler Ausschuß für Volksbegehren und Volksentscheid (Ost-Berlin) 1017
Zentraler Ausschuß für Volksentscheid 986
Zentraler Berliner Erwerbslosenausschuß 895
Zentraler Erwerbslosenausschuß (West-Berlin) 942
Zentralgenossenschaft »Eigener Herd« 1989
Zentralrat der Juden in Deutschland 117, 258, 287, 358, 449, 472, 500, 622, 1087, 1167, 1283, 1500, 1553, 1601, 1615, 1618, 1685, 1692, 2033, 2068, 2084, 2101, 2207, 2347f.
Zentralrat der polnischen Gewerkschaften 1515
Zentralrat zum Schutz der demokratischen Rechte 1790, 1902
Zentralrat zur Verteidigung der demokratischen Rechte 635
Zentralverband der Fliegergeschädigten, Evakuierten und Währungsgeschädigten 386, 1252
Zentralverband der Hafengesamtbetriebe 502
Zentralverband der Fliegergeschädigten 638
Zentralverband der Taxifahrer 2089
Zentralverband der vertriebenen Deutschen 385f.
Zentralverband ehemaliger Angehöriger des deutschen Afrika-Korps 1050
Zentrum (Weimarer Republik) 1309, 2161
Zentrum/Deutsche Zentrumspartei (DZP) 529, 537f., 629, 687, 692, 696, 753, 869, 1138, 1188, 1943
Zeugen Jehovas 283, 307, 322, 329, 454, 1068, 1795
Zionistische Weltorganisation 2092
Zionistischer Weltkongreß 1367, 2092
Zürcher Frauenzentrale 1284, 2095
II. Internationale 397
II. Sozialistische Internationale 1671
Zweiundzwanziger-Ausschüsse:
– 22er Bewegung (Düsseldorf) 2281
– 22er-Aktionsausschuß (Heilbronn) 2259
– 22er-Aktionskomitee (Darmstadt) 2249
– Interessengemeinschaft des Jahrgangs 1922 Aschaffenburg 2249
– Interessengemeinschaft des Jahrgangs 1922 Hanau 2328
– Interessengemeinschaft des Jahrgangs 1922 Nürnberg 2251
– Interessengemeinschaft des Jahrgangs 1922 Solingen 2250
– Interessengemeinschaft des Jahrgangs 1922 Weilbach 2265

Titelregister

Beiträge in Zeitschriften und Zeitungen 2625

Filme 2628

Rundfunk- und Fernsehsender 2629

Bücher und Broschüren 2630

Bühnenwerke 2634

Hörfunk- und Fernsehsendungen 2635

Zeitschriften und Zeitungen 2636

Beiträge in Zeitschriften und Zeitungen

A

Absage an einen früheren Kollegen (Hilde Spiel, Neue Zeitung) 250
Agenten des Lebens! (Rudolf Weckerling, Blätter für deutsche und internationale Politik) 2240
Aktionsprogramm des DGB (Pressedienst des DGB) 1459
Almost as mute as during occupation (Jean-Paul Sartre, The Observer) → auch Une victoire 1813
Der amerikanische Friede (Jens Daniel, d.i. Rudolf Augstein, Der Spiegel) 281
Am Telefon vorsichtig (Der Spiegel) 639
An die Genossen der Bruderparteien (Edda Werfel, Przeglad Kulturalny) 1520
Antwort an einen Studienrat (Ernst Schnabel, Welt am Sonntag) 2002
Auch die Zöllner sind nur Sünder (Der Stern) 522
Aufklärung als Massenbetrug (Theodor W. Adorno/Max Horkheimer, Konkret) 1998
Aufruf an die deutsche Jugend (LV West-Berlin der SJD – Die Falken, Die Andere Zeitung) 1313
Aufruf für ein atomwaffenfreies Deutschland (Neues Deutschland) 1805
Aufruf zur Rettung des Friedens durch Neutralisierung Deutschlands (Ulrich Noack, Tägliche Rundschau) 44f.
Die Aussichten der Restauration (Eugen Kogon, Frankfurter Hefte) 565

B

Bazillus (Wiesbadener Kurier) 1604
Be Vigiliant! (Erich Maria Remarque, Daily Express) 1369
Bei Lottchen geht es lustig zu (Bild-Zeitung) 634
Das Bekenntnis der Studenten (Badische Zeitung) 631
Berliner Juden wandern aus (Die Neue Zeitung) 41
Blick in die Zukunft (Stuttgarter Zeitung) 326
Böse Erinnerungen (Der Spiegel) 1358
Die Brandstifter im Deutschen Haus bändigen (Interview mit Walter Ulbricht, Neues Deutschland) 1828
Braune Farben im Flüchtlingsblätterwald (Süddeutsche Zeitung) 2156
Bricht Brecht? (Neue Zeitung) 306
Brief an einen Friedensfreund (Hermann Hesse, Die Andere Zeitung) 1186

D

Darmstädter Aufruf gegen die Atombewaffnung der Bundesrepublik (Vorwärts) 1880
Denken oder Studieren (Rolf Schmiederer, Zoon Politikon) 1931
Deutscher Gruß 1959 (Jochen Göbel, Sammelsurium) 2343
Deutschland und die arabische Welt (Otto Ernst Remer, Kampfschrift für das Reich und die deutsche Lebensfreiheit) 882
Dibelius zur Ordnung gerufen (Berliner Zeitung) 2309
13 Fragen (Wolfgang Weyrauch, Die Literatur) 682
Dulles läßt Bücher verbrennen (Rheinische Post) 801

E

Ein klarer Auftrag (Waldemar von Knoeringen, Vorwärts) 2230
Ein Lebewohl den Brüdern im Osten (Jens Daniel, Der Spiegel) 538
Ein US-Agent ging verloren (Neues Deutschland) 639
Eine Paradiesgeschichte (Johannes Berg, forum academicum) 2073
Eisenhower für den Einsatz der Atombombe (Die Welt) 407
Elfenbeinturm und Rote Fahne (Erich Loest, Börsenblatt für den Deutschen Buchhandel, Leipziger Ausgabe) 861
Elvis, the Pelvis (Der Spiegel) 1534
Erklärung zur ungarischen Revolution (Die Kultur) 1525
Erwacht Deutschland schon wieder? – Der deutsche Nationalismus und seine Gefahren (Der Monat) 77
Es geht um den Realismus (Wolfgang Harich, Berliner Zeitung) 865
Es geht um Mord (Herbert Mochalski, Stimme der Gemeinde) 1928
Es hat sich nichts geändert (Der Spiegel) 1238
Es wird Zeit, den Holzhammer beiseite zu legen (Neues Deutschland) 794

F

Der Fall Herbert Karajan (Aufbau) 1145
Der Fall Oppenheimer (Walter Lippmann, New York Herald Tribune) 990
Falschmeldungen des Südd. Rundfunks über Lampertheim (Lampertheimer Zeitung) 1270
Le fantme de Staline (Jean-Paul Sartre, Les Temps Modernes) 1562
Fäuste contra Meinung – Schlägerei im Mensahof (Heidelberger Tagblatt) 2221
Feinde der Demokratie – Ein braunes Netz über der Bundesrepublik (Die Tat) 1640
Feststellung (Willi Bredel, Stephan Hermlin u.a., Neues Deutschland) 1696
Die Freiheit ist bedroht (Robert Jungk, Vorwärts) 1970
In Freiheit und Verantwortung (Reinhold Schneider, o.A.) 487
Friede mit Israel (Rudolf Küstermeier, Die Welt) 478
Frühstück ans Bett (Werner Borsbach, Saphir) 2009
Fürbitte für Israel (Erich Lüth, Neue Zeitung) 476
Fünf Minuten vor Zwölf (Niedersächsische Volksstimme) 200

G

Garry Davis und die Weltbürgeridee (Frankfurter Rundschau) 499
Gebote des Atomzeitalters (Günther Anders, Frankfurter Allgemeine Zeitung) 1676
Gegen Verfälschung des Goethe-Bildes (Ostsee-Zeitung) 1881
Gegendarstellung Leni Riefenstahls wegen »Tiefland« (Die Tat) 1003
Geheimnisse – Am Telefon vorsichtig (Der Spiegel) 639
Geht es nicht anders (Die Andere Zeitung) 1186
Genosse Heinemann (Die Zeit) 889
Genosse Ulbricht kann sich ins Fäustchen lachen (Der Kurier) 2078
Geständnis eines Juden (Ziema i morsze) 1420
Getarnte FDJ schießt auf Polizei in Essen (Die Welt) 605
Gibt es bei uns einen neuen Antisemitismus? (Die Zeit) 2150

Glückwunsch an die Unpolitischen (Erich Kästner, Deutsche Volkszeitung) 1934
Gott ist bescheidener als der General (Jean-Paul Sartre, Der Spiegel) 1987
Gralshüter der Demokratie (Henning Kaps, Deutsche Opposition) 561
Le grand maître du jazz en Allemagne orientale est arrêté (Le Monde) 1605
Der große Liebhaber Adolf Hitler (Revue) 118
Großkundgebung der Deutschen Partei (Der Tag) 1072

H
Die Halbstarken (Gert H. Theunissen, Rheinischer Merkur) 1109
Halbwüchsige terrorisieren Hansastraße (Westdeutsche Allgemeine Zeitung) 1523
Die H-Bombe. Eine Waffe gegen die Geschichte (Jean-Paul Sartre, Défense de la Paix) 986
H-Bombe, Stadtrat May und Demokratie – Eine notwendige Erklärung, nur zum Teil in eigener Sache (Robert Havemann, Neues Deutschland) 211
Hilfe, Hilfe, Polizei! (Der Stern) 1177
Hinaus aus Deutschland mit dem Schuft (Henri Nannen, Der Stern) 626
Hintergründe der Verhaftung Reginald Rudorfs (Frankfurter Rundschau) 1605
Historische Gerechtigkeit? – Anglo-amerikanische Propaganda! (Sächsische Zeitung) 76
Hitlers Tischgespräche (Quick) 479
Die Hitler-Welle (Der Spiegel) 2223
Hohe Schule der Verständigung (Ursula Schmiederer, Zoon Politikon) 1933
Hoppla (Der Stern) 360
Hunderte von Juden dem Henker ausgeliefert (Tägliche Rundschau) 1664

I
Ich bin Weltbürger (Garry Davis, Frankfurter Rundschau) 31
Ich stehe auf dem Boden der DDR (Ernst Bloch, Neues Deutschland) 1855
Idealistische Verirrungen unter antidogmatischen Vorzeichen (Rugard Otto Gropp, Neues Deutschland) 1536
Ihr naht Euch wieder... (Michael Mansfeld, d.i. Eckart Heine, Frankfurter Rundschau) 578
Im Keller der Gefühle – Gibt es noch einen deutschen Antisemitismus? (Klaus Harpprecht, Der Monat) 2170
In eigener Sache (Zoon Politikon) 1933
In Schlüsselpositionen des Bundesgebiets (SOS) 1327
Irrwege der Freiheit (Neue Zeitung) 516
Ist das Neofaschismus? (Hans Venatier, Nation Europa und Der Trommler) 2082, 2089, 2147, 2214

J
Journal d'Europe (Gustav Regler, Texte und Zeichen) 1417
Judenfrage als Prüfstein (Viktor Emanuel Süskind, Süddeutsche Zeitung) 102
Jugend 58: Mitbürger oder Mitläufer? (Deutsche Volkszeitung) 1937
Justiz im Zwielicht (Diether Posser, Gesamtdeutsche Rundschau) 1518
Justiz-Sabotage in der Westzone (Aufbau) 38

K
Kadar hat seinen Tag der Angst erlebt (Albert Camus, Franc-Tireur) 1599
Kantorowicz zum Feind übergelaufen (Neues Deutschland) 1560, 1696
Der Kanzler will es (Ulrich Lohmar, Unser Standpunkt und Freie Presse) 1314, 1364
Des Kanzlers lieber General (Der Spiegel) 1040
Keine Atombomben für Hitler-Generäle (Ralph Giordano, Die Tat) 1649
Keine Truppen für euren Krieg (Claude Bourdet, Die Andere Zeitung) 1254
Kein Maulkorb für Beamte (Erich Lüth, Die Neue Zeitung) 294
Klärung im Sozialistischen Deutschen Studentenbund (Sozialdemokratischer Pressedienst) 2230

L
Die Lehre von Budapest (Ignazio Silone, L'Express) 1530
Der Leichenschänder Bert Brecht (Felix Hubalek, Arbeiter-Zeitung) 862
Les animaux malades de la rage (Jean-Paul Sartre, Libération) 852
Letzter Appell (Mann in der Zeit) 1749

M
Macht endlich Schluß mit der Entnazifizierung (Leonberger Kreiszeitung) 521
Macht das Tor auf! (Bulletin des Presse- und Informationsamtes der Bundesregierung) 2050
Macht es wie Adenauer (Der Spiegel) 1568
Man braucht Deutschland ... auch deutsche Soldaten? (Eugen Kogon, Frankfurter Hefte) 24
Marxismus und Fragen der Sprachwissenschaft (Josef W. Stalin, Prawda) 251
Man trägt wieder Braunhemd (Bernhard Schöning, forum academicum) 2220ff., 2305
Meine Pläne für die Bewaffnung Deutschlands (Theodor Blank, Star) 956
Meinungsstreit fördert die Wissenschaften (Robert Havemann, Neues Deutschland) 1412, 1432
Minister Oberländer unter schwerem Verdacht (Die Tat) 2272f.
Missa profana (Reinhard Döhl, Prisma) 2164f.
Mit den Augen des Westens (Alfred Andersch, Texte und Zeichen) 1108f.
Mit Heidegger gegen Heidegger denken (Jürgen Habermas, Frankfurter Allgemeine Zeitung) 872
Muß Atomphysiker Heisenberg auf Ersuchen des Kanzlers schweigen? (Frankenpost) 1136
Müssen wir wieder emigrieren? (Heinz Liepmann, Die Welt) 2114
Mut zur moralischen Entscheidung (KgA, Das Gewissen) 1768
Die Mutter der Freiheit heißt Revolution (Gerhard Zwerenz, Sonntag) 1407, 1574

N
Nach Budapest – Sartre spricht (L'Express) 1511
Nachruf (Fritz Lamm, Funken) 2257
Der Neofaschismus marschiert (Unsere Stimme) 156
9 Thesen gegen die Aufrüstung (Hans-Konrad Tempel, Studentenkurier) 1181
Nie war die Nacht so schwül (Simplicissimus) 2147

O

Offener Brief an das Amt für Wiedergutmachung (Ralph Giordano, Die Tat) 1695

Offener Brief an den Deutschen Bundestag (Bertolt Brecht, Neues Deutschland) 1408

Offener Brief an Thomas Mann (Eugen Kogon, Frankfurter Hefte) 96

P

Pankow bezahlte Westdeutschen Politiker – Dr. Agartz in Köln verhaftet (Bild-Zeitung) 1604

Personenkult und Literatur (Ralph Giordano, Die Andere Zeitung) 1564

Die Philosophie in der Sowjetzone (Der Monat) 238

Plädoyer eines Christen für einen jüdischen Angeklagten (Erich Lampey, Frankfurter Hefte) 595

Plattform über den besonderen deutschen Weg zum Sozialismus (Wolfgang Harich, Frankfurter Allgemeine Zeitung) 1559, 1601

Poemat dia doroslyck i inne wiersze (Adam Wazyk, Nowa Kultura) 1236

Psychologische Kriegsführung gegen Meinungsfreiheit (Ernst Engelberg, Neues Deutschland) 1991

Q

Qué es un ›guerrillero‹? (Ernesto Ché Guevara, Revólucion) 2101

R

Der Rauch von Budapest (Alfred Andersch, Die Kultur) 1525

Der Regisseur des Teufels (Aufbau) 2148

Rettet die Jungens! (Herbert Wehner, Metall) 458

Rotgepunkteter Bayernlöwe (Rheinischer Merkur) 264

Rotwegsiedlung – Symbol unserer Justizkrise (Die Tat) 202

S

Schlag ins Genick (Der Spiegel) 1536

Schlußwort Bodo Uhse (Sonntag) 1696

Der schmerzliche, stumme Tribut der Nation für ihre großen Toten (Szabad Nép) 1462

Schmutzige Hände (Frankfurter Allgemeine Zeitung) 1604

Schupo-Fiasko am Wedding (Der Tagesspiegel) 1418

Schweigen wäre ein Verbrechen (Die Tat) 246

Schwindel: Was man hören will (Der Spiegel) 909

Seelandschaft mit Pocahontas (Arno Schmidt, Texte und Zeichen) 1109

Setzt endlich die letzten Opfer der Gestapo frei (Egon Jameson, Neue Zeitung) 90

Später Werwolf (Der Spiegel) 1859

Spione von der anderen Erde (Bild-Zeitung) 634

Die Sprache des Spiegel – Moral und Masche eines Magazins (Hans Magnus Enzensberger, Der Spiegel) 1578f.

Stalins jähe Wendung (Paul Sethe, Frankfurter Allgemeine Zeitung) 573

Sternstunde der Menschheit (Neues Deutschland) 2079

Der Steuerzahler und die Millionenkredite (Fritz Erler, Neue Zeitung) 242

Strafversetzt und entlassen: Staatsanwalt ging in den Tod (Frankfurter Nachtausgabe) 1151

T

Tabellen ohne Kommentar (Die Tat) 1327

Tatsachen – Was weiter? (Das Argument) 2177

Testfall der Demokratie (Otto Häcker, Stuttgarter Zeitung) 545

Teufel oder Beelzebub? Alte Nazis »verteidigen« die Demokratie (Allgemeine Wochenzeitung der Juden in Deutschland) 1214

Teure Hauptstadt Bonn (Münchner Illustrierte) 988

Thomas Mann distanziert sich unmißverständlich vom Kommunismus (Neue Zeitung) 702

Thomas Mann gegen die Remilitarisierung (Neues Deutschland) 1056

Thomas Mann grüßt Wien (BZ am Abend) 701

Thomas Mann lance une message (Thomas Mann, L'Express) 1056

Der Trick mit Fangio (Der Spiegel) 1803

Trumans großer Theaterdonner – Was die Wissenschaft zur »Wasserstoff-Superbombe« sagt (Robert Havemann, Neues Deutschland) 178

U

Über berechtigte Kritik und über Erscheinungen des Opportunismus in Fragen der Kunst (Walter Besenbruch, Neues Deutschland) 870

Über den XX. Parteitag der KPdSU (Walter Ulbricht, Neues Deutschland) 1343

Der Über-Rhythmus (Der Spiegel) 1448

Um ein neues Geschichtsbild (Henning Kaps, Deutsche Opposition) 561

Unbewältigte Vergangenheit (Der Spiegel) 1953, 2193

Une victoire (Jean-Paul Sartre, L'Express und Le Canard enchainé) 1812

Unser Schmerz und unser Trost (Volksstimme, Polen) 653

V

Verantwortung für den Frieden (Reinhold Schneider, o. A.) 487

Die Verbrechen der Harich-Gruppe (Neues Deutschland) 1591

Verhaftet – nur weil er den Jazz liebt (Bild-Zeitung) 1605

Verräter an der Partei (Neues Deutschland) 1985

Versöhnung mit den Juden (Gertrud Henel, Die Aula) 614

Verspätete ›Kristallnacht‹ auf dem Lande (Botho Kirsch, Frankfurter Rundschau) 2047

Vom DGB-Doktrinär zum FDGB-Agenten (Rheinischer Merkur) 1604

Vom Kampf gegen philosophischen Revisionismus (Neues Deutschland) 1599

Vous êtes formidables (Jean-Paul Sartre, Les Temps Modernes) 1625

W

Waffenstillstand auf der ganzen Linie (Westdeutsche Allgemeine Zeitung) 1524

Wähler fragen – wir antworten: Warum gibt es in der DDR keine Opposition (Neues Deutschland) 1639

Die Wahrheit über die »Abendländische Akademie« (Vorwärts) 1289

Warum Brecht im Westen gespielt werden soll (Günther Nenning, Forum) 1911

Warum ist der Geist des Personenkultes dem Marxismus-Leninismus strikt fremd? (Prawda) 1334

Was ist eine demokratische Armee (Fritz René Allemann, Der Monat) 1231

Was ist es mit der »Neuen Rechten« (Walter Dirks, Frankfurter Hefte) 98
Was sagen Sie dazu? (Revue) 957
Wenig Kleider machen Leute (Münchner Illustrierte) 988
Wer desertiert muß 'Alemani' rufen (Si Mustapha, Der Spiegel) 2260
Wer schützt uns vorm Verfassungsschutz (Mainhardt Graf von Nayhauß-Cormons, Der Stern) 2113
Werden in Oran Gefangene gefoltert? (Claude Bourdet, Die Andere Zeitung) 1463
Why Salazar must go (Humberto Delgado, New Statesman and Nation) 2340
Wiedererstarken der Nazi-Presse in Bayern von der Militärregierung vorausgesagt (Neue Zeitung) 108
Wir fordern Oberländers sofortige Suspendierung (Die Tat) 2273
Wo bleibt die Wiedergutmachung? (Stuttgarter Zeitung) 180
Wo stehen wir? Was ist zu tun? (Aksel Larsen, Land og Folk) 1973

Z
Zensurstelle Amtsgericht (SPD-Pressedienst) 949
Zurück nach Auschwitz? (Die Andere Zeitung) 1349
Der Zusammenbruch des Abenteuers, das sich gegen das ungarische Volk richtet (Prawda) 1477
Zwei Jungs unterwegs in Afrika (Bild-Zeitung)

Filme

A
A King in New York (Charles Chaplin) 669
Der achte Wochentag (Aleksander Ford) 1869
Anders als du und ich (Veit Harlan) 1698, 1749, 1769,
Auf eure Gräber werd ich spucken (Verleihtitel: Auf Euren Hochmut werd ich spucken, Michel Gast) 2208
Aufstand des Gewissens 2305, 2314
Außer Rand und Band/Rock around the Clock (Fred F. Sears) 1301, 1439, 1448, 1500, 1511f., 1523, 1527, 2013
Außer Rand und Band 2/ Don't knock the rock (Fred F. Sears) 1567

B
Begegnung an der Elbe 659
Das Beil von Wandsbek (Falk Harnack) 434, 645
Bis fünf Minuten nach zwölf (Gerhard Grindel) 911, 917, 940
Blackboard Jungle (Richard Brooks) → auch **Saat der Gewalt** 1249, 1277
Blick zurück im Zorn (Tony Richardson) 1724 f.
Die blutige Straße 1357
Die Brücke am Kwai (David Lean) 1874
Die Brücke (Bernhard Wicki) 2303, 2324

C
Casablanca (Michael Curtiz) 703
Children of the A-Bomb (Kaneto Shindo) → auch **Die Kinder von Hiroshima** 2237
Corinna Schmidt (Artur Pohl) 1943

D
Das Beil von Wandsbek (Falk Harnack) 434, 645
Denn sie wissen nicht, was sie tun (Nicholas Ray) 1260
Das dritte Geschlecht (Veit Harlan) → auch **The Third Sex** 2120, 2148
Du und mancher Kamerad (Anneliese Thorndyke/Andrew Thorndyke) 1436

E
Easy Rider (Dennis Hopper) 1106
Ehe ohne Liebe (Norman Foster) 155
Ein Tagebuch für Anne Frank 2116
Ernst Thälmann – Führer seiner Klasse (Kurt Maetzig) 1285
Die ersten Schritte (Werbefilm der Bundeswehr) 1388, 1438, 1449, 1468
Es geschah am 20. Juli (Georg Wilhelm Pabst) 1205

F
Der Fall Heusinger 2071, 2196, 2223

G
Il Generale della Rovere (Roberto Rossellini) 2288
Giganten (George Stevens) 1260
Die goldene Stadt (Veit Harlan) 294
Guernica (Alain Resnais) 1357

H
Die Halbstarken (Georg Tressler) 1451f.
Hanna Amon (Veit Harlan) 540, 542, 544, 548-553, 555, 568f., 571, 629ff.
Hell's Angels (Lee Madden) 1106
Hiroshima (Hideo Sekigawa) 885
Hurlement en faveur de Sade (Lettristen) 636

I
Immensee (Veit Harlan) 550, 564
Israel – Land der Hoffnung 1637

J
Jazzfilm 1161, 1436
Jenseits von Eden (Elia Kazan) 1260
Jud Süß (Veit Harlan) 58, 60, 89, 149, 160, 218, 294, 309, 328, 335, 340, 346, 351, 356, 374, 376, 380, 392f., 409f., 416, 431, 459, 502, 515, 530, 542, 550, 552, 564, 567, 569, 587, 630, 716, 783, 942, 963, 999, 1105, 1359, 1698, 1765, 2058, 2120, 2211, 2336

K
Kaufmann von Venedig (Veit Harlan) 294, 356
Kein Hüsung (Artur Pohl) 1943
Die Kinder von Hiroshima (Kaneto Shindo) → auch **Children of the A-Bomb** 1179, 2279
King Creole (Michael Curtiz) 1824
Kolberg (Veit Harlan) 294

L

Der letzte Akt (Georg Wilhelm Pabst) 1370
Die letzte Etappe (Wanda Wasilewska) 200, 1168
Los Olvidados (Luis Buñuel) 1742
Love me tender (Robert D. Webb) 1514
Lucrezia Borgia (Abel Gance) 444

M

Das Mädchen Rosemarie (Rolf Thiele) 1735f., 1968, 1972
Modern Times (Charles Chaplin) 1355

N

1984 (Michael Anderson) 82
Nuit et Brouillard/Nacht und Nebel (Alain Resnais) 1356, 1364, 1407, 1409, 1617, 1637, 1646, 1683
Nürnberg und seine Lehre 30

O

Oliver Twist (David Lean) 39f.

P

Paradies und Feuerofen (Herbert Viktor) 2211

R

Rebel without a Cause (Nicholas Ray) 1260
Rosen für den Staatsanwalt (Wolfgang Staudte) 2274f.

S

Saat der Gewalt (Richard Brooks) → auch **Blackboard Jungle** 1249, 1277, 1448
Salt of the Earth/Salz der Erde (Herbert J. Biberman) 955, 2095
Schindler's List (Steven Spielberg) 1676
Schlüssel zur Hölle 2109
Schrei, wenn du kannst (Claude Chabrol) 2350
Senta auf Abwegen (Martin Hellberg) 2222
Sissi (Ernst Marischka) 2049
Sonnensucher (Konrad Wolf) 2305f.
Sterne über Colombo (Veit Harlan) 942
Stresemann (Alfred Braun) 1496f.
Die Sünderin (Willi Forst) 350, 365, 385, 387, 392, 622

T

Das Tagebuch der Anne Frank (George Stevens) 2253
Des Teufels General (Helmut Käutner) 1248
Der Teufelskreis (Carl Balhaus) 1394
The Third Sex (Veit Harlan) → auch **Das dritte Geschlecht** 2148
Thomas Müntzer – Ein Film deutscher Geschichte (Martin Hellberg) 1943
Tiefland (Leni Riefenstahl) 146, 1003
Titanic (Herbert Selpin/Werner Klingler) 203

U

Die Unbesiegbaren (Artur Pohl) 1943
Unsterbliche Geliebte (Veit Harlan) 294, 328, 337, 350, 374, 376, 380, 385, 392 ff., 409f., 416, 430, 433, 455, 459f., 502, 515, 539, 542, 550, 587, 716, 748, 1774
Unternehmen Teutonenschwert (Anneliese Thorndyke/Andrew Thorndyke) 1915f.
Der Untertan (Wolfgang Staudte) 477
Urlaub auf Sylt (Anneliese Thorndyke / Andrew Thorndyke) 1701, 1869, 1993

V

Verrat an Deutschland (Veit Harlan) 1105
Verwehte Spuren (Veit Harlan) 586
Das verurteilte Dorf (Jeannette Stern / Kurt Stern / Martin Hellberg) 895

W

Wege zum Ruhm (Stanley Kubrick) 1939f.
The Wild One/Der Wilde (Laszlo Benedek) → auch **Der Wilde** 1106, 2017
Wir Wunderkinder (Kurt Hoffmann) 2021

Z

Zerstörtes Leben 1909, 1964, 2084
Der 20. Juli (Falk Harnack) 120

Rundfunk- und Fernsehsender

American Forces Network (AFN) 1996
Arbeitsgemeinschaft der Rundfunkanstalten der Bundesrepublik Deutschland (ARD) 241, 888, 1155, 1271, 1533, 1574, 1582, 1617, 1741, 1804, 2161, 2226f., 2292, 2348, 2349
Bayerischer Rundfunk (BR) 78, 264, 269, 378, 476, 529, 531, 563, 577, 725, 893, 938, 943, 981, 1006f., 1194, 1191, 1302, 1330, 1441, 1716, 1773, 2132, 2172
Belgrader Rundfunk 45
Berliner Rundfunk 627, 799, 803, 815, 2158
British Broadcasting Corporation (BBC) 1067, 1084, 1327, 1641, 1742, 1815, 1869, 2053, 2068, 2102, 2106, 2114, 2157
Budapester Rundfunk (siehe Radio Budapest)
Columbia Broadcasting System (CBS) 1650
Deutscher Fernsehfunk (DFF) 703, 1982, 2223
Deutscher Freiheitssender 904 1430, 1745, 2252, 2329, 2342
Deutsches Fernsehen (siehe Arbeitsgemeinschaft der Rundfunkanstalten der Bundesrepublik Deutschland, ARD)
Deutschlandsender 277, 389, 704, 1013, 1014, 1264, 1359, 1450, 1522, 1531, 1569, 1716, 1810, 2299
Europe I 2206
Freiheitssender 904 (siehe Deutscher Freiheitssender 904)
Freiheitssender Csokonai 1481
Freiheitssender Kossuth 1479, 1481
Freiheitssender Rajk 1481
Freiheitssender Rakoczi 1481
Freiheitssender Roka 1481
Großdeutscher Rundfunk 296
Hessischer Rundfunk (HR) 506, 1195, 1213, 1611, 1656, 1770, 2235
Norddeutscher Rundfunk (NDR) 1574, 2033, 2227, 2291
Nordwestdeutscher Rundfunk (NWDR) 419, 486, 540, 545, 590, 703, 799, 1115, 1136, 2043, 2117
Radio Algier 1886
Radio Budapest 1471, 1481, 1570
Radio Caracas 1779
Radio Free Europe 424, 1057

Radio Kairo 924
Radio Luxemburg 2205, 2315
Radio Madrid 937
Radio Moskau 652, 653, 1926
Radio Oslo 1560, 1619, 1766, 1864
Radio Saarbrücken 1749
Radio Teheran 643
Rundfunk im Amerikanischen Sektor (RIAS) 26, 336, 414, 609, 844, 1211, 1304, 1520, 2205, 2315
Rundfunkstation Reloj 1595
Sender Freies Europa (siehe Radio Free Europe)
Sender Freies Berlin (SFB) 277, 1188, 1215, 1271f., 1262, 1497, 1559, 1695f.
Stimme der Araber (Kairo) 1061, 1644
Süddeutscher Rundfunk (SDR) 166, 523, 611, 783, 1240, 1270, 1289, 1360, 1578, 1714
Südwestfunk (SWF) 550, 1023, 1271, 1272, 1582, 2305
Westdeutscher Rundfunk (WDR) 2113, 2161, 2291

Bücher und Broschüren

A

Adolf Hitler – sein Kampf gegen die Minus-Seele (Walter von Asenbach) 1591, 1709, 1776
Die Abenteuer der Dialektik (Maurice Merleau-Ponty) → auch Les Aventures de la Dialectique 1197
Der achte Wochentag (Marek Hłasko) 1869, 2002
Het Achterhuis → auch Das Tagebuch der Anne Frank 1457
L'Affaire Henri Martin (Jean-Paul Sartre) → Wider das Unrecht 537
Alles (Ingeborg Bachmann, in: Das dreißigste Jahr) 2306
Als Gefangene bei Stalin und Hitler (Margarete Buber-Neumann) 192
Das alte Haus (Villy Sørensen) 1716
Alter Feind, was nun? (Helmut Sündermann) 1624
Althannoverscher Kalender 2080
Am Abgrund des Lebens (Graham Greene) 243
Das Amt (Günther Nollau) 2210
Das andere Geschlecht (Simone de Beauvoir) 78
Anne Frank – Spur eines Kindes (Ernst Schnabel) 1668, 2002
The Arms Race: A Programme for World Disarmament (Philip J. Noel-Baker) 2344
Die Antiquiertheit des Menschen (Günther Anders) 1667
Die Atombombe und die Zukunft des Menschen (Karl Jaspers) 1910, 1994
Atta Troll (Heinrich Heine) 1336
Aus dem Tagebuch eines Judenmörders 1340
Aus meinem Leben (Karola Bloch) 1573
Aus unserer Zeit (Hans Speidel) 310
Autobiographie einer sexuell emanzipierten Kommunistin (Alexandra Kollontai) 571
Les Aventures de la Dialectique (Maurice Merleau-Ponty) → auch Die Abenteuer der Dialektik 1197

B

Das Beil von Wandsbek (Arnold Zweig) 436, 645
Behemoth (Franz Neumann) 1035
Bekenntnisse des Hochstaplers Felix Krull (Thomas Mann) 789
Berge, Meere und Giganten (Alfred Döblin) 1662
Berlin (Theodor Plivier) 1153
Berlin Alexanderplatz (Alfred Döblin) 1662
Die Bertinis (Ralph Giordano) 1701
Betrachtungen eines Unpolitischen (Thomas Mann) 1233
Der bittere Lorbeer (Stefan Heym) → auch The Crusaders 768
Die Brücke (Manfred Gregor) 2303
Die Brücke von San Luis Rey (Thornton Wilder) 1724
Blaubuch – Dokumentation über den Widerstand gegen die atomare Aufrüstung der Bundesrepublik (Hg. Friedenskomitee der Bundesrepublik Deutschland) 1957
Die Blechtrommel (Günter Grass) 2026
Bonn ist nicht Weimar (Fritz René Allemann) 1438
Bücher für den Schulgebrauch – S. Fischer Verlag (Tarnschrift der KPD) 1647
Die Buddenbrooks (Thomas Mann) 1233
Die Bundesrepublik – Paradies für Kriegsverbrecher (Hg. Ausschuß für Deutsche Einheit) 1316f.

C

Charakteranalyse (Wilhelm Reich) 1736
Contre la torture (Pierre Henri Simon) 1592
Corydon (André Gide) 387
The Crusaders (Stefan Heym) → auch Der bittere Loorbeer 768
Cubanisches Tagebuch (Ernesto Ché Guevara) 1527
The Cyclist Raid (John Paxton) 1106

D

Dämonen (Fjodor M. Dostojewski) 190
Das Dritte Reich und seine Diener (Léon Poliakov/Joseph Wulf) 1525
Das Dritte Reich und die Juden (Léon Poliakov/Joseph Wulf) 1307, 1720
Demokratischer und autoritärer Staat (Franz Neumann) 1034
Denn sie sollen getröstet werden (Allen Paton) 1130
Der Demontagefall Gelsenberg-Benzin 76

Dieses Volk – jüdische Existenz (Leo Baeck) 1500
Das Diktat der Menschenverachtung (Alexander Mitscherlich, Fred Mielke) 39
Doktor Schiwago (Boris Pasternak) 1767, 2023, 2055, 2226
Drei Abhandlungen zur deutschen Geschichte (Franz Borkenau) 1641
Die drei Sprünge des Wang-lun (Alfred Döblin) 1662
Dschungelbuch (Rudyard Kipling) 243
Durch die Erde ein Riß (Erich Loest) 2060

E
Ecce Homo (George Grosz) 2217
Ehemalige Nationalsozialisten in Pankows Diensten (Hg. Untersuchungsausschuß freiheitlicher Juristen) 1918
Der ekle Wurm der deutschen Zwietracht (Friedrich Lenz) 1709
Ein Gott, der keiner war (Arthur Koestler u.a.) 161, 205, 1641
Einmann-Partisanen-Einsatz (Bund heimattreuer Jugend) 2167
Ein Tag im Leben des Iwan Denissowitsch (Alexander Solschenizyn) 1578
Eine Frau allein (Agnes Smedley) 225
Einführung in die Psychoanalyse (Siegmund Freud) 801
Die Elefantenuhr (Walter Höllerer) 2306
Ende und Anfang – Von den Generationen der Hochkulturen und von der Entstehung des Abendlandes (Franz Borkenau) 1642
England – Nürnberg – Spandau (Ilse Heß) 1624
Entstehung und Ursprünge totaler Herrschaft (Hannah Arendt) 98
Erfolg (Lion Feuchtwanger) → Der Wartesaal 2059
Die Erinnerungen (Franz Josef Strauß) 558
Erinnerungen (Konrad Adenauer) 1431
Ernst Blochs Revision des Marxismus (Hg. Johannes Heinz Horn) 1611, 1559
Erzbischofsschrift (Hans Grimm) 1192
Der europäische Kommunismus (Franz Borkenau) 1641
Der ewige Jude 242
Exil (Lion Feuchtwanger) → auch Der Wartesaal 2059

F
Farm der Tiere (George Orwell) 173
Die Fischer von Sylt (Peter Nell) 2051
Die Folter (Henri Alleg) → auch La Question, La Tortura 1656
Fortschrittliche deutsche Literatur in den Tagen nazistischer Finsternis (Marcel Reich-Ranicki) 1956
Der Fragebogen (Ernst von Salomon) 392
Die Frau im Umbruch (Alexandra Kollontai) 571
Frau Jenny Treibel (Theodor Fontane) 1943
Der Fremde (Albert Camus) 1751
Die Funktion des Orgasmus (Wilhelm Reich) 1736

G
Gattenwahl (Hans Friedrich Karl Günther) 580
Gefangener des Friedens (Hg. Ilse Heß) 1624
Geißel des Hakenkreuzes (Lord Russell of Liverpool) 1028
Geist der Utopie (Ernst Bloch) 1558
Die Geschwister Oppermann (Lion Feuchtwanger) → Der Wartesaal 2059
Die Gesellschaft und die Mutterschaft (Alexandra Kollontai) 571
Gibt es einen besonderen Weg zum deutschen Sozialismus? (Anton Ackermann) 1340
Goethe vor der Spruchkammer 2016
Der Gottesstaat (Augustinus) 2246
Goya oder der arge Weg der Erkenntnis (Lion Feuchtwanger) 2059
Die Grenzen des Wunders (William S. Schlamm) 2236, 2310
Die große Hetze – Der niedersächsische Ministersturz (Leonhard Schlüter) 1195
Gruppenexperiment (Red. Friedrich Pollock) 1668

H
Die Halbstarken (Will Tremper) 1451
Hamlet oder Die lange Nacht nimmt ein Ende (Alfred Döblin) 1662f.
Handbuch für Atomgefahren (US-Verteidigungsministerium und Atomenergiekommission) 1676
Hauptstädtisches Tagebuch (Heinrich Böll) 1716
Das Haus der Desdemona oder Größe und Grenzen der historischen Dichtung (Lion Feuchtwanger) 2059
Havanna's Pearl Harbour (Hg. Regierung Cubas) 2301
Die Heimsuchung des europäischen Geistes (Klaus Mann) 72
Heller als tausend Sonnen – Das Schicksal der Atomforscher (Robert Jungk) 1824, 2035
Herbst in Peking (Boris Vian) 2208
Der Herzausreißer (Boris Vian) 2208
Hexenjagd gegen Juden (Hg. Ausschuß für Deutsche Einheit) 2085
Hier spricht Hans Fritzsche (Hans Fritzsche) 296
La Historia me absolverá (Fidel Castro) 903
Hochschule in der modernen Gesellschaft (Sozialistischer Deutscher Studentenbund) 1058
Howl (Allen Ginsberg) → auch Das Gebrüll 1267

I
Ich kannte die Deutschen (Alfred Döblin) 1663, 1663
Ich und Du (Martin Buber) 896
Ich wählte die Freiheit (Victor A. Krawtschenko) 53
Im Westen nichts Neues (Erich Maria Remarque) 1369
Invasion 1944 – Ein Beitrag zu Rommels und des Reiches Schicksal (Hans Speidel) 1609

J
Jahrbuch für Politik und Geschichte (Hg. Abendländische Akademie) 1689
Jahrgang 1902 (Ernst Glaeser) 2099
James Dean kehrt zurück (Joan Collins) 1261
Jefta und seine Tochter (Lion Feuchtwanger) 2059
Jud Süß (Lion Feuchtwanger) 2058
Die Jüdin von Toledo (Lion Feuchtwanger) 2059
Jugendverfassung und Jugenddienstpflicht (Franz Baader) 2281

K
Kaiserhofstraße 12 (Valentin Senger) 1770
Kampfplatz Spanien (Franz Borkenau) → auch The Spanish Cockpit 1642

Der Kaiser ging – Die Generäle blieben (Theodor Plivier) 355, 1153
Des Kaisers Kulis (Theodor Plivier) 355, 1153
Das Kapital (Karl Marx) 382
Kernwaffen und auswärtige Politik (Henry A. Kissinger) 2091
Kirschen der Freiheit (Alfred Andersch) 672
Kleiner Mann – was nun? (Hans Fallada) 243
Kunst ist Waffe (Friedrich Wolf) 901

L
Lächle ... und verbirg die Tränen (Julius Lippert) 1624
Die landwirtschaftlichen Grundlagen des Landes Litauen (Theodor Oberländer) 2327
Leutnant in Algerien (Jean-Jaques Servan-Schreiber) 1591
Literatur und Revolution (Jürgen Rühle) 1097

M
Marx, Karl / Engels, Friedrich – Gesamtausgabe (MEGA) 1574
Marx, Karl / Engels, Friedrich – Werke (MEW) 1574
Massenpsychologie des Faschismus (Wilhelm Reich) 1736
med ana schwoazzn dintn (H. C. Artmann) 1692
Medizin ohne Menschlichkeit (Alexander Mitscherlich/Fred Mielke) 1490
Mein Kampf (Adolf Hitler) 1364
Mein Leben (Erich Raeder) 1258
Mein Weltbild (Albert Einstein) 1169
Der Mensch in der Revolte (Albert Camus) 649
Menschenraub in Berlin (Karl Wilhelm Fricke) 2145
Mephisto (Klaus Mann) 73, 1925
Die Moorsoldaten (Wolfgang Langhoff) 1441f.
Moskau (Theodor Plivier) 1153
Moskau 1937 (Lion Feuchtwanger) 2059
Mutmaßungen über Jakob (Uwe Johnson) 2218
Der Mythus des XX. Jahrhunderts (Alfred Rosenberg) 2157

N
Der nackte Gott (Howard Fast) 1576
Narrenweisheit oder Tod und Verklärung des Jean-Jacques Rousseau (Lion Feuchtwanger) 2059
Nationalismus gestern und heute – eine Gefahr für morgen (Eugen Kogon) 1385
Nau-Nau gefährdet das Empire (Werner Naumann) 1192
Die Neue Klasse – Eine Analyse des Kommunistischen Systems (Milovan Djilas) – The New Class 1694
Neuer Deutscher Soldatenkalender 1058
1984 (George Orwell) 81, 172f., 1642
The New Class – An Analysis of the Communist System (Milovan Djilas) → auch Die Neue Klasse – Eine Analyse des kommunistischen Systems 1561, 1693f., 1724
Nicht nur zur Weihnachtszeit (Heinrich Böll) 672
Niederschrift des Gustav Anias Horn (Hans Henny Jahnn) 2335
08/15 (Hans Hellmut Kirst) 966f., 1242
Der Nürnberger Lehrprozeß (Hans Fiedeler, d.i. Alfred Döblin) 1662

O
Obrigkeit? (Otto Dibelius) 2246f., 2308f., 2316, 2321
On the Road (Jack Kerouac) 1267
Das Ordnungsbild der Abendländischen Aktion (Hg. Abendländische Akademie) 474, 1289
Östliche Untergrundarbeit gegen West-Berlin → Schwarzbuch – Östliche Untergrundarbeit...
Ottepel/Tauwetter (Ilja Ehrenburg) 1040
Out of the Night (Jan Valtin) → auch Tagebuch der Hölle 354, 355

P
Die Partei hat immer Recht (Ralph Giordano) 1511, 1701
Paths of Glory (Humphrey Cobb) 1939
Perrudja (Hans Henny Jahnn) 2335
Die Pest (Albert Camus) 1751
Phänomenologie des Geistes (Georg Wilhelm Friedrich Hegel) 872
Portrait du colonisé précédé du Portrait du colonisateur (Albert Memmi) 1667
Das Prinzip Hoffnung (Ernst Bloch) 1536, 1559
Prismen (Theodor W. Adorno) 1668
Probleme des Marxismus heute (Henri Lefèbvre) 1912
Professor Unrat (Heinrich Mann) 193

Q
La Question (Henri Alleg) → auch Die Folter, La Tortura 1656, 1806, 1812f., 1851, 1994, 2206

R
Der Rabbi von Bacharach (Heinrich Heine) 2058
Des rappelés témoignent 1625
Rassenkunde des deutschen Volkes (Hans Friedrich Karl Günther) 580
Ratgeber für Wehrdienstverweigerer (Franz Rauhut) 1582
Retour de l'U.R.S.S. (André Gide) 387
Die Revolution entläßt ihre Kinder (Wolfgang Leonhard) 1307, 1464, 1986
La révolution et les fétiches (Pierre Hervé) 1308

S
Sachwörterbuch der Politik (Reinhart Beck) 10
Der Schaum der Tage (Boris Vian) 2208
Schicksalsfragen der Gegenwart 1991
Schicksalsreise (Alfred Döblin) 1662
Schloß Gripsholm (Kurt Tucholsky) 243
Schwarzbuch – Östliche Untergrundarbeit gegen West-Berlin (Hg. Der Senator für Inneres, West-Berlin) 2196
Die schwarzen Schafe (Heinrich Böll) 427
Das Schweigen des Meeres (Vercors) → auch Le Silence de la Mer 1530
The Second World War (Winston Churchill) 918
Sein und Zeit (Martin Heidegger) 872
Sexual Behavior in the Human Female (Alfred C. Kinsey u.a.) 894
Das sexuelle Verhalten des Mannes (Alfred C. Kinsey u.a.) 894
Sieben Aehren (Schulbuchverlag Schwann) 242f.
Die skeptische Generation (Helmut Schelsky) 1734, 1937
Le Silence de la Mer (Vercors) → auch Das Schweigen des Meeres 259
So war der deutsche Landser 1242
Sociologica – Frankfurter Beiträge zur

BÜCHER UND BROSCHÜREN

Soziologie (Theodor W. Adorno) 1668
Sonnenfinsternis (Arthur Koestler) 320, 733, 864, 1986
Die sozialen Grundlagen der Frauenfrage (Alexandra Kollontai) 571
Soziologie und Philosophie (Max Horkheimer) 2186
The Spanish Cockpit (Franz Borkenau) → auch **Kampfplatz Spanien** 1641
Spanisches Tagebuch (Alfred Kantorowicz) 523
Der SS-Staat (Eugen Kogon) 96, 187, 232, 1385, 1656, 1941, 1945, 2165
Stalingrad, der verlorene Sieg 2016
Stalingrad (Theodor Plivier) 249, 355, 1153
Stella (Peter Wyden) 1664, 1664, 1664, 1664
Strafrecht allgemeiner Teil (Arthur Wegner) 2301
Strides toward Freedom (Martin Luther King) 1988
Symphonie Pathétique (Klaus Mann) 73

T
Tage in Burma (George Orwell) 173
Das Tagebuch der Anne Frank → auch **Het Achterhuis** 1302, 1457f., 1597, 1655f., 2002, 2084
Tagebuch der Hölle (Jan Valtin) → auch **Out of the Night** 355
Tagebuch der Versuchung (Heinrich Graf von Einsiedeln) 380
Templones Ende (Martin Walser) 1188
La tortura (Henri Alleg) → auch **Die Folter, La Question** 1994
The Totalitarian Enemy (Franz Borkenau) 1641
Töchter der Erde (Agnes Smedley) 225
Tom Sawyer (Mark Twain) 2002
Traumbuch eines Gefangenen (Horst Bienek) 506
Trotzdem (Hans-Ulrich Rudel) 1192, 2016, 2214, 2311

U
Über die Spezielle und die Allgemeine Relativitätstheorie (Albert Einstein) 1168
Unser Kanzler Ollenhauer und seine Paladine (Friedrich Lenz) 1709
Der Untertan (Heinrich Mann) 193, 477, 1591

V
Verführtes Denken (Czesław Miłosz) 375
Volk ohne Führung (Hugo C. Backhaus) 1195
Volk ohne Raum (Hans Grimm) 349, 1181, 1262, 2279
Vom Ursprung und Ziel der Geschichte (Karl Jaspers) 2157
Vorlesungen über das Wesen des Christentums (Adolf von Harnack) 1500
Vorschlag für eine Systematik (Helmut Heißenbüttel) 1716
Der Vulkan (Klaus Mann) 73

W
Waffen für Amerika (Lion Feuchtwanger) 2059
Waffen-SS im Bild 1743, 2016
Waffen-SS im Einsatz (Paul Hausser) 1192, 1743, 2016, 2271
Wallenstein (Alfred Döblin) 1662
Der Wartesaal (Lion Feuchtwanger) → auch **Erfolg, Die Geschwister Oppermann, Exil** 2059
We shall overcome (Joan Baez) 2218
Wegweiser für die intelligente Frau zum Sozialismus und Kapitalismus (George Bernard Shaw) 321
Weissbuch über den Generalkriegsvertrag (Gerhart Eisler/Albert Norden) 666
Weissbuch über die aggressive Politik der Regierung der Deutschen Bundesrepublik 2037
Weltklage und Bild der Welt in der Dichtung Goethes (Hildegard Emmel) 1880
Der Wendepunkt (Klaus Mann) 73
Das Wesen des Judentums (Leo Baeck) 1500
West-Berlin – Hort der Reaktion, Herd der Kriegsgefahr (Hans Loch) 1787
Westdeutsches Tagebuch (Jan Rolfs, d.i. Ralph Giordano) 1700
Wider das Unrecht (Jean Paul Sartre) → auch **L'Affaire Henri Martin** 537
Wider den Antisemitismus 561
Wie sprenge ich Brücken? (»Technischer Dienst« des Bundes Deutscher Jugend) 2167
Wieviel Welt (Geld)-Kriege müssen die Völker noch verlieren? (Friedrich Nieland) 2080, 2084, 2121
Wir rufen Europa – Vereinigung des Abendlandes auf sozial-organischer Grundlage (Theodor Soucek) 2012

Z
Der Zauberberg (Thomas Mann) 1233
Zauber um Dr. Schacht (Friedrich Lenz) 1709
Zu große Gastlichkeit verjagt die Gäste (Adriaan Morrien) 973
Zur allgemeinen Relativitätstheorie (Albert Einstein) 1168
Zweimal kam ich heim (Otto John) 1027f., 1291
Zwischen London und Moskau (Joachim von Ribbentrop) 1624

Bühnenwerke

A

Abraxas (Werner Egk) 33
Der Admiral (Arthur Müller) 536
Als der Krieg zu Ende war (Max Frisch) 28
Amphitryon 38 (Jean Giraudoux) 2129
Der arme Bitos oder Das Diner der Köpfe (Jean Anouilh) → auch **Le pauvre Bitos...** 1463
Astutuli (Carl Orff) 2129
Der aufhaltsame Aufstieg des Arturo Ui (Bertolt Brecht) 2035

B

Blick zurück im Zorn (John Osborne) → auch **Look Back in Anger** 1724f.

C

La Canasta (Miguel Mihura) 1286
Cyankali (Friedrich Wolf) 901

D

Het Dagboek van Anne Frank (Frances Goodrich/Albert Hackett) → **Das Tagebuch der Anne Frank**
Don Carlos (Friedrich Schiller) 335, 801
Draußen vor der Tür (Wolfgang Borchert) 1123, 2109
Die Dreigroschenoper (Bertolt Brecht/Kurt Weill) 857, 1611, 2000

E

Die Eingeschlossenen von Altona/Die Eingeschlossenen (Jean-Paul Sartre) → auch **Les Séquestrés d'Altona** 2273f.
Endspiel (Samuel Beckett) → auch **Fin de Partie** 1005f., 1066, 1610
Der Erstgeborene (Christopher Fry) 666

F

Fahnen (Alfred Paquet) 1366
Faust (Johann Wolfgang Goethe) 1925
Fin de Partie (Samuel Beckett) → auch **Endspiel** 1610

G

Galileo Galilei → **Leben des Galilei**
Die Geschichte von Vasco (Georges Schéhadé) 1466
Geschlossene Gesellschaft (Jean-Paul Sartre) 2000, 2002
Göttinger Kantate (Günther Weisenborn) 1895
Der gute Mensch von Sezuan (Bertolt Brecht) 687, 1096, 1153

H

Hat es Iwan Iwanowitsch überhaupt gegeben? (Nazim Hikmet) 1647
Herr Puntila und sein Knecht Matti (Bertolt Brecht) 139
Hexenjagd (Arthur Miller) 729, 729, 943, 1399, 1508, 2085

I

Ich selbst und keine Engel (Thomas Harlan) 2095

J

Der Jasager und der Neinsager (Bertolt Brecht) 471
John Gabriel Borkmann (Henrik Ibsen) 309, 335
Die Jungfrau von Orleans (Friedrich Schiller) 849

K

Der kaukasische Kreidekreis (Bertolt Brecht) 1096, 1153
König Hirsch (Hans Werner Henze) 1450

L

Leben des Galilei (Bertolt Brecht) 1096, 1153f., 1393, 1611
Leben Eduard des Zweiten von England (Bertolt Brecht) 856
Das Leben König Eduard des II. von England (Christopher Marlowe) 856
Die letzte Station (Erich Maria Remarque) 1447f.
Letzte Station 2129
Lilo Hermann (Friedrich Wolf/Paul Dessau) 1035
Look Back in Anger (John Osborne) → auch **Blick zurück im Zorn** 1724

M

Moses und Aron (Arnold Schönberg) 2284
Mutter Courage und ihre Kinder (Bertolt Brecht) 29, 306, 857, 1096, 1153, 1448, 1611, 1907, 1912

N

Nathan der Weise (Gotthold Ephraim Lessing) 1655
Neuland unter dem Pflug (Th. Isaakowitsch) 2130

O

Onkel, Onkel (Günter Grass) 1716
Opfer der Pflicht (Eugene Ionesco) 1631
Othello (Guiseppe Verdi) 1332

P

Le pauvre Bitos ou Le diner des tètes (Jean Anouilh) → auch **Der arme Bitos...** 1463
Der Preispokal (Sean O'Casey) 801
Professor Mamlock (Friedrich Wolf) 2130

R

La Reine de Cesarée (Robert Brasillack) 1740

S

Schmutzige Hände (Jean-Paul Sartre) 688, 1529, 1604
Les Séquestrés d'Altona (Jean-Paul Sartre) → auch **Die Eingeschlossenen von Altona** 2273
Der Soldat Tanaka (Georg Kaiser) 1406
Sonnenfinsternis (Sidney Kingsley) 319, 733
Studentenkomödie (auch unter dem Titel: **Mit der Zeit werden wir fertig**, Gustav v. Wangenheim) 2130

T

Der Tag des großen Gelehrten Wu (Bertolt Brecht) 1279
Das Tagebuch der Anne Frank (Frances Goodrich/Albert Hackett) → **Het Dagboek van Anne Frank** 1457f., 1520, 1597, 1731, 2253
Der Teufel und der liebe Gott (Jean-Paul Sartre) 441
Thomas Müntzer, der Mann mit der Regenbogenfahne (Friedrich Wolf)

U

Unsere kleine Stadt (Thornton Wilder) 1724

V

Das Verhör des Lukullus (Bertolt Brecht/Paul Dessau) 399, 402f., 432

Die Verurteilung des Lukullus (Bertolt Brecht / Paul Dessau) 402

W
Warten auf Godot (Samuel Beckett) 723
Die Welt hat keinen Wartesaal (Mauritz Decker) 2044
Wir sind noch einmal davon gekommen (Thornton Wilder) 1724

Hörfunk- und Fernsehsendungen

Alles (Ingeborg Bachmann, BR) 2306
Appell zur Einstellung der Kernwaffenversuche (Albert Schweitzer) 1619
Die Atombombe und die Zukunft (Carl Jaspers) 1910f.
Aufruf an das algerische Volk (CRUA, Stimme der Araber) 1061
Bevor die Sonne untergeht (BBC-Fernsehen) 2114
Die Christen und die Atomwaffen (Helmut Gollwitzer, SDR) 1714
Das Colloquium (BR) 78
Ed-Sullivan-Show (US-Fernsehsendung) 1442
Denn sie müssen nicht, was sie tun (Lach- und Schießgesellschaft, Deutsches Fernsehen) 1533
Früher Schnee am Fluß (Heinz Huber) 899
Für wen sind Rundfunk und Fernsehen da? – 203. Mittwochsgespräch (Deutsches Fernsehen) 1156
Die Gefahr der Entstehung zweier Kulturen in Deutschland (Alfred Weber) 943
Günter Neumann und seine Insulaner (RIAS) 26
Im gleichen Schritt und Trott (Lach- und Schießgesellschaft, Deutsches Fernsehen) 1741
Internationaler Frühschoppen (Werner Höfer, NWDR-Hörfunk) 540
Internationaler Frühschoppen (Werner Höfer, Deutsches Fernsehen) 888, 2227
Luftschutz im Atomzeitalter (SWF/ Deutsches Fernsehen) 1582
1984 (Rudolph Cartier, BBC-Fernsehen) 1084
Nikita Chruschtschow – Versuch eines Portraits (Deutsches Fernsehen) 2227
Nur noch rauchende Trümmer – das Ende der Festung Brest (Erich Kuby, NWDR) 2117
Panorama (Deutsches Fernsehen) 1574
Reith Lectures (George F. Kennan, BBC) 1742
Renazifizierung der Bundesrepublik (Helmut Hammerschmidt, BR) 1330

Schuld und Aufgabe (Vortragsreihe, NWDR) 1136
See it now (Edward R. Murrow, US-Fernsehsendung) 953
Sie können sich sehen lassen (SWF) 1271
Soweit die Füße tragen (Deutsches Fernsehen) 2184
Die Sprache des Spiegel (Hans Magnus Enzensberger, SDR) 1578
Stille Nacht, heilige Nacht (NWDR / Deutsches Fernsehen) 703
Tagesschau (NWDR/Deutsches Fernsehen) 703, 2184, 2349
Träume (Günter Eich, NWDR) 418
Werktag in der Zone (RIAS) 1381
Zur Gegenwartslage unserer Literatur (Hans Mayer, Deutschlandsender)

Zeitschriften und Zeitungen

A

Aachener Nachrichten 420, 537, 858, 901, 951
Der Abend 44, 1162
Abendpost 342, 958, 1008, 1039, 1422, 2245
Abendzeitung 1941, 2078, 2217
Action française (Frankreich) 1740
The Africanist (Südafrika) 2148
Die Aktion 2003
Aktuelle Information 1102
Akzente 1046
Al Alam, al Yom (Ägypten) 2211
Algemeen Dagblad (Niederlande) 1530
Alger Républicain (Algerien) 1655f., 1806
Der Allgäuer 1451
Allgemeine Wochenzeitung der Juden in Deutschland 117, 486, 506, 775, 883, 928, 956, 1227, 1618, 1769, 1945, 1967
Allgemeine Zeitung 36, 144, 390
Allgemeine Zeitung der Juden in Deutschland 144
Alpenländischer Heimatruf 74
alternative – Blätter für Lyrik und Prosa 1961
Amberger Zeitung 2109
Amsterdam News (Niederlande) 1640
Die Andere Zeitung 1126, 1186, 1213, 1234, 1241, 1248f., 1254, 1260, 1312, 1321, 1326, 1335, 1340, 1343, 1349, 1380, 1385, 1413, 1455, 1463f., 1520, 1522, 1541, 1564, 1581, 1583, 1610, 1618, 1631, 1636, 1666, 1678, 1702, 1705, 1711, 1741, 1756, 1784, 1811, 1876, 1882, 1922, 1949, 2024, 2042, 2099, 2105, 2138, 2216, 2251, 2330, 2351
Die Anklage, – Organ der entrechteten Nachkriegsgeschädigten 1372, 1678
Arbeiterpolitik 164
Die Arbeiter-Zeitung (Österreich) 74, 862
Das Argument 1829, 2176f., 2303
The Army Times (USA) 165
Ärztliche Mitteilungen 1490
Atomzeitalter 2074
Aufbau (DDR) 2004
Aufbau (USA) 38, 304, 308, 503, 588, 655, 702, 1145, 1664

Die Aula 614
L'Aurore (Frankreich) 2206
Der Ausweg 25

B

Badische Zeitung 631
Badisches Volksecho 265
Baltimore Sun (USA) 120
Bauern-Echo 1879
Bayrisches Volksecho 1428
Berliner Allgemeine – Wochenzeitung der Juden in Deutschland 1458
Berliner Morgenpost 1374, 2090
Berliner Zeitung (Ost-Berlin) 477, 865, 1564, 1700, 2210, 2309
Berlingske Tidende (Dänemark) 1290
Bild-BZ (Ost-Berlin) 1593
Bild-Zeitung 632ff., 988, 1604f., 1741, 1828
Billboard (USA) 1024
Blätter für deutsche und internationale Politik 1804, 1890, 1910, 2241, 2308
Blätter für internationale Sozialisten 238
Blitz 1400, 1690
Bohemia (Kuba) 1189
Borba, (Jugoslawien) 934, 1115
Börsenblatt für den Deutschen Buchhandel, Frankfurter Ausgabe 1743
Börsenblatt für den Deutschen Buchhandel, Leipziger Ausgabe 861, 1743
Brandenburger Neuste Nachrichten 1079
Braunschweiger Zeitung 1374
Bravo 1432f., 1438
Bremer Bürger-Zeitung 751
Bremer Nachrichten 517
Bulletin des Presse- und Informationsamtes der Bundesregierung 1431, 1488, 1764, 1814, 2050, 2248
Bulletin of the Atomic Scientists, (USA) 1723
Die Bundeswehr 1939
BZ am Abend (Ost-Berlin) 701, 1470
BZ am Mittag 913
BZ (Berliner Zeitung, West-Berlin) 913, 1847, 1952, 1967, 2077, 2080, 2321

C

Le Canard enchaîné (Frankreich) 1813
Candour (Frankreich) 1395
Cashbox (USA) 1024
Cel (Österreich) 2135
Christ und Welt 273, 486, 2024
Clarté (Frankreich) 1307
Cleveland Plain Dealer (USA) → auch The Plain Dealer 2102

Clou (Schweiz) 1978
Combat (Frankreich) 211
Communauté Algérienne (Algerien) 1263
Constanze 166, 1520, 1522
Construire (Schweiz) 2102
Colloquium – Zeitschrift der Studentenschaft der Freien Universität Berlin 373, 554, 667
La Croix (Frankreich) 2206
Cuxhavener Rundschau 437

D

Dachauer Nachrichten 2324
Dagbladet, (Norwegen) 1561, 1725f.
Dagens Nyheter (Schweden) 1594
Daily Express (Großbritannien) 29, 468, 726, 958, 1350, 1369f., 1511, 1609, 2045, 2103, 2133
Daily Herald (Großbritannien) 213, 272, 290, 503, 969, 1888, 2242
Daily Mail (Großbritannien) 198, 324, 382, 728, 894, 1218, 1503, 1598, 2332
Daily Telegraph (Großbritannien) 76
Daily Worker (Großbritannien) 1120, 1171
Davar (Israel) 2217
Défense de la Paix (Frankreich) 986
Demain (Frankreich) 1582
Der Dritte Weg – Zeitschrift für modernen Sozialismus 2210 f.
Deutsche Freiheit 1395
Deutsche Hochschullehrer-Zeitung 1573
Deutsche Medizinische Wochenschrift 2191
Deutsche National-Zeitung 1228
Deutsche National- und Soldatenzeitung 2095
Deutsche Opposition 561
Deutsche Rundschau 1270, 1742, 1747
Deutsche Soldaten-Zeitung 257, 921, 1392, 1464, 1678
Deutsche Universitätszeitung 730f., 1351
Deutsche Volkszeitung (DVZ) 716, 779, 1065, 1101, 1144, 1531, 1612, 1661, 1804, 1840, 1904, 1934, 1943, 1951, 1964, 1985, 2017, 2032, 2052, 2063, 2078, 2082, 2086, 2103, 2105f., 2112, 2164, 2185, 2212, 2245, 2305, 2336
Deutsche Woche 1426
Deutsche Zeitschrift für Philosophie 1191, 1521, 1590
Deutsche Zeitung 313, 318, 1125, 1195, 1205, 2179, 2315, 2350

Deutsche Zeitung und Wirtschaftszeitung 1049, 1142, 1281, 1317
Deutscher Kurier 1222
Deutsches Echo 1192
Deutschland-Archiv 1885
Deutschlandbriefe – Kampfschrift für das Reich 1632
Dokumentation der Woche 2072
Donau-Kurier 1198
Dortmunder Generalanzeiger 253
Dortmunder Ruhr-Nachrichten 1936
DP-Pressedienst 485f.
Drum (Südafrika) 1600

E
Echo 627
Echo der Woche 543, 626f.
Die Einheit – Organ der FDJ 1860
Emsländische Rundschau 1441
L'Époque (Frankreich) 142
Esprit (Frankreich) 519
Essener Tageblatt 491
L'Est Républicaine (Frankreich) 138
Eulenspiegel – Wochenzeitung für Satire und Humor (DDR) 1055, 1082, 1526
Europa 1736
Europa-Archiv 1228
Europa-Kurier 304
Europäische Hefte 2237
Europäische Sicherheit – Rundschau der Militärwissenschaft 395
Evangelischer Filmbeobachter 1452
Evangelischer Weg 521
L'Express (Frankreich) 1056, 1511, 1530, 1560, 1591, 1603, 1806, 1812, 2003, 2288, 2296

F
Die Fackel 202, 2121, 2206
Le Figaro (Frankreich) 1036, 1981
Le Figaro Littéraire (Frankreich) 78, 164,
Filmkritik 1698
El Financiero (Mexiko) 1742
Foreign Affairs (USA) 1742
Der Fortschritt 486
Forum – Zeitung der Studenten und jungen Intelligenz / Organ des Zentralrats der FDJ 623, 768, 1530, 1881, 2051, 2158,
Forum (Österreich) 1911
Forum academicum – Zeitschrift für Heidelberger und Mannheimer Studenten 2063, 2073f., 2220ff., 2305, 2220, 2329

Franc-Tireur (Frankreich) 290, 1502, 1599, 1603
France Observateur (Frankreich) 1514, 2206
France-Nouvelle (Frankreich) 1806
France-Soir (Frankreich) 1827, 1981
Frankenpost 407, 664, 1136
Frankfurter Allgemeine Zeitung (FAZ) 136, 244, 268, 437, 449, 573, 585, 631, 672, 872, 874, 993, 1179, 1207, 1242, 1250f., 1262, 1295, 1413, 1559, 1579, 1594, 1601, 1604, 1635, 1673, 1676, 1714, 1716f., 1764, 1823, 1859, 1956, 2089, 2113f., 2155, 2229f., 2284, 2291, 2340, 2342
Frankfurter Hefte – Zeitschrift für Politik, Kultur, Wirtschaft 24, 60, 66, 72, 96, 97f., 232, 242, 282, 539, 553, 565, 1822, 2306
Frankfurter Nachtausgabe 1151
Frankfurter Neue Presse 337, 1618
Frankfurter Rundschau (FR) 31, 113, 145, 149, 243, 345, 362, 394, 426, 499, 529, 539, 578, 662, 664, 701, 795, 865, 1034, 1037, 1101, 1248, 1284, 1410, 1510, 1568, 1588, 1604f., 1661, 1679, 1708, 1796, 1823, 1847, 1858, 1916, 1944, 1953, 2024, 2046f., 2047, 2157, 2187, 2198, 2221, 2241, 2273
Frankfurter Zeitung 136, 225, 470, 765, 1105, 1366
Fränkisches Volksblatt 1685
Frau und Frieden 2191
Die Frau von Heute 264, 546, 581, 676
Freie Demokratische Korrespondenz 632
Freie Forschung 2272
Die freie Meinung 2199
Freie Presse (Bielefeld) 1128
Freie Presse (sozialdemokratische Zeitung) 1364
Die freie Tribüne 262, 318, 404
Freies Algerien 1976
Freies Volk 203, 262, 265, 316, 318, 404, 427, 440, 787, 1039, 1051, 1074, 1239, 1254, 1427, 1430, 2342
Freiheit (Halle) 779, 895
Freiheit (Mainz) 402
Die Freiheitsglocke 179
Der Freiwillige – Kameradschaftsblatt der HIAG 1308, 1948, 2159, 2286
Friedenswacht 722
Frische Luft 2150
Fuldaer Volkszeitung 779
Funken – Aussprachehefte für internationale sozialistische Politik 238, 1793, 1896, 2257
Furche (Österreich) 2244

G
Die Geopolitik 412
Gesamtdeutsche Rundschau – Zeitung für unabhängige Politik, Kultur und Wirtschaft 1423, 1518, 1654, 1700
Das Gewissen – Organ zur Bekämpfung des Atom-Mißbrauchs und der Atomgefahren 1672, 1758, 1768
The Globe and Mail (Kanada) 1611
The Guardian (Südafrika) 627
The Guardian (Großbritannien) 2342

H
Hamburger Abendblatt 155, 344, 1597
Hamburger Freie Presse 105
Hamburger Volkszeitung 240, 265, 318, 443, 957, 1427f., 1700
Al Hamishmar (Israel) 2217
Handelsblatt 792
Hannoversche Allgemeine Zeitung 1376, 1719
Hannoversche Presse 511, 756, 899, 1189, 2300
Heidelberger Tagblatt 2221
Hessische Nachrichten 267, 1331
Heute 286
Hidverök (BRD) 2135
Holzarbeiter Zeitung 2190
Horizons (Frankreich) 1332
L'Humanité (Frankreich) 607, 616, 1308, 1341, 1430, 1510, 1981, 2003, 2206

I
Informationen – Monatsschrift der Kriegsdienstverweigerer 2054, 2250
Informationen (Dänemark) 1598
Informationen für die Frau 494
Der Insulaner 26, 96
Internationale Literatur – Deutsche Blätter 2003

J
Iswestija, ZK KPSS (Sowjetunion) 281, 653, 1334
Je suis partout (Frankreich) 1740
The Jewish Chronicle (Großbritannien) 2351
Journal d'Alger (Algerien) 1885
Junge Freundschaft 1511, 1695

Junge Welt (DDR) 761, 774, 1359, 1647, 1924
Junges Deutschland 1039, 1392

K
Karlstadter Zeitung 1677, 1685
Kasseler Zeitung 329
Ketteler-Wacht 908
Die kleine Tribüne 835
Kongressdienst 1873, 2125, 2323
Konkret – Die unabhängige Zeitschrift für Politik und Kultur 1181, 1705, 1722, 1758, 1923, 1998, 2005, 2012, 2077ff., 2181, 2189f., 2194, 2197, 2203, 2206, 2228ff., 2231, 2289, 2334
Korrespondenz für Wirtschafts- und Sozialwissenschaften (WISO) 895, 1586, 1600, 1605, 1752f., 1805
Die Kultur 1831, 1834, 1903
Der Kurier 173, 1182, 2078

L
Lamerchav (Israel) 2217
Lampertheimer Zeitung 1270
Lancelot 241
Land og Folk (Dänemark) 1346, 1973
Landwirtschaftszeitung der Nordrheinprovinz 1615
Leipziger Volkszeitung 751
Leonberger Kreiszeitung 64, 521
Lernen und Handeln (DDR) 559, 571
Les Lettres Françaises (Frankreich) 1511
Libération (Frankreich) 616, 852, 1061, 1184, 1188,1235, 1393, 1409, 1430, 1541, 1718, 1808, 1891, 1976, 1981, 1988, 2089, 2122, 2206, 2260, 2269, 2302
Life (USA) 80f., 415, 683, 983, 987f., 1177, 1267, 1275, 1693, 1703, 1889, 1894
Die Literatur 682
Literaturnaja Gazeta (Sowjetunion) 1514, 1518, 1526
Look (USA) 2307
Lyrische Blätter 1961

M
Maariv (Israel) 2285
Magazin (DDR) 1055
Makedonia 233
Mann in der Zeit 908, 1749
Manchester Guardian (Großbritannien) 76, 83, 1404, 1493, 1502, 1615
Mannheimer Morgen 318

Metall – Zeitung der IG Metall für die Bundesrepublik Deutschland 280, 458, 475, 643, 838, 968, 1008, 1589, 1627, 1806, 1829, 1985, 2141, 2108, 2263, 2312
Militärpolitisches Forum 694
Ministerialblatt des Bundesministeriums für Verteidigung 1439
Der Monat 77, 161, 206f., 238, 248f.,337, 1080, 1187, 1231, 1250, 1309, 1592, 1731, 1778, 2170, 2306, 2310
Le Monde (Frankreich) 628, 698, 717, 869, 912, 916, 979, 994, 1072, 1246, 1357, 1603, 1605, 1625, 1645, 1889, 1891, 1907, 2205f., 2217, 2317
Morgenpost 1162
Morgonbladet (Schweden) 1986
Münchner Illustrierte 988
Münchner Merkur 78, 960, 1065
Mundo Obrero (Spanien) 287

N
Nachrichtenblatt der Bonner Studentenschaft 1290
Nachtexpress 687
Natal Mercury (Südafrika) 2205
Die Nation 553
Nation Europa – Monatsschrift im Dienst der europäischen Erneuerung 347, 1389, 1748, 2089, 2147
National-Zeitung (DDR) 1647, 1977
National-Zeitung (Schweiz) 2120
Neue Münchner Illustrierte 626
Neue Niedersächsische Volksstimme 1428
Neue Politik – Unabhängige Monatszeitschrift 2017
Das Neue Reich 2165
Neue Rhein-Zeitung 1819, 1854
Neue Ruhr-Zeitung (NRZ) 366, 913, 1445, 2192, 2264, 2332
Neue Volkszeitung 265, 285, 295, 449, 862, 1428
Der Neue Weg 883
Die Neue Zeitung – Amerikanische Zeitung für die deutsche Bevölkerung 41, 68, 82, 90, 96, 108, 118, 134, 152f., 183, 185, 242, 250f., 254, 294, 306, 355, 373, 431, 476, 478, 485f., 495, 516, 520, 543f., 564, 580, 626, 702, 739, 768, 795, 856, 1069, 1119, 2161
Neue Zürcher Zeitung (NZZ, Schweiz) 718, 723, 988, 1414, 1513, 1694, 1743, 1978, 1994, 2227, 2339

Neuer Vorwärts 26, 2223
Neues Abendland 1689, 2072
Neues Bauerntum 1213
Neues Deutschland (ND) – Zentralorgan der Sozialistischen Einheitspartei Deutschlands (DDR) 45, 109, 178, 211, 227, 237, 255, 264, 277, 402, 439, 434, 508, 639, 699, 724, 774, 794, 851, 853, 856f., 857, 862, 868, 870, 872, 937, 1056, 1084, 1141, 1156f., 1162, 1204, 1303, 1343, 1399, 1408, 1409, 1412, 1432, 1448, 1458, 1464, 1520f., 1534, 1536, 1541, 1560, 1579, 1591, 1599, 1620, 1623, 1635, 1639, 1680f., 1696, 1727f., 1732, 1766, 1787, 1794, 1805, 1817, 1828, 1855, 1860, 1880, 1927, 1970, 1985, 1991, 2007, 2039, 2079, 2083, 2086, 2096, 2107, 2110, 2116, 2129, 2133, 2173, 2180, 2187, 2187, 2192, 2204f., 2211, 2222, 2230, 2246, 2249, 2259, 2287, 2292, 2299, 2305, 2308, 2314, 2316ff., 2342, 2346, 2349
Neues Leben 244, 607, 1700f.
The New Leader (USA) 1693
The New Statesman and Nation (Großbritannien) 290, 1165, 1629, 2340
New York Herald Tribune (USA) 53, 153, 885, 916, 990, 1154, 1708, 1723, 1743
New York Post (USA) 1611
The New York Times (USA) 53, 74, 131, 139, 178, 180, 197f., 272, 298, 653, 747, 792, 885, 973, 1088, 1098, 1115, 1154, 1295, 1298, 1334, 1414, 1584, 1611, 1739, 2029, 2051, 2125
News from Germany 393
Newsweek (USA) 215, 1652
Niedersächsische Volksstimme 154, 191, 194f., 200, 208f., 213, 225, 227
no more hirosimas (Japan) 1929, 2202
Nobis 2050f.
Nordbayrische Volkszeitung 276, 443
Norddeutsche Zeitung (DDR) 2108
Norddeutsches Echo 276, 443, 1428
Nordische Rundschau (Österreich) 1671
Der Notruf 169
Nowa Kultura 1236
Nowy Mir (Sowjetunion) 1578, 2023
Nuovi Argomenti (Italien) 1396, 1404
Nürnberger Nachrichten 489, 562, 620, 1439, 1675, 2015

O

Oberfränkische Volkszeitung 1461
Der Oberthurgauer (Schweiz) 1978
The Observer (Großbritannien) 377, 1813, 1978
Offenbach-Post 1868
Ohne uns 492
L'Osservatore della Domenica (Vatikan) 584
Ost-Probleme 1334, 1641
Ost und West – Beiträge zu kulturellen Fragen der Zeit 33
Ostsee-Zeitung (DDR) 1647, 1881
Ostspiegel des SPD-Pressedienstes 1591
OzD (Oberrealschule zum Dom, Lübeck) 2002, 2084

P

Pan (Belgien) 789
Panorama 2304
Passauer Neue Presse 1971, 2118, 2239, 2324
Peace News (Großbritannien) 1578
Peekskill Evening Star (USA) 114
The People (Großbritannien) 2179
Pfälzische Volkszeitung 631
The Plain Dealer (USA) → auch Cleveland Plain Dealer 147
Politische Verantwortung 1780
Po prostu (Polen) 1483, 1561, 1721ff., 1869
Prawda (UdSSR) 719, 1298
Pressedienst des DGB 783, 1171
Prisma 2200
pro und contra 321
Przeglad Kulturalny (Polen) 1520

Q

Quick 479, 892, 1917

R

Reader's Digest 2157
Realpolitik 173, 319, 325, 399
Regensburger Anzeiger 390
Reichsruf 1516, 2076, 2095, 2313
Revolución (Kuba) 2101
Revue 118, 146, 660, 957, 1433, 1635, 1778, 1917
Rhein-Neckar-Zeitung 203, 366
Rheinisch-Westfälische Nachrichten 1284
Rheinische Post 801
Rheinischer Merkur 264, 632, 908, 1097, 1109, 1162, 1413, 1604
Der Ring 2160

Rivarol (Frankreich) 2296
Rote Fahne 861, 1952, 2237
Der Ruf 48
Der Ruf (ehemalige BHE-Zeitung) 1689
Der Ruf – Unabhängige Blätter der jungen Generation 60

S

Saarbrücker Zeitung 1918
Sächsische Zeitung (DDR) 76, 876, 2157
Salzburger Nachrichten 725
Sammelsurium 2343
Saphir 2009
Saturday Evening Post (USA) 684, 885
Schaubühne 2058
Der Scheinwerfer 318f., 1119
Schwäbische Landeszeitung 384
Schwäbische Tagwacht 656
Das Schwarze Korps 1226, 1771
Schweizer Rundschau (Schweiz) 487
Science 2218
SF-bladet (Dänemark) 2196
Simplicissimus 127, 652, 1136, 1212, 1450, 1494, 1562, 1674, 1688f., 1783, 1821, 1848, 1880, 1895, 1906, 1924, 1959, 2109, 2132, 2136, 2147, 2147, 2213, 2215, 2237, 2237, 2239, 2276, 2292, 2310, 2314, 2339, 2348, 2350
Sinn und Form – Beiträge zur Literatur (DDR) 24f., 747, 749, 933, 1046, 2004
Der Soldat 2028
Sonntag (DDR) 933, 1052, 1097, 1162, 1395, 1407, 1489, 1501, 1518, 1521, 1680, 1696, 1732, 2004
Sonntagsblatt 486, 1781
Sopade-Informationsdienst, englische Ausgabe 523
SOS – zeitung für weltweite verständigung 486, 496, 579, 585, 651, 869, 932, 1132, 1265, 1327, 1357, 2024
The South Wales Echo (Großbritannien) 437
Sozialdemokrat 44
Sozialdemokratischer Pressedienst 318, 600, 911, 949, 1136, 1151, 1193, 1315, 1649, 1687, 1771, 1816, 1901, 1926, 1958, 2230
Sozialistische Politik 1166, 1793
Sozialistische Volkszeitung 265, 363f., 370, 434, 1428, 1770
Sozialistischer Informationsdienst 262
SPD-Pressedienst → Sozialdemokratischer Pressedienst
Der Spiegel 54, 172, 192, 214f., 256, 281f., 301f., 308, 342, 346, 384, 434, 512, 538, 579, 639f., 642, 694, 729, 745, 782, 854, 887, 893, 907, 909, 940, 951, 967, 969, 978, 1029, 1033, 1040, 1043, 1130, 1140, 1149, 1172, 1192, 1194, 1215, 1219, 1226, 1236, 1238f., 1258f., 1276f., 1285, 1289, 1291, 1358, 1363, 1448, 1497, 1520, 1522, 1529, 1534, 1536, 1565, 1568, 1578, 1605, 1610, 1640, 1649, 1652, 1672, 1714f., 1744, 1777, 1781, 1790f., 1803, 1843, 1859, 1930, 1953, 1987, 2040, 2045, 2074, 2093f., 2108, 2113f., 2121ff., 2157, 2210, 2216f., 2223, 2236, 2247, 2260f., 2274, 2278, 2302, 2314f., 2338f.
Der Spiegel – Blätter für Literatur, Musik und Bühne 2058
Spiegel der Katholischen Kirchenpresse 908
Spiegel der Woche 1428
Der Stahlhelm 468
Standpunkt – Bundesorgan des Sozialistischen Deutschen Studentenbundes 1002, 1314, 1320, 2194, 2290
Star (Großbritannien) 956
Der Stern 24, 48, 246, 304, 346, 360, 522, 573, 626f., 672, 676, 794, 869, 895, 995, 1167, 1177, 1311, 1432, 1503f., 1575, 1652f., 1677, 1802, 1844, 1923, 2070, 2077, 2079, 2110, 2113f., 2189, 2206, 223, 2279, 2345
Die Stimme der Gemeinde (Göttingen) 628, 1865, 1928
Stockholm Tidningen (Schweden) 269, 317
Die Straße 304
Streik-Nachrichten 1484, 1487
Student im Volk 1394
Studenten-Kurier – Unabhängiges Nachrichtenmagazin für deutsche Studenten 1180f., 1226, 1327, 1376, 1643, 2231
Der Sturm 1662
Der Stürmer 511, 2073, 2308
Stuttgarter Nachrichten 2045
Stuttgarter Zeitung 180, 229, 310, 325f., 462, 480, 545, 632, 664, 726, 770, 792, 1140, 1225, 1351, 2045, 2137, 2207, 2261, 2285
Südbayrische Volkszeitung 276, 443
Süddeutsche Zeitung (SZ) 102f., 106, 281, 376, 736, 786, 964, 981, 1043, 1134, 1317, 1351, 1448, 1567, 1798, 1817, 1823, 1858, 1924, 1971, 1974,

2122, 2026, 2045, 2049, 2055, 2092, 2156, 2169, 2239, 2303, 2327, 2340
Sunday Express (Großbritannien) 372
Sun Times (USA) 801
Svenska Dagbladet (Schweden) 83
Szabad Nép (Ungarn) 1006, 1349, 1401, 1462, 1570

T
Der Tag 1072, 2211, 2240
Der Tagesspiegel 44, 1153, 1162, 1366, 1418, 1448, 1459, 1569, 1642, 1696, 1859, 1921, 1973, 2018, 2078
Tägliche Rundschau (DDR) 44, 170, 280, 341, 1664
Die Tat 183, 186, 201f., 246, 258, 271, 285, 332, 398, 422, 461f., 480, 537, 679, 692, 778, 881, 905, 922, 935, 958, 1003, 1023, 1064, 1111, 1228, 1248, 1283, 1326f., 1389ff., 1439, 1616, 1640, 1649, 1660, 1678, 1685, 1695, 1787, 1796, 1843, 1868, 1938, 1965, 1968, 1983, 2007, 2070, 2080, 2109, 2237, 2272f., 2286, 2305, 2307, 2312, 2338
Die Tat (Schweiz) 83, 875, 1781
Telegraf (West-Berlin) 44, 46, 70, 84, 175, 200, 235, 431, 476, 1396, 1727, 1952
Tempo presente (Italien) 1582
Les Temps Modernes (Frankreich) 78, 164, 649, 771, 1308, 1322, 1562, 1625, 1667, 1808
Texte und Zeichen 1108f., 1417
Textil-Mitteilungen, – Organ für den Europamarkt 2308
Time Magazine (USA) 59, 133, 175, 684, 1448, 1467, 1582, 2219
The Times (Großbritannien) 76, 346, 916, 1087, 1098, 1115, 1171, 1227, 1600, 1743, 1774, 1778, 1797, 2187
Times Herald (USA) 80
Thomas-Müntzer-Briefe 238
De Tijd (Niederlande) 1192
Times of Ceylon (Ceylon) 2276
Tribuna de Imprensa (Brasilien) 1031
Tribüne (DDR) 796, 815
Tribüne der Arbeit 1459
Tribüne der Demokratie 276, 443, 1428
Tribüne des schreibenden Arbeiters (DDR) 2218
Trierische Landeszeitung 908

Der Trommler – Kampfschrift der Nationalen Jugend (Österreich) 2082
tua res 2158

U
Unser Standpunkt – Bundesorgan des Sozialistischen Deutschen Studentenbundes → **Standpunkt**
Unser Tag 240, 250, 265, 1428
Unser Weg 552, 771, 1049, 1428
Unsere Stimme 156
US News & World Report (USA) 286, 885

V
Visum 1961
Vjesnik (Jugoslawien) 578
Voix Ouvrière (Schweiz) 519, 1509
Das Volk
Völkischer Beobachter 91, 193, 319, 399, 561
Volks-Echo 208, 213, 235, 265, 440, 862, 1284, 1428
Volksstimme (DDR) 716, 2006
Volksstimme (Köln) 265, 440, 609
Volksstimme (Österreich) 725
Volksstimme (Polen) 653
Volksstimme (Stuttgart) 265, 407, 918, 1428
Volkswacht (DDR) 2005
Vorwärts 897, 1128, 1186, 1192, 1289, 1335, 1380, 1412, 1594, 1805, 1880, 1933, 1953, 1970, 1982, 2230
De Vrije Katheder (Niederlande) 229

W
De Waarheid, (Niederlande) 372, 762, 1508
Die Wahrheit 195, 200, 209, 265, 395, 406, 1941
The Washington Post (USA) 71, 180, 185, 377, 441, 1724
Der Weg (jüdische Wochenschrift, West-Berlin) 78
Der Weg (neonazistische Zeitung) 1064
Wehrkunde 536
Die Welt 303, 407, 445, 477ff., 485, 605, 770, 869, 934, 1002, 1029, 1074, 1090, 1115, 1139, 1162, 1187, 1205, 1557f., 1610, 1634, 1637, 1643, 1655, 1683, 1719, 1753, 1771, 1780, 1784, 1792, 1817, 1845, 1878, 1896, 1952, 2087, 2140, 2155, 2224, 2245

Welt am Sonnabend 563, 1575
Welt am Sonntag 412, 2002
Welt der Arbeit – Wochenzeitung des Deutschen Gewerkschaftsbundes 401, 498, 1116, 1604, 1769, 1813, 1816, 2103, 2112, 2134
Welt ohne Krieg 1939
Weltbühne (DDR) 732, 755, 1700
Weltbühne (Weimarer Republik) 1151, 2228, 2237
Die Weltbürgerin 36
Die Weltwoche (Schweiz) 415, 748, 1183, 1242, 1256, 1277, 1354, 1418, 1468, 1725, 1824, 1978, 2087, 2180
Weser-Nachrichten 1193
Weserkurier 53, 321, 1448, 1259
Wespennest 108
Westdeutsche Allgemeine Zeitung 1228, 1247, 1383, 1523f., 2334
Westdeutsche Neue Presse 1179
Westdeutsche Rundschau 138
Westdeutsches Tageblatt 895, 1586
Westfälische Rundschau 1781, 1843, 1856, 1936
Wetzlarer Neue Zeitung 308, 889
Wheeling Intelligencer (USA) 180
Wiener Zeitung (Österreich) 1740
Wiesbadener Aufruf 345
Wiesbadener Kurier 149, 288, 463, 1405, 1604
Wiking-Ruf 1161, 1442, 1442, 1567, 1567
Wille und Macht 319
Die Wirtschaft (DDR) 1009, 1984
Wirtschaftszeitung 792
WISO → **Korrespondenz für Wirtschafts- und Sozialwissenschaften (WISO)**
Wissen und Tat 1428
Wochenpost (DDR) 1465
Wolfenbütteler Zeitung 443

Y
Yedioth Aharohot (Israel) 2217

Z
Die Zeit 277, 304, 430, 455, 1672, 1956, 2019, 2024, 2150f.
Die Zeit (NSDAP-Gauorgan) 305
Ziema i morsze (Polen) 1420
Zoon Politikon – Blätter von Studenten der Hochschule für Sozialwissenschaften, Wilhelmshaven 1931ff.

Sachregister

ABC-Waffen 163, 327, 351, 925, 970, 981, 1043, 1184, 1629, 2032, 2212, 2213;
Abkommen 44, 48, 64, 127, 151, 297-300, 395, 418, 714, 745, 895, 902, 1207, 1294, 1517, 1841;
- Drei-Mächte-Kontroll- (1948) 20, 82;
- Genfer Indochina- (1954) 971, 1224f., 1014, 1173, 1224f., 1275;
- Handels- 123;
- Innerdeutsche 127;
- New Yorker Vier-Mächte- (1949) 64, 68;
- Petersberger (1949) 20, 142, 144, 147;
- Potsdamer (1945) 74, 95, 128, 129, 170, 243, 315, 536, 1116, 1130, 1184, 1623, 1760, 2036;
- Saar- 189f., 190, 1128, 1563;
- Sechsmächte- (1948) 26, 27;
- Suez- (1954) 931, 1053f., 1058;
- Viermächte- (1945) 128;
- Waffenstillstands- 87, 456, 466, 641, 714, 766, 789, 875, 878, 986, 998, 1093, 1279;
- Wiedergutmachungs- (1952) 530, 665, 701f., 753, 882;

Abrüstung 95, 134, 240, 500, 1092, 1184f., 1195, 1216f., 1220, 1290, 1337, 1359, 1360, 1373, 1389, 1422, 1459, 1593, 1599, 1634, 1640, 1655, 1669, 1671, 1691, 1753, 1760, 1773, 1782, 1800, 1809, 1864, 1869, 1875, 1894, 1898, 1904, 1948, 1951, 1964, 1970, 2030, 2116, 2143, 2177, 2178, 2179, 2194, 2197, 2216, 2265, 2268, 2271, 2272, 2282, 2291, 2297, 2315, 2323, 2324, 2330, 2339, 2342, 2345, 2346;
Abschiebung 1702, 2304;
Abzeichen 406, 1164, 2183, 2328, 2349;
Affären 112f., 531, 765, 908f., 2042, 2315;
- Philipp Auerbach 368, 379, 397, 530, 588, 595, 623, 653-655;
- Otto John 926, 1013f., 1023, 1026-1028, 1038f., 1094, 1198, 1290f., 1303, 1539f., 1957f.;
- Hans Kilb 2314f.;
- Naumann-Gruppe 717, 725f., 764, 771, 773, 774f., 876, 877f., 886f. 1255;
- Rosemarie Nitribitt 1735f., 1968, 1972f.;
- Theodor Oberländer 1317, 1342, 1346, 1372, 1655, 1718, 2070, 2272f., 2293f., 2304, 2305, 2323f., 2327, 2338f., 2343;
- Leonhard Schlüter 1095, 1191-1195;
- Hans-Konrad Schmeißer 1258f.;
- »Technischer Dienst« des Bundes Deutscher Jugend 661-664, 717, 724;

Akademien 109, 193, 279, 360, 371, 501, 574, 1080, 1152, 1183, 1190, 1204f.;
Akademiker 554, 1302, 1409;
Aktion
- Ballon- 239, 244, 993, 1084, 1135, 1221, 1328, 1374, 1530;
- »Brot für die Welt« 2344;
- direkte 1579;
- Fasten- 695;
- »Friede mit Israel« 476, 478f., 512, 530, 549, 551, 561, 567, 607, 614, 629f., 631, 765;
- gewaltfreie 1579f., 2054f., 2057, 2061;
- »Kerzen in die Fenster« 703, 2060, 2346;
- Postkarten- 1318, 1400, 1914;
- Protest- 383f., 391;
- Prügel- 209, 235, 264, 276, 801, 803, 816, 822, 864;
- Schlagbaum- 161, 266f.;
- Schmier- 166, 509, 511, 516, 1263, 1328;
- Spenden- 320;
- »Sühnezeichen« 1862;

Aktionsbündnis zwischen Kommunisten und Sozialdemokraten, Aufforderung 370, 736, 751, 752, 763, 886, 905, 930, 960, 1038, 1089, 1096, 1101, 1244f., 1269, 1365, 1647, 1745;
Algerien-Krieg → Krieg
Alleinvertretungsanspruch → vgl. Hallstein-Doktrin 127, 133, 290, 964, 1094, 1255, 1258, 1289, 1293;
Allgemeiner Studentenausschuß (AStA) → **Studenten/-schaft**
Alliierte Hochkommission → Hohe Kommission, alliierte
Ältestenrat 91, 419;
Amnestie 21, 119, 148, 150, 151, 156, 239, 258, 335, 346, 359, 374, 450, 498f., 512, 611, 631, 642, 674, 740, 750, 766, 790, 872, 930, 936, 1009, 1011, 1098, 1189, 1198, 1294, 1304, 1326, 1361, 1398, 1466, 1476, 1519, 1521, 1607, 1630, 2065, 2084, 2087, 2115, 2127, 2214, 2335;
Amoklauf 30, 541;
Amtsenthebung 76;
Anarchismus 542;
Annexion 190;
Anschlag 759, 853, 918, 924, 930, 950, 956, 1101, 1379, 1536, 1541, 1566, 1568f., 1761, 1767, 2288;
- Bomben- 79, 767, 860, 921, 987, 1221, 1243, 1324, 1536, 1541, 1625, 1655, 1733, 1808, 1815, 1816, 1835, 2089, 2122;
- Brand- 60, 532, 652, 1587, 1825;
- Sprengstoff- 134, 376, 517, 532, 547, 720, 1098, 1149, 1163, 1200, 1215, 1362, 1452, 1582, 1651f., 1703, 1987, 1991, 1996, 1997, 2001, 2013, 2216, 2351;

Ansprache, Rede → vgl. **Vortrag, Referat** 95, 98f., 109, 117, 135, 221f., 223, 240, 594, 638, 693, 761, 788, 997, 1012, 1148, 1182, 1183, 1207, 1283, 1299, 1304, 1307, 1310, 1314, 1333, 1336, 1360, 1425, 1474, 1475, 1478, 1484, 1503, 1513, 1557, 1559, 1563, 1570, 1571, 1572, 1589, 1593, 1619, 1628, 1649, 1691, 1695, 1698, 1712, 1719, 1737, 1738, 1755, 1763, 1771, 1773, 1779, 1783, 1784, 1790, 1791, 1798, 1820, 1824, 1835, 1837, 1838, 1839, 1845, 1849, 1851, 1857, 1875, 1879, 1895, 1898, 1904, 1905, 1906, 1908, 1909, 1913, 1916, 1920, 1921, 1924, 1927, 1929, 1930, 1934, 1935, 1941, 1944, 1951, 1952, 1953, 1957, 1960, 1962, 1975, 1983, 1987, 1991, 1993, 2001, 2003, 2005, 2006, 2013, 2014, 2020, 2041f., 2051, 2052, 2053, 2062, 2065, 2069, 2071, 2093, 2099, 2100, 2110, 2115, 2116, 2124, 2125, 2127, 2129, 2146, 2152, 2161, 2164, 2165, 2170, 2171, 2172, 2173, 2174, 2175, 2178, 2179, 2203, 2204, 2210, 2211, 2213, 2214, 2219, 2227, 2232, 2234, 2254, 2262, 2265, 2267, 2269, 2270, 2271, 2280, 2285, 2291, 2295, 2309, 2310, 2313, 2319, 2328, 2331, 2333, 2334, 2336, 2346;
- Rundfunk- 261, 274, 317, 415, 486, 590, 844, 889, 943, 1006, 1013, 1023, 1095, 1098, 1113, 1136, 1189, 1203, 1256, 1299, 1475f., 1476, 1477, 1478, 1479, 1480, 1481, 1570, 1619, 1644, 1695f., 1745, 1763, 1766, 1771,

1779, 1783f., 1784, 1814, 1864, 1875, 1924f., 2065, 2172, 2270, 2291, 2295;

Anti-Amerikanismus 27, 59, 76, 101, 108, 109, 234, 241, 244, 260, 263, 268, 274, 280, 322, 325, 446, 598, 650, 725, 907, 912, 945, 958, 1000, 1053, 1086, 1135, 1424, 1643, 1893;

Anti-Apartheids-Bewegung → Bewegungen

Anti-Atomtod-Kampagne → Kampagnen

Antiautoritarismus 109;

Antidemokratismus 32, 46, 78, 108, 122, 145, 150, 152, 176, 182, 286, 319, 349, 390, 442f., 474, 490, 511, 523, 561, 716f., 731, 977, 1039, 1095, 1192, 1195, 1200-1202, 1764, 1813, 2066, 2147;

Anti-Demontage-Bewegung → Bewegungen

Antifaschismus/Antinazismus 43, 62, 89, 91, 101, 113, 116f., 117, 126, 133, 145f., 149, 152, 160, 171, 172, 178, 184f., 192, 198, 205, 206, 211, 214, 216, 217, 218, 235, 238, 252, 261f., 263, 274, 370, 417, 452, 474, 481-483, 493, 511, 520, 523, 551, 568, 570, 588, 589, 592, 593, 593f., 595f., 630f., 632, 652, 659, 666f., 679, 728, 763, 864, 865, 866, 877, 928, 936, 955, 972, 980f., 1010, 1035, 1038, 1042, 1059, 1095, 1097, 1110f., 1145, 1164, 1165, 1167, 1201, 1246f., 1247, 1247f., 1252, 1262, 1266, 1278, 1291, 1307, 1310, 1311, 1337, 1341, 1354, 1521, 1601, 1641, 1659, 1696, 1712, 1728, 1765, 1787, 1984, 2047, 2205, 2258, 2287, 2345;

Antifeminismus 78;

Antikolonialismus 203, 309f., 320, 329, 352, 376, 399, 413, 416, 464, 499, 506, 512, 534, 541, 542, 547, 678, 698f., 759, 775, 878, 885, 921, 924, 930, 950, 956, 960, 972, 977, 979, 987, 990, 1009f., 1020, 1060f., 1098, 1163, 1170, 1226, 1235, 1235f., 1255, 1259, 1265, 1268, 1282, 1305, 1307, 1322, 1332, 1397, 1430f., 1446, 1446f., 1489, 1532, 1535, 1560, 1625, 1632, 1667, 1669, 1750, 1756, 1841, 1848, 1976, 2054, 2080, 2122, 2141f., 2265, 2280, 2282, 2300, 2341f.;

Antikommunismus 31, 39, 48, 49, 54, 59, 60, 73, 80, 90, 93, 94, 98, 99, 112, 114f., 118, 120f., 133, 146, 147, 148f., 152, 158, 160, 161, 163, 164, 166f., 167f., 168, 175, 179, 180, 185, 190, 197, 199, 200, 205, 209, 219, 222, 225, 226, 227, 230, 231, 233, 240, 241, 244, 248, 248-250, 257, 264, 266, 270, 273, 284, 286, 292, 293f., 295, 300, 316, 322, 324, 325, 329, 344, 349, 355, 357, 359, 370, 372f., 374f., 377, 378, 381, 385, 398, 408, 418, 424f., 431, 431f., 432, 433, 435f., 438, 441, 442, 450f., 451, 451f., 453, 455, 467, 469f., 470, 474, 476, 486, 496, 500, 509, 516, 520, 528, 529, 531, 532, 536, 556, 568, 573, 579, 585f., 586, 587, 590, 613, 615, 624, 637f., 647, 650, 652, 661-664, 668, 669, 687, 688, 689, 696, 714, 720, 724, 728, 729, 744, 763, 764, 784, 794, 801, 862, 871f., 879, 894, 902, 908, 914, 915, 919, 970, 971, 973, 991, 993, 1029, 1033, 1037f., 1040, 1057, 1058, 1080, 1084, 1094, 1097, 1114, 1117-1119, 1135, 1142, 1165f., 1207, 1214, 1219, 1233, 1238, 1250, 1251, 1262, 1264, 1295, 1304, 1305, 1363, 1390, 1393, 1399, 1412f., 1490, 1508, 1586, 1611, 1628, 1641, 1647, 1674, 1693, 1749, 1771, 1824, 1859, 1943, 1949, 1979, 2001, 2064, 2066, 2110, 2113, 2134, 2168, 2188, 2189, 2207, 2226, 2230, 2236, 2271, 2310, 2343, 2345;
- »Freiheitsglocke« 158, 286, 316, 852, 945, 1057, 1132;
- »Kreuzzug für die Freiheit« 158, 286, 316, 425, 467, 1057;

Antisemitismus 21, 37, 38, 39, 44, 55f., 58, 60, 76, 97, 101, 102f., 106, 108, 109, 110, 112f., 114f., 115, 122, 127, 134, 136, 139, 140, 143, 144, 145, 146, 149, 153, 155, 165, 166, 178f., 198, 206, 207, 210, 212, 213, 214f., 217, 218, 226, 228, 232, 238, 240, 242f., 246, 246f., 250, 251, 254, 276, 278, 304, 333, 335f., 337, 340, 349, 356, 357, 358, 360, 368, 376, 378f., 392, 397f., 408, 409f., 410f., 416, 423, 445, 485, 490, 494, 496f., 506, 509f., 512, 515, 520, 521, 522, 530, 539, 541, 550, 551, 564, 580, 626f., 652f., 679, 681, 691, 719, 725, 726f., 737, 739, 767, 775, 999f., 1004, 1081, 1222, 1240f., 1262, 1279, 1309, 1341, 1351, 1363, 1364, 1366, 1367, 1371, 1383, 1388f., 1395, 1420, 1557, 1601, 1611, 1617, 1632, 1636, 1648, 1666, 1671, 1674, 1678, 1679, 1685, 1704, 1709, 1731, 1740, 1746, 1750, 1777, 1781, 1788, 1807, 1813, 1843, 1855, 1868, 1869, 1879, 1893, 1902, 1916, 1917, 1918, 1936, 1958, 1984, 2028, 2068, 2069, 2073, 2079, 2080, 2085, 2092, 2097, 2099, 2101, 2102, 2107, 2108, 2109, 2119, 2128, 2138, 2139, 2150, 2155, 2159, 2165, 2170, 2182, 2207, 2236, 2243, 2281, 2282, 2288, 2306, 2308, 2313, 2316, 2330, 2335, 2336, 2344, 2346, 2347, 2348, 2349, 2350, 2351;
- Bekämpfung des 40, 76, 102f., 106, 140, 143, 198, 207, 217, 229, 232, 233, 250, 251, 255, 276, 374, 376, 382, 393, 408, 423, 460, 476, 477, 490, 509f., 530, 541, 550, 561, 629f., 673, 910, 1341, 1557, 2085, 2280;
- Beschimpfung 102, 141, 145, 153, 165, 198, 210, 251, 276, 349, 357, 409f., 512, 514, 520, 542, 549, 551, 562, 563, 626f., 639, 688, 751, 760, 889, 928, 982, 1012, 1039, 1040, 1072, 1083, 1102, 1255, 1288, 1618f., 1666, 1730, ,1779, 1867, 1994f., 2045, 2056, 2062, 2079, 2081, 2085, 2089, 2100, 2105, 2161, 2214, 2282, 2288, 2306f., 2343, 2349, 2350;
- Hetzschriften 102, 127, 193, 242, 544, 882, 1028, 1268, 1388f., 1632, 1670, 1678, 2080, 2082, 2084, 2085, 2135, 2165;
- Synagogenschändung → Synagogen/-schändung
- Übergriffe 136, 212, 232, 240, 276, 333, 409f., 551, 553, 638f., 676, 767, 768, 1040, 1356, 1364, 1366, 1367, 1383, 1557, 1996, 2046f., 2056, 2068, 2108, 2161, 2347, 2348, 2349, 2350, 2351;
- Umtriebe 58, 122, 134, 143, 153, 214f., 250, 251, 496f., 553, 653, 1004, 1028, 1240, 1262, 1263, 1336, 1996, 2136, 2138, 2170, 2319, 2347, 2348, 2349, 2350, 2351;

Antistalinismus 45, 49f., 53, 61, 67, 76, 79, 93, 96, 108, 111, 117, 161, 162, 173, 190, 194, 207, 226, 229, 233, 241f., 243, 248-250, 252f., 257, 259, 304f., 327f., 344, 355, 375, 377, 404, 427, 453, 474, 653, 733, 751f., 768, 771, 861, 930, 934, 985, 1087f., 1097, 1303, 1463, 1520, 1697, 1730, 2013;

Antitotalitarismus 62, 79, 81, 93, 96,

108, 126, 161, 173, 249, 254, 257, 355, 589, 871, 2325, 2327;
Antitsiganismus 153, 231, 1294, 1388, 1652f., 1817, 2111f.;
Antizionismus 485f., 512, 689, 691, 702, 717, 719, 724, 725, 726f., 739, 1119, 1157;
Apartheid 113, 163, 182, 230, 242, 243f., 407, 534, 699, 724, 1132,1305, 1423, 1530, 1536f., 1580, 1756, 1987, 2022, 2054, 2136, 2148, 2152, 2179, 2191, 2205, 2242, 2336;
Appell, Aufruf 36, 39, 45, 59, 86, 112, 117, 122, 163, 168f., 214, 230, 239, 246, 252, 254f., 268, 270, 306, 335, 337, 345, 351, 360, 362, 364, 371, 378, 382, 400, 406, 411, 422, 429, 432, 459, 476, 481, 484, 486, 487, 489, 511, 515, 533, 534, 539, 547, 554, 555, 570, 589, 611, 629, 631, 641f., 643, 657, 658, 669, 677, 691, 701, 723, 727, 744, 749f., 752, 766, 783, 785, 787, 795, 803, 849, 858, 865, 876, 879, 930, 935, 943, 944, 946, 959, 990, 991, 995, 1000, 1018, 1028, 1045, 1051, 1061, 1066, 1080, 1084, 1095, 1097, 1100, 1101, 1111, 1124, 1151, 1180, 1198, 1201, 1206, 1215, 1217f., 1218, 1218f., 1220, 1247, 1253, 1263, 1278, 1283, 1290, 1292, 1305, 1313, 1318, 1321, 1326, 1348, 1359, 1389, 1399, 1406, 1415, 1446, 1450, 1470, 1492, 1493, 1502, 1520, 1532, 1556, 1570, 1580, 1603, 1619, 1622, 1623, 1624, 1636, 1646, 1647, 1648, 1652, 1655, 1662, 1663, 1703, 1704, 1707, 1734, 1739, 1745, 1753, 1764, 1765, 1766, 1769, 1773, 1794, 1801, 1804, 1805, 1808, 1809, 1815, 1816, 1817, 1827, 1832, 1834, 1835, 1836, 1849, 1854, 1855, 1856, 1862, 1863, 1871, 1878, 1883, 1888, 1895, 1898, 1900, 1904, 1906, 1910, 1925, 1943, 1948, 1953, 1985, 1998, 2039, 2052, 2067, 2095, 2097, 2098, 2114, 2125, 2173, 2176, 2177, 2179, 2186, 2212, 2216, 2227, 2236, 2243, 2251, 2255, 2258, 2263, 2269, 2309, 2323, 2338;
- Berliner (1957) 1559, 1608;
- Mainauer (1955) 1098, 1234;
- Stockholmer (1950) 159, 196, 210, 211, 215, 220, 221, 254, 255, 257, 258, 263, 264, 270, 275, 280, 308f., 322, 328, 2177;
- Suginami (1955) 1232;
- Volkskammer (1951) 484, 486, 488, 489, 492, 498, 519, 532;
- Wiener (1955) 1111f., 1161, 1167, 1171, 1188, 1200;

Arbeit
- geberverbände 469, 1111, 1235, 1301, 1485, 1487, 2116;
- Arbeitsamt 208, 658, 878, 2208;
- Arbeitsemigranten 1187, 1294, 1310;
- Arbeitslose 151, 155, 197, 208, 222, 303, 319, 427, 470, 564, 658, 673f., 760, 878, 879, 895, 942, 1149, 1187, 1328;
- Arbeitslosigkeit 38, 100, 110, 123, 155, 164, 182, 186, 197, 208, 300, 319, 571, 944, 1324, 1606, 1794, 2277;
- Arbeitsniederlegung 208, 214, 509, 511, 554, 608, 619, 628, 664, 779, 784, 786, 795, 796, 798, 799, 800, 801, 802, 846, 862, 863, 988, 997, 1113, 1159, 1238,1305, 1328, 1390, 1459, 1488, 1505, 1514, 1726, 1825, 1826, 1827, 1829, 1831, 1841, 1849, 1856, 1880, 1883, 1888, 1935, 1998, 2217, 2265;
- Arbeitsnormen 109, 718, 781, 784, 785f., 786, 791, 794, 798, 800;
- Arbeitsruhe 853;
- Arbeitsverweigerung 1508;
- Arbeitszeitverkürzung 716, 793, 926, 974, 1048, 1174f., 1301, 1349, 1373, 1403, 1418, 1433, 1570, 1586, 1623, 1640, 1763, 1773, 2068, 2093, 2173;
- Störung des Arbeitsfriedens 1310;

Arbeiter 515, 590, 796-801, 802-846, 976, 1301, 1373, 1468, 1469f., 1525, 1585, 1869, 1874, 1882, 2170;
- Bau- 270, 279f., 284f., 1159, 1238;
- Berg- 76, 80, 109, 224, 545, 584, 586, 966, 970, 1095, 1107, 1975, 1983, 2008, 2032, 2034, 2051, 2055, 2067, 2072, 2093, 2107, 2159, 2232, 2236, 2241, 2254, 2261, 2265, 2275, 2277-2279, 2329, 2341;
- bewegung → Bewegungen/Arbeiter-
- Chemie- 76, 83;
- Hafen- 87, 203, 212, 254, 268, 270, 502, 588, 592, 1149, 1159, 1259f., 1404, 1508, 1827, 1849, 1883;
- Hütten- 1095, 1107, 1948f., 2159;
- Land- 134f., 142, 146, 148, 198, 219, 350, 465, 469, 470, 982, 1732, 1815;
- lieder 129, 211, 238, 252, 274, 305, 763, 865, 877, 902, 945, 1062, 1070, 1140, 1200, 1701, 1874, 2034, 2298;
- Metall- 334, 350, 474-476, 554, 600, 638, 664f., 753, 1235, 1238, 1277, 1484-1487, 1588f., 1739, 1842, 1909, 2004, 2009, 2199, 2217, 2220, 2245, 2298, 2312;
- räte → Räte
- selbstverwaltung 724;
- Textil- 716, 728, 1778, 1792, 2040, 2317;
- Transport- 2179;
- Werft- 770, 927, 1021f., 1095, 1236-1238, 1389, 1484f., 1580, 1606, 1726, 1841, 1849;

Ärzte 39, 85, 97, 112f., 165, 226, 257, 311, 485, 554, 719, 725, 917, 930, 932, 935, 972, 982, 993, 1028, 1065, 1119, 1160f., 1239f., 1256, 1280, 1283f., 1490, 1536, 1768, 1827, 1842, 1864, 1910, 1928, 1937, 1965, 1987, 2032, 2043, 2057, 2101, 2125, 2212, 2257, 2322, 2330, 2338;
Asyl 1086f., 1162;
- politisches 748, 970, 1030, 1481, 1482, 1559, 1647, 2002, 2081, 2131, 2159, 2161;
Atheismus 442, 1109, 1156, 2169;
Atom
- bewaffnung der Bundeswehr → Bundeswehr/- Atombewaffnung der
- energie 917, 1373, 2145, 2171;
- – zivile Nutzung der 917, 952, 1211, 1220, 1289, 1321, 1390, 1405, 1412, 1419, 1555, 1579, 1615, 1616, 1624, 1629, 1662, 1672, 1977, 1978;
- forschung 1136, 1289;
- kraftwerk, -reaktor 1289, 1579, 1710, 1727, 1733, 1789, 1968;
- waffen 1031, 1184, 1305, 1322, 1404, 1414, 1422, 1431, 1532, 1533, 1555, 1560, 1594, 1596f., 1611, 1616, 1619, 1630, 1639, 1697, 1709, 1714, 1740, 1753, 1831, 1902, 1978, 2113, 2215;
- – Abschaffung der 122, 134, 136, 163, 159, 196, 234, 1422, 1459, 1517, 1635, 1637, 1647, 1649, 1782, 1801, 1827, 1985, 1996, 2038, 2305;
- – Atomares Gleichgewicht 2046;
- – produktion 567, 917, 1005, 1112, 1778f., 1797, 1817, 1840f., 1965, 1970, 1996, 2207, 2213, 2310, 2346;
- – taktische 431, 590, 904, 1414, 1467, 1533, 1596, 1610, 1611, 1613, 1617, 1630, 1636, 1655, 1719, 1728,

1782, 1848, 1904, 1915, 2007, 2040;
- - bombe 58, 158, 176, 178, 188, 215, 221, 270, 885, 924, 950, 966, 970, 1023, 1098, 1126, 1133, 1179, 1305, 1322, 1404, 1734, 1751, 1774, 1815, 1818, 1835, 1842, 1845, 1911, 1992, 2100, 2154, 2241;
- - - Ächtung der Atombombe 136, 196, 215, 220, 221, 234, 246, 252, 254, 255, 257, 258, 263, 264, 268, 280, 309, 327, 970, 981, 989, 1028, 1092, 1112, 1170, 1184, 1200, 1218, 1224, 1232f., 1290, 1419, 1621, 1633f., 1637, 1642, 1649, 1690f., 1707, 1807, 1827, 1908, 1909, 1910f., 1964, 2014, 2032, 2238;
- - Einsatz der 158, 332, 333, 407, 431, 496, 934, 1404, 1493, 1996, 2166, 2215, 2339;
- - Drei-Stufen-Bombe 924, 950-952;
- - schutzübung 895;
- - test 122, 378, 431, 528, 590f., 673, 714, 752f., 782, 880f., 924, 942, 950-952, 969, 885, 1038, 1040f., 1093, 1137, 1167, 1284, 1305, 1359, 1554, 1559, 1615, 1622, 1633, 1638, 1639, 1646, 1656, 1690, 1691, 1699, 1724, 1725, 1726, 1861, 1864, 1892, 1921, 1924, 1937, 1971, 1978, 1982, 1998, 2014, 2030, 2150, 2154, 2194, 2237, 2242, 2250, 2254, 2255, 2258, 2262, 2269, 2279, 2309, 2341, 2342;
- - - Stopp 39, 917, 985, 1305, 1359, 1399, 1419, 1517, 1559, 1560, 1578, 1608, 1615, 1616, 1619, 1622, 1624, 1625, 1626, 1628, 1629, 1638, 1640, 1642, 1652, 1655, 1672, 1691, 1701, 1705, 1733, 1736, 1739, 1741, 1760, 1765, 1766, 1771, 1773, 1776, 1782, 1789, 1791, 1801, 1805, 1827, 1832, 1835, 1836, 1838, 1848, 1851, 1854, 1856, 1861, 1864, 1875, 1892, 1894, 1902, 1904, 1907, 1919, 1929, 1940, 1943, 1948, 1951, 1960, 1962, 1964, 1965, 1966, 1967, 1976, 1983, 1985, 1986, 1996, 1998, 1999, 2006, 2014, 2025, 2029, 2044, 2045, 2057, 2067, 2114, 2119, 2150, 2152, 2177, 2212, 2235, 2237, 2250, 2251f., 2254, 2255, 2258, 2262, 2269, 2309, 2323, 2329, 2335, 2341, 2342;
- - Wasserstoffbombe 176, 178, 181, 207, 211f., 528, 683, 880, 950, 966, 970, 981, 1023, 1093, 1126, 1148, 1284, 1305, 1554, 1578, 1615, 1619,

1622, 1628, 1633, 1638, 1639, 1656, 1667, 1680, 1705, 1724, 1736, 1741, 1815, 1861, 1864, 1894, 1898, 1902, 1978, 2035, 2057, 2153, 2154, 2179, 2215, 2249, 2335;
- waffenfreie Zone 1760, 1771, 1775, 1777, 1783, 1790, 1791, 1793, 1794, 1797, 1801, 1805, 1806, 1817, 1821, 1825, 1827, 1832, 1834, 1837, 1838, 1859, 1869, 1872, 1879, 1894, 1935, 1937, 1946, 1947, 1951, 1964, 1993, 2015, 2046, 2053, 2097, 2099, 2106, 2116, 2129, 2159, 2179, 2182, 2216, 2265, 2297, 2307f.;
- - Rapacki-Plan (1957) 1554, 1721, 1741, 1755, 1756, 1760, 1779, 1789, 1791, 1797f., 1842, 1864, 1878, 1948, 2029, 2034, 2046, 2084, 2136, 2164, 2237, 2297;
- - Deutschlandplan der SPD (1959) 2065, 2136f., 2178, 2189, 2194, 2345;
- zeitalter 684, 752f., 965, 1204, 1205, 1221, 1267, 1314, 1582, 1676, 1723, 1734, 1979, 1985, 2074, 2166, 2174, 2177, 2185, 2213, 2291, 2293;
Attentat 32, 36, 88, 89, 93, 113, 137, 163, 274, 320, 396, 460, 471, 487, 492, 501, 517, 518, 530, 580f., 584, 697, 768, 870, 930, 950, 987, 1058, 1102, 1285, 1291, 1452, 1587, 1612, 1625, 1644, 1682, 1733, 1746, 1751, 1767, 1986, 1988f., 2030f., 2044, 2089, 2151f., 2187, 2216, 2271, 2276, 2284, 2288, 2295-2297, 2302, 2332, 2351;
Aufkleber 1702, 1980;
Aufruhr 34, 262, 521, 531, 547, 555, 677, 698, 1020, 1243, 1533, 1569;
Aufrüstung 133, 158, 176, 178, 181, 312, 340, 346, 367, 370f., 417, 418, 421, 528, 538, 545, 574, 589, 597, 692, 733, 924, 925, 1066f., 1121, 1312, 1313, 1318, 1320, 1322, 1341, 1345, 1399, 1701, 1773, 1776, 1783, 1794, 1912;
- Wettrüsten 178, 181, 528, 924, 1345, 1623, 1655, 1662, 1664, 1665, 1703, 1719, 1739, 1789, 1791, 1794, 1804, 1893, 1951, 1976, 1978, 1999, 2014, 2132, 2177, 2212, 2315;
Aufstand → vgl. **Volksaufstand** 41, 86, 163, 319, 359, 586, 783, 877, 924, 931, 957, 982f., 1020, 1051, 1060f., 1092, 1104f., 1188, 1235f., 1263, 1300, 1569, 1761;

- Mau-Mau- 678, 720, 759, 765, 972, 1098, 1310, 2065, 2153, 2321;
- Posener (1956) 1402f., 1465, 1469, 1483;
- 17. Juni → **Volksaufstand** / - 17. Juni
- Tibetanischer (1959) 2064, 2065, 2130, 2158f., 2225, 2283;
- Ungarischer → **Volksaufstand** / - Ungarischer
- Warschauer Ghetto- (1943) 973, 2160, 2244;
Ausbeutung 51, 164, 534, 990;
Ausbürgerung 1767;
Ausgangssperre 815, 1919;
Auslieferung 276, 738, 1869, 1945;
- Auslieferungsantrag 70, 188, 578;
Ausnahmezustand 106, 138, 329, 399, 443, 541, 580, 718, 720, 739, 811, 823, 826, 831, 837, 850, 864, 952, 990, 994, 1020, 1092, 1156, 1203, 1213, 1222, 1310, 1331, 1536, 1835, 1887, 2115, 2191f., 2276, 2311;
Ausschüsse 929, 934, 987, 995f., 1000, 10005, 1026, 1030, 1101, 1112, 1316, 1389, 1511, 1637, 1643, 1689, 1801, 1982;
Aussperrung 1235;
Ausstellung 43, 137, 1074f., 1338, 1440, 1902, 2011, 2066, 2110, 2126;
- Documenta I (1955) 1222;
- Documenta II (1959) 2219;
- »Ungesühnte Nazi-Justiz« (1959) 2068, 2333f.;
Auswärtiges Amt → **Bundesregierung** / - Bundesministerien, - - Außen-
Ausweisung 188, 1750, 2023;
Autobiographien → **Biographien**
Avantgarde 234, 2101;
Ballett 33, 2301;
Bankiers 138, 160, 271, 530, 584, 927, 994, 1251;
Bannmeile 150, 1215, 1434, 2277;
- Verstoß gegen das Bannmeilengesetz 547;
Barrikaden 83, 540, 780, 906, 944, 1235, 1489, 1730, 2000, 2205;
Bauern 163, 296, 307, 380f., 547, 792, 834, 835, 837, 838f., 844, 858, 966, 981, 982, 994, 1034, 1101, 1282, 1307, 1392, 1399, 1418, 1422, 1577, 1585, 1586, 1612, 1615, 1700, 1719, 1724, 1732, 1815, 1855, 1882, 1989, 2197, 2235, 2327, 2344, 2345;
Bauernbewegung → **Bewegungen**
Beamte 81, 160, 180, 214, 254, 287,

293f., 348, 412, 414f., 433, 445, 460, 461, 521, 542, 562, 750, 919f., 1155, 1617, 1768, 2170, 2304, 2315;
Beatniks 1267;
Beerdigung, Beisetzung 349, 443, 607, 647, 655, 658, 749, 928, 1328, 1354, 1425f., 1606, 1699, 1733, 1744, 2004, 2064, 2089, 2104, 2181, 2187f., 2190, 2214, 2277, 2279, 2335;
Befehlsnotstand → **Notstand/-Befehls-**
Befehlsverweigerung 1198, 1729;
Befreiungsbewegungen → **Bewegungen**
Behinderte 139, 1976;
Beistandspakt 52;
Bekennende Kirche → **Evangelische Kirche Deutschlands (EKD) /**
– **Bekennende Kirche**
Belagerungszustand 1102;
Beleidigung 145, 160, 165, 182, 194, 235, 276, 363, 364, 435, 443, 519, 524, 600, 638, 649, 672, 758, 889, 982, 1012, 1039, 1285, 1364, 1365, 1517, 1531, 1709, 1730, 1779, 1843, 1867, 1916, 1942, 1981, 2045, 2067, 2073, 2080, 2117, 2185, 2186, 2282, 2306, 2329;
Belohnung zur Täterergreifung 143, 207, 234, 251, 337, 419, 968, 1557, 1618, 1750, 2068, 2097, 2106, 2116, 2349;
Bergbau 2261, 2277-2279;
Berlin 36, 68f., 135, 161, 175, 303, 349, 533, 718f., 796-801, 802-846, 1283, 1784, 2011, 2055, 2065, 2070, 2083, 2128, 2132, 2237;
– Blockade 20, 33, 37, 55, 64, 68f., 85, 135, 2051, 2108, 2181;
– Brandenburger Tor 807, 812f., 852, 1290;
– Frage 74, 620, 1738, 2055, 2079, 2124, 2174, 2186, 2191, 2219, 2220;
– Luftbrücke 20, 55, 68f., 123, 456, 2181;
– Schöneberger Rathaus 30, 60, 69, 85, 127, 135, 229, 284, 311, 316, 367, 450, 533, 641, 704, 851, 852f., 897, 898, 927, 944, 968, 997, 1057, 1095, 1132, 1175, 1272, 1283, 1349, 1374, 1447, 1503, 1626, 1659, 1686, 1699, 1875, 2204;
– Sportpalast 259, 637, 928, 1058, 1072f., 1182, 1360, 1495, 1733, 1805, 1820, 1830, 2017, 2038, 2133;
– Stadtkommandanten 72, 160, 213, 231, 316, 321, 509, 593, 704, 811f., 1026, 1458, 2070, 2103, 2174, 2287;

– Ultimatum 1760, 2045, 2054, 2055, 2065, 2077, 2080, 2133, 2137, 2174, 2181, 2190, 2270;
Besatzungsmacht, Besatzungsbehörde 489, 1093, 1177-1179;
– alliierte 24, 25, 32, 36, 37, 43, 53, 54, 69, 73, 74, 82, 97, 116, 120, 123, 125, 150, 291, 364, 378f., 395, 398, 454, 572, 574, 916;
– amerikanische 28, 63, 64, 92, 102, 106, 120, 215, 222, 231, 291, 348, 364, 384, 419, 447, 460, 479, 738, 768, 927, 1009, 1010, 1016, 1018, 1021, 1046, 1053, 1079, 1101, 1166, 1233, 1360;
– britische 75, 82f., 120, 138, 142, 149, 194, 196, 222, 291, 301, 344, 348, 364, 421, 495, 563, 665, 716f., 738, 744f., 1034, 1063, 1572;
– französische 118, 120, 291, 348, 364, 673;
– sowjetische 68, 74, 75, 126, 128, 138, 170, 508, 538, 639, 704, 783f., 804, 864, 958;
Besatzungsstatut 20, 43, 53f., 54, 103, 120, 133, 138, 167, 277, 373, 395, 420, 488, 619, 925, 1009, 1043, 1096, 1177-1179;
Besatzungstruppen 46, 90, 167, 280, 290, 325, 327, 442, 474, 619, 929;
– amerikanische 384, 462, 927, 1041;
– britische 110;
– Forderung nach Abzug der 2175;
– französische 1041;
– sowjetische 751, 807-811, 816, 821, 823, 826, 838f., 840f., 842, 1049;
Beschlagnahmung 33, 202, 229, 301, 368, 415, 424, 443, 442, 460, 534, 552, 616, 639, 659, 677, 722, 740, 896, 949, 957, 969, 1018, 1034, 1045, 1051, 1063, 1166, 1177, 1184, 1210, 1254, 1279, 1285, 1816, 1851, 1866, 1971, 1976, 2070, 2082, 2113f., 2121, 2123, 2147, 2182, 2199, 2200, 2206, 2271, 2272, 2276, 2336, 2337;
Besetzung 368, 375, 509, 627, 741, 779, 862, 884, 1051, 1137, 1292, 1468, 1615;
– Bauplatz- 878, 1389;
– Gleis- 1389;
Bespitzelung 79, 667, 1278;
Bestechung 96, 171, 178, 302, 308, 434, 530, 640, 1259, 1990, 2314;
Betriebsräte 208, 225, 472, 550, 554, 560, 608, 643, 675, 752, 949, 1123,

1253, 1259, 1310, 1327, 1337, 1341, 1462, 1485, 1515, 1606, 1657, 1749, 1756, 1783, 1807, 1826, 1829, 1830, 1845, 1856, 1864, 1892, 1948, 1983, 2028, 2043, 2044, 2046, 2057, 2061, 2125, 2126, 2154, 2331;
Bewegung 927;
– Anti-Apartheids- 30, 153, 163, 230, 248, 534, 634, 677, 699, 701, 1098, 1130, 1208-1210, 1263, 1305, 1423, 1530, 1536f., 2022, 2124, 2150, 2205, 2336;
– Anti-Atom-, vgl. → Kampagne/ »Kampf dem Atomtod« 178, 181, 210, 290, 567, 991, 1023, 1097f., 1058, 1111, 1160f., 1188, 1216f., 1220, 1232f., 1556, 1560, 1611, 1619, 1659, 1762, 1765, 1766, 1838, 1852, 1866, 1878, 1908, 1910, 1916, 1934, 1937, 1957, 1992, 2066, 2087, 2177, 2196, 2225, 2268, 2279, 2288;
– Anti-Demontage- 21, 27, 74, 80, 83, 90, 94f., 96, 97, 103, 106f., 110f., 115f., 123, 133, 138f., 140, 154, 188f., 190, 208, 228, 240;
– Anti-Harlan- 58f., 89, 160, 218, 294, 309, 335f., 337, 340, 350f., 356, 374, 376, 380, 385, 392, 393f., 409f., 410f., 416, 430f., 433, 455, 459f., 502, 515, 530, 531f., 539, 540, 542-545, 548f., 549, 550-552, 553, 554, 555, 558, 563, 564, 567, 568, 569, 571, 586, 587, 629f., 630f., 649, 688, 716, 748f., 783, 942, 963, 1698, 1749, 1765, 1769, 1774f., 2120, 2148;
– – Pro-Harlan-Gegenkampagne 550, 551, 552, 558, 567, 568, 587, 631;
– Arbeiter- 21, 38, 53, 66f., 71f., 76, 80, 83, 87, 106, 110f., 115, 142, 143, 160f., 163, 188f., 220, 225f., 261f., 270, 296, 297-300, 306, 308, 366, 384, 398, 404, 419, 421, 459, 529, 576, 608-623, 630, 716, 796-801, 802-846, 1021f., 1094f., 1107, 1112f., 1236-1238, 1259, 1301, 1487, 1490, 1520, 1556, 1564, 1571, 1794, 1805, 1893, 2062, 2067;
– Bauern- 547, 982, 1282, 1294;
– Befreiungs- 181, 720, 795, 930, 950, 979, 990, 1009f., 1020, 1061, 1092, 1097, 1098, 1170, 1188, 1221f., 1226, 1234, 1235f., 1301, 1308, 1319, 1358, 1378, 1393, 1409, 1418, 1430f., 1452, 1463, 1466, 1470f., 1532, 1536, 1537, 1541, 1554, 1569, 1587, 1603, 1606,

1612, 1625, 1645, 1651f., 1676, 1697, 1718, 1746, 1751, 1761, 1777, 1793, 1808, 1848, 1860, 1885, 1891f., 1971, 1976f., 1986, 1988, 1989, 1997, 2003, 2030, 2054, 2055, 2064, 2085, 2089, 2101, 2122, 2123, 2127, 2142, 2148f., 2150, 2187, 2191, 2196, 2216, 2231, 2242, 2260f., 2269, 2280, 2302, 2311, 2345;
- Bürgerrechts- 114f., 119, 195, 458, 759, 1098, 1174, 1225, 1285, 1286-1288, 1300, 1323, 1351, 1366, 1539, 1560, 1566f., 1579, 1582, 1589, 1657, 1708, 1767, 1797, 1933, 1946, 1979, 1995, 2029, 2057;
- Europa- 41, 45f., 72, 75, 79, 82, 83, 108f., 119, 161, 186, 206f., 255, 257, 266f., 270, 293, 320, 329, 333, 341-344, 380 389, 459, 473f., 487, 563, 565f., 894, 901f., 1057;
- Frauen- 36, 39, 78, 127f., 136, 166, 191, 207f., 225, 235, 239, 264, 303, 350, 378, 387, 391, 396, 397, 409, 411, 415, 437, 474, 479f., 493, 494, 500, 501, 529, 545, 558, 570, 571, 583, 613, 621f., 672, 673, 749f., 752, 767, 786, 892, 953f., 955, 1004, 1009, 1011, 1076, 1079, 1095, 1098, 1111, 1147, 1149f., 1163, 1188, 1201, 1216f., 1249f., 1263, 1284f., 1320, 1345, 1381, 1410, 1423f., 1528, 1584, 1586f., 1612, 1629, 1646, 1648, 1670f., 1672f., 1768, 1775, 1778, 1819, 1836, 1852f., 1860, 1878, 1897, 1905, 1910, 1916, 1920, 1935, 1937, 1993, 2008, 2010, 2022, 2032, 2039, 2095, 2098, 2102, 2124, 2190;
- Friedens- 46, 64, 66, 100, 108, 113, 116, 131, 132, 133, 134, 136, 159, 165, 166, 168, 169, 187, 193, 215, 217, 220, 225f., 233f., 239, 240, 246, 251, 252, 254, 257, 259, 260, 268, 270, 283f., 286, 291, 303, 305, 312, 322, 333, 337, 341-344, 345, 349f., 351f., 360, 364, 365, 366, 368f., 376, 378, 386, 388, 389, 390, 393, 399-401, 404, 407, 409, 411, 414, 415, 416, 417, 419, 421, 422, 438f., 446, 453, 467-469, 483, 486, 493, 498, 500, 513f., 520, 529, 532, 533, 534, 554, 557f., 560, 565f., 567, 581, 585, 591, 603-607, 629, 636, 641f., 649, 650, 657f., 659, 671, 677, 686f., 691f., 692, 696, 715, 722, 733, 743f., 752, 767, 779, 858, 878, 908, 918, 926, 927, 977, 994, 1001, 1018, 1038, 1052, 1057, 1062, 1064f., 1065, 1066, 1066f., 1068, 1070, 1073f., 1074, 1076, 1079, 1080, 1081, 1082f., 1083, 1084, 1094, 1095f., 1096f., 1097f., 1100-1154, 1160f., 1164, 1167, 1171, 1182f., 1216f., 1220, 1228, 1292, 1305, 1313, 1314, 1315, 1318, 1320, 1321, 1322, 1324, 1339, 1348, 1385, 1400, 1410, 1411, 1415, 1420, 1421, 1424, 1430, 1440, 1449, 1451, 1453, 1455, 1456, 1461, 1464, 1512, 1515, 1516, 1519, 1522, 1573, 1578, 1673, 1697, 1701, 1717, 1741, 1766, 1776, 1797, 1838-1840, 1841, 1851, 1897, 1911, 1964, 2008, 2025, 2029, 2033, 2035, 2053, 2060, 2093, 2094, 2129, 2133, 2143, 2144, 2145, 2174, 2177, 2185, 2188, 2196, 2203, 2238, 2240, 2254, 2258, 2271, 2284, 2309, 2313 2335, 2339, 2341, 2345;
- - Weltfriedens- 23, 49-51, 56-58, 66, 134, 159, 163, 175, 196, 210, 212, 218, 240, 250, 254, 270, 271, 326, 327f., 364f., 383, 388, 389, 391, 409, 421, 432, 506f., 520, 533, 537, 584, 636, 637, 699, 703, 735, 768, 786, 795, 854, 895, 913f., 942, 981, 985, 1069, 1086, 1111, 1167, 1171, 1191, 1200, 1206f., 1216f., 1290, 1348, 1359, 1399, 1400, 1425, 1450f., 1495, 1516f., 1559, 1563, 1576, 1577, 1590, 1608, 1632, 1655, 1719, 1733, 1756f., 1821, 1950, 1968, 1998, 2006, 2007, 2044, 2057, 2115, 2123, 2177, 2213, 2258, 2272;
- Gewerkschafts- 63, 89, 130, 142, 165, 184, 384, 459, 520, 632, 926, 1094f., 1109f., 1112f., 1301, 1556, 1705;
- Jugend- 75, 193, 221, 270, 296, 551, 567, 585, 603-607, 632, 734f., 1057, 1064, 1100, 1164, 1228, 1735;
- Ludendorff- 166, 2028;
- Ohne-mich- vgl. → Bewegung/-Friedens- 21, 368, 390, 399, 481, 516, 562, 575, 586, 1111, 1117;
- Ostermarsch- 1766, 1776, 1838-1840, 1841, 2143, 2177;
- Paulskirchen- 1094, 1102f., 1117-1154, 1160, 1216f., 1836;
- Studenten- 34, 67, 75, 263, 266, 270, 309, 335-337, 341-344, 398, 429f., 435, 544, 548f., 549, 631, 1095, 1191-1195, 1223, 1226, 1272f., 1286;
- Umweltschutz- 139;
- Unabhängigkeits- 315, 765, 860, 1310, 1350, 1532, 1536, 1541, 1565, 1767, 1848, 1919, 1971, 1976f., 1997, 2055, 2064, 2080, 2115, 2153, 2231, 2242, 2280;
- Weltbürger- 23, 30, 31, 35, 36, 38, 47, 51, 54, 55, 66, 70, 77, 89, 90, 92, 116, 154, 155, 167, 169, 184, 188, 204, 232, 360, 388, 457, 499, 503, 700f., 1689, 1702, 1847f.;
- - paß 30, 47, 154, 388, 1689, 1702;
- - registrierung 30, 35, 37, 38, 47;
- Weltfriedens- → Bewegung/Friedens-/Welt-

Biographien, Erinnerungen, Memoiren 207, 304, 354f., 558, 580, 752, 765, 1028, 1088, 1115, 1258, 1280, 1682f., 1701, 1819, 2210f., 2214;

Bizone 46, 53, 73, 118, 210;

Blasphemie 210, 1853, 2073f., 2200f., 2329;

Blinde 980;

Blockade 263, 461, 946, 1584;
- Sitz- 1800, 1844, 2053, 2058, 2066, 2334;
- Verkehrs- 175, 461, 467, 509, 534, 541, 635, 669, 739, 780, 804, 805, 823, 927, 944, 1009, 1301, 1418, 1424, 1432, 1434, 1435, 1439, 1440, 1443, 1500, 1501, 1509, 1511, 1515, 1527f., 1536, 1541, 1567, 1577, 1587, 1690, 1730, 1844;

Blockfreie 289, 504, 1092, 1093, 1170, 1400, 1418, 1756, 1950;

Bodenreform 135, 142, 146, 163, 925, 998, 1676;

Bolschewismus 222, 226, 314, 374, 559, 696, 744, 764, 1027, 1032, 1197;

Bombe
- Brief- 582, 1359;
- Paket- 517, 530, 580f., 1215;

Bourgeoisie 125, 1308;

Boykott 115, 153, 160, 164, 175, 352, 398, 542, 587, 594, 1096, 1153, 1158f., 1253, 1263, 1280, 1513, 1567, 2049;
- aufruf 280, 294, 328, 337, 340, 356, 380, 433, 515, 555, 563, 569, 1774, 2049;
- Bus- 398, 1098, 1277, 1279, 1286-1288, 1324, 1351, 1366, 1539, 1565, 1567;
- - Montgomery (1955/56) 1286-1288, 1300, 1323, 1351, 1366, 1539, 1560, 1566, 1582, 1640;

- Steuer- 1307;
- Vorlesungs- 252, 1278;
- Wahl- 255, 352, 506, 693, 786, 1710;
- Wirtschafts- 123, 280, 990, 1367;

»Boykotthetze« vgl. → DDR/- politische Verfolgung in der 23, 162, 296, 307, 325, 360, 379, 388, 414, 503, 702, 703, 762, 781, 920, 940, 969, 1089, 1110, 1157, 1205, 1304, 1321, 1324, 1413, 1518, 1559, 1590, 1596, 1605, 1657, 1681, 1697, 1715, 1741, 1745, 1756, 1773, 1778, 2141, 2255;

Brand
- schatzung 30, 541;
- stiftung 60, 182, 198, 738, 781, 814, 817, 1057, 1058, 1226;

Briefe 444, 450, 494, 508, 548, 599f., 743, 762, 804, 817f., 851, 873, 1113f., 1115, 1136, 1164, 1186, 1365, 1392, 1517, 1739, 1807, 1875f., 1904, 1927, 1932, 1933, 2046, 2055, 2060, 2155, 2164, 2174, 2181, 2187, 2195, 2237, 2240, 2242, 2260, 2314;
- bombe → Bombe/- Brief-
- Droh-, Hetz-, Schmäh- 112, 126, 914, 1389, 1958, 2295, 2307, 2349, 2350, 2351;
- Hirten- 82, 268, 1088, 1149, 1772;
- Leser- 102f., 106, 1295, 1526, 1868, 1978, 2222, 2324;
- Offene 54, 73, 78, 96, 138, 166, 178f., 210, 218, 264, 306f., 308, 313, 321, 322, 331, 333, 340, 346, 351, 361, 362, 367, 370, 381, 402, 433f., 446, 490, 516, 551, 559, 580, 660, 682, 774, 779, 863, 905, 928, 969, 990, 1018, 1023, 1049, 1053, 1073, 1081, 1101, 1141, 1167, 1263, 1286, 1290, 1320, 1324, 1337, 1339, 1340, 1351, 1408, 1409, 1416, 1417, 1448, 1530, 1535, 1556, 1557, 1558, 1560, 1561, 1563, 1570, 1579, 1592, 1630, 1643, 1654, 1695, 1702, 1721, 1796, 1853, 1964, 2109, 2110, 2116, 2119, 2163, 2169, 2176, 2214, 2292, 2323, 2338;

Broschüren 76, 164, 412, 976, 994, 1080, 1151, 1662, 1830, 1956, 2080, 2085, 2090, 2110, 2119, 2145, 2189, 2205;

Brückensprengung, Militärplanung 350, 384, 419, 1016, 1018, 1026, 1042f., 1053, 1063;

Buch 980, 1034f., 1112, 1153, 1168, 1169, 1192, 1197, 1233, 1307, 1724, 1767, 1776, 1806, 1851, 1880, 1912, 1957, 2196, 2206, 2271;
- messe (Frankfurt) 119, 1266, 1438, 2291;
- neuerscheinung 78, 81, 161, 172, 207, 243, 392f., 967, 1040, 1262, 1330, 1656, 1662, 1668, 1693f., 1734f., 1910f., 2206;
- Weiß- 167, 470, 666, 2009, 2037, 2135, 2340;

Bücherverbrennung 249, 714, 794, 801, 1511, 1674, 1714, 1882, 1883;

Bundesanwaltschaft 661, 735, 736, 751, 887, 898, 985, 1032, 1038, 1414, 1540, 1603f., 1652, 1674f., 1753, 1922, 2334, 2342;

Bundesgrenzschutz (BGS) 382, 454, 462, 479, 846f., 888, 928, 989, 990, 1057, 1424, 2029, 2055, 2304;

Bundeskriminalamt (BKA) 348, 396, 1557, 2342;

Bundesländer → **Länder**

Bundesnachrichtendienst (BND) 457, 1094, 1233, 1357, 1358, 1573, 2071, 2091, 2195;

Bundespräsident 20, 107, 117f., 126, 135, 146, 148, 221f., 230f., 287, 295, 296, 310, 312, 317, 384, 414, 432, 433, 483, 485, 491, 529, 573, 594, 598, 599, 692f., 729, 741, 781, 850, 896, 898, 903, 904, 905, 928, 929, 954, 958, 960, 994, 999, 1011, 1012, 1066, 1094, 1111, 1126, 1148, 1156, 1178f., 1198, 1204, 1280f., 1378, 1379, 1597, 1615, 1675, 1679, 1695, 1699, 1738f., 1764, 1812, 1957, 2050, 2066, 2125, 2132, 2146, 2181, 2190, 2204, 2214, 2215, 2219, 2243, 2283, 2314, 2347;
- Bundespräsidialamt 1340;

Bundesrat 20, 56, 115, 860, 1143, 1349, 1417, 1622, 1755, 1951, 2294;
- präsident 115, 126, 200, 359, 898, 1215, 1349, 2181;

Bundesregierung 103, 107, 119, 120, 121, 126, 130, 158f., 160, 218f., 256, 266, 268, 290, 293, 317f., 363, 371, 397, 427, 441, 449f., 454, 461, 466, 472, 473, 474, 479, 489, 498, 513, 473, 474, 479, 489, 498, 513, 516, 565, 584, 595, 606, 660, 678, 715, 717, 725, 737, 756, 840, 925f., 962, 1010, 1071, 1095, 1126, 1138, 1190, 1195, 1212, 1251, 1280, 1294, 1309, 1312, 1327, 1364, 1372, 1373, 1410, 1450, 1457, 1490, 1496, 1520, 1533, 1554, 1557, 1559, 1568, 1604, 1613, 1618, 1622, 1623, 1624, 1628, 1631, 1660, 1665, 1701, 1736, 1763, 1768, 1771, 1779, 1795, 1800, 1805, 1811, 1842, 1849, 1863, 1874, 1878, 1903, 1905, 1908, 1935, 1936, 1943, 1954, 1968, 1973, 2004, 2007, 2011, 2037, 2045, 2062, 2065, 2067, 2077, 2085, 2095, 2098, 2105, 2108, 2119, 2127, 2128, 2129, 2135, 2154, 2163, 2174, 2178, 2203, 2207, 2232, 2254, 2254, 2264, 2277, 2282, 2286, 2291, 2294, 2297, 2300, 2304, 2310, 2313, 2321, 2343;
- Aufruf zum Sturz der 266, 557, 641, 684, 727, 729, 903, 928, 977, 985, 987, 996, 1023, 1130, 1350, 1414, 1922, 2072;
- Bundeskanzler 20, 21, 29, 107, 118, 119, 120, 121, 123, 126, 127, 131, 138, 139, 140, 141, 142, 144, 147, 148, 151, 158, 160, 161, 162, 174, 190, 198f., 212, 213, 217, 227, 239, 265, 272, 273, 277, 280, 281, 290, 306, 308, 310, 312, 314, 317, 322, 328, 331, 334, 339, 345, 348, 351, 357, 359, 362f., 366, 372f., 378, 381, 384, 386, 387, 389, 393, 395, 401, 403, 412, 414, 427, 440, 441, 444, 446, 449, 449f., 450, 455, 479, 484, 487, 488, 490, 491, 501, 507, 516, 520, 522, 523, 528, 530, 538, 545, 549, 555f., 566, 572, 582, 585, 590, 599, 601f., 602, 611, 625, 630, 631, 639f., 640f., 665, 678, 680, 687, 696, 719, 730, 735, 754f., 757, 764, 784, 840, 852, 856, 858f., 873, 889, 890, 901, 904, 905, 911, 917, 925, 928, 949, 964, 995, 996, 1008, 1012, 1027, 1029, 1030, 1033, 1037, 1039, 1043, 1060, 1066, 1073, 1081, 1085, 1092, 1094, 1113, 1115, 1129, 1130, 1134, 1135, 1178, 1195, 1198, 1212, 1245, 1248, 1250, 1250f., 1254, 1255, 1259, 1265, 1266, 1275, 1292, 1300, 1309, 1315, 1327, 1337, 1341, 1351, 1358, 1372, 1379, 1380, 1392, 1393, 1409, 1423, 1431f., 1434, 1455, 1459, 1461, 1465, 1466, 1486, 1555, 1556, 1563, 1567, 1570, 1583, 1601, 1609, 1610, 1613, 1616, 1617, 1628, 1633, 1635, 1640, 1644, 1649, 1654, 1665, 1668, 1671f., 1674, 1679, 1689, 1693, 1695, 1699,

1701, 1703, 1705, 1708, 1710, 1714, 1724, 1733, 1740, 1750, 1753, 1755, 1757, 1762, 1763, 1764, 1771, 1779, 1780, 1783, 1784, 1791, 1807, 1811, 1815, 1819, 1820, 1823, 1841, 1850, 1853, 1863, 1875, 1905, 1914, 1920, 1923, 1944, 1952, 1953, 1983, 1985, 1988, 1990, 1994, 2001, 2005, 2006, 2009, 2030, 2036, 2042, 2044, 2050, 2066, 2068, 2082, 2083, 2090, 2092, 2097, 2102, 2106, 2109, 2110, 2112, 2124, 2126, 2148, 2173, 2190, 2192, 2215, 2237, 2260, 2271, 2283, 2285, 2304, 2310, 2314, 2316, 2326, 2347;
- - Bundeskanzleramt 160, 214, 219, 254, 256, 333, 480, 715, 904f., 949, 1094, 1233, 1324, 1346, 1351, 1357, 1358, 1487, 1573, 2112;
- - Mißtrauensantrag 144;
- - Regierungserklärung 119, 127, 133, 291, 317, 323, 362f., 371, 427, 484, 491, 503, 640f., 904, 964, 1013f., 1038f., 1085, 1092, 1093, 1195, 1211f., 1255, 1633f., 1733;
- - Rücktrittsforderung 350, 401, 407, 1762, 1791, 1820, 1853, 2168, 2174;
- - Sicherheitsbeauftragter der Bundesregierung → Dienststelle Blank
- - Sicherheitspolitik 231, 280, 281, 282, 290, 307f., 310, 315, 317, 318, 345, 348, 358f., 359, 372f., 378, 393, 487, 551f., 1043, 1054, 1093, 1115, 1213;
- Bundesminister, Bundesministerien 119, 1327, 1466, 1983;
- - Arbeit und Soziales 130, 189, 197, 357, 449, 769, 1294, 1487, 1976, 1988, 2067, 2115, 2118, 2127, 2131, 2135, 2139, 2140, 2152, 2165, 2171, 2174, 2175, 2193, 2206, 2207, 2209, 2264, 2267, 2286, 2294, 2303;
- - Atom- 1249, 1289, 1294, 1300, 1321, 1390, 1449, 1467, 1616;
- - Außen- 395, 425, 515, 619, 621, 965, 1198f., 1213, 1219, 1245, 1288, 1289, 1307, 1345;
- - - Auswärtiges Amt 38, 382, 529, 531, 577f., 678, 1163, 1255, 1289, 1307, 1340, 1342, 1346, 1364, 1409, 1490, 1532, 1557, 1570, 1575, 1617, 1618, 1632, 1643, 1681, 1686, 1696, 1720, 1734, 1757, 1779, 1786, 1841, 1869, 1929, 1943, 1951, 1968, 1982, 1985, 1994, 2064, 2082, 2110, 2111, 2116, 2148, 2180, 2181, 2242, 2283, 2322, 2349;

- - für besondere Aufgaben 967, 1116, 1121;
- - Bundesrats- 442, 523, 780, 784, 868, 1198;
- - Familien 941, 962, 1219, 1748, 2208, 2328;
- - Finanzen 138, 197, 281, 303, 329, 349, 386, 390, 391, 440, 612, 695, 1021, 1083, 1254, 1372, 1668, 2343;
- - gesamtdeutsche Fragen 112, 119, 164, 223, 234, 255, 439, 449, 460, 468, 472, 473, 485, 538, 579, 605, 624, 632, 783, 840, 846, 852, 898, 908, 974, 993, 994, 996, 1012, 1018f., 1035, 1214, 1238, 1250, 1315, 1512, 1655, 1738, 1859, 1905, 1943, 2057, 2098, 2157, 2286, 2293, 2330;
- - Inneres 119, 158f., 256, 281, 293, 310, 312, 326, 382, 390, 420, 427, 454, 461, 513, 520, 578, 625, 636, 663, 672, 717, 790, 846f., 868, 888, 893, 904, 911, 917, 926, 941, 962, 969, 981f., 1007, 1013, 1038, 1063, 1069, 1114, 1202, 1215, 1251, 1260, 1302, 1314, 1315, 1317, 1320, 1358, 1363, 1453, 1618, 1668, 1671, 1762, 1770, 1878, 1922, 1923, 1925, 1943, 1952, 1954, 2023, 2029, 2068, 2070, 2113, 2119, 2275, 2291, 2300, 2304f., 2316, 2339, 2340, 2349;
- - Justiz 119, 150, 174, 359, 417, 439, 531, 600-602, 754, 774, 896, 956, 1753, 1764, 1943, 1989, 2000, 2049, 2090, 2161, 2316, 2337;
- - Landwirtschaft 1307, 1577, 1595, 2066, 2215;
- - Post 1467, 1671, 2264;
- - Verkehr 234, 240, 380, 384, 403, 517, 520, 523, 593, 593f., 732, 881, 928, 1072, 1081, 1235;
- - Verteidigung 1093, 1094, 1198f., 1211f., 1228, 1254, 1266, 1280f., 1284, 1302, 1314, 1315, 1316, 1363, 1378, 1382, 1438, 1439, 1453, 1455, 1465, 1467, 1488, 1494, 1517, 1533, 1534, 1555, 1556, 1562, 1564, 1574, 1575, 1583, 1596, 1609, 1610, 1616, 1621f., 1633, 1650f., 1661, 1666, 1668, 1692, 1694, 1697, 1698, 1702, 1757, 1762, 1778, 1780, 1789, 1812, 1820, 1833, 1840f., 1865, 1879, 1908, 1914, 1915, 1917, 1929, 1936, 1938, 1971, 1991, 2000, 2002, 2014, 2014, 2020, 2034, 2036, 2042, 2056, 2067, 2068, 2088, 2091, 2094, 2099, 2100,

2103, 2104, 2105, 2110, 2112, 2116, 2126, 2127, 2132, 2137, 2154, 2161, 2162, 2168, 2177, 2178, 2184, 2185, 2193, 2199, 2213, 2217, 2227, 2241, 2242, 2244, 2245, 2246, 2249, 2250, 2251, 2252, 2253, 2255, 2257, 2259, 2260, 2264, 2265, 2282, 2287, 2308, 2310, 2316;
- - Vertriebene und Flüchtlinge 266, 963, 1027, 1213, 1219, 1346, 1372, 1655, 2070, 2110, 2173, 2203, 2272f., 2293f., 2304, 2305, 2324, 2327, 2338f., 2343;
- - Wirtschaft 119, 130, 138, 160, 234, 269, 357, 392, 407, 449, 460f., 904, 1247, 1254, 1272, 1313, 1485, 1487, 1593, 1595, 1705, 1763, 1773, 2068, 2072, 2093, 2219, 2236, 2265, 2279, 2292, 2326;
- - Wohnungsbau 2245, 2246, 2309;
- Dienststelle Blank 317, 358f., 393, 442, 462, 547f., 560, 563, 603, 631, 715, 756, 766, 774, 786, 787, 792, 868, 921, 926, 927, 956, 972, 984, 1027, 1031, 1062, 1064f., 1068, 1070, 1073f., 1074, 1075, 1081f., 1086, 1093, 1101, 1105, 1107, 1120f., 1127, 1134, 1166, 1198f., 1284;

Bundesrepublik 53, 56, 73f., 125, 290, 1043, 1054, 1184;

Bundestag 20, 115, 214, 217, 239, 242, 243, 246, 265, 291, 308, 339, 362f., 371, 374, 381, 391, 397, 411, 412, 414, 433, 434, 447, 447f., 455, 456, 489, 498, 500, 541, 545, 598, 639, 640, 667f., 690, 695, 715, 846f., 850, 860, 947, 958, 996, 1003, 1010, 1013f., 1049f., 1089f., 1093, 1096f., 1178, 1212, 1215, 1272, 1288, 1300, 1314, 1320, 1325, 1326, 1328, 1406, 1410f., 1529, 1555, 1557, 1668, 1691, 1849, 1965, 1998, 2043, 2053, 2069, 2098, 2254, 2286, 2304, 2338, 2343;
- Abgeordnete (MdB) 115, 119, 122, 123, 133, 138, 145, 165, 171, 182, 192, 200, 202, 203, 232, 234, 239, 242, 252, 253f., 256, 263, 276, 281, 313, 329, 349, 354, 357, 359, 386, 402, 403, 420, 431, 433, 439, 442, 456, 458, 460, 512, 515, 518, 530, 553, 561, 564, 570, 573, 577f., 578, 583, 587, 591, 598, 607, 625, 629, 632, 636, 646, 656, 668, 686, 690, 695, 729, 734, 757, 758, 781, 784, 865, 898, 903, 932, 947, 949, 964,

965, 966, 968, 1007, 1008, 1030, 1038, 1069, 1100f., 1101, 1114, 1115, 1123, 1126, 1134, 1136, 1141, 1146, 1151, 1152, 1188, 1190, 1203, 1215, 1245, 1250, 1260, 1266, 1272, 1288, 1317, 1320, 1410f., 1435, 1441, 1451, 1455, 1461, 1490, 1522, 1568, 1572, 1594, 1615, 1617, 1632, 1668, 1672, 1678, 1679, 1699, 1709, 1747, 1748f., 1765, 1775, 1780, 1783, 1787, 1789, 1791, 1796, 1801, 1812, 1814, 1820, 1822, 1828, 1834, 1836, 1837, 1844, 1846, 1847, 1853, 1854, 1857, 1858, 1878, 1879, 1892, 1894, 1895, 1902, 1903, 1905, 1908, 1909, 1910, 1913, 1920, 1922, 1923, 1925, 1934, 1936, 1938, 1948, 1952, 1960, 1965, 1975, 1982, 1983, 1989, 1992, 1998, 2014, 2042, 2044, 2066, 2067, 2077, 2080, 2087, 2089, 2090, 2094, 2103, 2104, 2106, 2112, 2116, 2119, 2121, 2127, 2136, 2138, 2139, 2140, 2152, 2163, 2164, 2168, 2173, 2188, 2190, 2193, 2207, 2216, 2245, 2246, 2247, 2254, 2255, 2259, 2264, 2279, 2280, 2281, 2282, 2284, 2286, 2292, 2293, 2294, 2297, 2303, 2313, 2315, 2319, 2328, 2334, 2338, 2339, 2343;
– – Parlamentarische Immunität 729, 735;
– – – Aufhebung der 145, 152, 160, 192, 201, 263, 339, 499, 1195, 2296, 2304;
– – – Verletzung der 191, 200, 201, 306;
– – Ausschluß von Sitzungen 144, 242, 263;
– Alterspräsident 242, 2208;
– Ältestenrat 144;
– Ausschüsse 239, 421, 439, 1805, 2139, 2255;
– – für Atomfragen 1294;
– – für gesamtdeutsche Fragen 515, 1594f., 1749, 2255;
– – Justiz- 123;
– – Verteidigungs- 1400, 2094, 2105, 2138;
– Debatten 21, 123, 151, 256, 420, 512, 541, 662f., 668, 678, 695f., 753-756, 926, 964, 1007f., 1038, 1260, 1266f., 1343, 1344, 1363, 1410f., 1633, 1762, 1779-1781, 1783, 1801, 1820f., 1825, 1858, 1922, 1925, 2090, 2302;
– – Wehrdebatte 323, 528, 555-558, 695f., 1142, 1212, 1249, 1410f., 1779-1781, 1820-1822;

– Entscheidungen 137, 152, 243, 265, 308, 339, 374, 382, 391, 412, 414, 433, 455, 541, 643, 673, 696, 753, 753-756, 853f., 947, 1085f., 1093, 1142, 1215, 1222, 1300, 1343, 1344, 1410f., 1529, 1629, 1633, 1645, 1826, 1834, 1837, 1874, 1924, 1954, 2098;
– Fraktionen 1178, 1300, 1358, 1365, 1559, 1571, 1633, 2007, 2324;
– – Fraktionsstatus 547;
– – CDU/CSU 214, 226, 242, 386, 500, 511, 669, 673, 908, 1017, 1031, 1594, 1812, 1922, 1988, 1998, 2072, 2083, 2137, 2155, 2227, 2339f.;
– – DP 511, 2227;
– – FDP 107, 669, 1336, 1366, 2072;
– – KPD 120f., 151, 196, 226, 239, 242, 263, 337, 348, 374, 382, 444, 547, 557, 621, 639, 695, 755;
– – SPD 119f., 151, 196, 500, 621, 755, 932, 1008, 1095, 1313, 1343, 1529, 1568, 1814, 1896, 1920, 1922, 1923, 1998, 2005, 2010f., 2043, 2072, 2098, 2104, 2106, 2189, 2246, 2281;
– Opposition 110, 144, 147, 151, 323, 366, 372f., 378, 387, 393, 488, 500, 541, 548, 555-557, 656, 696, 715, 755f., 757, 904, 947, 958, 962, 1049f., 1085, 1093, 1143, 1178, 1212, 2065, 2198, 2303;
– präsident 115, 149, 192, 200, 217, 227, 234, 242, 346, 359, 424, 439, 594, 607, 669, 868, 898, 904, 10007, 1059, 1096, 1139, 1141, 1147, 1148, 1272, 1448, 1461, 1465, 1572, 1573, 1601, 1709, 1748, 1987, 2150, 2151, 2187, 2204, 2215, 2287;
– – Ordnungsruf 120, 192, 242, 263, 1575;
– Untersuchungsausschuß 308, 434, 529, 531, 578, 661-664, 678, 926, 1039;
– Wehrbeauftragter 1663;
– Zwischenfälle 120, 144, 160, 242, 263;
Bundesverdienstkreuz → **Orden**
Bundeswehr 548, 972, 1094, 1254, 1280f., 1300, 1306, 1308, 1317, 1344, 1378, 1382, 1388, 1411, 1420, 1421, 1422, 1423, 1430, 1432, 1438, 1445, 1446, 1449, 1451, 1453, 1454, 1456, 1464, 1465, 1467, 1468, 1488, 1490, 1494, 1496, 1520, 1525, 1531, 1555, 1556, 1560, 1568, 1571, 1572, 1583f.,

1609, 1650, 1661, 1695, 1711, 1719, 1725, 1729, 1757, 1896, 1939, 1942, 1957, 2000, 2005, 2009, 2011, 2012, 2037, 2067, 2071, 2091, 2094, 2104, 2115, 2132, 2138, 2141, 2146, 2150, 2154, 2167, 2184, 2188, 2193, 2195, 2196, 2199, 2213, 2216, 2223, 2242, 2243, 2246, 2254, 2281, 2284, 2306, 2308, 2318, 2319;
– Antisemitismus in der 1661;
– Atombewaffnung der 1555, 1559, 1571, 1601, 1610, 1611, 1613, 1616f., 1617, 1619, 1621, 1622, 1623, 1626, 1631, 1632, 1633f., 1635, 1636, 1640, 1647, 1649, 1664, 1665, 1672f., 1679, 1690, 1697, 1701, 1705, 1708, 1717, 1729, 1741, 1762, 1765, 1777, 1780, 1781, 1782, 1793, 1795, 1798, 1802, 1804, 1806, 1810, 1811, 1815, 1817, 1819, 1820f., 1821, 1825, 1826, 1827, 1828, 1829, 1830, 1831, 1833, 1834, 1835, 1836, 1838, 1841, 1842, 1844, 1845, 1849, 1853, 1854, 1855, 1856, 1858, 1859, 1860, 1861, 1864, 1867, 1868, 1869, 1875, 1878, 1879, 1880, 1883, 1892, 1893, 1894, 1895, 1897, 1900, 1902, 1903, 1908, 1909, 1910, 1912, 1914, 1915, 1916, 1917, 1919, 1920, 1922, 1924, 1925, 1927, 1928, 1929, 1930, 1931, 1935, 1936, 1937, 1938, 1939, 1940, 1941, 1943, 1945, 1949, 1951, 1952, 1954, 1955, 1956, 1957, 1958, 1960, 1962, 1965, 1969, 1976, 1977, 1979, 1981, 1983, 1985, 1986, 1988, 1993, 2003, 2006, 2008, 2014, 2015, 2027, 2031, 2032, 2038, 2040, 2043, 2044, 2046, 2052, 2053, 2066, 2077, 2088, 2097, 2104, 2108, 2109, 2113, 2119, 2120, 2125, 2129, 2152, 2154, 2159, 2161, 2163, 2170, 2174, 2178, 2179, 2182, 2188, 2199, 2203, 2204, 2216, 2217, 2238, 2240, 2252, 2255, 2260, 2263, 2267, 2282, 2297, 2305, 2307, 2322, 2324, 2335, 2338, 2340, 2344;
– Luftwaffe 1925, 1929, 1998, 2014, 2029, 2196;
– Marine 1301, 1302, 1335, 1363, 1408, 1571, 1606, 1974, 2034, 2042, 2043, 2074, 2217;
Bürgerinitiativen 1663, 1700, 1796, 1799f., 1801, 1810f.;
Bürgermeister 54, 66, 81, 106, 113, 117, 184, 196, 209, 213, 228, 240, 280, 292, 334, 337, 421, 430, 436, 442,

470, 487, 495, 496, 567, 577, 591, 682, 732, 740, 786, 801, 836, 837, 906, 1016, 1022, 1057, 1065, 1079, 1106, 1160, 1287, 1434, 1439, 1443, 1457, 1491, 1536, 1615, 1617, 1652f., 1663, 1683, 1701f., 1713, 1754, 1817, 1827, 1849, 1853, 1857, 1869, 1874, 1878, 1883, 1916, 1925, 1930, 1964, 1992, 1993, 1997, 2001, 2020, 2033, 2043, 2051, 2052, 2080, 2082, 2110, 2120, 2121, 2132, 2137, 2146, 2162, 2194, 2204, 2206, 2211, 2212, 2235, 2238, 2241, 2242, 2248, 2262, 2281, 2294, 2312, 2319, 2324, 2341;
– Ober- 30, 40, 69, 72, 85, 106, 108, 112, 126, 132, 143, 185, 213, 223, 229, 231, 250, 254, 255, 263, 288, 290, 305, 313, 332, 335, 337, 365, 370, 380, 384, 387, 393, 407, 414, 415, 419, 432, 481, 483, 489, 492, 512, 514, 519, 525, 538, 539, 552, 569, 570, 593, 625, 629, 630, 670, 688, 716, 741, 749, 777, 786, 731, 877, 896, 901, 937, 973, 1006, 1042, 1084, 1103, 1129, 1135, 1137, 1164, 1247f., 1248, 1277, 1340, 1355, 1382, 1448, 1453, 1461, 1535, 1557, 1568, 1653, 1655, 1809, 1811, 1842, 1854, 1866, 1879, 1892, 1894, 1898, 1913, 1914, 1920, 1921, 1925, 1935, 1936, 1938, 1965, 1992, 2006, 2010, 2058, 2087, 2103, 2104, 2109, 2119, 2142, 2184, 2222, 2234, 2238, 2241, 2267, 2288, 2309, 2322, 2331;
– Regierender 370, 442, 431, 456, 460, 466, 467, 487, 625, 641, 645, 660, 703, 704, 719, 744, 840, 852, 870, 879, 893, 897f., 911, 945, 968, 974, 993, 994, 997, 1057, 1105, 1175, 1182, 1229, 1272, 1283, 1503, 1627, 1659, 1699, 1723, 1738, 1739, 1772f., 1805, 1837, 1844, 1854, 1858, 1875, 1916, 1927, 2034, 2054, 2076, 2084, 2124, 2128, 2133, 2173, 2174, 2181, 2204, 2207, 2220, 2222, 2263, 2280, 2331;
Bürgerrechte 667, 925, 1484, 1656, 1708, 1724, 2071, 2105;
Bürgerrechtsbewegung → **Bewegungen**
Burschenschaften 214, 243, 256, 263, 265, 385, 392, 409, 423, 442, 461 472, 477, 523f., 537, 550, 554, 564, 568, 594, 626, 645, 646, 650, 655, 673, 716, 730, 741, 774, 860, 862f., 866, 867, 988, 1223, 1290, 1956, 1989, 2318;

– farbentragende 263, 442, 1934;
Charta vgl. → **Vereinte Nationen/- UN-Charta** 42, 85, 73, 155, 266, 1098, 1207, 1208;
Chauvinismus 145, 1308, 1602, 1714;
Christdemokraten
– politische Verfolgung von 163, 176, 181, 219, 334, 991f., 1213, 2207;
Christentum 75f., 146, 210f., 252, 354, 574, 975, 1109;
Chronik, Begriff der 9, 15, 16-18;
Commonwealth 1535, 1555, 1589, 2111, 2276;
Containment-Politik 1742f.;
Davidsstern 1423, 2319;
Dècollage 1036;
Dekartellisierung 271, 324, 522, 745, 1130, 2277;
Deklaration 451, 929, 991, 1092, 1985, 2044, 2054, 2087, 2271;
– von Manila 1037;
– von Santiago 2064, 2243f.;
Dekolonialisierung 23, 36, 136, 155, 163, 352, 396, 399, 421, 436, 534, 931, 1036, 1053f., 1307, 1350, 1351, 1367, 1535, 1555, 1589, 1682, 2111, 2141, 2177, 2321;
Delegation 191, 194, 220, 234, 348, 359, 382, 404, 406, 424, 452, 479, 482, 515, 522, 530, 660, 669f., 686, 692, 879, 902, 997, 1044, 1101, 1117, 1139, 1145, 1148, 1167, 1172, 1179, 1184, 1195, 1224, 1229, 1242, 1245f., 1247, 1252, 1283, 1288, 1465, 1496, 1562, 1644, 1691, 1693, 1706, 1712, 1730, 1732, 1757, 1782, 1801, 1834, 1842, 1914, 1921, 1924, 1931, 1968, 1989, 2027, 2037, 2130, 2225, 2266, 2267, 2268, 2270, 2283, 2291, 2329;
Demokratie 31, 697, 975, 1011, 1107, 1204, 1231f., 1298, 1314, 1478, 2154, 2243;
Demokratisierung 229, 697, 1470, 1478, 1484, 1512, 1521, 1558, 1575, 1585, 1607, 1730, 2061;
Demonstration 35, 36, 39, 46, 49, 54, 60, 66f., 76, 88, 101, 102, 106, 113, 117, 124, 126, 137, 137f., 146, 151, 154, 160, 162, 168, 174, 177, 182, 187, 191, 193, 194, 197, 198, 202, 205, 212, 219, 223, 224, 235, 238, 246, 262, 274, 284, 288f., 295, 297, 301, 305, 307, 309, 320, 321, 329, 335f., 337, 338, 346, 350, 352, 364f., 381, 382f., 385, 385f., 387, 391, 396, 399, 401,

407, 409, 410, 411, 415, 417, 425, 429f., 435, 442, 443, 445f., 446, 448, 454, 463, 476, 480, 481f., 487, 492, 496, 499, 506, 508, 512, 516, 529, 531, 533, 534, 539f., 541, 542, 548f., 555, 557f., 563, 568, 569, 586, 589, 603-605, 608-623, 616f., 638, 640, 642f., 649, 657, 657f., 658, 659, 660, 665, 666, 668, 669, 671, 679, 691, 695, 698, 715, 716, 718f., 729, 739, 740, 742, 748f., 749f., 750, 753f., 757, 762f., 776f., 777, 778, 782, 785, 792, 793, 796-799, 800, 802-846, 848f., 858, 862f., 866, 871, 879, 884, 886, 895, 906, 907, 916, 917, 918, 930, 931, 937, 943f., 944, 944f., 948, 952, 953, 956, 957, 958, 959f., 960, 966, 970, 972f., 980, 988, 991, 1002, 1006, 1017, 1020, 1030, 1031, 1039, 1042, 1059, 1066, 1068, 1070, 1076, 1076f., 1080, 1082, 1087, 1094, 1095, 1097, 1100, 1102, 1103, 1104, 1106f., 1107f., 1110f., 1119, 1126, 1130, 1134, 1135, 1142f., 1144f., 1154, 1156, 1158, 1172, 1182, 1196, 1203, 1223, 1226, 1235, 1236, 1243, 1247, 1249f., 1268, 1273, 1279, 1285, 1286, 1298, 1301, 1304, 1313, 1314, 1317, 1320, 1324, 1328, 1329, 1330, 1331, 1337, 1345, 1352, 1362, 1369, 1382, 1402, 1423, 1426, 1456, 1462, 1467, 1468, 1481, 1483, 1490, 1497, 1506, 1507, 1510, 1519, 1525, 1528, 1537, 1556, 1560, 1561, 1578, 1581, 1593, 1602, 1608, 1631, 1638, 1639, 1644, 1656, 1657, 1677, 1693, 1699, 1701, 1717, 1721, 1725, 1726, 1733, 1736, 1737, 1747, 1752, 1761, 1763, 1765, 1767, 1776, 1777, 1787, 1798f., 1813, 1815, 1823, 1825, 1826, 1827, 1828, 1838f., 1848, 1855, 1869f., 1874, 1882, 1887, 1889, 1893, 1894, 1898, 1900, 1916, 1926, 1939, 1953, 1957, 1966, 1980f., 1984, 2001, 2004, 2006, 2015, 2022, 2028, 2032, 2033f., 2038f., 2058, 2061, 2066, 2088, 2093, 2098, 2106, 2107, 2118, 2120, 2125, 2126, 2127, 2133f., 2137, 2138, 2143, 2144, 2150, 2155, 2167, 2168, 2170, 2172, 2173, 2174, 2182, 2202, 2204, 2205, 2208f., 2210, 2219, 2226, 2237, 2238, 2240, 2244, 2251, 2254, 2259, 2261, 2265, 2268, 2269, 2271, 2275, 2277f., 2279, 2283, 2297, 2298, 2311, 2315, 2317, 2322, 2323, 2329, 2331, 2333, 2334, 2335;

– gewaltsame 39, 46, 101, 102, 106, 113, 198, 201, 202, 534, 616f., 624f., 642f., 716, 848f., 1301, 1304, 1319, 1330, 1331, 1457, 1509f., 1578, 1882, 1885, 1901, 1928, 1929, 1956, 1991, 2000, 2053f., 2124, 2137, 2197, 2333;

Demontage 21, 27, 34, 43, 54, 73, 75, 76, 80, 82, 85, 86f., 90, 94, 95, 96, 103, 106, 110, 115f., 123, 133, 138, 140, 142, 144, 161, 178, 188, 190, 196, 198, 208, 209, 224, 240, 278, 371, 377;

– Zwangsrekrutierung zur 27, 34, 96;

Demoskopie → **Meinungsumfrage**

Denkmäler 63, 65f., 456, 464, 465, 477, 893, 1299, 1453, 1471, 2099, 2181, 2255;

– Opfer des Stalinismus 1504, 2110;

– NS-Opfer 115, 516, 524, 1449, 1454, 1457, 1597, 1602, 1631, 1660, 1689, 1705, 1706, 1712, 1718, 1732, 1737, 1882, 1981, 2034, 2049, 2068, 2253, 2263, 2266, 2268, 2347;

Denkschrift 53, 159, 307f., 310, 333, 441, 460, 900, 1058, 1303, 1489, 1509, 2073;

Denunziation 39, 112, 241, 280f., 337, 448, 761, 919, 941, 957, 973, 1068, 1714, 1745, 1853, 1884, 1984, 2004, 2122, 2196, 2218, 2223;

Deportation 38, 62, 90, 95, 164, 194, 445, 513, 533, 915, 935, 941, 947, 963, 969, 1050, 1423, 1578, 1609, 2121, 2224;

Desertion 116;

Deutsch-jüdisches Verhältnis 59, 91, 97, 145, 146, 148, 251, 357f., 378f., 398, 476, 490f., 503, 504, 512, 522, 530, 539, 539f., 541, 561, 567, 578f., 584f., 599, 611f., 614, 622, 665, 753, 765, 909, 910, 1807, 2033, 2034f., 2318;

Deutsche Demokratische Republik (DDR) 127, 130f., 958, 1252;

– Aktivistenbewegung (Hennecke) 109;

– Anerkennung der 1239, 1255;

– Arbeiter-und-Bauern-Staat 651, 1413, 1590, 1756, 1766, 1819, 1970, 2043, 2057, 2060, 2098, 2110, 2140, 2144, 2184;

– Flüchtlinge 139, 162, 179, 214, 234, 238f., 242, 532, 582, 718, 726, 929, 932, 963, 997, 1097, 1304, 1309, 1447, 1836, 1860, 1882, 1884, 1897, 1920, 1970, 1984, 2048, 2057, 2167, 2218, 2284;

– Kollektivierung der Landwirtschaft 702, 769, 776, 792;

– Länderkammer 128, 901;

– Nationalhymne der 243, 2004;

– politische Verfolgung in der 28, 30, 44, 67, 84, 111, 131, 162, 163, 169, 147, 149, 176, 179, 181, 200, 212, 219, 227, 230, 257, 259f., 269, 277f., 282, 295, 303, 307, 313, 317, 325, 334, 339, 341, 352, 358, 367, 371, 373, 379, 379f., 388f., 414, 423, 428f., 458, 476, 479, 496, 521f., 532, 562, 567, 573, 582, 647, 648, 701, 717f., 722f., 724, 753, 762, 768f., 779, 932, 940, 1097, 1113f., 1127, 1152, 1206, 1207, 1211, 1215, 1289, 1303, 1304, 1309f., 1312, 1321, 1327, 1338, 1349, 1351f., 1358, 1364, 1375, 1386, 1392, 1470, 1482, 1489, 1498, 1512, 1521, 1530, 1558, 1559, 1569, 1590f., 1594, 1596, 1599, 1605, 1607, 1611, 1614, 1617, 1638, 1653f., 1657, 1663, 1697f., 1716, 1723, 1739, 1740, 1741, 1743, 1745, 1748, 1755f., 1765f., 1766, 1773f., 1778, 1795, 1801, 1819, 1836, 1884f., 1913, 1935, 1986, 2004f., 2006, 2013f., 2031, 2043, 2048, 2057, 2060, 2061, 2098, 2108, 2141, 2144f., 2145, 2148, 2157f., 2167, 2184f., 2185, 2187, 2200, 2204, 2207, 2218, 2223, 2248, 2253, 2254f., 2315, 2318, 2332, 2340, 2343, 2347;

– Regierung 127, 129, 170, 179, 186, 216, 217f., 350, 407, 486, 503, 572, 602, 612, 638, 646, 649, 701, 702, 718f., 749, 784, 792, 797, 929, 934, 991, 1156, 1165, 1215, 1252, 1294, 1623, 1815, 1980, 2079, 2268;

– – Bildungspolitik 51, 252, 1919;

– – Einschränkung der Reisefreiheit 1384, 1385, 1390, 1625, 1659, 1741;

– – Einschränkung der Religionsfreiheit 174f., 243, 261, 282, 307, 329, 454, 718, 729, 753, 761, 768, 768f., 770, 774, 779, 792, 1088, 2194;

– – Jugendpolitik 47, 231, 233f., 330, 466-469, 623f.;

– – Kulturpolitik 29f., 42, 44, 98, 109, 135, 253, 399, 402, 432, 434, 477, 523, 613, 860f., 870, 901, 929, 933, 1042, 1080, 1097, 1161, 1163, 1179, 1182f., 1189f., 1520, 1522, 1770, 1793, 2004, 2070, 2129, 2162, 2163, 2203, 2338;

– – Ministerpräsident 22, 127, 129, 139, 161, 162, 178, 217f., 253, 260, 279, 280, 315, 324, 331, 351, 362, 371, 378, 399, 467, 470, 477, 484, 498, 544, 559, 572, 579, 585, 597, 612, 687, 691, 699, 749, 769, 796, 799, 804, 815, 886, 901, 926, 933, 936, 1049, 1077, 1096, 1140, 1154, 1182, 1226, 1252, 1263, 1288, 1303, 1358, 1365, 1367, 1384, 1386, 1387, 1500, 1629, 1682, 1691, 1765, 1777, 1779, 1821, 1838, 1922, 1955, 1970, 1984, 2037, 2071, 2092, 2124, 2140, 2169, 2176, 2195, 2221, 2285, 2342;

– – stellvertretender Ministerpräsident 129, 214, 217f., 227, 233, 241, 244, 246, 261, 263, 279, 429, 444, 465, 467, 470, 598, 814, 901, 1007, 1148, 1315, 1423, 1430, 1570, 1579, 1970, 2090, 2267;

– – Außenministerium 251, 718, 726, 929, 991f., 1086, 1288, 1501, 1842, 2037, 2064, 2128, 2180, 2186;

– – Innenministerium 215, 282, 968, 1086, 1357, 1367, 1955, 2300;

– – Justizministerium 215, 479, 857, 868, 1304, 1398, 1885, 2300;

– – Kulturministerium 929, 933, 1007, 1076, 1077, 1161, 1182f., 1311, 1425, 1520, 1529, 1737, 1770, 1793, 2003, 2338;

– – Ministerium für Staatssicherheit (MfS) 162, 179, 200, 227, 253, 269, 278, 313, 325, 379, 407, 423, 453, 501, 503, 548, 568, 579, 639, 658, 687, 718, 719, 737, 750, 791, 822, 824, 854, 866f., 903, 905, 912, 930, 937, 952, 957, 996, 997, 1011, 1030, 1031, 1032, 1035, 1059, 1097, 1158, 1162, 1165, 1207, 1226, 1273f., 1303, 1304, 1309, 1327, 1336, 1351, 1375, 1380, 1386, 1392, 1464, 1466, 1470, 1482, 1488, 1489, 1494, 1497, 1498, 1512, 1521, 1530, 1558, 1591, 1605, 1639, 1653f., 1736, 1739, 1789, 1810, 1853, 1885, 1998, 2005, 2048, 2057, 2071, 2090, 2098, 2116, 2145, 2157, 2167, 2185, 2196, 2218, 2248, 2255, 2284;

– – Verteidigungsministerium 1315, 1322, 1369, 1374, 2090;

– – Rechtspolitik 112, 148, 162f., 215, 307, 339, 352, 389, 719;

– Staatspräsident 22, 127, 128, 134, 136, 139, 231, 279, 315, 365, 367, 371, 394, 396, 432, 450, 456, 467, 470, 499, 516, 532, 597, 660, 674, 727, 889, 901, 1310, 1570, 1970;

- Übertritt in die 646, 776, 780, 926, 1013, 1030f., 1038, 1094, 1204, 2301;
- Volksarmee (NVA) 1303, 1314, 1315, 1317, 1322, 1336, 1338, 1369, 1374, 1571, 1628, 1714, 1875, 2055, 2088, 2131, 2174, 2196;
- Volkskammer, Volksrat 22, 36, 46, 75, 127, 129, 138, 161, 179, 215, 269, 324, 339, 350, 351, 358, 371, 399, 429, 438, 484, 486, 498f., 660, 669, 673, 691, 901, 916, 929, 988, 1001, 1139, 1155, 1165, 1258, 1288, 1303, 1315, 1327, 1392, 1500, 1691, 1706, 1848, 1880, 1918, 2039, 2041, 2090, 2148, 2241;
- Präsident 127, 135, 167, 324, 346, 591, 611, 686, 901, 1007, 1077, 1343, 1423, 1461, 1570, 2191, 2287, 2345;
- Volkspolizei 70, 75, 79, 111, 149, 162, 194, 205, 233, 268, 277, 295, 312, 363, 371, 375, 406, 457, 461, 501, 503, 591, 638, 660, 675, 704, 719, 774, 792, 793, 795, 799, 800, 802-846, 860, 866f., 903, 904, 905, 907, 937, 957, 1026, 1056, 1083, 1103, 1147, 1149, 1158, 1179, 1269, 1271, 1301, 1304, 1327, 1375, 1460, 1498, 1504, 1541, 1661, 1728, 1733, 1737, 1777, 1853, 2008, 2055, 2088, 2254, 2314, 2328;

Deutsch-französische Verständigung 119, 170, 227, 246, 387, 519, 930, 1055, 2142;

Deutschland
- Beendigung des Kriegszustands mit 348, 454, 476, 478f., 486, 1094, 1116, 1164;
- Einheit 70, 72, 134, 135, 152, 153, 155, 158, 161, 168, 177, 315, 332, 360, 371, 532, 994-996, 1316, 1383, 1488, 1960, 2037, 2098, 2125, 2129;
- frage 74, 591, 630, 677, 976, 1130, 1182, 1223, 1226, 1276, 1743, 1982, 2136, 2186, 2203, 2219, 2221;
- Friedensvertrag für 36, 43, 46, 70, 85, 90, 108, 127, 145, 278, 315, 362, 398, 400, 406, 429, 470, 474, 484, 489, 506, 528, 532, 559, 572, 576, 583, 660, 666, 687, 690, 691, 884, 934, 938, 985, 1092, 1182, 1395, 1760, 1832, 1947, 1980, 1982, 2053, 2077, 2083, 2088, 2090, 2096, 2097, 2098, 2105, 2124, 2126, 2133, 2138, 2144, 2159, 2173, 2174, 2175, 2181, 2191, 2194, 2232, 2237, 2246, 2252, 2291, 2293, 2330;
- Gebietsanforderungen, Rückgabe ehemaliger Ostgebiete 74, 100, 122, 167, 234, 239, 268, 370, 427, 459, 485, 518, 520, 570, 881, 1196, 1229, 1376, 1460, 1461, 1463, 1730, 2189, 2221, 2213, 2330, 2332;
- Gesamtdeutsches Gespräch 72, 89, 174, 240f., 244, 351, 371, 378, 399, 404, 432, 470, 484, 489, 502, 532, 669f., 975, 982, 1094, 1277, 2105, 2137, 2232, 2310;
- Gesamtdeutscher Rat 315, 331f., 333, 362f., 371, 378, 397, 399, 486, 489, 532, 545, 2310;
- Gesamtdeutsche Wahlen 161f., 186, 291, 331, 351, 363, 371, 397, 399, 484, 508, 524, 528, 545, 576, 647, 863, 1101, 1109, 1182, 1714, 1986, 2180, 2181;
- Konferenzen → Konferenzen
- Konföderation 85, 161, 1559, 1682f., 1691, 1775, 1779, 1798, 1827, 1832, 1960, 1982, 1990, 2007, 2066, 2077, 2083, 2098, 2099, 2125, 2133, 2141, 2174, 2206;
- lied 44, 100, 101, 119, 123, 160, 213, 314, 507, 518, 529, 570, 594, 599, 632, 658, 836, 838, 849, 866, 965, 1064, 1072, 1081, 1255, 1395, 1684, 1824, 1837, 2095, 2184, 2262, 2311;
- politik 74, 85, 126, 571f., 1309, 1379, 1819, 2050, 2065, 2104, 2116, 2132;
- Teilung, Spaltung 36, 43, 46, 47f., 74, 95, 158, 247, 393, 484, 532, 538, 559, 589, 655, 715, 925, 932f., 994-996, 1094, 1109, 1114, 1303, 1893, 1939, 1947, 2136, 2179, 2204, 2271;
- Vertrag → Verträge
- Wiedervereinigung 43, 85, 108, 127, 132, 134, 155, 161, 173f., 199, 228, 283, 309, 331, 345, 346, 360, 370, 371, 400, 459, 472, 480, 484, 500, 513f., 566, 572, 573, 579, 581, 590, 632, 635, 641, 647, 660, 687, 690, 768, 784, 788, 851, 858, 858f., 870, 886, 916, 926, 927, 932f., 934, 938, 945, 960, 982, 990, 994, 994-996, 1013f., 1033, 1055, 1067, 1079, 1095, 1096, 1100, 1102, 1109, 1130, 1139, 1147, 1171, 1196, 1217, 1223, 1229, 1272, 1284, 1292, 1302, 1303, 1309, 1311, 1320, 1321, 1335, 1338, 1349, 1350, 1374, 1376, 1377, 1379, 1389, 1391, 1395, 1397, 1400, 1407, 1408, 1416, 1417, 1423, 1429, 1459, 1460, 1461, 1463, 1470, 1489, 1520, 1563, 1571, 1572, 1623, 1626f., 1642, 1644, 1659, 1669, 1682, 1686, 1691, 1708, 1733, 1743, 1749, 1753, 1762, 1763, 1780, 1783, 1784, 1794, 1804, 1809, 1814, 1819, 1836, 1838, 1844, 1880, 1896, 1902, 1921, 1923, 1947, 1960, 1977, 1979, 1982, 1986, 1990, 1993, 2007, 2011, 2016, 2036, 2037, 2050, 2053, 2058, 2064, 2065, 2070, 2077, 2078, 2083, 2090, 2092, 2099, 2104, 2124, 2125, 2133, 2136, 2137, 2168, 2170, 2171, 2172, 2173, 2174, 2179, 2180, 2191, 2203, 2207, 2219, 2232, 2286, 2291, 2321, 2332, 2337, 2345, 2346;

Dialektik 164, 375;
Diebstahl 513, 801;
Diktatur 41, 86, 125, 152, 185, 229, 259, 263, 274, 513, 572f., 574, 582, 720, 746, 750, 775, 873, 998, 1009, 1093, 1189, 1264, 1273, 1530, 1659, 1693, 1695, 1761, 1767, 1835, 1888, 1981, 2047, 2064, 2074, 2081, 2108, 2153, 2161, 2164, 2204, 2224, 2325;
Diplomatische Beziehungen
- Abbruch der 1235;
- Aufnahme von 965, 1094, 1245f., 1255, 1258, 2324, 2331;

Disengagement 1742f., 2133;
Displaced Persons (DP) 21, 38, 54, 97, 100, 124, 357f., 368, 391, 398, 410, 655, 883, 947, 1601;
Disziplinarverfahren 908;
Diversion 532, 602, 615, 652, 668, 762, 910, 914, 918, 920, 2223;
Dogmatismus 1308, 1311, 1395, 1497, 1522, 1536, 1601;
Domino-Theorie 776, 965;
Dramatiker vgl. → Schriftsteller 246, 306, 351, 432, 499, 723, 724, 804, 853, 862, 900f., 920, 929f., 986, 1135, 1153, 1183, 1191, 1279, 1365, 1399, 1406, 1425f., 1447, 1458, 1529, 1599, 1632, 1716, 1751, 1806, 1852, 1911, 1987, 2036, 2044, 2129, 2208, 2218, 2273, 2330, 2334f.;
»Dritter Weg« 148, 1088, 1520, 1558, 1575, 1663, 1935, 2210, 2211;
Einreiseverweigerung 29, 66, 155, 169, 188, 204, 236f., 250, 326, 327, 388, 734, 858, 888, 971, 1702, 2055, 2111;
Einsatzgruppen 359, 441, 443, 1630, 1764, 1886, 1973f., 2049, 2092, 2095;

Eisenhower-Doktrin (1957) 1554, 1564f., 1761, 1950;
Eiserner Vorhang 95, 155, 172, 314, 425, 657, 689, 739, 1025, 1114, 1749;
Eisernes Kreuz 569, 1059, 1280f., 2262, 2263;
Elite 95, 274, 532;
Eltern 1668;
Emanzipation 571;
Emigranten 38, 70, 79, 90, 94, 95, 98, 146, 165, 190, 240, 249, 474, 503, 553, 768, 801, 901, 1034, 1215, 1217, 1267, 1392, 1557, 1594, 1736, 2004, 2059, 2335;
– Hetze gegen 136, 145, 1594;
Emigration 95, 98, 240, 571, 626f., 1002, 1056, 1157, 1564, 2004;
Enklave 930, 1017, 1035;
Entführung 738, 1106, 1291, 1767, 1802f., 1998;
– Flugzeug- 1300, 1470f., 2031;
– Menschenraub 69, 84, 100, 111, 146, 155, 162, 200, 263, 325, 385, 407, 447, 448, 462, 503, 532f., 580, 632, 639, 641, 652, 673, 687, 697, 737, 752, 905, 930, 937, 946, 968f., 970, 973, 991, 1011, 1013f., 1030, 1086, 1097, 1162, 1207, 1226, 1304, 1327, 1413, 1969, 1998, 2071, 2145, 2196, 2248, 2284;
Entlassung 287, 294, 397, 398, 443, 454, 532, 560, 625, 946, 955, 966, 1275, 1282, 1499, 1824, 2201;
– fristlose 443, 454, 949, 1026, 1053, 1310, 1741, 1756, 1945;
Entmilitarisierung 162, 170, 188, 395, 400, 432, 449, 466, 500, 519, 529, 714, 2161;
Entnazifizierung 21, 33, 40, 42, 46, 54, 60, 71, 81, 82, 83, 84, 86, 87, 100, 101, 106, 107, 109, 110, 116, 120, 123, 138, 139, 162, 166, 170, 171, 174, 178, 184, 187, 193, 197, 200, 208, 209, 224, 228, 229, 231, 235, 239, 251, 253f., 291, 293, 296, 318, 327, 339f., 358, 360, 392, 399, 418, 428, 495, 518, 521, 549, 570, 590, 723, 724, 730, 733, 737, 742, 886, 973, 982, 1017, 1020, 1036, 1119, 1155, 1202, 1226, 1248, 1262, 1286, 1295, 1330, 1372, 1388, 1496, 1572, 1702, 1771, 1784, 1795, 1868, 1944f., 1974, 2049, 2188, 2346;
– Spruchkammern 21, 33, 40, 46, 54, 60, 71, 81, 82, 83, 84, 86, 87, 88, 89, 91, 92, 95, 100, 101, 106, 107, 109, 116, 120, 123, 138, 150, 155, 166, 171, 172, 184, 193, 197, 200, 209, 224, 228, 229, 235, 251, 253f., 291, 293, 296, 318, 327, 358, 399, 428, 549, 590, 682, 742, 1017, 1119, 1155, 1226, 1248, 1286, 1675, 1795, 1868, 1944f., 1960f., 1969, 1974, 2195;
Entschädigung vgl. → **Schadensersatz** 860, 927, 963;
Entschließung 165, 226, 279, 322, 360, 388, 432, 553, 568, 570, 631, 646, 731, 882, 914, 1031, 1035, 1079, 1106, 1125, 1131, 1135, 1149, 1160, 1339, 1459, 2032, 2048, 2051, 2057, 2072, 2082, 2083, 2099, 2144, 2187, 2254, 2294, 2313, 2324;
Entspannung 572, 1246, 1389, 1397, 1455, 1567, 1771, 1798, 1838, 1944, 1979, 2053, 2055, 2064, 2133, 2155, 2158, 2178, 2179, 2182, 2203, 2216, 2272, 2283, 2330, 2340, 2345;
Entstalinisierung 1040, 1230, 1236, 1558, 1562f., 1564, 1700, 1723, 1727, 1765, 1789;
Entweihung, Schändung
– Denkmal 2115, 2146, 2347, 2350;
– Mahnmal 143, 1557, 1689;
Erdölpolitik 36, 396, 399, 421, 436, 464, 490, 496, 534, 715, 884f., 916, 1067, 1492-1494, 1498, 1516;
Erklärung 132, 178, 277, 316, 329, 332, 336, 342, 356, 400, 413, 429, 432, 487, 532, 545, 548, 551, 553, 569, 580, 686, 701, 717, 723, 869, 934, 935, 953, 984, 985, 1066, 1067, 1071, 1102, 1109, 1128, 1148, 1203, 1213, 1269, 1278f., 1293, 1371, 1481, 1495, 1560, 1563, 1564, 1577, 1578, 1584, 1596, 1617, 1644, 1646, 1672, 1691, 1692, 1696, 1719, 1740, 1755, 1757, 1767, 1793, 1802, 1804, 1806, 1807, 1826, 1827, 1835, 1842, 1848, 1856, 1878, 1879, 1887, 1898, 1925, 1951, 2043, 2044, 2056, 2064, 2092, 2094, 2126, 2148, 2158, 2174, 2192, 2194, 2206, 2226, 2228, 2252, 2255, 2270, 2280, 2329, 2342, 2345, 2346;
– Berliner (1957) 1686f.;
– Ehren- 147, 348, 366, 412, 731, 1595;
– Frankfurter (1954) 1079;
– Frankfurter (1958) 1782, 1827;
– Göttinger (1957) 1556, 1559, 1613f., 1615, 1617, 1626, 1630, 1632, 1635, 1636, 1646, 1664, 1717, 1728, 1762, 1780, 1801, 1802, 1815, 1895, 1898, 1900, 1904, 1985, 1993, 1996, 2014, 2040, 2097, 2154, 2259f., 2282;
– Königsteiner (1957) 1708;
– Tübinger (1959) 1801;
– Protest- 89, 207, 228, 235, 246, 291, 355, 390f., 551, 560, 699, 768f., 942, 1013, 1014, 1063, 1065, 1194, 1228f., 1229, 1379, 1506, 1514, 1518, 1526, 1704f.;
– Solidaritäts- 1362, 1494, 1525, 1608, 1615;
Erlaß 1008;
Erpressung 86, 256, 588, 759, 1097;
Europa
– Armee 138, 141, 147, 148, 151, 158, 161, 197, 269, 270, 272f., 273, 277, 282, 310, 316f., 323, 331, 335, 348, 382f., 450, 528, 553, 556, 562, 591, 621, 632, 715, 717, 756, 774, 921, 924;
– politik 41, 60, 72, 135, 148, 227, 243, 254, 277, 379, 459, 487, 925, 1060, 1988;
– rat 64, 161, 243, 254, 267, 269, 272, 320, 425;
– Europäische Atomgemeinschaft (EURATOM) 1555, 1605f.;
– Europäische Verteidigungsgemeinschaft (EVG) 317, 335, 487, 528, 536, 553, 556, 621, 628, 671, 902, 940, 962, 963, 1023, 1027f., 1029f., 1032f.;
– Europäische Wirtschaftsgemeinschaft (EWG) 1555, 1605f.;
– »Vereinigte Staaten« von 161, 186, 267, 293, 343, 505;
Euthanasie 97, 693, 736, 1082, 2265;
Evangelische Kirche Deutschlands (EKD) 97, 159, 287, 312, 332, 456, 490, 686, 761f., 768, 792, 1082f., 1309, 1393, 1583, 1605, 1635, 1637, 1638, 1639, 1680, 1714, 1719, 1729, 1733, 1745, 1773, 1789, 1791, 1903, 1905, 1906, 1912, 1955, 2030, 2093, 2100, 2166f., 2212, 2316, 2344;
– Austritt 168;
– Bekennende Kirche 159, 306, 312, 321, 332, 1719, 1789, 1862, 2066;
– Bischöfe 29, 78, 79, 138, 218, 260, 312, 332, 346, 367, 450, 456, 507, 513, 666, 718, 768f., 774, 779, 792, 928, 984, 1028, 1148f., 1205, 1781, 1955, 2140, 2166, 2316, 2321, 2344;
– Kirchentag 97, 279, 1006f., 1423, 1733, 2240, 2243;

- Militärseelsorge 1583, 1590, 1854, 1861, 1955, 1991, 2166;
- Präsident der Evangelischen Kirche von Hessen und Nassau 90, 149, 152, 153, 155, 159, 279, 312, 318, 325, 327, 328, 339, 345, 346, 418, 433f., 507, 539, 545, 604, 608, 662, 744, 795, 913, 932f., 933, 1066, 1116, 1214, 1393, 1590, 1614, 1637, 1673, 1719, 1782f., 1791, 1801, 1809, 1814, 1831, 1839, 1855, 1862, 1876f., 1880, 1898, 1903, 1905, 1906, 1909, 1913, 1914, 1936, 1957, 1965, 1992f., 2029, 2030, 2046, 2185, 2193, 2200, 2213, 2224, 2227, 2243, 2269, 2271, 2284, 2291f., 2313, 2316, 2328, 2334, 2345;
- Rat der 172, 328, 345, 666, 1127, 2194;
- Ratsvorsitz 29, 138, 217, 312, 346, 450, 456, 779, 984, 1028, 1148f., 1583, 1861, 2169, 2246f., 2308, 2309, 2314, 2316, 2321, 2344;
- Synode 217, 675, 1148f., 1406, 1420, 1583, 1590, 1619, 1854, 1861f., 1999, 2067, 2108, 2162;

Exil 62, 73, 109, 125, 136, 193, 240, 282, 401, 432, 649, 687, 788, 1310, 1311, 1369, 1389, 1417, 1425, 1447, 1454, 1643, 1667, 1677, 1681, 1695, 1697, 2014, 2059, 2065, 2255, 2280, 2329;

Existenzialismus 374, 649, 688, 1529, 1559, 2231;

Exklave 501;

Explosion 515, 517, 528, 590, 683, 737, 752f., 767, 921, 950, 951, 987, 1041, 1137, 1149, 1221, 1408, 1578, 1579, 1619, 1622, 1639, 1651, 1655, 1673, 1676, 1699, 1703, 1718, 1724, 1725, 1726, 1842, 1937, 1971, 1972, 1978, 1992, 1997, 2001, 2037, 2157;

Expressionismus 374, 2219;

Extremismus
- der Mitte 523, 717, 725f., 727, 744f., 774f., 871, 887, 1027, 115, 1191–1195, 1262;
- Links- 390, 442, 518, 540, 589, 692, 741;
- Rechts- → vgl. Rechtsradikalismus 390, 442, 518, 540, 589, 692, 741, 2271;

Fackelzug 129, 219, 233, 265, 487, 548, 594, 643, 668, 716, 784, 862, 867, 897, 944f., 997, 1070, 1087, 1100, 1103, 1104, 1106, 1110, 1114, 1122, 1127f., 1154, 1160, 1192, 1218, 1228, 1246, 1304, 1317, 1352, 1369, 1415, 1418, 1495, 1504, 1507, 1508, 1557, 1623, 1656, 1705, 1737, 1763, 1854, 1865, 1905, 1964, 1975, 1993, 2015, 2032, 2078, 2133, 2168, 2170, 2204, 2219, 2238, 2247, 2259, 2284, 2298;

Fahndung 741, 996;

Fahnen → vgl. Flaggen 204, 214, 252, 263, 264, 268, 276, 305, 341, 389, 409, 421, 425, 457, 462, 482, 522, 565, 749, 803, 812f., 828, 850, 852, 877, 966, 1009, 1036, 1070, 1138, 1166, 1178, 1179, 1181, 1208, 1246, 1317, 1369, 1382, 1391, 1411, 1415, 1453, 1489, 1498, 1505, 1507, 1528, 1561, 1602, 1618, 1623, 1631, 1708, 1712, 1725, 1730, 1747, 1826, 1883, 1889, 1920, 1936, 1952, 2070, 2093, 2150, 2212, 2225, 2232, 2254, 2261, 2266, 2269, 2277, 2286f., 2298, 2335;

Fahrpreiserhöhungen 429f., 435, 547, 555, 1277, 1279;
- Protest dagegen 106, 113, 398, 429f., 435, 440, 547, 555, 1277, 1279, 1565, 1567, 2331;

Fahrten
- Protest- 167;
- Stern- 167, 1095, 1104, 1181, 1282, 1391, 2154;

Fernsehen 52, 703, 1392, 1533, 1574, 1582, 1617, 1741, 1779, 1815, 1838, 1982, 2114, 2161, 2184, 2204, 2223, 2226, 2227, 2292f., 2306, 2348, 2349;
- Sendungen 181, 378, 591, 703, 752f., 888, 912, 914, 953, 970, 1067, 1155f., 1271f., 1323, 1345, 1442, 1649, 1741, 1779, 1815, 1946, 2065, 2114, 2161, 2184, 2227, 2270, 2306, 2349;

Festnahme, Verhaftung 27, 44, 46, 48, 49, 58, 70, 74, 75, 82, 92, 94, 95, 100, 101, 116, 132, 147, 159, 166, 182, 183, 187, 191, 195, 196, 200, 201, 202, 208, 211, 216, 224, 225, 227, 240, 243, 247, 253, 255, 258, 259f., 264, 265, 277f., 284, 287, 293, 295, 303, 305, 306, 312, 321, 336, 345, 350, 352, 358, 370, 376, 379, 381, 389, 391, 396, 397, 398, 407, 409, 415f., 423, 425, 429f., 431f., 439, 442, 447, 450, 454, 453, 462, 464, 467, 478, 479, 482, 487, 496, 501, 503, 506, 508, 509, 515, 516, 517, 520, 522, 542, 561, 570, 577, 580, 588, 891, 596, 598, 618, 634, 635, 636, 643, 645, 651, 658, 665, 668, 681, 688, 695, 698, 703, 714, 716, 716f., 717, 718, 719, 724, 725, 729, 736, 737, 740, 742, 750, 750f., 751, 754, 760, 764, 765, 776, 780, 785, 791, 792, 794, 801, 816, 818, 823, 840, 850, 857, 863, 866f., 885, 898, 915, 919, 945, 948, 952, 955, 958, 965, 970, 971, 972, 973, 982, 985, 986, 989, 991, 1006, 1031, 1032, 1035, 1056, 1057, 1060, 1062, 1068, 1080, 1098, 1100, 1111, 1114, 1130, 1132, 1134, 1139, 1143, 1159, 1162, 1167, 1170, 1184, 1196, 1201, 1210, 1225, 1237, 1251, 1259, 1265, 1268, 1270, 1273, 1283, 1300, 1303, 1305, 1306, 1309, 1310, 1320, 1346, 1392, 1414, 1424, 1428, 1432, 1434, 1435, 1441, 1445, 1470, 1489, 1502, 1512, 1518, 1521, 1523f., 1529, 1530, 1532, 1536, 1539, 1567, 1569, 1577, 1600, 1601, 1603, 1605, 1625, 1644, 1654, 1659, 1678, 1687, 1690, 1692, 1697, 1702, 1733, 1737, 1739, 1748, 1777, 1781, 1825, 1826, 1922, 1924, 1956, 1969, 1971, 1978, 1979, 1985, 1998, 2005, 2008, 2010, 2018, 2019, 2022, 2028, 2048, 2049, 2051, 2057, 2058, 2086, 2089, 2092, 2095, 2147, 2150, 2161, 2164, 2167, 2169, 2185, 2196, 2197, 2224, 2244, 2254, 2257, 2265, 2276, 2284, 2288, 2295, 2311, 2312, 2314, 2330, 2332, 2342, 2347;

Film 92, 174, 414, 561, 748f., 895, 940f., 1058, 1179f., 1260, 1335, 1369f., 1371, 1388, 1436f., 1438f., 1443, 1444, 1448, 1449, 1451f., 1460, 1467, 1468, 1511f., 1523f., 1533, 1536, 1567, 1578, 1591, 1675f., 1690, 1698, 1707, 1725, 1728, 1736, 1749, 1763, 1769, 1824, 1867, 1869, 1874, 1892, 1939f., 1941, 1943, 1968, 1972, 1991, 2013, 2017, 2021, 2033, 2049, 2052, 2084, 2101, 2109, 2116, 2120, 2148, 2186, 2194, 2208, 2222, 2236, 2253, 2274f., 2288, 2303, 2305, 2324, 2328, 2336, 2350;
- Absetzung vom Programm 350, 351, 374, 385, 392, 416, 431, 544, 549, 564, 571, 942, 1444, 1869;
- Dokumentar- 30, 200, 516, 783, 885, 911f., 917, 955, 1356, 1364,

1371, 1394, 1407, 1409, 1436, 1496f., 1617, 1637, 1646, 1683, 1701, 1815, 1818, 1838, 1869, 1909, 1915, 1964, 1993, 2071, 2084, 2101, 2109, 2116, 2196, 2211, 2223, 2227, 2237, 2288;
- Premiere, Uraufführung 365, 374, 434, 636, 885, 940f., 1205, 1249, 1277, 1436, 1451, 1497, 1514f., 1698, 1940, 1968, 1991, 2116, 2253, 2274, 2288, 2303, 2305f.;
- Regisseur 58, 146, 149, 160, 212, 218, 328, 350, 351, 356, 365, 374, 385, 392, 409, 410f., 434, 444, 460, 502, 510, 516, 533, 540, 542, 548f., 550, 564, 569, 587, 653, 668f., 703, 716, 941, 942, 955, 963, 986, 1003, 1105, 1167, 1205, 1385, 1426, 1496, 1591, 1698, 1701, 1732, 1736, 1749, 1765, 1769, 1774, 1844, 1852, 1993, 2032, 2222, 2274f., 2288, 2303, 2305;
- Schauspieler 160, 174, 309, 335-337, 350, 356, 365, 374, 385, 387, 392, 434, 533, 561, 607, 668f., 703, 986, 1248f., 1260f., 1514f., 2176, 2208, 2253, 2274, 2303;
- Selbstkontrolle der Filmwirtschaft 56, 92, 365, 444, 564, 623, 941, 1105, 1179, 1698, 1769, 1972f.;
- Spiel- 39, 58, 89, 146, 155, 203, 212, 295, 328, 350, 365, 380, 385, 387f., 393f., 409, 410f., 444, 477, 540, 542, 622, 645, 669, 703, 716, 760, 963, 1000, 1084, 1105, 1106, 1205f., 1248f., 1277, 1285, 1301, 1321, 1355, 1394, 1496, 1511f., 1514f., 2253, 2303;

Filmfestspiele 1248f.;
- Berlin 1939, 1942, 2211;
- Cannes 1356, 1357, 1364, 1409, 1617, 1869;
- Venedig 1248f., 1277, 1968, 1973;

»F«-Kampagne (1950) → **Kampagnen**

Flaggen 48, 122, 198, 425, 453, 459, 565, 654, 733, 739, 907, 1227, 1276, 1347, 1391, 1505, 1528, 1708, 1841, 2070, 2142, 2192, 2286f., 2341, 2348;
- Reichskriegsflagge 928, 984, 1032, 1200, 1201, 1623;

Flucht 45, 76, 85, 86, 116, 355, 483, 639, 687, 741, 1093, 1251, 1299, 1482, 1576, 1695, 1696, 1697, 1750, 1766;

Flüchtlinge vgl. → **Deutsche Demokratische Republik/- Flüchtlinge** 137, 161, 190, 320, 355, 391, 453;

Flüchtlingsnot 40, 137;

Flugblatt / Handzettel 65, 224, 226, 268, 280, 303, 312, 337, 339, 352, 360, 385, 424, 429, 431, 436, 454, 458, 462, 465f., 496, 506, 520, 542, 549, 567, 569, 577, 623, 635, 650, 689, 702, 733, 754, 819, 826, 878, 895, 912, 914, 918, 937, 941, 944, 952, 976, 993, 996, 1061, 1070, 1111, 1135, 1140, 1142, 1222, 1251, 1268, 1283, 1278, 1321, 1328, 1352, 1374, 1380, 1421, 1466, 1471, 1498, 1528, 1530, 1563, 1569f., 1625, 1659, 1674, 1676, 1683, 1766, 1788, 1801, 1826, 1835, 1836, 1844, 1847, 1868, 1893, 1901, 1928, 1938, 1942, 1943, 1950, 1968, 1972, 1974, 1977, 1978, 1990, 1993, 2004, 2005, 2028, 2042, 2044, 2049, 2071, 2085, 2097, 2127, 2128, 2152, 2153, 2156, 2157, 2171, 2178, 2179, 2182, 2189, 2200, 2204, 2205, 2226, 2242, 2277, 2281, 2282, 2288, 2301, 2318, 2319, 2324, 2343;
- bombe, -rakete 696, 698;

Fluglärm 1757;
- Protest dagegen 876, 1757;

Flugschriften 164, 561, 786, 1329, 2218;

Flugzeug 472, 593, 597, 631, 675, 748, 750, 751, 875, 1016f., 1066, 1093, 1104f., 1227, 1888, 1929, 1936, 1946, 2183, 2192, 2204, 2226, 2301, 2301;
- absturz 631, 750, 751, 875, 1016f., 1066, 1093, 1227, 2103, 2304;
- beschuß 593, 597, 631, 675, 750, 751, 875, 1016f., 1066, 1093, 1227;
- Starfighter 1336, 2014, 2105, 2137;

Föderalismus 26, 31, 43, 75, 241, 277;

Folter 49, 79, 82, 199, 208, 257, 330, 517, 647, 685, 859, 903, 947, 985, 1057, 1222, 1333, 1440, 1463f., 1560, 1591f., 1599, 1603, 1612, 1631, 1656, 1669, 1703, 1806, 1812f., 1816, 1851, 1860, 1907, 1994, 2075, 2184, 2206, 2227, 2273, 2274, 2289;

Formalismus 399;

Fraktionsverbot 32;

Frankfurter Schule → **Kritische Theorie**

Frankfurter Wirtschaftsrat → **Wirtschaftsrat**

Frankreich
- Marseillaise (Nationalhymne) 338, 1138, 1278;
- Nationalversammlung 316, 335, 616, 738, 740, 750, 766, 916, 924, 940, 954, 999, 1032f., 1092, 1102, 1128, 1159, 1308, 1447, 1457, 1509, 1592, 1603, 1606, 1642, 1718, 1745, 1886, 1887, 1888, 1890, 2284, 2295;
- Regierung 368, 883, 889, 954, 1017, 1092, 1128, 1188, 1326, 2084, 2098, 2309, 2329;
- - Außenministerium 20, 73, 74, 85, 138, 227, 290, 382, 515, 619, 621, 782, 901, 938, 940, 1188f., 1276, 2148, 2179, 2180, 2346;
- - Innenministerium 2206;
- Ministerpräsident 316, 883, 924, 962, 979, 999, 1014, 1017, 1020, 1029f., 1043, 1055, 1060, 1061, 1092, 1106, 1128, 1138, 1223f., 1256, 1331, 1378, 1392, 1446, 1493, 1555, 1560, 1592, 1606, 1642f., 1669, 1718, 1745, 1746, 1754, 1761, 1762, 1813, 1885, 1886, 1889, 1890, 1891, 1924f., 1980, 1985, 1994, 1991, 2003, 2044, 2059, 2065, 2084, 2107, 2206, 2296, 2346;
- Staatspräsident 48, 116, 184, 338, 345, 508, 537, 878, 920f., 969, 1017, 1074, 1223f., 1592, 1603, 1606, 1645, 1761, 1762, 1816, 1842, 1886, 1889, 1980, 1994, 2059, 2065, 2081, 2182, 2206, 2215, 2227, 2270, 2271, 2280, 2317, 2323, 2346, 2347;

Frauenbewegung → **Bewegungen**

Freiheit 51, 69, 93, 96, 248-250, 316, 449, 591, 1190, 2325;
- Gewissens- 51, 768f., 1300, 1512, 1898, 2140, 2249;
- der Kunst 33, 416, 1583;
- Meinungs- 160, 306, 319, 391, 443, 470, 537, 689, 762, 768f., 911, 1271, 1351, 1412, 1572, 1726, 1765, 1774f., 1938, 2069, 2117, 2184, 2206, 2226;
- Presse- 51, 64, 443, 858, 1282, 1401, 1471, 1491, 1527, 1676, 1681, 1726, 2050, 2114, 2243;
- Rede- 109;
- Religions- 51, 761, 1361, 2231;
- Versammlungs- 51, 555, 858, 1282, 2231;
- der Wissenschaft 871;

»Freiheitlich demokratische Grundordnung« (FdGo) 301, 382, 513, 1011, 1260;

»Freiheitsglocke« → **Antikommunismus/- »Freiheitsglocke«**

Fremdenlegion 315, 687, 734f., 741, 742, 879, 979, 994, 1003, 1227, 1982, 1987, 2098, 2140, 2260f., 2269f.;

Friedens-
- bewegung → Bewegungen
- karawane 58, 529, 603f., 657, 677, 715, 774, 776;
- marsch → Märsche
- taube 58, 139, 217, 259, 389, 409, 520, 566, 1229;
- vertrag für Deutschland → Deutschland/Friedensvertrag für
- Westfälischer Frieden 133;

Friedhof 63, 65, 212, 228, 253, 288, 333, 449, 482, 496f., 522, 607, 740, 763, 896, 1038, 1129, 1179, 1247, 1248, 1372, 1391, 1396, 1414, 1425, 1461, 1623, 1712, 1879, 1882, 2076, 2100, 2120, 2146, 2178, 2214, 2242, 2247, 2251, 2332, 2335;
- Friedhofsschändung 21, 63, 124, 133, 134, 141, 143, 146, 206, 207, 212, 213, 217, 226, 228, 233, 234, 243, 250, 360, 408, 419, 495, 595, 751, 782, 903, 909, 950, 961, 966, 970, 1004, 1356, 1364, 1366, 1367, 1383, 1396, 1557, 1601, 1611, 1617f., 1621, 1623, 1631, 1632, 1636, 1648, 1666, 1685, 1687, 1704, 1712, 1746, 1750, 1788, 1879, 1902, 1918, 1936, 2068, 2073, 2079, 2097, 2108, 2109, 2159, 2282, 2321, 2331, 2338, 2349, 2351;

Fünfziger Jahre, Bild der 10, 12;
Fünfjahresplan 330;
Fünf-Prozent-Klausel 329, 853f., 869, 890, 2054, 2066, 2279;
Fünf-Tage-Woche → Woche/- Vierzig-Stunden-
Fußball-Weltmeisterschaft (1954) 1005f.;
Gaskammer-Lüge 1064, 1229, 2335;
Gastarbeiter → Arbeitsemigranten
Gaststätten 360, 461, 504, 522, 568, 592, 651, 737, 777, 838, 866, 942, 980, 1006, 1040, 1057, 1073, 1104, 1202, 1364, 1517, 1731, 1768, 1916, 1948, 1969, 2025, 2034, 2054, 2085, 2089, 2116, 2161, 2184, 2198, 2214, 2244, 2263, 2265, 2282, 2298, 2302, 2306, 2324, 2335;
Gaullismus 197, 628, 965, 979, 1887, 2047;
Gebäudeerstürmung 198, 200, 321, 338, 352, 540, 547, 643, 813, 822, 823, 826, 827, 830, 930, 937, 944, 948, 956, 1030, 1224f., 1978, 2197, 2244;
Gebet 82, 1362, 1598, 1690;

Gedenk
- feiern 63, 65f., 109, 113, 115, 117, 259, 288f., 417f., 449, 460, 516, 607, 667, 762f., 776, 850, 851, 910, 966, 979, 980, 996, 1012, 1129, 1164, 1180, 1184, 1272, 1330, 1368, 1381, 1449, 1496, 1557, 1571, 1601, 1655, 1707, 1717, 1731, 1738, 1765, 1844, 1855, 1964, 2032, 2033, 2140, 2142, 2152, 2178, 2203, 2268, 2312, 2319, 2330;
- – »Köpenicker Blutwoche« 1930;
- – Pogromnacht 9./10. November 1938 509, 509f., 1511, 1618, 1737, 1738f., 2033, 2034, 2319;
- – Warschauer Ghetto-Aufstand 1855, 2160;
- – 20. Juli 1944 vgl. → Widerstand/20. Juli 1944 93, 259, 1952f., 2222f., 2223;
- minuten 91, 141, 313, 317, 384, 762, 1686, 1706, 2152, 2259, 2263, 2300, 2310;
- rede 107, 482, 645, 1012, 1380, 1389, 1441, 1450, 1606, 1655, 1717, 1882, 1950, 2004, 2007, 2088, 2152;
- stätten 63, 65, 66, 91, 117, 516, 1129, 1154, 1167, 1314, 1441, 1460, 1728, 1765, 1777, 1862, 1983f., 2032, 2034, 2071, 2106, 2131, 2140, 2152, 2222, 2266, 2267, 2286, 2288, 2324;
- steine 449, 507, 509, 511, 777, 910, 997, 1618, 2146, 2178;
- tafeln 143, 910, 1154, 1557, 1656, 1732, 1914, 1930, 2033, 2086, 2200;
- veranstaltung 64, 100, 118, 217, 522, 704, 716, 727, 763, 778f., 893, 896, 901, 909, 927, 1097, 1141, 1172, 1179, 1181, 1182f., 1246, 1252, 1252f., 1253, 1256, 1259, 1280,1336, 1345, 1354, 1365, 1391, 1422, 1557, 1615, 1617, 1690, 1712, 1855, 1965, 2033, 2034, 2147, 2204, 2238, 2258, 2259, 2312;

Gefängnisse 35, 44, 151, 153, 162, 175, 178, 194, 205, 222, 230, 259, 296, 313, 316, 324, 329, 333, 345, 348, 355, 358, 363, 371, 375, 377, 379, 381, 382, 389, 393, 402, 411, 419, 422, 439, 442, 444, 450, 512, 515f., 537, 563, 577, 584, 589, 647, 651, 657, 670, 673, 717, 733, 741, 748, 776, 779,820, 826, 830, 833, 847, 856, 858, 864, 865, 872, 898, 928, 930, 936, 937, 952, 988, 994, 1030, 1031, 1035, 1036, 1047, 1051, 1069, 1098, 1189, 1207, 1222, 1243, 1254, 1258, 1264, 1268, 1269, 1272, 1287, 1293, 1294, 1295, 1328, 1346, 1528, 1736, 2022, 2179, 2227, 2288f.;

Gefangene → Häftlinge
Gefangenenbefreiung 547, 720, 792, 793, 898, 822, 826, 828, 832, 833, 883, 887, 907, 957, 1919, 2244;
Gefechte 315, 413, 528, 760, 1069, 1093, 1157, 1279, 1280;
Geheimbündelei 688, 786, 971, 989, 1039, 1085, 1204, 1206, 1249, 1302, 1331, 1376, 1381, 1391, 1392, 1410, 1512, 1573, 1654, 1674, 1764, 1786f., 1844, 1904, 1919, 1999, 2000, 2039, 2220, 2319;
Geheimdienste 55, 69, 70, 59, 112, 161, 162, 165, 363, 370, 403, 408, 513, 531, 639f., 697f., 703, 715, 737, 744, 765, 863, 884f., 905, 910. 912, 926, 930, 959, 970, 1011, 1033, 1027, 1028, 1032, 1034, 1040, 1059, 1067, 1094, 1127, 1157, 1215, 1228, 1233, 1250, 1258f., 1263, 1298, 1304, 1312, 1331, 1334, 1357, 1386, 1499, 1573, 1594, 1603, 1638, 1639, 1739, 1748, 1775, 1859, 1904, 1911, 1955f., 1979, 1997, 1998, 1999, 2071, 2090, 2113, 2114, 2122, 2123, 2140, 2167, 2195, 2208, 2255, 2302;
Geistliche → Pfarrer, Priester
Geldumtausch 60, 85, 92, 1739, 1782;
Gelöbnis 128, 285, 993, 1164, 1172, 1984, 2015;
Generalstaatsanwälte → Staatsanwälte
Generalvertrag → Vertrag/Deutschland-, General-
Genozid → Völkermord
Gerichte 53, 70, 81, 92f., 100, 121, 133, 141, 146, 150, 151, 158, 160, 177, 187, 196, 270, 277, 311, 338, 365, 412, 494, 519, 520, 522, 652, 714, 879, 934, 935, 943, 1020, 1028, 1074, 1077, 1200, 1222, 1225f., 1240, 1256f., 1278, 1313, 1467, 1522, 2168;
- Amtsgericht 136, 165, 363f., 445, 470, 479, 505, 506, 639, 793, 889, 949, 957, 982, 988, 1039, 1053, 1083, 1268, 1488, 1517, 1729, 1775, 1779, 1816, 1857, 1866, 1916, 1928, 2070, 2073, 2089, 2092, 2105, 2134, 2182, 2200, 2201, 2211, 2212, 2215, 2220, 2221, 2273, 2288, 2306, 2350;
- Arbeitsgericht 340, 454, 531, 955, 1026, 1053, 1588f., 2049;

- Bezirksgericht (DDR) 322, 702, 703, 729, 736, 737, 750, 762, 766, 769, 781, 782, 845, 852, 856, 861, 862, 863, 865, 868, 870, 873, 876, 879, 883, 887, 895, 899, 905, 906, 907, 914, 918, 920, 932, 937, 940, 952, 957, 969, 1026, 1030, 1047, 1067, 1079, 1089, 1098, 1103, 1110, 1112, 1113, 1115, 1127, 1133, 1140, 1146, 1152, 1206, 1207, 1213, 1215, 1228, 1269, 1271, 1280, 1288, 1298, 1312, 1338, 1349, 1559, 1569, 1594, 1596, 1607, 1614, 1617, 1638, 1657, 1663, 1697, 1716, 1723, 1740, 1741, 1743, 1745, 1748, 1755f., 1766, 1773, 1775, 1778, 1782, 1795, 1801, 1819, 1836, 1884, 1913, 1935, 1986, 1998, 2004, 2006, 2014, 2031, 2043, 2055, 2057, 2060, 2061, 2071, 2108, 2140, 2141, 2144, 2148, 2157, 2184, 2185, 2187, 2200, 2204, 2207, 2218, 2223, 2248, 2253, 2284, 2315, 2318, 2332, 2340, 2343, 2347;
- Bundesarbeitsgericht 1108, 1253, 1763, 2025, 2041, 2316;
- Bundesgerichtshof (BGH) 337, 363, 364, 394, 448, 507, 523, 577, 592, 664, 685, 696f., 731, 732, 767, 781, 790, 876, 898, 928, 950, 976, 985, 996, 1000, 1020, 1032, 1044, 1052, 1085, 1150, 1167, 1176, 1198, 1227f., 1257, 1258, 1264, 1291, 1302, 1303, 1313, 1326, 1362, 1386, 1397, 1512f., 1539, 1558, 1566, 1605, 1607, 1670, 1709, 1748, 1749, 1752f., 1764, 1765, 1786, 1795, 1805, 1857f., 1884, 1901, 1917, 1922, 1924, 1957, 1999, 2009, 2045, 2055, 2069, 2080, 2090, 2116, 2119, 2186, 2187, 2190, 2201, 2220, 2253, 2316, 2328, 2333;
- Bundesverfassungsgericht (BVG) 351, 374, 433, 454, 491, 523, 548, 552, 647, 659, 678f., 681, 717, 919, 927, 948, 1066, 1070, 1079f., 1078, 1244, 1283, 1285, 1300, 1341, 1411, 1421, 1424, 1427, 1430, 1490, 1558, 1568, 1630, 1634, 1654, 1679, 1763, 1765, 1774f., 1786, 1817, 1905, 1906, 1927, 1933, 1935, 1958, 1979, 2069, 2117, 2199, 2220, 2305, 2333;
- Bundesverwaltungsgericht 365, 1011, 1069, 1286, 1468, 1927, 2252, 2304, 2305;
- Internationaler Militärgerichtshof (Nürnberg) 25, 48f., 54, 85, 205, 478, 742, 1005, 1269, 1300, 1390, 1442, 1457, 1458, 1576, 1637, 1638, 1662, 2195;
- Jugendgericht 231, 1686, 1738, 1942, 2181;
- Kammergericht (DDR) 431, 955, 1292;
- Kreisgericht (DDR) 1965, 1969, 2032, 2051, 2060, 2085, 2315, 2328;
- Kriegsgericht 1591, 2247, 2295;
- Landessozialgericht 1967;
- Landesverwaltungsgericht 562, 622f., 894, 896, 1032, 2336;
- Landgericht 34, 38, 51, 55, 58, 60, 62, 79, 85, 86, 87, 97, 101, 109, 134, 149, 160, 176, 182f., 186, 187, 198, 199, 201, 202, 208, 212, 214, 215, 217, 218, 231, 235, 241, 244, 253, 256, 257, 258, 259, 269, 276, 278, 296, 303, 318, 321, 325, 328, 329, 330f., 334, 337, 345, 352, 360, 363, 364, 367, 379f., 384, 385, 388, 394, 414, 428, 435, 439, 451, 454, 464, 476, 496, 509, 512, 513, 516, 517, 521, 523, 524, 530, 531, 537, 547, 552, 554, 561, 568, 575, 577, 587, 588, 589, 598, 611, 623, 635, 638, 648, 649, 650, 653, 657, 667, 668, 672, 676, 677, 679, 681, 684, 685, 688, 696, 731, 732, 735, 736, 751, 758, 760, 767, 774, 775, 781, 782, 786, 790, 791, 794, 849f., 876, 881, 889, 905, 914, 916, 919, 928, 937, 943, 946, 949, 960, 973, 980, 983, 985, 991, 1003, 1008, 1012, 1035, 1043, 1044, 1047, 1051, 1055, 1056, 1066, 1078, 1088, 1096, 1104, 1106, 1140, 1151, 1176, 1196, 1227, 1244, 1249, 1253, 1257, 1263, 1264, 1268, 1271, 1282, 1285, 1288, 1291, 1293, 1323, 1326, 1328, 1331, 1339, 1341, 1347, 1372, 1376, 1381, 1386, 1410, 1415, 1441, 1465, 1512f., 1525, 1533f., 1566, 1578, 1584, 1591, 1596, 1607, 1617, 1624, 1630, 1632, 1634, 1642, 1653, 1654, 1664, 1668, 1669, 1670, 1673, 1674, 1679, 1682, 1689, 1692, 1704, 1709, 1714, 1729, 1732, 1745, 1748, 1750, 1764, 1775, 1776, 1791, 1795, 1796, 1811f., 1817, 1836, 1843, 1844, 1853, 1857f., 1866, 1884, 1897, 1904, 1917, 1919, 1924, 1933, 1940, 1941, 1942, 1944, 1945, 1957, 1962, 1973, 1979, 1981, 1990, 1997, 1999, 2006, 2028, 2039, 2045, 2049, 2067, 2069, 2072, 2081, 2084, 2090, 2105, 2113, 2121, 2165, 2185, 2198, 2201, 2202, 2214, 2215, 2236, 2238, 2247, 2254, 2261, 2273, 2282, 2303, 2305, 2312, 2313, 2314, 2319, 2322, 2328, 2330;
- Militärgericht 233, 266, 365, 396, 581, 878, 920, 928, 953, 963, 1037, 1119, 1310, 2001, 2224, 2262;
- – amerikanisches 85, 140, 273, 318, 496, 569, 583, 1272;
- – britisches 34, 35, 96, 103, 138f., 149, 153, 154, 156, 186, 191, 194, 200, 209, 213, 227, 268, 269, 395, 409, 416, 446, 651, 717, 765, 776, 937, 1243, 1858, 2184;
- – französisches 65, 89, 90, 95, 100, 108, 116, 122, 192, 255, 401, 440, 593, 738, 896, 915, 935, 941, 947, 963, 982, 1005, 1050, 1067, 1083, 1106, 1160, 1187, 1190, 1378, 1562;
- – sowjetisches 28, 30, 44, 67, 84, 111, 128, 131, 149, 162, 170, 172, 181f., 212, 214, 255, 259f., 269, 284, 334, 341, 352, 358, 373, 476, 506, 521, 533, 639, 697, 704, 752, 930, 936, 957, 1264, 1294, 1576, 1664, 2106;
- Oberlandesgericht 96, 132, 146, 202, 306, 334, 367, 371, 433, 439, 443, 973, 1044, 1817, 2069, 2074, 2080, 2082, 2085, 2090, 2291;
- Oberstes Bundesgericht der USA 115, 355, 419, 440f., 446, 925, 983f., 1300, 1539, 1640, 1933, 1982, 1993, 2319;
- Oberstes Gericht der DDR 148, 163, 219, 307, 338, 339, 341, 503, 562, 615, 647, 652, 864, 868, 895, 907, 920, 929, 930, 957, 991, 996, 1010, 1067, 1097, 1157, 1203, 1207, 1211, 1242, 1263, 1304, 1321, 1325, 1559, 1590, 1593, 1680f., 1884f., 1897, 1918, 1986, 2043, 2256;
- Oberster Gerichtshof der UdSSR 653, 863, 921, 985, 1252, 1577, 1689;
- Oberverwaltungsgericht 1312, 1568;
- Schnellgericht 196, 258, 470, 496, 541, 674, 699, 1579;
- Stadtgericht (Ost-Berlin) 84, 723, 845, 941, 988, 1069, 1082, 1128, 1316;
- Standgericht 696, 790, 831, 844f., 847, 850, 861, 862, 1269, 1270;
- Verwaltungsgericht 1770;

– Volksgerichtshof 89, 444, 935, 1035, 1141, 1238, 1291, 1675, 1745, 1784, 1884, 2009, 2187, 2287;
Germanisten 554, 681, 1264f.,
Geschichtsunterricht 76, 109, 217, 561, 2115, 2272, 2329f.;
Gesetze 64, 162, 164, 230, 242, 243, 265, 269, 301, 339, 374, 382, 391, 414, 433, 448, 455, 459, 460, 481, 512, 521, 525, 598, 642, 667f., 690, 731, 738, 740, 760, 790, 860, 948, 1020f., 1029, 1159, 1215, 1222, 1257, 1315, 1322, 1324, 1332, 1343f., 1350, 1351, 1382, 1386, 1518, 1535, 1568, 1580, 1601, 1629, 1630, 1645, 1770, 1775, 1778, 1786, 1796, 1817, 1858, 1864, 1866, 1876, 1879, 1880, 1905, 1920, 1922-1924, 1940, 1943, 1951f., 1958, 2020, 2049, 2050, 2081, 2085, 2089, 2098, 2109, 2114, 2117, 2135, 2148, 2176, 2199, 2208, 2235, 2302f., 2304, 2339, 2334, 2346;
– 131er 348, 412, 414, 461, 730, 919f., 1116, 1155, 1396, 1384, 2049, 2264;
– § 175 320, 448, 1634f.;
– Apartheids- 230, 242, 243, 248, 407, 627, 634, 699, 720, 739, 1288, 1580, 1987, 2010, 2022, 2124, 2150, 2152, 2205, 2336;
– Atom- 1321;
– über die Beseitigung des Militarismus und Nazismus 152, 210;
– Betriebsverfassungs- 529, 531, 602, 608-623, 641, 643, 675, 1485;
– Entnazifizierungs- (DDR) 138, 673;
– Ermächtigungs- 521;
– Notstands- 1762, 2024, 2029, 2189, 2291, 2316;
– »Nürnberger Gesetze« 160, 254, 333, 494, 715, 904f., 1351, 1358, 1365, 1382, 1417, 1695, 2080, 2306;
– zum Schutz gegen Rassenwahn und Völkerhaß 103, 136, 198, 2135;
– Straffreiheits- 134, 148, 156, 928, 1011, 1096, 1332, 1997, 2087;
– Strafrechtsänderungs- 348, 455f., 1096, 1313, 1326, 1630;
– Versammlungs- 1318, 2215;
– Wahl- 86, 116, 226, 269, 715, 760, 853f., 876, 1382;
»Gestapomethoden« 79, 108;
Gewaltfreiheit, Gewaltlosigkeit 542, 634, 1152, 1234, 1235, 1256, 1276, 1324, 1456, 1519, 1573, 1579f., 1767, 1911, 1949, 2054f., 2057, 2061, 2149, 2238;

Gewaltsame Auseinandersetzungen, bewaffnete Auseinandersetzungen 115, 116, 200, 201, 320, 323, 406, 413, 499, 512, 529, 534, 541, 547, 580, 598, 642f., 643, 704, 760, 781, 866, 884, 885f., 906, 916, 930, 931, 944, 952, 982, 1020, 1039, 1203, 1222, 1259, 1265, 1298, 1299, 1305, 1319, 1476, 1482, 1489, 1491, 1513, 1595, 1655, 1658, 1659, 1695, 1739, 1746, 1793, 1800, 1835, 1842, 1971, 1986, 1987, 2115, 2130, 2271, 2193, 2205, 2281, 2317;
Gewerkschaften 87, 130, 135, 141, 185, 199, 200, 203, 214, 217, 219, 223, 224, 238, 253, 261f., 265, 269, 270, 274, 284, 291, 297-300, 300, 308, 319, 329, 340, 350, 351, 356f., 368, 369, 376, 384, 392, 394, 401, 414, 417, 421, 423f., 424, 446, 460f., 465f., 469f., 474, 480, 493, 502, 511, 519f, 523, 529, 531, 534, 547, 548, 553, 558f., 560, 562, 572, 600, 602, 608-623, 630, 632, 637, 641, 697, 698, 716, 729f., 762f., 767, 770, 771-774, 793, 796, 803, 848f., 876, 925, 926, 942, 944, 955, 960, 962, 974f., 1000, 1010, 1022, 1062, 1095, 1100, 1109f., 1112f., 1117-1119, 1121, 1123, 1159, 1171, 1174f., 1187, 1201, 1233, 1241, 1247, 1253, 1262, 1268, 1294, 1300, 1305, 1310, 1312, 1318, 1335, 1337, 1418, 1456, 1459, 1463, 1476, 1513, 1676, 1763, 1794, 1804, 1809, 1813, 1814, 1823, 1825, 1826, 1828, 1830, 1833f., 1835, 1837, 1845, 1849, 1855, 1858, 1864, 1869-1875, 1883, 1887f., 1892, 1904, 1905, 1909, 1913, 1919, 1934, 1935, 1938, 1939, 1941, 1944, 1948, 1949, 1977, 1978, 1983, 1987, 2003, 2004, 2006, 2009, 2010, 2021, 2023, 2025, 2027, 2041f., 2043, 2054, 2055, 2066, 2067, 2072, 2073, 2077, 2088, 2104, 2108, 2112, 2119, 2120, 2121, 2134, 2152, 2154, 2157, 2165, 2167, 2170, 2171, 2172, 2173, 2173, 2179, 2186, 2190, 2192, 2196, 2201, 2216, 2219, 2226, 2227, 2232, 2233, 2236, 2238, 2245, 2250, 2257, 2265, 2266, 2270, 2277, 2298, 2299, 2302, 2309, 2312, 2318, 2319, 2331, 2333, 2344;
– Ausschlüsse 199, 351, 1294, 1843, 1998, 2028, 2139;
– Bundeskongresse 130, 449, 675f., 926, 1047-1049, 1268, 1301, 2263, 2264f.;
– Gewerkschaftsjugend 165, 283f., 389, 409, 487, 490, 632, 643, 927, 1032, 1062, 1070, 1135, 1449, 1496, 1568, 1937, 2170, 2178, 2188, 2210, 2225, 2319;
Gewissen 28, 31, 73, 1300, 1315, 1322, 1430, 1512, 1623, 1649, 1768, 1816, 1861, 1920, 1953, 1964, 1979, 1992, 2044, 2248, 2249;
Ghetto 681, 1500;
– Warschauer 441, 569, 960, 1702, 1855, 1955, 2095, 2160, 2244, 2259;
Gleichheit
– der Geschlechter 30f., 51, 78, 208, 387, 474, 571, 690, 758, 762, 953, 955, 1011, 1108, 1171, 1284f., 1629, 1648, 1940, 2190, 2238, 2318;
– der Rassen 114, 355, 925, 1300, 1324, 1329, 1332, 1337, 1338, 1348, 1351, 1366, 1393, 1446, 1539, 1579, 1640, 1689, 1702f., 1708, 1711f., 1713, 1756, 1767, 1930, 1933, 1946, 1950, 1982, 1993, 2001, 2004, 2015, 2054, 2102, 2105;
Gnadenakt, Begnadigung 260, 313, 329, 348, 359, 371f., 377, 431, 498f., 563, 659, 674, 679, 752, 889, 969, 1051, 1243, 1322, 1326, 1345, 1367, 1788, 1795, 1808, 1815, 1816, 1842, 1858, 1927, 1942, 1957f., 1995, 2012, 2084, 2262;
Gnadengesuch 91, 151, 205, 345, 346, 359, 362, 371, 382, 393, 445, 537, 582, 682, 720, 847, 852, 878, 1119, 2129, 2244, 2248;
Göttinger Erklärung (1957) → Erklärung
Gottesdienst 210, 625, 1221f., 1362, 1368, 1452, 1638, 1731, 1750, 1836, 2237, 2238, 2241, 2331;
Gotteslästerung → Blasphemie
Griechischer Bürgerkrieg → Krieg /– Bürger- /– Griechischer
Großbritannien
– Parlament
– – Unterhaus 32, 86, 95, 197, 203, 379, 503, 685, 717, 725, 1063, 1154, 1163, 1191, 1535, 1606, 1675, 1836, 1902, 1919, 1925, 2054, 2111, 2134, 2321, 2322, 2340;
– Regierung 203, 379, 499, 503, 989, 1836, 1971, 1978, 2065, 2121, 2321;
– – Außenministerium 20, 73, 74, 85, 138, 227, 246, 290, 329, 515, 619,

621, 717, 725, 938-940, 1163, 1188f., 1211, 1223f., 1276, 1292, 2148, 2179, 2180, 2297;
– – Premierminister 503, 779, 918, 1060, 1154, 1163, 1223f., 1379, 1493, 1508, 1519, 1554, 1565, 1761, 1809, 1836, 1864, 1904, 1919, 1953, 2111, 2181, 2186, 2276, 2347;
– Verteidigungsminister 534;
Großer Knechtsand 444, 516f., 525, 566;
– Bombardierung 516f., 525, 1035, 1707f.;
– – Proteste dagegen 1707f.;
Guerilla 181, 315, 362, 413, 541, 720, 766, 924, 954f., 977-979, 1069, 1227, 1305, 1452, 1527, 1569, 1574, 1584, 1644, 1687, 1711, 1767, 1802f., 1842, 2031, 2074, 2075, 2101, 2154, 2164, 2204;
– krieg → Krieg/– Guerilla-
– Theorie der 2101;
Häfen 70, 87, 181, 198, 268, 270, 403, 502, 1049, 2332;
Haft 1314, 1558;
– entschädigung 150;
– – für NS-Opfer 21, 136, 1312, 1695;
– Internierungs- 101, 107, 116, 120, 235, 2322;
– Schutz- 146, 1067;
– Untersuchungs- 65, 89, 93, 253, 258, 269, 271, 276, 293, 306, 325, 334, 365, 439, 509, 588, 639, 657, 678, 764, 775, 898, 903, 916, 928, 1069, 1094, 1104, 1207, 1268, 1319, 1320, 1327, 1331, 1332, 1349, 1400, 1410, 1425, 1498, 1512, 1521, 1533, 1540, 1566, 1648, 1669, 1692, 1716, 1777, 1786, 1924, 1942, 1946, 1950, 1962, 1990, 2000, 2001, 2068, 2086, 2106, 2192, 2254, 2300, 2309, 2322;
Häftlinge 24, 46, 60, 73, 79, 89, 170f., 205, 209, 222, 266, 268, 498f., 515f., 719, 783, 790, 859, 877, 928, 930, 963, 976, 1009, 1325, 1326, 1328, 1338, 1379, 1596, 1642, 1659, 1816, 1927, 1998, 2084, 2127, 2145, 2179;
– Austausch 1011, 1739, 1998;
– KZ- 58, 62, 79, 146, 186, 190, 206, 253, 257, 272, 363, 364, 377, 383, 404, 411, 423, 530, 589, 679, 778f., 791, 896, 934, 993, 1003, 1029, 1096, 1128, 1179, 1264, 1280. 1283, 1294, 1441f., 1447, 1557, 1561, 1577, 1596, 1601, 1608, 1648, 1669, 1670, 1675, 1704, 1706, 1714, 1724, 1728, 1737, 1740, 1748, 1781, 1839, 1933, 1941, 1944, 1945, 1950, 1952, 1965, 1971, 1983f., 2106, 2165, 2169, 2174, 2176, 2179, 2203, 2217, 2258, 2266, 2267, 2268, 2288, 2293, 2298, 2312, 2324, 2328, 2335, 2349;
– – Medizinische Experimente an 79, 932, 935, 982, 1280, 1283, 1306, 1390, 1490, 1648, 1739, 1788, 1965, 2071, 2266;
– Politische 72, 96, 179, 194, 230, 233, 370, 450 452, 479, 499, 515f., 537, 748, 818, 833, 859, 863, 868, 872, 930, 936, 982f., 997, 1251, 1254, 1264, 1294, 1304, 1338, 1896, 1927, 2115, 2192, 2204, 2227, 2288, 2349;
– Proteste von 178, 205, 1324, 1328;
– Rechte von 73, 205;
– Revolte 178, 194, 589;
Hakenkreuz 102, 176, 238, 246, 276, 425, 520, 523, 681, 786, 912, 1038, 1106, 1200, 1263, 1617, 1618, 1623, 1679, 1725, 1868, 2068, 2074, 2086, 2097, 2099, 2106, 2192, 2216, 2224, 2298, 2319, 2347, 2348, 2349, 2350, 2351;
Halbstarke 1096, 1106, 1109, 1269f., 1298, 1300, 1304, 1374, 1375, 1383, 1403, 1413f., 1417f., 1419, 1422, 1424f., 1426, 1430, 1432, 1434, 1435, 1439f., 1441, 1445, 1451, 1456, 1463, 1511f., 1523f., 1533f., 1541, 1587, 1690, 1728, 1728, 1731, 1734, 1763, 1769, 1962, 2006, 2019, 2071, 2151, 2253, 2275f.;
– Krawall 1096, 1269f., 1383, 1424f., 1426, 1430, 1432, 1439f., 1441, 1443, 1445, 1463, 1511f., 1523f., 1533f., 1541, 1587, 1728, 1731, 1735, 1748, 1763, 2017, 2052, 2181, 2236, 2253, 2275f.;
Hallstein-Doktrin 1255, 1258, 1259, 1730;
Hammelsprung 435;
Handgreiflichkeit, Schlägerei → vgl. **Überfall, Verprügelung** 48, 54, 67, 72, 83, 89, 101, 102, 103, 114, 146, 161, 172, 178, 184, 192, 195, 198, 201, 209, 225, 228, 236, 242, 246, 263, 360, 392, 411, 413, 442, 446, 451, 459, 480, 549, 550, 591, 592, 641, 651, 655, 658, 689, 695, 716, 728, 730, 793, 799, 848, 879, 880, 927, 946, 979, 989, 991, 1022, 1025, 1055, 1072, 1143, 1202, 1375, 1395, 1426, 1444, 1507, 1679, 1916, 1956, 2220, 2288;
Hauptstadtfrage 66, 71, 137, 138, 301-303, 434, 2011, 2020;
Hausfriedensbruch 101, 136, 638, 1335, 1361, 2100, 2306f.;
Heimat
– recht 132, 1655, 2175;
– vertriebene 132, 160, 167f., 190, 202f., 222, 228, 234, 266, 268, 385f., 466, 518, 624, 997, 1018f., 1196, 1229, 1394, 1463, 1655, 1693, 2263, 2272;
– – Ostpreußen 1693;
– – Pommern 783, 1196, 1905;
– – Schlesier 228, 485, 632, 856, 2330;
– – Sudetendeutsche 228, 234, 305f., 624, 783, 1196, 1989, 2156, 2183, 2346;
Helgoland 341-344, 350, 356, 379, 381, 389, 393, 395, 406, 409, 414, 415f., 421f., 437, 440, 442, 444, 446, 525, 564, 565f.;
– Besetzung 341-344, 350, 356, 381f., 389, 393, 395f., 409, 415f., 437, 442, 446, 564, 565f.;
– Bombardierung 203f., 235, 341-344, 350, 356, 379, 381, 389, 393, 395, 406, 409, 415, 421f., 437, 444, 516, 525, 564, 565f., 1707;
Hinrichtung 23, 41, 81, 85, 89, 132, 146, 151, 153, 187, 199, 205, 241, 260, 269, 321, 349, 362, 376, 381, 393, 402, 440f., 442, 470, 483, 531, 536, 581f., 589, 611, 637, 639, 652, 653, 685, 689, 719, 720, 723, 741, 742, 767, 785, 831, 845, 847, 847f., 850, 852, 861, 905, 921, 928, 935, 957, 980, 985, 991, 1009, 1035, 1051, 1067, 1097, 1103, 1207, 1211, 1226, 1242, 1263, 1269, 1271, 1280, 1282, 1310, 1332, 1333, 1341, 1356, 1361, 1379, 1380, 1396, 1398, 1407, 1414f., 1434, 1449, 1461f., 1481, 1521, 1528, 1570, 1574, 1596, 1665, 1740, 1745, 1752, 1767, 1808, 1815, 1824, 1857, 1861, 1884, 1885, 1926, 1927, 1928, 1930, 1949, 2153, 2225, 2231, 2248, 2271, 2275, 2312;
Hiroshima-Überlebende 1160f., 1179, 1232f., 1842, 1913f., 1921, 1924, 1931, 1966f., 2037f., 2040, 2044, 2051f., 2191, 2234f.;

Historiker 289, 399, 406, 469, 479, 554, 573, 671, 730, 751, 1193, 1266, 1292, 1895, 1917f., 1939, 1991, 1993, 2177, 2190, 2201, 2244, 2345;
Hitler-Gruß 156, 264, 443, 658, 786, 1531, 1684f., 2330, 2347;
Hochschulen 51, 243, 287, 335, 512, 553, 594, 598, 1193, 1304, 1375, 1382, 1395, 1530, 1534, 1535, 1569, 1827, 1897, 1920, 1931-1933, 2150, 2152, 2226, 2334;
– Ingenieur 1105, 1613;
– – Professoren 76, 730f., 1813f.;
– – Rektoren 1494, 1931-1933, 1940, 2226, 2289, 2338;
– Pädagogische 1435;
– – Assistenten 1826;
– – Professoren 1755, 1826;
– – Rektoren 1940, 2226, 2289;
– Technische (TH) 76, 339, 1234, 1304, 1384, 1471, 1482, 1556, 1561, 1562, 1596, 1625, 1659, 1721, 1771, 1789, 1793, 1826, 1893, 1900, 1924, 1938, 2098, 2116, 2157, 2200, 2318, 2338;
– – Professoren 1384, 1562, 1826, 1832, 1892, 1913, 2165, 2220;
– – Rektoren 1562, 1938, 2098, 2116, 2226, 2289, 2318;
Hochschulreform 875f., 900, 1058, 1860, 1875;
Hohe Kommission
– alliierte 20, 25, 36, 53, 103, 120, 142, 144, 151, 152, 155, 158, 169, 170, 174, 186, 203, 230, 239, 265, 273, 276, 280, 346, 358f., 360, 395, 407, 440, 443, 445, 449, 481, 487, 497, 520, 564, 593, 619f., 745, 943, 1053, 1093, 1130, 1178, 1295;
– amerikanische 20, 21, 97, 99, 120, 132, 134, 138, 142, 148, 151, 199, 205, 221, 229, 251, 268, 271, 273, 286, 308f., 313, 316, 348, 349, 359, 366, 371, 374, 376, 382, 384, 403, 406, 410, 420, 440, 441, 447, 467f., 512, 516, 585, 661-664, 727, 795, 889, 913, 938-940, 970, 993, 1005, 1009, 1093, 1119, 1178f.; 2071, 2283;
– britische 20, 79, 120, 138, 140, 142, 188, 197, 224, 244f., 273, 324, 342, 342, 348, 356, 389, 444, 564, 565, 680, 725, 751, 889, 938-940, 1093, 1178f.; 1869;
– französische 20, 71, 120, 138, 142, 155, 174, 244, 250, 273, 348, 472, 488, 734f., 742, 889, 938-940, 994, 1093, 1178f.;
– sowjetische 784, 795, 804, 863, 866f., 908, 938-940, 1066, 1252;
Holocaust → **Juden, Judentum/ -Judenvernichtung**
Homosexualität 39, 241, 320, 387, 448, 877, 1634f., 1698, 1749, 1769, 2120;
Honnefer Modell 1671;
Hotels 69, 101, 483, 504, 522, 658, 1032, 1225, 2246, 2269, 2271, 2273, 2293, 2296, 2302, 2310, 2323, 2338;
Humanismus 44, 47, 933, 1311, 1401, 1564, 1856, 2325;
Humanität 96, 338;
Idealismus 161, 1881;
Ideologie 161, 242, 314, 375, 395, 580, 700, 1097, 1262;
Imperialismus 43, 108, 134, 151, 163, 173, 283, 374, 470, 517, 925, 997-999, 1092, 1165, 1307, 1321, 1373, 1403, 1469, 1507, 1522, 1526, 1554, 1565, 1575, 1589, 1644, 1698, 1728, 1740, 1792, 1848, 1937, 2004, 2033, 2036, 2054, 2057, 2131, 2249;
Individualismus 1806;
Indochina-Krieg → **Krieg**
Industrie 110f., 271, 433, 2114;
– Rüstungs- 95, 377, 603, 1382;
Industrielle 160, 242, 271, 372, 376f., 449, 472, 513, 517, 534, 1190, 1199, 1251;
Institute 77, 97, 99, 113, 172, 207, 212, 268, 479, 512, 752, 885, 1034f., 1169, 1264;
Intellektuelle 51, 56, 59f., 61, 73, 173, 210, 229, 248-250, 250, 321, 375, 402, 484, 523, 534, 537, 539, 617, 649, 688, 860f., 936, 963f., 1194, 1250, 1278, 1308, 1322, 1349, 1351, 1375, 1421, 1461, 1497, 1509, 1514, 1518, 1525, 1529, 1530f., 1536, 1556, 1558, 1559, 1560, 1563, 1582f., 1679, 1680, 1685, 1695, 1731f., 1776, 1869, 1874, 2003, 2066, 2092, 2112, 2115, 2123, 2169, 2188, 2271;
Internationale 452;
– Brigaden 248, 517, 645, 1310, 1540, 1810;
– Kommunistische 355;
– Sozialistische (SI) 451f., 677, 867, 1220, 1669, 1671, 1927, 2220, 2228;
– »Die Internationale« (Hymne) 77, 100, 205, 228, 274, 570, 1110, 1265, 1739, 2298;
Internationaler Frauentag → **Tag/– Internationaler Tag der Frau**
Interview 33, 118, 138, 141, 144, 147, 149, 151, 152, 153, 190, 192, 198, 233, 254, 268, 272, 286, 290, 325, 496, 523, 538, 613, 649, 654, 657, 719, 857, 887, 1087, 1088, 1098, 1139, 1247, 1345, 1351, 1396, 1404, 1511, 1517, 1574, 1578, 1582, 1611, 1633, 1649f., 1696, 1784, 1798, 1917, 1946, 1982, 2051, 2055, 2068, 2070, 2092, 2102, 2106, 2108, 2109, 2132, 2133, 2213, 2217, 2307, 2332, 2348;
Interzonen
– handel 127, 240, 280;
– verkehr 45, 68, 74, 509, 790, 989, 1012;
Invasion 1104f., 1479-1482, 1509, 1510, 1511, 1512, 1513, 1514, 1516, 1517, 1520, 1521, 1531, 1536, 1554, 1570, 2192;
Isolationismus 341, 373;
Israel 166, 413, 483f., 490, 522, 578f., 585, 611f., 622, 665, 715, 765, 902, 956, 1227, 1241, 1451, 1463, 1491, 1492, 1494, 1593, 2317;
– Parlament (Knesset) 166, 360, 530, 539f., 560, 1757, 2216, 2317;
– Regierung 166, 364, 398, 479, 530, 540, 1756, 2211, 2216, 2317;
– – Ministerpräsident 166, 540, 768, 973, 1756, 2211, 2216, 2217, 2244, 2317;
– Staatspräsident 39, 2211;
Journalisten 146, 172, 186, 194, 233, 257, 263, 264, 295, 325, 341f., 344, 345, 372, 380, 401, 410, 450, 486, 504, 519, 540, 548, 578, 580, 591, 607, 626, 642, 645, 657, 695, 698, 732, 752, 806, 847, 861, 883, 888, 905, 911, 926, 958f., 963, 969, 990, 992, 1031, 1080, 1094, 1097, 1113, 1115, 1119, 1130, 1148, 1154, 1162, 1162f., 1176, 1199, 1203, 1204, 1250f., 1266, 1269, 1275, 1287, 1290f., 1385, 1389, 1401, 1413, 1438, 1448, 1458, 1494, 1536, 1559, 1569, 1584, 1587, 1594, 1612, 1617, 1618, 1635, 1656, 1674, 1683, 1695, 1700, 1726, 1747, 1767, 1770, 1797, 1823, 1885, 1889, 1918, 1926, 1928, 1937, 1951, 1998, 2013, 2017, 2024, 2047, 2056, 2058, 2126, 2128, 2133, 2137, 2145, 2155, 2168, 2191, 2192, 2199, 2201, 2226, 2236, 2251, 2256, 2274, 2284, 2296, 2314, 2320, 2347;
Juden, Judentum 41, 44, 75f., 97, 98,

102, 110, 117, 160, 166, 176, 185, 212f., 216f., 218, 228, 251, 255, 258, 287, 335-337, 348, 354, 378f., 380, 397f., 449, 472, 477, 486, 500, 503, 504, 509, 513, 522, 530, 578f., 588, 595, 607, 622, 629f., 639, 652, 653-655, 665, 693, 717f., 722f., 725, 726f., 751, 882, 883, 892, 893, 896, 909, 910, 963, 973, 1004, 1038, 1040, 1087, 1169, 1177, 1238, 1283f., 1338, 1371, 1420, 1566, 1576, 1577, 1578, 1587, 1596, 1601, 1612, 1615, 1617, 1618, 1621, 1629f., 1631, 1633, 1636, 1638, 1659, 1661, 1662, 1664, 1666, 1667, 1677, 1678, 1685, 1692, 1695, 1700f., 1709, 1712, 1731, 1736, 1737, 1738f., 1748, 1770, 1782, 1807, 1843, 1855, 1867, 1868, 1879, 1893, 1916, 1917, 1945, 1955, 1958, 1967, 1973, 1984, 1994, 2002, 2028, 2033, 2034, 2041, 2048, 2052, 2056, 2058, 2068, 2080, 2089, 2091, 2100, 2101, 2105, 2114, 2119, 2148, 2151, 2152, 2155, 2160, 2178, 2182, 2202, 2207, 2220, 2236, 2243, 2257, 2264, 2269, 2271, 2280, 2288, 2291, 2313, 2319, 2330, 2332, 2335, 2338, 2347, 2348, 2349;
- deportation 38, 62, 90, 95, 204, 208, 277, 396, 478, 947, 1008, 1050, 1056, 1423, 1578, 1608, 1609, 1678, 1702, 1709, 1842, 1955, 2028, 2309;
- feindschaft → Antisemitismus
- jüdische Religion 166, 1279, 2280;
- pogrom 1511, 2349;
- - 9./10. November 1938 38, 59, 60, 101, 134, 165, 287, 416, 659, 672, 888, 909, 910, 1055, 1088, 1197, 1511, 1618, 1737, 1738f., 1916, 2033, 2034, 2271, 2280;
- proteste 224f., 335, 357f., 380, 2002, 2068, 2084, 2114, 2152, 2207, 2236, 2280, 2348, 2349;
- verfolgung 58, 59, 86, 90, 112, 124, 146, 148, 160, 217, 232, 256, 295, 348, 378f., 445, 472, 476, 478, 491, 495, 509, 539, 652f., 672, 676, 681, 722, 725, 902, 909, 941, 963, 976, 1029, 1055, 1088, 1197, 1271, 1340, 1358, 1416, 1417, 1720, 1729, 1807, 1843, 1916, 2033, 2034, 2120, 2186, 2200, 2236, 2243;
- vernichtung 51, 59, 79, 85, 91, 97, 98, 112, 133, 145, 153, 165, 192, 198, 217, 221, 232, 238, 251, 256, 278, 295, 325, 346, 348, 349, 358, 359,

378f., 398, 411, 441, 443, 478, 491, 509f., 531, 539, 551, 564, 569, 578, 577, 581, 681, 850, 881, 902, 909, 910, 943, 961, 983, 1029, 1038, 1096, 1133, 1176f., 1197, 1217, 1264, 1293, 1307, 1340, 1342, 1342, 1347, 1511, 1566, 1719, 1720, 1770, 1785, 1973, 2042, 2084, 2090, 2129, 2338, 2344;
Jugendweihe 1156, 1206, 1733, 1755, 1955, 2140;
Juristen 112, 135, 160, 1326, 1490, 1675, 1765, 2316;
Justiz 12, 22, 928, 1096, 2008, 2080, 2114;
- politische → vgl. Gerichte 12, 22, 79, 352, 389, 930, 1115, 1254, 1313, 1518f., 1559, 1630, 1745, 1764, 2297;
Kabaretts 26, 126, 195, 288, 339, 367, 374, 392, 545, 548f., 589, 626, 887f., 899, 942, 943, 1271f., 1467, 1485, 1525, 1533, 1535, 1559, 1569, 1647, 1714, 1740, 1750, 1854, 1883, 1993, 2022, 2046, 2049, 2161, 2250, 2252;
Kampagne 47, 81, 175, 413, 420, 421, 468f., 529, 532, 533, 634, 677, 699, 734f., 795, 878, 953, 1002, 1024, 1094, 1098, 1102, 1119, 1130, 1161, 1167, 1189, 1217, 1259, 1558, 1559, 1585, 1594, 1761, 1764, 1801, 1922, 1943, 2049, 2333;
- Anti-Brecht- 306, 687f., 856f., 862, 1096, 1153, 1906f., 2001, 2002;
- »F«- 93, 111;
- gegen das Betriebsverfassungsgesetz 608-623, 625, 627f., 630, 641, 675f.;
- »Kampf dem Atomtod« (1958) 1762, 1765, 1801f., 1814f., 1819, 1822f., 1824, 1825, 1826, 1830, 1831, 1833, 1835, 1836, 1841, 1844, 1845f., 1847, 1848, 1849, 1850, 1851, 1852, 1853, 1854, 1855, 1856, 1857, 1858, 1859, 1860, 1863, 1874, 1878, 1882, 1893, 1894, 1896, 1901, 1902, 1904, 1908, 1910, 1912, 1920, 1923, 1929, 1930, 1931, 1936, 1938, 1942, 1944, 1945, 1952, 1969, 1978, 1979, 1983, 2001, 2004, 2006, 2012, 2015, 2032, 2040, 2043, 2045, 2066, 2074, 2076, 2077, 2084, 2100, 2101, 2109, 2115, 2119, 2155, 2161, 2168, 2182, 2193, 2237, 2265, 2280, 2308, 2323, 2336;
- »Macht das Tor auf!« 2050, 2058, 2095, 2173;
Kapitalismus 1530, 2095, 2186, 2196, 2210, 2217;

- kritik 451, 541, 1048, 2186, 2196, 2210;
Kapitulation 20, 215, 278, 767, 979;
Kasernen 479, 516, 720, 873, 903, 1094, 1098, 1189, 1280f., 1571, 2033, 2137;
Katholische Kirche 62, 146, 149, 153, 169, 210f., 254, 268, 365, 382, 390, 392, 432, 655, 856, 953, 1093, 1215, 1285, 1295, 1491, 1494, 1526, 1560, 1579, 1616, 1649, 1665, 1688, 1713, 1772, 1878, 1904, 2022, 2055, 2072, 2201;
- Bischöfe 62, 82, 119, 169, 174f., 185, 243, 762, 856, 896, 1033, 1049, 1285, 1688, 2140;
- Exkommunizierung 90, 1285, 1456;
- Katholikentag 113, 655, 908, 1033, 1434, 1950;
Kaufhäuser → **Warenhäuser**
Kinder 391, 895, 1179;
- ferienaktion 454, 462, 1637, 1677, 1990, 2123;
Kinos 89, 91, 151, 155, 374, 376, 380, 387f., 392, 393f., 409f., 430f., 455, 459, 516, 539, 542-545, 549, 550, 552, 561, 564, 569, 573f., 583, 587, 589, 629f., 631, 778f., 940f., 1304, 1321, 1357, 1436, 1448, 1500, 1514f., 1524, 1567, 1584, 1698, 1731, 1920, 1972, 2044, 2049, 2148, 2236, 2244, 2253, 2324;
Kirchen 456, 472, 1287, 2269, 2313, 2314;
- politik 718, 2309;
- schändung 1679, 2099, 2350;
Klage 515, 622, 894, 1026, 1053, 1069, 1312, 1340, 1421, 1467, 1485, 1568, 1720, 1770, 1775, 2252;
Klasse 266;
- proletarische 441, 513, 1308, 1337, 1429, 1469f., 1484, 1523, 1531, 1593, 1881, 1888, 1944, 2033, 2038, 2128, 2162, 2262, 2329;
Klassenkampf 94, 266, 445, 641, 935, 1048, 1268, 1304, 1523, 2012, 2172, 2211;
Kleinbürgertum 36, 125, 871, 1115;
Klöster 159, 220, 307, 2130;
Koalition 104, 107, 119, 129, 498, 528, 903f., 1556, 2084, 2220;
Körperverletzung 532, 547, 568, 638, 649, 672, 685, 688, 782, 1044, 1047, 1196, 1227, 1335, 1533f., 1669f., 1979, 2100, 2181, 2276, 2300, 2306, 2307;

– mit Todesfolge 508f., 554, 676, 681, 782, 916, 930, 2300;
Koexistenz 795, 1077, 1170, 1175, 1333, 1343, 1422, 1575, 1586, 1665, 1708, 1756, 2321, 2324;
Kollaboration 22, 25, 29, 167, 261, 335, 375, 659, 724, 750, 787, 937, 957, 1106, 1463, 1664, 1740, 2012, 2335;
Kolonialismus 44, 91, 155f., 181, 319, 352, 399, 515, 534, 541, 580, 678, 720, 795, 878, 889, 907, 930, 937, 972, 990, 1017, 1173, 1188, 1221, 1226, 1235, 1235f., 1442, 1256, 1259, 1299, 1305, 1307, 1308, 1310, 1320, 1322, 1332, 1335, 1350, 1418, 1447, 1492, 1532, 1535, 1541, 1565, 1589, 1591, 1644, 1669, 1682, 1718, 1745, 1756, 1761, 1767, 1841, 1848, 1885–1892, 1976, 2031, 2054, 2055, 2107, 2177, 2235f., 2265, 2282;
Komitee 44, 51, 58, 64, 66, 84, 134, 169, 215, 220, 225f., 246, 251, 255, 257, 290, 322, 337, 350, 362, 367, 393, 398, 407, 424, 435, 438, 439, 483, 506, 539, 554, 566, 653, 691, 744, 930, 968, 1009f., 1051, 1060f., 1076, 1204, 1307, 1490, 1592, 1596, 1601, 1659, 1663, 1739, 1831, 1851f., 1858, 1866, 1872, 1875, 1880, 1895, 1903, 1904, 1934, 2069, 2072, 2087, 2112, 2113, 2155, 2174, 2186, 2190, 2192, 2196, 2224, 2324, 2339f., 2347;
Kommission 416, 432, 470, 477, 630, 653, 902f., 946, 999, 1285, 2203;
Kommuniqué 362, 385, 689, 724, 742, 745, 815, 886, 921, 1054, 1149, 1276, 1418, 1563, 1584, 1617, 1629, 1632, 1672, 1719, 1755, 1842, 1879, 1896, 1955, 2043, 2044, 2056, 2148, 2192, 2194, 2206, 2270, 2345, 2346;
Kommunismus 31, 40, 43, 99, 104, 163, 240, 375, 625, 702, 889, 1016, 1031, 1038, 2110;
Kommunisten
– Ex- 161, 248–250, 354f., 355, 363, 427, 733, 1152, 1304, 1520, 1530, 1641, 2237;
– kommunistische Unterwanderung 34, 62, 63f., 65f., 67f., 193, 262, 333, 421, 469, 503, 588, 625, 635, 692, 694, 887, 889, 1000, 1025, 1165f., 1236–1238, 1253, 2066, 2178, 2196, 2273, 2305;
– politische Verfolgung von 12, 22,

159, 194f., 200, 208, 209, 213, 224, 227, 236, 243, 248, 264, 265, 270, 273f., 274, 276, 286, 287, 293, 301, 303, 311, 316, 318, 330, 339, 351, 368, 379, 394f., 406, 407, 412f., 434, 440, 443, 445f., 446f., 449, 449f., 454, 469f., 470, 508f., 513, 517, 519, 523, 533, 534, 547, 568, 577, 579, 581, 612f., 652, 702, 735, 750f., 780. 861, 862, 879, 880, 887, 912, 925, 927, 928, 946, 955, 963f., 973, 976f., 986f., 989, 996, 1000, 1020, 1023, 1029, 1031, 1032, 1051, 1071, 1096, 1104, 1114, 1140, 1145, 1150, 1167, 1198, 1227f., 1249, 1254, 1264, 1284f., 1300f., 1349, 1467f., 1490, 1497, 1511, 1582, 1584, 1600, 1603–1605, 1695, 1750, 1756, 1764, 1770, 1786f., 1866, 1897, 1904, 1922, 1933, 1941, 1971, 1999, 2069, 2070, 2086, 2192, 2198f., 2214, 2220, 2329;
Komponisten 49, 70, 94, 108, 326, 402, 432, 567, 780, 877, 933, 971, 986, 1135, 1304, 1332, 1374, 1450, 1707, 1777, 2315;
Konferenz(en) 32, 38, 40, 43, 89, 121f., 136, 239, 252, 270, 315, 330, 348, 349f., 351, 366, 382, 395, 404, 419, 421, 427, 479, 519, 532, 545, 560, 591, 621f., 630, 686f., 689, 690, 692, 698, 760, 786, 871, 884, 895, 929, 942, 981, 993, 1011, 1029f., 1087, 1127, 1130, 1141f., 1167, 1190, 1191, 1215, 1232, 1234, 1254, 1289, 1348, 1352, 1463, 1516, 1580, 1593, 1611, 1619, 1729, 1765, 1767, 1771, 1806, 1814, 1848, 1864, 1912, 1929, 1935, 1941, 1950, 1977, 1983, 1998, 2010, 2012, 2025, 2045, 2048, 2054, 2083, 2125, 2139, 2162, 2174, 2216, 2218, 2235, 2238, 2261, 2309, 2318, 2331;
– Accra (1958) 1848, 2054f., 2057;
– Bandung (1955) 1092, 1170;
– Berliner Außenminister- (1954) 929, 930, 932, 935, 936, 938–940, 942, 944f., 945, 958;
– Brüsseler (1954) 1629;
– Budapester (1957) 1554, 1563;
– Delegierten- 474, 484, 558f., 568, 673, 900, 1163, 1313, 1315, 1876, 2012, 2023, 2163, 2197, 2228–2230, 2254, 2310f.;
– – SDS- 121f., 287, 484, 673, 900, 1058, 1165f., 1273, 1314f., 1490f., 1730, 2012f., 2197, 2228–2230;

– – VDS- 141, 286, 390f., 472, 505, 567, 568, 655, 863, 1512, 1621;
– »Frauenkonferenz gegen die Atomrüstung« (1957) 1672f.;
– Geheim- 48, 247, 1321, 1840, 1937;
– Genfer Außenminister- (1955) 1092, 1095, 1276, 1283, 1864;
– Genfer Außenminister- (1959) 2115, 2137, 2155, 2170, 2173, 2174, 2176, 2177, 2179, 2180, 2181, 2182, 2186, 2188, 2194, 2219, 2221, 2237, 2251, 2344;
– Genfer Gipfel- (1955) 1092, 1095, 1223, 1223f.;
– Genfer Indochina- (1954) 924, 954, 971f., 1014, 1173, 1367;
– Gesamtdeutsche Arbeiter- 930, 1038, 1148, 1244, 1593, 1620, 1705, 1814, 1983;
– Jalta (1945) 1154;
– Londoner Neun-Mächte- (1954) 925, 1042, 1049f.;
– Londoner Zypern- (1959) 2065, 2111, 2115, 2121, 2243, 2345;
– Moskauer (1954) 926, 1077f.;
– Moskauer (1957) 1740;
– New Yorker (1950) 158, 290;
– Pariser Außenminister- (1949) 73, 74, 85, 138;
– Pariser Außenminister- (1951) 418;
– Pariser (1954) 925, 1054;
– Potsdamer (1945) 45, 74, 95, 128, 129, 170, 243, 315, 536, 1116, 1130, 1184, 1379;
– Prager (1950) 158, 315, 320, 322, 371, 399;
– Prager Außenminister (1958) 1842;
– Pugwash- 1560, 1673, 1767, 1985, 2282;
– Washingtoner Außenminister (1951) 348, 488;
– Weltkonferenzen gegen Atom- und Wasserstoffbomben 1098, 1232f., 1305, 1424, 1560, 1690f., 1766, 1822, 1929, 1966, 2006, 2029, 2201, 2202, 2234f., 2238, 2241, 2305;
Konfessionalismus 1242;
Kongreß, Kongresse 54, 58, 61, 108, 114, 119, 127, 140, 233, 270, 279, 309, 322, 333, 350, 368f., 399f., 406, 416, 417, 431, 432, 449, 452, 454, 472, 500, 532, 562, 581, 613, 691f., 786, 867, 871f., 901f., 902, 908, 927, 929, 930, 936, 982, 991, 1001, 1004, 1041, 1060, 1076, 1086, 1098, 1128,

1154f., 1171, 1188, 1206f., 1208-1210, 1216, 1220f., 1282, 1307, 1313, 1568, 1640, 1752, 1755, 1853, 1908, 1925, 1948, 1950, 1989f., 1995, 2012, 2016, 2087, 2125, 2141, 2189;
– der Arbeiterjugend Deutschlands (1958/59) 1838, 1943, 2144;
– für Demokratie, gegen Restauration und Militarismus (1959) 2068, 2188f., 2203;
– für kulturelle Freiheit (1950) 161, 248-250, 355, 1153, 1818, 2001, 2271;
– der Sozialistischen Internationalen (SI) 1669, 2220;
– Studentenkongreß gegen Atomrüstung (1959) 2066, 2076-2079, 2115;
– »Völkerkongreß für den Frieden« (1952) 533, 691, 692, 699, 703, 722, 894;
– Weltfriedenskongreß
– – New York (1949) 49-51;
– – Paris (1949) 23, 55, 56-58, 61, 217;
– – Sheffield (1950) 163, 326;
– – Warschau (1950) 163, 326, 327f.;

Konservatismus 117;
Konvention 1184;
– Genfer 1592, 1601;
Konzentrationslager → **Lager/Konzentrations-**
Konzerne 43, 71, 170, 219, 271, 348, 372, 376f., 522, 554, 576, 632, 672, 715, 745, 791, 885, 997, 1130, 1138, 1199, 1217, 1972, 1990, 2033, 2041, 2217;
Konzerte 114, 263, 768, 1176, 1269, 1331, 1360, 1361, 1437, 1463, 1517, 1577, 1582, 1763, 1830, 2006, 2013, 2017, 2018, 2022, 2121, 2140, 2156, 2218;
Korea-Krieg → **Krieg/Korea-**
Korso
– Auto- 715, 927, 1046f., 1070, 1103, 1122, 1323, 1394, 1453, 1456, 1569f., 1679, 1701, 1819, 1851, 1904, 1964, 1981, 2066, 2101, 2106, 2189, 2192, 2240, 2254, 2297, 2311;
– Fahrrad- 197, 927, 1070, 1103, 1129, 1134, 1323, 1385, 1679, 2153, 2297;
– Motorrad- 1066;
Kranzniederlegung 117, 442, 464, 481f., 496, 509, 522, 638, 666, 693, 739, 762f., 779, 893, 896, 901, 909, 979, 997, 1012, 1172, 1179, 1180, 1181, 1184, 1248, 1305, 1337, 1368, 1372,

1381, 1391, 1415, 1452, 1453, 1509, 1516, 1608, 1659, 1671, 1707, 1712, 1718, 1732, 1737, 1844, 1855, 1863, 1950, 1964, 2032, 2033, 2034, 2092, 2107, 2126, 2142, 2152, 2174, 2176, 2181, 2184, 2234, 2245, 2247, 2249, 2259, 2263, 2279, 2286, 2312, 2314, 2319;
Kreise (Interessensgruppierungen) 44f., 52, 108, 116, 140, 148, 165, 229, 289, 324, 345, 399, 458, 583f., 600, 671, 744, 1214, 1341, 1371, 1389, 1465, 1572, 1665, 1679, 1707, 1709, 1727, 1747, 1897-1902, 1912, 1924, 1953-1955, 1964, 1976f., 2004f., 2014, 2048, 2099, 2109, 2174, 2186, 2297, 2343, 2344;
Krieg 40, 156, 166, 1152, 1204, 1314;
– Algerien- 924, 1009f., 1051, 1060f., 1092, 1098, 1159, 1188, 1227, 1235f., 1256, 1263, 1280, 1322, 1326, 1331, 1332, 1378, 1383, 1384, 1389, 1393, 1409, 1463, 1466, 1519, 1541, 1555, 1560, 1562, 1568f., 1587, 1591, 1602, 1612, 1625, 1632, 1644, 1645, 1651f., 1655, 1656, 1658, 1697, 1718, 1745f., 1751, 1752, 1756, 1761, 1769, 1777, 1793, 1812f., 1821f., 1827, 1834, 1839, 1841, 1848, 1885-1891, 1907, 1924f., 1971, 1976f., 1986, 1987, 1988, 1997, 2001, 2012, 2030f., 2044, 2054, 2055, 2065, 2081, 2084f., 2107, 2123, 2140, 2174, 2182, 2184, 2206, 2226, 2227, 2269, 2270, 2271, 2274, 2280, 2282, 2288f., 2295-2297, 2302, 2314, 2317, 2329, 2332, 2342, 2346;
– Atom- 31, 528, 554, 714, 847, 1112, 1121, 1137, 1167, 1188, 1200, 1299, 1314, 1363, 1623, 1649, 1693, 1789, 1813, 1822, 1827, 1845, 1854, 1875, 1949, 1964, 2100, 2112, 2126, 2194, 2227, 2282;
– Bürger- 70, 125, 540, 1327, 1886;
– – Griechischer 128;
– – Spanischer 70, 162, 173, 248, 398, 517, 523, 645, 987, 1008, 1273, 1307, 1310, 1423, 1540, 1582, 1584, 1599, 1641f., 1649, 1681, 1751, 1810, 1925, 1942, 2279;
– Erster Weltkrieg 1322, 1337, 1338, 2297, 2335;
– Guerilla- 163, 413, 1711, 1800, 1802, 2047, 2061, 2074, 2075, 2101, 2164, 2204;

– Indochina- 153, 163, 175, 181, 203, 212, 292, 315, 362, 413, 507, 515, 537, 766, 775, 776, 878, 879, 913, 918, 924, 954f., 965, 971, 977, 979, 986, 987f., 994, 1003, 1035, 1367, 1378;
– Kalter 20, 47, 49, 53, 112, 158, 161, 229, 413, 455, 514, 515, 533, 660, 687, 714, 847, 899, 924, 926, 1038, 1093, 1227, 1304, 1398, 1511, 1760, 1767, 1771, 1859, 1955, 2023, 2064, 2084, 2108, 2114, 2173, 2177, 2188, 2189, 2220, 2232, 2254, 2271, 2321;
– Korea- 158, 159, 247, 248, 252, 271, 292, 314, 330, 332, 340, 341, 348, 355, 359, 415, 456, 466, 479, 497, 507, 528, 583, 641, 714, 789, 875, 924, 986, 1519, 2132;
– Präventiv- 40;
– Zweiter Weltkrieg 130f., 159, 391, 731, 787, 965, 988, 989, 1005, 1135, 1245, 1751, 2049, 2297, 2345;
Kriegs
– dienstverweigerung 31, 65, 116, 279, 289, 306, 320, 385, 466, 519, 542, 589, 635, 715, 743, 858, 895, 926, 965, 1046f., 1064f., 1081f., 1094, 1103, 1105, 1121, 1122, 1134, 1181, 1186, 1204, 1254f., 1273, 1300, 1313, 1314, 1315, 1318, 1320, 1321, 1322, 1324, 1385, 1400, 1410, 1411, 1420, 1421, 1424, 1430, 1449, 1451, 1455, 1456, 1461, 1464, 1512, 1515, 1519, 1522, 1526, 1557, 1563, 1568, 1569f., 1579, 1581, 1594, 1814, 1817, 1876f., 1942, 1977, 1988, 1993, 2012, 2060, 2089, 2115, 2159, 2164, 2166, 2178, 2192, 2195, 2196, 2208, 2242, 2244, 2245, 2248, 2249, 2250, 2251, 2253, 2254, 2257, 2260, 2263f., 2265, 2269, 2271, 2273, 2281, 2282, 2293, 2310, 2311, 2313, 2319, 2324, 2331;
– gefangene 38, 89, 100, 108, 117, 119, 124, 141, 153, 190, 226, 228, 278, 317, 365, 377, 380, 478, 481, 483, 513, 528, 641, 652, 714, 789, 792, 1116, 1294, 1600, 1674, 1957, 2106;
– – Heimkehr der 38, 117, 124, 317, 380, 483, 904, 1094, 1116, 1245f., 1263f., 1265f., 1270, 1280, 1386, 2106, 2252;
– gefangenschaft 64, 75, 165, 365, 489, 1035, 2252;
– hetze 44, 226, 279, 307, 329, 339, 404, 414, 431, 702, 703, 737, 761, 762, 1321, 1413, 2255;

- opfer, -versehrte 202, 222, 483, 733, 769, 1083, 1103, 1114, 1312, 1313, 1321, 1892, 1905, 1976, 2067, 2115, 2118, 2121, 2159, 2164, 2165, 2174, 2175, 2193, 2194, 2206, 2208, 2255, 2259, 2267, 2271, 2280, 2286, 2294;
- – versorgung 1312, 1313, 1976, 2067, 2115, 2118, 2121, 2127, 2131, 2135, 2139, 2140, 2152, 2164, 2165, 2170, 2174, 2175, 2193, 2206, 2208, 2255, 2267, 2280, 2286, 2294, 2297, 2302f.;
- recht 137, 1236, 1243;
- schuld 1684, 1709, 2251;
- spielzeug 360;
- – Proteste dagegen 360;
- verbrechen 85, 124, 153, 156, 313f., 396, 401, 593, 631, 717, 1037, 1067, 1791, 2098, 2139, 2293;
- verbrecher 78, 85, 151, 153, 156, 160, 205, 215, 255, 271, 345, 357, 362, 365, 371f., 381, 393, 396, 401, 402, 403, 412, 419, 440, 442, 443, 462f., 472, 570, 593, 611, 632, 646, 704, 717, 738f., 742, 766, 787, 882, 936, 952, 1116, 1187, 1207, 1271, 1294, 1300, 1317, 1345, 1347, 1348, 1356, 1452, 1637, 1732, 2042, 2098, 2308;
- – Auslieferung von 156;
- – vorzeitige Haftentlassung von 160, 205, 271, 313, 315f., 324, 329, 333, 345, 348, 360, 371f., 374f., 376f., 396, 402, 472, 478, 481, 518, 563, 646, 652, 659, 673, 679, 704, 717, 776, 783, 784, 865, 889, 903, 927, 928, 943, 954, 969, 1005, 1026, 1036f., 1047, 1051, 1036, 1243, 1258, 1272, 1293f., 1295, 1314, 1340, 1346, 1383, 1390, 1465, 1638, 1697, 1720, 1788, 1952, 1965, 2236, 2247;
- versehrte → -opfer

Kritiker 136, 402, 432, 668, 861, 972, 1097, 1162, 1204, 1260, 1268, 1578f.;

Kritische Theorie 90, 99, 136, 233, 268f., 512f., 541, 592, 697, 741, 774, 868, 871, 976, 1034f., 1371, 1378, 1579, 1667f., 1898, 1899, 1998, 2186, 2318, 2327;

Kultur
- politik 29f., 33, 89, 416, 1304, 1313;

Kundgebungen 21, 25, 34, 39, 40, 44, 58, 59, 61, 63, 67, 68, 69, 73, 76, 82, 85, 92, 94, 97, 99, 100, 102, 103, 106, 110, 113, 115, 116, 117, 118, 118f., 127, 128, 131, 132, 133, 135, 140, 145, 150, 153, 160, 164, 167, 168, 169, 175, 177, 178, 183, 184f., 185, 186, 187, 190, 193, 195, 201, 202, 213, 214, 217, 223, 228, 229, 231, 234, 238, 240, 246, 250, 251, 252, 253, 255, 257, 259, 265, 268, 274, 281, 288f., 290, 291, 296, 300, 303, 309, 312, 313, 329, 331, 333, 338, 350, 351, 357, 367, 370, 371, 374, 380, 390, 392, 393, 398, 399, 401, 407, 419, 423f., 424, 425, 426f., 435, 453, 457, 463, 466, 467, 468, 470, 473f., 474, 480, 481f., 483, 484, 489, 492. 493, 496, 497, 500, 513, 514, 518, 522, 529, 530, 532, 533, 540, 547, 551, 558, 562, 563, 566, 570, 573, 575, 576, 579, 581, 583, 585, 588, 591, 595-597, 598f., 605, 608-623, 610f., 615f., 624f., 629, 632, 636, 637, 637f., 638, 639, 641, 645, 650, 652, 658, 660, 666f., 667, 674f., 679, 689f., 691, 698, 703, 704, 715, 717, 722, 723, 724, 731, 733f., 739, 740, 749, 749f., 756, 763, 767, 769, 770, 771-774, 775, 776, 777, 778, 779, 780, 783, 787, 792, 794, 802, 846, 851, 852f., 855, 861, 864, 865, 867, 868, 878, 881, 884, 884f., 885, 893, 896, 901, 910, 915, 927, 928, 929, 945, 948, 953, 958, 960, 962, 963, 966, 971, 973, 974f., 981, 985, 991, 992, 994, 997, 1000, 1009, 1010, 1012, 1016, 1017, 1018f., 1032, 1035, 1038, 1042, 1058, 1059, 1070, 1083, 1086, 1094, 1095, 1096, 1097, 1098, 1100, 1101, 1103, 1104, 1106, 1110, 1111, 1113, 1114, 1117, 1119, 1120, 1121, 1122, 1122f., 1123, 1126, 1127, 1129, 1132, 1134, 1135, 1136, 1137, 1138, 1139, 1140, 1141, 1147, 1151, 1154, 1156, 1160, 1164, 1165, 1170, 1172, 1174f., 1180, 1182, 1189, 1192, 1201, 1202, 1203, 1219, 1223, 1224, 1226, 1229, 1233, 1235, 1246, 1257, 1259, 1262, 1283, 1284f., 1298, 1299, 1301, 1302, 1307, 1312, 1313, 1314, 1317, 1318, 1319, 1320, 1321, 1339, 1341, 1346, 1348, 1352, 1362, 1365, 1374, 1376, 1380, 1382, 1392, 1400, 1415, 1418, 1421, 1423, 1463, 1483, 1484, 1486, 1491, 1494, 1495, 1502, 1504, 1507, 1511, 1512, 1556, 1557, 1560, 1567, 1588, 1597f., 1601, 1608, 1611, 1617, 1619, 1622, 1631, 1639, 1644, 1648, 1656, 1659, 1660f., 1671, 1682, 1683, 1701, 1706, 1708, 1709, 1724, 1726, 1734, 1738, 1740, 1749, 1750, 1752, 1753, 1763, 1765, 1772, 1773, 1776, 1785, 1787, 1791, 1798, 1799f., 1801, 1805, 1807, 1809, 1810, 1820, 1821, 1822f., 1825, 1826, 1827f., 1829, 1833, 1834, 1835, 1836, 1838, 1839, 1841, 1842, 1844, 1845, 1847, 1848, 1849, 1851, 1852, 1853, 1854, 1856, 1857, 1858, 1861, 1866, 1879, 1880, 1882, 1883, 1887f., 1892, 1894, 1895, 1897f., 1902, 1903, 1904, 1905, 1906, 1908, 1909, 1910, 1913, 1916, 1918, 1919, 1920, 1926, 1927, 1929, 1930, 1931, 1933, 1934, 1935, 1936, 1937, 1938, 1939, 1940, 1941, 1942, 1943, 1944, 1950, 1952, 1954, 1955, 1956, 1957, 1958, 1960, 1962, 1964, 1969, 1975, 1976, 1979, 1980, 1981, 1998, 2004, 2006, 2009, 2014, 2015, 2016, 2020, 2021, 2028, 2031, 2032, 2034, 1035, 2036, 2038, 2041f., 2044, 2048, 2052, 2053, 2057, 2066, 2070, 2078f., 2087, 2091, 2095, 2104, 2107, 2110, 2117, 2118f., 2120, 2121, 2124, 2125, 2126, 2127, 2128, 2129, 2131, 2133, 2135, 2139, 2140, 2142, 2143, 2146, 2150, 2152, 2159, 2160, 2164, 2165, 2168, 2170, 2175, 2181, 2182, 2183, 2191, 2192, 2193, 2204, 2206, 2208, 2212, 2219, 2221, 2232, 2234, 2235, 2236, 2237, 2238, 2241, 2243, 2244, 2249, 2253, 2255, 2259, 2261, 2263, 2265, 2266, 2267, 2268f., 2273, 2279, 2280, 2282, 2285f., 2291, 2294, 2297, 2298, 2302, 2303, 2305, 2309, 2311, 2313, 2314, 2318, 2321, 2328, 2329, 2331, 2339, 2340, 2341, 2342, 2344, 2346;

Kunst 137, 365, 374, 399, 416, 477, 865, 1009, 1583, 1648, 1723, 1749;
- avantgardistische 137, 471, 1036, 1058, 1222f., 1659f., 1692, 2027, 2155;

Künstler 56, 73, 137, 163, 282, 401, 432, 490, 539, 574, 682, 958, 1036, 1119, 1305, 1349, 1371, 1389, 1446, 1456, 1461, 1525, 1526, 1528, 1648, 1659f., 1679, 1685, 1732, 1739, 1742, 1766, 1769, 1776, 1830, 1863f., 1910, 1975, 2003, 2011, 2014, 2046, 2091, 2092, 2126, 2141, 2162, 2163, 2168, 2217, 2268;

Kuratorium 414, 927, 994, 1012, 1182, 1189f., 1203, 1379, 1505, 1689, 1738, 1745, 2014, 2050, 2058, 2331, 2345, 2346;
Ladenschluß
- zeiten 716, 848f., 926;
- krieg 716, 793, 946, 959f.;
Lager
- Arbeits- 33, 85, 107, 139, 269, 296, 472, 589, 719f., 863, 868, 877, 914, 975, 982, 1029, 1197, 1265, 1526, 1795, 2020, 2062;
- Displaced Persons (DP) 100, 124, 883, 947;
- Flüchtlings- 137, 167, 2218, 2288;
- GULAG 164, 175, 233, 255, 537, 748, 783, 1879;
- Internierungs- 41, 46, 49, 62, 73, 96, 138, 141, 155, 162, 166f., 168, 169, 170f., 194, 205, 221, 233, 255, 265, 266, 377, 477, 513, 516, 638, 752, 1009, 1155, 1202, 1460, 2322;
- Konzentrations- 51, 62, 72, 79, 96, 100, 107, 108, 110, 112, 116, 122, 138, 141, 155, 162, 164, 166f., 168, 169, 170f., 172, 175, 186, 187, 192, 199, 204, 205, 206, 231, 233, 239, 241, 256, 257, 285, 329, 330, 338, 355, 363, 377, 394, 432, 438, 441, 472, 476, 486, 512, 514, 642, 655, 666, 672, 679f., 685, 692f., 716, 770, 778f., 780, 782, 787, 794, 852, 881, 893, 916, 935, 943, 949, 965f., 971, 982, 983, 988, 1007, 1020, 1028, 1051, 1083, 1096, 1097, 1106, 1107, 1151, 1152, 1165, 1172, 1176, 1179, 1180, 1180f., 1190, 1197, 1228f., 1247, 1253, 1254, 1264, 1282, 1288, 1293, 1357, 1364, 1365, 1367, 1385, 1386, 1390, 1391, 1397, 1409, 1420, 1439, 1460, 1490, 1496, 1500, 1516, 1521, 1577, 1612, 1625, 1631, 1637, 1646, 1655, 1657, 1669, 1670, 1673, 1678, 1692, 1704, 1706, 1709, 1714, 1728, 1731, 1740, 1751, 1838, 1843, 1844, 1862, 1917, 1940, 1944, 1950, 1965, 1971, 1983f., 1991, 2002, 2020, 2033, 2071, 2084, 2105, 2140, 2152, 2168f., 2187, 2196, 2203, 2204, 2257, 2266f., 2268, 2273, 2288, 2300, 2309, 2312, 2319, 2328, 2332, 2334;
- Kriegsgefangenen- 89, 584, 1607, 1618;
- Vernichtungs- 51, 62, 96, 200, 233, 272, 277, 278, 377, 569, 780, 791, 914, 943, 1168, 1176, 1191, 1217, 1230, 1283, 1356, 1384, 1439, 1596, 1608, 1617, 1631, 1637, 1646, 1648, 1678, 1683, 1788, 1862, 2033, 2108, 2179, 2319;
Landbesetzung 134f., 148, 994;
Länder (Bundesländer) 43, 73, 421, 1660, 1917;
- Baden-Württemberg 2342;
- Bayern 214, 368, 421, 2342;
- Berlin 36, 69, 127, 303, 421, 424;
- Bremen 421, 1763, 1958, 1979, 2342;
- Hamburg 63f., 66, 220, 421, 1763, 1834f., 1905, 1958, 1979, 2305, 2342;
- Hessen 233, 421, 434, 445, 1763, 1770, 1958, 2338, 2342;
- Innenminister der 159, 172, 190, 287, 290, 303, 368, 374, 392, 393, 419, 421, 437, 460, 461, 474, 495, 515, 542, 543, 549, 550, 551, 552, 630, 664, 681, 689, 741, 756, 770, 776, 777, 885, 886, 992, 1006, 1017, 1041, 1163, 1255, 1280, 1790, 1979, 2123, 2152, 2160, 2161, 2164, 2176, 2196, 2198, 2220, 2224, 2279, 2342, 2346, 2347;
- Innenministerkonferenz der 270, 487, 917;
- Kultusminister der 33, 56, 128, 242f., 460f., 473, 521, 558, 569, 592, 875, 908, 953, 981f., 1002, 1095, 1191-1195, 1242, 2161, 2163, 2297, 2301, 2340, 2347;
- Landtagspräsidenten der 73, 1021;
- Minister der 65, 72, 82, 86, 99, 124, 143, 178, 199, 237, 255, 379, 397f., 445, 466, 473, 474, 552, 524f., 575, 1151, 1790, 1979, 2123, 2152, 2160, 2161, 2164, 2163, 2176, 2196, 2198, 2220, 2224, 2264, 2279, 2297, 2300, 2301, 2319, 2340, 2342, 2346, 2347;
- Ministerpräsidenten der 56, 73, 86f., 98, 107, 113, 119, 178, 255, 286, 317, 317f., 366, 380, 384, 414, 444, 512, 517, 531, 558, 565, 630, 632, 654, 660, 664, 682, 687, 741, 899, 908, 953, 1006, 1025, 1032, 1095, 1107, 1194, 1229, 1245, 1262, 1336, 1355, 1378, 1441, 1453, 1486f., 1866, 1916, 1988, 2048, 2204, 2208, 2219, 2239, 2262, 2318, 2331;
- Niedersachsen 188, 2342;
- Nordrhein-Westfalen 242f., 365, 421, 2069, 2257, 2342;
- Rheinland-Pfalz 2305;
- Saarland 2218, 2317, 2318;
- Schleswig-Holstein 255, 406, 421, 437, 444;
- Württemberg-Baden 71, 421;
Landesregierungen 1878, 2249,
- Baden-Württemberg 1181, 1382, 1719, 1809, 1945, 2174, 2175, 2204;
- Bayern 464, 479, 530, 553, 588, 589, 654, 926, 1025, 1116, 1272, 1335, 1421, 1426, 1441, 1622, 1624, 1666, 1754, 1866, 1971, 2135, 2211, 2239;
- Berlin (Senat) 731, 1457, 1953, 2207, 2340, 2346;
- Bremen (Senat) 1755, 1876, 1962;
- Hamburg (Senat) 1521, 1756, 1827, 1864, 1876, 1905, 2153, 2165;
- Hessen 475, 516, 531, 661-664, 1788, 1875f., 1933, 1958, 2118, 2164, 2176, 2304;
- Niedersachsen 511, 517, 588, 632, 681, 928, 953, 984, 1049, 1095, 1191-1195, 1199, 1497, 1648, 2208, 2262, 2297, 2300;
- Nordrhein-Westfalen 915, 1032, 1041, 1255, 1302, 1336, 1441, 1453, 1864, 1944, 2086, 2123, 2142, 2161, 2163, 2207, 2257, 2347;
- Rheinland-Pfalz 487, 1145, 1164, 2139, 2279;
- Saarland 1563, 1734, 2208, 2219, 2318;
- Schleswig-Holstein 473, 565, 1202, 1262, 1306, 2048, 2084, 2176, 2264, 2319, 2331;
Landtage 1326, 2069, 2080, 2249;
- Baden-Württembergischer 382, 1382, 1710f., 1811, 1998, 2045, 2110;
- Bayerischer 152, 183, 191, 199, 379, 390, 510, 943, 1020, 1228, 1528, 1971, 2156, 2239, 2337, 2346;
- Berliner Abgeordnetenhaus 365, 599, 641, 840, 851, 897, 904, 968, 1058f., 1105, 1272, 2084;
- Bremer Bürgerschaft 1131;
- Hamburger Bürgerschaft 196, 220, 440, 1521, 1880, 2132, 2294;
- Hessischer 150, 228, 244, 1320, 1755, 2245, 2253;
- Niedersächsischer 165, 195, 208f., 244, 1095, 1195, 1260;
- Nordrhein-Westfälischer 339, 513, 1151, 1944, 2086, 2269;
- Rheinland-Pfälzischer 2066, 2160, 2216;

- Saarländischer 235, 2208;
- Schleswig-Holsteinischer 1516, 1993f., 1998, 2002, 2004, 2009, 2048, 2052, 2084, 2342;

Landtagswahlen → **Wahlen**
Länderrat 99;
Landfriedensbruch 34, 38, 60, 101, 150, 208, 276, 451, 470, 521, 531, 532, 547, 555, 677, 688, 698, 905, 1424f., 1441, 1512, 1533, 1567, 1577, 1743, 1817, 1916, 2019, 2071, 2134, 2181, 2236, 2315;
Lastenausgleich 386, 390, 417, 598, 956;
Lebensmittelversorgung 503, 699, 701, 790, 929, 933, 1010;
Lehrer 109, 208, 246, 311, 490, 495, 510, 822, 837, 943f., 981f., 1069, 1119, 1194, 1206, 1385, 1389, 1435, 1446, 1495, 1531f., 1577, 1618, 1679, 1720, 1777, 1781, 1851, 1857, 1862, 1878, 1910, 1917, 1948, 2002, 2009, 2032, 2045, 2047, 2084, 2100, 2102, 2115, 2155, 2182, 2185, 2191, 2210, 2220, 2288, 2339, 2342;
Lehrlinge 448, 488, 1425, 1569;
Leninismus → vgl. Marxismus/ – Leninismus 1166, 1307, 1334, 1343, 1384, 1522f., 1558, 1573, 1579, 1601, 1611;
Leserbrief → **Brief/Leser-**
Lettrismus 636, 698;
Liberale
- politische Verfolgung von 30, 162, 259, 269, 295, 338, 358, 388, 567, 1010;

Literatur → **Schriftsteller**
Lizenz 108, 170, 230, 258, 626, 744;
- Organisations- 54, 59, 60, 230;
- Parteien- 39, 42, 45f., 86, 108, 118, 170, 263, 311, 321;
- politik 32, 34, 64;
- Presse- 64, 108;

Lohn
- erhöhung 53, 270, 280, 296, 306, 308, 350, 475, 503, 634, 664f., 716, 730, 770, 913, 943, 1000, 1023, 1025, 1048, 1095, 1238, 1298, 1349, 1442, 1484, 1488, 1570, 1773, 1778, 1792, 1835, 2235, 2238, 2244;
- forderungen 170, 270, 279, 284, 291, 306, 308, 465f., 475, 502, 863, 955, 1000, 1022, 1024f., 1159, 1235, 1260, 1279, 1819, 1835;
- politik 398, 926, 1048, 1310, 1645, 1783, 2312;

Luftbrücke → **Berlin/- Luftbrücke**
Luftschutz 989, 1582, 1624, 1868, 2212;
Luftzwischenfall 472, 593, 597, 631, 675, 750, 751, 875, 894, 1016f., 1066, 1093, 1277, 2301f., 2304;
Lyrik, Lyriker 418f., 474, 495, 499, 501, 614, 682, 695, 980, 1002, 1008, 1123, 1188, 1226, 1236, 1267, 1279, 1365f., 1368, 1407, 1574f., 1578f., 1632, 1692, 1701, 1705, 1706, 1716, 1717, 1730f., 1732, 1739, 1782, 1961f., 2003f., 2023, 2032, 2150, 2200;

Mahn-
- mal 91, 233, 238, 251, 417, 499, 482, 483, 522, 645, 693, 763, 781, 871, 896, 902, 910, 1012, 1038, 1167, 1172, 1179, 1180, 1355, 1362, 1368, 1372, 1377, 1380, 1381, 1441, 1495, 1521, 1557, 1597, 1615, 1617, 1690, 1712, 1718, 1728, 1837, 1914, 1949, 1964, 1984, 1986, 2033, 2076, 2142, 2266, 2319;
- wache 1841, 1858, 1934f., 1938, 1939, 1950, 1962, 1963, 1964, 1965, 1969, 1975, 1983, 1990, 1993, 2003, 2027, 2032, 2035, 2044, 2067, 2078, 2118, 2126, 2129, 2133, 2134, 2153, 2159, 2174, 2178, 2210, 2225, 2237, 2238, 2254, 2262, 2268, 2279;

Mai, erster (Tag der Arbeit) 217, 597, 1369, 1623, 1805, 1855, 2168;
- feier 224, 771-774, 974f., 1174-1176, 1845, 2013;
- kundgebung 63, 223f., 595-597, 598, 771-774, 974f., 1095, 1174-1176, 1373f., 1556, 1623, 1626-1628, 1763, 1869f., 1875, 2043, 2170f., 2173, 2174;

Manifest 55, 58, 127, 233, 250, 303, 327, 394, 417, 474, 495, 500, 532, 574, 613, 671, 680, 687, 692, 927, 948, 982, 1001, 1089, 1094, 1097, 1155, 1165, 1169, 1180, 1189, 1216f., 1284, 1289, 1583, 1646, 1745, 1768, 1769, 1795, 1818, 1836, 1838, 1853, 2027, 2046, 2130, 2149;
- Deutsches (1955) 1118f., 1122, 1124, 1125, 1129, 1131f., 1133f., 1139, 1154, 1160, 1135;
- Fuldaer 1749f.;
- Russell/Einstein- (1955) 1097f., 1218;

Manifestation 121, 886, 1098, 1110, 1259, 1272, 1304, 1483, 1557, 1607, 1761, 1813, 1889, 2034, 2333;

Manöver 666, 892, 1041, 1063, 1205, 1700, 1842, 1902, 1931, 1958, 1974, 2035;
Maoismus 125, 1041, 1054, 1357, 1375, 1444, 1575, 1585, 1740, 1783, 1879, 1948, 1975, 2001, 2056, 2062, 2283;
Marktwirtschaft, soziale 21, 91, 104, 107, 114, 119, 269, 904, 1250, 1485, 2326;
Marsch 137, 139, 146, 210, 608, 643, 659, 723, 739, 762, 802, 805, 820, 821f., 866, 980, 1235, 1247, 1402, 1456, 1461, 1504, 1560, 1588, 1622, 1640, 2238, 2277, 2335;
- Friedens- 1767, 1904, 1929, 1930, 1966, 1967, 2191, 2201f., 2234, 2235, 2238, 2255, 2288, 2341;
- Oster- 1766, 1776, 1841, 2143, 2177, 2279;
- Schweige- 99, 385, 483, 516, 630, 741, 777, 849, 902, 904, 953, 1066, 1083, 1103, 1126, 1154, 1247, 1305, 1360, 1415, 1471, 1491, 1494, 1498, 1499, 1503, 1506, 1508, 1509, 1510, 1528, 1556, 1559, 1562, 1706, 1712, 1726, 1745, 1749, 1750, 1763, 1789, 1815, 1826, 1827, 1832, 1847, 1848, 1852, 1898, 1901, 1938, 1940, 1951, 1953, 1554, 1964, 1989, 2022, 2067, 2068, 2118, 2125, 2140, 2245, 2249, 2251, 2252, 2255, 2257, 2259, 2263, 2269, 2271, 2277, 2342;
- Stern- 66, 981, 1129, 1868, 1929;

Marshall-Plan 21, 41, 53f., 54, 82, 119, 123, 135, 151, 246, 291, 917;
Marxismus 73, 109, 156, 251, 265f., 382, 485, 571, 592, 655, 751f., 775, 865, 935, 1039, 1308, 1343, 1346, 1404, 1413, 1522f., 1559, 1574, 1579, 1585, 1599, 1601, 1611, 1727, 1736, 1772, 1788, 1859f., 2230, 2325-2327, 2348;
- dogmatischer 252, 265f., 304f., 592, 1285, 1292, 1308, 1404f., 1599, 1611, 1859f.;
- kritischer 265f., 304f., 592, 1218, 1285, 1303, 1346, 1772, 1912, 2110;
- Leninismus 32, 154, 241, 252, 375, 1307, 1334, 1343, 1384, 1522f., 1558, 1573, 1578, 1590, 1601, 1611, 1859f., 1879, 1919, 1935, 1991, 2062;

Massaker 41, 100, 248, 530, 534, 637, 651, 738, 759, 765, 783, 902, 982, 1255, 1272, 1644f., 1677;

Mausoleum 88, 1461, 2277;
McCarthyismus 70, 73, 80, 158, 180, 185, 225, 241, 330, 368, 447, 469, 470, 533, 561, 587, 613, 668f., 687, 714, 720, 729, 758f., 763, 694, 795, 847f., 867, 887, 902, 911, 943, 945f., 953, 955, 970, 1003, 1029, 1076f., 1080, 1082, 1393, 1399, 1508, 1611, 1628, 1659, 2198;
Meinungsfreiheit → **Freiheit/Meinungs-**
Meinungsumfragen 172, 288, 331, 339, 385, 501, 553, 562, 727, 1331, 1816, 1822, 1917, 2251;
Memoiren → **Biographien**
Memorandum 150, 158, 280, 281, 282, 324, 346, 551f., 579, 784, 1278, 1418, 1489, 1586f., 1721, 1771, 2008, 2026, 2064;
Menschenraub → **Entführung/- Menschenraub**
Menschenrechte 73, 85, 169, 719, 930, 1526, 1582, 1756, 1907, 2054, 2064, 2129, 2231, 2243;
Mensurenfechten 243, 442, 461, 472, 537, 567, 568, 645, 655, 731, 744, 866;
Meuterei 739, 1093, 1242, 1265;
Militär
- gericht → **Gericht/- Militär-**
- regierung
- - amerikanische 28, 29, 32, 39, 43, 52, 64, 69, 98, 106, 108, 112, 113, 118, 120, 124, 425;
- - britische 27, 34, 35, 37, 43, 69, 72, 80, 82, 91, 93, 94, 103, 108, 109, 110, 120, 1191;
- - französische 43, 45, 69, 108, 120;
- - sowjetische 22, 32, 68, 75, 126;
- tribunal → **Gericht/- Militär-**
Militarismus 39, 71, 109, 133, 186, 230, 321f., 323, 349, 374, 383, 390, 411f., 438, 440, 462f., 478, 480f., 489, 490, 492, 493, 507f., 511, 530f., 536, 559, 585, 651, 652, 689, 694, 717, 783, 784, 796, 849, 860, 864, 868, 877, 893, 914, 928, 930, 936, 958f., 960, 962, 967, 976, 984, 992, 1008, 1010, 1027, 1033, 1036f., 1050f., 1059, 1085, 1095, 1107, 1175f., 1196, 1200-1202, 1203, 1208, 1212, 1242f., 1252, 1260, 1295, 1301, 1311, 1314, 1315, 1317, 1320, 1321, 1328, 1340, 1361, 1364, 1365, 1372, 1385, 1389, 1392, 1434, 1442, 1452-1454, 1456, 1489, 1511, 1540, 1571, 1575, 1593, 1602,

1623, 1628, 1639, 1696, 1712, 1714, 1764, 1787, 1838, 1882, 1981, 1983, 1990, 1991, 2020, 2033, 2057, 2068, 2070, 2108, 2124, 2125, 2138, 2139, 2144, 2146, 2150, 2179, 2183f., 2188, 2191, 2203, 2217, 2232f., 2238, 2240, 2254, 2258, 2266, 2279, 2316, 2348;
Minderheiten 1580, 2149, 2277;
- schutz 2085, 2149;
Ministerpräsidenten / Premierminister 33, 41, 44, 46, 81, 82, 87, 88, 124, 135, 137, 139, 150f., 155, 217, 421, 436, 490, 517, 534, 642f., 645f., 684, 724, 782, 876, 879, 884, 884f., 931, 944, 947, 982, 985, 1016, 1054, 1058, 1068, 1093, 1156, 1157, 1168, 1169, 1170, 1172, 1192, 1225, 1229, 1233, 1264, 1275, 1299, 1340, 1346, 1348, 1350, 1361, 1378, 1379, 1392, 1399, 1401, 1409, 1418, 1423, 1461, 1465, 1466, 1468, 1470, 1474, 1475, 1482, 1508, 1511, 1512, 1517, 1518, 1534, 1555, 1565, 1589, 1595, 1745, 1761, 1767, 1792, 1926, 1950, 1987, 1988, 2008, 2015, 2064, 2076, 2093, 2099, 2111, 2131, 2154, 2159, 2164, 2166, 2167, 2203, 2225, 2235, 2271, 2276, 2280, 2283, 2287, 2288, 2294, 2301, 2341;
Mißhandlung 82, 84, 85, 89, 94f., 103, 134, 136, 146, 160, 176, 186, 206, 209, 240, 263, 268, 324, 363, 410, 414, 472, 542, 549, 591, 624, 647, 685, 750, 793, 859, 896, 914, 915, 928, 935, 963, 976, 985, 1020, 1028, 1056, 1222, 1270, 1285, 1560;
Mitbestimmung 21, 27, 110, 130, 217, 279, 300, 334, 356f., 414, 417, 433, 449, 460, 529, 595, 643, 675, 1048, 1094, 1107, 1112f., 1734, 2041, 2042;
Mitläufer 82, 92, 95, 100, 106, 107, 174, 193, 208, 214, 254, 1354;
Mittwochsgespräche, Kölner 1064, 1150f., 1155f.;
Monarchie 37, 128, 261f., 380, 524, 645f., 860, 907, 990, 1039, 1555, 1682, 1761;
Monarchismus 165, 311, 498, 534, 1039, 1111, 1419;
Montanunion 316, 418, 449, 487, 541, 643, 901f., 1555, 1606;
Mord 90, 98, 109, 122, 187, 208, 214, 255, 257, 258, 259, 274, 334, 360, 363, 392f., 394, 435, 440, 460, 470, 500, 517, 534, 584, 591, 611, 653,

672, 679, 681, 685, 775, 781, 782, 896, 907, 914, 928, 934, 941, 1028, 1166, 1174, 1190, 1240, 1264, 1285, 1293, 1764, 1812, 1857, 1860, 1940, 1950, 1973, 2044, 2049, 2075, 2095, 2105f., 2165, 2202, 2328;
- Beihilfe zum 132, 384, 794, 850, 881, 983, 985, 1020, 1051, 1056, 1068, 1083, 1268, 1282, 1386, 1397, 1558, 1566, 1637, 1653, 1664, 1670, 1673, 1714, 1764, 1795, 1906, 1973, 2049, 2106, 2165;
- Geisel- 186, 313f., 325, 396, 440, 673, 704, 947, 969, 980, 1050, 1243, 1272;
- Lynch- 1256;
- Massen- → vgl. Judenvernichtung 51, 79, 100, 278, 349, 394, 441, 637, 738, 917, 928, 960f., 980, 1293, 1321, 1322, 1973, 2042, 2049, 2090, 2100, 2129;
- politischer → vgl. Attentat 98, 688, 697f., 737, 942;
- Selbst- → **Selbstmord**
Moskau-Reisen 539, 1094, 1096, 1122f., 1245f., 1249, 1252, 1265;
Museen 137, 636, 770, 1222, 2091, 2168;
Musik
- Jazz- 1096, 1146, 1161, 1269, 1273f., 1301, 1304, 1325, 1359, 1360, 1361, 1372, 1373, 1436f., 1457, 1497, 1517, 1537-1539, 1559, 1575, 1597, 1605, 1697f., 1725, 2013, 2018, 2140, 2141, 2156, 2196, 2208;
- Rock- 1301, 1323, 1408, 1439, 1442, 1443, 1444, 1448, 1463, 1467, 1500, 1501, 1511, 1514f., 1527, 1534, 1536, 1567, 1577, 1584, 1690, 1763, 1824f., 1830, 1977, 1996f., 2006, 2013, 2017, 2018, 2019, 2020, 2021, 2022, 2052, 2071, 2103, 2144, 2145, 2236, 2253, 2315, 2328;
Musiker 263, 370, 399, 432, 485, 558, 653, 768, 963, 1124, 1145, 1161, 1269, 2004, 2014, 2168, 2208, 2218, 2226;
Mütter 1216f., 1320, 1528, 1673, 1836, 1860, 1897, 1917, 1940, 2271, 2318, 2335;
Nachrede, üble 145, 146, 235, 240, 318, 337, 363, 364, 435, 439, 460, 524, 758, 949, 2273;
Nachrichtensperre 654;
Nahost-Konflikt 1950, 1952, 1953, 1955, 1956, 1962, 1964, 1966, 1967, 1995, 2015;

Namenstarnung, Vorspiegelung falscher Identität 60, 74, 85, 92, 109, 218, 221, 249, 403, 512, 530 553, 561, 598, 674, 758, 765, 783, 948, 1011, 1082, 1400, 2322;
Nationalbolschewismus 1302, 1395, 1454, 1557, 1764;
Nationalismus 28, 47, 48, 77, 78, 91, 97, 108, 109, 119, 133, 134, 148, 152, 152, 160, 161, 167f., 173f., 221, 221f., 230, 239, 280, 306, 319, 325, 342f., 376, 399-401, 441, 477, 781, 860,, 1090, 1110, 1117-1119, 1208, 1262, 1298, 1303, 1345, 1385, 1483, 1764, 1845, 1960, 2099, 2148, 2149, 2165, 2204, 2213, 2231;
Nationalhymne → Deutschlandlied
Nationalsozialismus (NS) 29, 33, 166, 170, 229, 232, 238, 249, 292, 311, 319, 340, 445, 474, 685f., 693, 1213, 1262, 1339, 1373, 1423, 1436, 1463, 1619, 2068, 2102, 2115, 2179;
– Karrierekontinuitäten 81, 185, 214, 219, 223, 229, 242, 252, 254, 256, 292, 324, 370, 403, 521, 529, 531, 570, 577f., 591, 593, 622, 630, 678, 680, 682, 687, 715, 717, 731, 888, 904f., 1040, 1094, 1214, 1217, 1248, 1302, 1306, 1307, 1317, 1321, 1327, 1330, 1339, 1340, 1342, 1346, 1351, 1368, 1381, 1382, 1389, 1416, 1417, 1421f., 1423, 1439, 1463, 1487, 1511, 1559, 1560f., 1643f., 1647, 1683, 1696, 1701f., 1711, 1714, 1719, 1720, 1786, 1805f., 1869, 1915, 1918, 1994, 1995, 2007, 2009f., 2068, 2070f., 2095, 2109, 2110, 2113, 2114, 2116, 2187, 2188, 2193, 2196, 2204, 2205, 2207, 2236, 2257, 2263, 2272, 2275, 2293, 2304, 2316, 2323, 2333f., 2337, 2338f., 2342, 2349;
– Justiz 177, 185, 269, 494, 685, 742, 767, 790, 935, 1071, 1270, 1559, 1643f., 1675, 1728f., 1745, 1765, 1785, 1795f., 1866, 1952, 2000, 2007, 2009f., 2068, 2070f., 2116, 2264, 2316, 2330, 2333f., 2337;
– Lieder 198, 268, 453, 460, 479, 505, 522, 599f., 658, 681, 682, 850, 1006, 1040, 1066, 1240, 1243, 1684, 2330;
– Regime 89, 91, 108, 180, 460, 505, 512, 682, 725, 726, 744, 1214, 1239, 1463, 1559, 1911, 2012, 2120, 2333;
– – Gauleiter 58, 74, 82, 86, 87, 89, 218, 265, 293, 305, 399, 1572, 2128f.;
– – Minister 54f., 68, 78, 92, 96f., 101, 116, 123, 164, 174, 193, 208, 291, 377, 701, 928, 1066, 1638f.;
– – untergetauchte Nazis 60, 74, 85, 92, 109, 221, 403, 553, 674, 1011, 1027, 1293;
– Opfer 90, 97, 99. 102f., 117, 150, 160,, 182, 193, 200, 238, 251, 285, 288, 325, 333, 337, 338, 351, 383, 411, 417, 449, 452, 460, 481f., 509, 511, 514, 522, 655, 693, 716, 733f., 738f., 762, 778f., 787, 860, 893, 896, 902, 909, 980, 1012, 1035, 1038, 1042, 1074, 1180, 1180f., 1247, 1253, 1256, 1294, 1306, 1391, 1496, 1528, 1601, 1615, 1617, 1689, 1705, 1712, 1726, 1737, 1838, 1862f., 1882, 1967, 2068, 2142, 2152, 2160, 2178, 2200, 2203, 2236, 2258, 2259, 2263, 2266, 2312, 2330, 2334, 2347;
– Täter 51, 79, 100, 122, 155, 176, 177, 186, 187, 192, 199, 201, 208, 221, 229, 231, 235, 241, 251, 256, 258f., 271, 276, 296, 333, 334, 359, 363, 371f., 377, 387f., 394, 396, 403, 435, 440f., 471, 563, 569, 577f., 589, 642, 681, 684, 766, 927, 928, 941, 943, 947, 948, 971, 973, 983, 985, 1005, 1008, 1017, 1020, 1029, 1083, 1106, 1207, 1226, 1264, 1268f., 1272, 1293, 1302, 1306, 1307, 1326, 1332, 1339, 1341, 1347, 1386, 1397, 1521, 1558, 1562, 1566, 1617, 1630, 1637, 1642, 1648, 1653, 1659, 1668, 1669, 1670, 1673, 1678, 1682, 1692, 1697, 1706, 1709, 1714, 1748, 1770, 1788, 1791, 1796f., 1811f., 1842, 1855, 1868f., 1940f., 1942, 1944, 1945, 1950, 1952, 1960f., 1965, 1968, 1971, 1973f., 1977, 1990, 1993, 1994, 1997, 1998, 2004, 2009, 2012, 2048, 2052, 2071, 2092, 2095, 2105f., 2128f., 2168f., 2202, 2224, 2236, 2244, 2257, 2265, 2266, 2286, 2293, 2308, 2312, 2322, 2327, 2328, 2330, 2330;
– – Freispruch 199, 201, 214, 218, 229, 257, 278, 296, 334, 396, 531, 928, 969f., 1044, 1056, 1074, 1096, 1176f.;
– Verbrechen 85, 160, 235, 349, 363, 371f., 374, 383, 392, 449, 681, 915, 941, 947, 948, 983, 988, 1005, 1008, 1017, 1029, 1083, 1106, 1190, 1293, 1302, 1306, 1307, 1332, 1566, 1609, 1611, 1637, 1673, 1678, 1682, 1692, 1704, 1709, 1764, 1788, 1807, 1837, 1842, 1855, 1940f., 1942, 1944, 1973f., 1993f., 1997, 2000, 2004, 2009, 2012, 2049, 2052, 2105f., 2128f., 2169, 2202, 2224, 2244, 2273, 2274, 2286, 2312, 2327, 2328, 2347;
– – Verjährung von 1637, 1692;
NATO → Nordatlantikpakt
Neofaschismus / Neonazismus 21, 28, 48, 65, 95, 98, 99, 109, 111, 121, 122, 123, 125, 132, 136, 145, 149, 156, 160, 166, 176, 198, 207, 208, 212f., 221, 223, 232, 238, 249, 263, 264, 274, 318, 333, 349, 354, 360, 425, 426, 427, 431, 437, 445, 451, 471, 479, 485, 495, 498, 509, 510f., 516, 530, 561f., 574, 578, 598, 622, 665f., 687, 688, 695, 725f., 728, 729, 771, 774, 786, 794, 850, 882, 882f., 907, 912, 928, 1057, 1064, 1095, 1100f., 1192, 1251, 1255, 1266, 1278, 1279, 1290, 1302, 1307, 1320, 1328, 1342, 1362, 1371, 1381, 1382, 1383, 1388, 1389, 1408, 1557, 1558, 1567, 1572, 1632, 1648, 1654, 1657, 1666, 1667, 1671, 1678, 1679, 1689, 1740, 1747, 1764, 1776, 1787, 1855, 1887, 1920, 2012, 2068, 2069, 2070, 2090, 2095, 2135, 2138, 2139, 2160, 2162, 2165, 2167, 2178, 2182, 2220, 2226, 2288, 2297, 2298, 2346, 2351;
Neue Linke 1282;
Neutralisierung 45, 52, 108, 116, 119, 140, 165, 176, 178, 229, 359, 376, 381, 387, 399f., 434, 449, 455, 499, 529, 575, 586, 1190, 1195, 1199, 1250f., 1629, 2083, 2237;
Neutralismus 148, 260, 289, 319. 325, 376, 458, 670, 1299, 1309, 1379, 1395, 1478, 1479, 1642, 1743, 1749, 1877, 1993, 2016f., 2083, 2113, 2216, 2276;
Neutralität 359, 1092, 1188f., 1208, 1226, 1276, 1284;
Nichtangriffspakt 1315, 1320, 1947, 2249, 2338;
Nichteinmischung, Prinzip der 1299;
Nihilismus 783, 1261;
Nobelpreisträger → Preis/– Nobel-/ – preisträger
Nordatlantikpakt (NATO) 52, 340, 556, 666, 892, 895, 925, 926, 962, 1043, 1184, 1205, 1223f., 1276, 1292f., 1341, 1354, 1379, 1388, 1390, 1414, 1418, 1454, 1457, 1493, 1511, 1532f.,

1555, 1560, 1561, 1564, 1571, 1597, 1601, 1608, 1609f., 1612, 1621, 1622, 1625f., 1628f., 1631, 1636, 1639, 1647, 1659, 1679, 1681, 1683, 1686, 1709, 1721, 1725f., 1728, 1732, 1740, 1741, 1743, 1745, 1754f., 1760, 1762, 1771, 1772, 1777, 1778, 1787, 1804, 1820f., 1824, 1826, 1842, 1854, 1855, 1879, 1883, 1904, 1917, 1931, 1942, 1950, 1954, 1988, 1991, 2008, 2066, 2083, 2090, 2092, 2106, 2107, 2108, 2112, 2133, 2137, 2150, 2195, 2199, 2213, 2304, 2310, 2321, 2322, 2329;
- Gründung 52;
- Proteste dagegen 46, 47, 49, 108, 113, 151, 246, 281, 289, 388, 1561, 1665;
- Ratstagungen 340, 563, 588, 699, 1184, 1292f., 1740, 1754, 1756, 1804, 1848, 2056, 2148, 2346;

Notaufnahmelager 1970;
Noten 364, 397, 398, 559, 631, 660, 750, 884, 916, 1056, 1555, 1578, 1621, 1623, 1761, 2020, 2045, 2079, 2137, 2148, 2161, 2181, 2300;
- Bulganin- 1760, 1771, 1775, 1779, 1789, 1798;
- Protest- 52, 125, 244;
- Stalin- 528, 532, 571f., 572, 575, 581, 592, 598, 619, 1377, 1783, 2132;

Notopfer 1485;
Notstand 36, 340, 620, 1093, 1159, 1299, 1312, 1475, 1858, 1874, 2040;
- »Befehlsnotstand« 668, 928, 961, 980, 1035, 1332, 1558, 1692;
- Notstandsregelung 1205, 1213, 1762;

Nürnberger Prozesse → **Prozesse**
Obdachlose 985, 1111, 1264;
Oberkommando 273, 413, 1185;
- der NATO 158, 348, 358, 364f., 366f., 368, 375, 533, 588, 640, 1031, 1205, 1601, 1602, 1608, 1609f., 1616, 1636, 1725, 1726, 1732, 1848, 1915, 2056, 2120, 2167, 2304, 2318;
- der US-Streitkräfte 53, 101, 158, 329, 340, 371, 533, 616, 894;
- der UN-Truppen 254, 330, 348, 415, 533, 616, 640;
- der Wehrmacht 395, 1314, 1573, 2222;

Observation 970;
Oder-Neiße-Grenze 108, 119, 120, 129, 162, 190, 217, 239, 242, 246, 253, 255, 371, 395, 427, 573, 784, 828, 1196, 1376, 1460, 1461, 1463, 1730,

2189, 2221, 2330, 2331;
Öffentlicher Dienst 81, 160, 180, 214, 257, 287, 293f., 348, 412, 414f., 433, 526, 919f., 926, 1022f.;
Offiziere 80, 100, 125, 132, 194, 273, 321, 333, 345, 348, 349, 366, 369, 382, 390, 395, 403, 411, 413, 416, 420, 426, 438, 440, 457, 462, 463, 471, 474, 480f., 487, 492, 534, 563, 572, 574, 645f., 650, 694, 696, 731, 736, 737, 742, 768, 774, 846, 893, 915, 925, 927, 931, 945f., 947, 948, 954, 958f., 970, 979, 984, 997-999, 1003, 1027, 1097, 1103, 1107, 1119, 1166, 1201, 1258, 1280f., 1457, 1772, 2042, 2146, 2310;
- Generäle 87, 89, 93, 101, 107, 150, 158, 159, 197, 200, 231, 238, 286, 290, 308, 310, 316, 326, 340, 345, 348, 358, 358f., 360, 364, 365, 366, 368, 372, 375, 399, 396, 401, 403, 407, 415, 425, 440, 449, 450, 457, 464, 481, 486, 493, 496, 506, 536, 538, 549, 572, 586, 588, 652, 680, 685, 689, 694, 717, 720, 742, 750, 774, 783, 844, 846, 849, 856, 865, 868f., 873, 879, 900, 924, 946, 953, 954, 976, 979, 980, 981, 984, 1009, 1027, 1031, 1035, 1036f., 1040, 1093, 1094, 1097, 1110, 1119, 1252, 1203, 1208, 1242f., 1248, 1272, 1248, 1272, 1280f., 1302, 1453, 1560, 1601f., 1609, 1616, 1714, 1726, 1732, 1857, 2069, 2141, 2184, 2247, 2262, 2318;
- Generalfeldmarschälle 64, 137, 153, 186, 286, 530, 651, 679, 717, 778, 783, 864, 900, 930, 936, 1005, 1032, 1067, 1096, 1119, 1202, 1208, 1242, 1264, 1410, 1452, 1576, 1727, 2069, 2146, 2184;

Ohne-Mich-Bewegung → **Bewegungen**
Okkupation 317;
Ökologie → **Umweltschutz**
Ökologiebewegung → **Bewegungen/Umwelt-**
Ölbaumspende 549, 561, 614;
Olympische Spiele 534, 641f., 650, 2341;
Opern 399, 402, 432, 499, 1255, 2284f.;
Opportunismus 97, 538, 870, 1313;
Opposition 46, 79, 248, 351;
- außerparlamentarische 329, 568, 1093, 1094, 1126, 1129, 1322, 1801, 1809, 1870, 1878, 1895, 2324;

Orden 483, 689, 768, 775, 864, 1217;
- Bundesverdienstkreuz 598, 999, 1720;
- Lenin- 154, 764;
Organisation
- Geheim- 95, 160, 408, 717, 786, 1844;
- Gründung 47, 64, 119, 132, 160, 173, 179, 193, 195, 200, 207, 212, 221, 229, 244, 253, 257, 275f., 283, 286, 290, 292, 305, 319, 329, 360, 362, 379, 387, 388, 390, 393, 399f., 416, 431, 433, 438, 440, 451f., 471, 474, 480f., 495, 513, 521, 529, 536, 551, 558, 607, 635, 646, 652, 730, 733, 741, 879, 895, 906, 981, 991, 994, 1000, 1009f., 1111, 1129, 1287;
- Tarn- 254, 262, 269, 397, 408, 416, 420, 421, 442, 515, 635, 636, 661-664, 668, 681, 716, 731, 735, 736, 741, 770, 778, 898, 908, 915, 971, 1000, 1095, 1111, 1145, 1163, 1204, 1227, 1285, 1320, 1320, 1323, 1326, 1345, 1607, 1612, 1652, 1654, 1672, 1764, 1836, 1844, 1922, 1962, 1999, 2039, 2069, 2070, 2123, 2142, 2303, 2304, 2320;
- verbot → **Verbot**/ - Organisations-
Organisation Gehlen → **Bundesnachrichtendienst**
Ostblock 714, 926, 1092, 1097, 1185, 1379, 1402, 1760, 2034;
Ostermarschbewegung → **Bewegungen**
Österreich-Status 1819;
Ostpoltik 744;
Ost-West-Konflikt 12, 47, 53, 72, 148, 158, 159, 196, 314, 326, 332, 359, 514, 528, 533, 700, 714, 719, 779, 795, 933, 1049, 1077, 1092, 1114, 1227, 1276, 1379, 1571, 2064, 2220;
Pakt 926, 1162;
- von Madrid 715, 895;
- SEATO 925, 1037f., 1141f.;
- Warschauer 1092, 1185, 1224, 1267, 1477, 2137, 2221;
Palästina-Frage 338, 483f., 902, 1285, 1308, 1359, 2211;
Papst 367, 446, 584, 970, 1341, 1409, 1435, 1579, 1616, 1663, 1704, 1878, 2022, 2142;
Paraden 114, 424, 466, 517, 1374, 1397, 1627, 1628, 1875, 2065, 2173, 2174;
Pariser Konferenz → **Konferenzen**
Pariser Verträge → **Verträge**
Parlamente 106, 116, 138, 991, 2167;

Parlamentarismus 594, 1107;
Parlamentarischer Rat 22, 25, 28, 30, 31, 36, 43, 47, 53, 54, 56, 60, 65, 66, 69, 71, 73, 74f., 79, 103, 107, 118, 137, 1213;
Parolen 65, 66, 110, 121, 150, 224, 228, 231, 246, 298, 300, 313, 335, 338, 366, 380, 385, 401, 404, 411, 414, 422, 423, 429, 431, 435, 467, 472, 496, 516, 520, 545, 549, 557, 568, 589, 597, 604, 612, 617, 635, 657, 695, 696, 730, 733, 739, 754, 763, 769, 770, 777, 785, 786, 793, 796, 797, 801, 803, 805, 819, 820, 825, 828, 833, 839, 840, 841, 843, 864, 877, 878, 937, 974, 992, 1017, 1034, 1066, 1070, 1076, 1080, 1084, 1087, 1103, 1108, 1110, 1117, 1121, 1122, 1123, 1126, 1132, 1133, 1134, 1138, 1140, 1142, 1146, 1149, 1160, 1175f., 1192, 1226, 1229, 1236, 1237, 1241, 1250, 1282, 1307, 1337, 1382, 1440, 1453, 1456, 1490, 1512, 1602, 1628, 1671, 1701, 1705, 1713, 1726, 1798, 1827, 1851, 1868, 1869, 1874, 1894, 1922, 1925, 1929, 1936, 1953, 1954, 1956, 1972, 2070, 2106, 2118, 2130, 2133, 2143, 2168, 2170, 2171, 2172, 2173, 2179, 2182, 2192, 2232, 2237, 2238, 2255, 2259, 2279, 2280, 2297, 2331, 2335, 2345;
Partei
– ausschluß 117, 123, 171f., 144, 176, 351, 458, 645, 762, 1742, 1837, 1912, 2026, 2349;
– – CDU 1856, 2336;
– – KPD 127, 159, 164, 227, 261, 262f., 306, 395, 469, 957, 1039, 2186, 2226;
– – SED 277, 634, 937, 1558, 1574, 1593, 1739, 1937, 1984;
– – SPD 108, 132, 512, 1380, 1652, 2055, 2126, 2134;
– austritt 115, 119, 687, 878f., 1219, 1736;
– – KPD 156, 263, 1700, 1931;
– Einparteien-System 183, 1299;
– finanzierung 1933;
– gründung 32, 39, 45f., 125, 148, 159f., 167f., 173, 176, 197, 202f., 234, 262, 268, 288, 370, 397, 404, 495, 529, 666, 692, 715, 777f., 1039, 2110;
– Kader 22, 260f.;
– Konferenzen 32f., 43, 532, 641, 684, 1303, 1352, 1353, 1522, 1539, 1727, 1731f.;
– kontrollkommission 156, 277;
– »Partei neuen Typus« 32, 260f.;
– programme 110, 114, 125, 532, 551, 562, 684, 928, 977, 985, 987, 1171, 1269, 1642, 1659, 1893, 2066, 2211, 2325-2327, 2329;
– tag 288, 445, 1444, 1893, 2026, 2095, 2196, 2211, 2216;
– – BdD 788, 1041f., 1103f., 1665, 2174;
– – CDU 148, 314, 501, 1987f.;
– – CSU 1671f.;
– – DP 239f., 517f., 570, 784, 1916;
– – DRP 736, 980, 1255, 2016;
– – DSU 1657f., 1660f.;
– – FDP 222, 689, 1830;
– – KPD 394f., 470, 1088f., 1647;
– – KPdSU 674, 746, 1333-1334, 2095-2097;
– – – XX. 1298, 1302, 1333-1334, 1339, 1345, 1348, 1349, 1350, 1352, 1353, 1357, 1360, 1361, 1363, 1367, 1381, 1396, 1404, 1407, 1421, 1422, 1444, 1464, 1470, 1488, 1518, 1521, 1564, 1574, 1647, 1670, 1695, 2004, 2186, 2210;
– – SED 162, 260f., 960, 1358, 1944, 1946-1948;
– – SPD 230, 671, 1014-1016, 1412f., 1414, 1809, 1854, 1895f., 2065, 2325-2327;
– Volks 935, 1016, 2326;
Parteienverbot → Verbot
Partikularismus 72, 119, 122;
Partisanen 160, 266, 349, 408, 442, 531, 661-664, 679, 724, 978, 980, 1098, 1163, 1347, 1348, 1979, 2074f., 2167, 2288;
Patriotismus 474, 677, 691;
Paßentzug 115, 642, 894, 1331, 1332, 1568, 1946;
Patronage 208, 256;
Paulskirche (Frankfurt) 95, 109, 246, 485, 498, 514, 629, 1094, 1117-1119, 1266, 1335, 1556, 1672, 1724, 1755, 1762, 2087;
Paulskirchenbewegung (1955) → Bewegungen
Pazifismus 100, 116, 149, 260, 338, 481, 489, 519, 533, 534, 541, 567, 574, 607, 635, 700f., 917, 1169, 1183, 1415, 1440, 1453, 1573, 1578, 1673, 1741, 1776, 1851, 1897, 1911, 2029, 2035, 2060, 2133, 2174, 2185, 2254, 2284, 2309, 2335, 2341;

Pensionen 116, 1286;
Peronismus 474, 647, 767, 1093, 1203, 1241;
Personenkult 1298, 1303, 1333, 1334, 1339, 1340, 1343, 1345, 1348, 1352, 1357, 1361, 1367, 1381, 1382, 1383, 1396, 1404, 1422, 1500, 1518, 1521, 1564, 1575, 1647, 2346;
Petition 77, 545, 573, 1079, 1080, 1082f., 1109, 1214, 1305, 1382, 1423, 1679, 1734, 1739, 1766, 1965, 2086, 2109, 2330;
Pfarrer, Priester, Pastoren 119, 123, 124, 165, 252, 321, 360, 369, 390, 392, 416, 418, 459, 489, 492, 531, 567, 604, 607, 616, 679, 729, 768, 769, 783, 785, 792, 836, 837, 858, 870, 889, 1012, 1023, 1045, 1065, 1066, 1077, 1081, 1098, 1102, 1105, 1117, 1120, 1128, 1148, 1152, 1160, 1174, 1214, 1239, 1252, 1257, 1287, 1310, 1324, 1351, 1366, 1406f., 1411, 1420, 1421, 1424, 1436, 1451, 1454, 1456, 1461, 1508, 1526, 1536, 1539, 1559, 1560, 1566, 1579, 1582, 1589, 1592, 1614, 1640, 1657, 1703, 1705, 1710, 1713, 1717, 1719, 1733, 1737, 1739, 1745, 1749, 1750, 1755f., 1768, 1773, 1785, 1789, 1791, 1794, 1811, 1827, 1830, 1838, 1839, 1847, 1855, 1879, 1883, 1905, 1908, 1909, 1919, 1920, 1921, 1925, 1928, 1931, 1936, 1937, 1952, 1975, 1988, 2003, 2007, 2040, 2057, 2066, 2074, 2088, 2093, 2099, 2109, 2121, 2125, 2133, 2155, 2162, 2164, 2182, 2183, 2200, 2201, 2212, 2225, 2237, 2238, 2240, 2241, 2249, 2251, 2284, 2288, 2297, 2299, 2320, 2324, 2328, 2330, 2331, 2338, 2339, 2341, 2347;
Philosophen 56, 76, 90, 109, 136, 164, 232, 238f., 246, 252, 304F, 326, 338, 354, 441, 497f., 533, 537, 592, 614, 649, 666, 687, 700, 703, 771, 775, 852, 865, 870, 871, 872, 878, 896, 929, 940, 986, 995, 1065, 1097, 1117, 1190, 1197, 1207, 1217, 1218, 1232, 1243f., 1263, 1264, 1272f., 1278, 1285, 1299, 1303, 1319, 1346, 1349, 1364, 1371, 1413, 1425, 1489, 1501, 1505, 1511, 1513, 1514, 1518, 1521, 1528, 1529, 1530, 1536, 1537, 1541, 1558f., 1562, 1564, 1570, 1573, 1578, 1579, 1582f., 1590, 1599, 1601, 1611, 1613, 1653, 1667, 1673, 1676f., 1681,

1697, 1716, 1727, 1732, 1751, 1753, 1766, 1767, 1795, 1804f., 1808, 1852, 1855, 1907, 1910, 1911, 1912, 1943, 1967, 1987, 1994, 1998, 2029, 2078, 2087, 2091, 2100, 2112, 2157, 2177, 2186, 2191, 2195, 2220, 2234, 2271, 2288, 2291, 2318, 2323, 2327;

Photographie, Photographen 406, 410, 443, 740, 889, 987f., 1003, 1028, 1072, 1271, 1275, 1280, 1584, 1600, 1683, 2208;

Physiker 56, 80, 163, 181, 683, 692, 724, 1161f., 1168f., 1256, 1590, 1608, 1621, 1629, 1717, 1793, 1804, 1854, 1879, 1910, 1936, 1952, 1999, 2008, 2177, 2279, 2282, 2293;

– Atom- 56, 128, 158, 177f., 187f., 218, 220, 226, 270, 326, 327, 388, 636, 653, 683, 700, 716, 925, 966, 969, 990, 993, 1003, 1111, 1136, 1148, 1205, 1220, 1232, 1362, 1517, 1559, 1590, 1615, 1616, 1630, 1635, 1636, 1663, 1693, 1705, 1728, 1747, 1756, 1762, 1801, 1804, 1851, 1858, 1968, 1993, 2029, 2044, 2087, 2099, 2208, 2212, 2256, 2272;

Pilgerfahrt 1441, 1597, 1862;

Plakat 48, 58, 93, 101, 111, 138, 164, 391, 394, 474, 569, 624, 635, 697, 735, 813, 831, 834, 949, 958, 974-991, 1036, 1045, 10066, 1103, 1111, 1130, 1134, 1341, 1400, 1408, 1421, 1441, 1490, 1503, 1512, 1519, 1528, 1571, 1602, 1658, 1721, 1749, 1814, 1816, 1827, 1830, 1833, 1863, 1893, 1901, 1904, 1908, 1934, 1942, 1943, 1968, 1975, 1976, 1977, 1980, 1990, 2032, 2044, 2152, 2153, 2176, 2191, 2237, 2238, 2244, 2281, 2306, 2318, 2348;

– klebeaktion 101, 111, 131, 164, 196, 244, 268, 269, 273, 312, 337, 390, 423, 451, 734f., 741, 742, 743, 958, 991, 1801, 1863;

Plan
– Gromyko- 2181, 2237;
– Herter- 2180f., 2237;
– Kennan- 1742f.;
– Marshall- → **Marshallplan**
– Morgenthau- 1122, 1295,
– Pleven- 158, 316f., 404;
– Rapacki- → Atom/- waffenfreie Zone/- – Rapacki-Plan
– Schuman- 227, 449, 488, 538, 541, 576;

– Spofford- 335;

Planwirtschaft 91, 104, 107, 330, 674, 935, 1250;

Plebiszit → **Volksentscheid**

Plünderung 541, 738, 759, 826, 935, 1226, 1243;

Politik der Stärke 566, 592, 728, 779, 858, 930, 981, 987, 1005, 1065, 1076, 1100, 1121, 1206, 1555, 1575, 1623, 2107, 2124, 2133, 2177, 2321;

Politologen, Politikwissenschaftler 201, 403f., 479, 560, 666, 736, 1026, 1034f., 1042, 1048, 1080, 1081, 1114, 1115, 1215, 1752, 2091, 2108, 2172, 2177, 2179, 2188, 2214, 2271, 2284;

Polizei 108, 112, 132, 241, 243, 274, 281, 303, 333, 344, 421f., 513, 743, 1301, 1309, 1435, 2023, 2046f., 2062, 2079, 2100, 2168, 2257, 2311;

– Bahn- 72, 1064;

– Bereitschafts- 299, 317f., 326, 461, 482, 669, 740, 760, 770, 773, 848f., 885, 919, 942, 965, 1022, 1075, 1127, 1134, 1142, 1158, 1432, 1445, 1501, 1506, 1507, 1612, 1769, 1928;

– Berittene 201, 262, 274f., 604, 944, 945, 959f., 1110f.;

– einsatz 34, 67, 98, 102, 126, 142, 148, 150, 171, 176, 183, 201, 211, 236f., 246, 262, 263, 274f., 284, 291, 296, 297, 300, 301, 321, 335, 338, 338f., 358. 364f., 388, 389, 392, 396, 407, 409, 409f., 412, 412, 413, 415, 417f., 419, 429f., 431, 434f., 442, 445f., 446, 450, 454, 455, 458, 462, 464, 467, 479, 482, 496, 501, 506, 508, 516, 520, 530, 534, 540, 541, 547, 557, 568, 570, 580, 979, 982, 1020, 1021, 1025, 1030, 1039, 1042, 1051, 1062, 1066, 1068, 1096, 1098, 1100, 1110f., 1127, 1130, 1134, 1139, 1142, 1146, 1156, 1158f., 1164, 1167, 1176, 1177, 1179, 1184, 1196, 1208-1210, 1225, 1226, 1235, 1259, 1264, 1265, 1268, 1270, 1283, 1300, 1301, 1350, 1361, 1362, 1417f., 1426, 1427, 1432, 1439, 1441, 1443, 1445, 1456, 1458, 1460, 1463, 1467, 1500, 1501, 1502, 1504, 1506, 1512, 1523, 1527, 1537, 1541, 1587, 1600, 1728, 1763, 1790, 1802, 1813, 1826, 1980, 2039, 2277, 2286, 2298,

– – Gewehrkolben- 201, 388, 618, 773, 849f., 946, 959f;

– – Gummiknüppel- 34, 102, 150, 202, 216, 237, 274, 301, 305, 309, 321, 336, 388, 392, 409f., 417, 430, 431, 446, 454, 467, 496, 530, 542f., 558, 591, 597, 598, 604, 623, 649, 658, 668, 716, 730, 754, 780, 781, 866, 879, 896, 917, 1041, 1066, 1073, 1110f., 1130, 1139, 1177, 1196, 1200f., 1202, 1235, 1330, 1413, 1418, 1422, 1430, 1432, 1445, 1498, 1501, 1503, 1504, 1505, 1508, 1511, 1523, 1528, 1537, 1578, 1690, 1721, 1830, 1844, 1929, 1956, 1980, 2018, 2124, 2141, 2253, 2275f., 2281;

– – Schußwaffen- 21, 46, 72, 102, 113, 115, 134f., 146, 168, 182, 193, 198, 200, 219, 320, 506, 530, 547, 598, 604f., 653, 760, 948, 952, 956, 1020, 1177, 1226, 1235, 1259, 1402, 1980, 1991, 2236, 2244;

– – Todesopfer 46, 72, 106, 113, 115, 134f., 146, 168, 182, 198, 200, 219, 224, 262, 320, 339, 364, 506, 508, 530, 534, 547, 598, 604f., 653, 677, 760, 773, 866, 893, 944, 956, 982, 1020, 1039, 1226, 1235, 1259, 1298, 1440, 1474, 1991;

– – Tränengas- 54, 198, 309, 335, 346, 540, 760, 861, 907, 944, 952, 1225, 1235, 1265, 1330, 1338, 1489, 1505, 1509, 1721, 1748, 1885, 2000, 2019, 2137, 2197;

– – Verletzte 46, 54, 67, 106, 113, 115, 134f., 146, 168, 182, 200, 219, 224, 262, 263, 299, 305, 320, 336, 339, 364f., 410, 430, 446, 467, 506, 534, 543, 547, 598, 604f., 616, 677, 698, 760, 866, 931, 944, 948, 956, 959f., 982, 1020, 1021f., 1025, 1030, 1039, 1111, 1170, 1196, 1225, 1026, 1235, 1298, 1330, 1383, 1457, 1499, 1505, 1510, 1537, 1638, 1694, 1901, 1929, 1978, 1980, 2000;

– – Wasserwerfer- 237, 284, 295, 298, 305, 309, 335, 336, 346, 430, 454, 496, 557, 586, 695, 740, 754, 773, 780, 781, 879, 896, 905, 946, 1110f., 1130, 1134, 1142, 1196, 1225, 1301, 1330, 1413, 1422, 1424, 1439, 1498, 1500, 1503, 1523f., 2053;

– ermittlungen 124, 1425, 1619, 1623, 1636, 1675, 1936, 2047, 2109, 2347, 2349;

– Geheim- 72, 45, 82, 100, 111, 748, 953, 969, 973, 982, 1305, 1463, 1530, 2193, 2340;

- Hausdurchsuchung 66, 434f., 521, 677, 722, 735, 751, 862, 915, 970, 989, 1051, 1284, 1285, 1521, 1674, 1836, 1866, 1872, 1875, 1942, 1971, 2025, 2069, 2082, 2123, 2199, 2272, 2337;
- Hundertschaft der 135, 263, 274, 411, 430, 445, 482, 557, 604, 668, 740, 773, 848f., 864, 919, 1134, 1142, 1270, 1692, 2018;
- Inaktivität der 56, 172, 183, 206, 238, 264, 569, 669, 1260, 1285, 1324, 1417f., 1463, 2053, 2226, 2253;
- kontrolle 267;
- Kriminal- 66, 133, 140, 212, 213, 238, 240, 348, 401, 424, 439, 461, 536, 542, 567, 577, 641, 662, 681, 740, 776, 862, 1051, 1149, 1162, 1193, 1251, 1521, 1636, 1637, 1652, 1685, 1714, 1743, 1866, 1918, 1942, 1973, 1976, 2047, 2086, 2159, 2224, 2257, 2272, 2273, 2275, 2284, 2293, 2302, 2331, 2335, 2338, 2349;
- Militär- 34, 40, 54, 74, 83, 101, 102, 108, 154, 191, 195, 200, 208, 225, 301, 460, 659, 947, 1386, 2263;
- Mißhandlung durch die 135, 543, 551, 604f.;
- neonazistische Tendenzen in der 122, 563, 2257;
- Politische 1237, 1284, 1922, 2024, 2250, 2314;
- präsidenten 62, 366, 380, 412, 441, 509, 542, 661, 749, 752, 973, 996, 1050, 1066, 1396, 1440, 1443, 1582, 1663, 1865, 1972, 2106, 2253, 2309;
- schutz 100, 132, 134, 145, 176, 391, 412, 459, 593, 749, 1285, 1318, 1328, 1556, 1695, 1713, 1747, 1888, 1894, 1941, 2019, 2076;
- Schutz- 34, 346, 459, 509, 542, 548, 552, 641, 658, 1200, 2284;
- Überfallkommando 34, 40, 100, 131, 542, 550, 787, 848f., 947, 1422, 1426, 1439f., 1445, 1969, 2019, 2196;

Polnischer Oktober 1298, 1483, 1494, 1723, 1730;
Polyzentrismus 1298, 1349, 1396;
Populismus 234, 647, 925, 1031, 1093, 1115, 1309;
Posener Aufstand → **Aufstand**
Potsdamer Abkommen → **Abkommen**
Potsdamer Konferenz → **Konferenzen**
Poujadismus 871, 1115, 1307, 1308, 1309, 1324, 1327, 2284, 2296;

Preis 735, 895, 1994, 2335;
- Johannes-R.-Becher- 2004;
- Georg-Büchner- 501;
- Friedenspreis des deutschen Buchhandels 240, 485, 587, 896, 1266, 1450, 1724, 1994;
- Goethe- 95, 99, 109, 1266;
- der Gruppe 47 220, 427, 973, 1188, 2306;
- Heinrich-Stahl- 973, 1855, 2160;
- Internationaler Friedens- 154, 920, 986, 1087, 1162, 1191, 1294, 1309, 1425, 1564, 1576;
- Karls- 2177, 2183;
- Lenin- 1615, 2004, 2041;
- National- (DDR) 109, 499, 901, 1264f., 2004, 2059, 2287;
- Nobel- 338, 387, 918, 993, 1168, 1266, 1767, 1968, 2022f., 2055;
- - Friedens- 149, 338, 917, 969, 1050, 1065, 1290, 2029, 2343;
- - preisträger 338, 387, 867, 871, 969, 1097, 1098, 1108, 1205, 1218, 1219, 1220, 1232, 1290, 1526, 1560, 1613, 1615, 1619, 1622, 1629, 1652, 1728, 1751, 1766, 1767, 1773, 1776, 1802, 1836, 1838, 1864, 1904, 1985, 1986, 1991, 2014, 2029, 2067, 2077, 2087, 2088, 2125, 2155, 2203, 2212, 2215, 2234, 2272, 2288, 2309;

Preispolitik 34, 1310, 1595, 1739, 2218, 2318;

Presse
- agentur, Nachrichtenagentur 113, 268, 283, 317, 325, 349, 389, 411, 497, 510, 538, 552, 581, 582, 613, 702, 719, 725, 737, 745, 770, 774, 853, 875, 879, 895, 946, 970, 995, 1086, 1109, 1201, 1298, 1403, 1470, 1499, 1635, 1657, 1697, 1724, 1772, 1998, 2023, 2091, 2098, 2136, 2187, 2317, 2332, 2351;
- konferenz 39, 60, 96, 108, 133, 134, 140, 141, 142, 168, 186, 197, 213, 227, 232, 242f., 246, 257, 277, 280, 286, 332, 344, 362, 368, 370, 377, 397, 406, 407, 415, 425, 431, 436, 442, 470, 488, 489, 492, 499, 504, 515, 516, 523, 547, 558, 559, 566, 592, 605, 607, 636, 646, 646f., 647, 653, 666, 689, 690, 695, 774, 863, 887, 903, 905, 910, 915, 918, 926, 930, 940, 965, 970, 1005, 1007, 1026-1028, 1030f., 1032, 1059, 1066, 1112, 1138, 1148, 1156, 1190, 1201, 1228, 1229, 1294, 1303, 1312, 1315, 1316, 1323, 1331, 1340, 1366, 1389, 1436, 1442, 1443, 1448, 1460, 1499, 1509, 1511, 1533, 1555, 1556, 1567, 1582, 1594, 1601, 1610, 1613, 1617, 1625, 1639, 1643, 1645, 1648, 1659, 1665, 1703, 1708, 1728, 1743, 1755, 1761, 1762, 1778, 1791, 1795, 1796, 1797, 1799, 1803, 1832, 1878, 1887, 1888, 1907, 1944, 1981, 1982, 1985, 1992, 2004, 2009, 2024, 2029, 2037, 2065, 2068, 2070, 2071, 2072, 2081, 2085, 2090, 2092, 2098, 2107, 2115, 2116, 2119, 2123, 2131, 2134, 2135, 2136, 2137, 2153, 2158, 2178, 2186, 2187, 2192, 2195, 2196, 2217, 2269, 2289, 2295, 2300, 2301, 2303, 2316, 2346, 2349;
- politik 108, 113, 304, 1527;

Priester → **Pfarrer, Priester, Pastoren**

Professoren 165, 252, 258, 267, 291, 340, 352, 391, 408f., 435, 440, 459, 460, 474, 476, 500, 513, 537, 540, 550, 551, 579, 582, 592, 594, 602, 607, 630, 636, 637, 680, 681, 716, 730, 862f., 867, 871, 908, 912, 932, 943, 972, 976, 980, 981, 982, 988, 993, 1026, 1034, 1072, 1082, 1095, 1103, 1117, 1136, 1139, 1141, 1152, 1157, 1168, 1190, 1190, 1193, 1202, 1215, 1223, 1264, 1278, 1285, 1326, 1341, 1364, 1371, 1375, 1381, 1430, 1456, 1464, 1488, 1491, 1495, 1505, 1522f., 1526, 1528, 1529, 1539, 1556, 1576, 1586, 1592, 1613f., 1619, 1621, 1635, 1661, 1664, 1667, 1674, 1679, 1683, 1704, 1712, 1732, 1742, 1750, 1753, 1763, 1773, 1794, 1801, 1804, 1806, 1807, 1808, 1809, 1817, 1830, 1831, 1833, 1834, 1835, 1844, 1845, 1854, 1855, 1856, 1858, 1864, 1866, 1871, 1872, 1875, 1878, 1879, 1880, 1881, 1882, 1883f., 1894, 1895, 1897, 1898, 1902, 1903, 1904, 1905, 1908, 1910, 1913, 1918, 1920, 1923, 1926, 1930, 1931, 1934, 1935, 1936, 1939, 1940, 1948, 1950, 1955, 1957, 1960, 1963f., 1965, 1969, 1975, 1992, 1998, 2006, 2007, 2010, 2011, 2013, 2021, 2025, 2032, 2033, 2040, 2042, 2046, 2050, 2066, 2074, 2076, 2077, 2078, 2084, 2087, 2091, 2097, 2098, 2099, 2101, 2104, 2107, 2109, 2112, 2116, 2125, 2126, 2133, 2150, 2151, 2155, 2159, 2161, 2163, 2164, 2173, 2177,

2186, 2191, 2193, 2201, 2210, 2212, 2214, 2216, 2222, 2225, 2234, 2249, 2259, 2263, 2265, 2273, 2284, 2293, 2297, 2304, 2313, 2314, 2316, 2318, 2320, 2322, 2323, 2324, 2327, 2330, 2334, 2336, 2337, 2341, 2343, 2344, 2347;

Projekt
– Manhattan 158, 178, 925, 1169;

Proklamation 572, 651, 652, 1096, 1147, 1172, 1208, 1471, 1478, 1595, 1690, 1691, 2280;

Proletariat → **Klasse, proletarische**

Propaganda 42, 49, 58, 59, 112, 133, 158, 161, 164, 168, 177, 178, 192, 212, 221, 240, 244, 250, 254, 255, 286, 291, 293, 305, 328, 335, 340, 389, 395, 424, 444, 462, 467, 470, 499, 509, 520, 564, 624, 653, 666, 688, 744, 929, 930, 934, 963, 989, 1026, 1028, 1029, 1030, 1055, 1098, 1112, 1214, 1238, 1724, 1834, 1962, 1972, 2043, 2072, 2080, 2135, 2148, 2204, 2253, 2318;

Protest
– begriff 11, 13–15;
– bewegung, Begriff 10, 14f.;

Prozesse → **vgl. Gerichte** 94, 313, 352, 371, 523f., 531, 600, 720, 791f., 903, 929, 947, 1000, 1020, 1115, 1119, 1168, 1190, 1115, 1119, 1168, 1190, 1204, 1207, 1225f., 1227f., 1240, 1242, 1249, 1256f., 1257f., 1268f., 1278, 1282, 1293, 1751, 2064;
– Geheim- 562, 652, 952, 953, 957, 963f., 991f., 1010, 1157, 1263, 1338, 1739, 1767, 1792, 1824, 1897, 1926, 2060, 2145;
– Krawtschenko- 53, 164;
– KPD-Verbots- 1070–1072, 1075f., 1078, 1148, 1215, 1283, 1285;
– Moskauer 733, 1298, 1333, 1357, 2059;
– Ärzte- 719, 739, 762, 763f.;
– NS- 25, 30, 48f., 78, 86, 150, 271, 272, 324f., 345, 358, 359, 371, 440f., 631, 1066, 1258, 1269, 1302, 1303, 1607, 1609, 1692, 1709, 1714, 1748, 1764, 1791, 1795, 1811f., 1940f., 1942, 1944, 1945, 1973f., 1997, 2049, 2090, 2105f., 2128f., 2202, 2328;
– – Oradour- 738f., 740;
– – »Zyklon B«- 51, 132f., 881, 1096, 1176f., 1217;
– Nürnberger 1506, 1576;
– – Ärzte- 39, 2322;
– – Einsatzgruppen- 441;
– – Flick- 48, 271;
– – I.G. Farben- 48, 271, 272, 315f., 1420;
– – Krupp- 48, 345, 377;
– – Oberkommando der Wehrmacht 1300, 1314, 1340, 1383, 2247;
– – SS- 25;
– – Wilhelmstraßen- 54f., 160, 345;
– Reichstagsbrand- 88, 1394;
– Schau- 23, 163, 219, 278, 532, 533, 587, 615, 647, 649, 650, 652, 689, 691, 702, 703, 879, 896, 912, 914, 920, 991, 996, 1067, 1069, 1140, 1146, 1157, 1203, 1537, 1559, 1680f., 1859, 2014, 2055, 2071, 2157;
– – Kostow- 23, 150f, 278, 533, 1361;
– – Mindszenty- 23, 37;
– – Rajk- 23, 121, 132, 278, 533, 704, 1069, 1354, 1398, 1461f., 1481;
– – Slánský- 517, 533, 689, 691, 702, 717f., 722, 724, 739, 780, 1069, 1157, 1298, 1384, 1984;
– – Xoxe- 23, 81, 533;
– Waldheimer 162, 215f., 321, 444, 955f., 1009;

Putsche 87, 106, 166, 322, 346, 491f., 572, 645f., 884f., 925, 976, 997–999, 1009, 1203, 1251, 1595, 1682, 1885–1892, 1950, 2047, 2182, 2271;

Quäker 28, 69, 316, 542, 1057, 1615, 1633, 1741, 1851, 2143, 2235;

Quellen 15f.;

Quisling 22, 25, 29, 167, 542, 2237;

Rabbiner 78, 134, 228, 251, 354, 449, 472, 503, 504, 622, 654, 693, 892, 909, 1038, 1342, 1362, 1500, 2162, 2178, 2280, 2348;

Radikalenerlaß 286, 287, 293f., 295, 319, 340, 523, 562, 902, 1029;

Radioaktive Verseuchung / Strahlung 181, 270, 378, 431, 590, 714, 782, 924, 950–952, 970, 1038, 1040f., 1133, 1161, 1167, 1205, 1232, 1363, 1400, 1402, 1405, 1408, 1419, 1554, 1600, 1619, 1622, 1624, 1630, 1646, 1664, 1672, 1676, 1699, 1717, 1718, 1805, 1841, 1854, 1864, 1868, 1892, 1924, 1937, 1939, 1942, 1992, 2067, 2117, 2145, 2150, 2154, 2194, 2269, 2279;

Rädelsführer, -schaft 101, 532, 598, 634, 774, 852, 856, 857, 873, 887, 928, 996, 1020, 1159, 1227, 1253, 1257, 1302, 1331, 1400, 1410, 1414, 1419, 1435, 1443, 1509, 1512, 1524, 1558, 1569, 1605, 1654, 1743, 1764, 1817, 1844, 1902, 1919, 1945, 1999, 2039, 2069, 2071, 2157, 2197, 2218, 2236, 2253, 2319;

Raketen
– stationierung 1754, 1755, 1756f., 1779, 1782, 1786, 1796, 1797, 1798, 1799, 1801, 1804, 1806, 1809, 1810, 1811, 1813, 1816, 1819, 1827, 1836, 1848, 1852, 1854, 1860, 1864, 1880, 1884, 1895, 1902, 1905, 1909, 1910, 1919, 1922, 1924, 1927, 1943, 1948, 1945, 1965, 1967, 1983, 1998, 2029, 2031, 2043, 2053, 2056, 2057, 2060, 2066, 2082, 2083, 2097, 2103, 2104, 2106, 2107, 2116, 2121, 2125, 2133, 2138, 2154, 2155, 2159, 2161, 2171, 2178, 2179, 2182, 2191, 2204, 2210, 2234, 2235, 2238, 2240, 2335, 2339;

Rapacki-Plan → **Atomwaffenfreie Zone**

Rapallo-Politik 45, 1309;

Rassendiskriminierung → **Rassismus**

Rassengleichheit 983, 1300, 1324, 1329, 1332, 1337, 1338, 1348, 1351, 1366, 1393, 1446, 1539, 1579, 1640, 1689, 1702f., 1708, 1711f., 1713, 1756, 1767, 1930, 1933, 1946, 1950, 1982, 1993, 2001, 2004, 2015, 2054, 2102, 2105, 2334;

Rassenintegration 925, 1324, 1329, 1332, 1337, 1338, 1348, 1351, 1366, 1393, 1446, 1539, 1579, 1640, 1689, 1702f., 1708, 1711f., 1713, 1756, 1767, 1930, 1933, 1946, 1950, 1982, 1993, 2001, 2004, 2015, 2054, 2102, 2105, 2334;

Rassenunruhen 1978, 2183;

Rassismus 76, 114, 160, 166, 242, 248, 458, 534, 580, 724, 936, 983, 1092, 1170, 1174, 1225f., 1239, 1240, 1256, 1263, 1275, 1278, 1285, 1286–1288, 1305, 1308, 1338, 1361, 1698, 1737, 1751, 1755, 1767, 1787, 1918f., 1978, 2001, 2004, 2006, 2089, 2177, 2178, 2183, 2186, 2281;

Räte 88, 247, 1475, 1522;
– republik 1129;

Rathaus 56, 67, 1406, 1434, 1653, 1701, 1852, 1864, 1965, 1983, 1992, 2033, 2124, 2171, 2178, 2298, 2322, 2331, 2335;

Rationalisierung, Automatisierung 600, 1370, 1459, 1606;

Rationierung 171;
Razzia 182, 287, 461, 521, 524, 759, 915, 1051, 1424, 1816, 2342;
Realpolitik 319, 2036;
Recht
– auf freie Berufswahl 96;
– auf Kriegsdienstverweigerung 133, 279, 385, 386, 545, 786, 1068, 1300, 1314, 1323, 1324, 1374, 1400, 1410, 1411, 1417, 1424, 1455, 1563, 1568, 1581f., 1814, 1816, 2254, 2265, 2269, 2271, 2319, 2324, 2328;
– Versammlungs- 224;
– auf Widerstand 1012;
Rechtsanwälte 37, 48, 91, 175, 274, 276, 334, 337, 363, 390, 433, 497, 513, 533, 552, 583, 584, 600, 611f., 631, 636, 639, 654, 658, 720, 726, 751, 785, 791, 847, 873, 909, 941, 999, 1034, 1036, 1071, 1078, 1079, 1098, 1102, 1103, 1122, 1132, 1151, 1227, 1248, 1257, 1258, 1269, 1303, 1420, 1424, 1436, 1451, 1518, 1521, 1534, 1536, 1540, 1558, 1587, 1590, 1603, 1604, 1608, 1630, 1648, 1659, 1748, 1752, 1786, 1843, 1853, 1877, 1884, 1944, 1975, 1994, 2087, 2094, 2119, 2187, 2189, 2199, 2214, 2247, 2248, 2252, 2257, 2265, 2269, 2282, 2293, 2306, 2320, 2330, 2333, 2334, 2338;
Rechtskonservatismus 42, 86, 148, 167f., 243, 263, 311, 349, 370, 390, 399f., 458f., 474, 517f., 1919, 1264, 1288f., 1320, 1749;
Rechtsradikalismus vgl. → Neofaschismus, Neonazismus 39, 44, 78, 79, 86, 95, 98, 109, 110, 117, 118, 125, 133, 136, 145, 148, 159f., 164, 170, 172, 173, 176, 182f., 192, 208, 209f., 211, 226, 238, 243, 247, 252, 257f., 258, 263, 264, 268, 274, 275, 275f., 292, 305f., 309, 321f., 333, 349, 354, 387, 399f., 413, 428, 433, 437, 439, 445, 460, 471f., 474, 485f., 495, 498, 510f., 517f., 521, 530, 550, 551, 561, 570, 598, 624f., 643, 652, 661-664, 667, 682, 687, 716f., 724, 728, 730f., 731, 751, 774, 780f., 865, 877f., 964f., 980, 1000, 1017, 1018, 1043f., 1053, 1058, 1072f., 1095, 1110f., 1128f., 1156, 1181, 1191-1195, 1228, 1251, 1255f., 1260, 1266, 1278, 1279, 1302, 1307, 1320, 1360, 1385, 1394, 1438, 1442f., 1489, 1515f., 1558, 1612, 1618, 1624, 1632, 1640, 1642, 1657, 1663, 1674, 1676, 1678, 1709, 1720, 1748, 1813, 1886, 1887, 1958, 1981, 1989, 2002, 2016, 2038, 2054, 2066, 2069, 2076, 2082, 2084, 2089, 2138, 2140, 2146, 2147, 2160, 2204, 2207, 2214, 2220f., 2226, 2261, 2271, 2279, 2305, 2310f., 2318, 2335, 2340, 2344, 2347, 2349;
Rechtsstaat 442, 717, 859, 1202, 1569, 1656, 1911, 1931, 1932, 2041, 2315;
Rechtswissenschaftler 232, 337, 408f., 440, 579, 582, 601, 701, 731, 996, 1034f., 1036, 1071, 1080, 1408, 1602f., 1796, 1807, 1960f., 2070, 2116, 2301;
Referat, Vortrag → vgl. Ansprache, Rede 44, 47, 48, 59, 66, 68, 76, 95, 194, 205, 235, 327, 386f., 474, 478, 484, 487, 498, 587, 592, 673, 741f., 761, 866, 898, 900, 990, 991, 1014, 1038, 1057, 1065, 1105, 1110, 1125, 1132, 1136, 1191, 1298, 1311, 1313, 1371, 1537, 1726, 1728, 1793, 1991f., 2021, 2030, 2042, 2052, 2085, 2091, 2100, 2112, 2137, 2193, 2200, 2212, 2248, 2250, 2251, 2257, 2263, 2265, 2271, 2284, 2288, 2291, 2297, 2310, 2318, 2330;
Reform 719, 861, 1322, 1421, 1463, 1468, 1478, 1483, 1484, 1489, 1517, 1518, 1531, 1561, 2297;
Regime
– Apartheids- 534, 627, 677, 699, 720, 739, 1098, 1132, 1163, 1263, 1275, 1278, 1288, 1305, 1423, 1530, 1536f., 1580, 1756, 1987, 2010, 2022, 2054, 2124, 2136, 2148, 2150, 2152, 2179, 2191, 2205, 2246, 2336;
– Batista- 720, 750, 873, 903, 1098, 1189, 1527, 1569, 1574, 1584, 1595, 1644, 1676, 1687, 1711, 1800, 1802f., 1835, 1842, 2047, 2061;
– Franco- 263, 398, 425, 470f., 715, 895, 930, 937, 1008, 1110, 1272f., 1286, 1310, 1330f., 1423, 1502, 1649, 1835, 1925, 1941f., 2014, 2205, 2322;
– Schah- 36, 380, 396, 399, 642f., 742, 884f., 916, 920, 1067;
– Somoza- 229, 443, 998, 1093, 1104f.;
– Vichy- 90, 95, 703, 750, 775, 969, 1278, 1606, 1890;
Rehabilitierung
– Opfer des Stalinismus 653, 985, 1340, 1354, 1361, 1392, 1461, 1469, 1526, 1577, 1860;
Reichskanzler 33, 538, 629, 636, 662, 670, 690, 700, 716, 744, 777, 869, 990, 994, 1005, 1014, 1103, 1138, 1294, 1309, 1354, 1496, 1600, 1607, 1990;
Reichstag 2287;
Relegation 662, 667, 860, 1035;
Remigration 62, 70, 95, 1667;
Remilitarisierung → Wiederbewaffnung
Renazifizierung 108, 116, 212f., 229, 231, 232, 441, 449, 486, 506, 520, 523, 570, 592, 632, 685, 687, 725f., 728, 731, 787, 882f., 912, 926, 958f., 1027, 1148, 1199, 1252, 1260, 1302, 1330, 1340, 1356, 1369, 1381, 1385, 1436, 1641, 1787, 2070, 2114;
Rente 202, 769, 980, 1312, 1313, 1321, 1720, 1976;
– Mindest- 135, 2115;
Rentner 879, 1976;
Rentenreform 769f.;
Reparationen 85, 106;
Repatriierung 1346, 1893, 1955, 2260f., 2269;
Reservisten 1384, 2241, 2248;
Resolution 69, 71, 72, 91, 92, 116, 147, 169, 177, 208, 221, 229, 230, 232, 269, 291, 308, 309, 320, 329, 358, 388, 394, 398, 404, 411, 417, 421, 435f., 439, 503, 519, 532, 533, 550, 553, 559, 560, 563, 584, 630, 634, 744, 754, 767, 795, 796, 797, 798, 801, 855, 898, 902, 952, 976, 1053, 1054, 1060, 1067, 1069, 1077, 1123, 1127, 1148, 1188, 1190, 1220, 1256, 1257, 1262, 1298, 1404, 1421, 1447, 1454, 1457, 1471, 1479, 1494, 1504, 1507, 1508, 1516, 1528, 1568, 1576, 1619, 1629, 1638, 1665, 1669, 1672, 1689, 1694, 1719, 1730, 1740, 1750, 1754, 1801, 1809, 1818, 1831, 1838, 1848, 1861, 1939, 1954, 1955, 1970, 2007, 2023, 2031, 2032, 2048, 2054, 2055, 2066, 2077, 2097, 2115, 2170, 2178, 2189, 2194, 2197, 2212, 2219, 2238, 2244, 2248, 2250, 2287, 2297, 2315, 2329;
Restauration 119, 283, 348, 528, 565, 592, 643, 771, 781, 926, 988f., 1008, 1199, 1260, 1311, 1356, 1376, 1649, 2188, 2189;
Revanchismus 74, 100, 122, 125, 167f., 787, 796, 1155, 1202, 1270, 1362, 1714, 2138, 2272, 2316, 2332;
Reverspolitik 469f., 560;

Revolte, Rebellion vgl. → **Aufstand** 36, 41, 73, 163, 119, 714, 719, 720, 792, 802-846, 873, 1093, 1104f., 1152, 1267, 1298, 1403, 1469, 1532, 1595, 1836, 1879, 1885-1892, 2164;
Revolution 266, 830, 1308, 1531, 1599, 1988, 2295;
– Chinesische (1949) 23, 125, 1243;
– Deutsche (1848) 1805;
– Französische (1789) 73, 161, 2186;
– Kubanische (1959) 2074-2076;
– November (1918) 752, 2032f., 2131;
– Russische
– – (1905) 571;
– – (1917) 571, 745, 1343, 1508, 1509, 1737, 1767, 2023, 2055;
Richter 146, 177, 182, 185, 208, 218, 219, 235, 251, 257, 269, 271, 276, 296, 409, 440, 454, 470, 479, 505, 522, 575, 578, 685, 742, 767, 781, 790, 794, 801, 889, 949, 1028, 1045, 1096, 1151, 1158, 1227f., 1270, 1271, 1295, 1385, 1398, 2068, 2076, 2082, 2113f., 2158, 2165, 2307, 2315, 2316, 2320, 2330, 2333;
Rock'n'Roll vgl. → **Musik/ – Rock-** 1024, 1176, 1301, 1323, 1408, 1439, 1442, 1443, 1444, 1448, 1463, 1467, 1500, 1501, 1511, 1514f., 1523f., 1527, 1534, 1536, 1567, 1577, 1584, 1690, 1763, 1824, 1830, 1977, 1996f., 2006, 2013, 2017, 2018, 2019, 2020, 2021, 2022, 2052, 2071, 2103, 2144, 2145, 2236, 2253, 2315, 2328;
Rollback 2189;
Rollkommando 163, 299, 1309, 1337, 1720, 2221, 2302;
Römerberg (Frankfurt) 100, 103, 137, 390, 1107f., 1133f., 1701, 1898, 1913, 2172;
Rote Armee 277, 1492, 1511, 1570, 1633, 1810, 1880, 1955, 2104, 2113;
Rote Fahne 66, 84, 100, 222, 223, 643, 807, 850, 861, 1149, 1827, 1952, 2034, 2277;
Roter Stern 48;
Ruhr
– behörde 141, 142;
– statut 20, 25, 26, 27, 28, 32, 36, 43, 60, 104, 108, 110, 167, 277;
Rundfunk
– politik 241, 424f.;
– sender, -anstalten 26, 37, 41, 45, 48, 52, 59, 78, 115, 158, 166, 241, 261, 264, 269, 317, 336, 340, 341, 378, 413, 414, 418f., 424, 425, 432, 476, 477, 486, 523, 529, 531, 540, 545, 563, 564, 577, 590, 591, 609f., 611f., 627, 652, 653, 703, 725, 744, 783, 798f., 799, 803, 815, 816, 835, 838, 844, 895, 912, 914, 934, 937, 938, 943, 947, 1006, 1013, 1014, 1023, 1053, 1057, 1059, 1061, 1105, 1136, 1194, 1195, 1199, 1211, 1213, 1215, 1240, 1251, 1270, 1271f., 1289, 1299, 1302, 1304, 1321, 1327, 1330, 1430, 1441, 1450, 1460, 1471, 1474, 1479, 1480, 1481, 1518, 1522, 1531, 1533, 1559, 1569, 1578, 1595, 1611, 1619, 1644, 1656, 1695, 1714, 1716, 1742, 1745, 1749, 1766, 1770, 1779, 1838, 1864, 1926, 1996, 2102, 2106, 2113, 2117, 2132, 2172, 2206, 2252, 2258, 2291, 2299, 2305, 2315, 2329, 2342;
– sendung 1302, 1330, 1360, 1381, 1460, 1475, 1480, 1481, 1559, 1570, 1578, 1611f., 1619, 1644, 1695, 1714, 1742, 1745, 1763, 1766, 1771, 1772, 1779, 1783, 1784, 1814, 1864, 1875, 1911, 1924, 1926, 2065, 2070, 2102, 2106, 2113, 2117, 2132, 2172, 2206, 2270, 2291, 2295, 2299, 2305, 2342;
Rüstungs
– kontrolle 1560;
– produktion 337, 1365, 1382, 1412, 1640, 1705, 1709, 1730, 1778, 1915;
Saalschlacht 145, 160, 172, 1269f., 1300, 1360, 1361, 1395, 1443, 1830, 2006;
Saar 1490, 1541, 1555, 1563;
– frage 189f., 190, 556, 693, 782, 1055, 1274f., 1392, 1490, 1555, 1563;
– statut 1093, 1143, 1253, 1274f., 1490, 1555, 1563;
Sabotage 100, 152, 163, 170, 219, 257, 270, 338, 358, 408, 471, 496, 512, 515, 532, 568, 587, 649, 651, 652, 661-664, 668, 689, 699, 737, 761, 766, 853, 895, 899, 904, 914, 929, 934, 958, 989, 1009, 1010, 1026, 1060, 1069, 1093, 1119, 1338, 1808, 1859, 1971, 1998, 2003, 2006, 2044;
Sachbeschädigung 101, 2019, 2032, 2276;
Sänger 56, 114f., 327f., 653, 785, 934, 1024, 1176, 1182, 1824f., 1996f., 2052, 2103f.;
Sammlungsbewegung 32, 61, 161, 164, 325, 390, 406, 665f., 788;
Satire 26, 477, 545, 626, 1055, 1082, 1526; 1688, 2022, 2059;
Säuberung 23, 75, 81, 82, 87, 127, 139, 144, 156, 159, 162, 164, 227, 261, 277f., 295, 306, 316, 317, 351, 352, 363, 370, 379, 394f., 517, 689, 702, 718, 724, 725, 726, 780, 872, 880, 885, 920, 929, 932, 936, 937, 957, 991, 1031, 1039, 1157, 1333;
Schadensersatz 791f., 792, 943, 1017;
Schauspieler → vgl. **Film/ – schauspieler** 40, 139, 160, 174, 431, 441f., 488, 607, 666, 999, 1124, 1179, 1182, 1183, 1393, 1844, 1879, 1883, 1913, 1920, 1935, 1936, 2046, 2150;
Schiffe 70, 87, 94, 181, 190, 203, 204, 212, 268, 270, 309, 376, 389, 403, 416, 421f., 437, 442, 502, 525, 565, 578, 658, 842, 942, 937, 951, 984, 1103, 1383, 1390, 1408, 1451, 1494, 1508, 1527, 1571, 1639, 1706f., 1708, 1875, 1882, 1937, 1974, 1996, 1997, 2074, 2123, 2176, 2200, 2202, 2238, 2261, 2268, 2277;
Schlacht 954f., 977-979;
Schlägerkommando vgl. → **Rollkommando** 264, 884, 1239f., 1278, 1304, 1307, 1327, 1537-1539;
Schlösser 42, 54, 488, 608, 742, 771, 920, 2347;
»Schmutz und Schund« 699, 958, 980, 1063, 1079, 1189, 1189f., 1713f.;
Schriftsteller 24, 33, 49, 56, 59f., 72, 78, 89, 95, 107, 108, 131, 136, 140, 148, 166, 193, 210, 215, 223, 225, 226, 232, 233, 234, 240, 246, 248-250, 250, 253, 306, 320, 321, 322, 326, 339, 349, 351, 354, 355, 360, 367, 374, 375, 377, 387, 388, 393, 400, 404, 416, 418f., 427, 432, 434, 441, 444, 458f., 474, 485, 487, 490, 494f., 495, 499, 504, 506, 509f., 513, 521, 523, 534, 537, 539, 571, 574, 578, 591, 607, 613, 614, 637, 649, 653, 668, 672f., 679, 682, 687, 699, 699, 701, 702, 703, 724, 729, 733, 749, 758f., 768, 775, 783, 788f., 795, 851, 852, 853, 856, 862, 871, 877, 878, 886, 895, 896, 899, 900f., 905, 927, 929, 930, 940, 942, 965, 973, 980, 981, 986, 995, 1042, 1043, 1065, 1079, 1080, 1084, 1086, 1097, 1108f., 1119, 1135, 1152f., 1155, 1156f., 1179, 1181, 1182f., 1187f., 1191, 1233f., 1240f., 1243, 1257, 1262, 1263, 1266, 1267f., 1268, 1270, 1278, 1278f., 1286, 1302, 1305, 1315,

1319, 1328, 1342, 1343, 1354, 1365, 1367, 1369, 1370, 1376, 1381, 1385, 1387, 1388, 1389, 1393, 1401, 1407, 1408, 1425f., 1446, 1448, 1450, 1455, 1456, 1461, 1494, 1502, 1511, 1514, 1518, 1523, 1525, 1526, 1527, 1529, 1530f., 1557, 1563, 1574, 1576, 1577, 1578, 1582f., 1593, 1599, 1630, 1631, 1643, 1647, 1648, 1659f., 1662f., 1673, 1679, 1688, 1695, 1696, 1697, 1703f., 1707, 1709, 1724, 1730, 1731, 1732, 1739, 1747, 1751, 1766, 1768, 1777, 1782, 1794, 1801, 1808, 1810, 1814, 1815, 1817, 1818, 1822, 1830, 1831, 1833, 1838f., 1845, 1849, 1851, 1852, 1853, 1855, 1858, 1864, 1866, 1869, 1875, 1879, 1883, 1895, 1901, 1903, 1907, 1909, 1910, 1913, 1917, 1920, 1924, 1927, 1929, 1934f., 1955f., 1965, 1969, 1978, 1994, 2001, 2002, 2003, 2011, 2022, 2025, 2028, 2029, 2041, 2043, 2046, 2055, 2058, 2060, 2074, 2077, 2085, 2087, 2088, 2089, 2099, 2104, 2110, 2125, 2129, 2141, 2147, 2148, 2150, 2152, 2154, 2160, 2162f., 2164, 2174, 2177, 2188, 2195, 2196, 2201, 2203, 2206, 2208, 2216, 2218, 2224, 2227, 2234, 2237, 2244, 2253, 2268f., 2274, 2279, 2296, 2310, 2313, 2320, 2330, 2334, 2339, 2343;
– Kongresse 253, 613, 1310, 1387, 1526, 2028, 2162;
– Tagungen 60, 131, 220, 404, 427, 458f., 494f., 501, 614, 672f., 783, 899, 973, 1005, 1043, 1268, 1388, 1389, 1455, 1703f., 1716f., 2025, 2070, 2306;
Schuld 28, 146, 148, 160, 232, 1326, 1330, 1345, 1423, 2182;
– frage 28, 85, 146, 148, 174, 232, 287, 379, 412, 1423, 2203, 2251;
– Kollektiv- 85, 146, 148, 215, 232, 379, 412, 738, 792, 1408, 1443, 1625, 2147;
Schüler 212, 303, 308, 311f., 317, 318, 360, 370, 371, 374, 385, 423, 496, 500, 718, 733, 762, 780, 792, 860, 925, 961, 1069, 1240, 1242, 1294, 1335, 1425, 1434, 1440, 1445, 1495, 1498, 1506, 1513, 1531f., 1559, 1560, 1569, 1610, 1618, 1625, 1637, 1646, 1668, 1703, 1713, 1731, 1765, 1787, 1862, 1879, 1894, 1901, 1930, 1955, 2004, 2005, 2009, 2047, 2095, 2100,

2102, 2120, 2185, 2201, 2218, 2283, 2293, 2297, 2305, 2343;
Schulen 241, 243, 246, 308, 310, 317, 318, 448, 496, 718, 792, 860, 865, 953, 983f., 1156, 1294, 1955, 1982, 1993, 2001, 2002, 2006, 2014, 2031, 2032, 2045, 2067, 2084, 2099, 2115, 2213, 2252, 2279, 2283, 2297, 2339;
– verweis 318, 1986, 2343;
Schulwesen 1335, 1703, 1797, 2114;
Schuman-Plan → **Plan**
Schweigemarsch → **Märsche**
Schweigeminute 367, 840, 996, 1491, 1509, 1839, 2051;
Schwur 267, 468, 766, 966, 1057, 1180, 1369, 1391, 1717, 2258, 2271;
Sekte 975f., 1157, 1172f.;
– Gründung 975f.;
Selbstbestimmungsrecht 79, 1532, 1623, 1655, 1750, 1754, 2107, 2177, 2204, 2280, 2282;
Selbstmord 72, 73, 88, 139, 156, 401, 590, 654, 687, 1013, 1031, 1035, 1119, 1150, 1298, 1381, 1483, 1558, 1559, 1602, 1603, 1611, 1659, 1693, 1753, 1942, 2089, 2147, 2193, 2214, 2226, 2273;
Seminar 592, 1421, 1727, 1730, 1752, 1778, 1859, 2289, 2321, 2348;
Separatismus 72, 127, 1724;
Sexualität 1736;
– sexuelles Verhalten 894, 1736;
Sicherheitsmemorandum → **Memorandum**
Situationismus 1685, 1769, 1782, 1844f., 2027, 2092, 2155f.;
Sitzblockade → **Blockade/- Sitz-**
Skandal vgl. → **Affären** 21, 160, 112f., 171, 178, 228, 243, 301-303, 530, 654, 661-664, 717, 801, 1038f., 1249, 1271f., 1370, 1735f., 1968, 1972f.;
Soldaten 212, 273, 278, 286, 287, 366, 369, 390, 426, 440, 487, 489, 509, 536, 758, 790, 903, 1094, 1097, 1280f., 1430, 1432, 1451, 1525, 1571, 1572, 1728, 1739, 1939, 1957, 1998, 2009, 2067, 2116, 2146, 2150, 2185, 2193, 2242;
– ehre 125, 183, 212, 239, 278, 295, 346, 348, 366, 412, 443, 462, 478, 574, 681, 864, 868, 1314, 1340, 1363, 1390, 1392, 1452-1454, 1465, 1661, 1663, 1983, 1990, 2020, 2093f., 2117f., 2146, 2162, 2183f., 2185, 2199f., 2214, 2227f., 2232f., 2254;

– treffen 462f., 501, 507, 650, 680, 783, 784, 849, 864, 868, 893, 899, 936f., 957f., 996, 1010, 1062, 1067, 1196, 1200-1202, 1208, 1228, 1242f., 1260, 1262, 1369, 1444, 1452-1454, 1464, 1683-1685, 1717, 1948, 1983, 1990, 2159, 2183f., 2232f., 2254, 2262f., 2279, 2308;
– verbände, -bünde 212, 278, 346, 365, 438, 440, 449, 463, 464, 478, 480, 480f., 487, 489, 490, 492, 507f., 511, 563, 611, 631, 651, 680, 717, 756, 864, 868, 893, 899, 900, 906, 928, 954, 957f., 962, 1018, 1032, 1036f., 1042, 1050f., 1058, 1072, 1095, 1119, 1137, 1189, 1200-1202, 1203, 1242f., 1253, 1717, 2183f., 2199, 2254, 2279;
Solidarität 48, 51, 76, 83, 84, 87, 108, 116, 143, 195, 212, 220, 226, 230, 268, 280, 290, 320, 322, 381f., 452, 503, 544, 560, 650, 695, 719, 794, 824, 835, 840, 867, 907, 927, 942, 1063, 1079, 1095, 1265, 1510, 1556, 2055, 2155, 2182, 2269, 2325;
Souveränität, staatliche 239, 278, 292, 348, 395, 411, 425, 427, 462, 503f., 528, 575, 619f., 796, 904, 907, 926, 958, 1054, 1066, 1092, 1093, 1096, 1170, 1177-1179, 1188f., 1122f., 1233, 1252, 1258, 1300, 1321, 1350, 1361, 1381, 1386, 1517, 1565, 1756;
Sowjetunion (UdSSR) 164f., 924, 1093;
– Oberster Sowjet 880, 1116, 1131, 1828, 1832, 1835, 1849, 1880;
– Regierung 175, 715, 719, 747, 884, 936, 1056, 1094, 1109, 1131, 1184, 1245, 1252, 1299, 1327, 1514, 2023, 2079, 2083;
– – Ministerpräsident 130, 175, 652, 715, 719, 747, 880, 886, 1094, 1131, 1182, 1223f., 1245, 1265, 1288, 1320, 1517, 1526, 1771, 1828, 1951, 2023, 2036, 2055, 2064, 2065, 2084, 2124, 2125, 2128, 2132, 2136, 2137, 2221, 2225, 2227, 2237, 2260, 2270, 2272, 2283, 2297, 2310, 2347;
– – Außenministerium 125, 149, 571, 676, 917, 938-940, 1049, 1077, 1188, 1212, 1245, 1248, 1276, 1283, 1288, 1621, 1832, 2064, 2161, 2179, 2180, 2181, 2190, 2237, 2283, 2285;
– – Innenministerium 175, 714, 747, 863f., 921;
– – Verteidigungsministerium 1093, 1131;

Sozialdemokraten 110, 122, 132, 656f., 913, 918, 984, 1016, 1335, 1851, 2128, 2163, 2190, 2194, 2197, 2203, 2228-2230, 2325-2327, 2333;
– politische Verfolgung von 44, 84, 111, 131, 163, 166, 214, 219, 260, 501, 512, 1263, 1307, 1358, 1398;
Sozialdemokratie 1313, 2110, 2190, 2197, 2203, 2211, 2228-2230, 2325-2327;
Sozialisierung vgl. → **Verstaatlichung** 110;
– der Schlüsselindustrien 110, 113f., 130, 217, 321;
Sozialismus 204, 239, 240, 247, 262, 265f., 274, 287, 321, 362, 485, 592, 641, 673, 724, 913, 1530, 2196;
– demokratischer 201, 274, 451f., 472f., 960, 1166, 1334, 1360, 1772, 1896, 2105, 2325-2327;
– »sozialistischer Realismus« 253, 387, 399, 865, 1086, 1310, 1311, 1526;
Sozialpolitik 480, 519, 1312, 1313, 2331;
Soziologen 136, 217, 232, 268, 281, 469, 512, 533, 564, 587, 592, 594, 630, 666, 673, 871, 900, 932, 943, 1002, 1011, 1117, 1260, 1412, 1426, 1578, 1667, 1734f., 1753, 1804, 1814, 1937, 2077, 2186, 2326;
Spendensammlung 499f., 785, 1836, 1866, 2286;
Spionage 69, 99, 132, 158, 175, 177f., 187, 258, 307, 322, 325, 341, 358, 370, 412, 461, 470, 476, 506, 548, 561, 568, 579, 581, 602, 615, 639, 647, 689, 697, 702, 703, 719, 721, 723, 724, 733, 737, 752, 761, 765, 782, 784, 785, 847, 879, 898, 899, 905, 906, 910, 913, 918, 920, 937, 941, 946, 970, 985, 1035, 1047, 1067, 1069, 1079, 1094, 1097, 1103, 1105, 1112, 1119, 1127, 1140, 1165, 1203, 1213, 1222, 1228, 1233, 1242, 1463, 1264, 1265, 1269, 1271, 1280, 1304, 1309, 1321, 1325, 1331, 1358, 1366, 1380, 1386, 1392, 1400, 1579, 1590, 1594, 1596, 1603, 1638, 1639, 1663, 1739, 1740, 1741, 1742, 1748, 1775, 1836, 1897, 1955, 2057, 2145, 2179, 2185, 2187, 2192, 2196, 2208, 2224, 2231, 2248, 2256, 2284, 2347;
Sprengstoffkammern 159, 244, 246, 384, 414, 453, 926, 935, 977, 1001, 1016, 1018, 1026, 1034, 1042f., 1046, 1053, 1056, 1057, 1063, 1065, 1101, 1223;
– Zubetonierung von 350, 414, 453, 926, 1026, 1234, 1223;
Sputnik 1554f., 1723f., 1739, 1740, 2243;
– Schock 1554f., 1723f., 2243;
Staatsanwälte, Generalstaatsanwälte 136, 177, 208, 219, 243, 244, 368, 385, 439, 443, 447, 454, 509, 511, 517, 561, 567, 575, 578, 639, 653, 654, 658, 661, 731, 750, 765, 774, 852, 957, 961, 980, 1055, 1056, 1150f., 1195, 1251, 1254, 1264, 1269, 1270, 1271, 1277, 1321, 1386, 1398, 1435, 1465, 1534, 1540, 1562, 1569, 1579, 1590f., 1607, 1630, 1662, 1680f., 1688, 1748, 1764, 1816, 1817, 1843, 1885, 1916, 1927, 1944, 1993, 2009f., 2044, 2045, 2049, 2052, 2060, 2067, 2068, 2073, 2081, 2082, 2094, 2097, 2109, 2135, 2147, 2150, 2151, 2182, 2185, 2192, 2193, 2199, 2201, 2206, 2227, 2261, 2275, 2282, 2284, 2296, 2299, 2304, 2306, 2314, 2316, 2319, 2321, 2333;
Staatsbürgerschaft 95, 204, 499, 780, 1017, 1770;
Staatsgefährdung 348, 677, 876, 971, 1085, 1104, 1204, 1227, 1244, 1253, 1285, 1302, 1313, 1328, 1362, 1376, 1391, 1392, 1410, 1518f., 1764, 1819, 1836, 1844, 1943, 1962, 1999, 2005, 2006, 2039, 2080, 2189, 2198f., 2318;
Staatspräsidenten 22, 39, 163, 326, 517, 751, 758, 767, 931, 947, 952, 953, 976, 978, 997-999, 1099, 1014, 1031, 1068, 1093, 1102, 1170, 1196, 1251, 1275, 1279, 1324, 1399, 1409, 1418, 1419, 1492, 1494, 1659, 1682, 1740, 1836, 1882, 1950, 2015, 2056, 2088, 2108, 2192;
Stalin-Note → **Note/– Stalin-**
Stalin-Preis → **Preise/– Internationaler Friedens-**
Stalinismus 45, 56, 69, 70, 87, 88, 127, 128, 139, 144, 152, 154, 156, 175, 229, 234, 248, 251, 277f., 341, 365, 371, 380, 465, 467, 507, 517, 533, 571f., 574, 652, 689, 703, 714, 718, 719, 719f., 725, 745-747, 749, 751, 752, 763f., 863f., 877, 920, 982, 985, 1057, 1069, 1166, 1169, 1195f., 1298, 1303, 1333, 1339, 1340, 1343, 1353, 1360, 1367, 1377, 1379, 1381, 1394, 1396, 1401, 1421, 1422, 1437, 1444, 1461, 1463, 1464, 1470, 1480, 1483, 1489, 1494, 1497, 1520, 1521, 1530, 1558, 1562f., 1564, 1575, 1582, 1586, 1601, 1647, 1730, 1740, 1742, 1837, 2210, 2211, 2346;
Starfighter → **Flugzeuge/– Starfighter**
Statue 66, 781, 884, 1474;
Sternfahrt → **Fahrt/Stern-**
Sternmarsch → **Märsche**
Stinkbombe 516, 542, 552, 608, 941, 942, 1196, 1453, 1939, 2015;
Strafanzeige / Strafantrag 103, 165, 2002, 2004, 2047, 2067, 2068, 2080, 2081, 2084, 2092, 2094, 2095, 2099, 2100, 2117, 2185, 2187, 2200, 2221, 2239, 2273, 2288, 2334;
Strafe
– Aberkennung der bürgerlichen Ehrenrechte 51, 227, 256f., 257, 278, 435, 775, 781, 794, 850, 914, 949, 1047, 1068, 1106, 1198, 1264, 1282, 1292, 1300, 1332, 1386, 1414, 1454, 1669, 1670, 1673, 1682, 1692, 1704, 1714, 1748, 1795, 1940, 2224, 2239;
– Arbeitslager 40, 60, 71, 82, 84, 86, 89, 91, 101, 107, 116, 120, 138, 150, 155, 184, 193, 212, 214, 224, 235, 259, 318, 327, 1119, 1879;
– Aufenthaltsbeschränkung 71, 166;
– Gefängnis- 34, 35, 37, 38, 54, 58, 60, 65, 81, 83, 84, 85, 86, 93, 94, 96, 100, 103, 108, 122, 133, 134, 136, 139, 140, 141, 148, 158, 160, 187, 194, 196, 197, 198, 199, 200, 206, 209, 213, 217, 227, 231, 235, 240, 241, 250, 253, 255, 257, 259, 268, 269, 270, 271, 272, 274, 284, 293, 296, 313, 318, 324, 333, 337, 339, 371f., 377, 396, 409, 412, 414, 416, 446, 451, 460, 472, 497, 506, 509, 516, 519, 520, 521, 522, 524, 531, 555, 561, 568, 583, 587, 598, 636, 638f., 649, 650, 652, 652f., 653, 654, 667, 672, 674, 677, 678, 679, 685, 689, 696, 699, 723, 732, 739, 742, 751, 758, 759, 760, 781, 790, 862, 864, 876, 879, 889, 895, 903, 905, 916, 919, 928, 937, 943, 946, 963, 980, 982, 985, 988, 1012, 1020, 1039, 1040, 1043, 1044, 1047, 1055, 1066, 1302, 1303, 1310, 1323, 1328, 1331, 1376, 1381, 1391, 1392, 1399, 1400, 1408, 1410, 1414, 1447, 1512, 1525, 1531, 1533, 1558, 1561, 1569, 1578,

1580, 1585, 1596, 1607, 1617, 1634, 1637, 1638, 1654, 1664, 1666, 1668, 1669, 1678, 1679, 1682, 1689, 1693, 1695, 1709, 1720, 1729, 1732, 1736, 1739, 1745, 1749, 1750, 1751, 1752, 1764, 1773, 1775, 1776, 1779, 1782, 1786, 1788, 1812, 1817, 1818, 1819, 1836, 1843, 1858, 1866, 1867, 1897, 1901, 1904, 1912, 1917, 1919, 1922, 1926, 1933, 1941, 1945, 1952, 1957, 1962, 1965, 1969, 1977, 1979, 1990, 1995, 1999, 2006, 2010, 2012, 2031, 2032, 2043, 2045, 2051, 2057, 2060, 2061, 2069, 2081, 2082, 2084, 2085, 2086, 2089, 2090, 2100, 2105, 2129, 2144, 2153, 2168, 2185, 2186, 2190, 2195, 2198, 2204, 2204, 2205, 2208, 2214, 2215, 2215, 2220, 2224, 2236, 2253, 2256, 2282, 2295, 2300, 2303, 2306, 2328, 2335, 2343;
– Geld- 84, 89, 96f., 123, 133, 139, 146, 148, 165, 194, 197, 200, 251, 258, 363, 479, 497, 498, 505, 506, 524, 555, 649, 652, 653, 654, 672, 889, 982, 1017, 1028, 1040, 1066, 1268, 1287, 1288, 1399, 1400, 1430, 1440, 1525, 1579, 1666, 1675, 1689, 1714, 1730, 1782, 1866, 1884, 1960, 1961, 1969, 1979, 2010, 2061, 2072, 2074, 2084, 2092, 2205, 2306, 2329, 2338;
– Jugend- 250, 416, 678, 688, 1525, 1533, 1566, 2181;
– Prügel- 1335;
– Todes- 23, 81, 85, 89, 93, 121, 122, 151, 162, 170, 178, 192, 216, 233, 241, 255, 259, 269, 270, 284, 296, 307, 321, 334, 339, 341, 349, 352, 357, 359, 360, 362, 367, 370, 371, 371f., 373, 381, 382, 402, 407, 412, 419, 440f., 442, 454, 522, 531, 532, 561, 569, 581, 586, 593, 615, 639, 652, 652f., 685, 689, 704, 718, 723, 739, 742, 766, 767, 781, 784, 790, 831, 844f., 847, 847f., 850, 852, 861, 865, 879, 887, 898, 905, 907, 935, 937, 941, 943, 957, 964, 972, 1009, 1050, 1067, 1077, 1097, 1119, 1128, 1133, 1147, 1190, 1198, 1203, 1207, 1211, 1242, 1263, 1269, 1271, 1280, 1302, 1304, 1310, 1321, 1322, 1325, 1338, 1354, 1361, 1378, 1379, 1461f., 1497, 1562, 1567, 1570, 1585, 1612, 1662, 1739, 1751, 1752, 1778, 1788, 1808, 1816, 1824, 1842, 1857f., 1860,
1884, 1926, 1955, 1989, 1995, 2001, 2012, 2016, 2068, 2069, 2084, 2089, 2092, 2128, 2184, 2189, 2248, 2262, 2275, 2287;
– – Ablehnung der 260, 357f., 359, 362, 367, 370, 381, 382, 1151, 1751;
– – Forderung nach Wiedereinführung der 518, 570, 673, 1017, 1778, 1989, 2016, 2089, 2265;
– Vermögenseinzug 40, 54, 61, 71, 84, 88, 89, 91, 95, 107, 116, 120, 155, 166, 193, 224, 235, 318, 327, 377, 399, 428, 1226;
– Zuchthaus- 51, 79, 85, 109, 132, 148, 163, 176, 187, 208, 216, 219, 253, 256, 258, 278, 307, 325, 329, 338, 339, 341, 345, 352, 355, 360, 363, 367, 371, 379f., 385, 388, 394, 414, 428f., 435, 454, 476, 496, 499, 500, 512, 513, 584, 587, 602, 615, 647, 648, 649, 652, 657, 668, 679, 681, 684, 703, 729, 736, 737, 750, 752, 765, 766, 768, 779, 775, 776, 781, 782, 784, 790, 794, 801, 841, 850, 856, 861, 864, 865, 868, 876, 878, 881, 883, 887, 896f., 898, 899, 905, 906, 907, 912, 914, 918, 920, 921, 930, 932, 934, 935, 937, 940, 941, 943, 949, 957, 958, 964, 969, 973, 976, 982, 983, 985, 988, 991, 996, 1010, 1011, 1026, 1029, 1030, 1051, 1067, 1077, 1080, 1083, 1089, 1097, 1106, 1112, 1113, 1119, 1127, 1140, 1147, 1152, 1157, 1159, 1160, 1166, 1203, 1206, 1207, 1211, 1213, 1215, 1222, 1228, 1242, 1264, 1268f., 1280, 1282, 1288, 1289, 1292, 1293, 1302, 1303, 1304, 1312, 1316, 1321, 1322, 1326, 1332, 1338, 1349, 1386, 1392, 1397, 1454, 1497, 1539f., 1559, 1591, 1593, 1594, 1596, 1601, 1607, 1614, 1638, 1642, 1657, 1663, 1673, 1681, 1697, 1704, 1709, 1714, 1716, 1723, 1740, 1741, 1743, 1745, 1747, 1748, 1750, 1756, 1764, 1765, 1775, 1791f., 1795, 1801, 1836, 1842, 1884, 1897, 1935, 1973f., 1986, 1998, 2005, 2012, 2013, 2049, 2055, 2057, 2060, 2061, 2068, 2071, 2105f., 2108, 2116, 2140, 2141, 2144, 2145, 2148, 2157, 2167, 2184, 2187, 2200, 2202, 2207, 2218, 2223, 2239, 2253, 2254, 2256, 2284, 2288, 2312, 2315, 2318, 2332, 2340, 2343, 2347;
– Zwangsarbeit 44, 67, 95, 111, 149,
172, 181, 255, 269, 277, 358, 396, 401, 416, 476, 506, 697, 704, 739, 1077, 1106, 1187, 1278, 1424, 1576, 1664, 1842, 2224;
Straßenschlacht 34, 67, 102, 111, 115, 132, 262, 301, 305, 336, 352, 364, 398, 410, 429, 440, 467, 540, 642f., 716, 848f., 866, 906, 930, 944, 1096, 1270, 1301, 1326, 1330, 1422, 1444, 1489, 1505, 1510, 1511, 1919, 1929, 1971, 1978, 2137, 2253, 2263;
Straßenverkehrsordnung 851, 884f., 1318;
Strasserismus 115, 117, 387, 578, 1069, 1156, 1284, 1395, 1454, 1620, 1657, 1660f., 2016;
Strategie
– der Abschreckung 528, 918, 1833, 1883, 1902, 1996, 2091, 2166, 2249;
– der massiven Vergeltung 699, 934;
Streik 170, 268, 296, 297-300, 308, 380, 398, 416, 542, 564, 588, 718f., 739, 779, 784, 832, 833, 834, 844, 866f., 955, 1002, 1005, 1022f., 1069, 1094, 1095, 1107, 1157-1159, 1171, 1192, 1215, 1239f., 1282, 1338, 1349, 1370, 1381, 1393, 1410, 1433, 1442, 1444, 1459, 1460, 1469, 1488, 1498, 1559, 1569, 1585, 1588, 1613, 1636, 1647, 1671, 1694, 1749, 1772, 1778, 1783, 1792, 1804, 1819, 1835, 1879, 1945, 2008f., 2040, 2088, 2102, 2193, 2205, 2212, 2232, 2254, 2312, 2318, 2338;
– Bauarbeiter- 161, 270, 279f., 1238;
– Bergarbeiter- 224, 1095, 1107, 1112f., 2108f.;
– brecher 470, 729, 926, 1025;
– Eisenbahner- 71f., 185;
– General- 146, 163, 166, 168, 169, 200, 203, 219, 248, 261, 274, 299, 306, 398, 424, 443, 523, 534, 547, 572, 584, 612, 698f., 760, 783, 797, 931, 944, 982, 1020, 1140, 1241, 1259, 1299, 1305, 1310, 1347, 1402, 1409, 1476, 1522, 1554, 1664, 1750, 1752, 1760, 1809, 1822f., 1825, 1828, 1829, 1835, 1838, 1842, 1849, 1850, 1869f., 1882, 1909, 1933, 2074, 2088, 2126, 2291;
– Hafenarbeiter- 87, 214, 270, 502f., 1063, 1259f., 2235f.;
– Hunger- 124, 232, 306, 381, 439, 537, 629, 672, 695, 733, 883, 903, 930, 936, 953f., 1324, 1328, 1336, 1596, 1875, 2060, 2179, 2192, 2227;

– Hüttenarbeiter- 143, 1095, 1107, 1112f.;
– Käufer- 1263, 1294;
– Landarbeiter- 21, 104, 350, 465f., 469, 470;
– »Mensastreik« 2338;
– Metallarbeiter- 21, 38, 135, 168, 664f., 753, 793, 1000, 1140, 1238, 1484-1487, 1588f., 1657, 1739, 2217, 2220, 2318;
– – Bayerischer (1954) 926, 1024-1026, 1053, 1485;
– – Hessischer (1950) 350, 474-476, 905;
– – Schleswig-Holsteinischer (1956/57) 1301, 1484-1487, 1556, 1580f., 1645, 1763, 2025, 2041, 2170;
– Mieter- 197;
– »Milchstreik« 1095, 1253, 1263, 1280;
– Schul- 169, 246, 290, 306, 311f., 910, 950, 1049, 1294, 1610, 1668, 1734, 2104;
– Sitz- 236, 534, 541, 567, 786, 791, 801, 821, 831, 858, 862, 943, 1404, 1640, 1709, 2040, 2081, 2134, 2245;
– Solidaritäts- 1494;
– »Stay at home«- 163, 248;
– Steuer- 174, 197, 1063, 1115, 1734;
– Textilarbeiter- 716, 728, 729f.;
– Transportarbeiter- 21, 53;
– verbot 1350, 2319;
– Warn- 160, 265, 584, 611, 614, 619, 728, 1049, 1403, 1645, 1739, 1772, 1819, 1826, 1827, 1831, 1842, 1853, 2066, 2104, 2218, 2300;
– Werftarbeiter- 770, 1095, 1236-1238, 1301, 1484f., 1580, 1606, 1726, 1841, 1849;
– wilder 502, 529, 600, 1236-1238, 1238, 1783, 1836, 1923;
– Zeitungs- 529, 531, 621;
– recht 857, 868, 1937, 1987, 2041, 2270, 2291;

Studenten 77, 78, 104, 109, 119, 132, 136, 150, 160, 162, 179f., 194, 258, 259, 335, 341-344, 355, 371, 373, 374, 379, 380, 385, 389, 390f., 396, 398, 429f., 432, 459, 460, 461, 462, 465, 511, 521, 523f., 531, 532, 541, 542-545, 547, 553, 554f., 573, 616, 626, 641f., 645, 649, 667, 672, 677, 718, 720, 741, 760, 768, 782, 849, 867, 871, 912, 916, 956, 960, 972, 976, 1002, 1026, 1035, 1089, 1095, 1103, 1157-1159, 1181, 1215, 1223, 1226, 1236, 1260, 1278, 1290, 1291, 1292, 1300, 1307, 1326, 1327, 1330, 1338, 1348, 1351, 1367, 1374, 1375, 1376, 1381, 1382, 1421, 1441, 1464, 1468, 1471, 1482, 1491, 1495, 1497, 1502, 1505, 1510, 1522f., 1525, 1530, 1534, 1535, 1541, 1556, 1559, 1560, 1561, 1562, 1569, 1570, 1578, 1579, 1585, 1596, 1599, 1613, 1614, 1617, 1622, 1635, 1647, 1659, 1661, 1663, 1665, 1666, 1671, 1674, 1716, 1721, 1722, 1723, 1731, 1745, 1749, 1750, 1752, 1765, 1771, 1773, 1774, 1784f., 1788, 1795, 1805, 1806, 1807, 1808, 1809, 1811, 1815, 1817, 1826, 1832, 1835, 1881, 1882, 1893, 1894, 1897, 1898, 1901, 1902, 1912, 1926, 1931, 1932, 1933, 1934, 1935, 1939, 1940, 1948, 1950, 1954, 1957, 1964, 1975, 1980, 1986, 2000, 2004, 2005, 2006, 2013, 2022, 2030, 2033, 2042, 2046, 2050, 2054, 2066, 2076, 2078, 2098, 2115, 2143, 2150, 2157, 2168, 2177, 2179, 2181, 2187, 2188, 2191, 2195, 2200, 2201, 2206, 2218, 2219, 2220, 2221, 2222, 2224, 2226, 2231, 2262, 2269, 2284, 2300, 2305, 2308, 2313, 2318, 2322, 2329, 2331, 2332, 2333, 2334, 2335, 2336, 2338, 2342, 2343, 2345, 2346;
– gesamtdeutsche Beziehungen von 179, 390f., 594, 677, 863, 1069, 1125, 1165f.;
– gruppen/-organisationen 121f., 386, 388, 390, 429f., 435, 438, 498, 499, 542, 548, 564, 666, 730, 741, 762, 786, 912, 935, 988, 1105, 1165, 1215, 1223, 1290, 1302, 1314, 1315, 1320, 1330, 1351, 1354, 1363, 1364, 1376, 1393, 1394, 1421, 1438, 1490, 1491, 1512, 1568, 1584, 1613, 1617, 1622, 1624, 1666, 1671, 1674, 1692, 1705, 1730, 1745, 1752, 1785, 1798, 1801, 1810, 1836, 1837, 1851, 1860, 1898, 1902, 1921, 1931, 1934, 1939, 1955, 1956, 2002, 2012, 2027, 2038, 2052, 2067, 2068, 2073, 2078, 2115, 2118, 2128, 2150, 2152, 2167, 2176, 2179, 2186, 2188, 2189, 2190, 2194, 2197, 2198, 2204, 2206, 2220, 2227, 2228-2230, 2238, 2261, 2289, 2305, 2318, 2321, 2322, 2333, 2334, 2340, 2346, 2348;
– schaft 46, 76, 78, 89, 141, 167, 216, 243, 286, 335, 339, 340, 367, 382, 385, 390, 423, 530, 536, 555, 562, 594, 1166, 1337, 1381, 1491, 1523, 1562, 1622, 1638, 1654, 2158;
– – Allgemeiner Studentenausschuß (AStA) 60, 83, 151, 167, 179, 263, 340, 367, 370, 379, 392, 423, 429f., 435, 460, 462, 499, 512, 542, 549, 551, 553, 555, 560, 567, 568f., 594, 630, 655, 849, 981, 1086, 1095, 1191, 1192, 1223, 1290, 1390, 1495, 1506, 1507, 1562, 1674, 1771, 1782, 1785, 1789, 1793, 1801, 1827, 1860, 1897, 1902, 1908, 1921, 1931, 1938, 1948, 1958, 2011, 2073, 2076, 2158, 2182, 2200, 2215, 2221, 2305, 2318, 2330, 2331, 2338, 2345;
– – Politisches Mandat der 385, 435;
– – Studentenparlament 151, 382, 530, 541, 626, 1646, 1782, 1804, 2011, 2047, 2221, 2331;
– – Studentenrat 30, 147, 167, 179, 252f., 2200;
– – Vollversammlung 263, 435, 555, 646, 697, 1125, 1299, 1471, 1506, 1784, 1795, 1801, 1932, 1948, 1956;
– tag 281, 594, 976, 1375, 1875, 2321;
Studium generale 630;
Suchdiensttreffen → **Treffen**/- Suchdienst-
Südtirol 2167, 2272;
– frage, -konflikt 1199, 1200, 1207f., 1740, 2161, 2272;
Suez
– kanal 499, 512, 541, 931, 948, 1053f., 1299, 1397, 1419, 1426, 1450, 1492-1494, 1564, 1565;
– krise, -frage, -krieg 352, 499, 512, 541, 931, 948, 1053f., 1299, 1397, 1426, 1450, 1492-1494, 1495, 1498, 1503, 1505, 1506, 1507, 1510, 1512, 1516, 1519, 1522, 1532, 1554, 1567, 1568, 1953;
Suspendierung 207, 251, 421, 479, 509, 908, 962, 1159, 1268, 1881, 1917, 1944, 1994, 2002, 2062, 2070, 2081, 2100, 2161, 2163, 2191, 2194, 2198, 2220, 2273, 2293, 2301, 2304, 2336;
Synagogen 287, 472, 521, 654, 659, 888, 892, 1263, 1996, 2033, 2162, 2271, 2280;
– schändung 59, 91, 101, 122, 140, 251, 509, 639, 676, 909, 910, 1154, 1337, 1596, 1632, 1653, 1996, 2068, 2086, 2192, 2347, 2349, 2350;

Tag, Jahrestag 380, 467, 503, 765f., 769, 904, 906, 966, 973, 1096, 1135, 1168, 1315, 1337, 1330, 1361, 1362, 1882, 1883, 1893, 1957, 2014, 2032f., 2062, 2150, 2177, 2181, 2182, 2189, 2203, 2210, 2249, 2298, 2300, 2317, 2318;
– Anti-Kriegstag (1. September) 159, 284, 1696, 1701, 1975, 2259;
– der Arbeit → Mai, erster
– des Atombombenabwurfs auf Hiroshima (6. August) 100, 268, 651, 1023f., 1230, 1422, 1560, 1686, 1690, 1963, 1964, 1965, 2195, 2234f., 2241;
– der Befreiung, der Kapitulation (8. Mai) 63, 65, 66, 68, 215, 226, 602, 775, 778f., 980f., 1097, 1179, 1180f., 1182, 1357, 1372, 1380, 1381, 1880, 1882;
– der deutschen Einheit (17. Juni) 719, 860, 927, 996, 997, 1203, 1302, 1394, 1659, 1927, 2204f.;
– der Ermordung von Rosa Luxemburg und Karl Liebknecht (18. Januar) 727, 1313, 1314, 1571, 1777, 2088;
– Europa- 459;
– der Europäischen Jugend 108;
– Friedens- (1. September) 111, 113, 558, 752, 918;
– der Friedenskämpfer 286, 290, 305, 521;
– der Heimat 466, 650, 1018f., 2263;
– des Hitler-Attentats (20. Juli) 32, 86, 87, 93, 125, 149, 161, 172, 257, 259, 511, 643, 670, 1012f.;
– Hitler-Geburtstag (20. April) 511, 688, 912, 1364, 1365, 1557, 1618, 2073;
– Internationaler Frauen- (8. März) 191, 207, 350, 397, 570, 749f., 953, 1095, 1149f., 1345, 1671;
– Internationaler Gedenktag der Opfer des Faschismus 288, 481f., 893, 1442, 1705-1707, 1981, 2071, 2268;
– Internationaler Kinder- 239;
– der Kriegsgefangenen 317, 318;
– der Pogromnacht (9./10. November) 509, 509f., 511, 1280, 1511, 1618, 1737, 1738f., 2033, 2034, 2319;
– der NS-Machtergreifung (30. Januar) 176, 511, 688, 631, 1785f., 1787;
– der Reichsgründung (18. Januar) 936, 1110f., 1315, 1320;
– des Reichstagsbrands (27. Februar) 1805;
– der Republik (7. Oktober) 901, 1049, 1264f., 2285f.;
– des Sturms auf die Bastille, französischer Nationalfeier- (14. Juli) 91, 866, 1659;
– Südafrikanischer Freiheitstag (26. Juni) 163, 230, 248, 534;
– Volkstrauer- 1739, 2328;
– Weltbürger- 91;
– Weltfriedens- 100, 126;
Tagebuch 33, 165, 355, 380, 1340, 1716;
Tagungen 75, 116, 124, 132, 159, 240f., 250, 258, 271, 275, 321, 354, 365, 370, 390, 401, 451, 563, 585f., 587, 637, 637f., 643, 657, 666, 680f., 687, 753, 756, 757f., 762, 795, 799, 875f., 895, 898, 913f., 954, 957, 985f., 1012, 1018, 1032, 1065f., 1067, 1088, 1097, 1114, 1151, 1179, 1204, 1204f., 1220, 1250, 1269, 1285, 1290, 1306, 1346, 1359, 1371, 1384, 1399, 1465, 1555, 1570, 1575, 1630, 1673, 1730, 1732, 1940, 1983, 1991, 2000, 2007, 2155, 2191, 2282, 2324, 2340;
Tarif
– konflikt 66, 104, 163, 270, 279f., 350, 465, 469, 474, 770, 913, 1484-1487;
– vereinbarung, -vertrag 38, 280, 308, 1335, 1403, 1433, 1485, 1486, 1945, 2040, 2190;
Tarnschrift 1647;
Tauwetter 1040, 1229, 1236, 1421, 2004;
Teilung
– Indochinas 924, 1014, 1093, 1275, 1282;
Telegramm 220, 240, 377, 444, 497, 659, 692, 724, 749, 862, 899, 901, 999, 1006, 1057, 1138, 1165, 1194, 1223, 1248, 1271, 1312, 1328, 1362, 1441, 1504, 1512, 1526, 1567, 1580, 1613, 1618, 1673, 1675, 1745, 1753, 1799, 1825, 1841, 1880, 1886, 1953, 1954, 2022, 2046, 2055, 2060, 2099, 2104, 2227, 2238, 2245, 2250, 2251, 2319, 2347;
Terror 531, 560, 697, 720, 759, 853, 921, 1300, 1333, 1503, 1522, 1526, 1539, 1566, 1599, 1651f., 1657, 1761;
Terrorismus 540, 615, 661-664, 697, 921, 1300, 1346, 1379, 1452, 1568, 1612, 1761, 1986, 1987, 2001, 2003, 2031, 2044, 2089, 2122, 2150, 2157, 2167, 2284, 2332, 2351;

Testament 1031;
Teuerungspolitik 38, 256, 265, 269, 274, 279f., 169, 350, 392, 519f., 960, 962, 1733;
– Proteste gegen die 256, 306, 380f., 392, 401, 407, 547, 960, 981, 982, 1733, 1989;
Theater 28, 29, 31, 91, 109, 139, 160, 170, 246, 306, 335f., 367, 432, 441f., 471, 491, 506, 509, 536, 591, 666, 687, 688, 723, 729, 733, 760, 801, 804, 849, 856f., 893, 902, 920, 943, 1000, 1035, 1095, 1123, 1153, 1162, 1182, 1183, 1246, 1249, 1279f., 1286, 1302, 1365, 1393, 1401, 1409, 1425, 1441, 1447, 1448, 1457f., 1463, 1466, 1520, 1557, 1597, 1610, 1611, 1631, 1647, 1659, 1679, 1707, 1723, 1724, 1726, 1728, 1731, 1740, 1830, 1906f., 1910f., 1984, 2000, 2001, 2035, 2062, 2095, 2104, 2110f., 2129, 2258, 2265, 2273, 2274;
Theologen 165, 321, 485, 513, 603, 909, 932, 1065, 1077, 1079, 1103, 1117, 1141, 1291, 1714-1716, 1804, 1842, 1844, 1858, 1867, 1871, 1878, 1893, 1900, 1902, 1912, 1934, 1936, 1950, 1960, 1969, 2006, 2033, 2074, 2076, 2078, 2087, 2125, 2201, 2222, 2254, 2344;
Tierschützer 957, 1353;
Titoismus 23, 45, 70, 81, 121, 123, 128, 156, 247f., 395, 405f., 504, 517, 689, 724, 934, 936, 964, 1093, 1098, 1115, 1195f., 1361, 1386, 1599;
Toleranz 1412, 1432, 1655, 1755, 2280;
Totalitarismus 31, 54, 81, 98, 161, 165, 248-250, 313, 351, 485, 514, 762, 771, 852, 1194, 1583, 1600, 1641, 1854, 1911, 2223, 2243, 2272, 2316f., 2325;
Totschlag 51, 146, 258, 334, 355, 681, 742, 790, 914, 928, 1264, 1617, 1629, 1745, 1748, 1792, 1857, 1884, 1997, 2181, 2247, 2312, 2328, 2330;
– Beihilfe zum 51, 97, 132, 199, 578, 589, 928, 949, 983, 985, 1044, 1051, 1056, 1217, 1302, 1326, 1332, 1339, 1341, 1347, 1558, 1607, 1668, 1678, 2081, 2328;
Transparent 47, 110, 177, 201, 263, 309, 335, 401, 407, 411, 417f., 431, 434, 488, 508, 516, 548, 567, 569, 589, 591, 596, 598, 623, 635, 655, 657, 659, 665, 669, 723, 733, 758, 763,

769, 773, 776, 777, 793, 796, 798, 799, 813, 820, 824, 828, 836, 926, 953, 958, 966, 1047, 1059, 1070, 1076, 1080, 1087, 1103, 1108, 1110, 1122, 1126, 1130, 1140, 1142, 1145, 1146, 1154, 1160, 1164, 1166, 1180, 1181, 1228, 1229, 1246f., 1250, 1252, 1312, 1317, 1337, 1352, 1353, 1369, 1374, 1376, 1385, 1391, 1394, 1415, 1418, 1456, 1463, 1464, 1465, 1490, 1498, 1512, 1519, 1569, 1571, 1588, 1597, 1622, 1636, 1671, 1701, 1705, 1706, 1726, 1749, 1783, 1798, 1806, 1809, 1815, 1826, 1835, 1848, 1849, 1851, 1868, 1869, 1874, 1883, 1894, 1916, 1929, 1934, 1936, 1937, 1943, 1953, 1954, 1956, 1980, 1990, 2003, 2015, 2022, 2028, 2031, 2043, 2053, 2093, 2125, 2134, 2143, 2153, 2164, 2167, 2168, 2170, 2172, 2173, 2174, 2179, 2182, 2189, 2192, 2196, 2204, 2206, 2219, 2226, 2232, 2238, 2249, 2255, 2259, 2261, 2263, 2269, 2277, 2279, 2294, 2310, 2317, 2318, 2333, 2335, 2342, 2345;

Trauerfeier 253, 384, 443, 508, 607, 655, 719, 749, 851, 852f., 897, 898, 984, 1221f., 1243, 1628, 1699, 1968, 2214, 2277;

Treffen 167, 567, 585, 603, 632, 643, 774, 783, 787, 894, 963, 1036, 1074, 1077, 1080, 1095, 1113, 1164f., 1337, 1338, 1348, 1368, 1383, 1398, 1413, 1418, 1419, 1441, 1442f., 1446f., 1461, 1489, 1566, 1621, 1772, 1793, 1795, 1801, 1815, 1912, 1957, 2000, 2101, 2194, 2225, 2258, 2271f., 2347;
– von Camp David 2064, 2270;
– »Deutschlandtreffen der Jugend«, erstes (1950) 159, 192, 202, 220, 231, 233f., 236, 352, 780, 1400;
– »Deutschlandtreffen der Jugend«, zweites (1954) 930, 989, 990, 992f.;
– Geheim- 159, 295, 310, 358f., 486, 677;
– Gipfel- 916, 1092, 2347;
– Suchdienst- 24, 652, 680, 1059, 1557, 1660, 1678, 1683f., 1948, 2069, 2176, 2262;

Tribunal 438, 487, 1189f.;
Triest-Frage 580, 906, 1049;
Trotzkismus 23, 156, 164, 200, 227, 277, 395, 517, 657, 689, 948, 1343, 1483, 1641, 1742, 1826, 2034, 2044;
Truppenübungsplatz 442, 444, 463, 464, 778, 1034, 1041, 1063, 1079, 1388, 1418, 1599, 1615, 1700, 1707f., 1719, 1730, 1958, 2137;

Tumult 48, 58, 85, 99, 124, 149, 171, 183, 202, 208, 226, 228, 339, 357, 360, 380, 382, 392, 413, 431, 435, 520, 552, 570, 573, 593, 594, 599, 608, 622, 632, 655, 731, 781, 792f., 877, 927, 964, 979, 1006, 1070, 1073f., 1074, 1131, 1139, 1176, 1270, 1273, 1301, 1388, 1418, 1523f., 1535, 1537, 1556, 1694, 1728, 1731, 1740, 1763, 1813, 1858, 1921, 1922, 2014f., 2017, 2018, 2019, 2020, 2021, 2022, 2070, 2207, 2250, 2284, 2288, 2318, 2322;

Überfall, Verprügelung → vgl. Handgreiflichkeit, Schlägerei 114, 131, 152, 160, 324, 416, 451, 628, 720, 761f., 902, 956, 1098, 1163, 1227, 1234, 1241, 1307, 1361, 1430, 1435, 1435f., 1444, 1498f., 1525, 1541, 1644, 2015, 2053, 2144, 2263, 2220f.;

UdSSR → **Sowjetunion**
Ultimatum 82, 262, 496, 834, 1299, 1492, 1760, 2045, 2108, 2137, 2207, 2270;
Umbenennungen 775, 865, 1434;
– Platz- 107, 424, 897;
– Straßen- 396, 445, 1521, 1704, 2043;
Umweltschutz 139, 551, 658, 878, 915, 994, 1063, 1101, 1350, 1388, 1708, 1734, 1921;
Unabhängigkeit 23, 48, 136, 155, 163, 175, 181, 310, 319, 352, 499, 501, 547, 765, 885, 930, 950, 952, 960, 979, 990, 1009f., 1036, 1060, 1069, 1092, 1097, 1170, 1235, 1299, 1307, 1308, 1310, 1335, 1340, 1347, 1350, 1367, 1397, 1465, 1471, 1478, 1489, 1491, 1514, 1555, 1565, 1589, 1682, 1746, 1750, 1751, 1756, 1761, 1821, 1841, 1892, 1954, 1971, 1986, 1988, 1994, 2008, 2012, 2031, 2044, 2054, 2055, 2065, 2080, 2107, 2111, 2115, 2130, 2141, 2158, 2210, 2231, 2270, 2280, 2300;
Unabhängigkeitsbewegung → **Bewegungen**
Ungarischer Volksaufstand → **Volksaufstand**
Ungehorsam → vgl. **Meuterei**
– Aufforderung zum 197, 1045, 2311;
Universitäten → vgl. **Hochschulen** 51, 54, 60, 61, 67, 69, 70, 78, 90, 109, 126, 136, 147, 174, 179, 229, 243, 252, 263, 265, 267, 320, 335, 352, 355, 359, 367, 370, 379, 380, 381, 382, 385, 386, 392, 408f., 423, 429, 435, 438, 440, 453, 459, 460, 462, 474, 487, 497f., 499, 521, 524, 532, 537, 550, 551, 553, 554, 560, 567, 568f., 573, 582, 594, 598, 602, 607, 614, 631f., 636, 645, 646, 650, 655, 667, 671, 697, 716, 741, 774, 860, 862f., 867, 896, 912, 916, 932, 988, 999, 1012, 1034, 1035, 1062, 1086, 1089, 1095, 1097, 1103, 1112, 1135, 1139, 1157-1159, 1163, 1165, 1183, 1189, 1191, 1191-1195, 1207, 1220, 1223, 1234, 1260, 1264, 1272f., 1278, 1284, 1285, 1289, 1290, 1292, 1300, 1303, 1304, 1307, 1326, 1327, 1329, 1331, 1337, 1338, 1349, 1364, 1367, 1368, 1371, 1377, 1378, 1390, 1392, 1395, 1413, 1430, 1464, 1466, 1467, 1482, 1488, 1491, 1495, 1501, 1502, 1504, 1506, 1507, 1511, 1512, 1513, 1520, 1521, 1522f., 1528, 1529, 1530, 1534, 1535, 1536, 1539, 1556, 1557, 1559, 1570, 1578, 1579, 1584, 1599, 1607, 1611, 1618, 1622, 1635, 1638, 1641, 1647, 1653, 1655, 1659, 1663, 1667, 1674, 1695, 1716, 1726, 1727, 1732, 1745, 1749, 1750, 1752, 1766, 1782, 1784f., 1789, 1793, 1795, 1796, 1802, 1805, 1809, 1811, 1817, 1818, 1825, 1827, 1835, 1859, 1868, 1875, 1880, 1882, 1893, 1897, 1900, 1902, 1912, 1920, 1921, 1928, 1935, 1948, 1958, 1964, 1986, 1998, 2000, 2005, 2006, 2011, 2033, 2038, 2042, 2047, 2050, 2059, 2060, 2066, 2073, 2077, 2078, 2097, 2115, 2128, 2150, 2154, 2161, 2163, 2171, 2177, 2179, 2182, 2188, 2191, 2198, 2200, 2201, 2206, 2215, 2216, 2218, 2220, 2221, 2222, 2226, 2235, 2237, 2287, 2289-2291, 2294, 2300, 2301, 2305, 2309, 2318, 2330, 2334, 2340, 2343, 2345;
– Assistenten 871, 1364, 1535, 1536, 1599, 1653, 1716, 1805, 1812, 1825, 1881f.;
– Autonomie der 435;
– Disziplinargericht, Ehrengericht 78, 557, 645;
– Fakultäten 51, 54, 582, 1307, 1360, 1364, 1371, 1378, 1432, 1497, 1504, 1507, 1528, 1535, 1559, 1619, 1635, 1637, 1661, 1668, 1881, 1898, 2000, 2076, 2158, 2215, 2294, 2327;

- Professoren → Professoren (allgemein)
- Rektoren 78, 229, 252, 263, 265, 340, 392, 435, 461, 497f., 513, 541, 582, 594, 602, 646, 649, 697, 716, 741, 774, 860, 862f., 866, 867, 932, 976, 980, 1185, 1191, 1192, 1220, 1223, 1234, 1260, 1278, 1290, 1371, 1382, 1466, 1491, 1498, 1502, 1503, 1504, 1523, 1639, 1668, 1750, 1766, 1771, 1784, 1788, 1801, 1860, 1928, 1949, 1970, 2006, 2011, 2073, 2171, 2226, 2289f., 2331;
- Technische 432, 626, 866, 1125, 1280, 1432, 1503, 1556, 1671, 1954, 1955, 2158, 2219, 2240;
- Vorlesung 125, 136, 252, 453, 972, 1097, 1285, 1292, 1489, 1500, 1522f., 1536;

Unterschriftensammlung 39, 136, 159, 207, 215, 220, 246, 254, 258, 259, 263, 264, 275, 280, 284, 300f., 367, 862, 1023, 1079, 1094, 1097, 1119, 1135, 1145, 1171, 1200, 1283, 1423, 1448, 1636, 1646, 1690, 1782, 1785, 1786, 1790, 1802, 1834, 1918, 1938, 1939, 1945, 1960, 1964, 1965, 1979, 2003, 2159, 2330;

Untersuchungsausschuß 352, 371, 476, 544, 545, 580, 661-664, 1095, 1195, 1260, 2164, 2230, 2239;

Urabstimmung 179, 291, 334, 350, 357, 465, 469, 474, 502, 560, 562, 665, 729, 770, 1022, 1024, 1260, 1485, 1486, 1487, 1556, 1580f., 1588, 1776, 1792, 1819, 1842, 1956, 2025;

Urkundenfälschung 530, 554, 562, 598;

Utopie 81, 266, 305, 1727;

Veranstaltung 47, 48, 85, 126, 161, 191, 192, 232, 239, 324, 339, 378, 388, 374, 479f., 499, 560, 607, 631f., 717, 928, 929, 932, 932f., 936, 962, 964, 988f., 1081f., 1084, 1110, 1112, 1138, 1146, 1150, 1163, 1182, 1198, 1304, 1306, 1320, 1322, 1336, 1341, 1348, 1354, 1359, 1366, 1375, 1377, 1380, 1401, 1419, 1421, 1426, 1430, 1437, 1440, 1445, 1451, 1455, 1456, 1457, 1483, 1486, 1506, 1520, 1526, 1576, 1586, 1601, 1612, 1622, 1623, 1655, 1733, 1784f., 1789, 1794, 1799, 1802, 1807, 1843f., 1845f., 1856f., 1879, 1895f., 1902, 1903, 1905, 1906, 1908, 1924, 1929, 1935, 1944, 1962, 1964, 2005, 2006, 2010, 2020f., 2031, 2034f., 2037f., 2040, 2051f., 2062, 2100, 2104, 2109, 2140, 2147, 2190f., 2198, 2212, 2213, 2215, 2238, 2244, 2259, 2260, 2265, 2271, 2281f., 2289, 2291, 2293f., 2307f., 2316, 2318, 2323, 2324, 2330, 2333f., 2393, 2344, 2345;
- Auflösung 140, 166, 171, 172, 226, 413, 419, 454, 496, 547, 592, 681, 729, 751, 760, 885, 991, 1111, 1146, 1259, 1505;
- Gedenk- → Gedenk/-veranstaltung
- Fest- 47, 860, 1336, 1377, 1378, 1509, 1513, 1563, 2062;
- Jubiläums- 95, 1304;
- Mahn- 100, 2165;
- Protest- 89, 106 116, 141, 142, 197, 416, 775, 1083, 1154, 1287, 1306, 1562, 2067;
- Sprengung 88, 133, 209. 274, 341, 350, 551, 593, 593f., 865, 877, 936f., 2054;
- Störung 41, 98, 100, 124, 149, 172, 175, 178, 202, 205, 209, 231, 309, 327, 336f., 339, 350, 365, 374, 380, 392, 424, 430f., 516, 520, 536, 552, 566, 570, 573, 586, 696, 715, 801, 884, 927, 941, 965, 988f., 1062, 1064, 1070, 1073, 1074, 1105, 1121, 1130, 1134, 1139, 1184, 1200, 1286, 1307, 1360, 1522f., 1679, 1692, 2095, 2126, 2183;
- - Pfeifkonzert 100, 134, 202, 336, 347, 392, 520, 573, 594, 787, 792f., 1074, 1130, 1270, 1286, 1360, 1449, 1463, 1465, 1468, 1498, 1577, 1622, 1631, 1694f., 1698, 1773, 2042, 2127, 2140, 2167, 2197, 2219, 2260, 2261, 2266, 2284, 2286, 2318;
- Verhinderung 133, 172, 206, 209, 211, 238, 252, 972, 1062, 1066, 1111, 1167, 1170, 1347, 1436;
- Wahlkampf- 94, 97, 98, 99, 100, 101, 123, 252, 593, 593f., 785, 792, 928, 1062, 1070, 1072f., 1556, 1649, 1692, 1694, 1698, 1705, 2282;

Verbannung 765, 1577, 1606, 2065, 2153, 2191, 2224, 2243;

Verbindungen, studentische → Burschenschaften

Verbot 460, 743, 860, 1448, 1576, 1582, 1590, 1994;
- Aufenthalts- 897, 1106, 1159;
- Aufführungs- 33, 40, 60, 203, 365, 387f., 392, 393f., 402, 410, 540, 542, 552, 553, 554, 587, 645, 749, 911, 917, 940, 1179f., 1277, 1437, 1466, 1467, 1524, 1535, 1536, 1869, 1940, 2120, 2211, 2350;
- Auftritts- 963, 1098;
- Berufs- 74, 76, 89, 91, 109, 225, 235, 286, 293f., 587, 1508, 1558, 1570, 1855, 2191;
- des Farbentragens 263, 265, 472, 626, 650, 716, 860, 988;
- Haus- 207, 1922;
- Lehr- 252, 305, 1727, 1766;
- des Mensurenfechtens 265, 442, 461, 472, 523f., 537, 567, 568, 602, 626, 646, 650, 731, 860;
- Organisations- 25, 29, 253, 282, 351, 382, 420, 421, 449f., 472, 664, 724, 731, 737, 756, 1111, 1145, 1349, 1576, 1654, 1790, 1919, 1779, 2069, 2123, 2160, 2165;
- - Demokratischer Frauenbund Deutschlands (DFD) 1612, 1752, 1764, 2039;
- - Freie Deutsche Jugend (FDJ) 449f., 420, 496, 737, 751, 1011, 1149, 1249, 1376, 1392, 1400, 1401, 1511, 1836, 1924, 1946;
- - Gesellschaft für deutsch-sowjetische Freundschaft (DSF) 1410, 1512, 1844, 1946, 2303;
- - Vereinigung der Verfolgten des Naziregimes (VVN) 420, 461f., 741, 2304f., 2313, 2339, 2340f.;
- - Parteien- 167, 243f., 421, 434, 513, 523, 531, 667, 698;
- - Kommunistische Partei Deutschlands (KPD) 222, 351, 513, 531, 552, 927, 1070, 1215, 1300, 1341, 1427-1430, 1436, 1468, 1490, 1497, 1511, 1582, 1600, 1603, 1605, 1630, 1647, 1680, 1695, 1745, 1750, 1764, 1770, 1786, 1814, 1818, 1866, 1897, 1904, 1922, 1933, 1941, 1971, 1972, 1999, 2069, 2070, 2086, 2158, 2186, 2190, 2192, 2199, 2210, 2214, 2220, 2226, 2252, 2285;
- - Sozialistische Reichspartei (SRP) 351, 427, 437, 513, 523, 531, 552, 598, 665, 678f., 717, 735, 751, 1071, 1244, 1251, 1558, 1654, 1679, 1920;
- politisches Betätigungs- 103, 243;
- Publikations- 32, 60, 118, 138, 159, 240, 244, 250, 265, 346, 360, 440, 443, 988, 1082, 1427f., 1640, 1956, 2123;

- Rede- 32, 165, 172, 360, 627, 1098;
- Veranstaltungs- 140, 159, 172, 224, 244, 246, 268, 270, 274, 280, 286, 296, 303, 305, 350, 366, 420f., 432, 433, 442, 495, 529, 547, 568, 776, 583, 605, 624, 668, 880, 737, 752, 777, 853, 886, 896, 910, 932, 954, 979, 996, 1000, 1032, 1041, 1066, 1080, 1103, 1163, 1164, 1190, 1440, 1607, 1943, 1951, 1953, 1956, 1962, 1963, 2011f., 2087, 2153, 2346;
- Versammlungs- 224, 248, 269, 335, 450, 811f., 861, 1215, 1259, 1451, 1456, 1471, 1498, 1675, 2176;
- Zeitungs- 138, 159, 240, 244, 250, 265, 276, 287, 406, 407, 434, 440, 443, 449, 627, 990;

Verbrechen gegen die Menschlichkeit 58, 60, 86, 87, 90, 92, 149, 160, 192, 208, 231, 241, 258, 258f., 265, 371, 478, 550, 684, 696, 742, 776, 781, 879, 941, 982, 988, 1066, 1128, 1450, 1720, 1728, 2257, 2268;

Vereinigte Staaten (USA) 340, 924;
- Kongreß 241, 330, 368, 375, 407, 413, 431, 469, 470f., 533, 561, 587, 637, 759, 776, 912, 925, 930, 950, 951, 1029, 1257, 2015, 2030, 2153;
- Nationaler Sicherheitsrat 165;
- Präsident 31, 63, 71, 158, 176, 212, 226, 247, 260, 320, 332, 340, 341, 345, 348, 358, 415, 454, 533, 593, 683, 685, 692, 714, 720, 724, 727, 733, 764, 766, 768, 784, 794, 801, 847, 873, 902, 911, 912, 913, 914, 915, 917, 924, 946, 951, 965, 990, 1029, 1066, 1082, 1092, 1102, 1152, 1190, 1211, 1223f., 1299, 1320, 1508, 1518, 1554, 1564, 1567, 1571, 1580, 1640, 1644, 1657, 1708, 1713, 1739, 1751, 1754, 1760, 1761, 1771, 1818, 1832, 1851, 1893, 1926, 1933, 1950, 1953, 2015, 2064, 2105, 2131, 2153, 2158, 2189, 2190, 2251, 2270, 2283, 2297, 2310, 2319, 2347;
- - Vize- 714, 728, 918, 971, 1555, 1589, 1657, 1751, 1893, 1894, 2064, 2154;
- Regierung 241, 572, 589, 764, 1327, 1331, 1878, 1982;
- - Atombehörde 73, 270, 413, 431, 590, 782, 924, 925, 951, 966, 990, 1003, 1725;
- - Außenministerium 53, 54, 99, 138, 139, 158, 175, 185, 227, 239, 244, 281, 290, 382, 471, 515, 619, 621, 676, 714, 728, 735, 764, 766, 776, 779, 801, 895, 902, 914, 925, 934, 937, 999, 1017, 1037, 1119, 1154, 1188, 1225, 1249, 1276, 1279, 1295, 1532, 1740, 1760, 1832, 1879, 2064, 2092, 2148, 2153, 2154, 2158, 2164, 2177, 2179, 2180, 2181, 2189f., 2237, 2251, 2346;
- - Verteidigungsministerium 1422, 1532, 1534, 1676, 2346;

Vereinte Nationen (UN) 23, 31, 85, 149, 166, 254, 268, 292, 309, 317, 325, 332, 367, 388, 503, 676, 789, 907, 1211, 1290, 1360, 1441, 1450, 1468, 1476, 1477, 1479, 1482, 1492-1494, 1495, 1502, 1503, 1504, 1528, 1567f., 1570, 1575, 1594, 1596, 1599, 1644, 1655, 1691, 1714, 1739, 1766, 1771, 1773, 1841, 2012, 2014, 2037, 2128, 2189, 2238, 2255f., 2262, 2271, 2314, 2324, 2343;
- Charta der 42, 73, 85, 155, 316, 452, 456, 457, 536, 1055, 1320, 1517, 1756, 1953, 2054, 2177;
- Generalsekretär 687, 764, 1479, 1495, 1568, 1576, 1773, 1797, 1841, 1993, 1995, 2064, 2180;
- Sicherheitsrat 247, 254, 271, 490, 903, 1299, 1347, 1479;
- UN-Beauftragte 338, 466, 579, 1995;
- Vollversammlung 85, 508, 524, 764, 917, 1288, 1299, 1347, 1492, 1568, 1584, 1593, 1721, 1750, 1754, 1797, 1995, 2030, 2055, 2272, 2315, 2329;

Verfassung 175, 450, 724, 1041, 1098, 1189, 1313, 1331, 1584, 2102, 2111;
- Grundgesetz 20, 43, 56, 60, 65, 73f., 79, 96, 103, 119, 120, 315, 386, 409, 450, 463f., 513, 520, 548, 555, 647, 678, 724, 762, 790, 858, 911, 947, 948, 958, 1011, 1017, 1133, 1211f., 1213, 1313, 1315, 1324, 1343, 1344, 1411, 1424, 1455, 1563, 1568, 1629, 1764, 1834, 1850, 1854, 1858, 1880, 1905, 1908, 1925, 1940, 1958, 2024, 2029, 2066, 2068, 2090, 2117, 2188, 2189, 2223, 2254, 2269, 2291, 2304, 2319, 2324, 2340;
- DDR 23, 75, 127, 148, 162, 215, 307, 762, 774, 857, 1133, 1258, 1386, 2140;
- Frankreich 1761, 1762, 1925, 1980f., 1987, 1991, 1994, 2003, 2060;
- Sowjetunion 1298, 1334, 1386;
- Vereinigte Staaten 925, 983f., 1366;
- Weimarer 22, 409, 1125, 1213;

Verfassungsbeschwerde 433, 919, 948, 2253;

Verfassungsfeindlichkeit 295, 351, 427, 434, 454, 513, 531, 678f., 717, 876, 928, 1400, 1440, 1454, 1512, 1585, 1605, 1607, 1624, 1632, 1654, 1674, 1679, 1752, 1756, 1786f., 1904, 1919, 1922, 1925, 1945, 2039, 2069, 2070, 2080, 2186, 2220, 2304, 2319, 2336, 2347;

Verfassungsschutz 265, 301, 334, 520, 1007f., 1011, 1313, 1323, 1358, 1464, 2070, 2113, 2192;
- Bundesamt für 301, 334, 443, 548, 661, 765, 926, 1007f., 1013, 1026, 1038, 1094, 1290f., 1303, 1313, 1334, 1358, 1539, 1768, 1957, 2070, 2113, 2210;
- Landesämter für 301, 443, 743, 1260, 1313;

Verfügungen 1928;
- Einstweilige 555, 564, 889, 1525, 1588, 1905, 1924, 1935, 2070, 2114, 2220, 2221, 2272, 2305;

Vergangenheitsbewältigung 97, 649, 893, 1385, 1423, 1733, 2152, 2182, 2318, 2350;

Verhaftung → **Festnahme, Verhaftung**

Verhör, Vernehmung 46, 82, 84, 665, 669, 762, 785, 966, 970, 1023, 1210, 1320, 1386, 1605, 1625, 1652, 1669, 1698, 1739, 2169;

Verkehrsstillstand 214, 317, 608, 615, 628, 853, 1835, 2089, 2219, 2265;

Verlage, Verleger 78, 81, 124, 125, 240, 243, 253, 304, 357, 392, 395, 412, 440, 537, 580, 591, 701, 730f., 790, 913, 1095, 1108, 1163, 1190, 1191-1195, 1195, 1256, 1266, 1438, 1489, 1510, 1525, 1530, 1556, 1557, 1559, 1561, 1574, 1590, 1591, 1624, 1643, 1656, 1668, 1674, 1680, 1692, 1693f., 1701, 1707, 1709, 1720, 1734, 1763, 1784, 1810, 1910, 1926, 1952, 1956, 1984, 1989, 2002, 2004, 2024, 2048, 2049, 2050, 2069, 2070, 2084, 2099, 2104, 2114, 2125, 2126, 2162, 2164, 2186, 2196, 2206, 2214, 2224, 2225, 2250, 2271, 2274, 2291, 2293, 2294, 2331;

Verleumdung 240, 519, 649, 1285, 1382, 1462, 1528, 1534, 1568, 1575,

1592, 1611, 1663, 1684, 1696, 1702, 1714, 1716, 1750, 1792, 1880, 1922, 1928, 1942, 2002, 2006, 2023, 2094, 2185;
- Staats- 519, 1413, 1745, 1965, 1969f., 2051, 2060, 2071, 2148, 2185, 2315;

Verrat 471, 689;
- Hoch- 170, 348, 412f., 426, 455f., 575, 688, 741, 751, 776, 779, 879, 887, 898, 920, 976, 987, 996, 1039, 1085, 1096, 1114, 1168, 1198, 1204, 1210, 1222, 1268, 1302, 1303, 1305, 1391, 1414, 1536, 1572, 1792, 2192;
- Landes- 126, 145, 348, 349, 412f., 426, 455f., 575, 742, 765, 801, 1035, 1094, 1303, 1539, 1558, 1752, 1805, 1926, 1957, 2024, 2055, 2116, 2196;
- Staats- 2004, 2071, 2157;

Versammlung 34, 46, 39, 74, 76, 91, 98, 106, 136, 140, 142, 145, 147, 149, 150, 155, 170, 171, 183, 233, 238, 295, 303, 335, 340, 367, 496, 554, 571, 630, 631, 650, 682, 724, 729, 731, 737, 751, 761, 850, 854, 935, 943, 953, 979, 1009, 1053, 1074, 1079, 1100, 1103, 1114f., 1125, 1239, 1257, 1330, 1471, 1481, 1482, 1574, 1677, 1938, 1976, 2083;

Verstaatlichung 27, 352, 396, 399, 416, 421, 436, 464, 496, 499, 532, 534, 586, 715, 916, 1282, 1419, 2227;

Vertrag 52, 182, 592, 782, 925, 1049, 1096, 1252, 1288, 1590;
- Deutschland-/General- (1952) 358, 488, 515, 528, 532, 533, 545, 547, 555-558, 576, 588, 589, 590, 591, 595-597, 603, 619-621, 639, 658, 659, 603, 619-621, 639, 658, 659, 686, 690, 691, 695, 715, 733, 744, 753, 753-756, 756, 926, 929, 960, 1001, 1054, 1177-1179, 2006, 2090;
- Europäische Verteidigungsgemeinschaft (EVG, 1952) 528, 532, 533, 555-558, 588, 602f., 620, 621, 659, 686, 690, 691, 694, 695, 715, 733, 735, 744, 752, 753, 753-756, 756, 916, 924, 925, 926, 929, 930, 940, 945, 952, 958, 960, 963, 1001, 1032f.;
- Görlitzer (1950) 162, 253;
- Londoner (1954) 925, 1042, 1049;
- Moskauer (1955) 1252, 1258;
- Österreichischer Staats- (1955) 101, 1092, 1188f., 1199, 1226f., 1276;
- Pariser (1954) 926, 1054f., 1081f., 1084, 1085, 1093, 1094, 1096, 1100-1154, 1160, 1164, 1164f., 1178, 1214, 1372, 1762, 1778, 1841;
- Römische (1957) 1555, 1605;
- San Francisco 592;

Vertreibung 75, 90, 1730;
Vertriebene → **Heimatvertriebene**
Vertriebenenpolitik 167f.;

Verunglimpfung
- des Andenkens Verstorbener 145, 439, 460, 575, 1843, 1917, 2045, 2186, 2300;
- von Staatsorganen 976;

Veto 36;
Vierzig-Stunden-Woche → **Woche/-Vierzig-Stunden-**
Völkerbund 69, 2180, 2343f.;
Völkerrecht 278, 724, 1348, 1659, 1683, 1729, 1798, 1834, 1950, 1953, 2011, 2020, 2037, 2246;
Volksaufstand 1767;
- 17. Juni 714, 718f., 796-801, 802-846, 851, 852f., 853, 855-857, 859, 859f., 860f., 861, 863, 864, 865f., 868, 872, 873, 876, 883, 886, 887, 890, 892, 907, 930, 988, 996, 997, 1327, 1377, 1392, 1492, 1569, 1927, 1937, 1984, 2005, 2204f.;
- Ungarischer 1299, 1301, 1303, 1304, 1471-1482, 1489, 1492, 1494, 1495, 1497, 1499, 1501f., 1503-1507, 1508, 1509, 1510, 1511, 1512, 1513, 1514, 1516, 1517, 1518, 1519, 1521, 1522f., 1525, 1526, 1528, 1529, 1530f., 1532, 1534, 1536, 1539, 1554, 1558, 1559, 1562, 1563, 1564, 1567, 1569, 1571, 1576, 1577, 1582, 1585, 1601, 1612, 1613, 1662, 1665, 1681, 1693, 1695, 1697, 1730, 1731, 1739, 1745, 1767, 1792, 1814, 1818, 1824, 1926, 1927, 1928, 1930, 1986, 2048;

Volksabstimmung, Volksbefragung, Volksbegehren, Volksentscheid 52, 70f., 278, 303, 310, 311, 315, 345, 351, 360, 393f., 616, 878, 884f., 926, 929, 1032, 1089, 1093, 1096, 1101, 1109, 1125, 1126, 1146, 1147, 1148, 1149, 1155, 1190, 1214, 1274f., 1275, 1284f., 1352, 1392, 1400, 1422, 1584, 1585, 1761, 1763, 1765, 1779, 1793, 1795, 1801, 1809, 1814, 1828, 1829, 1830, 1834, 1842, 1849, 1850, 1854, 1856, 1858, 1870, 1874, 1871, 1892, 1895, 1903, 1905, 1906, 1919, 1936, 1938, 1978, 1979, 1991, 1993, 1994, 2003, 2006, 2058, 2059, 2102, 2270;
- für Friedensvertrag, gegen Remilitarisierung (1954) 929, 987, 988, 1001f., 1017;
- gegen Remilitarisierung (1951) 350, 351f., 368f., 378, 388, 398, 411, 416, 419, 420f., 424, 429, 432, 433f., 434, 438f., 442, 444, 445, 446, 450, 470, 476, 487, 495, 501, 529, 576f., 672, 776, 928, 1000, 1020, 1055, 1257, 1400;
- gegen Atombewaffnung (1958) 1763, 1765, 1858, 1864, 1867, 1858, 1874, 1875, 1876, 1879, 1880, 1905, 1906, 1909, 1910, 1915, 1917, 1922, 1924, 1927, 1935, 1945, 1958, 1960, 1979, 2015, 2053, 2109, 2119, 2126, 2153;

Volksfront 204, 1282;
Volkshochschule 60, 1641, 1663f., 1960;
Volkskammer → **DDR/Volkskammer**
Volkszählung 291, 308;
Vollversammlung vgl. → **Studenten/ – Vollversammlung** 66, 487, 697, 761, 1028, 1385, 1489, 2197;
Waffenembargo 984;
Waffenstillstand 1450, 1568, 2280;
Wahlbündnis 869f., 887;
Wahlen 118, 179f., 326, 503, 573, 588, 670, 1308, 1381, 1508, 1518, 2030, 2047;
- Bundespräsident
- - (1949) 117f.;
- - (1954) 1011;
- - (1959) 2066, 2215;
- Bundestag 877, 1794, 2228, 2325;
- - 1949 104;
- - 1953 715, 786, 1665, 1793, 1990, 2279;
- - 1957 1555, 1571, 1635, 1642, 1649, 1659, 1661, 1665, 1672, 1680, 1704, 1705, 1707, 1708, 1709f., 1730, 1793, 1794, 1937, 1942, 1988, 2015;
- Einheitslisten- 22, 59, 70f., 161, 269, 279, 291, 312, 313, 360, 388, 929, 1052, 1661, 2039;
- Freie 127, 162, 175, 186, 199, 291, 320, 351, 363, 397, 579, 670, 825, 828, 859, 863, 873, 938, 1011, 1014, 1130, 1139, 1276, 1338, 1470, 1471, 1479, 1676, 2012f., 2085, 2092, 2097, 2153;
- Landtags-
- - Baden-Württemberg 329;
- - Bayern 329, 1971, 1977, 2016, 2034;

– – Berliner Abgeordnetenhaus 334, 1082, 1458, 1727, 2038, 2054;
– – Bremer Bürgerschaft 498, 1755, 1879;
– – Hamburger Bürgerschaft 132, 906;
– – Hessen 329, 2014;
– – Niedersachsen 428, 445, 2129;
– – Nordrhein-Westfalen 208, 238, 1818, 1905, 1943, 1971, 1988, 1999, 2015, 2069, 2178, 2198;
– – Rheinland-Pfalz 2066, 2160;
– – Saarland 693;
– – Schleswig-Holstein 255, 1993f., 2002, 2015;
– Kommunal- 44, 506, 687, 1467;
– Manipulation 112f., 180, 215, 929, 1002, 1052f., 1093, 1275;
– Volkskammer- 161, 312, 313, 388, 929, 1052f., 1661, 2013, 2039, 2060, 2085, 2086, 2185, 2318;
– Volkskongreß- 59, 70;
Wahlkampf 1309;
– Bundestags- 879f.;
– – (1949) 21, 79, 85, 86, 90, 91, 93, 94, 97, 98, 101, 159;
– – (1953) 888, 889, 890;
– – (1957) 1555, 1571, 1635, 1642, 1649, 1659, 1661, 1665, 1672, 1680, 1704, 1705, 1707, 1769;
– Landtags- 131, 238, 417, 426f., 523, 715, 1058, 1072f., 1073f., 2066;
Wahlrecht 1336, 1579, 1657, 1708, 1767, 1797, 1933;
– aktives 886, 1338, 1512, 1579, 1771, 1902, 1919, 1922, 2006, 2199;
– Frauen- 493, 846, 953f., 1248f., 1584, 1586f., 1936, 2095, 2102;
– Mehrheits- 226, 1336;
– passives 166, 254, 886, 1430, 1440, 1579, 1771, 1902, 1919, 1922, 2006, 2199;
– Persönlichkeits- 853f.;
– Verhältnis- 715, 853f.;
Währungsgeschädigte 92, 284, 390, 448, 660, 672;
Währungspolitik 74, 284, 660;
Währungsreform 20, 69, 74, 786;
Warenhäuser, Kaufhäuser 716, 793, 926, 946, 959f.;
Warschauer Pakt → **Pakt/ – Warschauer**
Wehrbeitrag 1211f., 1223, 1628f.;
Wehrdienstverweigerung → **Kriegsdienstverweigerung**
Wehrgesetzgebung 516, 947, 948, 958, 960, 1093, 1212, 1222, 1225, 1244, 1266f., 1317, 1320, 1343, 1344, 1352, 1394, 1410, 1411, 1424, 1529, 1568, 1571, 2242;
Wehrmacht 972, 1317, 1331, 1392, 1540, 1560, 1601, 1725f., 1732, 2141, 2247;
Wehrpflicht 31, 345, 364, 570, 1300, 1313, 1314, 1318, 1341, 1343, 1352, 1375, 1397, 1443, 1467, 1515, 1563f., 1568, 1569f., 1571, 1609, 1622, 1623, 1639, 1647, 1665, 1683, 1701, 1730, 1766, 2244, 2248, 2251, 2253, 2291, 2313, 2328, 2341;
– allgemeine 116, 385, 404, 548, 947, 1083, 1087, 1228, 1244, 1258, 1300, 1341, 1343, 1375, 1385, 1389, 1393, 1394, 1400, 1406, 1408, 1409, 1410, 1411, 1412, 1415, 1416, 1417, 1418, 1420, 1421, 1430, 1445, 1448, 1461, 1463, 1490, 1563f., 1569, 1571, 1576, 1581, 1649, 1679, 1697, 1701, 1896, 2195, 2326;
Weimarer Republik 33, 95, 176, 393, 461, 484, 512, 536, 853f., 933, 990, 1073, 1081, 1087, 1104, 1107, 1129, 1213, 1260, 1309, 1436, 1438, 2182, 2228, 2331;
Weltbürgerbewegung → **Bewegungen/Weltbürger-**
Weltbürgerpaß → **Bewegungen/Weltbürger-**
Weltfriedensbewegung → **Bewegungen/Weltfriedens-**
Weltjugendfestspiele 104, 1674f., 1685f., 1693, 2121, 2125, 2126, 2150, 2225f.;
– Budapest (1949) 104;
– Ost-Berlin (1951) 352, 401, 421, 435, 450, 453, 462, 466, 466-469, 487, 774, 776;
– Bukarest (1953) 878;
– Warschau (1955) 1229f.;
– Moskau (1957) 1674f., 1685f., 1693;
– Wien (1959) 2121, 2125, 2126, 2150, 2225f.;
Weltregierung 26, 31, 149, 232;
Werften 90, 178, 198, 246, 1129, 1236-1238, 1301;
West-Berlin → **Berlin**
Westintegration 243, 348, 373, 458, 488, 528, 532, 573, 590, 619-621, 641, 715, 768, 904, 925, 1043, 1054f., 1092, 1093, 1250, 1309, 1988;
Widerstand 93, 137, 145, 159, 176, 190, 208, 259, 355, 459, 460, 465, 482, 519, 524, 529, 540, 696, 738, 741, 742, 763, 766, 787, 896, 915, 927, 947, 1009, 1018, 1021f., 1026, 1038, 1043, 1056, 1065, 1074f., 1113, 1141, 1190, 1224, 1230, 1247, 1247f., 1248, 1252, 1252f., 1256, 1302, 1361, 1365, 1377, 1380, 1381, 1392, 1449, 1463, 1480, 1490, 1516, 1521, 1560, 1601f., 1659, 1660, 1677, 1678, 1704, 1706, 1732, 1740, 1765, 1785, 1786, 1837, 1855, 1882, 1917f., 1935, 1949, 1994, 2138, 2152, 2160, 2192, 2193, 2203, 2244, 2258, 2267, 2287, 2288, 2313, 2329, 2340, 2345;
– antikommunistischer 93, 100, 161, 162, 181f., 257, 309, 322, 408, 904, 1316, 2005, 2318;
– gegen die Staatsgewalt 34, 84, 202, 336, 360, 454, 467, 521, 547, 554, 568, 698, 885, 935, 946, 1068, 1361, 1408, 1414, 1460, 1579, 1979, 2276;
– kommunistischer 41, 49, 107, 338, 365, 452, 516, 537, 657, 733, 878, 966, 1035, 1327;
– passiver 83, 2080;
– 20. Juli 32, 86, 87, 93, 125, 149, 161, 172, 257, 334, 349, 413, 426, 439, 460, 471, 487, 492, 514, 525, 531, 575, 645, 667, 685, 689, 737, 926, 981, 1012, 1013, 1043, 1205f., 1223, 1301, 1434, 1452f., 1464, 1609, 1917f., 1952, 2005, 2184, 2187, 2196, 2222;
Wiederaufbau 54, 99, 283, 292, 364, 538, 565, 954, 1321, 1409, 2174, 2177;
Wiederbewaffnung, Wiederaufrüstung 21, 24, 37, 43, 64, 133, 138, 139, 147, 148, 149, 151, 158f., 161, 163, 165, 166, 168, 172, 186, 197, 217, 229, 230, 231, 239, 260, 268, 272f., 273, 274, 277, 278, 279, 280, 281, 283, 287, 288, 290, 292, 295, 307, 307f., 310, 315, 318, 322, 323, 325, 327, 331, 338, 346, 348, 358f., 360, 366, 368, 370, 372f., 374, 376, 378, 382f., 385, 391, 393, 403f., 404, 411f., 417, 418, 421, 424, 429, 432, 433f., 438, 446, 449, 454, 459, 471f., 474, 482, 492, 498, 507, 513f., 519, 528, 532, 536, 537f., 545, 553, 554, 555-558, 559, 560, 562, 563, 566, 568, 570, 574f., 576f., 585, 588, 597, 603, 607, 616, 634, 641, 680, 687, 692, 694, 715, 722, 732, 766, 774, 784, 787,

788, 858, 889, 898, 900, 912, 916, 921, 925, 926, 927, 929, 948, 952, 956, 978, 982, 988, 1012, 1014-1016, 1042, 1045, 1048, 1052, 1059, 1062, 1064f., 1066, 1070, 1082, 1093, 1095f., 1100, 1178, 1198f., 1211f., 1225, 1228, 1231f., 1244, 1254, 1258, 1280f., 1300, 1309, 1311, 1312, 1313, 1314, 1315, 1316, 1318, 1320, 1321, 1322, 1323, 1335, 1336, 1341, 1345, 1369, 1376, 1382, 1385, 1391, 1393, 1400, 1407, 1412, 1415, 1420, 1421, 1438, 1453, 1467, 1526, 1708, 1736, 1762, 2006, 2067, 2083, 2217, 2251, 2335;

Wiedergutmachung 21, 44, 88, 89, 97, 99, 116, 117, 145, 146, 150, 155, 166, 180, 191, 216f., 231, 239, 255, 295, 318, 338, 348f., 364, 368, 379, 398, 412, 417, 454, 476, 477, 478f., 485, 486, 490f., 495, 499, 503f., 504, 512, 521, 522, 530, 539, 541, 549, 554, 578f., 580f., 582, 584f., 589, 600-602, 611f., 622, 650, 653-655, 665, 681, 701f., 715, 753, 783, 792, 910, 956, 1059, 1151, 1202, 1312, 1339, 1355, 1360, 1388, 1408, 1577, 1596, 1598, 1601, 1695, 1737, 1753, 1757, 1807, 2020, 2090, 2092, 2140, 2162, 2203, 2217, 2236, 2243, 2350;

Wilhelminismus, Wilhelminisches Zeitalter 168, 193, 477, 1436, 1591;

Wirtschaftspolitik 301, 350, 460f., 480, 519, 617, 1313, 1469f., 1471, 1575, 1670, 2331;

Wirtschaftsrat 46, 73, 107, 118, 119;

»Wirtschaftswunder« 1486, 1598, 2076, 2232, 2343;

Witze 431, 545, 1351, 1969, 1970;

Woche 659, 666, 667, 896, 1147, 2006;
- der Brüderlichkeit 568, 599, 744, 1148, 1597, 1612, 1704, 1981;
- der atomaren Abrüstung 2268;
- des Friedens 113;
- der Heimat 228;
- Vierzig-Stunden-, Fünf-Tage- 595, 926, 974, 1095, 1171, 1174;

Wohnungsbau 2309;

Zeitschriften 24, 26, 33, 36, 48, 53, 60, 64, 74, 77, 78, 161, 164, 207, 319, 404, 519, 538, 554, 565, 579, 595, 614, 626, 639, 649, 682, 694, 729, 749, 768, 771, 882, 885, 956, 957, 986, 988, 1002, 1040, 1043, 1055, 1056, 1064, 1177, 1189, 1192, 1213, 1231, 1236, 1240, 1259, 1263, 1275, 1279, 1289, 1332, 1389, 1420, 1522, 1525, 1526, 1529, 1530, 1536, 1562, 1568, 1578, 1579, 1582, 1589, 1590, 1625, 1641, 1667, 1678, 1695, 1721, 1722, 1742, 1748, 1752f., 1768, 1793, 1804, 1808, 1834, 1866, 1881, 1885, 1896, 1911, 1917, 1928, 1939, 1978, 1998, 2002, 2054, 2058, 2060, 2072, 2073, 2079, 2081, 2088, 2089, 2090, 2135, 2147, 2157, 2160, 2165, 2170, 2176f., 2186, 2194, 2197, 2199, 2200, 2203, 2206, 2210, 2218, 2220f., 2226, 2244, 2257, 2272, 2275, 2289, 2297, 2303f., 2305, 2308, 2324, 2329, 2334, 2340, 2343;
- gründung 36, 238, 264, 354, 395, 537, 1108, 1181, 1432f., 1736, 1961, 1976;

Zeitungen 26, 29, 31, 36, 38, 39, 41, 44, 45, 46, 48, 53, 68, 71, 74, 76, 78, 81, 82, 83, 90, 102, 108, 109, 113, 118, 134, 136, 138, 139, 141, 144, 145, 147, 152, 153, 155, 156, 178, 180, 185, 202, 207, 211, 227, 242, 243, 244, 246, 250, 251, 254, 262, 265, 267, 268, 272, 273, 276, 280, 286, 288, 294, 306, 308, 326, 341, 355, 362. 364, 366, 370, 373, 373, 376, 377, 384, 402, 404, 406, 407, 412, 431, 434, 437, 440, 443, 445, 455, 458, 463, 476, 478, 486, 487, 495, 499, 506, 511, 516, 521,529, 534, 553, 573, 578, 616, 621, 626, 628, 632, 649, 653, 662, 664, 687, 698, 701f., 702, 717, 723, 724, 728, 731, 739, 762, 767, 770, 775, 792, 794, 796, 801, 851, 852, 853, 854, 856, 857, 859, 861, 862, 865, 866, 869, 870, 872, 876, 883, 885, 889, 908, 912, 913, 916, 921, 928, 932, 934, 935, 956, 957, 958f., 968, 969, 979, 988, 990, 993, 994, 1003, 1006, 1023, 1037, 1038, 1039, 1056, 1065, 1069, 1072, 1074, 1081, 1084, 1087, 1088, 1097, 1098, 1109, 1115, 1119, 1136, 1139, 1141, 1145, 1151, 1154, 1156, 1162, 1171, 1177, 1179f., 1182, 1187, 1189, 1192, 1195, 1198, 1204, 1205, 1207, 1213, 1214, 1226, 1227, 1247, 1248, 1250, 1251, 1254, 1254f., 1262, 1268, 1270, 1282, 1284, 1285, 1289, 1295, 1331, 1334, 1335, 1341, 1343, 1349, 1351, 1354, 1357, 1358, 1364, 1366, 1368, 1374, 1380, 1390, 1392, 1395, 1396, 1399, 1400, 1408, 1410, 1414, 1426, 1427f., 1432, 1438, 1448, 1457f., 1463, 1464, 1470, 1476, 1477, 1494, 1495, 1497, 1501, 1502, 1508, 1510, 1511, 1513, 1514, 1517, 1518, 1520, 1526, 1530, 1531, 1534, 1536, 1541, 1557, 1558, 1559, 1560, 1561, 1567, 1579, 1584, 1588, 1590, 1594, 1597, 1599, 1600, 1601, 1604, 1605, 1611, 1615, 1618, 1623, 1625, 1631, 1635, 1636, 1639, 1640, 1642, 1643, 1647, 1649, 1654, 1661, 1664, 1666, 1673, 1676, 1677, 1678, 1680, 1682, 1685, 1688, 1689, 1694, 1695, 1696, 1700, 1705, 1708, 1714, 1717, 1719, 1725, 1726, 1727, 1728, 1739, 1740, 1741, 1742, 1743, 1749, 1750, 1753, 1764, 1766, 1769, 1774, 1777, 1778, 1780, 1781, 1784, 1786, 1787, 1794, 1796, 1797, 1798, 1805, 1806, 1812, 1817, 1819, 1823, 1826, 1828, 1842, 1843, 1847, 1854, 1855, 1858, 1859, 1860, 1863, 1868, 1878, 1879, 1880, 1881, 1882, 1885, 1904, 1907, 1916, 1918, 1921, 1924, 1926, 1927, 1931, 1932, 1933, 1936, 1937, 1941, 1943, 1945, 1952, 1953, 1956, 1964, 1965, 1967, 1970, 1971, 1974, 1977, 1978, 1980, 1982, 1985, 1986, 1988, 1991, 1994, 2002, 2003, 2005, 2006, 2007, 2009, 2013, 2017, 2018, 2019, 2022, 2024, 2025, 2026, 2029, 2032, 2039, 2042, 2045f., 2047, 2048, 2050, 2051, 2052, 2055, 2070, 2072, 2074, 2076, 2078, 2079, 2082, 2084, 2087, 2090, 2091, 2092, 2093, 2095, 2100, 2102, 2103, 2104, 2108, 2109, 2110, 2113, 2114, 2116, 2120, 2123, 2125, 2129, 2133, 2134, 2141, 2148, 2150, 2151, 2155, 2156, 2157, 2158, 2161, 2164, 2169, 2173, 2179, 2186, 2187, 2192, 2196, 2198, 2204, 2205, 2206, 2210, 2211, 2217, 2219, 2221, 2222, 2226, 2227, 2230, 2239, 2240, 2241, 2242, 2245, 2246, 2249, 2251, 2253, 2259, 2264, 2272, 2273, 2276, 2285, 2286, 2287, 2291, 2296, 2299, 2300, 2303, 2305, 2308, 2309, 2312, 2314, 2317, 2318, 2320, 2324, 2330, 2332, 2336, 2337, 2338, 2339, 2340, 2342, 2346, 2347, 2348, 2349, 2350, 2351;
- gründung 136, 440, 632, 716, 768, 779, 913, 1186f.;

Zensur 348. 591, 699, 790, 949, 955, 962f., 1320, 1527, 1561, 1564;

- Ballett 33, 2301;
- Bibliothek 352, 763, 794, 794, 795, 801;
- Buch 32, 140, 352, 523, 667f., 699, 763, 794, 795, 801, 969, 1340, 1527;
- Fernsehen 1271f.;
- Film 40, 56, 92, 434, 444, 703, 941, 962f., 1356f., 1436, 1496f., 1500f., 1591, 1637, 2227, 2305f.;
- Presse 118, 667f., 699, 957, 988, 1254, 1401, 1465, 1470, 1527, 1584, 1721, 2192;
- Rundfunk 166, 264, 1136, 2192;
- Widerstand gegen 943;
- Zeitschrift 60, 639, 1177, 1721, 1736;

Zivilcourage 545;
Ziviler Ungehorsam 257, 534, 541, 567, 634, 1130, 2061, 2311;
Zivilisation 1641;
Zivilschutz 1586, 1868, 2291;

Zusammenrottung 531, 555;
Zwangsarbeit 28, 85, 377, 791, 1420;
Zwangsarbeiter → **Displaced Persons**
Zwangsräumung 516, 659, 927, 1009, 1010, 1018, 1021f., 1079, 1132;
Zwangsvereinigung 2012;
Zypern-Frage, -Konflikt 1030, 1098, 1259, 1305, 1346, 1347, 1449, 1519, 1596, 1606f., 1750, 1754, 1838, 1919, 2065, 2115, 2121, 2127, 224;

Quellenverzeichnis der Bild- und Textdokumente

Hinweis:
Das Verzeichnis der Bild- und Textdokumente ist nach den folgenden Rubriken unterteilt:
1. **Photos**
2. **Karikaturen**
3. **Zeichnungen** (auch Gemälde, Holzschnitte, Linolschnitte, Aquarelle etc.)
4. **Plakate** (auch Embleme, Signets, Vignetten etc.)
5. **Flugblätter** (auch Faltblätter, Handzettel, Aufkleber etc.)
6. **Graphiken** (Schaubilder, Statistiken etc.)
7. **Karten** (Landkarten, Stadtpläne etc.)
8. **Titelbild/Titelseite/Titelzeile** (Bücher, Zeitungen, Zeitschriften und Broschüren)
9. **Textdokumente** (Theater, Literatur, Lyrik, Tagebücher, Briefe, Aufrufe, Protokolle, Manifeste etc.)

Jede **Seitenzahl** ist mit einer **Positionsziffer** versehen, die den Standort des Bild- oder Textdokumentes angibt, z.B.: 118/3 oder 1234/5. Die Zählung folgt dabei der Leserichtung: Von links oben nach rechts oben und von oben nach unten.

Trotz aller Bemühungen ist es nicht in allen Fällen gelungen, die Rechteinhaber ausfindig zu machen. Es wird darum gebeten, sich gegebenenfalls beim Hamburger Institut für Sozialforschung, Mittelweg 36, 20148 Hamburg, zu melden.

I. Photos

A.F.P.: 1482/3, 1751/3
A.P.N./A. Oustinov und F. Kislov: 1334/1
Abendroth, Lisa: 408
Alvermann: 1605
Anders, Günther: 1677/2
Andres, Erich: 1829/2, 1850/1
Anonym: Eine Frau vor Gericht, o.O. o.J.: 583/1
AP: 40, 51/1, 53/1, 54/1, 56/1, 57/2, 68/2, 110/2, 188/2, 212, 239/1, 271/1, 562/1, 596/1, 773, 807/3, 813/3, 901/3, 962, 984/1, 1013/2, 1060, 1108/1, 1108/2, 1266/1, 1393, 1394, 1447/2, 1479/3, 1479/1, 1507, 1580/2, 1594/3, 1628/2, 1885/1, 1907, 1928/3, 1946/1, 1986, 2022/2, 2256/2, 2256/1, 2270/3
Archiv »Protest, Widerstand und Utopie in der BRD«, Hamburger Institut für Sozialforschung: 26/2, 29/1, 30/2, 31/1, 34/2, 42, 44/2, 45/3, 46/1, 46/2, 48/1, 55/1, 62, 64, 81/2, 81/1, 94/1, 97, 223/2, 224/2, 227/3, 227/2, 322/2, 322/1, 355, 366/3, 377/2, 383/1, 395/1, 400/1, 406/2, 409/2, 409/3, 414, 434, 450/1, 489/3, 492/2, 493/1, 616/1, 751/1, 856/1, 864/3, 888/1, 894/1, 938/3, 953/2, 1021/1, 1021/3, 1021/2, 1042/1, 1042/2, 1045/2, 1071/2, 1082, 1110, 1161/1, 1184/2, 1308/4, 1356, 1406/2, 1448/3, 1519/2, 1519/1, 1568/1, 1587/4, 1614/2, 1651/1, 1690/1, 1696/1, 1705, 1804/3, 1833, 1846, 1892, 1903/1, 1908, 1964/1, 1992/1, 2037, 2040, 2044/2, 2056/1, 2168/3, 2204/2, 2204/3, 2204/1, 2234, 2251, 2279/1, 2280, 2336/1, 2336/2
Archiv der Frankfurter Rundschau: 748/3
Archiv der sozialen Demokratie in der Friedrich-Ebert-Stiftung: 285/2, 291, 451/2, 900/1, 1016/1, 1874/1, 1969/3, 2132/1
Archiv der Stadt Frankfurt am Main: 287
Archiv des Parteivorstands der SPD: 2326/3
Archiv für Kunst und Geschichte: 863
Archiv Gerstenberg: 151/1
Archiv Herbert Blankenhorn: 665/1
Archiv Jacqueline de Jong: 1685
Archiv Mikis Theodorakis: 49
Archives C. Raymond-Dityvon/Viva: 1244/1
Aufbau, New York: 1197
Bankhardt, Alois: 1658/2, 1658/3
Barber, Noel: 1480/1
Berry, Ian: 1600/1
Bettmann: 412/1, 573/1, 728, 759/3, 848/1, 934/2, 1128/1
Betzler, Hannes: 1202/1
Bildarchiv Preußischer Kulturbesitz: 595, 1043/1, 1847/2
Black Star: 1712/2
Black Star/Charles Moore: 1979, 1980
Bloch, Jan Robert: 1579/1
Bloch, Karola: 1529/2, 1573/3
BPK: 1572/1
Braun: 1456
Bundesarchiv: 624/1, 832/2, 1811/3
Bundesarchiv Bild 183: 33/1, 47, 71/3, 75, 99/2, 113/2, 128/1, 129/1, 230/2, 234/1, 253/2, 260/2, 371/1, 389/2, 425/2, 493/2, 498/2, 499/2, 579/1, 623/1, 640/2, 690/2, 700/2, 845/1, 846/2, 855/1, 894/2, 918/1, 918/2, 937/1, 961/1, 985/1, 986/3, 1028/1, 1032/2, 1050/2, 1050/3, 1051/1, 1051/2, 1059, 1071/1, 1080/1, 1084/1, 1084/2, 1086, 1087/1, 1102/3, 1112/3, 1112/1, 1113/2, 1124/2, 1126/1, 1127/1, 1129/2, 1145/2, 1153/2, 1185/2, 1200, 1289/1, 1311/1, 1311/2, 1365/3, 1365/1, 1369/1, 1369/2, 1442/1, 1608/2, 1686/1, 1687/2, 1773/2, 1849, 1873/2, 1883/2, 1930/2, 1947/1, 1984/1, 2009/1, 2096/2, 2114/1, 2124/2, 2124/1, 2144/1, 2162, 2198/1, 2285, 2290/2, 2293/2, 2299/2, 2333/2
Bundesarchiv Bild 183/Berg: 1123, 1134/1
Bundesarchiv Bild 183/Heilig: 1832
Bundesarchiv Bild 183/Hein: 699/4, 701/1
Bundesarchiv Bild 183/Heinz Hollmann: 1320
Bundesarchiv Bild 183/Hoff: 1114/1, 1114/2, 1134/3, 1167/2
Bundesarchiv Bild 183/Höhne-Pohl: 1135/2
Bundesarchiv Bild 183/Kallmann: 1897
Bundesarchiv Bild 183/Köhler: 676/3, 854/3
Bundesarchiv Bild 183/Krüger: 758/2
Bundesarchiv Bild 183/Meister: 1975
Bundesarchiv Bild 183/Quasch/Junge: 986/1, 986/2
Bundesarchiv Bild 183/Rabe: 638
Bundesarchiv Bild 183/Rössner: 1147/1
Bundesarchiv Bild 183/Stern: 1360
Bundesarchiv Bild 183/Sturm: 699/2, 699/3, 914/1, 1206/2, 1206/3, 1276/2, 1359
Bundesbildstelle: 882/2, 1179/2, 1281/2, 2223/2, 2347/2
Camera Press: 794
Camus, Albert: Rede anläßlich der Entgegennahme des Nobelpreises, Sonderausgabe, Hamburg 1957: 1751/2
Camus, Daniel, Bechtle Verlag: 955/1, 978/1, 978/3, 978/5
China im Bild: 125/1, 330/1
Clausen, Rosemarie: 1408/1
Co-Foto, Amsterdam: 973/2
Comet-Photo AG: 1188/2
Conti-Press: 2294/1
Darchinger, Jupp: 2325/1
Das Gewissen – Organ zur Bekämpfung des Atom-Missbrauchs und der Atom-Gefahren, 3. Jg., Nr. 9. S. 1: 1966/1
Dau, Harro: 1488/2
Der Monat: 1641, 2107/2
Der Monat, 2. Jg., April 1950, Nr. 19, S. 48/49: 206/2
Der Monat, 2. Jg., Juli/August 1950, Nr. 22/23, S. 482f.: 249/2
Der Monat, 2. Jg., Juli/August 1950, Nr. 22/23, S. 400/401: 248/3, 250/1, 251
Der Monat, 8. Jg., Februar 1956, Nr. 89, S. 96/97: 1250/2
Der Spiegel vom 16. März 1950, 4. Jg., Nr. 11, S. 7: 192/1
Der Spiegel vom 14. April 1954, 8. Jg., Nr. 16, S. 15: 964/3, 964/4
Der Spiegel vom 25. August 1954, 8. Jg., Nr. 35, S. 3: 1040/1
Der Spiegel vom 10. August 1955, 9. Jg., Nr. 33, S. 12f.: 1289/2
Der Spiegel vom 28. März 1956, 10. Jg., Nr. 13, S. 56: 1348/2
Der Spiegel vom 24. April 1957, 11. Jg., Nr. 17, S. 11: 1614/1
Der Spiegel vom 9. Oktober 1957, 11. Jg., Nr. 41: 1723/2
Der Spiegel vom 17. September 1958, 12. Jg., Nr. 38, S. 44: 1981
Der Spiegel vom 4. November 1959, 13. Jg., Nr. 45, S. 49: 2302
Der Stern/Friedrich Böltz: 505/2, 505/3
Der Stern/Hildburg-Ulrich: 494/1, 494/2
Der Stern vom 27. Mai 1951, 4. Jg., S. 4: 428/1
Der Stern vom 27. Mai 1951, 4. Jg., S. 21: 429
Der Stern vom 2. März 1952, 5. Jg., Nr. 9, S. 4: 562/2
Der Stern vom 26. Juli 1953, 6. Jg., Nr. 30, S. 39: 1679
Der Stern vom 4. Juli 1954, 7. Jg., Nr. 27, S. 4/5: 1009/1, 1009/2
Der Stern vom 12. Januar 1957, 10. Jg., Nr. 2, S. 8: 1569
Der Stern vom 29. Juni 1957, 10. Jg., Nr. 26, S. 15: 1653/2
Der Stern vom 15. März 1958: 1802/1
Deutsche Photothek: 218/1, 1968/2
Deutsche Volkszeitung: 1440, 1857/1, 1982/1, 1982/2, 2052/1, 2107/1, 2159/2, 2295, 2311
Deutsche Volkszeitung/Heinrich G. Knapp: 2150
Deutsche Volkszeitung, Nr. 38, S. 9: 1708/1
Deutsche Volkszeitung/Toni Tripp: 1806/1
Deutsche Volkszeitung vom 15. Mai 1954, 2. Jg., Nr. 19, S. 1: 976/3
Deutsche Volkszeitung vom 16. Juni 1956, 4. Jg., Nr. 24, S. 1: 1406/3

Deutsche Volkszeitung vom 12. April 1958, 6. Jg., Nr. 15, S. 1: 1837
Deutsche Volkszeitung vom 19. September 1959, 7. Jg., Nr. 38, S. 1: 2267/2
Deutsche Volkszeitung vom 26. September 1959, 7. Jg., Nr. 39, S. 8: 2269/1
Deutscher Frauenring: 409/1
Deutsches Historisches Museum: 1847/4, 1872/1
Deutsches Institut für Filmkunde: 82/1, 1085/1, 1735/1, 1972/1
Deutsches Museum, München: 1136/3
DGB Archiv: 1247/1
DGB-Bilderarchiv: 1604/2
DGB-Bundesvorstand: 63/3
Die Andere Zeitung vom 21. August 1958, 4. Jg., Nr. 34, S. 6: 1969/2
Die Andere Zeitung vom 11. Dezember 1958, 4. Jg., Nr. 50, S. 5: 2036/2
Die Tat: 1602/1, 1602/2, 1617, 2307/2, 2308/1, 2340
Die Tat/Hofmann: 1993
Die Tat vom 11. März 1950, 1. Jg., Nr. 2, S. 1: 190
Die Tat vom 15. April 1950, 1. Jg., Nr. 5, S. 3: 207/1
Die Tat vom 22. April 1950, 1. Jg., Nr. 6, S. 1: 196/2
Die Tat vom 20. Mai 1950, 1. Jg., Nr. 10, S. 3: 221/1, 226/1
Die Tat vom 16. September 1950, 1. Jg., Nr. 27, S. 2: 289/5
Die Tat vom 23. September 1950, 1. Jg., Nr. 28, S. 7: 289/3
Die Tat vom 30. September 1950, 1. Jg., Nr. 29, S. 1: 289/2
Die Tat vom 30. September 1950, 1. Jg., Nr. 29, S. 3: 288/3, 289/4
Die Tat vom 3. Februar 1951, 2. Jg., Nr. 5, S. 1 : 369/2
Die Tat vom 28. April 1951, 2. Jg., Nr. 17, S. 3: 418/1, 418/2, 418/3
Die Tat vom 6. Oktober 1951, 2. Jg., Nr. 40, S. 1: 488
Die Tat vom 13. Oktober 1951, 2. Jg., Nr. 41, S. 1: 463
Die Tat vom 2. Mai 1953, 4. Jg., Nr. 18, S. 1: 769/3
Die Tat vom 7. April 1956, 7. Jg., Nr. 14, S. 1: 1355/1
Die Tat vom 5. Mai 1956, 7. Jg., Nr. 18, S. 1: 1365/1
Die Tat vom 12. Mai 1956, 7. Jg., Nr. 19, S. 1: 1372/1
Die Tat vom 19. Mai 1956, 7. Jg., Nr. 20, S. 12: 1342/1
Die Tat vom 25. April 1959, 10. Jg., Nr. 17, S. 1: 2154/2
Die Tat vom 26. September 1959, 10. Jg., Nr. 39, S. 9: 2265/2
Dietz Verlag, Berlin: 571/1
DNA »Poland« Ltd.: 1483/2
Dortmund im Wiederaufbau, o.O. o.J.: 670/1
dpa: 25/1, 35/1, 35/2, 37/2, 48/2, 59/1, 66, 74/1, 80/3, 104/1, 104/2, 156/1, 166/1, 189/2, 205, 259/1, 266/2, 268, 284, 310/3, 316/2, 341/2, 343/1, 418/4, 457/3, 466/2, 485, 660/1, 676/2, 681/2, 681/1, 745/4, 768/1, 781/2, 808/2, 873/1, 936/3, 939/3, 953/1, 970/2, 976/2, 1014/3, 1022/1, 1047/1, 1054/2, 1080/3, 1107/2, 1107/3, 1118/4, 1121/2, 1122/2, 1131/1, 1143/1, 1185/1, 1191/1, 1223/1, 1263/2, 1274/2, 1292/1293, 1323/1, 1324/2, 1324/1, 1337/4, 1337/3, 1338, 1342/2, 1347/2, 1352/1, 1368/1, 1381/1, 1418/2, 1424, 1449, 1453/2, 1496/1, 1512, 1515/1, 1603, 1607/1, 1626/5, 1639, 1648, 1650/2, 1651/2, 1653/1, 1654, 1671, 1686/2, 1690/2, 1699/2, 1701/1, 1707, 1713/1, 1743, 1750, 1757, 1799/2, 1802/2, 1805, 1823/2, 1825, 1843, 1847/1, 1850/2, 1853/1, 1857/2, 1883/1, 1884, 1895/1, 1896/2, 1901/2, 1903/3, 1905/2, 1928/2, 1929/1, 1935, 1965/4, 1965/1, 1973, 2035, 2036/1, 2047/2, 2081, 2090/1, 2090/2, 2093/1, 2098/1, 2106/1, 2110, 2111/1, 2111/2, 2121, 2122/1, 2135/2, 2149, 2165/1, 2173, 2175, 2232, 2252, 2259/2, 2277, 2307/1, 2317/2, 2341, 2348/2
dpa/Frye: 1749
dpa/Heirler: 1522
dpa/Thomas: 1515/2
Drum/Bob Gosani: 1263/1
Drum/Jürgen Schadeberg: 1132/1, 1132/2, 1537/2
Drum/Peter Magubane: 1210/1
Duff, Evan: 1809

Dwight Eisenhower Library/National Park Service: 1933
Eberth, Carl: 2219
Ernst-Thälmann-Archiv: 454
Essig: 1174/1
Esso-Bild: 325/2
Faerber: 1109/3
Felicitas: 729/1
Ferdl: 744/1
Fotopress: 2088/3
fpa: 1155/1, 2016/2, 2160/2
Franck, Hans, Pressebüro – Südwest : 427/2
Frau und Frieden, September 1959, 8. Jg., Nr. 9, S. 9/Heinz: 2240/2
Freimuth, Franz: 452/1, 506
Frese, Heinrich, Bavaria Verlag: 226/2
Friedenswacht vom Januar 1954: 986/5
Gebhardt, Manfred: Jupp Angenfort – Ein Porträt, Ost-Berlin 1976: 751/2
Georgij, München: 362/2
Germin: 1851/2
Gesamtdeutsche Rundschau vom 3. Mai 1957: 1700
Goedhart, Gerda: 1912
Grimm, Walter: 2242/2
Gronefeld, Gerhard, Deutsches Historisches Museum: 194/3, 431, 500, 524/2, 524/1, 685/2, 685/3, 1729, 1859/2
Günther Anders, Wien: 2235/2
Hamburger Abendblatt: 564/1, 1598/1, 2019/1
Hamburger Abendblatt vom 28. September 1959: 2276/2
Hamburger Volkszeitung vom 20. Juni 1952: 577
Har Oudejans: 2155
Harenberg Verlag: 32/1, 36/1, 36/2, 70/2, 89, 92, 95/2, 118/1, 121/3, 130/1, 135, 146, 149, 152/2, 156/2, 168, 183/3, 195/1, 213/1, 225/1, 233/3, 261/1, 261/2, 272/2, 292/1, 292/4, 330/2, 358/3, 363/1, 371/2, 374/1, 374/2, 379/1, 382/1, 385/2, 385/1, 386/1, 386/2, 396/1, 402/2, 419/2, 421, 432, 458, 461, 478, 480/3, 491/1, 522, 539/2, 580/1, 588/3, 590/1, 590/2, 590/3, 593/1, 619/4, 669/1, 674/1, 675/1, 678/1, 684/1, 725/5, 733/1, 740/2, 759/2, 767/2, 774/1, 795/2, 847/4, 877/1, 883, 884/1, 885/3, 907/4, 910/2, 910/1, 918/4, 936/2, 947/2, 950, 952/2, 953/4, 956/1, 970/1, 972/2, 979/3, 997/2, 997/1, 998/4, 998/1, 998/3, 998/2, 1005/2, 1006/2, 1007/2, 1031/3, 1067/3, 1068, 1069, 1078/1, 1102/1, 1104/2, 1131/2, 1136/2, 1137/1, 1159, 1203/1, 1213/1, 1221/2, 1235/2, 1243/1, 1244/2, 1250/1, 1251/2, 1259/3, 1270, 1279/2, 1294/1, 1308/1, 1310/2, 1310/1, 1310/3, 1343/1, 1347/1, 1350/2, 1353/1, 1375/2, 1379/2, 1380, 1390/1, 1397/2, 1397/1, 1399/1, 1406/1, 1412/1, 1413/2, 1426/1, 1443/1, 1443/3, 1444/1, 1452/1, 1453/1, 1458/3, 1477/5, 1503/1, 1505/2, 1505/1, 1508/1, 1524/1, 1524/2, 1531, 1571/2, 1585/2, 1585/3, 1644/2, 1653/3, 1698/2, 1789, 1802/3, 1821/3, 1893/4, 1893/3, 1893/2, 1926/1, 1950/3, 1971/3, 1997/1, 2108, 2128, 2131/1, 2141
Hedler: 1582/2
Heinz: 2240/3
Hering, Heinz: 1466/2
Hillelson, John: 1492/2, 1574
Hiss, Tony: 175/1
Historisches Archiv der Stadt Köln/Gerhard Ludwig: 1156/1
Historisches Museum, Frankfurt am Main: 95/3
Hoesch-AG: 83
Hoffmann: 1867, 2087/1, 2203, 2288
Hollmann, Heinz: 1371, 1772/1, 1826/2, 1917/3, 1954/1, 2133, 2240/1, 2259/1, 2261/1
Homolka, Florence: 2058
Hubmann: 1716
Hutton Picture Library/Radio Times: 1988

Informationen – Monatszeitschrift für deutsche Wehrdienstverweigerer, August 1959, 4. Jg., Nr. 8, S. 1: 2250
INP: 1608/1
Jacobi, Lotte: 72/1, 115/1
Johannes R. Becher-Archiv: 2003
Jungclas, Helene: 2033/2
Junge: 2293/3
Junges Studio: 1871/3
Junius Verlag: 1976
Jurischka: 2165/3
Kamm: 1318/2
Keystone: 93/2, 153, 172/2, 181, 182/2, 193/1, 211/1, 222/1, 231/1, 243/2, 247/1, 263/2, 265/2, 290/2, 301/2, 309, 317/3, 319, 335/1, 344/3, 357/2, 361/2, 384/1, 386/3, 391/2, 391/1, 406/1, 413, 436/2, 448, 455/2, 460, 464, 507/3, 567/2, 581/3, 608/2, 616/2, 640/1, 687/1, 692, 731/2, 767/1, 768/3, 776/1, 783, 792, 805/2, 808/5, 859/2, 861, 868/1, 869/2, 873/2, 892/2, 893/2, 916/3, 937/2, 944/1, 944/2, 947/1, 957, 963/2, 976/1, 979/1, 979/2, 1023/2, 1050/1, 1061/2, 1070/2, 1070/1, 1103/1, 1107/1, 1109/2, 1113/1, 1144/2, 1145/1, 1154/1, 1163/1, 1167/1, 1170/1, 1184/1, 1188/1, 1199, 1229/2, 1230/1, 1283/1, 1317/1, 1319/1, 1398/2, 1404/1, 1425/3, 1435/1, 1437/1, 1444/2, 1457/1, 1457/2, 1465/2, 1474/1, 1487/3, 1492/1, 1499/1, 1501, 1502, 1518/3, 1532, 1534/2, 1540/2, 1570/1, 1577, 1592/3, 1596/2, 1618/4, 1625/1, 1656, 1668/2, 1676, 1684/2, 1684/1, 1691/1, 1726/2, 1748, 1752/1, 1755, 1781/1, 1785, 1798/1, 1800/1, 1817, 1838, 1852/1, 1896/1, 1904, 1913, 1927, 1934/1, 1940, 1945, 1950/2, 1963, 2020, 2038/1, 2042, 2059/2, 2088/1, 2091/1, 2143/1, 2209/1, 2227/1, 2239/1, 2243, 2249, 2263, 2267/1, 2267/3, 2269/2, 2292/2, 2301, 2333/1, 2346
Keystone/Gramm: 1680/1
Kindler Verlag: 1694/1, 1724/3
Kinoarchiv: 365/1, 477, 1106, 1355/2, 1990
Klicks, Berlin: 1869
Koczian, Rudolf: 1692/2
Köhler, Lotte: 98/2
Kongress Verlag: 787/1, 1172/1, 1172/2, 1216/2
Kongressdienst, Februar 1959, 2. Jg., Nr. 2, S. 7: 2087/2
Kongressdienst, 2. Jg., Nr. 3, 1959: 2126/2
Kongressdienst, Mai/Juni 1959, Nr. 9: 2126/1, 2171/1, 2171/2, 2143/2, 2143/3, 2143/4
Kongressdienst Nr. 13, 1959: 2293/1
Korda: 2101/2
Körner, Klaus: 1214/2
Krebs, Mario: Ulrike Meinhof – Ein Leben im Widerspruch, Reinbek 1988, S. 41/ Photo: Jürgen Seifert: 1900/1
Kuby, Erich: Rosemarie – Des deutschen Wunders liebstes Kind, Reinbek 1961: 1735/3
Kunhardt Jr., Philip B. (Ed.): LIFE – The first fifty Years 1936-1986, Boston/Toronto, S. 140: 1703/2
Kyodo Foto Service: 598/1, 1232/2, 1232/3
Laenderpress: 703/1, 789/1
Laenderpress/Magnum: 2059/1
Landesbildstelle Berlin: 68/1, 772/1, 805/1, 807/1, 811/3, 811/2, 812/2, 813/2, 871/3, 938/1, 1366/1, 1495, 1504
Lemmerich, Ilse: 1881/2
Lernen und Handeln, Februar 1955, 6. Jg., Nr. 2, S. 6: 1111/1, 1111/2
Lernen und Handeln, Oktober 1955, Nr. 10, S. 13: 1257/2
Life: 753/1, 854/1, 1020/1, 1329/2, 1333/3, 1457/3
Life vom 19. Mai 1958/Paul Schutzer: 1894/1, 1894/2
Ludwig, Peter: 131/1, 427/1
Meneses, Enrique: 2061/2
Metall vom 18. August 1954, 6. Jg., Nr. 15, S. 4: 1025/3
Metall vom 26. Juni 1957, S. 1: 1658/1

Metall vom 9. Mai 1956, S. 3: 1372/2
Mili, Gjon: 729/2
Molik: 1690/3
Moses, Stefan: 1711/2
Münchner Illustrierte vom 30. März 1957: 1633/2
Münchner Merkur/Rudi Dix: 793
Museum der Arbeit, Hamburg: 224/1, 373/3, 975/1, 1175/2, 1627/2, 1627/3, 1627/4
National Archives, Washington: 299/1, 299/2, 299/3, 425/1, 879/1
Naumann, Heinz: 61
no more hirosimas, No. 6, Vol. 5, June/July 1958, p.1: 1929/3
no more hirosimas, No. 8, Vol. 5, November 1958, p.1: 2031/1
Ohlendorf: 442/1
Olah, Franz: 300/1
Österreichische Nationalbibliothek: 1377
Paris-Match/Hans Betzler: 1482/1
Paris-Match/Litran: 1475/3
Photo press: 1891/1
Pictorial Press: 1839/2
Pisarek, A.: 77/1
Polizeidirektion Wien: 300/2, 300/3, 300/4
Popperfoto: 320
Presse Foto Actuelle: 1274/4
Presse- und Informationsamt der Bundesregierung: 73/1, 74/2, 144/4
Presse-Studio Meyer Pfundt: 615/1
Privatarchiv Simone de Beauvoir: 78/1
Pröhl, R.: 1229/1, 1352/2, 1368/3, 1415/1, 1415/2, 1737/2, 2033/1
Quick: 1219/4, 1318/1319
Radio Times, Hutton Picture Library, London: 847/1
Reinhold Schneider-Nachlaß, Badische Landesbibliothek Karlsruhe: 487, 1450/1
Report London/Alan Vines: 2343
Rex Features: 1523/2
Richards, Vernon: 173
Richter, Toni: 1455/1, 2306
Riemeck, Renate: Ich bin ein Mensch für mich – Aus einem unbequemen Leben, Stuttgart 1992: 1804/2
Röhl, Klaus Rainer: 1180/1, 2228
Saeger, Willy: 29/3
Sahling: 356/2
Saint-Paul, René: 1599
Sammlungen der Bertolt-Brecht- und der Helene-Weigel-Erben, Berlin: 402/1, 403/3
Schäfer, Ernst: 1391/1, 1983/1
Schensky, F.: 341/1
Schirner: 811/1
Schmidt, Dieter Eberhard: 559/3
Schmidt, Georg: 68/3
Scholz, Arno/Werner Nieke (Hg.): Der 17. Juni – Die Volkserhebung in Ostberlin und in der Sowjetzone, West-Berlin 1953, S. 10: 799
Scholz, Manfred: 605, 1175/1
Schramm, Ruth: 510/2
Schroeder-Regler, Marianne: 1416/3
Söderbaum, Kristina: 550
SOS – Zeitschrift für weltweite Verständigung, 1954, Nr. 2, S. 1: 933/1, 933/2
Spiegel der Woche: 639/2
Staatsarchiv Bremen: 236/2, 236/3, 597, 974/2, 2172/2
Staatsbibliothek Berlin: 1169/3
Stadtbildstelle Berlin: 816/1
Steber: 497/3

Streik-Nachrichten, hrsg. von der IG Metall, Bezirksleitung Hamburg, Kiel 25. Oktober 1956, Nr. 1, o.S. : 1484/1, 1484/2
Strelow, Liselotte: 2334
Strobel, Alfred: 959/1
Süddeutsche Zeitung: 225/3
Süddeutsche Zeitung/Wirth: 201/2
Süddeutscher Verlag: 34/1, 41, 51/2, 63/1, 65, 70/1, 76/1, 84, 85/2, 93/1, 115/2, 121/1, 125/2, 129/4, 142/2, 150/1, 151/3, 183/1, 209, 265/1, 267, 270/1, 274/2, 276, 281/1, 293/1, 301/1, 308/2, 313/3, 317/2, 331/1, 366/1, 381, 410, 539/3, 557/1, 564/2, 566/2, 578, 584/2, 619/1, 621, 672/2, 762, 765/2, 776/2, 791/1, 808/4, 876/1, 880/2, 886/2, 888/2, 897/3, 901/1, 903/1, 917, 945, 965/1, 1116/1, 1141/3, 1145/3, 1189/2, 1192/1, 1201/3, 1245/2, 1245/1, 1265/1, 1281/4, 1295/2, 1400, 1460/1, 1470/1, 1476/2, 1481/2, 1482/2, 1493/4, 1494/1, 1606/1, 1616/2, 1691/2, 1702/1, 1752/3, 1781/2, 1820/3, 1835/1, 1886/1, 1886/2, 1974, 1995/2, 2021/1, 2026, 2138/3, 2180/1, 2233, 2286/1, 2350/2
Suhrkamp Verlag: 1034/3
The Illustrated London News vom 27. Oktober 1951: 499/1
The Illustrated London News vom 18. August 1956: 1419/2
Thomas-Mann-Archiv, Eidgenössisch-Technische Hochschule Zürich: 1234/1
Time Life/Grey Villett: 1538/1, 1538/2
Time Magazine/William Leftwich: 59/2
Transocean Film: 1451, 2304
Trepper, Leopold: Die Wahrheit – Autobiographie, München 1975: 985/2
Tripp, Toni: 453, 603/2, 608/3, 1160, 1582/1, 1717/1, 1719/1, 1790/2, 1811/2, 1841/2, 1853/2, 1874/2, 1905/1, 1919/1, 1925/3, 2097, 2106/2, 2116/2, 2116/1, 2142/2, 2142/1, 2171/3, 2178, 2210/2, 2212/2, 2313/1, 2344
Ullstein Bilderdienst: 26/1, 29/2, 30/1, 39, 60, 69/1, 69/2, 71/2, 71/1, 88, 144/3, 188/1, 193/2, 219/1, 223/1, 230/1, 246/1, 334/3, 360, 449, 467/1, 470/1, 473, 481/3, 549/2, 639/1, 648, 688/2, 688/3, 704, 747/2, 749, 751/3, 775/1, 797/1, 810/2, 818/2, 1156/3, 1158/2, 1158/1, 1170/2, 1187/1, 1187/2, 1218/1, 1327, 1363/1, 1375/1, 1410/3, 1497, 1591/1, 1593/1, 1609/3, 1628/1, 1663/2, 1712/1, 1754/1, 1775, 1786/1, 1821/2, 1826/1, 1946/2, 2017/2, 2018, 2039/3, 2077/1, 2270/2
Unser Weg – Monatsschrift für aktuelle Fragen der Arbeiterbewegung, November 1954, Nr. 11: 1072/2
Unser Weg – Monatsschrift für aktuelle Fragen der Arbeiterbewegung, September 1954, Nr. 9, S. 13: 1023/1
UP: 336/1, 336/2, 806/3, 1202/2
UPI: 106/2, 182/1, 800/2, 912, 1287/1, 1885/2, 1886/3, 1890, 1891/2, 2047/1, 2195/2
UPI/Bettmann Newsphotos: 175/2, 1713/3
van de Loo, Otto: 2156/1
Vereinigung von Freunden und Förderern der Johann Wolfgang Goethe-Universität Frankfurt am Main e.V. (Hg.): Die Johann Wolfgang Goethe-Universität 1966 – Jahrbuch, Frankfurt am Main 1968, Tafel XXI: 2318
Verwaltungsstelle Ingolstadt der IG Metall (Hg.): Der Bayernstreik 1954 – Dokumente seiner Geschichte am Beispiel der IG Metall Verwaltungsstelle Ingolstadt, Ingolstadt 1984, S. 122/123: 1024/3, 1025/1, 1026/3
Verwaltungsstelle Ingolstadt der IG Metall (Hg.): Der Bayernstreik 1954- Dokumente seiner Geschichte am Beispiel der IG Metall Verwaltungsstelle Ingolstadt, Ingolstadt 1984, S. 82/83: 1025/2, 1026/1
Victor: 1675/2
Voss, Hartfrid (Hg.): Spektrum des Geistes – Literaturkalender 1952 – Ein Querschnitt durch das Geistes- und Verlagsschaffen der Gegenwart, Ebenhausen 1951, S. 85: 2011/2
Voss, Hartfrid (Hg.): Spektrum des Geistes – Literaturkalender 1952 – Ein Querschnitt durch das Geistes- und Verlagsschaffen der Gegenwart, Ebenhausen 1951, S. 51: 1808
Voss, Hartfrid (Hg.): Spektrum des Geistes – Literaturkalender 1952 – Ein Querschnitt durch das Geistes- und Verlagsschaffen der Gegenwart, Ebenhausen 1951, S. 5: 1747/2
Voss, Hartfrid (Hg.): Spektrum des Geistes – Literaturkalender 1952 – Ein Querschnitt durch das Geistes- und Verlagsschaffen der Gegenwart, Ebenhausen 1951, S. 19: 1911/1
Voss, Hartfrid (Hg.): Spektrum des Geistes – Literaturkalender 1953 – Ein Querschnitt durch das Geistes- und Verlagsschaffen der Gegenwart, Ebenhausen 1952, S. 25: 1895/3
Voss, Hartfrid (Hg.): Spektrum des Geistes – Literaturkalender 1953 – Ein Querschnitt durch das Geistes- und Verlagsschaffen der Gegenwart, Ebenhausen 1952, S. 141: 1396/2
Voss, Hartfrid (Hg.): Spektrum des Geistes – Literaturkalender 1953 – Ein Querschnitt durch das Geistes- und Verlagsschaffen der Gegenwart, Ebenhausen 1952, S. 57: 1272/3
Voss, Hartfrid (Hg.): Spektrum des Geistes – Literaturkalender 1954 – Ein Querschnitt durch das Geistes- und Verlagsschaffen der Gegenwart, Ebenhausen 1953, S. 91: 1753/1
Voss, Hartfrid (Hg.): Spektrum des Geistes – Literaturkalender 1954 – Ein Querschnitt durch das Geistes- und Verlagsschaffen der Gegenwart, Ebenhausen 1953, S. 155: 1714/1
Voss, Hartfrid (Hg.): Spektrum des Geistes – Literaturkalender 1956 – Ein Querschnitt durch das Geistes- und Verlagsschaffen der Gegenwart, Ebenhausen 1955, S. 60: 1830/2
Voss, Hartfrid (Hg.): Spektrum des Geistes – Literaturkalender 1956 – Ein Querschnitt durch das Geistes- und Verlagsschaffen der Gegenwart, Ebenhausen 1955, S. 154: 1505/2
Voss, Hartfrid (Hg.): Spektrum des Geistes – Literaturkalender 1958 – Ein Querschnitt durch das Geistes- und Verlagsschaffen der Gegenwart, Ebenhausen 1957, S. 57: 2088/2
Voss, Hartfrid (Hg.): Spektrum des Geistes – Literaturkalender 1959 – Ein Querschnitt durch das Geistes- und Verlagsschaffen der Gegenwart, Ebenhausen 1958, S. 23: 2023
Voss, Hartfrid (Hg.): Spektrum des Geistes – Literaturkalender 1959 – Ein Querschnitt durch das Geistes- und Verlagsschaffen der Gegenwart, Ebenhausen 1958, S. 103: 136
Voss, Hartfrid (Hg.): Spektrum des Geistes – Literaturkalender 1959 – Ein Querschnitt durch das Geistes- und Verlagsschaffen der Gegenwart, Ebenhausen 1958, S. 71: 1921/1
Votava Pressephoto: 67/1, 67/2, 297/3
Wehner, Hans: 2181/1
Weinberg, Eli: 1210/2, 1536/1, 1537/1
Westfälische Rundschau: 1936
Wostok: 1724/1
Zollna, Peter: 2218/1
Zwerenz, Gerhard: 1575/1, 1697/1
Zwerenz, Ingrid: 1364

2. Karikaturen

Aachener Nachrichten: 858/1, 901/2
Aachener Nachrichten vom 1. Mai 1951: 420/3
Abendpost, Frankfurt: 958/1, 1008/2
Abendpost, Nachtausgabe: 1039
Al Hamishmar vom 10. Juli 1959/Shmuel Katz: 2217/1
Allgemeen Handelsblad vom November 1955/F. Behrendt: 1224/2
Anonym: Demokratie in Feldgrau, o.O. o.J.: 651/2, 1610/1
Archiv »Protest, Widerstand und Utopie in der BRD«, Hamburger Institut für Sozialforschung: 194/4, 237/1, 731/1, 2230/2, 2286/2

2. KARIKATUREN

Aufbau vom 7. Mai 1954/Ludwig Wronkow: 971/2
Aux Ecoutes/Padrij: 1602/3
Baltimore Sun/Yardley: 120/1
Berliner Zeitung: 404/2
Brockmann, H.M.: 281/2
Bulls: 1131/3
BZ (West-Berlin)/Schoenefeld: 1967/2, 2077/2, 2080
Caysa, Volker/Petra Caysa/K. D. Eichler/Elke Uhl (Hg.): »Hoffnung kann enttäuscht werden« – Ernst Bloch in Leipzig, Frankfurt am Main 1992: 1579/2
Chicago Daily News: 28/1
Chicago Sun-Times: 28/3
Daily Express: 1350/1, 2045/3
Daily Express/Cummings: 468/3, 1511/1, 1609/2, 2203/2
Daily Express/Giles: 726/2
Daily Herald: 272/3
Daily Herald/David Low: 213/2, 290/1, 503
Daily Herald vom 28. Mai 1958: 1888/2
Daily Mail: 198/2, 324/1, 382/2, 894/3, 1218/2, 1503/4
Daily Mirror: 1334/2, 1431/1, 1585/1
Daily Mirror/Vicky: 951/2, 999/1, 1284/3, 1309/2, 1667/2
Daily Mirror vom 30. Dezember 1959/Franklin: 2351/1
Daily Worker vom 21. Januar 1955: 1120/1
Das freie Wort: 1868/2
De Groene Amsterdamer/Opland: 999/2
De Volkskrant: 764/1, 1523/1
De Volkskrant/Opland: 946/1
De Waarheid vom 12. Mai 1951: 372/4
Denver Post: 28/4
Der Industriekurier/Pi: 2170/1
Der Mittag/H. Kolfhaus: 1089/2, 1213/2
Der Spiegel vom 9. Februar 1955, 9. Jg., Nr. 7, S. 9/Stuttgarter Zeitung: 1140
Der Spiegel vom 6. März 1957, 11. Jg., Nr. 10, S. 49: 1578/2
Deutsche Volkszeitung: 2203/1
Deutsche Volkszeitung/Hein: 1612/1, 2082/2, 2112/1
Deutsche Volkszeitung vom 13. November 1954: 1065/2
Deutsche Volkszeitung vom 15. Februar 1959, 7. Jg., Nr. 7, S. 2: 2072/1
Deutsche Volkszeitung vom 19. September 1959, 7. Jg., Nr. 38, S. 4/Hein : 2245
Deutsche Volkszeitung vom 30. Oktober 1959, 7. Jg., Nr. 44, S. 2/Hein: 2305/2
Deutsche Woche vom 24. Oktober 1956: 1431/2
Deutsche Zeitung/Hans Ernst Köhler: 1125/2, 1195/3
Deutsche Zeitung/Heko: 2179, 2315/1
Deutsche Zeitung und Wirtschaftszeitung/Hans Ernst Köhler: 1142/1
Deutsche Zeitung und Wirtschaftszeitung: 1049/2
Deutsche Zeitung und Wirtschaftszeitung vom 14. Januar 1956: 1317/2
Deutsche Zeitung und Wirtschaftszeitung vom 10. Dezember 1955/Hans Ernst Köhler: 1281/3
Deutscher Kurier vom 22. Juli 1955: 1222/4
Deutschlands Stimme: 672/1
Deutschlands Stimme vom 2. Februar 1951, 4. Jg., Nr. 6, S. 2: 366/2
Die Andere Zeitung: 1126/3
Die Andere Zeitung/Hans Firzlaff: 2138/2
Die Andere Zeitung/Titus: 1541/1
Die Andere Zeitung vom 30. Juni 1955/A. Lehnert: 1248/1
Die Andere Zeitung vom 11. August 1955, 1. Jg., Nr. 14, S. 16: 1186/2
Die Andere Zeitung vom 18. August 1955, Nr. 15, S. 16: 1583/2
Die Andere Zeitung vom 18. August 1955/A. Lehnert: 1234/2
Die Andere Zeitung vom 3. November 1955, 1. Jg., Nr. 26, S. 16: 1249/1

Die Andere Zeitung vom 15. Dezember 1955: 1260
Die Andere Zeitung vom 26. Januar 1956, 2. Jg., Nr. 4, S. 16: 1312/1
Die Andere Zeitung vom 23. Februar 1956, 2. Jg., Nr. 8, S. 16: 1385
Die Andere Zeitung vom 1. März 1956, 2. Jg., Nr. 9, S. 16/Skaruppe: 1343/2
Die Andere Zeitung vom 4. Oktober 1956, 2. Jg., Nr. 40, S. 16: 1455/2
Die Andere Zeitung vom 7. Februar 1957, 3. Jg., Nr. 6, S. 1: 1581/3
Die Andere Zeitung vom 31. Januar 1957, 3. Jg., Nr. 5, S. 16: 1636/2
Die Andere Zeitung vom 11. April 1957: 1702/2
Die Andere Zeitung vom 25. April 1957, 3. Jg., Nr. 17, S. 16: 1711/3
Die Andere Zeitung vom 2. Mai 1957, 3. Jg., Nr. 18, S. 16: 1756
Die Andere Zeitung vom 16. Mai 1957, 3. Jg., Nr. 20, S. 16: 1610/4, 1741/2
Die Andere Zeitung vom 30. Mai 1957: 1666
Die Andere Zeitung vom 30. Mai 1957, 3. Jg., Nr. 22, S. 6: 1618/3
Die Andere Zeitung vom 24. April 1958, 4. Jg., Nr. 17: 1876/1
Die Andere Zeitung vom 17. Juli 1958, 4. Jg., Nr. 29, S. 16: 1784
Die Andere Zeitung vom 28. August 1958, 4. Jg., Nr. 35, S. 16/Wolfgang Grässe: 1811/4
Die Andere Zeitung vom 6. November 1958, 4. Jg., Nr. 45, S. 1: 2024/3
Die Andere Zeitung vom 26. Februar 1959, 5. Jg., Nr. 9, S. 16: 2099
Die Andere Zeitung vom 4. Dezember 1959, 5. Jg., Nr. 52, S. 16/Hans Firzlaff: 2351/2
Die Bergbauindustrie vom 4. Juli 1953/O. Brandes: 839
Die Fackel (Organ des VdK): 202/2, 1083/1
Die Rheinpfalz (Neustadt a.d. Weinstraße) vom 27. November 1950: 277/1
Die Stimme vom 23. September 1951: 365/2
Die Tat: 398/3, 679/1, 875/3, 1660/1
Die Tat/Hein: 1616/1
Die Tat/Schmitt: 1692/4
Die Tat vom 11. Februar 1950: 187/1
Die Tat vom 25. Februar 1950, 1. Jg., Nr. 1: 183/2
Die Tat vom 20. Januar 1951, 2. Jg., Nr. 3, S. 2: 462/2
Die Tat vom 2. Januar 1953, 4. Jg., Nr. 1, S. 5: 905/3
Die Tat vom 22. Februar 1958: 1796
Die Tat vom 24. Mai 1958: 1868/1
Die Tat vom 10. Mai 1958, 9. Jg., Nr. 18: 1872/3
Die Tat vom 13. September 1958/Taler: 1787/3
Die Welt: 1030/1, 1610/3, 1683, 1719/2, 1754/2, 1896/3
Die Welt/F. Behrendt: 1655
Die Welt/Hicks: 2140
Die Welt/Jens: 1634/2
Die Welt/Mirko Szewczuk: 1100/1, 1115/3, 1771/2, 1792/1, 1952/1, 2025/3, 2224/1
Die Welt vom 28. Januar 1950: 304/1
Die Welt vom 7. Mai 1954: 1002/2
Die Weltwoche: 1183/2, 1354/1, 1418/1, 1468/2, 1725/3, 2180/3
Die Weltwoche/H.U. Steger: 1242, 1256/2, 1277/1
Die Weltwoche vom 10. Februar 1950: 187/2
Die Weltwoche vom Mai 1951: 415/3
Die Weltwoche vom 13. März 1953: 748/2
Die Zeit vom 31. August 1950: 277/3
Druck und Papier/Bodo Gerstenberg: 1787/2
Elsevier's Weekblad: 254/2, 308/1, 572/3, 602/3, 907/1
Elsevier's Weekblad/Doeve: 1015/2
Elsevier's Weekblad vom Juli 1951: 471
Elsevier's Weekblad vom Oktober 1951: 400/3
Essener Tageblatt vom 29. März 1951: 492/1
Evening Express/Giles: 1064/1
Frankenpost vom 27. September 1951: 407

Frankenpost vom 21. Oktober 1952: 664/4
Frankfurter Rundschau: 426/2, 865/2
Frankfurter Rundschau/Felix Mussil: 1034/2, 1410/1, 1580/3, 1708/2, 2241/1
Frankfurter Rundschau vom 30. Dezember 1950: 345/2
Frankfurter Rundschau vom 25. Januar 1955/Felix Mussil: 1101/1
Freie Gießener Presse: 310/2
Freie Presse vom 15. Februar 1955: 1128/3
Freie Tribüne – Unabhängige Wochenzeitung für sozialistische Politik vom 6. April 1951, 2. Jg., Nr. 13/14: 405
Freies Volk vom 27. November 1954: 1074/2
Gabriel: 271/3
Hamburger Echo/Ro: 916/1
Hamburger Echo vom 7. November 1952: 548/1
Hannoversche Allgemeine vom 14. Februar 1950: 187/3
Hannoversche Allgemeine Zeitung vom 16. Juni 1956: 1376/1
Hannoversche Presse vom 21. März 1953/Leger: 756/2
Hannoversche Presse vom 9. Oktober 1953: 899
Harzer Tageblatt vom 7. Januar 1956: 1308/3
Holzarbeiter Zeitung, Nr. 3/1959: 2190/2
Industriekurier/Pitt: 2264
Iswestija: 281/3
Kasseler Zeitung: 329
Köhler, Hans Erich: 87
Komsomolskaja Prawda vom Januar 1951: 359
Krokodil, Moskau: 1387/2
Land og Folk vom 11. März 1956: 1346/2
Lehnert, A.: Das Gewissen – Organ zur Bekämpfung des Atom-Missbrauchs und der Atom-Gefahren, Februar 1957, 2. Jg., Nr. 2, S. 1: 1672
Main Echo (Aschaffenburg) vom 10. April 1951: 420/1
Manchester Guardian: 1493/3
Manchester Guardian/David Low: 1503/2
Mannheimer Morgen vom 9. November 1950: 318/2
Metall: 2041/1
Metall/Bodo Gerstenberg: 1008/4
Metall vom 24. Juni 1953/Bodo Gerstenberg: 838
Metall vom 11. April 1956, 8. Jg., S. 4/Bodo Gerstenberg: 1627/1
Minnesota Star: 28/2
Mittelbayerische Zeitung vom 9. März 1956: 1345/4
Nebelspalter: 55/2
Nebelspalter vom 7. Mai 1958: 1812
Neue Rhein-Zeitung/Pitt: 1212/2, 2265/1
Neue Ruhr-Zeitung: 895/2
Neue Ruhr-Zeitung vom 9. Februar 1952: 559/2
Neuer Vorwärts vom 1. Mai 1954: 2223/1
Neues Deutschland: 227/1, 665/2, 1917/1, 2230/1
Neues Deutschland/Arndt: 2180/4, 2287
Neues Deutschland/Beier: 2342
Neues Deutschland/Beier-Red: 2083/2, 2086/1, 2096/1, 2211, 2292/1, 2320/2
News Chronicle: 334/4, 376/2
News Chronicle/Vicky: 86/2, 139, 763/4, 864/1, 914/3
News Chronicle vom 28. August 1952: 685/1
News Chronicle vom 27. Oktober 1952: 686/1
Nürnberger Nachrichten: 489/2, 1439/2
Nürnberger Nachrichten/Hans Ernst Köhler: 620/2, 2015
Nürnberger Nachrichten vom 28. Januar 1952: 562/3
Nürnberger Nachrichten vom 29. Juli 1957/Hans Ernst Köhler: 1675/1
Pan, Belgien: 789/2
Parlamentarische Wochenschau: 744/2
Parlamentarische Wochenschau vom 3. Januar 1953: 911
Patria Indipendente: 1290/1

Pfälzische Volkszeitung vom 5. Juli 1952: 631
Politiken: 280, 1102/2
Politiken vom März 1951: 395/2
Presse- und Informationsdienst des Verbands der Kriegsbeschädigten, Kriegshinterbliebenen und Sozialrentner Deutschlands (VdK): 202/1
Punch: 1638/2
Quick vom 27. September 1953, 6. Jg., Nr. 39, S. 3: 892/3
Rhein-Neckar-Zeitung: 203/1
Schoenefeld: 916/2
Simplicissimus: 1494/2, 1562/2
Simplicissimus/G. Hentrich: 2276/1
Simplicissimus/H.M. Brockmann: 652, 1136/1
Simplicissimus/Hans Ernst Köhler: 1212/1
Simplicissimus/Manfred Oesterle: 1783, 2109
Simplicissimus/Max Radler: 2147/3
Simplicissimus, Heft 23, 1949: 127/2
Simplicissimus vom 18. Mai 1957/Max Radler: 1880
Simplicissimus vom 15. Februar 1958/Manfred Oesterle: 1959/2
Simplicissimus vom 12. April 1958/Haizinger: 1821/1
Simplicissimus vom 14. Juni 1958, Nr. 24: 1924/2
Simplicissimus vom Juli 1958, Nr. 28/H.M. Brockmann: 1848/1
Simplicissimus vom 11. Oktober 1958, Nr. 41, S. 652/Josef Sauer: 2132/2
Simplicissimus vom 4. Juli 1959, Nr. 27, S. 420: 2136/4
Simplicissimus vom Juli 1959, Nr. 30/Josef Sauer: 2239/3
Simplicissimus vom 19. September 1959, Nr. 38, S. 597: 2215/1
Simplicissimus vom 31. Oktober 1959/H.M. Brockmann: 2292/3
Simplicissimus vom 28. November 1959, Nr. 48/Josef Sauer: 2237
Simplicissimus vom 23. Januar 1960, Nr. 4, S. 52: 2348/1
SOS – Zeitung für weltweite Verständigung/Hastersi: 579/2
SOS – Zeitung für weltweite Verständigung: 486, 585/2, 651/1
SOS – Zeitung für weltweite Verständigung, September 1956, Nr. 9, S. 4: 1357/2
SOS – Zeitung für weltweite Verständigung/Rudi Stern: 496, 869/1
SOS – Zeitung für weltweite Verständigung/G.A.Lehnert: 1265/2
Spandauer Volksblatt vom 11. Februar 1956: 1335/2
Star-Ledger/Jerry Costello: 1043/1
Stimme der Arbeit/Leger: 1286
Stockholms Tidningen: 152/1, 269, 317/1, 907/3, 1078/2, 1328/2
Stuttgarter Zeitung: 325/1, 462/1, 480/2, 632, 664/1, 726/1, 2137, 2207, 2261/3
Stuttgarter Zeitung vom 19. Juli 1950: 229
Stuttgarter Zeitung vom 23. August 1950: 770
Stuttgarter Zeitung vom 11. November 1950: 310/1
Stuttgarter Zeitung vom 23. Juli 1955: 1225/3
Stuttgarter Zeitung vom 24. März 1956: 1351/1
Süddeutsche Zeitung: 1316/3, 1971/1, 2045/1
Süddeutsche Zeitung/Ernst Maria Lang: 964/2, 1043/3, 2049, 2327/2
Süddeutsche Zeitung/H.M. Brockmann: 786/1
Süddeutsche Zeitung vom 26. April 1958: 1858
Sunday Express/Giles: 372/3
Szewczuk, Mirko: 76/2, 144/2
Tagesspiegel vom 24. April 1956: 1366/2
The Army Times: 165/1
The Boston Post: 991/1
The Manchester Guardian: 1404/2
The New Statesman and Nation: 1629/1
The New Statesman and Nation vom 19. Februar 1955: 1165/2
The New York Times: 131/2, 197/2, 198/1
The New York Times/Narcy: 747/3
The New York Times vom 21. März 1954: 973/1
The South Wales Echo vom Mai 1951: 436/3

The St. Louis Post-Dispatch: 1030/2
Tribüne der Arbeit: 1459/1
Volksstimme/Charles West: 1045/1
Vorwärts vom 4. Februar 1955/Leger: 1128/2
Washington Post: 185/2, 377/1
Washington Post/Herblock: 1724/2
Welt am Sonnabend: 1575/2
Welt am Sonntag: 563
Welt der Arbeit: 401/2, 498/3, 1816/2, 2112/2
Weser-Kurier: 53/2, 1259/1
Westdeutsche Allgemeine Zeitung/Otto Berenbrock: 1383
Westdeutsche Neue Presse vom 23./24. April 1955: 1179/1
Westdeutsches Tageblatt: 1586
Westdeutsches Tageblatt vom 20. September 1950: 286/2
Westdeutsches Tageblatt vom 4. Juni 1952: 630
Westdeutsches Tageblatt/Wulff: 859/1
Westfälische Rundschau/Gli: 1781/3

3. Zeichnungen

Archiv »Protest, Widerstand und Utopie in der BRD«, Hamburger Institut für Sozialforschung: 233/2, 581/2, 1184/3, 2184, 2258/2
Aufbau, New York: 588/1
Bekker, Inge: 124/1
Das Gewissen vom Dezember 1959, 4. Jg., Nr. 12, S. 1: 2167
Democratie Nouvelle: 1032/1
Deutsche Volkszeitung vom 20. Dezember 1958, 6. Jg., Nr. 51/52, S. 10: 1804/1
Die Andere Zeitung vom 15. Juli 1959/B.W. Linke: 2216/2
Die Tat vom 14. Oktober 1950, 1. Jg., Nr. 31, S. 2: 332/2
Die Tat vom 2. Januar 1954, 5. Jg., Nr. 1, S. 5: 734/1, 932
Die Tat vom 3. September 1955, 6. Jg., Nr. 36, S. 6: 1111/3
Frau und Frieden, September 1959, Nr. 9, S. 12: 2191/1
Heipp, Günther (Hg.): Es geht ums Leben! Der Kampf gegen die Bombe 1945-1965, Hamburg 1965, S.37: 1616/4
Konkret – Die unabhängige Zeitschrift für Kultur und Politik, Mai 1959, Nr.5, S.2: 1768/1
Kossek, Franz: 2238
Neues Deutschland/Anni Schäfer: 2224/2
Neues Deutschland/Walter Fischer: 2192
Pankok, Otto: 914/2
Peiser-Preisser, Walter: 2176/2
Porträt Ethel Rosenberg, 1953, © Sucession Picasso/VG Bild-Kunst, Bonn 1996: 847/2
Porträt Henri Martin, © Sucession Picasso/VG Bild-Kunst, Bonn 1996: 878/2
Porträt Julius Rosenberg, 1953, © Sucession Picasso/VG Bild-Kunst, Bonn 1996: 847/3
Sonntag vom 20. Oktober 1957: 1732/2
Strempel, Horst: 399
© sucession Picasso/ VG Bild-Kunst, Bonn 1996: 457/1
Tarantel – Satirische Monatsschrift der Sowjetzone: 1203/3
Winkler-Prins-Jahrbuch 1951: 456/1
Winkler-Prins-Jahrbuch 1955: 1054/3
Zimmer, Hans Peter: 2027/1

4. Plakate

Archiv »Protest, Widerstand und Utopie in der BRD«, Hamburger Institut für Sozialforschung: 37/3, 53/3, 101, 110/1, 112, 113/1, 118/2, 140/1, 151/2, 179/2, 211/2, 225/2, 240, 247/2, 255/1, 270/2, 288/2, 313/4, 318/1, 326/2, 326/1, 327/2, 331/2, 357/1, 370, 373/1, 373/2, 378/2, 415/2, 417/2, 442/2, 450/2, 452/2, 455/1, 466/1, 481/2, 481/1, 502, 507/1, 523, 572/2, 589, 592, 594/2, 602/2, 643/1, 650, 660/2, 664/2, 666/2, 667/2, 671/2, 671/1, 680/1, 684/1, 699/1, 700/3, 702/2, 703/2, 733/2, 734/3, 735/1, 743, 771/1, 775/2, 777/3, 781/1, 785/1, 786/2, 787/3, 788/3, 816/2, 832/1, 869/3, 889/2, 889/1, 890/2, 890/3, 890/1, 891/1, 891/3, 891/5, 891/2, 891/4, 913/1, 918/3, 948/2, 948/1, 953/3, 955/3, 966/3, 974/1, 974/4, 982, 994/1, 1001/1, 1012/2, 1016/2, 1033/2, 1047/2, 1055/1, 1056, 1075/3, 1080/2, 1103/3, 1104/1, 1118/3, 1126/2, 1127/2, 1133/3, 1137/2, 1176/1, 1184/4, 1211/1, 1211/2, 1215/1, 1219/2, 1238/3, 1244/3, 1246/2, 1273/2, 1274/2, 1315/2, 1357/1, 1373/1, 1376/3, 1423/1, 1447/1, 1448/2, 1452/2, 1503/3, 1518/1, 1533/2, 1567/1, 1570/3, 1570/4, 1604/1, 1611/3, 1618/2, 1629/2, 1634/1, 1644/1, 1680/2, 1693/1, 1698/1, 1706, 1709/2, 1710/1, 1710/2, 1710/3, 1815, 1818, 1831, 1834, 1859/1, 1860, 1863/2, 1873/1, 1915/3, 1971/2, 2104/2, 2119/2, 2160/1, 2161/2, 2191/2, 2198/2, 2218/2, 2226, 2253, 2308/2, 2316/3, 2316/2
Archiv der sozialen Demokratie in der Friedrich-Ebert-Stiftung, Bonn: 744/4
Archiv für Christlich-Demokratische Politik, Konrad-Adenauer-Stiftung, St. Augustin: 1906/1
Bode, Arnold: documenta Kassel – Essays, hrsg. von der Stadtsparkasse Kassel, Kassel o.J., S. 17: 1223/2
Der Spiegel vom 17. März 1954, 8. Jg., Nr. 12, S. 6: 949
Deutsche Volkszeitung vom 20. Oktober 1956, 4. Jg., Nr. 42, S. 6: 1369/3
Deutsches Historisches Museum: 2029/2
Die Tat vom 2. September 1950, 1. Jg., Nr. 25, S. 1: 289/1
Die Tat vom 8. April 1956, 7. Jg., Nr. 17, S. 1: 1341/1
Duff, Peggy: Left, left, left – A Personal Account of six Protest Campaigns 1945-1965, London 1971, S. 115: 1776/2
Gilsi, René: 2102
Haas, Leo: 1316/2
Historisches Archiv der Stadt Köln/Gerhard Ludwig: 1155/2
Historisches Archiv der Stadt Köln: 105/4
Kinoarchiv: 1261/1, 1261/2, 1452/1
Landesbildstelle Berlin: 812/1
Lernen und Handeln vom März 1952, 3. Jg., Nr. 3, S. 1: 570
Lernen und Handeln vom März 1953, 4. Jg., Nr. 3, S. 1: 750/1, 750/2
Lernen und Handeln vom Februar 1955, 6. Jg., Nr. 2, S. 1: 1150/2
Museum der Arbeit, Hamburg: 1873/4
National Archives, Washington: 292/2
Sammlung Elly Steinmann, Bochum-Wattenscheid: 1673
Staatsarchiv Bremen: 43, 242
Staatsarchiv Hamburg: 27/2, 94/3
Stadtarchiv Bochum: 105/1
Stadtmuseum München: 105/2, 105/3
© Succession Picasso/VG Bild-Kunst, Bonn 1996: 58
Trepkowski, Tadeusz: 1230/2
Unser Weg – Organ des Parteivorstandes der KPD für alle Parteiarbeiter, April 1955, Nr. 4: 1174/2
Unser Weg – Organ des Parteivorstandes der KPD für alle Parteiarbeiter, Juli 1956, Nr. 7: 1496/2
© VG Bild-Kunst, Bonn 1996: 996, 1111/4
Wiener Stadt- und Landesbibliothek: 437/1
Zentralkomitee der SED, Abteilung Agitation und Propaganda (Hg.): »Für atomwaffenfreie Zone in Europa!«, Deutsches Historisches Museum: 1797

Zentralkomitee der SED, Abteilung Agitation, Presse, Rundfunk (Hg.): Das braune Haus von Bonn, Deutsches Historisches Museum: 1342/4

Zentralkomitee der SED, Abteilung Agitation und Propaganda (Hg.): »Die müssen weg – Her mit dem Frieden«, Deutsches Historisches Museum: 2091/2

5. Flugblätter

Archiv »Protest, Widerstand und Utopie in der BRD«, Hamburger Institut für Sozialforschung: 44/1, 100, 141, 204/1, 258/1, 297/1, 299/4, 324/2, 375, 393/1, 394, 397/2, 398/1, 398/2, 420/2, 436/1, 438, 441/2, 445/2, 549/1, 551, 555, 574/1, 576/2, 596/2, 606/4, 607/2, 614, 620/1, 623/2, 624/2, 679/2, 693, 696/2, 697, 736/2, 870/2, 878/1, 892/1, 935, 987/1, 1016/3, 1042/3, 1089/1, 1112/2, 1146/1, 1147/2, 1152, 1273/1, 1313/3, 1340/3, 1345/1, 1346/1, 1607/2, 1642, 1661/2, 1688/1, 1702/3, 1717/3, 1776/1, 1811/1, 1863/1, 1872/2, 1876/5, 1876/3, 1877/2, 1879/1, 2008, 2025/2, 2038/2, 2054, 2095, 2136/3, 2156/2

Bundesarchiv Koblenz: 673

Bundesarchiv Koblenz, Nachlaß Otto Schmidt-Hannover, Band 44: 79

Die Tat vom 25. August 1951, 2. Jg., Nr. 34, S. 1: 483/2

Die Tat vom 10. März 1956, 7. Jg., Nr. 10, S. 1: 1322

Ernst-Thälmann-Archiv: 1255/2

Fritz-Küster-Archiv: 197/1

Heipp, Günther (Hg.): Es geht ums Leben! Der Kampf gegen die Bombe 1945-1965, Hamburg 1965, S. 35: 311

Kampf der Atomrüstung – Grosskundgebung am 3. Juni 1958, Frankfurt am Main, Römerberg, 17 Uhr (Faltblatt): 1914/1, 1914/2

Müller, Joachim (Hg.): Werdet Weltbürger! Baden-Baden 1949: 38

Schmiederer, Ingrid: 1932

Situationistische Internationale 1958-1969 – Gesammelte Ausgaben des Organs der Situationistischen Internationale, Band 1, Hamburg 1976, S. 37: 1782

Verwaltungsstelle Ingolstadt der IG Metall (Hg.): Der Bayernstreik 1954. Dokumente seiner Geschichte am Beispiel der IG Metall Verwaltungsstelle Ingolstadt, Ingolstadt 1984, S. 82/83: 1024/1, 1026/2

6. Graphiken

Aachener Nachrichten vom 1. April 1954: 951/1

Bundesministerium für gesamtdeutsche Fragen (Hg.): Die sowjetische Besatzungszone Deutschlands in den Jahren 1945-1954, Bonn 1955, Beilage Nr.9: 961/2

Der Spiegel vom 26. Januar 1950, 4. Jg., Nr. 4, S. 12: 172/1
Der Spiegel vom 20. April 1950, 4. Jg., Nr. 16, S. 1: 215
Der Spiegel vom 20. April 1950, 4. Jg., Nr. 16, S. 11: 214/2
Der Spiegel vom 25. Dezember 1950, 4. Jg., Nr. 52, S. 23: 345/1
Der Spiegel vom 19. Dezember 1951, 5. Jg., Nr. 51, S. 12: 518
Der Spiegel vom 4. Februar 1953, 7. Jg., Nr. 6, S. 14: 854/2
Der Spiegel vom 11. März 1953, 7. Jg., Nr. 11, S. 6: 745/3
Der Spiegel vom 26. August 1953, 7. Jg., Nr. 34, S. 10: 887/1
Der Spiegel vom 30. September 1953, 7. Jg., Nr. 40, S. 7: 893/1
Der Spiegel vom 21. Oktober 1953, 7. Jg., Nr. 43, S. 14: 907/2
Der Spiegel vom 10. Februar 1954, 8. Jg., Nr., S. 15: 1029/1
Der Spiegel vom 10. Februar 1954, 8. Jg., Nr. 7, S. 21: 951/3
Der Spiegel vom 24. März 1954, 8. Jg., Nr. 13, S. 19: 969/2
Der Spiegel vom 11. August 1954, 8. Jg., Nr. 33, S. 16: 940/1
Der Spiegel vom 8. September 1954, 8. Jg., Nr. 37, S. 15: 1033/1
Der Spiegel vom 16. Februar 1955, 9. Jg., Nr. 8, S. 11: 1130
Der Spiegel vom 9. März 1955, 9. Jg., Nr. 11, S. 24: 1219/1
Der Spiegel vom 16. März 1955, 9. Jg., Nr. 12, S. 16: 1149/2
Der Spiegel vom 20. April 1955, 9. Jg., Nr. 17, S. 28: 1171/2
Der Spiegel vom 29. Juni 1955, 9. Jg., Nr. 27, S. 10: 1215/3
Der Spiegel vom 31. August 1955, 9. Jg., Nr. 36, S. 22: 1236/2
Der Spiegel vom 28. Dezember 1955, 9. Jg., Nr. 53, S. 14: 1277/2
Der Spiegel vom 21. August 1957, 11. Jg., Nr. 34, S. 39: 1640/1
Der Spiegel vom 19. Februar 1958, 12. Jg., Nr. 8, S. 23: 1790/1
Der Spiegel vom 2. September 1959, 13. Jg., Nr. 36, S. 59: 2261/4

Dollinger, Hans (Hg.): Die Bundesrepublik in der Ära Adenauer 1949-1963, München 1966, S. 89: 547/2

Jahrbuch der öffentlichen Meinung, 1947-1955, Allensbach am Bodensee, S. 362: 1034/1

Jahrbuch der öffentlichen Meinung, 1947-1955, Allensbach am Bodensee, S. 365: 1100/2, 1125/3

Jahrbuch der öffentlichen Meinung, 1947-1955, Allensbach am Bodensee, S. 377: 1105/2

Roy, Jules: Der Fall von Dien Bien Phu – Indochina – Der Anfang vom Ende, München 1963, Anhang: 954/1, 978/4

Studenten-Kurier vom 25. Juli 1955, 1. Jg., S. 12: 1181

7. Karten

Archiv »Protest, Widerstand und Utopie in der BRD«, Hamburger Institut für Sozialforschung: 1019, 1169/1, 1950/1, 1951/2, 2009/2, 2131/2, 2142/3

Archiv der Gegenwart vom 21. Januar 1955, S. 4970, nach einer Vorlage von Le Monde: 1104/3

Auswärtiges Amt unter Mitwirkung eines wissenschaftlichen Beirats (Hg.): Die Auswärtige Politik der Bundesrepublik Deutschland, Köln 1972, Kartenbeilage Nr. 6: 566/3

Bundesministerium für gesamtdeutsche Fragen: 829

Der Spiegel vom 25. August 1949, 3. Jg., Nr. 35, S. 10: 107/2
Der Spiegel vom 25. April 1951, 5. Jg., Nr. 17, S. 29: 782
Der Spiegel vom 15. Juli 1953, 7. Jg., Nr. 29, S. 17: 759/1
Der Spiegel vom 6. Januar 1954, 8. Jg., Nr. 2, S. 18: 978/2
Der Spiegel vom 14. Dezember 1955, 9. Jg., Nr. 51, S. 35: 1285/2
Der Spiegel vom 14. September 1955, 9. Jg., Nr. 38, S. 24: 1226
Der Spiegel vom 21. Dezember 1955, 9. Jg., Nr. 52, S. 10: 1291/2
Der Spiegel vom 14. Januar 1959, 13. Jg., Nr. 3, S. 37: 2074/1

Deutsche Volkszeitung vom 26. Juli 1958, 6. Jg, Nr. 30, S. 5: 1951/3

Die deutschen Länder unter den Besatzungsmächten bis 1949, aus: Hans Dollinger (Hg.): Deutschland unter den Besatzungsmächten 1945-1949 – Seine Geschichte in Texten, Bildern und Dokumenten, München 1967, S. 148: 27/1

Die Tat vom 8. Februar 1958, 9. Jg., Nr. 5, S. 4: 1721/1

dpa: 247/4

Heute vom 8. November 1950: 286/4

Lasky, Melvin J. (Hg.): Die Ungarische Revolution – Ein Weißbuch, West-Berlin 1958, S. 351: 1476/1

Lasky, Melvin J. (Hg.): Die Ungarische Revolution – Ein Weißbuch, West-Berlin 1958, S. 350: 1471/1

Nationalrat der Nationalen Front (Hg.): Rombergpark – Ein Katyn in Deutschland, Ost-Berlin 1952, S. 31: 763/1

Neues Deutschland vom 4. Februar 1959: 2107/3

no more hirosimas, No. 3, Vol. 7, April/May 1959, p. 1: 2201

no more hirosimas, No. 6, Vol. 5, June/July 1958, p. 1: 1929/2

Nordwest-Zeitung: 1255/1

Riess, Curt: Der 17. Juni, West-Berlin 1954, S. 6: 808/1
Roy, Jules: Der Fall von Dien Bien Phu – Indochina – Der Anfang vom Ende, München 1963, Anhang: 954/4
Was War Wann – Jahrgang 1949, Hamburg 1950, S. 617, Abschnitt D: 128/2

8. Titelbild/Titelseite/Titelzeile

Abendpost (Frankfurt) vom 2. Januar 1951: 343/2
Abteilung Agitation des SED-Zentralkommitees (Hg.): Ist die NATO ein Fußballclub? Ost-Berlin o.J.: 1293/2
abz-Illustrierte: 1154/2
Alleg, Henri: Die Folter – La Question, Wien/München/Basel 1958: 1657/2
Alleg, Henri: Die Folter, Ost-Berlin 1959: 1806/2
Allemann, Fritz René: Bonn ist nicht Weimar, Köln 1956: 1438/2
alternative – Blätter für Lyrik und Prosa, August 1958, 1. Jg., Nr. 1: 1961/1
Amt für Information der Regierung der Deutschen Demokratischen Republik (Hg.): Gesamtdeutsche Beratungen über freie Wahlen und einen Friedensvertrag, Ost-Berlin 1951: 484/2
Amtsblatt der Erzdiözese München und Freising vom 31. Januar 1958, Jg. 1958, Nr. 1, Beilage: 1772/2
Anders, Günther: Der Mann auf der Brücke – Tagebuch aus Hiroshima und Nagasaki, München 1959: 1966/2
Angenfort, Jupp: Im Namen des Volkes: Freiheit für Jupp Angenfort und Wolfgang Seiffert, Offenburg o.J.: 1198/1
Annual Report of the Committee on Un-American Activities for the Year 1952, December 28, 1952, Washington 1953: 902/1
Anonym: Die Burianek Bande, Ost-Berlin 1952: 615/2
Anonym: Die große Hetze – Der niedersächsische Ministersturz – Ein Tatsachenbericht zum Fall Schlüter, Göttingen 1958: 1195/2
Anonym: Die Maske vom Gesicht – Wie erkennt, entlarvt und bekämpft man Stalins kommunistische Tarnorganisationen? o.O. o.J.: 515/1
Anonym: Eine Frau vor Gericht, Stuttgart, o.O. o.J.,: 497/2
Anonym: Folter in Paris – Berichte algerischer Häftlinge, Ost-Berlin 1959: 2206
Anonym: Gegen Militarismus – Für Friedensvertrag – II. Kongreß der Arbeiterjugend Deutschlands, Erfurt 1959: 2144/2
Anonymus: Atomkrieg – Wie schütze ich mich? Erste authentische Veröffentlichung über Atomkriegsführung und Atomschutz, Konstanz 1950: 753/2
Arbeitsausschuß »Kampf dem Atomtod« (Hg.): Kampf dem Atomtod, Bonn 1958 : 1801/1
Archiv »Protest, Widerstand und Utopie in der BRD«, Hamburger Institut für Sozialforschung: 63/2, 670/2, 788/2, 831, 858/2, 884/3, 1105/1, 1620, 1665/2, 1804/4
Arendt, Hannah: Die Ungarische Revolution und der totalitäre Imperialismus, München 1958: 1926/2
Ausschuß für deutsche Einheit (Hg.): Feldmarschall Paulus spricht, Ost-Berlin 1954: 1005/1
Ausschuß für Deutsche Einheit (Hg.): Karl Franz Schmidt-Wittmack – So geht es nicht weiter, Ost-Berlin 1954: 1031/2
Ausschuß für Deutsche Einheit (Hg.): Dr. Otto John – Ich wählte Deutschland, Ost-Berlin 1954: 1027/1
Ausschuß für Deutsche Einheit (Hg.): Verschwörung gegen Deutschland – Die Pariser Verträge – Komplott des Krieges und der Spaltung, Ost-Berlin 1954: 1055/3, 1112/4
Ausschuß für Deutsche Einheit (Hg.): Dokumente beweisen – General Hans Speidel bereitete Attentat von Marseille 1934 vor, Ost-Berlin 1957: 1915/2

Ausschuß für Deutsche Einheit (Hg.): Im »Sachsenring« mit schwarz-rot-goldener Fahne, Ost-Berlin 1959: 2180/2
Autorenkollektiv: ...im Dienste der Unterwelt – Dokumentarbericht über den Untersuchungsausschuß freiheitlicher Juristen, Ost-Berlin 1959: 1969/1
Berlin im Juni 1953, Ost-Berlin: 856/2
Berliner Illustrierte, 5. Jg., 3. Aprilheft: 50
Berliner Morgenpost vom 17. Juni 1953: 800/1
Berliner Morgenpost vom 5. Mai 1955: 1178/2
Bild-Zeitung vom 24. Juni 1952: 633
Bittel, Karl (Hg.): Atomwaffenfreie Zone in Europa, Ost-Berlin 1958: 1721/3
Bloch, Karola: Aus meinem Leben, Pfullingen 1981: 1573/2
Branch, Taylor: Parting the Waters – America in the King Years 1954-1963, New York / London / Toronto / Sidney / Tokio 1988: 1640/2
Bravo – Die Zeitschrift für Film und Fernsehen vom 26. August 1956, 1. Jg., Nr. 1: 1433/1
Bredendiek, Werner: Damm gegen Schlamm, hrsg. vom Deutschen Friedensrat, Ost-Berlin o.J.: 2345/1
Brollik, Peter/Klaus Mannhardt (Hg.): Blaubuch 1958 – Kampf dem Atomtod – Dokumente und Aufrufe, Essen 1988: 1956/1
Bronska-Pampuch, Wanda: Polen zwischen Hoffnung und Verzweiflung, Köln 1958: 1694/2
Brundert, Willi: Es begann im Theater ... »Volksjustiz« hinter dem Eisernen Vorhang, West-Berlin/Hannover 1958: 219/2
Buckwitz, Harry: Freiheit der Kritik – Vortrag, gehalten auf der Bundeskonferenz der Berufsgruppe der Journalisten in der Industriegewerkschaft Druck und Papier am 10. Oktober 1957 in Frankfurt am Main, Heft 9, Schriftenreihe der Industriegewerkschaft Druck und Papier in der Bundesrepublik einschließlich Berlin, Frankfurt am Main 1957: 1726/1
Bund der Deutschen (Hg.): Der Weg zur Wiedervereinigung – Die Deutschlandnote der Sowjetregierung vom 15. August 1953, Düsseldorf 1953: 884/2
Bund der Deutschen (Hg.): Deutschland den Deutschen – Partei-Programm, Düsseldorf 1953: 777/1
Bund der Deutschen, Bundesvorstand (Hg.): Neue Deutsche Politik, 3. Bundesparteitag des Bundes der Deutschen, Kettwig/Ruhr, März 1956, Düsseldorf 1956: 1354/2
Bundesministerium für gesamtdeutsche Fragen (Hg.): Dokumente des Unrechts – Dokumente über planmäßige Rechtsverletzungen im sowjetischen Besatzungsgebiet, Bd. II, Bonn 1955: 1290/2
BZ (West-Berlin) vom 16. April 1958: 1847/3
Chicago Defender: 1240/2
Chruschtschow, Nikita S.: Die Geheimrede Chruschtschows – Über den Personenkult und seine Folgen, Berlin 1990: 1333/2
Daniel, Jens (d.i. Rudolf Augstein): Deutschland – ein Rheinbund! Darmstadt 1953: 538/1
Das Argument vom 4. Mai 1959, Nr. 1: 2176/1
Das Gespräch – Rundbrief der »Arbeitsgemeinschaft Gesamtdeutsche Soldatengespräche« vom 5. Juli 1955, 1. Jg., Nr. 2: 1208
Das Gewissen – Organ zur Bekämpfung des Atom-Missbrauchs und der Atom-Gefahren: 1768/2
Das Gewissen – Organ zur Bekämpfung des Atom-Missbrauchs und der Atom-Gefahren, Mai 1957, 2. Jg., Nr. 5: 1631
Das Gewissen – Organ zur Bekämpfung des Atom-Missbrauchs und der Atom-Gefahren, September 1957, 2. Jg., Nr. 9: 1704/3
Das Gewissen – Organ zur Bekämpfung des Atom-Missbrauchs und der Atom-Gefahren, April 1958, 3. Jg., Nr. 4: 1835/2
de Gaulle, Charles: Memoiren der Hoffnung – Die Wiedergeburt 1958-1962, Wien/München/Zürich 1971: 2060
Der Abend vom 16. Juni 1953, Sonderausgabe: 797/2

Der Deutsche Michel, April 1955, 2. Jg./Gove: 1146/2
Der Friedensruf vom 18. April 1959, 5. Jg., Nr. 4: 2177
Der Friedensruf vom 21. November 1959, 5. Jg., Nr. 19: 2320/1
Der Monat vom Juni 1949, 1. Jg., Nummer 8/9: 77/2
Der Monat vom Juli/August 1950, 2. Jg., Nr. 22/23: 250/2
Der Spiegel vom 28. Februar 1951, 5. Jg., Nr. 9, Rückumschlag: 383/2
Der Spiegel vom 12. Mai 1954, 8. Jg., Nr. 20: 763/3
Der Spiegel vom 22. September 1954, 8. Jg., Nr. 39: 1040/2
Der Spiegel vom 30. März 1955, 9. Jg., Nr. 14: 1115/1
Der Spiegel vom 15. Juni 1955, 9. Jg., Nr. 25: 1194/2
Der Spiegel vom 4. April 1956, 10. Jg., Nr. 14: 1358/1
Der Spiegel vom 2. Mai 1956, 10. Jg., Nr. 18: 1329/1
Der Spiegel vom 24. Oktober 1956, 10. Jg., Nr. 43: 1446/1
Der Spiegel vom 14. November 1956, 10. Jg., Nr. 46: 1461/1
Der Spiegel vom 5. Dezember 1956, 10. Jg., Nr. 49: 1529/3
Der Spiegel vom 12. Dezember 1956, 10. Jg., Nr. 50: 1534/1
Der Spiegel vom 19. Dezember 1956, 10. Jg., Nr. 51: 1536/3
Der Spiegel vom 2. Januar 1957, 11. Jg., Nr. 1: 1562/1
Der Spiegel vom 8. Mai 1957, 11. Jg., Nr. 19: 1621/2
Der Spiegel vom 7. August 1957, 11. Jg., Nr. 32: 1674
Der Spiegel vom 25. September 1957, 11. Jg., Nr. 39: 1715/2
Der Spiegel vom 5. Februar 1958, 12. Jg., Nr. 6: 1791/4
Der Spiegel vom 18. März 1959, 13. Jg., Nr. 12: 867
Der Spiegel vom 22. Juli 1959, 13. Jg., Nr. 30: 2113/1
Der Spiegel vom 5. August 1959, 13. Jg., Nr. 32: 2236
Der Spiegel vom 4. November 1959, 13. Jg., Nr. 45: 2170/2
Der Spiegel vom 25. November 1959, 13. Jg., Nr. 48: 2315/2
Der Spiegel vom 2. Dezember 1959, 13. Jg., Nr. 49: 2338
Der Stahlhelm: 390/2
Der Trommler – Kampfschrift der nationalen Jugend in Österreich, Februar 1959, 5. Jg., Nr. 30: 2082/3
Deutsche Bauakademie: Die Stalinallee – die erste sozialistische Straße der Hauptstadt Deutschlands Berlin, Ost-Berlin 1952: 795/1
Deutsche Sammlung (Hg.): Deutsche Verständigung – der Weg zu Einheit, Frieden und Freiheit, Düsseldorf 1952: 669/2
Deutsche Sammlung (Hg.): Was jeder Deutsche vom Generalvertrag und EVG-Abkommen wissen muß! o.O. 1953: 744/3
Deutsche Soldaten Zeitung vom 6. Juni 1951: 440
Deutsche Volkszeitung: 779
Deutscher Gewerkschaftsbund (Hg.): Warum sind wir gegen die Remilitarisierung? München 1952: 558/3
Deutscher Gewerkschaftsbund, Ortsausschuß Kiel (Hg.): Kampf dem Atomtod, Kiel 1958: 1870/2
Deutscher Kulturtag, in Zusammenarbeit mit dem Ausstellungskomitee Künstler gegen den Atomkrieg (Hg.): Künstler gegen Atomkrieg – Eine Auswahl von Bildern aus der Ausstellung Künstler gegen Atomkrieg – Texte und Zitate aus der zeitgenössischen Literatur und Politik, München 1958: 2010/2
Deutsches Institut für Zeitgeschichte (Hg.): Oder-Neisse – Eine Dokumentation, Ost-Berlin 1950: 253/1
Deutsches Komitee der Kämpfer für den Frieden (Hg.): Hiroshima mahnt, Ost-Berlin o.J.: 1023/3
Deutschland-Union-Dienst (Hg.): Verteidigungsbeitrag ja oder nein? Auszüge aus der Bundestagsdebatte vom 7./8. Februar 1952, Bonn 1952: 557/2
Deutschlands Stimme vom 1. Januar 1951, 4. Jg., Nr. 1: 362/1
DGB-Bundesvorstand (Hg.): Konzentration wirtschaftlicher Macht – Soziale Demontage – Großkundgebung des Bundesvorstandes des DGB am 20. November 1958 in Dortmund, o.O.1958: 2041/3
Die Andere Zeitung vom 12. Mai 1955, 1. Jg., Nr. 1: 1186/1
Die Anklage – Organ der entrechteten Nachkriegsgeschädigten vom 15. Januar 1956, 4. Jg., Nr. 1/2: 1372/3

Die Frau von heute, 1. Februarheft 1952, 3. Jg., Nr. 3: 583/2
Die Friedensrundschau, Februar 1953, 7. Jg., Nr. 2: 740/1
Die Friedensrundschau, März 1953, 7. Jg., Nr. 3/Vicky, News Chronicle: 735/3
Die Tat vom 25. Februar 1950, 1. Jg., Nr. 1: 186
Die Tat vom 3. November 1951, 2. Jg., Nr. 44: 510/1
Die Tat vom 21. Januar 1956, 7. Jg., Nr. 3, S. 5: 1422/1
Die Tat vom Juli 1958: 1938/2
Diskus – Frankfurter Studentenzeitung vom Juli 1952, 2. Jg., Nr. 7: 645/1
Diskus – Frankfurter Studentenzeitung vom Juni 1958, 8. Jg., Nr. 5: 1898
Diskus – Frankfurter Studentenzeitung vom April 1959, 9. Jg., Nr. 3: 2157
Djilas, Milovan: Die neue Klasse – Eine Analyse des kommunistischen Systems, München 1957: 1693/2
Duesterberg, Theodor: Der Stahlhelm und Hitler, Wolfenbüttel 1949: 390/1
Ehrenburg, Ilja: So kann es nicht weitergehen! Rede auf der Tagung des Weltfriedensrates Berlin 1.-5. Juli 1952, Ost-Berlin 1952: 637/2
Ehrenburg, Ilja: Tauwetter, Ost-Berlin 1957: 1040/3
Emmel, Hildegard: Die Freiheit hat noch nicht begonnen – Zeitgeschichtliche Erfahrungen seit 1933, Rostock 1991: 1881/1
Erler, Fritz: Soll Deutschland rüsten? Die SPD zum Wehrbeitrag, Bonn 1952: 587/1
Europäisches Arbeiter-Komitee (Hg.): Schluß mit der Remilitarisierung Deutschlands! Die europäische Arbeiterkonferenz vom 23.-25. März 1951 in Berlin, Ost-Berlin 1951: 404/1
Fiala, Ferenc: Ungarn in Ketten – Die Hintergründe der ungarischen Tragödie, Göppingen o.J.: 1528/3
Frank, Anne: Das Tagebuch der Anne Frank – 14. Juni 1942-1. August 1944, Heidelberg 1950: 2085
Frank, Anne: Het Achterhuis – Dagboekbrieven van 14 Juni 1942-1 August 1944, Amsterdam 1947: 1458/2
Frankfurter Allgemeine Zeitung vom 28. Juli 1953: 874
Frankfurter Hefte vom Januar 1949, 4. Jg., Heft 1, S. 18: 24
Frankfurter Hefte vom August 1949, 4. Jg., Heft 8, S. 633: 99/1
Frankfurter Hefte vom Juni 1951, 6. Jg., Nr. 6: 426/1
Frankfurter Studentenzeitung vom Februar 1952, 2. Jg., Heft 2: 540/1
Frau und Frieden vom August 1958, 8. Jg., Nr. 8: 1965/2
Freies Algerien, September 1958, 1. Jg., Nr. 1: 1977
Funken – Aussprache-Hefte radikaler Sozialisten, Nr. 1, Juni 1950: 239/2
Generalsekretariat der VVN/Internationale Verbindungen (Hg.): Internationale Tagung ehemaliger politischer Häftlinge in Weimar 24. und 25. Oktober 1952, Ost-Berlin 1952: 680/1
Ginsberg, Allen: Das Geheul und andere Gedichte, Wiesbaden 1959: 1268/2
Gollwitzer, Helmut: ...und führen wohin Du nicht willst – Bericht einer Gefangenschaft, München 1953: 165/2
Gössner, Rolf: Die vergessenen Justizopfer des Kalten Kriegs – Über den Umgang mit der deutschen Geschichte in Ost und West, Hamburg 1994: 1919/2
Grimm, Hans: Volk ohne Raum, Lippoldsberg 1956: 1262
Grossmann, Kurt R.: Germany and Israel: Six Years Luxemburg Agreement, New York 1958: 2092
Grosz, George: Ein kleines Ja und ein großes Nein – Sein Leben von ihm selbst erzählt, Reinbek 1974: 2217/4
Grote, Hermann: Der Streik – Taktik und Strategie, Köln 1952: 602/1
Guderian, Heinz: So geht es nicht! – Ein Beitrag zur Frage der Haltung Westdeutschlands, Heidelberg 1951: 286/1

Hammerschmidt, Helmut/Michael Mansfeld: Der Kurs ist falsch, München/Wien/Basel 1956: 1330/1

Harich, Wolfgang: Keine Schwierigkeiten mit der Wahrheit, Berlin 1993: 1681/2

Harig, Paul (Hg.): 2 Jahre Betriebsverfassungsgesetz – Eine notwendige Bilanz, Hagen-Haspe 1954: 1048/3

Hearings on American Aspects of the Richard Sorge Spy Case – Hearings before the Committee on Un-American Activities House of Representatives, Eighty-Second Congress, First Session, August 9, 22 and 23, 1951, Washington 1951: 470/2

Heinemann, Gustav/Helene Wessel/Ludwig Stummel: Aufruf zur Notgemeinschaft für den Frieden Europas, o.O. 1951: 515/3

Heinemann, Gustav: Deutschland und die Weltpolitik, Schriften für den Frieden Europas e.V., Heft 1, Bonn 1954: 1058/4

Heipp, Günther (Hg.): Es geht ums Leben! Der Kampf gegen die Bombe 1945-1965, Hamburg 1965: 1773/3

Hellman, Lillian: Die Zeit der Schurken, Frankfurt am Main 1979, Titelbild: 613

Hermann, Hans-Georg: Verraten und verkauft – Eine Abrechnung, Fulda 1958: 1752/2

Herrnstadt, Rudolf: Das Herrnstadt-Dokument – Das Politbüro der SED und die Geschichte des 17. Juni 1953, hrsg. von Nadja Stulz-Herrnstadt, Reinbek 1990: 872/2

Heuss, Theodor: Dank und Bekenntnis – Gedenkrede zum 20. Juli 1944, Tübingen 1954: 1012/1

Hoffmann, Erich (Hg.): So war der Streik auf Hamburger Werften, Hamburg 1955: 1238/1

Honolka, Bert: Die Kreuzelschreiber – Ärzte ohne Gewissen – Euthanasie im Dritten Reich, Hamburg 1961: 2322

Höpp, Gerhard: Algerien – Befreiungskrieg 1954-1962, Ost-Berlin 1984: 1061/1

Illustrierte Berliner Zeitschrift vom 10. November 1956, Nr. 45: 1471/2

Illustrierte Berliner Zeitung, 4. Juni-Heft, Nr. 26: 857/2

Illustrierte Film-Bühne Nr. 2687: Des Teufels General: 1249/3

Illustrierte Film-Bühne Nr. 4456: 2022/1

Illustrierte Film-Bühne: Ausser Rand und Band, II. Teil: 1566

Illustrierte Film-Bühne: Ausser Rand und Band: 1511/2

Informationen – Monatszeitschrift für deutsche Wehrdienstverweigerer, August/September 1956, 1. Jg., Nr. 6/7 : 1411

Informationen – Monatszeitschrift für deutsche Wehrdienstverweigerer, Mai 1958, 3. Jg., Nr. 5: 1877/1

Informationen – Monatszeitschrift für deutsche Wehrdienstverweigerer, Juni 1958, 3. Jg, Nr. 6: 1909

Informationen – Monatszeitschrift für deutsche Wehrdienstverweigerer, September 1958, 3. Jg., Nr. 9: 2258/1

Informationen – Monatszeitschrift für deutsche Wehrdienstverweigerer, März 1959, 4. Jg., Nr. 3: 2138/1

Insulaner vom 12. August 1949, Berlin, 2. Jg., Nr. 16: 96/2

Jahnke, Karl Heinz: »... ich bin nie ein Parteifeind gewesen« – Der tragische Weg der Kommunisten Fritz und Lydia Sperling, Bonn 1993: 1392

Janka, Walter: Schwierigkeiten mit der Wahrheit, Reinbek 1989: 1681/1

Janka, Walter: Spuren eines Lebens, Berlin 1990: 1530

Jaspers, Karl: Die Atombombe und die Zukunft des Menschen, München 1978: 1911/2

Joliot-Curie, Professor (d.i. Frédéric Joliot-Curie): Rede auf der Tagung des Weltfriedensrates Berlin 1.-5. Juli 1952, Ost-Berlin 1952: 637/1

Jugendarbeitskreis Bayern (Hg.): Jungwähler wähle gegen den General- und EVG-Vertrag! o. O. 1953: 752/2

Jugendarbeitskreis Bayern (Hg.): Soll Dein Wahlkreuz mein Grabkreuz werden? o. O. 1953: 752/1

Junge Generation für deutsche Verständigung – für einen gerechten Friedensvertrag (Hg.): So entscheidet die Jugend! Düsseldorf 1952: 585/1

Junge Welt vom April 1953, Sonderausgabe: 761

Jungk, Robert: Albert Schweitzer – Das Leben eines guten Menschen, München 1955: 1619/2

Jüres, E.A./Herbert Kuehl: Gewerkschaftspolitik der KPD nach dem Krieg – Der Hamburger Werftarbeiterstreik 1955, Hamburg 1981: 1238/2

Kantorowicz, Alfred: Deutsches Tagebuch, München 1959: 1696/2

Kaul, Friedrich Karl: Ich fordere Freispruch! Ost-Berlin 1955: 658/2

Kinoarchiv: 2275, 2303/1

Kleiner, Wolfram/Wolfgang Lüder/Martin Schmidt (Hg.): Studentenprozeß in Dresden 13. bis 18. April 1959 – Bericht der Beobachter der Studentenschaften der Technischen Universität Berlin und der Freien Universität Berlin, West-Berlin 1959: 2159/1

Koestler, Arthur/André Gide/Ignazio Silone/Louis Fischer/Richard Wright/Stephen Spender: Ein Gott, der keiner war, Rote Weissbücher, Köln 1952: 206/1

Komitee der Antifaschistischen Widerstandskämpfer in der DDR (Hg.): SS im Einsatz – Eine Dokumentation über die Verbrechen der SS, Ost-Berlin 1957: 1659

Komitee zur Verteidigung der Rechte der Jugend (Hg.): Echo der Jugend, Offenburg 1954: 1074/3

Kongressdienst, Juli 1958, Nr. 1: 1948

Kongressdienst, August/September 1958, Nr. 2/3: 1873/3

Kongressdienst, Oktober/November 1958, Nr. 4: 2032

Kongressdienst, Mai/Juni 1959, Nr. 9: 2172/3

Kongressdienst, März/April 1959, Nr. 8: 2125

Kongressdienst, Oktober 1959, Nr. 12: 2214

Konkret – Unabhängige Zeitschrift für Politik und Kultur, 2. August-Ausgabe 1958, Nr. 10: 1972/2

Konkret – Unabhängige Zeitschrift für Politik und Kultur, Dezember-Ausgabe 1958, Nr. 17: 2050/2

Konkret – Unabhängige Zeitschrift für Politik und Kultur, 2. Januar-Ausgabe 1959, Nr. 2: 2079

Konkret – Unabhängige Zeitschrift für Politik und Kultur, 1. März-Ausgabe 1959, Nr. 5: 2189

Konkret – Unabhängige Zeitschrift für Politik und Kultur, April 1959, Nr. 6/7: 2094/3

Konkret – Unabhängige Zeitschrift für Politik und Kultur, 2. Mai-Ausgabe 1959, Nr. 10: 2181/2

KPD-Parteivorstand (Hg.): Die Wahrheit über den Generalvertrag – Mit der Rede Max Reimanns auf der IV. Tagung des PV der KPD, Stuttgart 1952: 598/2

KPD-Parteivorstand (Hg.): Trotz Fälschungen der Bundesregierung und Benachteiligung durch den Senat: Die KPD wird weiterleben! Plädoyer des Prozeßvertreters der KPD Rechtsanwalt Dr. Kaul Berlin, Ost-Berlin 1956: 1437/2

KPD-Vorstand (Hg.): Der Schumanplan – Ein Kriegsplan, Reden und Anträge der Fraktion der KPD in der Schuman-Debatte im Bundestag am 9., 10. und 11. Januar, o.O. 1952: 541

KPD-Vorstand (Hg.): Die neue Lage und die neuen Aufgaben in Westdeutschland, Frankfurt am Main 1955: 1269/2

KPD-Vorstand (Hg.): Mit Jacques Duclos im Ruhrgebiet, Düsseldorf 1955: 1138/2

KPD-Vorstand (Hg.): Saboteure, Agenten, Spione, o.O. o.J.: 1321/1

KPD-Vorstand (Hg.): Was weiter? Walter Ulbricht antwortet auf Fragen der Arbeiter Westdeutschlands, o.O. o.J.: 1148/2

Kristall, 11. Jg., 4.Vj. 1956, Nr. 23: 1454

Kroll, Hans: Lebenserinnerungen eines Botschafters, Köln 1967: 2161/1

Kuby, Erich: Nur noch rauchende Trümmer – Das Ende der Festung Brest – Tagebuch des Soldaten Erich Kuby, Reinbek 1959: 2117

Kuratorium »Unteilbares Deutschland« (Hg.): Berlin Hauptstadt Deutschlands – Macht das Tor auf! West-Berlin 1959, Kleinschriftensammlung Klaus Körner, Hamburg: 2050/1
Lang, Jochen von: Erich Mielke – Eine deutsche Karriere, Berlin 1991: 1736
Langhoff, Wolfgang: Die Moorsoldaten – 13 Monate Konzentrationslager, Zürich 1935: 1441/2
Laumanns, C. Josef (Hg.): ... trommelt für Pankow – Die Rede Molotows auf der Genfer Außenministerkonferenz am 8. November 1955, Bonn 1956: 1670
Le Figaro vom 6. September 1954: 1036/1
Le Monde vom 24. Oktober 1956: 1470/2
Leggewie, Claus: Kofferträger – Das Algerien-Projekt der Linken im Adenauer-Deutschland, West-Berlin 1984: 2045/2
Leonhard, Wolfgang: Die Revolution entlässt ihre Kinder, Köln 1955: 45/2
Leonhard, Wolfgang: Schein und Wirklichkeit in der UDSSR, West-Berlin 1952: 674/2
Lernen und Handeln, Februar 1957, 7. Jg., Nr. 2: 1345/2
Lettau, Reinhard (Hg.): Die Gruppe 47 – Bericht, Kritik, Polemik – Ein Handbuch, Neuwied 1967: 495
Leudesdorff, René: Wir befreien Helgoland – Die friedliche Invasion 1950/51, Husum 1987: 342/2
Liepman, Heinz: Ein deutscher Jude denkt über Deutschland nach, München 1961: 2114/2
Life vom 24. Oktober 1949: 80/2
Life vom 30. April 1951: 415/1
Life vom 2. Juni 1958: 1889/3
Life vom 9. Juni 1958: 1889/2
Memmi, Albert: Der Kolonisator und der Kolonisierte – Zwei Porträts, Frankfurt am Main 1980: 1667/3
Metall vom 23. Juli 1952, 4. Jg., Nr. 15: 644
Metall vom 3. November 1954, 6. Jg., Nr. 21: 1053/1
Mindszenty, Joszef: Weissbuch über vier Jahre Kirchenkampf in Ungarn, Hamburg 1949: 37/1
Müller, Friedrich: Der Generalvertrag – Seine politische und rechtliche Bedeutung, Düsseldorf 1952 : 598/3
Müller, Marianne und Egon Erwin: »... stürmt die Festung Wissenschaft!« Die Sowjetisierung der mitteldeutschen Universitäten seit 1945, West-Berlin 1953: 238
Münchener Illustrierte vom Mai 1954, Nr. 22: 988
Muscio, Giuliana: Hexenjagd in Hollywood – Die Zeit der Schwarzen Listen, Frankfurt am Main 1982: 586/2
Nation Europa – Monatsschrift im Dienst der europäischen Erneuerung: 354
National Association for the Advancement of the Colored People (Ed.): Progress and Reaction 1955 – NAACP Annual Report, Forty-Seventh Year, New York 1956: 1285/1
National Zeitung, 4. Jg., Nr. 39: 1063
Nationales Komitee für die Befreiung Max Reimanns (Hg.): Der Kampf um die Befreiung Max Reimanns – Blaubuch: 85/1
Nationalrat der Nationalen Front (Hg.): Der Tag X – Der Zusammenbruch der faschistischen Kriegsprovokation des 17. Juni 1953, Ost-Berlin 1953 : 851
Nationalrat der Nationalen Front (Hg.): Rombergpark – Ein Katyn in Deutschland, Ost-Berlin 1952: 763/2
Neue Berliner Illustrierte, Sonderheft: 232/2
Neue Berliner Illustrierte vom 17. August 1957, 13. Jg., Nr. 33: 1692/1
Neue Rhein-Zeitung vom 14. April 1956/Pitt: 1529/1
Neue Ruhr Zeitung vom 16. September 1957: 1710/4
Neuer Vorwärts – Zentralorgan der Sozialdemokratischen Partei Deutschlands vom 27. April 1951: 423/1
Neues Deutschland vom 11. Juni 1953: 791/2
Neues Deutschland vom 23. September 1954: 1052/3
Neues Deutschland vom 30. Dezember 1956: 1541/2
Neues Deutschland vom 23. Oktober 1959: 2305/1
Neumann, Oskar (Hg.): Hochverrat – Berichte nach stenographischen Aufzeichnungen vom Hochverratsprozeß gegen Oskar Neumann, Karl Dickel und Emil Bechtle, Bundesgerichtshof, 6. Strafsenat in Sachen Volksbefragung, 1. Teil, o.O. o.J.: 1020/2
Newsweek vom 12. Juli 1954: 956/2
Niemöller, Martin: Deutschland – wohin? Krieg oder Frieden? Rede vom 17. Januar 1952, Darmstadt 1952: 539/4
Niemöller, Martin: Was Niemöller sagt – wogegen Strauß klagt: Niemöllers Kasseler Rede vom 25. Januar 1959 im vollen Wortlaut, Darmstadt 1959: 2094/2
no more hirosimas, No. 4, Vol. 7, June/July 1959: 2202/2
Nödinger, Ingeborg: Frauen gegen Wiederaufrüstung – Der Demokratische Frauenbund Deutschlands im antimilitaristischen Widerstand (1950 bis 1957), Frankfurt am Main 1983: 501/4
Ohne uns – Zeitung für unabhängige demokratische Freiheit, April 1951, 1. Jg., Nr. 6: 367
Orwell, George: 1984 – Ein utopischer Roman, Stuttgart 1955: 82/2
Ost und West, Januar 1949, 3. Jg., Nr. 1: 33/2
Pacificus: Die trojanische Taube – Kommunistische Friedenspropaganda ohne Maske, Gelsenkirchen 1950: 285/3
Panzermeyer (d.i. Kurt Meyer): Grenadiere der Waffen-SS, Göttingen 1957: 1037/3
Paris Match vom 17. Januar 1953: 775/3
Pasternak, Boris: Doktor Schiwago, Frankfurt am Main 1958: 2055
Pauling, Linus: No More War! Terrible warning about the peril of bomb-tests, London 1958: 1652/1
Peck, Joachim (Hg.): Die Pariser Verträge – Dokumente des nationalen Verrats und der Bedrohung des Friedens, Ost-Berlin 1954: 1085/3
Pirker, Theo: Die blinde Macht – Die Gewerkschaftsbewegung in Westdeutschland, Teil I: 1945-1952 – Vom Ende des Kapitalismus zur Zähmung der Gewerkschaften, München 1960: 1459/3
Po Prostu: 1721/5
Politische Verantwortung – Evangelische Stimme, Februar 1958, 2. Jg., Nr. 2, Sonderausgabe: 1780
Politischer Arbeitskreis Berlin (Hg.): Wer will unter die Soldaten? Ich nicht – Wir nicht – Keiner, o.O. o.J.: 1133/2
Pollatschek, Walther: Philipp Müller – Held der Nation, Ost-Berlin 1952: 607/1
Posser, Diether: Anwalt im Kalten Krieg – Ein Stück deutscher Geschichte in politischen Prozessen 1951-1968, München 1991: 1787/1
Präsidium des »Ständigen Kongresses« aller Gegner der atomaren Aufrüstung in der Bundesrepublik (Hg.): Gelsenkirchener Protokoll... und Du? Hamburg 1958: 1925/1
Presse und Informationsamt der Bundesregierung (Hg.): Deutschland und das Judentum. Die Erklärung der Bundesregierung über das deutsch-jüdische Verhältnis, Bonn 1951: 491/2
Quick vom 23. März 1952, Photo: Gerhard Gronefeld : 575/1
Rat der Deutschen Sammlung (Hg.): Für eine aktive deutsche Friedenspolitik – Denkschrift der Konferenz für deutsche Einigung und nationale Unabhängigkeit, Stuttgart, den 23. November 1952, Düsseldorf 1953: 690/1
Revue: 1952/2
Revue vom 24. Februar 1951: 380
Revue vom 19. April 1952, Nr. 16: 695
Revue vom 1. Mai 1954, Nr. 18: 970/3
Rheinischer Merkur (Hg.): Fricke: Menschenraub in Berlin, Koblenz/Köln 1960: 1162/2
Rovere, Richard H.: McCarthy oder die Technik des Rufmords, Gütersloh 1959: 1611/2

Rupp, Hans Karl: Außerparlamentarische Opposition in der Ära Adenauer – Der Kampf gegen die Atombewaffnung in den fünfziger Jahren – Eine Studie zur innenpolitischen Entwicklung der BRD, Köln 1980: 1801/2

Salomon, Ernst von: Der Fragebogen, Hamburg 1951: 392/2

Schabrod, Karl (Hg.): 15 Männer verteidigen ihr Recht, Düsseldorf 1959: 2199

Schadeberg, Jürgen/Klaus Humann (Hg.): Drum – Die fünfziger Jahre – Bilder aus Südafrika, Hamburg 1991: 1600/2

Schelsky, Helmut: Die skeptische Generation – Eine Soziologie der deutschen Jugend, Düsseldorf 1957: 1734

Schirdewan, Karl: Aufstand gegen Ulbricht, Berlin 1994: 1947/2

Schlamm, William S.: Die Grenzen des Wunders – Ein Bericht über Deutschland, Zürich 1959: 2339/2

Schmidt, Rainer: Helgoland – Mitteilungsblatt für Halluner Moats, Januar/Februar 1950, Nr. 17/18: 525/1

Schneider, Johannes: KP im Untergrund, München 1963: 1429/2

Schottlaender, Rudolf: Mein Lebensweg seit Jahrhundertbeginn, Freiburg/Basel/Wien 1986: 2220

Schulz, Klaus-Peter: Opposition als politisches Schicksal? Köln 1958: 1732/1

Schulz, Klaus-Peter: Sorge um die deutsche Linke, Köln 1954: 913/2

Schütze, Günter: Der schmutzige Krieg – Frankreichs Kolonialpolitik in Indochina, München 1959: 91/1

Schweitzer, Albert: Friede oder Atomkrieg, München 1958: 1865/2

Senger, Valentin: Kurzer Frühling – Erinnerungen, Hamburg/Zürich 1992: 1770

Servan-Schreiber, Jean-Jacques: Leutnant in Algerien, Hamburg 1957: 1592/1

Seydewitz, Max: Dresden mahnt Europa, hrsg. vom Deutschen Friedensrat, Ost-Berlin 1955: 1134/2

Simplicissimus vom 10. September 1955, Jg. 1955, Nr. 37/Josef Sauer: 1245/3

Simplicissimus vom 3. Mai 1958, Jg. 1958, Nr. 18: 1870/1

Simplicissimus vom 17. Mai 1958, Jg. 1958, Nr. 20: 1895/2

Simplicissimus vom 16. August 1958, Jg. 1958, Nr. 33: 1906/2

Simplicissimus vom 6. September 1958, Jg. 1958, Nr. 36/Manfred Oesterle: 1954/2

Simplicissimus vom 1. November 1958, Jg. 1958, Nr. 44: 2089/1

Simplicissimus vom 21. März 1959, Jg. 1959, Nr. 12: 2213

Simplicissimus vom 1. April 1959, Jg. 1959, Nr. 14: 2147/2

Simplicissimus vom 22. August 1959, Jg. 1959, Nr. 34: 2310/2

Simplicissimus vom 12. Dezember 1959, Jg. 1959, Nr. 50: 2314

Simplicissimus vom 23. Januar 1960, Jg. 1960, Nr. 4: 2350/3

Simplicissimus vom 4. Juni 1960, Jg. 1960, Nr. 23/G. Hentrich: 2339/1

Sinn und Form, 1. Jg., Januar 1949, Heft 1, S. 1: 25/2

Snell, Bruno/Toni Stolper/Helmuth Plessner/K.F. Bonnhöffer/D.H. Gollwitzer/Alfred Kühn/K. Saller/Melvin J. Lasky: Science and Freedom – Göttingen versus Schlüter – A Bulletin of the Committee on Science and Freedom, No. 3, August 1955: 1195/1

SOS – Zeitung für weltweite Verständigung vom 1. März 1953, 3. Jg., Nr. 4: 766

SOS – Zeitung für weltweite Verständigung, Zweite Februar-Ausgabe 1956, 6. Jg., Nr. 4: 1335/1

Sozialistischer Deutscher Studentenbund (Hg.): Aufgaben und Arbeit des Sozialistischen Deutschen Studentenbunds, Hamburg 1953: 900/2

SPD-Bundesvorstand: Parteitag Berlin 1954, Bonn 1954: 1015/4

SPD-Vorstand (Hg.): Aktionsprogramm der SPD vom 28. September 1952, Bonn 1952: 671/3

Streik-Nachrichten, hrsg. von der IG Metall, Bezirksleitung Hamburg, Kiel 25. Oktober 1956, Nr. 1: 1485/1

Streik-Nachrichten, hrsg. von der IG Metall, Bezirksleitung Hamburg, Kiel 29. Januar 1957, Nr. 65: 1486/1

Streik-Nachrichten, hrsg. von der IG Metall, Bezirksleitung Hamburg, Kiel 31. Januar 1957, Nr. 67: 1486/2

Streik-Nachrichten, hrsg. von der IG Metall, Bezirksleitung Hamburg, Kiel 14. Februar 1957, Nr. 79: 1580/1

Streik-Nachrichten, hrsg. von der IG Metall, Bezirksleitung Hamburg, Kiel 14. Februar 1957, Nr. 80: 1487/1

Stuckart, Dr. Wilhelm/Globke, Dr. Hans (Hg.): Reichsbürgergesetz vom 15. September 1935, München/Berlin 1936: 1358/2

Tägliche Rundschau vom 6. März 1953, Sonderausgabe: 746/2

Tarantel – Satirische Monatsschrift der Sowjetzone: 993/2

Tarantel – Satirische Monatsschrift der Sowjetzone, Februar 1953, Nr. 29: 2062

Tarantel – Satirische Monatsschrift der Sowjetzone, Juli 1955, Nr. 58: 1224/4

Tarantel – Satirische Monatsschrift der Sowjetzone, Januar 1956, Nr. 64: 1306/2

Tarantel – Satirische Monatsschrift der Sowjetzone, Juli 1956, Nr. 70: 1508/2

Texte und Zeichen – Eine literarische Zeitschrift, Februar 1955, 1. Jg., Nr. 1: 1109/1

Texte und Zeichen – Eine literarische Zeitschrift, Juli 1956, 2. Jg., Nr. 8: 1416/2

The Illustrated London News vom 24. Januar 1953: 727

The Illustrated London News vom 2. Juni 1956: 1415/4

The New York Times vom 24. Februar 1957: 1584

Time-Magazine vom 5. März 1951: 617/4

Time-Magazine vom 22. Oktober 1951: 368/2

Time-Magazine vom 21. April 1952: 573/2

Time-Magazine vom 10. November 1952: 684/2

Time-Magazine vom 8. März 1954: 952/3

Time-Magazine vom 5. November 1956: 1509/2

Time-Magazine vom 18. Februar 1957: 1539/2

Times Herold vom 12. Juli 1947: 80/1

Tribüne – Organ des Bundesvorstands des FDGB vom 7. März 1955, 11. Jg., Nr. 55 A: 1148/1

Ulenspiegel – Literatur, Kunst, Satire vom 1. Juni 1949, 4. Jg., Nr. 12: 103/1

Unruh, Fritz von: Friede auf Erden! Peace on Earth! Frankfurt am Main 1948: 1183/4

Unser Weg – Monatsschrift für aktuelle Fragen der Arbeiterbewegung, Juni 1952, Nr. 6: 627

Unser Weg – Organ des Parteivorstands der KPD für alle Parteiarbeiter, Februar 1955, Nr. 2: 1108/3

Verwaltungsstelle Ingolstadt der IG Metall (Hg.): Der Bayernstreik 1954 – Dokumente seiner Geschichte am Beispiel der IG Metall Verwaltungsstelle Ingolstadt, Ingolstadt 1984: 1024/2

Vian, Boris: Der Deserteur – Chansons, Satiren und Erzählungen, West-Berlin 1978: 2209/1

Volk im Bild vom 4. Juni 1955, Nr. 23: 1198/2

Volksbund für Frieden und Freiheit e.V. (Hg.): Entlarvter Kommunismus, o.O. o.J.: 1326/1

Volksstimme vom 15. Mai 1952, 7. Jg., Nr. 113: 609/2

Vorbereitender Ausschuß zum »Tag der Mütter gegen die Atomgefahr« (Hg.): Weltkongreß der Mütter – 7.-10. Juli 1955, Duisburg 1955: 1216/1

Vorstand der Sozialdemokratischen Partei Deutschlands (Hg.): Von der NS-Frauenschaft zum kommunistischen DFD – Tatsachen und Berichte aus der Sowjetzone, Bonn 1952: 1612/3

Vorstand der Sozialdemokratischen Partei Deutschlands (Hg.): Protokoll der Verhandlungen des Außerordentlichen Parteitages der Sozialdemokratischen Partei Deutschlands vom 13.-15. November 1959 in Bad Godesberg, Bonn o. J.: 2327/3

Vorstand der Sozialdemokratischen Partei Deutschlands (Hg.): Grundsatzprogramm der Sozialdemokratischen Partei Deutschlands – Beschlossen vom Außerordentlichen Parteitag der Sozialdemokratischen Partei Deutschlands in Bad Godesberg vom 13. bis 15. November 1959, Bonn 1959: 2325/2

Weber, Hermann/Lothar Pertinax: Schein und Wirklichkeit in der DDR, Stuttgart 1958: 2039/2

Wehrkunde – Organ der Gesellschaft für Wehrkunde: 536

Weißberg, Alex: Die Geschichte von Joel Brand, Köln 1956: 1587/3

Weser-Kurier vom 22. Februar 1950: 321

Wespennest, Juli 1949: 108

Westdeutscher Arbeitsausschuß der Nationalen Front des demokratischen Deutschland (Hg.): Wer will unter die Soldaten? Stuttgart o.J.: 1120/2

Westdeutscher Arbeitsausschuß der Nationalen Front (Hg.): 08/15 aktueller denn je, Stuttgart o.J.: 1228/2

Westdeutsches Friedenskomitee (Hg.): 5 Jahre Weltfriedensbewegung – Dokumente und Beschlüsse des Weltfriedensrates, Düsseldorf 1954: 986/4

Widmer, Walter: In der Hölle der Fremdenlegion, Gütersloh 1955: 2098/2

Wiking-Ruf – Mitteilungsblatt der ehemaligen Soldaten der Waffen-SS für Vermißten-, Such- und Hilfsdienst vom Dezember 1951, Nr. 2: 508

Wyden, Peter: Stella, Göttingen 1993: 1664/2

Zentner, Kurt: Heil Stalin! Eine Fibel für die Bedrohten, Gelsenkirchen 1950: 166/2

Zentralkomitee der KPD (Hg.): Die KPD lebt und kämpft – Dokumente der KPD 1956-1962, Ost-Berlin 1963: 1647/1

Zentralsekretariat der Jungsozialisten (Hg.): Die Fremdenlegion ruft Dich! Bonn 1954: 994/2

Zoon Politikon vom 23. Juni 1958, Nr. 4: 1931

9. Textdokumente

Adenauer, Konrad: Erinnerungen 1955-1959, Stuttgart 1967, S. 209: 1606/2

Alleg, Henri: Die Folter – La Question, Wien/München/Basel 1958, S. 27: 1657/1

Allgemeine Wochenzeitung der Juden in Deutschland vom 5. August 1953, 10. Jg.: 1227/2

alternative – Blätter für Lyrik und Prosa, September 1958, 1. Jg., Nr. 2, S. 43: 1961/3

Amt für Information der DDR (Hg.): Weissbuch über den Generalkriegsvertrag, Leipzig 1952: 666/1

Anonym: László Rajk und Komplicen vor dem Volksgericht, Ost-Berlin 1949: 121/2

Arbeitskreis »Kampf dem Atomtod« (Hg.): Kampf dem Atomtod, Bonn 1958, S. 6: 1814

Archiv »Protest, Widerstand und Utopie in der BRD«, Hamburger Institut für Sozialforschung: 31/2, 56/2, 72/2, 106/1, 142/3, 196/1, 216, 220, 272/1, 279, 307, 326/3, 328/1, 336/3, 344/2, 356/1, 393/2, 416/2, 417/1, 437/2, 443/2, 451/1, 479, 538/2, 548/2, 566/1, 567/1, 572/1, 573/3, 574/3, 576/1, 582/1, 625/1, 629/2, 629/1, 635, 688/1, 724, 736/1, 738/1, 757/3, 768/2, 769/2, 819/3, 835, 845/2, 870/1, 873/4, 909/2, 921/1, 968/1, 1000/1, 1000/2, 1002/1, 1052/1, 1075/2, 1119, 1121/1, 1149/1, 1164/2, 1205/1, 1217, 1220, 1253/2, 1282, 1315/1, 1344/3, 1384, 1419/3, 1436, 1448/1, 1467, 1488/1, 1525, 1528/1, 1563, 1567/2, 1621/1, 1625/2, 1660/2, 1667/1, 1774/1, 1810, 1870/3, 1967/1, 1999, 2000/1, 2019/2, 2083/1, 2093/2, 2127, 2148, 2231

Archiv der Gegenwart vom 5. Mai 1952, XXII Jg., S. 3455: 599

Archiv der Wochenzeitung *Die Tat*: 1284/2

Archiv des Parteivorstandes der SPD: 2326/2

Ausschuß für Deutsche Einheit (Hg.): Verschwörung gegen Deutschland – Die Pariser Verträge – ein Komplott des Krieges und der Spaltung, Ost-Berlin 1954, S. 205: 1055/2

Becher, Johannes R.: Sonett-Werk 1913-1955, Ost-Berlin 1956: 776/3

Beckett, Samuel: Warten auf Godot, in: Werke Band 1,1, S. 18f, © Suhrkamp Verlag, Frankfurt am Main 1971: 723/2

Bertolt-Brecht-Erben, Berlin: 1425/2

Bild-Zeitung vom 28. März 1958: 1828

Blätter für deutsche und internationale Politik vom 20. Juni 1958, 3. Jg., Nr. 6, S. 410f.: 1910

Blätter für deutsche und internationale Politik vom 20. Juli 1958, 3. Jg., Nr. 7, S. 524: 1900/2

Brant, Stefan (d.i. Klaus Harpprecht): Der Aufstand – Vorgeschichte, Geschichte und Deutung des 17. Juni 1953, Stuttgart 1954, S. 136f.: 814/2

Brant, Stefan (d.i. Klaus Harpprecht): Der Aufstand – Vorgeschichte, Geschichte und Deutung des 17. Juni 1953, Stuttgart 1954, S. 106f.: 798/1

Bravo – Die Zeitschrift für Film und Fernsehen vom 16. September 1956, 1. Jg., Nr. 4: 1438/1

Bravo – Die Zeitschrift für Film und Fernsehen vom 26. August 1956, 1. Jg., Nr. 1: 1433/2

Brecht, Bertolt: »Brief an Walter Ulbricht vom 19. März 1951«, in: Gesammelte Schriften, Band 19, © Suhrkamp Verlag, Frankfurt am Main: 403/2

Brecht, Bertolt: »Die Lösung«, in: Die Gedichte, WA, Band 10, © Suhrkamp Verlag Frankfurt am Main: 857/1

Brecht, Bertolt: »Offener Brief an die deutschen Künstler und Schriftsteller, 1951«, in: Gesammelte Schriften, Band 19, © Suhrkamp Verlag, Frankfurt am Main: 490/2

Brecht, Bertolt: »Warnung vor Kriegen (Heute vor 10 Jahren wurde Dresden...)«, in: Gesammelte Schriften, Band 20, © Suhrkamp Verlag, Frankfurt am Main: 1135/1

Brecht, Bertolt: Arbeitsjournal, »Was die Absetzung von ›Lukullus‹ angeht...«, © Suhrkamp Verlag, Frankfurt am Main: 403/1

Bund der Deutschen, Bundesvorstand (Hg.): Neue Deutsche Politik, 3. Bundesparteitag des Bundes der Deutschen, Kettwig/Ruhr, März 1956, Düsseldorf 1956: 1353/2

Bundesgesetzblatt, Teil I, Bonn, 23. Mai 1951, Nr. 24, S. 347: 433

Bundesministerium für Gesamtdeutsche Fragen (Hg.): Juni-Aufstand – Dokumente und Berichte über den Volksaufstand in Ost-Berlin und in der Sowjetzone, Bonn 1953, S. 36: 827/3

BZ (West-Berlin): 2321/1

Colloquium – Zeitschrift der Studentenschaft der Freien Universität Berlin, 5. Jg., Nr. 2, Februar 1951, S. 16: 373/4

Daily Express vom 30. April 1956: 1370

Das Gewissen – Organ zur Bekämpfung des Atom-Missbrauchs und der Atom-Gefahren, Juni 1957, 2. Jg., Nr. 6: 1619/1

de Beauvoir, Simone: Das andere Geschlecht, Reinbek 1951, S. 682: 78/2

Der Führungsring ehemaliger Soldaten, München, Rundbrief 11, November 1952: 694

Der Monat, Juli/August 1950, 2. Jg., Nr. 22/23, S. 400/401: 249/1

Der Monat, Februar 1951, 3. Jg., Nr. 29, S. 488: 361/1

Der Monat, August 1955, 7. Jg., Nr. 83, S. 415: 1231

Der Monat, März 1956, 8. Jg., Nr. 90, S. 3: 1309/1

Der Monat, Mai 1957, 9. Jg., Nr. 104, S. 3: 1592/2

Der Monat, September 1959, 11. Jg., Nr. 132, S. 75: 2310/1

Der Spiegel vom 20. Juli 1950, 4. Jg., Nr. 29, S. 31: 256/1

Der Spiegel vom 31. August 1950, 4. Jg., Nr. 35, S. 18: 282
Der Spiegel vom 27. September 1950, 4. Jg., Nr. 39, S. 5: 302
Der Spiegel vom 10. Januar 1951, 5. Jg., Nr. 2, S. 8: 342/1
Der Spiegel vom 30. Juli 1952, 6. Jg., Nr. 31, S. 9: 642/1
Der Spiegel vom 11. Mai 1955, 9. Jg., Nr. 20, S. 21: 1228/1
Der Spiegel vom 19. Oktober 1955, 9. Jg., Nr. 43, S. 8: 1247/2
Der Spiegel vom 9. November 1955, 9. Jg., Nr. 46, S. 29: 1239/1
Der Spiegel vom 23. November 1955, 9. Jg., Nr. 48, S. 32: 1276/1
Der Spiegel vom 14. Dezember 1955, 9. Jg., Nr. 51, S. 14: 1258/1
Der Spiegel vom 17. April 1957, 11. Jg., Nr. 16, S. 8: 1610/2
Der Spiegel vom 19. Juni 1957, 11. Jg., Nr. 25, S. 44f.: 967
Der Spiegel vom 25. September 1957, 11. Jg., Nr. 39, S. 24: 1715/1
Der Spiegel vom 11. Dezember 1957, 11. Jg., Nr. 50, S. 40: 1744
Der Spiegel vom 5. März 1958, 12. Jg., Nr. 10, S. 47: 1803
Der Spiegel vom 4. November 1959, 13. Jg., Nr. 45, S. 47: 2247
Der Spiegel vom 2. März 1960, 14. Jg., Nr. 10, S. 50: 2122/2
Der Stern vom 25. Juni 1950, 3. Jg., Nr. 26, S. 24: 246/3
Der Stern vom 13. Juni 1954, 7. Jg., Nr. 24: 995/2
Der Stern vom 21. Februar 1959, 12. Jg., Nr. 8, S. 5: 2113/2
Der Weltkongreß der Friedensanhänger, Paris – Prag, 20.-25. April 1949 (Materialien), Beilage zur *Neuen Zeit* vom 4. Mai 1949, Nr. 19: 57/1
Deutsche Soldatenzeitung vom 20. September 1951: 757/2
Deutsche Volkszeitung: 2105/1, 2105/2, 2106/3, 2185, 2212/1
Deutsche Volkszeitung vom 22. Januar 1955, 3. Jg., Nr. 3, S. 6: 1101/2
Deutsche Volkszeitung vom 5. März 1955, 3. Jg., Nr. 9, S. 3: 1144/1
Deutsche Volkszeitung vom 12. April 1958, 6. Jg., Nr. 15, S. 3: 1840
Deutsche Volkszeitung vom 5. Juli 1958, 6. Jg., Nr. 27, S. 4: 1934/2
Deutsche Volkszeitung vom 20. September 1958, 6. Jg., Nr. 38, S. 6: 1992/2
Deutsche Volkszeitung vom 13. Dezember 1958, 6. Jg., Nr. 50: 1985
Deutsche Volkszeitung vom 2. Mai 1959, 7. Jg., Nr. 18, S. 6: 2086/2
Deutsche Volkszeitung vom 17. Juni 1959, 7. Jg., Nr. 3, S. 1: 2078
Deutsches Institut für Zeitgeschichte (Hg.): Einheit und Frieden für Deutschland – West-Ost-Gespräch mit Prof. Dr. Ulrich Noack (Nauheimer Kreis), Ost-Berlin 1949, S. 5: 116
Deutschland-Archiv, August 1991, 24. Jg., Nr. 8, S. 841: 1207/1
DGB-Archiv, Düsseldorf: 122
DGB-Bundesvorstand (Hg.): Konzentration wirtschaftlicher Macht – Soziale Demontage – Großkundgebung des Bundesvorstandes des DGB am 20. November 1958 in Dortmund, o.O.1958: 2041/2
Die Andere Zeitung vom 15. Dezember 1955, 1. Jg., Nr. 22, S. 5: 1241
Die Andere Zeitung vom 9. August 1956, 2. Jg., Nr. 32, S. 16: 1464/2
Die Andere Zeitung vom 1. Mai 1958, 4. Jg., Nr. 18, S. 3: 1844
Die Andere Zeitung vom 24. Juli 1958, 4. Jg., Nr. 30, S. 1: 1949/1
Die Andere Zeitung vom 31. Juli 1958, 4. Jg., Nr. 31, S. 4: 1922/2
Die Frau von heute, 2. Aprilheft, 3. Jg., Nr. 8: 581/1
Die Frau von heute, 2. Novemberheft, 3. Jg., Nr. 22: 676/1
Die Frau von heute, Februar 1952: 546
Die Kultur: 1903/2
Die Neue Zeitung: 544
Die Stimme der Gemeinde (Sonderdruck): 628/1
Die Tat vom 3. Juni 1950, 1. Jg., Nr. 12, S. 6: 258/2
Die Tat vom 24. Juni 1950, 1. Jg., Nr. 15, S. 1: 246/2
Die Tat vom 2. September 1950, 1. Jg., Nr. 25, S. 1: 271/2
Die Tat vom 2. September 1950, 1. Jg., Nr. 25, S. 4: 285/1
Die Tat vom 30. September 1950, 1. Jg., Nr. 29, S. 1: 294/2
Die Tat vom 9. Dezember 1950. 1. Jg., Nr. 39, S. 7: 332/1
Die Tat vom 12. Mai 1951, 2. Jg., Nr. 19, S. 8: 422
Die Tat vom 21. Juli 1951, 2. Jg., Nr. 29, S. 9: 480/1
Die Tat vom 18. August 1951, 2. Jg., Nr. 33, S. 6: 537
Die Tat vom 10. Mai 1952, 3. Jg., Nr. 19, S. 1: 603/1

Die Tat vom 9. Mai 1953, 4. Jg., Nr. 19, S. 1: 778/1, 778/2
Die Tat vom 3. April 1954, 5. Jg., Nr. 14, S. 6: 958/2
Die Tat vom 10. April 1954, 5. Jg., Nr. 15, S. 1: 966/2
Die Tat vom 13. November 1954, 5. Jg., Nr. 46, S. 5: 1064/2
Die Tat vom 16. April 1955, 6. Jg., Nr. 16, S. 3: 1165/1
Die Tat vom 24. September 1955, 6. Jg., Nr. 39, S. 2: 1248/2
Die Tat vom 29. Oktober 1955, 6. Jg., Nr. 44, S. 1: 1283/2
Die Tat vom 21. Januar 1956, 7. Jg., Nr. 3, S. 5: 1439/1
Die Tat vom 4. Februar 1956, 7. Jg., Nr. 5, S. 4: 1326/2
Die Tat vom 17. März 1956, 7. Jg., Nr. 11, S. 1: 1345/3
Die Tat vom 2. Juni 1956, 7. Jg., Nr. 22, S. 3: 1391/2
Die Tat vom 30. Juni 1956, 7. Jg., Nr. 26, S. 1: 1389
Die Tat vom 3. November 1956, 7. Jg., Nr. 44, S. 3: 1422/2
Die Tat vom 20. Juli 1957, Nr. 29, S. 2: 1678/1
Die Tat vom 13. September 1958, 9. Jg., Nr. 36, S. 6: 1968/1
Die Tat vom 20. September 1958, 9. Jg., Nr. 37, S. 3: 1983/2
Die Tat vom 8. Oktober 1958, 9. Jg., Nr. 41, S. 3: 2007/1
Die Tat vom 14. Februar 1959, 10. Jg., Nr. 7, S. 6: 2056/2
Die Tat vom 19. September 1959, 10. Jg., Nr. 38, S. 1: 2272/1
Die Zeit vom 17. Mai 1951, Nr. 20, S. 11: 430
Die Zeit vom 10. April 1959: 2151
Diskus – Frankfurter Studentenzeitung, Juni 1955, 5. Jg., Nr. 5, S. 2: 1267/1
Diskus – Frankfurter Studentenzeitung, November 1956, 6. Jg., Nr. 9, S. 1: 1499/2
Diskus – Frankfurter Studentenzeitung, Juni 1958, 8. Jg., Nr. 5, S. 2: 1899
Dokumentation der Zeit, 1950, 2. Jg., Heft 6, S. 230: 241
Dokumentation der Zeit, September 1950, 2. Jg., Nr. 9, S. 342: 294/1
Dokumentation der Zeit, September 1950, 2. Jg., Nr. 9, S. 343: 293/2
Dokumentation der Zeit, September 1950, 2. Jg., Nr. 9, S. 358f: 323/1
Dokumentation der Zeit, Februar 1951, 3. Jg., Heft 14, S. 566: 369/1
Dokumentation der Zeit, März 1951, 3. Jg., Heft 15, S. 600: 388/1
Dokumentation der Zeit, April 1951, 3. Jg., Heft 16, S. 662: 400/2, 416/1
Dokumentation der Zeit, August 1951, 3. Jg., Heft 20, S. 890: 459
Dokumentation der Zeit, Oktober 1951, 3. Jg., Nr. 22, S. 22: 484/1
Dokumentation der Zeit, November 1951, 3. Jg., Heft 23, S. 1031: 507/2
Dokumentation der Zeit, 1. Januar 1953, 5. Jg., Heft 37, S. 1679: 691
Dokumentation der Zeit, 1. April 1953, 5. Jg., Heft 43, S. 2200: 756/1
Dokumentation der Zeit, Juli 1956, 8. Jg., Heft 122, S. 9902: 1409/2
Dokumentation der Zeit, 11. September 1956, 8. Jg., Nr. 126, S. 299/300: 1428/3
Dokumentation der Zeit, 5.Mai 1957, 9. Jg., Nr. 189, S. 189f.: 2136/2
dpa-Meldung, aufgespießt in *Der Monat*: 1731/2
Echo der Woche vom 26. Januar 1952: 543
Eich, Günter: »Wacht auf, denn eure Träume sind schlecht!«, in: Gesammelte Werke, Band I, S. 222/223, © Suhrkamp Verlag, Frankfurt am Main 1973: 419/1
Flechtheim, Ossip K. (Hg.): Dokumente zur parteipolitischen Entwicklung in Deutschland seit 1945, Bd. 7, Teil II, Innerparteiliche Auseinandersetzungen, West-Berlin 1969, S. 22: 919/1
Forum academicum – Zeitschrift für Heidelberger und Mannheimer Studenten, 10. Jg., Heft 2/1959, S. 8: 2222
Forum academicum – Zeitschrift für Heidelberger und Mannheimer Studenten, 10. Jg., Heft 1/1959, S. 12: 2073
Frankfurter Allgemeine Zeitung: 1251/1
Frankfurter Allgemeine Zeitung vom 3. August 1959: 2229
Frankfurter Hefte, September 1950, 5. Jg., Heft 9, S. 942: 283
Frankfurter Hefte, März 1952, 7. Jg., Nr. 3, S. 165: 565
Frau und Frieden, September 1959, Nr. 9, S. 4: 2241/2
Freies Helgoland vom August 1951: 389/1

Fricke, Karl Wilhelm: Politik und Justiz in der DDR – Zur Geschichte der politischen Verfolgung 1945-1968, Köln 1979, S. 99: 171/2, 171/3

Friedenswacht vom Februar 1953, Nr. 2: 722/1

Fritz-Küster-Archiv, Oldenburg (Oldenburg): 1428/2

Gesamtdeutsche Rundschau: 1423/2

Ginsberg, Allen: Das Geheul und andere Gedichte, Wiesbaden 1959, S. 55/57: 1267/2

Giordano, Ralph: Die Partei hat immer recht, West-Berlin 1980, S. 58f.: 606/2

Grosser, Hubert: 1294/2

Hammerschmidt, Helmut/Michael Mansfeld: Der Kurs ist falsch, Wien/München/Basel 1956, S. 20f.: 1007/1

Härtling, Peter (Hg.): Ich war für all das zu müde – Briefe aus dem Exil, Hamburg 1991, S. 164: 1663/1

Hecht, Werner (Hg.): Brecht – Sein Leben in Bildern und Texten, Frankfurt am Main 1988, S. 424: 1087/2

Hillmann, Günter: Selbstkritik des Kommunismus, Reinbek 1967, S. 186: 1521/2

Information Services Division Office of The U.S. High Commissioner For Germany: Landsberg – Ein Dokumentarischer Bericht, München 1951: 372/1, 372/2

Informationen – Monatszeitschrift für deutsche Wehrdienstverweigerer, 1960, 5. Jg.: 2235/1

Jahn, Hans Edgar: Für und gegen den Wehrbeitrag, Köln 1957, S. 211: 1141/2

John, Otto: Zweimal kam ich heim, Düsseldorf/Wien 1969, S. 286-288: 1027/2

John, Otto: Zweimal kam ich heim, Düsseldorf/Wien 1969, S. 328-330: 1291/1

John, Otto: Zweimal kam ich heim, Düsseldorf/Wien 1969, S. 348: 1540/1

Jungk, Robert (Hg.): Off limits für das Gewissen – Der Briefwechsel Claude Eatherly – Günther Anders, Reinbek 1961, S. 17: 2195/1

Kahler, Gerda (Hg.): Der Nürnberger Frauenprozeß, Wuppertal 1959, S. 6/7: 2038/2039

Kästner, Erich: Gesammelte Schriften, Bd. 5, Köln 1959, S. 208: 545

Kleiner, Wolfram/Wolfgang Lüder/Martin Schmidt (Red.): Studentenprozeß in Dresden 13.-18. April 1959 – Bericht der Beobachter der Studentenschaften der Technischen Universität Berlin und der Freien Universität Berlin, West-Berlin 1959, S. 3: 2158

Kogon, Eugen: Der SS-Staat, Frankfurt am Main 1959, S. 202f.: 1941/1

Kongreßdienst, August/September 1958, 1. Jg., Nr. 2/3, S. 10: 1943

Kongreßdienst, August/September 1958, 1. Jg., Nr. 2/3, S. 11: 1959/1

Kongreßdienst, November/Dezember 1959, Nr. 13, S. 10: 2323

Konkret – Unabhängige Zeitschrift für Politik und Kultur, November 1957, Nr. 8, S. 6: 1722

Konkret – Unabhängige Zeitschrift für Politik und Kultur, 1. November-Ausgabe 1958, Nr. 15, S. 3: 2005, 2012/2

Konkret – Unabhängige Zeitschrift für Politik und Kultur, 2. November-Ausgabe 1958, Nr. 16, S. 1: 1923

Konkret – Unabhängige Zeitschrift für Politik und Kultur, 1. November-Ausgabe 1959, Nr. 21, S. 5: 2289

Konkret – Unabhängige Zeitschrift für Politik und Kultur, 1. November-Ausgabe 1959, Nr. 21, S. 7: 2290/1

Kunhardt Jr., Philip B. (Hg.): Life – The first fifty Years 1936-1986, Boston/Toronto 1986, S. 114: 1177

Langhoff, Wolfgang: Die Moorsoldaten – 13 Monate Konzentrationslager, Zürich 1935, S. 191: 1442/2

Lasky, Melvin J. (Hg.): Die Ungarische Revolution – Ein Weißbuch, West-Berlin 1958, S. 302: 1514/1

Leonhard, Wolfgang: Die Revolution entläßt ihre Kinder, Köln 1955, S. 5 u. S. 566: 45/1

Lernen und Handeln, März 1952, 3. Jg., Nr. 3, S. 2: 571/2

Lernen und Handeln, März 1952, 3. Jg., Nr. 3, S. 8: 559/1

Lernen und Handeln, Dezember 1954, 5. Jg.: 1081/2

Lernen und Handeln, Februar 1955, 6. Jg., Nr. 2, S. 17: 1150/1

Life vom 19. Juni 1944: 987/3

Life vom 10. August 1953: 875/2

Life vom 17. April 1954, S. 24/25: 683/2

Life vom 17. April 1954, S. 30/31: 683/3

Life vom 3. Mai 1954: 983/2

Lüth, Erich: Viel Steine lagen am Weg – Ein Hamburger Querkopf berichtet, Hamburg 1966, S. 263: 1774/3

Mandela, Nelson: Der Kampf um mein Leben – Gesammelte Reden und Aufsätze, Dortmund 1986, S. 81-84: 1209

Meckel, Christoph: Flaschenpost für eine Sintflut, in: *alternative – Blätter für Lyrik und Prosa*, August 1958, 1. Jg., Nr. 1, S. 3: 1961/2

Metall vom 2. April 1958: 1829/1

Müller, Leo A.: Gladio – Das Erbe des kalten Krieges, Reinbek 1991, S. 132: 664/6

Münchner Illustrierte: 1017, 1046

Nacht-Expreß (Ost-Berlin) vom 2. Mai 1951: 419/3

Neue Presse vom 3. April 1959: 2147/1

Neue Ruhr-Zeitung vom 31. November 1959: 2332

Neue Zeitung vom 29. Juli 1949: 96/1

Neues Deutschland vom 18. Juni 1950: 245

Neues Deutschland vom 7. Juli 1950: 255/2

Neues Deutschland vom 15. Juni 1951: 439

Neues Deutschland vom 15. Oktober 1957, S. 4: 1727

Neues Deutschland vom 20. April 1958: 1856/2

Neues Deutschland vom 1. November 1959: 2299/1

Neues Deutschland vom 4. November 1959: 2316/1

Niemöller, Martin: Können wir noch etwas tun zur friedlichen Wiedervereinigung unseres Volkes? Vortrag von Martin Niemöller vor dem Freundeskreis des Freiheitsboten in Marburg am 27. Januar 1955, Marburg 1955, S. 7: 1116/2

no more hirosimas, No. 4, Vol. 7, June/July 1959, p.5 : 2202/1

Nödinger, Ingeborg: Frauen gegen Wiederaufrüstung – Der Demokratische Frauenbund Deutschlands im antimilitaristischen Widerstand (1950 bis 1957), Frankfurt am Main 1983, S. 42: 207/2

Offenburger Tageblatt: 1618/1

Paetel, Karl O. (Hg.): Beat – Eine Anthologie, Reinbek 1962, S. 9 f.: 1268/1

Pirker, Theo: Die blinde Macht – Die Gewerkschaftsbewegung in Westdeutschland, Teil 1: 1945-1952 – Vom Ende des Kapitalismus zur Zähmung der Gewerkschaften, München 1960, S. 252f.: 600/601

Politischer Arbeitskreis Berlin (Hg.): Wer will unter die Soldaten? Ich nicht – Wir nicht – Keiner, o.O. o.J., S. 7: 1133/1

Presse- und Informationsamt der Bundesregierung (Hg.): Vertrag über die Beziehungen zwischen der Bundesrepublik und den Drei Mächten, Bonn 1952: 619/3

Revue vom 21. März 1953: 661

Revue vom 11. Mai 1957: 1635

Revue vom 12. April 1958, aufgespießt in *Der Monat*: 1778

Rheinischer Merkur (Hg.): Fricke: Menschenraub in Berlin, Koblenz/Köln 1960: 1162/1, 2145

Rosenberg, Ethel und Julius: Briefe aus dem Totenhaus, Ost-Berlin 1954, S. 227f.: 848/2

Rosenthal, Hans: Zwei Leben in Deutschland, Bergisch-Gladbach 1980, S. 153f.: 337/1

Ruhl, Klaus-Jörg (Hg.): Mein Gott, was soll aus Deutschland werden? – Die Adenauer-Ära 1949-1963, München 1985, S. 114f.: 1054/1

Schirdewan, Karl: Aufstand gegen Ulbricht, Berlin 1994, S. 136f.: 1753/2

Scholz, Arno: Berlin im Würgegriff, West-Berlin 1953, S. 100f.: 235/1

Schreiner, Klaus Peter: Die Zeit spielt mit – Die Geschichte der Lach- und Schießgesellschaft, München 1976, S. 123f.: 1741/1

Schrenk, Klaus (Hg.): Aufbrüche – Manifeste, Positionen in der bildenden Kunst zu Beginn der 60er Jahre in Berlin, Düsseldorf und München, Köln 1984, S. 185: 2027/2

Simplicissimus: 1450/2

Sinn und Form, 1953, 5. Jg., Nr. 2, S. 5: 747/4

Sonntag vom 1. Juli 1956: 1407/1

Sonntag vom 17. Oktober 1954: 1052/2

SOS – Zeitung für weltweite Verständigung, 1953, Nr. 10, S. 3: 882/1

SPD-Pressedienst vom 14. März 1958: 1816/1

Star Revue: 1443/2

Stenographische Protokolle des Hessischen Landtags, II. Wahlperiode, 1952, S. 1294-1296: 661-663

Stimme der Gemeinde, Mai 1958, Sonderdruck: 1865/1

Streik-Nachrichten, hrsg. von der IG Metall, Bezirksleitung Hamburg, Kiel 14. Februar 1957, Nr. 79, o.S.: 1581/1

Streik-Nachrichten, hrsg. von der IG Metall, Bezirksleitung Hamburg, Kiel 25. Oktober 1956, Nr. 1, o.S.: 1484/3

Studenten-Kurier – Unabhängiges Nachrichtenmagazin für deutsche Studenten, Mai 1955, 1. Jg., Nr. 1, S. 2: 1180/2

Studenten-Kurier – Unabhängiges Nachrichtenmagazin für deutsche Studenten, Mai/Juni 1957, 3. Jg., S. 7: 1643/1

Süddeutsche Zeitung vom 9. August 1949: 102/1

Süddeutsche Zeitung vom 15./16. Februar 1958: 1798/2

Texte und Zeichen – Eine literarische Zeitschrift, Juli 1956, 2. Jg., Nr. 8, S. 425-427: 1416/1

Textil-Mitteilungen vom 24. Oktober 1959, 14. Jg., Nr. 128, S. 3: 2308/3

The New York Times vom 15. April 1953: 769/1

Time-Magazine/Acme: 133/2

Torańska, Teresa: Die da oben – Polnische Stalinisten zum Sprechen gebracht, Köln 1987, S. 84-86: 1469/1

Trepper, Leopold: Die Wahrheit – Autobiographie, München 1975, S. 385: 985/3

Ulbricht, Walter: Zur Geschichte der deutschen Arbeiterbewegung, Bd. VII, Ost-Berlin 1953, S. 377f.: 1947/3

Unser Weg – Monatsschrift für aktuelle Fragen der Arbeiterbewegung, Februar 1952, Nr. 2: 552

Unser Weg – Monatsschrift für aktuelle Fragen der Arbeiterbewegung, November 1954, Nr. 11: 1072/1

Unser Weg – Monatsschrift für aktuelle Fragen der Arbeiterbewegung, Dezember 1954, Nr. 12, S. 3: 1049/1

Unser Weg – Organ des Parteivorstandes der KPD für alle Parteiarbeiter, Juni 1955, Nr. 6: 1239/2

Untersuchungsausschuß freiheitlicher Juristen (Hg.): Ehemalige Nationalsozialisten in Pankows Diensten, West-Berlin 1958, S. 27: 1918

Verhandlungen des Deutschen Bundestages, I. Wahlperiode 1949, Anlagen zu den Stenografischen Berichten, Drucksache Nr. 2839, Bonn 1951: 512/1

Verhandlungen des Deutschen Bundestages, Stenographische Berichte, Bd. I, Bonn 1950, 25. November 1949, S. 525: 144/1

Vian, Boris: »Ich möchte nicht krepieren; Gedichte, Lieder und Texte«, © 1985 by Zweitausendeins, Postfach, D-60381 Frankfurt am Main: 2208/3

Volksbund für Frieden und Freiheit e.V. (Hg.): Entlarvter Kommunismus, o.O. o.J.: 1325

Vorbereitender Ausschuß zum »Tag der Mütter gegen die Atomgefahr« (Hg.): Weltkongreß der Mütter, 7.-10. Juli 1955, Duisburg 1955, S. 38: 1216/1217

Vorstand der Sozialdemokratischen Partei Deutschlands (Hg.): Protokoll der Verhandlungen des Außerordentlichen Parteitages der Sozialdemokratischen Partei Deutschlands vom 13.-15. November 1959 in Bad Godesberg, Bonn o.J., S. 9ff: 2327/1

Wagenbach, Klaus / Winfried Stephan / Michael Krüger (Hg.): Vaterland, Muttersprache – Deutsche Schriftsteller und ihr Staat seit 1945, West-Berlin 1979, S. 104f.: 237/2

Wagenbach, Klaus / Winfried Stephan / Michael Krüger (Hg.): Vaterland, Muttersprache – Deutsche Schriftsteller und ihr Staat seit 1945, West-Berlin 1979, S. 113: 575/2

Wagenbach, Klaus / Winfried Stephan / Michael Krüger (Hg.): Vaterland, Muttersprache – Deutsche Schriftsteller und ihr Staat seit 1945, West-Berlin 1979, S. 139f.: 1613/3

Wagenbach, Klaus / Winfried Stephan / Michael Krüger (Hg.): Vaterland, Muttersprache – Deutsche Schriftsteller und ihr Staat seit 1945, West-Berlin 1979, S. 143: 1704/2

Was War Wann 1950, Hamburg 1950, S. 71, Abschnitt H: 184/2

Weber, Hermann: Die Wandlung des deutschen Kommunismus, Bd. 2, Frankfurt am Main 1969, S. 197: 278/2

Weihrauch, Jürgen (Hg.): Gruppe SPUR, München 1979, S. 49: 1769/2

Weltbühne vom 25. März 1953: 754/3

Weser-Nachrichten vom 30. Mai 1955: 1193/1

Wiesbadener Kurier vom 4. Juli 1956: 1405

Wiking-Ruf vom Februar 1955, Nr. 2, S. 3: 1161/2

Zentralkomitee der KPD (Hg.): KPD lebt und kämpft – Dokumente der Kommunistischen Partei Deutschlands 1956-1962, Ost-Berlin 1963, S. 1-3: 1429/1

Zweig, Arnold: Offener Brief an die Amerikanische Militärkommandantur, in: *Ost und West*, Februar 1949, 3. Jg., Nr. 2, S. 94-96 (Auszug): 33/3